中国财政发展协同创新中心资助出版

十通财经文献注释

王文素 孙翊刚 洪钢 注

（第四册）

皇朝文献通考

中国社会科学出版社

图书在版编目（CIP）数据

十通财经文献注释：皇朝文献通考.第四册/王文素，孙翊刚，洪钢注.—北京：中国社会科学出版社，2018.12
ISBN 978-7-5203-3057-2

Ⅰ.①十… Ⅱ.①王…②孙…③洪… Ⅲ.①财政史—史料—中国—古代 Ⅳ.①F812.92

中国版本图书馆 CIP 数据核字（2018）第 200318 号

出 版 人	赵剑英
责任编辑	卢小生
责任校对	李 莉
责任印制	王 超
出　　版	中国社会科学出版社
社　　址	北京鼓楼西大街甲 158 号
邮　　编	100720
网　　址	http：//www.csspw.cn
发 行 部	010-84083685
门 市 部	010-84029450
经　　销	新华书店及其他书店
印　　刷	北京明恒达印务有限公司
装　　订	廊坊市广阳区广增装订厂
版　　次	2018 年 12 月第 1 版
印　　次	2018 年 12 月第 1 次印刷
开　　本	710×1000　1/16
印　　张	49.5
插　　页	2
字　　数	837 千字
定　　价	198.00 元

凡购买中国社会科学出版社图书，如有质量问题请与本社营销中心联系调换
电话：010-84083683
版权所有　侵权必究

皇朝文献通考凡例

一、是编恭载国朝体国经野，规模宏远，列圣奎章宸翰照耀简编，皇上圣训及御制诗文，凡有关典章政治，悉依类备书，冠于各篇之首，用示典则，昭垂为万代致治保邦之成式。

一、我朝田赋之制，世祖章皇帝除明季加派之弊，定《赋役全书》，嗣是列圣相承，勤恤民隐，蠲浮赋，慎丈量，所定科则至详至当。至八旗王公以下各有庄、屯田地，其圈拨之制、交粮之额，载在《会典》，谨备书以彰昭代之洪规焉。

一、自国家龙兴东土，创铸钱文以资民用，嗣是宝泉、宝源之设，轻重协宜，圜函精好，各省局炉座或设或停，随时调剂。迩者西陲底定，复颁钱式于回部各城，开铸乾隆通宝钱，俾荒服之氓咸昭法守。按马《考》叙钱币以刀布为下，则秦汉以后皮币、龟贝皆滞于行使；两宋兼用楮币，其制起于交子、会子；元明则沿用宝钞。国家钱货充盈，无藉钞法之用，故顺治年间虽暂时行用，旋即停止，则有钱无币，实为我朝良法。若白金之用，始于汉武之白选，六朝迄唐，交广之域兼用金银；金时铸银，名承安宝货，此以银为币之始；前明中叶始令税粮得收纳白金，其用益广。我朝银、钱兼权，为上下通行之币。兹纂于银色之高下、银直之轻重，均按类备载。

一、马《考》"户口"一门，备载历代户口、丁中、赋役，附以奴婢。我国家初立，编审法以稽人民之类，后定为五年一举，丁增而赋亦随之。圣祖特颁恩诏，自康熙五十年以后，滋生人丁，永不加赋。其直省丁徭多寡不等，沿明代之旧，有分三等九则者，有一条鞭征者，有丁随地派者，有丁随丁派者，后皆次第改随地派，俾无业之民永免催科之累。至八旗壮丁日益繁庶，编审之凈载于《会典》，谨备书以昭丰镐之隆。

一、《续文献通考》内市籴考，因宋元犹沿市易以平准库之遗，是以仍依旧目编列。今则通商惠工，至周至悉，并无所谓均输、和买、和籴之事，自合删去旧目，悉依昭代实政，按年谨书，较若画一。

一、外夷职贡，马《考》并未详载。我朝肇基东土，德威远播漠北，蒙古诸部归附最先，嗣是东至朝鲜，西至番藏，朔南暨讫，奔走偕来，莫不测海占风，享王毕至。皇上布昭圣武，用迪前光，平定准、回两部，拓地二万余里，并令岁输贡赋。他若左右哈萨克，东西布噜特诸藩，亦皆稽颡来朝，奉表入贡。迩者两金川底定，土司等分班入觐，人无定员，物无定额，总期于厚往薄来，绥靖边隅，实为亘古所未有。兹纂于中土贡物，谨遵户、工两部则例。其需用对象，悉由各直省地方官支款置办者，具列于篇。至外藩诸国梯航所届效悃输忱，度越千古，敬稽成例，依类备陈，以见大一统之治云。

一、马端临《选举考》内有童子科一门。我朝人崇实学，并无童子科之设，无从载入，谨删除不列。

一、我朝雅化作人，首崇学校。自宗室以逮八旗，京邑以达直省，下逮重译要荒，靡不渐仁摩义，因地因人，俾之讲肄有业，跻弛有禁。至于明考校之条，申衡取之例，定制义之准，革沿袭之弊，选教职以慎司训，颁经书以宏文教，尚骑射翻译以遵祖制，饬监臣学臣及守土有司、新士，习以端化俗之本，谟训煌煌，实足昭教思于无穷。若夫临雍讲学，重道尊师，养老引年，示民孝弟之意，皆唯其实，不唯其文，则又列圣相承，移风易俗，迥非三代以下所可几及。兹纂谨依马《考》而变通其例，用以征教化之实云。

一、是编宗庙考稿本，于乾隆二十七年恭进。奉上谕："《续文献通考》馆纂进稿本，朕阅'宗庙考'一门，内附入致祀历代帝王及本朝臣下家庙，顾名思义，于辑书体例何居？盖既以宗庙冠部则惟太庙，时祫典有专崇，方称经常不易。至奉先殿之礼重家庭，寿皇殿、安佑宫、永佑寺之虔奉神御于宗庙，《考》中敬从附载，尚为不失礼。以义起之文，若摭入历代及臣下，非唯其制绝不相蒙，揆之分门本义，亦复何取。即云承宋臣马端临原编旧式，而往代儒生之识于大典，未克折中尽善，类此者正复不少，又岂得违礼而曲泥之。朕意当于'宗庙考'专门备详定制外，其余不应附入者，别入群庙考一门隶之，俾名义既得所安，而其书亦足垂远。馆臣可录朕旨，并登卷中。"臣等恭绎谕旨，仰见皇上圣裁超越明礼，辨分至当至精。今敬遵训示，于"宗庙考"外别立"群庙考"，首载历代帝王庙，次历代帝王陵，次诸神祠，盖我列祖崇德报功，褒勋恤节馨香，溥荐典礼攸隆。皇上特命以明恭闵惠皇帝入庙享祀，近复敬体圣祖仁皇帝谕旨，增祀两晋南北朝后五代创守各主，至前明诸陵，亦不靳百万帑金，重加修葺，仰见大圣人之用心实与天地同量。至特辑殉节诸臣，录胜国遗臣，皆得上邀天鉴，概为表彰，沛格外之深仁，扶伦常之正气，尤为简册所未有云。

一、恭绎圣祖仁皇帝《御制律吕正义》一书，首明黄钟度分体积倍半相生相应之理，较古尺九寸得今尺七寸二分九厘，以定黄钟径围长短之数；而八音之属，咸绘图列说以昭法守。我皇上重辑《律吕正义后编》，考律审音，论伦悉协。乾隆己卯冬，江右得古镈钟十一圆以献，皇上厘定其名，复令乐部依式仿铸，御制铭词，镌垂永久；钟成，复令采和阗之玉琢为特磬，以俪镈钟，宫悬遂备。他若鼓吹铙歌，临雍释奠乡饮酒礼，靡不审此乐音，章曲大备，以复古一字一音之法。兹纂谨按类记载，用彰昭代雅乐之盛。

一、马《考》于"兵制"内列车战一门，虽意在遵用古法，第按之事理，实犹井田封建之不可复行。且我朝八旗之设，经武驭兵，飙驰电举，既断不事此虚文，自毋庸更仍旧目。兹纂亦削而不列。

一、自钦定《四库全书》，裒集宇内典籍，定为著录、存目两类，兼命排入聚珍，刊播遐迩，洵册府之巨，观艺林之盛事。兹纂谨遵四库成规，分为经、史、子、集四门，列圣御制、御纂钦定之书，皇上御制诗文集，钦定各书，并恭列本朝成书之首。至著述诸臣，仍载其姓氏、官阀或前人论断有裨本书考订者，亦约载数家，略符马《考》之例。

一、马《考》论封建之不可行者，其语极详。顾封建之制不可行，而封爵之制不可废。自唐宋以来，大抵只存封爵之名，马氏仍列封建一门，且引魏征、柳宗元、苏辙之说用著于册，盖存封建之名即以示封建之戒，实其用意所在。我朝折中成法，封而不建，为万祀不易之常经。兹纂虽仍依马《考》旧名，至卷中按条标目，则别称封爵以纪其实。

一、我朝宪天齐政灵台推步之法，视昔加详。圣祖仁皇帝御制考成上下编，世宗宪皇帝御制序文，殚晰源流，颁赐钦天监讲肄。我皇上增定后编，重制仪象，凡古法之失传与西法之积岁，参差者随时厘正，所以揆天察纪，明时正度，俾象纬昭然耳目，至纤至悉。兹纂仿马《考》旧例，取近今实测之数理与前代迥异者，备著于篇。

一、我朝丕基式廓，分土辨方，自不得拘牵成例，以古州郡名号取冠舆图。兹纂自京师盛京而外，为省一十有八，分置各府以领诸县，诸州则参列其间，或直隶如府，或分治如县，至各边外之地，北自大清山左右，为蒙古诸部，至喀尔喀地，南自五岭外为广东、广西及各土州地，东北自盛京境外为吉林、黑龙江等地，西南自四川境外为云南及青海、西藏地，正西则自安西境外至于流沙，而禹迹已尽，其在天山北路则有乌鲁木齐伊犁等地，天山南路则有喀什噶尔、叶尔羌、和阗等地，自昔所称近有龙堆，远则葱岭，天所以界别区域者。今则建官授职，因地屯田，耕牧方兴，边氓乐业，故凡地名之因革增省，皆以见今为准，以示碁置星罗之盛焉。

一、我国家统一函夏，四裔宾服。皇上继承鸿烈，平定准夷、回部，辟疆两万余里，皆隶版籍东西南朔固已跨越四瀛，广远绵邈什百前代。兹纂凡献琛奉朔及互市诸国，悉详其山川风俗，总分四正方位，以符马《考》旧例；视王圻《续考》内增东南、西南两面，分隶之处悉多牵率者，实大相径庭矣。

目 录

皇朝文献通考卷一 ································· 1
   田赋考 ··· 1

皇朝文献通考卷二 ································· 14
   田赋考二 ······································ 14

皇朝文献通考卷三 ································· 27
   田赋考三 ······································ 27

皇朝文献通考卷四 ································· 44
   田赋考四 ······································ 44

皇朝文献通考卷五 ································· 68
   田赋考五 ······································ 68

皇朝文献通考卷六 ································· 94
   田赋考六 ······································ 94

皇朝文献通考卷七 ································· 106
   田赋考七 ······································ 106

皇朝文献通考卷八 ································· 116
   田赋考八 ······································ 116

皇朝文献通考卷九 ·········· 128
　田赋考九 ·········· 128

皇朝文献通考卷十 ·········· 146
　田赋考十 ·········· 146

皇朝文献通考卷十一 ·········· 160
　田赋考十一 ·········· 160

皇朝文献通考卷十二 ·········· 178
　田赋考十二 ·········· 178

皇朝文献通考卷十三 ·········· 189
　钱币考一 ·········· 189

皇朝文献通考卷十四 ·········· 203
　钱币考二 ·········· 203

皇朝文献通考卷十五 ·········· 224
　钱币考三 ·········· 224

皇朝文献通考卷十六 ·········· 245
　钱币考四 ·········· 245

皇朝文献通考卷十七 ·········· 265
　钱币考五 ·········· 265

皇朝文献通考卷十八 ·········· 289
　钱币考六 ·········· 289

皇朝文献通考卷十九 ·········· 298
　户口考一 ·········· 298

皇朝文献通考卷二十 ··· 323
　户口考二 ··· 323
皇朝文献通考卷二十一 ······································ 334
　职役考一 ··· 334
皇朝文献通考卷二十二 ······································ 344
　职役考二 ··· 344
皇朝文献通考卷二十三 ······································ 351
　职役考三 ··· 351
皇朝文献通考卷二十四 ······································ 360
　职役考四 ··· 360
皇朝文献通考卷二十五 ······································ 382
　职役考五 ··· 382
皇朝文献通考卷二十六 ······································ 389
　征榷考一 ··· 389
皇朝文献通考卷二十七 ······································ 405
　征榷考二 ··· 405
皇朝文献通考卷二十八 ······································ 427
　征榷考三 ··· 427
皇朝文献通考卷二十九 ······································ 454
　征榷考四 ··· 454
皇朝文献通考卷三十 ·· 479
　征榷考五 ··· 479

皇朝文献通考卷三十一 ·················· 496
　　征榷考六 ······························ 496
皇朝文献通考卷三十二 ·················· 508
　　市籴考一 ······························ 508
皇朝文献通考卷三十三 ·················· 527
　　市籴考二 ······························ 527
皇朝文献通考卷三十四 ·················· 556
　　市籴考三 ······························ 556
皇朝文献通考卷三十五 ·················· 570
　　市籴考四 ······························ 570
皇朝文献通考卷三十六 ·················· 588
　　市籴考五 ······························ 588
皇朝文献通考卷三十七 ·················· 605
　　市籴考六 ······························ 605
皇朝文献通考卷三十八 ·················· 630
　　土贡考 ································ 630
皇朝文献通考卷三十九 ·················· 640
　　国用考一 ······························ 640
皇朝文献通考卷四十 ···················· 652
　　国用考二 ······························ 652
皇朝文献通考卷四十一 ·················· 660
　　国用考三 ······························ 660

皇朝文献通考卷四十二 ………………………………… 684
国用考四 ………………………………………… 684
皇朝文献通考卷四十三 ………………………………… 698
国用考五 ………………………………………… 698
皇朝文献通考卷四十四 ………………………………… 713
国用考六 ………………………………………… 713
皇朝文献通考卷四十五 ………………………………… 739
国用考七 ………………………………………… 739
皇朝文献通考卷四十六 ………………………………… 762
国用考八 ………………………………………… 762

皇朝文献通考卷一

田赋考

臣等谨按：《周礼》六官，皆以体国经野著于卷端，而"九赋"之制，首载于《天官·冢宰》。诚以民唯邦本，食为民天，度地以居民，彻田而定赋，因民之所利而利之，俾厚其生而安其业，故上下通而公私有济，王者代天子，民未有不以民生国计为本务者。马端临《文献通考》二十四门，以田赋为首，其所见者诚大也。今考其所载历代田赋之制，上溯陶唐，迄于宋宁宗，而于宋事尤详。所述四京一十八路垦田暨夏秋二税，见催额数，以及支移①、折变②、预借、代输、受纳、税限之法，无不毕备。又别有水利田、屯田、官田诸门。臣等承诏续编，自宋宁宗嘉定以后及辽金元明，并循其例。洪唯我朝统一中外，版图之远度越前古，凡任土定赋之规，多仍明旧，而其随宜损益者，皆因时度地而酌协于中。

世祖初并宇内，即除明季加派私增之弊，订定《赋役全书》颁行天下。嗣是列圣相承，勤恤民隐，蠲浮赋以苏疲氓，慎丈量以杜隐

---

① 支移，宋朝赋税的调运、输纳制度。纳税户送纳赋税原有固定处所，官府为了某种需要而改变运送、缴纳地点，命纳税者义务输送，移此输彼，移近输远，称为"支移"。支移远近，以户等高下而定。有些纳税者为免除远途运输劳累，或带钱到缴税地点买粮完税，或向官府额外缴纳支移费。后有官吏为收取"支移"费而故意改变纳税地点，"支移"不仅增加了纳税人额外的劳役负担，后又逐渐成为田赋的附加税。

② 折变，宋代的赋税征收制度。国家征收赋税有规定物品，官府根据一时所需，将原来规定的征收物品按照一定比例折征为其他物品，谓之"折变"。后来，一些官吏随意改变征税物品，任意确定折征比例，从中渔利，加重了纳税者负担。

占，所定科则至详至当，虽《禹贡》三壤之则，《周官》九等之制，蔑①以尚兹矣。加以地利日兴，污莱渐辟，垦荒召佃，俾为世业，无旷土，无浮民，民咸安其居，乐事劝功，洵法良而意美也。至八旗王公以下，各有庄屯田土，其圈拨之制，交粮之额，载在《会典》，宜大书以彰昭代之洪规。若夫列祖列宗暨我皇上御极以来，视民如伤，周咨疾苦，复除之令岁下，振贷之泽有加，此则恩施于常额之外者，别见于国用考焉。今首列正课，次八旗田制，次水利田、屯田、官田，凡十二卷。

田赋之制

直隶②民赋田，每亩科银八厘一毫至一钱三分零不等，米一升至一斗不等，豆九合八抄至四升不等。更名田，国初以明代各藩所占田归民垦种，曰更名田，下仿此，每亩科银五厘三毫至一钱一分七厘三毫不等。农桑地，每亩科银一厘六毫八丝零。蒿草籽粒地，每亩科银五分至七钱二分五厘一毫零不等。苇课地，每亩科银一分至六分不等。归并卫地③，每亩科银七毫二丝至七分九厘三毫零不等，米八合九勺七抄至九升七合二抄不等，豆四合三勺八抄至三升六合不等。草一分，每十分为一束，下仿此，九厘二毫至四分一厘七毫零不等。河淤地，每亩科银二分九厘至二钱五分六厘五毫零不等。学田，每亩科银一分至二钱六分七厘八毫零不等，小麦、粟米各六升。

奉天民赋田，每亩科银一分至三分不等，米二升八勺至七升五合不等。退圈地，每亩科银一分至三分不等，豆四升三合至一斗不等。

江南江苏民赋田，每亩科银九厘至一钱四分一厘一毫零不等，米豆一升四合七勺至一斗九升二合六勺零，麦二抄至三勺零不等。地，每亩科银九厘至三钱三分三毫零不等，米豆七合三勺至四斗一升六合七勺零，麦一

---

① 蔑，无。
② 直隶，明清时期指直属京师的地区。明朝有南、北两京，所以有南、北两直隶；清初只有北方一处直隶。雍正、乾隆以后，逐渐将河北以北、辽宁、内蒙古的部分州县划属直隶，辖境扩大。
③ 苇课地，有人经营管理纳税的芦苇地。卫地，指卫所垦种的土地。明自京师至郡县皆设卫所，卫有兵卒5600人，所亦有1120人。占有土地多少不等。

抄至八厘零不等。山荡溇滩，每亩科银九厘至一钱四分五毫零不等，米豆三合四勺至一斗六升五合二勺零，麦一勺至三勺零不等。城基、仓基、屋基，每间科银五分七厘至一钱二厘四毫零不等，米豆五升五勺至一斗二升六合三勺零，麦一勺至二勺零不等。归并卫所地，每亩科银九厘至一钱四分一厘一毫零，米豆一升四合七勺至一斗九升二合六勺零，麦二抄至三勺零不等。

安徽民赋田，每亩科银一分五厘至一钱六厘零不等，米二合一勺至七升一合零不等，麦五勺至八勺零不等，豆八勺至九合一勺零不等。地，每亩科银八厘九毫至六钱三分零不等，米七合九勺至五升九合零不等，麦八勺至二合二勺零不等。塘，每亩科银一钱九厘至四分四厘零不等，米四合七勺至七合八勺零不等，麦一勺至二勺零不等。草山，每里科银八分三厘。桑丝，每两折银三分二厘。归并卫所屯田，每亩科银一分至六厘不等。卫所管辖屯地，每亩科银一分七厘九毫至二两七钱二分二厘九毫零不等，粮三合至二斗五升四合一勺零不等。

山西民赋田，每亩科银一厘七丝至一钱零不等，粮一合五勺至二斗七升不等。屯地，每亩科银二厘三毫至一分四厘零不等，粮一升八勺至一斗九合零不等。更名地，每亩科银五厘至一钱四分不等，粮七勺至二斗不等。卫所屯地，每亩科银一分四厘。

山东民赋田，每亩科银三厘二毫至一钱九厘一毫零不等，麦一勺至四合三勺零不等，米二勺至三升六勺零不等。归并卫所地，每亩科银一分至六分五厘零不等。更名田，每亩科银一分至三钱七毫零不等，麦三合二勺零米一升八合零。学田，每亩科银九厘至三钱不等。灶地，每亩科银二分六厘五毫至四分四厘一毫不等，麦一勺至四合一勺零不等，米一升八合至二升八合四勺零不等。卫所军屯粮田，每亩科银一分至五分三厘八毫零不等，条银一分二厘至二分四厘不等。卫所更名籽粒等地，每亩科银六厘至一钱二分不等。

河南民赋田，每亩科银一厘四毫至二钱二分七厘零不等，米七勺至二升二合零不等。更名地，每亩科银一分一厘至一钱二分九厘零不等。归并卫所地，每亩科银一厘六毫至一钱八厘零不等。

陕西西安民赋田，每亩科银二两三钱八分一厘七毫，粮五升八合五勺至五升二合五勺不等。屯地，每亩科银二厘至九分八厘不等，粮一升五合至三斗不等。更名地，每亩科银六厘九毫至七分五厘一毫零不等，粮四升三合五勺至一斗四升八合零不等。

甘肃民赋田，每亩科银二毫至一钱五分四毫零不等，粮三勺至八升一合一勺零不等，草三分至四分六厘零不等。归并卫所屯地，每亩科银一厘二毫至六厘不等，粮五升至六升不等。更名地，每亩科银四厘八毫至一分七厘一毫零不等，粮二合二勺至一升四合二勺零不等，草一分至九分二厘不等。土司地，每亩科银七分五厘零，粮二升四合二勺五抄零。卫所管辖屯地，每亩科粮四升一合八勺七抄零，草五分八毫零。番地，每亩科粮四合至三升不等，草二分一厘五毫至三分不等，每户输银三钱，粮一斗至二斗五升不等。监牧地，每亩六厘。

浙江民赋田，每亩科银一分五厘三丝至二钱五分五厘不等，米三撮至一斗九升零不等。地，每亩科银二厘四毫至二钱一分三厘二毫不等，米八抄至一斗九升三合五勺零。山，每亩科银五丝至一钱九分六厘三毫不等，米六抄至五升三合七勺不等。荡，每亩科银四毫至七分三厘不等，米五勺至七升五合不等。塘，每亩科银二毫至一钱二分四厘五毫不等，米七撮至一升六合八勺不等。湖地，每亩科银三分七毫，米九勺五抄。桑，每株科银一厘九毫至五厘六毫不等，米一抄。茶，每株科银一厘五毫，米七勺。灶地，每亩科银一分六厘一毫至一钱四分一厘四毫不等，米三合七勺至三升七合不等。归并卫所地，每亩科银五厘五毫二丝至一钱四分九厘零不等，米一斗五升七合五勺至二斗四升零不等。

江西民赋田，每亩科银一厘三毫三丝六忽至一钱一分七厘一丝三忽零不等，米一合四勺至一斗七合二勺五抄零不等。地，每亩科银五丝四忽至二钱一分一厘一毫二丝八忽零不等，米五勺二抄至五升一合二勺八抄零不等。山地，每亩科银五忽至六分二厘七毫二丝零不等，米一勺七抄至一升四合七勺八抄零不等。塘，每亩科银五丝四忽至二钱七分六毫七丝七忽零，米一合一勺三抄至六升八合三勺七抄零不等。归并卫所屯田，每亩科粮三升九合五勺九抄至二斗七升三合零不等，每石折银五钱，每石又摊征余徭等银二厘九毫七丝五忽至四分八厘三毫八丝四忽零不等。归并卫所屯地，每亩科粮七升九合七勺三抄至二斗二升八合三抄零不等，每石折银二钱。归并卫所余地，每亩征余粮银四分一厘六毫六丝零。自闽省改归屯田，每亩科银九分四丝七忽至一钱一分四厘二毫四丝五忽零不等。

湖广湖北民赋田，每亩科粮六抄至二斗九升一合四勺八抄零不等，每石征银二钱五分四厘五毫至二两九钱七分四厘一毫零不等。更名田地，每亩科粮四合九勺九抄至六升三合一勺不等，每石征银四钱六分六厘。归并卫所屯地，每亩科粮一升五合至九升九合六勺零不等。卫所管辖屯地，每亩科粮一升二合至一斗八升不等，每石征银三钱至一两三钱一分六厘六毫零不等。

湖南民赋田，每亩科粮二勺九抄四撮至一斗四升六合九勺零不等，每石征银二钱三厘三毫八丝至一两八钱四分四毫不等。更名田地，每亩科粮五合至一斗二升不等，每石征银三钱七分三厘五毫至九钱二分四厘四毫不等。归并卫所屯地，每亩科银一厘九毫至一钱四厘三毫不等，粮三合八勺至二斗不等，每石征银一钱七分七厘四毫至一两二钱五分三厘一毫零不等。岳州卫管辖屯地，每亩科粮一升至一斗二升五合不等，每石征银五钱六分。苗疆地，每亩科银一厘五毫至三分六厘七毫九丝零不等。

四川民赋田，每亩科银一厘五毫九丝至八分四厘九毫一丝零不等，粮每斗折银四分，估粮每石折征银七分一厘二丝至七钱一分二厘零不等。归并卫所屯地，每亩科银一分二厘五毫至三钱不等，粮二斗七升二合七勺零，每粮一石征米五斗并八斗不等。土司地，每亩科银三厘四毫至二分三厘一毫零不等。卫所管辖屯地，每亩科银一分二厘五毫至二分不等，米豆一升九合二勺九抄至八斗不等。

福建民赋田，每亩科银一分六厘九毫至一钱六分二厘五毫零不等，米一勺九抄至二升四合七勺零不等。官折田园地，自明代相沿，凡职田、没官田、官租田、废寺田，不征粮米，止征折色①，曰官折田园地，每亩科银八厘七毫至四钱一分七厘五毫零不等。学田，每亩科银六分四厘三毫至六钱九分九厘五毫零不等。

广东民赋田，每亩科银八厘一毫至二钱二分三厘二毫零不等，米六合五勺至二升二合九勺零不等。归并卫所屯地，科银照民地科则，米每亩八升八合八勺。泥沟，每条科银四钱五分三毫零。车地，每方科银三钱九分四厘零。

广西民赋田，每亩科银二分四毫至二钱一分二厘二毫零不等，米三升七合至五升三合五勺不等。官田，每亩科米六升四合二勺至二斗七合七勺

---

① 折色，旧指赋税应征粮米为本色，而折价征收的银、钞、铜币或绢帛等物品为折色。

不等。猺①田，每亩科米三升至五升三合五勺。獞②田，每亩科银九厘至二分二厘三毫不等，米三升七合四勺至五斗三合五勺不等。狼田③，每亩科银九厘，米四升二合八勺。学田，每亩科银九厘，米二斗四升八合四勺。

云南民赋田，每亩科银五厘五毫至四分六厘五毫零不等，粮一升九合四勺至一斗五升零不等。归并卫所屯地，每亩科粮五升九合二勺至八升一合八勺零不等。马场地，每亩科银三分。夷地，每亩科粮一升。

贵州民苗田，每亩科银一分至六钱五分不等，米五合一抄至四斗五升不等，豆一斗。土司田，每亩科银八厘至一钱不等，米七合二勺二抄至一斗五升不等。官田，每亩科米二斗五升至五斗不等。归并卫所屯田，每亩科银一分四厘一毫至二钱三分四厘不等，米五升三合五勺至三斗七升三合三勺零不等，豆三升，菝二斗三升三合三勺至三斗一升一合四勺零不等。学、祭田，每亩科银一钱至四钱不等，米二斗至四斗不等，谷二斗至一石一斗七合八勺零不等。租地，每亩科银三分至一钱不等。山土，每亩科银一分三厘六毫至五分不等，米五升，菝一斗。旱祭田，每亩科银一钱，豆一斗。官庄赈恤田，每亩科米一斗四升九合至五斗不等，谷四升一合三勺至一石二斗五升一合二勺零不等。

<u>臣等谨按：《赋役全书》所载，直省科则多寡不一。就一州县中，或多至数十则，大抵视其土壤肥饶、户口多寡以为赢缩，绪纷不可悉记。今从会典取见行之则，约其大凡如右。</u>

崇德二年，令民别地卑湿高阜，择所宜以树艺。

谕曰：昨岁春寒，耕耘失时，以致乏谷。今岁春复寒，然农率不可违也，宜勤耕种而加耘籽焉。夫耕耘及时，可望有秋，若其失之虫灾水害，谷何由登！其令各屯该管官通行督率，任土宜以树秋、稷、黍、谷，毋旷惰。又谕镇守噶海阿巴泰曰：尔当令镇守各官劝饬农事，不可以天寒姑缓种植。诫王贝勒大臣，勿听人践民田禾，违命者鞭责罚赎。

---

① 猺，封建王朝对瑶族的侮辱性称谓。
② 獞（zhuang），封建王朝对壮族的侮辱性称谓。
③ 狼田，明朝出现，清朝初年逐步消亡的桂西土司统率的"狼兵"拥有的土地。

顺治元年，禁天下毋得正赋外再加火耗①。令各直省文臣赍钱粮册籍以朝。当是时，民承故明加派之后，望治甚切。巡按顺天御史柳寅东言：解京钱粮，头绪纷杂，有一县正额止三千余两，而条分四十余项；有一项钱粮止一两六七钱，而加费至二三十两。宜总计各款汇解，以免赔累。山东抚臣方大猷亦言：钱粮款项宜清，并刻由单，俾熟地粮米实数，定为一编，使民易晓。而御史宁承勋以赋役之制未颁，官民无所遵守，请敕所部于《赋役全书》外给易知由单，一应无艺之征，通行裁革，悉照恩诏内或全免、免半、免三分之一者，刊定册书，令天下识所遵行。又缘明季内官纵恣，绅衿优免逾额，部臣议将各厂地租，照御用监近例归并有司征解。保定巡抚王文奎请免优免旧习，苏小民取盈摊派之困。时御史卫周祚巡行畿甸，见真定地方荒与亡居十六七，请行清丈编审之法，使丁地税粮得符实数。而山东向遭流寇焚掠，地土荒芜，总河杨方兴疏请以见在熟地为数，其抛荒者无论有主无主，尽数除之，俾民得沾实惠。其言皆见采用。以故明内监地亩钱粮，总归户部管辖。定开垦荒地之例，州县卫所荒地分给流民及官兵屯种。有主者令原主开垦，官给牛种，三年起科。

<u>臣等谨按：《会典》：顺治二年，准新垦荒地，免租税一年。又准河南抛荒地亩，令镇协官兵开垦。查系向来熟粮，令一年后供赋。盖三年起科者，原荒之田。一年后供赋者，原熟而抛荒之田也。</u>

二年，谕各抚按，凡前朝宗室禄田散在各直省者，与民间一例起科。

三年，谕户部曰：国计民生，首重财赋。明季私征滥派，民不聊生，朕救民水火，蠲者蠲，革者革，庶几轻徭薄赋，与民休息；而兵火之后，多借口方册无存，增减任意，此皆贪墨官胥恶害，已而去籍，使朝廷德意无由下究，特遣大学士冯铨与公英俄尔岱往尔部彻底查核，在内责成各该管衙门，在外责成抚按，将钱粮数目原额严核详稽，汇造《赋役全书》，封进御览。

是时，总计天下财赋重地，唯江南、浙江、江西三省，苏、松、嘉、湖诸府尤最。抚臣黄徽请以漕白二粮与岁贡绢布俱官兑官解，以舒民累。

---

① 火耗，明清赋税征银条件下的附加税。因赋税所征碎银要熔铸成统一的银锭，才能入库，熔铸中发生的损失，要由纳税人承担，叫作火耗。

江西南、瑞、袁三府,水漂沙塞,虚粮悬欠,巡按御史黄赞元请履亩清丈,豁免荒地之赋。其近山易旱、近水易潦者,上田改为轻则。俱从之。

六年,颁行易知由单①。户科右给事中董笃行请颁行易知由单,将各州县额征、起运、存留、本折分数②、漕白③二粮及京库本色,俱条悉开载,通行直省,按户分给,以杜滥派。从之。

始定州县以上官以劝垦为考成。凡地方官招徕各处逃民,不论原籍别籍,编入保甲,开垦荒田,给以印信执照,永准为业。三年后,有司亲察成熟亩数,抚按勘实,奏请征粮,不得预征、私派。州县以劝垦之多寡为优劣,道府以督催之勤惰为殿最,每岁终载入考成。至十五年,定督抚一年内开垦荒地二千顷至八千顷以上,道府开垦千顷至六千顷以上,州县开垦百顷至六百顷以上,卫所开垦五十顷至二百顷以上,分别议叙,不准以二三年垦数合算。

八年,世祖章皇帝亲政,以从前睿亲王边外筑城,加派九省额外钱粮二百五十余万两,令开除本年正赋。寻以恩赦,令有司按户给还。命御史分巡各省,察民间利病。苏松巡按秦世祯,因条上兴除八事:一曰田地令业主自相丈量,明注印册,以清花诡④;一曰额定钱粮,俱填易知由单,设有增减,另给小单,使奸胥不能借口;一曰由单详开总散数目,花户姓名,以便磨对;一曰催科不许滥差衙役,设立滚单⑤以次追比;一曰收粮听里户自纳,簿柜俱加司府印封,以防奸弊;一曰解放先急后缓,勒限掣销,不得分毫存留衙役之手;一曰民差查田均派,与排门册对验,无使苦乐不均;一曰备用银两,每事节省,额外不得透支,布政司将征解原册一季一提,年终报部,扶同容隐者,拟罪。从之。是岁,以山海关外荒地甚多,民人愿出关垦地者,令山海道造册报部,分地居住。

---

① 易知由单,封建王朝官府征收赋税的通知单。始出于明正德年间,清代因之。易知由单载明纳税户应缴正杂税收本色、折色各若干,希望借此简化赋税征收手续,防止经征官吏上下其手、从中渔利。

② 本折分数,赋税征收法定物品,一般是米麦,叫本色;折征其他物品或货币,叫折色。本折分数,即征收本色和折色的比例结构。

③ 漕白,漕粮和白粮。漕粮指我国古代通过漕运送往京师的税粮。白粮,明清时在江南苏、松、常、嘉、湖五府征收的专供宫廷和官员享用的税粮,因主要征收白熟粳糯米,故称白粮。

④ 花诡,花分和诡寄。花分,是把户口分散登记到伪造的户口登记簿上。诡寄,就是把田产或户口分散登记到他人户籍和财产登记簿中。两者都是逃避赋税的手段。

⑤ 滚单,清康熙年间催科田赋的一种单据。规定每五户或十户为一单位,将每户田亩数、银米数、应完份数和缴纳期限开列其上发给甲首挨次催缴。

九年，令八旗壮丁退出旷地，并首告清出地及各省驻防遗下地，照垦荒例招垦，三年起科。至十七年，复以八旗撤出地亩，向交各佐领收存，以致荒芜，令地方官招民垦种。

十年，准四川荒地，官给牛种，听兵民开垦，酌量补还价值。又以陕西荒地，令酌调步兵，给发牛具籽种，开垦屯田。又以直省州县鱼鳞老册，原载地亩、丘段、坐落、田形、四至等项间有不清者，印官亲自丈量。

十一年，订正《赋役全书》。四月，户部言：《赋役全书》，关一代制度。查考旧籍，贵详尽无遗；创立新规，期简明易晓。请敕臣部右侍郎将旧籍全书作速订正，董率各司官照所管直省，创造新书，仍同户科详加磨勘，有应增减变通者，小则部科酌定，大则具疏奏请，务求官民易晓，永远可行。户部又言：人丁地土，乃财赋本根，故明旧例，或三年、或五年一行编审，缮造黄册呈进。我朝定鼎以来，尚未举行，宜自顺治十二年为始，责布政司汇造，以便查稽隙地、漏粮之弊。俱从之。

减江西袁州、瑞州二府浮粮。

定丈量规制。凡丈量，州县地用步弓，各旗庄屯地用绳，如有民地缺额，督抚详查开除。至十二年，颁布铸步弓尺于天下，广一步、纵二百四十步为亩。方广十五步、纵十六步。有司于农隙时亲率里甲，履亩丈勘，以定疆界，杜占争，均亩赋。凡丈量之制，州县册籍原载丘段四至不清者，丈；欺隐牵累、有地无粮、有粮无地者，丈；亩步不符、赋则或浮者，丈；熟荒相间、旗民盐灶以及边地民番相错者，丈；壤界相接、畛域不分者，丈；荒芜召垦、寄粮分隶①者，丈；水冲、沙压、公占、应抵、应豁者，丈。濒江濒海之区，五年一丈，视其或涨或坍，分别升免。

十二年，各边口内旷土，听兵垦种，不得往垦口外牧地。

十三年，谕户部曰：帝王临御天下，必以国计民生为首，禹贡则壤定赋，周官体国经野，其法至详且备。当明之初，取民有制，休养生息。至万历间，海内殷富，家给人足。及乎天启、崇祯之际，因兵增饷，加派繁兴，贪吏滋奸，民不堪命，国祚随失，良足深鉴。朕荷天休命，为生民主，一夫不获亦疚。朕怀凡御服膳羞，深自损约，然而上帝祖宗百神之祀，军旅燕飨犒赐之繁，以及百官庶役饩廪之给，罔不取之民间，诚恐有

---

① 寄粮分隶，即将户口、应纳钱粮分散计入他人或别的田地，以逃脱赋税。

司额外加派，豪蠹侵渔中饱，民生先困，国计何资！特命尔部右侍郎王宏祚，将各直省每年额定征收起存总散实数，编撰成帙，详稽往牍，酌量时宜，凡有参差遗漏，悉行驳正。钱粮则例，俱照万历间。其天启、崇祯时加增，尽行豁免。至若漕、白杂项①，或已改折，或解本色，或有昔未详而今宜增，昔太尤而今宜裁者，俱细加清核，条贯井然，纲举目张，勒成一编，颁示天下，庶使小民遵兹定式，便于输将，官吏奉此章程，罔敢苛敛，为一代良法，垂万世成规。

时赋役全书外，又辅以会计、赤历、丈量诸册。赋役全书者，先开地丁原额，继开荒亡，次开实征，又次开起运、存留②。起运分别部寺仓口，存留详列款项细数。继有开垦地亩，招徕人丁，续入册尾。每州县各发二部，一存有司查考，一存学宫，令士民检阅。丈量册以田为主，诸原隰、坟衍、下湿、沃瘠、沙卤之形毕具。而黄册则准于户口，详其旧管、新收、开除、实在之数，条为四柱，与赋役全书相表里。赤历每年颁发二扇，开列户口、钱粮数目，一备誊真，一令百姓自登纳数，令布政司岁终磨对。会计册则备载州县正项本折钱粮，凡起解到部，逐项驻明年月日期、解户姓名，以杜侵欺，并稽完欠。其征收则行一条鞭法，给以易知由单。一条鞭者，以府州县一岁中夏税、秋粮、存留、起运之额，通为一条总征而均支之。至运输给募，皆官为支拨，而民不与。由单之式，则每州县开列上中下地、正杂本折钱粮，末编总数，刊成定式，每年开征一月前给散花户，使民通晓，而又佐以截票、串票、印簿、循环簿及粮册、奏销册。截票之法，开列实征地丁钱粮数目，分为十限，每月限完一分。截票，其票用印钤盖就，印字中分而为两，一给纳户为凭，一留库柜存验，即所谓串票也。印簿由布政司颁发，令州县纳户亲填入簿，季冬缴司报部。粮册则以各区纳户花名细数缮造成册，务与一甲总额相符，易于摘比。循环簿者，照赋役全书款项，急者居先，缓者居后，按月循环征收。奏销册者，以各直省钱粮支解完欠按年份款，汇造清册，岁终送府，由府送司，由司送部，据以销算，考核时，直省奏报钱粮。又有所谓无序册者，其所载条件，即奏销册数目也。顺治初议定，每岁造送。康熙四年，以其靡费无益，令永行停止。

---

① 漕、白杂项，随漕粮、白粮征收的各种费用。
② 起运、存留，起运，清代地方政府所收赋税中，运交中央政府或中央指定地点的部分；存留，指地方官府按中央规定留存地方政府待用的部分。

令民间种植树木，以补耕获。地方官加意劝课，如私伐他人树株者，按律治罪。是年，山东无主荒地，每五里设一官庄，借给资本，三年偿还，后照熟地例起科。又以州县招人开垦，势必给发牛种，以资耕作，令于原获屯息米豆草束内动支，其地方去原储本色稍远者，量动屯本银给发，次年缴还一半，三年照数全纳。

十四年，令各省屯地，已经归并有司者广行招垦，有殷实人户能开至二千亩以上者，照辽阳招民例录用。

十五年，命御史二员诣河南、山东二省，督率州县，履亩清丈，分别荒熟实数，其地亩大小及丈量绳尺，悉照旧规，不得任意盈缩。凡丈量地亩，迟延限期及丈量后不即确报，不送文册檄催，又不申详，及监丈官互相推诿者，州县卫所官及该管上司俱罚俸。又直省田土，查明万历间赋役全书与今赋役全书数，符者不必清丈，其余有荒芜田亩，地方选委廉干官员履亩清查，无得隐漏，派累小民。又以山东明藩田产，相沿以五百四十步为一亩，租银比民地倍输，今令照民地例概以二百四十步为一亩。时江西道御史许之渐言，财赋之大害莫如蠹，役有蠹，在收者有蠹，在解者有蠹，在提比者有蠹，在挪移支放者所侵累万盈千，有司恐此蠹一毙，无从追补，故官以参罚去而此蠹历久尚存，前无所惩，后无所诫。请敕抚按将从前侵蠹姓名、数目，逐一清查，籍其家业。侵多者立枭市曹，侵少者即时流配，捐此所侵之数，以清积蠹之源。工科给事中史彪古又言，国家之财用原取足于正供，乃今之州县，有一项正供即有一项加派，应敕直省抚按，将见行申饬私派之令刊入易知由单，使闾阎之民共晓德意，岁终仍取所属印结报部，以凭查核，庶私派止而公输裕。上以所奏皆深切时弊，令所司议行。

十六年，准陕西肤施县地五亩零折正一亩，甘泉县地三亩零折正一亩，令地方官踏丈照旧征赋。至康熙七年，又以陕西洛川县地八亩零折正一亩，宜川、延川县地四亩折正一亩，令丈明改正。

十八年，令州县官不许私室称兑钱粮。凡州县各置木柜，排列公衙门首，令纳户眼同投柜，以免克扣。凡布政司及州县征收钱粮，均遵部颁法马称兑，勿令吏胥高下其手。工科给事中阴应节言钱粮之弊：一、州县挪移，一、绅士包揽，一、土豪冒名绅户，一、隔县寄庄抗粮。请饬该抚，严查惩治。部议如所请。从之。

又以江南苏松等府地粮，荒熟混淆莫辨。令州县官履亩踏勘，分析图户，造册申报，上司严核。是年，巡按河南御史刘源浚言：南阳汝宁荒地甚多，急宜开垦，缘无人承种之地耕熟后，往往有人认业，遂起讼端。三年起科，虽有定例，开种之初，杂项差役仍不能免，此官虽劝耕，而民终裹足不前也。嗣后请令该地方官，先给帖文，开列姓名年月，并荒田四至坐落，每岁申详上司，以息争讼。宽徭役以恤穷黎，借常平仓谷以资农本。各州县以劝垦之多寡分别优劣。部议如所请。从之。

是年，总计天下田土共五百四十九万三千五百七十六顷四十亩，田赋银二千一百五十七万六千六两，粮六百四十七万九千四百六十五石，各有奇。

顺天、永平、保定、河间、正定、顺德、广平、大名八府，延庆、保安二州，计四十五万九千七百七十二顷四十五亩有奇，田赋银一百八十二万四千一百九十一两，米一万二千二百一十石，籽粒四十三石，豆七千三百三十八石，各有奇。

奉天、锦州二府，计六百九顷三十三亩有奇，田赋银一千八百二十七两有奇。

江南省，计九十五万三千四百四十五顷一十三亩有奇，田赋银四百六十万二千七百三十九两，米二百七十四万五千一百一十三石，麦一万九千四百七十二石，豆二万三千九百三十二石，各有奇。

山西省，计四十万七千八百七十一顷二十五亩有奇，田赋银二百二十万五千五百四十五两，粮四万五千九百三十一石，各有奇。

山东省，计七十四万一千三百三十六顷六十五亩有奇，田赋银二百三十八万九十一两，麦二万八千六百一十一石，米三十六万六千五十八石，谷七百三十一石，各有奇。

河南省，计三十八万三千四百三顷九十七亩有奇，田赋银一百八十万九百四十三两，粮二十三万七千四百四十一石，各有奇。

陕西省，计三十七万三千二百八十五顷八十八亩有奇，田赋银一百四十三万六千三十三两，粮六万一千八百五十一石，各有奇。

浙江省，计四十五万二千二百一十六顷一亩有奇，田赋银二百五十七万二千五百九十二两，米一百三十六万一千三百六十七石，各有奇。

江西省，计四十四万四千三百三顷八十五亩有奇，田赋银一百七十二万六千九百七十两，米九十三万八千七百五十三石，各有奇。

湖广省，计七十九万三千三百五十三顷七十一亩有奇，田赋银一百八万八千五百九十七两，南粮二十三万八千五百八十二石，漕米二十二万二千一百九石，各有奇。

四川省，计一万一千八百八十三顷五十亩有奇，田赋银二万七千九十四两，米九百二十八石有奇。

福建省，计一十万三千四百五十七顷五十四亩有奇，田赋银七十五万八百六十二两，米一十万九千六百六十一石，各有奇。

广东省，计二十五万八百三十九顷八十七亩有奇，田赋银八十四万七千九百六十一两，米二万七千六百六十八石，各有奇。

广西省，计五万三千九百三十八顷六十五亩有奇，田赋银一十九万九千六百五十四两，米九万四千二百九十九石，各有奇。

云南省，计五万二千一百一十五顷一十亩有奇，田赋银六万一千七百四十八两，粮一十二万三千九百一十七石，各有奇。

贵州省，计一万七百四十三顷四十四亩有奇，田赋银五万三千一百五十两，粮七万六千六百六十石，各有奇。

臣等谨按：历年升除赋额不一，兹据《会典》所载是年报销册，核其总数如右。

皇朝文献通考卷二

田赋考二

田赋之制

康熙元年，谕直省，有隐匿地亩不纳钱粮，或反图冒功报为新垦者，州县卫所各官及该管上司①分别处分。

是年，以山东民地内错杂灶地，有在本省者，有在直隶南皮、盐山县者，令巡盐御史及地方官清丈，各正疆界。

二年，除江南崇明县大粮田加征芦课。江宁巡抚韩世琦言，崇明县大粮田九千六十顷五十亩零，除正赋外，复征芦课银八千三百八十余两，实为一田两赋，亟请蠲豁。从之。

减江西南昌府属浮粮。江西巡抚张朝璘言，南昌府属浮粮，系陈友谅横行征派，明季相沿，今蒙恩恤，照袁、瑞二府一例减免。其漕米一项浮多，亦系明季踵行弊政，请概行减免。从之。

令直省解京各项钱粮总解户部。工科给事中吴国龙言，直省解京各项钱粮，自顺治元年起，总归户部，至七年复令各部寺分管催收，以致款项繁多，易滋奸弊。请自康熙三年为始，一应杂项，俱称地丁钱粮，作十分考成，除每年正月扣拨兵饷外，其余通解户部，每省各造简明赋役册送部查核。其易知由单颁给民间者，尽除别项名色。各部寺衙门应用钱粮，令于户部支给。部议如所请。从之。

申明地方官开垦劝惩之例。凡督抚道府州县，劝垦多者，照顺治十五

---

① 该管上司，即该衙门官员的上级主管官员。

年议叙之例，州县卫所荒地一年内全无开垦者，令督抚题参①，其已垦而复荒者，削去各官开垦时所得加级纪录，仍限一年，督令开垦，限内不完者，分别降罚。前任官垦过熟地，后任官复荒者，亦照此例议处。又以各省开垦甚多，自康熙二年为始，限五年垦完，如六年之后察出荒芜尚多，将督抚以下分别议处。至三年，以布政使亦有督垦之责，照督抚例议叙。府同知、通判不与知府同城，自劝民开垦者，照州县例议叙。四年，以限年垦荒，恐州县捏报摊派，令停止。六年，定劝垦。各官俟三年起科，钱粮如数全完，取具里老无包赔荒地甘结，到部始准议叙。

> 臣等谨按：是时海内初平，人民未尽复业，污莱之未辟者尚多，屡诏地方有司招徕垦治，并定劝惩之例。一时大吏争以开垦为功，其见于档册者：顺治十八年，顺天府所属州县报垦田一千三百三十九顷六十九亩，湖南所属州县报垦田二千八百九十顷七十二亩。康熙二年，湖广安陆、岳州、宝庆、永州、常德、辰州、靖州各府州报垦田八百八顷六十亩有奇，蕲州、岳州、九溪、茶陵、荆右、铜鼓、伍开、镇溪各卫所报垦田六百顷二十亩有奇。三年，湖南宝、永、常、辰、郴、靖六府州报垦田六百三十四顷有奇，岳、长、衡、辰、常、靖六府州续垦田五百十八顷三十六亩，湖北安、荆等十府州续垦田八百七顷四十五亩有奇，云南省垦田二千四百五十九顷，又续垦一千二百余顷。四年，湖南长沙、衡州等属垦田三千一百三十三顷六十六亩，河南省垦田一万九千三百六十一顷，贵州省垦田一万二千九顷有奇，湖北各府垦田四千七百三十九顷。五年，河南省报垦田六千六百八十余顷，江西省报垦田二千八百三十五顷，又续报垦二千八百三十五顷四十五亩，湖广省报垦四千六百余顷，山东省报垦三千二百三十余顷。六年，湖南报垦三千一百九十顷五十亩。七年，山东报垦一百二十二顷六十余亩。九年，广东报垦复民田一万七百一十五顷七十四亩，垦复屯田三十一顷九十二亩，俱照例按年升科，土辟民聚已有成效，而圣祖忧虑官吏有捏报摊派之弊，或致田不加辟而赋日加增，故四年有停止限年之令。六年，有取具里老无包赔甘结始准议叙之例。盖于鼓舞之中，寓核实之意，所以为吏治民生计者，至周且悉矣。

---

① 题参，本意是用题本上奏，此处泛指向皇帝奏报。

三年，以州县钱粮上司动用差提，名为提手，种种勒索，行令严禁。倘州县官将已完挪用，捏称民欠，并加派私征者，革职。其该管官不行参报者罪之。

四年，谕户部：设官原以养民，民足然后国裕。近闻守令贪婪者多征收钱粮，加添火耗，或指公费科派，或向行户强取，借端肥已，献媚上官。下至户书吏长等役，恣行妄派，小民困苦，无所申告。以后着科道各官，将此等情弊不时察访纠参。至于夏秋征收钱粮，原有定期，来年预征，小民何能完纳！以后预征，着停止。

又以直省田地荒熟相间，恐有隐占，着令丈量，如有司及里书、弓手摊派诈扰，令督抚题参。云南巡抚袁懋功言：滇省地势高下，绝少平旷，丈量地亩，虽一州一邑，经年累月不能告竣，请停止京官踏勘之差。从之。又以湖广归州、房县诸处，民归故业，酌给牛种银，不拘次年征收例令，三年补还。

五年，以奉天之白旗堡、小河西两处地亩，令民耕种，照熟地例输赋；广宁、宁远两县旷地给民开垦，不许旗人侵占。

六年，谕各省：由单款项繁多，小民难以通晓，令嗣后务将上、中、下等则地每亩应征银米实数开明。至湖广、陕西二省，每粮一石派征本折数目，向未开载，行令照例开注。其由单报部之期有违限八月者，州县卫所及转报官均行议处。

户科给事中姚文然言：蠲免灾荒，除本年应蠲钱粮即于本年扣免外，亦有本年纳户之钱粮收完在前，奉蠲在后，则以本年应蠲钱粮抵次年应纳正赋，名曰流抵。欲使人人均沾实惠，必须将流抵一项载入由单，但部题定例，次年由单于上年十一月颁发，计该州县磨算钱粮数目款项，造成式样，送布政司磨对①，必须在上年九、十月间，而各抚题报灾伤，夏灾报在六月，秋灾报在九月，计题报到部又需月日，部中具复行查被灾分数，必候该抚查回，部复奏允，然后行咨，该抚又转行各地方官，虽至速已至本年十一月、十二月及次年正月、二月，久已在颁发由单之后矣，何从填入乎！然流抵不填由单，部中所取者地方官印结耳，印结出于官吏之手，民未尽知也，奸胥贪官因此侵冒者不少，惟有于流抵之下年填入由单之一法，譬如，康熙五年免灾钱粮应流抵康熙六年者，自应于康熙六年抵免

---

① 磨对，查验核对。

讫，即于康熙七年由单之首填入一项，内开某府、某县，于康熙五年份，蒙恩蠲免重灾田若干亩，每亩免钱粮若干。或次灾田、轻灾田合县共该免银若干两，除本年已完若干两外，尚该流抵银若干两，俱于康熙六年份内于原被灾本户名下额赋，各照分数流抵讫，并无官吏侵欺等情，此后刊入康熙七年份额丁额赋等项，如此，则应蠲之分数与抵免之银数每户各执一单，一目了然，官吏自无所藉手矣！至于蠲免者，亦于蠲免之下年由单之首照依此式，但改流抵①字样为蠲而已。疏上，敕部议行。

免浙江丽水等九县积荒田赋，令地方官招垦成熟起科。

七年，谕户部：向因地方官员滥征私派，苦累小民，屡经严饬，而积习未改。每于正项钱粮外加增火耗，或将易知由单不行晓示，设立名色，恣意科敛，或入私囊，或贿上官，致小民脂膏竭尽，困苦已极。朕甚悯之。督抚原为察吏安民而设，布政使职司钱粮，厘剔奸弊乃其专责，道府各官于州县尤为亲切，州县如有私派滥征、枉法婪赃情弊，督抚各官断无不知之理！乃频年以来，纠参甚少，此皆受贿徇情，故为隐蔽，即间有纠举，非已经革职即物故之员，其现任贪恶害民者反不行纠举，甚至已经发觉之事，又为蒙混完结，此等情弊，深可痛恨。嗣后督抚司道等官如有前弊，或经体访察出，或被科道纠举，或被百姓告发，严处不贷。至尔部收纳直隶各省解到钱粮，亦须随到随收，速给批回，毋得纵容司官、笔帖式、书办等勒索作弊，苦累解官，倘有违法，即行举奏，如不行严禁察出，将堂司各官一并从重治罪。

停止直省造送黄册及会计册。以各省岁终奏报有奏销册②开载地丁款项数目，有考成册开列已完未完数目，又五年编审造送丁口增减册籍，立法已属详尽。其十年一造黄册及每年造会计册，繁费无益，并令停止。

敕部议垦荒事宜。云南道御史徐旭龄言：国家生财之道，垦荒为要，乃行之二十余年而未见成效者，其患有三：一则科差太甚而富民以有田为累，一则招徕无资而贫民以受田为苦，一则考成太宽而有司不以垦田为职。诚欲讲富国之效，则向议一例三年起科者非也。田有不等，必新荒者

---

① 流抵，指当年已经交纳的钱粮，扣除当年因灾荒蠲免后的余额，准抵作次年应纳的赋税，叫流抵。

② 奏销册，中国封建王朝年终奏销时各地各部门上报的簿册，由地方政府、部门编造。记载各地、该部门一年财税、财务收支总结，报中央审核批复。这种制度，保证了中央对地方的监督，也保证了国家财政的统一。

三年起科，积荒者五年起科，极荒者永不起科，则民力宽而垦者众矣。向议听民自佃者，非也。民有贫富不等，必流移者给以官庄，匮乏者贷以官牛，陂塘沟洫修以官帑，则民财裕而力垦者多矣。向议停止五年垦限者，非也。官有勤惰不等，必限以几年招复户口，几年修举水利，几年垦完地土，有田功者升，无田功者黜，则惩劝实而督垦者勤矣。疏入，下部议行。

八年，谕户部：前以尔部题请直隶等省废藩田产，差部员会同各该督抚将荒熟田地酌量变价。今思既以地易价复征，额赋重为民累，着免其变价，撤回所差部员，将现在未变价田地交与该督抚给予原种之人，令其耕种，照常征粮，以副朕爱养民生之意。

九年，免更名地重征租银。初，直隶各省废藩田产改入民户，免其易价，号为更名地，内有废藩自置之地给民佃种者，输粮之外又纳租银，户部议以久载全书，不当蠲免。得旨，更名地内自置田土，百姓既纳正赋，又征租银，实为重累，令与民田一例输粮，免其纳租。至易价银两有征收在库者，许抵次年正赋。

十年，准贡监生员民人垦地二十顷以上，试其文义通者以县丞用，不能通晓者以百总用；一百顷以上，文义通顺者以知县用，不能通晓者以守备用。凡招民垦荒，督抚具题户部核明起科果实，送吏兵二部照例分叙，其招民不足额数、垦地钱粮未经起解、假捏出结具题者，捏报州县官革职，转报司道府降四级调用，题报督抚降二级调用。

定广东新垦屯田、荒地，照民田一例起科。广东新垦屯田、荒地凡三千五百余顷，每亩科米三斗，较民田殆多数倍，民畏粮重，认垦者少，故有此令。又定浙江温、衢、处三府属官兵开垦荒田，三年后起科者，改照山东西兵丁垦荒之例，再宽限一年起科，以地系老荒收薄、赡口不敷故也。

又定四川垦荒升用例。时以川湖总督蔡毓荣言，蜀省有可耕之田而无耕田之民，敕部议定招民开垦之例，以五年起科，如该省现任文武各官招徕流民三百名以上，安插得所，垦荒成熟者，不论俸满即升。其各省候选州同、州判、县丞及举贡监生有力招民者，授以署县职衔。系开垦起科，实授本县知县。

十二年，谕户部：自古国家久安长治之模，莫不以足民为首务，必使田野开辟,盖藏有余而又取之不尽其力,然后民气和乐,聿成丰亨豫大①之休。现行垦荒定例,俱限六年起科,朕思小民拮据,开荒物力艰难,恐催科期迫,反致失业,朕心深为轸念。嗣后各省开垦荒地,俱再加宽限,通计十年方行起科。

国初定例,新垦田地皆以三年起科,康熙十年准三年后再宽一年起科,十一年令宽至六年之后,至是复再宽之,十八年始复六年起科之例。二十三年,以浙江宁、台、温三府属沿海田地给民耕种,仍循旧例,三年后起科。

十三年,禁王以下不得田猎、蹂躏人田禾,违者,官员以上交部议处,白衣人鞭责。

申明截票之法。时以江南有隐占、诡寄、包揽诸弊,吏胥豪猾积习相沿,特令通计该州县田地总额与里甲之数,均分办粮,当差不许多占隐匿,苦累小民。

十五年,定官民隐田罪例。该管官能查出隐田者,按地多寡分别议叙。凡举首他人隐地十顷以上者,即以其地与之;妄告者罪。凡从前隐匿之地,限文到八个月自首免罪。

十八年,令州县日收钱粮流水簿,于岁底同奏销文册赍司磨对。其岁造赤历册,永行停止。

二十年,谕户部:直省清查隐占地亩,州县有司或利其升叙虚报田粮,摊派民间,致滋苦累亦未可定。尔部可檄行直省督抚,着严行察核。

二十四年,重修《赋役全书》②。以《赋役全书》成于顺治初,历有岁年,户口、土田,视昔有加,其间条目易于混淆,命重修之。止载切要款目,删去丝秒以下尾数,以除吏书飞洒③驳查之弊。二十六年,书成,仍以九卿议,旧书行之已久,新书停其颁发,令所司存储。

---

① 丰亨豫大,富足兴盛的太平安乐景象。《易·丰》:"丰亨,王假之。"【疏】丰者多大之名,盈足之义。财多德大,故谓之为丰。《易·豫》:豫,"刚应而豫行。顺以动……圣人以顺动,则刑罚清而民服,豫之时义大矣哉!"后用此比喻国家的和顺富盛。休,吉庆、美善。丰亨豫大之休,太平安乐、富足兴盛的吉祥景象。

② 《赋役全书》,明朝实行一条鞭法后制定的各省征收赋役钱粮用的簿册,清朝沿用。康熙二十四年(1685)重修,删繁就简,定名《简明赋役全书》。全书中列地丁原额,荒亡、实征和为起运存留等各项数字。

③ 特指明清地主勾结官府,将田地赋税化整为零,分洒到其他农户的田地上,以逃避赋税的手段。

是年，总计天下田土共六百七万八千四百三十顷一亩有奇，卫所田土归入州县征粮者并载于内。田赋银二千四百四十四万九千七百二十四两，粮四百三十三万一千一百三十一石，各有奇，草九万八千七百二十一束。

直隶各府州，计五十四万三千四百三十四顷四十八亩有奇，田赋银一百八十二万四千一百九十一两，米一万二千二百一十石，籽粮四十三石，豆七千三百三十八石，各有奇。

奉天、锦州二府，计三千一百一十七顷五十亩有奇，田赋银九千三百五十二两有奇。

江南江苏，计六十七万五千一百五十三顷九十九亩有奇，田赋银三百六十八万一百九十二两，米三十五万九千八百一十石，麦五百二十一石，豆五千二百三十九石，各有奇。

安徽，计三十五万四千二百七十四顷三十三亩有奇，草山、荒山在外，田赋银一百四十四万一千三百二十五两，粮一十六万六千四百二十七石，各有奇。

山西，计四十四万五千二百二十一顷三十六亩有奇，田赋银二百三十六万八千八百三十一两，粮五万九千七百三十七石，各有奇，草五千七百八束。

山东，计九十二万五千二百六十八顷四十亩有奇，屋基地在外，田赋银二百八十一万八千一十九两，麦三万五千五百四十六石，米四十七万六百八十八石，谷七百三十一石有奇。

河南，计五十七万二千一百六顷二十亩有奇，田赋银二百六十万六千四两有奇。

陕西西安，计二十九万一千一百四十九顷六亩有奇，田赋银一百三十一万五千一十二两，粮一十七万九百二十二石，草五千九百八十三束，各有奇。

巩昌，计一十万三千八十七顷六十七亩有奇，田赋银一十五万三千五百二十两，粮四万七千六百一十七石，各有奇，草三百三十四束。

浙江，计四十四万八千五百六十五顷七十六亩有奇，田赋银二百六十一万八千四百一十六两，米一百三十三万七千五百一十二石，各有奇，又征银买漕米八千二百六十石。

江西，计四十五万一千六百一十顷七十一亩有奇，官湖房屋在外，田赋银一百七十四万三千二百四十五两，米九十二万五千四百二十三石，各有奇。

湖广湖北，计五十四万二千四百一十八顷一十六亩有奇，田赋银九十二万三千二百八十八两，米一十三万八千一百九十七石，各有奇。

湖南，计一十三万八千九百二十三顷八十一亩有奇，田赋银五十一万七千九十二两，米六万五千三百六十六石，各有奇。

四川，计一万七千二百六十一顷一十八亩有奇，田赋银三万二千二百一十一两，米一千二百一十五石，各有奇。

福建，计一十一万一千九百九十五顷四十八亩有奇，田赋银七十六万二千七百六两，米一十万四千八百二十九石，各有奇。

广东，计三十万二千三百九十二顷五十五亩有奇，田赋银二百二万七千七百九十三两，米三万六百四十三石，各有奇。

广西，计七万八千二十四顷五十一亩有奇，田赋银二十九万三千六百四两，米二十二万一千七百一十八石，各有奇。

云南，计六万四千八百一十七顷六十六亩有奇，田赋银九万九千一百八十二两，米二十万三千三百六十石，各有奇。

贵州，计九千五百九十七顷一十一亩有奇，陆地在外；田赋银五万三千五百一十二两，粮五万八千五百三十五石，荞折米八百五十三石，各有奇，谷折米九十四石。

<u>臣等谨按：以上据《会典》所载。是年奏销实数，以顺治十八年奏销数较之，凡增田五十八万四千八百五十三顷六十一亩，增赋银二百八十七万三千七百一十八两，减粮二百一十四万八千三百三十四石。</u>

二十五年，令各省不作分数杂项钱粮，通归地丁案内奏销。

二十六年，谕各省刊刻由单。不肖官役指称刻工纸版之费用，一派十，穷黎不胜其困。嗣后直隶由单，免其刊刻。晋省由单，先经该抚题请免刻，亦一并停止。

明年悉免各省刊刻由单，唯江苏所属于地丁银内刊造，仍听册报如旧。

二十七年，谕：嗣后民人有出首开垦田亩，不必拘定年限，俱自出首之年征收钱粮，该管官亦免其议处。

是年，以淮安、徐州、凤阳三处近河地方屯田累民，永行停止。其现在垦出之田，若实系无主，给予原垦之人起科。若有主，给还原主起科。又准长沙等六州县开垦新荒田地，于起科之年援例开报，其本年开垦田地起科钱粮减半。

二十八年，行三联印票①法。州县催征钱粮，向用二联印票，不肖有司与奸胥通同作弊，借名磨对稽查，将花户所纳之票强留不给，遂有已完作未完、多征作少征者。今行三联票之法，一存州县，一付差役应比，一付花户执照。嗣后征收钱粮豆米等项，均给三联印票，照数填写，如州县勒令不许填写及无票付执者，许小民告发，以监守自盗论。

三十九年，谕：各省绅衿等优免丁银，原有定例。唯绅衿豪强诡寄滥免，以致徭役不均，而其间山东为尤甚。凡绅衿户下，田亩不应差徭，遂有将地亩诡寄绅衿户下，因而衙役兵丁效尤免差。更有绅衿包揽钱粮，将地丁银米包收代纳，耗羡尽入私橐，官民皆累。着照欺隐田亩例，通限两月，绅衿本名下田亩，各具并无诡寄甘结，将从前诡寄地亩尽行退还业户。

又以四川民少而荒地多，凡流寓愿垦荒居住者，将地亩给为永业。

定云南垦荒地纳粮之例。云南老荒田地见纳军粮之人，承垦者，上、中二则照民田下则纳，过五年再照民田上、中二则起科，下则照民田下则减半纳，过三年再照民田下则起科；其非见纳军粮之人，悉照民田下则纳，过五年粮加十分之五起科。至三十二年，以滇省明代勋庄田地照老荒田地之例，招民开垦，免其纳价。

清丈芦洲田亩。

凡芦洲地亩，旧例差委道府等官遍历清丈，以一年造报，至是令各该州县于部文到日，半年之内尽行查丈造册具题。

三十年，令直省各州县卫所，照赋役全书科则勒石公署门外，使民知悉。明年，以贵州兵燹荒废，正当招徕劝垦，徐议编审，暂停勒石。每遇岁征，先期晓谕。

三十一年，遣官往淮扬等处踏勘民田，将应免应升科钱粮确查定议。河道总督靳辅言：淮、扬、徐、凤所属州县，各有开河筑堤建闸栽柳之

---

① 三联印票，又叫三联串票，清康熙年间开始普遍推行的赋税征收凭证。州县、胥吏、纳税户各执一联，意在防止经手胥吏克扣税款、税物。

处，俱系民间纳粮地，应蠲免钱粮。其黄水涸出及河旁淤成膏腴地，豪民占种不纳赋者，应查出升科。请敕江南督抚就近清查。得旨：此事若遣地方官踏勘，恐借端扰民，着遣部院堂官前往会同该督抚确查定议。

令民间隐匿田亩，限一年内尽行自首。至三十四年，令各省自首隐匿地亩，再宽限一年。

三十二年，招徕西安等处流民复业，每户给牛一头并犁具银共五两，谷种银三两，雇觅人工银二两，布政司照数支给。该抚将所招民数册报，不论旗民，照奉天招民例议叙。

三十三年，清丈福建沿海地。福建沿海界外田地，历年既久，界址混淆，至是令将福州府之闽、长乐、连江、罗源，兴化府之莆田、仙游，泉州府之晋江、南安、惠安、同安，漳州府之龙溪、海澄、诏安、福安、福德等县及福宁州沿海地概行清丈。

三十四年，定云南清浪卫业经清丈田地，每十亩科粮一石。

三十五年，严湖南省大户包揽纳粮之禁。先是，湖南省里甲有大户小户之名，凡小户粮赋俱大户收取，不令小户自封投柜，甚有驱使之如奴隶者。令嗣后将小户开出，别立里甲①，造册编定，身自纳粮，如有包揽抗粮、勒索加派等弊，该督抚题参治罪。

三十八年，以湖南幅员遥阔，履丈难遍，先令民自丈出首，官查抽丈，如有隐漏，治罪。明年，湖广总督郭琇陛辞奏曰：湖南民稀地广，民或不能完课，遂致逃避者有之。清丈之后，钱粮似比前差减矣！

上问：减几何？琇奏曰：约减十分之二。上曰：果于民有益，所减虽倍于此，亦所不惜，若不清丈，以荒田着落他人征收钱粮，有累穷黎，断不可也。

三十九年，设立征粮滚单。凡征粮，立滚单，每里之中，或五户或十户止用一单，于纳户名下注明田亩若干，该银米若干，春应完若干，秋应完若干，分作十限，每限应完银若干，给予甲内首名，挨次滚催，令民遵照部例，自封投柜，不许里长、银匠、柜役称收，一限若完，二限又依此滚催，如有一户沈单②不完不缴，察出究处。

---

① 里甲，明清社会的基层组织。一里之中推丁粮较多的十户为里长，其余百户分为十甲，甲设甲首。每里人户为一百一十户。里甲有维护治安、催督赋税等职能。
② 沈单，沈通沉，沈单，即有人户不肯纳税，如同使滚催单沉没受阻，不能流转。

臣等谨按：是时，征粮之弊，上下科派，名色不一：有合邑通里共摊同出者，名曰软抬；有各里各甲轮流独当者，名曰硬驮。豪民奸胥包揽分肥，大为民累。及滚单之法行，简易明白，吏胥不得侵渔，天下便之。

四十一年，以山东明藩荒地给民垦种。山东有前明废藩基地，可垦者三顷四十八亩有奇，民人情愿纳价，每亩纳银五两，自四十二年起科，给一印帖，守为恒业。

四十二年，令各省州县征收串票内，将漕项地丁数目分别注明，毋许混蒙征比。

四十三年，严垦荒隐捏之禁。各省垦荒田地，如地方官隐匿入己，巡抚不行严察，止据各州县捏报具题，该督即行题参，并将不行稽查之司道府一并参处。

四十四年，酌改江苏经征各官处分。时以苏、松、常、镇四府赋税繁重，于奏销时不能完全者量为轻减焉。

又以湖广省属大半滨江，嗣后有修筑堤塍，地方官将堤身所压之田及就近取土之地丈明亩数，估定价值，摊银补偿本主，毋致民间偏累。其江夏等十八州县，上年丈过已坍地亩课银三百六两，准其开除。

准开垦湖北荒地。湖北民人愿垦荒者，准其开垦；无力者，本省文武官捐给牛种招垦，俟该抚将垦过地亩之数具题日议叙。

四十五年，江西九江府丈出滨江芦洲地亩三千七十一顷八十九亩二分有奇，皆系新淤泥滩草地，定为下则起科。

四十六年，定闽省垦荒之限。以闽省荡平二十余年，民人俱已复业，其宋垦抛荒田地二千六百余顷，至今尚未足额，今勒限一年，照数垦足征粮，如再迟延，该督抚将地方官一并题参。

四十八年，以湖南欺隐田地日久未清，行令该抚准其展限一年，将欺隐田地在限内尽行首报，免其治罪，如逾限不首者，许里民等据实举首，将田入官，追征积逋，仍治欺隐之罪。倘扶同不举，并坐以罪。

五十一年，谕湖广、四川巡抚，民人有自湖广往四川种地者，各于往回时造册移送。

时湖广民人往四川开垦者甚多，去时将原籍房产地亩悉行变卖，至五年起征之时复回湖广，将原卖房产争告者甚多，嗣后湖广人民有往四川种地者，该抚查明年貌、姓名、籍贯，造册移送四川稽查。有自四川复回湖广者，四川巡抚亦照此造册移送湖广，互相查对。

又谕，嗣后山东民人到口外种地者，该抚查明年貌、籍贯，造册移送。由口外回山东者，亦查明造册移送该抚覆阅。

令清查四川隐漏田赋。四川巡抚年羹尧言：四川钱粮原额一百六十一万六千六百两零。四十九年，现征钱粮仅有二十万二千三百两零，甫及原额十分之一，盖积弊已久，官借首粮之名，需索民钱，以致民间首报无多。宜立劝惩之法，五年内各州县有增及原额之四五分者准升，不及二分者停升；不及一分者降调，无增者革职。寻御史段曦言：劝惩增赋之法未能无弊，川省自明季兵燹之后，地广人稀，本朝平定以来，虽屡经清查增报，而康熙四十九年现征钱粮甫及原额十分之一，且以抚臣之近日加意催查，增至二万六千余两，亦不过增见粮十分之一耳。今欲五年内增及原额十分之二及十分之四五，是增见粮之三倍、四倍也！贤能之员，必罹不及分数之参处，而不肖有司希图升进，或且抑勒首报，滋扰无穷，请将川省钱粮隐漏彻底清查而劝惩可以不立，祗宜严饬有司，实心劝首里民绅士，有田无粮，隐匿不报者罪。如不肖官借此累扰地方，通同侵隐，以及抑勒情弊，该督抚即行参奏。从之。

五十二年，户部议：原任偏沅巡抚潘宗洛疏请垦荒展限，应行文接任巡抚查明详议。

上曰：督抚条陈地方事务，应据实陈奏。潘宗洛奏湖南荒地五百余顷，今天下户口甚繁，地无弃土，湖南安得有如许未垦之田，着差户部司官一员，会同总督就潘宗路奏疏内所有州县查勘详明具奏。

又谕曰：湖广、陕西人多地少，故百姓俱往四川开垦，闻陕西入川之人各自耕种，安分营生，湖广入川之人每与四川人争讼，所以四川人甚怨湖南之人，或有将田地开垦至三年后躲避纳粮而又他往者。今四川之荒地开垦甚多，果按田起课，则四川省一年内可得钱粮三十余万。朕意国用已足，不事加征，且先年人少田多，一亩之田其值银不过数钱，今因人多价贵，一亩之值竟至数两不等，即如京师近地，民舍市廛日以增多，略无空隙，今岁不特田禾大收，即芝麻、棉花皆得收获，如此丰年而米粟尚贵，皆由人多田少故耳。朕巡幸时，见直隶自苑家口以下向年永定河冲决之处，今百姓皆筑舍居住，斥卤变为膏腴不下数十百顷，皆未尝令起税也。又江南黄河堤岸至所隔遥堤有二三里者，亦有六七十丈者，其空地先皆植柳以备河工取用，今彼处百姓尽行耕种，亦并未令起课。昔黄河泛涨时，水常灌入遥堤，不得耕种，自清水畅流以来，河底刷深，水必长至二丈方能及岸，遥堤以内皆成沃壤矣。又去年赵申乔条奏：黄河近边被冲田亩，请查明数目，蠲免钱粮，不知黄河东岸刷则西岸之田出，西岸刷则东岸之田出，被冲之田应免钱粮，则新出之田不应取钱粮乎！朕下此谕旨，欲使知朕于各省事无不洞悉也。今遣官勘验湖南荒田，亦此意耳！

五十三年，准甘属村堡之中有荒地未种者，查出，拨于无地之人耕种，并动库银买给牛种。

五十五年，陕西赤金、达里等处地方招民捐垦，议政大臣等议覆：吏部尚书富宁安言，巡抚绰奇前往看阅，肃州迤北地方可以开垦之处甚多，酌量河水灌溉，金塔寺地方可种二百石籽种，自嘉峪关至西吉木地方可种一百三十石籽种，达里图地方可种一千一百余石籽种，方城子等处地方可种五百余石籽种。查今岁西吉木、达里图、布隆吉尔三处耕种共收粮一万四千余石，布隆吉尔系沙土之地，明年应停其耕种。至西吉木、达里图及金塔寺等处地方，请动正项钱粮，派官招民耕种。应如所请。从之。

皇朝文献通考卷三

田赋考三

田赋之制

雍正元年，谕户部：国家承平日久，生齿殷繁，土地所出仅可赡给，倘遇荒歉，民食维艰，将来户口日增，何以为业？唯开垦一事于百姓最有裨益，但向来开垦之弊，自州县以至督抚，俱需索陋规①，致垦荒之费浮于买价，百姓畏缩不前，往往膏腴荒弃，岂不可惜！嗣后各省凡有可垦之处，听民相度地宜自垦自报，地方官不得勒索，胥吏亦不得阻挠。至升科之例，水田仍以六年起科，旱田以十年起科，着为定例。其府州县官能劝谕百姓开垦地亩多者，准令议叙。督抚大吏能督率各属开垦地亩多者，亦准议叙。务使野无旷土，家给人足，以副富民阜俗之意。

户部议准：山西、河南、山东等处闲旷之地，令各州县卫所确查，如有未垦荒地，有无从前种地之人，劝谕开垦，有力者令自备牛种，无力者官借牛种，秋收后还官，起科之后官给执照，永为世业。又以濒江近海之区定例十年清丈一次，恐未至十年有坍涨者，令各州县卫所官不时清查，坍者即行豁免，涨者即行升科，毋使胥役借端需索。是年，又议准各省督抚于州县开征。始令该府遴选贤员与该管官同封银柜，或十日、二十日，别委贤员或佐贰教职当众拆封，立即起解，如有徇隐，该府并委员题参议处。

二年，谕直省督抚等：朕惟抚养元元之道，足用为先，自临御以来，

---

① 陋规，恶劣的惯例，旧社会多指官吏私受钱财的行为。《清会典事例·吏部处分例·官员开复》："一、凡因收受陋规革职者，不准捐复。"

无刻不廑念民依①，重农务本，业已三令五申矣！但我国家休养生息数十年来，户口日繁，而土田止有此数，非率天下农民竭力耕耘，兼收倍获，欲家室盈宁，必不可得。《周官》所载巡稼之官不一而足②，又有保介田畯，日在田间，皆为课农设也。今课农虽无专官，然自督抚以下，孰不兼此任也。其各督率有司，悉心相劝，并不时咨访疾苦，有丝毫妨于农业者必为除去，仍于每乡中择一二老农之勤劳作苦者，优其奖赏，以示鼓励。如此，则农民知劝，而惰者可化为勤矣。再舍傍田畔以及荒山不可耕种之处，度量土宜，种植树木，桑柘可以饲蚕，枣栗可以佐食，柏桐可以资用，即榛楛杂木亦足以供炊爨，其令有司督率指画，课令种植，仍严禁非时之斧斤，牛羊之践踏，奸徒之盗窃，亦为民利不小。至孳养牲畜，如北方之羊，南方之豕，牧养如法，乳字以时③，于生计不无裨益。总之，小民至愚，经营衣食非不迫切，而于目前自然之利反多忽略，所赖亲民之官委曲周详，多方劝导，庶使踊跃争先，人力无遗而地利始尽，不惟民生，可厚风俗，亦可还淳。该督抚等官，各体朕拳拳爱民之意，实心奉行，倘视为具文，苟且涂饰，或反以扰民，则尤不可也。

又谕：百姓完纳钱粮，当令户户到官，不许里长、甲头巧立名目。闻有不肖生员、监生④，倚恃一衿，辄包揽同姓钱粮以为己粮。秀才自称儒户，监生自称宦户，每当征收之时，迟延拖欠，不即输纳。该督抚即晓谕粮户，除去儒户、宦户名目，如再有抗顽，即行重处。

又谕：朕惟四民以士为首，农次之，工商其下也。汉有力田孝悌之科，而市井子孙不得仕宦，重农抑末之意，庶为近古士子读书砥行，学成用世，国家荣之以爵禄，而农民勤劳作苦，手胼足胝以供租赋，养父母，育妻子，其敦庞淳朴之行，岂唯工贾不逮，亦非不肖士人之所能及。虽荣宠非其所慕，而奖赏要当有加，其令州县有司，择老农之勤劳俭朴、身无

---

① 民依，指农业种植。《南书·无逸》："先知稼穑之艰难乃逸则知小人之依"。
② 《周官》，即《周礼》，儒家经典之一。相传为西周时期辅佐成王的政治家周公旦所著。近代学者在文献学研究的基础上辅之以古文字学、古器物学、考古学研究等手段，对《周礼》进行更为广泛、深入的研究。多数学者认为《周礼》成书年代偏晚，约辑录于战国后期。
③ 乳字，生育。《说文》：人及鸟生子曰乳，兽曰产。字，生也。《说文》徐笺，按字之本义训乳子。
④ 生员、监生：生员，明清科举体系中，生员是指经过童试取入地方官学（府、州、县学）的学生，俗称秀才，也叫茂才、博士弟子员、弟子员、庠生等；监生，明清最高学府国子监的学生，因来源不同，监生还分为不同类别。

过举者，岁举一人，给以八品顶戴荣身，以示鼓励。

至七年，以直省所举老农有冒滥生事者，令督抚查明，悉行革退，另选替补。其从前或因贿嘱营求而得者，准老农及保送之官员自行出首，但革去老农顶戴，免其治罪。

又谕户部：闻州县亏空钱粮有阖属百姓代赔者，名曰乐捐，其实强派，嗣后着禁止。

总理王大臣会议山西巡抚诺岷请提解火耗归公一疏。议入，谕曰：州县火耗，原非应有之项，但通省公费，各官养廉有不得不取给于此者，然非可以公言也。朕非不愿天下州县丝毫不取于民，而其势有所不能，且历来火耗皆在州县，而加派横征，侵蚀国帑，亏空之数不下数百余万。原其所由，州县征收火耗分送上司，各上司日用之资皆取给于州县，以致耗羡①之外，种种馈送，名色繁多，故州县有所借口而肆其贪婪，上司有所瞻徇而不肯参奏。此从来之积弊，所当剔除者也。与其州县存火耗以养上司，何如上司拨火耗以养州县乎！尔等奏称火耗分数，不可不分别酌定。朕思一省之内，州县有大小，钱粮有多寡，地大粮多之州县少加火耗已足养廉，若行之地小粮少之州县则不能矣。火耗不定分数，倘地方遇差多事繁之时，则酌量可以济用，或是年差少事简，则耗羡即可减矣。又或遇有不肖有司一时加增，而遇清廉自好者自可减除矣。若酌定分数，则将来竟成定额，必致有增无减。此火耗分数之不可以酌定者也。又奏称提解火耗，将州县应得之项听其如数扣存，不必解而复拨等语。见今州县征收钱粮皆百姓实封投柜，其拆封起解时，同城官公同验看，耗羡与正项同解，分毫不得入己，州县皆知重耗无益于己，孰肯额外加征乎！是提解火耗既给上下养廉之资，而且留补亏空，有益于国计。若将州县应得之数扣存于下，势必额外加增、私行巧取，浮于应得之数，累及小民。况属之督抚，显然有据；属之州县，难保贪廉。此州县羡余之不可扣存者也。法有因时制宜者，如人有疾病，因症投药，病愈即止。今提解火耗，原一时权宜之计，将来亏空清楚，府库充裕，有司皆知自好，则提解自不必行，火耗亦可渐减矣。朕于臣下期望甚殷，即州县官员亦冀其为皋夔稷契，自此各加勉励，勿侵蚀官帑，勿贪剥小民，各省火耗自渐轻而至于尽革，此朕之愿

---

① 耗羡，清朝，将火耗抵补实际耗损之后的剩余叫做耗羡。耗羡除一部分作为地方经费外，其余的或用来贿赠上司，或被地方官吏吞没。清雍正年间规定，耗羡的一部分归地方官吏，名为"养廉"，另外的解缴布政使司，叫"羡余"。

也。各省能行者听其举行，不行者亦不必强。

自山西提解火耗之后，各直省次第举行，以给官吏养廉及他公用，钱粮少者或以税课盈余佐之，由是有司不得滥取于民，而公用亦无匮乏，行之数年，上下交以为便。

<u>臣等谨按：钱粮出于田亩之中，火耗加于钱粮之外。火耗之名，自明以来始有之，盖由本色变而折银，其取之于民也，多寡不一；其解之于部也，成色有定。此销镕之际，不无折耗，而州县催征之时，不得不稍取盈以补其折耗之数，亦犹粮米之有耗米也。迨行之既久，州县重敛于小民，上司苛索于州县，火耗之增日甚一日，因循瞻徇视为应得之物，一遇公事，加派私征，皆取之民间，又不止于重耗而已。此其故，皆由于有司无养廉之资，而闾阎滋科派之累也。自提解火耗之法行，有司之养廉于此酌拨，地方之公用于此动支，百姓永无藉名苛派之累，而官吏得有洁己奉公之实，所加于民者无多，所益于民者甚大。所谓上不误公，下不病民，达权通变，至公至善之计也。</u>

是年，令督抚率府州县官举行劝农，春至劝耕，秋至劝敛，有轻视民隐不实力奉行者，以溺职论。

又议准：各省州县将下年征粮之红簿，于上年十月内申送布政司钤盖印信，于开征前给发各州县，于征收时眼同花户登记填写串票，上司盘查，即取布政司钤盖之红簿对验其征收卯簿，该管官务须亲对完欠，无得假手户房。至民间输纳，银色不足者自应倾销，但州县设立官匠，因以累民者甚多，令地方官择银匠之信实者数人，连名互保，听民投铺倾销。

又谕：民间输纳钱粮用自封投柜[①]法，亦属便民之道，但偶有短少之处，令其增补，每至多索其数浮于所少之外，理应将原银发还，仍于原封内照数补足缴纳，庶可免多索之弊。

令直隶等省发遣人犯往西宁开垦。西宁布隆吉尔，地方遥远，愿往垦地者少，议将直隶、山西、河南、山东、陕西五省军流人犯连家口发遣之

---

① 自封投柜，清朝顺治年间推行的让民户到县衙直接纳税方法。具体办法是县衙院内设上端有投放小口而柜门被封的木柜，税户交验串票，书吏按票称量税银，写明数量、税项，当着税户的面将银投入柜中。这种纳税方式减少了中间环节，控制了税吏盘剥的机会。但税户仍要贿赂书吏，才可顺利完税。

人，有能种地者令其前往开垦。初到之时，地方官拨给地亩，动支正项钱粮采买籽种牛只分给之。其应征粮草，照例于三年起科。

是年，总计天下田土共六百八十三万七千九百一十四顷二十七亩有奇，田赋银二千六百三十六万二千五百四十一两，粮四百七十三万一千四百石，各有奇，草十万五千四百九十一束。

顺天府，计六万八千四百五十顷二十二亩有奇，田赋银一十八万一千六百七十九两，粟米三百八十石，豆三千四百七十石，籽粒五十八石，各有奇，草三百七束。

直隶，计五十五万七千四百九十二顷九十四亩有奇，田赋银一百九十万六千九百三十三两，米粮一十万五千四百四十二石，麦四十二石，豆七千七百八十六石，各有奇，草八万五千六百八十一束。

奉天、锦州二府，计五千八百六顷五十八亩有奇，田赋米三万八千七十石有奇。

江南江苏，计六十八万一千二百九十一顷二十七亩有奇，田赋银三百七十一万九千九百四十二两，米豆二十七万六千八百三十八石，各有奇。

安徽，计三十二万九千九百八十六顷八十四亩有奇，田赋银一百三十八万七千五百九十六两，粮一十七万九千九百七十二石，各有奇，内折色粮三万五千二百十三石有奇。

山西，计四十二万七千四百一十三顷八十八亩有奇，田赋银二百二十七万七千三百二十七两，又地差课程等项银一十万六千七百九十八两，粮四万五千七百七十石，各有奇。

山东，计九十六万七千七百四十一顷四十六亩有奇，田赋银三百万七千九百四十六两，米四十七万四千三十七石，麦三万四千七百四十七石，谷八百八石，各有奇。

河南，计六十五万八千八百八十四顷四十三亩有奇，田赋银二百九十四万三千四百五十二两有奇。

陕西：西安，计二十五万八千四百四十二顷八十亩，田赋银一百三十五万五千二百四十五两，本色粮三万一千九百四十二石，折色粮八十六万九千一百四十四石，各有奇，草一万五千五百四十二束。

巩昌，计一十一万七千七百六顷六十三亩有奇，田赋银十九万六千三百四十三两，粮二万三千七十四石，草三千五百八十二束，各有奇。

浙江，计四十五万六千九百三顷四十三亩有奇，田赋银二百六十九万五千四百三十二两，米一百三十六万九千二百五十八石，各有奇。

江西，计四十七万八千六百三十一顷六十六亩有奇，田赋银一百一十七万九千四百七十六两，米一十二万七千四百五十二石，各有奇。

湖广：湖北，计五十三万五千七百四十一顷一十一亩有奇，田赋银九十八万八千六百五十六两，米一十五万七千二十七石，各有奇，豆五十三石。湖南，计三十万五千二百七十六顷六十四亩有奇，田赋银一百九万二千六百三十四两，米十四万九千六百一石，各有奇。

四川，计二十一万四千四百五十六顷一十六亩有奇，田赋银二十二万五千五百三十五两，米五万七千一百一十九石，各有奇。

福建，计三十万五千二百七十六顷六十四亩有奇，田赋银一百十七万四千四百四十五两，米一十二万七千八十石，各有奇。

广东，计三十一万二千四百七十四顷六十四亩有奇，田赋银八十六万五千九百二十七两有奇，遇闰加征银一万九千三百一十九两有奇，米二十四万七千八百四石有奇，遇闰加征米一百五十四石有奇。

广西，计七万九千五百三十二顷七十一亩有奇，田赋银三十万八千一百二十四两有奇，米一十二万七百二十六石有奇，内折色米三万八千九百二十七石有奇，每石折征银八钱共三万一千一百四十二两有奇。

云南，计六万四千一百一十四顷九十五亩有奇，田赋银九万一千二百五十七两，米一十四万一千三百七十八石，杂征粮一千六百二石，各有奇。

贵州，计一万二千二百九十顷四十三亩有奇，田赋银五万七千七百八十八两，米一十万九千八百五十五石，豆七百五十五石，各有奇。

<u>臣等谨按：以上据雍正二年奏销册开载。以康熙二十四年奏销实数较之，凡增田七十五万九千四百八十四顷二十六亩，赋银一百九十一万二千八百十七两，粮四十万二百六十九石，草六千六百九十八束。嗣后江南、江西、浙江浮粮额数蠲免至六十余万两，今着其原数于此，而大书蠲免之诏于后，愈以征损上益下之恩意至深且厚也。</u>

三年，谕：《周礼》称唯王建国，体国经野。孟子亦言仁政必自经

界①始。疆界所关，诚为至重。从来两省交壤之地，其界多有不清，云、贵、川、广等省为尤甚。至一省之内，各州县地界亦有不清者，每遇命盗等事，则互相推诿；矿厂盐茶等有利之事，则互相争竞，甚非息事宁民之意。各省督抚其共矢公心，勿存私见，详细清查，如与邻省地界有不清者，则两省各委贤员，公同勘定；若本省地界内有不清者，即委本省贤员勘定。地皆朕土，人皆朕臣，此盈彼绌，悉在朕版图之内，无容分视也。虽地界或间有难定之处，但平心勘画，即使稍有不协，然一定之后，久远得以遵据，永无推诿争竞，于地方大有裨益矣！

管理户部事务怡亲王允祥奏请酌减苏松浮粮。

上曰：苏松之浮粮，当日部臣从未陈奏，常廑皇考圣怀，屡颁谕旨，本欲施恩裁减，乃彼时大臣以旧额相沿已久，国课所关綦重，数以不应裁减固执覆奏。凡国家大事，因革损益，必君臣计议画一始可举行。若皇考违众独断，既非询谋佥同之义，且恐一时减免，倘后来国用不足，又开议论之端，是以从众议而中止。然圣慈轸念苏松诞敷②渥泽，屡蠲旧欠，以纾民力，其数较他处为多，是亦与减正额无异也。今怡亲王等悉心筹划，斟酌奏请，甚为可嘉。朕仰体皇考爱民宽赋之盛心，准将苏州府正额银蠲免三十万两，松江府正额银蠲免十五万两。《论语》曰：百姓足，君孰与不足？《周易》曰：损上益下，民说无疆。朕但愿百姓之足时存益下之怀，用是特沛恩膏，着为定例。可饬令该地方知之。

是年，又蠲免江西南昌府额征银七万五千五百五十两。

四年，谕：钱粮火耗，各省旧例亦有多寡不同，倘地方官员于应取之外稍有加重者，朕必访闻，重治其罪。

清丈张家口外地，限年招种，设张家口同知一员，管理口外地亩。分地亩为十分，限年招种，如招种至八分以上，题请议叙；不及五分，题请议处。仍于每年六月中造册送部，年底照册奏报，以免捏报漏粮之弊。

五年，谕：自古帝王致治诚民，莫不以重农为首务。《书》陈《无逸》，先知稼穑之艰难。《诗》载《豳风》，备叙田家之力作。《孟子》云：民事不可缓也。盖国以民为本，民以食为天。农事者，帝王之所以承天养人、久安长治之本也。我国家抚绥寰宇，圣祖仁皇帝临御六十余年，

---

① 经界，耕地的田界。
② 诞敷，广布。语出《书·大禹谟》："帝乃诞敷文德，舞干羽于两阶。"渥泽，恩惠，语出《后汉书·邓寇传》："托日月之末光，被云雨之渥泽。"

深仁厚泽，休养生息，户口日增，生齿益繁，而直省之内，地不加广。近年以来，各处皆有收成，其被水歉收者，不过州县数处耳，而米价遂觉渐贵，闽广之间颇有不敷之虑。望济于邻省良由地土之所产如旧，而民间之食指愈多，所入不足以供所出，是以米少而价昂，此亦理势之必然者也。夫米谷为养命之宝，既赖之以生，则当加意爱惜而不可存轻弃之心。且资之者众，尤当随时撙节，而不可纵口腹之欲。每人能省一勺，在我不觉其少，而积少成多，便可多养数人。若人人如此，则所积岂不更多，所养岂不更众乎！养生家以食少为要诀，固所以颐神养和，亦所以节用惜福也！况脾主于信，习惯便成自然，每见食少之人其精神气体未尝不壮，此显而可见者。至于各省地土，其不可以种植五谷之处，则不妨种他物以取利。其可以种植五谷之处，则当视之如宝，勤加垦治，安可舍本而逐末，弃膏腴之沃壤而变为果木之场，废饔飧之恒产以幸图盈余之利乎！至于烟叶一种，于生人日用毫无裨益，而种植必择肥饶善地，尤为妨农之甚者。小民较量锱铢，且但顾目前而不为久远之计，故当图利之时，若令其舍多取寡、弃重就轻，必非其情之所愿，而地方官遽然绳之以法，则势有所难行。唯在良有司谆切劝谕，俾小民醒悟，知稼穑为身命之所关，非此不能生活，而其他皆不足恃，则群情踊跃，不待督课，而皆尽力于南亩矣！朕闻江南、江西、湖广、粤东数省有一岁再熟之稻，风俗如此，而仍至于乏食者，是地土之力有余而播植之功不足，岂非小民习于怠惰而有司之化导者有未至耶！或者曰，米谷太多则价贱，而难于粜卖。昔人有谷贱伤农之说，谚语所谓熟荒者，此则不必过虑。假若小民勤于耕作、收获丰盈至价贱而难于出粜，朕必多发官价以籴买之，使重农务本之良民获利而有余资也。朕生平爱惜米谷，每食之时虽颗粒不肯抛弃。以朕玉食万方，岂虑天庾之不给，而所以如此撙节爱惜者，实出于天性自然之敬慎，并不由于勉强，且以米谷乃天所赐以生养万民者。朕为天下生民主，唯有敬慎宝重仰冀雨旸时，若岁获有秋，俾小民家有盖藏，人歌乐土，尔等绅衿百姓独不自为一身一家之计乎！若果加意爱惜，随时撙节，则天必频频赐赉，长享盈宁之福。若恣情纵欲，暴殄天物，则必上干天怒，不蒙赐赉，而水旱灾祲之事皆所不免，其理岂或爽哉！又闻江西、广西地方，竟有以米谷饲养豚豕者，试思谷食之与肉食孰重孰轻、孰急孰缓，而乃以天之所赐、小民终岁勤苦之所获者为豢养物类之用，岂不干天和而轻民命乎？朕所以惓惓训谕者，唯期天下之人专务本业以杜浮靡，爱惜物力以图久远，共体朕意,则尔等家室必至于丰饶,尔等子孙必绵其福泽,思之!思之!毋忽朕言。着将此晓谕内外官民人等,并通行远乡僻壤咸使闻知。

又令直隶州县,劝民于村坊树植枣栗,河堤旁种柳,陂塘淀泽种菱藕、畜鱼凫,其地宜桑麻者尤当勤于栽种。每岁,地方官将某村某坊种树之数申报上司。

又谕:开垦地亩,本应随垦随报,隐匿之罪定例甚严,祇以法久弊生,遂致垦多报少,或为民间隐漏,或为官吏侵渔,积习相沿至于年久。而奸民猾吏恐一经首报,势必追究从前欺隐之处,因而多方回护,百计掩藏,于隐粮漏科之外,又添欺罔之重罪。今朕特沛宽大之恩,准各省官民自行出首,将从前侵隐之罪悉从宽免,其未纳之钱粮亦不复究问,定限一年,令其首报,统于雍正七年入额征解,倘逾限不首,复行查出,在官在民,定行从重治罪。

先是,户部议准:山东开垦地官民隐匿未报者,勒限一年,令其自行出首。续经山东巡抚奏:首报地一千七百四十余顷,于雍正五年入额征解,故有是谕。明年,又令展限六个月。

又谕:各省之中赋税最多者,莫如江南之苏、松二府,浙江之嘉、湖二府,每府多至数十万,地方百姓未免艰于输将。查苏、松、嘉、湖赋税加重之由,盖始于明初洪武时,四府之人为张士诚固守,故平定之后,籍诸富民之田以为官田,按私租为税额。夫负固①之罪在士诚一人,而乃归咎于百姓,加其赋税,此洪武之苛政也。明朝二百余年减复不一。我朝定鼎以来,亦照明例征收,盖因陆续办理军需,经费所在,未便遽行裁减也,我皇考圣祖仁皇帝常论及此。雍正三年,朕仰体皇考多年宽赋之圣心,将苏、松二府额征浮粮豁免,彼时颁发谕旨甚明,本欲一体加恩于嘉、湖,因浙江风俗浇漓,正需化导,不更启其望恩幸泽之心,故而暂止。今见浙俗渐次转移,将来可望改行迁善,朕心深慰,特沛恩膏,嘉兴府额征银四十七万二千九百余两,着减十分之一,计免银四万七千二百九十两零。湖州府额征银三十九万九千九百余两,着减十分之一,计免银三万九千九百九十两零。二府共免银八万七千二百两零,永着为例。着该督抚董率有司,敬谨奉行,以副朕蠲赋恤民之意。

---

① 负固,依靠险阻。多指依靠险阻而顽抗。

臣等谨按：苏、松、嘉、湖之赋较之他省独重者，由于明初籍诸富民田以为官田，按私租之数为官粮之额，遂有亩收一石以上者。宣德以后屡减官田之额，而官田与民田轻重终自悬殊，佃官田者不胜其累。至嘉靖之世，乃行权宜之法，并官民田为一则，以官田之重税摊入民田，于是官佃之困少苏，而赋额之浮于他省者终不能议蠲也。我圣祖加惠东南，旧逋新欠屡诏蠲免。世宗仰承先志，次第蠲免四府浮粮，减岁额五十余万两，除有明二百余年相沿之秕政，三吴黎庶戴德怀仁永永无极。大易有言：损上益下，其道大光，岂不盛哉！

准云南、贵州二省广行开垦。凡地方招募开垦及官生捐垦者，按户数多寡议叙，其垦熟田地归于佃户，于次年起科；民间自垦者按照年限起科，其田俱给照为永业。

以江南河淤地亩给民耕种。江南省安河淀至水家墩一带地方，新淤膏地数千余顷，差部院司官一员同该地方官并河员履亩丈勘，其山阳、盐城二县，近年海口深通，水由正道，所有沮洳、水淀皆已涸成高阜，又丈出海口新涸之地六千余顷，共地一万八千余顷，令查丈官员会同该督抚公同丈勘，分别年份，均给士民人等领种输租。

又以各省州县荒地有难于垦复者，如积碱未消、浮沙涨漫、山石硗瘠、低洼积水之区，令该督抚将实在情形声明，仍饬所属设法开垦，不入年限之内。

六年，谕各省督抚布政使等：任土作贡，天地之常经；守法奉公，生民之恒性，断无有食地之利而不愿输纳正供以干蹈罪戾者。何以钱粮亏空拖欠之弊，积习相沿，难以整理？此则胥吏中饱之患未除也。或由包揽入己，或由洗改串票，或将投柜之银钓封窃取，或将应比之户匿名免追，种种弊端，不可枚举。其故，则由于钱粮完欠细数，官未尝显示于民，在官则以为民欠，在民则以为己完，故胥吏得以作奸，而官民并受蒙蔽也。应饬州县官每年令各乡各里书手将所管欠户各名下已完银粮若干、尚欠若干，逐一开明，呈送州县官查对无差，即用印出示，各贴本里，使欠粮之民家喻户晓，如有中饱等弊，许执串票具控，则胥吏不得肆其奸盗矣。又如不肖有司借端侵渔，那新掩旧之弊不可不察也。朕因各省旧欠甚多，恐民力难于输纳，格外开恩，准其分年带征，其应征之数，有在十年以内者，亦有宽至十年以外者，酌其多寡，分别远近，此朕爱养黎元之至意，期于民欠易完、而民力可纾。

乃闻不肖州县官另立私册，于每年应征分数之外溢额多收，及至报解之时止照分数起解，该管上司因其已经照数起解，不复再行稽查，而此多征之数，遂得任其侵那，又成亏欠之项。且民间见已经完纳者，徒供官吏之侵渔，亦遂怠其急公之念，而抗延拖欠之事由此而起。朕意分年带征之项，亦应将花户名下每年应完若干之处详细开明，出榜晓示，令其照数完纳，违者坐以抗粮之罪。倘有急公良民，完纳在分数之外者，该州县官加以奖赏，据实详报。若州县官果能劝导百姓，照应征分数多完若干者，着督抚具题，照例议叙。以上二条，乃据朕所闻书示，其作何因地制宜之道与斟酌立法之处，总在地方大吏详察弊端，权衡损益，督率有司实心经理，果得忠诚廉干之人，自无不可清厘之事。治赋在乎得人，除弊方能立政，任地方之重寄者，其慎思之。

是年，行顺庄编里法。议定：顺庄编里开造的名①，如一人有数甲、数都之田，分立数户名者，并为一户。或原一户而实系数人之产，即分立的户花名。若田亩未卖而移住他所者，于收粮时举报改正。田坐彼县而人居此县者，就本籍名色，别立限单催输。

定沿江滨海地亩五年一丈。新垦者升科②，坍塌者除赋。

准宁夏所属插汉托辉地募民垦种。宁夏东北插汉托辉地，南北延袤百有余里，东西广四五十里、二三十里不等。东界黄河，西至西河，其地平衍，可垦为田。遣大臣会同督抚浚治河渠，召民垦种，官借建房牛具籽种之资，凡陕西各属无业民户愿往者，计程途远近给予路费，每户按百亩以为世业。

又谕曰：闻彼中得水，可垦之地计二万余顷，每户以百亩授田，可安至二万户。朕已谕令广行招募远近人民，给以牛具籽种银两，俾得尽力开垦，给为世业。唯是原议宁夏本籍，见在出仕文武官员，俱令开垦授业，俾为世享之利。今闻报垦者尚觉寥寥。《礼记》曰：货恶其弃于地也，力恶其不出于己也。况乎上以急公而裕国，下以力本而厚生。缙绅者，小民之望也，果能身先倡率，则民间之趋事赴功者必多。凡属本籍之人，不论文武官员，或见任，或家居，均当踊跃从事，争先垦种，不可观望，因循

---

① 的名，真实姓名。
② 升科，旧时新垦荒地满一定年限后，即终止税收优惠，照一般纳税标准开始征收钱粮，称"升科"。

耽延善举。凡兹所垦地亩，但照原议给为永业，三年起税，果能使沃壤腴田有广收之益，无闲旷之区，则不但于体国经野之谟重有攸赖，而经营世产，尔子孙亦蒙永远之泽矣。

又准：浙江温州府之玉环山招民开垦。玉环山孤悬海外，雍正五年，设同知一员驻其地。是年，招民开垦，前后报科田九百四十四顷二十亩有奇。

定：陕西、宁夏公用等田，照宁夏上则田例，熟田每亩以一斗八升起科，碱地每亩以九升起科。又从前样田每亩照全田之例，纳粮一斗二升，草四分六厘四毫。中卫县额设公用田，每亩以一斗八升起科。

七年，谕：国家承平日久，户口日繁，凡属闲旷未耕之地皆宜及时开垦，以裕养万民之计，是以屡颁谕旨，劝民垦种，而川省安插之民，又令给予牛种口粮，使之有所资借以尽其力。今思各省皆有未垦之土，即各省皆有愿垦之人，或以食用无资，力量不及，遂不能趋事赴功，徘徊中止，亦事势之所有者。着该省督抚各就本地情形细加筹划，转饬有司作何劝导之法，其情愿开垦而贫寒无力者，酌动存公银谷，确查借给，以为牛种口粮，俾得努力于南亩，俟成熟之后，分限三年照数还项，五六年后按则起科，总在该督抚等董率州县，因地制宜，实心经理，务使田畴日辟，耕凿唯勤，以副朕爱养元元之至意。

又谕：湖南武陵县宿郎堰水淹田地额粮悉行蠲除。

又谕：直省有寄庄、寄粮之弊，悉令改正。先是，直隶地方有寄庄、寄粮之名，往往地寄此处，粮寄他处，但宣化府之怀安一县，有人地俱在怀安而寄粮于宣化、万全者，更有在怀安纳粮而寄地于顺天府之宝坻、丰润、三河相隔五百余里者。至是，令直隶总督详察，并他省或有类此者，俱令该督抚议更正改隶之法。后经户部议覆，直隶、山东、山西、河南、江苏、安徽、江西、福建、浙江、湖南、陕西、四川、广东、广西等省寄庄①、寄粮②、民屯田地应征银米等项，自丙辰年为始，悉更正就近征粮，按额报解。

又谕：奉天地亩向来概以上则征科，查彼处地亩多有隐匿，每有三四亩止报一亩者，是以概以上则征科，民力输将甚为宽裕。前岁朕遣大臣官

---

① 寄庄，本指封建社会中，人们在户籍所在地之外购置的田庄。明清时特指地主为逃避赋役而采用在异地易名购置的田庄，或在本地用享受税收优惠的权贵之名购置的土地。

② 寄粮，田地在甲处，而税粮在乙地计算缴纳，此种税粮，称作寄粮。

员清丈田亩皆得实数，今若按亩俱照旧则征粮，恐小民输将力有未给，着盛京户部侍郎会同奉天府尹确查田亩之肥瘠，分别上、中、下三则起科，酌定成额，永着为令。是年，以陕西朝邑县与山西蒲州接壤，向以黄河为界，近河流西徙则西坍而东涨，令清丈分界，将二省钱粮应豁应征之数确查定议。

八年，清厘四川所属田赋。先是以四川垦辟田土从未丈勘，隐占者多，又土著与流民各居其半，此侵彼占，争讼日繁。雍正五年，特遣科道等官会同松茂、建昌、川东、永宁四道亲往丈量，所到州县，拨户书、弓手随往丈勘，如有奸民胁众阻挠公事，照例治罪。倘百姓果有冤抑，准其诣督抚或钦差官处控告，秉公审理，诬妄者罪之。至是，丈量事竣，松茂道属原册载上中下田地万八千一百十有八顷，山下地估种二千五百五十三石，各有奇。今丈得十有四万九千八百四十七顷八十九亩，下地估种及卫地粮共六千七百七十四石八斗，应征丁条粮租徭银二十四万八千六百三十六两，各有奇。川东道属原册载上中下田地九万九千八百四十顷有奇，今丈得十有九万八千七百三十一顷七亩。酉阳石砫六土司报纳秋粮千四百一十石一斗，应征丁条粮及折征银共十有九万八千八百二十八两三钱。又石砫司应纳仓斗米豆折征银九两五钱，各有奇。永宁道属原册载上中下田地万八千七百四十顷有奇，今丈得三万八千七十六顷三亩，应征丁条粮银七万四千一百八十八两二钱，各有奇。建昌道属原册载上中下田地二万二千一百五十四顷有奇，今丈得四万三千三百十有七顷十有六亩。冷边长官司报增籽粮二石四斗，应征丁条粮、折色马价、差期银十有一万三千三百六十两二钱，荞麦粮万六千一百七石一斗，本色仓斗米豆万八百二十四石三斗，各有奇。均应照清厘田地科则征收，按年造入奏销册，具题稽查。

又谕曰：向因四川地亩隐匿甚多，以致奸猾之徒侵凌告讦，故遣科臣前往清丈。又颁谕旨：若有额粮稍重之州县，即比照就近适中之科则，令其核减，以纾民力。盖地多粮少者，则当按则增加；而地少粮多者，则当查明减免。此朕之本意也。近闻该省州县中有地少粮多之处，乃历年地方官勉强加增者，此次清丈并未酌减，即如成都、华阳、郫县、温江等处皆然，其他州县或尚有与此相类者，着巡抚宪德饬令布政使高维新等再加确查，若有粮赋稍重之处，即据实奏减，以副朕均赋恤民之意。

户部议准：四川成都等二十州县，上田每亩以四分六厘至八分四厘零起科，中田每亩以三分六厘零至七分八厘起科，下田每亩以二分二厘零至五分八厘起科。其新增之上地每亩以一分五毫至一分三厘零起科，中地每亩以七厘五丝至八厘九毫零起科，原载之中地每亩以一分七厘至四分二厘零起科，下地每亩以七厘八毫至二分八厘零起科，统照均定科则按限征输。

准：四川报垦田地分别年限起科。先是，雍正四年，令四川督抚劝谕所属开垦，如民苗愚钝不知开垦之法，择湖广、江西在蜀之老农，给以衣食，使之教垦，俟有成效日，题给老农顶戴，送归原籍，不愿归者听之。六年，议准各省入川民人每户酌给水田三十亩或旱田五十亩，若有子弟及兄弟之子成丁者，每丁水田增十五亩，或旱地增二十五亩。实在老少丁多不能养赡者，临时酌增，除拨给之数外，或有多余三五亩之地，亦准一并给垦，其奇零不成坵段之地，就近酌量安置，给以照票收执管业。至是松茂道属报垦荒田九百十有二顷六十七亩，荒地七千二百七十九顷十有八亩。川东道属报垦荒田三千九百四十九顷三十二亩，荒地九千八百六十二顷六十八亩。永宁道属报垦荒田千九百八十一顷三十亩，荒地三千七百二十七顷六十八亩。建昌道属报垦荒田十有二顷六十六亩，荒地三十七顷二十一亩各有奇。荒田垦种，六年起科；荒地垦种，十年起科。至十一年，又以苗疆山林坡冈之间犹未尽辟，令招民垦种，酌定年份分别起科。

又谕：安西、沙州等处招民屯垦，原议以三年升科，从民户到齐之日计算，至辛亥岁乃例当输赋之期，但小民甫经安插，公私兼顾为难，着宽期二年，于癸丑年升科。

申明三联串票之法。仓场侍郎岳尔岱等言：联三版串之法，应令有漕地方画一通行。嗣后州县征收粮米之时，预将各里各甲花户的名填定联三版串，一给纳户执照，一给经承销册，一存州县查对。按户征收，对册完纳，即行截给归农，其未截给者，即系欠户，应查摘追比。若有粮无票、有票无粮，即系胥吏侵蚀，立即监禁严追。

谕：湖南新设永顺府，令有产之家限一年内自行开报，分别升科。永顺府向属永顺、保靖、桑植三土司，每年秋粮共二百八十两：永顺一百六十两，保靖九十六两，桑植二十四两，皆由土司缴纳。虽有秋粮之名，实不从田亩征收。永顺则名火坑钱，民间炊爨，每一坑征钱二钱二分。保靖则名锄头钱，每一锄入山，纳银三五钱不等。桑植则名烟火钱，与火坑相等。所交秋粮，即于此内量行拨解。至于成熟之田土，官多择其肥饶者自行收种，或为舍把头人分占，民间止有零星硗确之地，每年杂派数次，任意轻重①，此土司征民之陋规也。改土归流之后，有司或按土户均摊，或照土司田种旧册摊派，以完秋粮二百八十两之数，较之土司陋规十不及一，民皆欢欣乐输。然无田之家或以火坑等项尚未尽除，而有力之家隐占田亩，多不输税。

特谕：将永顺一府秋粮豁免一年。其有产之家，有司详明劝谕，一年内自行开报，官给印照，永远为业，按田肥瘠分别升科，如有隐漏者照例究治。一切杂派私征，严行禁革。

又谕：陕西、四川地方，民风淳朴，历年逋赋甚少。查每年征收钱粮之期，四月完半，十月全完，此定例也。朕思四月、十月，既届纳课之期，小民必须预先经营，是麦谷未收之时，即为输将之计，或因称贷而受剥于富家，或因预粜而大亏其价值，且如甘肃地方有征收本色者，若在粮谷未获之前更为竭蹶，历来川陕钱粮既无拖欠陋习，着将四月完半者宽至六月，十月全完者宽至十一月，俟夏麦秋禾筑场纳稼之后，从容完课。

十年，谕：江南苏松等处，财赋甲天下，而历年积欠亦较他省为最多，特遣大臣官员会同地方有司彻底清查，分析官侵、吏蚀、民欠三项，以除蒙混之弊。朕因江苏逋赋，积弊丛生，为此，清查之举，所以经国计、清吏治而除民累也。但念官役之侵蚀、奸徒之包揽蠹国害民，法所不宥，而民欠累累，亦皆抗玩疲顽之习，日积月累，以至于斯。今若概行豁免，不唯墨吏奸胥罔知惩戒，且顽户沾恩自以为得计，而急公者不与焉，非阜民善俗之道也。嗣后，自雍正十年为始，将侵蚀包揽之项分作十年带征，实在民欠之项分作二十年带征，如本年带征之项完纳若干，即照所完之数蠲免次年额征之粮，若官吏百姓等果知悔过急公，于每年带征额数外多完若干，即将次年钱粮照多完之数豁免，则朕之清厘积欠并无丝毫入官，实皆沛为万民普被之泽。该督抚董率地方官实力奉行，倘有生事累民者罪之。

先是，雍正三年，江苏巡抚张楷疏言：臣查江省历年钱粮完欠册卷，自康熙五十一年至雍正元年内止，萧、赣榆②无欠，泰州、砀山、仪征、江浦欠止数百两，其嘉定、长洲等四十七州县尚有未完地丁漕项等银积欠至八百八十一万有奇，江省每年额征银三百五十三万有零，再加历年旧欠

---

① 任意轻重，不按法定标准征税，随意规定税额的高低。
② 赣榆，旧县名，秦置，中间多次易名，今为江苏省连云港市赣榆区。

共一千二百三十四万有奇，竭小民一岁所获，断难责以全完，请将各属旧欠银两匀作十分，自雍正四年为始，每年限完一分，十年按数征完。其嘉定一县积欠银共一百四十余万，应匀作十五分分征；上海、昆山、常熟、华亭、宜兴、吴江、武进、娄、长洲九县积欠四十万至六十余万两不等，应匀作十二分分征。上深纳之，敕部议行。

六年冬，复命户部侍郎王玑、刑部侍郎彭维新清查江南逋赋，九年事竣，通计历年各属积欠至一千一十一万六千有奇，其中侵蚀包揽者四百七十二万六千有奇，实在民欠者五百三十九万有奇，遂有是谕。

十一年，令钱粮一钱以下准纳制钱①。凡完粮一钱以下之小户，每银一分，准完制钱十文。每银一厘，准完制钱一文。又以大户所完之银不能恰合零数，多成尾欠，应将大户一钱以下之尾欠并拆封短少，概准完纳制钱。至十三年，令小户钱粮数在一两以下、住址距县远者，将钱粮缴与数多之户附带投纳，于纳户印票内注明。如数在一两以上及数少而愿自缴者，仍遵例自封投柜。

十二年，以广东高、雷、廉、琼等处平坡山麓及沿海一带平壤可耕，缘粤人不习种旱田，以致地有余利。令山东、河南二省选善种旱田者往粤教耕。

十三年，宽征收钱粮之限。定例：地丁钱粮二月开征，五月停忙，八月接征，十一月全完。时又以物土异宜，树艺、谷麦、纺绩、丝布，收获成就，早晚多寡，各省不同。令督抚按照地方情形，酌量征收，不必拘定四月完半之数。至花户钱粮在一两以下者，皆系生计不足之人，如完不足数，即缓至八月接征全完，其力能完半者听。

议：地方官报垦地有以多报少、以少报多，或将已垦之地重报，及荒熟地亩不分，混行造报者分别处分。

又谕：江南、江西、湖广等省芦洲，均系沿江沙滩，坍涨靡定。定例：五年一丈，而不肖官吏往往借此纳贿徇私，已坍者不得豁除正赋，新涨者反可脱漏升科。嗣后届期丈量，令该抚于通省道员内选贤能夙著者，率同州县，履亩清厘，凡有盈缩，均按见在实数升除，毋使漏课，亦毋使赔粮。

---

① 制钱，明清两代按法定钱币体制由官炉铸造、政府发行的钱币，以别于前朝旧钱和本朝民间私铸钱。

又，江苏所属腹内地亩曰漕田，近水泥滩、沙地曰芦洲，或新涨已成漕田仍报升芦课，或芦洲久成熟地不转则升科，俱令履亩清丈，据实定科，其实在坍决者除之。

皇朝文献通考卷四

田赋考四

田赋之制

雍正十三年，皇上即位之初，谕曰：各直省开辟荒地以广种作，以资食用，俾无旷土游民，原系良法美意。然必该督抚董率所属官吏实力奉行，毫无粉饰，俾地方实有垦辟之田，民间实受耕耰之利，以此造报升科，方于国计民生有所裨益。乃朕见各省督抚题报开垦者，纷纷不一，至于河南一省所报亩段尤多，而闽省继之。经朕访察，其中多有未实，或由督抚欲以广垦见长，或由地方有司欲以升科之多迎合上司之意，而其实并未开垦，不过将升科钱粮飞洒于见在地亩之中①，名为开荒，实则加赋，非徒无益于地方，并贻害于百姓也。嗣后各该督抚宜仰体皇考爱民至意，诚心办理。凡造报开垦亩段，务必详加查核实系垦荒然后具奏，不得丝毫假饰以滋闾阎之扰累，若不痛洗积弊，仍蹈前辙，经朕访闻，必从重处分，不稍姑贷。

乾隆元年，豁免江南宿迁、睢宁、桃源三县新淤地粮。

谕曰：朕闻江南淮安府属之桃源、徐州府属之宿迁、睢宁，濒临黄河，沿河地亩潦涸靡常。雍正五年，因朱家口溃决之水复循故道，其旧潦田地始得涸出，而河臣为地棍所欺，遂以此地为新淤之腴产，睢宁县报升地五千三十九顷，宿迁县报升地四千七十二顷，桃源县报升地三千八百四十二顷。嗣蒙皇考世宗宪皇帝特颁谕旨，以淤地勘报不实，令河臣会同督

---

① 飞洒，明清地主逃避赋税的手段之一。办法是贿赂、买通经手的胥吏，将自己应缴的赋税化成零星数目，加在其他纳税户身上。

臣委员查勘，共豁地七千二百余顷，所有存留地五千七百余顷，俱照各县成例折算实地三千五百余顷，科则亦经减轻。乃比年以来应纳钱粮，仍催征不前，盖此淤出之地亩，即旧有之良田，是以民力维艰，输将不继也。朕以爱养百姓为心，既洞悉其中情事，自当加恩开除，以纾民力。着将宿迁、睢宁、桃源三县现存新淤科征银六千五百四两全行豁免，其雍正十三年淤地未完钱粮亦免征收。至水沉地亩，仍照例归于每年冬勘。该部即遵谕行。

豁免江南泗州新淤地粮。

谕曰：朕查江南泗州地方，前经河臣齐苏勒升报新淤地亩九千八百余顷，嗣蒙皇考察知办理之员勘报不实，谕令督臣再加确勘，随开恩豁免八千六百余顷，止存淤地一千二百七十四顷入额升科。今朕闻泗州地方滨河临湖，地势极低，凡虹县、桃源之水，皆归入泗州安河、洪泽湖，而此等淤地，即在安河两岸，每年水势涨发，淹涸靡常，收成无定，小民不免赔粮之苦。着照淮安府阜宁等县之例，将泗州安河两岸水淹之淤地一千二百七十四顷九十七亩额征钱粮一千二百二十二两三钱、麦一百一十石八斗，自雍正十三年为始，尽予豁免，以示朕减赋恤民之意。

豁免河南郑州临河之碱卤飞沙地额征钱粮。河南郑州临河之姚店等保，自雍正元年杨桥河口冲决以后，地亩变成碱卤，民人有赔粮之累。上令抚臣查勘，得碱重不可耕种地三百九十顷八十七亩八分四厘，沙深不可耕种地六十六顷八十三亩九分七厘，共额征三千八百八十两五钱三分四厘零，令户部即与豁除，仍饬地方官毋得私自征派。又将祥符等四十二州县查出盐碱、飞沙、河坍、水淹地二千三十余顷应征粮银漕米，永行豁免。

又谕：直隶督臣确勘怀来县垦荒地粮分别减除。宣化府之怀来县，向有保字号垦荒地七十一顷，征粮八百六十余石，始于前明募兵戍守，以近山地亩令其耕种，每军士一名种地五十亩者准作半年粮六石，种地一顷者准作一年粮一十二石。历年既久，有地荒而粮存者，有地少而粮多者，官民不免赔累。又该县征粮科则[①]：上地每亩五升六合，中地三升六合，独此顷每亩征一斗二升，民力尤难输纳。至是令该督委员确勘，将山坡地不可耕者奏闻豁免，其可耕之地则按本县科则纳粮，毋令偏重。

减山东益都县更名地租额。

---

① 征粮科则，征收田税的法令制度。一般是按田分等，按不同标准征税。

谕曰：山东之益都县，有前明废藩更名地，当时为藩封之产，不纳课粮，召人承种，输租止更姓名，毋庸过割，谓之更名地，较之民粮多二倍至四倍不等。在当日居民投靠藩势，借佃护身，积渐增加，沿为陋例，今则同为民田，而纳粮尚仍旧额，名为钦租地，粮多赋重，小民输纳维艰，朕心轸念。着将钦租名色裁革，照该县上等民地按亩承粮，大亩纳银二钱一分，小亩纳银六分四厘，归入民粮项下一体征收，俾循唯正之供，永除偏重之累。

又谕曰：朕闻滨海之乡，坍涨不常，田无定址，于是豪强得恣侵占，而争端日兴，其责在地方有司，熟悉土宜，按制定法，弭衅于未然而平其争于初发，则可为良吏矣。夫州县有司非尽不知爱民者，特以田土情形未能稔悉，不得不寄耳目于吏胥，而猾吏奸胥又往往与土豪交通，变乱成法，予夺任意，弱肉强食，为厉无穷，狱讼繁兴，端由于此。至若沿海所涨之沙，邻邑互争，有司又各袒所属，益滋纷扰，此皆徇私而未识大体者。朕以天下为一家，而州县官各膺子民之责，亦当体朕之心以为心，又焉忍伸此屈彼，长其奸而导之攘夺哉！前此海滨要地增设大员弹压，果其秉公察看，经理得宜，应即令界址划然，各归其产，不得迁延岁月，仍假奸民之便而使穷黎失业也。夫豪强不惩则无以安良善，经界不正则无以杜争端。该督抚应饬所属亲民之员，毋以姑息怠缓从事，庶令民业各正而争讼自少息矣。

豁免山东各属水冲地亩应征地粮。沂州府之郯城、兰山、沂水、莒，济南府之历城、章丘、淄川、长清、长山，兖州府之滋阳、宁阳、泗水、邹、汶上，青州府之益都、乐安、寿光、临朐、安丘、博山、临淄，莱州府之昌邑、潍，武定府之惠民，泰安府之泰安、东平、肥城、新泰，凡二十八州县，自雍正八年大水后，水退沙存，冲压地一千三百六十二顷有奇，应征地丁银五千两有奇，米麦一百五十六石有奇，令永行豁除。

又免山东章丘县缺额钱粮。章丘县有缺额粮银三千九百一十余两，因从前地方官捏报垦荒，以致粮无抵补，令将已摊入地亩者查明开除，其未摊入者悉行豁免。

又减江南昆山、新阳两县沿江滨湖地浮粮。昆山、新阳二县沿江滨湖之地，芦苇榛芜，不堪树艺，原编科则时有误列上则者，特谕查核厘正，减浮粮以纾民力。

又免福建建阳县虚粮①。福建建宁府属之建阳县，有虚粮六百三十一两六钱，久为民累，令查明豁免。其虚粮项下应匀入地丁口银及应派本色米，续于乾隆十四年令永行免征。

二年，谕：昔者虞廷咨牧②，食哉唯时③，而百揆奋庸之后，即命弃以播时百谷，礼乐兵刑皆在所后，良以食为民天。一夫不耕或受之饥，一女不织或受之寒，而耕九余三，虽遇荒年民无菜色。今天下土地不为不广，民人不为不众，以今之民耕今之地使皆尽力焉，则储蓄有备，水旱无虞，乃民之逐末者多而地之弃置者抑或有之，纵云从事耕耘，而黍高稻下之宜，水耨火耕之异，南人尚多不谙，北人率置不讲，此非牧民者之责抑谁之责欤！朕欲驱天下之民使皆尽力南亩，而其责则在督抚，牧令必身先化导，毋欲速以不达，毋繁扰而滋事，将使逐末者渐少，奢靡者知戒，蓄积者知劝，督抚以此定牧令之短长，朕即以此课督抚之优劣。至北五省之民于耕耘之术更为疏略，是以一谷不登即资赈济，斯岂久安长治之道！其应如何劝诫百姓，或延访南人之习农者以教导之，牧令有能劝民垦种，一岁得谷若何，三岁所储若何，视其多寡为激劝，毋轻率劾去，使久于其任，则与民相亲而劝课有成，将见俗返淳朴，家有盖藏，然后礼乐刑政之教可渐以讲习。着该部即会同九卿详悉定议以闻。

户部议准：仿《周礼·遂师》之制，于乡民之中，择熟谙农务、素行勤俭、为闾阎信服者，每一州县量设数人，董率劝民。

地方官考绩之法，必宽以岁月，庶久道化成而无欲速不达之弊。如劝诫有方，境内地辟、民勤、谷丰、物阜，该督抚于三年之后据实题报，官则交部议叙，老农量加奖赏；倘有教导无方，强勒滋扰，以及希图奖赏捏辞妄报者，指名题参。

又谕：农为致治之本。我皇祖圣祖仁皇帝④尝绘耕织图以示劝农德

---

① 虚粮，本指政府确定的应征税额中，按征收标准无法落实征收对象的部分。这是因为清初按明万历年间的田亩和税则确定地方税额造成的。以后，积欠已久的税额也称为虚粮。地丁口银，即地丁银。清雍正年间实行摊丁入亩，即把原来单独征收的丁口银（人头税）平均摊入田亩征收，统称地丁银。地丁银的征收，在一定程度上减轻了无地少地农民的负担，松弛了政府对农民人身的控制。

② 虞廷咨牧，虞舜在朝庭上向官员（牧）征询意见。

③ 食哉唯时，粮食生产，最重要的是遵守时令。语出《尚书·舜典》。

④ 圣祖仁皇帝，此处指清入关以后的第二位皇帝爱新觉罗·玄烨（1661—1722年在位）。其年号康熙，庙号圣祖，谥号合天弘运文武睿哲恭俭宽裕孝敬诚信功德大成仁皇帝。

意，皇考世宗宪皇帝①屡下劝农之诏，亲耕籍田，率先天下，所以敦本计而即田功，意至厚也。朕思为耒耜、教树艺，皆始于上古圣人，其播种之方、耕耨之节与夫备旱驱蝗之术，散见经籍，至详且备，后世农家者流其说，亦各有可取，所当荟萃成书，颁布中外，庶三农九谷各得其宜，望杏瞻蒲②无失其候。着南书房翰林同武英殿翰林编纂。至六年，书成，凡七十五卷，名曰《授时通考》③。

又谕：州县所管地方，大率不过百余里，最广者二三百里，周遍巡历，为时亦不甚多。至于农田为养民要务，春耕秋敛之时，各宜下乡察其勤惰，稽其丰歉，倘有应先事图维临时酌办者，悉心计议，申详上司定议举行。

减浙江桐庐县官抄、秋租浮额。浙江之桐庐县，有官抄、秋租二项额征条银，较之民产科则多至三五倍不等，令于戊午年为始，减去浮多之数，照民产一例征收。

豁免江南盐城、阜宁二县滨河升科地粮。

谕曰：朕闻江南盐城、阜宁二县有滨河田地三千五十一顷，应纳粮银四千四百余两，此地与水相邻，淹涸靡定，从前有司经理不善，误报水涸升科，究竟荒多熟少，小民纳赋甚觉艰难，以至累年积欠未清，甚可轸念。着该督抚即行确查，将应征钱粮悉行豁免，其从前未完之旧欠一并赦除。

豁免云南昆明县老丁田地归公米石。昆明县有老丁田地一项，原系督抚标牧放营马之区，坐落省会昆海之滨，额收租米一千五百六十八石，除完纳税粮条编并给发老丁口粮，共需米九百二十三石，尚余归公米六百四十四石。此项租额，乃照丰收之年科定者，若遇水大歉收之时，则小民完纳甚艰。除老丁米石及粮条照旧完纳外，其归公米永行豁免。

减湖南湘乡、浏阳二县粮额。湖南长沙府之湘乡、浏阳二县钱粮，较之长沙、醴陵、湘潭、宁乡等县每亩重二三分不等，特谕照长沙科则征收。又湘阴县粮银比湘乡、浏阳尤重，亦令确核减免。

---

① 世宗宪皇帝，此处指清入关以后的第三位皇帝爱新觉罗·胤禛（1723—1735年在位）。其年号雍正，庙号世宗，谥号敬天昌运建中表正文武英明宽仁信毅睿圣大孝至诚宪皇帝。

② 望杏瞻蒲，按时令督导耕种。语出南朝陈徐陵《徐州刺史侯安都德政碑》中"望杏敦耕，瞻蒲劝穑"一句。

③ 《授时通考》，清乾隆时官修的一部综合性农书，汇集了大量古代农学资料。

是年，定承垦荒地之令，凡荒地开垦，应先行呈报。如土著呈报在先，即准土著承垦；流寓呈报在先，亦如之。

三年，谕：山西屡年首报欺隐地亩八千顷有零，皆经题报升科。但闻从前首报时，有亩数浮多、情愿报出升科者，亦有地方官奉行不善、按照原额荒阙勒令洒派者。着该抚晓谕：从前首报欺隐人等，如果亩数浮多应行升科，再令据实首报，照数输将。倘地亩并无欺隐浮多，而地方官勒令洒派者，亦着据实呈明该抚委员确核，题请豁免。

又谕：州县征收钱粮有私增火耗者，严加治罪。时上闻江南州县征收钱粮有加火耗之弊，传谕督抚严查所属，果有劣员暗地加耗，立即题参治罪。

复谕曰：从前火耗未经题解，州县恣意横征，饱其溪壑，苦累百姓，是以皇考允各省题解火耗之请，而优给各官养廉，令不得额外巧取，所以惩贪风而纾民力，用意诚善。即养廉稍薄之州县，当时亦必就其所办事务酌予足用，该员量入为出自无不敷，何得暗地重耗，刻剥小民，以为自润之计，情罪至为可恶。该督抚不时体访，如有不肖州县于应收火耗外丝毫加重者，立即题参，严加治罪。如不行觉察，经朕访闻确实，必将该督抚严加议处，断不姑容。

豁免直隶正定府河淤缺额租银。

谕曰：朕闻从前直隶正定府城河水深之时原有鱼藕之利，河岸浅滩兼可种稻，每年额编租银六百两，后因滹沱河水涨，流沙淤漫，渐至缺额，俱系府属之十州县公捐起解。雍正五年间虽经营治，稻田合计新旧田亩之数仅得六顷九十余亩，而藕地亦不过二顷一十余亩，每岁所收租银只有一百八十余两，较之原额尚不敷数，其雍正十二年以前旧欠已经豁免，今特加恩，自雍正十三年后，不敷银两，概行豁除，以纾官民派垫之累。

又谕：向来四川火耗较他省为重，我皇考暨朕陆续降旨裁减，已去其半。今闻该省耗银虽减，而不肖有司巧为营私之计，将戥头暗中加重，有每两加至一钱有余者。彼收粮之书吏，倾销之银匠，又从而侵渔之，则小民受剥削之累不小矣。川省如此，他省可知。着各省督抚转饬布政司，遵照征收钱粮之天平法马，制成画一之戥，饬令各州县确实遵行，仍不时密行稽查，倘有丝毫多取者，即行严参治罪。

清丈江南靖江县坍涨田地。江南常州府属靖江县田赋，涨则均减，坍则均增，五年清丈之例从未举行，以致一户报升而通邑减，一户报坍而通邑增，粮无定额，至是，令遴员履亩确察升免实数，造册题报。

定甘肃中卫县新垦地科则。甘肃中卫县属白马寺滩新垦升科地亩，勘明定则：上地每亩征粮一斗二升，中地六升，全碱地每亩征银一分三厘，半碱地六厘五毫，永着为令。

四年，减浙江湖州府属圩田粮额。湖州府之乌程、归安、德清三县有圩田，赋额独重，至是谕令酌减。自乾隆四年为始，岁减赋银四万二千二百两有奇。

豁免陕西醴泉县丈出余地粮额。陕西醴泉县旧额实征粮二万四十二石有奇，顺治十三年清丈时，因弓口窄小，积有余地，加算粮二百五十六石二斗一升有奇，其实有粮无地，至是除之。

除江南高淳县草场田租。高淳县有草场田五千六百余顷，前明分给马户①以供刍牧，后改照民田起科，旧征租银五百余两，一半摊入民户代输，一半仍责马户承纳。此项田地久非马户承耕，小民既输田赋，又纳场租，至是特令除之。

五年，谕曰：从来野无旷土则民食益裕，即使地属奇零，亦物产所资，民间多辟尺寸之地，即多收升斗之储，乃往往任其闲旷不肯致力者，或因报垦则必升科，或因承粮易致争讼，以致愚民退缩不前。前有臣工条奏及此者，部臣以国家唯正之供无不赋之，土不得概免升科，未议准行。朕思则壤成赋，固有常经，但各省生齿日繁，地不加广，穷民资生无策，亦当筹划变通之计。向闻山多田少之区，其山头地角闲土尚多，或宜禾稼，或宜杂植，即使科粮纳赋亦属甚微，而民夷随所得之，多寡皆足以资口食，即内地各省似此未耕之土不成丘段者亦颇有之，皆听其闲弃，殊为可惜。嗣后凡边省内地零星地土可以开垦者，悉听本地民夷垦种，并严禁豪强首告争夺，俾民有鼓舞之心，而野无荒芜之壤，其在何等以上仍令照例升科，何等以下永免升科之处，各省督抚悉心定议具奏。

续经各省遵旨议奏，下户部覆准，直隶零星地土数在二亩以下不成丘段者，悉听民间垦种，免其升科。

山东所属，山头地角以及河滨溪畔地亩，在中则以上、不足一亩及下则以下、一亩以外者，均免升科。

山西所属，膏腴上地、中地，无论开垦亩数，均照水田、旱地之例升

---

① 马户，也称养马户，封建时代，中原王朝指定一些民户为政府养马，以此顶替赋役。

科，其瘠薄下地开垦至十亩以上者，亦照例分别水旱，按则升科。如仅止十亩以下、为数奇零不成丘段者，永免升科。

河南所属，凡系村头隙畔高阜平原，人力便宜，即稍遇涝旱亦有收获，是为上等，其数在一亩以上已成丘段者，各依水旱田之例，照本地中则输赋。其山坡上岭土薄力微，人力既倍，收获无多，是为中等，有成丘段在五亩以上者，各依水旱之例照本地下则输赋。其上地不足一亩、中地不足五亩者，均免升科。至南冈沙碛之地，雨多之年尚有薄收，稍旱即至失望。下隰低洼之地，干旱之年略有收成，稍涝即至荒歉，此等地亩实属下等，毋论丘段亩数，均免升科。

江南江苏所属，山头地角硗瘠荒地未经开辟者，听民耕植；其沟畔田塍奇零隙地不成丘段者，亦听附近居民随宜垦种，并给执照，免其升科。

安徽所属，凡民间开垦山头地角，奇零不成丘段之水田不及一亩、旱田不成二亩者，概免其升科。

江西所属，山头地角开垦地亩数在二亩以下及山巅水涯高低不齐、砂石间杂坍涨不一者，均免其升科。

福建所属，奇零田地不及一亩者，免其升科；如虽及一亩，或地角山头不相毗连者，亦免升科。其有经界联络一亩以上者，仍照例分别水旱年限升科。

浙江所属，临溪傍崖零星不成丘段者，硗瘠荒地听民开垦，免其升科。

湖广湖北所属，山头地角硗瘠之地只堪种树，高阜之区只种杂粮，及旱地不足二亩、水田不足一亩者，均免升科。

湖南所属，奇零土地可以开垦及溪涧之旁高滩阪隰，零星种植禾稻不及一亩、种植杂粮不及二亩者，均免升科。其余峰岭湖泽之隙尚有不成丘段之处，亦听民栽树种蔬，并免升科。

陕西、甘肃所属，地处边陲，山多田少，凡山头地角、欹斜逼窄、沙碛居多，听民试种，永免升科。至平原空地，如开垦未及起科之年，地或碱卤，许其据实呈报，地方官查勘取结，停种免科。

四川所属，地处边徼，山多田少，田赋向分上、中、下三等，如上田、中田不足五分，下田与上地中地不足一亩，以及山头地角间石杂砂之瘠地，不论顷亩，悉听开垦，均免升科。

广东所属，如山梁冈陁地势偏斜，沙砾夹杂，雨过水消，听民试垦者，概免升科。

广西所属，如地属平原，田成片段，系上则、中则，水田在一亩以上、旱田在三亩以上者，仍按则升科，在一亩三亩以下者，永免升科。其下则田地及桑、麻、花、米等项田地开垦，水田在三亩以上、旱田在十亩以上者照例升科，其在五亩、十亩以下者，亦永免升科。

云南所属，山头地角尚无砂石夹杂，可以垦种，稍成片段，在三亩以上者，照旱田例，十年之后以下则升科；砂石硗确，不成片段，水耕火耨，更易无定，瘠薄地土，虽成片段不能引水灌溉者，均永免升科。其水滨河尾田土，淹涸不常，与成熟旧田相连，人力可以种植，在二亩以上者亦照水田例，六年之后以下则起科。如不成片段奇零地土以及虽成片段地处低洼，淹涸不常，不能定其收成者，永免升科。

贵州所属，凡山头地角奇零土地可以开垦者，悉听民夷垦种，免其升科。山石掺杂，工多获少，依山傍岭，虽成段而土浅力薄者，亦听民夷垦种，永免升科。如有水源可引、力能垦种者，一亩以上，照水田例以六年升科，不及一亩者，亦免升科。至无水可引，地稍平衍，可垦为旱田，二亩以上亦照旱田例以十年升科，不及二亩者亦免升科。

清查江南钱粮杂办项内缺额实数。

谕曰：朕闻江省岁额钱粮、地丁、漕项、芦课、杂税之外，又有名为杂办者，不在地丁项下编征，仍入于地丁，汇作分数奏销，其款目甚多，沿自前明，迄今《赋役全书》止编应解之款，未开出办原委，即有开载出办之处，亦未编定如何征收则例，于是有缺额累官者，有征收累民者，有累在官而因以及民者，有累在民而因以及官者，种种不一，朕心轸念。特颁谕旨，除有款可征、积久相安，无累官民之项，仍照旧征解，但须查明则例，立定章程，明白晓示，以杜浮收隐混等弊。其实在额缺有累官民者，着督抚详确查明，请旨豁免，以示加惠地方之意。

免福建闽县丈出溢额地粮。福建闽县鼓山里，旧有学田一千八百四十八亩，因田久荒芜，租无所出，于康熙三年招民垦复，改为民业。五十三年，以丈出通县田地溢额银详抵①学租。至雍正五年，该县误将已抵学租之项复报溢额，详请②升科。又将康熙三年垦复之民田加征学租以滋扰

---

① 详抵，指详细上报，请求上级批准抵充。详，指悉尽。
② 详请，详细上报申请。

累。至是令督抚查明，将从前详抵学租之项即行豁免。

又谕：河南民人愿将旱田改为水田者，钱粮仍照原定科则，免其加赋。但各州县地形不同，土性迥别，其不便改种者，地方官不得抑勒。

河南巡抚雅尔图言：豫省旱田可改水田者尚多，只以旱田赋轻，水田赋重，一经改种，必须题请加赋，小民既费工本，又增粮额，未免因循观望。遂有是谕。是年，又准湖北旱田愿改水田者，田赋亦照豫省之例行。

定直隶承垦官民地之例。凡官地承垦者，以具呈之先后为定民地。先令业主垦种，如业主无力，始许他人承垦，垦成之后，业主不得追夺。

六年，谕：国家爱养黎元，莫先于轻徭薄赋。朕御极以来，加惠闾阎，凡所以厚其生计而除其弊者，无不留心体察，次第举行。近闻各州县征粮一事尚有巧取累民之处，每至开征之际，设立滚单，将花户名及应完条银数目，开列单内，散给乡民，原使乡民易知，得以照数完纳。前人立法本善，而无如奸胥蠹役，日久弊生，视各户银数之多寡，于额粮之外，或多开数钱至数分不等，乡民多不识字，且自知粮额甚少，既见为官府所开，遂照数完纳。即有自核算者，又以浮开为数无几，不肯赴官控告，结怨吏胥，且恐匍匐公庭，废时失业，往往隐忍不言。其多收之银，或系书役先将别户钱粮侵收那用，而以此弥补其数；或通县钱粮正额业经报完，而于卷尾之时兜收入己；更有不肖有司暗中侵分，以饱私橐。其申送上司册籍，则仍是按额造报，并无浮多。至于一州县滚单之多动以万计，而上司难以稽查，无从发觉，其为民间之害，固不减于重耗也。朕闻此弊，各省有之，而江浙为甚，用是颁此旨通行晓谕，是在各省督抚仰体朕心，时加访察，如有仍蹈此弊者即行严参，不稍宽贷，则官吏不得假公行私，而小民共受其惠矣。

定陕西招民开垦例。户部议定：陕西无主荒地，官为插标招垦，给照为业，俟升科之年，核明等则，酌定粮额题报。若本地人力无馀，准令邻近无业之民承垦。给照之后，即编入土著保甲之内，令该管保长等稽查。其平衍易收之地，每一壮丁授地五十亩，山冈砂石难收之地，每一壮丁授地百亩，如父子兄弟均系壮丁，酌量加增。

又议：陕省荒地全无出产者始招民开垦。其见在割漆、砍竹、采取木耳等项，听民自便，地方官不得目为荒地强令垦种，亦不得以见获微利勒报升科。凡文武官及绅士将新垦地及熟地隐匿一亩以上至一顷以上者，分别议处。军民隐地一亩以上至一顷以上者，分别责惩。所隐地入官，所隐钱粮按年行追至七年。

又议：陕甘各属开垦之始，小民畏惧差徭，藉绅衿报垦，自居佃户，迨相传数世，忘其所自业主，子孙辄欲夺田换佃，而原佃之家忿争越控，靡有底止。嗣后如佃户系原垦之子孙，业主不得擅更，业主子孙欲自种者，准将肥瘠地亩各分一半，立券报官。若业主他徙，承种之户久已应差纳课，即业主子孙回籍亦不全令给还，计其抛荒年份，酌量分给。如过三十年以外者，概不分给。或业主回籍，在一二年之内，将当年所获籽种全结承种之户，承办粮差，次年仍归业主。

七年，蠲除福建崇安县捏报垦复田加征钱粮。崇安县有荒缺田额一千二百五十一顷零，系坍缺年久并无可垦之土。雍正七年清查地亩，分别限垦，历任知县捏报垦复共加征银二千二百两，米二百六十石，各有奇，俱洒派里户代完。至是特谕除之。

又谕曰：《周礼·太宰》"以九职任万民。一曰三农生九谷，二曰园圃毓草木，三曰虞衡作山泽之材，四曰薮牧养蕃鸟兽"。其为天下万世筹赡足之计者，不独以农事为先务，而兼修园圃、虞衡、薮牧之政，故因地之利，任圃以树事，任牧以畜事，任衡以山事，任虞以泽事，使山林川泽丘陵之民得享山林川泽丘陵之利。夫制田里，教树畜，岐周之善政。管敬仲亦云：积于不涸之仓者，务五谷也，藏于不竭之府者，养桑麻、育六畜也。如果园圃、虞衡、薮牧之职以次修举，于民生日用不无裨益。国家承平日久，生齿日繁，凡资生养赡之源不可不为急讲，夫小民趋利如鹜，亦岂甘为情窳举山林川泽天地自然之利委为弃壤哉！良以疏辟之初，豪强既群起而争，管业之后，奸民又多方戕贼，地方有司每视为资产细故不为申理，此所以宁荒其业耳。督抚大吏，身任地方，所当因地制宜，及时经理，其已经开垦成产者加意保护，或荒墟榛壤以及积水所汇有可疏辟者多方相度筹划，俾地无遗利，民无遗力，以成经久优裕之良法。至于竭泽焚林并山泽树畜一切侵盗等事应行禁饬，申理转饬，地方官实力奉行，该督抚不时稽查，务令从容办理，毋丝毫滋扰，毋日久因循，以仰副朕惠养斯民之至意。

又谕：钱粮之有耗羡，盖经国理民事势之必不能已者。未归公以前，耗羡无定制，有司之贤者兢兢守法不敢逾闲，不肖者视为应得之项尽入私囊，一遇公事，或强民输纳，或按亩派捐，滥取横征，无所底止。且州县以上官员养廉无出，于是收受属员之规礼、节礼以资食用，而上官下属之间时有交际，州县有所借口恣其贪婪，上官瞻徇而不敢过问，甚至以馈遗之多寡为黜陟之等差，吏治民生均受其弊。我皇考俯允臣工之请，定耗羡归公之法，就该省旧收火耗之数归于藩司，酌给大小官员养廉，有余则为地方公事之用，小民止各循其旧有之常，有轻减无加溢也。而办公有资，捐派不行，有司之贤者固无所用，其矫廉而不肖者亦不得肆其贪，取此爱养黎元、整饬官方之至意，并非为国用计。为此举也，且以本地之出产供本地之用度，国家并无所利于其间，然通天下计之耗羡敷用之处不过二三省，其余不足之处仍拨正供以补之，此则臣民未必尽知者，此十数年中办理耗羡之梗概也。朕御极以来，颇有言其不便者。朕思古人云：琴瑟不调，甚者，则解而更张之。此事若宜变通何可固执，是以留心体察，并于今年廷试时以此策问诸生，乃诸生奏对不过敷衍成文，无当实事。旋降旨询问九卿、翰林、科道并各省督抚等，今据诸臣回奏，大抵皆以为章程一定，官民久已相安，不宜复议更易。众论佥同，朕再四思维，耗羡在下则州县所入既丰，可以任意挥霍，上司养廉无出可以收纳馈遗，至于假公以济私，上行而下仿，又不待言矣！则向日朕所闻者，未必不出于愿耗羡之在下以济其私者之口。传曰：作法于凉，其弊犹贪。作法于贪，弊将若之何？朕曰以廉洁训勉臣工，今若轻更见行之例，不且导之，使贪重负我皇考惠民课吏之盛心乎！此事当从众议，仍由旧章，特颁谕旨，俾中外臣民知之。

定陕西新垦地折征科则。陕西新垦之地，淹浸不常，岁收十止一二，定以五亩折征一亩，上方硗薄之地，每耕种后必须休息，以四亩折征一亩，极边寒冷之地，山多地少，收成尤薄，以三亩折征一亩。

八年，谕：朕维养民之本莫要于务农，州县考成固应用是为殿最，而向来公令不专以此课吏者，因其事甚朴无可炫长，其迹似迂骤难见效，又或上司之查勘难周，有司之条教易饰，不似催科、听断、捕盗等事之显而有据也。督抚察吏每于此等本计转视为老生常谈，漠焉不甚加意，以致州县之吏趋承风旨，专以簿书期会为先，而农事反居其后，不知为治之道，本举而末自随之，如果南亩西畴，人无余力，于耟举趾，日无暇时，则心志自多淳朴，风俗自鲜嚣凌。人知急公，而闾阎无待追呼矣。人知畏法，而盗贼因以寝息矣。本计既端，末事亦次第就理，如此，则州县之考成似疏而实密，即督抚之查核可简而不繁，日计不足，月计有余，民生大有裨益，即治道亦渐致郅隆。若夫朝令夕申，意非不美，束缚驰骤，适以扰民。为督抚者，当善体朕意，毋视为具文，毋事于涂饰，诚实心化导其属，俾属吏亦实心劝课其民，庶几野无游惰之风，家有盖藏之乐，各省督抚其共勉之。

又谕：前漕运总督顾琮奏请举行限田之法，每户以三十顷为限，以为如此则贫富可均，贫民有益。朕深知此事，名虽正而难行，因谕云：尔以三十顷为限，则未至三十顷者原可置买，即已至三十顷者分之兄弟子孙，每人名下不过数顷，未尝不可置买，何损于富民，何益于贫民！况一立限田之法，若不查问，仍属有名无实，必须户户查对，人人审问，其为滋扰，不可胜言。夫果滋扰于一时而可收功于日后，亦岂可畏难中止，今辗转思维，即使限田之法地方官勉强奉行，究于贫民无补，是不但无益，而且有累也。而顾琮犹以为可行，请率领地方官先于淮安一府试行之。朕令其再与尹继善熟商。今据尹继善陈奏难行之处，与朕语不约而同，则此事之断不可行，断不能行，实出人人之所同，然又岂可以尝试！特降旨晓谕顾琮，此事着停止，并令各督抚知之。

九年谕：台湾大小武官创立庄产，开垦草地，永行禁止。至十一年，又以台湾地绵亘二千余里，近山有水之处皆属膏腴，种植之获倍于内地，历经禁止内地民人不许私买番地，但日久法弛，奸民趋利如鹜。嗣后如有奸民私买，告发之日将田归番，仍照律计亩治罪，荒地减一等。其潜入生番界内私垦者，照律严治。

更定台湾垦田科则。台湾自雍正七年以后升垦田园，俱照同安则例。后经部议，以同安则例太轻，改照本地旧额。至是谕令地方官确勘田园肥瘠，照同安则例分别上中下定额征收。

令直隶课民种植果木。时议以直隶、天津、河间各属土性宜枣，深冀亦产桃李，至于榆柳之类河洼碱地各有所宜，应令民间随宜广种。如有旗地可种树木之处，该管各官劝谕旗人亦多为栽种，下部行之。

十一年，谕：广东高、雷、廉等府属勘出可垦荒地，大抵山冈硗瘠者居多，开垦非易，小民未沾收获之益，先虑升科之累，是以未垦者听其荒芜，即已经承垦者亦生畏缩之意。朕思各省生齿日繁，地不加广，平民资生无策。今高、雷、廉三府荒地既与平埔沃壤不同，即听该地民人垦种，一概免其升科，永为世业。

十五年，申弓尺盈缩之禁。户部议准：自顺治十二年部铸弓尺颁行天下。康熙年间复行严禁，如有盈缩，定以处分。追后，各省弓尺多有不齐。乾隆五年，行令直省各将该地方见行弓尺式样报部。唯直隶、奉天、江西、湖南、甘肃、四川、云南、贵州并两淮、河东二盐场俱遵部颁弓尺，并无参差不齐。此外，或以三尺二三寸，或以四尺五寸，或以六尺五寸，或以七尺五寸为一弓，或二百六十弓，或三百六十弓，或六百九十弓为一亩，均未遵照部颁之式。今若令各省均以部定五尺之弓二百四十弓为一亩，倘部颁弓尺大于各省旧用之弓，势必田多缺额，正赋有亏。若小于旧用之弓，又须履亩加征，于民生未便。且经年久远，一时骤难更张。已据各该抚开明不齐缘由，报部存案，毋庸再议。嗣后有新涨新垦升科之田，务遵部颁弓尺丈量，不得仍用本处大小不齐之弓，如有私自增减盈缩，照例处分。

十六年，豁免江南武进、阳湖二县开抵役田租银。谕曰：朕闻常州府属之武进、阳湖二县开抵役田租银一项，原系前明时虚田，领价后因本户逃亡，株连亲族，各将己产开抵，实非前明原置之田，亦非当日领价之户，小民条粮役租力难并输，除应办条漕，仍照民田一例完纳外，其新旧租银概予豁免，以除民累。

十八年，谕：广东琼州为海外瘠区，贫民生计维艰，查有可垦荒地二百五十余顷，照高、雷、廉之例，召民开垦，免其升科。

是年，总计天下土田七百八万一千一百四十二顷八十八亩，赋银二千九百六十一万一千二百一两，粮八百四十万六千四百二十二石，各有奇，草五百十有四万五千五百七十八束。

直隶，民田六十五万七千一百九十一顷八十七亩，赋银二百四十一万一千二百八十六两，粮十万一千二百二十九石，各有奇，草九万四千四百四束。粮草均留充本省经费。

奉天，民田二万五千二百四十三顷二十一亩，赋银三万八千百有十两，粮七万六千二百六石，各有奇。粮充本省经费。

江南江苏，民田六十八万九千八十四顷四十五亩，赋银雍正三年蠲除四十五万两、乾隆二年蠲除二十万两、实征三百三十七万一千三百三十四两，粮二百十有五万五千二十一石，各有奇。岁漕京师百七十一万六千八百八十九石，留充本省经费四十三万八千百三十二石，各有奇。

安徽，民田三十三万八千百二十顷九十三亩，赋银百六十八万八千两，粮八十四万五千二百四十八石，各有奇。岁漕京师五十六万六千二百七十六石，留充本省经费二十七万八千九百七十一石，各有奇。

山西，民田三十二万九千五百八十六顷二十一亩，赋银二百九十七万二百六十六两，粮十有六万九千二百四十六石，各有奇。粮充本省经费。

山东，民田九十七万一千五十四顷七亩，赋银三百三十四万六千二百五十七两，粮五十万七千六百八十石，各有奇。岁漕京师三十四万八千七百七十八石，留充本省经费十有五万八千九百二石，各有奇。

河南，民田七十二万二千八百二十顷三十六亩，赋银乾隆三年蠲除百六十两，实征三百三十万三千八十两，粮二十四万八千八百六十五石，各有奇。岁漕京师二十一万九千八百七十四石，留充本省经费二万八千九百九十一石，各有奇。

陕西西安，民田二十五万二千三百七十一顷三亩，赋银百五十三万九百七两，粮十有六万八千四百五十三石，各有奇。粮充本省经费。

甘肃，民田十有七万七千八百三十一顷三十三亩，赋银二十五万七千七百二十三两，粮五十万三千四百七十六石，各有奇，草五百五万千一百七十四束。粮充本省经费。

浙江，民田四十五万九千七百八十七顷七十亩，赋银雍正五年蠲除八万七千二百两，乾隆三年四年蠲除四万五百四十两，实征二百八十一万二千四十九两，粮一百十有三万四百八十一石，各有奇。岁漕京师八十五万六千七百三十九石，留充本省经费二十七万三千七百四十二石，各有奇。

江西，民田四十七万九千二百七顷六十二亩，赋银雍正三年蠲除七万五千五百四十九两，乾隆三年蠲除三万七千七百七十四两，实征百八十七万九千八百十两，粮八十九万九千六百三十二石，各有奇。岁漕京师七十七万百三十二石，留充本省经费十有二万九千四百九十九石，各有奇。

湖广湖北，民田五十六万六千九百十有三顷四十九亩，赋银节年蠲除十有八万二千四百五十四两，实征百有十万八千一百五十三两，粮二十八万六千五百五十四石，各有奇。岁漕京师十有三万二千四百三石，留充本省经费十有五万四千一百五十石，各有奇。

湖南，民田三十一万二千二百八十七顷九十八亩，赋银节年蠲除十有八万五百五十三两，实征一百十有六万三千六百六十三两，粮二十七万七千六百四十一石，各有奇。岁漕京师十有三万三千七百四十三石，留充本省经费十有四万三千八百九十七石，各有奇。

四川，民田四十五万九千四百十六顷六十七亩，赋银六十五万九千七十五两，粮万四千三百二十九石，各有奇。粮充本省经费。

福建，民田十有二万八千二百七十顷八十七亩，赋银一百十有七万七千八百九十九两，粮十有六万八千四百五十三石，各有奇。粮充本省经费。

广东，民田三十二万八千八百三十二顷九十三亩，赋银百二十五万七千二百八十六两，粮三十四万八千九十五石，各有奇。粮充本省经费。

广西，民田八万七千四百顷六十亩，赋银三十八万二千五百九十七两，粮十有三万三百七十五石，各有奇。粮充本省经费。

云南，民田六万九千四百九十九顷八十亩，赋银十有五万三千七百五十两，粮二十三万八百四十八石，各有奇。粮充本省经费。

贵州，民田二万五千六百九十一顷七十六亩，赋银十万一百五十六两，粮十有五万四千五百九十石，各有奇。粮充本省经费。

臣等谨按：以上据《会典》所载。是年奏销实数，以雍正二年奏销数较之，增田二十四万三千二百二十八顷六十一亩，赋银三百二十四万八千六百六十两，粮三百六十七万五千二十二石，草五百四万一百五十九束。

十九年，定地方官勒包都图及贡监生员包揽钱粮罪例。福建道监察御史胡定言：地方官征收钱粮，或有自顾考成恐钱粮拖欠勒令富户包都图等弊，应令该督抚即行参处。部议应如所请。并议定贡监生员包揽钱粮罪例。从之。

二十年，定芦洲地亩坍卸拨补①之例。江西巡抚胡宝瑔言：芦洲地亩坍涨靡常，定例将新淤地亩拨补，唯是有课芦洲，先由水影沙滩积渐而成，颇费工本，自应将新淤之地拨补。至水影沙滩等类，原无工本，例不升科，乃豪强之徒往往以无课沙滩与有课报坍之户混争拨补，以致案牍尘积。部议：令嗣后新涨地亩尽有课坍户补足，尚有余地，即将无课坍户按照先后酌量拨补，再有余剩，始行召垦。从之。

蠲减江南上元等州县额粮。江苏巡抚庄有恭言：上元等十四州县卫田地一千三顷八十余亩，下产难供上赋，请减原科则正银五千三百六十六两、米豆六千二百五十四石。下部议行。

---

① 拨补，田土因灾坍塌造成损失，允以新淤出的土地抵补。

二十一年，豁免江南邳州被水地亩额征地粮。江南邳州被水冲沙压，废田地八十九顷三十余亩，应征地漕等项银二百六十八两有奇，米麦六十石四斗有奇，令永行豁免。

二十二年，减除山东海丰县黎敬等庄地亩粮额。

谕：山东武定府属之海丰县，地处海滨，其地北乡之黎敬等五庄尤为低洼易涝，以致积欠三千五百余两，加恩概予豁免。至该处地既瘠薄，若仍用旧则恐输纳维艰，未免重困民力，着该抚勘明洼下地亩，其粮税并照下则征收，所有不敷粮额银两，按数开除。嗣据巡抚鹤年勘明，黎敬等五庄照该县大粮下则地例，每亩一分一厘征粮，共豁除不敷粮额银八百五十二两有奇。

二十三年，豁除江南灵壁①县五湖水沈地额征钱粮。灵璧县五湖田地最低极洼，波淹之区水深难涸，应纳粮地二千五百七十八顷五十余亩，额征折色银二千八百九十五两有奇，米三百一十石有奇，令永行豁除。

令州县钱粮随征随解，不得久储库内。户科给事中黄登贤言：州县钱粮应随征随解，勿令久储库内致有那移之弊②。并令布政司于奏销册内将各属批解月日逐一详细开载，以便稽核。下部议行。

删除地丁钱粮奏销项下折征颜料等款目③。户部议准：户科给事中黄登贤条奏，各省采办颜料，原就土产所宜，若已经停办，折征价银奏销册内复胪列各项名色，实属繁冗，应将各省奏销册造折征颜料款目概行删除，以归简易。至河南省之宗禄唐府瑞府匠班、陕西省之秦府王驸马勋田、直隶省之膳人膳军常兑操赏等名色，皆系明季流传，凡有似此开载者，应行令各督抚一体删除，统归地丁条造报。

二十四年，准陕西合阳县黄河新涨滩地照该县下地起科。陕西巡抚钟音言：同州府属之合阳县黄河新涨滩地三百七十五顷有奇，应照依该县下地科则，每二亩折中地一亩，每亩照部价折银二分八厘征解司库，下部议行。

豁免山东济宁、鱼台二州县水淹地亩额征钱粮。济宁、鱼台二州县被淹地亩，水深难涸者共九百七十六顷六十余亩，应征银二千五百三十九两有奇，米二百八十石有奇，令悉行豁免。

---

① 灵壁，应作"灵璧"，壁字恐是刊刻有误。
② 那移，挪借移用。
③ 折征，征收赋税时，不收原定物品，而折价征收银钱或其他物品。

二十五年，豁免山东海丰等县被水地亩额征钱粮。海丰、利津、沾化、阳信、乐陵、冠县水冲沙压地亩共九百八十二顷，应征银三千六百三十四两有奇，米麦五百八十九石有奇，令悉行豁免。

二十六年，募民承种肃州威鲁堡地亩。肃州威鲁堡向安插吐鲁番回人，是年移归故土，所遗熟地一万五千三百六十余亩，陕甘总督杨应琚奏请募民承种，按则升科。从之。

准山西大青山土默特十五沟民人开垦地亩照归化五厅中地科则。山西巡抚鄂弼奏报，大青山喀尔钦喀尔吉尔等十五沟民人二百四十余户，所垦熟地四百四十三顷七十五亩，部议令编给租票，以为定额，仍照归化等五厅中地科则，每亩完本色米二升九合六勺，共一千三百一十三百五斗有奇，由归化城通判征收。

二十九年，准安西府属招民认垦地亩照水田例六年升科。陕甘总督杨应琚前后奏报，安西府属玉门、渊泉二县招民认垦地亩一万二千一百亩有奇，俱照水田例六年升科。

准四川屏山县大竹堡等处荒地招民开垦，分别水旱，按年升科。四川总督阿尔泰言：叙州府属屏山县大竹堡等处边荒，勘明可垦地共十万六千六百余亩，请将叙州府通判移驻马边厅招民开垦，并将已垦田地分别水旱照例升科，下部议行。嗣据奏报，大竹堡等处开垦地亩，成熟、未熟上中下地共一千一百八十三顷，应征丁条粮银一千四百五十两有奇，分别年限起科。其川秧、荞坝、上下溪等处已垦承粮田地七十六顷，应征丁条粮银二百一十五两有奇，请拨入马边厅通判征收。从之。

三十年，减除江南泰州属丁溪、庙湾二场垦荒地折征课银。泰州分司所属范公堤外旧垦熟地六千四百余顷，地土瘠卤，江苏巡抚陈宏谋奏请照梁垛场折价之例，每亩完银二分五厘。嗣因丁溪、庙湾二场所报垦熟地内有沮洳斥卤不堪耕种地三千六十余顷，经两江总督尹继善等查勘会议，请减除课银四千六百九十两有奇，仍照本场原额科则。下部议行。

三十一年，谕：滇省山多田少，水陆可耕之地俱经垦辟无余，唯山麓河滨尚有旷土，向令边民垦种，以供口食，而定例山头地角在三亩以上者照旱田十年之例，水滨河尾在二亩以上者照水田六年之例，均以下则升科。第念此等零星地土，本与平原沃壤不同，倘地方官经理不善，一切丈量查勘，胥吏等恐不免从中滋扰。嗣后滇省山头地角水滨河尾，俱着听民耕种，概免升科，以杜分别查勘之累，且使农氓无所顾虑，得以踊跃赴功，力谋本计。该部遵谕即行。嗣经户部遵旨议定，凡内地及边省零星地土，悉听该处民人开垦种植。直隶、江西为数不及二亩，福建及江苏之苏州等属不及一亩，浙江及江苏之江宁等属不及三亩，陕西不及五亩，安徽、湖南、湖北、贵州水田不及一亩，旱田不及二亩，河南上地不及一亩，中地不及五亩，下地不论顷亩，山东中则以上地不及一亩，中则以下地不论顷亩，山西下地不及十亩，广东中则以上水田不及一亩，旱田不及三亩，下则水田不及五亩，旱田不及十亩，四川上田中田不及五分，下田上地中地不及一亩，下地不论顷亩，云南不计亩数，广东之畸零沙砾地亩及高、雷、廉三府山场荒地，俱永远免其升科。奉天十亩以下尚宜禾稼者，减半征租。山冈、土阜、傍河、滨海、洼下之处仅宜杂植、不成丘段者，永免升科。

又谕：据杨应琚奏，新定整欠、孟艮地方，请仿照普洱边外十三土司之例酌中定赋，于丁亥年入额征收等语。整欠、孟艮，业经附入版图，愿输粮赋，其酌定征额之处，俱着照所请办理。但念该处地方连年经莽匪扰害，今虽得安耕作，而元气尚难骤复，若遽于丁亥年责令输将，恐夷民生计未免拮据。所有应征钱粮，着加恩缓至戊子年入额征收，以示优恤边黎至意。

改定湖北汉川县垸粮科则。湖广总督定长等言：湖北汉川县汈汊垸，连接诸湖，圈筑长堤七千五百余丈，卑薄殊甚，必须加高培厚，但民修力有不能，借帑难以征补，况垸内岁征各则银不及一千三百两，米仅八十余石，而节年赈贷反多于额征之数，莫如改粮废堤，将垸内上八总民田红粮[①]三则均改为渔粮上则，其军田科则改为渔粮下则，下八总民田内应征南米请照上八总南米一并减免，庶几无水之年以地为利，有水之年以水为利。下部议行。

又谕：银库所奏月折内地丁款下开写丝毫忽微等细数，缘各省征收之时，必须先有散数方可合并，计算汇成总数，是以照例开写，但此等名目既已极其纤悉，而秤兑时并不能将此丝毫忽微之数分析弹收，徒属有名无实，于政体亦多未协。嗣后各省征收钱粮及一切奏销支放等事，俱着以厘为断，不必仍前开写细数。

---

① 红粮，清代南方对两熟田征收的田赋银，按土地肥瘠，税率分为三个等级（三则）。渔粮，对渔民征收的税银，也分为上中下三则，总体上低于对农民征收的田赋。

定四川石砫厅垦荒田地科则。四川夔州府属石砫厅地方，东西宽五百里，南北长三百三十里，自改置流民以来，田地征粮仍循土司旧习。总督阿尔泰奏请报垦田地，上田、中田丈量在五分以上，下田、上地、中地在一亩以上者，比照附近之酆都县科则。下部议行。

是年，总计天下土田七百四十一万四千四百九十五顷五十亩有奇，赋银二千九百九十一万七千七百六十一两，粮八百三十一万七千七百三十五石，各有奇，草五百十有四万四千六百五十八束。

直隶，民田六十八万二千三百四十三顷九十亩有奇，赋银二百四十六万三千七百八两，粮九万五千二百十九石，各有奇，草九万四千四百三十六束。粮草均留充本省经费。

奉天，民田二万七千五百二十五顷二十七亩有奇，赋银四万五千五百四十四两，粮七万六千九百四十四石，各有奇。粮充本省经费。

江南江苏，民田六十五万九千八百十七顷二十亩有奇，赋银三百二十五万五千二百三十六两，粮二百八万五千四百五十一石，各有奇。岁漕京师百七十六万二千六百一石，留充本省经费三十二万二千八百五十石，各有奇。

安徽，民田三十六万四千六百八十顷八十亩有奇，赋银百七十万七千一百二十三两，粮六十九万四千三百十六石，各有奇。岁漕京师五十二万五千九百三十六石，留充本省经费十有六万八千三百八十石，各有奇。

山西，民田五十三万五千四百八十一顷三十五亩有奇，赋银三百六万九千三百二十五两，粮十有二万三千五百四十六石，各有奇。粮充本省经费。

山东，民田九十六万七千一百四十顷三亩有奇，赋银三百三十三万二千八百七十九两，粮五十万六千九百九十五石，各有奇，岁漕京师三十四万七千九百六十七石，留充本省经费十有五万八千一百八十七石，各有奇。

河南，民田七十三万一千七百三十五顷六十三亩有奇，赋银三百三十二万二千二百十六两，粮二十万二千三百十三石，各有奇。岁漕京师十有七万三千一百七十七石，留充本省经费二万九千一百三十六石，各有奇。

陕西，民田二十五万九千五百七十九顷四十七亩有奇，赋银百五十五万五千五百十三两，粮三万一千九百四十八石，各有奇，草六千五十一束。粮充本省经费。

甘肃，民田二十三万六千三百三十顷九十五亩有奇，赋银二十八万七千四百八十六两，粮五十二万一千七百四十六石，各有奇，草五百四万四千一百七十束。粮充本省经费。

浙江，民田四十六万二千四百顷有奇，赋银二百八十二万一千四百八十三两，粮百三十八万六千七百石，各有奇，岁漕京师九十四万一千六百八十三石，留充本省经费四十四万五千十六石，各有奇。

江西，民田四十六万一千六顷二十亩有奇，赋银百九十三万九千一百二十六两，粮八十九万九千八百三十六石，各有奇。岁漕京师七十七万三百十石，留充本省经费十有二万九千五百二十六石，各有奇。

湖北，民田五十六万八千四百四十三顷九十亩有奇，赋银百十二万一千四十三两，粮二十八万六千五百三十七石，各有奇。岁漕京师十有三万二千三百九十六石，留充本省经费十有五万四千一百四十一石，各有奇。

湖南，民田三十一万三千八十三顷四十二亩有奇，赋银百十七万八千三百五十七两，粮二十七万七千九百四十九石，各有奇。岁漕京师十有三万三千七百五十三石，留充本省经费十有四万四千一百九十六石，各有奇。

四川，民田四十六万七十一顷二十六亩有奇，赋银六十六万八百一两，粮万三千四百四十石，各有奇。粮充本省经费。

福建，民田十有三万八千四十七顷三亩有奇，赋银百二十七万八千五百七十两，粮三十一万三千九百一十三石，各有奇。粮充本省经费。

广东，民田三十三万六千九百六十二顷五十三亩有奇，赋银百二十六万九百三十三两，粮三十四万八千一百七十四石，各有奇。粮充本省经费。

广西，民田九万九千七百五十二顷四十四亩有奇，赋银三十九万一千三百五十二两，粮十有三万四百二十石，各有奇。粮充本省经费。

云南，民田八万三千三百六十三顷五十一亩有奇，赋银十万五千七百八十四两，粮十有六万七千九百三十八石，各有奇。粮充本省经费。

贵州，民田二万六千七百三十顷六十二亩有奇，赋银十有二万一千二百八十二两，粮十有五万五千二百五十石，各有奇。粮充本省经费。

三十三年，户部议：盘验丈量京通新旧粮额①之法，每届五年派员查办一次，徒滋靡费，应请停止。如议行。

三十六年，谕：闻临清及陵县有经水沙压盐碱地一千余顷，屡年试种不能垦复，农民完赋无资，着加恩将该州县所有沙压盐碱地亩钱粮漕米概予豁除，以示体恤民隐至意。该部即遵谕行。

令民垦种吴县等地。户部议：江苏巡抚萨载奏，吴县、吴江、娄县、金山、无锡、丹阳、宝山七州县地方实有可垦之地，应令该州县劝民陆续耕种，照例题报升科。如议行。

三十七年，谕各督抚：凡有濒水地面，除已垦者姑免追禁外，嗣后务须明切晓谕，毋许复行觊耕，违者治罪。若仍不实心经理，一经发觉，唯该督抚是问。

山西巡抚三宝奏：助马口外沙碛硗瘠水冲沙压不堪耕种地共九十七顷四十亩零，请照例豁除。下部议行。

令民垦种黄州卫荒地。户部议准：湖北巡抚陈辉祖奏，黄州府黄州卫等处荒地应劝民陆续耕种。

三十八年，定通州崇明沙地额赋。大学士刘统勋等议奏：江苏省通州、崇明二处沙地，新归移驻海门同知管理，询之巡抚萨载，现在钱粮仍照原例通州加一、崇明五分征收，并未将崇明旧额照通赋加增，请嗣后原归厅官管理，将来遇有新涨再照通崇二邑赋额酌中定例。如议行。

谕：户部奏《荒地招民佃垦定限起租》一折，所办尚无实济，前以荒芜地亩及低洼之处，每易滋生蝻蟊，曾令裘曰修亲往履勘，并令英廉等酌量，可垦者令业主佃户垦种成熟，其实系沮洳之区，即为开掘水泡，以杜虫蟊而资潴蓄，数年以来尚未办及此事，于畿辅农田最有关系，着交周元理专派明干妥员逐加踏勘，将实可施工、民间乐于认垦者，听从其便。其荒芜低洼之区，即着开水泡以期日久利赖。

湖北巡抚陈辉祖奏：汉阳县自乾隆二十九年以来，积年坍没田地共五百五十一顷六十六亩零，所有应征钱粮请照例豁免。从之。

三十九年，定广东三水、新安等县报垦荒地照旱田例起科。

四十年，户部议：江苏巡抚萨载奏，镇洋县筑塘占废田地应缴银米，准分别扣蠲。

---

① 盘验丈量京通新旧粮额，通过丈量土地，查验田赋增减与田亩变化情况是否相符。

四十一年，江苏巡抚萨载奏，清河县于雍正十三年修闸筑堤，挖废田地，应征银粮请准豁免。从之。

四十二年，免喀喇河屯水冲沙压地亩额征。

四十三年，查长洲县小溆临太湖等处坍没地亩，除其租赋。

四十四年，户部议：甘肃西宁县添建仓厫，置买民地，额征粮草应准造册豁除。

四十五年，户部议：广西巡抚姚成烈奏，镇安府属开垦水田，准于乙巳年起科，俟起科之年，将前项地亩粮银造入奏销并编入全书送部。

令甘肃平番、碾伯二县荒地永除租赋。

四十六年，豁免阜宁卫河滩地租。

四十七年，闽浙总督陈辉祖奏：浙江仁和场等处坍没存减则地共九百二十亩零，请自乾隆四十五年为始，准其停收。下部议行。

陕西巡抚毕沅题，朝邑县水冲沙压地三百四顷八十四亩，又滩地一百八十二顷，咸宁等县濒临渭坝等河，节年坍没地六十八顷，所有均徭粮银旧额，应准豁免。下部议行。

又准仁和涨沙田地六千四百余亩升科。

四十九年，山西巡抚农起题浑源州劝民开垦荒地。查定例，地方实有可垦荒地，令该地方官劝垦，陆续耕种，旱田以十年题报。今大同府所属浑源州开垦旱地，每亩征银一分三厘零，遇闰之年每两加征闰月银三分，请于乾隆四十八年为始，至五十八年升科。从之。

五十年，户部议：直属原报官荒地一千二百三十六顷零，旗荒地五百五十三顷零，内除民房占用地基与有主坟地俱应征租外，实净存难垦荒地共一千七百八十七顷零，内查出可垦官荒地三百四十二顷零，旗荒地一百四十二顷零，俱于难垦之中，择其尚可试垦成熟者，饬令该州县召民认垦，按照八年限满交租。但同系荒地，土性高低不齐，翻犁播种，一切牛具籽粒所需工本人力又多寡不一，除施工较易仍照八年旧限外，所有盐碱沙压、傍山濒河、草根蟠结之地，约计数年所获之利与所费不敷，应加展二年以宽其限，俟正展限满，令地方官勘明情形，量其收成，酌定租数，将官租分别征收至实。余难垦荒地或盐碱不毛，或沙石积压，或附近山根，虽此次查勘实属难垦，但土脉之转移不一，地势之燥湿无定，仍令各州县随时查勘，或经水涸沙扬、泥淤碱退，转为可垦之地，即行召佃，设法垦复，以期地无遗弃。奉谕旨：依议。所有各州县历年报荒官旗各项地亩，经此次派员履勘查办，即查出可垦地八百余顷，分别年限召垦输租，于旗民均有裨益，足见从前荒废地利地方官不实力查办所致。但恐此后地方官因循日久，又复视为具文，日渐废弛，仍属有名无实，着交该督董率所属认真办理，恺切晓谕，务令小民踊跃从事，以期沃壤日增。至地利转移无定，或有此时可耕而日后或至水冲沙压者，或此时难垦而日后渐成膏腴者，并着该督随时察看，于此次查办后，续有可耕者若干，续行报荒者若干，每届年终汇奏一次，以专责成。

又谕：毕沅奏，开封府属之郑州有因堤压水冲不能耕种地亩共一百五十顷有零，核计无着粮银一千二百七十七两零，小民艰于输纳等语。地亩既因水冲堤占，钱粮无着，若仍令输将，民力未免拮据，所有此项废地钱粮一千二百七十七两零，着加恩概予豁除，以示朕惠爱黎元、体恤民隐之至意。

皇朝文献通考卷五

田赋考五

八旗田制

　　臣等谨按：国家建邦设都，务崇根本，是以盛京畿辅设有官庄，一时从龙翼运，群策群力，莫不授以土田，俾聚室家，长子孙。王以下，官员兵丁以上，迄各省驻防，俱有规制。至于口外田地，渐次垦辟，得膏腴数百万顷，由是八旗①人民，内有庄屯可以资生，外有草地可以垦种，又为之正其经界，使旗民各安其业，咸得我所百数十年来分拨相度之宜，调剂经久之法，无不裁成尽善。兹别立八旗田制一门，考稽国史，分年排纂，以彰昭代开创之宏规，用垂示万万世焉。

内务府官庄

　　顺治元年，设立官庄②。是时，近畿百姓带地来投，设为纳银庄头，愿领入官地亩者，亦为纳银庄头，各给绳地。每四十二亩为一绳。其纳蜜、苇、棉、靛等物者附焉。计立庄百三十有二，不立庄者仍其户，计二百八十五户，分隶内务府镶黄、正黄、正白三旗，坐落顺天、保定、河间、永平、天津、正定、宣化等府州县。奉天、山海关、古北口、喜峰口亦令

---

　　① 八旗，旗原为满洲人的狩猎组织，后来成为社会生活和军事组织。努尔哈赤年间定为八旗。后陆续发展出蒙古八旗、汉八旗，八旗制度最终形成。
　　② 官庄，明清时政府利用国有土地设立的庄田，可以用来安置无地或受灾农民，也可以将庄田的土地所有权授给官员、勋贵，庄主只向国家缴税。

设立。

康熙八年，编各庄头等第，以其田土编为四等。至二十三年题准，每十年编定一次。

二十四年，设立粮庄。每庄各给地千八百亩。旧例，每庄壮丁十名，选一人为庄头①，给田一百三十垧。每六亩为一垧。场园马馆另给田四垧。庄丁繁衍则留于本庄，缺则补足。给牛八头，量给房屋田种口粮器皿，免第一年钱粮。至是设粮庄，每庄地三百垧，其头等、二等庄头不准给牛。又山海关内古北口、喜峰口外粮庄，每一所纳粮百石。合仓石三百六十石。山海关外粮庄，每一所纳粮百二十石。合仓石四百三十二石。至二十六年题准，于交纳银二百两之庄头内改为粮庄，增壮丁为十五名。

停止庄头报粮溢额给赏。向例，庄头收粮毕时，于定额外多纳一石者，赏银二钱，缺额一石者责二鞭，鞭责不过一百。至是停止溢额给赏。三十九年，复停缺额鞭责之令。

二十五年，定庄田报灾之例。凡庄田报灾，定例于七月二十日以前庄头呈报，会计司委员查勘，于定额内酌量豁免。至是题准庄头报灾，勘得余剩好地六十五垧以下者给予养赡家口，六十五垧以上者照旧当差。

四十八年，令庄头地亩不足额者，准其补给；薄碱沙压者，准其换给。

五十年，定粮庄纳粮之数。山海关内、古北口、喜峰口外，头等庄报仓石二百五十石，二等庄二百二十石，三等庄一百九十石，末等庄一百二十石。每石折小米五斗。其明年，又定山海关外，头等庄报仓石三百二十二石，二等庄二百九十二石，三等庄三百六十二石，末等庄一百九十二石。又领种入官地亩庄头四名，每名报粮七十石；带地纳粮庄头一名，报粮六十四石。

五十五年，定给庄头顶带之例。庄头内当差四五十年不欠钱粮者，给八品顶戴；二三十年无欠者，给九品顶戴。

雍正元年，设总理大臣官员，专司口外报粮编审。

谕：山海关内庄头等所欠陈粮，俱令豁免。所欠新粮，限三年内交完。内务府议定：一二年内全完者赏给品级及加级有差，三年不完者

---

① 庄头，官庄中负责组织和监督生产的人。而前文"编各庄头等第"一语中的"庄头"则指的是所有官有田庄。

罪之。

二年，定庄田勘灾例。以被灾地亩编作十分，按分数免差，仍计口给粮。有捏报者罪之。

三年，令口内庄头交仓所余之粮，折银交广储司。口外庄头粮米，运交热河仓，其杂粮、秫秸等项亦折银交广储司①。

四年，更定山海关外粮庄地数。一等庄给地五十四顷，二等庄五十一顷，三等庄四十五顷，四等庄三十九顷。

十三年，定承催官奖劝例。完六年者加一级，三年者记录。

乾隆元年，停止承催官，令屯领催办。至四年复设。

四年，准凡投充人地如有薄碱，勘实退出补给。

二十年四月，准各庄头薄碱沙洼地亩，在附近州县入官地内拨换②。

又定入官地亩庄头拨换之例。直属入官地亩，例准八旗官兵闲散人等赴部呈买，旋经内务府将庄头拨换地亩奏明，亦在入官地内拣选。户部议定：嗣后凡庄头有应拨换地亩，其未经准人认买者，听其拨换。已经认买者，另行查办，再入官册。或经本部出示，召买庄头等已在外拨换，如内务府册结送部，在未经交价之先，准令庄头拨换；在交价之后，准官兵闲散人等认买。

凡内务府所领官庄地，曰粮庄，曰豆秸庄，曰半分庄③，曰稻庄，曰菜园，曰瓜园，曰果园，又有蜜户，苇户，棉靛户。

豆秸庄设壮丁五名，后增为七名，选一人为庄头，给田六十五垧，场园二垧，牛四头，其纳粮照粮庄之数减半。康熙四十五年，每庄给地一百五十垧。五十年定纳粮六十石。雍正二年，以厩馆饲马不用豆秸，将豆秸庄头三十名暂编为半分庄头，半分庄设壮丁七名，选一人为庄头，给牛四头，照豆秸庄纳粮。又每庄交黑豆二十五石二斗，草千束，秫秸百四十束。康熙四十七年，每庄给地百五十垧。五十年，定纳粮六十石。

稻庄在房山、玉田、涿州及玉泉山稻田厂各处，按水旱田分别征粮。

菜园设壮丁五名，选一人为园头，给种菜田十九垧，口粮田各五垧，

---

① 广储司，清康熙年间改御用监而置，属内务府，下设六库，收储银、茶、皮革等物。广储司的收支不属于国家财政范围，而是皇室的私储私用。

② 拨换，这里指的应是皇庄或八旗官兵庄园，如果土地瘠薄，由所在州县以国有土地给予抵换，以保证特殊阶层的利益。

③ 半分庄，官庄中土地数额仅为整庄之半者。

牛二头。康熙五十一年，又立丰台菜园，园头各给田四顷，内畦地一顷八十亩。牛四头。五十四年，每园增壮丁五名。六十年，园头各给旱地九顷。

瓜园设壮丁五名，选一人为园头，给种瓜田三十垧。口粮田各五垧，牛四头。康熙五十四年，每园增壮丁五名。六十年，园头各给旱地九顷。

果园设园头一名，园内旧丁各给口粮地，每年征银三两，新丁按地每亩征银三分，草二束，折征银二分。康熙三十九年，定每园纳粮壮丁不得过六丁，余丁免其征银。

凡蜜户按丁给地征银，每地一垧，征收蜜五斤，每斤折算银七分。康熙四十九年，以乌拉捕牲蜜丁所进蜜已足用①，嗣后蜜户俱按地征银，每亩征银五分。

凡苇户按丁给地，每亩征银一分至五分、八分不等，所进苇每斤折算银三厘五毫零，每年额征苇四万三千七百五十二斤，其余按亩征银。

凡投充棉靛户，每丁给地五十六亩，征棉花五十斤，水靛百斤，交广储司。

十六年，总计官庄田共五千七百四十八顷三十亩，银共三万八千九百二十四两，草十二万一千七百九束，各有奇。

右②据是年奏销总数。

三十二年，总计庄头六百八名，应交本年粮石等项折价银四万四千九百八两有奇，各圈草六十一万八千一百四十五束。

右据是年会计司总数开载。

四十年，定庄头承种之例。凡庄头承种额拨官地，不准藉称薄碱沙压，退交兑换，其有惧差不能承充庄头者，内务府大臣查勘确实，另派庄头承种。

四十七年，内务府奏，所属庄园人等承种官地，如遇旱涝灾歉，俱照民地之例，一分至四分者不准报灾。其应得口粮之处，概行停止，应一并咨行户部，转行直督等一体遵照办理。从之。

> 臣等谨按：国初设立官庄，或在奉天或在畿辅领之内务府会计司，此外，尚有部寺官庄，分隶于礼部光禄寺各衙门，自行征收支

---

① 乌拉，海西女真乌拉部的城池，地在今吉林省吉林市。努尔哈赤征服此部后，在该地设打牲乌拉府，以该地人负责采珠、狩猎、采蜜等事。清入关后，打牲乌拉府划归内务府管辖。

② 右，因原书为自右向左竖排版，故称上文为"右"。

放，以给公用，皆不属户部宗室官员兵丁庄田。

顺治元年，谕户部曰：我朝定都燕京，期于久远。凡近京各州县无主荒田及前明皇亲、驸马、公、侯、伯、内监殁于寇乱者无主庄田甚多，尔部清厘，如本主尚存及有子弟存者，量口给予，其余尽分给东来诸王、勋臣、兵丁人等，盖非利其土地，良以东来诸王、勋臣、兵丁人等无处安置，故不得已而取之。可令各府州县乡村满汉分居，各理疆界，以杜异日争端。今年从东来诸王各官兵丁及见来在京各部院官，着先拨给田园，其后至者，再酌量拨给。

是年，顺天巡按刘寅东疏言：清查无主之地，安置满洲庄头，诚开创宏规，第无主地与有主地犬牙相错，势必与汉民杂处，不唯今日履亩之难，恐日后争端易生，臣以为莫若先将州县大小定用地多寡，使满洲自住一方，而后以察出无主地与有主地互相兑换，务使满汉界限分明，疆理各别而后可。盖满人共聚一处，阡陌在于斯，庐舍在于斯，耕作牧放，各相友助，其便一也；满汉疆理无相侵夺，争端不生，其便二也；里役田赋各自承办，满汉各官无相干涉，且亦无可委卸，其便三也；处分当经界明，汉民无窜避惊疑，得以保业安生，耕耘如故，赋役不缺，其便四也；可仍者仍，可换者换，汉人乐从，且其中有主者既已归并，其余自不容无主者隐匿，其便五也。疏入，下部议行。

又谕：王公等于锦州各设庄一所，盖州各设庄一所，其额外各庄均令退出。

二年，定给诸王、贝勒、贝子、公等大庄每所地四百二十亩至七百二十亩不等，半庄每所地二百四十亩至三百六十亩不等，园每所地六十亩至百二十亩不等。又内府总管给园地四十八亩，亲王府管领三十六亩，郡王以下府管领三十亩，各府给事人员俱给地有差。又定王以下各官所属壮丁计口给地三十六亩，停支口粮。

谕户部：民间田房有为旗人指圈改换他处者，视其田产美恶速行补给，务令均平，倘瞻顾徇庇，不从公速拨，从重处分。

户部尚书英俄尔岱等言：臣等奉命圈给旗下地亩，查得易州、安肃等州县军卫共三十六处无主田地，尽数拨给旗下犹苦不足，其未查地方如满城、庆都等二十四州县尚有无主荒地，若拨给旗下，则去京渐远，兵民杂处多有未便，议将易州等处有主田地酌量给旗，而以满城等处无主田地就近给民，庶几两利。至于清查事绪繁多，应差廉干官员前往，从公拨给，务令满汉兵民各有宁宇。疏入，命遣给事中四员、御史四员同户部司官八员前往拨给。

准民间坟墓有在满洲地内者，许其子孙随时祭扫。其应给满洲及应留民间地亩，令地方官早行晓示，毋妨东作。

三年，谕：京城内外无主园地酌量拨给诸王府。

又议：准直隶民人田地被圈者，以各州县连界地亩拨补，其不愿往他处者，以未圈之民房地均分居住耕种。户部言：民间田地拨给满洲，已经于邻近地方补还，但庐舍田园顿非其故，又有迁徙之劳，请照被拨地数一应钱粮全免一年，其地土房舍虽未经拨给满洲，而与近村被拨之民同居分种，亦请照分出地数将钱粮量免一半。凡故明公侯外戚屯地既经拨出，其钱粮请照数永免。从之。

四年，令参领以下官员各给地六十亩。凡拨给兵丁地亩有告称不能耕种者，不准。所圈地内如有集场，仍留给民以资贸易。凡拨给地亩以见在为准，嗣后虽增丁不加，减丁亦不退，各官虽升迁不加，已故降革不退。户部言：去年八旗圈地，止圈一面，内薄地甚多，今年东来满洲又无地耕种，若以远处府州县屯卫故明勋戚等地拨给，又恐孤贫者无力运送，应于近京府州县内拨换。去年薄地并给，今年东来满洲，其被圈之民以未圈州县屯卫田拨补，仍照迁移远近豁免钱粮，四百里者准免二年，三百里者准免一年，以后无复再动民地，庶满汉两便。疏入，从之。

五年，定：亲王给园十所，郡王给园七所，每所地一百八十亩。

六年，定：凡加封王、贝勒、贝子、公等，各照本爵拨给园地。袭封王、贝勒、贝子、公等，其祖父所遗园地，除拨给应得之数外，其余地亩不必撤出，仍留本家。定：拨给官员园地，公、侯、伯各三顷，精奇尼哈①番各二顷四十亩，阿思哈尼哈番②各一顷八十亩，都统、尚书、阿达哈哈番③各一顷二十亩，副都统、侍郎、拜他喇布勒哈番④各六十亩，一等侍卫、护卫、参领各四十二亩，二等侍卫、护卫各三十亩，三等侍卫、

---

① 精奇尼哈番，清朝爵位名，汉译为子爵。
② 阿思哈尼哈番，清朝爵位名，汉译为男爵。
③ 阿达哈哈番，满语官爵名，汉译为轻车都尉，非实职，是外戚功臣的爵位封号。
④ 拜他喇布勒哈番，清朝爵位名，汉译为骑都尉。

护卫、拖沙喇哈番①各二十四亩。凡官员致仕者，督、抚、布、按、总兵各给园地三十六亩，道员、副将、参将各给园地二十四亩，府州县游守等官各给园地十八亩。

又新来壮丁每名给地三十亩。至次年，令八旗旧壮丁每名撤出地六亩拨给新壮丁。

又以各旗拨换地土将完，余剩房地俱交地方官办理。嗣后各旗有呈请拨换者，概行禁止。

七年，给公主园地各三百六十亩，郡主园地各百八十亩，县主、郡君、县君园地各百五十亩。又拨给亲王园八所，郡王园五所，贝勒园四所，贝子园三所，公园二所，每所地百八十亩。嗣后凡初封王、贝勒、贝子公等俱照此例拨给。镇国将军园地二百四十亩，辅国将军园地百八十亩，奉国将军园地百二十亩，奉恩将军园地六十亩。凡给过园地者，停给家口粮米。

十年，令圈拨民间房地永行停止。

十一年，令撤出壮丁地，量加钱粮月米。都察院言：满洲兵丁虽有分地，每年并未收成，穷兵出征，必需随带之人，致失耕种之业，往往地土空闲，一遇旱涝，又需部给口粮，且以地瘠难耕复多陈告，而民地又不便再圈，请查壮丁四名以下地土尽数退出，量加钱粮月米，其退出之地，择其腴者许今原得瘠地之人更换，余则尽还民间。在满洲，有钱粮可望乐于披甲，而又无瘠地之苦，至民间素知地利，复不至于荒芜。下部议行。

十五年，申满洲置买民地之禁。户部言：民间地土房屋禁止满洲置买，已于顺治七年定例遵行。后于十三年奉"有未禁以前所买房地入官，户部给发原价"之旨。臣等议：未禁之前所置房地，请从宽免其入官。七年，禁止以后所买房地，发觉仍照定议入官买卖，一并治罪。从之。

康熙二年，定：新来佐领给地三十亩，领催给地十八亩。

三年，给守卫孝陵官员园地有差。先是康熙二年给守卫孝陵内大臣园地九十亩，至是议给总管地七十二亩，副总管六十亩，防御及郎中各三十六亩，员外郎、尚茶、尚膳、读祝、赞礼等官及内监各三十亩，笔帖式、骁骑、校佐领下执事人各二十四亩，骁骑、礼工二部执事人六亩。嗣后守卫陵寝官员俱以此为例。

---

① 拖沙喇哈番，清朝爵位名，汉译为云骑尉。

八年，谕：民间房地圈给旗下，嗣后永行停止。今年所圈房地，悉令给还民间。至旗人无地者应否以古北等口边外空地拨给，令贝勒大臣确议。诸臣会议言：圈拨民间田房，屡经停止，嗣有因旗下退出荒地复行圈补者，有游牧等处投来人丁复行圈拨者，有因圈补时复圈接壤民地者，百姓失业堪悯。今张家口、杀虎口、喜峰口、古北口、独石口、山海关外各有旷土，如宗室官员及兵丁有愿将壮丁地亩退出，取口外闲地耕种者，该都统给印文咨送按丁拨给。得旨报可。至九年，又议以喜峰口、独石口外既无闲地，正红旗又无赴边外领地之人，不必拨给，请以古北口外地拨与镶黄旗、正黄旗，罗文峪外地拨与正白旗，冷口外地拨与镶白旗、正蓝旗，张家口外地拨与镶红旗、镶蓝旗。从之。

九年，令官员兵丁地亩不许越旗交易。其兵丁本身种地不许全卖。

二十年，定：满洲新归旗者停给园地。

二十三年，定：民地被圈拨补之例：顺天等府民地拨给旗下者，将别州县卫所额外开垦官屯等地补还，其应输粮课考成之责，归受补州县；征比①之事，委被拨州县。

二十四年，令直隶州县百姓垦荒田地停止圈拨。时议准，各处壮丁及新满洲应给地者，将上三旗官庄并八旗、礼部、光禄寺丈量所余地亩拨给，俟此项地亩拨完时，另请定夺。

三十年，新满洲退出地亩令给民耕种输租。

四十五年，更定②拨给例。先是拨给地亩，自康熙十三年后俱系将八旗退出地方官收存地亩拨给，遵行已久。至是以春二三月内已经耕种，应俟秋成后始行拨地。临拨，即移咨内务府奉宸院转付八旗司并行直抚大宛二县知照，已拨给之地，不准更换。其初次应行给地之新满洲，于八旗余地内丈给。

五十三年，定：拨给庄头地亩在各属旗退输地租内匀拨，不得指圈民地。

雍正二年，于直隶之新城、固安二县制井田，选八旗人户往耕。都察院副都御史塞德请设立井田，户部议准，以内务府缴出余地及户部所收官地内拨：新城县一百十六顷，固安县一百二十五顷八十九亩，制为井田，

---

① 征比，征收赋役，并进行统计排比。
② 更定，重新制定；拨给例，分放土地的则例。

令八旗挑选无产业之满洲五十户、蒙古十户、汉军四十户前往耕种。自十六岁以上、六十岁以下，各授田百亩，周围八分为私田，中百亩为公田，其公田之谷，俟三年后征收，于耕种所余地内立村庄，造庐舍四百间，每名给银五十两，以为一年口粮及牛种农具之用。设管理劝教二人，俟有成效分别议叙。至五年议定：将八旗满洲、蒙古内欠粮及犯法革退官兵无所倚靠者并伊妻子发往井田，每户给田三十亩，五户共给牛三头。购买牛具籽粒等物及每年口粮，每户给银十五两，交与管理井田官员，酌量人口多寡，苦盖土房，俾其居住。并严行约束，有怙恶生事者，咨回加倍治罪。嗣后每年一次查出，发往其开户人，内犯法枷责革退者发往井田，给予效力良善之人为佃丁，不许擅卖，令其出力。

三年，定：州县所收旗退地亩钱粮考核例。凡州县收过八旗所交地亩并内务府交出余地所收银钱粮米另立一案，以定奏报考成。自雍正三年起，每年按数征完银钱解部，粮米存储各州县备用。仍于岁底造册具题，如有未完，令该督题参议处。

六年，清查直隶旗地。时以直属旗民杂处有互争田土之事。议令内务府、宗人府、八旗都统将旗庄圈赏投充各项地，核明坐落四至，造具清册，一送户部，一送直隶总督，照式造册钤印，发各州县收储。如有旗民互争田土，即据册查勘审结。其带地投充人户或有隐漏地亩，令一并清查。

七年，于顺天之霸州及永清县设井田。

谕：八旗地亩原系旗人产业，不准典卖与民，向有定例。今竟有典卖与民者，但相沿已久，着从宽免其私相授受之罪。各旗务将典卖与民之地一一清出，奏请动支内库银照原价赎出，留在各该旗，给限一年，令原业主取赎。如逾限不赎，不论本旗及别旗人，均准其照价承买。

十三年，遣官清丈察哈尔西四旗及东四旗地亩。

又谕八旗：欺隐余地，俱令自首免罪。倘仍欺隐不首，一经发觉，加倍治罪。

是年，令清查园头、牲丁、壮丁人等典卖当差地亩。户部议：凡园头、牲丁、壮丁人等，官给当差，房地例禁典卖，但彼此授受相沿已久，倘不查明撤回，在旗丁固无以为当差之资，而概行撤回，又恐乡愚失业，应令逐细查勘，如红册①内开载之房地及其余地本属官物，均应撤回，其红册所不载本为私业，不应强撤。至典卖有红契、白契②之别，撤时又有应追价不应追价、应治罪不应治罪之殊，应遣官前往各州县，照内务府红册彻底清厘。仍将地亩数目、四至、村庄造册四本，一存本州县，其三分呈户部、内务府并该督以备考稽。从之。

乾隆元年，改井田为屯庄。时以井田试行十年，咨回者已九十余户，令地方官确查，实力耕种者改为屯户，于附近州县按亩纳粮，令各属防御管辖。时井田改屯地，地共百五十四顷九十八亩有奇。

定古北口外旗地折银之例。古北口外热河东西两河各项旗地，分别上中下三则，上则每亩纳银一分四厘，中则纳银七厘，下则纳银三厘五毫，免其征收本色③，以省挽运之艰。

二年，谕八旗都统等曰：从前入官旗人之地理应赏还旗人，俾得资生之计，但旗地与民田不同，是以特交尔等八旗大臣办理。今尔等议称入官地亩，从前所定租额本轻，徒致州县吏胥中饱，请派员前往秉公更定等语。见在入官地亩之租较之民人佃种旗地之租为数实少，而此项入官之地原属旗地，与民人纳粮之地不同，虽经官定租额，而百姓不知，仍纳重租，以致吏胥中饱。今因地定租固为允协，但愚民不明事理，或妄生疑，意谓增添租额亦未可定。夫旗人、民人，均我赤子，朕一视同仁，并无歧待，着直督出示晓谕，若无从前弊端，即令该督保题，停止增添。又议称此一定之后，交与地方官按年照数收租解部等语。夫年岁之丰歉不齐，如遇歉收之岁，仍照定数征租，则百姓不免受累。其旱涝之年作何减收，丰稔之年作何补纳之处，着各该州县官随岁之丰歉酌量办理报明。该旗仍报部存案，以备稽查。倘有借端蒙混、不据实办理者，即着该旗该督查参。

三年，谕：朕前以旗人生计贫乏者多，令王大臣议将八旗入官地亩立为公产，收租解部，按旗分给，以资养赡。此等地亩内有定鼎之初圈给八旗官兵、将田赋悉行开除者，亦有与百姓自相交易、出银置买、仍在州县纳粮者，两种原属不同，若以入官之后一概定为公产，不准民买，殊非朕

---

① 红册，清朝，由宗人府管理的皇室旁系宗亲的族谱。
② 红契、白契，旧时民间买卖典当土地房屋等不动产，双方所立契约，未经官府征税盖印的叫"白契"，已经官府征税，并加粘官方文书、契尾盖有官印的叫"红契"。红契受法律保护。
③ 本色，指征收米麦等主要农产品的田税。《明史·食货二》："于是谓米麦为本色，而诸折纳税粮者谓之折色。"

轸念畿辅黎赤之本怀。嗣后除原圈官地不准民间置买外，其旗人自置有粮之地见在入官者，不论旗民，准照原估买值变卖，将银解部，交各旗料理生息，分给旗人，俾沾惠泽。

四年，谕：从前降旨，令将入官地亩仍赏与八旗以为恒产。随经八旗大臣议，称"借支库银于京城空地盖屋，赏无房人居住，将公产地租陆续补库。其续收地租作何赏给，永远接济，别议具奏"等语。朕思此项地亩均系旗人旧业，有因拖欠钱粮入官者，有贪婪官吏抵应赔款项入官者，既赏还八旗人等，仍留公官办，不但所得地租分散之时势难均齐，而地亩租银官收之数亦必少于私收；分赏众人则人多数少，无济于事，势必随手花费。此项地亩，仍令八旗官兵或指俸饷，或交见银承买为业，则八旗人等各得立产，于生计自有裨益。承买价银即交部以补盖房之项，其余银作何办理，及见有地亩作何，视其肥瘠，酌量等第，别定价值，令其认买。该部会同八旗大臣等详晰议奏。

户部、八旗都统会议：凡一等地三十亩，作价四十八两；二等地三十亩，价三十八两；三等地三十亩，价二十八两；四等地三十亩，价十八两；荒地三十亩，价十二两。令官兵承买，价银限五年交完。其指俸饷抵买者，亦于五年内坐扣。至此次公产地价之余银，应交地方官将民典旗地赎回报部。先令原业主照原价取赎，不愿者听他人承买。疏入。

谕户部曰：我朝定鼎之初，将近京地亩圈给旗人，在当日为八旗生计，有不得不然之势。其时旗人所得地亩，原足以资养赡，嗣因生齿日繁，恒产渐少，又或因事急需，将地亩渐次典与民家为业，阅年久远，辗转相授，已成民产。今欲将从前典出旗地陆续赎回，必须于民全无扰累始为妥协，再此项地亩，官员内尚须扣俸认买，贫乏兵丁食饷有限，无从措价，势必尽归富户，富户即肯周济亲族，亦岂能多为分给，则赎地一事，恐未必于贫乏旗人有益。可将此旨行文直隶总督详悉妥议。

五年，议定取赎民典旗地及旗人下乡种地之例。

户部议准，直隶督臣奏：一、取赎民典旗地，百姓不苦于得价还地，实惧其夺田别佃，应令地方官于赎地之时，将见在佃户及见出之租数造册备案，嗣后无论何人承买，仍令原佃承种，其租银照旧；如庄头土豪无故增租夺佃者罪之；民有从前造房立坟墓于旗地内者，令丈明所占地亩，照例缴租，不许勒令迁移，违者罪之。一、贫乏兵丁无力措价买地，即买亦不能多。查八旗公产及入官地及此项赎回民地不下数千万亩，应勘明八旗闲散人内有正户正身、居家勤俭者，上地给予百亩，中地给百五十亩，下地给二百亩，令偕其妻子下乡耕种。初种之年，官给牛种、房舍之资，于贫乏旗人生计实为利赖。从之。

九年，定民典旗地减价取赎之令。凡民典旗地，不论契载年限，总以十年为率，在十年之内者照原价，十年以外者减原价十分之一，二十年以外减十之二，三十年以外减十之三，四十年以外减十之四，五十年以外者半价取赎。至十一年，复定取赎旗地。自十年以外，每年递减至五，十年以外仍以半价取赎。又令八旗官兵承买公产地者，亦照官赎减价。

十一年，八旗公产地准编设庄头。时以八旗公产地内，有未经承买以及存退余绝地亩共六千四百余顷，于乾隆七年酌留千顷为各案拨补之用，每年官收租息，为数既轻，吏胥包揽侵渔之弊，皆所不免。议令履亩详勘，量地之肥瘠定出租若干。如地美租多，整分庄头仍照例给地十八顷，半分庄头给地九顷。如地瘠租少，酌量加增。其新设庄头，令免差一年。

十八年，令嗣后旗下奴仆及开户人典买旗地，定限一年。内自首官为回赎，照民典旗地例，分年限减价取赎。如系其主之地，十年以内即减原价十分之一，十年以外减十之二，以次递减。若原主不能赎，即交八旗内务府作为公产，官为收租，岁终将收过租息数目奏闻，请旨赏给贫乏旗人，以资养赡。

又定嗣后民典旗地，停其召买，交与该旗为公产，所收租息，为养赡贫乏旗人之用。

十九年，清查遗漏沉没旗地。军机大臣等会议：现今八旗查送旗人原圈地亩、自置地亩内典卖与民，前此清查时未经报出，此次共报出一万四千七百五十九顷零，但此等多系原业主子孙年幼，其地亩数目、坐落村庄、典地民人名姓不能记忆，是以未经报出。查直隶各属除民地外，俱系旗人，原圈地亩若将现纳钱粮民地开除，挨村清查，即遗漏沉没旗地俱得清楚。从之。

二十一年，谕：八旗另记档案及养子开户人等俱准其出旗为民，所有本身田产并许带往。至二十二年，户部奏请：出旗为民另记档案人等，凡契买民地并开垦地亩系伊本身田产，应遵旨准其带往为业。至于老圈并典买八旗地亩，不便将旗地带入民籍，应查明，动官帑赎回。从之。

定旗人旧典房地不准回赎之例。户部奏准：八旗房地在康熙年间典卖者，俱系白契，或典或卖，真伪难分，概不准其回赎。

停止新满洲丈拨地亩，照地给予租银。新满洲人等来京当差，向例于直属存退余绝地内，按品级大小分别拨给。至是以领地有肥瘠之异，且滋侵隐捏租之弊，户部奏准：嗣后每亩酌给租银一钱五分，核计一名壮丁地每年给租银四两五钱，即在直属征解部库旗租银内动给。至二十九年，户部奏：各旗远年得地之新满洲人等，以不得租息，呈请退地领租，应俱照二十一年奏准之例。从之。

二十二年，准：民奴典卖旗地分别减价，先行发帑赎回，照旗地旗租之例收租。户部议：近据直隶督臣查清候赎旗地一万四千五百十八顷，若照旗地取租，每亩一二钱至三四钱不等，而现在民人承种，每亩官租银最多者不过钱许。请将候赎地亩，恳恩先行发帑照数赎回，交八旗都统等照旗地旗租之例，收取租银，按年解部，俟归清帑项后，应作何遵照原奉恩旨办理之处，再详议奏请。从之。

准：八旗存退余绝地照例安放庄头。户部议：二十一年奏销册报存退余绝地三千二十八顷有奇，应酌留一千顷为拨补官用，其余照乾隆十一年之例安放庄头。从之。

准：八旗入官地亩照原额租数征收。户部议：入官地亩现存三千四百九十一顷有奇，应交与该旗，查明原业原收租数，行令地方官照数征收，按年解部。疏入，谕：入官地亩交与该旗，查明原业原收租数，行令地方官照数征收之处，此等地亩以加惠小民而论，即租额再为轻减亦无不可，但向来官地租额虽轻，而民佃多不沾实惠，盖地租一项，既不在官，又不在民，则不肖官吏转得视为利薮。该部请照原纳租数征收，自为杜绝弊端，所奏是。但旗人原收租数，或系市平市斛，而官为收纳，势必用库平官斛，则租数虽属相符，而贫民所加已属不少。嗣后入官地亩，地方官照原数征收，着即照原收平斛令其输纳，庶俾承佃各户交租不致畸重，而官吏亦不致中饱矣。

二十三年，谕：出旗为民之汉军内，所有向日承种井田、屯田者，俱久赖地亩为生，一旦将此项地亩撤出，未免失其生业。着将伊等现在承种地亩加恩，即行赏给耕种。至四月，直隶总督方观承言：汉军出旗为民人等，内有原领井田并屯种官地，蒙恩赏给耕种，带入民籍，请将此二项地亩勘明村庄、段落，填给印照，注明赏种官地字样，交本人收执，庶不致混入民产。又领种井田，定额每亩征谷一斗，应仍照旧征收。其屯种官地定为三等征租，上地征银六分，中地四分，下地三分，均归州县征收解部。下部议行。

二十五年，定违禁私行长租之例。违禁私行长租者，业主租户各治以违禁罪外，由业户名下将租价追出入官，由租户名下将地亩追出给还本人，使业主租户两失长租之利，以示惩警。

查丈热河道属四旗通判地方旗人增垦地亩，按则升科。方观承言：热河道属四旗通判地方东西两河丈出垦熟未升科旗地三千九百三十三顷六十四亩有奇，应照该处上则一分四厘起科。下部议行。

二十七年，谕户部：所有八旗积存地亩一项折内酌议分设庄头之处，着照所请行。但安放庄头，需地不过三四千顷，所余尚有一万顷之多，此等皆系老圈旗地，且发帑赎回者十居七八，原系应存入官地亩，着将此项交内务府派员经理征收，俟原帑按数归清之后，即将地亩赏给八旗作为恒产。其将来如何算定章程，妥协办理之处，临时着该部会同内务府八旗大臣悉心详议具奏。

二十八年，谕：上年因八旗回赎旗地积至一万余顷之多，降旨令户部会同内务府八旗大臣定议，以三千顷安设庄头，余俱赏给八旗作为恒产。第念此项田亩虽系旗人世产，现在贫民耕种日久，藉以滋生，若改归庄头，于佣佃农民未免失业。所有分设庄头管理之处，不必行其如何按则交租并酌定章程之处，着军机大臣会同方观承详悉，妥议具奏。

军机大臣等议，言：现在回赎地亩，各该业主每亩所收若干，虽无从一一查核，而各该处田亩之前后左右自必有现在旗民执业，应即按照邻近田亩租数一体征收，以复旧额。并核计佃户交官添补平色之数量为酌减，令与输租业主相仿，请旨特派大臣前往，会同督臣逐一履亩查勘，并将租额分别上中下则实数填注册内，以凭查核。奉旨派英廉、钱汝诚会同方观承查办。嗣节经英廉等奏，此项回赎地亩，应照所勘地亩之厚薄，邻租之重轻，并查明原典价值之多寡，就实在情形酌量更定，使租与地两相适称，毋庸拘泥原租之数。臣等履亩查勘直属六十五州县厅地亩租银均已查办完竣，凡分佃之花户姓名一一填注册中，按名分给执照，照内将村名、地数及每亩征租若干细数开写统计：地一万四千五百三十四顷六十二亩有奇，原征租银二十万二千二百六十七两，酌复租银十有一万三千二百二十五两，每年共应征租银三十一万五千四百九十二两有奇，照例解交藩库，汇总解部。从之。

三十二年，申典买旗地之禁。户部议准：内务府所属一切鹰户、炭军、炸军、灰军并银两庄头人等，嗣后如有再行典买旗地及代伊等在民之亲族借名顶冒等弊，或经查出告发，均照民典民买之例分别治罪。

定：回赎坟地，不论段落，仍与限制。户部定例：坟茔地亩不准入官，如已入官，数在三顷以内者查明给还，三顷以外者给还之数不得过三顷。又直属人民典买旗地，官给价值回赎征租，但其间有原业于未经典卖旗地以前葬有祖父坟茔者，不为分别办理，殊于坟地不得入官并已入官者查明给还之例有碍，是以先经户部酌议，准令原业回赎，如三品以上大员赎不过二顷，四品以下不过一顷，兵丁闲散不过五十亩。嗣因各旗人所赎之地间有块段错落与坟茔不相干涉者，恐启混冒之渐，复经户部详细咨查，唯是一段地亩或佃户认种划分，或业主分契出典致成数段，地方官按段开造者，所在多有行查，徒滋案牍，况自二顷至五十亩已按品级而定，若其数目既符，即与定例吻合，且查各旗缘事入官之地，若有祖茔尚准予世守，而官赎之产若拘于块段，则旗人以例得回赎之地反致有亏，自非原定回赎坟地本意。应咨各该旗内务府查照原定二顷、一顷、五十亩之数办理，毋庸分别段落，以昭平允。

三十四年，停止旗员查丈定租之例。户部议：直隶总督杨廷璋奏，本旗委员查丈直属入官地亩定租之例，永行停止，自属防弊之法，应如该督所奏。嗣后报出入官地亩，即由该督于户部文到之日，饬司遴员会同地方官履勘酌租。其六十八州县从前有照原租短少者，令其检举自首。疏入，奉谕旨：此后入官地亩停止旗员查丈定租之例，着照所议行。至于旧案，令地方官于一年限内，自行详查，酌复原租，由府道藩司转详该督复核，咨部之处，尚未妥协。此等入官旗地，历年久远，地方官原定租额时大率不能详核者多，若仍令伊等自行查改，难保无回护徇情、蒙混草率诸弊，或仅将不能掩饰者举出，更正一二，仍属有名无实，自应特派干员，通行履亩会勘确核，方为彻底清厘之道。着户、刑二部拣选明干满汉司官各四员，其余各部拣选满汉司官各二员，交户部带领引见，候朕简派，前往会同该府尹及各该府秉公悉心查办。

三十六年，定西四旗地亩额征。户部议：吏部侍郎袁守侗会同山西巡抚鄂宾奏，原征察哈尔西四旗地亩并清水河征收米石改折银两，画一办理。其应州等八处，悉照内地州县成例。从之。

定旗地抵给之例。大学士刘统勋等议：八旗荒芜地亩，酌量垦种，并开挖泡子。奉谕旨：此项开挖泡子低洼田亩，虽荒芜已久，在业户原不能收艺获之利，但伊等究未免少此产业，殊堪轸念。着加恩将应行开挖之地查明亩数交户部，于官赎旗地及入官地亩内酌量减半抵给，俾得耕种取租，足资永业，以示体恤。

三十七年，定典卖旗地追价之例。户部议：旗人将地亩违例典卖与民人及旗下家奴者，所有应追地价，若本人业经物故及家产全无之人，向只咨部，年底汇题请豁。嗣后此等银两若数至五百两以上者，请专案具题，以昭慎重。从之。

三十八年，定左右两翼送部征收地税册内将州县村庄一并造入。户部议：八旗有地之家不下数万户，向只右翼报部，并未转行各州县，而左翼并不开报，若令旧有地亩尽查造册，未免纷扰。嗣后旗人置买地亩，应饬令左右二翼开列旗籍人名、地亩、段落四至并原买价银，一体按季报部，由部照造地册转行直督顺天府存案。在八旗买地之人不过于照例投税①之便，据实呈明。即左右二翼四季册报，本系现行常例，亦无另有更张之处，而行之既久，凡旗人地亩，各州县均有册档可稽，不特尘案可以速清，而争端亦可渐息。如议行。

三十九年，令旗人抵帑入官地亩按照租数作价。户部议：向例，召买公产旗地，按租作等，按等定价，此系将在官地亩散给旗人永为世业，是以租重价轻，以副皇上惠养八旗之意。至旗人未完官帑，将地亩议价入官抵项，情节本不相同，似应租价相当方为允协，且户口繁滋，地价顿增数倍，应请嗣后八旗官兵人等有地亩报抵入官者，将原契原价原佃原租各数，由旗查实报部，行文直隶总督委员履勘相符，咨覆，即计租定价，统以三分三厘之息为断，则完帑不至拮据，而议租亦不能意为重轻，胥役无从滋弊。如议行。

申旗民私开地亩之禁。户部议：大凌河马厂牧场水草内旗民人等，私开地亩，建盖房屋，全行拆毁，私开人等照例治罪。将督率不力之地方官咨部议处，并令总管等每年春秋二季亲身详查。如议行。

四十年，严偷垦私造之禁。户部议：大孤山地方所有闲空地亩即作该城兵丁马厂，其五块石地方偷垦地亩、私造房间民人，交与该地方官治罪。如议行。

四十四年，谕：近以八旗赎回入官老圈地亩，从前俱准八旗官员兵丁

---

① 投税，纳税人主动申报应税事项，并缴纳税款。

认买，后不肖之徒有偷行典卖与民人等弊，始改为不准官员兵丁认买，俱官为取租。今旗人生齿较前有加，此项地亩倘仍官为取租，必致旗人产业渐少，于伊等生计大无裨益，是以降旨将官为赎出、入官老圈地亩，仍准官员兵丁分买，交户部八旗详细定议具奏。今复详为筹划，八旗人丁浩繁，此内有家奴者固多，而无家奴者亦复不少，其认买地亩，若离京稍近尚易于取租，倘或在数百里之外，必又纷纷告假取租，不唯徒费资斧，又起民人勒掯之端，其地租能否全得，尚在未定，而每月反将所得钱粮先行坐扣地价，于伊等生计反无裨益，实不能仰副朕爱养旗人之至意。朕意不如将此项地亩仍官为取租，将每年所得之租解送户部，分给八旗赏赉兵丁，如此办理，既不费伊等之力，而钱粮又毫无坐扣，于伊等生计更为有益。着交户部八旗均匀分给，仰体朕爱养旗人至意。

四十六年，谕：户部议覆《索诺木策凌等查丈流民私垦地亩仿照山东科则定赋》一折，自应如此办理。流民私垦地亩，于该处满洲生计大有妨碍，是以照内地赋则酌增，以杜流民占种之弊，且撤出地亩并可令满洲耕种，不特于旗人生计有益，并可习种地之劳，不忘旧俗，原非为加赋起见。至吉林与奉天接壤地粮自应画一。今据户部查奏，吉林所定额赋又系照直隶办理，与奉天查照山东科则者互异，是和隆武专似为言利起见，殊非均平额赋、加惠旗人之意。所有吉林地亩钱粮应收赋则，着交和隆武会同索诺木策凌详细熟筹酌中，划一定额，妥议具奏。寻经和隆武等覆奏，户部议：准四十二年以前陈民耕种地亩，照奉天陈民例分为上中下三等，银米各半征收。以后续行查出私开地亩，亦照奉天查出流民地亩加增粮额之例，银米并征。是办理既有等差，酌中定赋，不致畸重畸轻，尚属可行，应如所奏。从之。

四十七年，禁民典买旗房。军机处会同八旗议准：御史西成条奏，民人不许典买在京旗房，如有阳奉阴违，一经发觉，即照民典旗地之例办理。如在屯旗房，亦应一律办理，未便两歧。并行文一体遵照。

四十八年，定旗租照正项钱粮[①]例。户部议：旗地租银与正项钱粮事同一例，民粮既有转参，旗租岂无年限。请自四十六年以后，租额除初参未完照例议处外，应照正项钱粮酌定转参，则旗租定有章程，而官赋永无陈积矣。如议行。

---

① 正项钱粮，清代称田赋中的地丁银为正项钱粮，即正税，与被称为杂项的附加税相对。

八旗庄田数：

镶黄旗宗室：整庄四所，半庄一所，园一所，共地三十六顷六十亩，坐落大兴、通州、武清、平谷、河间各州县。

正黄旗宗室：整庄五所，半庄十二所，庄四所，园三所，共地百有六顷五十六亩，坐落大兴、宛平、三河、宝坻、顺义、涿州、房山、保定、雄县、易州、任丘各州县。

正白旗宗室：整庄四所，半庄一所，园二所，共地三十六顷，坐落顺天香河、通州、宝坻、房山及沙河所等处。

正红旗宗室：整庄一百四十五所，半庄三所，整园五十所，半园十一所，共地一千二百四十四顷十六亩，坐落顺天宛平、昌平、涿州、文安、保定、定兴、涞水及辽阳、海城、盖平各州县。

镶白旗宗室：整庄一百七十六所，半庄五所，庄八所，整园八所，园二十所，果地、靛地、网户、猎户等地七十六处，共地千七百一十七顷十有四亩有奇，坐落大兴、宛平、良乡、固安、永清、东安、香河、通州、三河、武清、宝坻、昌平、密云、怀柔、房山、霸州、蓟州、玉田、平谷、遵化、丰润、迁安、滦州、乐亭、保定、易州、河间、任丘、沧州、保安及辽阳、海城、盖平、铁岭、山海关外等处。

镶红旗宗室：整庄二百九十八所，半庄二十三所，庄五所，整园一百十一所，半园二所，共地二千六百三十顷一亩，坐落大兴、宛平、永清、香河、通州、宝坻、昌平、涿州、房山、霸州、滦州、新城、河间、肃宁、沧州、延庆及张家口外等处。

正蓝旗宗室：整庄五百四十四所，半庄一百五十一所，庄二十二所，整园一百三所，半园十九所，园七十三所，果菜牧地五处，共地五千三百十有三顷二十四亩有奇，坐落大兴、宛平、良乡、永清、东安、香河、通州、武清、昌平、顺义、怀柔、涿州、房山、霸州、保定、蓟州、玉田、平谷、遵化、丰润、永平、昌黎、滦州、乐亭、新城、易州、青县、无极、保安及承德、辽阳、开原、锦州、宁远、广宁、开平、令口外等处。

镶蓝旗宗室：整庄二百三十一所，半庄六十三所，庄九所，整园一百二所，半园二所，园三所，共地二千二百五十四顷七十亩，坐落大兴、宛平、固安、永清、东安、昌平、怀柔、滦州、蠡县、安州、高阳及辽阳、海城、盖平、锦州、开平等处。

右据《会典·八旗土田志》载各旗王公宗室分拨庄田总数。

镶黄旗：满洲初次给地万一千六百三十一顷六十亩，二次给地二千五百三十八顷九十亩，三次给地千三百十有三顷十亩。蒙古初次给地千七百九十四顷三十亩，二次给地千七百顷有十亩，三次给地四百十三顷七十亩。汉军初次给地二千顷四十亩，二次给地一千一百八十八顷二十亩，三次给地一千五十三顷。共壮丁地二万三千六百三十三顷四十亩。坐落通、涿、昌平、霸、蓟、遵化、滦、安、易等州，大兴、宛平、良乡、固安、永清、东安、香河、三河、武清、宝坻、顺义、密云、怀柔、房山、文安、大城、保定、玉田、平谷、丰润、卢龙、迁安、昌黎、乐亭、清苑、满城、安肃、定兴、新城、唐、容城、完、蠡、雄、高阳、新安、涞水、河间、肃宁、任丘、交河、青、南皮、获鹿、赤城、宣化各县，永宁卫、良牧署、采育里、开平、沙河驿、古北口、冷口、张家口、喜峰口、罗文峪、独石口、石匣等处。

正黄旗：满洲初次给地四千四百六顷四十亩，二次给地九千一百七十四顷九十亩，三次给地千八百七十三顷八十亩。蒙古初次给地七百五十六顷九十亩，二次给地千一百二十七顷十亩，三次给地千八百八十四顷六十亩。汉军初次给地千二百七十四顷二十五亩，二次给地千八百七十八顷七十八亩，三次给地千一百六十七顷十有五亩，共壮丁地二万三千五百四十三顷八十五亩。坐落通、涿、昌平、霸、蓟、遵化、滦、安、易、沧等州，大兴、宛平、良乡、固安、永清、东安、香河、三河、武清、宝坻、顺义、密云、怀柔、房山、文安、保定、玉田、丰润、平谷、卢龙、迁安、乐亭、清苑、满城、安肃、定兴、新城、唐、望都、容城、蠡、雄、高阳、新安、涞水、河间、肃宁、任丘、交河、青、南皮、获鹿、开平、赤城、宣化各县，古北口、冷口、张家口、独石口、石匣等处。

正白旗：满洲初次给地五千七百二十七顷三十亩，二次给地三千三百二十六顷七十亩，三次给地四千三百三十四顷十亩。蒙古初次给地千二百九十三顷七十五亩，二次给地千二百四十七顷五十五亩，三次给地千九十四顷五十八亩。汉军初次给地八百六十七顷六十亩，二次给地千四百六十五顷二十亩，三次给地千四百三十九顷七十亩。共壮丁地二万七百九十六顷四十八亩。坐落通、涿、昌平、霸、蓟、遵化、滦、安、易、沧等州，大兴、宛平、良乡、固安、永清、东安、香河、三河、武清、宝坻、顺义、密云、怀柔、房山、文安、保定、玉田、平谷、丰润、卢龙、迁安、抚宁、昌黎、乐亭、安肃、定兴、新城、容城、完、雄、高阳、涞水、河间、肃宁、任丘、交河、青、南皮、宣化各县，罗文峪、张家口、独石口、古北口等处。

正红旗：满洲初次给地二千一百二十九顷八十八亩，二次给地五千三百十顷八十四亩零，三次给地二千一百二十顷七十亩。蒙古初次给地三十五顷六十八亩零，二次给地七百六十五顷六十亩，三次给地五百五十五顷三十亩。汉军初次给地二百七十八顷十亩，二次给地六百四十顷八十亩，三次给地三百七十顷二十亩。共壮丁地万二千二百七顷十亩。坐落通、霸、昌平、滦等州，宛平、良乡、固安、永清、东安、武清、宝坻、顺义、密云、房山、文安、保定、乐亭、清苑、安肃、定兴、蠡、雄、任丘各县及河西务等处。

镶白旗：满洲初次给地六千二百六十八顷五十亩，二次给地二千六百七十四顷二十亩，三次给地二千二百九十顷二十亩。蒙古初次给地千一十四顷三十亩，二次给地千八百六十一顷九十亩，三次给地九百五十六顷十亩。汉军初次给地六百有九顷，二次给地三百有三顷三十亩，三次给地四百六十六顷八十亩。共壮丁地万六千四百四十四顷三十亩。坐落通、涿、昌平、霸、蓟、遵化、滦、易、沧、延庆等州，大兴、宛平、良乡、固安、永清、东安、香河、三河、武清、宝坻、顺义、密云、怀柔、房山、文安、大城、保定、玉田、平谷、丰润、卢龙、迁安、乐亭、满城、安肃、定兴、新城、容城等县，良牧署、开平、沙河驿、张家口、喜峰口、冷口、罗文峪等处。

镶红旗：满洲初次给地千一百顷七十亩，二次给地五千七百八十七顷十有五亩，三次给地二千六百十有二顷二十五亩。蒙古初次给地三十五顷四十亩，二次给地三百四十五顷五亩，三次给地六百四十三顷二十亩。汉军初次给地三百七顷八十亩，二次给地六百三十顷，三次给地五百九十三顷七十亩。共壮丁地万三千五十三顷七十亩。坐落通、涿、昌平、霸、沧、延庆等州，宛平、良乡、固安、永清、东安、香河、三河、武清、宝坻、顺义、房山、大城、保定、丰润、卢龙、迁安、乐亭、清苑、安肃、定兴、新城、唐、望都、完、蠡、雄、涞水、河间、肃宁、任丘、天津各县及河西务等处。

正蓝旗：满洲初次给地六千一百九十八顷七十五亩，二次给地三千九百九十二顷七十亩，三次给地二千二百七十九顷四十亩。蒙古初次给地千二百三顷，二次给地七百二十三顷九十亩，三次给地七百十有一顷六十亩。汉军初次给地八百八十三顷九十五亩，二次给地七百三十二顷九十亩，三次给地四百十顷四十亩。共壮丁地万七千百三十六顷六十亩。坐落通、涿、昌平、蓟、霸、遵化、滦、易、延庆等州，大兴、宛平、良乡、固安、永清、东安、三河、香河、武清、宝坻、顺义、密云、怀柔、房山、保定、玉田、平谷、丰润、迁安、昌黎、清苑、满城、安肃、定兴、唐、容城、雄、高阳、新安、任丘、青、南皮各县，良牧署等处。

镶蓝旗：满洲初次给地六千五百二顷八十亩，二次给地二千三百四十顷九十亩，三次给地四百六十顷四十亩。蒙古初次给地千五百四十八顷三十亩，二次给地二百四十顷七十八亩，三次给地三百二十二顷二十亩。汉军初次给地七百五十八顷七十亩，二次给地四百八十三顷六十亩，三次给地四百五十三顷六十亩。共壮丁地万四千一百一顷二十八亩。坐落大兴、宛平、永清、东安、香河、三河、武清、密云、房山、卢龙、乐亭、定兴、蠡、高阳、涞水、河间、任丘、获鹿各县，河西务、独石口、张家口等处。

右据《会典·八旗土田志》各旗官兵分拨庄田总数。

盛京庄田。

顺治五年，定八旗庄屯地界。

国初，按旗分处，各有定界，继因边内地瘠，粮不足支，展边开垦，移两黄旗于铁岭，两白旗于安平，两红旗于石城，两蓝旗所分张义站、靖远堡地瘠，以大城地与之。至是，复定官员庄屯：两黄旗设于承德县沙河所，两白旗设于宁远，两红旗设于承德县塔山，两蓝旗设于锦州。

又准沙河以外、锦州以内八旗官员家丁，每名给地三十六亩。

十二年，以辽阳铁岭至山海关另设边界，八旗庄地多有在边外者，令照旧住种，唯酌量边界开门，勿误耕获。

康熙十二年，定：在京旗人欲往奉天领地设庄守护坟墓者，若将在京所分地退出，准拨熟地。不愿退出者，以荒地拨给。

十八年，定分给新满洲奉天地亩例。户部议准：奉天成熟地亩拨给新满洲耕种，恐于民未便，今更定两便之法：奉天所属，东自抚顺起，西至宁远州老天屯，南至盖平县拦石起，北至开原县除马厂羊草地外，实丈出三十二万九千四十九顷三十亩，定旗地二十七万六千三百二十二顷八十亩。新满洲迁来，若拨种豆，地每六亩给地种一斗，拨种谷米、黏米、高粱，地每六亩给各种六升。

二十五年，以锦州、凤凰城等八处荒地分给旗民开垦，给以耕牛及口粮、农器。

又令索伦、达呼尔官兵耕种墨尔根地方，奉天官兵耕种黑龙江地方，由部差官各一人监视。

二十八年，令奉天等处旗民各在本界内垦种，不许互相侵越。

雍正十一年，喜峰口驻防兵丁一百名，以铁门关外大屯地分给，每名给地一顷十有五亩七分，菜园四分有奇，令其耕种，照民例分别科则，租银留充兵饷。

乾隆二年，设立黑龙江屯庄。黑龙江湖兰地方设庄四十所，每十丁编为一庄。令盛京将军等选八旗开户壮丁四百名，各给地六十亩，房二间，并给口粮籽种。

六年，增设呼兰庄屯。又择闲丁五十名，增设庄五所。

七年，设庄屯于温得亨山及都尔图地方，以该处与呼兰毗连，土性肥饶，水草佳美，选壮丁五十名，增设庄五所，各给牛种、器具、口粮。

三十一年，命尚书新柱会同盛京将军等查办丈出旗民余地。先是盛京刑部侍郎朝铨言：奉天地亩自雍正四年迄今未经查丈，应履亩丈量，如有余地在二三十垧以上，于十分中分出二三分为各城兵丁随缺地亩，余仍令原业主承种纳粮，注载红册。至三十年，朝铨等言：奉天各项旗人原红册地共二百五十五万七千四百垧有奇，现今丈出自首余地三十三万六千一百垧有奇，民人红册地四十六万零二百垧有奇，丈出并自首余地七万四千七百垧有奇，二共余地四十一万零八百垧有奇。民人余地，在停止开荒以后违例私开者，全行撤出。在定例以前或依傍畦垄者，照旗人例酌量地数，分拨其官员兵丁应得随缺地亩，并各城学田、水手公产及旗民水冲沙压不足红册地亩，俱请即于丈出余地内拨补。下部议行。至三十一年，户部侍郎英廉言：旗民丈出余地，系违例私开，应一概撤出，除拨补随缺等项外，听各旗无地兵丁闲散人等扣价认买，照例纳粮。部议应如所请。

奉谕旨：户部议覆侍郎英廉《请丈出盛京旗民余地准令无地兵丁闲散人等认买》一折，原为旗民生计起见，但此等无地人户，贫富不齐，其有余者置产必多，而无力之家未必能一律承买，恐于伊等资计仍无实济，因念该处冬围兵丁一切鞍马之需不无拮据，若将此项余地内酌派征租，每年备赏资装于该兵等殊有裨益，其应拨用若干及所余地亩除拨补随缺各项外，或可一体征租存储动拨，或听旗人认买，毋致有名无实之处。

新柱现在出差盛京，着会同该将军府尹等确勘该地实在情形，妥协定议具奏。嗣据新柱等议言，现在丈出余地四十一万八百余坰，加之移驻塔尔巴哈台兵一千名，随缺地七千坰，二共四十一万七千八百余坰，内除应拨随缺官员等地一万六千九百坰，兵丁地四万八千五百七坰，水冲沙压、学田、水手公产等项地三万九千九百余坰，其余地亩共三十一万二千四百坰有奇，应一并入官，即令原种之旗民照数纳租承种，以裨生计。并按各处地亩之高下肥瘠、粮额之等差，照依上中下三则分别核计，每坰应征租银自四钱八分至二钱四分不等，折中每坰合租银三钱六分，约计每年共征租银十有一万四百两有奇，冬围兵丁恩赏银两即于此项内拨给，余银解交盛京户部，另款存储，听候拨用。下部议行。

三十七年，谕：将军增福等具奏《盛京各佐领下所有马甲多寡不等请裁马甲添设步甲其余剩钱粮并随缺地亩入于正项报销》一折，经军机大臣会同该部覆准具奏，所办非是。盛京额设马甲，并随缺地亩皆为养赡该处满洲而设，今年久生齿日繁，若将伊等应得分例裁汰入官，于伊等生计殊属无益。国家一切用度固应节俭，然亦止宜酌减无益靡费，并查核不肖人员，使不得从中侵蚀，至于正项应支之处，岂可节省。盛京满洲，皆朕臣仆，人丁日盛，不敷养育，尚宜酌量添给，岂有转将伊等现在应得分例裁汰之理！今各佐领下马甲额缺不均，固宜均匀办理，但此项裁缺钱粮地亩，亦宜斟酌养赡多人，唯期普被恩施，示朕体恤满洲至意。

四十年，定偷垦地亩入官纳租之例。户部议：岫岩城、五块石各兵丁牧马官厂内，有山东流来民人偷垦地亩，私造房间，不必折毁，令其入官，仍着伊等居住，耕种纳租，并令缴纳地亩租银米石。若有不愿耕种者，即行另召耕种。如议行。

四十六年，定惩匿报之令。盛京、吉林民人私垦地亩，续经查出者，每亩岁征银八分，仍在旗仓纳米二升六合五勺五秒，以惩匿报之弊，着为令。

四十八年，总计实在退圈地七十七万二千四百七亩八分有奇。

四十九年，总计实在民地一百八十八万八千八百七十亩六分有奇。

凡拨给八旗官员兵丁盛京土田、内务府三旗包衣佐领下壮丁地亩：

镶黄旗在盛京、兴京、开原、辽阳界内共地一百六十四顷八十四亩四分。

正黄旗在盛京、兴京、开原界内共地九十九顷一亩四分。

正白旗在盛京、兴京、开原、辽阳界内共地二百五顷六十三亩一分。

内务府三旗包衣佐领下园丁地亩，在盛京、开原、辽阳界内，共地一千三百三十四顷八十亩。

盛京礼部六品官所属各项壮丁地，在盛京、兴京、辽阳、铁岭、秀岩界内，共地五百顷九十九亩三分。

盛京工部五品官所属壮丁地，在盛京、兴京、辽阳、牛庄、秀岩因登界内，共地五百六十一顷九十六亩。

六品官所属壮丁地，在盛京、兴京、开原、辽阳界内，共地一百八十九顷四亩九分。

制造库匠役人等地，在盛京界内，共地二十二顷三十二亩。

盛京户部仓官庄头楼军仓军地共四百一十一顷九亩四分，领催庄头地共二千八百一十三顷一亩六分。

盛京礼部庄头壮丁地共四十七顷五亩六分。

盛京兵部站丁地共六十二顷七十四亩八分。

盛京工部庄头壮丁地共七十六顷五十六亩三分。

盛京界内八旗所属诸王、贝勒、贝子、公、大臣等地共一千二百二顷三十六亩，官员兵丁闲散人等地共五百八十顷八十六亩五分。

抚顺界内，右翼四旗所属王、贝勒、贝子、公、大臣等地共一千二百九十八顷九十九亩七分，官员、兵丁、闲散人等地共七十五顷二十亩六分，碱场汪清二门官兵台丁地共三百二十八顷三十亩。

开原界内，八旗庄屯地二千八百顷零七十九亩。

辽阳城界内八旗官员兵丁地共八百八十八顷五十五亩，铁岭界内左翼四旗庄屯地共八千六百五十七顷四十四亩二分，法库边门庄屯地六百七十八顷五十八亩，威远堡边门庄屯地二百二十八顷八十七亩，英额边门庄屯地一百二十六顷七十二亩二分，凤凰城八旗巴尔呼地一千九百四十八顷六十四亩，又正黄旗屯地共六十顷九亩。

叆河边门分种地共二十四顷七十四亩。四台四屯地六十一顷五十九亩。复州界内，八旗分拨地共一千七百二十九顷四十亩。熊岳城界内，八旗满洲、蒙古、巴尔呼、汉军庄屯地二千八百八十三顷三十九亩。

金州界内八旗满洲、蒙古、汉军官员兵丁地三千三百四十一顷零四亩，水师营地二十六顷十八亩。

山海关官员兵丁、寡妇、闲散人等在山海卫、宁远州界内共地一百三顷五十七亩七分零，又正白、正红、镶红旗下闲散人等地共三顷六十七亩零。秀岩界内八旗官员兵丁地二千一百二十一顷零二亩七分。盖州界内各旗官员兵丁地四万六百三十八亩。牛庄界内八旗官员兵丁地共二千九百二十三顷。广宁城所属巨流河、白旗堡、小黑山、闾阳驿、彰武台边门等界内八旗官员、兵丁、闲散人等地共一万五千一百九十四顷九十六亩二分。锦州界内王、贝勒、贝子、公、宗室、额驸、官员、庄头、闲散人等地共二千七百一十七顷零七亩八分，八旗兵丁闲散人等地共一千五十四顷五十亩四分。义州界内八旗庄屯地五千四百七十一顷二十五亩。清河边门庄屯地五百三十四顷二十三亩。九关台边门庄屯地二百三十二顷十八亩。

吉林乌喇界内官员兵丁开垦地：镶黄旗三百七十四顷五十二亩，正黄旗二百九十五顷二十六亩，正白旗二百六十六顷一十亩，正红旗二百五十二顷七十八亩，镶白旗二百八十八顷四十八亩，镶红旗二百二十一顷七十六亩，正蓝旗二百六十一顷二十四亩，镶蓝旗二百六十七顷二十四亩，水师营二百六十五顷五十六亩。又各庄头开垦地二百五十二顷六亩。

宁古塔界内官员兵丁开垦地：镶黄旗三百四十七顷四亩，正黄旗二百三顷七十亩，正白旗三百三十五顷一十亩，正红旗四百二十顷，镶白旗四百七十顷五十四亩，镶红旗三百二十六顷七十亩，正蓝旗二百八十顷一十四亩，镶蓝旗二百一十九顷六十六亩，又各庄头开垦地共三百三十三顷四十二亩。

珲春界内官员兵丁开垦地：镶黄旗一百一十七顷一十八亩，正黄旗九十九顷五十四亩，正白旗三百一十六顷九十二亩。

三姓地方官员兵丁开垦地：镶黄旗一百八十一顷五十亩，正白旗五十九顷四十六亩，正红旗四百一十九顷六十四亩。

伯都讷界内官员兵丁开垦地：镶黄旗一百一十六顷五十八亩，正黄旗七十三顷六十八亩，正白旗二百三十五顷四十四亩，正红旗一百二十五顷五十二亩，镶白旗八十顷二十二亩，镶红旗七十一顷二十二亩，正蓝旗二百一十五顷四亩，镶蓝旗一百九十四顷一十亩。

又各庄头开垦地二十二顷三十二亩。

阿尔楚哈界内官员兵丁开垦地：镶黄旗一百一十五顷八亩，正黄旗一百二十顷三十亩，正白旗五十九顷一十亩。

右据八旗土田志盛京等处档载入。

驻防庄田。

顺治四年，给江宁、西安驻防旗员园地：江宁六十亩至一百八十亩不等，西安二百四十亩或二百十有五亩不等。唯浙江驻防官兵不给田，俸饷照经制支领。

五年，定：各省驻防官兵家口，半携去者在京园地半撤，全携去者全撤。

六年，定：外省驻防官员，初任未经拨给园地者准拨给，其加级升任者不复添给。凡给地六十亩以下者，户部拨给；六十亩以上，奏请拨给。

七年，驻防官员量给园地，兵及壮丁每名给地三十亩。临清、太原以无主地并官地拨给，保定、河间、沧州以八旗退出地拨给。

康熙三十一年，以山西阳曲、太原二县屯地给与驻防满洲官兵。

三十二年，令八旗驻防各省官兵俱于所住之处给予地亩。

五十七年，丈量山西右卫荒地，安设庄头十五名。苎麻口外西至十家铺三十里，东至弥陀山十五里，共二万七十亩有奇。

五十八年，满洲官兵驻扎河南南阳府扬河地方，所有垦荒田亩给予耕种。

皇朝文献通考卷六

田赋考六

水利田

　　臣等谨按：古者画井分田制，为沟洫畎浍以达于川，广深寻丈俱有定式，盖无在而非水利。而稻人①掌稼下地，所谓畜水、止水、荡水、均水、舍水、写水之法，即后代言水利者之权舆②也。自阡陌既开，而引渠溉田之利纪于前史，争为美谈。洪唯我朝列圣相承，念切民依，广兴水利。东南则筹疏导之方，西北则资灌溉之益，民生乐利及于无穷。我皇上御极以来尤以水利为要务。淮扬畿辅之地，经理倡导厥有成绩。乃者，复以江淮、兖豫频年积潦，特命廷臣会同守土大吏讲求宣泄之要指，授方略谆切周详，不惜工，不爱帑，不劳民，遂使沮洳下湿之区皆成沃壤，而犹宵旰忧劳有加无已。所以为闾阎筹乂安者至深且远，允宜悉著于编，以垂示万世。

顺治九年，以工科给事中胡之俊言经理东南水利。之俊疏言：方今天下财赋半出东南，而东南要地莫如江浙，苏松嘉湖地势污下，旧刘家河、吴淞江等处，海口壅淤，河道成田，土豪占据，水患屡告。请浚吴淞以泄陈淀之水，浚刘河以泄巴阳之水，庶于国计民生有赖。

十一年，谕：东南财赋重地，素称沃壤。连年水旱为灾，民生重困，

---

① 稻人，《周礼》中所载农官之一。"稻人，掌稼下地。"
② 权舆，开始。

皆因失修水利，致误农功。该督抚责成地方官悉心讲求疏通水利，以时蓄泄①，庶水旱无虞，民安乐利。

十六年，修浙江海盐县海塘。礼科给事中张惟赤言：杭、嘉、湖、苏、松、常、镇七郡，皆濒于海，海塘筑自唐开元中，至明始易以石，编立字号，并编定夫银，以事岁修。他郡无论，即就海盐一处之塘，岁编银②六千九百九十九两零，自明末至今，并未修筑此塘，不知此项作何支销，应请定限岁修，以防水患。工部议如所请。即于是年修致雨二号石塘二十一丈，明年复修闰余二号、成岁二号石塘共六十丈。

康熙二年，以近畿地方夏潦，遣官察看，并经理修堤挑浅事宜。云南道御史梁熙言：近畿田地分与八旗，今岁夏多雨，各处堤岸溃决，损坏田禾，收成绝少，河间一带庄屯淹没更甚。请遴才干官周行察看，凡堤岸之应修者实行培筑③，淤浅之应疏者实行挑浚，庶河流有归，潦不为灾。从之。

十年，截留苏、松、常三府漕折银九万两，杭、嘉、湖三府漕折银五万两以充水利经费，为疏浚吴淞江及刘家河故也。

十一年，浚吴江长桥一带，以泄太湖。

十二年，修河南安阳县之万金渠，引洹水溉田。

二十年，浚常熟之白茆港、武进之孟渎河。

二十五年，遣官往淮扬下河督率挑浚车路等河，并串场河、白驹、丁溪、草堰场等口。

三十六年，谕：漕河督臣会勘下河积水，应作何尽令归海，涸出民田之处，一一议奏。漕运总督桑格等言：下河为泄水入海之区，自淮安以至邵伯镇，计运河东岸，共有涵洞三十、闸十、滚水坝八，运河及高邮、邵伯等湖之水，由诸涵洞闸坝之口归入射阳、广洋等湖，以至白驹、冈门等口入海，缘下河受水之处甚多，而泄水入海之口犹少，是以水势汪洋，易于停蓄，下河州县均受水害，因议挑浚各口及应建闸坝之所。疏入，工部议准，令将各项工程估计具题。从之。

三十七年，谕大学士等曰：霸州、新安等处水，旗民庄田皆没，盖由保定府南之水与浑河会流，以致泛滥，着原任河道于成龙、河督王新命往

---

① 蓄泄，蓄水和排水。
② 编银，安排专项银两，是对支出项目的事先安排。
③ 挑浚，清除水道中淤积泥和杂物，使之畅通。

察，令其分流。农事方兴，不可用百姓之力。遣旗下壮丁，备器械，给以银米，令其修筑。

又谕于成龙、王新命曰：清河发源太行山脉，会漳河、子牙河、滹沱河、易水诸流，其势虽盛，但坚筑堤岸遏之，即可无虞。又漳河支流经大城县入子牙河，其势湍悍，数年以来，诸处遭水，此河之故，尔等宜详悉查勘。至浑河发自马邑，甚微，每遇大水之年，则横流泛滥，致淹民田，其故盖由浑河淤沙既多，春时水乏，保安州以下居民又引灌田，沙砾壅垫，河身积高，淫雨水发，遂致田土冲没，尔等唯挑浚淤沙，令水畅流，当不至于涨溢矣。

复命廷臣会议开下河，漕运总督桑格等又言：臣等会勘，下河州县历被水灾，皆由上游受水之处多而泄水入海之处少，兼之各邑水道俱多淤淀，以成泛滥之患，今欲救此灾黎，舍开浚故道、多分水势之法别无善策。臣等前议修芒稻河者，欲分高邮、邵伯两湖之水入江，使不至下河也。议挑曹家湾、汤家绊、七节桥者，欲开通高邮、邵伯两湖淤塞之水路，使通芒稻河以下江也。议挑车儿埠之滔子河者，欲使泰州所受之水由苦水洋入海也。议挑涧河者，欲分运河之水流入涧河，由射阳湖下海，使不至高邮也。议挑海陵溪者，欲使高邮所受之水通冈门下海也。议挑车路、白涂、海沟三河者，欲使兴化所受之水由丁溪、草堰、白驹入海也。议挑虾须二沟、戛梁河并朦胧河西首淤塞之射阳湖者，欲使高、宝、兴、泰、盐山等处之水俱由庙湾下海，此海口为下河最洼最宽之地，泄各处上流之水尤为宣畅也。今臣细加覆勘与前无异，唯是九卿会议所云江海有无倒灌之处，臣等细察各处海口及江口，皆系历来泄水之旧迹，而臣等所议挑浚诸工，皆内地淤阻之河道，照旧开通，使水得达于口，泄之江海，自无倒灌之虞。又会议所云，或系海口高阜，内河低洼，以致积水不能出海。臣等相度形势，海口较之内河终属低洼，现在泄水，而目今水势尚在汪洋，民间被淹田地多未涸出，皆由诸河水道淤塞之故，若使前议挑浚之工一举，水循故道下流入海，民田自当涸出，实大有益于生民。

又谕大学士等曰：下河民生攸系，从前命凯音布、孙在丰等专司开浚，伊等俱奏工程告竣，由今观之，止是虚糜国帑，水势并未消减，田亩并未涸出，所谓有益民生者何在？今桑格又奏当行开浚，而九卿遽议准行，若果如其所请疏凿开浚，而桑格等能必水即消，田即出，有裨于民，以身家保奏，则即令开浚之。可令九卿详询前次督浚者，复稽考诸册籍，然后确议以闻。

三十八年，谕：下河既有积水，不得不引出归海，着将串场河、射阳湖、虾须沙沟一带挑通，引积水流出归海。至四十年，河道总督张鹏翮言：高、宝、山阳、盐城一带之水，由射阳之虾须二沟入庙湾以达于海，今宜挑虾须二沟淤塞之处，四十余里，引水入朦胧河以达海。高邮滚水坝下之水，由兴化县安丰镇至白驹场以达于海，今宜挑鲍家庄至白驹地高水壅之处八十余里。高邮之水又自兴化车路河至丁溪由涝渔港以达于海，今宜挑涝渔港淤塞之处八十余里。宝应之水由子婴沟、老河口入射阳湖以达于海，今宜挑老河口淤浅之处三里有余。泰州之水由淤溪至车儿埠、滔子河以入于海，今宜挑滔子河三十二里引水，由苦水洋入海。得旨允行。

四十三年，令天津开垦水田。时以天津附近荒地开垦一万亩为水田，令各省巡抚将闽粤、江南诸处水耕之人出示，招徕情愿者安插天津诸处，计口授田，给予牛种，限年起科。

四十六年，谕工部曰：江南、浙江生齿殷繁，地不加增而仰食者日众，其风土阴晴、燥湿及种植所宜，迥与西北有异。朕屡经巡省察之甚悉，大约民恃田亩为生，田资灌溉为急，虽东南名称水乡，而水溢易泄，旱暵难支，夏秋之间经旬不雨则土坼而苗伤矣，滨河低田犹可戽水济用，高仰之地力无所施，往往三农坐困。朕为民生再三图画，非修治水利，建立闸座，使蓄水以灌输田畴，无以为农事缓急之备。江南省苏州、松江、常州、镇江，浙江省杭州、嘉兴、湖州各府州县，或近太湖，或通潮汐，宜于所有河渠水口度田建闸，随时启闭，水有余则宣泄之，水不足则潴蓄以备用，其有支河、港荡淤浅者宜并加疏浚，使引水四达。仍行建闸，多蓄一二尺之水，即田高一二尺者资以灌溉矣。多蓄四五尺之水，即田高四五尺者资以灌溉矣。行之永久，可俾高下田亩无忧旱潦，此于运道无涉，而于民生实大有裨益，尔部速移文该督抚等，令将各州县河渠应建闸蓄水之处，并应建若干座，通行确察明晰具奏，尔部即遵谕行。

四十八年，浚宁夏之宋澄堡、李洋堡二渠，引黄水溉田，建闸坝十三，以时蓄泄。

五十九年，命修筑浙江海塘。工部议准浙江总督满保等奏。一议筑海宁县老盐仓北岸石塘，以保护杭、嘉、湖三府民田水利。一议开中小亹淤沙以复江海故道，以免潮势北冲。一议筑上虞县夏盖山石塘，以防南岸潮患。又据浙江抚臣议准，海宁老盐仓等处原议修筑石塘，但海潮迁徙靡定，请于土浮不能钉桩砌石之处，改筑草塘。至六十一年，巡抚屠沂疏言：海宁县石塘五百丈，草塘一千五十五丈，上虞县石塘二千二百五十六丈，先后告竣，动用银十四万三千六百五十两。其中小亹淤沙应挑之处，今北岸石塘已固，应停其挑浚。从之。

雍正元年，议政王大臣等议，准修筑海宁塘工。

谕曰：钱镠所筑塘堤，中间虽被冲坏，至今间有存者。数年来，督抚等所修塘堤俱虚冒钱粮，于不当修筑处修筑，以至随修随坏。又闻赭山有三处海口，今一处淤沙壅塞，水不通流，若浚治疏通，使潮汐不致留沙壅塞，则海宁一带塘工方可保固。言之者虽未必稔知，然不可不留意，抑或地方大臣恐靡费钱粮，此等处虽明知而不顾也。尔等传谕该督抚知之。

二年，命尚书朱轼往江浙会议修筑海塘事宜。朱轼会同浙江抚臣议言：余姚县东自浒山镇，西至临山卫六十里，旧有土塘三道，内一道为老塘，离海三四十里，或十余里，即昔时之海岸，历年沙淤，百姓开垦报升。自筑土塘二道，是为外塘，今议加高三四尺，加厚五六尺。又自临山卫至上虞县界之乌盆村十五里，自村至会稽县沥海所①四十五里，有石塘二千五百余丈，即康熙五十八年所筑。其东西两头土塘七千丈，坍塌甚多，拟于塘底开深二尺，填筑乱石，上铺大石，宽六尺，高六尺，贴石筑土，宽二丈，高一丈三四尺。又仁和县之翁家埠起，西至海宁县之陈文港七十余里，旧有石塘，毋庸议修。自陈文港至尖山二十余里，草塘七十四丈，乱石砌边，土塘三千七百二十六丈。应将土塘加宽一丈五尺，高三尺，上铺条石，厚一尺；其草塘亦如式改修。又塘外原有乱石子塘，宽三四尺不等，外加排桩，年久欹斜剥落，应修全完固。其原无子塘者，亦如式兴修。又海盐县东自秦驻山三涧寨起，西至演武场，石塘二千八百丈，年久塌坏八十余丈，去秋风潮，冲溃七十丈，应照式修筑。又自演武场至平湖县之雅山炮台一带土塘，见在地方官加修，月内可以完工。以上估修银十万五千七百余两。又会同江苏抚臣议言：松江府之华亭、娄、上海等县，沿海二百五十余里，地势洼下，土脉松泛，捍海塘工较他郡尤要，自金山卫城北十里起，至华家角止，四十余里，土塘六千二百余丈，内最险工一段，自漎阙墩至东湾九百六十九丈六尺；次险工四段：自金山墩至西墩七

---

① 沥海所，地名，在今杭州湾南岸，曹娥江入海口侧，上虞市沥海镇。明朝曾在此设"守御千户所"故明清时称沥海所。

百六十八丈，兵厂至张家舍二百八十八丈，倪家路至三岔墩三百六十丈，周公墩至华家角一千四百六十八丈八尺，俱应易土为石，以资保障。其余二千四百余丈，水势稍缓，宜坚筑土塘，用条石铺底砌边，外钉排桩。自华家角至上海之头墩十余里，塘外淤沙一二里不等。自头墩至嘉定县界一百二十里，旧有土塘二道，内为老塘，外为新塘，应俱加筑高厚，外塘仍密钉排桩，以防冲溃。以上估修银十九万二千九百余两。疏上，令依议速行。

诏：修浚杭州西湖，令督抚查勘会议。总督满保等议言：钱塘、仁和、海宁三县田亩数万顷，赖城外上下两塘河水以灌溉。而两河之水皆源自西湖。谨按，西湖旧志：三十余里内有民人占为田荡，阻遏水道，纳于官者每年仅银三十余两，米二十余石，其为官民利益甚微，而所损于民者实不止于巨万，应请豁除粮额，清出归湖，其见存湖址二十二里有奇，通计里外湖面一万一千三百一十五亩零，淤浅硬沙葑滩共三千一百二十二亩，应将浅涸者挑深，淤塞者开浚，芟除葑草，以复故址，则湖水不至枯竭，而三县民田旱潦有备矣。至于城内之河共有数道：一为中河，一为东河，一为小河。而小河又有中、西、北之分。昔人设筧凿沟，引西湖之水自涌金水门入城，曲折出入，凡三十里，然后由桃花港响水闸会流，于上下两塘河以溉田亩，是城河正所以通西湖之血脉也。今当相其浅塞，量请开浚，庶几水利可复。疏入，准部议行。于是年兴工。四年，工竣。

三年，谕：江浙沿海黎庶，全赖坚筑海塘，捍御潮汐，事关民瘼，朕时在念。着动支司库钱粮，立限坚筑，克期报完，务使永保安澜，毋得因循延缓，亦不得草率塞责。

又命怡亲王允祥、大学士朱轼查勘直隶水利，绘图进呈。

四年，谕九卿曰：怡亲王陈奏畿辅西南水利情形，披览甚为明晰，着交与九卿会议具奏。怡亲王等于去冬今春奉命查勘水利，前后往返三月余，而于直隶地方东西南三面数千里之广，俱身履其地，不惮烦劳，凡巨川细流，莫不穷原竟委。且因地制宜，准今酌古，曲尽筹划，以期有益民生，公忠为国，甚属可嘉。

是岁，设营田水利府，以怡亲王等董其事。初于滦州、玉田诸州县浚流、筑圩、建闸、开渠皆官为经理，民人愿耕者，官给帑银以为工本，秋成时岁收十分之一，足额而止。募江浙老农课导耕种之法。有力之家率先遵奉者，以圩田多寡分别奖赏。其浚疏圩岸，以及潴水、节水、引水、戽①水之法，各因地势，次第兴修，所需农具、水车等，募江浙工匠如式造，课本地工人习之。是秋，田之成熟者凡百五十顷有奇，而民间自行播种者，若霸州、文安、大城、保定、新城、安肃、任丘共七百一十四顷有奇，多获秋登。五年，分立营田四局：一曰京东局，辖丰润、玉田、蓟州、宝坻、平谷、武清、滦州、迁安，自白河以东凡可营田者咸隶焉。一曰京西局，辖宛平、涿州、房山、涞水、庆都、唐县、安肃、新安、霸州、任丘、定州、行唐、新乐、满城，自苑口以西凡可营田者咸隶焉。一曰京南局，辖正定、平山、井陉、邢台、沙河、南和、磁州、永年、平乡、任县，自滹滏以西凡可营田者咸隶焉。一曰天津局，辖天津、静海、沧州、暨兴国、富国二场，自苑口以东凡可营田者咸隶焉。局各有长，有副，有效力委员。凡相度估料、开筑建造，皆委员与地方官偕，而查报地数花名，给发工本，则专责之地方官。水田既成，令地方官遵前规而以时达之水利营田府。自五年设局，至于七年，营成水田六千顷有奇。京东局，玉田县袁家庄、马营、曲河、头罗、毕窝等处营田，引小泉、暖泉、孟家泉、黄家山泉、蓝泉诸水。丰润县横沽、玉兰庄②、刁家窝、曹家泊、卢各庄、车道铺、望林泊、梁家湾、胡家泊等处营田，引陡河、泥河、黑龙潭、杨家阩诸水。迁安县徐流营、三里河、泉庄等处营田，引徐流河、三里河、黄山泉诸水。滦州冉各庄、孟家店、黄家庄等处营田，引溯河暖泉、福山泉诸水。平谷县龙家务、水峪等处营田，引洵河及山泉之水。蓟州山冈庄、郑各庄、马伸桥等处营田，引大小海子诸泉水，泄水于淋河。宝坻县八门城、尹家圈、下汪各庄等处营田，引蓟运河潮水。宁河县东窝庄、南窝庄、岳旗庄、江潢口、林家庄、张家庄、齐家沽、田家庄等处营田，引蓟运河潮水。武清县桐林等处营田，引凤河水。京西局，新安县、大殷淀、太平庄、赵家庄等处营田，引鼋河、依城河及淀河诸水。安州东西垒头、南北冯村等处营田，引依城河及淀河之水。安肃县白塔铺、古庄头、高林庄、南梨园等处营田，引督亢陂及鼋河之水。唐县明伏庄、大洋村、温家庄等处营田，引唐河水。庆都县高岭村、侯坨村等处营田，引隍池、北隆、坚功、涌鱼诸泉水。涞水县赤土村、八垒沟等处营

---

① 戽，木制的斗状人工戽水工具。戽水，用戽汲水灌田。
② 玉兰庄，当地有王兰庄，无玉兰庄，且本书四库全书本亦作"王兰庄"，当是。

田，引涞河水。房山县广运庄、高家庄、南良庄、长沟村等处营田，引拒马河挟河水。涿州茂林庄、毛家屯、普利庄、北鲁陂等处营田，引拒马河、胡良河水。霸州鱼厂村、高各庄、台山、平口等处营田，引中亭水。任丘县关城村营田，引白洋淀水。文安县苍耳淀、李齐淀、流河淀等处营田，引会同河、子牙河水。大城县李齐淀、流河淀营田，引子牙河水。定州吴家庄、曹家庄等处营田，引小清河、马跑泉水。行唐县河合村、欢同村等处营田，引莲花池、龙泉诸水。新乐县大流村、牛家沟等处营田，引海泉、涌泉诸水。满城县一亩泉、北奇村等处营田，引一亩鸡、距红花诸泉水。宛平县卢沟桥西北修家庄、三家店等处营田，引永定河水。京南局，磁州务本村、张家庄、太平庄、杏园营等处营田，永年县张家庄、南胡贾村、马道固村等处营田，平乡县豆二庄、周章村、油召村等处营田，皆引滏阳河水。任县边家庄、牛新寨西北张村等处营田，引滏阳并牛尾诸河水。正定县雕桥村、王古寺、顺成关等处营田，引大鸣泉、小鸣泉、方泉、班泉诸水。平山县奉良庄、川防村等处营田，引滹沱河、冶河水。井陉县防口村、西河村、洛阳滩等处营田，引冶河水。邢台县楼下村、孔桥村、小汪村等处营田，引百泉及达活、紫金诸泉水。沙河县北九家庄、赵村等处营田，引邢台百泉及小沣诸泉水。南和县豆村、河头、郭杨家屯等处营田，引百泉水。天津局，天津州城南、蓝田及贺家口围田，静海县何家圈、吴家嘴、双港白塘口、辛庄等围营田，沧州葛沽、盘沽二围营田，兴国、富国二场，东西泥沽二围营田，俱引海口潮水。雍正九年，设天津府，改州为县，自何家圈以下围田皆隶天津。

　　臣等谨按：畿辅水利之议，见于古者：北魏裴延儁为幽州刺史，于范阳、渔阳立渠堰，溉田万余顷。唐瀛州刺史卢晖引滹沱溉田五百余顷，宁晋令程处默引洨水溉田，平棘令弓志元开毕泓以蓄泄水利。又镇州获鹿县有大唐渠，有礼教渠，引太白渠溉田。宋临津令黄懋请于河北诸州作水利田，而制置河北屯田使何承矩于雄、莫、霸州，平戎、顺安军，兴堰六百里，置斗门，引淀水灌溉，以足边食。元提举诸路河渠郭守敬言水利六事：一曰顺德达泉引入城中，分为三渠，灌城东地；一曰磁州东北滏、漳二水合流处，引水由滏阳、邯郸、洺州、永年下泾鸡泽合入沣河，可灌田三千余顷。明汪应蛟巡抚天津，于葛沽、白塘种水稻，亩收四五石，疏请于朝，以防海官军万人，分田垦种。而徐贞明水田之议尤详，京东诸州县皆有其遗迹。至我朝雍正三年，直隶以水患告，既赈贷而抚恤之，特命怡亲王等周履三辅、大兴营田，引水溉田之法，旌叙鼓舞之方，既详且悉。其所设京东局，则徐贞明之遗规也。京西局，则何承矩、黄懋之旧制也。京南局，则郭守敬之议可循。天津局，则汪应蛟之迹尚在。分命官吏督率营治，而民人亦有踊跃从事者。数年之间，得水田六千顷有奇，而灌溉之利被于三辅矣。

五年，谕：地方水利，关系民生最为紧要，江南户口繁庶，宜更加修浚，时其蓄泄，以防旱涝。我皇考念切民依，康熙四十六年巡省江浙，躬亲讲求，将附近太湖及通江潮之处条分缕析，特颁谕旨，令江浙督抚于苏、松、常、镇、杭、嘉、湖地方疏浚河港，以资灌溉。修建闸座以便启闭，皆动用公帑钱粮，不使丝毫出于民力，恩至渥也。乃当时督抚诸臣，不能实心仰体，唯以虚文奉行，糜费帑金二十余万而无实效，深可痛恨。今巡抚陈时夏特行奏请，且称费用不过十余万两即可成功。着副都统李淑德、原任山东巡抚陈世倌，会同巡抚陈时夏、总河齐苏勒、总督孔毓珣悉心踏勘，详加酌议。凡建立闸座疏浚河流，务期尽除淤塞，以杜泛滥之虞。广蓄水泉，以收灌溉之益。其一应公费，俱动用库帑支给。

又谕曰：朕闻陕西郑渠、白渠、龙洞，向引泾水溉民田甚广，历年既久，渐致淤塞，堤堰坍塌，醴泉、泾阳等县水田，仅存其名。特令该督岳钟琪详酌兴修。今据奏，龙洞亟宜挑挖，郑白渠务当疏浚，更须修筑堤堰，建设闸口，以备坚久。着动用正项钱粮及时挑浚，务期渠道深通，堤堰坚固，俾民田永赖。

又谕：苏松地势稍下，特遣大臣会同督抚开浚水道。太湖之水归海者，经刘河、白茆河居多，图志载二河形势，数十里一径，直趋于海，年久潮沙堙塞，悉成平陆，太仓、常熟之绅衿土豪，占种报科者十无二三。今既开浚，必尽去新涨地亩，以复故道。该督抚等当竭力秉公详勘，务为一劳永逸之策。

是岁，陈世倌疏请先挑吴淞江、白茆河、孟渎、德胜、九曲河，其余诸河，俟完工之日以次开浚。从之。

议：修扬州五塘以溉民田。娄江水利告成，士民请建万寿碑亭。谕：速止之。是月，水利营田所进瑞稻，一茎三穗或一茎二穗，召入大学士等赐观。

又谕：自古治水之法在顺其自然之势而利导之，盖水之为害者，大抵由于故道堙塞，使水不得径直畅流，以致泛滥为患。但径直之路堙塞年久，或民间既已盖造室庐，开垦田亩，或且安葬坟墓，人情各顾其私，不知远大之计，今见欲于此地开浚河道，则百计阻挠，而司其事者未免惑于浮议，遂使迁就纡回，苟且从事而不能成一劳永逸之举。昨据岳钟琪奏：陕西现在兴修汉渠，但开浚之处不无碍于坟墓，故而迟回。朕谕之曰：果系民间坟墓所在，当给与买地之价，令其迁葬，民自乐从。今江南兴修水利，着该督抚与钦差官员照此办理。

又谕：吴淞石塘，当日勘估之时，于海潮纡缓之处酌量修筑土塘，盖因工程浩大，诸臣为节省钱粮起见，故如此定议。但东南财赋之区，灌溉田亩，保聚室庐，全赖海塘捍卫。海势冲激、风涛旋转难定，不若一例尽修石塘，为百姓万年之利。着将现在土塘改筑石塘，不得惜费省工，苟且塞责。

两江总督范时绎奏报：估计修浚太仓州河道工料银两，且言太仓州镇洋县士民佥称①，境内刘河已蒙②发帑开浚，其七辅河愿依旧例，业户给食，佃户出力，不敢再费帑金。

上曰：国家财用充足，朕为地方筹划万年之利，不惜多费帑金。兴修巨工，养育万姓，若仍用民力以办公事，非朕本心也。着将士民捐助之处停止，仍动用公帑办理。并晓谕该州县士民伊等，当体朕爱养元元之心。于工程告竣之后，岁岁疏浚防护，俾地方永受其益，则胜于目前之趋事赴功多矣。

八年，谕宁夏地方：万民衣食之源在于大清、汉、唐三渠之水利。定例：每年疏浚修理，使民田得沾灌溉。闻历年专司之员疏忽怠玩，以致网关堤岸逐渐损坏，时有冲决，渠身淤泥填塞，日见浅窄，而三渠之中，唯唐渠为尤甚。近来其口过低，其梢过高，水势不能逆流而上，多误小民耕种之期，虽每春定有岁修之例，然不能以一月之工程整数十年之荒废也。见今兵部侍郎通智开浚惠农、昌润二渠，于宁夏水利自然明悉。着会同太常寺卿史在甲即行查议，今岁预备物料，明春动工修补，务令三渠坚固，

---

① 佥称，都说。
② 蒙，承受、蒙受。

俾边郡黎元灌溉有资，永享盈宁之庆。

九年，遣太仆寺卿顾琮稽核直隶水田，除距水稍远、地势稍高、须车戽而升者听民随便种植外，其水足地平、无烦汲升之处，令地方官具永远可为水田结状，呈报户部。荒废者如例议处。又议设营田观察使二员，分辖京东西，督率州县，营治可田地亩，无力者贷以牛种，秋收扣还；设副使二员，出资经理，以为民倡。所有旧田围渠闸洞时加修治，毋致废坏。

十年，谕：宁夏为甘肃要地，渠工乃水利攸关，朕特遣大臣督率官员开浚惠农、昌润二渠，又命修理大清、汉、唐三渠，以溥民利。年来惠、昌二渠及唐渠工程渐次告竣，于民田大有裨益。其大清渠、汉渠虽未竣工，然加谨堵筑，极力挑浚，已足以资灌溉。不过湃岸闸座有应行修补之处，可以从容经理。查宁夏有专司水利之同知，着将未竣之渠工交与该员，于每岁春工内分年陆续修理，务期工程坚固，利济有资，使民田永沾膏泽。

是岁，又以甘肃所属之瓜州地肥饶可垦，将疏勒河上流，筑坝开渠，引水入河，又于安家窝铺对岸导渠疏浚深通，引水溉田。至十一年，陕西之柔远堡、镇夷堡、口外双树墩等地方开垦，令开渠溉田。

十二年，甘肃口外柳林湖地屯垦，令筑坝建堤开渠。又陕西之中卫县白马寺滩地广可耕，令开渠建槽，以资灌溉。

议浚淮扬下河水道以济盐运，溉民灶田。令松江府之奉贤、上海、南汇等县修筑捍海土塘。江苏抚臣乔世臣言：金山、华亭、奉贤、上海、南汇五县地方，西抵浙江平湖县界，东至宝山县接壤之黄家湾，绵亘二百五十余里，旧有土塘以捍潮汐。雍正二年议：自金山嘴至华家角四十余里，系金山、华亭二县地。俱易土为石，次第告竣。其华家角以东之旧塘，未经修筑，今年七月中海潮漫溢，以致南汇、上海、奉贤三县被灾较重，今议修筑土塘。在奉贤者，由华家角石塘起至南汇县东界，共九千三百二十七丈六尺。在南汇者，自奉贤县西界起至上海县东界，共一万五千四百六十四丈。在上海者，自南汇县西界起至宝山县界之黄家湾，共一千二百二十三丈八尺。俱底宽五丈，面宽二丈五尺，高一丈二尺，共需银九万八千三百五十四两零。又黄家湾以北至宝山城四千二百二十八丈一尺有奇，旧塘亦颇废，并宜增筑，塘底宽五丈，面宽二丈五尺，共需银一万七千一百一十六两零。疏入，命廷臣集议，如所请行之。

十一年，诏：修扬州之范公堤。命内大臣海望等查勘浙江海塘。海望等疏言：浙江江海之门户有三：省城东南，龛、赭两山之间名曰南大亹，禅机、河庄两山之间名曰中小亹，河庄之北宁邑海塘之南名曰北大亹。唯中小亹当南北两岸之中，江水海潮若由此出入，则两岸无虞，但其地面不及南北两大亹之半，潮过沙淤，偶通旋塞，不徙而南，即徙而北，南岸尚有龛常诸山连给捍卫，北岸唯恃一线塘堤而已。南大亹久淤成平陆，数十年前尚由中小亹出入，嗣后渐徙至北大亹，今欲遏江海之狂澜，使其仍归中道，恐非人力所能为。查海宁东南有尖山耸峙，海口其西有小山俗名塌山，相去百余丈，水底根脚相连，两山之间向有石坝堵截水道，后因修塘人役误取其石，见今江水大溜，紧贴北塘，直趋尖山、塌山之间，引入海潮冲激，塘身护沙日卸，若于两山之间照旧堵塞，使江水海潮仍向外行，则北岸护沙可涨，而水道亦可望其南徙。至于华家巷以东、尖山以西一带，塘工有草塘并条石块石塘不等，应改建大石塘，庶可垂永远，所需工料约银一百八十余万两，非历数年之久不能告竣。臣等见议：塞尖山水口，既堵之后，果能涨沙护塘，则石塘可不必改建，如仍无涨沙，再行改建，似亦未迟也。唯翁家埠一段草塘，塘内地势低洼及塘背附土单薄之处即应培补；又石草各旧塘仅有一层，应请于塘后添筑土备塘一道，比旧塘再高五六尺以御风潮泛溢之害。疏入，上曰：所议俱属妥协，着照所奏行。朕思尖、塌之间建立石坝以堵水势，类似挑水坝之意，所见固是，若再于中小亹开引河一道分江流入海，以减水势，似更有益。从前虽经开挖，旋复壅塞者，皆因惜费省工之故，今若倍加工力，两工并举，更觉妥备。石坝建后，即有涨沙，而石塘亦当渐次改建，以为永久之利。其开挖引河，着程元章等相度地势，酌量办理。

十二年，两江总督赵宏恩查勘松江海塘，议于石塘外筑贴石土塘一道。从之。

十三年闰四月，河东总督王士俊言：东平州之安山湖，地势低于运河，其湖旁涸出之地，请开垦以济民食。上命部臣详议。

谕曰：山东运河之水，全赖诸湖停蓄以资灌注，所以前人有水柜之名。后因诸湖淤垫，居民侵占为田，以致水少不能济运。朕屡降谕旨，令河道总督等悉心经理，近年始无水浅停舟之虑。今王士俊此举，乃为开垦起见，朕思湖水专资济运，倘经理之初，但贪田亩之有余，不计湖水之不足，将来田多水少，漕运稽迟，则顾此失彼，未免轻重倒置，不可不慎之于始也。遂命止之。

皇朝文献通考卷七

田赋考七

水利田

乾隆元年，谕：绍兴府属沿江沿海堤岸工程，停止按亩派钱，于存公项内动支兴修，着为例。

又谕：三代以前，不言水利沟浍之制①，时蓄泄备旱涝，《尚书》《周礼》所载：为田功计者，其利甚溥。开渠引水，溉田育谷，始于战国，盖因阡陌既开，沟浍寻丈已失其旧也。历代言水利者，得失参半，总以相土宜、顺水势为主。今江南苏、松、常、镇四府，太仓一州，现在兴修支河，仿河工、海塘之例。朕思渠港、圩坝附近溉田，原宜开浚以备旱涝，但开浚之法须河身深广，蓄泄得宜，挑取涂泥远移他处，或培洼下，或筑堤岸方为可久，若堆储河旁，水潦旋淤，有名无实，徒滋烦扰。至古堤、旧渠不为田害，便宜仍旧改筑，甚无谓也。今苏、松等处支河不比河工、海塘之险，古堤、旧渠如元和、至和等塘，民利往来，田资灌溉，至今受益。吴本泽国，三江震泽，支流四溢，如邱与权、单锷、郏亶、赵霖、夏元吉、周忱所论水利，考据精核，得失了然。今承修人员不逮前人，止宜加修，不必改筑。若按亩派钱以供大修，朕已降旨停止，嗣后督抚以至州县，建言为民兴利，或利小而害大，或利在目前而害伏于后，或有利无害而其事难成，皆宜详审熟筹，慎之于始，以副朕惠养元元之至意。

又谕曰：史书详志河渠，经术兼明水利，诚以国计民生所关也。果使水道疏通，脉络流注，陂泽非沮洳之薮，堤防有蓄泄之方，旱涝有备而田

---

① 沟浍之制，关于水利沟渠的规划。浍，田间水渠。

庐无虞,其有裨于闾阎,诚非浅鲜。我皇考轸恤黎元,兴行水利,凡直省泉源河湖莫不浚导,俾民得以灌溉,转瘠为腴。至于苏松之太湖、吴淞、白茆、刘河,归海要道,淮扬之槐子、乌塔河,泰州、如皋运河、串场、车路、海沟等河,尤不惜帑金,专员督理,建闸筑堤,按时启闭,使近水田亩均沾膏泽,利赖甚溥。但自开浚以来,已阅数年,圩岸不无坍颓,沙泥不无淤积,与其岁久浚筑,事难费倍,不若逐年疏葺,事易费省。着令管理水利河务各官及滨河州县,各于所属境内,相视河流浅阻,每岁农隙募夫挑挖,定为章程,逐年举行。

二年,谕:养民之道,必使兴利防患,水旱无虞,方能使盖藏充裕,缓急可资,是以川泽、陂塘、沟渠、堤岸,凡有关乎农事,务筹划于平时,斯蓄泄得宜,潦则有疏导之方,旱则资灌溉之利,非诿之天时,丰歉之适然,而以临时赈恤为可塞责也。直隶今年夏初少雨,深以旸旱为忧,及连雨数日,尚不甚大,而永定河随有涨溢之患,虽因山水骤发,然水性就下,其经行之地自有定所,设预为沟渠以泄之,为塘堰以潴之,自可以杀水势,不至汇为洪流,冲突漫延如此之甚,是皆平日不能预先筹划所致也。东南地方每有蛟患①,考之于古,季夏伐蛟,载在《月令》,今士人留心者尚能预知有蛟之处,掘地得卵去之,则不为害。且蛟行资水,遇溪涧而其势始大。田畴虽不可移,而庐舍茔厝尚可迁就高阜之地以避之,是亦未尝不可先事预防。该督抚有司务以生民利赖为先图,一切水旱事宜,悉心讲究,应修举者即行修举,或劝导百姓自为经理。如工程重大应动用帑项②者,即行奏闻,妥协办理,兴利去害,俾旱涝不侵,仓箱有庆,以副朕惠爱黎元至意。

又谕:直属营田水利。昔年蒙皇考世宗宪皇帝特命怡贤亲王、大学士朱轼查勘地方情形,不惜数百万金钱,兴修经理,已有成效,然沟渠、浍洫、堤埝、围埂之属,必须随时修葺,岁加补治,方于田功有益。今岁春夏间雨泽愆期,各州县水田多未种植,则沟渠各项势不能无废弃之处,倘地方有司不随时整理,必误明岁春耕。夫州县地土,原有高下之不同,其不能营治水田,而从前或出于委员之勉强造报者,自应听民之便改作旱田,以种杂粮。若附近水次可以营治之田,而从前已经开成者,倘因本年

---

① 蛟患,古人认为蛟能生水患,故称水患为蛟患。蛟,人们幻想出的似龙动物。因为其能兴风作浪,故有"伐蛟",即斩杀蛟之说。
② 帑项,公库中的物资或款项。帑,意为公库或其中的财物。

未曾种稻遂至废弃，殊为可惜。着李卫饬行各州县，分别查明，将实在可垂永久之水田，劝谕民人照旧营治，毋得任其荒芜，其沟渠各项有应行修葺者，即于农隙之时酌给口粮，督率修治。

三年，谕曰：闻直隶保定、河间两府所属地方，夏月多被水淹，深秋之后，地虽涸出，而积水仍未全消。推求其故，则州县旧有渠淀，居民耕种渐有收获，恐被争占，遂报垦升科，及耕种既久，壅培渐高，而水不下注矣。又闻各处多有涸河，当有水时由此宣泄，无水竟成废地，近河居民筑埂筑坝，为蓄聚灌溉之用，以致河道阻塞，水不通流，高阜有水归于卑下，而卑下之水无地注之，此积水难消之由也。着饬各州县将旧有之渠淀查明造报，毋得隐匿。若有已经升科者，免其赋税。其有涸河之处，亦行确勘，不得筑埂坝以阻河流之故道，庶积潦不致为害，于地方实有裨益。

遣大理寺卿汪漋总办江南水利工程。两江总督那苏图言：臣等往淮扬会勘，署抚臣许容所奏：应浚河道与水利农田，原属有益。唯闻沿河一带，边土较高，兴、泰、宝、盐等处，地方低洼，形如釜底，必须测量地势，随宜办理。如蒙简差在京熟谙水利工程大员相度董率，方为有济。遂有是命。

四年，谕：水利工程重大，着通政使德尔敏同往办理。大理寺卿汪漋等言：山阳、阜宁之渔滨河，兴化县之白驹闸、下引河，高邮之通湖桥、马饮塘河，江都之湾头河，通州分司所属之十盐场河，通州之黄河洋、范公堤俱应疏浚兴修。又盐城之新兴场河、阜宁之庙湾场河，宜及时疏浚，以工代赈。俱从之。

又谕：今年六月间，开封等属被水州县甚多，已屡降谕旨，多方赈恤，因思济饥拯溺，目前之补救唯殷，而陂泽河渠善后之经营宜亟。查豫省地方，有淮、颍、汝、蔡诸水经纬其间，凡旧有河道俱达江湖，第或故道被淹，或无支河导引，是以水无容纳之区，势必旁溢，下有壅塞之处，涝即难消。闻抚臣见令各属勘估兴修，但愚民无知，上游方事挑浚，而下游填实阻拦，仍致水无去路，于事何益。着抚臣、河臣亲勘全局，通盘计算，务使一律疏浚深通，毋令各分疆界，稍有阻滞。再豫省之贾鲁河，原由江南地方全注入淮，是庐、凤等处即豫省之下流也。此时，见在钦差大臣兴修庐、凤等处河渠，亦当同为留意。从来疏浚河道时，上游十分用力，而下游百计阻挠，各处人情如此，不独豫省为然。是在封疆大臣洞悉其弊，勿为所欺，庶几源委畅流，永无泛溢之患。

又谕：直隶地方水利未讲，以致水涨则受其害，而平时未获其益，前屡降旨，令总督孙嘉淦等悉心筹划，善为经理。据孙嘉淦具折陈奏，大概讲论河道情形，至如何消除积水，俾民间田亩收水利而免水害之处，未曾详悉奏及。朕思此时乃水势消落之际，又值年谷收获，正宜董率官吏及时经营，不但工程可以早竣，而无业贫民亦可藉以糊口，若不趁此时速为料理，为未雨绸缪之计，转瞬春水长发，又恐难以施工。朕为闾阎疾苦时廑于怀，为封疆大臣者当体此意。可即传谕孙嘉淦知之。

五年，命廷臣议淮扬各属兴修水利事宜。大理卿汪漋等言：淮扬下河九属地界，江、淮濒河临海，民间生计大都以水为利，鱼盐之饶富、田亩之灌溉、商运之往来皆资于水。臣访之舆论，下河之为害者有二，最甚者开放高邮三坝，次则东边易进咸水。查高邮三坝，因上游洪泽湖之天然二坝而设，今天然坝已坚闭不开，请将高邮三坝及昭关坝、子婴坝平撤，以期永除水患；更添闸三座以溉田亩。上源无骤涨之水，下游自无泛溢之虞矣。其咸水易进之处，唯天妃与白驹三闸为甚。今议天妃口建设闸座，白驹三闸并行拆建，其沿范公堤之丁溪、小海诸闸，内有上冈、北草堰二闸颓坏，更设于串场河里口，以致咸水灌入，请移建于串场河之外口。其余有墙石、底石损坏者，有闸板朽腐者，俱应修葺，以时启闭，则咸水之患亦除矣。水患既除，水利可兴，臣等勘下游诸水之大势，俱东北由盐城界入海，东塘河为分泄之要津，久经淤垫，迤下上冈、草堰二闸内外河道亦淤，应一律开浚；其阜宁之清沟河、苏家嘴河，山阳之泾河、市河，宝应之子婴闸河，兴化之北官河、溪河、白涂河、梓新河、兴盐界河，泰州之小纪、宗村二河，蚌沿河，淮东两分司所属串场河以及溱潼河、新河、旧河，皆灌溉所资，盐艘经行之路，今俱淤垫浅阻，亦应挑浚。范公堤绵长三百余里，应加筑宽厚，以资捍御。以上皆东流入海之路也。其南流入江之水道，则扬州以北之湾头河、董家沟、芒稻河去江甚近，自芒稻闸以下见在浅涩，应加挑浚；扬州城东之沙坝闸河，水道淤垫，亦应疏浚；城南之扬子桥闸闸口过高，应行改修，其挑河所去之土，令于两岸三丈五丈之外堆成圩岸，岁旱则引以溉田，水大则听其堵闭，访之居民，咸称有益。臣等更请将下河九属田亩之毗近河渠者，依此例于两岸修筑田圩，高四尺，底宽八尺，顶宽二尺，令有司劝谕居民于农隙之时如式修筑，嗣后虽遇雨水盛大之年，可无虞淹漫矣。疏入，下大学士会工部议覆，准行。

修筑松江海塘工成。松江沿海东西两塘改土为石，长六千七百余丈。

海宁县尖山坝工成，令修浚江北庐、凤、颖等属水道。先是江宁布政使晏斯盛言：凤、颖、庐、滁、泗各属皆有水利可兴，大学士等议令总理水利之汪漋、德尔敏会同督抚详勘定议，上允其议。至是，汪漋等言：合肥城内之金斗河及泄水越河，虹县之枯河头，亳州之干溪沟，和州之太洋河、姥下河、牛屯河，含山之铜城闸河，来安之龙尾坝河，俱淤浅不足资以灌溉，应亟为挑浚。滁州之孟公石坝应改为闸，合肥城东石闸已颓废应修建，五河城南蒋家坝应改土为石，其余各州县陂塘、沟渠、圩埂、土坝共六十二所，向来民自行修筑，应饬地方官视年岁之丰歉，量民力之能否随时劝导，次第兴举。又寿州之安丰塘即古芍陂，向为潴水之区，今已淤成高地，既不能蓄水，反致阻遏水道。若招民垦种，可得良田五百余顷，每年农隙之时，令种地之民于塘外挑成河道，东西下游各筑土坝一道以备蓄泄，可化无用为有用。应俟督臣、抚臣妥议办理。疏入，令大学士等会议，如所请行。

浚河南之贾鲁河。先是河南巡抚尹会一奏请兴豫省水利并浚贾鲁河下游入涡会淮。而安庆巡抚陈大受复言：上游之水奔腾下注，涡河浅窄，恐不能容受。工部议：令总理水利大臣暨两省督抚、河臣会议，务使有利无害。上从之。至是，汪漋等言：豫省自开封府以南沿河七州县之水俱归江南之涡河，见议所开河道，虽有沙河、桃河、永利沟、老黄河诸名，其实本属一河，所浚者即旧有之水道也。唯贾鲁河原系入淮之河，因水势善溢，故议于北岸设闸开河，以分其势。所泄之水，本自无多，况流行四百余里方入于涡，自不至于江南有碍。查豫省地居上游，其水皆以江南为归，而入涡、入淮，稍有区别，贾鲁河入淮之水既分泄入涡，则涡水亦当分泄入淮，庶上游、下游之水两得均平。亳州迤下六十里，涡河南岸有分流之水漳河一道，由干溪沟历汜河以入于淮，今应将漳河疏浚，遇涡水盛大可以分泄。大学士、工部议：应如所请。从之。

七年，命直隶总督高斌等往江南经理水利、赈恤。

又谕：江南水灾之后赈恤，乃一时之补救，而所以安养民生者，全在明岁之农功。自被水迄今已经两月，虽水渐减退不为大害，而弥漫之势仍似从前，若疏浚稍后机宜，则今岁田地断不能尽皆涸出，小民春耕无望，彼嗷嗷待哺者何以为生！况此时搭棚栖止于长堤者，亦岂可以久处，亟宜讲因地制宜之策。其如何疏泄水道，涸出田亩，以安民业，以奠民居，着钦差大臣、河道总督、江南督抚悉心妥议，速为经理，毋得稽迟。

又命大学士陈世倌会同高斌办理江南水利。明年正月，陈世倌、高斌等言：淮、扬、徐、海、凤、颍、泗七府州地既卑下，又为百川汇聚、归江归海之路，黄淮二渎为之经，南北运河为之纬。南以洪泽湖为之潴①，而高、宝、邵诸湖承其下流，入运分趋以归于江海；北以微山湖为之潴，入运分趋而骆马湖承其下流以归于海。夫水性就下，下游多淤则上游之势必遏，上游既溢则下游之浸必甚。若大辟尾闾②，分流畅泄，使来水不及去路之多，复于上游收束散漫之势不使旁溢，则纵有涨水，可循流以渐趋于壑矣！高、宝诸湖之水，自邵伯以上入海，邵伯以下入江，臣等面承指授入江之路，宜酌量加增。窃查运河入江较入海之路为近，而运河之水高于江面，消纳亦速，若从兴、盐等县入海，路既纡远，而沿海地面高于内地，外潮势仰内河，水低必俟潮退方可随潮而出，即疏浚极深，又恐潮水内灌，是入海诚不如入江之便。今议于金湾滚坝之下、东西湾地方添建滚坝二座，分引湖水入于盐河，即于盐河对岸挑石羊沟引河一道，河头建滚坝以应东西湾二坝，并将凤凰桥下引河及壁虎桥下流之廖家沟俱挑浚深阔，归石羊河以达于江。其董家沟原归芒稻河，应加挑使自为一河，直注于江；至芒稻闸河为通江之捷路，一遇伏秋水涨，启放闸门，恐盐船浅阻，请于芒稻闸以下、仙女庙以上挑越河一道，俾盐船由此经由其泰州河旧有秦塘港、白塔河、百汉港三路入江，宜改建闸门，以时启闭，此湖水下游入江之路也。黄河北岸则微山湖为上流所聚，骆马湖为下流所聚，而中河居其间以为咽喉，六塘河又承骆马湖之下，引众流归场河以为尾闾。今议将板浦以下场河速为挑浚，其六塘南北二股及六里车轴等河之浅窄者悉加修治，并于五丈、义泽、六里河头各建闸以时减泄，则黄河北岸之水亦不致泛溢矣！上江凤、泗二属，南有浍河，中有沱河，北有濉河，沱河久淤，应将宿州之水导入浍河，灵凤等处之水导入濉河，不使仍入沱河，并将濉河下游之谢家沟浚深以资宣泄；海州等属则沂、沭二河为大，应将河身之淤垫者疏治，民堰之残缺者堵筑，其余两江七府州属支河沟渠应挑浚者，约计百四十余处，庶水各有归，不致泛溢矣！疏入，敕廷臣议覆，行之。

诏：疏浚京城内外水道。

---

① 潴，积存水，或积存水的地方。
② 尾闾，古代传说中的海水汇聚之处，后也指江河下游，接近入海口的河段。

八年，宝山新筑海塘工成。宝山县城东北自杨家嘴炮台至车家坟止，改土塘为石，长一千三百丈。准桑干河开渠引水，以溉民田。直隶总督高斌言：桑干河为永定河之上游，可于南北两岸各开大渠一道，引水灌溉，营治稻田。从之。

九年，命尚书讷亲查勘江浙海塘。讷亲言：海塘视沙之坍涨以为平险。老盐仓一带柴塘，向因江海回流冲刷，初非正溜移注①，故一经涨滩即化险为夷。但潮患常在北岸，涨沙未可尽恃海潮，向由中小亹出入。若将故道开通，分减北大亹之溜势，则上下塘工悉可安堵，即使不能遽行开通，而潮汐情形与湖河迥异，其日月衰旺既有期信，随长随落，为时非久。若将险要处所酌量机宜，多建坦坡，木石戗坝，俾其挑水挂淤，实为捷要之法，盖有高沙，则塘工即资巩固；有新沙，则高沙不能坍塌，柴塘一带若办理合宜，不但不必改建石工，向后并可免抢险之劳。唯在该管员弁随宜经理。不可恃沙涨以为安，不可妄矜潮汛以为险也。江南沿海水势较浙省稍为宽缓，惟华亭、宝山二处溜势颇急，已建有石塘。其余沿海各工，令该管官督率，相机守护，自可无虞冲卸。工部议覆，应如所请。从之。

令疏浚清水下游诸河道。讷亲言：洪泽湖减下之水，由高宝等湖至邵伯湖入运者，则有泰州盐河为归江之路，由高邮湖入运者，各闸坝分泄入于串场河为归海之路。然通江之芒稻闸，通海之白驹、天妃等闸，皆闭蓄以济盐运，既不能预为容受之地，洪泽湖减水既多，宣泄不及，即至漫溢民田，因而洪湖不敢轻言宣泄，然闭蓄过甚，骤有涨溢，上游受患并及下游。今议归江之路，宜浚盐河也。盐河水深四五尺，如皋以下益浅，其底高于运河，应挑深五尺，使常足以资盐运，视运河之水有余，将芒稻诸闸启放，预为减泄，再将宝应、高邮二湖相连之华家滩、大新河，高邮、邵伯二湖相连之王家港、茅塘港并邵伯通运引河逐加挑浚，俾循次灌注，为湖河递减之法。每年于重运过后四五月内行之，即遇洪湖减泄盛涨，亦差可容受，不致有湖河先满之患，而芒稻各河更无宣泄不及之虞矣。又归海之路宜浚串场河也。洪湖入运之水，自高邮注官河以达串场河，又邵伯头闸、二闸水亦分入串场河，出天妃、白驹、小海、丁溪诸闸归海，为下河宣泄之要道。乃夏月水盈之时，河水仅深二三尺，白驹等闸常闭不开。兴

---

① 正溜移注，河道主流分流注入。

化各湖河水无去路，稍增四五尺，即淹浸为患，盖兴化地洼、而串场河浅之故也。应将盐城以南南、北二串场河挑浚宽深，使水恒潴蓄足资盐运，白驹等闸平时可相机启闭，盛涨则尽行开放，其兴化以上之高邮官河，承南关车逻二坝，为减水总汇之路，河道浅窄，难以容纳。而泄水之蚌沿、梓新、车路、白涂、海沟均应挑浚宽深，以资利导。再邵伯以上运河东岸各闸坝，归下河者，合计宽一百四十余丈。而范公堤各闸口门止宽三十六丈，来水多而去路少，应于见在闸座多添金门，会入各引河，以广其宣泄之路。疏入，命大学士九卿集议，令督河诸臣分别先后估计具题。从之。

又诏：兴修畿辅水利。大学士、九卿议覆：御史柴潮生奏，河间、天津二府，频岁亢旱，请大发帑金，经理畿辅水利。凡河渠、淀泊有故迹可寻者，重加疏浚，开沟建闸，引水溉田。凡待赈之民，分段派工，厚给其直，所费虽多，实为无穷之利。臣等思，北方地势平衍，原有河渠、淀泊水道可寻，从前或行之未久辄就罢废，或奉行不善转致虚糜，遂谓北地水利不可兴，听其自盈自涸而不为之，均节有水无利而独受其害，虽天时之不齐，亦人事之未尽也。所奏兴修水利事属应行。疏入，命尚书刘于义往保定会同总督高斌详议经理。

是岁，协办大学士、尚书刘于义等陈水利十二事：一、宛平、良乡、涿州境内之牤牛正支各河，宜疏浚以消沥水；一、新城、雄县境内之白沟河，宜浚支流以免漫溢；一、赵北口以东淀内支河，宜分别开浚；一、东淀河道，宜开通径直；一、子牙河浊流穿淀，宜另疏出口水门，并筑长堤分别清浊；一、附近永定南北之旧减水河，宜疏归凤河；一、塌河淀尾闾淤塞，宜亟疏浚；一、唐河，宜由广利等渠引归保定之府河；一、天津、新安、霸州诸河淀，宜渠闸通引以沃民田；一、正定各泉，宜开河引渠；一、旧有营田渠闸，宜酌加修复；一、民间自营稻田，宜酌给工本。大学士、九卿会议：俱应如所请，命速行之。至十年，刘于义等又言：一、广利渠以下应添建涵洞；一、望都以下沿白草沟河至清苑、安肃，宜开浚道沟；一、广利、依城二河，宜挑减水河；一、张青口以下应挑支河，以分淀河之水；一、新安县之新河，应挑深以泄容城、新安之水。十一年，刘于义等又言：一、塌河淀涨水，应由七里海引归蓟运河；一、天津东北贾家口旧河，应挑浚以泄积水；一、静海迤东芦北口，应接开支河；一、南运河捷地汛，应改挑引河。寻又言：一、庆云县积水，应浚马颊河引水归海；一、庆云县西南高慕台洼，应挑沟引水入老黄河；一、庆云县四乡泄水沟渠，应开挑以疏积涝；一、盐山县宣惠河，应挑深泄积水入老黄河。皆下部议行。

令湖荡蓄水之地毋许民人垦种。户部议准：浙江上虞之夏盖湖，余姚之汝仇湖，水利攸关民人，毋得侵占。并令凡有湖荡之地，详加查勘，划明界限，不许再行开垦，阻塞水道，其从前已垦地亩，亦令核明有无升科，分别办理。

十年，命江南督臣、河臣查勘兴修上下两江水利。至十一年，两江总督尹继善等言：洪沟河为毛城铺之咽喉，应于两岸各筑子堰，堰内建涵洞及闸以泄民田积水。濉河两岸亦应各筑子堰，分设涵洞、斗门。其王家山天然闸河，拟于尾闾改挑向南，仍入濉溪口。又天然闸河及峰山闸下引河，五湖迤下之谢家沟，俱宜挑挖宽深。至颍州府之淝河，年久淤塞，应择其浅窄之处浚之。又自孟家桥以下民间私筑土坝，设立鱼籪，有碍水道，俱当拆除。蒙城南乡之黄河，北乡之北淝河亦应挑浚。此上江应修之水利也。六塘河承骆马湖之水，至沭阳钱家集分为南北二股，由盐河入海。宜筑子堰，设涵洞，而上游之港河亦宜疏浚，建闸设堰，以减骆马湖盛涨之势。沭河发源东省，入沭阳分为二支，由涟河入海，宜一例筑堰，立涵洞、桥梁以消积水。至山阳之吉家桥河，盐城之九曲河，阜宁之横沟河、放生河，清河之民便河、史家荡古河，安东之尤家荡河，桃源之刘老涧、积水河，海州之蔷薇河，俱宜次第挑浚，筑堰立闸。此下江应修之水利也。疏入，令大学士、工部集议，饬督臣分别缓急，估题兴修。从之。

又谕：江南海州、沭阳一带，频年被灾，水患迭见，今年仍复被淹，朕询问巡抚陈大受，据奏称：海州之水，下苦于盐河之南北横截，使六塘、南北潮河之水不得东流；上苦于沭河之水尽由于沭阳、海州入海，宣泄不及，以致为害。欲治海州之水，下则当去盐河横截之弊，令地方官视水大小，一面及时开坝，一面报明盐院。又令民修筑圩围，广留水道，则海州之南可以无灾。上则当分泄沭河之源，今于大山头北四里沟、八里湖地方正马陵山腰断处，开一河，引入赣榆之大兴镇河。又于下流引一河，南入新河头，北入围子河，则上流既减，下流自无四溃之虞。再赣榆之三公河，旧为泄水之道，因年久堵塞，苟一挑浚，积潦可消等语。可谕尹继善、白钟山，令其委员查勘，应作何开通疏浚之处，妥酌办理，务使水患悉除，民不罹灾，以副朕痌瘝民瘼①之意。至十一年，两江总督尹继善言：盐河南北横截一百三十余里，西有六塘南北两股之水穿过盐河，由武障、义泽、六里等河归北潮河入海，因蓄水济运、盐、柴三处俱筑草坝，虽可随时启闭，但六塘河数百丈之水奔腾而来，三坝口宽不逾十丈，即及时开放，亦宣泄不及。请于武障、义泽、六里三河口各设滚水石坝数十丈，高于河底五尺，低于民田一尺，水满则泄水，平则止，既利民田，亦无妨盐运。又赣榆之三公河，年久堵塞，亦应挑浚，以消积潦。至沭河，发源莒州马耳山，由郯城之马陵山东南流自宿迁至沭阳，查大山头北之四里沟、八里湖，地形稍洼，中隔佃头一岭，开凿非易。且引沭入赣，虽有利于沭阳，实有妨于赣榆，毋庸别开引河。唯赣榆之围子河上段淤浅之处，宜开挑以泄异涨。大沙河旁亦须加筑子堰，以资捍御。臣等更议开蔷薇河等处以分沭水之流，筑沭河子堰以束沭水之势，则海、沭、赣三州县水患可望减除。从之。

十一年，谕：淮徐所属州县，连年被灾，缘该处地形本属低洼，而海州为众流入海之区，较他处为甚，历年经理河务，凡疏通宣泄之方，俱随其形势挑挖。前经陈大受奏称：六塘、南北潮河之水，尽由沭阳、海州入海，宣泄不及，以致为灾。经大学士等定议，应行筹划之处俱已加意料理，而仍不免于水患者，盖因从前被灾稍轻处所，俱不奏报，遂觉被灾之时少。今则无论灾之大小悉令奏闻，是以灾伤屡告，其实非今多于昔也。海州为水之所潴蓄，若该处免于涝，则是本年雨少，而高阜之地被旱必多矣。唯是小民屡困沈灾，朕心深为悯恻，所当多方筹度以图善策，即地势低洼不能全去其患，然去其太甚，则受灾之民少而积困亦可渐苏。可令高斌会同尹继善、顾琮、陈大受等务须商确妥协，俾将来水患可望渐除。

协办大学士、尚书高斌等议：请于海州所属及淮徐二属之宿迁、桃源、清河、安东、阜宁诸县，将洼地修筑圩岸，令业主出资，佃户出力，于农隙时次第经理。从之。

禁民人私将池塘坡泽垦种以妨民田。户部议：官地、民业凡有关于水道者，概毋许垦种。如自恃己业，私将池塘陂泽改垦为田有碍他处民田者，查出惩治。如果于水道无碍，听其报官垦种，改则升科。

---

① 痌瘝民瘼，关心民间疾苦。

皇朝文献通考卷八

田赋考八

水利田

乾隆十二年，直隶总督那苏图奏：霸州、丰润二处营田，宜设专员以收实效。

上曰：古有田畯之官，巡行阡陌，劝稼课耕，宣布德化。该督所奏专员经办营田，尚得古人遗意。着照所请，令管理之员亲身督率，加意经理，如三年之后果能卓有成效，该督奏闻，送部引见。

十三年，谕：江南淮海一带州县，近年屡被灾伤，推原其故，皆由山东沂郯等处上游雨水盛涨，建瓴而下，河道不能容纳，遂直注骆马湖，冲决六塘河两岸子堰，淹浸民田，以海沭为归宿，小民荡析离居，甚属可悯。但查从前淮海所属不尽失收，即山东亦非尽无雨水盛涨之事，何以至今为患愈剧，而山东之以旱潦见告者，亦迄无宁岁，必系该省水道所在梗塞，蓄泄机宜久废不讲，以致本处既告漫溢，邻境但受淹伤，相因为害，至于如此。上年阿里衮奏请开浚沂兰等河，朕命大学士高斌前往会勘查办，是否通盘筹划，可以永免两省灾伤，抑系暂为一隅补救之计。细阅伊等前后奏折，大概加意修筑堤埝，而于该省全局及淮海一带相因受害，应作何疏浚料理，未据详悉议及。着传谕大学士高斌、左都御史刘统勋，会同该抚阿里衮，将山东全省水道穷原竟委，广谘博访，躬亲履勘，务将近年所以致患之由，并将来作何查办，毋致再被浸漫，延及邻省之处，悉心定议。该省见在加恩赈恤。倘前项工程之外有应举行者，即照以工代赈之例，随宜兴作，俾灾黎稍资生计，亦一举两善之道也。

高斌等言：山东登、莱、青、曹四府，见无宣泄机宜可言。济南、东昌、泰安、兖、沂五府境内皆有运河,而武定各海口,则分泄运河盛涨入海之尾间也。运河受漳、卫、汶、泗、沂之水,两旁承以诸湖水,小则开湖以济运,水大则藉湖以受水,其间山泉、支港、闸坝、涵洞、桥梁、斗门皆有关于蓄泄。今议:德州哨马营滚水坝宜落低以消漳、卫之盛涨,海丰之马颊河、聊城之徒骇河宜疏导以分运河之涨,东平之戴村二坝宜落低以减运河涨溢之水,济宁之董家口宜引入白马河归河济运,以卫民田,沂州之江枫口宜筑堤坝使入湖归运,以免旁溢。至于沂河以南下注江南之骆马湖,但使山东之运道、泉湖安流顺轨,即下游淮海之地亦可减免水患矣。疏入,下廷臣集议,从之。

又谕:据直隶总督那苏图奏称,正定府属之平山令郭殿正于河旁度地劝谕居民,自备工本,营治稻田共九十二顷余。又阜平县境内有大沙河、浊流,该令罗仰镳沿河查勘,督令居民实力垦营田五十余顷,于河道无所妨碍。郭殿正、罗仰镳殚心民事,朕甚嘉焉。宜交部议叙①。朕自即位以来,于凡开垦水利以及树艺孳畜之事,无不谆谆诰谕,而至今未有牧令董劝有方,如今那苏图所奏者,则是各督抚及群有司尚未明晓朕意也。且此平山、阜平二邑之民,处山区瘠土而能不惜辛苦,垦荒成熟至万有余亩,是民亦知谋生,加以劝导,无不风行。着各省督抚实力劝谕有司懋勤本图无俾怠缓,其有成效优叙②例此,苟或以熟作荒及将河湖滩地留以潴水者妄行开垦,致盛涨无所容纳,反受漫溢之患,则国法具在,不假借也。

十五年,敕河臣、督臣会议淮北修筑圩岸事宜。御史胡蛟龄言:江南之邳、宿、赣、沭诸州县皆淮水下流,而海州上承东省来源,下邻海浦,每春夏之交,栽植甫毕,水患随至,有种无收率以为常。宜仿江南圩田之法多为沟洫,使足容水。查乾隆十一年议:海州等属令有司劝民修筑圩岸,数年以来作何办理情形,乞下督抚诸臣确切定议。疏入,上令总河高斌、总督黄廷桂会议。寻据高斌等议言:臣等查得海州及沭阳、安东、宿迁三县筑圩挑沟已经工竣,阜宁、赣榆二县亦已勘明兴修,桃源、清河二县四乡均系旱地,并无水田,圩岸有费无益。窃思水利农田,相为表里,圩岸之制,诚为良法。唯是地势不同,难以一律而论。海州上承骆马湖之水,由六塘、沭山两河分注入海。从前民间自筑圩堰,后经奏请动帑加

---

① 议叙,清代官员考核制度中的处理方式,即交吏部加级或记录,作为以后提升的依据。
② 优叙,指官员考核成绩优秀,可按条令从优提拔或直接提拔。

筑，费至数十万，然遇山水盛涨之年，民田无论有无圩岸，均不免于水患。诚以来源甚多，下流甚窄，容泄不及，势必横溢，不能强与水争也。至于圩岸之制，唯宜于苏、松、常、镇等属，其次则高、宝、兴、泰、山、盐诸县，行之亦有成效。盖上游无异涨之水，故圩岸得以施功。若海州等八州县，在黄河以北，一望平衍，土性浮沙，不宜禾稻，民间唯恃春麦，向有一麦抵三秋之谚。一交夏秋，则上游山水泛溢，六沭交涨，非圩岸所能御。臣等思水性地利之宜，不容穿凿，而补偏救弊之方，不可不尽所有。各州县已成之圩岸仍令有司督率民夫岁修。至沙高土松并卑洼容水之地，均不能强行修筑。如此，则淮、徐、海各州县，春麦既可岁获丰稔，秋成则合计数年之内亦可一二年有收，庶沮洳之地随时补救①，水患可渐减矣。

十六年，谕曰：朕经过淮安，见城北一带内外皆水，虽有土堤为之防，而人烟凑集之区，设经异涨，其何以堪！亟应改建石工，以资保障。着确勘详估，及时建筑，毋忽。

令于高梁桥迤西营治水田。大学士傅恒等言：高梁桥迤西近河地亩，俱可营成水田，请交顺天府并派内务府官勘定经理。从之。

诏：疏浚京城内外水道。

又谕曰：朕今岁南巡浙江，见萧山、会稽一带，河道浅窄，复闻夏旱之时，河流淤涸，舟楫难行。朕思疏浚河道，本以便民，若乘此时以工代赈，开通深广，足垂永久之利。该督抚即行相度，估计奏闻办理外，此或有当疏浚兴工之处，该督抚次第酌量修举，俾贫民得资糊口。

二十一年，谕：据杨锡绂奏，荆山桥河身淤浅，出水甚少，以致滕、峄等县积水难以宣泄。今岁孙家集黄流漫溢，淤垫河身，致荆山桥下过水不能通畅，自宜设法疏浚，俾附近田庐永免淹浸。着总河白钟山悉心查勘，奏闻办理。

二十二年，命侍郎梦麟勘视荆山桥工程，筑骆马湖堤。河道总督白钟山等言：微山、昭阳诸湖，远承豫、东二省之积潦，近受黄河北岸之涨水，见已疏通荆山桥上下河道，由王母山入运，而来源既大，运河盈满，势必归入骆马湖，湖北受沂州诸山之水，西受微山湖水，其尾闾居六塘河之上游。今湖堤在在残缺，亟请修筑，以资捍御。从之。

---

① 沮洳，地势低洼地带。

敕建海神庙于杭州省城。详见郊社考。以江海大溜直趋中小亹,两岸沙滩日长,濒海诸邑无水患故也。

又谕:山东之济宁、金乡、鱼台、滕、峄五州县上年被水地亩见已涸出,补种者不过十之二三,其余或虽已涸出而泥泞,难于耕种,且积水一二尺至五六尺不等者。此时若能亟为疏浚,克日消退,晚禾、荞豆尚可乘时布植,使再延至五六月间,则大雨时行,愈难经理矣。顷巡抚爱必达自江南来,奏称:荆山桥至小梁山一带,水势通溜无阻,徐州城东狼矢沟积水一百六十余顷,已经开放,四五日内即可涸出,是下游既已疏通积水,即当宣泄,何以此五州县内尚有水深至五六尺者耶?着鹤年速赴荆山桥,一面知会梦麟、白钟山,同至工所,会同查勘,速为妥协筹办,务使农民得以补种晚禾,以慰朕念。江南、山东地界,毗连救灾恤患,事属一体,两省大吏不可稍分畛域,沛县等处亦应一律查办。

又谕:六塘河以下为沂、沭诸水下游,见有余潦停积,桃源、宿迁诸县阻黄临运,为堤堰所隔,积水无由宣泄,洼地多成巨浸,农民失业堪悯。或应添建滚坝,或应酌建涵洞,或开导沟渠,潴为陂泽,水减一分,则民间受一分之益。着侍郎梦麟率该道吴嗣爵等速行确勘,次第妥协办理。至下河高宝诸湖之水,入江、入海,各有分途,小港支渠,排比行列。但或淤或浅,以至水无所归,不特沿海兴、盐七邑被其患,而高、宝首当其冲,城垣庐舍亦重为可虑,当使近江者入江,近海者归海,条理井然,深通畅达,不致泛溢田亩,则所全实多。嵇璜请于昭关设滚坝一座,滚坝之下复开支河,南关旧坝改建滚水石坝,此项工程并一应支河,即着嵇璜率同何煟董其事。

又谕曰:朕此次南巡,亲莅河工,为积岁被灾群黎筹疏泄之方、捍御之策者,宵旰靡宁,冀收实济。近据山东巡抚鹤年奏报,山东之金乡、鱼台等州县,未涸地亩尚有一千余庄,因思此方积潦,再兼伏雨秋霖,将益苦泛溢,而上江之宿、虹、灵璧等处,河南之永城、夏邑等处,在在皆有积水,计漫淹地界不下数百里。此其受病,非一朝一夕骤致蔓延。盖其始皆由于地方官漫不经心,偶遇水灾,不亟为筹度,日复一日,因循酿害,积水日益增,淹地日益广,以致高下田庐尽成巨浸。及至受害既深,自非大动帑项,厚资工力不能奏效,而大小各官又莫能深悉受害之由,确得袪患之术,唯恐议疏议筑亏帑遗累,遂尔噤口束手,坐视其民为鱼而莫展一筹。见今水患已不可胜言,若不及时彻底筹办,将来何所底止!着侍郎裘曰修驰驿，前往山东、河南、上江积水各州县往来周视①，宽以时日，熟察情形，咨询舆论，勿惮再三。其在山东者，与鹤年会商；在河南者，与图尔炳阿会商；在上江者，与高晋会商。其地方官有熟悉水道之员，听其酌量差委，务在通盘筹办，无分疆域。凡可以登民衽席，计安全而谋乐利者，果归实用，毋惜多费帑金。朕痌瘝一体②，南顾畴咨③，辗转忧勤之思，皆诸臣所共悉，其深体而共勉之，以副委任。

令江南督臣等办理湖河修浚各工程。嵇璜言：淮扬运河东堤减入下河之水，自邵伯以北者皆归海；邵伯以南者，皆归江下河。入海之路，从前所建各闸，丁溪、小海，地势外高不能泄水，其草堰、刘庄、伍佑、新兴等场，分注斗龙港、新洋港等口归海，皆得地势之宜。今请于伍佑场之蔡家港添建五孔石闸二座，挑引支河，归新洋港入海。又石礃闸、天妃越闸里头塌卸，应请修补。各闸下支河，年久淤浅，应请挑浚。射阳湖形势湾曲，应引使径直趋海。泰州之孔家涵，盐城之冈沟河、皮垄河，皆应浚治。运河东堤之郎儿闸、子婴南闸、邵伯三闸，年久倾圮，应请拆修。此皆下河归海之路也。但湖河水势归江近而归海远，归海迂回而归江径直，多一分入江之路，即少一分归海之水。运河入江之路，芒稻闸、董家沟、石羊沟、廖家沟四处闸坝共宽八十六丈。邵伯以南，运河东堤，旧设金湾六闸，金湾滚坝、东西滚坝、东西湾坝、凤凰桥、壁虎桥、湾头闸诸处共宽九十余丈，上下相应，以导水入江，今止有金湾六闸并湾头闸过水，合计七闸口门仅宽十二丈八尺，尚不如芒稻东西二闸之宽。应将金湾滚坝、金湾北闸改低一尺，东湾坝改低二尺五寸，凤凰、壁虎二桥下淤滩挑深，东湾坝添宽十二丈，壁虎桥之上另开河头十二丈，汇入壁虎桥引河内。又邵伯诸湖递注之引河，亦多浅阻，应将汤家绊引河改向西南王家庄东首，另挑引河，引朱家湖入尤家洼，下接挑新河一道，由芜城墩引入越河，此皆湖河归江之路也。至于宣泄机宜，唯在冬春初夏，若六月以后，江面既高，潮汐又大，虽尽开闸坝而泄减无多。且山盱五坝宽三百三十丈，又益以蒋家坝十八丈，而归江闸坝止八十余丈，来水几五倍于去水，必须长年开放，寸寸泄减，俾高宝诸湖豫留过水之地，斯不至壅溢为患。而芒稻闸河为盐艘必由之路，闭闸以济盐运，则河工坐误；启闸以利湖河，则盐船

---

① 上江，指安徽。
② 痌瘝一体，皇帝自称对民间疾苦感同身受。
③ 畴咨，探求，访求。语出《尚书·尧典》。

或阻。查湾头至丁堰之运盐河道浅深不一，甚有浅至尺许者，应请一律挑深，以芒稻西闸底水深五尺为度，使盐河长存五尺之底水，则盐船可以遄行，而沿江闸坝可以长启矣。

疏入，谕曰：嵇璜《奏湖河倡导机宜，并应疏、应修各工》一折，颇中肯綮。运河减泄之水，归海路远，归江路近，然亦有不能归江之处，此皆南巡得之目击者。今分别缓急，因势利导，俾田亩资其灌溉，水涨不受淹浸，所言颇合朕意。但向来地方各官，州县局守一隅不能通盘筹划，而大吏又因循草率，惮于动帑兴工，每致临时竭蹶，节节补苴，迄无成效。今会全局而熟筹之，绸缪于先事。其中改纡为直，移远为近，浚浅为深，所奏应疏、应修各工，具有条理，不必更行交议，着照所请交与尹继善、白钟山、普福等会同嵇璜，于应动工时次第兴举，所须帑项，照例分别动支。该督等其董率属员，悉心办理，俾下河民生永有裨益。

又谕曰：今日召见陈宏谋询及各省水灾，据云皆因上游为众水所汇，而下游无所归宿，必当会同通盘筹划方为有益。其言颇中肯綮。江南、山东、河南壤地相接，数年以来频罹水患，而今年为最。朕早见及此，于阅河时即已谆切训谕，并分命钦差及督抚、河臣相度筹办，而时已首夏，不及措施，竣事者，荆山桥上下百余里及清河积水而已。豫兖之境，则被灾之地较广，人户田庐抚恤者不下数十州县，南望为之怃然伤怀。转瞬秋冬，正工作可施之候，若不先事而亟图之，徒坐视其年复一年横流四出，直至临时张皇补苴，何所底止耶！山东之水汇于淮、徐，河南之水达于凤、颍。该督抚等虽各守封疆，要不得各分畛域，况此嗷嗷灾黎，皆朕赤子，大臣公忠体国之谓，何而忍稍存分别见乎！在今日言之，会三省之全局，而川浍以疏之，堤防以御之，工费诚属浩繁，然一举而使千百里之田畴民舍可以永获安全，则生民之利孰大，于是即多需帑金所不当惜。况统屡年赈恤所用计之，为数果孰多孰寡耶！在国家蠲赈，未尝不动盈数百巨万，而小民已先受荡析之苦。即使为督抚者，皆能体朕爱民之心，郡县之吏，又悉良有司，抚恤极其周，经理极其善，而灾黎所得日才以升合计，度命而已，何如无灾而得中岁，盖藏稍裕之为自能乐其生耶！且水非旱比，赤地千里，待泽上苍，非人力所及，有吁嗟吁祷而已。水则治之专藉人工，所难者治之当得要领，及任事当求忠实勇往之大臣耳！前曾以此谕尹继善，伊于地方情形非不熟悉，唯恐办之或无成效，动曰地处洼下而治之，亦不能保其不被水患。夫治之而仍受水患，此自未得治之之道耳！岂终不可治耶！乃以是借口。而委之不治，是正因噎而废食矣。江苏巡抚陈宏谋、安徽巡抚高晋、山东巡抚鹤年、河南巡抚胡宝瑔，皆能任事之大臣。所有三省积年被水之由，应如何相度形势，从长计议，俾可永弭水患之处。着该抚等各于所属境内悉心查勘，仍复彼此会同，详筹妥办。待郎[①]裘曰修、梦麟往来查阅，随时商酌，其有应会两总河者，亦着会阅详议。诸臣膺兹委寄，务各矢实心，和衷共济，以慰朕念切民瘼、宵旰忧劳之至意。

又谕：豫省之卫辉等府属被水田亩，见据侍郎裘曰修奏"令地方官督率民夫开挖淤沙，引入大河，其距河远者，即于原有坡河就近开通，俾田水有所归，以期普行涸出，不误春麦"等语，疏浚沟塍，原系民间自理之事，但该处当被灾之余，民力殊堪轸恻。着通饬各属于派拨民夫，每日按名量给饭钱，亦属寓赈于工之意。该部即遵谕行。

又谕：尹继善奏《酌筹沛县疏洩事宜》一折，内称山东湖口闸与韩庄闸相近，虽为蓄水济运，实亦洩水尾闾，而该闸仅宽丈余，不足宣泄。又沂河自北而南流入骆马湖，近因水大，于邳州之卢口向西散漫入运，与荆山桥泄下之水相阻，以致不能通畅，皆为沛县受病之由。此言颇中近日形势，而沂水不使入运尤为切要。盖诸湖向以济运，而迩年运河之水，不患其少，唯患其多，良由横决之水散漫入湖，以致湖不能容溢而入运，运益不能容并为巨浸，运艘阻滞，旁邑为灾，皆缘于此，不可不急为筹办。其应如何设法堵筑，使沂水各归骆马湖及湖口一闸应如何添建滚坝，俾得畅为宣泄，而不致横流微山入运之处。着该督等通盘详加勘阅，绘图具议以闻。

又谕：江南督臣所勘水利各工，速行兴修。时尹继善言：南阳、昭阳、微山等湖，宣泄之路有二：一由荆山桥至王母山入运，一由山东湖口闸入运，请于湖口闸添设滚坝及河清河、定河成三闸，越河俱挑宽五尺，使湖水得以宣泄。又请堵筑王家沟草坝口门，使骆马湖水不得由此入运。

疏入，谕曰：尹继善奏称"湖口闸应添滚坝及河清河、定河成三闸，应挑越河各工，见已咨商白钟山、张师载等次第筹办"等语，所奏并图中所指工段，于该处情形颇中肯綮。唯是近年受患，全因湖流宣泄未畅，所有关系宣泄机宜，既经查勘明确，该督即当会同钦差及河督等速行相度

---

① 待郎，待字应为刊刻之误，应为"侍郎"。本书之四库全书本即作"侍郎"，当是。

兴工。盖此数百里中，久遭泛溢，灾黎待拯，刻不容缓，虽筹划不厌精详，而兴修不容濡滞，咨商往返，坐耽时日，转不免筑室道谋。图中应举工程甚多，转瞬冬令，必须乘此时动工，庶可于岁前竣事，稍或迟延，则明年春水方生，又妨工作。且该处民田久被淹浸，无西成可望，更无虑伤及秋禾，亦复何所瞻顾而不亟亟为之耶？着裘曰修、梦麟、尹继善、白钟山、嵇璜、张师载及各该抚等，凡有先后勘明各工，权其轻重缓急，就中最要者速即同时并举，余亦次第兴修，均于岁内告成，以收实效。总之，各工早竣一日，则水患早弭一日，诸臣其同心协力，奋勉趋事，以副朕奠安民生至意。

尹继善等又言：沂河源出山东，至邳州卢口地方正流，由骆马湖入六塘河旁流，由卢口坝入运。缘旧坝口门宽至八十丈，年久刷深，旁流过多，有碍运河宣泄，但沂水来源甚大。若遽行堵闭，不但暴涨之时全注六塘，为桃、宿、清、沭之患，倘遇运河水小之年，亦无以接济。拟将石坝口门只留三十丈，坝底填碎石以为节制，使沂水大半归湖，仍留二三分济运，至目下运河之水唯患其壅滞，无须接济，应于卢口筑草坝堵截，使沂水不得涓滴入运。又六塘河处骆马湖下游为宣泄沂水之要道，应加挑浚，其入海之武障、义泽、东门、白蚬、牛墩、六里等河间有浅阻，俱应挑治。并请开小冲河、五图河，俾下游多增入海之路。俱从之。

又谕：裘曰修、高晋等奏《会勘宿灵虹积水情形筹办疏浚事宜》一折，于水势之来源去路颇为明晰。所言历年受病之由及目前利导之法，已俱得其要领。见奏疏浚各工应兴举者即行兴举，不必会商往返，致稽时日。朕为百姓生计并不惜费，唯期用之于实，永远消患而已。至毛城铺为濉河上游，欲濉河之无淤垫计，唯有坚闭毛城铺，苟非盛涨不得开放。万不得已如今岁之自行漫溢，即当于断流之后将淤沙尽力挑浚，若少因循，则今年淤一尺，明年即淤二尺，河身垫高，节节阻碍，年复一年，其淤更甚，故逐年挑浚深通是为要务。其濉河下游皆达于洪泽湖，而洪泽湖以清口为出路，前经指授河臣于汛前将草坝拆卸，俾得畅流，已有成效。嗣后即以此为法，不待盛涨。一遇水势长发，随时酌量拆卸草坝，预为减水之地。从前唯恐运河水少，故须蓄以济运，今则唯患其多，所当因时审度，不可执一而论也。所有见议应开支河，赶办竣工，去累年淤阻泛滥之患，不特宿、灵、虹等州县渐有起色，上游豫东诸积水皆有所归，民生利赖所关甚巨，诸臣其共勉之。

时裘曰修等言：宿、灵、虹诸州县被水之由，缘豫省商、虞、夏、永四邑之水毕汇于宿州，所恃以宣泄者唯濉河一道，而濉河自徐淮口至符离集七十余里，因上年毛城铺诸闸减泄黄水太多，沙淤平岸，河形全失。濉河既不能容纳，则豫省诸水及宿州诸山水散流漫延，遂于淮徐口南北分为二股：南一股自张家沟至猪羊山，冲断驿路，下至时村，由唐沟归入濉河；北一股自牛家楼至大山头高里坝，于时村迤下三村归入濉河。臣等议：濉河上段已成平陆，难以施工，拟即就两旁冲出之河形因势利导，分一河为两河，至符离以下仍入于旧河，俾上游散漫之水得以顺轨分流，自符离至灵璧之霸王城百数十里，河身亦间有淤垫，应加挑深通，以畅去路。至霸王城以下为灵璧之五湖，从前杨疃、土山、陵子、崔家、孟山五湖原各为一湖，今则连而为一，其地最洼，即多开沟渠亦属无益，不若捐之于水，以为潴蓄之道，其水沈地粮题请豁除。至虹县之板桥各小河口则濉河之入五湖者，至此复露河形，分为二支，一由谢家沟经古汴河，一由乌鸦岭经归仁闸下安河，俱入于洪泽湖，此两支亦宜开浚，以免阻碍。其它支河之在宿州者，有彭家沟、潋河、栢山河，在灵璧者有斗沟拖尾河、沱河，在虹县者有苟家沟、岳家河，皆须挑浚，以畅分流之势。虹县又有潼河，年久淤塞，宜改从潘家山南达于董家沟较为捷径。此三州县应修之水道也。唯是下游之下复有下游，洪泽一湖以清口为去路。前蒙圣明指示，河臣将草坝拆卸以畅其流，若每岁皆应期开放，俾上游之水随来随去，则来者虽多，而去者能速，不致壅阏于一时矣。巡抚高晋又请浚治颍州府属之两河口、急三道河、茨河、明河、淝河、武家河、宋汤河，凤阳府属之栢家河、裔沟河、黑濠河、湿泥河。俱报可。

令疏浚河南干支各河。裘曰修、胡宝瑔等言：豫省自荥泽以下，北阻大河，南则连山横亘，诸水所经，唯以正东及东南两面为去路。正东则江南宿州之濉河，向因徐溪口等处阻塞，以致豫省之巴河、响河、丰乐河皆无出路，下阻则上淤，此商、虞、夏、永四邑被水之由也。东南则以江南颍州府之阜阳、太和、亳诸州县为出路。淮水之大本能宣泄，而两省犬牙相错之处，浅阻亦多。豫省之水濡滞而下，则豫省受其患；继之则极涨而溃，奔流四溢，其患又且及于上江，此开封、陈州迤下及于归德之柘城、鹿邑、汝宁迤下及于西平、下蔡水患之由也。今濉河已奉旨兴挑，而颍、亳一带亦且次第疏导，则去路可以无阻，夫而后水之在中州者可得而治也。豫省东面之干河，在商丘则为丰乐河，在夏邑则为响河，在永城则为巴沟,实即一河。而旁受惠民沟、陆邻沟、毛家河、虬龙沟、岐河诸水,河身既窄,深不过四五尺,亟宜大加挑治。东南一面之干河,以大沙河为大,即古之颍水,见在深通,毋庸疏治。其他则贾鲁河,历祥符、尉氏、扶沟、西华、淮宁五县,入于大沙河,自尉氏以下宜加挑浚。又有惠济河在开、归、陈三府之中,分贾鲁河之水以达于淮,向皆淤阻,宜通身浚治。又有涡河,经通许、太康、柘城、鹿邑诸县,入亳州界,以达于淮,下游淤阻,自鹿邑以上漫口甚多,亦当挑浚。此外,如永城之漕沟,夏邑之毛家河、小引沟、观音阁引河、白河、三汊河,虞城之惠民沟,商水之北沙河、大涧沟,鹿邑之清水河,汝宁府之洪河、汝河,均有间段窄浅之处,亦宜遍加疏浚。如此,由引河以达于支河,由支河以达于干河,其不能归河者,或于田间多作沟渠,以为导引,或洼地听为薮泽,以资停蓄,总使有源之水既得下注,而潢污野潦亦有所约束而不至于散溢,则水道治矣。疏入,得旨报可。

浚山东之伊家河。从巡抚鹤年等议,以泄微山湖之水,使由梁王城入运也。又裘曰修等请挑兖州之府河、洸河及改金口闸涵洞为减水闸、改杨家坝为石闸。俱从之。

又谕:嵇璜奏,高邮运河东堤添建石坝已竣,并请酌定水则。如上游五坝过水渐多,车逻、南关二坝过水至三尺五寸,开放五里中坝;若车逻、南关二坝,过水至五尺,再开放新建石闸,视水势之大小以为启闭,自无壅溃之虞。此所见深得蓄泄机宜。盖湖河水势,以五坝为来源,以江海为去路。而归江之路,近于归海,况下河一带,地本卑洼,必视归江诸闸坝实有宣泄不及之势,始可以次启放。今春南巡时,亲临指示,令将车逻、南关二坝常行开放,俾湖河得以随时减泄,而又早辟归江之路,以达其流,下河田亩遂获丰收。此已试之,明效自当,酌定水则,以时启闭。着照嵇璜所奏过水尺寸,立志坝旁,以垂久远。

嵇璜又言:高邮南关、车逻二坝下引河,应切去滩嘴,俾过水顺畅,不致漫溢民田。高邮之官河、南澄子河、北澄子河均有浅阻,应挑浚以导两坝之去路。再宝应湖下之小新河庙基港,蒋家坝下之金钗涧,高邮湖下之越河、王家港俱应疏挑深通,庶冬春水小之时得以递相灌输,腾空湖面,以多留山旴五坝过水之地。谕速为之。

二十三年,浚芒稻闸越河。尹继善等言:芒稻闸为湖河归江最要之尾闾,宜常行启放,使湖水分泄。于冬春水落时早为腾空,以备伏秋容纳之地。但芒稻河乃盐艘必由之路，若彻底启放则碍盐运。查盐艘向由芒稻闸出湾头河，今改由芒稻闸迤东越河，直走金湾，北闸则泄水，与运盐分为两途，实于水利有益。唯越河水势淤浅，应再挑深五六尺，并请将金湾北闸底改低二尺四寸，以利挽运。从之。

又谕：豫东黄河大堤相隔二三十里，河宽堤远，不与水争，乃民间租种滩地，唯恐水漫被淹，止图一时之利，增筑私埝，以致河身渐逼，一遇汛水长发，易于冲溃，汇注堤根，即成险工。不知堤内之地非堤外之田可比，原应让之于水者。地方官因循积习，不加查察，名曰爱民，所谓因噎而废食者也。着河南、山东巡抚饬该地方官，晓以利害，严行查禁，俾小民知所顾忌，不许再加培筑。

又谕：梦麟奏，微山湖水渐次疏消，其湖口泄入荆山桥河，所有分引支河三道，近来疏消已畅，是以湖底渐涸，出路亦渐远。随经接挑引河三百余丈，源源导引，见在湖流自不致壅滞。但将来非得专员查看，随涸随挑，恐日久又成淤垫。着传谕尹继善、白钟山等，派道员专司其事，不时查勘，如有水涸沙屯，即陆续挑挖，俾永远疏通，足资宣泄，毋使已成之功复致湮塞也。

又谕：尹继善奏"查勘宿、桃等属工程情形"折内，有"将骆马湖尾闾，商之河臣早行开放，使湖面腾空以待汛水"之语。此湖河第一紧要之务也。湖虽所以潴众水而不为之及时宣泄，则停蓄既多，鲜有不致漫溢者。向来治河诸臣不思达其去路，而唯恃湖堤以相捍御，及湖涨难容，终至泛滥不收，而远近田庐胥受其害矣！骆马湖之水，由六塘河下泄而东流入海，其河之两岸，则宿、桃、安、清、海、沭六州县田庐在焉。伏秋大汛，民生攸系，若使湖面早为腾空，则汛水之来有所容纳，盈科后进源源下注，湖水无泛涨之虞，而六塘河两岸亦断不致溃决四出矣。岂唯此六州县之利，其濒湖一带运道民生，亦咸奏安澜之庆。尹继善既已商之河臣，早为开放尾闾，以为预腾湖面之计，应如所奏速行。此后每岁大汛之前应行开放时，着总河会同该督先期奏闻，以免因循观望。并将此旨勒石湖滨，俾后之司河务者永远遵守焉。

又谕：陈宏谋所奏《筹办沟洫圩围情形》已于折内批谕矣。淮扬各属水利，见经相度挑浚，大工告竣，其沟洫圩围乃系随时葺治，裨益农田之事，虽当悉心经划，然须次第从事，若以意在保护民田而与水争地，转贻日后之患，此又不可不为顾虑者。所谓修废举坠，亦当随宜筹度者此也。如高、宝、海州等处，从前旧有圩田，自应随时酌量修理，以资生计，若所云湖荡可为圩田，遽欲劝导兴筑，恐此等洼下之区，原皆留以潴水，今若任民围田，设遇水势盛旺不溢而为上游之患，即漫圩而过，冲溃必多，又安在其为利民耶！虽谓附近居民原所乐从，并非强令兴举，但小民唯知占地之近利，岂能深计全局。况今年甫获丰收，民力未甚宽裕，地方官正宜体恤，未便概责以力从趋事，此于数郡民生甚有关系。其实在情形，非详加体勘难以悬定。着交与尹继善会同该抚再行悉心查看，酌议奏闻请旨。

尹继善等议：言沟洫圩围之工，原以资蓄泄，备旱涝，但若任民围筑，阻碍水道，必为上游之患。臣等遵旨督率各属，因地制宜，或开沟以泄水，或筑圩以卫田，旧圩之残缺者补之，旧沟之淤塞者疏之。凡低洼湖荡仍留为潴水之区，不许围筑。其通湖荡之水路，并令酌量留宽，宁让地与水，不与水争利。各处挑浚沟洫，务与新浚之河道脉络灌注。新旧圩沟分别缓急，以三年内全完，庶民力舒徐，而积歉之区元气可以渐复。从之。

皇朝文献通考卷九

田赋考九

水利田

乾隆二十四年，浚山东曹、单二县、江南丰、沛二县之顺堤河。山东巡抚阿尔泰言：曹、单二县境内之顺堤河，上承直隶、河南之水，东注江南之丰、沛二县入微山湖，收蓄济运。因年久未挑，间段淤塞。臣先经咨会江省督抚诸臣商办，务使江省与东省河身一律宽深，庶直、豫之水不致灌聚曹属。寻据两江总督尹继善言，丰、沛二县顺堤河，东省上游现在兴挑，下游入湖之路自应一并挑浚深通，不特济运有资，而顺堤一带田间陂水亦得藉以宣泄，实与运道、民田均有裨益。俱从之。

开常熟、昭文二县白茆河、徐六泾海口，移建石闸，挑浚入海淤河。两江总督尹继善等言：苏州府常熟、昭文二县，东北滨海，向有海口二十余处，其最大者如白茆河、徐六泾为太湖及境内诸水归海尾闾。乾隆十九年，为防海潮，筑土塘一百十余里，止留小口数处可以通潮，余皆筑坝堵塞。数年间，塘外通海之河淤成平陆，内水涨发，塘宽坝厚，临时难开，以致太湖所泄东来之水壅积不行，自常熟、昭文及上游各县田畴均受其患。臣等相度形势，白茆河、徐六泾二口亟宜开通，而海潮亦须防护。查上游旧有石闸二座，自筑土塘，已成无用，应移于开坝之处，用板启闭，以资蓄泄。其塘外淤河，挑浚深通，直达于海，则尾闾通畅，鲜有积水为患矣。疏入，得旨允行。

谕：现在甘霖未沛，京师各处河渠若加挑浚深通，水土之气庶可条畅通达，且无业贫黎，畚锸将事，亦可得雇值，以资口食。所有护城河渠、圆明园一带应修河渠，着鸠工①开浚。

准：修建浙江海塘柴石各工程。浙江巡抚庄有恭言：海宁、仁和二县石塘，自康熙五十四年后陆续改建，已无复可加之工。唯老盐仓一带柴塘四千二百余丈，当年亦曾议建石工，以活水浮沙难施桩石而止。现在江溜、海潮因中小亹之下口门沙涨，连接水势，北趋其北大亹、河庄山，后已冲开港道大溜，由中北二亹水半分流，则老盐仓迤西之华家衡、翁家埠等处，正在河庄峰之紧对北岸，虽塘外老沙尚未坍动，设遇江流迅发，秋潮盛满，不能保无进临塘脚之虞。查柴塘停修已十余年，现多矬垫，柴底自必霉朽，应于富阳、建德、桐庐、分水四县采办柴料，俟秋汛过后，审量河势有无坍逼，塘身应否拆修，分别缓急办理。又海宁城外附塘，上堰共长三千三百余丈，应于现存矬蛰旧土之上加高三尺，以六尺为准；于旧堰底帮宽二尺，以一丈四尺为准，再新旧石塘全赖层石坦水，保护塘根。今北趋方始，而护河已日见坍卸，应俟大汛过后，相度情形，如有逼溜顶冲处所，查若未建坦水，另行添建；如旧有坦水，或因年久桩朽石欹，亦即勘实修补。疏入，部议：令大汛经临即查勘确实情形，及时办理。得旨。依议即行。

令浚卫河、泉源河、东总河。张师载等言：卫河之水，全赖泉源，而山水性猛，动挟泥沙，退即淤垫，应于春季水生时，凡有泉眼壅塞、河身淤垫及丰草盘结、有碍泉流之处，即饬地方官督率民夫上紧②挑浚芟夷，自可收济运利民之实益。从之。

二十五年，谕：据张师载、高晋、陈宏谋等前后折奏，俱称五月中雨水较多，各河水势叠次加长，旋即消退，工程俱属平稳，此皆前年筹办河工水利时，经朕特派大臣会同各该督抚悉心相度，不惜帑项，疏浚得宜，是以河道俱极深通，虽水势骤长而消退甚速，可见事苟善筹，效必旋至，为其事而无其功者未之有也。然此等工程创之于一旦甚难，隳之于日久甚易。此时盛涨后，各河之淤垫必多，若不随时捞浚，势必渐成浅阻，与其修挑于甚淤之后，费大而人劳，何如修挑于未淤之前，事半而功倍。着各该督抚一俟水退，即行查察，淤浅处所一律挑浚，仍不时相机筹办，俾河道长得深通水势，永无泛溢，用副朕父安生民至意。

---

① 鸠工，指聚集工匠。
② 上紧，加紧，赶快。芟夷，削平。

准将南关、车逻等坝封土三尺。尹继善等言：高宝、兴泰下河被水之由，皆由南关、车逻等坝并无限制，故洪湖水长不及归江、归海，先后各坝滚入下河，其势甚顺。乾隆十八年，臣等曾经奏明将南关、车逻等坝封土三尺，伏秋水涨，次第开放。二十二年，又经改议不必封土，任其过水，意谓以渐而去，下河可以容受。但一遇水势长发，下河即易受淹，臣等再四筹思，欲使下河减灾，唯有节其来水。请将南关、车逻等坝仍封土三尺，俟水势长至三尺以外，方许启坝。如在三尺以内，严谨防守，不得擅启，俾湖河之水专注归江，则下河可获丰收，实于补偏救弊，大有裨益。从之。

开运河东堤、金湾坝下引河，改低董家沟等三坝。礼部尚书嵇璜言：运河东堤金湾滚坝，上承诸湖之水，为归江要道，今口门宽四十丈，而尾闾仍归六闸河内未能畅注。应请于坝下开挑引河一道，俾减下之水由董家沟直接注江，则尾闾更宽。又查董家沟、廖家沟、石羊沟三坝，坝面尚高，应改低三尺，以芒稻西闸为准，使就下之水益加畅利。奉旨交尹继善等勘议。寻据尹继善等议，应如所请。并请于坝北展宽十丈，以顺其吸川建瓴之势。又西湾坝下引河应取直加挑，凤凰桥引河亦应挑浚宽阔，董家沟、廖家沟、石羊沟三坝坝面并应展宽，坝下引河酌量挑浚。从之。

准改常熟、昭文二县海口石闸为坝。江苏巡抚陈宏谋言：白茆河、徐六泾为常熟、昭文二县泄水最大之海口，向为土塘筑断。乾隆二十四年，臣会同督臣尹继善，奏请开通，将附近旧闸二座移建塘口，随时启闭。奉旨允行。年来田禾均得有收，已有成效。因今年夏间潮大异常，又值阴雨，以致闸口冲激敧斜，其建闸之处又系沙土，即再增闸口亦难经久，不如改闸口为滚坝，将土塘缺口用石镶砌，坝底另铺石盘，其坝底高低，以酌量内地需水之分为度。不需启闭，内蓄外泄，旱涝益觉有备。从之。

二十六年，准于易州原泉村开渠建坝，以资灌溉。直隶总督方观承言：易州城西原泉村，向有泉一道，由村南行入于沙滩即伏而不见，从前曾在沙滩北筑坝凿渠，引水东注，中贯厂城以达于州，环城为濠，由西南放归易水。居民凿子渠支分派引，可溉田二百余顷。迨后坝毁渠塞，泉仍渗入沙滩。应重建石坝一座，隔截沙滩；别开新渠一道，长一百一十八丈，导入旧渠，由厂城以达城濠。又木槽村及厂城西南干河沟二道，应各筑小石坝拦截，俾无旁泄。如此，则水到之处，田畴蔬圃均资利泽，而绕城深池亦符体制。其各子渠听民自行挑挖，官为督率办理。疏入，得旨报可①。至二十八年，渠成，赐名安河。

浚常熟县之福山塘河。陈宏谋言：常熟县福山塘河，涝则积水，由此河归海；旱则引海水入河，分资灌溉千万顷。农田水利所关，又为商贾入口之要道，只因海潮带沙，常有淤积，应及时挑浚。得旨允行。至三十一年十月，巡抚明德言：福山塘河自开浚后，农田大有裨益，迄今五载，海潮冲击，河身复淤，宜乘时再行挑浚。从之。

疏通良乡县水道。方观承言：良乡县逼近西山，西高东下，每逢大雨，山水涨发，东注之水去路遏塞，往往为患田庐，阻隔行旅。查县之雅河、广阳、牤牛、琉璃等河，本足以资宣泄，因其间旧有沟渠淤塞，不能转输，应按其地势，随宜疏引，使之节节注通，各有归宿。从之。

开泰州、阜宁、盐城县之各闸引河归海。河道总督高晋等言：扬州府属高、宝、兴、泰等下河地方，积年被淹，蒙恩准将南关、车逻等坝封土三尺，又加挑金湾坝下引河分流归江，自此湖河之水不致漫过三坝而免西来水患。唯是各州县境内支河汊港及田间积水，向来俱汇入串场河，北流二百余里始行归海，道远迂回，骤难消涸。臣等相度形势，筹其去路，请将泰州之丁溪、小梅二闸引河疏浚深通，顺势再开一引河，汇入王家港归海。又将阜宁、盐城二县境内之上冈、草堰、陈家冲三闸各引河疏浚深通，顺势亦开一引河汇入射阳湖归海。裁湾取直，顺势安流，则积水可以早消，沮洳渐成沃壤矣。从之。

二十七年，谕：朕稽典时巡，念海塘为越中第一保障，比岁潮势渐趋北大亹，实关海宁、钱塘诸邑利害，计于老盐仓一带柴塘改建石工，即多费帑金，为民间永永御灾捍患，良所弗惜。朕抵浙次日，简从临勘，则柴塘沙性涩汕，一桩甫下，始多捍格卒复动摇，石工断难措手，所以为吾民善后者，惟有力缮柴塘，得补偏救弊之一策。地方大吏，其明体朕意，悉心经理，定岁修以固塘根，增坦水石篓以资拥护，庶几尽人事而荷神庥，是朕所宵旰廑怀不能刻置者。督抚等可将此旨于工次勒石一通，永志遵守。

又谕：尖山、塔山之间旧有石坝，朕今亲临阅视，见其横截海中，直逼大溜，犹河工之挑水大坝，实海塘扼要关键，波涛冲激，保护匪易！但

---

① 报可，指获得皇帝批复照准。

就目下形势而论，或用竹篓加镶，或改用木柜排砌，宜随时经理，加意修防，如将来沙涨渐远，即宜改筑条石坝工，俾屹然成砥柱之势，庶于北岸海塘永资保障。该督抚等其善体朕意，于可兴工时，一面奏闻，一面动帑攒办①，并勒石塔山，以志永久。

准：修筑直隶滨河堤堰，挑浚停淤水道，以工代赈。方观承言：直属上秋，雨水过多，河淀交涨，各处滨河堤堰多被冲刷，亟须加培完补；而河渠水过汀淤，亦应挑浚。查文安、大城等七州县之千里长堤，固安、霸州等五州县之牤牛河，并霸州之中亭河、六郎堤，雄县之清河，高阳、蠡县之猪龙河，河间府属之羊河，天津海河西沽、卢北口等处迤道南运堤堰，并青、沧二减河，吴桥、东光等五州县之宣惠河，河间、天津二府属分疏沥水入子牙、南运之各支流河，冀州、衡水等处之滹滏会流河，望、都、新、安等处长渠，一切应浚应筑各工，均属上年被水之地。仰恳天恩，准照兴工代赈之例，每土一方，给米一升，盐菜钱八文，俾贫民咸得赴工食力，而各处水道河防并获疏通巩固，实多裨益。从之。

命大学士刘统勋等查勘湖河归江应办事宜。刘统勋等议，言：臣等查勘湖河归江之路，自邵伯以下，向设有湾头闸等七处宣泄湖水，由盐河归廖家沟、石羊沟、董家沟、芒稻闸四河分流下注，内如湾头闸、壁虎桥、凤凰桥河身宽展，足资分泄，唯金湾滚坝新挑引河尚觉未能畅遂；又金湾六闸旧有盐河，由芒稻闸归江，该处六闸金门仅宽十丈八尺，未免来源过窄。又东湾滚坝先于乾隆二十二年落低三尺，西湾滚坝未能并落。臣等酌议，将金湾坝新挑引河量为展宽，以河底十丈为率，下游地势稍仰，亦应一律挑浚深通，使有建瓴之势。六闸盐河向设南中北各二闸，北闸二门为运盐要津，应仍留以利盐运，自中间迤南拆去二闸，添建石坝三十丈，其闸下土堤接筑加长，酌挑引渠以顺水势。西湾滚坝照东湾一体落低三尺，并于西湾河头酌挑宽深以导引水势，则高宝诸河归江之路益畅，实于下河民间庐舍大有裨益。疏入，得旨报可。

又谕：江南濒临河湖沮洳之区，南则高宝、甘、泉，北则宿、清、海、沭最称洼下，每逢伏秋大汛，霖潦堪虞。而下游蓄泄机宜，唯洪泽一湖尤为橐钥②关键。朕早作夜思，为泽国民生求保障安全之计，非亲巡规

---

① 攒办，督促抓紧办理。
② 橐钥，古代冶炼用工具。橐，口袋，用于鼓风的皮囊。钥，开关用具。橐，外之椟，钥，内之管，类似开关，甲于吸风、送风。

划，难定折中。昨驻跸苏城，先命大学士刘统勋、协办大学士兆惠会同督、河臣，将归江归海各路详勘标志，朕回銮取道按阅，讲求指示，其在高宝一带应倡导归江者，自邵伯以下如湾头闸等处足资分泄，唯金湾滚坝新挑引河未能畅达，应再为展宽，以河底十丈为率。下游地势稍仰，并一律挑浚深通，俾成建瓴之势。又东湾坝前已落低三尺，西湾坝尚仍其旧，诸臣议请一体落低三尺，朕量该处泄水情形至为便捷，应将西湾坝再落低一尺，共但四尺，则平日已有尺水入江，庶可预减暴涨之势。其河顷亦加挑宽深，以资利导。金湾六闸应折去中二闸，添建石坝，按筑土堤并量挑引渠以备盛涨，湖水自无阏壅①之患。然此节节措置，特为三湖旁疏曲引起见耳。若其溯原挈要，为釜底抽薪之策，则莫如广疏清口乃为及今第一义。现在测验洪湖高堰五坝，高于水面七尺及七尺五寸不等，清口口门现宽二十丈，当即以此酌定成算，将来俟两坝之水如再增长三尺，清口不必议宽；设至四尺，即将清口拆宽一丈，湖水以次递长，则清口以次递宽，总以土坝增一尺之水、下口开十丈之门为准，过秋汛逐渐收至二十丈或十数丈，则全湖势畅，以视求助于分支别派者，其功奚啻倍蓰。至骆马湖水由永济桥东注为六塘河，源流既远，所受支河甚多，河中淤埂，阻滞溜势，一遇暴涨，猝难容泄，田庐易致漫淹。应视两岸中间窄狭者，再加宽展，切去河中淤埂，俾游波宽缓不至出槽，堤身残薄者量为修补，以资捍卫。其六塘河尾闾，横经盐河，由东岸武障等河下泄入海，原设条石滚坝为过水之准，其旁并设草坝，水小则蓄水运盐，水涨则拆坝消水，商民彼此各争其便，当每年权其缓急利害，立定限制，以时启闭。地方大吏其善体朕意，实力奉行。所有一切各工，该督抚河臣会同盐政悉心确估，核议以闻。

又谕：直属被水洼地，此时已届冬令，非设法疏消涸出何以无误春耕。目下稍事因循，一遇冱寒便已难施畚锸，于民生关系甚重。着方观承趁此天气融和，悉心及早筹度，于沮洳附近之土多方挑挖沟濠，俾积水不致稍淤，而赴工贫民兼可借以糊口，实为一举两得。可即一面详悉具奏，一面乘时妥办。

又谕：直省督抚办理沟渠蓄泄事宜。山东道御史汤世昌言：今岁近京各处雨水过多，低田淹损，行路泥泞，颇为农商之病。唯于大道两旁开渠

---

① 阏壅，阻塞不通。

深广，旱涝蓄泄。该地农民照河工民堰民修之例，富者计亩出夫，贫者出力糊口，因其地势，节节疏通，则水有归宿，农商不至受病矣。疏入，工部议如所请。

奉谕旨：工部议覆御史汤世昌条奏①《广开沟渠以资蓄泄》一折，所办尚未洞悉，自古力役一项，本为捍卫民生，并非征求无艺，第②如折内所称，富者计亩出夫，贫者出力糊口，微特小民久乐升平，不识公旬之令，设使地方不肖吏胥因而从中高下其手，苛派贿脱③，转非因利利民之意，自宜分析筹划。如其地与民田、民舍甚为切近，而工程又属细微，民间愿出力从事者，听其自行修筑，不必绳以官法，外若其功非旦夕可既，而民力更难以全任，则仍当官为酌助口食之资④，庶民不艰而事易集，是在封疆大吏饬属善为之耳！

建复南昌县富仓圩石闸。江西巡抚汤聘言：南昌县属之富仓圩，地处极低，该圩中间有民田万一千余亩，四面受水，旧有土堤石闸以资捍御，今年久倾圮，宜于北堤小港以下、琵琶洲以西建复石闸一座，乘此农隙水涸之时，赶紧兴筑，其土堤小闸，听民自经理，官为督率，实于该处民田大有裨益。从之。

浚乌程、长兴二县境内溇港。闽浙总督杨廷璋言：湖郡之水，由七十二溇泄入太湖，出苏州之宝带桥归吴淞口入海，其溇隶乌程者三十六，隶长兴者三十四，港内淤垫，港口复为芦苇壅塞，以致秋雨过多、山水骤发便至淹浸，应开宽浚淤，以分水势而护民田，俾水道畅流，归湖迅速，自不至有淹浸之患。从之。

二十八年，准浚凤河上游以工代赈。方观承言：凤河发源南苑，出回城门闸子口，经大兴、东安、通州、武清、天津各境地，入大清河。其自武清之南宫村以下现在深通，南宫村以上至闸子口一百二十余里内间段淤浅，兼有河身过窄之处，虽泉河本水尚资容纳，而两岸沥水淹浸田禾，即不能资其倡导。今逐段查勘，应将浅处挑深，窄处挑宽，照现在工赈之例办理。从之。

又谕：畿辅一带去年秋霖过多，洼下之区现在设法消疏，以利东作。

---

① 条奏，详细说明、逐条上奏。
② 第，假设。第如，假如真似。
③ 苛派，苛刻诛求。贿脱，允许以贿赂逃脱。两者都是赋役征收中的非法行为。
④ 酌助口食之资，酌情给予伙食补助。

因思海河为积水委输之尾闾，而地方官或拘于成例，仅将五闸宣泄，不肯推广筹办，多开坝口，以为釜底抽薪善策。着协办大学士兆惠驰驿前往，会同盐政达色、知府周元理悉心确勘情形，有应行增开之口，一面奏闻，一面办理，务期去路通畅。水消之后，补筑口门，即不无所费而利民实多，不必稍为瞻徇也。

兆惠言：津城宣泄大势，水在运河东南者，以海河为尾闾。今积水俱在东南，必视海河长落为利导。臣等查看情形，于旧设五闸口测量海水高下，大抵闸内之水高于海河五六七八寸不等，其中大闸口、白塘闸均无庸加开，其于贺家口、何家圈、灰堆等三旧闸应量为开宽，以资输泻。至五闸外地方官所开沟渠，自双港东南至盐水沽五沟须大加开宽，以便流驶。又贺家口东之陈唐庄、灰堆北岸之黄家庄并双港西口及新庄等四处，俱可添开沟道，通计自大闸口至盐水沽五十里，新旧沟闸凡一十五处，足资疏消。约计四月初间，全境积水可以消退，其现添新沟至海河水长，即须填塞，旧存五闸，夏月潮涨，亦须堵闭。疏入，得旨报可。

浚治苏州松江、太仓等属水道。江苏巡抚庄有恭言：太湖之水由三江归海，经流苏、松、泰所属之吴江、震泽十二州县境内。查吴江之十八港、十七桥，吴县之鲇鱼口、大缺口，为湖水穿运入江要道，不无浅阻。又入吴淞之庞山湖等处，向称宽阔，迩来民间图利，遍植茭菱，圈筑鱼荡，亦多所侵占。刘河情形，大非昔比，舟楫来往必舣舟①待潮；昆山外濠为娄江正道，浅狭特甚；苏州之娄门外河，为江源出运咽喉，河面仅宽三四丈不等。应自运河以西，凡太湖出水之口，就其有港可通、有桥可泄之处，为之清厘占塞，务使分流迅速。其运河以东，吴淞江自庞山湖以下，娄江自娄门以下，凡有浅狭阻滞处所，疏浚宽深，一切植芦插簖②及冒占水面之区，尽数铲除，严为之禁。疏入，得旨报可。

准：挑浚荆山桥旧河。山东巡抚崔应阶言：东省济宁、鱼台二州县，屡遭湖水淹浸，本年复被偏灾。臣于八月初旬查勘，韩庄滚坝过水五尺，至十二月过水尚四尺一寸，必须湖水与坝脊相平，洼地方可涸出。今消落无期，有妨耕种。查南阳、昭阳、微山等湖水，昔年原籍铜、沛境内之茶城、小梁山、内化山三河会入荆山桥河内，王母山、倪家沟、彭家河三处

---

① 舣舟，停船靠岸。
② 插簖，在湖中设置竹木制的捕鱼工具。

出水济运，自荆山桥淤垫以致湖水泛涨。蒙恩发帑，开东省之伊家河，添建韩庄滚坝，又将江南荆山桥河道疏浚深通，众水齐下，滨湖洼地尽皆涸出，是荆山桥尤为全湖尾闾扼要。今查勘铜、沛一带，如茶城、小梁山、内化山三处支河俱已淤浅，下游荆山桥河道间段淤阻，桥设一百五十九洞，仅止数洞流通，余俱干涸。微湖之水去路甚微，仰恳皇上天恩，敕下江南督抚，将茶城、小梁山、内化山三处支河一律挑浚，使直达荆山桥，其桥上下河道及出口入运处，凡间段淤浅者，普加疏浚，使湖水得以畅流，东省滨湖洼地固有裨益，而江省铜、沛二县水淹地亩亦可涸出矣。

疏入，谕：崔应阶奏请《挑荆山桥旧河》一折，所见甚是。东省南阳、昭阳、微山等湖汇为巨浸，每遇水涨之时，洼地常遭淹浸，济宁、鱼台二属，适当下游之衡田庐，所关棋重。前曾特派钦差同地方大员办理。朕上次南巡，复经亲临阅视，面谕河督诸臣，随宜设法筹办。但桥畔河淤日增日积，非大加兴挑，何以去沮洳而资利导。着派协办大学士兆惠于明岁初春驰驿前往，会同尹继善、叶存仁、崔应阶相度会议，熟筹妥办。至二十九年，尹继善等言：臣等遵旨，挑浚茶城等三处支河，处处深通，宣泄甚畅，微湖之水日渐消落。茶城、小梁山两处河头过水渐减，经臣高晋督令将茶城河头接挑一百三十丈，小梁山河头一百六十丈。臣亲行查勘，湖水较前又落数寸，应再接挑茶城河头七十丈，小梁山五十丈，并将河形浅窄之处加展宽深，其内化山河头旧有引渠二百一十丈，亦属浅窄，应一并展宽，仍不时留心查看，俟湖滩再有消涸，即行续挑，务期得尺进尺，挑至湖深处为止。俾湖水源源畅泄，永资利赖。从之。

二十九年，谕：高晋《筹办云梯关黄河下游》一折，所见甚是，已于折内批谕。云梯关一带为黄河入海尾闾，原不必设立堤岸，与水争地，而无识者好徇浮言，或以上流清口泄水分数较多，遇海潮盛时或不免意存顾虑，因有子堰、堤防之议。殊不知，清口畅泄，其收利在下河州县者不可胜计，至云梯关附近，不过阜宁、安东二邑，所辖地面即令一时偶值盛涨，所侵溢者不敌百分一二。高晋既知下游之制防，一切毋庸置疑，益可信清口之展放无难，永远力持于水利民生，实为交有裨益。

高晋言：云梯关下游北岸之五套、南岸之陈家浦，近日溜势趋逼，渐次兜湾，向里旧有土堤，卑矮单薄，据山海二厅请估帮高厚，添接鱼鳞越堤。臣亲赴查勘，云梯关以外俱系芦苇荡地，离海甚近，是以旧制本无堤岸，因一望平滩，水势易于散浸，曾设卑矮土堤约栏水势，与关内堤工形势迥别，自不应与水争地。臣等详加相度，与其筑地束水，致生新工，不如让地与水，以顺其性，将来伏秋汛内酌量情形，预于旧堤上另作斜长子堰一道，俾漫滩之水拦入正河，而清口东西坝每年大加拆展，湖水汇黄归海，尾闾宽阔，于就下之势益资畅达矣。疏入，遂有是谕。

修筑无为州圩田堤坝。安徽巡抚托庸言：安河沿江各属圩田，全赖堤坝捍卫。本年夏间，江潮盛涨，漫缺甚多，小民俱各自行修筑。唯无为一州，地处极低，被水独重。臣委员分勘大小缺口二百余处，州境内外堤坝二百余里，经江潮汕刷，处处卑薄，应及时修筑完整以资捍御。从之。

三十年，谕：海宁石塘工程，民生攸系，深廑朕怀。连年潮汛安澜，各工俱属稳固。兹入疆伊始，即日就近亲临相度，先行阅视，绕城石塘五百三十余丈，实为全城保障。而塘下坦水，尤所以捍卫石塘，但向来止建两层，今潮势似觉顶冲，外沙渐有汕刷，二层之外应须预筹保护。该抚等上年所奏加建三层坦水六十余丈，亦就尤险要处而言，于全城形势尚未通盘筹划，若一律普筑三层石坦，则于护堤保塘尤资裨益。着将应建之一百六十余丈均即一例添建。其二层旧坦内有桩残石缺者，亦着查明补换。该督抚等其量率所属，悉心筹办，动帑兴修，务期工坚料足，无滥无浮，以收实济，副朕为民先事预筹之至意。

又谕：前因微山湖蓄水过多，濒湖洼地每致淹浸，经崔应阶等奏请宣泄微湖，以水志一丈为度，于韩庄添建新闸以杀其势，并挑荆山桥以畅其流。朕今岁南巡回銮时，舟行所经，询知洼地近多涸出，农田耕作有资，但湖水畅消亦恐艰于济运。今据杨锡绂奏，称"湖内之水须存一丈二尺，用至五月，八闸底水尚可得四尺余寸。若止存一丈，则五月间八闸底水止存二尺六七寸，重运难行。请交东省河抚二臣，可否量改水志，或将湖口以下数十里河底一律挑浚五尺"等语。所奏于漕渠转输，自有裨益。但水志改加三尺，于低洼地亩有无妨碍及挑深河底是否可行，着崔应阶会同李宏详悉确勘具奏，期于漕运、民田均得利赖。

崔应阶等议，言：济宁、鱼台滨湖地势高于滚坝无几，如水消至一丈方能耕种，若将滚坝加高二尺，不免淹浸。臣等议：将滚坝内矶心每孔安砌石槽，设立板片，如水小之年加板栏束，多收一尺；设水势日增，即将板片起除，及时畅泄。至八闸河底，多系沙礓，难于开凿。唯应将新经淤垫沙泥尽力估挑，务至旧时河底而止，如此则小水之年，滚坝之上既经加水一尺，河底又复挑深，于漕臣增水二尺之数尽可相符，而济宁、鱼台民地，亦不致有淹浸之患矣。疏入，得旨报可。

开挑武进、丹阳二县之孟渎等河。尹继善言：常州府属之孟渎、德胜两河，南通运道，北达大江，关系数邑，水利民田万顷，咸资灌溉。缘积年吐纳江潮，流沙停积，河身淤垫。孟渎河计长一万五百余丈，德胜河六千六百余丈，亟须筑坝，大加挑浚。镇江府丹阳县之九曲河，亦系通潮济运，灌溉田畴，年久淤塞，计长九千五百余丈，亦应行挑浚。从之。

三十一年，谕：京畿内外河道沟渠，前经动帑兴工浚治，今虽阅有年，所物料或渐朽敝，亦究因估办之初，未能核实所致，是以每岁仍事补苴，难以经久完善。今据该管大臣等议覆，御史戈涛请修街道沟渠，条奏估需银十七万余两，此项工程关系紧要，原不惜多费帑金以为永远利民之举，然非悉心筹办，实用实销，于事终无所补。现今估计，大修非从前随时修治者可比，唯在董办大臣稽核精详，毋致工程稍有偷漏，庶从此经途平坦，沟道宣通，足垂悠久。

又谕：阿思哈奏《嵩县知县康基渊开渠溉田卓有成效，批司记功以示奖励》一折，州县为亲民之吏，于地方农田水利果能实心经理，裨益民生，实为吏治首务。今该县康基渊挑浚伊河两旁古渠并山涧诸流可资引导者，一律疏治深通，溉田六万二千余顷，洵属崇尚实政，留心民事之员，仅予记功不足以示鼓励，着交部议叙。但有司承办此事，务期诚心为民，方足循绩而膺录叙。若因有此旨妄生冀幸，遂尔粉饰沽名，虚文塞责，其或办理不善，纷扰更张，则是名为兴利而转以滋累，又不可不防其流弊，唯在各督抚核实体察以为课最耳。着将此通谕知之。

三十二年，谕：朕此次巡幸天津，阅视淀河堤闸，按图披览，内有千里长堤之三滩里起，至格淀堤庄儿头止，并无堤岸，东西约长十余里，每当雨水过多之年，村民一二千户地亩千余顷常被水患，村民未免向隅。着交与方观承再行详悉相度，接筑长堤，即核实估计，妥议具奏。

又谕：朕此次巡行河淀，阅视堤防，今由运河回銮，经筐儿港查看减河形势，见坝身出水处高于河底七尺，则遇汛涨时所减之水下注过猛，易致跌落成坑，排桩不无撼动，自应于石工之外，接筑灰工十五丈，使坦坡渐平，以导其势。至王家务、捷地、兴济三处减河，皆所以宣泄盛涨，保卫堤工，则由一路入海，不使三岔河之水汇积，尤为畿南水利攸关，亦宜一律疏浚留淤，期于深通易达。再子牙河故道，自谷家庄以下至吴家沟一带，河身窄狭，并应普例展宽，用消沥水，以卫民田。所有各处工程，着该督方观承按工核实，估计奏闻，动帑兴修，务使疏泄得宜，俾河务民生永资利赖，副朕省方筹咨至意。

三十四年，谕：前经军机大臣会同工部议覆《范宜宾奏挑挖运河》一折，以河工形势不便悬拟，请旨特派大臣于霜降水涸后会同办理。今据吴嗣爵奏"到现在回空粮艘全出东境，必须早为勘定，庶可不误挑工"等语。着派大学士刘统勋、侍郎德成驰驿前往，会同吴嗣爵、富明安详加履勘，悉心筹划，据实核议奏闻，妥协办理，务期于河道运务俱有裨益。

三十五年，谕：据杨廷璋奏"北运河张家王甫堤漫王①，甫经合龙，因连日大雨，河水盛涨，以致复有漫溢汕刷"等语。近日直隶地方雨水过稠，热河、古北口等处俱有被山水冲刷民居铺面之事。今北运漫口，复有汕刷之处，所有过水地方，田庐间有损伤，自应照例查办。至大城、文安一带，本属洼下之区，旁近田亩，恐不无被淹之处，朕心深为轸念。着传谕杨廷璋，即速遴委大员，悉心体勘，如有被灾户民，即行妥协抚绥。其涸出之地，可以补种荞麦者，亦应酌借资本，谕令及时赶种。

又命德成往永定河堵筑漫口工程。

三十六年，谕：据高晋等奏"七月初间汛势更甚，工程在在危险，随开放王营减坝以泄黄涨，而上游之桃源、宿迁、邳、睢、丰、砀各堤浸水渗水之处，均无虞淹及民田庐舍"等语。今年黄河秋汛复盛，正切廑念。高晋、李宏能督率员弁，相机筹度抢护得宜，现已涨消工固，深为嘉慰。

是年，堵筑桃源厅属陈家道口工竣。

三十七年，谕：上年因永定河、北运河等处遇夏秋雨水过多，每不免于漫溢，宜急筹修治宣泄之方。现在春河冰泮，正届开工之期，自应及时经理兴作。但此两河应办工段极为繁重，所派承办之员甚多，动用钱粮亦大。着尚书裘曰修前往协同周元理董率各员，悉心懋助，务使大工迅速告成，永资恬巩。

又修汶上、嘉祥、济宁、鱼台等州县湖堤民埝，兼疏通水道。

谕：裘曰修奏《验收永定河工程》一折，并陈近水居民与水争地之弊。淀泊利在宽深，其旁间有淤地。不过，水小时偶然涸出，水至仍当让之于水，方足以畅荡漾而资潴蓄，非若江海沙洲，东坍西涨，听民循例报

---

① 漫王，王字误，应为"漫工"，可见本书四库全书本，或《乾隆实录》卷863。

垦者可比。乃濒水愚民，唯贪淤地之肥润，占垦效尤，不知所占之地日益增则蓄水之区日益减，每遇涝涨，水无所容，甚至漫溢为患，在闾阎获利有限，而于河务关系非轻，其利害大小较然可见。着通谕各督抚，凡有此等濒水地面，除已垦者姑免追禁外，嗣后务须明切晓谕，毋许复行占耕，违者治罪。

周元理奏：永定、北运二河并淀河之千里长堤及天津之格淀堤等处修筑工竣。

三十八年，谕：今日阅视淀河内鹰嘴坝及鹿疃两处，应添引河工程。其鹿疃引河，据周元理拟挑九百丈，即如所拟行。至鹰嘴坝曲处，该督拟开挑引河一百二十七丈，仍恐射堤湾处不能引溜归漕，着向西北展长百十丈，则大堤不致受顶冲，以资保障河防。原以卫民，唯期尽善，即为费较多，亦所不靳。着周元理即照指示机宜勷筹，妥协办理。仍饬大员董率稽查，务令工归实济，民资利赖。

张家口上堡圈城修筑，东北两面石坝，被水冲圮之处计一百六十余丈，于外添筑护坝石坦坡四百十二丈二尺。

三十九年，谕：江南黄河老坝口堤工漫溢，现在高晋等集料克期堵筑，并有旨令何煟于查勘潘家屯、引黄入湖事毕，顺赴老坝口协同堵筑，以期迅速集事。但此次漫缺堤工，淹及板闸，淮安一带水势较大，运道、民生甚有关系，大学士舒赫德，河工向所谙悉，着即前往会同高晋等妥筹速办，以副朕怀。

吴嗣爵、萨载等奏：外河厅属老坝口漫溢堤工，昼夜攒赶镶柴压土，立见断流，黄河大溜全由故道归海。

四十一年，工部议：巡漕御史索兴阿奏，通惠河各闸修理工程，坐粮厅不能亲身办理，又无属员可委，请改归通永道管理。如议行。

四十二年，谕：朕从前屡次南巡，阅视清黄交汇处，悉其倒漾之患，因思若能引向陶庄以北而流，则清口通畅，庶免黄流倒灌。因未躬临陶庄一带阅视，是以踟蹰。昨岁萨载赴山东行在，召见时谕令赴黄河海口，上下察看。伊即奏请：若于陶庄开挖引河一道，使黄水绕北下注，清水益得畅行，与朕意相合。伊果能遵照指示，剔挑完竣，可免黄河倒灌之虞，并收清水刷沙之益，即就近险工亦俱化为平稳，实为全河一大关键。

四十三年，工部议：浙江仁和、海宁等处修筑柴塘及竹篓、鱼鳞石塘坦水各工，准动帑修理。

谕：高晋奏"查时和驿漫口下注之水，历陈留、杞县、睢州、柘城境内之黄河、康家河、南沙河、老黄河，均归贾鲁新河，下达江南亳州之涡河、仪封漫口下注之水，一、由考城之盘马寺沟入北沙河，至商丘县之邓滨口，由归德府之陈两沙河汇入涡河；一、由宁陵县之马三河亦会归德之陈两沙河入涡河，是豫省漫水均以亳州之涡河为总汇，如有停淤，归于岁修水利案内，一律疏浚"等语，所筹未为要善。其疏浚工程断不宜照常筹办，复滋派累。着高晋于祥符、仪封合龙事竣，会同郑大进、闵鹗元沿途亲行确勘，将应挑之河核实估计，具折奏闻，候朕发帑兴工。

四十五年，湖北巡抚郑大进奏：钟祥、潜江各堤溃口，攸关亿万田庐，亟宜兴筑，以资保卫。钟祥县自永兴观至保堤观挽筑月堤九百九十七丈，又毁家湾溃口淤沙盈积，难于沙面筑堤，应挽筑月堤二百五十三丈；潜江县之长一垸，地形洼下，应自地势较高之董家垱至镇龙山，挽筑月堤一千八十六丈四尺零，则襄水不致冲突矣。从之。

大学士、公阿桂等会奏云梯关外马港河修复闸坝。

疏入，奉谕旨，所奏修复马港河西堤残缺之处及接筑无堤处所，联至北潮河西岸民堰以御倒漾，自应如此办理。其二套以下由北潮河入海之处，既系路捷势顺，设遇漫溢，正可分泄盛涨，俾尾闾益得畅达转可不必添建闸坝。云梯关以外，原不必与水争地，今二套以下既为分泄盛涨之区，则马港河堤东滩地即不能保无漫溢，其应征减则地亩钱粮，着交萨载等查明，奏请加恩豁免。

又谕：海宁州石塘工程所以保卫沿海城郭田庐，民生攸系。从前四次亲临指受机宜，筑塘保护，连年潮汛安澜，各工俱为稳固。今朕阅视石塘，唯绕海宁城之鱼鳞石塘内有工二十余丈，外系条石作墙，内填块石，历年久远，为潮汐冲刷，底桩霉朽，兼有裂缝蹲挫之处。又城东八里文将字号至陈文港密字号止，有石塘工七段，约共长一百五六十丈，地当险要，塘身单薄，亦微有裂缝，不可不预为筹办。着将两处塘工均改建鱼鳞石塘，并添建坦水，以垂永久。又石塘迤上，前经筑有柴塘四千二百余丈，究不如石塘之巩固，虽老盐仓有不可下桩之处，未必四千余丈皆然。朕于民瘼所系，从不惜帑省工，俾资保护。着该督抚将可以改建石塘之处，逐段勘估，奏闻办理，俾滨海群黎永享安恬之福，以副朕先事预筹至意。

又谕：朕巡幸浙江，由海宁阅视塘工，至杭州老盐仓一带，有柴塘四千二百余丈，虽因其处不可下桩为石塘，然柴塘究不如石塘之坚固，业经降旨将可以建筑石塘之处一律改建石塘，以资永久保障。兹忽忆及该地方官及沿塘诸民见该处欲建石塘，或视柴塘为可废之工，不但不加防护，甚或任听居民折毁窃用，致有损坏，石塘未蒇①工之前，于该处城郭田庐甚有关系，且改建石塘，原为保卫地方之计，若留此柴塘以为重关保障，俾石塘愈资巩固，岂不更为有益！着该督抚即严饬地方文武官，将现有柴塘仍照前加意保固，勿任居民拆损窃用。

增筑徐州城外石工。徐州居江南黄河上游，北岸居民稠密，南岸紧靠府城，黄河至此一束，河面宽八十余丈，大汛时甚关紧要，城外旧有石工七段，唯韩家山尚有空档四百五十丈，至是一律接筑石工，自韩家山至套山全资卫护。

河臣陈辉祖言：徐属丰、砀、铜、沛、邳、睢等厅漫堤平堰之处，现在保护平稳，汛期已过，乘此择要加倍高厚，方资抵御。从之。

四十六年，大学士、公阿桂会同陈辉祖等奏：仁和县西塘、海宁城东石塘七段，遵旨一律改建鱼鳞石塘。

直隶总督袁守侗奏：文安、大城、霸州、天津、静海、安州、新安、雄县、武清等九州县境内堤埝各工，冲塌过甚，需工较多之处，照工赈例修筑。下部议行。

展挑沈家窑河工。时清河旧县之玉皇阁扫工迤上，河势向走北岸，冬间溜向南趋，露有窑基数座，土人咸称为沈家窑。土性坚实，就势再为展宽，与陶庄新河头形势更为直接。从萨载等请也。

阿桂、萨载等会议：桃源厅属临河集之九里岗，沙礓坚实，中间横亘千余丈，未免梗阻全河。唯于北崖坐湾处，自李家庄起至临河集北首挑引河一道，计长一千一百四十丈，自可冲刷宽深。疏入，奉谕宜速为之。

补修临湖风损石工。时扬河、扬粮、高堰、山盱四厅临湖石工，屡被风暴撞塌，至是补修完竣。

谕：前以浙省老盐仓一带塘工是否可以及时接办，降旨询问阿桂。兹据覆奏，此段工程可以接续办理。浙省办理石塘二千二百余丈，计明岁冬间始可蒇工。其老盐仓一带塘工，若一律筑砌，自应视现办工程完竣后，再行次第筹办。

————————

① 蒇，完成。蒇工，竣工。

四十七年，谕：陈辉祖奏《海塘头围开浚引河江潮畅顺》一折，所办甚合机宜，可嘉之。至海塘南岸淤沙绵亘，从前历办引河迄无成效，陈辉祖能督率司道等悉心议论办理，此段工程于南坍北涨之机，切中窾要，将来鱼鳞石工告竣，可以永期巩固。此事陈辉祖所见既确，不待奏闻，即督同属员实力妥办。

又谕：据阿桂等覆奏《豫省漫工另筹筑堤改渠》，并嵇璜所奏《秋间施工》一折内称"青龙岗漫口，屡经变动，形势败坏已极，是以遵旨于迤南一带另筹去路，自应及时办理。若于白露后开工，恐水落归槽，不能掣溜，且既有决口，漫水下注，即遇伏秋盛涨，不能复有移改"等语。河道关系民生最为重大。今据阿桂等奏"于五、六、七三月内兴工，即遇雨水耽延，亦可先得两月工程，并请现在应用民夫踊跃，即东省灾氓亦闻风云集，并可以工代赈"各等语，所筹皆是。均应如所议办理。

又谕：前据胡季堂奏"黄水滩出地亩甚多，居民村落并皆耕种麦苗，一遇水发，势必筑围打坝，填塞自多，且河身多一村庄，即水势少一分容纳，请敕下河南、山东、江南各督抚确查，令其迁居堤外"等语，河滩地亩，居民开垦日久，必至填塞河身，于河道甚有关系。且居民庐舍占据滩地，猝遇水涨之时，于民居亦多未便。因特降谕旨，令萨载等确加履勘，其堤外地居高阜者，仍听照常居住耕种。若占居堤内，于水道有碍，即行明切晓谕，俾陆续迁徙，并令该督抚等妥为经理，毋致贫民失业。因思滩地居民垦地结庐已非一日，若其目前无事，安居已久，不免安土重迁，且河堤以外均属民田，亦无隙地可以迁徙，所有旧居堤内滩地无碍河身者，仍加恩准其各守旧业，以副朕廑念穷黎之至意。此后毋许再行住居占种。

又谕：前据萨载奏《开放顾家庄引渠分泄运中河水，畅达入黄情形》一折，朕以该处引渠，分泄上游漫口之水，既能得力，即使掣动全河，由此归入旧黄河，直注入海，似亦无不可。因降旨询问该处情形是否可以如此办理，此朕廑念河防设为或然之想。今据萨载覆奏"顾家庄所开引河分泄运中河之水入黄，实为得力，若一经掣动全河，则顾家庄至杨家庄口门此七十里运道即不能通行舟楫，必须经由黄河七十里始行入运"等语，此等情节，萨载熟悉彼处情形，据实入告，所办甚是，自应照所议行。

四十八年，谕：此次曲家楼漫口，为民生、运道攸关，特命大学士、公阿桂前往经理筹办，机阅两载，因谕阿桂等于迤南一带另筹去路。经阿桂等公同酌议，于兰阳十二堡至商丘七堡共一百七十余里，另筑新堤，疏挑引渠。阿桂等原议本定霜降以前完工开放，而堤渠并举，需用人夫较多，该地方督抚等屡请邻省助夫。朕洞鉴情形，以邻省助夫非便，屡经降旨训谕，并展限缓至春间桃汛开放引河，俾豫省夫役可以从容挑筑，停止他省拨派之烦。阿桂等遵照办理，如期开放，

大溜全掣，坝工堵合稳固，此皆仰邀天佑神助，幸得蒇工，朕欣感之余，益深虔敬。

工部议：续办西塘海宁州境内有场字号至因字号柴塘一千七百丈，一律改建鱼鳞石塘，以垂永久，饬该抚造册送部。先是，大学士、公阿桂等，因场字号至名字号一千五百丈改筑鳞塘，而独留立字号至因字号二百丈之柴工，恐潮汐往来冲决，究不抵石塘之足资捍御，请一律改建石工。从之。

四十九年，谕：浙江建筑石塘，所以保障民生，关系甚重。前庚子南巡时，朕亲临阅视，指示机宜，于老盐仓旧有柴塘后一律添建石塘四千二百余丈，次第兴修，于上年七月间告竣。今抵浙后亲临阅视，所办工程不唯不应邀叙，并多未协之处。石塘既建，自应砌筑坦水，保护塘根，乃后之督抚唯云柴塘必不可废，此受工员怂恿，为日后岁修冒销地步。况朕添建石塘，原留柴塘为重门保障，并未令拆去柴塘，前降谕旨甚明也。若如该督抚所言，复加岁修，又安用费此数百万帑金添筑石塘为耶？又石塘之前，柴塘之后，见有沟槽一道，现有积水，并无去路，将来日积日甚，石塘根脚势必淹浸渗漏，该督抚亦并未虑及。又石塘上有堆积土牛，甚属无谓，不过为适观起见，无当实际，设果遇异涨，又岂几尺浮土所能抵御耶！所有塘上土牛，即着填入积水沟槽之内，仍将柴塘后之土顺坡斜做，只需露出石塘三四层为度，并于其上栽种柳树，俾根株蟠结，塘工益资巩固。如此，则石柴连为一势，即以柴塘为石塘之坦水。至范公堤一带，亦必需一律接建石工，方于省城足资永远巩护。着自新筑石塘工止处之现做柴塘，及挑水段落起，至朱笔圈记处止，再接筑至乌龙庙止，一体添筑石塘。拨给部库银五百万两，连从前发交各项帑银，交该督抚据实核算。仍予限五年，分段从东而西，陆续修筑，以期海疆永庆安恬，生民益资乐利。

又谕：据萨载、李奉翰奏，江南河工预筹修防蓄泄机宜办理工程三处，已于图内详悉批示，并面谕该督等遵办矣。天然闸下既旧有引河年久

淤垫，理应一律疏浚深通，以备盛涨之年开放分泄，自当首先办理，方为有备无患。其所奏外河顺黄坝堤工后深塘，用土填平，并于迤下估筑新堤一道，是应次第办理，以资保障。

江西巡抚伊星阿奏，南昌、新建、鄱阳、余干、建昌等六县下游，地接鄱湖，又当章、贡诸水之冲，圩堤冲塌，田禾被淹，请借项修筑。下部议行。

五十年，挑挖昆阳海口工程。工部议准，云南巡抚刘秉恬奏，滇池在云南省城之南，周围三百余里，受昆明六河之水，会为巨浸，附近昆明、呈贡、晋宁、昆阳四州县环海田畴资以灌溉者不下数百万顷，所恃以宣泄者，唯在昆阳州之海口大河为滇池出水咽喉，疏通则均受其利，壅遏则即受其害，应自龙王庙至石龙坝，共长二千七百七十五丈，应挖一二尺至四五尺不等，以资宣泄。从之。

河南巡抚毕沅奏，查贾鲁河即在古汴水，发源荥阳县之大周山，会京、字等水，经郑州、中牟、祥符至朱仙镇，下达尉氏、扶沟、西华、淮宁之周家口、商水、项城、沈丘至安徽省颍州正阳关入淮。又贾鲁河自中牟县西十五里，分支为惠济河，经祥符、陈留、杞县、雎州、柘城、淮宁、鹿邑至安徽亳州、会阳河入淮，各计长四百余里。此河淤塞，为开封等府属商贩、民食攸关，今既久经淤浅，自应及时开浚，且于水旱年时兼可以资蓄泄。从之。

皇朝文献通考卷十

田赋考十

屯田

顺治元年，定荒地屯种例。先是，开国之初，每佐领拨壮丁十名，牛四头，于旷土屯田。至是，淮州县卫所荒地无主者，分给流民及官兵屯种。

二年，差御史一员巡视屯田。

三年，更定屯田。官制：每卫设守备一员，兼管屯田。量设千总、百总，分理卫事。其原设指挥、副指挥等俱裁去，改卫军为屯丁。凡卫所钱粮职掌及漕运、造船事务，并都司、行都司分辖，皆仍旧。

四年，裁屯田御史。令各巡按兼管屯卫事宜。

五年，以云镇屯田荒芜，令军民垦种。官给牛具，量收租银。

六年，定直隶屯地输租例。天津、葛沽等处屯地，旧例分三则：上地每亩六升，中地四升五合，下地三升。今定果树、菜畦、水田、苇地每亩科租一斗，麦地六升，杂粮地四升五合。

七年，令卫所屯田分有无运粮科征。先是卫所屯田分给军丁承种，因有操演、城守、捕盗、领运之责，科征较民地稍轻，至是裁汰卫军，凡有运粮卫所屯粮仍旧派征，其无运粮卫所屯田俱照州县民田例，一体起科。

九年，以广东屯粮全征本色，屯丁苦累，令本折各半征收。又令各省屯丁有关漕务者，仍留驾运。

十年，裁巡按御史。令各省巡抚督理屯田。定江南秣陵、广武、英武三卫屯粮，准其折银。

十三年，令河南等省各屯卫照民地例征粮。自开屯以来，屯租数倍民粮，屯丁输纳维艰。故有是令。

定屯丁贴运之例。浙江金乡等卫有屯无运。杭、宁、温、台各卫，嘉、湖、严、衢各所有屯带运，金华等所，处、绍等卫，无屯有运，应均算津贴。向例，漕船一艘，派屯田一百五十一亩有奇。今议定：带运卫所照数分派余田，征租银拨贴无屯卫所。至有屯无运卫所，若有愿运者，照例给田佥运[①]；若无领运者，计田征租银，拨贴无屯卫所运丁。至康熙十年，以屯田缺额，定每船给田一百一十三亩。

又以广西卫所久废，令州县招垦荒屯，无力者官给牛具。

十四年，清查湖广军民册籍。先是湖广有运军、班军、操军三项，各设屯田，后因操军、班军不用，令其归农，止留运军协济江西漕务，但军民册籍不分，赋役易于紊乱，嗣后民册当差者，卫所不得扳告[②]。军册有役者，州县不得重派。民佃军田者，照例纳租，毋得再派军役。军佃民田者，止完正赋，毋得派及民役。

十五年，以云镇屯卫钱粮归山西驿粮道管理。

十六年，裁四川卫所，其屯粮归并州县，照民田起科。

十八年，更定云南职田纳粮例。先是，云南卫弁职田收租准俸，不纳税粮。嗣后各归卫所，编入户口，俱以本七折三征收。其旧系每亩一斗九升至三斗者，照军粮例起科；三斗至五斗者，概以三斗为额。

康熙二年，以江南屯粮仍归都司管辖。工科给事中于可托言：江南屯粮改归驿传道兼摄，不便宜，仍令都司总理，俾卫弁有所畏忌，屯丁易于输将。部议，如所请行之。

五年，以陕西卫所屯粮与民粮一体输纳，无佥运领运[③]之事，不必改归都司，仍令布政司总理。

六年议，令投诚兵屯田。湖广道御史萧震疏言：屯田为养兵裕国之本，兵屯纵不可即行，而投诚开荒之策未有不可立行者。查投诚之众所携家口数倍正兵，若予以荒地、给以牛种，俾无失所，以为招徕之劝，一便也。绿旗兵有防御之任，投诚兵无汛地之责，是绿旗之屯田难、投诚之屯田易，二便也。近例：投诚兵随标者月给饷粮，岁费金钱八十余万，与其糜费养兵之资，何如使开荒芜之地！行之三年，照田起科，既有兵饷，又

---

① 佥运，审定、选派漕运之兵弁，即组织漕运人员。
② 扳，通攀；扳告，即攀告，控告。
③ 领运，明清时统领一批漕船称领运，也指领运的官员，一般由卫所军官担任。

增屯赋，三便也。各省荒田尚有四百余万顷，分给投诚兵丁使之耕种，则军储日实，户口渐繁，是力田即以阜生，四便也。疏入，令户部、兵部行令各省督抚确查垦荒事宜。遵行。

令黔蜀两省屯田。御史萧震又言：国用不敷之故，皆由于养兵。以岁费言之，杂项居其二，兵饷居其八。以兵饷言之，驻防之禁兵、藩兵居其二，绿旗兵又居其八。今黔蜀两省地多人少，诚行屯田之制，驻一郡之兵，即耕其郡之地。驻一县之兵，即耕其县之地。驻一乡之兵，即耕其乡之地。如此，则养兵之费既省，而荒田亦可渐辟矣。下部议行。

是年，令广东、云南屯田道稽查卫所各官及征收屯粮。

又以江南石城等卫屯粮改折①太重，令仍征本色。

十年，减广东屯粮额。广东屯粮十倍民赋，荒芜者多，令照民田重则每亩八升八合起科。

十五年，严荒田影射之禁。各卫所荒田，坐落州县境内，县查则指为军地，卫查又诡为民地。令督抚严檄州县卫所各官，逐一查报，不得推诿，以滋影射。

十八年，令江南屯田道考成视都司例。

二十三年，湖广偏桥、镇远二卫地亩钱粮归并贵州征收。嗣后湖南屯粮则例屡多更定。至二十五年，以铜鼓卫屯粮归并新宁县征收。

三十六年，辰州卫屯田归并泸溪县，照民田科则征收。又城步县有经征靖州卫屯粮，改归靖州绥宁县征收。四十年，以沅州、龙阳、黔阳、靖州四州县屯田科则偏重，将赋役全书讹刊之数改正减免。四十五年，以清浪、平溪二卫屯粮征米输运维艰，准其征银。

二十六年，裁云南都司。

三十年，定广东卫所屯粮减则征收，照民田例。

三十四年，谕：云南屯田钱粮较民田额重数倍，民人苦累，嗣后屯田赋额，着照河阳县民田上则征收。明年议：云南屯地钱粮，亦照屯田则例。

五十七年，减湖北沔阳卫屯田粮额。沔阳卫屯田五百七十二顷八十亩有零，向系水淹洼地，令照湖南清浪卫减则之例，每亩五升四合五勺。

---

① 改折，按官定价格，以其他物品或银两替代原定应缴稻麦的纳税办法。因折价不合理，常常成为纳税者的沉重负担。

雍正二年，臣僚上言：请改并卫所归州县管辖。兵部议：军民户役不同，归并未便。上曰：滇、蜀两省曾经裁并，未闻不便。今除边卫无州县可归与漕运之卫所民军各有徭役仍旧分隶外，其余内地所有卫所悉令归并州县，令直省督抚分别区画具奏。

是年，裁山西都司，明年复裁江南、浙江、江西、湖广、山东、广东等省都司。又裁浙江杭州等卫征屯千总，其卫所钱粮归并布政司管辖。

<u>臣等谨按：卫所之制，创自前明。其始也，以军隶卫，以屯养军，而设都司以统辖之，盖仿唐府兵遗意。至总兵、副总兵、参、游、守、把以下，有事则设，无事则罢，未尝以为经制也。未几，卫所之制日弛，别募民以镇守。于是营军与屯军分而为二：屯军惟有漕运之职，其无漕运者，又有番上营造之役，军政废而屯户亦病矣。</u>

<u>国初，仍明之旧，卫所屯田给军分佃，一切杂徭皆从革除。后因直省各设经制官兵，而屯卫之军次第裁汰。至是定制，唯有漕运之地仍隶卫所，其余多归并于州县。盖论其籍，虽有军民之殊，而承佃输赋①，则屯户与民无异。隶之州县，于体制为合。且卫所官弁，类皆武夫，其抚恤屯军必不能如牧民之吏，而文武各相统辖，词讼交涉兼多袒护掣肘之弊。此卫所改隶州县，为因时从宜之良法也。</u>

是年，总计直省屯田三十九万四千五百二十七顷九十九亩九分七厘，屯赋银四十三万六千四百四十六两四钱一分五厘九毫，屯粮一百六万四千五百九十二石三斗五升一合九勺，草四百八十七万一千三百四十五束有奇。

直隶等处屯田七万四千四百九十九顷二十八亩一分二厘有奇，屯赋银四万三千三百六十六两八钱二分八厘九毫有奇，屯粮八万四千七百三十四石一斗三升九合四勺有奇。

江南江苏等处屯田一万一千五百九十七顷七十二亩六分二厘有奇，屯赋银三万八千四百一十二两三钱七分有奇，屯粮二万三千四百八十八石有奇。

安徽新安等处屯田一万一千八百五十五顷五十九亩五分有奇，屯赋银

---

① 承佃输赋，承租土地，缴纳田赋。

四万五百六两有奇，屯粮米麦四千四百八十二石有奇。

　　山西太原等处屯田六万四千七百三十六顷十九亩有奇，屯赋银五万二千三百二十五两四钱有奇，屯粮五万七千五百四十九石有奇，草八万三千四百三十二束有奇。

　　山东济南等处屯田二万四千四百二十七顷五亩有奇，屯赋银四万九千六百七十九两八钱三分有奇。

　　陕西西安、潼关等处屯田都司更名额外地共四万八千四十八顷三亩，屯赋银三万六千一百一两四钱九分，屯粮十九万五千二百三十六石五斗七升。

　　巩昌甘州等处屯田九万九千八百九十四顷六十五亩有奇，屯赋银一万九千九百七十四两六钱三分有奇，屯粮四十七万六千四百九石四斗有奇，草四百七十八万四百五十三束。

　　浙江杭州等处屯田一千七百七十三顷八十亩六分有奇，屯赋银一万八千六百三十两一钱一分有奇。

　　江西南昌等处屯田六千八百二十八顷八十亩八分有奇，屯赋银一万三千三十一两四钱七厘有奇。

　　湖北武昌等处屯田一万八千二百一十二顷二十八亩三分有奇，屯赋银四万八千九百二十一两三钱九分有奇。

　　湖南岳州等处屯田七千二百四十一顷六十七亩一分四厘有奇，屯赋银二万三千七百五十三两一钱六分有奇。

　　四川建昌等处屯田五百七十三顷三十二亩五分有奇，屯赋银一千四百五十两六钱有奇，屯粮米豆荞八千九百八十六石一斗六升有奇。

　　福建福州等处屯田七千七百七顷八十六亩有奇，屯赋银三万八千二百一十九两有奇屯粮二万六千三百八十八石有奇。

　　广东广州等处屯田四千九百四十八顷九十亩七分二厘有奇，屯粮八万八千八百九十七石二斗五升七合二勺有奇。

　　广西桂林等处屯田一千九百九顷五十六亩有奇，屯赋银八千二百二十四两八钱五分有奇，屯粮九百七十五石有奇。

　　云南平彝等处屯田八千六十一顷二十九亩二分有奇，屯赋银一千一百九两二钱二分有奇，屯粮五万五千四百七十八石有奇。

　　贵州贵阳等处屯田二千二百一十一顷九十六亩四分有奇，又陆地一百八十九分有奇，屯赋银二千七百四十两一钱三分有奇，屯粮三万九千六十六石四斗九升四合，荞折米六百三十四石七斗九升五合有奇，谷折米六百八石六斗五升有奇。

三年，令安西兵丁试行屯垦。安西屯垦未备，兵丁家口乏食，令将驻防兵之不愿久住者，抬募顶换，择水土宜苗稼之处给之，使之屯垦。俟资粮渐裕之后，搬取家口，永远驻防。又以初次应募之兵未习农事，就沿边州县雇农人为帮夫，每兵三名给帮夫一名，每岁耕获，令帮夫指引，俟屯垦既娴，将帮夫裁去。

五年，令军田照民田给契上税。时以黔省所有军田每亩上税五钱，报司给契，许照民田一体买卖。所收税银，年底造册送部查核，并通行直省，悉照此例。

又准江南之建德、东流二县，向有额解①南、抚、饶三卫所屯粮，编入江南池州府经管。

九年，定屯卫田准典与军户，不得私典与民，违者将田归卫，典价入官，仍照例治罪。

十二年，设甘肃柳林湖等处屯田。甘肃凉州府镇番县之柳林湖，散处边外，地多荒芜。总督刘于义奏请招民开垦。从之。

乾隆元年，谕：广东有屯田羡余一项，原系卫所官弁征收，每征粮一石，收谷三四石不等，除正米拨支兵饷外，余谷悉侵蚀入己。嗣该督抚察出题报，留备赈粜之用。但屯田粮额本重于民田，今以一石之粮，征收二至四石，屯民其何以堪。又闻各省军田额粮较之民地亦重，从前军田亩数原多，嗣经渐次清厘，田主亦屡更易，而粮米仍输旧额，自属苦累。可传谕各督抚详加查核，将如何定额征收，并革除额外加征之处，密议请旨。两广总督鄂弥达议：广东屯田五千一百十三顷六十五亩零，额征屯粮九万五百十七石有奇。缘屯田给军耕赡，军有逃亡故绝，归官召佃纳租完粮之外，不无盈余，是为旷军余羡。又屯丁有远隔卫所者，差役收谷运回碾放兵米，不无多收，是为屯粮余羡。雍正六年以后，次第查出归公。今议，旷军余羡银米仍旧归公外，其原报征收之屯粮羡余，应遵旨尽行革除，仍照民米之例，听屯民自行赴仓完纳，有多收者，罪之。至通省屯粮科则，自一斗至五斗不等，其抛荒垦复者，每亩征八升八合八勺有奇。从前屯丁完赋之外，尚多杂徭，自裁撤卫所以来，与民户一例，并无差使。兹复革

---

① 额解，指定额上解。

除额外余羡，较之当日减至二三倍，若再行裁减，则兵米无项可补，请照旧定科则征输。户部议如所请行之。其余各督抚议奏，次第豁免。至乾隆十一年，合计岁减银一万二千两有奇。

又谕：浙省屯粮，向来每石征银一两，康熙年间特恩减免，改征银五钱五厘，计算每亩征银八分有零，惟严州一所遗漏，未经减免，每亩仍征银二钱一分五厘。查杭州前右二卫屯田，与严所相距咫尺，每亩止征银一钱二分八厘零。着将严州屯粮照杭州前右二卫科则征收，以纾军力，永着为例。

又谕：粤西军屯田亩，唯武缘一县粮额较之下则民田每亩多银二钱二分，未免过重。着将旧额酌减，每亩定以一钱征收，永着为例。

二年，谕：浙江温州卫屯田三百一十二顷，每亩征银一钱七分零；台州卫屯田二百二十顷，每亩征银一钱四分零，比本地民田较重。着照杭州前右二卫科则，画一征收，永着为例。

停止贵州新设苗疆办理屯军之事。时贵州苗疆新定，督臣张广泗议：逆苗绝产，令自行首举，安设屯兵。其见在苗户之田，有搀入绝产内者，归并屯内，即以绝产不宜安屯之处，按数拨还。总理王大臣等议如所请。

上谕曰：数年以来，经理苗疆，原期宁辑地方，化导顽梗，并非利其一丝一粟，是以彼处应输之正供，朕皆仰体皇考圣心，永行革除，岂肯收其田亩，以给内地之民人乎！从前屯田之意，原因该督等奏系无主之绝产，故有此议。今看来此等苗田未尽系无主之产，或经理之人以为逆苗，罪本当诛，今既宥其身命，即收其田产，亦法所宜然，殊不知苗众自有之业一旦归官，目前虽慑于兵威，勉强遵奉，而非出于中心之愿，安能保其久远宁帖耶！至于拨换之举，在田地有肥瘠之不同，而亩数又多寡之各异，岂能铢两悉合，餍服其心，使苗众无丝毫较量之念乎！总之，顽苗叛逆之罪本属重大，国家既施宽大之恩，待以不死，予以安全，而此区区之产业，反欲收之于官，则轻重失宜，非皇考与朕经理苗疆之意矣。料此时张广泗正在办理屯军之事，可将朕旨驰寄，令其即行停止。其绝产实有几何，如何布置之处，必熟筹万妥，请旨施行。后经议定，逆苗绝户田产，查明实数，赏给屯兵，给以口粮牛种，令其选择形胜，建筑堡墙，以资捍御，毋得生事滋扰。

又谕：各省屯粮科则，轻重不等，州县屯粮有较之民田过重者，有同一屯田而征粮之本折多寡不同者，有同一科则而额粮之重轻相去悬殊者。

念此屯民，皆吾赤子，若地瘠粮重，未免输纳维艰。着该抚秉公确核，各就原额粮则之重者酌量裁减，具题请旨。

令柳林湖等处屯田，设立屯长、总甲分理。柳林湖等处屯田，地方辽阔，屯户众多，酌留熟谙屯务之生监、农民，并设立屯长、总甲分理，所需口粮盘费，于存公银内动拨。

三年，以安徽之怀远卫军田征银，视民田较重，今改照蒙城县民田例。又议减武平卫军田加征银数，永着为例。怀远卫军田十三顷，每亩征银八分八厘零，又二顷，每亩征银六分二厘零。今照蒙城例，每亩征银二分二厘零。武平卫军田，每亩加征银七厘三毫，今减去五厘五毫。

四年，招民承种安西镇口外屯田。时以安西镇属口外屯田，可藉民力垦治以供兵食。议抬募农民商贾及兵之有余丁者承种，所获粮谷，民得六分，官收四分，委安西道与通判管理。此外余地，听民报垦纳粮。

五年，禁屯田私租与人者。运军额设屯田，止许得当年租银，不得加租。及立券预支，其已经加租之田，如力能回赎者，即退还价值别租，不能赎者，俟租满日别租。若指称加租名色、立券私交者，将运丁及租田之人依私典军田例治罪，其田另给新丁，仍追租价入官。

六年，令各省屯田定限一年，无论在军在民，一并清出，归军赡运。

八年，清厘湖广军屯田。湖南军屯田地典卖与民者，令悉行清厘，量为区别。如民买军田愿应差者，及军买军产随田应差者，俱仍旧管业，不准取赎。若民买军田不愿应差及军买军田田去差存者，令原丁取赎加力，不能赎则令典买者每岁助费，以济漕运。又湖北卫所屯田各令清出原额，除纳赋之外酌量多寡，分别助费，官征官给，均分各船济运。其故绝逃亡之户，民人顶种者，见在纳粮贴运，与屯丁无异。若此项田有出售者，仍令军户归买。

十二年，定民典军田取赎之例。各卫屯田典卖与民者，许备价取赎，由卫所移文州县，饬令民人领价退田。若以民田捏报军田，希图混冒者，将卫所官处分。

准口外八沟塔子沟等处设兵屯田，从直隶提督拉布敦议也。

十八年，总计各省屯田二十五万九千四百十有六顷四十八亩，屯赋银五十万三千五百五十七两，屯粮三百七十三石，各有奇。

江南江苏屯田一万一千五百九十六顷九十二亩，赋银三万七千三十五两，各有奇。

安徽屯田一万一千八百五十六顷八十六亩，赋银四万五千八百六十两粮三百七十三石，各有奇。

山西屯田九千九百三十顷，赋银五万九千百二十一两，各有奇。

山东屯田二万二千顷八十四亩，赋银五万六千十八两，各有奇。

河南屯田七千二百五十二顷九十八亩，赋银一万七千九百九十一两，各有奇。

陕西西安屯田三万九千二百三十六顷三十八亩，赋银七万四百二十六两，各有奇。

甘肃屯田十万七千二百四顷七十八亩，赋银二万八千五百七十五两，各有奇。

浙江屯田一千七百四十一顷六十四亩，赋银一万七千八百九十七两，各有奇。

江西屯田六千四百三十五顷六十六亩，赋银一万四千九百三两，各有奇。

湖广湖北屯田二万四百十有六顷二十三亩，赋银五万二千七百两，各有奇。

湖南屯田五百十有一顷十有八亩，赋银三千二百四十八两，各有奇。

四川屯田一百三十四顷八十二亩，赋银一百两，各有奇。

福建屯田七千八百四十五顷三十一亩，赋银四万四千三百十六两，各有奇。

广西屯田一千九百九十六顷六十二亩，赋银八千五百十有六两，各有奇。

云南屯田五千九百十有五顷三十七亩，赋银四万四千九百七十四两，各有奇。

<u>臣等谨按《会典》：据乾隆十八年奏销册开载，其归并各州县者不在数内。</u>

二十一年，募民屯种瓜州地亩。先是，雍正三年，吐鲁番回人归附，谕令迁入内地。十年，署大将军查郎阿奏请将吐鲁番众在肃州所属之王子庄安插。奉谕旨：瓜州地土肥饶，气候亦与回民原住地方相似，且现在开垦可种之地甚为开阔，足资回民耕收。着总督刘于义等将吐鲁番回众安插

瓜州，筑堡造房，给予口粮牛种，至是移归故土。总督黄廷桂言：瓜州回人迁移鲁克察克所遗地亩，逐细丈量，共计成熟地二万四百五十亩，应就近招民屯种，借给籽种，于收成后扣除其粮石，按官四民六征收。从之。

二十二年，清查陕西屯地银粮。陕西布政使塔永宁言：西安、凤翔、同邠、乾等五府州属屯地，往往有地已典卖、粮未过割，亦有租佃与人，钱粮仍系原业主缴纳。其本色粮石例应运交道仓，纳户希图省事，每有包给催粮旗甲代完者。虽于乾隆八年立法清查，但条款尚欠详尽，历今十有余年，业户之辗转典卖者愈多。请宽限一年，于农隙时彻底清查绝卖之地，即令过割，于红册内更名；典当租种之地，于原主名下分注佃户、典户姓名，概令种地之户完粮。如其出典回赎及更易佃户者，亦于红册内改注，总不许原业主私自收用，亦不许旗甲包纳代完，以杜隐冒。下部议行。

二十三年，清厘江西军屯田。江西巡抚阿思哈言：康熙年间清查屯地，将原有地亩悉行查出归军，并定以回赎之例。今为时既久，各屯田与民田相错，佃人业主保无私相勾串售卖及移丘换段情弊，应委员按照丁地、携带老册、预期晓谕，令将私相典卖，悉行首明，仿照直隶回赎旗地之例，按亩查对，立法回赎，注明现管佃名，绘图造册，分送粮运。俾运丁养赡有资，办公不致赔累。下部议行。

二十四年，准瓜州屯户加垦地亩改屯升科。陕甘总督杨应琚言：瓜州屯户所借牛具籽种口粮，二十二年以后未能按数交还，缘屯种人户仅给田三十亩，除扣还官项外，所余无几，一遇歉收，辄多逋欠，加以定议官四民六分收，小民每视为官田，咸怀观望。今据屯户吁请，每户加垦荒田三十亩，一体改屯升科，每亩额输小麦四升一合零，粮三升，虽与原议四六分收不无少减，然加垦地亩自必岁获宽裕，且改屯升科，小民视为世业，更必踊跃报垦，于国计民生交有裨益。军机大臣议如所请行。

二十七年，改柳林湖屯田照镇番县中下则升科。甘肃布政使吴绍诗言：凉州府属镇番县之柳林湖屯田，原垦一千九百八十余顷，续垦三百七十五顷，岁给籽种口食，所收粮石官四民六。二十三四年以来，分收粮石渐次减少，缘民情视为官田，不甚勤种，且屯民二千四百余户，散处一百六十余里，地方官耳目难周，殊鲜实效，应请遵照瓜州之例，改屯升科，照该县民地上中下则纳赋。至是，陕甘总督杨应琚言：柳林湖屯田改屯为民，按镇邑上中下则升科，缘该处并无水泉可以灌溉，镇邑渠流又难以旁及边外，本无水田上则地亩，请将初垦地照中则民田、续垦地照下则民田升科。皆下部议行。

二十八年，准柳沟、布隆吉尔等处屯户加垦余地改屯升科。杨应琚言：安西府属渊泉县之柳沟、布隆吉尔等处地亩，乾隆四年招民屯垦，现住屯民二百四十户，种地七千二十五亩，核计每户实止种地三十亩。现在生齿渐繁，每岁所收粮石不敷养赡，请于原种屯田之外畦头畛尾计共有可垦余地八千余亩，听其加垦，以原分屯田之水导引灌溉，并照瓜州之例改屯升科，俾农民视为世守之业，自必尽心耕耨。下部议行。

准靖逆、赤金等处屯户一体加垦余地，改屯升科。杨应琚言：安西府玉门县靖逆、赤金等处屯地，乾隆四年同渊泉县柳沟、布隆吉尔等处地亩一并招民屯种。查该处原招屯民二百三十余户，承种地八千八百余亩，核计每户种地无多。现在生齿日繁，不敷养赡，其情形与柳沟、布隆吉尔等处并无二致，应照柳沟、布隆吉尔之例加垦余地，改屯升科。下部议行。

三十一年，总计各省屯田三十九万二千七百九十五顷六十七亩有奇，屯赋银七十八万四千九百二两，屯粮百九万七千六十四石，各有奇，草五百五万六百二十束。

江南江苏屯田一万四千四百二十一顷二十四亩有奇，屯赋银三万五千六百五十五两，屯粮五万六千七百二十七石，各有奇。

安徽屯田四万二千二百一十一顷九十亩有奇，屯赋银十万九千九百三十三两，屯粮九万九千九百十七石，各有奇。

山西屯田九千九百九十九顷三十亩有奇，屯赋银五万九千一百二十一两有奇。

河南屯田六万五千五百二顷七十五亩有奇，屯赋银二十万二千八百九十七两有奇。

山东屯田二万二千九顷五十五亩有奇，屯赋银五万六百十一两有奇。

陕西屯田四万七十二顷七十亩有奇，屯赋银一万三千一百七十七两屯，粮十有五万六千六百七十八石，各有奇，草九千五百三十二束。

甘肃屯田十有一万四千五百九十七顷六十亩有奇，屯赋银三万七千五百二十一两，屯粮五十万二千六十九石，各有奇，草五百四万一千八十束。

浙江屯田一千七百三十九顷十三亩有奇，屯赋银一万七千九百十三两有奇。

江西屯田六千四百三十五顷六十六亩有奇，屯赋银一万四千九百三两有奇。

湖北屯田二万四百七十三顷三十八亩有奇，屯赋银五万二千七百六十三两，屯粮九万三千一百六十三石，各有奇。

湖南屯田三万八百八十一顷四十八亩有奇，屯赋银九万八千六百八十九两有奇。

福建屯田七千八百六十六顷四十五亩有奇，屯赋银四万四千四百二十三两，屯粮二万五千二百八十一石，各有奇。

广东屯田五千二百七十九顷五十七亩有奇，屯赋银一千八百七十七两，屯粮九万二千七百三十九石，各有奇。

广西屯田一千九百九十六顷六十二亩有奇，屯赋银八千五百十六两有奇。

云南屯田九千一百七十三顷五十一亩有奇，屯赋银三万六千七百九十六两，屯粮七万一千四百八十六石，各有奇。

三十六年，户部议：高晋奏，江西袁州、赣州、饶州、建昌各卫所丈缺及水冲沙压屯田地共六十四顷九十六亩零，应征屯粮准自三十五年为始，照数豁除。如议行。

三十七年，漕运总督嘉谟奏：台州卫民佃管种屯田，准其酌量分别加租。下部议行。

三十八年，谕：裴宗锡覆奏查办军屯一案。据称，粮道林文德禀，请将上下江、无为等州十七州县向不归运之裁卫屯田，一概加征津费。所办非是，而加征之名，更属不能深体朕意。朕惠爱百姓，普蠲恩免不下数千百万，唯期家给人足，乐利永臻。何独因清厘屯粮一节，欲举百余年相沿之民产，一旦忽议加赋，朕岂肯为之。其间或实系屯产转售他人，而豪猾者贪图轻赋以逞其侵隐，此等官为之经理，实所宜然。若因此而追究远年之民产，且定以官为加征之名，则断乎不可。此事着交高晋妥协查办，迅速完结，毋致稽延时日。其江苏省并着一体照此旨办理。又谕：今年七月间，据陈辉祖奏《请将该省民屯新垦丁银随年摊征》一折批交该部议奏，旋经户部即照陈辉祖所奏覆准，并请行查各督抚就本省情形，酌筹妥议具奏。嗣据直隶等省陆续议奏，大约请仍旧制者居多，则陈辉祖所奏及该部所议皆未为得当。国家承平休养百有余年，闾阎生齿日繁，向来编审人丁，按丁科则。自康熙五十二年我皇祖圣祖仁皇帝特颁恩诏：盛世之民，永不加赋。即以是年丁粮之数作为定额。仰见皇祖惠爱黎元，法良意美，实我万世子孙臣庶所当遵守不易者。朕临御以来，仰承天佑祖德，累洽重熙，无时不以爱养斯民为念，岂肯于丁粮区区毫末之赋稍存计较乎？况人数既多，自地无遗利。若求可垦之地，则唯新疆乌鲁木齐等处尚可招徕屯垦。至于内地，即间有东坍西涨，其数甚微，只需地方官查明，照例妥办。若以新垦民屯地亩复将丁银随年摊纳，是与小民较及锱铢，尤非惠下恤民之道。所有各省办理丁粮一事，无论已未覆奏，俱着悉仍其旧，并将此通谕中外知之。

三十九年，江苏巡抚萨载奏：江浦县坍没省卫屯田六十四亩二分零，至六月奏，江宁县占废坍没屯田二顷七十五亩零，均请豁除钱粮。下部议行。

四十年，户部议：觉罗敦福奏，湖南省五卫屯田，有别伍顶买田亩者，即与同伍无异，应编入原船按粮承差，如系活契，验明，仍听本军回赎。其有民人顶买之田，除年远造房筑墓及军逃地荒自行开垦者免赎，仍照旧贴费当差，其余典卖田亩，如本丁愿赎，概令赎归。未赎时，令现业按粮贴费，并将原议民户典卖屯田编入军籍之例改正。停止本军名下尚有出典未赎之田，有力者先赎屯产，如无应赎屯产，方听其另置民田，另纳粮赋，毋许掺入军田。如议行。

湖北巡抚陈辉祖奏：武昌等卫所清出典卖屯田请加津赡运。部议：查典卖屯田与受各户均应按例办理。特以典卖者未必尽系现运之丁，而执业者亦恐非起首承买之户，从重加津，免其撤田归运，则私相授受者，知所炯戒，而仍不致有失业之苦。向后典卖之弊，庶可不禁自止。应如所奏办理。

四十一年，户部议准：勒尔谨奏肃州九家窑屯田八千八百三十三亩零改归民田，于本年升科。

四十四年，成都将军特成额奏：两金川新收屯粮，准照打箭炉至西藏一路台站储粮成例，凡存仓及支放兵粮，每石开销鼠耗五合，遇拨运别屯，每石开销盘折一升，仍令每年造册，专咨报部。下部议行。

四十九年，户部议准：湖北巡抚姚成烈奏，施南府属恩施县民人自首开垦成熟额内中则屯田四十二亩三分有零，又额外下则地三十顷二十二亩有零，自四十七年起科。嗣后应令按年造入地丁奏销册内，报部查核。

五十年，湖广总督特成额等奏，称湖南长沙等府州属原有弁田[①]六万六千八百八十余亩，除从前已卖变折共去田三万七千九百一十余亩，实止田二万八千九百七十亩零。自清查之后，几阅五十年，私相买卖者又不一而足，且地方棍徒唆讼图诈者不少，更有辗转相售，具告到官，必须层层讯究，迨经质明，卖主多无力缴价，买主又难于安耕，徒多扰累。若循守旧议，殊非尽善。应将余存弁田，毋论已卖未卖，俱照民产准其买卖，税契过户，承粮执业。弁田名色，悉行除去，以杜讼端，则小民既常安耕凿，匪徒亦无从滋事，于地方殊多裨益。下部议行。

① 弁田，清朝军队占有的土地。

皇朝文献通考卷十一

田赋考十一

屯田

<u>臣等谨按</u>：平定准夷回部，版图式廓二万余里，大功肇定，兴屯教种，次第举行。由巴里坤以至伊犁前后垦辟，无虑十余万顷，天山南北，禹甸畇畇①，盛哉！非复汉唐以来足军食、省挽输者所可同日而语也！今臣等编次屯田，谨特立新疆一门，按年排纂，列各省屯田之后，以垂示万世。若夫城堡、台站、驻防统辖之制，已详见《兵考》，兹不备述云。

康熙五十四年，设喀尔喀、苏尔图、喀喇乌苏、乌兰固木、科布多等处屯田，命公傅尔丹等监管。先是，上以厄德尔、齐老图地近推河，应屯田驻兵，令将军费扬古等与喀尔喀汗王等会议。至是，费扬古言：臣等以屯田询喀尔喀、土谢图汗等，据称：苏尔图、喀喇乌苏、乌兰固木、科布多等处俱可耕种，应拨土默特兵善种地者一千，每旗令台吉②、塔布囊③一人率往屯种，遣大臣一人监管。奏入，上命议政大臣等集议。议应如所

---

① 禹甸，大禹治理过的土地，指华夏大地。畇畇，土地经垦辟的平整面貌。语出《诗·小雅·信南山》："信彼南山，维禹甸之。畇畇原隰，曾孙田之。"
② 台吉，明清蒙古部落贵族的称号，受封者须有黄金家族的血统，相当于朝廷一品至四品官员。
③ 塔布囊，与台吉同义，土默特左翼旗及喀喇沁三旗中，地位相当其他蒙古部落台吉的人，称塔布囊。

请。再哈密地方亦可耕，请一并行文将军，将西吉木、布隆吉尔等处，勘明具奏。得旨如议。傅尔丹愿往効力，即交伊办理。后都统穆赛等言：科布多等处耕种，收获甚多，应拨土默特人一千及出兵归化城之土默特兵一千，令往耕种。议政大臣等议如所请。得旨允行。

　　臣等谨按：屯田之设，不特省挽输，兼可尽地利。我圣祖仁皇帝西事之初，即敕所司留意赵充国三奏，至是察查苏尔图等处分兵屯种，命傅尔丹办理。嗣后，复募民田作。不数年间，嘉峪关外，裕军储于绝域，化沙碛为沃壤矣！

　　五十五年，命议开巴里坤、哈密等处屯田。谕议政大臣等：巴里坤、乌兰古木等处种地之事，甚属紧要，若种地得收，则诸事俱易。着会议具奏。寻议：开垦田地。现令傅尔丹等率土默特人一千，往乌兰古木等处耕种；发往军前赎罪人等有愿种地者，许其耕种。又前者尚书富宁安言：哈密所属博罗尔、图古哩克接壤之处，并巴里坤、都尔博勒津、喀喇乌苏及西吉木、达里图、布隆吉尔附近之上浦、下浦等处，俱可令人耕种。兵丁有愿往者，亦令耕种。富宁安现驻肃州，其附近之西吉木等处，可令酌量耕种。图古哩克等处，令大臣一人管理。奏入，得旨如议。着副都统苏尔德前往管理。是冬，苏尔德奏言：都尔博勒津、图古哩克、喀喇乌苏所种地亩并收获。议政大臣等议，令预备籽种，为明年计。从之。

　　五十六年，增垦阿里滚固楚等处地。傅尔丹言：今岁除耕熟之田已经播种外，其阿里滚固楚、锡巴尔鄂希、纳玛尔济呼、勒克察罕郭勒等处地土肥厚，现在开渠引水，一体增种。五月中，又遇甘霖沾足，所种青稞、大麦、小麦各极畅茂。奏入，报闻。

　　又命户部侍郎梁世勋等督理巴里坤屯田。

　　五十七年，议叙屯田官郎中苏赫等。侍郎海寿言：臣与富宁安新旧所垦都尔博勒津、图古哩克及回子扎萨克敏所种塔里雅沁地，所余青稞，悉令备仓收储，充给军粮。其郎中苏赫等急公耕种，请约计谷数，所入多寡，量予议叙。议政大臣议，如所请。得旨允行。

　　六十年十月，增垦乌兰固木地。征西将军祁德里言：乌兰固木地暖土肥，请于来年多垦，可望大收。议政大臣议，如所请。得旨允行。

　　六十一年，核科布多、乌兰固木等处地亩谷数。祁德里言：据总理屯种事苏尔租呈称，科布多、乌兰固木、特里河诸处可种之地，悉乘时和开垦，坤都伦河诸处可种之地，亦悉开垦。今年种麦所获数倍往年，来年更可添种。得旨：据所奏"在科布多、乌兰固木等处开垦耕种，因土沃水裕，今年所得麦子收有数倍，请明年添种千石"等语，军前种地人员禀报，所收粮数，应照内地或一亩一垧收得米石若干，方得明晰。着议政大臣详加议奏。寻议：行文将军傅尔丹等，将开垦地丈量顷数，计算籽种及秋收粮数，详报。从之。

雍正三年，命议开鄂尔坤、图拉等处屯田。谕振武将军穆克登：鄂尔坤、图拉一带甚为宽阔，若开垦屯田，实为永远之计。尔会同喀尔喀将军确议具奏。寻穆克登奏言：鄂尔坤一带尚有昔人耕种处及故渠灌田踪迹，图拉等处现有大麦小麦，非不可垦之地，但霜降早晚不一，树谷宜否不同，请于屯长中择十余人，于明年三月遣往耕种，俟秋收后具奏。议政大臣等议，如所请。得旨允行。至七年，振武将军、顺承郡王锡保奏报：鄂尔坤、济尔玛台、图拉三处屯田，收获大麦、小麦、糜子共七千五百五十石有奇。九年，奏报：一万六千三十石有奇。

十年，开垦哈喇该图地，令兵民耕种。工部侍郎原署西安巡抚马尔泰言：哈喇该图为诸路隘口所会，水草亦佳，请撤额塞勒津城所驻步兵，并发西宁马步兵合二千人赴哈喇该图，详阅耕种地方，令兵丁开垦。从之。

乾隆元年，议办鄂尔坤屯田。先是，雍正十三年，定边大将军庆复奏请：拨绿旗兵一百、守营绿旗步兵二百、家选兵二百于鄂尔坤地方，自呼克新至济尔玛台，择水土佳处开垦，试种小麦、豌豆，一年有效，据实具奏。王大臣等议覆行。至是，总理事务王大臣等言：鄂尔坤地界宽广，可耕种，若拨兵三千人，各种二十五亩，计可垦田七百五十顷。庆复所奏请于鄂尔坤附近屯田，所见略同。请以原折付军营将军等，按可垦之田详悉定议。从之。至二年，额驸策凌等言：鄂尔坤可耕地亩实可给三千人耕种，即以今年换班绿旗兵六百，再另拨一千九百，共二千五百。一千五百名择地耕种，令一千名分驻塔密尔、鄂尔坤两处，防守仓库。王大臣等议覆，据奏除驻防兵外当用一千五百人耕种。今军营绿旗兵六百，并罪人，计一千有余，不必更拨兵丁前往。从之。

二十年，筹办额尔齐斯等处屯田。先是，谕军机大臣：从前因未深知达瓦齐情形，原议四月进兵，故令于额尔齐斯派喀尔喀兵、绿旗兵并策凌所属人等留驻屯田。今进兵甚早，而达瓦齐之力已穷，兵到即可成功。其额尔齐斯仍需屯田与否,应另行酌办。如需屯田,或即于策凌等游牧所留人内派往,或凯旋后再将策凌等人众派往。着班第等详议具奏。至是,班第等言:臣等接奉谕旨,公同商酌,现在准噶尔穷蹙,大兵一到,自可迅奏肤功①。而平定准噶尔后,额尔齐斯地方亦必需驻扎兵丁,照管新收人众。其派出屯田兵丁并牛种器械等物既俱齐备,应仍照原议办理。奏入,谕军机大臣:据班第等奏,额尔齐斯仍须屯田之处,即着照所请行。其耕种所得谷石,以备接济往来兵丁口粮,亦属有益。若欲抚绥新收人众,于额尔齐斯驻兵,则大功告成后,伊犁已留重兵,兼有大臣驻扎额尔齐斯,去阿尔台甚近,又何必更设兵驻防?着传谕班第等知之。寻经班第等言:原派管辖屯田兵之塔尔玛善,现在齐齐克淖尔居住,令屯田兵前往额尔齐斯等处询可屯田之地,即行耕种。旋与亲王成衮扎布公同商办,已定屯田之地在伊苏图等处,应移布拉罕兵于鄂伦淖尔驻扎照管。从之。

二十一年,谕:伊犁附近地方可否发绿旗兵前往屯田,着兆惠等预为筹酌奏闻。至是兆惠等言:自巴里坤至济尔玛台、吉木萨、乌鲁木齐、罗克伦、玛纳斯、安济哈、雅晶等处,俱有地亩可资耕种。伊犁附近地方约有万人耕种地亩,空格斯、朱尔都斯等处,可种之地亦多,但须预为筹办,方不误来春耕种之期。现在伊犁有回人三十余名,拟酌增至百人,再派绿旗兵一百名,酌带籽种,于明年正月内前来。臣等按地分给耕种,试看一年再行办理。从之。

又谕军机大臣:伊犁等处可种之地既多,酌量遣派内地兵民前往耕种,照西安地方之例办理。

二十二年,复设塔里雅沁屯田。陕甘总督黄廷桂言:塔里雅沁自乾隆七年停种之后,渠道淤塞,开挖修筑,在在须费人工。现在派兵二百名乘时垦种,止可种地一千五六百亩,布青稞一百五六十石,余地至明岁再行办理,一二年内自可次第修复。奏入,报可。

又派兵吐鲁番屯田。成衮扎布等言:吐鲁番地方直通伊犁,并与各处回城声息相通,应派兵屯种。尚有辟展地方,地势宽展,可资屯务。即将臣等所带绿旗兵丁派令耕种。奏入,报可。至是阿里衮等言:吐鲁番所种大小米,自四月初九至二十三,已种小米二千三百四十余亩,再行接种大米。又新附回人留于吐鲁番种地,亦请给发籽种。从之。

---

① 肤功,大功。《诗·小雅·六月》:"以奏肤公。"毛传:"肤,大;公,功也。"

又谕：军机大臣兆惠等奏称，乌鲁木齐地方，可以耕种，又与吐鲁番相近。着黄廷桂于绿旗兵内多选善于耕种之人，发往乌鲁木齐，明春即令试种地亩，量力授田，愈多愈善。即遵谕速行。仍将选派官兵人数及督率员弁，指交地亩，陆续奏闻。

又谕：军机大臣黄廷桂奏"派兵一千名于来春往巴里坤等处屯田"等语，自应及时筹办，但此尚在近地，其乌鲁木齐等处，亦须渐次屯种。其如何相度水利、测验土脉及派兵前往预为料理之处，着传谕黄廷桂详悉具奏。先是，黄廷桂言：巴里坤、尖山子起至奎素一带百余里内地亩，雍正年间俱经开垦，旧迹具在，系取用南山之水，共有正渠九道，自山口以外，多渗入沙碛，必须木槽接引，方可畅流，似宜早计。请于甘、凉、肃三处先派种地官兵一千名，于来年正月前往疏浚水泉，开引渠道，至二三月间，土膏萌动，即分布各兵于可垦之地翻犁试种。查巴里坤气寒霜早，唯宜青稞，应令各兵丁于青稞外如糜谷之类少为试种，倘或有收，再行加增。疏入，遂有是谕。

又谕军机大臣：昨令黄廷桂查勘屯田处所，广为播种，勿致荒闲。添派兵丁，以资耕作。可传谕兆惠、富德等留心经画，务使地无遗利。

二十三年，派兵屯田哈喇沙尔等处，增乌鲁木齐等处屯兵。先是，二十二年，成衮扎布等奏请：来年派兵二千，自鲁克沁起程，前往哈喇沙尔等处耕种。至是，雅尔哈善言：哈喇沙尔通库车、阿克苏大路，旧系厄鲁特回人垦种，约需兵二千名以上，海都河水甚足。乌鲁木齐约需兵一千名，水亦足用。辟展、鲁克沁、吐鲁番，除官兵及回人屯种外，因水乏无可开垦。吐鲁番西百余里通哈喇沙尔、托克三城，水颇充足，可得兵丁五百名屯种之地，臣等拟于哈喇沙尔派兵二千四百名，乌鲁木齐原派兵五百，增派五百名，托克三与辟展、鲁克沁相近，量增兵五百名，辟展仍派兵四百名，共需兵三千三百名，携带牛具口粮，前赴鲁克沁，于三月前趱行。从之。

议增兵屯田哈喇沙尔、托克三等处。永贵等言：乌鲁木齐等处现在屯田兵三千六百名，其鲁克察克、吐鲁番附近哈喇和卓等处，虽有余地，实为硗瘠，不必增兵。乌鲁木齐地广而荒，拟前往查勘再议；托克三余地尚多，水亦足用，唯当修堤浚渠，应请增兵四百名；哈喇沙尔地最广，海都河水甚足，但河身低于渠道，须大加修筑，应请增兵二千名，合之现在兵丁，共六千名。疏入，军机大臣议，如所请。得旨允行。

又谕军机大臣：现在办理回部未竣屯田，伊犁可以暂缓，唯于乌鲁木齐一带及噶勒藏多尔济游牧之罗克伦等处，亟宜相度地亩，广为屯种，俟将来酌量情形，由近及远，即一二年后亦无不可。着传谕黄廷桂及永贵、定长等知之。

侍郎永贵等奏报乌鲁木齐等处屯田新旧开垦亩数。永贵等言：本年屯田地方，辟展、乌鲁木齐已经垦种外，据各该管官员报称：哈喇和卓垦地八千七百亩，托克三垦地五千三百亩，哈喇沙尔垦地四千余亩，俱经种植。臣等合并辟展所种一万亩、乌鲁木齐所种八千亩，共三万六千八百余亩，较去年增垦七千三百余亩。所种禾苗先后长发。臣等督率官兵，尽力耕耘，引水灌溉，今秋可望丰收。奏入，报闻。至二十四年，定长等奏报：屯田，本年增垦一万零四百七十四亩，因闰月增垦八千七百七十一亩，计新旧地共种过五万二千七百九十一亩。

查勘穆垒至乌鲁木齐可耕地亩。先是，黄廷桂言：由巴里坤至乌鲁木齐南路一带，如辟展、托克三、哈喇沙尔等处，今岁俱已种植。自乌鲁木齐以内察罕乌苏、穆垒北路一带地方，多系沙碛，难于开垦。由穆垒至乌鲁木齐一带，则可垦之地最多。近因哈萨克贸易，遵旨拣选副将一员管押货物，应请遴选道员同往，于经过之地，将曾否开垦地亩及气候寒暄、土脉肥瘠、水泉多寡绘图贴说，请旨遵行。从之。至是，努三奏言：臣率道员萨瀚等勘得自巴里坤至穆垒不堪屯种，自穆垒至乌鲁木齐有噶勒藏多尔济游牧之昌吉、罗克伦等处可耕地亩十六处，视其地土肥瘠、水泉多寡以定耕作。仍令屯兵等轮替耕种以息地力，方为有益。计需兵六千八百名。谨绘图恭呈御览。奏入，谕军机大臣：据努三查勘穆垒至乌鲁木齐屯田，约需兵丁六千有奇，绘图呈览。此时虽距耕作之期尚早，自当先为筹划，可传谕黄廷桂于内地绿旗兵丁内挑选七千名调赴乌鲁木齐等处，并传谕永贵等知之。

议开昌吉、罗克伦等处屯田，努三等言：臣等查勘昌吉、罗克伦等处，昌吉距乌鲁木齐六十余里，罗克伦距昌吉四十里，旧系噶勒藏多尔济游牧，地平水足，有河渠旧址修理，亦易丈量。得昌吉可垦田八万余亩，罗克伦可垦田七万余亩。臣等会议昌吉、罗克伦各驻兵一千五百名，更番开垦种植以休地力。奏入，谕军机大臣：努三前奏请查勘乌鲁木齐屯田时，朕即谓虽为时尚早，亦当先事筹备。随谕黄廷桂：来年穆垒、乌鲁木齐屯田，派兵七千名及办给农工器具。今昌吉等处既又可驻兵三千名，传谕黄廷桂照数添派，合之前派七千，即得万人，为数虽多，但屯兵唯取其习于耕作，不必尽皆精壮。黄廷桂宜酌量办理，仍与努三、永贵等会同定议具奏。

又谕军机大臣：据黄廷桂奏称，塔里雅沁试种豌豆，已有成效。塔里雅沁既可种豆，辟展、吐鲁番、托克三、乌鲁木齐等处，想皆可以试种。若得成熟，于牧养更为有益。可传谕永贵等将辟展等处节候地气测验确实，即于明春布种。

又谕军机大臣：从前因办理回部，将伊犁屯田暂时停止。今回部迎降，相继大功计日可成，则屯田自不可缓。军营绿旗兵丁驻防各城，所用无几，应行派往伊犁，并酌派回人。令纳穆扎尔等办理屯田，或将鲁克沁、哈喇沙尔、乌鲁木齐等处屯田兵丁移至伊犁，再于内地派兵补缺。可传谕兆惠等将应办之事先期预备。

二十四年，定增兵屯田特纳格尔、昌吉、罗克伦等处。陕甘总督杨应琚言：特纳格尔、昌吉、罗克伦等处，地气和暖，且与乌鲁木齐相近，增兵屯田，实为善策。查乌鲁木齐现有屯田兵一千名，拟于凯旋绿旗官兵内截留五千名，以一千预备差遣，以四千分垦地亩。从之。

又谕军机大臣：定长等将本年辟展、托克三、乌鲁木齐、哈喇沙尔、喀喇和卓等处屯田收获分数具奏，又称"除乌鲁木齐外，其他地亩较之初种时渐觉歉薄"等语，此等地亩，虽不能如内地人工粪治可以常年耕种，但地颇宽敞，彼此递年互调耕作，自有余力。着谕杨应琚会同舒赫德等悉心讲求，酌议具奏。

二十五年，命调巴里坤绿旗兵九百名赴乌鲁木齐屯田。

又谕军机大臣：阿桂等奏称"伊犁河以南有地名海努克与固勒扎，相隔一日程途，水土沃衍，请于此处先行屯种，相其形势，分立村庄"等语，所办甚是，俱依议行。

又谕军机大臣：安泰等奏"屯田以渐开扩，直通伊犁。自乌鲁木齐至罗克伦，择水土饶裕之地立四村庄，每庄屯兵八百余名，委游击等员督课耕种"等语，所见甚是，可即勉力善为经理。

兴举伊犁屯田副都统伊柱言：臣领屯田回人前来伊犁，至海努克，其地旧有庙宇，又有筑成营垒，周围俱可耕种，即将官兵驻扎，与屯田回人相隔二三里。其应行安台瞭望之处，自东北塔前起至东南，离本营四五十里，伊犁河、南安台五处，其屯田回人三百余名，约相隔半里立一村庄，共十五处，各修茸沟渠，引水灌田；计所携粟麦，可播种全完。其回人所分各庄，均有墙垣基址，暂行搭盖窝铺，俟农隙造房。臣等驻扎处有庙宇二所，大小住房百余间，虽俱倒坏，加以修茸，尚可驻兵六七百名。

奏入，谕军机大臣：伊柱奏称"屯田兵丁已抵伊犁之海努克，现在安设村堡，修理沟渠"等语，看来伊犁屯田俱有旧迹。着伊柱于一切应办事宜，先时相度加意，奋勉督策回人尽力耕耘，勿为偷惰。其地亩数目、收获情形，可遇便陆续奏闻。至是，参赞大臣舒赫德言：伊犁屯田初次遣回人三百名，小麦等未及播种，来年自应多为遣往，而海努克、固勒扎两处，俱派官兵屯驻，亦属有益。现派出回人五百户，于来年二月办给籽种器具，携眷前往。奏入，报可。

议办伊犁屯田增兵筑城事宜。参赞大臣阿桂等言：伊犁本年现有屯田回人三百名，近经舒赫德增派五百名，应再增派二百名，俟伊犁麦熟后，遣发屯田绿旗兵一百名，应增派九百名，陆续遣发伊犁要地：河北则固勒扎，河南则海努克，其地土肥饶之处则察罕乌苏，应于海努克筑城，以回人三百名屯田；察罕乌苏筑城，以绿旗兵一千名屯田。固勒扎须筑大城，凡驻扎大臣，公署、仓库咸在，以为总汇。奏入，军机大臣议，如所请。得旨允行。至是，舒赫德言：伊犁屯田回人一千户，除本年三百户续派五百户外，余二百户今派出，于麦熟后送往。奏入，报可。

又谕军机大臣：海明等奏称"查阅喀什噶尔有索伦兵二百九十名，察哈尔兵二百二十五名，绿旗兵九百十名"等语，喀什噶尔现在有索伦、察哈尔兵，则绿旗兵可以调发。今伊犁地广而腴，屯田兵丁颇觉不敷，虽经派兵一千名陆续发往，尚可再为增加。着传谕舒赫德来年遣办屯田兵丁时，即将喀什噶尔之绿旗兵丁撤回，由阿克苏就便发往。

准议叙管辖屯田官员并兵丁，酌量奖赏。定长等言：今岁辟展等处屯田收获，较上届多一万三千余斛，请将管辖官员分别议叙，兵丁酌量奖赏。奏入，军机大臣议，如所请。得旨允行。安泰等言：乌鲁木齐、昌克、罗吉伦五等村庄所收青黍等谷共九万四千八十九石有奇，村庄地亩肥力不同，而官兵等皆能尽力耕作，应请照例议叙。从之。

二十六年，议辟展等处余地募回人承种。军机大臣议覆：安泰等奏，辟展、喀喇和卓、托克三等处留屯兵六百名，余俱发往乌鲁木齐，陆续前往。伊犁屯田，其空出地亩，系官为开垦，所留兵丁，既不敷耕作，应招募回人承佃，缴纳官粮。请交与安泰等详议具奏。从之。

议设玛纳斯等处屯田。安泰等言：玛纳斯、库尔喀喇乌苏、晶河等处，在伊犁、乌鲁木齐之间，地可屯田，应设立村堡三处，以次经理。来春先派兵五百名往玛纳斯，以一百名起盖仓廒房舍，四百名屯田；续派兵五百名往库尔喀喇乌苏，即以玛纳斯余粮办给；其晶河亦照此续办。奏入，军机大臣议，如所请。得旨允行。至是，阿桂等言玛纳斯距昌吉、罗克伦不远，酌派屯田兵二百名，库尔喀喇乌苏、晶河距伊犁、乌鲁木齐俱远，每村派兵三百名，共八百名，人各垦地十五亩。奏入，军机大臣议，如所请。得旨允行。

又谕军机大臣：安泰等奏"乌鲁木齐现在屯田五处，所收谷石甚属充裕。查该处屯田有绿旗兵三千名，请以二千差操，一千屯田，互相更换"等语，乌鲁木齐收获谷石虽盈余甚多，支用处少，但仅以千人屯田，官兵已垦之地又必荒芜，甚属可惜。若不通融筹划，谷石陈陈相因，必致朽腐。因思该处兵丁俱系三年一换，并未挈眷，若听兵丁等移家居住，或内地游民有愿往立业者，着杨应琚查办，酌给田亩籽种安插，似有裨益。着传谕安泰等相度情形，妥协酌议。再着军机大臣议奏。至是，安泰等言：乌鲁木齐现驻兵丁，臣等详加询问，俱愿挈眷，唯请于收获后回籍迁移。臣等拟咨会杨应琚，从安西等处按其程途远近给予车辆口粮，于明年二三月前来。再杨应琚有招徕游民之举，俟送到时，酌给地亩口粮籽种，照水田例六年升科，但不便与兵丁杂居，应令于臣等驻扎相近之处安插。从之。杨应琚言：肃州、安西二处，招募贫民二百户，定于本年十月料理前往。又高台县招民五十六户，肃州招民四十四户，此外河西一带尚有数百户情愿挈眷前往。又山西临晋县民卢文忠一户，情愿自备资斧①前往，颇知急公，仰恳赏给监生顶戴，以示鼓励。其屯兵之愿携家口者，现在续行办送。从之。

参赞大臣阿桂等奏报伊犁二麦丰收之数。阿桂等言：伊犁屯田兵一千名，除委派二百名外，其余八百名分作八屯，每人种大小麦十亩；新旧回人八百户，每户给麦种一石。兹于六月二十内外二麦皆熟，兵丁所种约计二十分以上，回人所种核算亦有二十分以上，俟全行收获及粟米收成时，再行请旨加恩鼓励。奏入，得旨报可。

又谕成衮扎布筹办科布多屯田。成衮扎布言：科布多屯田，应先派绿

---

① 资斧，行旅费用。

旗兵一百名，官给籽种农具，俟收获后再将喀尔喀、杜尔伯特、扎哈沁人等派往。奏入。军机大臣议，如所请。得旨允行。

募民开垦巴里坤余地。杨应琚言：巴里坤地土广衍，水泉敷裕，除屯兵所种地亩之外，应出示晓谕，听商民认垦，按限升科，庶流寓贸迁之人皆乐业安居，渐成土著。奏入，得旨：甚好，应广为开垦。杨应琚奏：巴里坤招获民人王玉美等六十七名，认垦地三千七百余亩。二十七年，续招民人三十九户，认垦地一千四百五十余亩；二十八年，续招吴臣等三十名，认垦地三千四百四十余亩，共八千二百余亩，皆系近水易于引灌之地，俱照水田六年升科。二十九年，续报商民三十名，认垦地三千六百九十亩；又续报敦煌等三县招有情愿赴巴里坤种地民一百八十余户。

又谕军机大臣：阿桂等奏称"伊犁屯田八千亩，收获大小麦、糜粟、青稞等谷共二万七千一百石有奇，约二十分以上，伊犁屯田回人八百户，收获大小麦约二十分以上，糜粟、青稞约四十分以上，合算每人收谷四十石，应令其缴米二十石，定为成额，则回人益知勤动。请嗣后人给籽种一石五斗，以缴粮十六石为率，所种四项谷石，有丰歉不齐，亦可通融抵补"等语，伊犁屯田丰收，皆官兵勤于力作所致，自当加恩升赏。所有屯田各官员，俱交部议叙，兵丁等酌量赏给，以示鼓励；回人等着与兵丁一体，酌量赏给。其定额缴粮之处，俱如所请行。至二十九年，明瑞等言：伊犁种地绿旗兵一千名，新旧回人三千二十户，所种地亩俱经成熟，二麦、青稞收成至二十分以上，官兵等各知奋勉，所收青稞，视去岁较多，麦子比去岁多至二千石以上，回人所收亦与兵丁不相上下，核计应交，可得四万四千六百余石。查伊犁去岁所收，较前岁丰裕，蒙恩将大小官员俱交部议叙，兵丁人等赏给银两，今岁所收较去岁更觉丰裕，相应请旨照去年之例议叙赏给。从之。

二十七年，谕军机大臣：旌额理等奏称"发往乌鲁木齐屯田遣犯，请先给屯田二十亩，与兵丁一体计亩纳粮，伊等亦有携眷者，酌给地五亩，自可开垦。其未收获以前，官为养赡家口"等语，着照所请行。

又谕军机大臣：旌额理等奏称"乌鲁木齐办给玛纳斯、库尔、喀喇乌苏、晶河屯田兵丁马匹粮饷俱全抵各该处，现在水土滋润，三月前后可尽行播种"等语，此次派往兵丁，冲寒行走，奋勉可嘉。着旌额理等酌量奖赏，以示鼓励。

又谕军机大臣：杨应琚"请将辟展屯田收获之芝麻菜子分给回人种

植，俟收获后扣还籽种，其余量为交官以抵应输额赋"等语，辟展所种芝麻、菜子上年已试有成效，自应借给回人种植，以省运油之费，但回地向未有此，恐非所素习，着传谕德尔格酌量办理。再，乌鲁木齐地亩广远，现在开垦三屯，或即于该处播种，以济日用，亦无不可。着传谕杨应琚知之。

安插添驻伊犁屯田回人。阿桂等言，叶尔羌回人续请移居伊犁者二百十四户，臣等量其年力精壮，与从前移驻之一百十户共为二百五十户，给与籽种等项，合经制屯田回人一千户定为一千二百五十户，其老弱七十四户，交该伯克养赡，年幼者俟其长成仍可补屯田之缺。再此项回人，若俱令在河北固勒扎等处屯田，亦尚可容。但不如河南居住百余户，则两岸俱有庄屯，于观瞻更协。因于和济格尔伯克编设一屯，安插八十户；海努克编设一屯，安插七十户。奏入，报可。

定各城回民纳赋之制。杨应琚等酌定新疆事宜：凡回民自种地亩，视岁收粮数缴纳十分之一，其承种官地岁收粮石，平分入官，总计各城回民自种地亩，辟展岁纳粮四千五百六十五石；哈喇沙尔纳粮一千四百石；库车纳粮九百六十石，又另纳地租粮二十五石；沙雅尔纳粮五百六十石；阿克苏纳粮六千八百三十五石五斗；赛里木纳粮九百七十五石；拜城纳粮五百二十石五斗，又另纳粮三十石；叶尔羌纳粮二千八百帕特玛，每一帕特玛合官斗五石三斗。纳普尔钱四万八千腾格，每五十普尔为一腾格，每二腾格合银一两。所属巴尔楚克纳钱一千二百腾格，克扣尔巴特纳粮九帕特玛；和阗纳粮二千帕特玛，纳钱二万四千腾格；喀什噶尔纳粮四千帕特玛，纳钱五万二千腾格，又纳官借籽种，另册粮六百九十二帕特玛，所属伯得尔格纳钱四百腾格；英阿萨尔纳粮五百帕特玛，承种官地库车岁收额粮一千二百五十石；沙雅尔三百七十五石；阿克苏五十石；叶尔羌一千二百二十一帕特玛；和阗六百四十帕特玛；喀什噶尔三十二帕特玛。

侍郎旌额理等疏奏乌鲁木齐安插民户开垦地亩成效。旌额理言：杨应琚招募民人四百余户，陆续送到。臣等办给农具口粮，每户给予十五亩籽种，众民户感戴皇恩，无分老少，力勤耕作，除十五亩籽种全行播种外，并欲竭其余力，再行开垦。臣等复借给麦种三百十余石，民人愈加奋勉，每户各开地三十余亩，悉行耕种。所种青稞、粟米等苗甚属畅茂，丰收可必。奏入，报可。

二十八年，议增兵屯田伊犁。明瑞等言：伊犁驻扎凉州、庄浪满洲兵，建造城署、营房，粮饷须多为筹备，请以来年为始，先增屯田兵五百名。乾隆乙酉年，城工事竣，又增内地调往筑城绿旗兵一千名，归入屯田，收获粮饷自有盈余。从之。

都统永贵等疏奏派往伊犁屯田回人额数。永贵等言：续派各城回人往伊犁屯田，臣等于各城选择，约以一千五百名为率计，将应派阿克苏等处十二城回人汇齐查核，已满额数。奏入，报可。

议：科布多增派绿旗兵屯田。成衮扎布言：科布多地土颇肥，但蒙古等未谙耕垦，应请添派绿旗兵一百名。军机大臣议：令乌里雅苏台绿旗兵二百名内，派拨一百名，其额缺即以喀尔喀兵丁充补。从之。

又设呼图毕屯田。旌额理言：罗克伦以西，地名呼图毕，田亩广阔，河水充裕，东至宁边城七十里，西至玛纳斯一百三十里。请将罗克伦换班兵丁六百名移于呼图毕屯田。从之。

二十九年，谕：伊犁将军明瑞等移驻伊犁之凉州、庄浪官兵钱粮毋庸拘泥内地成例，并量给地亩，学习耕种。

议：筑城巴尔托辉，安插伊犁屯田回人。明瑞等言：臣等前将迁来伊犁回人三千二十户派往各处屯田，唯令巴尔托辉筑一小城，仍以伊犁河北固勒扎为总汇。今据回人俱称：巴尔托辉地方泉甘土肥，情愿出力筑大城移驻。臣等详勘地形，如回人所种之地稍迁迤西，可空出摩垓图、阿里玛两处水泉，为满洲兵丁屯田之用。请将伊犁河南海努克之二百户、河北固勒扎一千九百户内之八百户仍在原处驻扎，其河南和济格尔之三百户、河北固勒扎之一千一百户、巴尔托辉之七百二十户俱令其驻扎巴尔托辉，于今年屯田之暇，先造住房，明年再行筑城。从之。

又谕军机大臣：据明瑞等奏称，于各回城再派回人二千名赴伊犁屯田，着照所请。即行知各回城驻扎大臣，酌量派往，唯择其情愿赴屯者，不必勉强。至三十年，明瑞言：各城迁移屯田回人共一千七百九十六户，俱陆续到齐。又据尔勒哈子伯克阿满禀称：从前塔里雅沁回人迁居伊犁，其多伦回人甚为羡慕，今现有三十户情愿自备资斧移来屯田。臣等查伊犁地亩宽广，此三十户回人既情愿前往，似应准其一体安插。从之。

又谕军机大臣：杨应琚奏甘肃皋兰等三十二州县均有被灾之处，已降旨赈恤并加恩蠲免额赋。因念该处现在收成歉薄，缘边瘠土之民生计未免拮据，年来新疆屯政屡丰，如乌鲁木齐等处粮储甚为饶裕，且其地泉甘土沃，并无旱潦之虞，如令该省接壤居民，量其道里近便，迁移新屯各处，则内地资生既广，而边陲旷土愈开，实为一举两得。着传谕杨应琚，令其悉心体察，随民情所愿，设法开导，善为经理，仍一面熟筹，详议奏闻。至三十年，杨应琚言：乌鲁木齐泉甘土沃，素为边氓所慕。上年钦奉谕旨，臣随于肃州、张掖、敦煌等州县招有七百户，于十月奏明办送。兹据肃州申称招民八百余户，高台县招民四百余户，臣一面行文办理粮务道员，于呼图毕、宁边城、昌吉、罗克伦等处查明余地暨渠水情形，可以安插，照例给与车辆口食，于八月内派员管送前往。其来年应招户民，仍查明安插处所，照例办理。奏入，报可。

三十年，定屯田伊犁、雅尔等处。先是，二十六年，阿桂言：塔尔巴哈台地居厄鲁特西北，与俄罗斯、哈萨克相近，应驻兵屯田。拟于癸未年二月初从伊犁派领队大臣一员，马兵五百名，屯田兵三百名前往驻扎。奉旨，俟伊犁积蓄充裕，再行办理。至是，参赞大臣绰克托等言：臣等于闰二月二十六日至塔尔巴哈台，以将军明瑞所定屯田筑城事宜，逐一指出，现领绿旗兵六百名，即派五百四十名掘渠引泉，开垦荒地，月余以来，时雨数降，地亩俱已开垦，次第播种青稞麦粟，三月内筑城。照明瑞所定雅尔、玉尔两所筑城，足敷兵丁一千五百名驻扎。奏入，报可。

又谕：据明瑞等奏称"乌什事已完竣，其乌鲁木齐兵丁应先撤回，饬令五福于八月二十一日起程讫"等语，此办甚非。乌什事已告竣，应将此项绿营兵留驻屯田。着寄信五福，伊所带撤退兵丁，此际若相距乌鲁木齐尚远，仍令前往乌什，倘已近乌鲁木齐，暂回休歇，酌量不误明岁乌什屯田，于正月内带领前往。至十月，五福奏请于十二月二十间起程，沿途将养兵力计，抵乌什即可补修沟渠，开垦田地。从之。

准添兵加垦巴里坤地亩。杨应琚言：巴里坤屯田，向止种有青稞一色。递年以来，小麦、豌豆俱获有收，夏日炎热之状渐与腹地相似，交秋仍暖，霜降较迟，官田、民田咸庆丰稔。查该处可垦余地尚多，应请即于明年就马厂拨剩余兵内酌拨一百名加垦地亩。疏入，军机大臣议，如所请。得旨允行。

又准募民屯田于穆垒。杨应琚言：新疆连岁丰收，甘省产米素少，若以有余济不足，唯有在附近内地之处招民开垦，将来产充粮裕，商民稍有余利，自必源源贩运，于内地民食大有裨益。今查巴里坤迤西之穆垒，距巴里坤六百余里，直接乌鲁木齐新屯之特讷格尔地方，中间计有十余处地土肥沃，泉水畅流，可垦地数十万亩。请就近于安西、肃州等处，招募无业贫民，照例给予盘脚等项，送至适中之穆垒地方，先为安插耕种，随后广为招徕，逐渐接垦，至乌鲁木齐之特讷格尔，并移设官兵驻扎。疏入，军机大臣议，如所请。得旨允行。

三十一年，总计绿营兵屯田：伊犁四屯地三万六千亩，塔尔巴哈台一万八千亩，乌鲁木齐三营五万一千三百二十亩，景化城一万一千三百四十亩，库尔喀喇乌苏四千亩，晶河四千亩，玛纳斯四千亩，乌什一万二千亩，哈喇沙尔七千三十五亩，巴里坤一万六千五百亩，穆垒四千亩，哈密所属材巴什呼四千六十五亩，塔里雅沁七千三十亩。招民承种地：巴里坤四万四千七百二十亩，乌鲁木齐十万三千八十八亩。伊犁种地回民六千户，岁交粮九万六千石。

三十三年，谕：伊犁、乌鲁木齐等处种地兵丁，收获粮石已至，应行议叙赏赉分数，经朕俱施恩将官员议叙、兵丁奖赏。其乌鲁木齐种地之民人及遣犯，虽非屯田兵丁可比，该管官员并无分别，理应一体议叙。至种地之民人、遣犯等，如果竭力耕种，所收粮石至分数者，亦应于多收粮石内量加奖赏。嗣后新疆各处种地民人、遣犯所收米石，如及应赏分数，俱照此办理。

三十六年，户部议：陕甘总督文绶奏，巴里坤垦不成熟地亩六千三百亩，准其照数豁除；成熟有收地八千四百九十亩，应照例入额报部。如议行。

三十七年，陕甘总督文绶奏：新疆沃野，绵延二万余里，屯田虽已广辟，而余地尚多，必须广为招徕，使地无弃壤，民无遗利。因条具五事：一、招新疆商贾佣工之人就近认垦，以省资送；一、指明新疆地名道里情形，晓谕户民以期乐从；一、嘉峪关请每日辰开酉闭，以便商民；一、乌鲁木齐大路数丈，请修治宽阔，以利行旅；一、安西沟渠应疏浚畅流，以益灌溉。皆为经久要务。疏入，奉旨下大学士九卿集议施行。

陕甘总督勒尔谨奏：乌鲁木齐拨入民籍之遣犯一百三十二户，并户民马成喜等垦种地亩，俱扣限六年期满，应准其一体升科。下部议行。先是，乌鲁木齐于三十二年至三十七年所有户民垦田一万四千六百七十四亩，已报部升科。至是复有此奏云。三十九年，户部议：陕甘总督勒尔谨奏三十三年份巴里坤所属奇台并东吉尔玛等处报垦田地共九千一百二十亩，今经六年期满，应准入额。如议行。

谕：巴格奏，巴里坤所属济布库、古城二处种地，绿旗兵丁每人收获细粮二十五石四斗有余，着照所奏官员等交部议叙，兵丁等赏赉。

又谕：绰克托等奏乌什屯田兵丁本年屯田，每人收获细粮十九石以上。庆桂等奏，本年塔尔巴哈台屯田兵丁每人收获细粮十九石以上。着照所奏管理屯田官员议叙，兵丁各赏给一月盐菜银两。

又谕：索诺木策凌等奏各营屯田兵丁收成分数折内，称济木萨营三十九年种地兵丁每年收获细粮二十二石有奇，与议叙给赏之例相符，着照所奏行。

四十年，谕：伊勒图奏"塔尔巴哈台等处绿营屯田，准各该处办事大臣按照地方情形查覆，请仿照伊犁、乌鲁木齐等处议定分数，分别办理。其巴里坤、哈密遣犯种地交粮，应照该处兵丁一例劝惩"等语，着照所请。塔尔巴哈台等处屯田收粮分数，准其仿照伊犁、乌鲁木齐劝惩之例，分别办理。该部知道。

户部议：陕甘总督勒尔谨奏，巴里坤、宜禾县续招户民冯天贵等垦地三千亩，准照例升科。如议行。

谕：勒尔谨奏"本年巴里坤屯田兵丁及遣犯八百五十名，收获小麦、豌豆共合折细粮一万二千八百余石，均匀摊算，每名收获细粮一十五石零，与议叙奖赏之例相符"等语，管理巴里坤种地官员，着照例交部议叙，兵丁着赏给一月盐菜银两，遣犯着赏给一月口粮。

又谕：伊勒图等奏，本年伊犁屯田兵丁，每人计收获细粮二十七石八升四合有余，应否将官员交部加倍议叙，兵丁赏给两个月盐菜银两之处。伊犁屯田兵丁收获细粮虽未及二十八石之数，所欠不过数升，着照所奏行。

又庆桂奏，本年塔尔巴哈台地方屯田兵丁合计每人各收获细粮二十一石六斗有余。索诺木策凌奏，乌鲁木齐所属中，左右济木萨四营并玛纳斯屯四十年份种地兵丁，每名收获细粮均在十五石以上，又右营并玛纳斯屯种地遣犯，每名收获细粮均在六石六斗以上；库尔喀喇乌苏、晶河二屯种地兵丁，每名收获细粮均在十九石以上，又该处遣犯每名收获细粮七石二升有零；绰克托奏今岁乌什之屯田兵丁每人各收细粮十九石以上，均与议叙给赏之例相符。奉旨允行。

四十一年，军机大臣议：准将军阿桂等会奏，金川地方设镇安屯条款内，令兵丁携眷居屯。查建昌、松潘、维州等处兵丁男妇皆能习勤苦，如有情愿携眷者，初至垦种，于应得钱粮外给与盐菜口粮，俟生计已成，再行停止。永庆奏：库尔喀喇乌苏、晶河二屯，每人收粮二十石以上，遣犯每人收七石六斗；乌鲁木齐所属中左济木萨三营并玛纳斯屯种地兵丁每名收细粮均在十五石以上，中左二营并玛纳斯屯粮地遣犯每人收细粮均在六石六斗以上；巴里坤种地兵丁每人收十五石以上，古城等营兵丁每人收二十四石以上，遣犯每人收十五石以上。奉旨：官员议叙，兵丁、遣犯给赏。

四十二年，四川总督文绶等言：各营绿旗兵携眷远徙屯戍，与西陲垦户、新地降番情事相等，应使眷属均有所资，合力耕作，方于屯政有裨。各按家属名口，酌借口粮，由屯员按月支放，每日大口给米八合三勺，小口减半，统俟垦种成熟，收还报部。从之。

谕：索诺木策凌奏，巴里坤种地兵丁每名收细粮十五石以上，古城、穆垒种地兵丁每名收细粮十八石以上，并巴里坤种地遣犯每名收细粮十五石以上，官员交部议叙，兵丁赏一月盐菜银两，遣犯着分别赏给面筋。

四十三年，户部议准：四川总督文绶等奏，川省携眷赴屯兵丁所种新疆地亩瘠薄，若照乌鲁木齐兵丁之例，每人给地二十亩，则收获无多，不足以供养赡，应照户民之例，每户给地三十亩。至所需牛只农具，番地田土畸零，并非阡陌毗连，若按三名给农具一副、马二匹，往来携取，实非所便。且兵眷皆能耕垦，全赖男妇同耕，以冀有秋，器具牲畜，实每户所不能缺，每地三十亩合给牛一只，并借资口粮。

四十四年，兵部议：科布多办事大臣明善本年屯田收获粮石，较每年甚为丰裕，将绿营兵丁并蒙古章京兵丁赏给段布银两，应将科布多屯田官员分别议叙。

成都将军特成额等言：金川各屯地势迥异，西陲眷兵种出之粮，例应尽数交官，但口外食物昂贵，兵丁月饷盐粮不足养赡家口，请将兵民种地之例参酌变通，以本年为始，每兵所拨三十亩地内以二十亩收获之粮全数交官，其余十亩所收粮石，即给兵眷为养赡，于四十八年升科纳粮。下部议行。

谕：索纳木策凌奏，玛纳斯左右两营、库尔喀喇乌苏、晶河并提标中左右济木萨四营所管各屯种地兵丁，每名收细粮均在十五石以上；古城、穆垒营种地兵丁，每名均收十八石以上；又玛纳斯左右两营、提标中左右三营、晶河屯种地遣犯，每名均收六石六斗以上；哈密协所管材巴什呼种地兵丁、遣犯收粮在十八石以上，官员议叙，兵丁、遣犯给赏。

四十六年，户部议准：成都将军特成额等奏称，两金川、新疆办理屯田原议驻兵六千名，内以二千名种地，每兵给牛一只，农具一副，嗣于四十四年裁兵二千名，留实兵四千名，以二兵合种地一分，仍需计用牛二千只，农具二千副。至四十五年，又奏裁兵一千名，止留额兵三千名。除各官养廉及公费空粮外，止存实兵二千六百五十三名。仍以二兵合种一分，只应给牛一千三百二十六只五分，农具一千三百二十六副半。应裁牛六百七十三只五分，农具六百七十三副半。农具口外无可变价，饬缴各粮务收储，以备例给民户。应用牛只，新疆稀少，遇有倒毙，各兵需自买补。应将所裁牛只给兵牧放，分作五年扣价归款，以此牛供陆续补额之用，其价每只牵算银十两五钱三厘七毫零。共裁牛六百七十三只五分，应缴银七千七十四两二钱四分二厘。自四十五年起，分作五年扣缴，应造入各年奏销新收项下报部查核。

四十八年，四川总督福康安等奏称：美诺等屯安插降番戎噶阿甲等一千四十三户，于四十一年投诚，次年耕垦，扣至四十七年，六年届满，请自四十八年起照汉牛降番之例征收。先是，攒拉汉牛降番二百九十二户，于三十八年投诚，给地安插，早经垦熟，于四十四年每户征纳杂粮二斗一升八勺五秒，美诺即照此例，以稞、麦、莜、豆四色兼收，交各屯员照数征收，搭放官役口粮，按年造报。议如所请。奉旨允行。

五十年，命奎林将乌鲁木齐、吐鲁番两处应否加屯，查明筹议。奎林奏：从前设立屯田，履亩确勘，其硗瘠地亩及灌溉不到处所，均为斟酌挑弃。今乌鲁木齐所欲加之屯，仍系从前挑弃之地，是与巴里坤所报带补霜灾地亩无异，且迪化州每岁所需粮共七万一千余石，除官屯户民岁收粮二万四千余石外，尚需拨运粮四万七千余石。今欲加屯，即使不致歉收，亦仅得粮九千余石，仍须拨运粮三万八千余石。是徒费周章，终不能如数备供，实属无益。但查向来一切挽运，俱系雇用马车，每车百里，需脚价银一两二钱，其饷鞘茶①封等项，原系急需随到随送；至挽运兵粮，于一年前预行估定数目，尽可从容运送，且乌鲁木齐民间所用牛车，每农隙时希冀余利，受人雇觅，亦可载粮四石；每车百里需雇价银九钱，较省脚费，

---

① 饷鞘，清代地方政府上交盛马蹄银的木箱，即上缴税银。茶封，包装好以便运输的茶叶。

可永远遵行。吐鲁番粮价较各属昂贵,暂停采买,必至平贱。至乌鲁木齐应行清丈民田,务令彻底清厘,不能不有需时日,约计丈量完竣,分析造册,需至腊底,于明岁春间再行亲身抽丈,务使已垦地亩不致隐匿。奉旨:如所议行。

皇朝文献通考卷十二

田赋考十二

官田

臣等谨按：官田之名见于《周礼》。郑众以为公家所耕田，郑康成以为庶人在官者所受田，二说不同。马端临前《考》官田类，止载殷周之公田、藉田①，不及《载师》之官田，似未赅备。自汉至唐不闻云官田者，至宋而其说始详，其时官田输租②，民田输赋③，官租之额浮于民赋甚。至买民田以为官田，田不改旧而租加至数倍，此官田之为民累也。明初如苏、松、嘉、湖诸府，虽有官田、民田之分，然皆系民业，并非公产，唯科则有轻重之不同④，与宋之官田又不同矣。若明之皇庄及诸王勋戚所赐庄田，则为在官之田，其时公私侵占颇为民累。我朝定鼎之初，即将故明宗室禄田令与民田一例起科⑤，其明藩田产号为更名地⑥者，亦皆赋于民而薄其征敛，前代相沿之秕政，至是尽除矣！至于内府之官庄，宗室、勋戚、世职与兵丁所受之庄田不隶于州县者，已别立"八旗田制"一门，以彰昭代之

---

① 藉田，古代天子、诸侯象征性地亲自参加耕作的土地。天子、诸侯亲耕藉田，表示重视农业。藉田的收获供祭祀之用。
② 官田输租，租用官田的人缴纳地租（因为政府拥有土地所有权）。
③ 民田输赋，拥有私有土地的人，向国家缴纳田赋。
④ 科则，指田赋征收制度，这里是指税率有轻重差别。
⑤ 起科，开始征税。
⑥ 更名地，清代私有土地的一种。清初，朝廷宣布原明朝藩王、勋戚拥有的土地更改为耕种者所有，由州县统计征税，这种土地叫更名地。

良法。惟藉田、学田、直省公田、牧地之类编入于此。

凡在京坛壝①等处在官地亩不纳粮。其直省社稷、山川、厉坛、文庙、祠墓、寺观祭田亦为公地，免其征科②。祠墓、寺观、祭田亦有纳粮者，与民田同，兹不备载。

直隶，一十九顷二十四亩一分九厘一毫有奇。

奉天，一顷四十一亩九分三厘五毫有奇。

江苏，一百八顷八十四亩一分二厘五毫有奇，又一千五百七丈。

安徽，一十五顷一十三亩一分二厘五毫有奇。

浙江，七十六顷五十四亩九分六厘九毫有奇。

江西，一十四顷三十一亩六分一厘有奇；又积步四千三百一十四步。

福建，五百一十顷五十五亩一分九厘一毫有奇。

山东，九十八顷九十六亩四分五厘七毫有奇。

山西，三十八顷六十七亩二分四厘五毫有奇。

河南，一百一顷七十四亩九分九厘八毫有奇。

陕西，一十六顷二十三亩八分二厘五毫有奇。

四川，一十五顷一十九亩九分一厘一毫。

顺治元年，赐圣贤后裔祭田③，除其租赋。衍圣公祭田二千一百五十七顷五十亩，林地一十八顷二十七亩，庙宅基三顷二十七亩五分，四氏学学田五十顷。复圣裔祭田五十顷，墓田地三顷三十三亩一分，庙宅基九十二亩五分。宗圣裔祭田五十一顷六十亩，墓田地一十顷一十五亩七分，庙宅基三十九亩一分。亚圣裔祭田五十一顷一十五亩，墓田地七顷三十一亩四分，庙宅基一顷三十亩七分五厘。先贤仲氏裔祭田六十五顷三十八亩，坟地九顷五十亩，庙宅基六十八亩。皆除其赋。

令直省各置学田。凡直省各学贫生，听地方官核实，申文该提学④，于所在学田内动支银米酌给。至七年，改江宁国子监为府学，岁征田房租

---

① 坛，古代举行祭祀等大典时用土石所筑的高台：壝小土追。《孙诒让正义》：筑土为坛，周边围一低矮的土包即所谓为天子临时构筑的宫室。此处指祭祀天地神明之所。

② 征科，征收赋役。

③ 祭田，以其收获用于祭祀费用开支。这里是指由黄帝赐给圣贤后代子孙供祭祀之用的专门用田。

④ 提学，中国古代主管地方学正的官员，始设于宋徽宗年间，具体名称各朝代有不同，但都简称提学。

银钱、稻谷留给贫生等，春秋祭祀，亦于租银内动支。

二年，以近京废地拨给壮丁垦种，有余为牧马厂。至十一年，给亲王牧厂方八里，郡王牧厂方四里。十二年，又定亲王牧厂方二里，郡王牧厂方一里。额外多占者，查出拨给新壮丁。凡畿辅牧厂之数：镶黄旗牧厂，坐落武清、宝坻，东自唐畦，西至陈林庄七十里，南自张家庄，北至上马台九十里。正黄旗牧厂，坐落天津，西北自俞家庄东北至小稍子口三十五里，西南自孙家庄东南至秋家庄四十七里。正白旗牧厂，坐落天津，东自好字沽西至白家庄四十二里，南自城儿上北至清沟六十五里。正红旗牧厂，坐落瓮山十五顷、卢沟桥西高陵二十七顷六十亩。镶白旗牧厂，坐落通州，二十四顷八十四亩。镶红旗牧厂，坐落顺义县天主马房村三十五顷二十八亩，卢沟桥西四顷八十亩。正蓝旗牧厂，坐落丰台王兰等庄，东西三十里，南北五十里。镶蓝旗牧厂，坐落草桥十里廊房八里。

凡口外牧场：曰杨柽木牧厂，在锦州府广宁县北二百一十里彰武台边门外，东西距百五十里，南北距二百五十里。曰御马厂，亦曰上都牧厂，在独石口东北百四十五里博啰城，东西距百三十里，南北距百九十七里。曰礼部牧厂，在张家口西北二百三十里察喜尔图察罕城，东西距四十六里，南北距六十五里。曰太仆寺左翼牧厂，在张家口东北百四十里喀喇尼噉井，东西距百三十里，南北距五十里。曰太仆寺右翼牧厂，在张家口西北三百十里齐齐尔罕河，东西距百五十里，南北距六十五里。曰镶黄、正白、镶白、正蓝四旗牧厂，在张家口北百里崆果罗鄂博冈，东北距百四十里，南北距百五十里。曰正黄、正红、镶红、镶蓝四旗牧厂，在张家口西北二百里诺穆罕博啰山，东西距百三十里，南北距二百五十里。

四年，以江宁旧有十二马群场地，今为民垦熟田①，毋令弃业。

五年，以奉天屯卫地令八旗均分为牧场。奉天中前所、前屯卫、中后所三处地，分与八旗，自东迄西，先给两黄旗，次两白旗，次两红旗，次两蓝旗。

六年，顺义等处设马厂。顺义、清河、漷县、沙河、卢沟桥五处荒地一千四百六十八顷四十四亩，潞河、沙河、清河、卢沟桥两岸，各长五里，阔三里，俱令丈作马厂。又定：嗣后弃地为马厂，永行停止。如沙地不堪耕种者，仍留牧马。

---

① 熟田，指已垦荒成熟，适于常年耕种的土地。

十一年，耕藉于南郊。藉田在正阳门外之西，中为先农坛，坛内地一千七百亩，其二百亩给坛户种五谷蔬菜以给祭祀之需，余千五百亩收租银三百两以备修理坛墙。凡藉田，岁收黍一石二斗二升一合八勺，谷一石五斗五升七合八勺，大麦五斗七升九合七勺，小麦一石三斗五升三合，藏之神仓。

<u>臣等谨按：耕藉仪详见郊社考。今取马氏之例，载其田制于此。</u>

十四年，清厘学田。直省学田，不许豪强隐占。令各督抚严查州县额征田租，逐一清厘，应征课税，责成有司提学官定其殿最①，赈济贫生，如有余剩，仍令解部②。

康熙元年，以天师庵草场归并崇文门部员管理。

顺治二年，天师庵草场设场尉，笔帖式③及兵丁防守至是俱裁去。

以榆林城外牧地令民人耕种。榆林城外牧马地十六顷三十六亩零，令地方官招民耕种。明年，以甘州镇牧地三顷二亩招民承种，入甘州中卫征粮。又奉天府锦县马厂地留备驻牧，不许民间开垦。

二十四年，给先圣周公祭田五十顷，又广孔林地十一顷十四亩有奇，皆除其赋。

又减免曲阜颜氏地亩额粮有差。

三十年，更定德州驻防官兵马厂。德州官兵向在沧州牧放，因越省不便，令将沾化县邵家庄荒地为马厂，其应征地亩银两准豁除。

三十九年，以天津等牧地招民垦种。天津等十二州县卫所牧马厂地，特派都统会同直隶巡抚查明余地，交与地方官招垦起科。东翼四旗丈出一万二百六十一顷零，西翼四旗丈出一万一千三百七顷七十二亩。

雍正二年，复查马厂及其余地。八旗存留马厂并马厂余地，派官员查明，可以垦种者交与地方官招民垦种，其不堪耕种之处，仍交八旗为马厂。

是年，总计天下学田三千八百八十六顷七十八亩五分四厘九毫有奇，

---

① 殿最，评定高低。殿，最低；最，最高。
② 解部，解送主管部门。
③ 笔帖式，满文原意为"有学问的人"，后成为清朝许多部门都设有的官职，负责文书和满汉文的翻译，很多重要文臣由此起家。

征租银二万三千四百五十八两二钱二分七毫，粮一万五千七百四十五石七斗七升八合三勺有奇，钱六万二千四百六十文。

顺天府，学田八十二顷八十一亩九分二厘八毫，租银四百三十四两六钱三厘三毫，谷一十八石三斗八升一合，杂粮六石三斗，钱四万二百四十文。

直隶等处，学田一千一百八十八顷九十二亩三分二厘二毫，租银二千三百一十五两七钱七分二厘，谷一千零二十四石八斗八合六勺，米五百一十七石七合七勺，麦四十二石一斗二升七勺，豆七石。

江南江苏等处，学田四百三十五顷九亩二分七厘六毫，租银五千七百一十六两有奇，钱二万一千六百文。

安徽等处，学田一百五十八顷七十七亩八厘四毫，租银一千六百三十八两四钱一分八厘，谷五百八十九石七斗五升八勺。

山西，学田二百七十五顷五十三亩一分有奇，租银二百九十八两七钱六分五厘五毫，粮一千一百八十二石二斗六升有奇。

山东，学田四百一十八顷二十二亩五分有奇，租银一千四百二十三两二钱一分有奇。

河南，学田一百六十顷九十三亩五分有奇，租银八百八十四两九钱四分有奇。

陕西西延等处，学田五十四顷六十四亩，租银一百五十四两四钱有奇，粮一千一百二十一石九斗有奇。

临巩等处，学田三百一十一顷二十六亩有奇，租银二十七两一钱有奇，粮一千四百五十三石八升有奇。

浙江，学田一百七十五顷六十三亩五分二厘，租银四千一十三两二钱三分有奇。

江西，学田六十八顷三亩五分九厘八毫有奇，租银一十八两六钱三分，谷八千四百一十七石七斗一升八合二勺。

湖北，学田八十七顷七十八亩七分三厘有奇，租银六百四十三两六钱八分有奇，谷一百八十四石九斗八升有奇。

湖南，学田四十二顷八十五亩一分，租银四百一十八两四钱八分五厘，谷九十七石三斗三升。

四川，学田三顷六十三亩七分有奇，租银四两七钱四分一厘有奇，谷二百三十九石八斗七升有奇。

福建，学田八十六顷五十亩四厘五毫，山园池屋共租银二千一百四十九两八钱五分二厘八毫有奇。

广东，学田一百五十一顷一十六亩五分六厘有奇，山塘房地共租银一千九百三十两八分七厘一毫。

广西，学田一百三十五顷五十四亩九分二厘三毫，塘圃屋共租银一千五十七两八钱九分七厘有奇，米三十二石七斗三升五合七勺。

云南，学田不计顷亩，租银六十九两五钱二分一厘有奇，谷一百石，租谷折银三十六两六钱七分有奇。

贵州，学田四千三百二十九亩五分有奇，租银一百一十一两二钱八分，米谷折银一百二十五两二钱有奇，谷三百五十七石八斗一升有奇，米三百三石二升有奇。

四年，谕曰：《礼》，天子为藉千亩，诸侯百亩，此则藉田之礼，亦可通于天下。朕意欲令地方守土之官行耕藉之礼，使凡为官者时存重农课稼之心，凡为农者亦无苟安怠惰之习。着九卿详议具奏。

九卿会议：请通行奉天、直隶各省，于该地方择地为藉田，每岁仲春行九推之礼。明年，颁耕藉仪于直省，令择东郊官地洁净丰腴者立为藉田，如无官地，则置买民田，以四亩九分为藉田。于藉田后，立先农坛，令守坛之农夫灌溉。藉田所收谷数，造册报部。

乾隆十二年，除免福建闽县先贤二十三祠祭田粮。此田粮自国初已优免，后地方官误以溢额报解，至是尽免，并豁其积欠。

十三年，遣官勘大凌河、锦州马厂地。时以裁减马群，议将余地给官兵耕种，遣大臣分定四至，注册，以免日后侵占。寻据差往大臣会同牧群总管等议，言：锦州大凌河马场，东至右屯卫，西至鸭子厂，南至海，北至黄山堡，东西长九十里，南北长十八里至六十里不等，计地万七千九百余顷。原议自西界横截十里给予官庄，就近耕种，今丈量西边自南至北长十八里有奇，东边自南至北长二十里有奇，其自东至西应截地内，南界窄狭，北界有山，有足截十里者，有不足截十里者，照地势裁给，计地九百三十八顷有奇。分定界址，将所截之处建筑封堆，以杜将来垦占。从之。

十八年，总计天下学田一万一千五百八十六顷有奇，租银一万九千零六十九两有奇。

直隶，学田千四百二十九顷八十八亩，租银二千七百七十六两，粮千九百十有六石，各有奇。

江南江苏，学田四百十有八顷五十八亩，租银五千四百九十一两，各有奇。

安徽，学田二百二十顷十有八亩，租银千六百四十两，各有奇。

山西，学田二百七十七顷九十八亩，租银二百五十七两，粮十有六石，各有奇。

山东，学田四百一十七顷七十二亩，租银千三百二十九两，各有奇。

河南，学田二百十顷七十一亩，租银九百六十五两，各有奇。

陕西西安，学田五十二顷二十亩，租银百五十四两，粮千二百四十九石，各有奇。

甘肃，学田三百十有一顷二十五亩，租银八十九两，粮千二百九十四石，各有奇。

浙江，学田三百顷十有七亩，租银三千五十两，各有奇。

江西，学田六十八顷，租银十有八两，粮八千四百十有七石，各有奇。

湖广：湖北，学田百二十顷五十七亩，租银八百三十二两，粮百九十二石，各有奇。湖南，学田七千三百顷八十亩，租银二十九两，粮四千三百五十八石，各有奇。

四川，学田二十三顷有奇，田不起租，以赋给贫士。

福建，学田九十顷七十亩，山园池屋不计数，租银百五十四两，粮千二百四十九石，各有奇。

广东，学田百五十一顷十有六亩，租银千九百三十两有奇。

广西，学田百三十四顷七亩，租银千七十三两，粮三十二石，各有奇。

云南，学田十有四顷八十八亩，租银三十六两，粮五百九十一石，各有奇。

贵州，学田四十四顷十有八亩，租银二百四十六两，粮四百八十七石，各有奇。

凡学田，专供修学及赡给贫士。其田与赋，即在州县田赋之中。唯佃耕收租以待学政檄发。间有山塘园屋，统名曰田，所收有银、有钱、有粮，统名曰租。田之多寡，租之重轻，各学不齐，旧无定额。

二十一年，清丈直隶马厂地给民为永业，改名恩赏官地。天津、静海、青、沧、盐山、丰润、宝坻、宁河、大城、文安、任丘、新安、武清十三州县，于雍正二年查出马厂地六万一千九百七十七顷零，给民垦种。至是，命侍郎吉庆等会同督臣查丈，得十一万五千一百二十六顷零。至二十二年，复命督臣覆丈，实得十万一千一百二十四顷零。除已经垦种升科外，其已垦未升科地一万五千六百五十二顷零，应按亩酌定科则。天津、静海、青、沧、盐山、武清、宝坻、任丘、新安九州县地，分为上、中、下三等，每亩征银五分至一二分不等；宁河县苇草地分为二等，每亩征银三分一分不等；文安县地每亩征银五分五厘；大城县地每亩征银五分五厘九毫零。其余未垦荒地，候召垦成熟之后，按则起科。

又丰润县原报垦地三千五百余顷，系海滨斥卤①，不能耕治，仍应归于未垦荒地项下，如有民人愿认为业者，照河泊苇草地例起科。

二十六年，准湖广荆州八旗马厂垦熟升科地给民人管业。

谕：苏昌奏"荆州八旗马厂，坐落江陵、潜江、石首、监利、枝江等县一带沿江地方，从前原系民间抛荒地土，后因设立满州官兵②，即圈作马厂。近日居民渐次报垦升科，旗人称为侵占厂地，民人指称纳粮产业，彼此争竞不息。现在会同将军定界造册，以息兵民纷争"等语。牧厂关系营伍，而粮地亦民间生计所资，自必明定界限，始可永息争端。现在沿江之地，如果牧放久经圈用，势在必需，而民人从中计图侵种，自应按照前此界限，查出归旗。若仅系附近马厂四旁，原无碍于牧放，民人又已垦熟升科，亦应仍给民人管业。苏昌已经调任，着即交与爱必达会同该将军秉公妥协勘办。嗣据爱必达等言：石首、监利、枝江、潜江四县地方，通计八旗马厂共地六万三千二十九亩，内应拨归民户熟田、柴山、湖滩地共三万五千二百一十七亩有奇，均系马厂四旁之地，无碍于牧放，应令业户各照亩数管业，仍于厂旁四至，酌量地之远近堆筑土墩，以为界限，民人不许越界侵垦，旗人不得界外滋事。从之。

清丈四川建昌镇标马厂地，招民承垦，按年输租。

谕：据岳钟璜奏"建昌镇等处马厂地界，多与民田相连，屡致侵占构讼，请招佃开垦收租，添补喂养马匹"等语。此项马厂地亩，原系给营牧马在官之产，并非闲旷，乃毗连民地，以致日久私侵，互相控告，势所不免。今据该提请将此项地亩佃民，承垦成田，每岁收租散给添补饲喂

---

① 斥卤，盐碱地。
② 满州官兵，刊刻似有误，应作"满洲官兵"。

之资,息争端而清案牍,事属可行,着传谕开泰,令其确查勘丈,酌量情形,会同筹办。嗣经开泰等言:建昌镇标中、左、右三营马厂地,肥力不一,共丈出上、中、下地四千一百三十九亩,就其形势配搭,分为九十区,召集附近土著居民,自备牛力工本承领分垦,按户给予执照,上地每亩岁纳租谷五斗,草十斤;中地二斗,下地一斗。其应纳租以乾隆二十七年为始,收十分之四,次年收十分之六,又次年收十分之八,三年以后按额征收,永无增减。再,此项地亩,系在官之产,与民间首垦不同,均免升科。下部议行。

三十年,准太仆寺右翼牧厂旷地招民开垦。察哈尔都统巴尔品言:太仆寺右翼迁移,牧场废弃空地在正黄、正红旗之察哈尔蒙古游牧界外,长一百四五十里,宽五六十里,相隔各旗游牧处所甚远,与牧场无碍,应招民耕种,所出米石,足敷支放张家口兵粮,并可分赏牧场人等,请交各该处地方官办理。户部会同军机处议覆,应如所请。其耕种纳粮运送储支各事宜,交直隶督臣、山西抚臣会同该都统委员前往该处,相度丈勘,酌量情形妥协议奏。从之。

三十一年,丈勘太仆寺右翼牧厂余地,招民垦种,定缴纳银粮运送储交之例。户部议准:察哈尔都统巴尔品等奏,一,会勘得山西所辖之丰镇、宁远二厅地方,太仆寺右翼牧厂空地,丈明可垦地二万三千余顷,内一万三千五百顷堪种粟谷,应征收本色;又九千余顷止宜杂粮,应征收折色;凡与游牧毗连处立定界址,以杜纷争侵越之弊。一,每地以五顷为一分,视资本籽粮多寡,或每户准给一分,或两三人合认一分,颁给印照执业,不许转卖,并于查青时查明已未布种,分别年限,陆续升科。一,前项议垦地亩应征银米,悉照口外成例分别本折征输,饬丰镇、宁远二厅各随所辖地段随时征解。一,征收粮石于丰镇厅地方建仓存储,以备转运,其运至张家口脚费[①],照定例办理。一,未经全垦之前,就每岁现征银米分别运解,以给驻防兵糈。

三十四年,直隶总督杨廷璋奏:直属现存入官地亩,应准其停止,委员查丈。

疏入,谕:此后入官地亩,停止旗员查丈定租之例,着照所议行。至于旧案,令地方官于一年限内,自行详查酌复,原租由府道藩司转详该督

---

① 脚费,即脚钱,付给脚夫或搬运工的报酬,有时也包括车马的租赁费。

覆核咨部之处，尚未妥协。此等入官旗地，历年久远，地方官原定租额时，大率不能详核者多。若仍令伊等自行查改，难保无回护、徇情、朦混、草率诸弊。着户、刑二部，拣选明干满汉司官各四员，其余各部拣选满汉司官各二员，交户部带领引见，候朕简派前往，会同府尹及各该府秉公悉心查办。

三十六年，户部议准：山西巡抚鄂宝奏，丰镇、宁远二厅招民开垦太仆寺牧厂地共二万一千五百五十五顷七十亩有奇，自乾隆三十二年起陆续垦熟起科，至本年全行升科，仍于征粮三年之后，委员清丈一次，以禁侵占。如议行。

三十七年，户部议：丰镇、宁远二厅民认垦太仆寺牧厂地，应照例确查覆奏。从之。

陕西巡抚勒尔谨奏：兴平县被水冲刷旗标厂外地亩及更名等地，共二十三顷五十二亩四分零，并太仓州捐置义冢田五亩，请照例豁免。下部议行。

户部议：杀虎口外马厂地禁止私开，原以防侵越察哈尔游牧地界，今民人等所开地亩，实系各王公马厂界内，则现在该王公马厂内牲畜日稀，无须多余地亩，是前项厂地本属旷野，与其严行饬禁，坐成无用之区，不若准其耕耘，作为有用之土。所有已经垦熟辅国公恒禄地亩三百余顷，该抚等查明确数，在于各该佃名下，每亩征银一分四厘，由宁远厅通判衙门报部拨用。仍令佃户向各业主名下按亩缴租。其户口编造清册送部，此外毋得再行私开，致无底止。如议行。

三十八年，谕：据舒赫德奏称"请将乌巴什游牧移往珠勒都斯地方"等语，乌巴什及伊犁等各台吉游牧迁移珠勒都斯地方，恐伊等力微，不无拮据。着加恩在塔尔巴哈台地方现牧羊群赏给，以为伊等生计之助。

三十九年，户部奏：辅国公宁升额名下口外马厂，系蒙古招同佣工、贫民开垦，伙种成熟至一百余顷之多，虽呈报在后，而垦熟在先，据察哈尔都统会同山西巡抚委员确勘，前项牧地陆续开垦，是饬禁以前早已成熟，应照上年恒禄牧地办理。从之。

四十年，户部议：陕西巡抚毕沅奏，西安移驻巴里坤协领、佐领等官所遗地亩，坐落咸宁、长安二县，共地一百九十七亩三分，除留为八旗兵丁葬坟地一百六十七亩三分，尚该地三十亩，应请照依官下旱地之例，共科粮一石八斗零，折色粮六斗，折布等银二钱七分零，自四十年为始入额征收，按年报销。如议行。

山西巡抚觉罗巴彦三奏：查丈辅国公宁升额等家牧厂成熟地一百一顷一十三亩，请照例升科。从之。

户部议：云贵总督觉罗图思德奏，乾隆三十年份开垦滇省昆海沿边马厂草地成熟田一千九百三亩零，请照例升科。如议行。

四十五年，陕甘总督勒尔谨等奏：陕西提标①前后两营马厂，坐落咸阳、高陵、长安、三水、淳化等五县，开种地一百六十六顷八十八亩零，每亩以三分五分征租，共应收租银六百三两二钱一分，自四十四年为始，按年起租，以备营中紧要之用。从之。

四十六年，户部议：口外牧厂地方，本属辽阔，近年来王公大臣等牧放牲畜渐稀，而流寓小民在该地方居住者，亦渐渐聚成村落。伊等衣食无资，日守无粮，闲地势难禁其私垦，是虽定有严禁之名，究无严禁之实，似不若准其耕种，作为有收之土照例升科。所有和硕庄亲王搭拉库布尔地方牧厂一处，既据察哈尔都统、山西巡抚查勘，所垦地亩实与游牧无妨，应请照恒禄等家开垦马厂空闲地亩之例，一律升科。再和硕礼亲王呈报现有民人私垦，应令该都统等查明，如果与游牧无碍者，一并确查办理，并请嗣后各旗王公大臣等口外牧厂实与游牧毗连处所，或有蒙古与民人私行刨挖耕种者，令该地方官仍照前实力稽查，严行饬禁。如议行。

四十九年，户部议准：建昌镇标马厂于三十七年七月安宁河上游水发地亩尽被水淹，该督富勒浑时值进剿金川道府，调赴军营，详请缓勘，迨凯旋后，该督李世杰逐一履勘，冲没地二千二百八十四亩，已成河身。自被水后至四十二年，额征租谷草斤应准其豁除，其涸出地一千八百五十五亩沙砾，不能种稻，即以杂粮征收，每岁共三百五石二斗九升，按地分摊，每亩计收租一斗六升有零，较原定下地每亩收谷一斗之数尚属有盈，应照旧散给该标兵丁，添补喂养马匹，按年造册报销。

---

① 提标，按清朝军制，各省提督直辖的绿营兵称为"提标"。

皇朝文献通考卷十三

钱币考一

　　臣等谨按：自上古刀布之用，一变为九府圜法①，厥②后轻重代殊，而肉好③之式未之有易，于以权百物之贵贱，通农末之有无，钱之所关诚巨矣！顾利之所在，弊亦随之。钱重则奸民盗销以牟利，惜铜爱工，则又以薄恶而伪铸易兴，有天下者操利人之柄，求酌中之宜，唯在以人用法有以持其弊而已。历代钱法之得失，具详马《考》及五朝续《考》中。我太祖、太宗龙兴东土，创制显庸，即已铸有钱文以资民用。逮定鼎燕京以来，列圣相承，府事允治，内而宝泉、宝源之设，轻重协宜，圜函精好；外则各省局炉座或设或停，随时调剂，而又定官司之监理以专责成，分兵饷之配支以广流布，务使有远近通行之利，而无奸民戢法之弊，经画周详，并足垂诸永久。迩者西陲底定，式廓畈章，复颁钱式于回部各城，开铸天朝乾隆通宝钱，俾荒服之人咸昭法守，斯尤大同之郅治已。

　　若夫鼓铸所需，首在采铜。山矿所开，海航所市，岁以数千百万计。若锡若铅，亦各随所产，京省诸局，悉取给焉。其收买有时，其运输有限，权衡定制，中外交资，求之汉唐钱制极善之时，未闻意美法良有如此者也。

---

① 九府圜法，九府，指周官太府、玉府、内府、外府、泉府、天府、职内、职金、职币等管财币之官；圜法流通货币的方法。
② 厥，其。
③ 肉好，铜钱的边和孔。肉，边。好，孔。

至马氏叙钱而兼及于币，盖古者钱亦称币，而尚不足以尽币。《管子》称三币，而刀布为下，则凡可以通功易事、利民权物者，皆可以币例之也。三代以后，珠玉但为器饰而不以为币，皮币唯汉武一行之，龟贝唯王莽一行之。元明时云南行使蚆子以之折赋，尚沿贝货之遗。逮鼓铸即兴，而海蚆之用久废。

若乃自宋以来兼用楮币①，其制起于交子、会子，而金、元、明称之曰钞，原其始亦以盐茶券引之属视之，而暂以权钱，行之既久，乃即以当钱。论者谓以虚代实，民不宝贵，国家钱货充盈而无藉②乎钞法之用。故顺治年间，虽暂用之而旋即停止，则亦非今日通行之弊也。

夫币之坚而可久者莫过于金。金有三品，或黄或白或赤，而钱特居其一。周制：黄金方寸而重一斤。《国语》注：虞夏商周，黄金为上币，铜钱为下币。《汉书》：秦并天下，黄金以镒名者为上币，铜钱识曰半两为下币。汉代复以斤名金，用金多以千万斤计，盖其时但以黄金为币。若白金之用，唯汉武之白选③，王莽之银货④，一见于史而后亦渐废，固不皆以为币也。魏晋以后，金日少而昂，币始专用钱。六朝迄唐，交广之域以金银为币，然止限于一隅。至金时，铸银名"承安宝货"，公私同见钱用，此以银为币之始。前明中叶，令各处税粮得收纳白金，而银之用益广。我朝银、钱兼权，实为上下通行之币，故凡银色之高下与银直之轻重并附编于左⑤。

天命元年，铸天命通宝钱。

丙辰春正月，诸贝勒等具表上太祖，尊号曰覆育列国英明皇帝，建元天命。寻开局铸钱二品，依古九府圜法制之轮廓外周，钱面作字阳起，一为国书满文，一汉字曰"天命通宝"。其满文一品，钱质较大。

臣等谨按：太祖己亥年二月，始命以满洲语制为国书，嗣后议开金银矿及铁冶，盖五金之利已由此肇兴。逮建元天命以后，即以满汉字分铸制钱，迄今圜法流传中外，臣民共珍为重宝。谨依旧制首载是

---

① 楮币，楮皮可以造纸，故旧称纸币为楮币，又称楮券。
② 无藉，无须凭借。
③ 白选，汉武帝时造的一种白金货币，又称白撰。
④ 银货，王莽进行币制改革，以银为币材之一，称"银货"。
⑤ 左，原著为竖排版，文自右起，故称下文为"左"。

编，仰见我朝开国之初所以裕国而利民者规模宏远矣。

天聪元年，铸天聪通宝钱。时太宗文皇帝御极，改元天聪，亦铸钱二品：一为满文，一汉字，曰"天聪通宝"，大小各如旧制。

顺治元年，置户部宝泉局、工部宝源局，铸"顺治通宝"钱。时世祖章皇帝定鼎燕京，令置宝泉局属于户部，宝源局属于工部，各鼓铸制钱，文曰"顺治通宝"，用汉字，每文重一钱。宝泉局岁铸钱解交户部库，配银给发兵饷，以户部汉右侍郎一人督理。京省钱法，满汉司官各一人，监督局务。每年掣差，设局大使一人。宝源局岁铸钱解交工部节慎库，以备给发各工之用。钱法亦掌于汉右侍郎。置满汉监督官三人，专司出纳，设局大使一人。余制与户部同。

寻户部议：将顺治通宝钱式颁发各省镇，有应需鼓铸者，令定议开局。

　　臣等谨按：唐宋铸钱之所皆称为监，元时亦称为司。其称为局者，仍明制也。明代直省铸局皆得称宝泉、宝源，本朝惟京局称之。其开铸之期曰卯，宋以后始有画卯、点卯之名，盖取其时之早，相沿既久，遂以一期为一卯。至计钱之数，自汉以来曰贯，亦曰缗，前明或以锭计，每五千文为一锭。今以钱千文为一串，犹之贯缗之义云。

二年，定钱制每文重一钱二分。先是，工部侍郎叶初春以制钱每七文准银一分，钱价日增，民未称便，请颁铸当五、当二钱以便民用。不允。至是，户部议言：钱文尚轻，应更旧制，每文重一钱者为一钱二分，凡七文准银一分。旧钱以十四文准银一分，官以此征收，民以此输纳，听便行使。从之。

　　臣等谨按：钱之轻重，古以铢①与累黍计，今以钱与分厘计。盖分厘之数，古者但以为度名，而不以为权名。权之为数，则十黍为累，十累为铢，二十四铢为两。自太公圜法轻重以铢，汉以后每以铢

---

① 铢，古代重量单位，有不同说法，一说二十四铢为两。累黍，累加黍粒，以计量重量、容积和长度。

之数铸于钱文，唐开元通宝为二铢四累，积十钱重一两，是每文为今之重一钱，后人以为繁而难晓，故十分其两，而代以钱字，盖宋之前已然。考宋太宗淳化二年，诏定称法，其时以太府权衡，但有一钱至十斤之数乃别为新制，以御书三体淳化钱，较定实重二铢四累为一钱，就黍、累、铢参之度尺，以忽、丝、毫、厘各积分为一钱之则，然后制取等称。新制既定，中外以为便，是则十厘为分、十分为钱之计数始于宋时。

所谓钱者，即借钱币之钱以为数名。所谓分厘者，即借度尺长短之名以为轻重之名也。若夫古之称法，至后世而加重。隋文帝铸五铢钱①，重如其文。而每钱一千，重四斤二两，则古称三斤为隋一斤而少。《隋书》亦谓开皇以古称三斤为一斤。孔颖达《左传正义》谓周隋称于古三而为一，杜佑《通典》谓六朝称三两当唐一两。今以古称三之一约之，则汉之五铢钱止当今七分而弱，而今之重一钱二分者，实为古八铢有赢。此固权法相沿之不同，亦可见今之鼓铸，其不爱铜而不惜工，实更胜于古焉。

又议：令崇文门及天津、临清、淮安三关各动支税银一万两，办铜解宝泉局。

又定工部差司官一人，专督办买商铜解宝源局。

又令山西、陕西省及密云、蓟、宣府、大同、延绥、临清等镇各开鼓铸局。先是，元年已颁发钱式，至是各省镇陆续奏请开铸。户部议准：每文照京局重一钱二分，令各右布政使总理钱法，委就近道府及同知、通判等官分管局务。

> 臣等谨按：各镇之名，国初尚沿明旧制。其蓟、宣府、大同、延绥四镇，明代在九边之列。顺治初年，于宣府、大同仍专设有总督、巡抚、学道、总兵等官，于延绥设有巡抚、总兵等官，密云为顺天巡抚所驻，并设总兵等官，蓟与临清各设总兵等官，并为重镇，故特置钱局。嗣后各员陆续裁并，移驻各地方，仍如府州县之制，不复称为镇云。

---

① 五铢钱，中国历史上行用时间最久的金属铸币，其重如其文，始铸于汉武帝元狩五年（公元前118年），至唐武德四年（621年）被废止，行用700余年。

三年，禁用前代旧钱。户部议定：制钱渐广，旧钱应概禁不用，唯崇祯钱暂许行使，其余旧钱有愿送部者每斤给直八分，以资鼓铸。至八年，以明季旧钱流行日久，未能遽革，复申其禁，以三月为限，过三月仍行使者，罪之。

又申假银及行使低银之禁。

> 臣等谨按：银乃币之一端。魏晋以前，以黄金为通行之币；金、元以后，以白金为通行之币。汉时伪黄金之律，马《考》亦载入钱币门。自银既盛行，与钱互相流转，假银与低银足为市易之害。考国初定伪造金银者杖一百，徒三年，为从及知情买使者，减一等。至康熙年间，定凡造锡锞充假银者，杖枷，流三千里。乾隆五年，复定凡用铜、锡、铅、铁药煮为假银行使者，系旗人鞭枷，发黑龙江，系民杖枷，发云、贵、川、广烟瘴少轻地方。为从及知情买使者拟流。其将银凿孔倾入铜、铅及将铜、铅倾锭外包以银使用者，仍照杖徒原律定拟。互详刑考。

又增设户部宝泉局笔帖式二人，以一年更代。
又令湖广省城及荆州府各开鼓铸局。
四年，议：令芜湖、浒墅、扬州、西新、北新、九江六关各动支税银一万两办铜解宝泉局。
禁止伪钱。户部议言：天下初定，草窃未靖，杂出伪钱，且至奸民乘便盗铸，应下令禁戢。从之。

> 臣等谨按：国朝初年，有故明福王朱由崧窃据江左，于顺治二年平之。唐王朱聿键窃据福州，唐王之弟朱聿𨮁窃据广州，俱于顺治三年平之。永明王朱由榔，初据肇庆，后屡经转徙，于顺治十八年平之。朱由崧等僭有伪号，私铸钱文，故是年禁止行使。

又令盛京及江西、河南省、湖广之常德府各开鼓铸局。
又更定钱直。户部议定：制钱行使，原系每七文准银一分，钱价既重，小民交易不便，应改为每十文准银一分，永着为令。

臣等谨按：钱与银相权而行，欲求钱法之流通，必先定钱直之高下。钱无定直，则铺户之倒换者得以操其重轻，私家之居奇①者得以伺其赢缩。钱价无准，而物价亦失其平。自汉以来，银尚未为通用之币，故银钱相权之直，前史多未及详。大抵古者金银视后世较贱，而铜钱视后世较贵，《汉书·食货志》：汉武铸白金三品，龙文白选，重八两，直三千；马文直五百；龟文直三百。所谓白金者，杂银锡为之，既非专用真银，而其时以县官空乏，聊造以赡用，不可据以为准，故重八两者直三千，而六两、四两者，止直五百、三百，则知当日原未尝以白金之重与铜钱相较而平其直也。新莽时，黄金一斤，直钱万，银八两为一流，朱提银一流直钱一千五百八十②，他银一流直钱千。以古称比后世三之一计之，金一斤实为今五两有奇，而直至万；银八两，实为今二两八钱有奇，而直至千有奇，及千，则汉时钱贵可见。而金价但五倍于银，则以金多而易得也。宋真宗尝论咸平中金两五千，银两八百，是金银之直已较贵于汉。自钞法盛行而钱价益无定准。金时每银一两折钱二贯，则银直又过昂。明代银钱互有贵贱，每银一钱直五十五文至百文不等。又有京钱、外省钱多寡之异，末季至银一两易钱五六千文，而钱法大坏。我朝定鼎之初，议以银一分为钱七文。是年，更定每分为十文以为定例。嗣后屡经申明，其令：其囤积官钱者有禁，兴贩掺和小钱者有禁。偶遇钱价稍昂，复多方调剂，以平其直，务使转移出入上握其权，交易流通下收其利，诚为酌中便民之利也。

五年，开江南江宁府鼓铸，停盛京及延绥镇局。户部议言：江南江宁府为前代建都之地，商贾云集，现在有满兵分驻防守，准于所在设局开铸。其盛京及延绥镇，钱文尚非急需，采买铜斤亦甚不易，应请暂行停止。从之。

六年，移大同镇局于阳和城。

令浙江、福建、山东省各开鼓铸局。

七年，议令：临清、淮安、浒墅、芜湖、北新、九江六关各增支税银

---

① 居奇，囤积市场稀缺、有升值空间的物品。
② 朱提（zhushi）银，汉代白银名称，因成色好、质高而闻名。朱提山所产白银。该山在今云南东北的昭通市一带，汉代开始在此采银，至清代中期，产量极盛。

一万两，办铜解宝泉局。

开湖广襄阳、郧阳二府鼓铸局。

七月，裁江宁府局鼓铸同知。先是以江宁重镇特设同知一人专理局务，至是，定议裁减，令地方官兼管。

八年，增定钱制，每文重一钱二分五厘。户部议言：钱为国宝，务厚且大，始定制每文重一钱，继重一钱二分，犹嫌其轻，应每文改铸重一钱二分五厘，仍照定制以每钱百文准银一钱。从之。

又行钞贯之制。是年，始造钞一十二万八千一百七十二贯有奇，自后岁以为额，至十八年，即行停止。

> 臣等谨按：钞法始于宋之楮币，至明代，钞以桑穰故纸为之，外为阑纹，中图钱贯之状，并印贯例文字于其上，民间伪造者有禁，原以济钱法之穷也。顺治初年，经费未定，用度浩繁。是岁，世祖章皇帝亲政之始，先以国帑①未充，特命发内库银支给官俸等项。嗣后，仿明旧制，造为钞贯，与钱兼行。盖金元以来，钞法之弊在于钱不胜钞。钞既日多，钱行日少，于是钞轻物重，终至壅格②而法遂以穷。明臣邱浚所谓钞法不可行，以用之者无权也。国初制钞甚少，其上下流通仍以铜钱，故暂行之而无弊。嗣后旋即停罢。大抵自宋迄明，于铜钱之外皆兼以钞为币。本朝始专以银为币。夫因谷帛而权之以钱，复因钱之难于赍运而权之以币，钞与银皆为权钱而起。然钞虚而银实，钞易昏烂而银可久使，钞难零析而银可分用，其得失固自判。然前代恐钞法之阻滞，并银与铜钱而禁之。至于用银者以奸恶论，以钱交易者掠治其罪，亦为不揣其本末矣。然则钱与币之各得其宜，固无有逾于我朝者也。

又议令：各布政司止各开一局，余俱停止。户部议言：见在铸局过多，民易盗铸为奸，应行裁减。于各布政使驻扎之省城止留一局鼓铸，其余各镇及湖广之荆州、常德、襄阳、郧阳府等局一概停止。从之。

九年，定各省局钱本息奏销之例。先是，各省设局鼓铸，初定章程，

---

① 国帑，国库。此句指国库中所收藏的金帛不是太多，不足以应付国家急需。
② 壅格，阻遏不通。壅，堵塞。格，阻碍。

局钱本息各布政使虽立册稽查，未经达部。户部议言：本部为天下财赋总汇，应责成各该管衙门，将铸钱本息按季报部，以凭核查，岁终汇册奏销。从之。

又议：减西新关办宝泉局铜银五千两，改令芜湖关、浒墅关增办。先是，定西新关支税银万两、芜湖、浒墅关各二万两办户局铜斤。至是，以西新税课不比他关。户部议准：令减银五千两，改增芜湖关银二千两，浒墅关银三千两，如额分办。

十年，复开密云、蓟、宣府、阳和、临清等镇鼓铸局。先因各省镇局过多，定议裁减。至是，以钱用日广，钱价渐昂。户部议准：仍设密云等处铸局，共增炉三百有四座。

又铸一厘字钱。九卿等会议疏通钱法。奏言：铸钱务照定式，每文重一钱二分五厘，钱背之左增铸汉文"一厘"二字，其右户部铸"户"字，工部铸"工"字。如江南、江西、浙江、福建、湖广、湖南、山东、山西、陕西省城及密云、蓟、宣府、阳和、临清等镇并铸。开局地方一字须极精工，铸不合式者参究。每千文准银一两，其见行旧时制钱，原有高低厚薄不等，难以强齐，一切贸易，应暂从民便。至直省钱法，责成右布政使专督稽查。

奉上谕，钱法难行，皆因铸造不精所致。见今官钱，该部酌减炉座，务精工如式。背添"一厘"二字，上下通行。闻向来官炉夹带私铸，尤为病国，犯者以枉法赃论罪。其私铸奸民，不时严缉，若仍违犯，并地方官究处。余悉如议行。

臣等谨按：古半两五铢等钱，皆纪铜之轻重。本朝之"一厘"字钱，则纪直银之数。考古者数名，先作牦字，一蚕所吐为忽，十忽为丝，十丝为毫，十毫为厘，说者谓毫，断马尾为之，牦为牦牛尾毛，盖取自微，至着之义也。《史记》《汉书》多作牦，后乃通用作厘，其又为厘者，从省文也。是年钱局幕文皆作厘。

十二年，定制钱配给俸饷之例。户部议言：制钱日广，请于每年二月、八月以局钱半成配给官俸及兵饷，其直省兵饷等项，亦令以制钱按成搭放。从之。

臣等谨按：直省开铸地方，除搭放兵饷外，或兼给官役、俸工、驿站、杂支等项，视局钱之多寡，随时酌放，核算报销，本无定额。

又开山东莱州府鼓铸局。

十三年，停福建鼓铸。

又定奏销钱本违限处分。户部议言：各省鼓铸钱，本宜按期奏销，违者应酌定处分。其自今各州县钱本，过三月不完者罚六月俸；再限三月不完者，住俸①；再展限三月仍不完者，降职二级调用；接催官不完者，处分同例；如样钱颁发而铸造迟延及季报愆期钱式粗坏者，俱罚一年俸。从之。

又移阳和局于大同改铸。钱幕阳字为同字。

臣等谨按：阳和地近大同，明洪武年间筑城，景泰时设宣大总督驻此，为重镇。国初尚沿其制，顺治六年，以移大同府治于此，并移铸局。八年，仍还故治。至是年，议裁宣大总督，故铸局复移大同。时以高山卫并入阳和卫为阳高卫，今为阳高县。

十四年，定直省钱粮兼收银钱之例。户部议言：直省征纳钱粮多系收银，见今钱多壅滞，应上下流通，请令银钱兼收，以银七钱三为准，银则尽数起解，其钱充存留之用，永为定例。从之。

臣等谨按：古者赋税之制，唯以谷帛，其后以钱，又其后以银。汉律有口算出钱，但施之丁赋而已。自唐定两税法，始以钱为惟正之供。宋代因之。民间输官之物，谓之钱粮，由此昉也。唐以银为土贡，而不以为赋。宋景祐时，诏诸路岁输缗钱。福建、二广易以银，于是银始得代钱。明洪武九年，许民以银、钱、钞、绢代输今年租税，于是银始得代粮。正统元年以后，令浙江、江西、湖广等处租税俱量收银，此以银为赋之始也。国初于是年定银七钱三之例。嗣后银钱交纳仍各随民便。雍正十一年，复以民间正赋②概行交银，经安徽

---

① 住俸，暂停发给俸禄。
② 正赋，主体税种。在中国古代，一般指田赋。

巡抚徐本奏准，凡小户零星及大户尾欠钱粮，纳银时恐致称收折耗，请令完纳制钱，每银一分，收钱十文，连耗羡在内。至乾隆元年，又以直隶所属州县征收钱粮，多有以钱作银，民间交钱比纳银为数较重。特谕：凡钱粮在一钱以上者，不必勒令交钱，在一钱以下者，仍照旧例，银钱听其自便云。

又停各省镇鼓铸，专归京局。更定钱制，每文重一钱四分，于钱幕铸满文。

户部奉上谕：鼓铸之法，原以裕国便民，今各省开炉太多，铸造不精，以致奸民乘机盗铸，钱越多而越贱，私钱公行，官钱壅滞，官民两受其病。欲使钱法无弊，莫若鼓铸归一。其各省铸炉一概停止，独令京局鼓铸，务比旧钱体质更加阔厚，每文重一钱四分，磨鑢精工，且兼用满汉字，俾私钱难于伪作。一面铸"顺治通宝"四汉字，一面铸"宝泉"二满字。其见行之钱，姑准暂用，俟三年后止用新铸制钱，旧钱尽行销毁。

臣等谨按：是年为钱背铸满文之始。寻工部局亦照式铸宝源二满字。

考钱之为制，自古迄今，递加详备。荀悦谓夏殷以前，钱无文，周制则有文。盖以宝字系钱自周景王之宝货始，以年号系钱自宋孝武之孝建钱始，以通宝字系钱自唐之开元钱始。但武德铸开元钱，原取回环可读，亦得称开通钱。其专称通宝者，实自唐之"建中通宝"始。至钱背之系以地名，则自唐会昌时之开元钱始。厥后或有系以开铸年数者，或有系以当五当十数者，至本朝始定铸在京局名及直省地名焉。

若夫钱之有面有背，古钱皆一面有字，一面无字。昔人以无字处为面、为阳，有字处为背、为阴，谓如器物款识，必书于底，其实不然。考《汉书》称钱之背面，又作文与幕。荀悦以幕为漫，而无文。韦昭曰：幕，钱背也。则无文字处之为背，自古已然。唯是古钱有字之面但纪铢两之轻重，至宋孝建四铢钱兼纪年号，于是两面皆有字。唐宋以来，皆纪年号而不纪铢两，遂以通宝之文为面，此则古今称号之各随其宜也。

定私铸铜钱禁例。和硕简亲王济度等议定：凡奸民私铸，为首及匠人拟斩监候，为从及知情买使者拟绞监候。总甲十家长知情不举首者照为首例，不知者杖一百，徒三年。告捕者给赏银五十两。其卖钱之经纪、铺户，有兴贩掺和私钱者杖一百，流徙尚阳堡。

　　臣等谨按：钱之禁例，事属刑制，而其随时轻重，所以维持钱法，故前《考》亦见《钱币门》。考私铸原律为首及匠人绞候、为从及知情买使者各减一等，至是年更定其例。十八年，复申其禁，视前例加严：为首及匠人斩决，家产入官。为从及知情买使者绞决，总甲十家长知情照为首例，不知者枷一月，仍拟杖徒。兴贩掺和者枷一月，仍拟杖流。康熙七年，定掺和在十文以上者仍照原例，九文以下者拟枷杖，免其流徙。又定私铸之邻佑，不论知情与否，俱枷一月，杖一百，徒一年。二十九年，定掺和私钱者，不论钱数多寡，系旗人鞭八十，系民杖八十，免其枷示、流徙。三十六年，定官船户夹带私钱者拟杖流，同船人知情不首者拟杖徒。三十八年，定掺和私钱者，系旗人鞭一百，系民杖一百，各枷一月。四十四年，定私铸之总甲十家长，不知情者枷一月，杖一百，徒二年。兴贩掺和者枷二月，杖一百，发云、贵、川、广烟瘴少轻地方。寻又令水陆要口查拿专事兴贩私钱之人，照知情买使例绞决。四十七年，定私铸之邻佑与总甲十家长，知情不首者俱拟斩决。私行兴贩者亦分为首斩决、为从绞决。漕船、盐船夹带运卖私钱者俱照斩决例。雍正十一年，定私铸各犯将情由审明，照强盗例分别法所难贷、情有可原于疏内申明，可原者改拟发遣。十三年，定拿获私铸其知情分利之同居父兄伯叔等，减本犯罪一等。虽分利而不知情者减二等，父兄不能禁约者杖一百。又定私铸未成即被获者杖一百，流三千里。其邻佑人等知情不首者杖一百，徒三年；不知者杖八十。乾隆五年，定私铸之房主、邻佑、总甲十家长，知情者照为从者绞决，不知者系旗人鞭一百，系民杖一百。十五年，改定私铸为首及匠人皆拟斩候，为从及知情买使者皆发遣为奴。如在场止得受些微雇直及停工后贪其价贱偶为买使，以及房主、邻佑、总甲十家长知情不首者，皆照为从罪减二等，杖一百，徒三年。其房主人等并不知情但失于觉察者杖一百。官船户夹带私钱者，杖一百，徒二年。同船人知情不首者杖八十。二十三年，定私铸在十千以上及铸非一次者，秋审时俱入情实，其数不及十千及畏罪中止者，俱照情有可原发遣。二十四年，定私铸未成之房主、邻佑人等知情不首者，照已成之案减二等罪，止杖八十，徒二年。其受雇之人亦如之。互详《刑考》。

定各官失察私铸处分。和硕简亲王等议定：凡民间私铸，该管地方官知情者照为首例，不知情及听其兴贩掺和者，以失觉察论。在内五城坊官、在外州县卫所官失察，每起降职一级。掌印兵马司、知府、直隶知州每二起降一级，司道官每三起降一级。同知、通判、吏目、典史有缉捕之责者，照掌印官例，盐运使照司道官例，分司照知府例，盐场大使照典史例，武职副将、参将、游击照司道官例，都司、守备、千总照州县官例。如五城御史、各抚按不行查究者，一并议处。至十八年，更定失察之例：凡五城坊官、州县卫所官每起降二级调用，至三起革职；掌印兵马司、知府、直隶知州每起降一级调用，至四起革职。司道官二起降一级、三起降二级、四起降三级俱调用，五起革职。府州县之缉捕、佐贰及盐务武职官，各按职掌，照新定例处分。寻复定五城御史、各巡抚不察参者，每起罚三月俸，至四起、五起罚一年俸，六起以上降一级留任。

定掺和行使旧钱废钱禁例。户部会同刑部议定：凡系旗人犯者鞭一百，系民杖一百，各枷示一月。

臣等谨按：掺和旧钱、废钱之例，至康熙十年更定，系旗人鞭五十，系民笞五十，仍枷示。旁人首告者，旧钱废钱入官，制钱给赏首告之人。十九年定，仍照顺治十四年例治罪。互详《刑考》。

十五年，裁工部宝源局大使一人。

十七年，复开各省镇鼓铸。增置云南省局，定钱幕兼铸地名、满汉文。时定各局钱背分铸地名：江南江宁府局铸"宁"字，江西南昌府局铸"江"字，浙江杭州府局铸"浙"字，福建福州府局铸"福"字，湖广武昌府局铸"昌"字，河南开封府局铸"河"字，山东济南府局铸"东"字，山西太原府局铸"原"字，陕西西安府局铸"陕"字，密云镇局铸"密"字，蓟镇局铸"蓟"字，宣府镇局铸"宣"字，大同镇局铸"同"字，临清镇局铸"临"字，并增置云南之云南府局铸"云"字，皆满汉文各一，满文在左，汉文在右。每文俱重一钱四分。唯京局之宝泉、宝源字俱用满文。

臣等谨按：顺治十年所铸一厘钱幕汉字地名，惟江南江宁作"江"字，江西南昌作"昌"字，湖广武昌作"武"字，余俱与是年所铸字同。

又定：工部宝源局监督，差满汉司官各一人，增设笔帖式一人，皆一年期满更代。

又议定：工部与芜湖、龙江、南新、荆州四关及芦政差分办宝源局额铜。工部疏言：宝源局鼓铸，每年额需铜一百八十万斤，本部司员悉买自商贩之手，铜数太多，转得借口难购。应兼令芜湖、龙江、南新、荆州四关差及芦政差动支岁课银，办铜解局。定各差分办九十万斤，部办九十万斤，则采购较易，可源源接铸。从之。

十八年，议：收毁旧铸无"一厘"字制钱。先是顺治十年，于钱背铸"一厘"二字，其旧行无"一厘"字钱暂从民便。十四年，复定钱文兼用满字，其旧钱俟三年后尽营销毁。至是，以三年限满，户部议言见在各局满汉文新钱铸造尚少，其"一厘"字钱暂令展限行使，请先收买十年以前无"一厘"字旧钱，每斤给直七分，交局销毁改铸。从之。

臣等谨按：顺治年间，钱式屡经随时更定，有钱幕未铸字者。盖太祖高皇帝始铸天命钱，一面有字，一面无字，太宗文皇帝天聪钱亦然。前明时，钱幕亦多不铸字，国初尚仍其制。嗣后有铸汉文户、工字及各省镇地名一字于钱幕之上或于钱幕之右者，皆顺治十年以前之制。自十年七月增铸"一厘"字，与户、工及各省镇一字左右分列。十四年，改定京局钱幕，铸二满字。十七年，复开各省钱局，令铸本地方一字，兼用满汉文，而十年以前之旧钱及十四年以前之一厘字钱，迭经先后发价收买，销毁更铸，故流行者少。至雍正元年，始定各省局钱幕亦照京局之例，以宝字为首，次铸本地方一字，皆用满文，至今遵行。盖于钱面铸年号以昭王制，于钱幕铸国书以示同文，折中尽善，洵为万世不刊之制云。

又减大同局炉座额数，增入山西省城局。山西巡抚白如梅疏言：山西省城钱局，关系太原、平阳、潞安、汾州四府配给兵饷之用，今仅设炉十座，所铸钱不敷搭放。大同仅一府治，设炉二十座，钱法恐致壅滞，应于大同留炉十座，其十座增入省城作为二十座鼓铸。户部议，如所请。从之。

又议：收买私钱及旧钱废钱。山东道御史余司仁疏言：顷者，禁止私铸及明季之旧钱废钱立法甚严，但此等钱积聚民间者不可胜数，今禁止掺和行使而未讲求收买变通之方，请于京师并直隶各省地方立法收买，俾民无所行使，则掺和者自息。下部知之。

皇朝文献通考卷十四

钱币考二

康熙元年，颁行"康熙通宝"钱。先是，顺治十八年八月，户、工二部以圣祖仁皇帝御极，定于明年改元"康熙"，请将宝泉、宝源二局钱改铸"康熙通宝"，轻重如旧制，发各省局依式铸造，与"顺治通宝"钱相兼行使，寻于十月将铸成钱式进呈。至是，颁行天下。

又停工部司官办铜之例。工部疏言：前令部员与芜湖等关及芦政差分办铜斤，但本部采买仍须赴各关口购运，现在铜斤出产有限，请停止部内办铜。从之。

定关差任满未完铜斤禁限。户部疏言：各关差任满得代，任内未完额铜每多因循推诿，应申明禁限。自今差满回京，额办之铜俱限两月内全完，未完五分以下罚半年俸，办铜人役及原保并领办商人各杖八十；六分以上罚一年俸，人役各杖百，再限两月全完，如未完，仍五分以下罚一年俸，停其升转；六分以上降一级留任，人役各杖百。该督抚严催缴纳，限一年完解，如不足，令原监督于四月内自行赔补；仍未完，由部题参①解任，追补完日复职。办役原保及商人照侵盗钱粮例治罪。从之。

停各省镇鼓铸，止留江宁府局。时以铸局既多，钱价过贱，户部议准停止各省镇鼓铸，唯听宝泉、宝源两局制钱，流通行使。江宁为驻防重地，其局仍令暂留。

二年，议：收毁"一厘"字制钱。先是顺治十八年，议将销毁"一厘"字钱之例，暂展限二年行使。至是复届限期，户、工二部奏定，各

―――――――
① 题参，泛指奏报皇帝，或专指以题本（明清大臣奏报公事的公文格式）上奏皇帝。此处当为后者。

拨银收买，每斤给直六分，发钱局改铸新钱。其工部收买银两，令暂停本年各关采办，宝源局铜即将额银先行解部，听候拨用。

三年，申定各官失察私铸处分之例。户部议定：私铸之人潜藏僻野，全在该管州县各官密访严究，虽旧定有失察处分，恐日久玩生，应申明其例。嗣后该州县官并吏目、典史及卫所官失察，一起降职三级调用，二起革职。知府、直隶知州，每一起降一级调用。司道官旧有降级之例，今更定每起各罚俸一年；督抚每起各罚六月俸。

又议定办铜价值。令各关差兼支芦课银①办宝泉局额铜。户部议言：铜价每斤定为六分五厘。见在宝泉局额铜二百四十六万一千五百三十八斤有奇，各关税额银少，铜额银多，不能如数采买，江南等省各有芦课额银，嗣后如关税不敷，请于芦课银内酌拨添补，务照原额办运，以充鼓铸。从之。

又更定芜湖、龙江、南新、荆州四关办宝源局铜数。时以停止部办铜斤并芦课办铜，复并归户部拨用。其宝源局额用之铜，工部奏定：芜湖关、龙江关各办铜二十九万二千三百七斤有奇，南新关办铜七万三千五百斤有奇，荆州关办铜六万一千五百三十八斤有奇。

四年，定各官失察掺和旧钱、废钱处分。户部议定：凡官员不能疏通钱法，仍听民间将旧钱、废钱掺和行使者，州县、卫所官每起降职二级调用，至三起革职。知府、直隶知州一起罚一年俸，二起降一级，三起降二级，俱留任。司道官每起罚六月俸。至三起降一级留任。督抚每起罚三月俸，至三起罚一年俸。

六年，复开各省镇鼓铸，增置湖南、江苏、甘肃省局。时以浙江总督赵廷臣疏言：直省炉座应仍令照旧鼓铸，以裕国储而济民用。经户部议准，除见存之江宁局外，其余各省镇依顺治十七年之例通行开局，照式铸地名、满汉文，并增置湖南等局，其钱幕：湖南长沙府局铸"南"字，江苏苏州府局铸"苏"字，甘肃巩昌府局铸"巩"字。

<u>臣等谨按</u>：湖广左右布政使旧驻武昌府，康熙三年移右布政使治长沙府，改为湖南布政使司。江南左右布政使旧驻江宁府，顺治十八年移右布政使治苏州府，康熙六年改为江苏布政使司。陕西左右布政

---

① 芦课银，清朝在出产芦苇的地区，按其出产情况，分等征收的税，以银缴纳。

使旧驻西安府，康熙二年移右布政使治巩昌府，五年改为甘肃布政使司。是年，以三处分省伊始，故特增铸局。

七年，增苏州府局炉座。江苏巡抚韩世琦疏言：苏州繁富之地，百货流通，近虽设鼓铸局，而钱价尚昂，请更增置炉一百座开铸。户部议，如所请。从之。

又议：令直省官役俸工诸项俱配给制钱。户部议言：直省钱粮，见在银钱兼收，其存留之官役、俸工、驿站杂支诸项，请均照银七钱三例配给。该督抚仍取所属征收钱粮流水底簿查对，岁终将收放数目造册报部，奉行不力者参处。从之。

又令四川、广东、广西、贵州省各开鼓铸局。户部疏言：湖南等处俱已开铸，唯四川等省原未设局，应令各督抚详查定议。寻俱奏请开炉，其钱幕满汉文。四川成都府局铸"川"字，广东广州府局铸"广"字，广西桂林府局铸"桂"字，贵州贵阳府局铸"贵"字。

九年，停江宁苏州、江西、福建、湖北、湖南、河南、山东、山西、陕西、甘肃、广东、广西、云南、贵州、四川鼓铸。时以四川巡抚张德地疏言：四川僻处边地，州县本无存留钱粮，而陆路有栈道之艰，水路有川江之险，若令银钱兼征，则起解脚费恐致累民，见在无须钱文之用，请停鼓铸。经户部议，应如所请。其江宁等十五布政使司均恐有需钱非急之处，开铸以来，官钱既多，或致壅滞，亦应行查议停。得旨，俱暂行停止。

十年，停密云、蓟、宣府、大同镇鼓铸。

又行收买旧钱、废钱之令。户部议言：两局制钱，见在远近流通，民间旧钱废钱不准行使。但不行收买，恐滋掺和之弊，应令尽数缴官，每斤照铜价给直六分五厘，解局销毁改铸。其有违例不缴，仍前掺和行使者，照例治罪。从之。

十二年，议令浙江及临清局买铜，增给水脚银①。时各省铸局陆续议停，唯存浙江及临清局。户部议言：各局铜价，原定每斤六分五厘，而脚费无出，恐至累民，令浙江与临清局俱于正价外许增脚价银五厘。从之。

又定私销制钱禁例。四川道御史罗人杰疏言：奸民销毁制钱造作铜

---

① 水脚银，购买铜的水陆运费。

器，应行禁止。经九卿议定：铜价所在高昂，而毁千钱已可得铜八斤有余，铜价浮于钱价，直可获利以倍，非严立科条不能禁其不毁制钱也。私销之罪，同于私铸。嗣后有犯者，照私铸例论罪，官员失察亦如之。其能密访究治者，每起记录一次，至四起加职一级。旁人首告者，所获铜斤以半入官，以半给赏。

<u>臣等谨按：是时私铸之例，系为首斩决，为从绞决，私销者与同罪。至乾隆十五年，改私铸为首斩候，为从发遣；其私销之犯仍照立斩、立绞例；房主、邻佑人等知情受贿者照为从例，但知情不首并未分赃者杖一百，流三千里；失于觉察者杖一百，告捕审实者给赏银五十两，其有私铸之犯即系私销之人，拿获时究有实据，仍照私销例治罪。互详《刑考》。</u>

议行铸造铜器之禁。时以销钱作铜者多。九卿议定：民间市肆交易，除红铜锅及已成铜器不禁外，嗣后一应黄铜器在五斤以下者，仍许造卖，其余不得滥行铸造，违禁者系旗人鞭一百、枷一月，系民杖一百，流三千里，所获铜入官。互详《刑考》。

十三年，停浙江鼓铸。

十四年，定开采铜铅之例。户部议准：凡各省产铜及白黑铅处，所有民具呈愿采，该督抚即委官监管采取。至十八年，复定各省采铜铅处，令道员总理，府佐分管，州县官专司，采得铜铅以十分内二分纳官，八分听民发卖，有不便采取之处，督抚题明停止，监管官所得税铜铅准按斤数议叙。上官诛求逼勒者，从重议处。其采取铜铅，先听地主报名，如地主无力，听本州县人报采；许雇邻近州县匠役。如有越境采取及衙役扰民，俱治其罪。

<u>臣等谨按：嗣后各省铜铅之厂，视山矿之旺衰，或开或闭，随地随时，初无一定。康熙年间，如盛京及闽、浙诸省皆曾开采，续经停止。今则云南、贵州、湖南、四川、广西、广东等处并饶矿产，而滇之红铜及黔、楚之铅，粤东之点锡尤其上供京局者也。开厂之例，亦陆续增定。大抵听商民自为采取，而官为监之。税其十分之二，其四分则发价官收，四分则听其流通贩运；或以一成抽课，其余尽数官</u>

买；或以三成抽课，其余听商自卖；亦有官发工本招商承办，又有竟归官办者。其额有增减，价有重轻，皆随各省见在情形斟酌办理。沿革具详《征榷考》之"坑冶门"，兹不复载。

又议：令各关铜斤止办解定额之半。又定办铜官虚报起解处分。户部议定：各官采买铜斤，有并未解运，将起解日期虚捏申报者，降职二级调用；其解送迟延，照违限例处分。停临清镇鼓铸。

十五年，定：工部宝源局监督，不论满汉，止差司官一人。工部疏言：宝源局监督向设三人，顺治十七年裁一人，定满汉各一，然局务止得户部之半，应再减一人。嗣后无论满汉，遴委贤员，督理一年更代；其笔帖式一员仍如旧制。从之。

十七年，申定各关差完解铜斤之限。户部疏言：各关监督应办铜斤，关系官铸，应严立限期。自到任后八月完解定额之半，如不完，降职一级留任，其半于差满后限四月完解；如不完，降二级留任，限一年全完开复；仍不完，革职，变产追赔，商役悉照例治罪。从之。

十八年，议定：户部宝泉局、工部宝源局俱令满右侍郎一人公同汉侍郎督理钱法。又行解送废铜之令。奉上谕：今闻钱法渐弛，鼓铸滋弊，以致制钱日少，价值腾贵。着户部、工部、都察院堂官同诣钱局亲查，厘剔弊端。至部院衙门各处所有废铜器皿及废红衣大小铜炮并直省所存废铜炮，着尽行解部鼓铸。

寻议：各关差承办两局铜斤，听买废铜旧器解送，或将红铜六十斤、铅四十斤折作铜一百斤，不得掺和板块之铜，以绝毁钱之弊。至二十四年，复议：不拘板块及废铜，准其一体解送。

又令两淮、两浙长芦、河东盐差增办宝泉局铜。户部疏言：盐差与关差俱属一体。各关税银先已分拨办铜，见在铜斤尚属不敷，应拨盐课银①两淮三万两，两浙、长芦各万五千两，河东五千两，令各巡盐御史督催各运使照部定价直办铜解送，以充鼓铸。从之。

又定宝泉、宝源二局收买淘洗余铜。户、工二部议定：两局鼓铸钱文，凡土砂煤灰内有滴流余铜，应令该监督召人淘洗，所得之铜，照部定价收买。

---

① 盐课银，指对盐所征收的税银。

复开广西鼓铸局。

十九年,议:派满、汉科道官各一人稽查钱局,一年更代。

又开福建漳州府鼓铸局,钱幕铸满、汉文"漳"字。

二十年,停盐差办铜之例。户部疏言:盐差与关差办铜同购之商贩,自分办以来,责成不专,转致解运难前,仍应停止盐差采办。从之。

停广西鼓铸。

二十一年,复开云南省城鼓铸。增置大理府、禄丰县、蒙自县局,钱幕俱铸"云"字。

定各关承办局铜,仍照原额全行解运。

停福建漳州府鼓铸。

二十二年,议:减临清关办宝泉局铜银万两,改令赣关、太平桥关承办,并增湖口、凤阳关办铜之令。临清关监督高拱乾疏言:关差办铜,应照额税定数。今临清关税止二万四千余两,而所办之铜已至二万两,请酌量裁减。经户部议言:见在崇文门及天津、扬州二关,每处各支银一万两,各办铜十五万三千八百四十六斤有奇。淮安、北新、湖口、临清四关每处各支银二万两,各办铜三十万七千六百九十二斤有奇。浒墅关支银二万三千两,办铜三十五万三千八百四十六斤有奇。芜湖关支银二万二千两,办铜三十三万八千四百六十一斤有奇。西新关支银五千两,办铜七万六千九百二十三斤有奇。今临清关税稍觉不敷,有赣关、太平桥关二处额税银三万余两,从不办铜,应酌减临清关办铜银一万两,令二关各支银五千两采办。见在官铸需铜,宜令充裕,并请再酌增湖口关银三千两。又有凤阳关亦从未办铜,请派银一万二千两采办官铜,解交鼓铸。从之。

<u>臣等谨按:康熙二十一年,移九江关于湖口县,故亦称湖口关,至雍正元年,仍还九江。</u>

复开湖南鼓铸局。

二十三年,选差专员督理京省钱法。户、工二部钱法,向以本部右侍郎管理。至是,奉上谕:管理钱法,俱应另行选差,将铸钱事宜并耗费等项详加察看,亲督铸造,务期尽除积弊,永为定式。应差各官,该部开列具奏。寻将各部院堂官列名,请简以吏部侍郎陈廷敬、兵部侍郎阿兰泰、刑部侍郎佛伦、都察院左副都御史马世济管理钱法。

又议：将各关税及芦课银增办宝源局铜。令每年开铸二十四卯。管理钱法刑部左侍郎佛伦疏言：宝源局每月分二卯鼓铸，每卯需铜五万斤，现在各关额解之铜尚不无迟延尾欠，每年约止交局六十五万八千余斤，仅可供铸六月有余，其余五月，匠役无事，各归乡村，安能保其不行私铸？请将各关税及芦课银增买铜至一百二十万斤，一年按月铸足二十四卯，不令匠役出局，可杜私铸之弊。经工部议言：见今芜湖、龙江、南新、荆州四关，岁办额铜七十一万九千六百五十四斤，尚不足铜四十八万三百四十六斤，应照部定铜价，每斤银六分五厘，令芜湖关、赣关各支税银一千九百五十两，浒墅关支税银六千一百七十五两，太平桥关支税银二千六百两，凤阳关支税银一千四百十六两七钱四分，湖口关支税银九百十两，共办铜二十三万七百九十六斤。再拨江苏芦课银一万一千五十两，安徽芦课银三千九百两，湖广芦课银六百五十两，江西芦课银六百二十两七钱五分，共办铜二十四万九千五百五十斤。即以康熙二十四年为始，解交宝源局以足鼓铸。从之。

又更定钱制。每文重一钱，令宝泉局每年开铸四十卯。管理钱法吏部左侍郎陈廷敬疏言：民间所不便者莫甚于钱价昂贵，定制每钱一千，直银一两，今每银一两，仅得钱八九百文，钱日少而贵者，盖因奸宄不法毁钱作铜牟利所致。鼓铸之数有限，销毁之途无穷，钱安得不贵乎！欲除毁钱之弊，求制钱之多，莫若铸稍轻之钱，毁钱为铜既无厚利则其弊自绝。总计宝泉、宝源二局每年各处动税课银二十五万三千两，办解铜三百八十九万二千三百七斤有奇，内除耗铜三十五万三百七斤有奇，净铜三百五十四万二千斤，见铸钱四十万四千八百串。今若改每文重一钱，计每年可多铸钱十六万一千九百二十串，此利于民而亦利于国者也。得旨：令九卿会议。寻议：应如所请。于宝泉局按卯增铸，其各省钱局俱照新定钱式铸造。从之。

又定：以铜六铅四配铸制钱。户部议定：凡铜斤仍由各关办运，铅斤由部发银交商人承办，解局配用。

<u>臣等谨按：铸钱之法，兼用铜铅，盖铜性燥烈，必以铅济之，而后钱始光润。唐钱已用铜铅锡配铸，故开元时曾禁以铜为器及私卖铜、铅、锡。又《宋史》称：转运使张齐贤求旧铸法，惟永平监用</u>

开元钱料最善，即诣①阙面陈，诏增市铅、锡。明代钱分别四火黄铜、二火黄铜配铸。所谓黄铜者，即红铜与白铅相和而成，盖其法相传已久。国初铸钱，或听各关于铜额内兼办铅斤，或收用废钱旧器、分别生熟铜配铸。至是，始酌定成数，是年若湖南省，嗣后若福建、广东、湖北、浙江等省开局，皆令照例配铸。惟云南铸局是时以本地及贵州等处铅矿俱未开采，铜贱铅贵，铜价每斤五分四厘，铅价每斤五分五厘，准以铜八铅二配铸。

又申定两局炉役夹铸私钱之禁。户部议定：钱局炉头匠役藉名官铸，或夹铸私钱，先经顺治年间严定科条，而究获者少。应令钱法侍郎与稽查钱局科道及监督等严行查缉，如瞻徇纵容，不行严究，别经发觉，各官均以失察论。

又令步军统领衙门及巡捕三营查缉私钱。凡京城内外私销私铸之案，向令五城司坊官及大兴、宛平县官承缉，五城御史督察。至是，户部议定：步军统领衙门、巡捕三营官员亦应协同查缉，如失察者一并照例议处。从之。

二十四年，复开福建鼓铸局。

又罢前代旧钱之禁。福建巡抚金鋐疏言：福建钱文颇杂，所辖州县多用前代旧钱，应为禁遏。经户部议准：一切旧钱悉营销毁。上复以问内阁诸臣。时内阁学士徐乾学议言：自古皆古今钱相兼行使，以从民便。考梁太平元年诏杂用古今钱；宋泰始二年，断新钱，专用古钱；魏熙平初，任城王澄上言，请以太和钱与新铸五铢及诸古钱并得通行；金大定十九年，以宋大观钱一当五用之。《明太祖实录》辛丑岁二月，置宝源局于应天府，铸大中通宝钱，与历代钱相兼行使。嘉靖十五年，御史阎邻等言，国朝所用钱币有二：曰制钱，如洪武、永乐等通宝是也。曰旧钱，如开元、太平、淳化、祥符等钱是也。百六十年来，二钱并用，民咸利之。以臣所闻，历历如是。大抵钱者，历代通行之货。《金志》谓之自古流行之宝，自汉五铢以来，未有废古而专用今者。若隋时尽销古钱，明天启以后广兴铸局，尽括古钱以充废铜，此钱之变也。昔时钱法之弊，至于鹅眼、綖环之类，无代不有。然历代之钱尚存，旬日之间便可澄汰。至旧钱已尽，即

---

① 诣，到上级或尊者那里去。阙，宫阙。诣阙，指到皇宫面见皇帝。

使良工更铸，而海内之广，一时难遍，欲一市价而裕民财为稍难矣！故自古虽易姓革命，而古钱仍旧流通，钱亦不壅，况于闽处岭外，负山邻海，非同内地，听从民兼用古钱，似为至便。奉上谕：旧钱流布不止福建一省，他省亦皆有之，若骤为禁止，恐不肖之徒借端生事，贻害平民，亦未可定。所奏销毁之处不准行。

<u>臣等谨按：前代旧钱、废钱，凡民间掺和行使及各官失察，向俱定有禁例，至是特宽其禁。</u>

又定旗人私销私铸禁例。户部议定：旗人有在本旗地方私销私铸者，依律论罪。领催及邻佑、总甲十家长知情者，照为从例。不知者旗人鞭一百，民人杖一百，系职官降一级留任。该管骁骑校失察，每起降一级，罚一年俸，佐领降一级，俱留任。若他旗或民人在该旗地方私销私铸，失察者领催鞭八十，步军校、骁骑校罚半年俸，佐领、步军副尉各罚三月俸，参领罚二月俸，都统、副都统罚一月俸，本旗该管官免议。如家人犯者，其主系职官降二级留任，平人鞭一百，该管官免议。赁房之主知情者照为从例，不知者职官降一级留任，平人鞭一百。如看房家人赁与他人犯者，家人照房主例论，其主免议。在屯庄家人犯者，屯庄领催知情照为从例，不知者鞭一百，其主及该管官俱免议。

又议减龙江关办宝源局铜银五千两，改令西新关承办。

又开云南临安府鼓铸局，钱幕亦铸"云"字。

二十五年，增各关办铜价值。户部奉上谕：近来各关差官任意征收，托言办铜，价值浮多，将商册改换，重困商民，今欲尽除诸弊，其铜价已久不敷，应酌量增加。着会同九卿、科道详议。寻议言：各省铜产不能充裕，价值渐昂，每斤原价银六分五厘诚有不敷，今酌增三分五厘，每斤合计银一钱。

各关办解户部铜二百六十九万二千三百七斤有奇，办解工部铜九十五万四百五十斤有奇，合计三百六十四万二千七百五十八斤，应加增铜价银一十二万七千四百八十八两有奇，即于各关税内支给，着为定额。以本年出差监督到任为始，如有例外苛索，将商人亲填簿册捏造改易，一经查劾，从重论罪。从之。

又复开广东省城鼓铸，增置肇庆府局，钱幕亦铸"广"字。

二十六年，定户、工二部钱法。仍令本部右侍郎督理，停止选差专员。

又复开湖北鼓铸。停广东肇庆府局。

二十七年，增各省芦课办铜价直。工部疏言：各关办铜价直，蒙皇上轸念商民，虑差员苛索，已酌量加增，俱系每斤定价一钱。所有芦课银办铜，亦请照关税例每斤增给银三分五厘，以足一钱。江苏应加银五千九百五十两，安徽、湖广、江西三省应共加银二千七百八十四两有奇，合计增银八千七百三十四两有奇，俱于芦课项内动支购买。从之。

又定工部宝源局监督，仍差满汉司官各一人。

二十八年，开福建台湾府鼓铸局。钱幕铸满汉文"台"字。福建巡抚张仲举疏言：台湾孤悬海外，自建设郡县以来，民间犹用伪钱，应请颁发制钱式样，就本地开炉鼓铸。其铜本就兵饷银内动用购买，铸获制钱归还原项。户部议，如所请。从之。

又停云南省各局鼓铸。云南各局，旧共设炉四十八座，后以钱价过贱，已议裁炉二十四座，至是，总督范承勋复以钱法壅滞，请将云南省城、禄丰县、临安府城、蒙自县、大理府城五局概行停止，俟积钱疏通完日再议开铸。从之。

二十九年，申定钱直不平禁例。户部议言：官局制钱，顺治年间即定每十文准银一分，近因钱市居奇，而价复参差不一，自今市肆交易，务照定例，每银一两，毋得不足千文之数，违者旗人鞭一百，民人杖一百，各枷一月。互详《刑考》。

又行收买私钱之令。户部议言：民间私钱，在京城限六月交送户部，照铜价每斤给银一钱，收买改铸；在外以文到日为始①，亦限六月，各州县动库银照铜价收买，解布政司；其限内交送私钱之人，免其治罪。嗣后京城内外，责令司坊官及大兴、宛平二县官，各省责令州县官不时严查。若仍有掺和行使者，经科道及督抚访出，或别经首告，将该管地方官每一起罚一年俸。从之。

三十一年，停广东及福建台湾府鼓铸。又申定各关差在京城买铜之禁。先是，议宝泉、宝源炉头匠役有将各关差应解铜斤，在京包揽买交，希获余利，转致亏帑，误铸者予以杖枷，并妻子流。尚阳堡各关监督知情

---

① 文到日，指上级公文到达之日。

者革职。嗣后议定：各关额铜有在京城办买者，代为办买人系旗人鞭一百、枷三月，系民杖一百、枷三月，流三千里，铜价入官。知情之关差照例议处。各差解铜至临清，该关官会同知州查验。至天津，该关官会同天津道查验。至崇文门，该监督会同科道官查验，各给印文。若不查而给与虚数印文者，亦革职。至是，奉上谕：各关差于京城托人购铜及令衙役解铜，俱着严行禁止。务于出差地方如数办买，令同差之笔帖式依期亲解送部。

三十三年，令宝泉局每年开铸三十六卯，每卯用铜铅五万斤。

三十四年，复开广东鼓铸。停福建局。

三十五年，复开浙江鼓铸局。

三十六年，以湖北、湖南局钱轻小，禁止行使。湖北局"昌"字钱、湖南局"南"字钱以式样轻小，已于二十六年得旨，严加申饬。至是，户部议定："昌"字、"南"字钱色红不堪行使，应行禁止，照小钱例依限交收。仍行令该督抚饬监局之员，嗣后务铸造精工，如仍掺和多铅，将司道官以克减例、督抚以徇隐例处分。

又严失察私钱处分。

奉上谕：朕顷谒陵时，见用小钱者甚众，所换之钱亦多旧钱，两局钱使用者绝少，此实非益民之事也。今岁田禾大有而米价仍贵，询之土人皆云钱贱所以米贵。又闻小钱从山东来者居多。先年，佛伦、科尔坤管钱法时，请将钱式改小，朕每谓钱改小易、改大难，钱价若贱，则诸物腾贵，今果如朕言。大学士等即同九卿将钱法如何尽善确议具奏。寻议定：官钱价贱，悉由私铸过多，欲维持钱法，唯先严禁私钱。嗣后内外各官将该管地方私铸及兴贩私铸之案，自行缉获者免其论罪，如被户部、都察院差官及在外督抚查出，或旁人首告，五城坊官及直省州县官不知情者，一起降职三级调用，二起革职。掌印兵马司、知府、直隶知州，一起降二级，二起降四级调用，三起革职。司道官按起议降，至三起降三级调用，四起革职。五城御史、直省督抚一起罚一年俸，二起降一级，三起降二级，四起降三级调用，五起革职。同知、通判、吏目、典史有缉捕之责者，照掌印官例，运使照司道、分司照知府、盐大使照典史例，武职提镇照巡抚、副将照司道、参将、游击照知府、都司、守备、千总照州县例。各旗地方犯者：都统、副都统照巡抚，参领照司道，佐领照知府，骁骑校照知县例，各分别议处。其有因公出境者免议。至官船户夹带私钱，押运官知情者革职,不知者降三级调用。其不知情之文武地方官但能缉获者,无论年月远近,皆免处分。文官缉获者兼免同城武职处分,武职缉获者,同城文职亦如之。有自别省兴贩私钱,以舟车、骡马装载发卖者,或被看守关津之人缉获、或旁人举首,私钱入官,缉获举首之人照例给赏,将经过地方未经查出之文武官俱照失察例议处。其私钱已有收买之令,在内限两月交户部,在外以文到日为始,限三月交地方官送布政司,均照铜价每斤给银一钱收买改铸。

三十七年,停广东鼓铸。

三十八年,议:令民间自营销毁私钱交官收买。先是,收买小钱,视铜价每斤给银一钱,嗣因其掺和低铅不便照依铜价,每斤酌给银八分,至改铸时,每百斤仍除耗九斤。后复以红色小钱铅质尤重,每斤改给银六分五厘。至是,以销毁改铸折耗甚多,且户部宝泉局中收储小钱已足掺铸四年有余,将议停买。管理钱法二部侍郎常绶疏言:宝源局每岁需铜一百二十万斤,各关解送铜斤于四五月始到,春间无铜可铸,每向户部领取存储小钱掺和鼓铸,请仍行收买。但小钱铜少铅多,应令民间自营销毁交官,每斤仍给价六分五厘,在京立限两月,在外以文到日为始,限亦如之。如逾限不行销毁,仍旧行使者,照例治罪。从之。

又议:以芜湖、浒墅、湖口、淮安、北新、扬州六关,应办宝泉、宝源二局额铜,改交内务府,商人承办。内务府奏言:有张家口买卖商人等呈,称现在十四关差所办铜斤,原系监督随时招商采买,请将芜湖、浒墅、湖口、淮安、北新、扬州六关额铜专交承办,不误运解。下户、工二部会议。寻议言:向例各关差办铜,仍须经由商贩,请照商人采办额铅之例,以芜湖关额铜六十六万七百六十斤有奇,浒墅关额铜四十四万八千八百四十斤有奇,湖口关额铜三十六万七千八百四十斤有奇,淮安关、北新关额铜各三十万七千六百九十斤有奇,扬州关额铜十五万三千八百四十斤有奇,每斤照定价给银一钱,脚价银五分①,竟责成商人,令于六关监督处领银采办,按期缴纳。如税银已收而监督借端不给,致办铜违限,将监督议处。如商人领银而解铜有迟延亏欠,照例追赔、治罪。从之。

<u>臣等谨按</u>:自顺治二年始令各关差办铜,嗣经陆续增定,于京城

---

① 脚价银,运费。

曰崇文门，于直隶曰天津关，于山东曰临清关，于江苏曰龙江关、西新关、浒墅关、淮安关、扬州关，于安徽曰芜湖关、凤阳关，于浙江曰北新关、南新关，于江西曰湖口关、赣关，于湖北曰荆州关，于广东曰太平桥关，西新关并于龙江关监督，南新关并于北新关监督，共十四监督，各支税银采铜解部。至是，始以六关铜觔令内务府商人承办，内芜湖、浒墅、湖口三关，系户、工二部额铜，淮安、北新、扬州三关，系户部额铜。嗣后各关亦次第①改归商办。

又停浙江鼓铸。

三十九年，停湖北、湖南鼓铸。户部议言：湖北、湖南前以钱多滥恶，议请禁用，饬令加谨铸造。见在已渐如式，但钱易壅滞，价值过贱，应准暂停两省开铸。从之。

四十年，议以荆州、凤阳、太平桥关应办宝源局额铜交商人承办。

四十一年，更定钱制，每文重一钱四分。议定新旧钱直。大学士等会议钱法，奏言：见今私铸者多，官钱壅滞，若不少更旧制，钱法颇难疏通。奉上谕：前佛伦等屡奏将制钱铸小甚有裨益，始准其行。今铸小以来，私铸之钱不能停止。可会同九卿再加详议，务使永远遵行无弊。寻议言：顺治十四年，因停止各省设炉，专留京局改铸，每文重一钱四分，定每铜百斤准耗铜十二斤，铸钱十串五十文有奇，支给匠工物料等项钱二千六百九十五文。康熙二十三年，以详查耗费事宜，将耗铜减定为九斤，每百斤铸钱十串四百文，支给匠工物料减定一千九百七十四文，是年改铸每文重一钱，即照此支给，每百斤铸钱十四串五百六十文。今制钱易于掺和私钱，请仍照顺治十四年钱式改铸，每文重一钱四分，其耗铜及匠工物料等项仍照康熙二十三年例支给。令宝泉局按卯加铜铸足额数。自本年十一月铸大钱起，三年之内暂准兼用旧铸小制钱，但钱直交易不便一律，应定新铸制钱每千文准银一两，旧铸小制钱每千文准银七钱，俟三年后新钱足用，则旧钱可渐次令其各自销毁，其新铸制钱务令分两准足，如有铸不合式者，将该监督题参议处。从之。

四十二年，议：派长芦、山东、两浙盐课，增办宝泉、宝源二局铜俱交商人承办。时以制钱改重，需铜甚多，户、工二部议定：长芦盐课办户

---

① 次第，一个接一个地。

部铜十六万六千六百六十六斤,山东盐课办户部铜八万三千三百三十四斤,两浙盐课办工部铜二十五万斤,均照每斤铜价一钱、水脚五分,令商人领银办运。

四十三年,增定宝源局每卯用铜铅六万斤。

四十四年,议:宝泉、宝源二局监督,皆请简放,定以三年更代。户、工二部疏言:两局监督,专司钱法,关系甚重。嗣后任满,由部保举满汉才能司官引见补用。向系一年更代,新旧接任时,其中情弊不能即知,应俟三年期满,具题更代。从之。

又议:派福建、广东等处盐课及海关税银,增办宝源局铜,俱交商人承办。工部议定:钱局需铜甚急,应酌量速为分办。福建、广东盐课各办铜十三万斤,福建海关税办铜十万斤,广东海关税办铜七万五千斤,江南海关税办铜五万五千斤,浙江海关税办铜七万斤,两浙盐课再添办铜十五万斤,均令商人领银办运。

又议:令云南省城设立官铜店。时云南广开铜厂,总督贝和诺题定:按厂抽纳税铜,每年变价,将课息银①报部。复请于额例抽纳外,预发工本收买余铜。各铜厂每斤价银三四分以至五六分不等,发运省城,设立官铜店卖给官商,以供各省承办京局额铜之用。每百斤定价九两二钱,除归还铜本及由厂运省脚费等项外,所获余息尽数归充公用。从之。

> 臣等谨按:云南地多山矿,在唐宋时越在外服,元明有金银之课。而铜之开采尚少,且民间日用多以海蚆而未尝用钱。明嘉靖万历时,虽暂开铸局,即行停止。至本朝,于是年始盛开矿产,凡元江府、顺宁府、开化府、昆阳州、易门县、宁州、蒙自县、路南州和曲州、禄劝州、赵州、永平县等处各设铜厂,嗣后开采日增,京局皆资用焉。洵乎天地之宝必有待而后兴也。

四十五年,行收买旧小制钱之令。先是,四十一年,改重制钱。议:旧小制钱于三年后销毁。嗣因新铸制钱尚少,已定展限,配搭使用。至是,以旧小制钱价直甚贱,大钱壅滞。大学士等议:请官为收买。上令户部动支库银十万两,遣官会同五城御史收买旧小制钱。嗣复于天津、临清

---

① 课息银,指将铜税收入出借所收取的本息。

地方，遣官各支饷银一万两广为收买，专差户部堂官前往督视，俟钱价既长，即行奏闻停止。又以山西、陕西两省贩往大制钱甚多，令该处地方官查察关口，如有贩运奸民，拿获治罪。

又遣部臣缉获山东私铸奸民。定山东钱粮暂折收小钱及铜器之令。先是，山东巡抚赵世显疏言：官钱过轻，请于济南、临清开炉，照顺治十年之制改铸大钱，工本既重，则私铸自息。但旧时小钱，民间久习行使，请暂免禁用。经九卿议覆。

奉上谕：闻山东长山县周村一带，俱开炉私铸，若不禁私铸而铸大钱，则大钱重，小钱轻，必毁大钱以铸小钱，是大不利于地方矣。奸民铸小钱者甚多，但未拿获，未可悬拟。顷差侍郎恩丕等赴长山县捕铸私钱者，已谕于缉获后，并私铸之炉带往赵世显处，问以地方见铸私钱不禁不捕，又请铸大钱，果何谓耶？寻侍郎恩丕等缉获盗铸还京。

复谕大学士等曰：近因山东私铸小钱，特差侍郎恩丕等缉获，今既禁私钱，又不收取，则用私钱者无日止矣。朕意欲于来年征收山东钱粮，其银一两折钱二千，俟钱尽时折收诸铜器，则不出一年，私钱自尽。彼地方官不能缉获私铸，俱系有罪，即将所收钱及铜交伊等运至京城，增炉鼓铸。尔等与九卿、科道议奏。嗣议：将赵世显所请不准开炉鼓铸，其山东明年钱粮遵旨折收，俟私铸尽而止。

四十七年，议：令湖广旧铸局钱展限行使。户部议言：湖广旧铸"昌"字、"南"字钱，以钱质轻小，私钱易于掺和。该省见在发价收买，但一时既难骤尽，而大制钱尚少流通，应展限五年，准其行使，俟期满后，再行议禁。从之。

又申严失察私钱处分之例。户部议定：直省私钱盛行，皆该管各官不实力访缉，以致奸民蔑法，应再行严定处分。嗣后有私铸及兴贩不法之徒，该管地方文武官不行严缉，或上司查出，或旁人首告，其知情者照私铸为首例斩决，家产入官。不知情者以溺职论革职。官船户有贩运私钱，押运官知情者与同罪，不知者革职。

五十年，增定宝泉局每卯用铜铅十万斤。

五十一年，议：以龙江、西新、南新、赣关应办宝源局额铜交商人承办。

又令拨京局大制钱运往湖南偏沅。巡抚潘宗洛疏言：湖南所用制钱，半系康熙三十九年以前所铸钱，小而轻，私铸易于掺和。康熙四十一年以后，宝泉、宝源所铸一钱四分之。新大制钱尚未流通，请每年拨给大制钱四万串，于回空粮船载至湖南，运到之日，按照州县大小赴司领发，易银解储司库，以三年为限，俟大钱敷用，将小制钱尽收销毁。经户、工二部议准：于宝泉局拨三万串、宝源局拨一万串，每年交该省粮运回，以便民用。

五十二年，议：派两浙、福建、广东盐课增办宝源局铜，并各省芦课办铜银俱交商人承办。工部议定：官局所需额铜，从前所办尚多不敷，应于两浙盐课增铜二十万斤，福建盐课增铜六万斤，广东盐课增铜十万斤，并从前派定之江苏、安徽、湖广、江西芦课办铜银两均令商人办运，共解宝源局铜二百五十二万斤。

又议：以各关应办宝泉局额铜并增派盐课。海关税办铜银俱交商人承办。户部议言：各省例办官局额铜，向应解工部者已定，悉令商办。其应解户部者，查有内务府买卖商人，系身家殷实之户，于办理铜务尤所熟谙，应将各关办宝泉局额铜，悉责令如数领价采办，每年可节省银五万两。再于两淮盐课办铜十七万斤，河东、广东盐课办铜各十万斤，福建盐课办铜六万斤，福建海关税办铜四万斤，均交与内务府商人，照定限全交，如迟延亏欠，钱法侍郎指名参究保结之佐领，并从重治罪。从之。

五十三年，命宝泉局每年开铸三十六卯。

又议：定商人办解铜、铅违限处分，及宝泉、宝源二局监督奏销[①]、更代之例。管理钱法侍郎崔征璧疏言：商人亏欠铜铅不下数百万斤之多，前蒙皇上准其作十年带销，而见在新欠日积，宜立限责其完解，逾限不完，议定处分。至钱法之奏销，向止对月计算，不按年份，故往往前官经手之铜铅，后官代为奏销，而满汉监督又参差更换，前后无一定之考成[②]。请照州县钱粮之例，按年奏销，监督更代亦宜在奏销之后。经工部议覆：商人运解铜铅，正宜严定限期，应于每年奏销时照各商所办铜铅额数，以十分为准，未完不及二分者免其处分，限一年完足。未完二分至五分以上者分别治罪。未完六分以上者照侵欺钱粮例，从重科断[③]。皆限一年补足，不足者变产追赔。至各省钱粮，皆定于每年五月奏销。今钱法亦

[①] 奏销，奏明销账。古指各级政府部门于年底将钱粮征收、起解、支拨之实数造册，报户部经审核无误，合乎制度规定后，予以销算。

[②] 考成，考核官吏任期内的政绩。

[③] 科断，旧时法律用语，即论处、判决的意思。

照此例，无论有闰无闰，总以正月为始，岁终为止，次年五月奏销，满汉监督于奏销后更代。每年铸钱照定限三十六卯。铜铅不完，责在商人；铸卯不足，责在监督。或商人限内所交甚少，逾限始行完解，以致卯数不足者，咎不在监督，于奏销内声明，统照直省征收钱粮未完分数之例，交部议处。监督有事故离任者，接任官以六月为期，不足六月者，再令接任一年。多于六月者，即于奏销后报满更代。从之。

五十四年，议定：京局额铜改交江苏、安徽、江西、浙江、福建、湖北、湖南、广东八省督抚委员办解，增定价值。罢内务府商人办铜之令。先是，以商人亏欠日重，渐至解运不前，有误鼓铸，已议仍交各关差官照原数采办。寻户部以关差办铜仍须取之商贩，复请照旧例令商人办运。

奉上谕：商人采买铜斤，前已令停止，今复议交办，必致积欠无了期矣。已经议定之事，岂得再有纷更。若以官办为难，则原奏时即应详慎计处，及事不能行，又欲交与商人，可乎？运铜诸事，着再议具奏。寻大学士会同户、工二部议言：额办铜铅，以铜六铅四计算，每年宝泉局额铜二百九十二万三千三百八十四斤，宝源局额铜一百五十一万一千八百十六斤，共需铜四百四十三万五千二百斤。历年商人亏空，不便仍交采办，即以五十五年为始，分派江苏、安徽、江西、浙江、福建、湖北、湖南、广东八省督抚遴委贤能官承办。每省各办红铜五十五万四千四百斤，解户部三十六万五千四百二十三斤，解工部十八万八千九百七十七斤，每斤增定铜价银一钱二分五厘，给水脚银三分，俱动正项[①]钱粮银两采办。其办铜水脚银向系各关差盐差及江南等处有芦课地方各官从盈余银内扣支，以每斤五分计算，内实给三分，节省二分。今既俱动正项钱粮，则此项水脚银十三万三千五十六两及节省银八万八千七百四两，应令其一并解交户部。至每年宝泉局额铅一百九十四万八千九百二十三斤，宝源局额铅一百万七千八百七十七斤，共需铅二百九十五万六千八百斤，每斤定价银六分二厘五毫，水脚银三分，仍令商人领户部银两，听其收买矿铅，如额解用。从之。

又定：各省办解铜斤，分为两运，上运以每年四月起解，下运以每年十月起解。

五十五年，令京局暂行收买旧铜以充鼓铸。时江苏等八省督抚办铜，

[①] 正项，正税，在中国封建社会中一般指田赋收入。

以事在创始，未能依限解交。户、工二部议定：先行收买旧器皿废铜交局鼓铸，每斤定价银一钱，脚费五分，由户部给发银两办买，务令不误鼓铸，仍照铜六铅四合计，将铜六价值并脚费银两数目扣明，行文江苏等八省督抚，照原额扣除减办，其所减之铜价及水脚银两，令其汇齐解部。

五十六年，严私销小制钱作铜变卖之禁。大学士等议言：前因江苏等省解铜，恐有逾限，定钱局暂行收买旧器皿、废铜，通融办理。近闻奸民私销小制钱作废铜变卖，较之钱价获利以倍，于钱法转滋弊窦，应亟行禁止。奉上谕：毁坏制钱，原有明禁，朕屡次更定钱法，皆酌量当时情形办理。前李光地请将小制钱严禁，曾谕以断不能行，伊亦知其不可。总督额伦特请于湖广省发大制钱二百万贯，通行使用，将小制钱销毁，朕以不可之故，分析明谕，伊始晓然。今奸民竟敢将小制钱私营销毁作铜变卖，甚非所以维持钱法也。如何禁止之处，九卿、科道会同户部确议。

寻议言：嗣后钱局止许买旧铜器皿，不准买新铸板块铜斤。如有毁小制钱充作废铜者，通行八旗步军统领并五城、大兴、宛平两县，严缉为首者，枷二月，杖一百，遣发云、贵、川、广烟瘴少轻地方。为从者枷一月，杖一百，流三千里。该管官知情故纵者与同罪，不知者降职三级，房主、邻佑知情不首者照为从例，不知者杖九十。从之。互详《刑考》。

五十七年，议：增各省办铜价值，预年给发，并准兼收旧铜交纳。户、工二部议言：见今铜价日昂，应请将从前节省水脚银二分之数，自五十八年为始增入额铜正价内，为每斤价银一钱四分五厘，向定办铜，四月完半限期太迫。嗣后采办次年铜斤，先年即预动正项钱粮给发，以免临期借口迟延。八省所办额铜中，如红铜不能足数，准于十分内兼收三分旧铜器皿交纳，其价并水脚每斤给银一钱一分九厘有奇，如仍前迟误，将该督抚一并议处。从之。

增定宝泉局每卯用铜铅十二万斤。

五十八年，罢收买旧铜之令。奉上谕：户部见今采买旧铜器皿，工部又行采买，京城焉有如许旧铜！采办不得之时，不肖之徒乘机射利，必致将制钱销毁转卖，毁钱则钱价必长，甚与民生无益。着大学士九卿等确议。

寻议言：见今两局所储余铜及各省解到铜斤可以不误鼓铸，其采买旧铜之例，应不准行。至江宁等八省旧欠未完铜二百七十二万八千六百斤有奇，应令各该督抚于文到日，勒限十月尽数解部。如有迟误，将办铜各官严加议处。督催不力之督抚、布政使，俱照承追钱粮例处分。从之。

又议：停各衙门公费及官俸给钱之例。户部议言：每年局钱配给八旗兵饷及各衙门公费，汉官俸钱共需钱三十七万五千余串。见查宝泉局每年所铸钱除本局支用工料各项外，所存止三十三万四千二百余串，合之所出钱数，尚不敷四万一千余串，请将各衙门应支公费与汉官俸钱停其给钱，每钱一串给银一两。从之。

五十九年，议：令湖南桂阳州税铅解京局配铸。湖南桂阳州开采铅矿，所有抽收税铅，向例逐年变价，将课息报部。至是，户部议言：见在局铅商办不易，桂阳州有上年税铅十二万三千三百十一斤，应令解交京局，并自今五十九年以后，税铅俱停其变价，每年起运以十分之七解户部，十分之三解工部，配铜鼓铸。仍照商人办铅之例，每斤给水脚银三分。从之。嗣后湖南郴州税铅，亦令照例解部。

六十年，议：定八省承办京局额铜归并江苏、浙江二省办解。九卿等议言：鼓铸铜斤，唯需东洋条铜，而洋铜进口，船只俱收江浙二海关，是江浙为洋铜聚集之区。见在八省份办铜数，俱在江苏、浙江购买，徒滋纷扰，以致解运不前。莫若即归并江浙巡抚委员办解，自六十一年为始，其分办铜数，仍令该抚等自行酌定。寻江浙巡抚奏覆：江苏办本省及安徽、江西、福建、广东五省铜数共二百七十七万二千斤，内解户部一百八十二万七千一百十斤有奇，解工部九十四万四千八百八十斤有奇。浙江办本省及湖北、湖南三省铜数共一百六十六万三千二百斤，内解户部一百有九万六千二百六十斤有奇，解工部五十六万六千九百三十斤有奇，每斤照定价一钱四分五厘，水脚三分，于司库地丁银内预拨采办，分解二局。

六十一年，议：将平粜①官米钱文交五城市易以平钱直，并令八旗月饷暂以银钱各半配给。户部议言：京城制钱，旧时每市银一两，易钱八百八十文，今银一两易钱七百八十文，钱价日贵。民间日用以钱交易，资用甚艰。应将粜米所收钱文即令五城平价易银交库，并八旗给发月饷，暂以银钱各半搭放，俟钱价稍平，即行停止。从之。

<u>臣等谨按</u>：嗣后，每遇平粜官米及豆麦所收钱文，多照此例兑

———

① 平粜，中国封建社会中，为控制物价，维持社会安定，在粮食供不应求的时候，官府以低于市场价格的价格出售库存粮食。

换，以平市价；或交官局，照铺户减价出易；或即交钱牙①经纪，流传易银交库。乾隆二十七年，复恐钱牙囤积居奇，议令步军统领衙门交商发卖，随时调剂。事关市易，具详《市粜考》之"市门"，兹不复载。

又议：平钱值，申定办铜限期。奉上谕：京师钱价甚贵，至今尚未得平。昔年管理钱法，侍郎陈廷敬等条奏：奸宄图利，毁钱作铜，以致钱值腾贵，如将制钱每文铸重一钱，则钱价即平。九卿议覆，准铸小钱，迨后私铸甚多。朕以制钱仍照旧铸大者为善，故特降谕旨。而九卿请鼓铸大钱，将小钱销毁。朕念小民行之已久，暂令大钱并用，自后于民亦甚便利。凡事须随时制宜。鼓铸一事，从前屡经更改，今钱价何故骤贵，交九卿科道会同确议。

寻议言：钱直平减②，全在钱文之充裕。见在铜斤已定，归并江浙购办，务令仍照原议，四月完半，十月全完。如上运铜斤，于四月内不完者，即应初参，再限四月不完为二参，展限四月不完为三参。下运铜斤，一照上运扣限纠参，如有徇隐不行揭报，将该督抚一并交吏部议处。铜斤运解既速，则按卯鼓铸，制钱日多，钱价自平。从之。

听商民得赴安南国采铜。九卿等议言：向闻安南国铜产颇饶，令云、贵、两广督抚行文安南国王，凡有客商采买铜斤，务使照常贸易，不时放行，毋得禁止阻留，则内地铜斤自必益加充裕。从之。

又议：增办铅价直。户部议言：钱局以铜六铅四配铸，见在铅斤价值昂贵，是以商人承办不前，应酌量照八省铜价增给二分之例，每铅一斤，增价二分，为八分二厘五毫，仍给水脚银三分，务令勒期解部，不得藉词迟误。从之。寻以铅价渐平，仍复每斤六分二厘五毫之例。

臣等谨按：鼓铸钱数，例于户、工二部按年奏报。国初，京局铸钱尚无一定额数。顺治元年以后，每年自数万串递加，铸至数十万串不等。十五年以后，以制钱改重，故铸额中减。十七年以后，数复加增：宝泉局岁铸钱二十八万余串，宝源局岁铸钱十八万余串。康熙初

---

① 钱牙，从事货币兑换，利用市场钱物价格变动从中牟利的中间商。
② 平减，价格走势持平或降低。

年，两局钱数又稍减。二十三年以后，分定卯数。嗣后，铜铅办解有迟速，故铸卯有增减，局钱仍复盈缩随时，大抵宝泉局每年为二十八九万余串或二十三万余串不等，宝源局每年为十七万余串或十二万余串不等。五十年以后，两局卯数铜斤递经增定。至康熙六十年间，两局各三十六卯，每铜铅百斤，除耗九斤，给工料钱一串九百六十九文。宝泉局每卯用铜七万二千斤，铅四万八千斤，铸钱一万二千四百八十串，宝源局每卯用铜三万六千斤，铅二万四千斤，铸钱六千二百四十串，每年共为钱六十七万三千九百二十串云。

皇朝文献通考卷十五

钱币考三

雍正元年，颁行"雍正通宝"钱。先是，康熙六十一年十二月，户、工二部以世宗宪皇帝御极，定于明年改元雍正，请将宝泉、宝源二局钱改铸"雍正通宝"，寻将铸成钱式进呈。至是，颁行天下。又令宝泉局每年开铸四十卯，设立官牙①，议平钱值。奉上谕：钱文系国家要务，皇考常注意劳思此事，见在钱价日昂，其如何平价之处，着王大臣会同九卿定议具奏。

寻议言：钱价腾涌，总缘制钱尚少，从前宝泉局每年曾铸四十卯，旋因铜铅解运甚迟，议减四卯。见今历经严催，本局解收铜铅甚多，应增四卯，即于雍正元年为始开铸四十卯，每年用铜二百八十八万斤，铅一百九十二万斤，铸出新钱，与顺治钱及康熙年间大小制钱相兼行使，则钱多而价自平。但恐有奸民囤积居奇，应令大兴、宛平两县设立钱行官牙，将钱价议平，毋得任意低昂，以便交易，违者论罪。从之。

> 臣等谨按：牙即古之合会，交易以平市价者，《史记》称为驵会，《周礼》注称为月平，《唐书》称为经纪，其后或称为互郎，亦称为牙郎。凡各货物流通皆有官牙。至乾隆三年，御史陶正靖条奏：将钱牙裁革，凡银钱交易，听民自相买卖。七年，步军统领舒赫德奏称：囤钱各铺无人说合，转致居奇，请照旧设立钱牙十二名领帖充当，责成各牙等议平钱价。互详《市籴考》。

---

① 官牙，此处指官钱牙，由官府设立，负责货币兑换，了解市场钱物供需情况、价格变动趋势，买进卖出、平抑钱物价格的机构。

又开云南省城及临安府、大理府、沾益州鼓铸局，定钱幕俱铸满文。先是，云南于康熙四十四年奏开青龙、金钗等铜厂。嗣以铜产日旺，巡抚杨名时奏请：每年解京局铜一百万斤，以供鼓铸。经王大臣会同户部议言：滇省采铜渐次有效，与其解京多需脚费，不如即留滇开铸，其省城之云南府及临安府、大理府、沾益州四处相近铜厂，转运俱为便易，各令其开局。务选贤能道府官监理，其钱幕应俱用满文，拟令铸"云泉"字样。于康熙六十一年十二月得旨，依议。其部议钱幕清字铸云泉，见在京城二局，系宝泉、宝源字样钱，乃国家之宝。云南应铸宝云，以后他省铸钱俱将宝字为首，次铸各本省一字。至是，云南各局俱行开铸，复题定省城局炉二十一座，临安府局炉六座，大理府局炉五座，沾益州局炉十五座，遵照铜六铅四配铸，铜价每百斤银九两二钱，铅价每百斤银四两五钱，每铸铜铅百斤，准耗九斤，给工食钱一千二百文，料价六百二十文，除铜铅本及工料外，得息钱一千二百六十文。每年开铸三十六卯，遇闰加三卯。每炉一卯用铜、铅千斤，计四十七炉，岁用铜铅一百六十九万二千斤，于税铜之外，动支厂课银收买充用，俟铸出钱文，搭放兵饷，易银以为次年更铸工本，所需铅斤，由黔省采买。至七年，以议开罗、平州之卑浙厂铅，平彝县之块泽厂铅，即由铅厂每百斤以价银二两收买供铸。

<u>臣等谨按：钱局鼓铸，例给工料钱。是时京局每铜、铅百斤，给工料钱一千九百五十九文。各省匠工物料，贵贱不一。是年，云南定每百斤为一千八百二十文。嗣后贵州局、四川局亦照云南之例。若苏州、江宁二局，每百斤为工料钱一千五百一十文有奇，浙江局每百斤为工料钱一千七百七十文有奇，各随价直核算奏定。其各省钱局例有总理官，以道府官为之，亦有委按察使司者。有监铸官，以同知、通判为之，亦有委州县官者，随钱局之远近与员缺之繁简，无一定之例也。</u>

又定积欠铜斤限期及江浙二省委员解铜之例。湖广道御史单畴书奏言：从前八省办铜时，安徽、湖广等省于康熙六十年以前承办之铜，至今尾欠未清，恐有借词故延之弊，请彻底清查。又向来解官欠铜未交者，俱典史巡检等员，职小任重，易至误公，嗣后江浙铜斤宜委府佐领解。经户部议言：各省历年尾欠铜斤，宜照江苏、浙江办铜题定四月限期初参、二

参、三参为满之例，令各督抚将承办日久尚未清完及已报起程尚未到局之铜，速催完解，如限满不完，将各上司一并议处，勒令分赔。至从前各省解官多系杂职微员，今铜斤既归江浙二省总办，应行令该督抚选贤能府佐、家道殷实者委令领解。从之。

又更定制钱放饷为每两月一次，银八钱二配给。京畿道御史戴芝奏言：户部给发兵饷，唯二月、八月，银钱各半搭放。每逢放饷时，民间钱价暂平，过此仍贵，请将二八月对搭制钱之例，改为每两月一次，银八钱二兼放。经都察院议覆：户部支放兵饷，每月需银约及三十四万两，银八钱二兼放，则每次需钱六万六千九百五十六串有奇，每年六次，应共需钱四十万一千余串，见在宝泉局每年四十卯开铸，除给工料钱外，有钱四十万五千一百六十八串尽足搭放，应如所请，改为每两月搭放一次，俾兵民知饷钱陆续给发，则市价不致腾贵。从之。

寻户部又议准：自每年双月银八钱二搭放之外，复令工部移送钱二十万串，于春秋二八两月再增搭饷钱各十万串。

又禁云南收铜之弊，令商民得以余铜自行贩卖。户部议言：云南自康熙四十四年设立官铜店，官收厂铜，奉行已久，每易短少价值，加长秤头，以致矿民赔累，应令该督抚严行禁革。凡有官买，悉照市秤市价，出入画一，其额抽税铜，亦令公平抽纳，不许抑勒商民。至所产之铜，除抽税及官买供本省鼓铸外，有余，听民间自行贩卖流通，毋得禁遏。从之。

又停止稽查钱局满汉科道官，更定二局监督仍以一年更代。大学士马齐奏言：宝泉、宝源二局每年派满汉科道官各一员稽查，自派设以来，于钱法并无裨益，徒多人役需索①，莫若停止，专责钱法侍郎并监督等加谨鼓铸。户、工二部会议，应如所请，停派科道。至二局满汉监督，应仍于一年差满更代，以清钱法。从之。

二年，令宝源局每年开铸四十卯。先是工部钱法侍郎萨尔纳奏言：宝源局每年额铸之钱止给匠役工价，尚有余钱，并铜、铅亦多余剩，若加铸钱，除本局炉役钱外，岁可得二十一万一百九十余串，留钱一万余串以备给发各工，其余俱交户部增搭兵饷，于兵丁甚有裨益。经户部议准：令其加铸，以二十万串移送户部，于每两月一次银八钱二定额之外，为每年春、秋二季增搭饷钱之用。至是，遂加卯开铸。

---

① 需索，寻由勒索。

又议：减江苏办五省铜额数。令福建、广东承办并定办铜官逐年更换之例。署江苏巡抚何天培奏言：从前各关差等办铜时，系洋铜、滇铜兼买，后为商人承办，专取给予洋铜。历年以来，东洋产铜有限，购办不齐，遂多积欠。自康熙五十五年改归八省份办，在江苏虽偶有迟延，犹得办完，而各省仍有缺额。至六十年，复改江苏、浙江总办，江苏独承认五省铜数，皆先发帑钱交商船出洋采买。今彻底清查，有六十一年铜八十四万六千斤系捏报起程。雍正元年，上下两运内尚该铜二百余万斤至今未能办到，细加访问，知东洋开采日久，铜矿日减，每年江、浙二省铜商出洋者不过三十六船，从前每船载铜九万五千斤。近因采铜渐少，每船止得铜七万五千斤，约收江南海关者十八九船，合计可得铜一百三十四万斤，止敷承办一半之数，尚需一半，实属无从采买。请江苏亦照浙江之例，认办三省铜数一百六十六万三千二百斤，其二省铜数一百十万八千八百斤，应请另派产铜之省承办。至于办铜官宜令逐年更换，不使屡年压欠，以杜移新掩旧之弊。经户部议准：令江苏承办本省及安徽、江西三省铜数，其余福建、广东二省额铜，该省地皆近海，可以收买洋铜，应交二省巡抚，于雍正三年为始，仍照旧额承办，分解户、工二局。至办铜之官，令各省一体逐年更换，着为定例。

又申定办铜逾限处分。户部钱法侍郎托时奏言：从前八省份办铜斤时，曾拖欠一百一十余万斤。自归江浙两省至今，又已亏欠铜三百八十八万余斤，皆由初次、二次违限，不过止将承办官降级留任，其原委上司，并未明定有议处之例，至已经起运之后，亦未计程立限，请再行严定处分。经户部议覆：嗣后办铜，每年上下两运，仍于四月、十月起解，如报解，初次逾限，承办官革职留任，委办上司官降二级留任，展限四月，戴罪承办，如仍未完，承办官革任，交刑部治罪，别委贤员接办。如有亏缺，着落家产追赔，委办上司官降二级调用，并令分赔。如参后六月内办足者，准其开复。二参四月内能完三分之二者，免其革任。再限四月，照数办足，如仍未完，承办官从重治罪，委办官降调分赔，至该抚已报起解之后，上运准其于本年九月、下运准其于次年三月到部，逾限不到，领解官革职戴罪，管解委解上司官降三级留任，并将沿途官弁照催行粮船不力之例题参，其铜斤如有亏缺，着落本解官追赔，委解上司官分赔。如参后六月内解部交完者，亦准其开复。从之。

又行收买旧铜之令。户、工二部议言：京局每年铸钱四十卯，需铜甚多，见在办铜之省不能如期接济，应照康熙五十五年之例，收买旧铜掺用，除远僻之省载运维艰，毋庸知照①，并不足六成之低铜不准收买外，应令近京各省并札行顺天府及京局监督出示晓谕②，毋论旗人、民人，有愿将旧器皿废铜运送到局者，不拘多寡，随到随收。钱法侍郎预向银库领银储局，每斤给银一钱一分九厘九毫，俟各省解运红铜足用之日，即行停止。如各省采办额铜之外，收有废铜，亦准解部，照废铜价值题销③。从之。寻又议定：商人得自备资本收废铜交纳，其自外省收买送局者，每斤给银一钱五分。在本京收买者，仍照前定价值。如有红铜，每斤给银一钱七分五厘，户部给予路引，听往各省收运。

又议：减浙江办铜额数，令湖北、湖南承办。先是，浙江巡抚黄叔琳以洋铜出产不敷承办三省之数，滇省距楚甚近，请分令湖北、湖南委员办滇铜运解。部议：滇省见在开铸，即有铜斤出产，非从前俱听商贩者可比，应毋庸议。至是，以办铜洋船皆系预领价银，浙江先后已发银六十余万两，而铜斤解部者甚少，不独铜期久误，抑且铜价虚悬，巡抚请再筹变通。经户部议：准自雍正三年为始，将浙江铜数分出二省交与湖北、湖南承办，每省仍各解宝泉局铜三十六万五千四百二十三斤，宝源局铜十八万八千九百七十七斤。浙江既止办一省额铜，减数已多，令将累年积欠全行完解。

又禁直省收纳钱粮银匠估色之弊。刑部尚书励廷仪奏言：完缴钱粮，例易银上纳，民间买卖色银未必即系足纹，必投银铺倾镕，而后入柜，官银匠当倾镕之时，每苛估成色，横加勒索，各有戳字为认。逮州县折封后，再发匠另镕大锭，方始解布政司，银匠见非其字戳，必以成色低潮禀官，责令完户重补，以致重耗累民。嗣后请严禁银匠借口成色、包揽需索之弊。经九卿议言：直省州县解司钱粮，例凿有州县及银匠姓名或店号，银匠之认识诚不可少，应令地方官酌量钱粮之多寡，择其信实有身家者，选用数人或十余人，听民随便赴铺倾镕，不许银匠包揽代纳，如有不肖州县设立当官总银匠，非其戳子即不准收，致有扣克等弊，督抚即指名参处。从之。

---

① 知照，通知，照会。
② 晓谕，公开明确告知。
③ 题销，奏报皇帝批准后核销。

臣等谨按：直省解银，由布政使起解者曰地丁银①，由运使起解者曰盐课银，由粮道起解者曰漕项银②，由关监督起解者曰关税银，皆必倾镕成锭，然后起解。其解银之具曰鞘，每银一千两为一鞘，或委员押解，或即由吏胥押解，例填给勘合火牌及兵牌，于所过地方拨夫抬送，拨兵防护，所以慎重帑项③也。

考古者金银皆有定式，必铸成币而后用之。颜师古注《汉书》，谓旧金虽以斤为名，而官有常形，制亦犹今时吉字金梃④之类。武帝欲表祥瑞，故改铸为麟趾、袅蹄之形，以易旧制，然则麟趾、袅蹄即当时金币式也。汉之白选与银货，亦即银币之式。《旧唐书》载内库出方圆银二千一百七十二两，是唐时钱亦皆系铸成。《金史·食货志》载：旧例银每锭五十两，改铸银名承安宝货一两至十两，分五等，此今日以重五十两者为元宝，重十两或五两、三两者为中锭所由始也。元至元三年，以银五十两铸为锭，文以元宝。嗣后或铸重四十九两，或铸重四十八两。又有扬州元宝、辽阳元宝等名色，此元宝命名之始。盖古者多以元宝之名铸于钱面，自元以后，银始蒙钱文元宝之称，于是钱面始专铸通宝字矣！其称银为锭者，考锭字，《说文》：镫也；《广韵》：豆有足曰锭，无足曰镫。又《博古图》有虹烛锭。当时皆以为器物之名。其在古之称银多称为饼，《三国志》：魏嘉平五年，赐郭修子银千饼。《水经注》：岭南林水石室有银，有奴窃其三饼归是也。亦有称为钣及笏，及版者犹之称饼之意。所谓饼者，以其倾银似饼，则与今所称锭者其式原自不同，盖今之称锭者，即古之称铤。《南史》：梁庐陵威王续子应至内库见金铤。《唐书》：太宗赐薛收黄金四十铤。《旧唐书》作梃。《南唐书》：耿先生握雪为铤，爇之成金。《五代史》：贾纬言：桑维翰身后有银八千铤。自宋以后，遂转称银为锭云。

三年，令云南各局鼓铸制钱，听其流通各省，以便民用，不必禁止出境。又申私钱之禁。奉上谕：京局每岁鼓铸，则制钱应日加增，而各省未得流布，必有销官钱以为私铸者。闻湖广、河南等省私铸之风尤甚，着各省督抚申饬该地方官严加禁缉，其私铸治罪之例当如何严定律条，着三法

---

① 地丁银，清朝实行摊丁入地后，丁税摊入地亩征收，故田赋正税又称地丁银。
② 漕项银，漕粮折征银两，由粮道送部。这部分税银称漕项银。
③ 帑项，国库款项。
④ 金梃，即金锭。

司详议具奏。

寻议言：从前定例内凡私铸之犯，分别首从治罪及各官失察处分，不为不严且密，而终未能禁绝者，盖缘私铸之利厚，奸民畏法之心不胜其趋利之心故也。查官局每钱一文计重一钱四分，鼓铸之法，由红炉翻砂、刷灰、锉边、滚边、磨洗而后成钱。今私铸钱每文止重八九分，一炉之外，别无锉滚磨洗等事，俗称为沙板，为锤扁，既省铜斤，又省工力，所以不法之徒宁蹈死而不肯悔改。伏思私铸之钱不能自用，必藉经纪为之兴贩，铺户为之掺和，而其钱始得流布。今应再通行八旗提督、五城及大兴、宛平二县并直隶各省，出示晓谕：凡经纪铺户人等，嗣后私钱不许掺和一文，其从前有收买在家者，限于一月内赴官首明，量给官钱，半价收毁。若逾限仍敢掺和行使者，不论钱数多寡，俱发黑龙江给披甲人为奴。如此，则私铸之徒知私钱为无用，其风自可渐息。至地方官知情故纵者，固当从重治罪外，其不知情者、始或由于疏忽，继又恐干严例，故多因循瞻徇。嗣后凡地方遇有私铸之事，从前虽漫无觉察，今但能拿获，无论年月远近，概免其处分；果能实心查缉者，不拘本管地方及别州县，准以所获之多寡交部量予议叙。若仍行怠玩，或别经发觉，俱照旧定失察例处分。从之。

四年，定宝泉局分设四厂鼓铸，增设大使各一人。户部奏言：宝泉旧局在东四牌楼街之北，今鼓铸加增，请分为四厂，其旧厂作为公署，但以收储铜铅，不复置炉。设东厂于东四牌楼之四条胡同，置炉十二座。设南厂于东四牌楼之钱粮胡同，置炉十二座。设西厂于北锣鼓巷之千佛寺后，置炉十四座。设北厂于新桥北之三条胡同，置炉十二座。共为正炉五十座。复于东、南、西三厂各置勤炉三座，北厂置勤炉一座，共为十座，以备铜铅多余加卯鼓铸。至旧局向设大使一员，今既添四厂，应增设大使四员，各分厂办理。从之。

又令宝泉、宝源二局每年各开铸四十一卯。

又严造用黄铜器皿之禁，令交官收买。先是，正月，大学士、九卿等议言：奸民销毁制钱，改铸铜器，从前立法甚严而终不能禁止者，缘定例之时，但禁将来未造之铜器，而已成之铜器置之不问，民间总有新造，亦必托名已成；又新造之器唯禁五斤以上者，而五斤以下者不问，故法久玩生，仍然滥行铸造，而其弊至于销毁制钱也。今欲杜毁钱之源，唯在严禁黄铜器皿，嗣后除红、白铜不禁，并黄铜之乐器、天平法马、等子及五斤以下圆镜亦不禁外，其余一应器皿，无论大小轻重，俱不许仍用黄铜制造。倘有犯者，造卖之人，照违例造禁物律治罪。买用之人，照不应例治罪。其已成铜器有愿卖者，俱作废铜交官，每斤给价照一钱一分九厘九毫三丝之数，官吏不得扣克。

江苏、浙江、福建、湖北、湖南、广东见在办铜，其本省废铜交办铜官收买，如红铜不敷，即以此项铜器解部，扣六成红铜补额，其四成铅准扣出，另给价值，俱照例每斤给水脚价三分，其不足六成之铜器亦准收买，总照成色，递减其价，于解部时报明。至安徽、江西、广西、贵州四省虽不办铜，然与江苏、广东、湖广接壤，安徽、江西废铜归于江苏，广西废铜归于广东，贵州废铜归于湖广，令三省委官收买解部。云南见开鼓铸，所收黄铜和入红铜，扣算成色鼓铸。直隶、山东令各州县收买废铜，交布政司汇齐解交京局。直隶解送，每斤给水脚银一分；山东解送，每斤给水脚银一分五厘。至山西、陕西无水道可通，河南亦半由陆运，脚价非轻，四川有川江之险，解运亦难。此四省废铜暂收存本省，俟一二年后，视所收多寡，或本省开铸，或作何解送，各督抚再议具题。如此则私毁之弊可息，而于钱法实有裨益。得旨：依议。至是，以民间铜器交官者少，而各铺户亦仍行货卖。奉上谕：钱文乃民间日用所必需，鼓铸日增而钱不见多，必奸民图利，有毁钱造器皿之事，若不禁止铜器，则钱价究不能平。嗣后京城内除三品以上官准用铜器，其余俱不得用黄铜器皿。定限三年，令将所有悉行报出，当官给价收买。经九卿遵议：除乐器等项外，京城官民人等所有旧存黄铜器皿，俱交官领价，旗人交本旗佐领，汉人交五城御史处，随交随收。其收买银两，各于户部先行支领，存储其所收之铜，每季解送钱局，如过三年之限不交官者，照私藏禁物律治罪。其铺户有仍将黄铜制造器皿者，照销毁制钱为从律治罪。令各该管衙门，不时稽查；各直省应请俱照京城例定交收。上命，先于直隶各府并各督抚驻扎之省城试行收买。

寻复申谕：都察院、五城御史及八旗官员等，朕为销毁制钱之弊，是以禁用黄铜器皿，令其交官给价，专为民间资生利用起见，并非朕有需用之处而广收铜器于内府也。民间即当踊跃急公，欣然缴纳，尚何待上官之稽查催迫耶！且民间器皿不必定需黄铜，其在有力之家，则白铜、红铜皆非难得之物。至中人之家，瓷器、木器价廉工省，亦未尝不适于用，非若钱为人所不可缺者，与其藏匿在家，将来限满三年，犯禁获罪，何如早为交出，既得价值，而又受钱价减省之利益乎！着将此旨通行晓谕知之。至五年四月，令各省所属府州县地方皆一体禁饬。

九月，奉谕：各督抚等，前禁铸黄铜器皿及官民不得滥用，曾谆切详谕京城，见今奉行维谨，钱价已觉稍平。乃近闻各省城铜器铺内仍用黄铜铸造者甚多，此明系督抚不实力奉行，徒以告示虚文掩饰而已。朕时时谕内外诸臣，若所颁旨有不便于民之处，即当据实敷陈，请弛其禁，断不可阳奉阴违，有失为政之体，督抚等宁不闻之乎！朕向因制钱日少，即知有销钱铸器之弊，嗣于京城内屡次拿获销毁制钱之人，而钦差官至甘肃地方，亦见有毁钱为器者。省会乃督抚驻节之区，耳目最近，政令易行，非若远乡僻壤之难于稽查也。朕为制钱筹划焦劳，各地方官办运铜斤亦甚费跋涉之苦，然后官局得鼓铸以供百姓之用。夫以铸钱若此之难，而奸徒射利，竟将已成之钱复营销毁，蠹国害民，孰大于此！故禁用铜器者所以杜毁钱之源也。今后各督抚务实心遵奉，倘仍前疏忽，定严加处分。至从前曾议三品以上许用黄铜，今犹觉滥用者多，以后唯一品官之家器皿许用黄铜，余着遍行禁止，有藏匿私用者，概以违禁论。嗣是各省遵旨奉行，将所收铜器斤两于年终汇题，其三年为限之例，以交铜未尽，复陆续定议，展限收买。

臣等谨按：自贾谊以收铜为七福可致，唐刘秩"货泉议"亦终之以铜不布下。禁铜之令，古人多有行之者，然其间亦各有辨。考之前史，宋孝建三年，曾禁用铜器。唐开元十七年、大历七年、贞元九年、元和元年，并申其禁。太和三年诏，惟鉴钮钉环得用铜，余皆禁之。会昌时，以铜像钟磬皆归巡院。晋天福三年，亦禁民作铜器。周显德元年，令民间铜器悉输官给直。宋绍兴二十八年，命取公私铜器悉付铸钱司，民间不输者罪之。盖当时皆以乏铜为患，故议收铜于上，以为官钱之用。贾谊所谓"上挟铜积以御重轻，货物必平"、刘秩所谓"禁于人则铜益贱，而钱之用给者"是也。若国家铜产丰饶，矿冶之利自足以流转而不穷，原无藉民间所有之铜，用充鼓铸。特是欲绝毁钱之源，不得不严铜器之禁。是时，每铜器百斤，官给价银以十一两九钱而赢。铸钱除工料外，以每串为银一两计之，实止得银八两四钱有奇。其各省之奏销者，江南铸钱二十串，需银二十四两一钱而赢，浙江铸钱二十串，需银二十五两五钱而赢。是同一禁铜也，古者专欲为利于国，而我朝之暂行于一时者，专欲止弊于民，故并不惜多费帑金以为之调剂。彼前代权宜之术，又岂可以同日语哉！

又定各官收禁私钱不力处分，署山西巡抚伊都立疏言：民间行使私钱，应官为收买。但地方官奉行不力，向无议处正条，年终报部时，并无起解。请严定处分。经户部议，照失察私铸之例。得旨：如此定例，则地方官自顾考成，必至奉行严迫，生事扰民。闻向来晋省民间所用多系小钱，只应设法渐次收禁，若通令将小钱收买，而大钱未议及如何行布，民间日用未便。着另议具奏。

寻议令：该抚试行收买，宽限三年，俟将来大钱流通，然后尽行收禁。倘逾限，犹有私钱事发者，将奉行不力之地方官失察每起降职一级，至四起降四级，俱留任。俟另有缉获私铸之案，仍照次数还职。如失察五起以上者，降一级调用。其各省收禁私钱，俱照此例。

又停云南大理府、沾益州鼓铸。增云南省城及临安府局炉座铸钱，发运各省，并准于鼓铸正额①外加带铸钱及外耗钱。先是，三年，已议减大理府、沾益州局炉七座，至是，总督鄂尔泰以所铸之钱难免多壅，题请概行停炉。已下部议。嗣复请裁去大理府、沾益州二局，存留二局铸钱发运外省易银还滇，庶无阻滞。省城一局，本省疏通既易，且至蜀至楚路皆易达，旧设炉二十一座，今拟加炉四座。临安一局附近粤西，至广最便，旧设炉六座，今拟加炉五座，共设炉三十六座。至于解送各省，尚需脚价，拟于每炉每卯添铸铜铅一百斤，名曰带铸，所得息钱，以为运价之用。又从前开局时，每炉每卯铸正额铜铅一千斤，准耗九十斤，止作正铸九百一十斤外，仍加铸铜铅九十斤，名曰外耗所得息钱，以为添给在局官役养廉②工食之用。带铸钱只给物料，不给工食。外耗钱只给铜铅，不给工料。俱请照正额之例，一体动支银两，以为采买铜铅之本。经户部议，如所请。其鼓铸制钱，除本省搭放流通外，以四万串发运四川、湖广、广西等省，令各督抚动藩库银，每制钱一串，易银一两，交云南解官领回接济工本。各省所收钱，搭放兵饷，如钱轻薄不合式，许各督抚参奏。将云南监局官交部议。从之。

———————

① 正额，指以定额的铜斤铸造定额钱币数。
② 养廉，在正式薪俸之外，另给补贴，以养廉洁之心。

又增户部宝泉局笔帖式二人。

五年，令宝泉、宝源二局以所收铜器于定额之外加卯鼓铸。

<u>臣等谨按</u>：两局加铸，初自六卯，递增至十五六卯不等，各设勤炉添铸，岁无定额，皆在正卯之外。其每年配铸铜铅之正额，仍为四十一卯。自雍正十年以后，宝源局减正额为三十七卯。至十三年，复各为四十一卯。

又定以铜铅各半配铸制钱。

<u>臣等谨按</u>：是年，宝泉、宝源二局，照例配铸。其云南各局及嗣后所开之贵州局、四川局，以铜质高低不一，兼之沙水异宜，仍以铜六铅四相配。至乾隆五年，改铸青钱，始照京局一例配铸云。

又议：转运云南铜斤，令江苏、湖北、湖南收买解交京局。云南总督鄂尔泰奏言：滇省自增开汤丹等厂以来，采铜有效，已于上年题定额课，见在矿产增盛，除供本省鼓铸一百余万斤外，核算雍正五年份铜斤可余二百数十万斤，但铜多本少，不敷官买，请动支盐务盈余银两收铜，转运至江南等省，令收买还项。经户部议言：见在唯江苏一处尚办三省铜数，湖北、湖南、浙江、福建、广东五省各办一省铜数，除福建、广东二省从无迟误、浙江见已开洋、毋庸别购滇铜外，其湖北、湖南以采买维艰，每逾定限，而江苏则积欠滋多。正宜急为变通，应将滇省余铜令该督动盐务银六万两收买，委员以一百余万斤运至汉口，以备湖北、湖南采办之用；以一百余万斤运至镇江，以备江苏采办之用。各省办铜定价，每百斤十四两五钱，水脚三两，合滇铜每百斤价银九两二钱，加以运至汉口、镇江水脚需十三两以外，将来再由汉口、镇江递运至京，尚需水脚三两，较之原额亦稍有节省。江苏、两湖所买滇铜，均作雍正六年额办，不必拘旧例分上下两运。倘有不敷，另行补足。总以不缺额数，不逾六月到部为率。江苏于雍正六年所收洋铜以抵历年旧欠，其滇省将来出产之铜，盈缩难以悬拟，令该督扣定年限，将所获铜数预行题明，以便知照各省采办。至此项铜斤既系官收官卖，经过关津，毋得抽课，当即验明放行。从之。

又更定宝源局移交户部放饷钱额数。先是，定户部放饷，于二、八两月取宝源局钱二十万串，配银增放。四年，以工部不敷支用，议：每年止交户部钱二万串，将户部二、八月增搭饷钱之例停止。至是，工部复议：定每年存留十万串以备各工取用，其余皆移交户部放饷。倘遇大工需钱至十万串不能足用者，另行奏请。

又行各省旧欠钱粮折收铜器之令。

户部奉上谕：前令各省设立收买铜器公所，选员专司其事，在司库先拨银两以为价值。但恐各州县与所设公所有隔远之处，缴纳未便，欲令民间以铜器抵作钱粮，着详议具奏。又闻外省官员欲捐买铜斤，此断不可行。地方官但能实心办理，便于公事有益，如有见将已赀收买铜器者，着照数给与价值。

寻议定：各省有旧欠钱粮，准其以黄铜器皿抵交。除四川、广西、云南、贵州四省并无民欠，安西民欠无多，其余各省令各督抚于旧欠内酌量以二十万两为率，令欠户缴纳铜器扣抵应完之数，至所收铜器中，熟铜照定价每斤以一钱一分九厘有奇，生铜价比熟铜减二，每斤以九分五厘有奇，各按成色斤两抵算。州县官不得克减价直，亦不得重秤收兑，每季将征收数目报明督抚，年终汇题，其无民欠之省份及无民欠之州县与无旧欠之粮户，有以铜器交官者，亦按生熟铜色照例给价。如地方官有借捐买名色、以贱价收买民间铜器者，该督抚即题参议处。

开甘肃鼓铸局。甘肃巡抚石文焯奏言：甘肃钱文颇杂，请动支库银二万两，收买各属户、工一厘字小钱及古旧钱废钱开局，于省城设炉十二座，钱幕满文，铸"宝巩"二字，以所铸大钱收换小钱，源源更铸，俟收尽停止。户部议，如所请。从之。

> 臣等谨按：甘肃布政使司先驻巩昌。康熙六年，于钱幕铸满汉文"巩"字，嗣于九年停止钱局，移布政使于兰州。至是年即于兰州设局，其钱幕仍"巩"字之旧，曰"宝巩"。

六年，定办解额铜分别成色之例。户、工二部议言：各省承办二局额铜四百四十三万五千余斤，每斤定价一钱四分五厘，向系一例支销，并未分别成色，但解到铜斤不能一色纯熟。若不为收受，不唯解员往返苦累，亦恐各省铜产不同。请嗣后除净铜照例给价，如有块铜及广条、蟹壳等项不足成数者，即令监督同解员估定成色，弹兑交收①。行文办铜本省，减价报销。至于钱局，亦照所估成色，分别配搭，每开铸铜铅百斤，如九成铜以铜六十斤铅四十斤配铸；九五成铜以铜五十五斤铅四十五斤配铸。从之。

又定宝源局增设新厂鼓铸。工部奏言：宝源旧局向在朝阳门内之西南，今鼓铸加增，请照户部分厂之例，添设一厂于崇文门内东之泡子河旧厂，置炉十二座，新厂置炉十三座，共为正炉二十五座，仍于旧厂置勤炉六座，以备铜铅多余加卯鼓铸。从之。

又停甘肃宝巩局鼓铸。署甘肃巡抚张廷栋奏言：甘省收买小钱，改铸大钱，未免扰民，请暂停鼓铸。户部议，如所请。得旨：从前石文焯请收小钱开铸，朕谕以开铸一事，当详细斟酌，若因不能禁止小钱，欲藉此为良策，恐未必所毁之铜能敷鼓铸之用。小钱之禁，不可急骤，应暂缓候旨。乃石文焯复行具请，始准其行。不意收钱开铸之弊烦扰如此，着即行停止。

七年，申定钱直。户部奉上谕：钱为国宝，固贵流通以利民。然必权衡轻重，使得其平，方能便民用而无弊。近闻直隶及奉天等处钱价过贱，民间贸易，物价必致亏损，且恐奸弊从此而生。着该督及奉天府尹饬地方官通行晓谕，嗣后每银一两，止许换制钱一千文，并着该部行文各省，一例遵行，以为经久平准之定则②。

又定宝泉局大使用户部笔帖式办理，以五年更代。户部奏言：宝泉旧局及新分四局共设大使五员，伊等约束工匠，看守物料，均关紧要。而部选者多系吏员出身，钱法重地，恐有贻误。请照三库大使之例，于户部笔帖式内拣选干练谨饬之人，令其到局分厂办理大使事务。移咨吏部注册，以五年为满更代。五年之内，谨慎无过，由部保奏，以应升之官补用；如有疏懒怠忽，即交部分别议处。从之。

又定解运铜、铅于正额外报税之例。户部议定：嗣后凡有铜、铅到关到局，令该管官察验批文，如与原解数目相符免其输税，若正额之外多出斤数，即系私贩，令其照数报税。

----

① 弹兑，指用天平称银两，必须使重量准确，《六部成语·户部·弹兑》载：凡称银，必胜天平，弹正高下如一，故曰弹兑。

② 平准，原指政府通过物价上扬时抛售物资，物价下挫时收购物资来稳定物价。此处泛指稳定物价。

又增设宝源局大使二人，用工部笔帖式办理。工部奏言：宝源局从前除笔帖式一员之外，仅有局吏四人，见今分设新、旧二局，请照宝泉局例，设立大使二员分任局务，于本部笔帖式内拣选补用，五年更代，一如户部之制。其局内原设笔帖式一员，仍照旧例，以一年更代。从之。

又令江西、浙江、湖北、湖南、河南、山东、山西各开鼓铸局。先是，正月，户部奉上谕：各省收买铜器，屡降旨令该督抚酌量可以鼓铸即为奏闻，至今未见奏到。再行文各省，但所收铜斤可设局开炉即当鼓铸，俾钱法疏通，不必拘定足放一成二成兵饷。

嗣是各省陆续奏请开铸。经户部议定，各局钱幕满文，江西南昌府局铸"宝昌"二字，浙江杭州府局铸"宝浙"二字，湖北武昌府局铸"宝武"二字，湖南长沙府局铸"宝南"二字，河南开封府局铸"宝河"二字，山东济南府局铸"宝济"二字，山西太原府局铸"宝晋"二字。

<u>臣等谨按：雍正年间，各省鼓铸，惟宝云局及八年所开之宝黔局、十年所开之宝川局，皆因矿开铸，配用铜铅。余若宝巩局则取小钱改铸，旋即议罢。是年所开之宝昌、宝浙、宝武、宝南、宝河、宝济、宝晋局及嗣后所开之宝苏、宝安局，并收买旧铜器，分别生熟铜对搭鼓铸。熟铜器每斤价银一钱一分九厘有奇，生铜器每斤价银九分五厘有奇，亦有每铜八斤内仍加用铅七、八斤者，皆随各省斟酌题定后，以废铜铸完。各局于雍正十三年以前，次第停止。宝济局于乾隆三年停止。自乾隆五年以后，江苏、江西、浙江、湖北、湖南、山西诸省，各随水陆之便，分买东洋、滇南等处之铜，复行开局。</u>

又令：增拨云南局钱运往广西。户部议言：粤西距京遥远，制钱从未到粤，民间所用多系私钱，每年虽有云南拨钱二万串，不敷流转，应令滇省增拨钱文。寻经云南总督鄂尔泰奏定：从前原议每年以钱四万串分运四川、湖广、广西，见在两湖已经开局，四川钱价平减，亦已停运，请于省城、临安二局岁拨钱六万二千串发运粤西，沿途经过该省右江、左江地方，即酌定数目，顺便截留，以为搭放兵饷、俸工之用。俟运至桂林省城，即从司库照例易银给滇员领回，归还原本。

八年，定广东办解滇铜之例。广东总督郝玉麟奏言：广东从前承办洋铜，近缘洋铜竟不到粤，办员俱领价赴滇买回毛铜，至粤熔化成条，然后起运。每百斤几需银二十两，赔累实多，而到部之铜，成色仍有耗折，且自粤至滇间关万里，势不能依限完解，请酌增水脚。竟令从滇买铜起运至京，有铜色不足，照例添补，可免重复亏折，且不致往返稽迟。经户部议言：滇省每年余铜约一百六七十万斤不等，除湖北、湖南收买外，其余运至镇江，备江苏收买之用。近因江苏以滇铜成色斤两不足，已议全购洋铜。嗣后请令云南将每年余铜扣出广东额数，仍拨运至汉口，令广东委员收买，即从汉口起运，其水脚仍照定额支销。从之。

又议：减江苏办铜额数，令安徽、江西承办。并定八省份办洋铜、滇铜之令。江苏巡抚尹继善奏言：江苏额办三省铜斤，必分员承办，而本年铜斤未完，来年发帑之期又至，通省各官人人办铜尚在不敷，安能择人而委。查福建见在委员在江苏办理，请令安徽、江西亦照旧额分办。经户部议准：自雍正九年为始，将江苏铜数分出二省，交安徽、江西遴选大员，领本省司库银亦赴江南海关募商采办。嗣后，八省份仍各办一省铜数。江苏、安徽、江西、浙江、福建五省份办洋铜，湖北、湖南、广东三省份办滇铜，各依限如额起解。

又开贵州毕节县鼓铸局。先是，贵州于雍正元年议开铜矿鼓铸，督抚以黔省汉苗杂处，用银沿袭已久，若以钱文搭饷，领运既难，流通无时，请停止开采。至是，复以威宁州采铜有效，而大定府境内又产有铅矿，巡抚张广泗奏请开局，于毕节县城设炉十座，钱幕满文铸"宝黔"二字，每年开铸三十六卯，每炉每卯照云南之例，铸正额铜铅一千斤，带铸铜铅一百斤，外耗铜铅九十斤。该县与铜铅各厂道理相近，且邻接滇省之汤丹等厂，如数有不足，即采买滇铜添补，以所铸钱配给官兵俸饷。户部议如所请。从之。

九年，设立宝泉局，铜色对牌。户部奏言：各省办解宝泉局额铜，向例洋铜作为十成，广条作为九五成，块铜蟹壳作为九成，匀配鼓铸。今各省解到铜斤，每种各有高低，收兑时若但照铜名核算成色配铸，必至亏折。嗣后请设立铜色对牌，以八成、八五、九成、九五、十成分为五牌，凡铜斤到局，令解官与监督从公较对，除八成以下者不收外，八成以上者俱照成色秤收，核算价值。但照牌定估恐或过苛，应将估定八成以上者作为八五，八五以上者作为九成，九成以上者作为九五，九五以上者作为十成，其有包裹铅渣及黑暗灰色之铜，令办铜官家人公同解铜官熔化净铜，照斤数作十成兑收，亏折者补解，则办员不致滥收低铜，解员可以免于争执，而匠役人等亦永杜包揽需索之弊。从之。

　　臣等谨按：是年，宝泉局设有对铜牌，其有应交宝源局铜斤，即由宝泉估验成色，移会工部。至十一年八月，宝源局亦照式设立对铜牌。

　　又定制钱放饷成数、每季具奏之例。先是定每两月一次，银八钱二配给兵饷。八年，改为每月银九钱一搭放。至是，户部复议：定本年饷钱，单月以一成搭放，双月以二成搭放。嗣后每月饷钱以钱数之多寡，酌定一成二成，或增至三成，按季具奏配给。

　　臣等谨按：各省制钱配饷，亦视铸钱之赢缩以定多寡之数。自雍正五年户部奏明，各省兵饷多者至一百四十万余两，少者三十万余两，其余皆百万两，内外饷多之省，以一成钱搭放，需钱十四万余串。饷少之省以一成钱搭放，需钱三万余串，二成钱各倍之。如云南于雍正四年定省城局钱配给，在省之督标①及城守等八营、近省之奇兵、武定等营二成兵饷，临安局钱配给。临元镇标及新嶍、元江等营二成兵饷，其驿堡夫役工食等项，并以银七钱三配给。贵州于雍正八年定除新辟苗疆暂缓搭钱外，其省会通衢地方以银九钱一，其地居腹里、汉夷相间者，以银九五钱一成之半配给。其逼近苗疆、夷多汉少者，从减配给。通省官役俸工以半成配给，惟各官养廉概以二成配给。至十三年，以增添营制官兵不敷配搭，复定原议，二成搭放者改为一成，一成搭放者改为半成。四川于雍正十年定省城满汉兵饷以银八钱二，各营离省近者以银八五钱一五，稍远者以银九钱一，更远者以银九五钱一成之半配给。其各官养廉，亦照远近分别配给。寻以出钱不敷，复定省城等处各标营兵饷，均以一成之半搭支，其随时增减，皆听各省自为核定奏报。

　　又更定江苏、浙江办解洋铜展限之例。户部议定：江苏、浙江采买洋铜不能如期起解，已递将定限推迟，今若令仍照原定四月十月起解之限，

---

① 督标，总督直辖的绿营部队。

势必不能。查洋船必趁西北风出口，东南风回棹①，大率每年皆冬去秋还。应将采办洋铜之江、浙二省上运俱展四月之限，于八月内起解。下运铜斤，本与上运一同领银出口，纵使洋船到有先后，至十月内亦可购足。应宽限两月，于十二月起解，如逾限不解，照例议处。至安徽、江西、福建三省及办滇铜之湖北、湖南、广东三省，尚无迟误，仍照定限起解。

又令江苏、浙江兼办滇铜。户部议言：滇省每年产铜，除存留本省鼓铸及供湖北、湖南、广东采办外，尚有余剩可供江浙收买。只因江浙办铜，每百斤十四两五钱之内有节省银一两五钱，洋铜每百斤定价银十三两，滇铜运到镇江口，每百斤需价脚共十三两二钱，又或铜色不足，平秤稍轻。是以江浙办员但买洋铜，宁蹈迟延之处分，不能于十三两外另为赔补。嗣后，应令江浙督抚每年除额办洋铜之外，再预发银两兼采滇铜，如有成色及平秤不足者，总以节省银两补算，每百斤以十四两五钱为率，布政司发价时不得预扣节省。其安徽、江西、福建三省办铜，本无节省一项，亦应听其兼采滇铜，以补洋铜之不足。从之。

又严贩运及囤积制钱之禁。户部议言：民间钱多则价减，钱少则价增，应令顺天府提督衙门、五城御史不时巡查，其有贩运出京者，即行究处。至京城内有奸民勾结经纪，预发本银②，于大小铺户收买制钱，居奇囤积，俟钱贵始行发卖，名为长短钱，亦应严行查禁。从之。

又开江苏、安徽鼓铸局。户部议定：江苏开局，于苏州府设炉十二座，钱幕满文铸"宝苏"二字，每月开铸二卯，每卯用对搭生熟铜二万八千八百斤，铸钱二千九百九十四串有奇。安徽开局于江宁府，设炉四座，钱幕满文铸"宝安"二字，每月开铸二卯，每卯用对搭生熟铜九千六百斤，铸钱九百九十八串有奇。

臣等谨按：是时，安徽布政使司驻扎江宁府城，故江宁局钱幕用"宝安"字。

又停河南宝河局、山西宝晋局鼓铸。

十年，定工部宝源局监督以二年期满，并定满汉二员新旧互相更代之

---

① 回棹，船只返航。
② 本银，本钱，资本。

例。工部奏言：宝源局监督专司收纳铜铅，鼓铸制钱必得谙练之员方克胜任，向例以一年为满，即行另派，应改为二年期满。至每逢差满之时，若满汉二人一同更替，恐新派者仍未能熟悉，并请嗣后满汉二员新旧互相更代。从之。

又开四川鼓铸局。先是，四川于康熙四十二年奏开宁远府属各铜厂，至雍正元年已请鼓铸，以矿砂未旺，复经议停。至是，巡抚宪德奏请开局，于省城成都府设炉八座，钱幕满文铸"宝川"二字，每年开铸二十四卯，用铜铅三十二万斤，采买滇铜及黔铅应用，如本地采得矿铜，亦即添补供铸，以所铸钱配给兵饷及各官养廉。户部议，如所请。从之。

停江苏宝苏局鼓铸。

十一年，定各省办铜预颁布铸法码。户、工二部奏言：各省解到之铜，赴局交收，用部定砝码弹兑，每与批解数目短少，其故因从前采办皆用市秤，视部法较轻，是以数目不符，其所缺之铜，行令补解，往往承办之员与领解之员互相推诿，以致不能按期缴纳。请嗣后江苏等八省皆照依部存经制法马，每省铸给四副，令各督抚将上下两运额铜俱照部颁砝码兑收兑解，不得仍用市秤。并将所颁法马令领解官携带至局，收铜之时，监督将局存砝码较准合一，然后兑收。至云南省亦应铸给砝码一副，各省赴滇办铜照此收买。从之。

又议开云南东川府局铸钱运往陕西。户部议言：陕西钱价昂贵，应令云南岁铸钱十万串发往易银还滇。其开铸钱局，令该抚相度水陆适中地方。寻云南巡抚张允随奏请开局于东川府，设炉二十八座，每年用铜铅一百一十九万九千五百斤有奇，其铜即由东川府属之汤丹厂采用，其铅由曲靖府属之卑淅块泽厂采用，钱幕亦铸"宝云"二字，定于十二年开铜所铸钱，发运陕西，分头运、二运、三运，令陕西委员接解，每串合工本脚费银一两一钱一分六厘有奇。

又定查验采办洋铜之例。户部议言：各省出洋办铜商人，每因限期宽裕，将本年所领帑项营运射利，新旧挪移。嗣后令各督抚严饬办铜官秉公发价，其承办之商先查明于何处出洋，知照出口泛弁并地方官自该商领银之日为始，定限两月，置货齐备，报知该汛官，并查明果否系采买易铜货物验放出口，一面报明督抚，并取该员等印结备案。如有逾限，并无货物出口，或非采买易铜之货，即将该商严究，着落家产追赔帑项。至洋船进口之日，亦令该泛弁并地方官查明系某省铜商及载铜数目通报该督抚，定限于一月内将铜船进口日期及斤数先行报部查核,一面即委官起解。从之。

又停江西宝昌局、浙江宝浙局、湖北宝武局、湖南宝南局鼓铸。

十二年,复定钱制每文重一钱二分。

奉上谕:鼓铸钱文,专为便民利用。铜重则滋销毁,本轻则多私铸,原宜随时更定,筹划变通,斯可以平钱价而杜诸弊。顺治元年,每文铸重一钱。二年,改铸一钱二分。十四年,加至一钱四分。康熙二十三年,因销毁弊多,仍改一钱。嗣因私铸竞起,于四十一年又仍复一钱四分之制。迨后铜价加增,以致工本愈重。朕思钱重铜多,徒滋销毁,且奸民不须重本便可随时镕化,踩缉殊难,非若私铸必须有力之人、兼设有炉座器具、易于查拿者可比。若照顺治二年例,每文铸重一钱二分,在销毁者无利,而私铸者亦难,似属权衡得中。着九卿详议具奏。

寻议言:宝泉、宝源二局,见在每年正额铸钱六十万二千六百八十七串有奇,每串需工本银一两四钱三厘有余,以钱一串抵银一两计之,每年约亏折银三十万两,以致不肖奸民,肆营销毁。嗣后应改铸每文重一钱二分,则钱本稍轻,每年节省铜铅约各五十一万斤,计可共节省银十二万八千七百余两,而销毁制器与买铜私铸均无利可图,实可永远遵行。请将钱样颁行,开铸之各省一体照式鼓铸。务令分两准足,磨鑢精工。至见行一钱四分之钱,若分别增价恐不便于民,若复行改铸亦无裨于国计,应仍一体行使,如有私营销毁者,不时查获治罪。从之。嗣复经户、工二部议定:见在宝泉局正额四十一卯,宝源局正额三十七卯。向例,宝泉局每卯用铜、铅十二万斤,宝源局每卯用铜、铅六万斤,每铜铅百斤铸钱十串四百文,给匠工物料钱一串九百五十九文。今新制钱每文改轻二分,宝泉局每卯节省铜铅一万七千一百四十三斤,宝源局每卯节省铜铅八千五百七十一斤。除铸造之匠役工食应照旧支领外,至所用铜、铅较少则熔化铜铅之煤罐物料亦视前较少。核算宝泉局每卯应减物料钱一百四十七串六百文,宝源局每卯应减物料钱七十三串八百文,按卯交库备用。嗣后宝泉局每卯用铜、铅十万二千八百五十七斤有奇,铸钱一万二千四百九十八串有奇,给工料钱二千二百三串二百文。宝源局仍视宝泉局之半核算。

又定贵州办解京局额铅,停商人承办之例。自京局改定铜、铅对铸,每年增办铅至三百六十六万斤,向由商人采办,每斤给价银六分二厘五毫,水脚银三分。至十一年,以铅价平减,各商呈请每斤节省银一分五厘，定价四分七厘五毫。至是，户、工二部遵旨议言：贵州之莲花、朱砂等厂所产白铅，岁不下四五百万斤。各厂定价每百斤银一两三钱，较之商办实多节省。请自雍正十三年为始，令贵州巡抚委员照额收买，分解户、工二局，每百斤给水脚银三两，照办铜之例分为上下两运，上运于四月起解，十月到部；下运于十月起解，次年三月到部。如有迟误，将承办之员照例议处。其商办之铅停其采买。再湖南桂阳州、郴州铅矿，每年抽税铅约五六万斤，向系附商人额铅解部，今商办既停，应令湖南巡抚委员运解。从之。至十三年，以湖南铅厂矿砂渐微，题请暂行封闭，其京局鼓铸全用黔铅。

又议：开云南广西府局铸钱运京，停湖北、湖南、广东办解滇铜。奉上谕：见今五省办洋铜，三省办滇铜，朕思与其令三省办铜解部，莫若即令滇省就近铸钱运至四川之永宁县下船，由水路运赴汉口，搭附漕船解京，可省京铸之半。

经户部议言：湖北、湖南、广东三省每年额办滇铜一百六十六万三千二百斤，每百斤价银十四两五钱，若即在滇照厂价买铜铸钱，较运京鼓铸实多节省。应令云南铸出钱文运赴汉口，照运陕钱之例，每百斤给水脚银二两三钱五分，其附搭漕船运至通州，毋庸议给水脚，至通州运京，应照运铜例每百斤给脚价银一钱二分八厘，统较从前铜、铅解京需用脚价每斤三两之数亦有节省。其滇省作何添炉鼓铸，应俟该抚详议。寻云南巡抚张允随奏请开局于广西府，设炉九十四座，照旧例于正额外加带铸钱及外耗钱，每铜百斤，定价银九两二钱，铅百斤厂价二两，由厂运至府城，加脚价五钱，共享铜铅三百四十五万一千六百七十八斤，铸钱四十二万一千九百三十六串有奇。钱幕亦铸"宝云"二字，除工料并官役养廉工食外，实得钱三十四万四千六百三十二串有奇。其运道自广西府城运至粤西思恩府属之百色地方，抵达汉口，每年八九月内委员运至汉口交储汉阳县库，听楚省转运到部，总计每钱一串，自广西府至京合银八钱三分八厘有奇。嗣后以滇省运钱至京尚需时日。议湖北、湖南、广东应办丙辰年上下两运额铜，仍委员赴滇办解，于丁巳年停止。其广西府局，定于丙辰年四月开铸，丁巳年起解。

又定户部宝泉局监督以二年更代。

又定各省解铜官按运更换之例。户部奏言：各省承办额铜，其解官皆系历次领运，往来日久，与局内书役、炉头人等两相熟识，恐收铜时滋生弊窦。请行文各省，嗣后委解铜斤，遵照解饷之例，按运更换，如有递年长令管解者，即将解官治罪；原委之上司，交部议处。从之。

又停安徽宝安局鼓铸。

十三年，停云南东川府局铸运陕西钱。陕西巡抚史贻直奏言：陕省钱价已渐平减，且自陕至滇路经八千余里，水陆艰难，每年委员领解，亦不能如期接济，请停领运。经户部议，如所请。停止东川局鼓铸。

又定翦边钱禁例及各官失察处分。户部会同刑部议定：见在民间行使翦边钱，令各督抚出示严禁。其从前收买在家者，以文到一月内赴官首明，量给半价。嗣后凡将制钱翦边毁化、制造器皿货卖者，拿获之日审明，翦至十千以上者，为首之人拟绞监候。为从，杖一百，流三千里。不及十千者，为首，照毁化小制钱例枷二月，杖一百，发云南、川、广烟瘴少轻地方。为从，减一等，杖一百，徒三年。房主、邻佑、总甲十家长知情不首，皆照为从例治罪。在千钱以下者，枷三月，杖一百；地方官失察奸民翦边毁化至十千以上者，知州、知县、吏目、典史等官一起降三级调用，二起革职。知府、直隶州知州、同知、通判等官每起降二级调用，至三起革职。司道官每起降一级调用，至四起革职。巡抚每起降一级留任，至四起降四级调用，五起革职。失察翦边、毁化不及十千者，州县及缉捕佐贰官一起降二级，二起降三级调用，三起革职。知府、直隶州知州及缉捕厅官每起降一级调用，至四起革职。司道官每起降一级留任，至四起降四级调用，五起革职。巡抚一起罚一年俸，二起降三级，三起降二级，皆留任；四起降三级，五起降四级，皆调用；六起革职。如数止千钱以下者，州县等官降一级留任。凡经纪、铺户有收买翦边钱掺和货卖至十千以上者，发云、贵、川、广烟瘴少轻地方。不及十千者，杖一百，流三千里。千钱以下者枷一月，杖一百，其并无收买货卖、一时未及交官或数至十文、五文难以交官者，令交地方保甲岁终汇缴。如行使者照不应重律，杖八十。地方官不行严禁以致民间仍有行使者，照收禁私钱不力例，按起降级准其戴罪。于一年内有缉获私钱之案，每起还职一级，失察五起者降一级调用。其奸民将钱锉磨薄小取铜求利者，旧例议以满杖①，亦属太轻，应令以文到日为始，如有拿获者，不分首从，枷三月，杖一百。互详刑考。

---

① 满杖，清代刑罚名，即杖一百。

皇朝文献通考卷十六

钱币考四

乾隆元年，颁行"乾隆通宝"钱。先是，雍正十三年九月，大学士等以皇上御极，定于明年改元乾隆，所有开铸钱文，应用乾隆通宝，请令钱法衙门行知宝泉、宝源二局改铸。寻于十月户、工二部将铸成钱式进呈，至是，颁行天下，令各省局照式鼓铸。

又更定办解京局铜数，并定江浙海关分办洋铜之令。署江苏巡抚顾琮奏言：京局铜斤，见在滇、洋兼办，请嗣后洋铜一项减少数十万斤，则东洋出产宽裕，商船之返棹自速。至各省承办洋铜，向系委员赴江浙海关采办，每年道府轮派，隔省地方情形未悉，每致招商不实。查洋船出口、收口俱由江苏上海、浙江宁波二海关查验，为办铜扼要之地，向委道员管理，请即将该道加以兼管铜务职衔，责令招商办解洋铜，庶无贻误。经户部议言：前定五省办洋铜二百七十七万二千斤，三省办滇铜一百六十六万三千二百斤，共计四百四十三万五千余斤。但两局所铸钱，从前每文重一钱四分，嗣后改轻二分，每年只需铜三百三四十万斤，见今两局尚有余铜，应如该抚所请，减少额数，每年以四百万斤为率，滇、洋两处各办二百万斤，除湖北、湖南、广东应办铜数已留滇铸钱解京外，令滇省每年再解铜三十三万六千八百斤交局，以足二百万斤之数。其额解洋铜交与江苏、浙江管理海关道员承办，每处各办一百万斤，将管关道员官衔内加"监督某处海关""兼办铜务"字样换给关防。至安徽、江西、福建三省，即停其办铜，以归画一。嗣后洋铜既归江浙海关专办，以本省之官辖本省之商，不唯呼应得灵，即众商之身家饶乏亦易于稽查，应令该道择其殷实并无挂欠者吊验倭照，委令承办。于洋船进口时所载铜斤若在二百万斤之外，并准将余铜听①各商自行售卖，以平民间铜价。从之。

又停设铜色对牌。户部议言：解局铜斤，从来原未设立铜牌②。嗣因八省份买时不能划一办理，致滋奸商欺弊，多杂低铜，是以设铜牌磨对。今既将八省之铜归云南、江苏、浙江三处采办，所有原设铜牌即行停止，令办铜各省督抚严饬办员，务选足色净铜交部。仍令户、工二局监收之官照依未设铜牌前秉公称收，倘有掺和低铜、不堪鼓铸者，该堂官委员会同钱局监督及解官抽验熔化，将办员参处。其亏折之铜，仍令补解；至炉头、称手不得任意低昂，违者究治。从之。

又罢黄铜器皿之禁。户部尚书海望奏言：钱文为民间日用所需，近年以来，鼓铸无缺，价值昂贵，建议者莫不多求禁铜之法，而奉行不善，易致弊窦多端。夫铜器散布民间相习甚久，一旦禁使勿用，则其情有所不便，往往迁延而不缴，缴纳而不尽，缓之则互相观望，急之则百弊丛生，是以展限之奏请屡闻，收买之告竣无日，胥吏借此需索，刁民借此讹诈，得贿则卖官，法不得则入人罪，搜括难尽，用法不均，其弊一也。民隐既难上达，有司未必皆贤，民间缴纳铜器或有侵蚀扣克仅得半价者，或有除去使费空手而归者，名为收铜，实为勒取，其弊二也。此等铜质本极粗杂，加之锈坏，一经钱局熔化，折耗甚多，而工价不减，在收买之时原费帑金所得不偿所失，于鼓铸毫无所益，其弊三也。又况黄铜乃系红铜、白铅配搭而成，是以百万斤之黄铜器皿，其中即有红铜五六十万斤，今禁用黄铜而不禁红铜，是较之未禁之先，铜又多费，而适以昂其价值，速其私毁，是故未禁黄铜之先，白铜甚少，既禁黄铜之后，白铜甚多，皆奸匠销毁制钱掺药煮白以成器皿，其弊四也。凡此四弊，必当究其根源以求变通之计。夫自古铜贵钱重则易私销，铜贱钱轻则滋私铸，是以钱文轻重必随铜价之低昂而增减之。上年，世宗宪皇帝因私销之弊，饬九卿议减分数，每文重一钱二分所以调剂。夫铜贵钱重者，成效自有可观，固已不必屑屑于禁铜之末务矣。嗣后请弛铜禁，凡民间买卖悉从其便。只于云南、浙江办铜之处，立官分职，统计部用铜斤数目采办，如有余铜，任民贩卖，则鼓铸自得充裕，于国计民生均属有益。经九卿等遵旨议定：将收铜及禁铜之处，悉行停止。

---

① 听，同意，听凭。
② 铜牌，即铜色对牌。指各地民间缴纳铜器时，收铜局所所用的质量、成色标准样板铜。

又增定云南饷钱作银之数。奉上谕：朕闻云南兵饷有搭放钱文之处，每制钱一千作饷银一两，而兵丁领钱千文实不敷银一两之数，未免用度拮据，其应如何变通办理，以惠养滇省弁兵，着云南督抚会议具奏。寻议定：自乾隆二年为始，每钱一千二百文作银一两配给。

又议：令商民得自行出洋采铜。先是以洋商亏空甚多，已议将江苏、浙江两海关应办乾隆三年额铜暂停一年，清厘积欠，以杜移新掩旧之弊。并将亏空各商所有办铜之倭照，分别查收存储，按其每张定给租价。至是工部尚书来保奏言：见在户、工二局之铜，经数十年积累方得余一岁鼓铸之用，今虽停止采办一年，特权宜之计，请乘停办之年，令江浙督抚出示遍谕，有愿贩铜者官给倭照，听其出洋采取，不必先发价银，俟铜船进口时，该管海关道员酌量收买，毋许扣克抑勒，于鼓铸实为有益。九卿等议，如所请。从之。

二年，令江苏、浙江办解滇铜。云南总督尹继善奏言：京局鼓铸，关系重大，采办洋铜弊累甚深，江浙洋商殷实者本少，即停办一年亦不能全清旧欠。查滇省各铜厂较前甚为旺盛，青龙、金钗等厂除供省城、临安二局鼓铸，所余之铜，金钗厂成色原低不能解部，应招商发卖；其汤丹等厂每年可办获铜六七百万余斤，除留供广西府鼓铸，运京钱及解京铜三十三万余斤。又拨添省城局并供黔蜀二省采办外，尚可存铜三百余万斤，若悉行招商销售，公私夹杂，易滋弊端。况以内地余铜售之商贩，而京局必须之铜又办自外洋，殊觉舍近而求远，莫若将江苏、浙江应办乾隆三年额铜，毋庸停办，委员赍价①来滇，照依厂价每百斤九两二钱之数，收买解京。嗣后每至年底，滇省核实余铜数目，即先期报部，并咨江浙二省来滇采办。倘滇铜偶有不敷，亦即预行咨明，仍令海关采洋铜补足。经九卿等议定：令江浙委员照依二百万斤之数赴滇分办，仍分上下两运，照原定限期解部。

又议：将工部余钱设官局出易，以平钱直。户部会同提督衙门奏言：见在京城每纹银一两，换大制钱八百文，较之往时稍觉昂贵。盖因兑换之柄操于钱铺之手，而官不司其事，故奸商得任意高昂，以图厚利。查前因米贵，于京城内外设立米局，委官监粜，米价得平。今钱价与米价均关民生日用，事属相同，工部节慎库见存余钱八万串，请于京城内外开设官钱

---

① 赍价，携带货款。

局十处，东西南北四城共八处，东华门、西华门外各一处，于内务府、户部、刑部提督衙门各派官二员，吏、兵二部各派官一员，并委各衙门杂职等官十员，分派各局办理，庶奸商知无利可图，自必将囤积钱文各行出卖，钱价可以渐平。俟试行有成效后，就酌量奏请停止。从之。

三年，定江浙应办京局额铜归云南办解。直隶总督李卫奏言：滇铜旺盛，江苏、浙江现已停办洋铜，但若仍令委官前往采运，万里长途，呼应不灵，必致辗转贻误，不若竟令云南管厂大员办理，委官押运至京较为便益。经九卿等议定：江浙应办铜二百万斤，自乾隆四年为始，即交滇省办运，如官员差委不敷，交吏部于候补候选人员内拣选，发往委用。其洋铜一项，仍听有力之商自携资本，出洋贩运。即令江浙二省公平收买，以备就近开铸之用。

又议：停云南、广西府局铸运京钱，令即以原铜解京。户部议言：从前停止湖北、湖南、广东办铜，令云南铸钱运京，原因滇省就近矿厂，鼓铸便易，其起运钱文由四川之永宁县即可从水路直达汉口，附搭漕船解京，沿途水脚又多节省，是以定议举行。嗣因滇省附近四川地方无可建局，遂定于广西府开炉，即由广西府城陆运至府属板蚌地方，下船抵粤西之百色，中间山川修阻，水陆艰难，牛马、舟船需用既多，穷乡僻壤雇觅不易，较之自永宁直达汉口已属迥别，且因漕船不便搭解，复令楚省拨站船及另募民船应用，一切水脚费繁，不如将铜斤直解京局供铸更为便益。请以乾隆四年三月为始，停止广西局鼓铸，即令云南督抚照依原定一百六十六万三千二百斤，按年运解至京。从之。

又议：定云南运铜条例。时以停铸运京钱，定四百万铜斤尽归滇省办解。云南巡抚张允随将起运事宜分别条款具奏。经大学士等议定：一、铜斤起程，宜分八运也。每年额铜应以五十万斤为一运，委滇省现任府佐或州县官一员为正运，杂职官一员为协运，计铜四百万斤，需府佐州县八员，杂职八员。一、铜斤出厂宜分两路也。办运京局俱系汤丹等厂，铜产在深山，由厂运至水次，计陆路约有二十三站，查自厂至东川山路崎岖，难于多运，而威宁以下又当滇、黔、蜀三省冲衢①，不能多雇驼脚。今应将铜斤分为两道，各二百万斤，半自厂由寻甸经贵州之威宁转运至永宁，半自厂由东川经昭通、镇雄转运至永宁，然后从水路接运到京。一、耗铜

---

① 冲衢，交通要道。

宜核定也。汤丹厂铜多系九五成色，应于每百斤外加耗铜八斤一并缴纳，永为定例。一、余铜宜备给也。自滇至京程途万里，水陆搬运，凡磕损失落，在所不免，应于正额百斤之外，带余铜三斤，缴纳之时，正额缺少以此补足，如有余剩，即作正铜交部，归于带运数内报销。一、运脚之雇觅宜各定责成也。自威宁以下，即非滇省所辖，换马换船处，领运官势难兼顾，且以滇省之员，雇外省之脚，必致行户居奇，高昂价值。嗣后令云南巡抚于铜斤起运之前，即预行咨明沿途督抚遴选干员，督同该处地方官，俟滇铜一到，即协同领运官雇募船马，催趱前进，如有迟误，分别查参，所需脚价仍听云南领运官给发报销，至张家湾地方为铜斤起运之所。应设立铜房一所，滇省预委驻府佐或州县一员、杂职一员总管称收，转运至京交局再设监督一员，由各部郎中员外郎内拣派，驻扎张家湾，专司弹压稽查，铜斤一到，监督同转运京局之员给发领运官回文，即将运到铜斤数目，先行报部查核。一、沿途之保护宜先定章程也。铜斤经过地方，文武各官均有巡防之责，应行令各督抚饬令员弁，实力防护催趱前进，如在瞿塘三峡及江湖、黄河等处，偶遇风涛沉失，地方官选拨兵役，协同打捞，实系无从打捞者，出具保结①，题请豁免。若长运官役有沿途盗卖等弊，亦令该地方官严行查察报明，该省督抚题参论罪。一、办员之养廉宜为酌给也。查汤丹等厂收买称发铜斤，向系粮道管理，今自厂起运，凡雇备驮脚，仍照旧责成料理。其本任养廉已敷支用外，其由厂至寻甸换车转运应委寻甸州协同运员办理，由厂至东川换马转运应委东川府协同运员办理，各府州养廉仅敷本任之用，应酌行添给。至长运之府佐或州县官每月给养廉银六十两，杂费二十两。杂职官每月给养廉银三十两，杂费十五两。其在汉口、仪征等处均须换船，凡一应打包换篓搬运过载之费，令运官按日登记，回滇之时据实造报。至委驻张家湾转运之员往来京师需费颇多，府佐或州县一员每年应给银二千两，杂职一员每年给银六百两，监督一员与滇省委驻之员相等，每年亦给银二千两，统于运铜案内报销。一、办铜之工本宜为协济也。汤丹等厂出铜甚多，每百斤需价银九两二钱，每年约需工本厂费等项银五六十万两，其中拨运京铜四百余万斤，又约需脚价及官役盘费银十余万两，应令按年具题，就近拨给银一百万两存储司库，陆续

---

① 保结，旧时写给官府的，保证当事人人品清白、所涉事情真实的文书。保结的签署者要负法律责任。

动用报销，如有余剩，留作下年之用。

又令云南于正额之外加运铜斤。户部奏言：滇省解部铜斤，仅敷本年鼓铸之用，并无多余存储。查汤丹等厂近更旺盛，每年可办获铜八九百万斤，除办运京铜四百余万，加以本省及黔蜀协铸，并卖给商民共享铜，不过五六百万斤，此外余剩尚多，应乘目下加旺之时，于正额之外，令该省岁增办百余万斤运赴京局。寻议定：每年添办铜一百七十万四千斤，仍由寻甸、东川两路分运，照例每百斤加耗铜八斤，仍带余铜三斤备运，分委解铜之正运、协运各官搭解。

<u>臣等谨按：滇省办正运铜四百万斤，连耗铜三十二万斤，内解宝泉局二百八十八万斤，解宝源局一百四十四万斤，办加运铜一百七十万四千斤，连耗铜十三万六千三百二十斤。内解宝泉局一百二十二万六千八百八十斤，解宝源局六十一万三千四百四十斤。嗣后岁为定额。</u>

又定云南运铜限期。户部议定：从前江浙承办洋铜自起运之后，限以半年到京，今云南道里较远，应加展三月，限以九月到京，每运挨次计算，如有逾限，仍将领解官照旧例议处。

又增四川"宝川"局炉座。四川巡抚硕色奏言：宝川局开铸以来，兵民称便，但出钱无多，配支兵饷尚不及一成之数。近闻滇省产铜甚多，请添买滇铜配办黔铅，增炉七座，共为十五座，每年用铜铅六十万斤，铸钱七万二千八百串，除支给炉匠工价等项外，实存六万二千二百串有奇，增搭兵饷，下部知之。至十年，奏定省城满汉兵饷以银九钱一配给，其离省各营兵饷，除重庆镇中左右三营及所辖之黔彭、忠州、绥宁三营并夔州协左右及巫山、梁万四营暨川北镇所辖之太平营以领钱不便、停止搭钱外，其余无论营汛之远近，概以每银百两搭钱八串为例，各官养廉仍照旧例配给。

停山东宝济局鼓铸。

四年，令宝泉、宝源二局炉头工料钱改给银两。工部侍郎韩光基奏言：宝泉、宝源两局额铸钱各四十一卯，宝泉每年应给炉头工料钱九万串有奇，宝源局半之，共需十三万余串，是经年鼓铸之劳钱，未出局已于炉头项下耗去十分之二而有余。炉头领出钱文，非如兵民可以流通，盖兵民势处于散，炉头势处于聚。两局炉头名为七十五人，多系朋充，实不过十数家，以十数家之人而岁拥十数万串之钱，宜其囤积居奇，隐操市价之盈缩也。且局中所需工料二项，所谓料者不过煤与罐而已，民间买卖价至一二十两以上，概不用钱，何况两局每年所用煤罐盈千累万，从未见有以钱交易者。至于工匠一项，凡各匠在局日用，俱系炉头于支领项下代为买备，接卯扣算，所除工价仍系每钱一千折银一两散给，可见工料二者皆可不用钱文，以徒饱炉头之私囊也。嗣后两局铸钱，请尽数归库，每月加增成数，支放兵饷，其炉头应领工料每钱一千给银一两，于四季由户部发两局监督，按数分给，如此，则兵民俱受流通之利，而钱价亦可渐平。下部知之。

又增贵州宝黔局炉座。贵州总督张广泗奏言：宝黔局开铸以来，钱源流通，见在增改营制，添设官兵，每月关支饷银俱应以钱文搭放，鼓铸之数尚觉不敷，请增炉十座，共为二十座。所需铅斤，本省各厂所出除运解京局及鼓铸外，尚多积储，取用甚便。唯铜斤一项，虽有格得①、八地二铜厂及新开之铜川厂，出产尚不敷用，每有藉于滇铜，仍应按额向滇省铜厂添买，每年共享铜铅八十五万六千八百斤，铸钱十万三千九百五十八串三百文有奇，除去工价等项实存八万九千七百七十三串有奇，增搭兵饷。户部议，如所请。从之。寻复奏定：威宁镇标及大定、黔西、平远三协，水城、毕赤二营兵饷核定配搭数目，就近赴本局支领，近省地方兵饷及官役俸工、各官养廉令毕节局解钱至省城配给；安顺提标及安笼镇标兵饷，令解钱至安顺府库配给。

五年，定改铸青钱。浙江布政使张若震奏言：钱价之贵，实由私毁，欲清其弊，当绝其源。访之旧时炉匠，咸云配合铜、铅加入点锡即成青钱，设有销毁，但可改造乐器，难作小件，民间无利可图。随令户部试铸，每红铜五十斤，配合白铅四十一斤八两，黑铅六斤八两，再加点锡二斤，共为百斤，即铸成青钱，以所铸钱复投炉内镕成铜斤，锤击即碎，不能打造器皿，犹恐不肖奸民将铅、锡提出取铜获利，复用接红铜炉座镕试，每大钱四串，加火耗银一两有奇，分得红铜五斤八两，止值铜价银一两六钱，较之原用工本亏折甚多。经大学士、九卿议定：鼓铸钱文，专为便民利用，既可永杜私销，虽工本稍有加增，自应酌量变通。嗣后户、工

①　格得，清代炼铜厂名，地在贵州大定府威宁州，即今贵州省威宁彝族回族苗族自治县。

二局，应照式铸造青钱，与见在黄钱相兼行使，并行令开局各省一体遵照改铸。

<u>臣等谨按：《隋志》称，现用五铢钱皆须和以锡镴，《唐书》称为白钱，以其和锡而色白也。宋时永平监铸钱，用铜铅百万余斤，加锡十余万斤。明时每黄铜一斤加锡二两后每百斤或加锡十斤，或加锡六斤十三两不等。本朝于是年始加锡配铸，谓之青钱。旧时未用锡者谓之黄钱，至于明代铸法尚有松香、黄蜡、硫黄、稻草或用桐油沥青、焰硝、磁末、牛蹄等项，其后迭经减革，至国初已一并裁去云。</u>

又定贵州兼运黑铅，广东办解点锡。户部议定：两局所需黑铅应定额为五十万斤，令贵州于铅厂收买起运，将应解白铅每年减办五十万斤；所需点锡定额为十五万斤，令广东办运，均于乾隆六年为始，如额解部供铸。

又开福建鼓铸局。先是，福建于乾隆四年以台湾一郡钱贵殊常，该处向用小钱，每钱三文抵内地大制钱二文之用。从前每番银一两易小钱一千五百文，近止易八百余文，兵民交困。议将收存黄铜器皿八万余斤，先于省城开铸钱万余串，尽数运往台地搭放兵丁月饷，其福建内地办铜鼓铸之处，另行筹议。至是，以闽省内地钱价日昂，巡抚王士任奏请采买滇铜二十万斤，照鼓铸青钱之例，添办白铅十六万六千斤，黑铅二万六千斤，点锡八千斤，合成四十万斤开局。于省城福州府设炉八座，钱幕满文铸"宝福"二字，每年二十四卯，铸青钱四万八千五百三十三串三百文有奇，除去工价等项，配给兵饷。先动帑银五万两，委员赴滇办铜应用，如有洋铜进口，仍酌量官买接铸。户部议，如所请。从之。

<u>臣等谨按：嗣后宝福局每年买云南金钗厂铜，并收商贩洋铜配铸，其所需铅锡，由湖广汉口收买。寻以金钗铜多有折耗，议于十分内用滇铜四分、洋铜六分。后又以者囊厂铜与金钗厂铜对搭分买，金钗厂铜每百斤价银九两，者囊厂铜每百斤价银十一两。</u>

又议定：江苏、浙江收买洋铜价值。江苏巡抚张渠奏言：从前九卿议定，凡洋商自行办回之铜，即令江、浙二省酌量定价，收买开铸。见今洋

铜市价每百斤约需纹银二十两，与部定价每百斤给银十四两五钱者多寡悬殊，但旧时所定官价原系预年发帑，令办商置货，出洋交易，已有余利，是以不致亏乏。若收各商自贩之铜，仍照前价未免有亏商本。查从前官办洋铜，原价之外，尚有解京水脚饭食银三两。今议：酌中定价照十七两五钱之数收买，庶可源源接济，于公私两有裨益。经大学士、九卿会议，准其增价。其浙江省亦一例给发。寻复定，凡洋铜进口，以五分听商自行售卖外，其余五分江浙二省对半官收，有商人情愿贩铜者，广为设法召募，令其出洋采办。

又开江苏宝苏局鼓铸。江苏自雍正十年停铸之后，于乾隆元年以续收存黄铜器皿复请开局，二年即行停止。至是，总督郝玉麟奏言：江省钱价日昂，若待商人自办之铜收买供铸，恐不能如期应用，请先动帑银十万两，委员采买滇铜。复开宝苏局，设炉十六座，每年开铸二十八卯，用铜四十六万八百斤，配买汉口铅、锡，合成九十二万一千六百斤，铸青钱十一万一千六百九十九串四百文有奇。除去工价等项，配给兵饷，俟有商办洋铜回棹，即行发价官收，以供接铸。户部议，如所请。从之。寻复奏定：通省兵饷皆以一成钱配给，仍以所余钱运送安徽藩库搭放兵丁月饷。

<u>臣等谨按：嗣后，宝苏局每年皆系收买洋铜，偶有不敷，采滇铜添补。至十年以后，复以官商领帑分交之洋铜协济配铸，偶有不敷，采川铜添补。</u>

又增云南省城及临安府局炉座。云南总督庆复奏言：滇省钱文，因需用者众，渐觉昂贵。每年额数，除拨运粤西钱外，存留本省者止八万二千四百余串，见在矿产旺盛，请于省城局增炉十座，共为三十五座；临安府局增炉五座，共为十六座。省城局向用附近各小厂杂铜并配用汤丹厂铜，临安局向用金钗、者囊二厂铜，并配用汤丹厂铜，应如数添拨，岁可多铸青钱六万余串，其省城督标、临元镇标等营官兵俸饷，从前以二成钱给发者，请照驿堡工食之例，改为银七钱三搭放，庶流通既广，钱价日平。户部议，如所请。从之。至十五年，以二局钱文搭放三成月饷之外，尚有余剩，复议以银钱各半配给，俟积钱疏通完日，仍照银七钱三之例。

又令广东开采矿锡解京。署广东巡抚王谟奏言：粤东承办京局点锡，但本地锡山久经封闭，外洋夷商贩来之锡多少无定，多则价平，少则价昂，见在各省局多赴粤东购买，恐洋商藉以居奇渐至腾贵。查惠州府属之归善、博罗、永安、河源等县皆有锡矿，请招商开采，每获锡百斤，抽课二十斤，交官起解，再加抽十斤以充折耗及在厂杂费，余锡听厂民自行销售，以为工本，如抽课不敷额运之数，仍照市价收买余锡配解，倘课有盈余，亦尽数解部。户部议，如所请。从之。至六年，以课锡不敷，复议将余锡每百斤给价银九两收买。八年，以厂民采锡甚艰，工本不足，仍照原议，余锡听其自卖，并将广州、韶州、肇庆等府属产锡山场，各召商试采，以备移衰就旺。十年以后，定收买厂锡，每百斤照洋锡之例价银十三两五钱，其自广东运京，每百斤给水脚银一两八钱七分岁以为例。

又定云南鼓铸青钱配用版锡。户部议定：改铸青钱需用点锡，而点锡产自广东，自滇至粤，采办不易。云南蒙自县之个旧厂产有版锡，应准其就近收买，配搭鼓铸。

<u>臣等谨按：云南版锡，每百斤加耗锡九斤，定厂价银一两九钱二分七厘，嗣后宝黔局、宝川局所需额锡，亦令于云南采买供铸。</u>

又更定云南运铜之例。户部议定：滇省解铜，原分八运，每运委正运官一人，协运官一人，今应酌量变通：每府佐或州县官一人，领铜五十万斤；每杂职官二人，领铜五十万斤，先后分解。至从前运员即在寻甸东川领铜，雇觅车马，各行户每多催趱不前，有误限期，实不如专责地方官雇觅为便。嗣后铜斤自厂分运，其寻甸一路，委令寻甸州为承运官，自寻甸用车运至贵州之威宁，预先委员驻扎威宁，雇脚转运至永宁水次。其东川一路，委令东川府为承运官，自东川运至鲁甸，自鲁甸运至奎乡，即令昭通府镇雄州为承运官，并令鲁甸通判、奎乡州同协同办理雇脚，转运至永宁水次。至解京之正运、协运官，竟令其赴永宁领铜，由水路接运，按限交纳，迟误者分别交部议处。其加运铜亦照正额之例分为四运，每四十二万六千斤为一运，委员起解。

又复开浙江宝浙局鼓铸。先是，四年，闽浙总督德沛以浙省停铸之后钱文缺少，请动帑银十万两，委员赴滇采买铜斤，陆续运浙鼓铸。至是，复以收买商办洋铜，并将从前承办未经解京之洋铜截留在浙。巡抚卢焯奏请复开宝浙局，设炉十座，每年开铸三十六卯，用铜五十三万斤，加买汉口铅、锡合成一百六万斤，铸青钱十二万八千六百十三串三百文有奇，除去工价等项配给兵饷户。部议，如所请。从之。

　　臣等谨按：嗣后宝浙局每年亦系洋铜、滇铜兼买配铸。洋铜系江苏额商出洋采办，浙省照例对半分买，所用滇铜由金钗厂采买，至二十一年以后，以金钗厂铜成色甚低，议以大兴厂铜对搭分买。寻滇省以大兴厂铜添拨京运，改为大铜、金钗二厂对搭。二十七年，又以大铜厂出铜不敷，仍全拨金钗厂铜。二十八年，复拨义都厂铜一半配买。

　　更定宝泉、宝源二局淘洗余铜之例。先是，乾隆三年议定：京局连年鼓铸积存铜渣，不拘工匠、铜户及民人，尽许赴局卖出，淘洗烧炼，听其自行售卖。至是，户、工二部奏定，所有铜渣即令两局炉头随时淘洗封储，各厂俟铜足敷一卯，饬令添铸。其淘洗工价，每百斤给银四两。寻复定：每至年终，将淘洗所得余铜之数，清查奏明。次年即行附卯添铸钱文。

　　六年，复开云南东川府局鼓铸。云南总督庆复奏言：滇省开浚东川府属地方之金沙江，直通四川河道，见在将上下游大小八十三滩估勘疏凿，匠役工食需钱。查东川府附近汤丹等铜厂，前以运陕钱曾经鼓铸，旋即议停，请复行开局，设炉二十座，每年开铸三十六卯，共享正额带铸外耗铜铅锡七十三万四千四百斤，铸青钱八万九千七百七十三串七百文有奇。除去工价等项，以为给发金沙江匠夫价值之用。户部议，如所请。从之。至八年，以江工将次①告竣，需钱无多，复奏定昭通一镇及镇雄、寻沾、东川三营皆系新辟夷疆，制钱流通尚少，将该处官兵俸饷、马干②等项，以银七钱三配给。十一年，复因东川局有积存钱文，议以银钱各半配给。

　　又更定宝泉、宝源二局工料分给银钱之例。先是，令钱局、炉头、工料俱给银两。嗣因匠役食用不敷，经户、工二部奏准，工匠价酌给钱文。六年六月，以匠役首告炉头案内降旨仍俱给银两，至是，复以工价不足，将误鼓铸。奉谕：从前改发银两中有不敷之处，钱法堂官妥议。寻奏覆仍照原议料价应给银两外，工价给发钱文，炉头按卯领钱，仍照市价易银散

---

① 将次，即将，很快。
② 马干，饲马的干饲料，也指购买这种饲料的费用。

给各匠役，永远遵行。宝泉局每卯给料价银九百七十四两四钱，工价钱一千一百七十三串八百文；宝源局以半给算，料价仍按季支领，各项工价，从前每季给发一次者并按月支给。从之。

<u>臣等谨按：宝泉局每一卯用滇铜五万一千四百二十八斤九两一钱四分，用白铅四万二千六百八十五斤十一两四钱二分，用黑铅六千六百八十五斤十一两四钱二分，用点锡二千五十七斤二两二钱八分，铸钱一万二千四百九十八串，除工价外得钱一万一千三百二十四串二百文，宝源局半之。每炉额设炉头一人，其所需工价，有八行匠役：曰看火匠，曰翻砂匠，曰刷灰匠，曰杂作匠，曰锉边匠，曰滚边匠，曰磨钱匠，曰洗眼匠，例给钱文。所需料价：曰煤、曰罐子、曰黄沙、曰木炭、曰盐、曰串绳，又有炉头银、红炉匠头银及自局解部车脚，俱例给银两。凡铸钱之法，先将净铜錾凿成重二钱三分者曰祖钱，随铸造重一钱六七分不等者曰母钱，然后印铸制钱。每遇更定钱制例，先将钱式进呈，其直省开局之始，亦例由户局先铸祖钱、母钱及制钱各一文，颁发各省，令照式鼓铸云。</u>

复开湖南宝南局鼓铸。湖南巡抚许容奏言：长沙一带多使小钱，不能骤禁，亟须鼓铸大钱以便民用。因咨商滇省，知有金钗厂铜可以卖给，请动帑银，委员采运回省，复开宝南局，设炉五座，每年开铸二十四卯，用铜、铅、锡十九万六千二百斤，铸青钱二万四千串，除去工价等项，实存二万一千九十四串八百文，配给兵饷。所需铅、锡，照时价赴汉口购买。至湖南各属山矿，现议试采，俟将来旺盛之时，就近拨用。户部议，如所请。从之。寻奏定各营兵饷以每银百两搭钱五串为例，每年尚有余钱，于省城设立官局，照依市价酌减出易。

七年，令宝泉、宝源二局每年各开铸六十一卯，户、工二部议定：云南现有加运铜斤，应于京局每年各加二十卯，开铸宝泉局，岁添钱二十二万六千四百八十四串，宝源局岁添钱十一万三千二百四十二串，以备增搭兵饷。如遇闰加铸四卯。

增定贵州办白铅、黑铅，广东办点锡额数。户部议定：京局现在加卯鼓铸，每年应令贵州加运白铅一百二十五万斤，共为四百四十一万斤，内解户部二百九十四万斤，解工部一百四十七万斤。加运黑铅二十万五百七十一斤，共为七十万五百七十一斤，内解户部四十六万七千四十七斤有奇，解工部二十三万三千五百二十三斤有奇。令广东加运点锡六万一千七百十三斤，共为二十一万一千七百十三斤，内解户部十四万一千一百四十二斤，解工部七万五百七十一斤。

又开广西鼓铸局。两广总督庆复奏言：粤西久未开铸，唯赖滇省运钱以济兵民之需。查本省恭城县之回头山厂及怀集县之响水厂、河池州之将军山厂，岁约共产铜十余万斤，向系变价充饷，请即配买铅、锡以供鼓铸开局。于省城桂林府设炉十座。钱幕满文铸"宝桂"二字，每年开铸三十六卯，用铜铅锡二十一万六千斤，再加耗二万一千三百余斤，铸青钱二万八千八百串。其各铜厂若用心调剂，尚可较前旺盛，偶有不敷，赴滇采买添补，所需铅、锡，亦相度开厂以资接济，铸出钱文，除去工价等项，合之滇钱，一体配给兵饷役食。户部议，如所请。从之。

<u>臣等谨按：广西自雍正七年开采矿铜，奉定加二抽课，余铜每百斤以价银六两八钱收买。至乾隆三年，以厂民无利，办铜日绌，每百斤加至八两三钱。八年，又加至九两二钱。九年，复以工本仍旧不敷，议改为三千①抽课，余铜听商人照市价自行售卖。十一年，以三七抽课之例，试行无效，复改二八抽课，余铜每百斤增价银为十三两，并定为一半官收，一半听其通商，俾获有余利，以为资本，其鼓铸所需，多采滇铜配用。</u>

又增定云南运铜陆路脚价。户部议定：云南办运京局正耗铜及余铜共六百三十三万一千四百四十斤，分两路运至永宁，向系陆路每百斤按每站给脚价银八分五厘以及一钱三厘不等。现在马匹稀少，食物昂贵，应准其每站以一钱二分九厘二毫之数报销。

又移铜房于通州，令坐粮厅兼管铜务。先是张家湾设立铜房，每铜船到湾，监督与云南委驻之转运官按数称收，一面给发回批，领运官即回滇报销，一面自张家湾转运至京局。至是，以张家湾地方湫隘，车辆稀少，且自湾起岸至京计程六十余里，道路低洼，易于阻滞。户部议定：将铜房移设通州，令坐粮厅兼管铜务。嗣后，滇省径具批解局铜斤抵通州，交坐

---

① 原文为"三千"，疑为"三七"之误。

粮厅起运至大通桥,由大通桥监督接运至今。并令领运官自行管押赴局交收,倘有短少,亦令运官添补。其由部派往驻扎张家湾监督一员,即行停派。云南原委之转运官亦裁去一员,止留杂职一员,移驻通州协理投挈文批之事。至二十六年,复议铜斤至京,既有坐粮厅及大通桥监督为之转运,且领运官既押铜至局,则一应文批自应由运官办理,毋庸更委一员承办。令云南将转运之杂职官一并撤回。

又定铜斤自通州运局限期并预行拨解车价之例。户部奏言:铜斤到通交坐粮厅,由五稻运至东便门外,令大通桥监督用车运局统计,应定限两月,全数进局。间值漕粮同时并到及阴雨泥泞,实在不能依限到局,即令坐粮厅及大通桥监督详报仓场侍郎查明,咨部展限。至铜斤自滇至通一应水陆脚费,系给发领运官随带应用,其自大通桥运局车价银应令云南预行拨解坐粮厅存储,以待临期按运给发。从之。

又开江西宝昌局鼓铸。先是,巡抚陈宏谋奏言:江西钱文最杂,所用俱系小广钱,又掺和私铸之砂钱,其价竟与大钱相等,若即行禁止,又恐官钱未充,民用不便,唯有速开鼓铸。但本地向不产铜,采买滇铜难以按期而至,请将滇省解京铜内于船过九江时截留五十余万斤,先济急需,余俟次第筹办。得旨:铜斤运京,从无外省截留之例,但念江西钱文太少,钱价太昂,准如数截留济用。他省不得援以为例。至是,奏请以所留滇铜配买汉口铅、锡,复开宝昌局,设炉六座,每年开铸二十四卯,用铜、铅、锡三十四万三千六百斤铸青钱四万一千九百三十二串八百文,除去工价等项,配给兵饷。户部议,如所请。从之。寻复奏定,江西钱法与他省不同,十三府中,唯附近省城各属向来不用大钱,其余赣州等各府,或近闽粤,或近楚湘,制钱尚易流通,价直亦不甚贵,请自省城抚、镇两标营兵饷,每银百两搭钱十串外,其余暂缓配给,以所余钱按照工本酌定官价,发省城及各属缺钱地方铺户,源源出易,以便民用。其见用之小广钱,暂准其八折行使,以渐而减,俟制钱充裕,减至每小广钱二文作大钱一文而止。至剪边及私铸砂板等钱,即行禁革。

八年,增贵州办黑铅价直。户部议定:黔省所出黑铅取给于柞子一厂,从前于抽课之外,余铅每百斤给价银一两二钱。今矿砂渐薄,工本较重,应准其增价,每百斤以一两五钱收买解京。

又定私铸铅钱禁例。户部会同刑部议定:凡私铸铅钱,为首及匠人皆拟绞监候。为从及知情买使者,各减一等。里长知情不举,首者杖一百,不知者不坐。房主、邻佑知而不首者杖八十，徒二年。至九年，更定私铸不及十千者发云贵、两广极边烟瘴充军。二十五年，复定伙众开铸至十千以上者。总甲十家长及房主、邻佑俱拟杖徒。互详刑部。

又更定云南承办正运、加运额铜分为六运。户部议定：滇省办解京局正额铜斤，向定为八运，今应合为四运。每运委正运官一人，协运官一人，共领正铜一百万斤及耗铜八万斤，余铜三万斤一同起解，水脚杂费照数支发。其搬运出厂以九十日为一运，每年均分四运起程。至加运铜斤，向定为四运，今亦应合为二运，每运委杂职官二人，共领正铜八十五万二千斤及耗铜六万八千一百六斤、余铜二万五千五百六十斤一同起解。

又开湖北宝武局鼓铸。先是，五年，湖北巡抚张渠以楚北为水陆通衢，商贾云集，需钱最广，而各属行使多系轻薄小钱，相沿已久，请采买滇铜以供鼓铸。至是，办回金钗厂铜，巡抚晏斯盛奏请复开宝武局，设炉十五座，每年开铸三十六卯，用铜、铅、锡六十万斤，铸青钱七万二千八百串，除去工价等项配给兵饷。嗣后所需额铜，陆续委员赴滇办运，其铅锡等项皆聚于汉口镇，可以随时购买。户部议，如所请。从之。至九年，以金钗厂铜成色不足，复采买汤丹厂铜，高低对搭，于每百斤内以汤丹铜三十八斤、金钗铜六十二斤配铸。

又增定江南饷钱作银之数。奉上谕：兵饷有搭放钱文之例。江南设局鼓铸，核计成本，用银一两，铸出钱八百九十六文，是以题明，每银一两，止折给饷钱八百八十文，余钱十六文充作钱局公费及运送饷钱之水脚等项。朕思兵丁月饷仅足以敷日用，若搭钱又行扣除，则所得减少，着将江南省搭放饷银自甲子年为始，仍照定例，每银一两，给钱一千文，其钱局公费及运浅水脚准动公项报销。至见在鼓铸各省，如有折扣搭给者，亦一体加恩，照江南之例给发。

又开云南大理府局鼓铸。云南总督张允随奏言：大理府局自雍正四年停铸之后，迤西一带，制钱渐少，兵民交易不便。查迤西地方俱产有铜矿，设法开采自可多获铜斤，请复行开局，设炉十五座，每年开铸三十六卯，所需铜斤即于附近铜厂采用，如有不敷，再将迤东各厂添拨；其铅锡等项，仍自迤东运往。共享正额带铸外耗铜、铅、锡五十五万八百斤，铸青钱六万七千三百三十串二百文有奇，除去工价等项，照银七钱三之例配给提标及大理城守营、鹤丽镇标、剑州协兵饷。户部议，如所请。从之。

九年，议定：商办洋铜分解直隶、陕西、江苏、江西、湖北五省以供鼓铸。户部议言：官商范毓馪有承办运米、运盐及销售参票未完各项银一百一十四万余两，应令其办铜完补，每年办洋铜一百三十万斤，解运直隶、保定府三十万斤，陕西西安府三十万斤，江苏苏州府二十万斤，江西南昌府二十五万斤，湖北武昌府二十五万斤，于本年置货出洋，自乾隆十年为始，按数陆续缴纳，分作六年清款。其保定、西安俱系陆路，每铜百斤，合脚价以十四两核算。苏州、南昌、武昌俱系水路，每铜百斤，合脚价以十三两核算，仍预给予印照，由海关出洋采办。其铜斤办回经过各关，免其纳税，每年额办之外，如有多余，听其自行贩卖。至江苏、江西、湖北见在鼓铸，直隶、陕西二省尚未开局，应令该督抚将开铸事宜先行定议。从之。至十一年，以洋船未能按期回棹，复议减额岁办铜八十万斤。十五年，再行议减岁办铜五十万斤，分解各局。嗣后仍派定每年出洋船数，领帑接办以供鼓铸。

又令宝泉、宝源二局加卯鼓铸。时以京城钱价昂贵，复设官钱局。经大学士等议定：两局于定额六十一卯之外，各加铸钱十卯，交官局易换。至十年，复议两局各带铸五卯，加铸二十二卯，共可得钱四十五万八千六百三十串有奇，添给钱局，以广流通。十年五月，以钱价渐减，奸民每以在京贱买之官钱运至近京钱贵之地，兴贩射利，议将官局停止，其两局开铸，仍照原额为六十一卯。

又令贵州宝黔局加卯鼓铸。贵州总督张广泗奏言：黔省自添设炉座以来，兵民称便，即向不用钱之苗疆亦知以钱交易，请加铸十卯为四十六卯，岁可添钱二万四千九百三十七串有奇，增塔兵饷及养廉俸工等项。户部议，如所请。从之。

> 臣等谨按：嗣后宝黔局每年采本省矿铜十四万余斤，买滇铜四十万斤配铸。本省所产，自威宁州之铜川厂、勺录厂拨用，定例每百斤除抽课外，以一成听厂民易换米盐，余铜官为收买，价银八两；白铅由福集厂拨用，每百斤价银自一两四钱至一两九钱不等；黑铅由柞子厂拨用，每百斤价银自一两六钱至一两八钱不等。至二十年，以厂铜旺盛，复议停止采买滇铜。

又增定贵州运铅陆路脚价。户部议定：每百斤每站亦照云南运铜之例，给脚价银一钱二分九厘二毫。

又申严贩运及囤积制钱之禁。大学士、九卿等议言：京城近年以来钱价昂贵，实由耗散多端，若不官为稽查，则钱文无由充裕。今就见在情形，公同酌议：一、贩运之弊宜禁也。奸商每于出京之时，将制钱车载马驮，向价贵之处兴贩射利。再有闽粤商船装载货物，由海洋直达天津发卖，回棹时概用钱文压载，运至闽粤各省。回空漕船亦往往多载钱文，希图兴贩获利，京局所铸之钱，岂能供各省之用，应设法严加查察，有犯者照违制例治罪。一、囤积之弊宜禁也。近京所属各村庄每多富户，将所有粮草易钱堆积，遂至不能流通，应行文直隶总督转饬各州县，先行晓谕，不许囤至一百串以上。倘有违禁藏匿不报者，一经查出，亦照违制例治罪。至京城九门七市货卖钱文最多者，莫过于杂粮，每遇秋成时，外来各种粮食俱系车马载至店铺发卖，所得钱文即用车马载回，易启贩运囤积之弊。嗣后店铺收买杂粮，俱用银两，不准用钱，交与步军统领衙门、顺天府府尹转饬地方官出示晓谕，仍不时查察。从之。

又增江西宝昌局炉座。江西巡抚塞楞额奏言：江省自截留京铜开铸以来，恐铜斤不继，即委员赴苏州收买洋铜。因苏州商办洋铜定例以一半听其自售，见在亦照官价买其五分之一起运交局，与滇铜配铸，但新钱额铸有限，请增炉四座，共为十座。每年用铜、铅、锡五十七万六千斤，铸钱六万九千八百八十八串，庶制钱足敷流转，钱价日平。户部议，如所请。从之。寻定赣州等属兵饷，自乾隆十年为始，每年四季一例搭放一成制钱。

<u>臣等谨按：嗣后宝昌局额铜二十八万八千斤，每年用官商分交之洋铜并兼买云南金钗厂铜，定于十分内以洋铜七分、滇铜三分配铸。后以商交洋铜渐次减额，复委员至江苏自行采办，以补商运之不足。至二十七年，以洋铜不敷接济，而滇铜尚属有余，复议将金钗厂铜另加煎炼，提尽黑铅以抵洋铜之用，每金钗毛铜一百四十五斤，镕成净铜一百斤，酌用洋铜四分，炼净金钗铜三分，未炼金钗铜三分，配搭鼓铸。</u>

又减贵州办黑铅额数令湖南承办。户部议定：黔省黑铅以开采年久，出产不敷，见在湖南铅厂甚旺，应将贵州承办之数，每年减去三十万斤，令湖南如数收买协解。

十年，开广东鼓铸局。先是，广东按察使张嗣昌以该省僻处海隅，制钱未广，民间买卖多用古钱，请将从前开采存留铜九万六千余斤并添买滇铜鼓铸，以济民用。经大学士等议准，令将现储之铜即行开铸，其云南余铜，仍咨商卖给。至是，滇省拨卖金钗、者囊二厂铜共十八万斤，已委员领运。署巡抚策楞奏请先将旧存铜斤配买铅锡开局，于省城广州府设炉六座，钱幕满文铸"宝广"二字，每年开铸三十六卯，用正耗铜、铅、锡十四万一千二百六十四斤，铸青钱一万七千二百四十四串一百文有奇。至粤东见在开矿，俟将来采得铜斤再行添额。户部议，如所请。从之。寻复奏定：先将铸出钱文配给将军、督抚、提标及广州、惠州、肇庆三协兵饷，余俟局钱充裕后，由近及远，一休搭放。

<u>臣等谨按：粤东自雍正十二年奏开铜矿，方议鼓铸，旋以办理未协即行停止。至乾隆八年，各铜山复先后试采，已议二八抽课，余铜半归官买，半听商卖。其收买之价，定每百斤给银十两，续加至十四两，终以矿砂微薄，费多获少，于十四年以后陆续封闭，惟黑铅厂开采有效，先定每百斤抽课二十斤，加耗十斤，其余以一半官收供铸。后以黑铅需用无多，议将余铅尽数给厂民自行销售。</u>

增贵州办白铅价值。户部议定：黔省白铅工本渐增，从前除抽课之外，每百斤给价银一两三钱尚属不敷，应照黑铅增价之例，每百斤以一两五钱收买。

<u>臣等谨按：贵州办解京局白铅，先于威宁州之莲花、朱砂二厂拨解。乾隆四年，以遵义府属之月亮岩厂开采有效，复议分路由贵阳省城运解。十三年以后，月亮岩矿砂渐微，改拨水城厅之福集厂运解。至二十年，停止朱砂厂开采，定以莲花、福集二厂铅解京，至每百斤于定价之外，自黔运京给水陆脚价银三两一钱，岁以为例。</u>

又议定用银用钱事宜。时以兵部侍郎舒赫德奏称：京师钱文自各门严查后，价值渐平，而近京州县仍贵，皆因天津一带商船、漕船回南时兴贩钱文所致，应令地方文武官严查禁止。得旨：照所请行。钱文一事，有称广为开采者，有称严禁盗销者，有称禁用铜器者，其论不一，即京师现在

稽查办理，亦不过补偏救弊之一端，终非正本清源之至计。朕思五金皆以利民，鼓铸钱文原以代白金而广运用，即如购买什物器用，其价值之多寡，原以银为定准，初不在钱价之低昂。今唯以钱为适用，其应用银者皆以钱代，而趋利之徒又复巧诈百出，使钱价低昂以为得计，是轻重倒置，不揣其本而唯末是务也。不但商民情形如此，即官员办公亦有沿袭时弊，如直隶兴修水利城工，坐粮厅采买布匹所领帑金数万，皆欲易钱运往，其他官项大率类此。夫所领帑项原系银两，即报销亦以银钱核算，何必换钱应用？若以领银之人得受钱文为便，不知所发银两即少至分厘，亦可按数分予，与行使钱文何异，况未必至分厘乎！向来江浙地方有分厘皆用银者，何尝见其不便！嗣后官发银两之处，除工部应发钱文者仍用钱外，其他支领银两俱即以银给发。至民间日用，亦当以银为重。其如何酌定条款，大学士九卿议奏。

寻议言：凡各省修理城垣、仓库等项，领出帑银，除雇觅匠夫、给发工钱外，一应办买物料如有易钱给发者，该管上司即行查禁。其民间各店铺除零星买卖准其用钱，至总置货物，俱用银交易，应通行各督抚，转饬地方官，出示剀切晓谕，使商民皆知以银为重，不得专使钱文，实于民用有益。从之。

<u>臣等谨按：银与钱相为表里，以钱辅银，亦以银权钱，二者不容畸重。凡一切行使，大抵数少则用钱，数多则用银。其用银之处，官司所发例以纹银，至商民行使，自十成至九成、八成、七成不等，遇有交易皆按照十成足纹递相核算。盖银色之不同，其来已久，银币始盛于元时，而陶宗仪《辍耕录》载，至元十三年，以平宋所得撒花银子销铸作锭，即当时之色银也。今民间所有自各项纹银之外，如江南、浙江有元丝等银，湖广、江西有盐撤等银，山西有西镨及水丝等银，四川有土镨、柳镨及茴香等银，陕甘有元镨等银，广西有北流等银，云南、贵州有石镨及茶花等银，此外又有青丝、白丝、单倾、双倾、方镨、长镨等名色，是海内用银不患不足，因其高下轻重以抵钱之多寡，实可各随其便流转行用。至于福建、广东近海之地，又多行使洋钱，其银皆笵为钱式，来自西南二洋，约有数等，大者曰马钱，为海马形；次曰花边钱，又次曰十字钱。花边钱亦有大、小、中三等，大者重七钱有奇，中者重三钱有奇，小者重一钱有奇。又有刻作</u>

人面或为全身，其背为宫室、器皿、禽兽、花草之类，环以番字；亦有两面皆为人形者。闽粤之人称为番银，或称为花边银。凡荷兰、佛郎机诸国，商船所载每以数千万圆计。考《汉书》载安息、大秦诸国，附近西海者多以银为钱。《太平寰宇记》载海西诸国钱，有骑马人面诸品，盖其遗制，至今尚存，而诸番向化市舶流通，内地之民咸资其用，则实缘我朝海疆清晏①所致云。

又开直隶保定府鼓铸局。直隶总督高斌奏言：保定府向未鼓铸，今部派官商办交洋铜，自应速筹开局。请配买汉口铅锡，设炉六座，钱幕满文铸"宝直"二字，每年开铸四十八卯，用铜、铅、锡六十万斤，铸青钱七万二千八百串，其炉头工料分给银钱，悉照京局之例按卯将制钱缴纳司库，以备配给兵饷之用。户部议，如所请。从之。嗣后至十五年，以铜斤不敷，减炉二座。又令广东于厂锡之外，收买洋锡解交京局。署广东巡抚策楞奏言：各属产锡山场所抽课锡不敷运京之额，如必待抽收足数，恐致迟误，请收买洋锡一同起运，其价值每百斤实需银十三两五钱，应动项给发。嗣后核算厂锡不敷之数，统于每年八九月间洋船到粤时，如额采办，委员解京。户部议，如所请。从之。

  臣等谨按：海外诸国多产铜锡，铜斤来自东洋，其出入由江浙海口，皆江浙商人出洋采办，官为给照，岁有常额。点锡来自南洋，自内地商人贩运之外，复有外国夷商及附居澳门之西洋夷商载运进口，各随市舶之便，无一定之期与一定之额也。凡南洋互市之地，若噶喇吧、吕宋诸岛不下数十国，其水程近者或数十，更远者至二三百更不等。自康熙二十三年始开海禁，五十六年复禁往南洋，惟听各国夷船自来。雍正五年，仍令内地商船亦照常往市。其时商贩之锡，并资民用。乾隆五年，定以点锡配铸青钱，于是京局及各省局鼓铸多于粤东取给焉。至于点锡之外，若西洋诸国商船亦间有铜、铅，悉②随时和买以充本省铸局之用，溟渤之涯，云帆相望，大瀛一统之闳规，实为超轶前古者也。

---

① 清晏，海晏河清，即社会稳定，农民生产生活正常。
② 悉，尽，全。

皇朝文献通考卷十七

钱币考五

乾隆十一年，议：以贵州余铅运至湖广汉口令各省收买以供鼓铸。贵州总督张广泗奏言：黔省威宁州、水城厅等处开采白铅，出产旺盛，岁自办解京局正耗铅四百数十万斤之外，本省鼓铸及川省收买又约需一百万斤，计多余铅三百万斤，但矿厂衰旺不常，请每年额外预办二百万斤存储，以备接济。尚有百万余斤，动藩库公项银尽数收买，运至四川之永宁下船，抵赴汉口发卖，以供江浙等省钱局采办之用。大学士等议，如所请。从之。

臣等谨按：黔省各铅厂于乾隆四年议定二八抽课外，余铅以一半官收，一半听厂民自售。九年，复以厂民未能广为售销，定余铅全数官为收买。自九年以后，新开各厂皆照此办理。是年，复以铅斤积产滋盛，奏定运往汉口之例。至十三年，以矿产更旺，除解京及黔、蜀供铸，并存储二百万斤、运往湖广一百万斤外，每年又余白铅五百万斤。户部议：各省见俱开铸，需铅甚多，令仍动项收买添运至汉口发卖，并将铅本、脚费核定价直，行知各省画一买用。寻议定：拨莲花厂铅二百万斤，福集厂铅一百三十万斤，万福山厂铅一百三十万斤，济川厂铅二十万斤，天星厂铅二十万斤，共为五百万斤。各厂工本原有多寡不同，均匀配算，每百斤厂价一两四钱八分，加以水陆运脚，以价银三两六钱六厘销售，所售之银即抵还工本。十四年，以直隶、江苏、浙江、福建、江西、湖北等处每年采买白铅止约用二百万斤，无须五百万斤之多。复议定岁以二百万斤运至汉口，合之前议，解京各项约需九百余万斤之数，黔省岁产铅一千四百余万斤，除抽课外，余铅仍半归官买,半听商卖,尽足敷用。嗣后,至二十四年,复以每年收买厂铅,积存福集等厂者二千余万斤,积存玛姑厂者三千余万斤,壅滞不销,久悬帑本。若概由川江至楚恐致拥挤京铅,议开浚省城至平越府河道,径由黔省水程直达湖广,陆续分运,铅斤仍赴汉口发卖通商,其柞子厂黑铅积存亦多并一体发运。

又增四川宝川局炉座铸钱运往陕西。先是,四川于乾隆七年,以宝川局铜铅俱系赴滇、黔采买,路远费重,奏请开采建昌地方之会理州、冕宁县等处铜矿。是时,钱局已专用川铜。十年,复开乐山县等处铜矿,议定:二八抽课外,余铜半归官买以供鼓铸,各厂岁可获铜一百余万斤。至是,总督庆复会同巡抚纪山奏言:川铜渐盛,多所盈余,而陕省素不产铜,制钱日贵,欲筹转移以济民困。请于宝川局再增炉十五座,共为三十座,岁可添钱六万二千二百串有奇,以一半增搭本省兵饷作为银八钱二之数,所余三万一千二百串拨运至陕省搭放兵丁月饷,仍易银归款,实为彼此有益。户部议,如所请。从之。

<u>臣等谨按</u>:宝川局额用铜斤,采自会理州之迤北沙沟二厂、冕宁县之紫古咧厂者,每百斤定价银九两。采自乐山县之老铜沟厂者,每百斤定价银十两,其白黑铅皆由贵州采买。至十九年以后,以酉阳州铅厂试采有效,议定除抽课外,半归官买,每百斤给价银二两二钱,配搭黔铅供铸。

又定给工部钱法堂①关防。工部侍郎三和奏言:宝源局所办事宜与宝泉局相仿,见在两局监督俱给有分司关防。唯工部钱法堂向未议给,请照例一体补给,庶文移稽核各专责成。寻议定:宝泉局钱法堂印文系督理京省钱法关防,今宝源局钱法堂应铸工部督理京省钱法关防以昭画一。

十二年,增湖北宝武局炉座令仍鼓铸大钱。先是,十一年,以高低二项滇铜将次用完,滇省各厂不敷采买,铜斤无从接济,未便停炉。请收买汉口镇商铜改铸,每文重八分之小钱仍照大钱之价配饷,既以节省局铜,

---

① 钱法堂,清代负责铸币事务的官署,户、工二部皆设。关防,明清时期印信的一种,多为临时差遣所用。

且可冀除盗销之弊。部议：令试行一年。至是，湖广总督塞楞额奏言：官局改铸小钱，与大制钱同价，计其工料，毁大制钱二千即可铸小钱三千，盗销与私铸弊且相因而起，应循照定制，仍铸每文重一钱二分之大钱。至所铸钱文，向止议配兵饷，每银百两搭钱六串五百文，各营散钱有限，亦不足以平市价。近日汉口商贩铜斤甚多，若预行给价，按月交铜，每年买铜四十万斤配入铅、锡，尚可增炉五座，为二十座，铸钱除增搭兵饷之外，发交江夏、汉阳二县，设立官局，按照市价酌减出易，于兵民均有裨益。俟委员办运滇铜及官商分交洋铜到日，仍搭配鼓铸。户部议，如所请。从之。

　　<u>臣等谨按：嗣后以滇、洋之铜陆续解到，即议定钱局额铜四十万斤，将滇铜、洋铜及汉口商铜均匀配铸各十三万三千三百余斤，后以商交洋铜渐次减额，于十九年以后岁增买湖南铜十万斤，以补洋铜之不足。至二十七年，户部以汉口铜价在十八两之外，较该省所办云南大兴厂铜定价十一两、金钗厂铜定价九两者数目悬殊，令添用滇铜以节靡费。寻滇省议拨宁台山厂毛铜加耗煎炼揭成净铜，合计每百斤只需价六两五分有奇，令湖北采买应用。嗣是停配汉口铜。</u>

　　十三年，复开山西宝晋局鼓铸。先是，以山西钱价昂贵，特谕晋省巡抚将鼓铸用铜之处悉心筹议。寻以购用铜斤，唯有招商承办议定，照从前官商办铜完帑之例支销价值，并行知各关免其纳税。至是，以商人办到红铜五十万斤，并委员采买汉口铅锡。巡抚准泰奏请复开宝晋局，设炉十座，每年开铸十二卯，用铜、铅、锡三十四万八千斤，铸青钱四万二千三百二十四串，除去工价等项实存三万五千一百七十五串，于配给兵饷之外，并随时减价平卖，以资民用。户部议，如所请。从之。

　　又更定云南办铜分路起运之例。云贵总督张允随奏言：滇省办运京铜，先经议定，由寻甸、东川两处陆路运至永宁，交长运官由水路接运至京。寻甸、威宁一路每年运正耗余铜三百十六万五千余斤，每百斤需脚价银二两六钱有奇。东川昭通一路每年运正耗余铜三百十六万五千余斤，每百斤需脚价银二两五钱有奇。后因昭通一路系新辟，苗疆马匹雇募不敷，已奏开盐井渡河道，将东川额运铜内酌分一半改由盐井渡水运至泸州，每百斤较昭通陆路节省银三钱二分有奇。复因威宁一路与黔铅同运，马匹仍属不敷，奏开罗星渡河道将寻甸额运铜内酌分一半，改由罗星渡水运至泸州，每百斤较威宁陆路节省银一钱八分有奇。嗣后自寻甸、东川以下遂分为四路，每路各运铜一百五十八万二千余斤，历年办运无误。见在滇省开修金沙江直通四川，已疏浚完工，舟行无阻，请将威宁一路陆运铜斤改由金沙江之小江口水运至泸州，交长运官转运京局，较之陆运每百斤节省银七钱二分有奇，俟将来船只日增，再将昭通一路陆运铜斤悉改由水运。户部议，如所请。从之。

又开陕西鼓铸局。陕西巡抚陈宏谋奏言：陕省钱价日昂，前经部派官商办交洋铜三十万斤，见已运到。其黑铅一项业经在本省开采，所需白铅、点锡，已委员赴汉口采买。请开局于省城西安府设炉十座，钱幕满文铸"宝陕"二字，每年开铸二十四卯，用铜、铅、锡六十万斤，铸青钱七万二千八百串，除去工价等项实存六万二千余串。至本省配给兵饷，已有四川每岁协济钱文，向定每百两搭钱四串，仍照旧例办理。其所铸新钱，应设局听民易换，以平市价。户部议，如所请。从之。

十四年，停云南拨运广西钱。减省城及临安府局炉座。云贵总督张允随奏言：滇省岁运粤钱六万二千串，前于乾隆七年粤西已请开局，以钱文尚未充裕，仍拨滇钱。近年以来驮运艰难，官民多累，且粤西开铸已久，制钱谅已流通，请将运粤钱即行停止。至停运之后，云南铸额尚可酌减，应于省城局减炉十座，存留二十五座；临安府局减炉八座，存留八座，每年已可敷用。户部议，如所请。从之。

又禁南洋商船私贩铜器。浙江巡抚方观承奏言：南洋自雍正五年开禁以来，商民皆得前往市易，而红黄铜与铜器皆不在禁例。缘南洋地不产铜，各船贩往者甚多，查各省鼓铸以铜斤为急务，见在东洋之铜运归内地者甚难，不应独任南洋为漏卮，请通行查禁。经户部议定，凡商船有将红黄铜器私贩至南洋图利者，百斤以下，为首者杖一百，徒三年。百斤以上发边远充军，为从及船户各减一等治罪，货物铜器皆入官。各关汛文武官弁不行搜查拿报者革职，贿纵者计赃从重论，失于觉察者降一级调用。

又令广东宝广局增额鼓铸。广东巡抚岳浚奏言：粤东各矿出铜有限，而外洋夷船载至者亦少。唯有取给滇铜，见在已办回汤丹厂、金钗厂铜共四十万斤，请加办铅、锡，不必再添炉座，每年按原定之卯加倍铸钱。以汤丹、金钗二厂铜各半配用，从前各镇协营兵饷未经搭钱者一例配给。户部议，如所请。从之。

臣等谨按：嗣后，宝广局以收买洋铜，议于十分中以汤丹厂铜五分、金钗厂铜二分、洋铜三分配铸。至二十一年以后，复改大铜厂与金钗厂铜对搭分买。

又奉上谕：刑部议奏参革云南解铜官吴兴远等亏缺铜斤一案，该解官等始以漫不经心，致铜斤沈失侵损，追捞获才及得半，辄以全获呈报，复于沿途将铜斤辗转售卖，玩视官物一至于此！即此一案，亏缺铜七万有余，其他侵蚀之案，更不知凡几。向来劣员侵渔之习，大率类是。该上司或明知而姑听之，俾得任意欺蒙，酿成积弊。但已往之事姑不必问，此案该督抚不能慎选贤员，办理不善，着传旨申饬。其所有侵亏铜斤银两，部议该管上司按股份赔，着即勒限完缴，以资鼓铸，仍将如何分赔抵补之处，具折奏闻。嗣后运铜事宜，务须加意慎重，其沿途经过各省督抚，朕已传谕，令其将委员守风守冻①及有无事故之处奏闻。至铜铅船只于云贵省起运，何日出境，亦着该督抚随时折奏，如仍蹈前辙，滥行差委，致有前项情弊，唯该督抚是问。

又奉上谕：云贵运送铜铅一事，办理日久，诸弊丛生，经朕于营私亏缺之委员严加惩处，并令该部详议定例，沿途督抚自当实力遵办。但向来铜、铅运京，原有定例，委员往往逾违，及至抵京交部。又复挂欠累累，总由委员捏报事故，所至停滞，以便作弊，而各该省督抚以事不关己，虽有催趱之例，不过行文查报了事，遂至委员任意蒙混，肆无忌惮，不思铜、铅有资鼓铸本属公事。凡运送船只由该省起程，于何日出境之处，已传谕云贵督抚奏报，其沿途经过各省份，督抚大吏均有地方之责，云贵督抚既鞭长莫及，而各该督抚复视同膜外，殊非急公之道。嗣后铜铅船只过境、出境日期及委员到境有无事故，并守风守冻缘由，俱应详查明确，随时具折奏闻。一面饬属督催，毋令仍蹈前辙。至运送官物，其小者仍照常办理，他省饷鞘木植之类，悉宜留心查催，不得任其迟滞，致滋弊端。着一并传谕各督抚知之。

臣等谨按：嗣后云贵运解铜铅，经户部定议抵通程限，并严定逾

----

① 守风守冻，在运输云南铜的水路沿线，当地督抚派人监督风向风势、江河封冻等情况，并上报朝廷，以便于组织运铜事宜。

限处分。至领运各官起运日期及沿途过境出境有无事故逗留，直省督抚俱遵例随时督催奏报。

又定京局黑铅尽归湖南办解。户部议言：京局额用黑铅，自湖南协解以来，黔省止办四十万五百七十一斤。近因礗硐①渐空，仍不敷额数，唯楚省各厂岁产黑铅百万余斤，除拨协三十万斤之外，尚多盈余，应尽归湖南办运。至该省从前协解之时，系运赴汉口交黔员带运交局，今既全数承办，应分上下两运，委员解京。从之。寻复议定：每百斤价银三两六钱，自湖南运京，水脚银一两，岁以为例。

臣等谨按：湖南桂阳州、郴州铅厂，自乾隆七年以后复行开采，是年，增定解京黑铅之额。逮二十九年，停开郴州矿厂，其额铅全归桂阳办运。至于各厂所产，亦有白铅、点锡以供本省鼓铸。惟白铅一项，后以出产渐微，岁向贵州、广西及汉口等处采买应用。

又增广西宝桂局炉座。先是，十一年，以粤西厂铜所出有限，议岁买滇铜十五万斤配用，并增炉二座为十二座。至是，巡抚舒辂奏言：云南见在停运广西钱，必须在本省增铸，方不致缺乏，请再添炉八座为二十座，其原议每一炉铸正铜、铅、锡六百斤为一卯，每卯出钱八十串。今应增添以每炉铸一千斤为一卯，加耗在外，共享铜、铅、锡七十九万一千二百十斤有奇，铸青钱九万六千串。除去工价等项，每年仍以六万二千串配给通省俸饷，以每百两搭钱十二千六百文为例，其余尚存钱二万余串，于钱价昂贵之时，或发省城铺户领换，或设官局易换，随宜酌办，以利民用。户部议，如所请。从之。

臣等谨按：嗣后粤西本省矿铜，只以预备接济。其宝桂局额铜，岁买云南汤丹厂铜三十九万五千六百斤供铸。至二十一年，滇省以汤丹厂铜不敷拨给，议以金钗厂铜各半对搭。二十三年，又以汤丹厂铜全归京运，改为大铜、金钗二厂对搭。二十七年，以金钗厂铜搭铸之钱，每串不能足部定七斤八两之数，请于十分内止配用金钗铜三分。

---

① 礗硐，采矿的坑洞。

经户部议定，金钗厂铜每百斤价银九两，加耗二十三斤，较之云南发卖他厂之铜价银十一两加耗五斤者，数目相悬，原可通融抵算，令将原额应用一半，金钗铜内提出七万九千一百二十斤之数，另行添买耗铜煎炼作为大铜厂铜五分炼净，金钗铜二分未炼，金钗铜三分配搭鼓铸。

又申定云南运铜限期。户部议言：云南解运京铜，向令长运官由四川接运至京，自川至汉口定限四月，汉口抵通州定限五月。至于汉口、仪征例须换船，一切搬运过载，于汉口定限四十日，仪征定限二十日，通计①自领铜抵通，定限十有一月，如逾限一月，照例将领运官革职，戴罪管解；委解上司官降三级留任。如遇守冻之时，地方官察明咨部，照例扣除。至守风守水日期，均不准扣算。再每运铜均有正协领运官二人，沿途或有沉失打捞等事，即令一人先运。其每船准装铜七万斤，不得减船重载及私带货物，所过之境，令地方官弁照漕船之例，按站催趱，并将入境、出境日期报部查核。倘无故停留及有盗卖等弊，地方官不实力催行及私隐不报，照徇庇例降三级调用，督抚一并议处。其交铜之后，自京回滇，以九十九日为限。至加运铜向系杂职官二人管解，未免职卑任重，嗣后亦照正铜例，委府佐州县一人为正运，杂职一人为协运。从之。

十五年，令江浙二省钱局加铜鼓铸。时以明年辛未春，圣驾巡幸江浙，正商民云集之时，特命截留滇铜于江苏、浙江二局，预行加卯开铸，届期设立官局，减价出易，以平市价。

臣等谨按：嗣后恭遇南巡盛典，皆照例加卯鼓铸。

又定沉失铜、铅处分。户部议定：运京铜铅，偶遇中途覆溺，限以一年捞获。运员于限内遇有升迁事故，仍留沉失之处打捞，俟事竣之日，分别赴任回籍。如限满无获及获不及数，即题参革职，限一年内照数赔补，准予开复，所失铜铅，仍听其自便捞取，报官给价收买。如逾年始赔完者免罪，不准开复。二年不完，照例治罪严追。至运铜之船，令地方官雇

---

① 通计，合并计算、总计。

觅，倘以不谙行船之人塞责①致有覆溺者，将地方官罚六月俸，照漕船失风例，仍停升转一年。责令协同运官实力打捞，限内获半者免议，全无捞获与数不及半者各罚一年俸。

又开云南广西府局鼓铸。云南巡抚图尔炳阿奏言：从前广西府铸运京钱时，虽未搭放兵饷，但支给一切工料等项钱文，俱系就近行使，故制钱尚为充裕。迨停铸之后，迄今十载，钱价日昂。请复行开局设炉十五座，每年开铸三十六卯，所需铜斤由东川属各厂拨往，照大理局鼓铸之数，共享正额带铸外耗铜、铅、锡五十五万八百斤，铸青钱六万七千三百三十串二百文有奇，除去工价等项，照银七钱三之例配给曲靖、开化二镇标广罗协、广南营兵饷。户部议，如所请。从之。

十六年，令宝泉、宝源两局每年各开铸七十一卯，户、工二部议定：宝泉、宝源两局岁收铜、铅、锡，除额铸之外，尚有余剩，应各加铸十卯为七十一卯。每年合计二局，比原额可添钱十六万九千八百余串，如遇钱价昂贵，即发八旗米局照市价酌减出易。

又定解局盈余铜、铅，听运官报税，自行售卖。奉上谕：户部所议铜铅交局盈余之处，奏称滇省运铜，每百斤给有余铜三斤以供折耗之用、额铜交足外，余剩令其尽数交局，余铅亦照此例。看来从前成例似是而非，解局铜、铅，既有定额不足者责令赔补，则盈余者即当听其售卖。盖盈余已在正额之外，即不得谓之官物，如应尽解尽收，则从前竟可不必定以额数矣。正额已完，又谁肯尽交余数，听其自售，以济京师民用，未尝不可。但以官解之余，而私售漏税则不可行，而且启弊，惟令据实纳税足矣。

寻户部议定：凡交局所余铜、铅及点锡，令运员据实报明，移咨崇文门照数纳税，户部即将余剩数目行知经过各关，核算税银，转行各督抚，俟委员差竣回省之时，于应领养廉项内扣留解部，如有以多报少隐匿等弊，一经查出，即照漏税例治罪。

又定铅、锡自张家湾运局限期。户部议定：照运铜之例，亦以两月全行交局。

又议：改拨川铜增宝陕局炉座，停四川铸运陕西钱。川陕总督尹继善奏言：川省岁拨陕省钱三万一千二百串，分作四季发运，每以驮脚艰难不

---

① 塞责，敷衍应付。

能如期运到，见在四川厂铜旺盛，请改拨川铜二十五万斤，由水路运陕，于宝陕局见铸洋铜之外，另增设炉十座，加配铅、锡。每年所铸，除去工价等项可得钱四万八千六百余串，既省运脚之烦，又可增搭兵饷，实为两便，应于乾隆十七年为始，川省裁炉七座，停铸运陕钱。令陕西委员按年领铜供铸。户部议，如所请。从之。

<u>臣等谨按：嗣后宝陕局以商交洋铜渐次减额，于十九年以后，每年添买四川铜十万斤配搭鼓铸，其所需黑铅，自乾隆十三年奏开华阴县之华阳川地方铅矿，试采有效，即议定每百斤内抽课二十斤。又官买余铅二十五斤，每斤给价银五分。至二十年，以铅厂工本不敷，复增定每斤给价银六分收买，解局供铸。</u>

又更定沉失铜、铅处分之例。户部议定：额运内沉失铜、铅，原议一年捞获，有正、协二员者，留协运官在沉失之处，无协运者留亲属家人并令境内文武官会同办理；限内无获及获不及数，如不在险隘之地，即将运员题参赔补，倘实系瞿塘三峡、长江、大湖及黄河诸险，准地方官出结，报该管督抚移咨原办铜、铅本省督抚会疏保题，将沉失铜、铅照数办解，免运官参处分赔。其地方官不慎选船户以致沉失者，照例罚俸，如实系风水骤发，非人力所能防护者，该管官申报，将雇船之官免议。

十七年，暂停山西宝晋局鼓铸。

又令云南东川府增设新局鼓铸。云南巡抚爱必达奏言：滇省岁需官兵俸饷银九十万二百余两，向于本省地丁商税及他省份拨银两支给，而存留司库暨各府库者仅五十万两有奇，倘有紧要需用，必待腹地各省协济，地处边远缓不及事，现在各厂矿铜旺盛，铅、锡亦产自境内，不必外求。查汤丹、大碌等厂皆在东川地方，出铜尤多，而每当发给工本之时，钱价顿贵，厂民称累。东川府旧已设炉二十座，专搭兵饷，应请于就近增开新局，设炉五十座，亦开铸三十六卯，共享正额、带铸、外耗铜铅锡一百八十三万六千斤，铸青钱二十二万四千四百三十四串二百文有奇，除去工价等项，即以搭放铜铅工本、脚价每银一两，仍照兵饷例以一千二百文发给。每年扣存息银四万三千两有奇，以备存储。俟十年之后，合之原存之数可得一百万两，庶库项见充足。户部议，如所请。从之。

又增湖南宝南局炉座。先是以金钗厂铜易致折耗，而湖南本地矿铜亦渐次采获，已议于十分中用滇铜八分，楚铜二分配铸。至是以铜产日旺，巡抚范时绶奏请全用本省桂阳州、郴州厂铜，增炉五座，共为十座，加铸一倍钱文，增搭兵饷，以每百两给钱十串作为一成之数，余钱仍交官局，以时易换。户部议，如所请。从之。

十八年，定云南运铜官给照回省之例。户部议言：滇省每年解铜需正、协运官十二员，事竣回滇，虽原定有九十九日之限，但在京收铜补耗，迟速不齐，该员藉端逗留，或于起程后沿途停滞，皆所不免。嗣后交完铜斤，将回滇日期报明户部，给发实收，即将起程日期填给执照，行知云南督抚，兼知会吏部。如入京时在途有沉失未获之铜，应起原处打捞者，即知照该处督抚饬地方官验明执照，协同捞取，并将运员入境起程日期先后移咨滇省，如有迟延，据实参处。从之。

又令湖北宝武局增额鼓铸。时以湖北议修城工，湖广总督开泰奏请每年添买汉口商铜四十万斤，配入铅、锡，照原定之卯加倍开铸，除工料外，岁添钱八万六千九百串，设局出易，归还铸本，以所得余息银备充公之用。户部议，如所请。从之。

又定云南运铜官按程支给养廉、杂费之例。户部议定：云南解铜正、协运官养廉、杂费银。自云南至永宁、泸州，准支二十三日，自领铜起至通州，准支九月。在汉口及仪征换船，准支两月。自通州打包运局准支两月。自京回滇，准支九十九日。其在途守冻日期减半支给。

又开山西宝晋局鼓铸，减设炉座。先是，以铜斤用完，巡抚阿思哈奏请暂行停炉。得旨：钱文为民间日用必需，自宜即行设法采办铜斤，源源接铸，其如何定以官价，遴选殷实商人具领承办之处，着传谕阿思哈速行办理。寻议定：招商办铜七十万斤，听赴汉口及苏州购买，分作五年交局，先发价银三分之一，其余陆续支领，其铅、锡另行委员采办。至是，巡抚胡宝瑔奏请复行开局，较从前酌减炉四座，止存六座铸钱，已足敷用，其各营官兵俸饷，以银七钱三配给。户部议，如所请。从之。

十九年，议：以湖南余铜运往湖北供铸。湖南巡抚范时绶奏言：桂阳、郴州二铜厂，开采之始，岁止获铜三万余斤，寻增至十万斤，自十七年以后，加意调剂。现在岁可办获铜三十余万斤，除宝南局鼓铸用铜十九万六千二百斤之外，尚有盈余。查湖北铸局每年需铜不下四十万斤，近闻汉口铜采买甚艰，请将湖南所余铜岁运十万斤，协济湖北之用，一水可达，实为便益。至于铜价，于上年议定，除二八抽课外，余铜官买，每百斤给银十三两，应令湖北亦照定价拨银还项。户部议，如所请。从之。

又增定宝源局钱放饷额数。工部奏言：宝源局按卯铸钱，解交节慎库者岁共四十万二千二十八串有奇，除给发各工及移交户部放饷钱二十四万串之外，每年递加存积，现在储库者三十七万余串，正宜及时流通。查搭放兵饷每月约以二成计，需钱七万余串，户部用至五万余串，工部协放者仅二万串，为数较少。请嗣后工部饷钱，每月以三万串为例，令户部核明八旗应领款项，即于节慎库给发，庶库钱不至壅积。从之。寻议定：每届领饷之期，户部票传宝泉局炉头，除分放本部钱文外，即令前赴工部库领钱，如数散给。至二十六年，以一局炉头办放两处饷钱，未免顾此失彼，且钱文遇有短少，易至互相推诿。更定工部饷钱，令宝源局炉头赴库放给。

又增云南收买厂铜价值。云南巡抚爱必达奏言：东川府属汤丹大碌等厂所产铜斤，岁以解运京局，定例每百斤以价银九两二钱报销，原系合算耗铜、余铜及铜厂杂费在内，其厂民实得之价，向系每斤给银六分。查雍正四年开采以来，奏定于百斤内抽课十斤，例不给价，余铜官为尽数收买。寻复议：课铜之外，再抽耗铜五斤。至乾隆四年，复题定东川所属各铜厂，地远费多，每百斤除抽课及加耗外，余铜准照每斤银六分收买。其在各属地方者，新开之厂照新例每百斤抽课二十斤，余铜每斤给价五分收买。旧有之厂，照旧例每百斤抽课九斤，余铜每斤给价自三分八厘至四分二厘收买，嗣后俱遵照办理。但汤丹、大碌二厂铜质最高，厂民采铜百斤，除去抽收十五斤，实止得工本银五两一钱，开采年久，磳碙日深，费用加重，所给工本实属不敷，请每百斤增银九钱，以足六两之数。经户部议：该处旧定铜价已较多于他厂，未便再行议增。得旨，着加恩照请增之数给予一半，余厂不得援以为例。

<u>臣等谨按：嗣后至二十一年，以东川局加卯鼓铸，余息于每百斤续添银四钱五分，为价银六两收买。二十七年，以工本较重，复议每百斤再增银四钱。</u>

又令四川以存积余铜解京。四川总督黄廷桂奏言：成都钱局存积铜一百四十余万斤，建昌各厂存储未运局者又有八十余万斤，川省每年需铜止六十万斤，请酌留八十余万斤以备通融接济，尚有一百四十余万斤可以解

京。经户部议准：运至京局以充鼓铸。但专员领解需用脚价甚多，令先如数运储重庆，俟滇省运铜路过之便，每运带解二十万斤，分作七运，附解交局。

又议：以广东盐斤与云南铜斤互易供铸。广东巡抚鹤年奏言：粤东鼓铸，岁需正、耗铜十四万一千二百六十四斤，现在虽有存局余铜，仍应每年办铜十万斤以备接济。查滇省产盐不敷，亦岁需粤盐一百六十六万一千三百三十三斤，已咨商滇省彼此抵换，可免委员赍价之烦。嗣后两省按年轮值，遇广东办铜之年，即运盐而往。遇云南办盐之年，即运铜而来。唯粤盐之价较滇铜尚有不敷，仍扣算补足，实于公务有益。户部议，如所请。从之。嗣后至二十五年，以存局铜斤将完，复议于盐、铜互易之外，每年再动帑添买滇铜五万斤应用。

又议定：云南各局配铸黑铅价直。云南巡抚爱必达奏言：滇省黑铅出产衰旺不常，自鼓铸青钱以来，俱于各属地方零星购买，本无一定之厂，历来各局报销，每百斤匀算工本脚费银二两二钱。今就现在情形，核定省城局黑铅，应用禄劝州甸尾厂所出，每百斤价银一两五钱，自厂至局，运脚六钱。临安府局黑铅，应用建水州银厂所出，每百斤价银一两四钱八分，自厂至局，运脚九分有奇。大理府局黑铅，应用顺宁府银厂所出，每百斤价银一两五分有奇，自厂至局，运脚一两一钱四分有奇。广西府局黑铅，应用罗平州、平彝县白铅厂所出，每百斤价银一两四钱八分，自厂至局，运脚五钱。东川新旧两局黑铅，应用会泽县阿那多厂所出，每百斤价银一两六钱八分有奇，自厂至局，运脚五钱一分有奇。饬令管厂各员按年据实报销。

二十年，定江浙采买洋铜商额。先是，江浙承办京局铜斤，各洋商皆预先领帑。至乾隆三年停止办运，而商人积欠甚多，未能清缴。嗣因江苏开铸，另招自携资本之新商，即给予旧商所用倭照出洋采铜，俟办回时，与浙江分买供铸。至是，江苏巡抚庄有恭奏言：旧商欠项尚有一十二万七千余两，年久无完。昔年各商初往东洋时，倭人设立倭照，每张约费银八九千两不等。今新商杨裕和等即承顶其照出洋获利，情愿代完旧欠，分年抵补。查乾隆十四年议：采办洋铜，每年额定十五船，除官商范清注铜船系领帑办铜外，民商自办者共十二船，应请即以见办十二人为商额，每年发十二船置货出洋，约需自备铜本银二十八万八千余两，办铜一百五十万斤，仍照旧定官收一半之例，江浙二省份买，其代完旧欠银即于司库发买铜价内按年扣收。于乾隆二十年为始，增给布政司印照，以为海口稽查符验，其有他商情愿办铜者，悉附十二额商①名下，如引盐散商附入甲商之例，不得私自越贩。其铜船有在浙省收口者，一体办理、知会。至闽粤洋商，向不办铜，仍照旧例，毋许私贩。户部议，如所请。从之。至二十五年，禁止丝斤出洋。复奏定：额商杨裕和及官商范清注等，每年出洋者十六船，共办铜二百万斤，除置带糖霜、药材等货外，每船应配带绸缎三十三卷，以重一百二十斤为一卷，毋许浮多。责成江南海关及浙江乍浦二处官员照例称验输税。二十九年，以弛丝斤出洋之禁，复令每船准配带湖丝，照原定绸缎之数抵算，出口易铜，以供鼓铸。

> 臣等谨按：采买洋铜，例往东洋日本，自康熙二十二年设立海关，是时洋铜即已流通内地。迨三十八年，以京局额铜交商办解，寻改为八省份办，复改为江浙总办，皆取给于东洋。至乾隆三年，京局改用滇铜，而江浙等省仍用洋铜配铸，自是年奏定商额，以后各船岁往日本之长崎澳易铜以还，分供铸局，鲸波万里，来往不惊。盖由圣世承平，商民乐业，以东鳀远产而岁致中邦，宛如内地官山之利焉，猗欤盛哉！

又增四川宝川局炉座。先是，十六年，以停铸协济陕西钱，减炉七座。十九年，以厂铜存储有余，复照旧额开炉三十座，至是以川省议修城工，总督黄廷桂奏请于原额之外，再增炉三十座，加铸铜、铅、锡一百二十万斤，岁添钱十二万四千余串，设局出易，以余息存充公用。户部议，如所请。从之。

又定贵州、湖南办解铅斤镕成整块之例。户、工二部议言：京局额铅，俱由贵州、湖南办运，当其熔化出厂，每块多寡轻重原不画一，缘局内兑收法马，以百斤为准，是以运员接领之后，另加錾凿配搭成包，每包作为一百斤，多有零星碎块，水陆转运易于亏折，且錾凿之时，人役偷减诸弊，难保其必无，每至到局平兑，斤数不足，俱需余铅添补，或有挂欠补解者。嗣后请令铅厂煎炼之时，预行较定，五十斤为一块，每二块为一

---

① 额商，指官府确定采办铜斤的商人。因该商系官府经过考察，符合条件，在官府挂牌并有固定名额，故称。

包，以足百斤之数，不许运员私行搭配，可免折耗之弊。从之。

二十一年，议定云南各局配铸白铅价值。先是云南局白铅，俱系卑淅、块泽二厂所出。乾隆十四年，以建水州新开普马山厂产有白铅，距省城临安道路较近，奏定照例抽课收买，运供二局鼓铸。寻复议：大理、广西二局，亦就近拨用，以省脚费。其旧厂每年但收买二十五万斤存储，其余听商自行销售。至是，厂民呈请每百斤减价一钱八分，仍照旧例拨用。经署巡抚郭一裕奏定：新旧厂并行开采，除东川局向用卑淅、块泽厂铅外，嗣后省城、临安二局用普马厂铅，每百斤照例厂价二两。大理、广西二局用卑淅、块泽厂铅，每百斤厂价一两八钱二分，按额分运。

又令宝源局以存积余铜加卯鼓铸。工部钱法侍郎梦麟奏言：宝源局额铸铜、铅、锡，每年尚有余剩，存积日多，请于正额七十一卯之外，加铸十卯，岁可添钱五万六千六百余串，以广流通，俟余铜用尽，再行停止。从之。嗣后至二十七年，以旧铜将次用完，仍照原额为七十一卯。

又增山西宝晋局炉座。山西巡抚明德奏言：晋省近因钱价昂贵，将库存钱文发市平卖，但岁铸之钱，为数无多，不能源源出易。现在川省余铜足敷采买，请动帑办运五十万斤，按年配搭商铜鼓铸，增炉五座为十一座，岁可添钱一万七千五百余串，照例减价听民易换。户部议，如所请。从之。

又令云南东川府新局加卯鼓铸。云南巡抚郭一裕奏言：滇省每年出铜千余万斤以供鼓铸，所获息银亦岁收二三十万两，留备一切公用，关系甚重。查迤东、迤西地方，各小厂数十处，产铜不一，唯东川府之汤丹、大碌二厂，岁办获铜七八百万斤，较他厂尤为紧要。近年以来，矿厂渐远，物料加昂，前已议每百斤添给价银四钱五分，而厂民仍为竭蹶①，应酌量调剂之法，请于东川府新局内加铸十八卯，即令汤丹、大碌等处厂民于常额之外，加办余铜，照厂价收买供用，岁可添钱十一万二千二百十七串有奇，核计铸出钱文，归还铸本之外，将息银增给各厂工本，以本厂铜斤加铸之余息，即为该厂添补工费之不足。既不至糜费正帑，而于铜务有益。户部议，如所请。从之。

又增湖南宝南局炉座。湖南巡抚陈宏谋奏言：桂阳州、郴州各厂矿砂加旺，岁可获铜四五十万斤，钱局又有存储旧铜，其配铸铅、锡各厂所产

---

① 竭蹶，愿意为走路艰难颠仆，后用以形容经济困顿。

亦足敷用，请再增炉十座为二十座，共享铜、铅、锡七十八万四千二百斤，铸出钱文，应于搭放兵饷之中，稍为变通。查湖广各营兵粮多支本色米石，唯提标及衡永、镇筸、辰州、沅州、永顺、桂阳、澧州、临武、常德、九溪、龙阳、保靖、永定等各镇协营，向支折色银两，每米一石，折价六钱七钱不等。因米价日昂，实不敷买，即以局钱每串作银一两，给发其各营饷银，搭放一成钱之数，悉照旧例，所余之钱，仍按市价酌减出易。户部议，如所请。从之。

又定各衙门公费给钱之例。户部奏言：宝泉局岁铸钱文，于额用之外，余钱八万余串，逐年递积，现存库钱约六十万串。查在京各衙门，每月应支公费，除工部各官业经该部奏明给发宝源局钱外，其余俱由户部支领银两，每月需银九千四百余两不等，而各衙门领银之后，又需赴市易钱应用。请嗣后一体改给制钱，则库项既不至壅滞，而钱价又可渐平。从之。

二十二年，定分别收换废钱之例。奉上谕：前代废钱流传至今已属无几，掺和行使，相沿已久，若尽行查禁，转使吏役得借端滋扰。如唐、宋、元、明之旧钱，不妨仍听民便；至伪号钱文，则当严行禁革。但办理不善，恐小民无知，以现有钱文官为收禁，情有不愿，着该督抚等出示晓谕，准民间检出，官为收换，所换钱文，即供鼓铸之用。

二十三年，更定云南办解京铜并为四运。先是，户部奏言：云南解铜多有沉失，总缘川江之险甚于他处，而其风狂水急每在四五六月间，滇省第二运铜抵川，正当其时，宜令分摊以为避险之计，请饬该省督抚妥议。寻四川总督开泰会同云南巡抚刘藻议奏：滇铜解京，向分为正加六运，每隔两月即令一运起程，故虽遇川江盛涨之时，不得不依限前行，致有覆溺之患，自应酌量变通。但正运铜斤，系运官沿途雇船直抵通州，而加运之铜分，汉口以下，即拨地方站船递送。若将正运之铜分派与加运官带解，则报销水脚未免参差，请将四正运并作三运，二加运并作一运，共为正加四运。每岁七月内开头运，九月内开二运，十一月内开三运，次年二月内开加运。每正运仍系相隔两月起解，加运铜数较多，宽予一月之限，亦属均匀，既可避夏涨之险，而正运加运各归原款，一切打包换船诸事，亦可以次办理。户部议，如所请。从之。

又定贵州办铅起运限期。贵州巡抚周人骥奏言：黔省办铅，向例分上下两运，上运以四月起解，本年十月到部；下运以十月起解，次年四月到部。自川省重庆府开行，沿途一切换船搬载，分别定限抵通，如逾限一月以上，照例查参。现因川江夏涨难行，应照滇铜例设法避险。请嗣后上运于二月内起程，三月即可出峡，仍定限本年十月抵通；下运于八月内起程，九月即可出峡，仍定限次年四月抵通。如此，则重运不至冒险，而抵通之期更为宽裕。户部议，如所请。从之。

二十四年，移贵州毕节县局于省城加卯鼓铸。贵州巡抚周人骥奏言：毕节县设局之始，原因就近可运铜铅，但每岁所铸钱文解至省城、安顺二处，仍须开销脚价，而知县有地方之责，委令管局亦有顾此失彼之虞，应移局于省城贵阳府，专委大员管理。至铜铅各厂虽距省稍远，若将安顺以下河道开通，改为一半水程，可以节省运费，并将加铸二十六卯，岁可添钱五万七千三百五十五串有奇，增搭兵饷，仍以所余钱流通出易，以平市价。其所需铜斤，见在积存厂内者有八十余万，将来陆续采出，可接济二年之用。户部议，如所请。从之。寻复奏定：每年六十九卯，除去工价等项，实存钱十七万二千余串，内搭放兵饷及俸工役食等钱十万余串，以六七万串令官钱铺发卖，每串照市价易银一两四分。至二十六年，以钱价日平复，议定每串易银一两以便民用。

<u>臣等谨按：嗣后至二十六年，以积铜用完，复奏定每年除本省出铜一半外，仍采买滇铜四十余万斤添补。议以大铜、金钗二厂铜高低对搭各二十余万斤。</u>

又开西域叶尔羌城鼓铸局。回部之叶尔羌、喀什噶尔、和阗城旧有钱文市易通用，名曰普儿。质以红铜为之，重二钱，制小而厚，外有轮廓，中无方孔，每钱五十文，谓之腾格。回部旧服属于准噶尔，以普儿为岁赋，在策妄阿拉布坦时，钱面铸其名，用准噶尔字，背铸回字噶尔丹，策凌时复易名更铸。准夷既征回赋，即以回地普儿资用。至是，以西域荡平，回城悉定，皇上从将军兆惠之请，开局于叶尔羌城，改铸钱文，特命户部颁发钱式，仍用红铜，每文重二钱，形如内地制钱较厚，文为"乾隆通宝"，用汉字；其幕铸叶尔羌城名，左用国书，右用回字，先以预备军营之铜开炉，铸五十万，易回部旧钱销毁，更铸以资回众之用。嗣后仍于各城产铜之地陆续采铜加铸。

臣等谨按：前史载西域诸国，钱品不同，各就其土俗为之，从未有模范圜函，悉奉一王之制者也。大抵西域之钱多以金银为质，惟《唐书》载泥婆罗国以铜为钱，不穿孔。宋《三朝国史》载：天竺国用铜钱，圆径如中国之制，但实其中心，不穿贯；西域之钱又多以人物为形，惟洪遵《泉志》列吐番国、屋驮国钱，称其肉好不异中国，以铜为之，字如梵书不可识。所谓泥婆罗、吐番等国，皆为今西藏左右之境，实当回部之南，然则回地之旧普儿钱，铸以赤铜而有字，或即其遗制耶！夫回部居天山之南，多系古西域三十六国地。《唐书·西域传》谓龟兹、于阗，置女肆①以征钱。《后周书·异域传》称高昌国税银钱；乐史《太平寰宇记》称龟兹国税银钱，而皆不详其钱式。洪志载龟兹、疏勒国有五铢钱。又称其地近西凉，为张氏遗制。然则其为市易之流传与本国之自铸，亦莫得而考也。惟是史称龟兹国能铸冶，有铅。又疏勒、姑墨、难兜②诸国多出铜铁，今回地之阿克苏、乌什、库车、沙雅尔诸城，即其故境，盖其饶于矿产，自昔而然③。我皇上德威广被，绥定遐荒，月窟天西并遵制度，于回城设局开铸，冠以天朝年号，而附识其城名于幕，以同文之治，为利用之资，洵乎货币之流通，迄于无外已。至于回部田赋，若叶尔羌、喀什噶尔、和阗诸城皆以粮与钱并纳，旧以五十普儿为一腾格，每腾格直银一两，自登版籍④以来，钱价日就平减，诸城伯克等请加纳普儿以次递增。乾隆二十六年，定以百普儿为一腾格，凡田亩之供输与市廛之贸易，皆以此为准。继自今六府孔修⑤，百工咸理，定卝人⑥之职官，山远过乎祁连，颁泉赋⑦之规，任土直周乎蒙汜⑧。斯固肇兴刀布以来所未有之盛烈矣。

---

① 女肆，此处可能是指女子开设的店铺。
② 疏勒、姑墨、难兜，皆西域古国名。
③ 自昔而然，自古如此。
④ 版籍，户口册。
⑤ 六府孔修，语出《尚书·禹贡》："四海会同，六府孔修。"孔传："水、火、金、木、土、谷甚修治"，即百业兴旺、天下大治。
⑥ 卝人，《周礼》所载的职官之一，掌开采矿冶之事。
⑦ 泉府，《周礼》所载政府部门之一，掌管物资和货币流通事宜。
⑧ 蒙汜，中国古代传说中的极西日落之处。

又拨四川、湖广局钱运往甘肃。先是，以甘肃制钱缺少，民用未便，已议将楚蜀余钱酌拨协济。至是，奉上谕：甘肃钱价昂贵，见在大兵凯旋及一应屯田事务并民间日用钱文，在所必需。着于四川省每岁协济钱十二万串，湖广省每岁协济钱八万串，按数分起解甘济用，其所需工本物料价值以及水陆运费，该省俱作正项报销。

复增湖南宝南局炉座。时以协济甘肃钱文，四川及湖北皆于加铸数内拨往，唯湖南所铸有搭饷及折给兵粮定额，余钱不敷解运，巡抚冯钤奏请以本地厂铜于旧炉二十座外增设炉二十座，岁添钱八万四千三百七十九串有奇，以八万串运至甘肃。户部议，如所请。从之。至二十六年，停解甘省钱，以本省兴修城垣，奏定仍照增添之数鼓铸，将铸出钱八万余串设局平卖，以余息充城工之用。

二十五年，令广东、湖南收买广西余铅以供鼓铸。护广西巡抚叶存仁奏言：粤西鼓铸需用白铅，向系委员赴黔省采办，嗣因思恩县属之干崗厂出有白铅，奏明抽课之外，余铅每百斤以价银二两四钱收买供铸，递年积存局内者共有一百六十四万余斤，上年又增开卢架一厂，采铅日多，已议定每百斤减价一钱作为二两三钱收买，但本省鼓铸铅斤毋庸再为预备，而矿产旺盛，厂民销售不及，未免工本拮据。查广东、湖南与广西接壤，虽各开有铅厂，而白铅出产甚少。宝广局每年需用白铅十三万五千斤，系照依时价采买，每百斤价银四两九钱有奇。宝南局每年需用白铅二十万斤，系黔省拨运，每百斤脚价银三两六钱有奇。如由桂林转运至二省，合计运脚较原数皆有节省，请嗣后将余铅收买存储省城钱局，令二省委员赴粤西陆续买运，易银归款。户部议，如所请。从之。至二十八年，以出铅数减，议令湖南复买黔铅。其广东所需额铅仍赴广西采买。

又令宝泉局每年开铸七十六卯。户部奏言：宝泉局鼓铸七十一卯，得净钱八十万五千三百余串，每年搭饷及给发公费需钱八十三万余串，向因库储有余，酌量添用。今前项储钱五十余万串已令各工程处陆续支领，自应预筹增铸，请再加五卯为七十六卯，岁可添钱五万六千六百余串；其红铜及黑铅、点锡存局，俱属有余，毋庸添办。唯白铅一项，所剩无多，应令黔省于正额之外再添办三百万斤，分作三年带解，约可供添铸十五年之用。从之。

二十六年，停四川、湖广拨运甘肃钱。甘肃巡抚明德奏言：自楚、蜀协济钱文以来，将四川钱拨运河西，湖广钱截留河东搭放兵饷及减价出易，上年至今，约共拨到钱四十余万串。现在甘省每银一两约可易钱八百八九十文，市价大平，应请停止拨运。下部知之。

又开西域阿克苏城鼓铸局。先是，回地唯叶尔羌、喀什噶尔、和阗各城以钱交易，其阿克苏诸城向不用钱，或以银买卖，或以田地及货物、牲畜互换。自平定以后，以其地向有铜矿，仍于阿克苏属地方置七品伯克二员，管理采铜回户。至是，参赞大臣尚书舒赫德以各城阿奇本伯克之请，奏定于阿克苏城岁征红铜四千二百五十斤，乌什城岁征红铜三千一百九十斤，库车城岁征红铜八百十五斤，沙雅尔城岁征红铜三百五十斤，赛哩木城岁征红铜三百五十斤，拜城岁征红铜三百四十斤，哈喇沙尔城岁征红铜七百五斤，共为一万斤，汇解阿克苏城开局，铸"乾隆通宝"钱，其钱幕铸阿克苏城名，余俱如叶尔羌城之制。

> 臣等谨按：自二十六年以后，铜产日旺，复陆续增定阿克苏属采铜伯克为三员，添置库车属采铜伯克二员，沙雅尔属采铜伯克一员，哈喇沙尔属采铜伯克二员。其各城岁征铜额，亦以次加增，以为阿克苏局添铸及拨供叶尔羌局接铸之用。

又更定云南办解京铜仍分八运，罢协运官。户部奏言：滇省承办京局正加四运铜斤，向定每运委正运官一人，协运官一人，一同起程，在途一切雇船搬载俱系正、协二员会同办理。历年各运依限解到者固多，而到京迟滞者亦复不少，总由二员合运，责任不专，未免互相推诿，应请将额解京铜仍分为八运，作为六正运、两加运，每运俱委同知、通判、知州、知县等官管解，以专责成，不必再委杂职官为协运。每年仍避出川江夏涨之期，将八运均匀起解。从之。

又令贵州、湖南起运京铅，罢协运官，并定贵州办铅仍分四运。户部奏言：贵州、湖南承办白黑铅斤，向系分派正运、协官各自领铅先后开运船。其正运所领铅斤虽多于协运，然正运系府佐等官，沿途足资弹压，即遇舟车需费，亦易于应办。协运既系杂职微员，一切每多竭蹶，于公事不免贻误，请照云南运铜之例，专委同知、通判、知州、知县等官管解。其广东办解点锡，向无协运之例，嗣后仍毋得委杂职等官。至于铅斤分运宜酌量均派。湖南所解黑铅为数较少，应照旧为上下两运；贵州所解白铅，原额四百四十万余斤，近又有添办之数，仍应分为四运。从之。

又令湖南收禁小钱。先是，于乾隆九年，巡抚晏斯盛请将湖广所行小钱概行禁止，交官给予价值。经大学士等议，以楚省使用钱文大小不等，民间有以三小钱当一者，有以两小钱当一者，原系旧有之钱，非私铸可比。见在钱少价昂，若遽为查收，恐于兵民未便，俟制钱充足再行定限。至是，巡抚冯钤奏称：湖南自节次加炉鼓铸以来，钱价大平，小钱自应禁革。户部议定：除古钱一项，仍听民便，康熙年间之小制钱，亦照旧行使，其余一概小钱，令地方官申禁，并照例收买。

又增设户部钱法堂司官二人，裁宝泉局笔帖式二人。户部奏言：钱法堂官原为稽查宝泉局而设，一应文移往来①，向因书吏具稿未协，令监督主稿，钱法侍郎核定。以稽查钱局之文案即由本局监督办理，殊非体制。查宝泉局向派笔帖式四员翻写文移，而事务无多，请酌裁笔帖式二人，添派满汉司官各一人，专司主稿，于各司员中公同选委，仍照监督之例，二年更代。从之。

二十七年，令解京铅锡运局车价皆预行拨解。户部奏言：贵州、湖南、广东承办铅、锡，俱由张家湾陆运至局，其车价银向系运官携带，临时交张湾巡检代雇车辆，往往有交价濡迟，巡检借端推诿，以致不能速运，必得部中督催始克运竣者。盖缘车价既入运官之手，即不免沿途挪用，而巡检因系私相交兑，亦遂任意迁延。应请嗣后解运铅、锡，除一切途中必需之费仍发运官随带备用，其自张湾运局，请照运铜车价预解坐粮厅之例，行令贵州等省，计一年所需，预行拨解通永道库存储，俟运船抵湾，该道核算应用之价，照数发张湾巡检雇车起运，一面将发价日期呈报钱法衙门扣限查催。从之。

又定云南办解铜斤整碎分包之例。先是，户部奏准：将额运京铜仿照运铅之例，令先酌定斤数，镕作整圆，每包合成一百斤，不许运员錾凿碎铜搭配，以免沿途折耗，即遇有沉失亦便于按数捞取。至是，云南巡抚刘藻奏言：向来滇省解京，俱系蟹壳铜。嗣因大兴厂所产之铜，成色与蟹壳相同，即奏明以饼铜配解，均系整碎分搭，每百斤为一包。盖在厂之铜，系将矿砂锤碎熔化于洪炉之内提取而出，本不能轻重适均，其蟹壳一项，乃成色最高之矿，当煎炼之时，以米汤浇泼，乘其凝结然后揭取，水火相薄，亦易激成碎块，非尽由于解官錾凿之故也。嗣后，应令将滇铜整圆者

---

① 文移，公文。

与碎小者各自分包。整圆者，每包不必拘定百斤，碎小者必足百斤之数，其块数斤数用一木牌详悉开明，钉于封包之外，过称时连包称对，不许逐处拆动，亦可杜偷窃而防遗失。下部知之。

又定京局交收铜、铅、锡限期。户部奏言：向例铜斤到局，监督呈明钱法，侍郎验定成色，即令交收，俟全数兑完之后，给发回批，乃运官每易迁延时日，不能作速交清。嗣后，请定限两月全收，如有斤数短少，勒限十日，令赴局补交。其各省解到铅、锡，亦照此一体办理。仍将局内收清日期先行知照该抚，以便饬令运官回任报销。从之。

二十八年，令湖北宝武局添买云南铜配铸。先是，宝武局加铸钱文，原议专用汉口商铜，寻以四川矿铜旺盛，岁买川铜二十万斤，合汉口铜二十万斤对搭鼓铸。至是，以川铜不敷添买，湖北巡抚辅德奏请照例买汉口铜。经户部议：汉口铜每百斤需银十九两，价值较昂，应令添买滇铜，以节靡费。嗣后湖北委员赴滇，于正铸需用之外，另行加办其汉口铜，每百斤复减价至十七两五钱，暂行收买以供每年滇铜未到之先，随时接济。从之。

二十九年，定滇铜运京，守风守水及封闸封峡程限。户部议言：滇铜自四川泸州运至通州，以十二月为期，或遇途次守冻，例准扣除，并无守风守水及封闸封峡等一定程限，承运各官往往任意耽延。查滇铜至京，程途原非一日，途中风水顺逆既难逆计，当川峡盛涨更难冒险前进。至运河闸座所以蓄泄水势，以济漕运，及封闭之日，各项船只例不开放，而铜船至京又无他道可以绕越，兼旬守候，势所不免。应交沿途督抚，遇有铜船到境，实系封闸封峡及遇水浅起剥①，查明属实，取结报部，以便扣限；其有风信骤发，水势暴涨，事出偶遭，一并准其照例扣除，如平水河道，人力可施，不得藉端逗留，各船分起解运，应令节次抵通，亦不得任意后先稽延时日，违者查核。从之。

又议定湖南运解京局黑铅仍归贵州、湖南分办。先是，京局所需黑铅七十万五百七十斤有奇，历交贵州办运。嗣因湖南郴州开采桃花垄等处及桂阳州等厂黑白铅砂，出产甚旺。乾隆十一年议将贵州所办京铅一半改归湖南代办，复于乾隆十四年将贵州应解京铅全交湖南代办。至是，湖南巡抚乔光烈奏言：湖南所办京铅，本由桂阳、郴州两厂分运，今郴厂因开采

---

① 剥，通"驳"。起剥，开航。

日久，硐老砂竭，已请封禁。而京铅为鼓铸所必需，未便缺额，闻贵州柞子等厂所产黑铅，自停运以来，颇有积存铅斤。今据贵州巡抚刘藻覆称：贵州每年可办京局黑铅三十五万斤，自乾隆二十九年为始，照数委员解京供铸。其余三十五万二百八十五斤有奇，仍须湖南办运，请改由桂阳厂采办，作为一运，于九月全数解京，仍分交户、工二部收纳供铸。至所需颜料库黑铅一万七千六百六十九斤有奇，向亦系郴、桂两厂分办，今统归桂厂办解。户部议，如所请。从之。

又定广东、湖南运京铅、锡程限。广东布政司胡文伯奏言：云贵办运京局铜、铅，均经议定程限，其余省份解京铅、锡未经定期，恐委运各员沿途任意逗留，或致误公。经户部议言：直省办解铅、锡，由本省前至张家湾抵京，其间经涉江湖，实在需日若干，应令直省各自核计定限。嗣经广东巡抚明山议定，广东办解点锡，自广州前至通州之张家湾，中间多系滩河逆流，南雄而上，俱由陆运山路，亦复崎岖，运解原非易易，应酌定程期，以十阅月①解京为限。湖南巡抚乔光烈议言：长沙领运黑铅直自汉口运抵张家湾，原照贵州运铜之例，定限五阅月，其自长沙前抵汉口，中隔洞庭，水宽风逆，势难冒险前进，应酌以一月为期，中途遇有守风守冻日期，仍准沿途地方各官结报核办。户部议，如所请。从之。

又开云南顺宁府鼓铸局。云贵总督吴达善奏言：滇省办铜各厂，除汤丹、大碌两大厂之外，其次即赖大兴、大铜二厂。自乾隆二十一年奏开之后，岁办获铜百余万斤至三四百万斤不等，兼之铜质甚高，大兴厂添拨京局，大铜厂分供省局，每年二厂所余铜仍以给各省配搭采买之需，但该二厂地势低洼，每被水淹，厂民以有亏资本，采办不前，应及时调剂。拟岁给官本八千两以为宣泄积水、备料兴工之用。查顺宁府之宁台山厂并附近芦塘等处，近年矿砂旺盛，积铜甚多，若加耗煎净，尽堪适用，其鼓铸所需铅、锡，亦易拨运，请开局于顺宁府城，设炉八座，每年开铸三十六卯，并照东川新局之例加铸十八卯，钱幕仍铸"宝云"二字，共享正额带铸外耗铜、铅、锡四十四万六百四十斤，铸青钱五万三千八百六十四串二百文有奇，除去工价等项，就近配给永顺镇标官兵俸饷，并搭放顺宁、永昌二府公用，所余钱文，核计归还铸本，将息银八千八百余两添补大兴、大铜厂经费。户部议，如所请。从之。

---

① 阅月，经过一整月。阅月一词之前一般加数字限制，数字是几，就是几个整月。

又拨云南弥勒州厂白铅运广西府局供铸。云南巡抚刘藻奏言：广西府局鼓铸，每岁需白铅二十三万九千五百余斤有奇，向于罗平州卑、块二厂买运，每百斤并运费给价二两七分。今弥勒州野猪厂产铅旺盛，应自丙戌年为始，照例给价收买，拨运广西府局供铸，每百斤减价一钱八分，由野猪厂运广西府局，合计运脚亦有节省，供铸之外，如有余铅，仍抽正课，听商销售。户部议，如所请。从之。

又减陕西铸钱铜数，增买滇铜运陕供铸。先是，陕西宝陕局鼓铸，需铜三十八万斤，向赴四川采办，因川省出铜减少，停其采买，更向云南拨给三十五万斤以供鼓铸，高低各色配解。至是，云南以高铜渐少，只拨给五万斤，更拨金钗厂低铜三十万斤，交委员领运。陕西巡抚和其衷奏言：陕省历年铜斤，年运年销，并无余存，而官商办运，洋铜不过五六万斤，运局每无定期，不能及时应用。现在存储陕铜，止可供一年之铸，陕、滇相去辽远，铜斤往返需二年有余，诚恐一时不能接济，必致停炉歇卯。请将陕局鼓铸每炉两卯酌减五百斤，以一年为率，今年减存之铜即可待次年供铸，俟滇铜运到，仍行照旧鼓铸。再采运滇铜，既难刻期而至，请自丙戌年为始，于三十五万斤正额之外预买五万斤，仍照高低各色配解，以备陆续接铸之需。户部议，如所请。从之。

三十年，议以四川重庆、夔州二营生息银两交铸局加卯鼓铸。四川总督阿尔泰疏言：川省各营需用赏恤，曾请于盐茶项下支银一万四千五百余两，交宝川局每年加铸二卯，扣还铜、铅、锡等工价，可得息银七千七百余两，为陆续赏恤之用。唯重庆、夔州二处，仍系营中领本四万一千九百余两，自行开典生息充赏，每年获息仅五千三四百两，较之钱局加卯鼓铸相去悬殊，且当店官为经理杂费既多，兵弁差操多误，或恐有私渐挪侈之弊。不若将官典概行停止，所获息银及房间什物尽行变价归本解司，以一万九千余两仍照例交铸局随卯带铸，除归还价本之外，所余银两余息既多，足敷添补赏项之用，事简易行，亦于政体协宜。得旨允行。

三十一年，减云南顺宁局加卯鼓铸，增省城、临安鼓铸卯期。云贵总督刘藻奏言：大兴、大铜等厂礑硐日深，修费更多，经前督吴达善奏请，于顺宁府设炉八座，每旬每卯加铸半卯支放兵饷，所获息钱归并大兴、大铜等厂为工本经费。嗣虑两厂支给官本，归款无期，又请于大理局各炉内加卯鼓铸，获息清款。至宁台厂历年办获铜斤止能供顺宁局正铸之用，其加卯鼓铸之铜，难以办供，应将三十一年顺宁局停止加卯鼓铸，其顺宁局每年正加各卯，原系拨还大兴、大铜等厂预支动工泄水之项，历年清还。唯现在三十一年所动兴工泄水，原本八千两，本年正铸局钱止得其半，不敷抵补，应于省城、临安等局酌量加卯筹办，余息归补。户部议，如所请。从之。

又议定云南开采矿厂地界并停各省预买、加买、借买铜斤及本省各局加铸之例。大学士云贵总督杨应琚奏言：滇省近年矿厂日开，砂丁①人等聚集，每处不下数十万人，耗米过多，搬运日众，以致各厂粮价日昂一日。且有无业之徒，藉言某山现有矿引可以采铜，具呈试采，呼朋引类，群向有米之家借食粮米，名曰米分，以米分之多寡定将来分矿之盈缩。往往开采数年无益，又复引而之他有米之家，希图加借，前后并还，终致矿归乌有，米复徒耗。更或预向厂员借用银米，前后挪掩，重利借还，负累殊深。查滇铜关系鼓铸，不容缺乏，已开各厂不便议停，未开各厂正宜示以限制。请将旧有之老厂、子厂存留，限于各厂四十里内开采，四十里以外不得任意私开。厂有定数，则厂内砂丁可无虞日渐加增耗费米石。至各厂所获铜斤，比年解运京局及本省鼓铸外省采买，所余不过数十万斤，如尽各省加买，势至入不敷出，似应及时筹剂。请将各省乾隆二十九年以前奏定之额，听其按年买运，如有请预买一运及加买至借买数十万斤之处，概不准行。旧厂既有界限，开采年久，衰歇堪虞，应留有余以补不足，滇省省城、临安、东川各局正铸之外，已足敷搭放兵饷，接济民用，其加铸各项，亦应酌量停止。得旨允行。

---

① 砂丁，矿工。

皇朝文献通考卷十八

钱币考六

乾隆三十二年，停运京局铅斤。先是，贵州每年办解京局白铅四百三十九万余斤，又办解湖北汉口售供直隶等八省鼓铸白铅三百万斤，俱由该省之大定府等府州雇马运至永宁，交委员接收转运。至是，巡抚鄂宝以大定等处现在办理云南军需马匹，该处产马有数，驮运缺乏，请将应办汉口铅停运一年。经户部议，以直隶等八省本地俱不产铅，今若停运，势必仍买商铅，恐商铅亦办运不前，必多贻误。查京局现存白铅尚多，不如将运京铅斤暂请停运半年，以京局缓运半年之期，拨抵运解汉口之数，已可通融接济。从之。

又贵州巡抚鄂宁言：本年加运京铜，定限于明年二月自泸州开运。现在牛马缺乏，请缓至明年八月，同三十三年头运一齐开帮。又称大小各厂因两年办理军务，油、米、炭到厂者少，以致办铜短缩，贵州等省赴滇采买，自上年至今未发者共高铜二百余万斤，金钗厂铜一百九十余万斤，请移咨①各省，自行查核酌办。经户部议：以户、工二局现存铜斤及本年解到并起运在途共计有一千六百六十万有奇，与其令各省委员在滇守候，不如将该省本年加运展限，并明年头运第一起京铜截留，拨给各省通融办理。从之。

又令宝直局余铜铸钱充饷。先是，宝直局鼓铸，每炉每卯应发各匠工食，向照京师宝泉局之例，按制钱八百三十文作银一两交炉头易银给发，保定钱贱赔累②不资。至是，直督方观承请以每卯铜渣、铜屑加意淘汰，

---

① 咨，咨文，平行公文。移咨，移送咨文。
② 赔累，亏损欠债。

一年计出余铜三千余斤，约可铸钱三百余千文，分赏炉头补苴赔垫。经部议：以该省鼓铸工价，原系题明核给钱文，每年报销，亦系开造钱工，且该省止设炉五座，各匠同在一厂，稽查易周，原无须易银给发，以致辗转亏折，借口赔垫。嗣后将前项余铜归公，搭同正款铸钱，按年造报充饷，其卖获渣土银两，俟满五年，另行试淘，如有多余，将确数奏明，留局公用。

  臣等谨按：各省鼓铸，内有节省及淘出余铜，如四川之盈余铜、铅，山西之炉底渣末，贵州之称头铜斤，俱将铸出钱文，留充公用。

三十五年，户部议：查滇省办运京铜，每年六百二十九万余斤，该省鼓铸及各省采买共需铜五百余万斤。昨据该督彰宝以滇铜不敷，请暂停采买，经部议驳在案。今据该抚明德奏：称云南钱价，每银一两，易钱一千一二百文，市价已属太贱，向于六府设炉一百一十六座，实属过多。应将东川新设炉二十五座，大理、广西各十五座，临安、顺宁各八座暂为裁减，岁可省铜一百四十五万余斤；再陕西、广西、贵州、湖北四省岁需滇铜额数均属过多，亦可酌减铜五六十万斤，加以现在广开子厂，一二年间外省委员均可挨次领运，而铜斤亦可从此日加充裕。应如所奏办理。至称减炉七十一座，岁省白铅一百二十余万斤，黑铅十万余斤，板锡八万七千余斤，应运赴汉口供各省采办之用。从之。

三十六年，酌减贵省搭放兵饷钱文。贵州宝黔局鼓铸钱文搭放俸饷等项，例均以每两一六搭放。本年三月内，户部议准：云贵总督彰宝言，贵州安笼镇七营官兵俸饷钱文，该处钱贱，又离省窎远，请停止搭放。四月内又议准：该抚李湖称移查各营，除提标、古州镇标等二十一处仍照旧搭放外，其抚标贵阳营近在省城，无须运脚，镇远等镇三协二营市贩无多，钱价易昂，均请减半搭放；盛宁等镇协营十处，该地方钱价平贱，又远道运回，每致亏损，请全数停搭；至文员俸廉及书役工食，事同一例，亦一体减半搭放。

又护山西巡抚朱珪言：晋省鼓铸，自乾隆十四年安炉十座，十八年减去四座，二十三年复添炉五座，每年铸钱四万九百串有奇。除按月搭放兵饷外，余钱尽平市价，数年以来，钱价日趋平贱，民间不必以官钱为利。请酌减从前加增五炉，止留原旧六炉，岁可铸钱二万二千余串，于兵民并无不便，而钱法仍足流通。从之。

又减江西宝昌局炉座。先是，江西省钱价昂贵，于乾隆七年经抚臣陈宏谋设炉十座，旋于八年复增四座，共成十炉。迨十五年，因库储钱文充裕，经抚臣阿思哈减去四座；十七年，又因库钱减少，前抚鄂昌仍添四炉，共成十炉鼓铸。至是，江西巡抚海明奏称，市钱价贱，官钱不能销售，现在积存十万余串，加以铸至岁底，除搭放兵饷外共应存库钱十三万余串，陈积稍多，更难出易。请自乾隆壬辰年为始，减去四座，仍以六炉鼓铸。户部议，如所请行。

三十七年，令贵州省局存余钱搭放兵饷。户部议：查宝黔局原设炉二十座，岁铸六十九卯。三十五年，前抚宫兆麟以钱价平贱，奏减二十三卯；三十六年，又据调任巡抚李湖请减炉五座，仍以四十六卯分炉配铸，通计减炉鼓铸，除搭放俸饷等项外，岁尚余钱二万三千余串，行令易银解司，各在案。今据该抚图思德奏称：黔省钱价平减，商贩无多，铺户领钱出易，从中侵蚀，差吏贿串拖延，种种滋弊，现在滇铜未旺，局存无几，而市价又现值平减，请全提解司留为搭放兵饷之用。应准其将府存未易钱文一万五百余串并将来铸出息钱①，均无容出易，以备搭放。从之。

三十八年，定铜运抵津后不许开报守冻之例。大学士于敏中等奏：铜运攸关铸务，例限甚严，运员任锡绂、陈希泽、黄斌等守冻与抵通，或同时而行阻互异，或一运而咨报各殊，且一人所运之铜，或两地守冻，其中显有徇隐捏饰情弊。奉上谕：铜运船只既抵天津一带，距京已近，铜斤非米粮可比，即属冻河之候，原可改从陆运，皆因运员等恃有守冻之例，遂尔藉词迁延②。嗣后运铜抵津后，概不准开报守冻，如遇冻河，即令其陆运进京，则支吾守冻之弊，不除自绝。着为例。

又户部奏准：宝泉局各厂匠役工食，原定每卯给制钱一千二百四十串有奇，交炉头易银开发。嗣于乾隆四年议准，改给银两，由部支领给发。其时因钱价昂贵，每银一两，仅合制钱八百三十文，匠役按卯计工，不敷食用，复经定议，择其工价稍浮者酌减七十三串，净给钱一千一百七十三串八百文，改令炉头照市价易银开发。迨至二十八九年以来，钱价日就平减，匠役等但知按例索银，不问钱价贵贱，每年实不敷银一万三千三百两

---

① 息钱，本指可生息的贷款，或本钱与利息。联系上下文，此处似指铸钱扣除工本后的盈余。
② 遂尔，于是。

有奇，俱系炉头等设措添补。现在钱价更属有减无增，办理实为竭蹶，自不如仍旧改给库银，谨公同筹议，酌中定价，每年七十五卯，计开发银十万二千三百两有奇，由本局出具印领，令炉头赴银库按季支领，存储局库，按月给发。

三十九年，湖南巡抚觉罗敦福言：宝南局钱文积至十七万四千四百余串，皆因官价贵于市价，无人承买，局钱壅滞，余息无归，现在巴陵县城工奏请借款，莫若减价易银，取息供用。经户部议：将局存钱文照依原定易银官价核给。兴修巴陵，距省本系一水之地，装运既便，即照铜铅事例酌给运费，亦属无多，一转移间，而数年壅滞钱文可销去十分之三，余息亦无亏短之虑。从之。

四十年，开伊犁鼓铸局，钱幕用"宝伊"字。伊犁为准部总汇之区，乾隆二十年，王师平定，遂隶版图，既有重兵驻守，兼多商贩贸易，需用钱文较叶尔羌更为紧要。上年，蒙皇上轸念，新疆筹及钱源利用，有旨交伊勒图查酌妥议。旋据奏称：乌什改解之铜，仅止三千斤，此外尚有回部各处余粮折纳铜三千余斤，共可办获铜六千四百余斤，即就现获铜数开铸，搭放于军民，两有裨益。户部议，如所请。除库车、沙雅尔派回子赴厂开挖，既非余粮折纳，且有衣履、器具、牛骡之费，仅获铜一千余斤，烦费过多，毋庸派办，实止得铜五千三百斤有奇，岁计铸钱九百二十余串。

> 臣等谨按：伊犁素不产铜，其各处以粮折纳红铜，每斤约银四钱九分有奇。又采挖黑铅，每斤约银四钱，合计铜、铅二项，每铸钱一千，约需银三两八钱有奇，但均非动项采买。至白铅，必须由西安远赴湖北汉镇搭买，递运陕西，转运哈密，又由驿站递解伊犁，核计脚价，所费颇重。今以体质坚硬之红铜，配以柔软之黑铅，微加点锡，轮廓肉好即可适用，因照内地常行制钱每文一钱二分重，用红铜八分四厘，黑铅三分四厘八毫，点锡一厘二毫，督匠试铸，色样大略相等，自可毋庸调运。其点锡按照红铜五千余斤搭配，每年只须八十斤，为数无多，即令西安代买，遇便搭解。仍令京局铸成钱模，交该将军照式鼓铸。

四十一年，署云贵总督觉罗图思德等言：滇省近年大小各厂岁获铜一千二百三四十万斤，除京外鼓铸、年需高铜九百余万斤外，其宁台、户蒜、金钗等厂尚积存低铜五百余万斤，并收回一分通商一百二十余万斤，已足敷复炉加铸之用。请于东川局增炉十五座，曲靖府安炉十八座，广西州复炉十五座，保山局增炉四座，大理局增炉三座，省局添炉一座，共五十六炉，统成一百四十一炉，内东川先经加卯带铸之二十五炉未便再议加卯，其余一百十六炉，每年每炉于正铸外一律加铸三十六卯半，计可获息十六万四千八百两有奇。查汤丹、大碌等四厂，年办蟹壳铜五百五十余万斤，工费不敷，每百斤加价一两五钱。大功厂系新开，费用稍省，年办蟹壳铜一百余万斤，每百斤加银一两二钱。此外，中小各厂共计年获铜五百七十余万斤，每百斤加银一两，足敷工费，统计加价共需银十五万三千余两，核之所铸余息尚有存剩，而搭放兵饷之外，加搭各厂盐井工本、薪食银两以利民用，又可无钱多、价贱、余息亏短之虞。从之。先是，汤丹等厂积欠工本银十二万余两，九渡箐等新厂亏欠工本银五万六千余两，部议于增给铜价内以十分之八发给厂民，扣留二分以归旧欠，分作六年扣完。又滇省解交京铜六百余万斤，由寻甸、东川两路分运泸州，其中牛驮马载脚价尚属敷用，唯自威宁州至镇雄州所属之罗星渡，计程十站，山路崎岖，近年马匹稀少，俱系雇夫背运，两夫背运一码，重一百六十斤，给脚银二两，往返一月，食用不敷，夫役每多逃匿。今酌议每铜一码，加脚银四钱八分，约需加九千余两，亦请于加给铜价内，每两扣银五分八厘零，即可如数扣增，不必另筹款项。均得旨允行。

又户部议：运京铜、铅经吏部。以运员开行以后，定有逾限处分，而开行以前，迟逾①向无定例。伏思处分之轻重，总以限期为权衡，其未经开行与既经开行责任各有攸归，自应分晰酌定，以昭画一。查向来运铜委员抵泸州领兑，过秤打包，雇船装运，定限五十五日者，原因在永宁、泸州两地分领，予限是以宽余。今既在泸州一处领兑较便，应酌减二十日，止准扣限三十五日作为开行以前之定例。至铅运委员自永宁领兑装运赴泸州，向来予限三十日，自泸州至重庆予限二十日。在重庆镕铸，按照每日熔化二万余斤计算，照旧每运限三个月。又在重庆雇船开行，限二十五日，应请均作为开行以前之定例，合计前后限期，虽分而于旧例仍无增减。嗣后运员任意逗留，以致开行逾限者，即照违限议处，不准扣除定

---

① 迟逾，拖延、误期。

限，如此，则各该员自顾考成，益加迅速攒办①，于京运实属有裨。从之。

贵州巡抚裴宗锡言：近年滇铜丰旺，现又增给厂价，商民采挖踊跃，除供京省外，应有余剩。而黔省自减炉以后，不唯铸息缺额，而官钱既少，市价增昂，请拨滇铜之有余，补黔省之不足，将原减炉五座复加安设，在滇省每年只加拨铜十一万一千斤，为数无多，亦属易办。户部议，如所请。从之。

<u>臣等谨按</u>：宝黔局向设炉二十座，年铸四十六卯，额用滇铜四十八万八千四百斤，黔铜三万二千四百斤，嗣因黔厂产铜其旺，续加二十三卯。迨乾隆三十五六两年，黔省钱价平贱，铸钱艰于销售，又值铜厂渐衰，滇省亦以产铜不旺，减拨铜十一万一千斤，经前抚官兆麟、李湖先后裁去二十三卯，复裁炉五座，仍照四十六卯分铸，至是始补足二十炉之数。嗣于四十四年，滇省产铜稍少，议减贵州省额买滇铜十分之三，将该局四十六卯减铸十卯。

四十二年，署云贵总督图思德言：滇省局存钱文，自三十九年起至四十一年十月底止，仅存钱四千八百余串，自应仍照向例，以三成搭放。但查省局原设炉二十五座，今又新添炉一座，约计每年铸获钱文，除驿站鞭祭等项及搭放三成兵饷外，尚余钱三万二千串有奇，别无需用，久储易致贯朽，请自本年为始，俱以银钱对半搭放。户部议，如所请。从之。

<u>臣等谨按</u>：云南省局铸出钱文，向例用银七钱三搭放兵饷，嗣以局钱壅积，经前督吴达善等节次奏明，以银五钱五各半搭放。至三十八年，又因局钱积至十八万余串之多，复经督臣彰宝奏请全数支给钱文，至是仍循乾隆二十七、三十等年之例，各半搭给。寻于四十三年，督臣李侍尧又以钱价平贱，兵丁暗中亏折，奏请如钱价在一千二百文以内照例搭放，如在一千二百文以外，悉给银两。

四十四年，云贵总督李侍尧言：滇省所筹铜数只有一百九十余万斤，

---

① 攒办，抓紧办理。

不敷各省采买，谨就三迤①地势民情，悉心酌核，除省城东川府需钱较多未便议裁外，请于大理局减去一座只留三座，将省局二十五炉内减去五座，移设大理，共成八炉；广西局裁去四座，将东川局二十炉内减去四座，移设广西，各加铸半卯；其临安、保山、曲靖三局复设十三座尽数裁去，以节铜斤。统计滇省共存四十八炉，年共需铜一百一十余万斤，较上次节省铜七十一万余斤，连前次余存节减铜共获铜二百四十万余斤，合之各省鼓铸，实用铜数止不敷铜二十余万斤。宁台厂现有旧存铜斤尽可凑拨，加以现在广西厂子厂多开磓硐，已有可望撙节筹办，自可源源接济。从之。至四十五年，又以各厂采铜竭蹶，且距省稍远，稽查难周，将大理府所设八炉遵旨移归省局，其东川府只留十座，余六座与广西局炉四座一并裁撤。

又减广西省炉座。先是，广西省鼓铸十六炉，年用铜三十八万三千余斤，上年以滇省近年出铜较少，将广西省年买额铜减十分之三。经巡抚吴虎炳奏请，减炉三座，今请于四十四年夏季起，再减一炉，共减铜九万五千九百余斤，除本省金鸡头厂获铜抵补应用外，尚应买滇省高低铜二十五万八千斤有奇，计比从前减铜十二万五千斤有奇，其遇闰之年，仍请加买。至减存十二炉，年止铸钱五万七千六百串，其炉匠工料、薪水、杂费概以银两给发。从之。

<u>臣等谨按：是年，湖北宝武局亦以滇铜短缩减买十万斤，除添买汉镇商铜五万九百斤有奇抵补外，仍不敷年需四十万斤之数，议准于二十四卯之中，酌减三卯。</u>

四十五年，户部议：查直隶等设局鼓铸，均系派委府、厅、州、县等官。司道大员，唯总理稽查。即云南东川等局，亦系派委府、州等官经管，责成该管道员稽查。独宝云局以臬司自为管办，耳目稍有未周，弊端即难尽绝，且与各省成规不能画一，应如该督所奏，即以云南府知府职司鼓铸局务，每年奏销即由该府造册转报，以专责成而昭画一。仍令臬司不时详查，倘有夹带等弊，一经查出，即将局员严参，并将总理之臬司一并勘究。

---

① 三迤，云南省的代称。因雍正年间先后在云南设置迤东、迤西和迤南三道，故称。

四十六年，户部议：查四川宝川局新旧设炉四十座，岁需本省铜一百四十万斤，嗣因该省铜斤不敷接铸，奏减新旧炉铸十二卯。今据该督文绶奏，近来各厂产铜岁止七八十万斤，请再停十二卯，连前共省铜六十万斤，核计近年出铜之数，足供配铸。其每年应用黑铅四十九万八千斤以供正铸，近年本省各厂产铅四五十万斤，除供加卯应用外，尚余二十余万斤，请嗣后存积三四年，核计足敷旧炉正铸一年之用，即将黔铅停买一年，现在局存黔铅一百五十九万余斤，足敷两年鼓铸，所有本年应买黔铅，缓至来岁秋间再行酌办。得旨允行。

四十九年，四川总督李世杰称：钦奉谕旨，铜、铅一到川省，即系该省应办要件，此项船只着交沈清任率属妥办，以专责成等。因沈清任止能于所辖之重庆地方照料，其自永宁至泸州、泸州至重庆自应一体专派大员督同地方官代为雇备。查永宁道驻扎泸州，铜、铅两运所过地方皆其专管，应请即责令该道督同永宁县知县、泸州知州按照定价代为雇办，倘有疏虞，即将船户、船工送至所在地方官，追出原领脚价，枷示①河干。其经过汉口、仪征两处，均应换船装运，亦应查照此例一律办理。请敕②下湖北、江苏各巡抚，严饬各地方道员督属代为雇办，以昭慎重。户部议，如所请行。

五十年，户部议：宝泉局每年鼓铸七十五卯，需用黑铅五十万一千余斤，向系贵州、湖南两省办解铅四十六万七千余斤，嗣因贵州产铅不足，于乾隆四十年暂改归湖南代办。四十八年，又以楚省产铅渐少，黔省现存铅一百余万斤，请自四十九年起与湖南各半分运在案。今据宝泉局监督请每年添办三万二千九百五十二斤以敷每年需用之数，应令黔省于余积铅内，自乙巳年起每年添办解京，以供鼓铸。至称宝泉局库存黑铅无余，请于该局额运之外添办二十五万斤，先行委员赶运。查颜料库黑铅现存至八十九万余斤，应即于余存铅内拨给二十五万斤，以济急需，而运脚又大可节省。从之。

又定各省钱局交代③之例。

谕：据陈用敷奏"黔省向例，臬司经管钱局收支数目，按月造报，年底由藩司盘查，详报，汇入藩库实存银数，于臬司新旧交代时，并不造

---

① 枷示，项上戴木枷示众。
② 敕，皇帝的命令。
③ 交代，离任与接任官员的交接手续。

册移交新任，亦不具结造报，如接任之员查有未清，即将上次盘查之藩司具奏之巡抚参处办理，似未平允"等语。局库关系钱粮，自应一体交代方为详慎。嗣后各省钱局，无论藩、臬及道员，经管者于新旧交代时，俱着前任造册移交新任，并具结造报巡抚，倘有款项未清，即将前任经管之员参处[①]，庶足以专责成而昭郑重。

[①] 参，奏参，弹劾。参处，奏报皇帝，请求处理。

皇朝文献通考卷十九

户口考一

臣等谨按：古者夫家之数稽于司徒，生齿①之版登于天府，盖有德而后有人，即户口之登耗可以征治理焉。而夫布、口算之则，亦国家惟正之供，与田赋并列者也。马端临《通考》"户口"一门，备载历代户口丁中赋役，附以奴婢，《续考》因之。我朝土宇皈章②，靡远不届③，国初立编审法以稽人民之数，后定为五年一举，丁增而赋亦随之。圣祖特颁恩诏，自康熙五十年以后，滋生人丁，永不加赋。天恩浩荡，亘古未有。至直省丁徭，多寡不等，率沿明代之旧，有分三等九则者，有一条鞭④征者，有丁随地派者，有丁随丁派者，后皆次第改随地派，俾无业之民永免催科之累。加以列圣重光，休养生息，户口之版日增月益，自书契以来未有如今日之繁衍者，益以征太平一统之盛，超轶曩古⑤也。若夫八旗壮丁既庶且繁，编审之规载于《会典》，亦宜特书，凡二卷。

户口丁中赋役

直隶布政使司：人丁每口科银三分至二两六钱五分七厘不等。

奉天府属：人丁每口科银一钱五分至二钱不等。

---

① 生齿，即人口。因古代生乳齿即需登记户口。
② 土宇皈章，语出《诗经·大雅·卷阿》，意为国土广大。
③ 靡远不届，没有不能到达的远处。
④ 一条鞭，明朝开始实行的赋税征收制度，即将地、丁各税编为一条，征收白银。
⑤ 曩古，往古。

江南江苏布政使司：人丁每口科银一分四厘零至一钱零不等，科钱五文零不等。

安徽布政使司：人丁每口科银五分至五钱一分九厘零不等，盐钞①小口每口科银七厘四毫零。

山西布政使司：人丁每口科银一钱至四两五分三厘六毫不等，更名屯丁每丁科银一钱至三钱零不等。

山东布政使司：人丁每口科银五分三厘九毫零至七钱八分零不等，收并卫所②每丁科银二钱至三钱五分零不等。

河南布政使司：人丁每口科银一分至一两二钱零不等，收并卫所每丁科银二分至一两五钱零不等。

陕西西安布政使司：人丁每口科银二钱。

甘肃布政使司：人丁每口科银二钱。

　　臣等谨按：旧《会典》西安等处民丁，自四分四厘九毫零至七两三钱八分九厘不等；巩昌等处民丁，自三分二厘六毫零至八两七钱七分八厘五毫零不等。又有更名地、收并卫所地、监牧地，其丁银亦有多寡不同。兹据新《会典》所载见行之例，而附见旧例于此。

浙江布政使司：人丁每口科银一厘至五钱七分二厘五毫不等，科米二合三勺至三升三合零不等。

江西布政使司：人丁每口科银三分二厘零至一两三钱四分六厘三毫不等，盐钞小口每口科银二厘六毫至九厘五毫零不等。

湖北布政使司：人丁每口科银一钱五分四厘四毫零至六钱四分三厘八毫零不等。

湖南布政使司：人丁每口科银三分零至八钱三分五厘零不等。

四川布政使司：人丁每口科银一钱二分零至五钱一分九厘一毫不等。

福建布政使司：人丁每口科银八分三厘九毫零至二钱九分一厘零不等，盐钞小口每口科银一分四厘七毫至一分八厘一毫零不等。

广东布政使司：人丁每口科银一厘九毫零至一两三钱二分六厘零

---

① 盐钞，明清盐商领取、行销食盐的凭证，按此处文意，应指对未成年人口征收的盐税。
② 卫所，明清的军队组织，卫设指挥，辖五千六百人，卫下设所，所分千户所和百户所。

不等。

广西布政使司：人丁每口科银一钱五分零至四钱五分零不等。

云南布政使司：人丁每口科银三分至五钱五分不等。

贵州布政使司：人丁每口科银一钱五分零至四两零不等。

顺治十三年，户部议定《赋役全书》，内唯江西、福建、广东有妇女盐钞银，按口征派不等，他省无妇女名色，其盐钞银均派地丁内，仍照旧行。康熙十一年，议《赋役全书》内，直隶有流寓①人丁，山西有久流、近流人丁改为实在人丁，幼丁改为新编人丁；浙江等省妇女、小口徭银改为食盐钞银。

<u>臣等谨按：丁税之法，以贫富为差，分上、中、下三等，其科银之多寡，各省不同，就一省之内，州县又各不同。又民丁之外，别有军丁、屯丁、匠丁、灶丁、站丁、土丁、渔户、寄庄丁、寄粮丁诸名，各有科则。入本朝以来，屡有更定。兹据《会典》举其大略如此。</u>

凡天下户口之赋，亦曰徭里银。顺治十八年，统计直省徭里银三百万八千九百五两有奇，米二万一千五百七十石有奇；康熙二十四年，银三百一十三万六千九百三十二两有奇，米一万二千七百一十五石有奇；雍正二年，银三百二十九万一千二百二十九两有奇，米一万二千七百九十四石有奇，豆二万六千一百五十石；乾隆十八年，丁银三百二十九万五千三百五十九两有奇。各省丁银俱匀入地粮内，遇闰有加征者，有不加征者，各循成例。

顺治元年，令州县编置户口牌甲②。是时，王师初入关，百户危列宿上言：天津到海避乱之民万有一千余户，宜谕有司抚绥安插。兵部侍郎金之俊亦请谕各镇道臣，招徕土寇有率众归顺者，令州县编置牌甲，俱见采用。

凡保甲之法，州县城乡十户立一牌头，十牌立一甲头，十甲立一保长。户给印牌，书其姓名、丁口，出则注其所往，入则稽其所来，寺观亦给印牌，以稽僧道之出入。其客店令各立一簿，书寓客姓名、行李、牲口

---

① 流寓，流落某地日久而入籍。
② 牌甲，宋朝以后的社会基层在组织。清初规定，十户为一牌，十牌为一甲。

及往来何处，以便稽查。

三年，定人户以籍为定及脱漏户口律。凡军、民、驿、灶、医、卜、工、乐诸色人户，并以原报册籍为定，若诈冒脱免、避重就轻者，杖八十，仍改正。凡一户全不附籍，及将他人隐蔽在户不报，或隐漏自己成丁人口及增减年状、妄作老幼废疾者，分别罪之。

四年，诏：天下编审人丁，凡年老残疾并逃亡故绝者，悉行豁免。

五年，令三年编审一次。凡三年编审，责成州县印官察照旧例造册，以百有十户为里，推丁多者十人为长，余百户为十甲。城中曰坊，近城曰厢，在乡曰里，各有长。凡造册人户，各登其丁口之数而授之甲长，甲长授之坊厢里各长，坊厢里长上之州县，州县合而上之府，府别造一总册上之布政司。民年六十以上开除，十六以上增注。凡籍有四：曰军、曰民、曰匠、曰灶，各分上、中、下三等。丁有民丁、站丁、土军丁、卫丁、屯丁，总其丁之数而登黄册。督抚据布政所上各属之册达之户部，户部受直省之册汇疏以闻，以周知天下生民之数。

十一年，定外省流民附籍年久者，与土著一例当差。新来者，五年当差。又严编审隐捏之律，每三年编审之期，逐里逐甲审察，均平详载原额、开除、新收、实在，每名征银若干，造册送部，如有隐匿捏报，依律治罪。

十三年，定五年编审一次。

十四年，州县官编审户口，增丁至二千名以上，各予记录。至康熙二年，复定州县增丁二千名以上者，督抚、布政司及道府俱准记录。

十五年，定编审人丁册，于次年八月内到部。州县官借名科派者罪之。

十七年，令直省每岁底将丁徭赋籍汇报，以户口消长课州县吏殿最。

十八年，总计直省人丁二千一百有六万八千六百有九口。

直隶人丁二百八十五万七千六百九十二。

奉天人丁五千五百五十七。

江南布政司人丁三百四十五万三千五百二十四。

山西布政司人丁一百五十二万七千六百三十二。

山东布政司人丁一百七十五万九千七百三十七。

河南布政司人丁九十一万八千六十。

陕西布政司人丁二百四十万一千三百六十四。

浙江布政司人丁二百七十二万九十一。

江西布政司人丁一百九十四万五千五百八十六。

湖广布政司人丁七十五万九千六百有四。

四川布政司人丁一万六千九十六。

福建布政司人丁一百四十五万五千八百有八。

广东布政司人丁一百万七百一十五。

广西布政司人丁十一万五千七百二十二。

云南布政司人丁十一万七千五百八十二。

贵州布政司人丁一万三千八百三十九。

康熙五年，以广西西隆州西林县改归内地，停其编丁。

十一年，令浙江所属食盐钞银均摊入地丁征收。

十七年，令安徽等处屯丁一体编征。先是，直隶、山东、山西、河南、陕西及江苏等处归并卫所屯丁，俱照州县例编审征银。今安徽等处及浙江、江西、湖广、福建、广东归并卫所屯丁，亦令照州县人丁例一体编征。

二十四年，总计直省人丁二千三百四十一万一千四百四十有八。

直隶人丁三百一十九万六千八百六十六。

奉天人丁二万六千二百二十七。

江南江苏布政司人丁二百六十五万七千七百五十。

安徽布政司人丁一百三十一万四千四百三十一。

山西布政司人丁一百六十四万九千六百六十六。

山东布政司人丁二百一十一万九百七十三。

河南布政司人丁一百四十三万二千三百七十六。

陕西布政司人丁二百二十四万一千七百十四。

巩昌布政司人丁二十七万三千二百九十二。

浙江布政司人丁二百七十五万一百七十五。

江西布政司人丁二百一十二万六千四百有七。

湖北布政司人丁四十四万三千四十。

湖南布政司人丁三十万三千八百一十二。

四川布政司人丁一万八千五百有九。

福建布政司人丁一百三十九万五千一百有二。

广东布政司人丁一百十一万九千四百。

广西布政司人丁十七万九千四百五十四。

云南布政司人丁十五万八千五百五十七。

贵州布政司人丁一万三千六百九十七。

二十五年，以编审原限一年八个月限期过宽，胥役①任意作弊，嗣后定限一年，岁底造报州县，将新增之丁隐匿不报者，罪之。

二十六年，编审缺额人丁。令该抚陆续招徕，于下次查编补足。

二十七年，定入籍奉天例。凡身隶奉天版籍文武中式②，即令于奉天所属州县居住，如居住原籍并别省者，该府尹察出，送部褫革③，其入籍出仕之员解任后居住别省，该抚查明题参，仍令于奉天所属地方居住。

二十八年，免四川松建等处编审。松建等卫所，地处极边，屯丁无几，建叙二厅所辖，山多土瘠，旧例银米并征，人丁载在银米之内，与云南等省卫所不同，亦与四川各州县大异，俱免其编审。至三十六年，以四川新设会理州原系番夷所管，无版籍可稽，照例免其编审。

四十年，以四川东川府僻处极边，免其编审。东川府后改隶云南省。

二十九年，定入籍四川例。四川省民少而荒地多，嗣后流寓之民情愿在川省垦荒居住者，即准其子弟入籍，考试如中式之后，回原籍并往别省居住者，永行禁止。

三十三年，以陕西西、凤二府属被灾流移人民尚未全复，停其编审。

三十五年，清查云南省兵丁之兄弟亲属余丁编入丁数输粮。

三十六年，以浙江匠班银派入地丁征收。浙江省匠班一项，户籍虽在，人丁已绝，其实征银七千四百九十余两，令均派于通省地丁下带办。至三十九年，湖北匠班银归入地丁。

四十一年，山东匠班银归入地丁，均照浙江之例。

臣等谨按：匠丁沿自故明，历年已久，止存户籍。或派民户代完，或有司自行赔补，至是始议派入地丁，嗣后丁随地派之例，实肇于此。

五十年，总计直省人丁二千四百六十二万一千三百三十四口。

---

① 胥役，旧时，官府中的小吏和差役。
② 中式，科举考试合格。
③ 褫革，"褫"字误，应为褫革，依法革除。

五十一年，谕大学士九卿等曰：朕览各省督抚奏编审人丁数目，并未将加增之数尽行开报。今海宇承平已久，户口日繁，若按见在人丁加征钱粮，实有不可；人丁虽增，地亩并未加广，应令直省督抚将见今钱粮册内有名丁数，勿增勿减，永为定额。自后所生人丁，不必征收钱粮，编审时止将增出实数查明，另造册题报。朕凡巡幸地方，所至询问，一户或有五六丁，只一人缴纳钱粮；或有九丁十丁，亦只一二人缴纳钱粮，诘①以余丁何事，咸云蒙皇上宏恩，并无差徭，共享安乐，优游闲居而已。此朕之访闻甚晰者。前云南、贵州、广西、四川等省，遭叛逆之变，地方残坏，田亩抛荒，自平定以来，人民渐增开垦无遗，山谷崎岖之地已无弃土，由此观之，民之生齿实繁，朕故欲知人丁之实数，不在加征钱粮也。今国帑充裕，屡岁蠲免②辄至千万，而国用所需并无不足之虞，故将见征钱粮册内有名人丁永为定数，嗣后所生人丁，免其加增钱粮，但将实数造册具报，岂特有益于民，亦一盛事也！直省督抚及有司官编审人丁时，不将所生实数开明具报者，特恐加增钱粮，是以隐匿不据实奏闻，岂知朕并不为加赋，止欲知其实数耳！九卿议：嗣后编审人丁，据康熙五十年征粮丁册定为常额，其新增者谓之盛世滋生人丁，永不加赋。至五十二年，颁恩诏复申明之。五十五年，户部议：以编审新增人丁，补足旧缺额数，除向系照地派丁外，其按人派丁者，如一户之内开除一丁，新添一丁，即以所增抵补所除；倘开除二三丁，本户抵补不足，即以亲族之丁多者抵补；又不足，即以同甲同图之粮多者顶补；如有余丁，归入滋生册内造报。

谕：武官驻扎地方，不许入民籍立产业，其已立产业者，令变卖回籍；若身殁后有实不能迁移者，该督抚查明具题。

五十三年，准甘肃无业贫民编入丁册，免纳丁银。

五十五年，令嗣后买卖地亩，其丁银有从地起者随地征丁，倘有地卖而丁留与受一同治罪。准广东所属丁银就各州县地亩分摊征收，每地银一两，均摊丁银一钱六厘四毫不等。

五十六年，以续增人丁既不加赋，将增丁之州县官停其议叙。如州县将滋生人丁私行科派，该督抚即行题参。

六十年，总计直省人丁二千七百三十五万五千四百六十二口。内滋生

---

① 诘，追问。
② 蠲免，免除赋役。

人丁不加赋者四十六万七千八百五十。

雍正元年，令直隶所属丁银摊入地粮内征收。直隶巡抚李维钧言：直隶地方丁银，请随地起征。户部议，如所请。上复令九卿、詹事、科道集议。九卿等言：应令该抚确查各州县田土，因地制宜，作何均摊之处，分别定例，俾无地穷民免纳丁银之苦，有地穷民无加纳丁银之累。

上曰：丁随地起一事，九卿不据理详议，依违瞻顾，皆由迎合上意起见，即如本内有地穷民一语，既称有地，何谓穷民？不与有米饿莩之语相似乎！着仍照户部议行。

寻议：定直隶每地赋银一两，摊入丁银二钱七厘有奇。嗣是各省计人派丁者次第改随地亩矣。

福建丁银，雍正二年摊入地亩征收，每地赋银一两，摊入丁银五分二厘七毫至三钱一分二厘零不等。屯地每两征丁银八厘三毫至一钱四分四厘八毫零不等。

山东丁银，雍正三年摊入地亩征收，每地赋银一两，摊入丁银一钱一分五厘。其新垦地俟升科后，遇五年编审之期，合计新旧地粮按数摊减，各就一县之地均算。

河南丁银，雍正四年摊入地亩征收，每地赋一两，征丁银一分一厘七毫零至二钱七厘零不等。嗣后有报垦升科，将丁银随年均派。

浙江丁银，雍正四年摊入地亩征收，每田赋一两，征丁银一钱四厘五毫不等。

陕西西安所属丁银，雍正四年摊入地亩征收，每地赋银一两，征银一钱五分三厘，遇闰每两加征四厘零。

甘肃丁银，雍正四年议：河东地粮轻而丁多，河西地粮重而丁少，不能一例摊派。令河东每银一两，摊入丁银一钱五分九厘三毫零，遇闰加征一分五厘四毫零。河西每银一两，摊入丁银一分六毫零，遇闰不加征。

四川丁银，向系以粮载丁征收，唯威州等十一州县丁地分征，雍正四年议，亦令以粮载丁，每粮五升二合至一石九斗六合零不等，算人丁一丁征收。

云南丁银，雍正四年摊入地亩征收，其屯军丁银将隐匿田地清查，渐次抵补。

江苏、安徽丁银，雍正五年摊入地亩征收，其屯丁银亦摊入屯卫田内征收，每亩征丁银一厘一毫至六分二厘九毫零不等，其匠班银三千八百余两亦令摊入地粮内。

江西丁银，雍正五年摊入地亩征收，每地赋银一两，征丁银一钱五厘六毫；屯地每两征丁银二分九厘一毫零。

湖南丁银，雍正六年摊入地亩征收，每地赋粮一石，征丁银一毫四丝至八钱六分一厘零不等。

广西丁银，雍正六年摊入地亩征收，每地赋银一两，征丁银一钱三分六厘零不等。

长芦利民①等场灶丁银，雍正六年摊入灶地征收，每亩征银六厘至一分不等。

湖北丁银，雍正七年摊入地亩征收，每地赋银一两，征丁银一钱二分九厘六毫零，唯江夏、嘉鱼、汉阳、汉川、孝感、蕲水、黄冈、黄梅、广济、锺祥、潜江、沔阳、天门、荆门、江陵、石首、监利、松滋、枣阳十九州县，向有重丁银，除抵减豁免外，所摊入银数多寡不等。

山东永利等场灶户丁银，乾隆二年摊入灶地征收，每亩征银一分四毫零。

<u>臣等谨按：丁随地起之例，广东、四川诸省先已行之。至雍正元年，准抚臣之请行于畿辅②，而各省亦多效之。惟奉天府以民人入籍增减无定，仍旧分征，而山西省至乾隆十年始议参用摊征分征之法，详见后。盖因地制宜，使有田之家所加者无多，而无业之户利益者甚大，洵法良而意美也。</u>

又令山西等省之乐户、浙江之惰民俱除籍为良。山西等省有乐户一项，其先世因明建文末不附燕兵被害，编为乐籍，世世不得自拔为良民，至是令各属禁革，俾改业为良。又浙江绍兴府之惰民与乐籍无异，亦令削除其籍，俾改业与编氓同列。至五年，以江南徽州府有伴当③，宁国府有世仆，本地呼为细民，其籍业与乐户、惰民同，甚有两姓丁户村庄相等，而此姓为彼姓执役，有如奴隶，究其仆役起自何时，则茫然无考，非实有上下之分，特谕开除为良民。八年，以苏州府之常熟、昭文二县丐户，与

---

① 利民，清长芦盐区的盐场名。
② 畿，京畿；辅，京城附近的区域。畿辅，指京师及周边附近地区。
③ 伴当，原意是伴随主人的仆役，明清后专指世仆。

浙江惰民无异，准其削除丐籍。

又令：提镇以下官不许在见任地方置立产业，即休致、事故、解退之后，亦不许在彼处入籍居住。

二年，总计直省人丁三千五百二十八万四千八百一十八口。

顺天府人丁十五万八千一百三十三。

直隶布政司人丁三百二十四万八千七百一十。

奉天人丁四万二千二百一十。

江南江苏布政司人丁二百六十七万三千二百有八。

安徽布政司人丁一百三十五万七千五百七十三。

山西布政司人丁一百七十六万八千六百五十七。

山东布政司人丁二百二十七万八千三百有五。

河南布政司人丁二百有四万九千四百十七。

陕西西安布政司人丁二百十六万四千六百五十六。

巩昌布政司人丁三十万二千七百六十三。

浙江布政司人丁二百七十五万八千七百十三。

江西布政司人丁二百十七万二千五百八十七。

湖北布政司人丁四十五万三千有七。

湖南布政司人丁三十四万一千三百。

四川布政司人丁四十万九千三百十一。

福建布政司人丁一百四十二万九千二百有三。

广东布政司人丁一百三十万七千八百六十六。

广西布政司人丁二十万二千七百十一。

云南布政司人丁十四万五千二百四十。

贵州布政司人丁二万一千三百八十八。

四年，免云南太和等处土军丁银。太和、邓川等州县土军九百五名，原非承种军田之丁，前明防守土寇，设此名色，既纳民粮，又纳军赋，每丁输银一两，较民丁尤重。至是，将土军丁银九百五两永行豁免。

又定棚民、寮民照保甲之例。江西、浙江、福建三省各山县内向有民人搭棚居住，种麻、种箐、开炉煽铁、造纸、做茹为业，谓之棚民，令照保甲之例，每年按户编查，责成地主并甲长出结，呈送州县官据册稽查。倘居住分散，不论棚数多寡，自为一甲，互相稽查；内有已置产业并愿入籍者，俱编入土著，一体当差。至一邑中有四五百户以上者，该管官即于棚居乡庄内选立保长专司巡察；其棚民有愿回籍者听。又广东省穷民，有入山搭寮①取香木春粉、砍柴烧炭为业者，谓之寮民，亦令照保甲之法，每寮给牌一，令互相保结。寮内遇有迁移增减，令将牌赴县添除；择老成谨慎者为寮长，听其钤束，如有藏匿奸宄容隐不报者，事觉连坐。凡业主召佃搭寮，必将寮丁报官；或系官山，必赴官报明查验，方准搭寮，违者罪之。

五年，川陕总督奏：外省人民挈家入川者甚多，皆称系上年湖广、广东、江西、广西等省逃荒之人，请设法安插，以为生计。谕曰：去岁湖广、广东并非甚歉之岁，江西、广西并未题成灾，何远赴四川者如此之众，此皆本省大小官吏平日全无抚绥，以致百姓失所，身为司牧，而于地方民瘼漫不经心，尚何以腼颜任职乎！但此等远来多人，良奸莫辨，其中若有游手无赖之徒，不行稽查必转为良民之扰，且地方官坐视百姓远徙于异乡而不知轸念，不可不加惩戒。其令四川州县将入川人户逐一稽查姓名籍贯，果系无力穷民，即留川令其开垦，所用牛种、口粮，目前将公项给发，即着落本籍州县官照数补还。如此，则游惰之民不致冒混，而地方官亦知所警戒，共以爱养百姓为务，可杜流移之患于将来矣。九卿等会议：湖广、江西、广东、广西四省之人，挈家远赴四川，听其散往各府州县佃种、佣工为糊口之计，各府州县稽其姓名籍贯，如实系穷民，造册申报，该督抚咨查原籍，令将本户居址、姓名造册回复。倘有以实在本籍人户推诿欺隐、希图卸责者，该督抚即行指参。民人有愿回籍者，量予盘费口粮，给以印票；其愿在川开垦者，量人力多寡，分给荒地五六十亩或三四十亩，给以牛种、口粮。其所用各项银，着落本籍各府州县官赔补。

七年，谕：粤东有蜑户，以船为家，捕鱼为生，生齿繁多，粤民视为卑贱之流，不容登岸居住，蜑户亦不敢与平民抗衡，局踏舟中，终身不获安居之乐。蜑户本属良民，且输纳渔课，与民相同，安得因地方积习强为区别。着有司通行晓谕，凡无力之蜑户，听其住船自便，如有力能建房搭棚者，准其于近水村庄居住，与齐民一同编列甲户，以便稽查，不得欺凌驱逐。

又以广西宁明、东兰二州改土为流，免其编审。至九年，准停止广西归顺州编审。十一年，滇省缅宁地方改土为流，停其编审。

---

① 寮，茅草小屋。搭寮，搭建草房。

乾隆元年，奉谕：福建台湾丁银一项，每丁征银四钱七分，再加火耗则至五钱有零矣。查内地每丁征银一钱至二钱三钱不等，而台湾则加倍有余，民间未免竭蹶。着照内地之例，酌中减则，每丁征银二钱，从乾隆元年为始，永着为例。

又奉谕：朕闻甘省以粮载丁，从前办理未善，致多偏枯，见有民户丁银摊入屯户者九千二百二十五两，屯户输纳维艰。今应酌筹变通之法，着将此多摊九千余两暂为蠲除，俟下届编审之时，将平、庆、临、巩四府及秦、阶二州所属各州县新编人丁应完丁银，均摊入民地粮内，渐次补额，即分作二三次编审，逐渐补足亦可。务令徐徐增补，以纾民力，俟补足之后，即行停止，永不加赋。又闻康熙五十七年，伏羌、通渭、秦安、会宁等县及岷州卫有地震伤亡缺额之七千六百八十丁，该银一千四百八十六两零，人口既无，丁银自应蠲免，乃亦摊入田亩之内，尤属错谬。着查明蠲除，毋贻民累。

又奉谕：湖北丁随粮派一案，前蒙皇考迭沛恩膏，多方调剂减免，以除闾阎①之累。其江夏等十九州县摊纳之重丁，原议俟有升科丁银可以渐次摊抵，则输纳可得其平。今朕闻得原垦之荒，颇多不实，则摊抵之期一时难必，念及十九州县独受重丁之苦，朕心深为轸恤。今将江夏等十九州县未经摊减之丁银八千三百零八两，自乾隆二年为始，全行蠲免。

二年，奉谕：福建龙岩州属之宁洋县、福宁府属之寿宁县，每丁征至四钱二三分不等，民力未免艰难，着照通省中则，每丁征收二钱，其余尽行宽免。福建丁银，于雍正二年摊入地粮，唯此二县地粮少丁额重，向未摊入，至是乃减其额。又乾隆元年，查出福建通省缺额田地五万四千余亩，将粮银蠲除，其匀入丁银九百六十一两，至是令一并免征，着为例。是年又以延平府之南平县丁口众多，不能通匀，应照例每田粮一两匀征银二钱，其浮多之数三千余两悉行蠲免。又漳州府之平和县、汀州府之清流县、延平府之永安县，每田粮一两征丁银四五钱不等，令督抚定议减免。

又谕：滇省军丁一项，从前未曾摊入地亩，原议俟查有欺隐军屯田地，陆续抵补，每丁自二钱八分至六钱二分不等，共应纳银一万五千三百八十两，除抵去银三千余两外，尚有应征丁银一万二千二百七十余两。历年唯按册载老丁名字征收，或已无寸土而追比无休，或已绝后嗣而波及同

---

① 闾阎，原指里巷、人户的门，后指平民居住区或平民。

伍，深可悯恤，着自乾隆三年为始，概予豁免。

三年，谕曰：朕闻云南丽江府，原系土府，于雍正二年改设流官，比时清查田亩户口，有土官庄奴、院奴等类共二千三百四十四名，伊等并无田粮，皆愿自纳丁银，以比于齐民，每名编为一丁，每年纳银六分六厘。迨滇省民丁改为随粮派纳，而此项夷丁不得与有粮之户一例摊派，至今照旧征收，其中不无贫乏之家艰于输纳者，着该督抚查明，概予豁免。

又谕：云南鹤庆府驿站丁银悉行豁免。云南之鹤庆府城及所辖之观音山，前明时分设驿站，后因驿站裁革，以驿马分给驿丁，将观音山编为三十马头，每马人丁十七丁，每丁岁征银五钱四分；在城驿站编为二十马头，每马人丁五十六丁，每丁岁征银二钱五分，相沿至今。穷丁无力输将，致官役代为赔补，至是除之。

五年，户部言：每岁造报民数，若俱照编审之法，未免烦扰。直省各州县设立保甲门牌，土著流寓原有册籍可稽，若除去流寓，将土著造报即可得其实数。应令各督抚于每年十一月将户口数与谷数一并造报，番疆苗界不入编审者不在此例。从之。

又令奉天府寄寓①人民，愿入籍者听，不愿者限十年内回籍。至十五年，议准：奉天流民归籍之期已满十年，其不愿入籍而未经回籍者令查出速行遣回，并令奉天沿海地方官多拨兵役稽查，不许内地人民私自出口，山海关、喜峰口及九边门亦令一体严禁。

十年，定山西地丁摊征分征之例。户部议准：山西丁粮分办，贫民偏累尚多，而丁随地征有势所难行者，今将太原等十八县丁银全摊入地亩，每粮一石，征丁银一分八厘至二钱二分二厘；每赋银一两，征丁银一钱四分七厘九毫至三钱三分八厘零不等。交城等十五州县丁银一半摊入地亩。宁乡等二县丁银照下则征收，余银摊入地亩。浑源等二州县丁银摊入三分之一，河曲县丁银摊入十分之一，吉州以无业苦丁摊入地亩。其余阳曲等二十州县，或贸易民多，或民贫地瘠，或田多沙碱，或多征本色，仍宜地丁分办，就中别有屯丁徭银之处，仍摊入屯地征收。

十一年，谕：向来江西省编审丁男之外，又有妇女，盖缘从前有盐钞一项分给小户，计口纳钞，既有妇女应征之项，则不得不稽其存亡增减，是以入于编审之内。今盐钞久经摊入地粮，则妇女已无可征之项，何必存

---

① 寄寓，寄居他乡。

此编审虚名，徒滋扰累。嗣后编审妇女着停止。

十二年，定福建台湾府丁银匀入官庄田园内征收。其番民只就丁纳银如旧，所种田概不征赋。

十四年，总计直省人丁共一万七千七百四十九万五千三十有九口。

直隶：人丁一千三百九十三万三千二百五十八。

奉天：人丁四十万六千五百十一。

江南江苏：人丁二千有九十七万二千四百三十七。

安徽：人丁二千一百五十六万七千九百二十九。

山西：人丁九百五十万九千二百六十六。

山东：人丁二千四百有一万一千八百二十九。

河南：人丁一千二百八十四万七千九百有九。

陕西西安：人丁六百七十三万四千一百五十八。

甘肃：人丁五百七十万九千五百二十六。

浙江：人丁一千一百八十七万七千四百三十六。

江西：人丁八百四十二万八千二百有五。

湖广湖北：人丁七百五十二万七千四百八十六。

湖南：人丁八百六十七万二千四百三十三。

四川：人丁二百五十万六千七百八十。

福建：人丁七百六十二万有四百二十九。

广东：人丁六百四十六万有六百三十八。

广西：人丁三百六十八万七千七百二十五。

云南：人丁一百九十四万六千一百七十三。

贵州：人丁三百有七万五千一百十一。

十八年，总计直省人丁共一万有二百七十五万口。

直隶：人丁九百三十七万四千二百十七。

奉天：人丁二十二万一千七百四十二。

江南江苏：人丁一千二百六十二万八千九百八十七。

安徽：人丁二百四十三万五千三百六十一。

山西：人丁五百十六万二千三百五十一。

山东：人丁一千二百七十六万九千八百七十二。

河南：人丁七百十一万四千三百四十六。

陕西西安：人丁三百八十五万一千有四十三。

甘肃：人丁二百十三万三千二百二十二。

浙江：人丁八百六十六万二千八百有八。

江西：人丁五百有五万五千二百五十一。

湖广湖北：人丁四百五十六万八千八百六十。

湖南：人丁四百三十三万六千三百三十二。

四川：人丁百三十六万八千四百九十六。

福建：人丁四百七十一万三百三十九。

广东：人丁三百九十六万九千二百四十八。

广西：人丁一百九十七万五千六百十九。

云南：人丁百万三千有五十八。

贵州：人丁百四十一万八千八百四十八。

二十二年，更定保甲之法。一、顺天府五城所属村庄暨直省各州县乡村，每户岁给门牌，十户为牌，奇零散处通融编列。立牌长，十牌为甲。立甲长，三年更代。十甲为保，立保长，一年更代。士民公举诚实识字及有身家之人报官点充，地方官不得派办别差。凡甲内有盗窃、邪教、赌博、赌具、窝逃、奸拐、私铸、私销、私盐、踩曲、贩卖硝黄并私立名目敛财聚会等事，及面生可疑形迹诡秘之徒，责令专司查报，户口迁移登耗责令随时报明，于门牌内改换填给。一、绅衿之家与齐民一体编列。一、旗民杂处村庄一体编列，将旗分户名，并所隶领催屯目注明。旗人、民人有犯，许互相举首，地方官会同理事、同知办理。至各省驻防营内商民贸易居住及官兵雇用人役，均另编牌册，仍报明理事厅查核。一、边外蒙古地方种地民人，设立牌头总甲及十家长等，如有偷窃为匪及隐匿内地逃人者，责令查报。一、凡客民在内地开张贸易或置有产业者，与土著一类顺编，其往来商贾踪迹无定，责令客长查察。一、盐场并灶另编排甲，所雇工人随灶户填注，责令场员督查。一、矿厂丁户，责令厂员督率，厂商课长及峒长、炉头等编查。各处煤窑责令雇主将佣工人等册报地方查核。一、各省山居棚民按户编册，责成地主并保甲结报。广东寮民，每寮给牌互相保结，其招佃搭寮者，责令业主呈报。一、沿海等省商渔船只，取具澳甲、族邻保结报官，准造完日由官验明给照。商船将船主、舵工、水手年貌、籍贯并填照内，出洋时取具，各船互结，至泛口照验放行。渔船止填船主年貌、籍贯，至泛口查明舵工、水手名数，官为填注，倘有租船出洋为匪，将船主、澳甲分别治罪。如船主实有事故，别令亲族押驾者，赴官呈明，填入照内，准行。未呈明者即以顶冒论。其内洋采捕小艇，责令澳甲稽查至内河一切船只，于船尾设立粉牌，责令埠头查察；其渔船、网户，水次搭棚，趁食之民均归就近保甲管束。一、苗疆寄籍内地久经编入民甲者，照民人一例编查，其余各处苗猺，责令千百户及头人、峒长等稽查约束。一、云南省有夷人与民人错处者，一体编入保甲，其依山傍水自成村落及悬崖密箐内搭寮居处者，责令管事头目造册稽查。一、外省入川民人同土著一例编查，如系依亲佃种者，即附于田主户内。倘有不安本分及来历不明者，报官递回原籍。一、甘肃省番子土民，责成土司查察。系地方官管辖者，令该管头目编查，地方官给牌，另册造报，其四川省改土归流各番寨，责令乡约甲长等教化番民，稽查奸匪，均听抚夷掌堡管束。一、寺观僧道，责令僧纲道纪按季册报，如有游方僧道形迹可疑及为匪不法者，禀官查逐；其各省回民，令礼拜寺掌教稽查。一、外来流丐，保正督率丐头稽查，少壮者询明籍贯，递回原籍安插，其余归入栖流等所管束。

是年，总计直省人丁共一万九千三十四万八千三百二十八口。

直隶：人丁一千四百三十七万七千一百六十八。

奉天：人丁四十二万八千五十六。

江苏省：人丁二千二百六十三万八千七百六十六。

安徽省：人丁二千二百四十三万一千九百八十二。

江西省：人丁九百一十万八千六百一十五。

浙江省：人丁一千四百六十二万五千六百七十七。

福建省：人丁七百九十七万七千六百八十六。

湖北省：人丁七百九十五万七千三百有四。谨按：湖北省于乾隆二十四年编审，此系每年例奏丁数，其编审数目另载二十四年总数下，二十七年同此。

湖南省：人丁八百七十六万二千七百二十六。

山东省：人丁二千四百七十四万五千五百四十九。

河南省：人丁一千六百有三万四千四百一十二。

山西省：人丁九百六十五万四千二百三十四。

陕西省：人丁七百有八万一千八百四十六。

甘肃省：人丁五百九十四万一千六百九十九。

四川省：人丁二百六十八万二千八百九十三。

广东省：人丁六百六十九万九千五百一十七。

广西省：人丁三百八十五万一百三十六。

云南省：人丁二百有一万四千四百八十三。

贵州省：人丁三百三十三万五千五百七十九。

二十四年，总计直省人丁一万九千四百七十九万一千八百五十九口。是年，湖北省编审人丁八百二万四千九百七十人。

二十六年，定归化城等处禁止私垦例。凡归化城大青山十五峪三百余户垦地民人，令归化城都统派员会同地方官按年巡查，倘于现有民人外再多容留一人，违禁私垦地亩，将容留及私垦之人递回原籍治罪。

又定番界苗疆禁例：一、台湾流寓民人，自去年停止搬眷之后，不准内地民人私行偷渡。一、台湾民人不得与番人结亲，违者离异，其从前已娶生子者，不许往来番社。一、民人无故擅入苗地及苗人无故擅入民地，均照例治罪。其民人有往苗地贸易者，取具行户邻右保结，报官给照，令塘泛验放，逾期不出，严查究拟。

二十七年，定宁古塔等处禁止流民例。凡宁古塔地方开档家奴，及官庄年满除入民籍人等，系世守居住不能迁移者，令照旧种地纳粮。其本年查出宁古塔种地流民安插吉林乌拉、伯都讷等处，将丈出余地拨给耕种入籍纳粮；吉林乌拉、伯都讷种地流民编入里甲，入册缴粮。嗣后倘复有流民潜入境地者，将看守边门官员严参议处。

是年编审，总计直省人丁二万有四十七万三千二百七十五口。

直隶：人丁一千六百一十三万二千四百五十四。

奉天：人丁六十七万四千七百三十五。

江苏省：人丁二千三百二十八万四千三百九十七。

安徽省：人丁二千二百八十四万八千四百八十。

江西省：人丁一千一百六十万九千六十一。

浙江省：人丁一千五百六十一万二千三百五十六。

福建省：人丁八百有六万五千二百八十八。

湖北省：人丁八百十三万七千九百四十七。

湖南省：人丁八百八十五万四千六百有八。

山东省：人丁二千五百二十九万二千六百八十三。

河南省：人丁一千六百三十九万八千六百有七。

山西省：人丁一千二十三万九千九百有七。

陕西省：人丁七百二十九万七千四百一十五。

甘肃省：人丁七百四十七万九百二十九。
四川省：人丁二百八十万二千九百九十九。
广东省：人丁六百八十一万八千九百三十一。
广西省：人丁三百九十七万二千六百五十三。
云南省：人丁二百有八万八千七百四十六。
贵州省：人丁三百四十一万一千一百四十八。

二十八年，定稽查江西、安徽、浙江等省棚民之例。凡各省棚民，除有家室者准其隶籍编入保甲外，其余单身赁垦之人，令于原籍州县领给印票，并有认识亲族保领，方准租种安插。倘有转相顶替及来历不明之人，责重保人，互相纠察，举报究治。至现在单身棚民已经种地者，责成有家棚民取具切实保状，如无人保结者，即令押回原籍。

二十九年，总计直省人丁二万五百五十九万一千一十七口。是年，湖北省编审人丁八百二十三万一千八百一十六。

三十二年，军机大臣议准：发送乌鲁木齐人犯原犯死罪减等发遣者作为五年，原犯军流改发及种地当差者作为三年，准入民籍，将伊等安插昌吉河东旧堡，指给地亩耕种纳粮等因。从之。

是年，总计直省人丁二万有九百八十三万九千五百四十六口。
直隶：人丁一千六百六十九万有五百七十三。
奉天：人丁七十一万三千四百八十五。
江苏省：人丁二千三百七十七万九千八百十二。
安徽省：人丁二千三百三十五万五千一百四十一。
江西省：人丁一千一百五十四万有三百六十九。
浙江省：人丁一千六百五十二万三千七百三十六。
福建省：人丁八百有九万四千二百九十四。
湖北省：人丁八百三十九万九千六百五十二。
湖南省：人丁八百九十万七千有二十二。
山东省：人丁二千五百六十三万四千五百六十六。
河南省：人丁一千六百五十六万二千八百八十九。
山西省：人丁一千有四十六万八千三百四十九。
陕西省：人丁七百三十四万八千五百六十五。
甘肃省：人丁一千一百五十三万七千五百三十九。
四川省：人丁二百九十五万八千二百七十一。

广东省：人丁六百九十三万八千八百五十五。
广西省：人丁四百七十万六千一百七十六。
云南省：人丁二百十四万八千五百九十七。
贵州省：人丁三百四十四万一千六百五十六。
三十三年，御史张光宪奏请设立大姓族长。

谕曰：民间户族繁甚，其中不逞之徒每因自恃人众，滋生事端，向来聚众械斗各案，大半起于大姓，乃其明验。唯在地方官实力弹压，有犯必惩，以靖嚣凌之习，政体不过如是。若于各户专立族长名目，无论同宗桀骜子弟未必遽能受其约束，甚者所主非人，必至藉端把持，倚强锄弱，重为乡曲之累，正所谓杜弊转以滋弊也。张光宪所请不可行。

<u>臣等谨按：雍正四年，有选立族正之例。本因苗疆村堡聚族满百人以上，保甲或不能遍查，乃选族中人品刚方者立为族正，以稽查匪类。盖因地制宜，非通行之制也。若大姓皆立族长，反滋弊端，睿虑精详，是在守土者遵奉力行，自可化嚣凌之习云尔。</u>

又湖北巡抚程焘奏言：清理郧阳山地，并咨陕西、河南二省转饬界连郧阳各州县，查明所豁山地界趾，设立保甲，稽查奸匪。部议，从之。

三十四年，户部议准：吉林将军传良奏，阿勒楚喀、拉林地方查出流民二百四十二户，俱自雍正四年至乾隆二十二年陆续存住。在二十七年定议之前，请限一年，尽行驱逐至伯都讷地方，每户拨给空甸一具，令其入籍垦种，二年后纳粮。从之。

<u>臣等谨按：《户部则例》载，吉林宁古塔、伯都讷、阿勒楚喀、拉林等地方不准住无籍流民前往私垦，责成边门官严行查禁，除各该户于例前安插各户外，乾隆二十七年以前，后经查有流民，将看守边门官严参议处。今查出流民在二十七年之前，故准令入籍垦种，一例安插，俾无失所云。</u>

三十六年，礼部会同户部议准：陕西学政刘墫奏，山陕等省乐户、丐户请定禁例。案内酌议，削籍之乐户、丐户，原系改业为良，报官存案，如果被濯旧污，阅时久远，为里党所共知者，自不便阻其向上之路。应请

以报官改业之人为始，下逮四世，本族亲支皆系清白自守，方准报捐应试。该管州县取具亲党、邻里甘结①，听其自便，不许无赖之徒藉端攻讦。若系本身脱籍或系一二世及亲伯叔、姑姊尚习猥业者，一概不许滥厕士类，侥幸出身。至广东之蜑户、浙江之九姓渔户及各省凡有似此者，悉令该地方照此办理。但此等甫经改业之户，唯不准应试。至于耕读工商，业已为良，应悉从其便。如有势豪土棍藉端欺压讹诈者，该地方官仍严行查禁惩治，以儆刁风，以安良善等因。疏入，从之。

　　臣等谨按：山陕等省乐户，其先世因明建文末不附燕兵被害，编为乐籍，世世不得自拔为良民，相沿日久。至雍正元年，荷蒙世宗宪皇帝沛宽大之诏，除籍为良。八年，又以苏州府之常熟、昭文二县丐户与浙江惰民无异，亦准其削除丐籍，盖俱已仰沐鸿恩，予以自新之路矣。至是，因学臣之请，复蒙谕旨，准于四世以后令其报捐应试，且推及广东之蜑户、浙江之九姓渔户等一例办理。凡此微贱编氓，抑何幸蒙圣朝之宽典也哉！

是年，总计直省人丁二万一千四百六十万有三百五十六口。
直隶：人丁一千六百七十七万有二百八十三。
奉天：人丁七十五万有八百九十六。
江苏省：人丁二千四百二十七万七千七百五十五。
安徽省：人丁二千三百六十八万三千五百。
江西省：人丁一千一百七十四万五千一百九十六。
浙江省：人丁一千七百有九万二千三百二十三。
福建省：人丁八百十七万有六百三十。
湖北省：人丁八百五十三万二千一百八十七。
湖南省：人丁九百有八万二千四十六。
山东省：人丁二千五百九十九万九千五百九十九。
河南省：人丁一千六百六十七万八千五百有六。
山西省：人丁一千有六十二万六千四百四十八。
陕西省：人丁七百四十二万五千四百四十五。

---

① 甘结，向官府担保，要书写文件，签字画押，保证被保人清白守法，如果不然，甘愿受罚。

甘肃省：人丁一千三百二十一万五千八百九十一。

四川省：人丁三百有六万八千一百九十九。

广东省：人丁七百有六万八千一百九十九。

广西省：人丁四百七十九万四千四百九十三。

云南省：人丁二百二十万七千六百五十。

贵州省：人丁三百四十五万八千有五。

三十七年，户部议：四川总督桂林奏，川省各府、厅、州、县、土司户口人丁额数，按册开各数目，分别核算实在新旧人丁并流寓户口，均属相符。令该督照例归入地亩项下，按额造地丁奏销册内，题报查核。疏入，奉旨允行。

四十年，谕：朕前谕令将发遣之曾为职官及举贡生监出身者，免其为奴，于戍所另编入旗户当差，系指寻常为奴遣犯而言，其真正反叛及强盗免死减等人犯，原旨即在开除不办之例。若吕留良子孙，系大逆重犯缘坐①，即属反叛，岂可援轻罪！有职人员概免为奴出户，致令逆恶余孽得仍窜籍良民，实不足以示惩创而申法纪！着交刑部存记，嗣后如遇办理此等大逆缘坐之案，不特举贡生监不应减免，即职官甚大者，既为逆犯子孙，罪在不赦，不当复为区别，所有吕懿兼吕敷先二犯及其家属，俱发往黑龙江，给予披甲之人为奴。

> 臣等谨按：逆犯缘坐，罪在不宥。我皇上慎理庶狱轻重，一视其人之自取，所谓雨露雷霆罔非奉若天道，以昭平允。如吕留良子孙作为另户，是与寻常为奴遣犯无异，洵未足以申国宪而垂炯戒，圣谕煌煌，允为明罚，敕法之极轨矣！

又谕：直省滋生户口，向唯册报户部。朕临御之初，即饬各督抚岁计一省户口食谷实数，于仲冬具折以闻，并缮册由部臣汇核以进，盖仿《周礼》司民掌登民数拜献于王之意，即藉以验海宇富庶丰盈景象，法至善也。顾行之日久，有司视为具文，大吏亦忽不加察，谷数尚有仓储可核，而民数则量为加增，所报之折及册竟有不及实数什之二三者，其何以

---

① 缘坐，因受牵连而被治罪。

体朕周知天下生民本计之心乎！我国家累洽重熙①百三十余年，于兹休养滋息盛于往牒②，且我皇祖恩旨，以生齿日繁，人民永不加赋，其利甚多，闾阎安享升平，乐利阜宁，岁计倍有增益，讵可不确核以登，纪盛世殷繁之盛乎！现今直省通查保甲所在户口人数，俱稽考成编，无难按籍而计。嗣后各督抚务饬所属，具实在民数上之督抚，督抚汇折上之于朝。朕以时披览，既可悉亿兆阜成③之概，而直省编查保甲之尽心与否即于此可察焉。其敬体而力行之，毋忽。

又谕：据陈辉祖所称，从前历办民数册，如应城一县，每岁只报滋生八口，应山枣阳只报二十余口及五六七口，且岁岁滋生数目一律雷同等语，实属荒唐可笑！各省岁报名数，因以验盛世闾阎繁庶之征，自当按年确核，岂有一县之大，每岁仅报滋生数口之理！可见地方有司向竟视为具文④，而历任督抚亦任其随意填造，不复加查，似此率略相沿，成何事体。现据陈辉祖另折奏请，将本年民数限于明岁缮进，以期核实。湖广通省如此，各直省大略相同。前曾降旨令督抚将实在民数通核上陈，但恐各督抚等泥于岁底奏报之期，尚不免草率从事，仍属有名无实。所有本年各省应进民册，均着展至明年年底缮进，俾得从容确核，以期得实。嗣后每年奏报人民，各该督抚务率属员实力奉行，勿再如前约略开造。倘仍因循疏漏，查出定当予以处分。

> 臣等谨按：编查保甲，盖本《周礼》比闾什伍遗法，用以周知天下生民之数。我国家列圣相承，奉行勿替，乃相沿既久，有司视为具文，致直省滋生户口报折及册俱无足凭，且有如湖北应城等县每岁只报滋生数口，而岁岁数目一律雷同之甚者。兹奉谕旨展限核实汇奏，自当实力奉行，庶几闾阎蕃庶之征悉登于天府矣⑤。

四十一年，总计直省人丁共二万六千八百二十三万八千一百八十一。
直隶省：人丁二千有五十六万七千一百七十五。

---

① 累洽重熙，连续几代太平安乐。
② 往牒，以往的文献记载。
③ 阜成，富裕安定。
④ 具文，空文。
⑤ 蕃庶，数目众多。

奉天：人丁七十六万四千四百四十。

吉林：人丁七万四千六百三十一。

江苏省：人丁二千八百八十万有七千六百二十八。

安徽省：人丁二千七百五十六万六千九百二十九。

江西省：人丁一千六百八十四万八千九百有五。

浙江省：人丁一千九百三十六万四千六百二十。

福建省：人丁一千一百二十一万九千八百八十七。

湖北省：人丁一千四百八十一万五千一百二十八。

湖南省：人丁一千四百九十八万九千七百七十七。

山东省：人丁二千一百四十九万七千四百三十。

河南省：人丁一千九百八十五万八千有五十三。

山西省：人丁一千二百五十万有三千四百十五。

陕西省：人丁八百十九万三千有五十九。

甘肃省：人丁一千五百有六万八千四百七十三。

四川省：人丁七百七十八万九千七百九十一。

广东省：人丁一千四百八十二万有七百三十二。

广西省：人丁五百三十八万一千九百八十四。

云南省：人丁三百十万二千九百四十八。

贵州省：人丁五百万有三千一百七十七。

四十二年，云贵总督李侍尧条奏：滇省永昌之路江、顺宁之缅宁二处，皆属通达各边总汇，应特派员弁，专司稽查，遇有江楚客民即驱令北回。其向来居住近边之人，或耕或贩，查明现在共若干户，男妇共若干口，仿照内地保甲之例，编造寄籍册档，登造年貌，互相保结，并严禁与附近摆夷结亲，如有进关回籍等事，俱用互结报明，官给印票，关口验明放行，回滇时仍验票放出。若无印票，概不准以探亲觅友，藉词出外。各员弁混放偷漏，查明参处。至沿边各处如永昌、腾越、顺宁、缅宁、南甸、龙陵一带所有本籍民人，保甲亦应严为稽核，毋许混匿江楚客民，有则从严惩治。疏入，得旨允行。

四十五年，总计直省人丁二万七千七百五十五万四千四百三十一口。

直隶：人丁二千一百五十二万九千八百六十四。

奉天：人丁七十八万一千有九十三。

吉林：人丁一十三万五千八百二十七。

江苏省：人丁二千九百四十九万五千五百有三。
安徽省：人丁二千八百有八万五千三百六十六。
江西省：人丁一千八百有四万九千二百六十八。
浙江省：人丁二千有四十九万四千一百五十二。
福建省：人丁一千一百九十八万有十二。
湖北省：人丁一千六百有二万一千有六十九。
湖南省：人丁一千五百四十二万三千八百四十二。
山东省：人丁二千一百七十六万三千有八十五。
河南省：人丁二千有二十七万五千二百六十三。
山西省：人丁一千二百八十六万四千七百九十二。
陕西省：人丁八百二十三万七千八百八十七。
甘肃省：人丁一千五百一十三万六千八百八十二。
巴里坤、乌鲁木齐等处：人丁八万八千四百四十四。
四川省：人丁七百九十四万七千七百六十二。
广东省：人丁一千五百二十一万一千九百六十。
广西省：人丁五百七十四万九千九百九十七。
云南省：人丁三百二十万有一千二百有六。
贵州省：人丁五百有八万一千一百五十七。
四十八年，总计直省人丁共二万八千四百有三万三千七百五十五。
直隶：人丁二千二百二十六万三千三百六十九。
奉天：人丁七十九万七千四百九十。
吉林：人丁十四万二千二百二十。
江苏省：人丁三千有三十六万有九百十一。
安徽省：人丁二千八百四十五万六千二百十七。
江西省：人丁一千八百五十一万一千六百二十二。
浙江省：人丁二千一百有三万五千有八十二。
福建省：人丁一千二百三十九万九千四百五十六。
湖北省：人丁一千七百十五万五千有十八。
湖南省：人丁一千五百六十七万六千四百八十八。
山东省：人丁二千二百有一万二千六百六十一。
河南省：人丁二千有五十五万二千五百九十二。
山西省：人丁一千三百有三万六千五百五十六。

陕西省：人丁八百二十五万九千八十一。

甘肃省：人丁一千五百十五万九千一百有一。

四川省：人丁八百十四万二千四百八十七。

广东省：人丁一千五百六十三万四千五百二十。

广西省：人丁六百有三万四千有三。

云南省：人丁三百二十九万四千一百四十七。

贵州省：人丁五百十一万有七百六十四。

  臣等谨按：古今户口之数，三代以前杳远莫考。《通典》载：夏后、成康之盛日，数仅千三百余万，要亦后儒以意揣之，未足深信。三代以下，有天下长久者莫如汉、唐、宋、明，拓地最广者莫如元。今以史志人户之数考之，西汉则千二百二十三万三千六十二，后汉则千六百七万九百有六，唐则九百六十一万九千二百五十四，宋则二千一万九千五十，元则千三百四十三万三百二十二，明则千二百九十七万二千九百七十四，皆举当时极盛之数，然犹不逮我朝之繁庶，其故何也？盖自太祖、太宗龙兴东土，即以不嗜杀人为本。世祖承明季冠乱之后，人归真主，遂定鼎京师，命将四出，数年之间，海内一统，穷乡僻裔，咸登户版，曾未有兵戈蹂躏之苦。嗣是圣祖、世宗暨我皇上，圣圣相承，休养生息，若保赤子，抚之者至厚，教之者至周，百余年来，丁男不知兵革之患，亭障从无烽燧之警，而且年丰人乐，无有夭札疵疠、转徙颠踣以至凋耗者，祖孙父子，生育繁衍，迄于云礽①，永为太平之民。是以乾隆元年以来，直省生齿之版登于天府者，较汉、唐、宋、元、明之极盛且增数倍之多，而八旗之壮丁、外藩之臣庶、新辟之版章尚不在此数焉，而我皇上宵旰忧勤，轸恤民隐，所以富而教之者益详且备，自今以始，丁中黄小之数，岁有增益，至于不可纪极，猗欤盛哉！

---

① 云礽，云孙和礽孙，都是遥远的孙辈。迄于云礽，表示人口繁衍绵延不绝。

皇朝文献通考卷二十

户口考二

八旗户口

国初，八旗人丁每三年编审一次，令各佐领稽查，已成丁者增入丁册，其老弱幼丁不应入册，有隐匿者壮丁入官，伊主及该佐领、领催各罚责有差。凡置买人丁及新成幼丁，令编入本佐领。初定壮丁三百名为一佐领，后改定为二百名。凡八旗新添壮丁，每旗编佐领三十，有逃亡缺少者，于诸王、贝勒、贝子等府壮丁内拨补，仍将该佐领治罪。

又定家丁、壮丁首先登城者准其开户，并将胞兄弟、嫡伯叔带出，仍偿原主身价。

顺治元年，凡旗下汉人有父母、兄弟、妻子情愿入旗者，地方官给文赴部，不许带田地投献。

三年，定汉人投充旗下永行禁止。

九年，内府及诸王府官员有劳绩素著者，特选数员，令其开出府佐领，各归所属佐领，其父子、兄弟见有职任者不准带出。

十七年，定凡官员子弟有职任者，不拘定限岁数，准其分户。先是旗员子弟年十八以上，载部册后方许分居，如未及岁先分居者议罚。自是有此令。

康熙二年，定凡投充①人父兄伯叔住种满洲房地，子弟侄看守故土坟茔，或子弟侄住种满洲房地，父兄伯叔看守故土坟茔者，行地方官查其输粮在先，红册有名者，即断为民；如投充后输粮者，仍断与旗人。

---

① 投充，汉族农民投靠满洲人为奴，称为"投充"。

四年，令满洲、蒙古佐领内余丁多至百名以上，愿分两佐领者听。

十三年，八旗每佐领编壮丁一百三四十名，余丁汇集另编佐领，或所余丁仅百名以上者，该旗王、贝勒、贝子、公等，并都统、副都统、佐领酌验无误，披甲当差，出结送部，亦准编作佐领。

二十三年，谕：八旗满洲、蒙古每旗均设佐领百员。

雍正二年，禁开档①之人越佐领认户。八旗开档为义子之人，系年老无嗣，不能当差，又无产业，故令其披甲养赡伊身。若不思原主之恩，越佐领自称正户者，交部从重治罪。

四年，谕：上三旗定设汉军四十佐领，下五旗定设汉军三十佐领。是年，届编审之期，令八旗都统及直省驻防都统、将军等交与佐领、骁骑校、领催，将新旧壮丁逐户开明，并编审各官姓名，保结送部；其未成丁及非正身良家子弟并应除人丁验实开除，至乌喇打牲人丁②，户部派笔帖式前往编审。

五年，申造编审丁册之令。凡编审丁册，每户书另户某人、某官，无官者则曰闲散某，上书父兄官职名氏，傍书子弟及兄弟之子及户下若干人，或在籍，或他往，皆备书之。其各省驻防旗员兵丁及外任文武各官子弟家属，令各该将军、督抚造册咨送该旗。嗣后三年一次编审亦如之。

七年，定八旗正身壮丁年十五以上该管官查无假冒方准入册。

十三年，定八旗壮丁或寓亲友或流落乡屯向未入丁册者，限六月首报补入。若潜匿私往他所者，以逃人论。

乾隆三年，定旗人开户例。凡八旗奴仆，原系满洲、蒙古，直省本无籍贯，带地投充人等，虽有本籍，年远难考，均准其开户，不得放出为民。四年，又议：国初俘获之人年份已远，及印契所买奴仆之中有盛京带来带地投充之人，系旗人转相售卖，均应开户，不准为民。又八旗户下家人，有本主念其世代出力准令开户者，亦准其开户。又议：乾隆元年以前八旗家奴经本主放出已入民籍者，准其为民；若系乾隆元年以前放出至元年以后始入民籍者，令归旗作为原主户下开户壮丁。至于赎身之户，均归原主佐领下作为开户。

六年，复定八旗造丁册之例。凡编审各佐领下已成丁及未成丁已食饷

---

① 开档，原是八旗中正户的奴仆，后经许可编入主人户籍，记入旗档案簿册。

② 乌喇打牲人丁，努尔哈赤征服海西女真乌喇部，在该地设打牲乌喇府，其人丁称乌喇打牲人丁，负责采珠、采参、打猎进贡毛皮。

之人，皆造入丁册，分别正身开户，户下于各名下开写三代履历，其户下人，祖父或系契买，或系盛京带来，或系带地投充，或系乾隆元年以前白契①所买，分别注明。正户之子弟均作正身分造，余俱照旧例。

又定开户养子别行记档之例。八旗开户养子因出兵阵亡及军功列一等、二等改为另户者，别记档案。又国初投充、俘获入旗之人后经开户，及民人之子旗人抱养为嗣，或因亲入旗，或良民之子随母改嫁入于他人户下，或旗奴开户及旗奴过继与另户为嗣、已入另户档内后经首明者，亦别记档案。令该旗造册三本，一存旗，一咨户部，一咨呈宗人府存案，不得与宗室联婚。如别记档案之人冒入另户档内者，交部治罪。

七年，谕：八旗汉军，其初本系汉人，有从龙入关者，有定鼎后投诚者，有缘罪入旗与夫三藩户下归入者，有内务府王公包衣②拨出者，以及招募之炮手、过继之异姓，并随母因亲等类先后归旗，情节不一。其中唯从龙人员子孙皆系旧有功勋，毋庸另议更张。其余各项民人等，或有庐墓、产业在本籍者，或有族党姻属在于他省者，朕意欲稍为变通，以广其谋生之路。如有情愿改归原籍者，准其该处人民一例编入保甲。有情愿外省居住者，准其前往居住。此内如有世职，仍令许其承袭；不愿出旗者听之。所有愿改归民籍及愿移外省者，限一年内具呈本管官查奏。如此屏当③，原为汉军人等生齿日多、筹久远安全计，出此特恩，后不为例。此朕格外施仁，原情体恤之意，非逐伊等使之出旗，亦非为国家粮饷有所不给，可令八旗汉军都统等详悉晓谕。

八年，谕：前降谕旨，八旗汉军人等有愿改归民籍及移居外省者，准其具呈本管官查奏，原指未经出仕及微末之员而言。至于服官既久、世受国恩之人，其本身及子弟自不应呈请改籍，朕亦不忍令其出旗。嗣后文职自同知等官以上，武职自守备等官以上，不必改归民籍。

十二年，谕曰：朕观汉军人等，或祖父曾经外任，置有房产，或有亲族在外依赖资生，及以手艺潜往各省居住者，颇自不少，按之功令，究属违例；与其违例潜往，孰若听从其便，亦可各自谋生。嗣后八旗汉军人等愿在外省居住者，在京报明该旗，在外呈明督抚，不拘远近，任其随便散

---

① 白契，未经官府加盖官印的民间契约。
② 包衣，满语"包衣阿哈"的省称。包衣，意为家里的，阿哈，意为奴才。指满洲权贵家中的奴才。
③ 屏当，整理。

处，该督抚咨明该旗，每年汇奏一次，以便稽查，务令安静营生，毋得强横滋事。如此，则于功令不相妨碍，伊等亦得安居乐业，生计有资矣。

二十一年，谕：八旗别载册籍之人，原系开户家奴冒入正户后经自行首明及旗人抱养民人为子者，至开户家奴则均系旗下世仆，因效力年久，其主愿令其出户。凡遇差使，必先尽正户正身，选用之后方准将伊等选补。欲自行谋生，则又以身隶旗籍不得自出。今八旗户口日繁，与其拘于成例致生计日窘，不若听从其便，俾得各自为谋。着加恩将见今在京八旗、在外驻防内别载册籍及养子、开户人等，皆准其出旗为民，其情愿入籍何处，各听其便。所有本身田产，并许其带往。此次办理之后，隔数年候朕酌量降旨，此内不食钱粮之人，即令出旗外。其现食钱粮之人，若一时遽令出旗，于伊等生计不无拮据，其如何定以年限、裁汰出旗之处，交与该部会同八旗都统等详悉定拟具奏。

嗣户部、八旗都统会议：凡在京文武官员其作何调补汉缺之处，交吏、兵二部定议，其外任绿营员弁及文职等官，应即令出旗为民。至现在捐纳候缺人员并闲散进士、举人、生员、翻译，进士、举人、生员等亦即准其为民，其如何考试录之处，应交吏、礼、兵等部办理。又闲散人等，令各该旗询明愿入籍何处，由该旗径咨该地方官入籍，仍造册咨送户部存查。至现食钱粮之人，除情愿退粮为民者一体办理外，其余现在当差人等，俟缺出时裁汰。又外省驻防官兵闲散内，令该将军大臣等询明愿入何省民籍，造册咨送该旗，仍咨报户部，转行地方官。又开户人等内有设法赎身，经部办理，作为公中开档者，若准一例为民，诚恐漫无区别，或给内务府庄头名下作为壮丁，或应准其为民，会同户部分别请旨。又另记档案人等缺出裁汰后，该佐领处并无应挑之人，请将佐领下额外当差食饷之人顶补。至佐领、骁骑校官员，仍令在旗当差，如系另户，仍以旗缺对品坐补，如系另记档案，俟届应升之期，亦交该部办理。奏入，得旨允行。

谕：宗室王公包衣户口，向有因其效力年久，咨请拨附旗下佐领者，现今八旗另记档案及养子开户，俱经查明办理，如仍旧准其拨附，则旗人众多，伊等不能遽得钱粮，生计未免艰窘，彼此均无裨益。嗣后宗室王公包衣户口，拨附旗下佐领之处，着停止。再宗室王公等包衣户口，滋生日繁，该王公养赡亦恐拮据，着该宗室王公等会同各该旗都统等，将各包衣户口查明办理一次，隔数年候酌量降旨，庶此项人等均得一体谋生，该王公、都统等即行遵旨办理。

二十五年，定清厘旗档之例。一、另户旗人抱养民人之子及家人之子为嗣者，从重治罪。一、民人之子自幼随母改嫁与另户旗人者，该旗详记档案，俟成丁后令其为民。一、另记档案养子、开户人等业经出旗为民，如有复行冒入旗籍者，从重治罪。一、旗下家人之子随母改嫁与另户者，民人之子随母改嫁与旗下家人者，及家人抱养民人之子者，均以户下造报。一、八旗投充户口，凡旗档内有名者造丁册，一分送部，一分发该地方官备案，如有事故顶充，于比丁册内声明报部，转行该地方注册备查；至伊等之弟兄叔侄不在旗档者，责令地方官逐一清查，编入里甲，以免混淆。

又定跟役军功出户之例。凡官兵跟役，临敌时有能超越前进、杀贼败贼者，本人及父母妻子俱准出佐领为另户，仍给还本主身价。其跟役有阵亡蒙恩准其子弟为民者，本主系官不给身价，系兵照例给价。

二十六年，定汉军为民之例。凡八旗汉军现任外省，自同知、守备以上，京员自主事以上，旗员自五品以上，俱不准改归民籍；其父在旗而子愿为民、子在旗而父愿为民者，亦不准改籍。其余愿改归民籍者，在京报明该旗咨部转行各省，在外呈明督抚咨报部旗，编入民籍，并准一体考试。凡出旗为民年已成丁者，该州县给予印票，以便稽查。自京入省入籍者，该旗给照前往。至入籍地方，换给印票。其愿入顺天府州县者，该旗交送顺天府。

二十八年，定八旗逃人之例。凡八旗满洲、蒙古逃走在一月以内、自行投回及拿获者，连家属派往伊犁，赏给步甲钱粮当差。若仍不悔改，复行逃走，即于旗档内将名籍消除；如逾一月以外投回，将旗档圈销，照例遣发；其汉军在一月以内投回者免罪，拿获者分别次数照例治罪；如逃走至三次及在一月以外，不论投回、拿获，照民人犯流罪例，安插为民，同妻削除旗档。

二十九年，定军功另户之例。凡八旗另记档案，养子开户内有现食钱粮未经出旗之人，或因在军营著有劳绩，或因技艺出众蒙恩作为另户者，其父母子弟及亲弟兄俱准作另户。

三十一年，定迷失幼丁之例。凡八旗迷失幼丁在十五岁以下者，该管官取具本家及族长册结咨部，知照各旗及步军统领衙门、都察院、顺天府一体查缉，获日咨旗认领，不更治罪。如在十五岁以上，照逃人例办理。其十五岁以前失迷，十五岁以后始行投回者，查其失迷之时如系素好游荡、不省成性者，亦照逃人例办理。如实系愚蒙幼稚、本无恶习者，奏明请旨。

三十三年，刑部议覆：伊犁将军阿桂奏，伊犁兵丁，或自京犯逃发往，或由他处移往驻防及既经逃逸复有初次、二次之不同，且有拿获投回之互异，请通计次数情节，分别示惩，以昭炯戒。得旨允行。

三十七年，将军增海等具奏：盛京各佐领下所有马甲，多寡不等，请裁马甲，添设步甲，其余剩钱粮并随缺地亩入于正项报销。经军机大臣会同该部覆准具奏。

谕：盛京额设马甲，并随缺地亩，皆为养赡该处满洲而设。今年久生齿日繁，若将伊等应得分例裁汰入官，于伊等生计殊属无益，如现在京中八旗户口繁盛，生计不无拮据，经朕特沛恩施，另赏鳏寡孤独钱粮，以资生理。其派往西安、凉州、庄浪、宁夏兵丁，俱令照所派之额，在京挑补。又添兵缺甚多，每年帑金不下数万，并无吝惜。盛京满洲，皆朕臣仆，人丁日盛，自宜酌量添给，岂有转将伊等现在应得分例裁汰之理。今各佐领下马甲额设不均，固宜均行办理，但此项裁汰钱粮地亩，亦宜斟酌养赡多人，或添设甲步，或作为养育，兵俾众人均沾实惠。着将此项裁汰之马甲三百六十名钱粮交增海等，或添设步甲，或添设养育兵，唯期普被恩施办理具奏。其随缺三百六十垧如何使众人均有裨益之处，并着增海等定议具奏。将此通谕中外，示朕优恤满洲至意。嗣经将军增海等奏：裁汰马甲、应添步甲三百八十八名，仍照原奏添设；外余剩银二千六百一十六两，请添设每月食五钱钱粮，养育兵四百三十六；缺分给八旗满洲、蒙古、汉军各佐领下，仍按鳏寡孤独人等之多寡，酌量添设，以资养赡。又请裁汰随缺地亩租银六百三十四两零，每年赏给步甲三百九十六名，每名银一两六钱，置买皮袄穿用，共步甲一千一百八十八名，三年内可以均沾实惠。嗣后隔二年各兵可得皮袄一件。又请将现议养育兵内匀出一百四十分钱粮，赏给盛京官学生以资学习，于造士实有裨益。经部议，得旨允行。

三十九年，户部议：盛京将军宗室弘晌等奏请将各属陆续查出遗漏人丁，遵照乾隆二十七年恩旨作为另户，查现在查出遗漏正身户口与另记档案、遵限自行呈首之人不同，日久迁延，难免藉端滋弊。请旨赏限一年，仍交盛京户部会同该将军详慎确查，务得实在根据。疏入，从之。

臣等谨按：编审丁册，每户书另户某人某官，无官者则曰闲散某，或在籍，或他往，皆备书之。至八旗正身壮丁，年十五以上，该管官查无假冒，方准入册。又八旗壮丁，或寓亲友，或流落乡屯，向未入丁册者，准其首报补入。惟开户养子则有另记档案之例，如冒入另户档内，罪之。凡以慎稽查而杜潜匿，法至善也。今查出遗漏正身与另记档案之人不同，展限确查，庶不迁延而滋弊矣。

　　四十三年，定编审打牲壮丁之例。向例，八旗壮丁三年编审一次，乌拉打牲人丁，户部派出旗员、笔帖式前往编审，若有假冒隐匿等情，将该都统及领催等俱行治罪。至是，吉林将军福康安奏请编审打牲壮丁，停派京员，令该将军就近编审造册，加具保结送部，如有隐冒，查实题参。疏入，得旨允行。

　　四十四年，军机大臣等议覆：盛京将军福康安奏，盛京旗人并旗下家奴，携带眷口，在吉林地方种地，共四十户一百八十二名口，内除正身旗人仍解回本处照例办理，其盛京兵部、工部、内务府之壮丁并王公宗室之家奴及旗下家奴，请入于吉林官庄耕种，纳粮当差，并饬该管官严加约束，毋许滋事，如再有犯逃者，获日不论次数，刺字发驻防兵丁为奴等因。奉旨：盛京、吉林均系国家根本之地，境壤毗连，盛京旗人有潜往吉林种地谋生，本无关碍，并非逃旗可比。从前弘晌奏请解回治罪之处，所办原属过当。伊等皆满洲世仆，盛京、吉林有何区别，其正身旗人六户即着入于吉林当差，毋庸解回盛京办理，余依议。

　　军机大臣议覆：黑龙江将军富玉等奏，黑龙江各城地方，历年由部发遣人犯随来子女内，有联亲生子。又旗人内挑取兵丁得力者，放出另行居住。至今各城滋生共四百三十九户，详讯伊等有情愿回籍者四十二户，勒催起程，有不晓原籍及另住旗人家奴等。此二项人若归一处，不能管理，难保其不滋事端，请于此二项三百九十七户五百三十六名内减半拣选壮丁，在于齐齐哈尔、黑龙江城、墨尔根各官庄每年照例缴粮，各官庄设立领催一二名，余人入于各城旧官庄册内，以便挑补壮丁缺。从之。

　　四十六年，谕：向来各省驻防满洲已安居百有余年，京城并无伊等近族。两京城满洲生齿日繁，若准其进京，无以为生，反为无益，是以概不准其来京。自开辟新疆，分派官兵前往驻扎以来，在京满洲陆续驻防各省者甚多，此内亦有派往驻防时，因子弟在京当差，仍留在京者，为伊等在驻防处年老退休并无依赖之人，即不免失所，朕心深为不忍。嗣后各省新派驻防人员内，如有年老休退实无依赖之人，京中尚有子嗣意欲就养者，着该将军等查明，令其回京就养，但一概由官办理回京，则不愿在彼之人不无借端皆欲回京，非朕爱惜旗人之意。其老年退休欲回京就养者，着令自备资斧来京，不必由官办理。着为令。

奴婢

天聪六年，谕：家仆讦告①伊主，二事以上重罪，有实据而轻罪，虚者不以诬告论，准出户；如开列款内一款有实据者，亦不以诬告论；若各款俱实，原告准出户；各款俱虚及虚实相半者，原告俱不准出户。讦告二事以上轻罪，有实据而重罪，涉虚或止告一事而以轻为重者，除实款应坐外，其诬告之款反坐，原告不准出户。互见刑考。

崇德元年，令家仆告主审实者，原告拨与他人为奴。

顺治三年，颁行《大清律》。凡收留人家迷失子女不送官司而卖为奴婢者，若收留在逃子女而卖为奴婢及自收留为奴婢者，若冒认良人为奴婢及冒认他人奴婢者，皆有罪。凡家长与奴娶良人女为妻及妾以奴婢为良人而与良人为夫妻者，俱有罪。仍离异改正。凡奴婢告家长及家长缌麻②以上亲者，与子孙告祖父罪同。若雇工人告家长及家长之亲者各减奴婢罪一等；凡奴婢殴良人者，加凡人一等；其良人殴伤他人奴婢者，减凡人一等。

八年，谕：凡原在盛京编审另分户人，有告称系伊奴仆者，勿听；系户籍内人，有告称非伊家奴仆者，亦勿听。

九年，令阵获人口准其赎回。凡有赎人者，令嫡亲家属领归。其已经转卖者身价，两家各取其平。先是，顺治五年议：俘获人口有将其父子夫妇分卖者，仍令给还完聚，卖主鞭责，至是有此令。至康熙三十年，又定出征所获之人，有亲戚情愿来旗完聚者，不得作为奴婢；愿回本籍者听。

康熙二年，定八旗买卖人口，两家赴市纳税记册，令领催保结列名；若系汉人，令五城司坊官验，有该管官印票准卖，永着为例。

八年，谕：差遣官员并督抚提镇大小各官，不许买良民为奴及转相馈

---

① 讦告，揭发、指控。旧指下属告上司，部民讼本官以下告上者。
② 缌麻，旧社会丧服名，五服中最轻的一种。服丧三月。缌麻以上亲，即丧服穿缌麻的，如本宗高祖父母、曾伯叔祖父母，外姓中如岳父母、中表兄弟等。

送，永行禁饬，违者照略卖良民例治罪。

又定旗下买民为仆者，令本管官用印，违者所买之人释放为民，两主各鞭责有差。至十八年，又定用印衙门呈送户部，转行该地方官晓谕里甲，有不报部者分别降罚。又定有将定例后所买之人捏作定例前年月用印者，用印官及两主俱加等治罪。

十一年，申买人用印例。凡在顺治十年以前买人未用印信，中证明白，及本人自称卖身是实者，俱断与买主。自顺治十年以后，买人虽有中保未用印者断出为民。

十七年，定满、汉违例买卖人罪。满洲、蒙古人口不许卖与汉军民人，亦不许私赠，违者将人口并价入官，仍治买卖之罪。其喀尔喀、厄鲁特人亦照此例。满洲、蒙古家人，其主准令赎身，在本佐领及本旗下者听；若违禁放出为汉军民人者，照买卖例治罪。至雍正二年，又定满洲、蒙古家下开档、另户人等，有懒惰不能度日，串通原主卖身，卖后又称满洲，肆行讹诈买主者，将伊原主一并治罪，仍给后买之主为奴。

二十一年，定旗下印券所买之人及旧仆内有年老疾病其主准赎者，呈明本旗，令赎为民。若将年壮旧人借名赎出者，照买卖例治罪。

二十六年，谕：驻防满洲、汉军将军以下官员、兵丁在本省买人，如有不行查原籍，勒令地方官用印者，着督抚指名题参。

三十九年，禁盐灶户卖身旗下，犯者枷三月，杖一百，回籍着役，仍追还原主身价。

五十三年，准四十三年以前白契所买之人俱断与买主。四十三年以后若给原价，仍准赎出为民。

雍正元年，定白契买人例。自康熙四十三年起至六十一年止，白契所买之人俱不准赎身。雍正元年以后，若给原价，俱准赎为民，其妻亦准赎出。若卖身后买主配有妻室者不准赎。

三年，申家仆告主之禁。凡家仆告主，除谋反、谋叛、隐匿奸细，许其首告外，其首告他事者，所告之事不准行，仍杖一百。

又定旗下奴仆借名买赎罪例。旗下奴仆或借别旗名色买赎，或自行赎身，本旗及州县册籍俱无姓名者，查出即令归旗，其有随家主出差在外、私有积蓄、欺压本主赎身者，虽在民籍，亦令归旗。若果系数辈出力之人，伊主听其赎身，本旗户部及州县档册可据者，仍归民籍，旧主子孙不得借端控告。

四年，谕：历来满洲风俗，尊卑上下秩然整肃，最严主仆之分。家主所以约束奴仆者，虽或严切，亦无不相安为固然。及见汉人凌荡之俗，彼此相形而不肖，奴仆遂生觖望，虽约束之道无加于畴昔①，而向之相安者遂觉为难堪矣。乃至一二满洲大臣潜染汉人之俗，亦宽纵其下，渐就陵替②，此于风俗人心大有关系，不可不加整饬。夫主仆之分一定，则终身不能更易。在本身及妻子仰其衣食，赖其养生，固宜有不忍负背之心，而且世世子孙永远服役，亦当有不敢纵肆之念。今汉人之奴仆，乃有傲惰顽梗不遵约束，加以苛责则轻去其主，种种敝俗，朕所洞悉。嗣后汉人奴仆如有顽傲不遵约束，或背主逃匿，或私行讪谤，被伊主觉察者，应作何惩治，与满洲待奴仆之法何以画一之处，着定拟具奏。嗣议定：汉人家生奴仆、印契所买奴仆，并雍正五年以前白契所买及投靠，养育年久，或婢女招配已生子者，世世子孙永远服役，婚配俱由家主，仍造册报明地方官存案。嗣后汉人买仆及婢女招配并投靠之人，俱立契呈明地方官钤盖印信，其奴仆诽谤家长并雇工人骂家长等款，俱有律例，应照满洲主仆论。有背主逃匿者，照满洲家人逃走例。雇工人限内逃匿者，照满洲白契所买家人逃走例。其隶身门下为长随者，有犯亦照典当、雇工人论。

乾隆三年，定自乾隆元年以前白契所买作为印契者，不准赎为民。

四年，令奉天买卖人口该管官验明文契，钤盖印信注册。

二十一年，定驻防官员买本省民为奴例。凡直省驻防各官不许买本省之民为奴，违者降二级调用。若纵令家人买者，处分亦如之，该管官失察降一级留任。其驻防兵丁量许买人不得过二人，违者计口论罪，令卖身人亲至地方官处取具亲供用印，若未经取有亲供文契，虽有情愿字样实为勒卖者，买主枷一月，鞭一百。若本官嘱兵丁买者，照本官买人例议处。

二十四年，定八旗户下家人赎身例。凡八旗户下家人，不论远年旧仆及近岁契买奴仆，如实系本主，念其数辈出力，情愿放出为民，或本主不能养赡，愿令赎身为民者，呈明本旗，咨部转行地方官收入民籍，不准求谋仕宦。至伊等子孙，各照该籍民人办理，倘有借他人名色认买私自出旗，或将子孙改姓潜入民籍者，照例治罪，断归本主。有钻营势力，欺压幼孤，赎身为民者，倍追身价给主，将人口赏给各省驻防将军、副都统为

---

① 畴昔，过往，往昔。
② 陵替，混乱无序。

奴。如系本身得银放出潜入民籍者，止科其不行呈报之罪，仍准为民。

二十五年，令吉林宁古塔、伯都讷、拉林、阿勒楚哈等处旗下家奴之女，不许给与民人，违者治罪。

二十八年，定入官人口之例。凡入官人口年在十岁以上至六十岁者，每口作价银十两，六十岁以上作银五两，九岁以下每一岁作银一两，未周岁免其作价。

三十七年，定发遣家奴妻室一体同发。谕：向来旗下家奴有酗酒行凶者，一经本主报明，该旗即行送部，发遣其妻室；有年老残废及不愿随带者，俱不同发，定例未为周密。如近日秦璜即有将发遣家奴之妻留占为妾之事，不可不另定章程，以防流弊。盖家奴犯法，其妻亦属有罪之人，自当一体发遣，但此等犯罪旗奴，自不值官为资送，或其中果有实在不能随带者，或令亲属依栖，或听本妇另嫁，自不便仍留服役，以杜嫌疑。嗣后该旗如有发遣家奴之案，俱照此办理。

四十三年，刑部议：步军统领衙门咨赵大扎伤雇主文元身死，拟斩立决。奉谕：此案三法司议赵大依雇工人殴家长至死，律拟以斩决，固属照例问拟。朕详阅案情，该犯之母徐氏虽经立契典与文元家，得过身价，而典限满后，契已给还。嗣因母子仍在文元家得工钱服役，又经辞出在外居住，究与现在雇工者有间，且起衅之由系文元因赵大积有余资，屡次寻闹，既搬取其皮箱，又复扭住殴打，致赵大情急扎伤，尚非该犯逞凶，干犯赵大着从宽改为应斩监候，秋后处决，余依议。至八旗家奴及雇工人等，经本主放出及辞出之后，或积有余资，感念旧恩，助其家长，亦属情理所有而为，家长者受之似觉有愧。若因主仆旧时名分，冀其资助，多方需索，尤属无耻，如此案赵大母子虽仍在文元家服役，业已辞出另居，即典置房屋，亦系其能节省经营所致，与旧时雇何涉，乃文元屡次寻衅，并因其母子外出，踢门搬取箱笼，行同无赖，更不足齿矣！但恐旗人内如此者难保其必无，着将此旨晓谕八旗人等，各自顾惜颜面，无蹈覆辙。

四十八年，谕：向来满、汉官员人等家奴，在本主家服役，三代实在出力者，原有准其放出之例。此项人等既经伊主放出，作为旗民正身，亦未便绝其上进之阶，但须明立章程于录用之中，仍令有所限制。嗣后，此等旗民家奴合例后，经该家主放出者，满洲则令该家主于本旗报明，咨部存案。汉人则令该家主于本籍地方官报明，咨部存案，经部覆准后准其与平民一体应考出仕，但京官不得至京堂，外官不得至三品，以示限制，着为令。

皇朝文献通考卷二十一

职役考一

臣等谨按：古者体国经野，因民授事。凡乡党州里之间，皆以官治之。考之《周礼》，其法良备，大抵以士大夫治其乡之事为职，以民供事于官为役，于以敷政教，联族党，兴庶功而均劳逸，条理秩然，亦上下相维之端也。汉治近古，三老、亭长、啬夫之属，其职匪一，于民之任役者则从而后先之。至于唐，乡职渐微，自是凡治其乡之事皆类于役。迨至宋代，役法纷如，差役、雇役、义役屡变，而弊弥甚。自元暨明，鲜有良规。我朝政平事简，与民休息，鼖鼓①之征、公旬②之召，几于直无其事，不独公家营造一瓦一木不肯徒用民力，甚至修城浚③池以及河工兴筑诸务，凡所以为民卫者，莫不按日计工，人予之直，殆实未尝役一民也。即如近年，皇上濯征伊犁大兵，深入师行极远，然所用皆索伦劲旅，河西近塞之民目睹出车耳，闻唱凯而身不与其役古所称从衽席上过师者，今始见之；且所过之区，蠲租④赐复，殆无虚岁，民生其间，诚厚幸矣！是故袭狐貉之厚者不知至寒之凄怆，享升平之乐者不知悍人之况瘁，熙熙之众，沐国家休养生息之恩，百有余年之久，自高曾以逮子孙，安居聚处，愚氓

---

① 鼖鼓，一种大鼓，用于劳役中宣布劳作开始和停止。《周礼·地官·鼓人》："以鼖鼓鼓役事。"
② 公旬，官府征集的劳役的时间长度。《周礼·地官·均人》："丰年则公旬用三日焉，中年则公旬用二日焉，无年则公旬用一日焉。"
③ 浚，深挖而使河道通畅。
④ 蠲租，免除租赋。

狃于乐利，或有忘乎前代之事，竟若分所应得，如击壤老人者，学士大夫乌得不深思其所由然哉！臣等依马氏前考体例，仍立此门，亦以见职役为生民之常分，而圣朝宽大实千载一时也。谨就现存版籍编为四卷，而复除一卷附焉。

天聪八年，以汉官陈诉差役重科，命集众官宣谕之。时众汉官诉于管户部贝勒之前，云所派差役，似有重科之事。太宗文皇帝命大臣察讯①，所诉多不实，因命传集众官，谕曰：尔众官在明国时，所有人丁若干，今有若干，孰多孰寡，何不细思之。朕思我国虽贫，尔等如此亦足矣。欲令尔等与满洲一例当差，尚恐致累，今尔等反言苦累过于满洲！满汉官民虽有新旧，皆我臣庶，岂有厚薄之分乎？满洲出兵，三丁抽一，今令尔等亦与满洲一例三丁抽一为兵，尔等以为何如乎？且满洲之偏苦于汉人者，不但三丁抽一也，如每牛录②下守台淘铁，及一切工匠、牧马人、旗下听事人役等，所出不下三十人当差者，凡十有四家；又每年耕种以给新附之人，每牛录又出妇人三口；又耀州烧盐、猎取禽兽、供应朝鲜使臣驿马、修筑边境四城、出征行猎后巡视边墙守贝勒门及派兵防守巨流河，在在需人，皆唯每牛录是问；又每牛录设哨马二匹，遇有倒毙则均摊买补；遇征瓦尔喀时，又各喂马二三匹从征，每牛录复派护军十名，兵丁二三名，往来驱使，差回又令喂养所乘马匹。遇各国投诚人至，拨给满洲，现住房屋，令满洲展界移居，又分给粮谷，令其舂米酿酒解纳。每年猎取兽肉，分给新附之人。又发帑金于朝鲜贸易布匹，仍令满洲负载运送边城。满洲又有窨冰之役，每年迎接新附之虎儿哈于教场，看守皮张，运送薪水。朝鲜、蒙古使至，驻沈阳护军甲喇③额真各出一人，运给水草。若夏月至，更有采给青草之役。又每年采参并负往朝鲜货卖，每旗以一户驻英格地方巡缉踪迹。又以一户驻沈阳渡口，看守船只，此皆满洲偏苦之处，若不向尔等详切言之，尔等亦未必深信。今满汉均属一国人民，尔等何竟不知差

---

① 太宗文皇帝，指清太宗爱新觉罗·皇太极（1626—1643年在位），后金的第二位大汗，清朝开国皇帝，努尔哈赤之子，庙号太宗，卒谥应天兴国弘德彰武宽温仁圣睿孝文皇帝，后累加谥为应天兴国弘德彰武宽温仁圣睿孝敬敏昭定隆道显功文皇帝。
② 牛录，满族社会最基层的生产、军事组织。每牛录300人，首领称牛录额真，汉译为佐领。
③ 甲喇，满族社会的生产、军事组织，五个牛录为一甲喇。甲喇的首领称甲喇额真，汉译为参领。

徭之少倍减于满洲，而满洲差徭之多实逾尔等三十余项也！谕毕，众官谢罪并释之。

  <u>臣等谨按：开国之初，规模宏远，而经制未定，徭役之事略见于此，敬录一节，以备原始之义。至于各项差务，分派八旗兵丁者不复与民差类载云。</u>

  九年，严滥役民夫之禁。先是，天命十一年，太宗即位之初，尝谕群臣云：城郭边墙，事关守御，劳民力役，事非得已，今修葺已竣，嗣后不复兴筑，用恤民力，专勤南亩，以重本务。至是，自郊外还集诸臣于朝，谕之曰：朕昨出见民间耕种愆期，盖因牛录章京有事城工，欲先时告竣，故额外派夫，致误耕作。筑城固为正务，然田地荒芜，民食何赖？嗣后有滥役民夫致妨农务者，该管牛录等俱治其罪。

  顺治元年，置各州县甲长、总甲之役。各府州县卫所属乡村，十家置一甲长，百家置一总甲，凡遇盗贼、逃人、奸宄窃发事件，邻佑即报知甲长，甲长报知总甲，总甲报知府州县卫，核实申解兵部。若一家隐匿，其邻佑九家、甲长、总甲不行首告，俱治以罪。

  <u>臣等谨按：保甲为弭盗安民之良规，国家定鼎之初，即举而行之。其后屡经申饬，为法甚详且备，此盖其权舆也。考十七年，令民间设立里社，则有里长、社长之名，惟八旗庄屯以设领催，不更设里长；南省地方以图名者有图长，以保名者有保长；其甲长又曰牌头，以其为十家牌之首也；十牌即为甲头，十甲即为保长，又曰保正，是皆民之各治其乡之事而以职役于官，沿诸古法变而通之，与民宜之，各直省名称不同，其役一也。又有耆老①一项，例有顶戴，亦与闻乡里之事。考顺治三年，佥都御史李日芃言：耆老不过宣谕王化，无地方之责，非州县乡约比。若以连坐之法加之，似于情法未协，乃定议耆民在九家内者连坐，在外者免其株连。</u>

---

① 耆老，原意是老年人、德高的老者。此处指一种乡役，一般由年长有德望者担任。耆老拥有某些听讼、裁定的权力，也有顶戴，但不是正式官员。

定取用匠夫之例。

臣等谨按：凡内工取用匠夫，行文工部，移都察院转行五城取送，如工程紧急，即行坊官取送。至康熙十年，定各衙门应用工匠均行都察院转行五城取用，永以为例。

二年，令顺天府属州县各派匠役一百名赴工应役。时以营建太和殿需用工匠，行令各州县派解应役，按工给值。至十二年，工部以匠役缺少，工程稽迟，复奏令顺天等八府派解赴工。又令山东、山西二省，查各匠有愿应役者解部供用，其后大功告成，凡匠役皆酌路途远近，按日给予饭银，令其回籍。又除豁直省匠籍，免征京班匠价。前明之例，民以籍分，故有官籍、民籍、军籍、医匠驿灶籍，皆世其业，以应差役，至是除之。其后民籍之外，唯灶丁为世业。匠价，详见十五年。

三年，特命大臣订正《赋役全书》。因田定赋，计丁授役。旧有经制，明季加派纷繁，民生凋瘵，世祖章皇帝定鼎后①，特命大臣查核款项，尽除滥额，拟定《赋役全书》进呈御览，至十四年告成，颁行天下，兹后随时修订，备详旧制，以现行者为定则。

臣等谨按：取民之制，有田则有赋，有丁则有役，而丁役分银差、力差，则有受役输银之不同，其间分异等则、派别、名目皆役法也。今考《全书》所载，地粮自归田赋，人丁宜属户口，惟是丁徭之征，原系版籍供役，而凡民役之在官者编征，工抬招募应役其数具列于中，优免复除亦在焉，是故《会典》所载只举大纲。考丁徭者，惟《全书》可备稽云。

又定编审人丁、征徭科则编审之法。核实天下丁口，具载版籍。年六十以上开除，十六以上添注，丁增赋亦随之。考直省丁徭有分三等九则者，有一条鞭征者，有丁随地派者，有丁随丁派者，其后改随地派，十居其七。总计直省徭里银约三百数十余万，亦间征米、征豆，其科则最轻者

---

① 世祖章皇帝，指清入关后的第一位皇帝爱新觉罗·福临（1644—1661年在位），太宗皇太极之子。其年号顺治，庙号世祖，谥号章皇帝，后世累加尊谥，至乾隆元年（1736年）尊谥加为体天隆运定统建极英睿钦文显武大德弘功至仁纯孝章皇帝。

每丁科一分五厘，重者至一两三四钱不等，而山西有至四两余者，巩昌有至八九两者，大抵因地制宜。如前代差役视民间物力为轻重，故各有不同，三年或五年一编审，凡所以平赋役，清隐匿，别老幼，均差徭，律有差遣不平，赋役不均，隐蔽差役、逃避差役之目皆役法之条件也。又有屯丁者，明代卫所屯军各给以地，入本朝除其军籍，改为屯丁。其后唯留驾运漕船之运丁，其非运丁者陆续改入民籍。现运屯丁则免科闲丁，各科银不等，皆免其民丁重派。又三等九则之目，沿自前明一条鞭，征法亦同。其法，将均徭、均费等银不分银力二差，俱以一条鞭从事。凡十甲丁粮总于一里，各里丁粮总于一州县，州县总于府，府总于布政司，通计一省丁粮均派一省徭役，里甲与两税为一。凡一州县丁银毕输于官，官为金募①，以充一岁之役，小民得无扰而事亦易集。至康熙五十二年恩诏，以现在丁册定为常额，续生人丁永不加赋。雍正元年以后，各省丁徭皆陆续摊入地亩，唯编审人丁以供差役，其详具见于户口考。

又定内外各衙门额设吏役。凡内外各衙门书吏皆取良民充役，定有经制额数，不许滥设。国初，沿前明之例，吏典由各处金拨充役，后改为考取或由招募投充。凡在内各衙门书役投充，必取原籍地方官印结方准着役，不许有冒籍冒姓顶替之弊，各衙门各派一官专司稽查。在外府州县书役必取邻佑、亲族甘结，地方官印结，方准着役，其有无弊端，责令道员、按察司查察之。司道关盐书役，令督抚稽查，督抚衙门自行稽查，不许有重役滥充之弊。役以五年为满，役满不退者斥革。凡在内书役及各馆阁供事，役满报部，汇至三月于吏部衙门考试，封储试卷，以俟在外考试者。在外书吏役满，印官保送巡抚，每年七月汇集考试并试卷送吏部，至年终，吏部一并校阅，定等第名次，奏闻请旨，以杂职等官分别铨用。其府州县额设祇候、禁子、弓兵，于该纳税粮三石之下二石之上户内差点，免其杂泛差役，勿得将粮多上户差占各处衙门。又有快手、皂隶、门卒、库子诸役，皆按额数招募，额外滥充者谓之白役，私用白役者有禁。白役犯赃与正役同罪。通州坐粮厅所属八行运役及仓役亦有定额，令知州金选诚实良民应役，不许旗人充应，不许一人充两三役，兼充者谓之霸役，罪至徒。初定禄秩之时，吏役银米皆有定额。在内各衙门听事书役及皂役、隶卒、匠夫人等，按季给以银米，多寡各殊。在外各衙门吏书、门子、舍

---

① 金募，征集参加，但付给一定报酬。

人、皂隶、禁卒、铺兵、仓夫、斗级、工匠人役，亦按季给以工食银两。其后屡经裁减，皆于州县地亩编征，详载《赋役全书》。

　　臣等谨按：吏役之设，今古异制，而未尝不同，如内外衙门之有书吏，犹古之有曹掾。古者由于辟召，故有秩有职，士人为之不以为贱。今由招募，充役官府，故皆名之曰役，然必取之乡户之中，择而使之，其受役有期，考察有法，入仕有阶，亦与古相似。其在乡里非出于微贱者，亦可以与士齿。凡吏之能其事者可以赞助政理，有裨吏治，在宋代所云曹司、押录诸名目皆其类也。其曰快手者，以供奔走驱使，如宋之承符、人力、手力之属，又以马步别为名目。其主捕逐盗贼者，别名健快，亦曰应捕，其役如古游徼、求盗，大率不得与士人齿。其诸杂役则又卑矣。民壮一项，考之前明，其初为数不多，后州县官以额设兵丁随营差操，不敷驱遣，多取民间壮丁，教以技艺，以备守城御寇，已，遂泛应杂差，用供奔走。国初颇裁其冗，制为定额，凡督税课、摄词讼、捕盗贼、祗候迎送皆役使之。白役非额设之人，诸正役私引为助，律有明禁，然州县事剧役繁，必藉其力，势有不能尽革者，唯在得良民充之。正役有缺，即以代役。书吏虽禁额外滥充，然因税粮由帖、户口册籍雇募攒造者则勿论；或从书吏习业，名曰贴写，亦非所禁。又各衙门皆有募充书识，凡经制之吏有缺，即于现充书识内选代，惟滥取挂名及监司衙门收受纳班钱者有禁。自书吏以下诸役，既庀官事，亦养身家。在民每愿为承应，非如宋时役法之害，视为畏途者比也。其以乡人治其乡之事者，乡约地方等役，类由本乡本里之民保送佥充，而地方一役最重。凡一州县分地若干，一地方管村庄若干，其管内税粮完欠、田宅争辩、词讼曲直、盗贼生发、命案审理，一切皆与有责，遇有差役，所需器物，责令催办。所用人夫，责令摄管，稍有违误，扑责立加，终岁奔走，少有暇时。乡约、里长、甲长、保长，各省责成轻重不同，凡在民之役，大略若此。

又定赋役不均及脱漏户口、隐蔽差役、逃避差役之律。凡有司杂泛差役，皆验籍内户口、田粮为派差之差等，若放富差贫、那移作弊者罪之。如由部中派取物料，必酌所属大小丰歉，坐派不均者亦罪之。在民户有定籍，按籍受役，若户不附籍及隐蔽他人在户，则差役不平，应治其脱漏之罪，仍改正当差。若民户逃往他处以避差役者，罪如之，并治里长故纵之罪。若丁夫杂匠在役而逃，与故纵者皆罪之。

又禁革主保、里长并催头、大户名色。天下各府州县编赋役册，以一百一十户为里，推丁多者十人为长，余百户为十甲，甲凡十人，岁役里长一人，管摄一里之事。城中曰坊，近城曰厢，乡里曰里。里长十人轮年应役，催办钱粮，勾摄公事。凡十年一周，先后各以丁数之多寡为次。其鳏寡孤独不任役者，带管于百一十户之外，名曰畸零。若有妄称主保、小里长、保长、此与他处保长不同。主首等项名色，生事扰民者，皆治其罪。里中有合设耆老者，于本乡年高有德、众所推服人内选充，不许罢闲吏卒及有过之人充应。凡里甲之民轮充现年，止令催纳各户钱粮，其一应差徭，勿使现年受累。若有征收钱粮，派人作催头者，或有借称征粮，令里中签报大户、派纳银米至于破产者，皆严行禁革。其州县官或于额外私派，而上司徇隐者，许里长、甲长据实控告，依律治之。

又禁止私充牙行、埠头。凡城市、乡村通商之处，陆有牙行，船有埠头，为客商交易货物并选有抵业人户充应，官给印信文簿，附写客商船户住贯、姓名、路引字号、物货数目，每月赴官查照，不许私充。雍正二年，有言各省牙帖①之弊者，略谓州县正税之外，又有杂税，户部额征为数无几，将所收田宅印契、典铺行帖等银已绰然解部有余，至小民趁集交易，乃数百文、数十文之事，为利甚微，藉以营生糊口，而地方光棍自呼为经纪，百十成群，逐日往州县中领牙帖数十纸，每纸给银二三钱不等，持帖至集任意勒索，不论货物大小精粗，皆视卖之盈缩为抽分之多寡，名曰牙帖税。少与龃龉即行驱逐，不容陈设于街道。此积弊也。于是令各省藩司查明禁止。至十一年，奉谕旨：各省商牙杂税，额设牙帖，俱由藩司衙门颁发，不许州县滥给，所以防增添之弊，不使贻累于商民也。近闻各省牙帖岁有增添，即如各集场中有杂货小贩，向来无籍牙行者，今概行给帖，而市井奸牙遂恃此把持，抽分利息，是集场多一牙户，商民即多一苦累，甚非平价通商之本意。着直省督抚饬令各该藩司因地制宜，着为定额，报部存案，不许有司任意增添。嗣后止将额内退帖顶补之处，查明换给，再有新开集场，应设牙行者，酌定名数给发，亦报部存案，庶贸易小

---

① 牙帖，官府发给牙行的营业执照。

民可永除牙行苛索之弊矣。互见市籴考。

又禁有司官私役部民。凡有司官私役部民出百里之外，及久占在家使唤者有禁，仍追雇直①。若有吉凶及在家借使杂役不得过五十名，役其人不得过三日，违者以私役论。

又定州县铺司、铺兵及弓兵之制，禁止私役。直省各州县公文来往，役民递送，名曰铺兵。每十五里置急递铺一所，设铺兵四名，铺司一名，于附近有丁力、粮近一石之上二石之下者点充，须要少壮正身与免杂泛差役，凡公文一到，即刻递送，昼夜须行三百里，稽留者分别时刻治罪。若公文有损坏、沈匿、拆动原封者，亦分别治罪。铺司为铺兵之长，专一于该管铺分往来巡视，其提调官吏每月亲临稽查。若有无藉之徒，不容正身应当，用强包揽，多取工钱，以致公文有误者，重治其罪。其各衙门一应公差人员不许差使铺兵挑送官物及私赍行李，若铺舍不修，什物不备，铺兵数少及老弱当役，则罪其铺长。巡检司所属弓兵，专司巡缉地方，亦不许包揽应当，并禁止私役，违者如私役铺兵之罪。

四年，设直隶沿河堤夫。御史佟凤彩言：近畿沿河州县，屡年冲决，禾稼被淹，有亏正赋，宜令各州县额设堤夫，量其河之浅深、口之宽狭，修筑坚固，庶河水不致泛涨而秋成可望。下部议，允之。

<u>臣等谨按：濒河之地，例有夫役守护，黄、运两河皆然。此所请设，乃旧制未备者，余并详后。</u>

又设立临河州县墩堡铺夫、快壮，从总河杨方兴请，以护漕运也。

九年，令直省州县置社学社师。每乡置社学一区，择其文义通晓、行谊谨厚者充补。社师免其差徭，量给饩廪②，令提学考核之。雍正元年，复申明其制。

十一年，定流民附籍当差之例。明季民多流移所居之地，不附册籍。至是，部臣议奏：凡外省新旧流民，俱编入册籍，与土著一体当差。新来者五年当差。从之。

十二年，增给河夫工食。时遣大臣视河，言额设河夫工食不敷，请酌

---

① 雇直，雇佣工役的佣金。
② 饩廪，古代官府发给的口粮，也泛指薪酬。

为增给。下部议行。仍令河臣严察河工官吏扣折夫食。

> 臣等谨按：民间夫役，河工为大，用民之例有二：一为佥派，一为招募，皆属民间力役。前代沿河州县有岁修，民夫颇为苦累。国初改设河夫，额给工食，编入赋役全书。十六年，河臣朱之锡条奏：河政议增河南夫役，均派淮工夫役，拨补河工夫食，皆下所司议行。考顺治九年，河决封邱，起大名、东昌、兖州及河南丁夫数万塞之，此佥派旧例也。额设之夫则招募，新例也。间遇大役，招募不足，即用佥派，仍给工食。详见于后。又考河工夫役，其名不一，黄河两岸皆有堡夫，二里置堡，设夫二名，住宿堡内，常川巡守，每日责令担积土牛①，以资修补堤工之用。后令改筑子堰，运河所设亦同。山东有黄、运河徭夫，分汛供役，遇有险要，调集抢护。又有浅溜、桥闸、坝渡等夫，各以其事供役。又于有泉之十七州县额设泉夫，岁以春夏秋三季在本境浚泉栽柳，冬季调赴运河，均令浚浅。河南有浚船、柳船长夫，埽工长夫，桩埽夫。直隶河淀有𥂕夫、浅夫，漳河有防夫。其或裁或设，事例不一，皆于沿河州县招募应役。山东运河大浚，额募夫六千有余，小浚用夫千二百有余，日给工银外，仍给以器具银。江南、浙江海塘例设堡夫、塘长。湖广江防有堤长、圩长、圩甲、圩役，其沿江堤岸例用民间夫役，按粮均派。至康熙五十五年，圣祖仁皇帝赏银六万两以助民工。至雍正六年，世宗宪皇帝亦赏银六万两以助民工。四川亦有堰工，按照田亩均摊夫价，解官募夫，冬月修筑。考各直省所用夫役，皆始由佥派，继归招募，盖役民给直，较古役法为最善矣。

十五年，令直省匠价仍照经制征解。工部等衙门奏言：按经制所载，遇有大工，直隶各省征诸匠役，解赴京师，每年春秋更换。后匠役屡解屡逃，因而折工解部，于顺治二年奉旨除免匠价，今臣部工程尚繁，需用不赀，应将匠价仍照经制征解。从之。至康熙三十六年以后，陆续并归田亩，各省《赋役全书》分析项数名目具存。

十六年，令直省举行乡约之法宣讲上谕。

---

① 土牛，堆在河堤上的备用土堆，因远望似牛，故名。

臣等谨按：先是，顺治九年颁行六谕。卧碑文曰：孝顺父母，恭敬长上，和睦乡里，教训子孙，各安生理，无作非为。至是，令五城设立公所讲解开谕，以广教化。直省府州县亦皆举行乡约，各地方官责成乡约人等，每月朔望，聚集公所宣讲。至康熙九年，颁上谕十六条：一、敦孝弟以重人伦；一、笃宗族以昭雍睦；一、和乡党以息争讼；一、重农桑以足衣食；一、尚节俭以惜财用；一、隆学校以端士习；一、黜异端以崇正学；一、讲法律以儆愚顽；一、明礼让以厚风俗；一、务本业以定民志；一、训子弟以禁非为；一、息诬告以全善良；一、诫窝逃以免株连；一、完钱粮以省催科；一、联保甲以弭盗贼；一、解雠忿以重身命。令府州县乡村人等切实遵行。十八年，浙江巡抚臣衍辑直解奏进，名曰《乡约全书》，刊刻分发。至雍正二年，御制圣谕广训万言，颁发直省通行讲读。

　　十七年，禁有司私派里甲之弊。凡有司各官私派里甲，承奉上司，一切如日用薪米、修造衙署、供应家具礼物及募夫马民壮，每年婪饱之弊，通饬抚案俱行严禁。康熙八年，科道官言：各处土产，有文武官员行票差役，令州县买送，州县按里派取等弊，请行严禁。部臣又言：州县加派里民，近经禁革，乃以日用供应取办牙行铺家，并强索贱市，应勒石永禁。皆从之。至三十九年，复申陋规、杂派之禁，如遇大差大役，有因公济私、以一派十者，又有每年每节派送大小礼仪者，郡守之交际又有派之各属者，有府州县卫所官出门派中火①、路费以及跟役之食用者，有上司差使往来派送规例下程②者，起运饷银派解费者。嗣后革除陋习，不得仍蹈前辙。又部议：湖广等处征收钱粮，有公然科派如阖邑通里共摊同出者，名曰软抬。如各里各甲轮流独当者，名曰硬驼。豪劣奸棍包揽分肥，应勒石永禁。从之。

---

① 中火，途中的午饭。
② 下程，送行时所赠的盘缠财物。

皇朝文献通考卷二十二

职役考二

康熙元年，令江南苏、松两府行均田均役之法。户科给事中柯耸疏言：任土作赋，因田起差，此古今不易之常法。但人户消长不同，田亩盈缩亦异，所以定十年编审之法，则役随田转，册因时定，富者无免脱之弊，贫者无虫负之忧，劳逸适均，法至善也。臣每见官役之侵渔，差徭之繁重，不一而足，其源总由于签点之不公，积弊之未剔，目下编审届期，请痛除宿弊，以拯民困。查一县田额若干，应审里长若干，每里十甲，每甲该田若干，田多者独充一名，田少者串充一名，其最零星者附于甲尾，名曰花户，此定例也。各项差役俱系里长挨甲充当，故力不劳而事易办。独苏、松两府，名为签报殷实，竟不稽查田亩，有田已卖尽而仍报里役者①，有田连阡陌而全不应差者。不特十年之中，偏枯殊甚，至年年小审，那移脱换，丛弊多端，田归不役之家，役累无田之户，以致贫民竭骨难支，逃徙隔属。请令抚臣通行两府，及今大造之时，必期田尽落甲，役必照田，务将本区之田均役本区十甲，倘本区田多则派入下区，按田起役，不得凭空签报，以滋卖富差贫之弊，庶几役均而民便矣。其他花分子户、诡寄优免、隔属立户、买充册书诸弊，皆宜严加禁革。户部议覆通行。

  臣等谨按：均役之法，时唯知娄县李复兴行之最为得宜，各属皆仿而行之，因编为均役成书。沈荃序略曰：娄邑自均役以后，流亡复归，荒芜日垦，邻邑外省相继取法。所虑世俗昧于均役之义，而议其

---

① 里役，乡里之役。

无役,且以为师心而不法古。夫三代之役,军旅土功而已,夫子所谓使民以时,王制所谓岁不过三日,皆此役也。井田废而兵民分,兵久无预于民,若夫筑城浚川,则计田出费,以供其事,如近日吴淞之役,岂非至均者哉!若议里役不设,则古之乡长、里正,本非役也,周之比长、里宰皆下士,闾胥、鄽长皆中士,旅师、比师皆上士,党正、县正皆下大夫,州长则中大夫,此命官也,岂役也哉!汉去古未远,故亭长、啬夫听狱讼,收赋税,皆有禄秩①。张敞、朱邑、朱博、薛宣之流由此至卿相。隋人欲以乡正理五百家狱讼,李德林谓乡官治民恐徇私不便。唐时此意未泯,故柳宗元言:有里胥而后有县大夫,有县大夫而后有诸侯,有诸侯而后有方伯、连帅,是里胥与连帅贵贱虽殊,而皆为天子任理民之责者也,未闻有比较鞭笞破家亡身者也。唐末大乱,诸节帅多出群盗,所用守令视民如仇,而用之日新,由是乡里之职大为民困,此岂古所谓役哉!五代因循,至宋未改,或差役,或雇役,或义役,皆能困民,然弊则改之,初无定辙。元时赋最轻,故役亦轻,而民多富。明室赋重,县令催科难遍,故分编里甲,使之催赋,俗曰经催,是役之设为催赋设也,赋办则役举矣。今均田之法,家自催赋,无不办之赋,是即无不举之役,岂必办赋之法,岁破数百家,毙数百命,而后谓之役哉!向之有役有不役,故见其役;今也即赋为役,故不见其役。若遂议其无役,此正如对和羹而别索盐梅②,多见其不知味也。若谓以田从人为非,则向者以人从田,图蠹图书为政,而官与民交受其害,今之以田从人,业户自为政,而官与民交受其利,行且遍此法于吴越间,虽百世可也。

二年,浚淮安泾河闸,计田出夫。漕运总督林起龙疏言:开浚泾河闸,自淮城迤南,运河东岸至金吾庄,延袤七十余里,下流淤塞处约可十余里,令山阳、宝应二县计田出夫,众志鼓舞,甫二十日毕事,河道深通,闸流无阻,直达射阳湖入海,居民田庐可无水患。下部知之。

六年,严禁江西提甲累民之弊。御史戈英疏言:州县每年设有轮值甲长,凡催征钱粮及衙门需用各项之费,皆令甲长承办,独江西更有提甲之

---

① 禄秩,俸禄和品级。
② 盐梅,盐味咸,梅味酸,用以指代调味品。

弊，既将现年甲长追比各项银两，复提次甲为现年甲长，责成备办礼物，广信等府积弊尤甚，至有连提数甲不止者，累民已极，请饬该抚严禁。奉旨：令督抚查奏。巡抚董卫国以并无私派奏覆。总督郎廷佐奏：提甲之弊，风闻如御史言。奉旨严饬，令确查禁革。

  臣等谨按：提甲之说，始于前明嘉靖中，名曰提编，实则加派。当时以兵役繁兴，为此不得已之法。迨乎役罢名存，遂不能改其后，所行十段锦①亦有此弊，污吏缘以为奸，非值圣明之世不能一旦除之也。

  七年，定驿递给夫之例。凡有驿之处设有夫役以供奔走，各按路之冲僻以为多寡，额数不一。其夫日给工食，自一、二分以至七、八分不等，皆入正赋编征。若额外雇用，则按远近加给工食。水驿用纤夫，亦同。凡应给夫役者，按品定数，不许额外强索。是年，户科给事中吴国龙疏言：驿递苦累最甚，除出征大兵及驻防官兵家口，自北往南，皆系紧急军机，应照例给夫外，其自南往北者宜停止给夫，庶不致差繁费重。事下兵部，部臣言：出征大兵，关系军机，应照旧例，其驻防官兵家口，无论往南往北，陆路量给夫车，下水②不给纤夫，上水③纤夫比旧例减半给发。自京起程者，臣部定限。自外起程者，该督抚定限报部。不许沿途逗留，违者治罪。从之。

  臣等谨按：邮传之设，除车马、船只外，水陆皆有额设人夫，虽例给工食，皆募民充之，差役稍繁，莫不临时添雇，是亦民役之一也。律载包充驿夫、诈索驿夫，皆有明禁，其出使人员役使民夫抬轿者治罪，仍追雇值银八分五厘五毫，盖所以苏驿困，亦所以恤民力。又考直省所设之夫名目不同，凡有马之驿，视马多少例设二马一夫外，有走递夫、白夫、青夫、此项裁。扛夫、所厂夫、差夫、站夫，有水驿之处有水手、水夫、纤夫。南省有轿夫、兜夫、担夫、扛抬

---

① 十段锦，即明中期起各地在赋役中陆续推行的十段锦法。此法是将全县银、力两差共需银额，编派于一县之丁田，以应力役。轮役之年，此段有余则留供下段；此段不足则预从下段补足。
② 下水，顺流行舟。
③ 上水，逆流行舟。

夫，皆随宜额设，支给工食。

九年，于江南、山东派夫，协济河工，加给工食，并停地方津贴之费。是岁九月，河道总督罗多以大修河工，额用协夫三万四千八百余名，请于江南、山东两省签派协济。事下工部，以签派夫役道远民艰，又恐官吏借端滋扰，应行招募为便。查旧发工役银每日四分，今加给二分，则工程不致迟误。奉旨：河工关系重大，时近冬寒，势不容缓，倘临期应募无人，复行签派，必致迟误。着该督先行竭力招募，尽所得人夫供役，如万不能得，就近量行签派协济。十一月，刑科给事中张惟赤疏言：河工协济人夫，皆经该地方津贴而来，江南各府方被水旱之灾，正项尚且议蠲，额外岂堪重累。前部臣主募夫之议，原定每名给工食银六分，今河臣改用派夫，岂有募则给工食而派遂不给工食之理。所宜一体议给，将原派地方按月津贴之说行令停止。复下工部议，从之。

臣等谨按：河工夫役，工有大小，则夫役有多寡。在河臣，酌其缓急，时有变通。考用夫之多，莫如康熙十六年，以靳辅为总河大修全河之时，考靳辅初议，每日需夫十二万有奇，议令山东、江南、河南邻郡地方协募，赴工后，经议减，仍日用夫三四万人，皆系设法就近召募。其最后奏疏，有曰：从前河工，原无修治全河之事，间有兴举，无不勒之州县，派募里民，凡所派之州县用一费十，民不胜其苦累。臣奉命两河并举，日需人夫十余万，若循派募之旧章，必半壁号呼矣。乃易派募为雇募，多方鼓励，设法招徕，十年之中，大功告成，而民不扰。又议挑运河，亦日用夫三万四千有奇，奏疏有云：挑浚运河，向有每工给银四分之例，亦有拨派坊里人夫、量给银米之例。此番工程浩大，万难拨派，况坊里人夫率皆老弱不堪之辈，而又每每逃逸，大抵坊里夫十名，不敌募夫三四名之用，不若一体招募为便。又挑高邮月河，因河帑不敷，调用附近州县民夫，每名日食米盐菜银二分二厘，以为日无多故也。其大修归仁堤，令泗州、虹县、五河、临淮四处协募人夫一万。又恐有影射透领之弊，乃令百姓按田出夫，以其土方工价与钱粮抵兑，一时颇以为便。总其前后诸疏，亦见河工夫役之略矣。至二十七年，开浚下河，于高邮等州县用夫一二万，则仍派募云。

十二年，停止河南签派河夫。河南巡抚佟凤彩疏言：河工派夫，贻累地方，请动支钱粮雇夫应役。下工部议，允之。令凡遇岁修，准动河库银雇募，每夫月给银二两。嗣是河道总督王光裕又专疏请停签派，其岁修夫役，动帑雇募，皆如河南之例。

臣等谨按：河工岁修夫役，原属旧例，抚臣之为此请，欲以便民也。考靳辅奏疏，尝言人夫一项，除驾船、装料、铺埽、签桩、收放揪头、绳缆、栽柳、修柳、巡查堤岸、看守料物、修补水沟、填塞狼窝獾穴等务，俱河兵力作，仅仅足用。至于絟縗打缆、搬运草柳、拉埽抬梯、挑土帮修埽台等一切杂作，则用岁修人夫。往例，岁修工程从无募夫之例，皆系酌拨附近民夫资其力役，江南、河南、山东三省皆然。后河南一省经前抚臣佟凤彩因每年所用岁修人役太多，且不特附近州县，而隔远州县亦行概拨人夫，不无远涉之苦，于是具题改为雇夫应用。江南、山东则仍旧。今康熙二十二年，山东曹、单二县黄河工程，除用额夫之外，照例酌拨附近州县民夫，协助额夫力作，量各险工，共拨岁修夫八九千名，见在举行，考此是岁修夫役例固未尝尽废也。

十六年，禁止有司派罚百姓修筑城楼垛口。

十七年，裁江南凤阳、淮安等府浅夫、溜夫，改设河兵。河臣靳辅经理河工事宜，请设江南河兵八营，专司河工，而罢回所设夫役。从之。至三十八年，又裁徐州所属额设岁夫，改设河兵。先是，沿河之处皆设有浅夫、溜夫，以备挑浚，募民充，应时有裁减。至是裁夫设兵，遂为定制。

十八年，令天下立社仓、义仓，以本乡之人管理其事。时议整饬常平仓法，劝谕官绅士民捐输谷石，于乡村立社仓，市镇立义仓，公举本乡敦重善良之人管理，出陈入新，春月借贷，秋收偿还，每石取息一斗，储谷多者，管仓人给予顶戴。

二十五年，置近辅屯庄保甲。直隶巡抚于成龙疏言：顺、永、保、河四府旗民杂处，盗警时闻，非力行保甲不能宁谧，应将各屯庄旗丁同民户共编保甲，令屯拨什库①与保正、乡长互相稽查，有事一体申报究治。下

---

① 拨什库，八旗牛录里的小吏，掌管文书、粮饷等事。

兵部议。从之。

二十九年，令直省绅衿田地与民人一例差徭。山东巡抚佛伦疏言：累民之事，第一职役不均，凡绅衿贡监户下均免杂差，以致偏累小民。富豪之家田连阡陌，不应差徭，遂有奸猾百姓将田亩诡寄绅衿贡监户下，希图避役，应力为禁革。请限二月之内通令自首，尽行退出，嗣后凡绅衿等田地与民人一例当差，庶积弊一清，而小民免偏枯之累。得旨：绅衿等优免丁银，原有定例，其乡绅豪强诡寄滥免，以致赋役不均，积弊已久，该抚所奏直省应一体行。下其事九卿确议。寻议上，悉如所奏，一体通行。

又征签派河夫工银，令州县雇夫应役。河道总督王新命、山东巡抚佛伦合疏言：前以沿河州县签夫苦累，将额编工食银两征解，令河员募夫应役，但非地方官专司雇夫，恐致逃散，请令州县雇夫解交。下工部议，从之。

<u>臣等谨按：河工用夫繁多，势不能不取之民。征银招募，乃随时权宜之法也。河臣于成龙尝请豁免民夫，得旨：以河道工程浩繁，未允所请。河臣董安国上言：黄、运两河，险汛甚多，若将民夫豁免，专责河兵，必致贻误，止请酌减民夫一二千名。部议，从之。先是既设河兵，原为减省夫役。于成龙再为总河，又以岁夫苦累，亟请变通，言每派岁夫一名，约费银二十两，老幼充数，或到工即逃，计岁夫数将七千，请每名量征银五两，编入正供，征解河工，添设营兵三千余，酌量缓急，分班抢护。亦从之。大抵岁修夫役例出佥派改为征银，招募设兵，乃役法之变耳。法非可执，总期不累于民则善矣。</u>

三十二年，发民夫修盛京城垣。奉天将军绰克托疏言：修理盛京城垣，需用夫役，请在本处民内按丁取用。工部议覆。从之。

<u>臣等谨按：从来修筑大工，莫不起发民夫。本朝之例，取用民丁，给以工食，即召募之义，盖于公旬之中，隐寓优恤。考律载凡军民官司有所营造，不申明待报而擅起差人工者，计雇役之值罚之，若非法营造及非时起差人工者，罪亦如之。惟城垣、仓库、公廨有急修处，一时起差丁夫修理者不在此限。</u>

三十九年，令甲首催征钱粮。时行滚单法，如一邑每里之中，或五户或十户，止用一滚单，逐户开明田粮及应完分数限期，发给甲首，挨次滚催，令甲内之民照例自封投柜，以免里长、银匠、柜书称收作弊。

　　四十七年，申行保甲之法。先是，顺治元年，即议力行保甲，至是以有司奉行不力，言者请加申饬。部臣议奏：弭盗良法，无如保甲，宜仿古法而用以变通。一州一县，城关各若干户，四乡村落各若干户，户给印信纸牌一张，书写姓名、丁男口数于上，出则注明所往，入则稽其所来，面生可疑之人非盘诘的确不许容留。十户立一牌头，十牌立一甲头，十甲立一保长。若村庄人少户不及数，即就其少数编之，无事递相稽查，有事互相救应。保长、牌头不得借端鱼肉众户，客店立簿稽查，寺庙亦给纸牌，月底令保长出具无事甘结，报官备查，违者罪之。

皇朝文献通考卷二十三

职役考三

雍正元年，山东挑浚运河，免派河夫。巡抚黄炳奉谕旨：运道浅阻，旧例拨派民夫挑浅济运。朕思连年薄收，百姓困苦，未必堪此重役，将来流亡日多，民生日蹙，深为可悯。古人救荒之策，有大兴工作以济民食者，不若竟动正项钱粮①，雇募民夫，给以工食挑浚运河，则应募既多，散者复聚，民资工食，稍延残喘，民心鼓舞，工程易就，运道早通，于兴役之中即寓赈济之意，莫便于此。

又严禁各衙门书办缺主。凡经制书役，年满缺出，该管官在现充书识内签点更替。其弊也，老吏把持所管，止令新役出名任事，而操纵夤缘，仍属老吏，或索取租银，谓之缺主。虽律有明禁，无能斥革者。至是，都察院奉谕旨：各衙门募设书办，不过令其缮写文书，收储档案，为日既久，熟于作弊，已经考满，复改姓换名，窜入别部，奸弊丛生。更有一等缺主名色，掌握一司之事，盘踞其中，交通贿赂，上下朋奸。书办尚有更换，缺主总无改移，子孙世业遂成积蠹。自后书办五年考满，各部院堂司官查明，勒令回籍听选，如有逗留不归者，饬令五城司坊官稽查遣逐。其缺主倚恃势力，抗违潜匿者，即参究押解回籍。各部一年一次，保结具奏。倘仍有潜居京师者，出结之大臣官员一并治罪。寻有奏言：浙江藩司衙门有通供一缺，父子兄弟相传，钱粮尽归掌握。又学院则有掌案，盐差则有长接，把持一切，与缺主无异，请永远禁革。乃下部通行直省，一并严革。其大小衙门胥役，俱令五年为满，改业归农；如年满不退，更名复入者俱照例治罪。

---

① 正项钱粮，中国封建社会中一般指田赋和丁税。清朝实行摊丁入地后，二者合称地丁银。

又禁止州县官藉钦差公费名色私派里民、禁止虚冒河夫之弊。沿河州县，各有额设河夫，凡浚浅、筑堤、巡防、补葺、修抢、拥护皆资其力。管夫河官，间有侵蚀河夫工食者，仅设夫头数人，其余则临时雇募乡民充之，不谙工程，往往致误。世宗宪皇帝夙闻其弊，谕工部行令总督巡抚，严饬河道不时稽查，禁绝虚冒，违者罪之。

二年，令州县岁举老农，给予顶戴。先是，元年，恩诏农民有勤于耕种务本力作者，令地方官不时加奖，以示鼓励。是岁，又奉谕旨劝课农事，于每乡中择一二老农之勤劳作苦者，优其奖赏。又谕：朕惟四民以士为首，农次之，工商其下也。汉有力田孝悌之科，而市井子孙不得仕宦，重农抑末之意，庶为近古。士子读书砥行，学成用世，国家荣之以爵禄。而农民勤劳作苦，手胼足胝以供租赋，养父母，育妻子，其敦庞淳朴之行，岂唯工贾不逮，亦非不肖士人之所能及。虽荣宠非其所慕，而奖赏要当有加，其令州县有司择老农之勤劳俭朴、身无过举者，岁举一人，给以八品顶戴①荣身，以示鼓励。

四年，以四川开垦田地、民苗不知开垦之法，部臣议令：于在川居住湖广、江西之民，选择老农，给其衣食，令其开垦，俾民苗学习，俟有成效，题给顶戴，送归原籍。

七年，广西布政使张元怀言：老农一岁一举品秩，似属易邀，请嗣后三年一举行。从之。又定拣选民壮之制，各省州县例设民壮五十名，每不足额数，余亦仅供杂役。刑部尚书励廷仪奏：请团练民壮。令各州县拣选民间壮丁，务足额数，实给工食，分派学习，鸟枪手二十名，弓箭手二十名，长枪手十名，选其尤壮者各一人点充头役，不时操练，务使技艺娴熟，皆堪应用，奉行不力者罪之。至六年，因山东济宁州盗伤官弁，议给各官防护之人。部臣言：州县额设民壮，又有捕役皂快人等，防护未尝无人，因州县官视为具文，不加操练，卒然有事，即畏避潜藏。请于各州县壮丁内挑选壮健能军器者二十人用为长随，以资防护；两司官给与五十名，道府四十名，同知通判二十五名，即于州县壮丁内选送；州县佐贰官酌给四五名，即在本州县拣选，每名岁给工食银六两，不扣荒缺。寻以编修吴应棻言：州县民壮多寡不一，因各官派拨为随身健丁，以致冲繁②之

---

① 顶戴，清朝各品级官员所戴、装饰物质地不同的官帽。
② 冲繁，地处要冲，事务繁多。

地不敷差遣，请将冲繁州县之民壮停其派拨。下部议，从之。其后复经裁减，存设不一，皆为经制①。先是，江南抚臣尝言：州县捕盗，设有捕快一役，不载经制全书，并无工食，充此役者率皆市井无赖，承缉盗贼，每多纵盗扳良②之弊，请一概革除。其缉拿之责，宜任民壮，以专责成。寻议：各州县马快仅有八名，实属不敷，请以民壮合为一役，名曰壮快，一体操练，分班巡缉。从之。

<u>臣等谨按：捕快一项，其役颇贱，其责实重，盖良善之民所不能为者。盗贼踪迹诡秘，性情凶悍，州县专役捕缉乃可擒获。其捕盗有限，轻则加以扑责，重则质其妻子，能获要盗，赏亦随之。大抵捕役不可废，令民壮协助之为宜耳。</u>

又禁革各衙门挂名吏役。直省大小衙门吏役，向有挂名一项。臣僚条奏有陈其弊者，略言：文职大小各衙门，除正身吏役、贴写、帮差人等外，皆挂名吏役，其数甚多，其名在官，实不当差，不过指称名色，躲避差徭，且有不肖之徒借端生事，欺压良民。况前次挂名假冒食粮兵丁之类，尽行革除，彼游惰已久，岂甘奉令守法，必将谋入衙门，又复为挂名之吏胥、差役亦未可知。请将此挂名吏役概行革除。部议允行。又条奏内有言：直省督抚、司道衙门俱有经制吏役，康熙十三年间，督抚有添设储将、旗令、传宣、材官等名目，司道亦加增一倍，虽经禁革，白役不无明除暗附之弊。府厅州县等衙门或一吏而二人分顶，或一差而数人共当，背地营私，小民受害。更有吏员一项，五年期满，考给职衔，乃竟有从未服役一日，贿赂捏名，倒提年月，遂假衣顶出入公门，武断乡曲。请严加裁汰，违者治罪。亦下部议准，通饬行之。

又禁各省门差之弊。各省文武衙门各有额设夫役例，不得滥派。时条奏内有以门差为言者，略谓北五省文武衙门，每晚各派更夫三四十名不等。又茶夫、灯夫、伙夫，一月一轮，或十数名，或八九名不等。凡各官出入需用扛夫，多至百余名，皆挨户轮当，城市乡村无一得免，曰门差。查文职衙门有民壮、门子，武职衙门有巡兵、伴当、扛夫。文有各班差

---

① 经制，治国的重要制度。
② 纵盗扳良，放纵盗匪、攀扯良民。

役，武有步兵，原资差遣，何以复累民间，枵腹应差，周而复始，稍有迟误，即受刑责，积弊宜禁。下部议，如所奏，通行禁止。

又定社仓法①，设正副社长以司仓事。先是，既立社仓，令本乡之人管理，日久弊生，官民多受其累。至是奉特旨申饬②，因定社仓之法，令地方官开诚劝谕，不得苛派以滋烦扰。所捐之数，立册登明，不拘升斗，积少成多。每社设正副社长，择立品端方、家道殷实者二人为之，果能出纳有法，乡里推服，按年给赏。十年无过，令督抚题请，给以八品顶戴。徇纵者即行革惩，侵蚀者按律治罪。其贷给每年收息二斗，俟息已二倍于本，止收息一斗。社长预于四月上旬申报给贷，定期支散；十月上旬申报受纳，临放时，愿借者先报社长，州县计口给发；缴纳时，社长先行示期，依限完纳。其册籍之登记，每社设用印官簿二本，一社长收执，一州县存查。登载数目毋得互异。其存官一本，夏则五月申缴，至秋领出；冬则十月申缴，至春领出，毋许迟延，以滋弊窦。每事毕，州县、社长将本数申报上司，如有地方官抑勒③挪借、强卖侵蚀者，许社长呈告上司参处。寻以督抚陈奏，屡加申饬，令按乡分社，公举仓正、仓副经管；又令于社长正副之外，再公举一身家殷实者总司其事，令其不时稽查，如有欺隐，责令赔偿。果能使仓储充牣，准给恩典，以示激劝。其所需一切纸张、笔墨、人工、饭食，或行劝输，或拨罚项以充其用，不许滥行科敛，致滋扰累。

又严禁河南河工派累里民。河南河工买草办运及抢工夫役，州县俱派里民，奉谕严饬督抚诸大吏，禁革其弊。

又禁革江西里长、催头。江西巡抚裴率度奉谕旨：地丁钱粮，百姓自行投纳，此定例也。闻江西省用里民催收，每里十甲轮递值年，名曰里长、催头。小民充者有经催之责，既不免奸胥之需索，而经年奔走，旷农失业，扰民实甚，须即查明，通行裁革。若虑裁革里长，输纳不前，亦当另设催征之法④，或止令十甲轮催，花户各自完纳，庶为近便，务须斟酌尽善，无滋民累，以广惠爱元元之意。

---

① 社仓法，关于社仓的法令。南宋朱熹首创此法。社仓由村社筹建，设在祠堂庙宇，丰年劝募粮食，荒歉时出贷，春贷秋收，利率不高。
② 申饬，斥责、告诫。
③ 抑勒，强制；那借，挪用。
④ 催征，催收赋税。

又禁止直省大小衙门各项科派累民之弊。直省衙门派累里下，固习已久，时臣僚条奏有言其弊者，略言：各省大小衙门，遇有公事需用物件，无不出自民间。在洁己爱民者，给发官价采买，仍不累及小民。而贪鄙之员，则恣行科派，凡一应工料、食物、器皿等项，有一项设立一项。总甲支值官府，名为当官所有需用之物票。着总甲从各铺刻期即缴，因而总甲串通奸胥蠹役①，以当官为名，从中渔利，或借端多派，运回私室，或指官吓诈，婪财入已，即发官价亦必低潮折扣，十不偿五。奉法小民，唯有隐忍。更有甚者，百工、技艺、佣工人等，多系贫苦之家，缺一日之工，即少一日之食，而官府罔恤民艰，凡工作匠役亦必设立总甲，派定当官，某月则某人当某衙门，以次轮转伺候，督工则呵斥鞭笞，工食则迟延短少，因而总甲、胥役设立贴差名色，其有不愿赴官者，勒令出银帮贴。官符一出，差役纷驰，鱼肉小民，莫此为甚。请敕谕各省督抚严行禁止。奉谕旨：大学士议奏。寻议上，如所条奏。将设立总甲、出票官买、派工伺候，严行禁止，务照时价工价给予铺户、工役，违者指名参提，从重治罪。又内阁学士巴锡奏言：整饬州县，先宜革除陋规，如派催里长有茶果之名，编审有酬劳之例，迎春乡饮均有谢礼，应严行禁革。部议，从之。九年，奉天府尹杨超曾疏言：奉天各属，从前一切公务皆取给里下，总计一岁之科派多如正额之钱粮，如遇奏销编审大计，自府尹以至知县衙门均有陋规，名为造册之费。科岁考试，自府丞以至知县衙门，亦有陋规，名为考试之费。至大小官员到任，陋规多端，俱行摊派。更或衙蠹里书，从中指一派十，侵收包揽。臣已严饬各属，勒碑②永禁。并令嗣后彻底澄清，不许私毫派累。得旨将所奏宣示于外，令奉天官吏人等永远遵行。

四年，严饬力行保甲。定保正、甲长、牌头赏罚及选立族正之例。自康熙四十七年整饬保甲之后，奉行既久，往往有名无实。是岁，奉谕旨：弭盗之法，莫良于保甲，乃地方官惮其烦难，视为故套，奉行不实，稽查不严；又有藉称村落畸零，难编排甲；至各边省更藉称土苗杂处，不便比照内地者。此甚不然。村庄虽小，即数家亦可编为一甲；熟苗、熟獞，即可编入齐民。苟有实心，自有实效。嗣后督抚及州县以上各官，不实力奉行者，作何严加处分？保正、甲长及同甲之人能据实举首者，作何奖赏？

---

① 奸胥蠹役，奸诈、贪渎的胥吏。
② 勒碑，将有关文字刻在石碑上。

隐匿者作何分别治罪？九卿详议具奏。寻议：已行之法照例饬行，地方各官不实力奉行处以降调。如村落畸零户不及数者，即就其少数编之，至熟苗、熟獐已经向化，令地方官一体编排保甲，如保正、甲长、牌头果能实力查访、据实举首者，照捕役获盗过半之例，酌量奖赏。如瞻徇隐匿者，即酌量惩警。如有堡子村庄聚族满百人以上，保甲不能遍查者，拣选族中人品刚方、素为阖族敬惮之人立为族正，如有匪类报官究治，徇情隐匿者与保甲一体治罪。

又令江西、浙江、福建棚民、广东寮户照保甲之法一体编查。先是，申严保甲，已议苗、獐一体编排，其苗中保甲谓之合桩。除隔省及生苗地方，或村寨相远者不必合桩外，村寨附近之处皆令合桩，互相防守。寻议：江西、浙江、福建三省各山县内，向有民人搭棚居住，以种麻、种箐、开炉煽铁、造纸、做菰等项为业，其间土著甚多，亦有邻省失业之人流寓，令各该督抚将现在各县棚民，照保甲之例，每年照户编查，责成地主并保甲长出具保结，州县官据册稽查，倘住居星散，不论棚数多寡自为一甲，互相稽查。内有棚民已置产业并认粮承纳入籍者，俱编入土著，一体当差。至一邑中有四五百户及至一千户以上者，即于棚居乡壮中拣选保甲长承充巡查，如棚民内有窝匪奸盗等事，地主并保甲长不行首告，连坐治罪。能首获者照例优赏。又议：广东省山多田少，穷民入山搭寮，取香木椿粉、砍柴烧炭，自食其力，令各州县将山内各厂照保甲之法一例编查，每寮给牌一张，令通寮之人互相保结；再于一寮之内，择老成谨慎有妻室之人点为寮长，寮户悉听钤束，倘有窝藏奸宄等弊，寮长互结之人报官究治，容隐不报，发觉连坐，寮长照总甲例治罪①。

六年，定州县额设仵作名数并赏给之例。仵作一役，载在经制全书，人命重情，赖以相验，虚实所关甚重，充此役者皆预先学习讲究，久之始能无误。直省州县或有或无。雍正三年，刑部条奏，令各省督抚饬查，额设名数。又仵作止有治罪之条，并无奖赏之例，无以示鼓励，嗣后有三年无弊者，并议赏给。寻据各督抚前后咨覆，刑部汇奏：大州县额设三名，中州县二名，小州县一名，仍各再募一二名令其跟随学习，预备顶补。各给洗冤录一本，选委明白刑书一名，为之逐细讲解，务使晓畅熟习，当场无误。将各州县皂隶裁去数名，以其工食分别拨给，资其养赡。

---

① 寮长有罪，按惩办总甲犯罪的相关法令处理。

三年果无情弊，免其本身谣役。若有暗昧难明之案，果能检验得法、洗雪沈冤者，另给赏银，以示鼓励。有弊者照例治罪。奉旨依议：仵作三年无弊，事繁之州县赏银十两，稍简者赏银六两，最简者赏银四两，永着为例。至乾隆五年，奉谕旨：州县设立仵作，因系命案所关，故从前定例甚详，并曾蒙世宗宪皇帝谕旨，将仵作三年无弊者，赏给银两，以示鼓励。凡以慎重民命至为周悉。乃近年以来，闻外省并不实力奉行照额募补，唯藉邻封调取应用，以致命案迟延，拖累相验，未能明确，此固州县之怠忽，亦该管上司不能留心查察之故。着各该督抚严饬查明未设之州县，即行勒限募补，悉遵定例办理。嗣后若各州县仍然忽视，督抚不行查参，应如何分别定以处分之处，交部定议具奏。寻议：州县官仍然忽视者，降二级调用；府道以上官罚俸有差。

又禁止擅用驿夫。奉谕旨：各省驿站夫役，原以备公事之用，国家岁费帑金，本欲使州县无赔累之苦，民间无差派之扰，官民并受其福也。但闻各省来往人员有不应用驿夫而擅自动用者，该管之人或畏其威势而不敢不应，或迫于情面而不得不应，积习相沿，骤难禁止，地方夫役并受扰累。嗣后倘有违例妄索者，照例治罪。

又禁止四川跳甲插花之弊。户部等衙门议覆：奉差四川之给事中等条奏事宜，内一条言：从前川省差谣繁重，保甲人役或按月支应，或按里分派，数乡之人夹杂一处，名为跳甲插花，其弊无穷。今杂办差谣，悉蒙除免，岂可任其仍沿旧习，应行禁止，以息扰累。从之。

七年，禁止乡绅奴仆充当书役。侍讲学士俞兆晟奏言：乡绅奴仆不宜令充书役。下部议。奏言：各大小衙门书役，定例俱止许农民承充，但积习相沿，多有乡绅家仆夤缘充当，此辈皆粗通书算，熟习规矩，又能先意承旨，曲意趋逢，使本官受其蒙蔽，以致诸事朋比作奸，上下扶同，种种为害，甚为可恶，应如所请。令该督抚详查革除，永为定例。

八年，以各省大员不能约束书吏、胥役，特谕训饬。谕旨：朕闻有数省督抚、藩臬不能约束书吏者，其胥役人等狐假虎威，无恶不作，而督抚衙门为尤甚，其名有内外班之分：内班总管案件，外班传递信息。朋比作奸，种种吓诈。饱其贪壑，则改重为轻；拂其所欲，则批驳不已。至于承舍、旗牌等名，皆自号为差官，该督抚给票差遣，亦用差官字样，而通省吏民遂莫不以差官目之。平日踞坐班房，包揽词状，每于府州县官谒见督抚之便，私行嘱托，滥准枉断，及差往他处则肩舆逾分，马挂胸缨，俨然官长，沿途拜会有司，需索夫马馈送。此辈狡猾性成，或以小忠小信趋奉本官，得其欢心。间或委其访察属员事迹，则假公济私，作威作福，其害更不可言矣。从来胥吏之为患有关吏治，在精明廉察之督抚，自能觉照而防范之，而庸懦之督抚为所欺而不知受其累而不悟者正不少也。又如藩司①掌通省之钱粮，臬司②掌通省之刑名，不得不仗熟练之书吏为之办理，而其中百弊丛生，舞文弄法之处不可悉数。朕素知此辈之情状，已经定例，严申禁约，今再行训饬是在督抚、藩臬等约束于平时，访察于临事，不因熟悉条例而轻听其言，不因善承使令而误堕其术，秉公驾驭，用意防闲，一有见闻，即加惩治，不存姑息之见，不留回护之心。如此，则若辈虽欲舞弊而不能，虽欲玩法而不敢矣。

又加增四川、云、贵等地方民夫脚价。时以乌蒙用兵，役民转饷，给与脚价，间有不敷。奉谕旨：乌蒙逆蛮不法，云、贵、四川现在用兵征剿。闻川省之永宁、建昌地方，山路崎岖，所用军粮皆须民人背负方能运送，非若坦途之可以车马驮载也。旧例每粮一石，运送百里，给与脚价一钱，而民夫一名，止能背负米粮三斗，百里之程，须行二日，是百姓一日之所得无几，未足供其日用之资。着该抚即行确查，凡川省有山路险峻之处，运送军粮须用人力，与永宁、建昌相类者，着将脚价速议加增，一面奏闻，一面即行给发。其他云、贵等省若有似此之处，亦着该督抚确查增添，仍一面奏闻，该地方有司务当实力禁止侵冒等弊，使力役之民实沾恩泽。

九年，令江南苏州踹坊设立坊总、甲长。南北商贩青蓝布匹俱于苏郡染造，踹坊多至四百余处，踹匠不下万有余人。时浙江总督李卫节制江南，因陈地方营制事宜，言：此等踹匠，多系单身乌合，防范宜严。请照保甲之法，设立甲长，与原设坊总互相稽查。部议，从之。

又令甘肃回民通编保甲③，选掌教人以资稽查。巡抚许容奏言：甘肃回民居住之处，应令地方官编为保甲，除设立牌头、甲长、保正外，选其中殷实老成者充为掌教，如人户多者再选一人为副，不时稽查所管回民，

---

① 藩司，清朝，各省在巡抚之下，设承宣布政使，习惯称为藩司，负责一省的民政、财税事务。

② 臬司，清朝在巡抚之下设提刑按察使司，习惯称臬司，负责一省的司法。

③ 保甲，清朝初年创行的编制居民的制度，若干家为一甲，若干甲为一保，全保居民互保连坐。官府通过保甲催督赋税、维持治安。

一年之内并无匪盗等事者，酌给花红，以示鼓励。下部议，从之。

十二年，裁减直省民壮额数。先是，河东总督田文镜奏言：州县额设民壮，内拨给司道、府厅、佐贰衙门，不过随从，并无差使。各官公所俱在州县境内，可资捍御，无俟分派各衙门。再各州县所设民壮，亦不必皆用五十名之多，除省城首府所属大县仍给五十名外，其别府属极冲之州县酌存四十名，次冲三十五名，简僻三十名亦已敷用。请将司道、府厅、佐杂等衙门民壮尽行裁汰，仍归里甲编管。唯是民壮有修饰器械、制办火药等费，每名给银六两，实属不敷，请即以裁汰，所余工食每名增给二两，以作器具之资，专心学习。责令营员训练拔入营伍，俾有进身之阶。经大学士议覆。奉谕旨：大学士等称直省不可一概而论，所奏亦是。若各省中有可以照河东举行者，着该督抚酌量具奏。至是，大学士等再议，各按所奏裁其冗设，存其应用。又以裁减所余工食酌养余丁。下部通行为例。

皇朝文献通考卷二十四

职役考四

乾隆元年，设立河南沁河长夫，免民夫修筑堤工，并革各处摊派①之累。先是，雍正十三年，皇上御极，特颁谕旨：凡各河防、堤岸、闸坝等工程，向于民田按亩派捐者，概予革除。如山东挑挖运河，派帮民夫工食，江南岁修海塘、挑挖运河，四川岁修堤堰，直隶运河挑浅，亦皆按亩派帮，合计需银十万余两，悉令动用正项钱粮，不得仍旧苛派。至是，复奉谕旨：河南武陟县木栾店沁河堤工，关系居民庐舍，每年定为民夫修筑，以防水患，里民按亩摊钱计二千四百余缗，颇为地方之累。若设立长夫三十名，岁支工食银三百六十两，即可省民间二千余金。着河南总督照此办理。又孟县地方小金堤，亦系民修民筑，每岁摊派银钱，令改为官修，支销正项。又浙江绍兴府属沿江沿海堤岸工程，向系附近里民按照田亩派费修筑，亦令停止摊派，动支正项②。又江南仪征县江口三汊河，向例三年大浚一次，捞浅一次，需银一万余两，俱系商民三七分派捐输，经管里甲③，不无苛索滋扰，亦令永行停止，统于运库动支。

  臣等谨按：小金堤以下三条，与沁河相类，皆宽恤民力之事，故以类载于此。

  又令永定河工民夫物料实发价值。奉谕旨：直隶永定河，每夏秋间时

---

  ① 摊派，按一定比例，强制一定范围内的人或单位承担人力、钱财负担。
  ② 动支正项，动用主体税收款项。
  ③ 里甲，明朝建立的社会基层组织制度，每110户为一里，推10户为里长，其余每10户为一甲。里甲负责催督赋役。清初沿用此制，后被保甲制取代。

有冲决，修筑堤岸，夫役、物料不能不取办于民间，胥吏朋比作奸，其人工、物料价值，肆意中饱，毫无忌惮，且将物料令民运送工所，往返动经百里或数十里不等，脚价俱系自备，种种扰累，吾民其何以堪！嗣后河工诸臣，皆宜严行稽查，凡民夫、物料应给价值，务照实数给发，不得听任胥吏丝毫扣克，以至贻累百姓。如有仍蹈前辙者，必从重处分。

又禁革直省大小衙门吏役之弊。州县书役之有贴写各项，衙役之有帮役，虽有明禁，不能尽革不肖之徒蒙官作弊，实里甲之害，即役法之蠹。上特降谕旨：朕惟州县为亲民之吏，自宜廉平不扰，懋著循声，乃讼狱、催科之际，官民情意易致暌隔，百姓潜受苦累而无由自诉者，则以书役之害为甚剧。州县官不知所以振刷而剔除之也。朕闻直省州县衙门经承之外必有贴写，正役之外每多白役，聚此数十辈无赖之徒，假托公务，横肆贪饕，其为小民扰累何可胜言！故有狱讼尚未审结而耗财于若辈之手，两造已经坐困者矣。额粮尚未收纳而浮费①于催征、中饱于蠹胥已什去二三矣。其余勾缉命盗因缘舞弊、遇事生风、株连无辜、贿纵要犯，大底贴写、白役之为害居多，各省督抚务宜严饬各该州县，将所有吏役按籍钩考，其有私行冒充者悉行裁革。设正额书役，实不敷用，不妨于贴写、帮役中择其淳谨者酌量存留，亦必严加约束，毋得非时差扰。至于经承正役，务须时刻稽查，倘有坏法扰民之事，立即按律重惩，庶使若辈知所顾忌不得肆其伎俩，倘或明知故纵，姑息养奸，又或喜其巧于趋承，受其蒙蔽，此则不爱百姓而爱吏役，即属戕害吾民之甚者也。为民父母，其忍出此乎！且胥吏之为害不止州县衙门已也，凡征解钱粮，上司书吏辄向州县书役索取费用，因而县吏假借司费纸张名色派索花户。又如征解漕粮，粮道衙门书吏需索县吏规礼，因而县吏遂勾结本县家人盘踞仓廒，于正额外多收耗米，稍不遂意，百般留难，远乡小民以得收为幸，守候为艰，不得不饱其贪壑。又闻司院衙门凡州县申详事件每先发各房书吏，拟批送签，书吏从此作奸射利、迟速行驳之间得以上下其手。盖衙蠹之为扰，自上及下，正不自州县始也。是在为督抚者，整肃纪纲，立阖省之表率，而监司守令各奉厥职，互相纠正，则弊绝风清，民安衽席，朕惠养元元之意得以周洽闾阎矣！嗣是御史周人骥复切言其弊，略云：州县衙门舞弊莫如书吏，然官若严明，尚知畏法。此外额设衙役如斗级、禁卒、民壮、捕役、

---

① 浮费，不必要的费用。

门子各管一事，且名数无多，尚易稽查约束，唯快手、皂隶二项人役定额原止数名，州县向俱于额外收用，现在多至二三百名不等。其中原系安分民人投充衙门，以图体面避差徭者固有之，大半皆土棍游民，呼朋引类，州县习而不察，来者不拒，尽以公门为巢穴，且常用应役盘踞把持，瞒官作弊，如赌博、流娼、私贩私销诸奉禁之事，唯衙役勾串瓜分，包揽护庇，小民乃公然违禁，官即清查，先令躲避，稽查愈严，愈得借端勒索，是上而阻挠功令之弊也。凡有差票①到手，视为奇货可居，登门肆横，索酒饭，讲差钱，稍不遂意百般恐吓，乡民畏事莫敢声言，是下而剥削小民之弊也。吏治之不肃，民生之不厚，率由于此快手皂隶，旧止数名固属太少，而约略冲僻地方，量增名数，可以敷用。请敕下直省督抚，酌定成额，分别去留，其余各役悉照皂快例行，违者查参。至督抚、司道等衙门承差各役，盈千累百，多系挂名，倚势欺压平民，挟制官长，所在多有，亦应一体定额。事下王、大臣、九卿会议，如所请行。

严禁江浙地方当官役使工匠之累。直省地方，工匠人等各以其业为生，遇各衙门有事工作，皆给工食。私役之弊，律有明禁，沿袭既久，仍有差派应官者。是岁，奉谕旨：闻江浙地方一应百工技艺奉官役使，名为当官，久经严禁，而地方官并不遵照功令，更兼吏胥从中舞弊，凡有工作，不论公私，总以当官为名，短发工食，并有竟不给发者，如匠役不能亲身应差，则暗中敛钱相助为贴费，官则徇私，吏则中饱，种种弊规，累民实甚。夫百工勤手足之力，一日所得，仰事俯畜，仅足资给，何堪私役滋扰。督抚应严行禁止。除公事照例给发工食、不得短扣外，总不许以当官名色扰累斯民，倘不肖有司阳奉阴违，或经访闻，或经题参，朕必将大小官员分别处分。

又裁减陕西暂役屯丁。陕西总督查郎阿奏言：从前公务浩繁，应役需人，故于州县屯丁内暂留二千名以为看守城楼、仓库及满汉各衙门应用，每名受旱地一顷，将额征粮银作为应役口食。今差务暂减，请裁一千名归农，其存留应役者，每名酌添盘费银二两，于公项内支给。从之。

二年，令甘肃屯田地方设立屯长、总甲、渠长。甘肃所属柳林湖等屯田之处，地方辽阔，屯户众多，督抚奏言其地止有通判等官数员管理，耳目难周，请酌留熟谙屯务之生监、农民，并设立屯长、总甲、渠长分理。

---

① 差票，旧时官府发给差役，令其传人听讯的凭证。

下部议，从之。

又革除里甲、地保看守城门之役。先是，御史杨嗣璟疏言：直省州县城门，应用门军，或派里甲，或派地保，穷民苦累，请一概革除。下部议行。凡城门现有兵丁看守者如故，其向派里甲、地保及雇觅应役者皆除之，于额设民壮内派拨二名，轮流看守；其未设城垣之仓库、监狱，亦令民壮看守，不得派及里甲、地保。永远为例。嗣于二十六七年，江苏按察使苏尔德、河南布政使辅德屡以门禁言，部议：令存城兵少之州县协拨民壮，共相看守，一体稽查。

四年，严禁各省工作扣克侵蚀之弊。奉谕旨：国家兴修工作，雇募人夫，原欲使小民实受价值，以为赡养身家之计。至于荒歉之年，于赈济之外修举工程，俾穷民赴工力作，不致流移，更非平时可比，其安全抚恤之心亦良苦矣。凡为督抚大吏及地方有司，自当承宣德意，敬谨奉行，使闾阎均沾实惠，方不愧父母斯民之称。朕闻各省营缮、修筑之类，弊端甚多，难以悉数。或胥吏侵渔，或土棍包揽，或昏庸之吏限于不知，或不肖之员从中染指①，且有夫头扣克②之弊，处处皆然。即如挑浚河道民夫，例得银八分者，则公然扣除二分。应作一丈者，则暗中增加二尺。或分就工程用夫一千名者，实在止八九百人，以国家惠养百姓之金钱，饱贪官污吏、奸棍豪强之欲壑。其情甚属可恶，是不可听其积弊相沿，而不加意厘剔者！嗣后凡有兴作之举，着该督抚转饬该管官员实力稽查，务使工价全给民夫，无丝毫扣克侵蚀之弊。倘该管官员稽查不力，督抚即行严参。如徇庇属员，或失于觉察，朕必于督抚是问。

又准：湖南各属添设民壮、斗级③。署湖南巡抚张璨以各属捕役、民壮、斗级、铺司等役有未经设立者，请行添设。下户部议。部臣言：捕役向无经制之例，不准添设；铺司一项不无虚糜，应令确查，到日再议；其民壮、斗级应准添设。从之。

<u>臣等谨按</u>：捕役之名，不载《赋役全书》，不编征工食④，故部

---

① 染指，指人参与分润不当得的利益，或者参与某事。
② 扣克，截留；私行扣减。
③ 民壮、斗级，民壮，明清时临时征集的民间壮丁，一般用于维护官署和民间安全；斗级，在官库、场坊参与管理或干杂务的人，分为斗子、节级两种。
④ 工食，工薪报酬。

议云无经制之例，前于雍正四年兵部议覆，江抚张楷请革捕快一条与此正同。然考《会典》律文所载，如雍正元年，议准州县捕役能尽心访缉、经年无事者有赏，不肖捕役诬指良民为盗者，发边卫充军。又雍正三年，律例馆①奏：准旧律应捕弓兵俱改为捕役、汛兵，是捕役实有其名也。又载州县捕役募定名数，遇有盗贼，责令缉获。又载各省州县务于本衙门额设工食内，每捕役一名，将他役工食量为并给，使其养赡充裕。若拿获盗首者，令州县官从优给赏；如不获，将承缉捕役家口监禁勒比，岂非应捕之役即为捕役律文所载，名实照然矣。

五年，禁胥役兼充牙行。互见市籴考。

奉谕旨：民间懋迁有无，官立牙行以平物价，便商贾，其顶冒把持者俱有严禁。近闻外省衙门胥役多有更名捏姓兼充牙行者。此辈倚势作奸，垄断取利，必致鱼肉商民。被害之人又因其衙门情熟，莫敢申诉。其为市廛之蠹，尤非寻常顶冒把持者可比，所当急为查禁。嗣后胥役人等冒充牙行，作何定例严禁及失察处分，交该部议奏。寻议：令地方官查革，追帖，永行严禁。地方官失察，分别降罚。载入则例。

八年，禁止衿监认充牙行②。奉谕旨：定例投认牙行，必系殷实良民，取有结状，始准给帖充应③。盖殷实则有产业可抵，良民则无护符可恃，庶几顾惜身家，凛遵法纪，不敢任意侵吞，为商人之害。乃闻各省牙行，多有以衿监认充者，每至侵蚀客本，拖欠货银，或恃情面而曲为迟延，或藉声势而逞其揑勒，以致羁旅远商含忍莫诉，甚属可悯。从前外省衙门胥役，有更名换姓兼充牙行者，已经降旨敕部定议，严行禁革，积弊始除；而衿监充认，其弊与胥役等，应将现在牙行逐一详查，如有衿监充认者，即行追帖④，令其歇业，永着为例。

又令山陕边外种地人民设立牌头、总甲。部臣议奏：山西、陕西、蒙古地方，种地人民甚多，其间奸良难以分析，应设立牌头、总甲，令其稽

---

① 律例馆，清代官署，掌修撰法令，审定条式，颁行全国，并负责定期将法令汇编成册，原为独立机构，后入刑部。
② 牙行，中国古代，经官府批准资格，在买卖双方介绍生意、评定商品质量和价格的中间商。
③ 充应，充役应差。
④ 追帖，追回原来发放的资格证书。

查，即于种地人民内择其诚实者，每堡设牌头四名，总甲一名，如种地民人内有拖欠地租并犯偷窃等事，及来历不明之人，即报明治罪。如通同徇隐，将该牌头等一并治罪。

十年，定各省城垣工程，一千两以下者酌用民力修筑。工部议覆：川陕总督庆复奏请，西省各属城垣，分别缓急，动帑兴修。其工程在一千两以内者，节令州县合力捐修，司道共襄其事。奉谕旨：朕思大小各官所领养廉，原以资其用度，未必有余可以帮修工作。倘名为帮修，而实派之百姓，其弊更大。转不若名正言顺，以民力襄事之为公也。此议不准行。自古有力役之征，庶人有赴功之义，况城垣为地方保障，正所以卫民而使之安堵，即如人所居者庐舍耳，而必环以墙垣，为藩篱之计，其事甚明，其理易晓，且官民原为一体，上下所以相维。今则漫无联属，恐日久相忘，卒有用民之事，必且呼应不灵，臣工为此奏者颇多，亦不无所见。朕再四思维，凡有修建重大功程，小民力不能办者，国家自不惜帑金①，为之经理②。至于些小工程补葺培护，使之不致残缺倾圯，则小民农隙之所能为，而有司之所当善为董率者也。

十一年，奉谕旨：以城垣多有残缺，令各督抚督率有司留心整饬。寻以巡抚硕色奏请一千两以下者，令各州县分年修补土方，小工酌用民力，其余于公项③下支修。奉旨：令各督抚仿照办理，善为经纪，勿致累民。又总督鄂弥达奏言：若按田起夫，诚恐占田之户必派之佃田之家，不若暂借税银生息备用。奉旨：此奏甚属错误。城垣为国家保障，其责专在地方官员，所以酌用民力者，上下相维之意，并非令其按田起夫，竟成赋额之外多一力役之征也。恐各省督抚亦错会朕旨，或致办理未善，致有累民之处，特颁此旨，晓谕各督抚知之。

二十二年，更定江西丰城修堤力役之法。江西抚臣胡宝瑔疏言：江省堤工唯丰城最关紧要，自唐宋始建堤埽，迄今绵亘一百二十里，非仅为低下田庐保障，实为阖邑捍蔽。全省中权除石堤系动帑官修外，所有民修土堤，向来俱按照通县图甲，额设里夫，每甲出夫十名，十年一周，行之已久。迨后黠者避役，贫者误工，因于乾隆四年间改为折征法，虽少变，役仍未均。盖图甲有盛衰，而丁数不一，均令出夫十名，漫无区别，且论甲

---

① 帑金，公库中的资金。
② 经理，经营、治理。
③ 公项，清代称地方政府经费为公项。

不论田，则有田富户多值空间，无田贫民难免派累，又有圩长、经胥包揽侵肥，工鲜实际，冲决屡见。至乾隆十九年，抚臣查明情形，大兴修筑，乃通起阖邑十年之夫，并力合作，复仿照按田均堤之法，将无田之户概行除免，且将高乡有田之户亦行免役，唯近圩低乡令将修成之堤，均分承管培护。但高乡居十之七，低乡居十之三，除免户多，归并户少，事巨力微，日久必致贻误，是以阖邑均愿公修，屡经呈请恳照新例，除去无田之户，其余仍循旧例，阖邑^①均摊，并请夫从粮征，听官按堤拨分，募夫修筑，复加询访，均无异议。查从前按甲出夫^②之制，既经革除，则误工之弊已去，今俾按田均堤，贫民得免派累，而业户共愿输将，且夫从粮征，并杜侵冒，更属妥协，奉谕旨，如所议行。

又厘直省保长、保甲。奉谕旨：州县编查保甲，本比闾什伍遗法^③，有司自当实力奉行，乃日久生玩，类以市井无赖之徒承充保长、保甲，虽课最内有力行保甲之条，不过具文从事。着各督抚就该地情形详悉议奏。嗣经各督抚上奏，户部汇议，略言：保甲之设，所以弭盗安民。今各省奏到情形，其中如慎选保甲一条，议令该地士民公举诚实识字及有身家之人承充保正、甲长，不得以市井无赖滥厕^④，其一切户婚、田土、催粮、拘犯等事，另设地方一名承值。至支更、看栅等役，民间以次轮充，唯绅衿及衰废幼丁量免，俱应准行。至所请减设牌头、免点甲长二条，查十户立一牌头，十牌立一甲长，原使分任责成，若经减免，则保正耳目难周，稽查恐有不密。又添设约正、约副，设立保甲房书吏二条，未免滋扰。又十户轮充甲长一条，仍恐无赖之徒滥厕，俱应议驳。从之。

二十七年，禁止生监充当杂役。先是，八年，奉旨不许衿监认充牙行，永着为例。至是，浙江学政李因培复言其弊。礼部议覆，略言：士子身列胶庠，一切公私杂役不得仍与名顶充，例禁已久。今浙省士子窜身经商、里役者不一：一曰庄书管田粮底册、推收过户等事；一曰圩长、圩长、塘长管水田圩岸、修葺堵御等事，此专系浙省名色。各省如此类者皆乡民公推老成明白之人经理其事，生监自不应搀越管理，请一概禁止。一

---

① 阖邑，整个乡邑。
② 按甲出夫，以甲为单位抽调服役民夫。
③ 比闾什伍，按一定形式将居民组织起来。《周礼·地官·大司徒》："令五家为比，使之相保，五比为闾，使之相受。"《管子·立政》："十家为什，五家为伍，什伍皆有长焉。"
④ 滥厕，指随意进取高位。

曰埠头，一曰牙行，此二项江浙等处多有，祖父相传世业。应令另报无顶戴之人领帖充当，生监不得滥充。至社长一役，专司社仓出纳，应以殷实农民承充，乃生监中之贫无聊赖者谋充此役，唯以侵蚀为务。州县官强令殷实生监为之，又每视为畏途，殊失立法本意，应遵例务令农民充当，不得滥报生监。嗣于三十年安徽布政使程焘言：社长、社副与牙行、埠头、庄书、圩长不同，伏查庄书管造民间推收田产、完欠钱粮数目，圩长管圩埝堤埂坍卸修筑之事，牙行代客买卖货物，埠头代人雇船雇夫，此等贱役诚足溃裂坊检。至社长、社副职司积储，止当论其家道殷实、人品端谨与否，不当论其是否生监也。且生员岁科应试，原不宜他务相仿。至乡民捐监①，不过支持门户，顶戴荣身，应考之人百不得一；而社仓设在四乡村落，远近不齐，必与仓谷附近之人庶可就近经理。今一乡中殷实之户除经营贸易而外，其务农置产者不过数家，又于此数家中开除生监，既限于地，复限于人，办理实多掣肘②。嗣后，应将不应试之生员及乡民捐纳贡监不应试者，仍照旧例选充社长、社副。下部议行。

二十八年，令：民间捐修之城工，如有坍卸，不必责其经理修补。奉谕旨：托庸奏"亳州、怀宁二城现在修竣，将来如续有坍卸，即照今次捐修之例，听民自为经理修补"等语。城垣所以卫民，如遇应修之时，士民中有急公任事出资承修者，原有议叙之例，以示鼓励。至现在工竣之处，自在工员与地方官为之保固，使竟定为民修，不唯在事之员得以借口，且恐不肖官吏因缘苛派，所关非浅，设于现修城垣时，附近居民私窃砖料，自宜严为禁约，犯者治以应得之罪可耳，何得竟定为闾阎认修之例，以滋弊累。其通谕各督抚知之。

二十九年，裁直隶垡船、㲉夫。先是，乾隆二年，总河顾琮以东西两淀为西南众水之汇，拥泥挟沙，日渐就淤，奏准设垡船二百只，㲉夫六百名。九年，尚书刘于义等以永定各道属应用㲉夫者甚多，奏准添设垡船二百只，㲉夫六百名。嗣因垡船内有牛舌头船八十只，窄小不能适用，复请裁汰，并裁㲉夫八十名。至是，总督方观承奏言：垡船用在捞泥，然水深五尺以下即难着力，而船泥载重行滞，且运泥淀外尝数里、数十里之遥，一日之中捞运无多，遇有工作，调拨不敷，仍须另雇民船、民夫，而垡船

---

① 捐监，明清两代，生员乃至普通民众通过捐资而取得监生资格。
② 掣肘，牵制留难，意即干扰他人做事。

修造，油舱添补器具，祗夫岁给工食，效少费多，应将堡船三百二十只全行裁汰；其祗夫一千八十名本属水乡民夫，悉令散归渔业。嗣后河淀工程如有需用船夫之处，应令临时价雇，照例报销；其原设之管船千总、外委等酌量裁拨。下部议行。

又严军籍捏冒民籍之禁。漕运总督杨锡绂言：军民户籍不同，既隶军籍，即应听签办运。乃各卫所宦家富户，或将本有屯田转售于人而专置民产，或应试、报捐俱冒民籍进身，或将族谱老军之名预行移改，或将卫所旧存案卷曾断为军者潜行抽减。历年既久，不复报签，即经同运军丁上报，而纷纷辩诉，州县等官或碍情面，或办理粗疏，断为是民非军，卫所官弁莫可如何。伏查漕运各丁，除应得随运屯田外，造船则有官价，在家则有月粮①，在途则有行粮②，兼有漕赠③、漕截等银④，资其办运。况宦家富户即使承认一丁，原可令族中子侄或知事家人代办，不必己身亲行。今有力者以计免佥，而所佥皆无力之疲丁，殊未平允，应请嗣后凡隶军籍之宦家富户径行佥报⑤，如有捏控、狡辩者治以应得之罪。得旨允行。

三十年，严河工买料、运料、交料之法。河南黄河工料，向由沿河三十二州县采买。至是，巡抚阿思哈言：民间办料多由地方官派买，在料多之户犹能自运抵工，至小户出料无多，离工路远，雇装盘搅，业旷费繁，遂有包办之人名曰料头，讲定价费，折乾何啻数倍，虽经屡禁，而民间谓与自已运交究为省便，甘心折亏，若辈愈行无忌。请于秋成料平之时，委佐杂干员，领项采办，运交工所，以十六两准秤秤收，不得藉上司铺垫、灯烛、薪米名色致有浮收⑥。下部议行。

三十一年，定盛京木场丁办、商办之制。盛京有砍木山场，曰大那录、曰东昌沟、曰莺窝背、曰梨树沟、曰小夹河、曰那尔吼、曰锅铁峪、曰大石湖、曰英额河砬子，向由台丁领票砍科，以资生计。乾隆八年，将军阿兰泰以搭桥商人拖项无完，请将各场酌拨商办，以清欠项。二十四年，将军清葆请将各场拨还台丁，如台丁不愿承领，募商砍伐科税。二十

---

① 月粮，古代按月支给兵丁的口粮。
② 行粮，旅途期间的口粮。
③ 漕赠，清朝漕运，原由民户向运军交兑，运军收粮时多有勒索。后由地方政府向运军交兑，酌给运军一定的费用，江苏、安徽称此为漕赠。
④ 漕截，浙江称漕赠为漕截。
⑤ 佥报，审查后上报。
⑥ 浮收，在定额之外多收。

七年，因莺窝背台丁承办贻误，募商另充颇见成效，至是台丁复以为请。工部尚书托恩多请定章程，经大学士等议，以丁办现有误公之案，而商人多费资本，开就山场承办尚无贻误，若因台丁觊觎遽尔拨还，设将来或需募商，必致裹足不前，请将商办之大那录等三场仍归商办，如无商办，即令六边衙门将殷实台丁保送承领；丁办之梨树沟等六场仍归丁办，如无丁办，即行募商。从之。

又裁扬州卫二帮抵拨漕船。扬州卫二帮轮减漕船二十四只，向以备大造轮运及抵补本卫三帮缺船之用。乾隆十年，漕臣顾琮以江淮兴武等帮有疲船二十四只，无丁可佥，题请裁汰，即以此项轮减之船抵拨。至是，总漕杨锡绂言：抵拨额船，其月银月米较少于江兴二帮，而每年例赴松江府属兑运，致多拮据，请将此船裁汰，其所有应运粮米分洒江兴二帮，照给应得银米，计每船加装四十余石，而扬州二帮疲丁可免远拨之苦。下部议行。

三十二年，谕：据高晋、定长等奏《勘湖北黄梅等县董家口以上、界连江西德化境内一带江堤溃缺之处，应行修筑，估需银一万七千九百余两，请借动公项，照例交民自修，分年征收还款》一折，该处地滨江湖，所有堤工自应及时修补，以资保障，但念黄梅等县频年偏被水灾，间阎不无竭蹶。况借项鸠工，按年摊扣，民力终多拮据，而一切派委重事，仍令绅衿承办，势必仍蹈黎明五等故辙，于事更无裨益。所有此项堤工，着加恩即动用公项，交地方官实力妥办，毋庸借帑扣还，俾贫民得以赴工糊口，是以捍卫田庐之中，推广以工代赈之①法，实属一举两得。该部即遵谕行。

三十三年，谕：前因进剿缅匪，官兵所过各省一切例支正项外，所有夫马运送，不无或需民力，且据河南、湖广等省查奏，具有各州县公同协济之事，间阎急公踊跃，固属可嘉，而朕之本意则不肯使一毫一粟有累于民也。即传谕各该督抚，令将各属实需民力若干奏闻，候朕加恩。今据贵州巡抚良卿奏称"民间所用夫马银数，多寡参差，无从核数开呈"等语，不独办理模棱，且于饬属安民之本意大相剌谬。地方偶遇办差供顿，悉支官帑，其正款不能赅备之处，即些微有资民力，亦当官为检核，使出纳多

---

① 以工代赈，指政府在灾区兴办水利等工程，招灾民为工，给以适量钱物以度灾荒的一种赈济方式。

寡，一一按籍可稽，则官吏无由滋扰，而小民得以沾恩，其法实为尽善。若督抚大吏猥以此等款项悉由乡保人等自行措办，遂尔置之不问，上司首倡，下属效尤，民瘼将何所仰赖！在州县官洁己自爱者已难概见，下此如吏役等因无凭查核，藉端滋弊，且又何所不致耶！良卿由布政使署理巡抚，于此等事务岂得诿为不知，思以颟顸了事。鄂宝调任未久，曾经承办此事亦竟漫无稽核，着一并交部严加议处。贵州民苗急公效力之处，俟朕酌量加恩，先将此通谕知之。

又谕：昨岁大兵进剿缅匪，所有经过各省，储偫供亿，一切动支帑藏，丝毫不累闾阎。第沿途夫马运送不无稍资民力，叠经降旨，将滇省地丁及各土司应征银粮分别蠲免，复将湖北、湖南、贵州三省军行所过地方钱粮全行缓征，以示体恤。继思各省民人感戴国恩，深明急公大义，踊跃效力，自当格外加恩，用示奖励。因令该省督抚详悉确查，将各属军行所需除正项开销外，实在所资民力若干，核明具奏，候朕酌量施恩。嗣据陆续奏到，唯阿思哈称河南实数八万六千余两，而良卿则以贵州所有帮贴夫马银数多系乡保措办，地方官无从核算为词，意在颟顸了事，甚属非是，已经交部议处。后览方观承所奏，直属所有帮银亦数止有一万五千余两，恐亦事后约举民车一项而言，尚非实数，于朕优恤民隐屏除弊端之本意均未能实心体会。在民人等既殚心竭虑以佐军行，其悃忱深有足嘉，则推恩亦倍当优渥，然所在有司必先于办理之时悉心查核，使茅檐一丝一粟皆有数可稽，经理方为妥协，否则牧令①付之不知，胥役安得不因缘蠹蚀。督抚置之不问，州县又安保无恣意侵牟，将吏治奚以澄清，恩泽何由下究耶！着将直隶、河南、湖北、湖南、贵州等五省一例从优加赏，于藩库地粮银内每省给银十万两，交各该督抚酌量情形，视其款项数目，妥协分给，毋得草率模棱，致小民不得均沾实惠。

<u>臣等谨按：古者大兵大役，丁夫车马无不取给于民。唯我朝法制尽美尽善，虽寸丝粒粟不以累民，是以舆情踊跃，自愿效力，少罄微忱，非敢藉邀恩赉，乃荷蒙皇上撙节爱养之仁，特施恩于格外，且唯恐各省情形或有不能上达之处，责成大吏奏闻。</u>伏读圣谕精详，诚为

---

① 牧令，旧时对地方长官的称呼。古时，州的长官称"牧"，县的长官称"令"。清朝封地方官有时亦省称为牧令。

千古之旷典矣！

谕：前据方观承奏，宝直局淘洗余铜，请照京局之例变价赏给。因经户部以各省鼓铸工价原题给钱，并无以银给发之案议驳。今念保局开铸之初，原即与京局相同，且炉匠雇自京师，而当下钱价又为较贱，其但愿领银不愿领钱亦属情理所应有，着加恩将宝直局所有淘洗余铜，准照京局之例一体变价赏给炉匠，俾得宽裕办公，以示体恤。

臣等谨按：《会典》载，宝源局每铸钱万串，支给匠工物料钱二千二百串有奇。又奏准，嗣后每串折银一两，由户部按季于扣存兵饷银内颁发。又奏准仍令炉头领钱，照市价易银给发，匠人是给银、给钱，原可通融办理。部议以各省鼓铸向无给银之例执守成规，今变价赏给出自睿裁①，所以体恤之者，周矣。

谕：进剿缅匪，一切解运粮石军装，并需内地夫马接递护送，所有应支脚价，若仍照定例给发，不足以示鼓舞，着加恩将解运粮石不论夫马，每日每石给银三分。其抬运军装人夫，准照黔省之例，每日每夫给银八分。该督等其务饬所属悉心经理，俾小民均沾实惠，用昭体恤。

又兵部奏：各省驿站应付夫马，酌量裁减；其在任病故官员，例应驰驿归葬者，及时请领火牌，如迟延过限，概不准给，以裨邮政②。疏入，从之。

又禁各省学政不许滥用夫马。先是，鄂宝奏，梅立本按试各属，较前任学政通计多用夫七百名。谕令各该督一体查奏。嗣奉谕：昨以钱度议学政事，有意宽备夫船，沽名钓誉，已降旨改补云南布政使，以观后效。夫各省学政，厚给养廉，原以供其任所用度，按临时行李仆从之费，本应自备，即敕印文卷等项，应用夫马亦属无多。如同日富尼汉奏到：山东学政，每次用马不过四五匹，夫不过十名，其幕友家人书役，历系学政发价自雇车骡，并无动用驿站夫马之例。虽坦途山径，各省情形不同，而官

---

① 睿裁，睿智的裁定（专指皇帝的裁定）。
② 邮政，旧指传递信件之事务。我国在清以前，以驿递送达官府文书，私人书信则通过民间传递。清光绪时，始仿效西法筹办邮政，兼营官私信件；但最初是委托海关总税务司兼理，直到宣统三年才独立经营。

用、私用之分，其理则一。山东既系自雇车骡，广西独不可自雇夫船乎？钱度虽经降用，尚不足以示儆，着交部议处。朱丕烈乃乘巡抚会商，任意多开数目，冀省养廉，着交部严加议处。

  <u>臣等谨按：驿站夫役，原以预备公事之需，故学差有敕印文卷等项，准其动用，而为数无多，地方自无扰累。如山东学政自雇车骡，并无动用驿站夫马，斯为恪遵功令。兹复恭奉圣训，不特各省学臣无敢滥用夫役，凡有钦差例准给夫者，亦咸知遵守焉。</u>

  三十四年，谕：前据御史纪复亨奏《贵州苗民佥派官差》一折内，称苗民承值差使，任劳倍于民力，而地方官委之胥役发价，则扣克分肥，遇事则鞭笞肆虐，劳逸不均，咿呀莫诉，欺陵不恤，往往而有，请严加查察等语。当经降旨，该抚加意体察，毋使不法官吏苛累苗民。旋据该抚覆奏①，以苗民受值乐从，并无劳勩之怨，朕尚未之信也。今经略大学士傅恒将沿途见闻入奏，据称苗民等每遇差使，争先恐后，较内地民人尤为小心恭顺，并于道旁唤问，无不欢忻鼓舞，皆以应雇给值视耕种所得较优，役使一项，实所盼望贪求之事，此皆得之傅恒目击口询，较该抚之言尤为可信。前此该御史入告果何所据？傅恒折并发。

  <u>臣等谨按：《会典》载苗疆地方一例，编排保甲以便稽查。又载如有塘汛兵丁及各衙门差役经由苗寨，擅动苗夫，科敛索诈，该管官员故纵者，罪之。是平日体恤苗民至详且悉，一遇差使，受值乐从，自无不争先恐后，较之内地民人尤为小心恭顺。盖圣化之所抚绥者远矣。</u>

  又谕：据富明安奏，兵部覆准范宜宾条奏"东省运河煞坝期内裁减水夫工食"一案，"查该省水夫，向系长养在驿，每日仅得工食银二分七厘，若裁去四月工食，每日仅得银一分八厘零，穷民口食不敷，势必散逸，偶有要差，临时雇觅，倍多靡费，且煞坝实在日期，每年不过两月余，而铜铅守冻船只均需拨役看守，非因煞坝而虚费钱粮，请照旧存留"

---

  ① 覆奏，就皇帝已有敕令的内容再次上奏，陈述意见。

等语，所奏是。东省水夫工食难于裁减，该抚既将实在情形入告，自无庸琐屑裁扣，使民口食拮据，转致贻误公事，所有德州等十四处水驿人夫工食，毋庸扣减之处，着照该抚所请行。

<u>臣等谨案：《会典》载，东省运河额设浅溜桥闸等夫，除岁给役食银外，每岁又给器具银八钱。盖用民之力，务令口食充裕，法至善也。今水夫之工食复奉旨毋庸裁减，所以优恤之者至矣。</u>

又谕：办差备用车辆，从前原系顺天府之事，后因经理不善，改为内务府庄头承应。又经内务府奏请，改归顺天府雇觅，以省庄头专办之劳。且伊等既隶居顺天府，各州县所拴车辆即与民车无异，遇有差务，自应一体受雇。若云庄头之车地方不当过问，则庄头等且将暗中取利，代隐民车，包揽、影射①诸弊无所不至，几于境内无可雇之车矣。设顺天府袒护民人，专雇庄头之车，则咎在顺天府，一经发觉，自必重治其罪。今阅折内所叙，内务府咨称，原奏只言民车，则庄头车辆不应一体受雇，可知之语显系内务府官员曲庇庄头，巧为开脱，现交内务府大臣查明办理。嗣后遇有官用车辆，着顺天府于民间雇用十分之七，于庄头雇用十分之三，俾免偏枯而协平允。

三十五年，谕：前据窦光鼐奏《民人佃种旗地之户，请一体拨夫扑蝗蝻》一折，因其所奏近理，即批交部照所请行。并谕地方偶遇扑蝗，不独旗田与民田通力合作，即大粮庄头亦应一体派拨。其直隶向来作何办理，着杨廷璋查明具奏。及派往扑蝗之侍卫索诺木策凌等回京，询其实在情形，据称"所到之处，不独旗佃出夫办公，即王公所属旗人，亦悉力协扑"等语。旋据该督奏覆，自方观承任内设立护田夫一项，不拘旗民，均令出夫，现仍照旧办理，因节次令窦光鼐明白回奏。今窦光鼐到京回奏，则以前此所设护田夫未经奏明，不能一体遵照为词，其说支离更甚，试问总督旧定章程通行阖省，顺属官民岂能独不遵条教，府尹亦岂得诿为不知。近京旗民交涉事件，在国家初定鼎时，或有旗人强占民田，及将各项差派专委居民承办者。今阅百数十年，屡经整饬，政纪肃清，无论旗庄各户，不敢不安分守法，即王公大臣亦不敢怙势庇佃，国家法在必行，又

---

① 影射，借此说彼，暗指某人以某事说事。

岂肯听其纵越理法，少为曲徇乎！将此通谕知之。

<u>臣等谨按：《会典》所载，州县官捕蝗不力者治罪，由府道上至督抚，俱严加处分。盖以蝗蝻最易蔓延，务在及时扑灭，而所需人力自不应有旗民之分。此护田夫之设，不拘旗民均令出，夫法至善也。</u>钦奉圣谕，煌煌洵大公至正，为万世所当法守矣。

三十七年，工部议：署东河道总督姚立德奏，东省各处泉源有资运道，应一概修砌石池。准将泰安等州县雇夫挑河每一日给银六分之数酌减一分，以为砌石工费。疏入，从之。

谕：川省现在办理军务，一切馈送转输，俱系内地雇用民夫前往执役，所有西路站夫运粮章程尚属妥协，其南路日给银米虽已宽裕，第此一路食物较昂，伊等负戴远行，仅堪果腹，不免衣履无资，情殊可悯。从前进剿金川时，曾允该督所奏，于回空无分本日次日，均给口粮，今伊等正当踊跃赴公之时，自应优为赡给，以示体恤，所有南路站夫，着加恩照前例给与回空口粮，打箭炉以内每日折给银五分，打箭炉以外每日折给银八分，俾伊等口食并得宽裕，挽运自倍加出力。并着文绶严饬粮运官员悉心核实，妥协经理，务令均沾实惠。

又谕：前因川省南路军营食物价值少昂，站夫负戴远行，仅堪果腹，情属可悯，曾降旨加恩，照从前进剿金川给予回空口粮，以示体恤。今西路官兵渐逼贼巢，站夫运送军粮其口食亦未免稍艰，着加恩照前南路例，无论本日次日，分别口内口外折给回空口粮。俾伊等口食宽裕，自更踊跃赴公，着文绶严饬粮运官员悉心确核妥办，务令均沾实惠。

三十九年，谕：新疆工程，均系派拨兵丁砍伐木植，筑打土房，支给该处兵丁，耕种所收米、面、青稞等项，较之采买物料、雇觅匠夫本属减省，今乌鲁木齐新建满兵城房工程，统较内地应用银数有减无浮，又何必复照内地之例核算所有用过银两！即着照数准销，毋庸再行交部查核。嗣后新疆等处工程，派拨兵丁砍伐木植修建者，俱不必照依内地定例核销。

四十年，谕：据郝硕奏，据雪山根站员具报，"崇庆州两次拨往北路换班站夫共四百余名，到站后俱陆续逃散，现止存夫八十余名，由该州原拨时并未认真取保押差所致，除禀知文绶查办外，请将逃夫沿途所支口粮，着落崇庆州赔补，并请将该州交部议处"等语，所办甚是。着交文绥查明崇庆州知州现系何人，即行据实参奏，交部严加议处。并查明逃夫沿途所支口粮，着落该州照数赔补，以示惩儆。

四十一年，谕：前据阿思哈等奏，山东夏津县地方，有常州帮王益周粮船被盗之事，旋据杨景素奏，拿获首伙盗犯段老等九名，讯出俱系沿途短纤纠伙行劫。现今审明，按律定拟，分别斩枭矣。沿河短纤，多系无业穷民，群聚觅食，昼则随帮受雇，夜则乘机为匪，其中最易藏奸，而漕艘经行上下，遇有顶风浅水添雇帮纤人夫，亦属必不可少，莫若令沿河州县酌量安设纤夫，并选派夫头照管以供受雇，其各帮雇觅纤夫，并令押运千总督率旗丁点查稽核，按站交替，不许携带过站，亦不许中途私雇，庶各有责成，不致滋事。其应如何酌定章程之处，着直隶、山东、江南、江西、浙江、湖广各督抚会同漕运总督确商妥议具奏。嗣经军机大臣奏，据江南、山东、直隶等省各该督抚按照地方情形，奏请添备短纤，分段设夫，并设立夫头管束，均给腰牌，编列字号，以杜奸匪；亦有不设短纤，只设夫头，临时责成雇觅，其沿河文武员弁选派兵役稽查巡逻，则匪类自不能混迹，而漕运更得迅速。并着为令。

四十四年，谕：据銮仪卫奏，《民人充当校尉之荣志礼等呈控顺义县差役人等派令贴补老人差使，索诈钱文各情节》一折，于吏治甚有关系。本朝丁归粮办，民间一切差徭久经停免，即遇紧要工程如河工、城工之类，亦俱官给雇值，不令丝毫累民，何至顺义县复有派当老人差使，贴补钱文之事，不可不彻底查办。至如州县民人充当校尉，或系国初相沿明末陋习，未及更定章程，致令滥竽。现在包衣、闲散乐食钱粮之人尚多，尽可令其挑补校尉，充当差使，兼资养赡，何必令各州县挑送銮仪卫，假手胥吏辗转滋弊乎！此案着派军机大臣会同英廉、程景伊并顺天府详加审讯，务得其实情，秉公定拟具奏。如有干涉该县事件，应行质讯之处，即行文杨景素，令将该县管押来京会同审讯亦无不可。至该县因何设有老人名目，及民人充当校尉，作何停止挑补，改用包衣闲散之处，着一并查明，详悉定议具奏。嗣据銮仪卫奏，民人充当校尉。又谕此项民尉，除应行酌留外，其籍隶大、宛两县者，遇有缺出，銮仪卫大臣及顺天府送补甚便，不致滋弊，且使辇毂之人不失世业，可仍照旧例行其籍隶外州者陆续出缺改补。

四十六年，谕：兵部议覆萨载等奏《抽拨南河桩埽兵丁移设河东以供要工力作各缘由》一折，已依议行矣。各省武职名粮①，现在交各督抚查明，俟奏齐交部另行核办，议给养廉。其所扣兵饷，俱当挑补实额②，归伍当差。但河南为腹里近省，今所有之原额似足敷差防，而南北两岸河堤道路绵远，着多增汛兵防守，于河务甚有裨益。所有豫省名粮改归实额兵丁③，或尽行增入河营，或拨十分之七八以资不足，于防护河工实为有益。至山东河道关系亦属紧要，其名粮改归实额，应在绿营添设若干，河营添设若干。兹阿桂现在仪封工次，着国泰前往河南，共同商酌，悉心核议具奏。嗣据大学士、公阿桂等奏，查江南总河所属二十一河营，额设河兵一万零五百余名；河东总河所属怀河、豫河、黄运三河营，额设河兵止一千七百名，多寡悬殊，是以前河东总河李奉翰奏请于江南各河营内抽拨二百名，移设河东工作，并请先拨桩埽兵三十名，酌给盘费，即令赴豫，其余一百七十名陆续抽拨充补。续经部议，以现在奉旨核办武职名粮，挑补实额，河标各营亦在查办之内，所有桩埽兵丁三十名，应如该督等所议拨往，其余一百七十名毋庸抽拨，即令河东河臣自行招募等因，奉旨允行在案。查河东总河所属各河营扣存养廉名粮改补河兵，现有一百四十七名，而河南二十一河营将弁名粮则有六百五十四名，就现在江南河兵额数，尚可抽减数百名，若又增添六百余名，既无工作，又不差操，实属虚糜廪饷。请将河东总河所属河营名粮一百四十七名中，左右标营空出名粮三百一十八名，南河各河营扣存养廉名粮六百五十四名，除添设都司二员、协办守备二员、千把总各二员扣留名粮九十八分以备改给俸薪养廉外，其余九百八十七分一并添入豫东两岸各汛实额河兵，合之原设河兵之数，共可得二千一百七十四名。至山东运河有额设闸浅等夫虽止设兵四百名，而补还名粮三十四名足资应用，毋庸再添。如此裒多益寡，实于防守大有裨益。下部议行。

  臣等谨按：河兵之设，原以防守堤工。顾工有大小，则额有多寡，必众寡适均斯为尽善。乃江南河兵多至万余名，而河东则仅有一千七百之数，以从前总河本止一员，三省河兵皆可调拨。迨分设总

---

① 名粮，名义上的士兵粮饷，俗称"吃空饷"。清朝，在乾隆四十六年之前，武职享有名粮是公开的，合法、半合法的。乾隆四十六年，以养廉银代替之。
② 挑补实额，挑选兵丁补足原来的空额，使兵饷与兵额的对应关系真实可靠。
③ 实额兵丁，实际存在的兵丁数目。

河，即就所管汛地改隶，则豫省额兵遂致不敷应用。兹蒙圣鉴，因核办名粮实额即为斟酌损益，以增河兵，既无虚縻之费，亦足防守之资，可仰见睿虑之周详矣。

四十七年，谕：据大理寺少卿刘天成奏称，"督抚两司以及道府公出请限定人役名数，督抚限以三十二人，两司限以二十二人，道府十六人"等语，督抚司道等因公出巡，所带仆从人役全在本官严行管束，时刻留心稽查，一切供应照例发价，自不致骚扰滋弊。设若刘天成所奏限以人役名数，如果本官不能钤束，即一、二人亦能作弊，况此数十人中岂能保其不滋事乎！空言无补，徒滋烦渎而已。

四十八年，谕：据李世杰奏《豫省堵筑青龙冈漫工及筑堤浚渠，历次酌增夫料价值银九百四十五万三千九百余两，请分作三十年摊征，以抒民力》一折，豫省自办理大工以来，历次部拨及动用司库千余万两，无非为百姓保护田庐、辑宁家室，所有采办物料，雇募人夫，俱于例价之外宽裕给值，俾小民踊跃赴事，以期迅速蒇工。其例价外酌增银两，自应分年均摊，代征还款。在百姓等遵限输将，亦属分内之事。但此次为数甚多，而上次漫工案内又尚有摊工未完银九十余万两，若按年带征，民力未免拮据。朕自御极以来，勤恤民依，覃敷恺泽①，普免天下地丁钱粮者三次，普免各省漕粮者二次，不惜万万帑金，俾闾阎并臻康阜②，又何靳此千余万库项而令小民每年于正赋外多此征输耶！况现在仰荷上天孚佑，大工告蒇，自应广泽推仁，与斯民咸庆盈宁之福，所有此次该抚等所请分年摊征银九百四十五万三千九百二十余两，以及上次摊征未完银九十四万五千余两，俱着加恩普行豁免，以仰答昊苍嘉贶，并示朕爱惠黎元、为民藏富至意。该抚其遍行晓谕，茅檐蔀屋，咸使闻知，俾均沾实惠，毋任不肖官吏从中滋弊。该部即遵谕速行。

又兵部议：令顺天府府尹转交大兴、宛平两县，严饬各铺司，以后轮流递送，不得专委一人。凡有一切公文到铺，逐一上号，除各府州县自相申送文移，向给回照可查者仍常递送外，其咨行在京各部院衙门公文，务须按日汇送，各州县另登号簿，将某日送某衙门公文几件，系某铺司承

---

① 覃敷恺泽，广布恩泽。
② 并臻康阜，一起达到富庶、安乐。

送,一一注明,即交该铺司送至各衙门,领取回照,旋取缴县核对销号,如无回照及送缴迟延,该县刻即严查办理,如此则逐日皆有稽查,无从延搁。仍令该县十日一次吊验各铺号簿,查对是否符合、有无遗漏,按月申送顺天府查核。其朝阳铺司接收东三省事件繁多,原设铺司与别路冲途均系五名,稍觉不敷,应交顺天府于事简原设四名之处抽拨一名,安设该铺,以资递送。着为令。

四十九年,谕:据李侍尧奏,"肃州、安西等处雇觅出口车辆,向例每百里以一两六钱核给,经海禄查奏止须给银一两,续经核奏,每百里止须给银六钱,应查明历任报销车价浮冒之州县①,一体核办;但此项车价原系照例给发,其咎在明知例价有余,不行据实呈出,尚与舞弊侵冒者有间,可否罚令加倍赔缴,勒限严追,暂免革职治罪"等语,所见甚是。雇用出口车辆,从前给价稍优,俾小民运费之外,略得盈余,以资糊口,相沿既久,已视为固然。海禄遽请减去银一两,并将历任经手各员一体革职治罪之处,所奏未免过当。前已据乌什办事大臣绰克托奏,哈喇沙尔以西戈壁颇多,车辆甚少,若照新定六钱之例实难雇觅,请仍照从前一两六钱银数支给;而塔尔巴哈台办事大臣惠龄亦复咨请到部,是新定车价减省过多,各该处势有难行,纷纷咨部,自系实在情形,理应通盘筹划,核实酌中定价,方可行之永久。着交李侍尧、绰克托、惠龄及各地驻扎大臣,各按该处实在情形,有无必需,仍旧发给车价之处,详筹妥议,据实具奏。至此项车价,其咎在始定例之人,其历任不过照例给发,并未从中侵蚀,其过在明知有余,不行据实呈出请减,较之捏灾冒赈、凭空舞弊者轻重略别,此项人员俱着免其革职治罪,并毋庸罚令加倍赔缴,即照减定之例按数追出②,已足示儆。该部知道。

又谕:阿桂、福康安奏"上届剿捕撒拉尔逆回案内,军需报销屯练降番兵丁所支盐菜白面,部覆准销。其老教土司兵丁,因在本省,经部议驳止,照绿营兵丁之例支给。此次该土兵复经调赴,口支口食等项,若照部议核给,实有不敷"等语,此等老教土兵经檄调随征,争先奋勉,自当从优支给,以示体恤。况该土兵等与屯练降番相仿,而屯练等月支独为优厚办理,殊未画一,所有此次檄调随征之老教土司兵丁应得分例,着加

---

① 浮冒,虚报冒领。
② 照减定之例按数追出,即不再加倍追缴多支的款项,按照减等治罪的成例,只追缴多支的款项。

恩照屯练降番之例，一体支给，其上届给过之项，经部议驳者，并着一律准予开销，用昭朕轸念土兵优加体恤之至意。

又谕：据保宁奏《川省屯土各兵如遇邻省檄调，请照绿营征兵之例酌给夫马》一折，所奏是，已于折内批示矣。川省屯练降番兵丁，因从前甘省苏四十三滋事，及本年剿灭石峰堡逆回，两次俱经檄调会剿，该兵丁等由松潘一带远赴军营，俱能踊跃抒诚，急公趋事，但因向来檄调系在口外地方，程站不远，一切背负骑驼自行备办，未经议给夫马。今既由邻省檄调该兵丁等，跋涉维艰，自应照绿营兵丁之例，一体给予夫马，以昭体恤。现在军务告蒇，该兵丁等俱整旅回川，嗣后若遇有邻省调派之事，着给予夫马，俾利遄行，以示优恤屯番之至意。

又谕：据福康安奏"山丹县有押车县役刘国臣被殴身死，讯据安西营兵马国栋等，有兵丁邓喜因索车价，拉去差役刘国臣之供，乃该参将路德沛，饰词屡禀，代兵狡辩，经节次严批，始将兵丁邓喜等交县讯办，请旨将路德沛革审"等语，各省驿站向来原有额设车辆，如遇差使紧要，不敷①应用，并准其开销雇办。此次安西营兵赴凉州驻守，系官为护送，既有车可乘，兵丁等又何由向县役索取车价，此必地方官办理不善，或车辆短少有折价情弊，以致兵丁得以藉词讹索，着福康安查明，据实具奏。至兵丁等遇有征调，自当安分遄行，如果车辆不敷，亦应禀明该管将领代为办理，何得额外多索，擅自殴毙差役。若似此行凶滋事，不严行惩治，其何以申军纪而肃戎行。着福康安审明后即将殴毙县役之兵丁一面正法，一面奏闻，以示惩儆。其参将路德沛既不能约束兵丁，致有殴毙差役之事，又不即时查出行凶之犯，送交地方官审讯，似此狡诈回护之劣员，其罪已不止于革职，路德沛如果审无别项情弊，亦当发往伊犁充当苦差，以为营员饰词捏禀者戒。

又谕：本年豫省睢州下汛二堡漫口，筑坝挑河工程紧急，前经何裕城奏请照青龙冈加价之例，于司库垫银发给，仍于里下分年摊征②还款。现在豫工奏报合龙，但念夫料加价为数自多，分年摊扣，民力究恐拮据，方今部帑充盈，朕为捍卫民生起见，从不靳惜帑金，俾闾阎共享盈宁之福。从前青龙冈加价银两既降旨宽免，此次漫工所用加价银两事同一例，亦着

---

① 不敷，不能满足。
② 摊征，摊派征收。

加恩一体免征。该抚出示晓谕，咸使闻知，以副朕惠爱黎元有加无已之至意。该部即遵谕行。

五十年，谕：外省兵役，缉捕要犯，往往有施放空枪恐吓者，夫兵役等如果藉端索诈，拘拿无辜致毙，自当重治其罪，如本系应捕重犯，而该犯不服拘执至于抗拒，即枪伤致毙，亦属罪由自取，其各县捕役民壮亦同此例。嗣后各督抚通饬所属将弁，州县晓谕兵役，毋得仍前施放空枪，以期共收实效。

又河南抚臣毕沅奏，查得距省城十余里，向有贾鲁、惠济两河会集泉流，下达安河，商旅攸赖。今久失浚疏，河身日就淤浅，应请及时开浚，于水旱年可资蓄泄，且现在河南开封等处旱荒，贫民转徙，佣工甚多，趁此鸠工，酌给口粮，以资力作，是此举不但于民食商贩有裨，而以工代赈，无业穷黎亦可藉资糊口，实为一举两得。疏入，得旨允行。

又直隶总督刘峨等奏称，漕运重船，每遇水浅，行走不能迅速，请备造剥船济运。但事属创始，一切招募船户应给驳价等项①，必须通盘筹划，使行有成效，得垂永久。经军机大臣议定覆奏，得旨允行。

一、附近州县收管船户。备造驳船一千二百只，每船召募诚实船工一名，其舵工、水手人等应听船户自行雇觅，各船空闲时仍发回各州县收管，无论商货盐斤，准其在附近地方揽载营生。

一、编定字号，查禁出境。此项驳船于船头船尾略加彩画，按子丑寅卯十二地支编列字号，每一字自一号起至一百号止，再用火烙印直隶官驳船字样，转饬临清州，如遇直省驳船抵关，即令其全数起卸，另行揽载北上，不得放其南下，致有偷漏出境之弊。

一、剥船分运酌定派拨。如南漕与铜船及奉天麦豆一齐抵津，同时须剥，即将驳船拨给一百号，发交天津县，听其分别剥运，其余一千一百号准其专驳漕粮，均无贻误。

一、按照水程酌给工食。向来民船驳运漕米，自杨村至通州，每百石俱给饭米一石二斗，制钱六千；剥运铜铅，每万斤给银六两九钱；剥运奉天麦豆，每百石给银四两八钱。今除驳运铜铅、麦豆仍循旧例外，其驳运漕粮，自杨村至通州仍给该船户饭米一石二斗，所有例给制钱六千文减半，发给船户三千文以为水手人等工食，其余三千文扣钱一千文存为岁修油舱之用，二千文给还旗丁，如遇水势充裕，视运船所至之处，按程递减剥价。

---

① 驳价，指招募驳船搬运货物的费用。

一、按照号次轮流剥运。先将子字号船一百只定期调集，次将丑字、寅字等号陆续调拨，照所编字号挨次轮驳。若有一船过期不到，即着地方官查拿责罚，以示惩儆。

一、钤束船户照管船只。令承管驳船之各州县严饬各船户小心照管，不得任意磕碰，除每年酌给修舱银两外，各有渗漏即令该船户自行粘补。倘遇风火事故，准于失事处报明地方官查明，免其赔补。其不小心之船户，即行责革，另募妥人认领。

其余条例，详漕运门，不备载。

皇朝文献通考卷二十五

职役考五

  臣等谨按：复除①法，有除其征役者，有除其租赋者，前史所载除役为多。马氏云：汉世以后不复闻有除租之事矣。宋代助役法②行，悉令等第输钱③，则除役之义亦鲜。考本朝役法归入地丁田粮，其间复除不一，而恩泽之普，未有如滋生人丁之永不加赋者。若并复田租，则祭田一款之外，亦间有之。至于蠲免租税，或详于田赋，或见于国用者，皆不复载。

  天聪四年，免诸宗室及内外亲属之家徭役。是岁七月，太宗文皇帝与诸贝勒议，太祖庶妃所生之子阿拜等，又弟之子吴达海等，族叔吴霸席库等，又戚属子孙柏尔肯等，又勒克舒子孙及颜布鲁等，俱免徭役。

  臣等谨按：国初归附诸国，有令世世子孙免其驿骑及诸徭役者，详于藩封，兹不备载。

  五年，免巴图鲁萨木哈图等一应差徭④。巴图鲁萨木哈图等皆于攻永平、遵化时先登有功，时以家贫无应役之人，具奏命自城工大役外⑤，一

---

① 复除，免除赋税和徭役。
② 助役法，宋朝王安石变法的内容之一。废除差役，改为募役，费用由民户均摊，原来不承担差役的寺院和女户也要出半数的役钱，称为"助役钱"，因此又称此法为助役法。
③ 输钱，即缴钱，指代役钱。
④ 巴图鲁萨木哈图，萨木哈图，原为后金的一名普通士兵，后以作战勇猛，被皇太极封为巴图鲁（勇士），世袭备御之职。
⑤ 城工大役，修筑城垣之类的，需要人工较多的大型徭役工程。

应差徭俱免之。

八年，定功臣无嗣免其丁徭之例。先是，游击祝邦成出征阵亡，因无兄弟子嗣，停其袭职，其妻控告，以寡妇求免数丁差徭。管吏部贝勒具奏，以其为功臣之妻，准免八丁；以后凡功臣已故而无兄弟子嗣承袭者，准照官职免其丁之半，其妻故后方令应差，着为令。

又初考取举人各免四丁。先是，三年九月，考试儒生，分别一、二、三等俱免二丁差徭。是岁，礼部考取通满洲、蒙古、汉书文义者为举人，免四丁差徭。九年，免功臣拜尹图等徭役。

崇德元年，定满汉官员及看守郊坛、陵庙人员各免丁徭，及举人、生员、官学生、吏员、甲兵优免丁徭有差。

又免各官壮丁徭役。先是，按班章京以下、拨什库以上俱照品级免其壮丁官粮，至修筑城池及杂差仍令应役。至是，以上受尊号覃恩自公，按班章京以下至小拨什库及一应在官人役并兵丁以上，俱照品级免其壮丁徭役。

又以归附生员刘奇遇兄弟为副理事官，各免三丁。先是，阵获官生皆给以庄田，免其徭役。是岁，佟三牛录下生员刘奇遇兄弟，以归附求免徭役，令大臣考试之，以为内院副理事官，各免三丁。

三年，定优免人丁例。凡无世职固山额真承政，准免十丁；梅勒章京、内大臣、参政免八丁；甲喇章京、一等侍卫、理事官免五丁；牛录章京、二等侍卫、副理事官免四丁；三等侍卫免三丁，多罗贝勒、三等侍卫免二丁。

顺治元年，敕赐山东曲阜等处圣贤后裔免粮地亩，并免洒埽户杂泛差役。山东巡抚方大猷奏：言前明旧制，赐孔氏祭田二千余顷，拨佃户承种，专办籽粒以供祭祀，请依旧制赐给。又洪武中，特置洒埽户一百一十五户，免其杂泛差役，亦请依旧制蠲免。皆从之。

> 臣等谨按：《会典》所载，衍圣公祭田二千一百五十七顷五十亩，圣林地一十八顷二十七亩，庙宅基三顷二十七亩五分，佃户五百户，洒埽户一百一十五户。颜氏后裔祭田五十顷，墓田三顷三十三亩一分，庙宅基九十二亩五分，佃户十户，门子四户，庙户①七户，洒

---

① 庙户，指耕种孔庙之土地，田租缴纳庙宇主管人员，并负责庙宇维修的民户。

扫户二十五户。又孔氏后裔祭田五十一顷六十亩，墓田十顷一十五亩七分，庙宅基三十九亩一分，庙户三十七户。孟氏后裔祭田五十一顷一十五亩，墓田七顷三十一亩四分，庙宅基一顷三十亩七分五厘，佃户三十二户，庙户二十五户，门子五户。仲氏后裔祭田六十五顷三十八亩，坟地九顷五十亩，庙宅基六十八亩，护丁四十六户，皆免其丁粮。

康熙二十四年，圣林地于原额外增扩一十一顷一十四亩九分，除免钱粮。又拨给周公后裔东野氏祭田五十顷，以曲阜附近州县无粮地给之。又考各省凡先代陵墓，皆设有陵户以司巡查、洒扫，例免差徭。乾隆元年，复特旨饬查增设。又各地方先贤祠宇，凡有祭田，例免丁粮，皆所以昭国家之旷典，着复除之渥泽也。迨沿袭既久，怀私忘公，恃优免之条，昧趋功之义，则与隐蔽差役者等。是以乾隆二十一年，衍圣公庇其户人与邹县知县大章相难，辄称例应免差，冒昧渎奏，奉谕旨：据衍圣公孔昭焕奏"至圣庙户在庙纳丁供差，一切本身徭役俱蒙恩优免，历来遇地方官额外派办、派买事件难以随心呼应，每事调剂殊属非易，请将现存户丁酌留五十户，其余户丁改归民籍，交地方官编审，与民籍一体当差"等语，我朝轻徭薄赋，凡属编氓本无公旬徭役，地方偶有兴作，亦皆动帑予直，初非额外差派，不知其所奏派办派买者何事，或东省尚有此陋习，则概当严行禁止，不独庙户为然。着署抚白钟山查明，据实具奏。旋据该抚覆奏并无派累之事。奉谕旨申饬，云朕亲祭曲阜，即衍圣公尚当躬自却扫，岂有转庇庙户，归咎有司之理！今据白钟山查明，有粮之家依托庙户影射居奇，及饬该县退还价买粮石等事。孔昭焕本应交部治罪，姑念其为圣人后裔，着加恩免其交议。又奉谕旨：白钟山查覆，孔昭焕所奏《邹县知县大章私毁遵例免差碑碣》一折，我朝百年以来从无公旬徭役，所有守夜、开沟、栽树、修堰等事，乃民间自为保护、相友相助之谊，如江西、湖广等省沿江堤堰，民间自为修防者甚多，何得谓之差徭？若并此而倚藉乐舞庙户名色，概不承应，是一乡之中只令无业贫民数户专任其劳，而依托附名之徒安坐而享其利，有是理乎？孔昭焕既袒护陈奏于前，仍复巧辞掩饰于后，朕虽欲曲宥而不能矣！孔昭焕着交部严加议处，以为居乡多事者戒。自是庙户等不得借端隐蔽地方差役，得以均平云。

又恩诏军民年七十以上者，许一丁侍养，免其杂泛差役。

臣等谨按：定例，凡恩诏中应及养老一款者，悉如顺治元年之例，后不复载。

又令京城迁徙之家分别免其赋役。凡明末遭寇迁徙之家，免赋役三年；房屋被毁者免一年。

又定京城行商、车户等役，永停签派。

又定各旗壮丁差徭、粮草、布匹，永停输纳。

二年，免征直省京班匠价。已见前卷。时因免山东章丘、济阳二县京班匠价，并令各省匠籍俱除为民。

又定优免丁粮之例，禁革冒滥。先是，保定巡抚王文奎言：各府州县明季旧习，优免太滥，致亏正额①，取盈摊派最为厉民②，宜严加禁革。至是，巡抚郝晋又疏请定优免画一之规。下户、礼二部议之。寻议，定品官及举贡生员、杂职吏典应免丁粮，其废官、黜弁、粟监、赀郎俱与民间一例当差，有冒滥优免者，令抚按劾治。从之。

四年，定编审人丁。凡年老、残疾并逃亡故绝者，悉行豁免。

五年，定直隶绅衿优免例。在京官员，一品免粮三十石，人丁三十丁；二品，免粮二十四石，人丁二十四丁；三品，免粮二十石，人丁二十丁；四品，免粮十六石，人丁十六丁；五品，免粮十四石，人丁十四丁；六品，免粮十二石，人丁十二丁；七品，免粮十石，人丁十丁；八品，免粮八石，人丁八丁；九品，免粮六石，人丁六丁。外任官员各减其半。教职、举贡监生员各免粮二石，人丁二丁。杂职吏承各免粮一石，人丁一丁。以礼致仕者免十分之七，闲住者免其半，犯赃革职者不准优免。如本户丁粮不及数者，止免实在之数。丁多粮少者，不许以丁准粮；丁少粮多者，不许以粮准丁。疏远族属不得滥免。十四年，部臣议：请自一品官至生员、吏承止免本身丁徭，其余丁粮仍征充饷。

九年，令直省州县置社学师，免其差徭。已见前卷。

十八年，以江南江都、如皋、海州三州县修理烽墩马路，各免差徭一年。

康熙元年，免盛京居民工役。奉天府尹徐继炜疏言：新投盛京居民，

---

① 优免太滥，致亏正额，税赋的优惠、减免过度，致使国家赋税收入不能足额。

② 取盈摊派，因为对缙绅阶层优免过度，为收足税额，就将短缺的税额向无优免权的税户摊派。

生计未遂，应暂免一切工役。下部议行。

四年，免湖广西山军前运饷人夫亡故者同居父子兄弟一年丁差。

三十九年，免河工、河夫杂差。河工挑河筑堤，例用雇夫。河臣疏言：河工雇夫，动至数千，寒暑风雨，极其劳苦，工成之日，应给印票，令该地方查验，免其杂项差役以酬其劳。从之。

五十二年，钦奉恩诏，嗣后增益人丁，永不加赋。是岁恭遇圣祖仁皇帝六十万寿，钦奉恩诏，嗣后编审增益人丁，止将实数奏闻，其征收办粮，但据五十年丁册定为常额，续生人丁，永不加赋。

五十四年，定社仓捐输分别免差之例。时议社仓劝输①，应加奖励。乃定例：富民能捐谷五石者，免本身一年杂泛差徭；有多捐一倍二倍者，按年递免。

雍正四年，详定绅衿优免之例。署四川巡抚罗殷泰疏言：川省州县多属以粮载丁，绅衿贡监等尽皆优免差徭，请将优免之名，永行禁革，与民一例当差。下户部议，言：川省以粮载丁之州县绅士，原无丁银，毋庸优免。奉谕旨：罗殷泰所奏，禁革绅士优免之处，固属太刻，部议亦属蒙混，着九卿详议具奏。寻议：绅衿只许优免本身一丁，其子孙族户冒滥及私立儒户、宦户包揽诡寄者，查出治罪。从之。

五年，令保甲内绅衿免充杂役及分别应免充役者。部臣议覆，条奏：凡绅衿之家，一体编次，听保甲长稽查，如不入编次者，照脱户律治罪。唯是保甲之法，有充保长、甲长之役，又有十家轮值支更看栅之役，绅衿既已身列仕籍，肄业胶庠，并齐民内衰老、废疾及寡妇之家子孙尚未成丁者，俱免充役。

又定各省藉田，择农夫二名看守，免其差役。

乾隆元年，申举贡生员免派杂差之例。奉谕旨：任土作贡，国有常经，无论士民，均应输纳。至于一切杂色差徭，则绅衿例应优免，乃各省奉行不善，竟有令生员充当总甲、图差之类者，殊非国家优恤士子之意。嗣后举贡生员等着概行免派杂差，俾得专心肄业。倘于本户之外别将族人借名滥免，仍将本生按律治罪。

二年，免云南军屯丁银。云贵总督尹继善疏言：滇省军丁一项，从前未经摊入地亩，除历年查出军地抵补外，尚有应征丁银一万二千二百余

---

① 社仓劝输，鼓励、劝勉民户向社仓缴纳粮食。

两，唯按老丁名字征收，或已无寸土而追比无休，或已绝后嗣而波及同伍，请议查免。奉谕旨：滇省军丁一项，从前既未曾摊入地亩，而现在完纳丁粮之人又系无田之户，着将应征军丁银两，自乾隆三年为始，概予豁免，俾无业屯民永释苦累。

三年，免云南丽江府夷丁丁银。先是，丽江新增夷丁三千三百余丁，业经编入正额。至是，奉谕旨：朕闻云南丽江府原属土府改设流官，比时清查田地户口，有土官庄奴、院奴等类，并无田粮，皆愿自纳丁银以比于齐民，共征丁银一百五十四两七钱零。迨滇省民丁改为随粮派纳①，而此项夷丁不得与有粮之户一例摊派，至今照旧征收。着该督抚查明，概予豁免，俾边地夷民永无催科之扰。部臣议，上：所增夷丁并免之。

十二年，免福建闽县先贤祠祭产地丁钱粮。奉谕旨：福建闽县地丁项内有先贤二十三祠祭产田粮一项，本朝初年优免，后于雍正五年，该地方官清查溢额钱粮之时，误将此项作为溢额，报解归公，现在追征充饷。朕思祠宇祭产，供俎豆牲牷之用，历来优免，以恤奉祠后裔，原属国家旷典。着该督抚查明豁免，永着为例。

十六年，免江南武进、阳湖二县开抵役田租银。奉谕旨：朕闻常州府属武进、阳湖二县开抵役田租银一项，原系前明时虚田领价②，后因本户逃亡，株连亲族，各将己产开抵，实非前明原置之田，亦非当日领价之户，小民条粮役租，力难并输，以致积年拖欠。朕省方③所至，民隐勤求，清跸既周，备深轸念。着将二县开抵役田，除应办条漕，仍照民田一例完纳外，其新旧租银概予豁免，以除民累。凡尔百姓尚其永承乐利，各相勉于孝弟力田，以仰副朕格外加恩之意焉。

三十七年，谕：李瀚奏请停编审造册，所见甚是。编审人丁旧例，原因生齿繁滋，恐有漏户、避差之弊，是以每届五年查编造册，以备考核。今丁银既皆摊入地粮，而滋生人户又钦遵康熙五十二年皇祖恩旨，永不加赋，则五年编审不过沿袭虚文，无裨实政。况各省民谷细数俱经督抚于年底专折奏报，更无藉五年一次之另行查办。嗣后编审之例，着永行停止。

三十八年，谕：据陈辉祖奏，请将该省民屯新垦丁银随年摊征。批交该部议奏。旋经户部覆准，并请行查各督抚就本省情形酌筹，妥议具奏。

---

① 随粮派纳，指将云南民丁的丁税改按田粮征派。
② 虚田领价，指并无确切土地，而承认按一定量土地的收入纳税。
③ 省方，巡视四方。

嗣据直隶等省先后入奏，大概请仍旧制者居多，则陈辉祖所奏及该部所议皆未得当。国家承平休养百有余年，间阎生齿日繁，岁有增益，向来编审人丁、按丁科则①，自康熙五十二年我皇祖特颁恩诏，永不加赋，即以是年丁粮之数作为定额。朕临御以来，无时不以爱养斯民为念，讵肯于丁粮区区毫末之赋，稍存计较乎！若以新垦民屯田亩复将丁银随年摊纳，是与小民较及锱铢，尤非惠下恤民之道。所有各省办理丁粮一事，无论已未覆奏，俱着悉仍其旧，毋庸另议更张。

---

① 科则，指赋税等级制度。

皇朝文献通考卷二十六

征榷考一

<u>臣等谨按</u>：马端临征榷考纪述榷政为目有六：曰征商，即关市之征也；曰盐铁，则管子正盐策之说所造端也；曰榷酤①，自汉时征之；曰榷茶，曰坑冶②，皆自唐时征之；曰杂征敛③，自山泽、津渡以及坊场、牙契因事并见，至宋代经总制钱，月桩、板帐并着，于是杂征云者不可以类举也。盖自《周易》有重门击柝之文，《周礼》司关掌国货之节，典其治禁，以便诇讥而安行旅，凡货不出于关者举其货，罚其人，其余川泽林薮各有专司，所以崇本抑末，使民归于南亩。经制所定，在昔为然。秦汉相沿，至唐宋而加密，竹木、间架及坊场、扑买，未可缕述。降及明季，以军兴饷绌，税额屡增。

唯我国家肇造，区夏荡涤繁苛，与之更始。列圣相承，如伤瘝念。自唯正之供屡经蠲免而外，言关市，则温纶④告诫至再至三，唯恐司榷之臣乘势以取赢也。论盐法，则加引加斤，以纾商力，因时因地以恤民艰，唯恐鹾政之臣厉民以自封也。至酒醴糜谷，则唯烧锅蹚曲是严，而不专设榷酤之务。五金产地，则以聚人生事为戒，而不计及矿税之饶。他如宽渔课以恤滨海之民，定牙契而严胥役之禁，所以为小民计者至周且渥。夫货恶其弃于地，而地广则民用益饶。我皇上西陲底定，拓疆二万里，内地商民

---

① 榷酤，即酒专卖。创始于西汉武帝时期，以后各朝制度不一，时而专卖，时而征税；控制的范围和宽窄也不一致。
② 坑冶，采矿和冶炼的合称。
③ 杂征敛，中国古代除田赋和丁税以外的所有工商、关税征敛。
④ 温纶，对皇帝谕旨的敬称。

持布币而往者轮蹄万计，薄征减税，道路欢呼。商贾市易之地已倍广于向时，而征商之额未尝重加于昔日。伊犁辟展、乌鲁木齐、叶尔羌、喀什噶尔等处，凡有市易之地，略征其税二三十分之一，以慰新疆赤子食毛践土贡芹献曝之心，初非利所有也。

<u>臣等谨依类纂，集考国朝之故，实合以马氏之旧文而变通之。首关市，次盐法，又次榷酤、榷茶、坑冶，而终之以杂征，凡六卷。惟是马氏沿汉时故事，合著盐铁，今则以铁属坑冶而不系于盐私矾之禁，我朝不列于令甲①，既为榷政所蠲除，则节目应归于简易，因并去之，以明记载核实之义焉。</u>

征商、关市，本朝太祖高皇帝丁亥年与明通市于抚顺、清河、宽奠、瑷阳四关口，是时上招徕各路，国势日盛，明亦遣使通好，岁以金币聘问，我国所产东珠、人参、紫貂、元狐、猞狸狲诸珍异之物，于抚顺、清河、宽奠、瑷阳四关口互市以通商贾。

天命十一年，定漏税私商之罪。奉谕旨：通商为市，国家经费所出，应任其交易，漏税者罪之。若往外国交易，亦当告知诸贝勒，私往者罪之。

顺治元年，豁免明季各项税课亏欠，又免各直省关津抽税一年。禁革明末加增税额银两，免顺治元年关津税课，自二年正月初一日以后方照故明额起税②，凡故明末年一切加增税额，尽行豁免，其直省州县零星抽取落地税银名色概行严禁③。

二年，禁革陕西省落地税银。又定芜湖等关抽分例。工部奏言：芜湖、杭关、龙江、荆州、清江五处，每年例抽税银计十二万九千六百三十一两四钱有奇，请差本部官抽分。从之。

三年，革明季加增太平府姑溪桥米税、金柱山商税、安庆府盐税。

四年，归并荆关、通惠河、中河清江厂杭关、芜湖、龙江等关于户部。

---

① 令甲，本指法令的第一篇，后泛指法令。
② 照故明额起税，按照明朝的标准开征赋税。
③ 落地税，清朝对商贩和农民购入或自产、欲在本地出售的商品开征的税。如征收银两，就叫落地税银。

又定闽浙收税例,并禁明末滥征私税。闽浙关津抽税,经明末迭增,数倍原额。户部奏定:照万历年间原额,及天启、崇祯递增额数一半征收。杭州南北二关先已差官,其余自顺治四年正月初一日以后俱照此例一体抽征。其州县零星抽取落地税银名色,及闽省势官、土豪、不肖有司向来津头牙店擅科私税①,概行严禁,违者罪之。

又定关差满汉员数。户、工二部十九处关差,汉官外增设满洲官十九员,汉军官十九员。

又定张家口等处关口开塞事宜。户部、兵部奏:差理事官科奎、钟固自张家口起,西至黄河止,察得张家口关门迤西、黄河迤东共一千四十五里,共应留台二百四十四座。故明时,得胜堡一口,系察哈尔国讨赏出入之路,河保营系鄂尔多斯部落茶盐交易之处,以上二口俱已堵塞。又差理事官满都户等自张家口起东至山海关止,察得张家口迤东、山海关迤西共二千四百四里,共应留台四百一十七座。洪山口、龙井关口、西常峪正关口、潘家口、冷口,俱系捕鱼网户耕种往来之路,密云迤后石塘岭正关口,系民间运木之路,昔户部于此按枚抽税。以上应留关口共六处,外如常峪口、独石口、龙门所口、墙子岭口、黄崖口、罗文峪、董家口、刘家口、桃林口、界岭口、一片石口,以上十一关口俱已堵塞。得旨:河保营既为鄂尔多斯部落交易盐茶之地,与董家口俱准开,余如议。

臣等谨按:国家设关置尹,掌其治禁,本以讥察奸宄而安行旅,非徒征商抑末,用佐经费已也。山海关外,在我朝本为内地,然内外人民往来关口,未尝不稽其出入之数,异言异服,非有勘合验放者无所容于其间。今自张家口至山海关,较诸故明所设台座减十之七八,而携带军器有禁,夹带私参有禁,属国朝使持禁物出关亦有禁。当兹中外一家,仍寓重门击柝之意,是以关口开塞与台座兴废之故,仍备著于篇云。

六年,严禁各关差收税例外多征。户部奉谕旨:设关征税,原寓讥察奸宄之意,非专与商贾较锱铢也。尔部行文,各关满汉官员以后俱照原定则例起税,如有徇情权贵,放免船只,乃于商船增收,或希充私橐例外多

---

① 擅科,擅自征收。

征，以病商民者，一经查出，定行重处。

八年，减定关差员数。先是，各关差期满回京，户部行咨吏部议叙铨用，而关差员数递增，携带书吏多行不法，上深知其弊。谕吏部：榷关之设，原有定额，差一司官已足，何故滥差多人，忽而三员，忽而二员，每官一出，必市马数十匹，招募书吏数十人，未出都门，先行纳贿。户部填给粮单，沿途骚扰，鞭打驿官，奴使村民，包揽经纪，任意需索，量船盘货，假公行私，商贾恐惧不前，百物腾贵天下，通行河道何以至此！朕灼知今日商民之苦，着仍旧每关设官一员，其添设者悉行裁去，以后不得滥差。其裁缺撤回之员，既不利于商贾，又何利于州县之民。户部不得妄咨勤劳，吏部不得更与铨补。国家爱惜牧民之官，岂得仍前蒙混，尔部谨识朕谕，实心遵守，毋负朕通商爱民之意。

九年，定直省典铺税例。在外当铺，每年定税银五两；其在京当铺并各铺，仍令顺天府查照铺面，酌量征收。

十一年，准科臣所奏清厘关弊。户科给事中杜笃佑条奏清厘关弊四事：一、裁吏役，一、查税累，一、关差回避原籍，一、批文核对限期。章下所司遵行。

十八年，定张家口、杀虎口两翼税额。张家口税额，每年一万两；杀虎口税额，每年一万三千两；两翼税额，每翼一年六千两。

康熙二年，定盘诘粮船关口地方。户部议覆：漕运总督林起龙条奏，漕运重船，原令各关盘诘夹带私货，但关口甚多，处处盘诘，必多误运，应如所请，止于仪真、瓜州、淮安、济宁、天津等五处地方严加盘查。又运丁旧例，每船许带土宜六十石，恐南北关司概作私货，查每船土宜载在议单，应仍许带，以恤运丁劳苦。从之。

四年，罢抽税溢额议叙之例。令各关税务分别差遣户部司员及地方官兼理。奉谕旨：各省设立关税，向例将抽税溢额者加级记录，遂致各差冀邀恩典，困苦商民。嗣后税课俱照定额征收，缺额者处分、溢额者加级记录之例永行停止，其轮流差遣部员亦应停罢。并税额作何征收，着议政王贝勒大臣、九卿、科道会议具奏。嗣是议定：京城左右翼、张家口、杀虎口四差不必轮差；六部官员止于户部司员中轮差管理，其崇文门税务归顺天府治中兼理，天津钞关税务归天津道兼理，通州税务归通蓟道兼理，居庸关税务归昌密道兼理。

又严禁各关违例收税及迟延指勒之弊。

奉谕旨：各省关钞之设，原期通商利民，以资国用。近闻各处收税官员巧立名目，另设戥秤，于定额之外恣意多索，或指称漏税挟诈过往商民，或将民间日用琐细之物及衣服等类原不抽税者亦违例收税，或商贾已经报税不令过关故意迟延掯勒遂其贪心，弊端甚多，难以枚举。嗣后凡地方收税官员俱着洗心涤虑、恪遵法纪。如有前项情弊，在内科道官、在外督抚严察参奏，从重治罪。如督抚不行参奏，别经首发，即治该督抚以徇纵之罪。

五年，议准刊刻关税条例，竖立木榜于直省关口、孔道，晓谕商民。户部议覆：直隶巡抚王登联疏言，直隶各省征收关税条例甚属繁多，请刊刻木榜，竖立关口并商贾往来之孔道，遍行晓谕。或例内有加增之数，亦明白注出，以杜吏役滥征之弊。应如所请。嗣后直隶各省设立关税之处，应多刊木榜，昭示商民，照额征收，如有不肖官吏于定额之外私行滥收者，令该督抚不时查察，据实题参，依律治罪。从之。

又定居庸关每年税额银三千两。

又停罢崇文门出京货物税课。

六年，议定淮安关及直省各关务俱委专员管理。户部议覆：河南道御史徐浩武疏言，江南淮海道专管海防地方事务，俱停其兼管，其淮安关税等项亦应委员管理。应如所请。并行文直隶各省，将各关事务俱委专员管理。从之。

又命杭州府同知管理北新、南新两关事务。

七年，命浙江盐运使管理北新关事务。

八年，议定各关税务分别差遣部员及地方官管理。户部议覆：户科给事中苏拜疏言，关税一差，归于外府佐贰官管理。但各官俱有专掌，又兼理关税，事务繁多，且身为地方官，畏惧上司，希图足额必致增派，商民请仍差部员。应如所奏，将满汉司官专差收税。奉谕旨：关税多者将各部院贤能满汉官员差遣，关税少者仍交地方官征收，其应差部院官与应交地方官之处，分别议奏。户部再议：查崇文门税差已经设官收税，其通州坐粮厅、京城左右二翼仓、宝泉局、大通桥、通州西仓、中南仓、张家口、杀虎口，此九差原系臣部官员差遣，应仍旧例外，浒墅关、芜湖关、北新关、九江关、淮安关、太平桥、扬州关、赣关、天津关、西新关、淮安仓、临清关、凤阳仓税额俱多，应择各部院贤能满汉官员差遣。其挖运厅、居庸关、徐州仓税额俱少，应交与地方官征收。从之。

又定部员关差掣签例。户部议覆：御史黄敬玑疏言，各省关差缺出，于部曹中选用贤能，止可为一时破格之举，行之既久，恐有营求之弊，请照旧例，挨资俸掣签。应如所请。关差缺出，将六部俸深官员咨送掣签，其差过之员不准重差。从之。

九年，裁江南西新关户部差，归并龙江关工部管理，江南芜湖关工部差归并本关户部管理。

十一年，更定关差员数。减户部、工部关差员数，照盐差例，不论满洲汉军汉人，序俸掣签①，每关差司官一员，笔帖式一员。

十二年，禁直隶各省官吏无得私税市货。

十三年，以江南凤阳等三处仓关事务归并地方官管理。江南总督阿席熙疏言：凤阳仓额税本折钱粮，归并凤阳府知府管理；正阳关税归并通判管理，临淮关税发大使征收，停差部员。部议应如所请。得旨允行。

二十一年，移九江榷关于湖口县。先是，给事中雅齐纳条奏，请将九江榷关移于湖口地方。九卿两议并奏，上命画一定议。寻九卿议覆，暂移九江关于湖口收税，以一年所得为定额，如有不便，具题另议。从之。

又停止差遣潼关收税部员。先是，潼关额税，有司征收七千余两。康熙十九年，遣郎中敦多礼督征，得税四万余两。至是，奉谕旨：数年以来，秦省兵民苦于挽运，潼关收税仍照旧额，着停止差遣部员。

二十三年，议准浙江沿海贸易收税例。九卿等议覆：工部侍郎金世鉴疏言，浙江沿海地方，请照山东诸处见行之例，听百姓装载五百石以下船只往海上贸易、捕鱼，预行禀明人数，至收税之处交与该道，计货之贵贱定税之重轻，按季造册报部。应如所请。从之。

又定开海征税则例。其海口内桥津地方贸易，悉免抽分②。九卿等议覆：户科给事中孙蕙疏言，海洋贸易，宜设立专官收税。应如所请。得旨：海洋贸易创收税课，若不定例，恐为商贾累，当照关差例差部院贤能司官前往酌定则例。嗣经郎中伊尔格图酌定开海征税则例，奏请给与各关定例款项，于桥道渡口征收税课。奉谕旨：向令开海贸易，谓于闽粤边海民生有益，若此二省民用充阜、财货流通，各省俱有裨益，且出海非贫民所能，富商大贾懋迁有无，薄征其税不致累民。今若照奉差郎中伊尔格图

---

① 序俸掣签，让一定范围内的官员按俸禄高低排序抽签决定。

② 抽分，宋元乃至明清时代，政府对外国进口货物以及国内土货按总量一定成数征收的实物税。悉免抽分，即全部免税。

所奏，给与各关定例款项，于桥道渡口等处概行征收，何以异于原无税课之地，反增设一关科敛乎！此事恐致扰民，尔等传谕九卿、詹事、科道会议具奏。户部等衙门遵谕议覆：福建、广东新设关差，止将海上出入船载贸易货物征收，其海口内桥津地方贸易船车等物停其抽分，并将各关征税则例给发监督，酌量增减定例。从之。

又议定通惠河税差照例掣签，三年更换。户部等衙门会议，佥都御史赵之鼎疏言：通惠河一差，每年带征税银，有议叙之例，应归入各关内，将部院衙门官员照例掣签，三年更差。应如所请。从之。

二十四年，免外国贡船抽税。福建总督王国安疏言：外国贡船请抽税，令其贸易。部议，应如所请。得旨：进贡船只若行抽税，殊失大体，且非朕柔远之意，悉免之。互见市籴考。

又酌减洋船丈抽之例。监督伊尔格图奏言：粤东向有东西二洋，诸国来往交易，系市舶提举司征收货税。明隆庆五年，以夷人报货奸欺，难以查验，改定丈抽之例，按船大小以为额税①，西洋船定为九等。后因夷人屡请量减抽三分，东洋船定为四等。我朝未禁海以前，洋船诣粤照例丈抽，但往日多载珍奇，今系日用杂物，今昔殊异，请于原额之外再减二分，东洋船亦照例行。至江、浙、闽、广，俱经开海，若不画一，恐启外夷趋避之端，应照粤省量减。此等丈抽船只，装载回国，或因风水不顺，飘至他省，查验印票即便放行，其四省印烙船只，往外国贸易者，亦照此例。从之。

二十五年，停止抽税溢额②议叙之例。先是，康熙四年，罢抽税溢额议叙之例。至十四年，题准各关欠不及半分者降一级留任，余照前例；全完者纪录一次，溢额每千两者加一级，至五千两以上者以应升缺先用。十六年题准，各关额税二万两以下者仍照前议叙，二万两以上者额税全完纪录一次，溢额半分以上加一级，一分以上加二级，一分半以上加三级，二分以上加四级，三分以上以应升缺先用，数多者递准加级。十七年，定关税足额者不准议叙。至是，上以各关差苛取溢额，希图议叙，而采买铜斤价值不敷，恐累商人，令大学士等传集旧任关差各员，问明四季造册送部，果否有益。据旧任关差各官并称，部定铜斤价值六分不敷采买，其各

---

① 额税，清朝海关和钞关按一定标准如对运输货物船只，按其梁头大小征收定额的税收。
② 抽税溢额，指税收收入超过原定数额。康熙四年，取消过去凡超额完成税收任务者，按等级次第给予奖励的规定。

差造册四季报部，不如改令差满之日一并汇送。奉谕旨：国家设关榷税，必征输无弊，出入有经，庶百物流通，民生饶裕。近来各关差官不恪遵定例，任意征收，托言办铜价值浮多，四季解册①需费，将商人亲填部册改换涂饰，既已充肥私橐，更图溢额议叙，重困商民，无裨国计。朕思商民皆我赤子，何忍使之苦累，今欲除害去弊，必须易辙改弦，所有见行例收税溢额即升加级纪录应行停止。其采办铜斤，定价既已不敷，作何酌议增加。其四季达部册籍，应俟差满一次汇报。嗣后务令各差洁己奉公，实心厘剔，以副朕体下恤商至意，如或仍前滥征侵隐，藐玩不悛，作何加等治罪。至铜价既议加给额税，应否量增，俱着九卿、詹事、科道详议具奏。寻议：关差各官希图议叙，托言铜价浮多，不遵定例，任意苛征，令酌议加增铜价，停其议叙。即于各关部定则例原额外酌量匀派，着为定额，以为采买之费。以康熙二十四年为始，如有例外苛索，征多报少，将商人亲填簿单捏造改易，被参察出，从重治罪。至见在关差各官，虽有溢额，俱不准议叙，并停其四季所报部科簿单，总候任满汇报。从之。

又策关差缺额处分仍依定例。御史敦拜条奏：关差缺额处分例轻，以致拖欠日重，应严定处分则例，并赔补限期。上曰：关差缺额处分自有定例，若法令太严，必致苦累商贾，所奏无益，不准行。

策闽海抽税仍依定例。督理闽海税务户部郎中瑚什巴疏言：闽省商贾贸易无丈船抽税之例，请照粤关一例丈抽，至贸易船只原在某关印烙给照，准出海口者，别关不得私留，仍令各回本关，庶人数、军器，各有稽查，而奸宄不敢影射。得旨：凡收海税官员，因系创行设课，希图盈溢，将出入商民船只任意加征，以致病商累民，亦未可定。着严加申饬，务令恪遵定例，从公征收，无溢无苛，以副朕轸恤商民至意。所请不准行。

二十六年，议浒墅关监督征收溢额之罪。户部题：浒墅关监督桑额②任内除征收正额外，溢银二万一千二百九十六两零。得旨：设立关榷，原欲稽查奸宄，照额征收。桑额征收额课乃私封便民桥，以致扰害商民，着该衙门严加议处。

二十八年，严饬各处榷关毋得稽留商民。奉谕旨：朕舟行所至，咨访过关商民，每不难于输纳额税，而以稽留关次不能速过为苦。榷关官员理

---

① 解册，编制并报送会计统计簿册。
② 桑额，人名。清朝康熙年间大臣，曾任浒墅关监督，管理收税事。

宜遵奉屡颁谕旨，恤商惠民，岂可反贻之累。自今应力除积弊，凡商民抵关缴纳正税，即与放行，毋得稽留苛勒，以致苦累，违者定行从重处分。

又议定江、浙、闽、广四省海关征税之例。户部奉谕旨：近闻江、浙、闽、广四省海关，于大洋兴贩，商船遵照则例征收税课，原未累民，但将沿海地方采捕鱼虾及贸易小船概行征税，小民不便。今应作何征收，俾商民均益，着九卿、詹事、科道会同确议以闻。寻经九卿等遵旨以两议覆奏：一、议钱粮无多，应交地方官征收；一、议交与地方官则无专管之员，应仍差官征收。至海中船只何者应免收税，唯候圣裁。得旨：采捕鱼虾船只及民间日用之物，并糊口贸易，俱免其收税。嗣后海关着各差一员管理税务。

又减免闽海关税额，永着为例。闽海关监督殷达礼奏：闽海关税额逐一确查分析，应免税银共六千四百九十四两有奇，着为则例，永远遵行。从之。

又免琉球国接贡船只税课。琉球国中山王尚贞疏言：旧例，外国进贡定数三船，船中货物免其收税。今琉球进贡止二船，尚有接贡一船未蒙免税，请照例免收，以足定数。下部议覆，准行。

三十四年，定山海关每年税额银二万五千两。

三十五年，令海洋商船往天津海口运米，但收货物正税外，免其杂费。

三十七年，减广东海关额税。奉谕旨：广东海关收税人员搜检商船货物，概行征税，以致商船稀少，关税缺额；且海船亦有自外国来者，如此琐屑，甚觉非体，着减额税银三万二百八十五两，着为令。

三十八年，停罢各关正额外加增盈余银两。奉谕旨：向因军需繁费，关差官员欲于正额外以所得盈余缴纳充用。今思各官孰肯自捐私橐，必仍行苛取，商瘠民困，值此之由，着将加增银两一概停罢。

四十一年，遣官偕喇嘛监督打箭炉贸易。喇嘛达木巴色尔济、郎中舒图、员外铁图等往打箭炉地方监督贸易。上谕以移文第巴，令彼速遣大喇嘛来监督贸易。其税银不取于彼，就我国商人征之。不可专以税额为事。互见市籴考。

四十七年，免暹罗国贡使所带货物征税。礼部题：暹罗国贡使所带货物，请听其随便贸易，并免征税，以示柔远之意。从之。

五十三年，以临清关税务交巡抚征收。奉谕旨：临清关钱粮每至缺额，皆由地方积棍串通作弊所致。不必派遣监督，着交该巡抚收税。

五十五年，以凤阳关税务交巡抚征收。户部奏请更换凤阳等关监督。上谕大学士等曰：各关监督所欠钱粮甚多，未派之先俱愿前往，及到任之后，额税必欠，此皆多带人役、征收过刻之故。昔南新关有一监督问巡抚王度昭钱粮如何不致缺额，王度昭告以从宽征收，断不欠缺。后果如其所言。凤阳关额税着交与该巡抚征收，余缺俟朕另派。

又严各关监督题请展限之禁。户部题奏：定例，各关监督一年限满更替，迩来以钱粮亏空为辞题请展限者甚多，嗣后有似此者，请照溺职例革职。从之。

五十七年，命浙江南新、北新两关税务，交杭州府捕盗同知管理，从抚臣朱轼请也。

又定免厦门关经过商船增税之例。闽浙总督觉罗满保疏言：各省往来台湾船只，经臣题明，必令到厦门盘验护送，但查从前自台湾往各省贸易船只，俱从外洋直至停泊之处，赴本处海关输税。至于中途经过之所，不便一货两征。嗣后各省商船遵例，必到厦门盘验，除收泊厦港贸易者照旧报税，如收泊江南、浙江各省贸易者，仍听其彼处海关报税，其中途经过之厦门关税，免其增添。下所司议，行之。

五十八年，策查江西、湖广粮船无得夹带货物致妨榷政。户部议覆：芜湖关监督赫昌疏言，芜湖关缺少钱粮，因江西、湖广粮船二千余只，每年过关旗丁任意将货物满载，船尾拴扎木筏不令查验。请令两省粮道于本处粮船载米起运后，亲身先行到关查验放行，如有装载货物木筏尽行入官，庶于粮船无误，而关课亦不致多阙。应如所请。令总漕于湖广、江西二省漕船载米起运后，令各该道至上流汉口吴城马头亲身稽查。仍严饬押运官弁每船照定例除土宜六十石外，如有违例多载及拴扎木筏过关者，将货物入官。该管道及押运官弁一并题参治罪。从之。

六十年，议准停征淮安、凤阳等关米船课税一年。又议准淮安关税交江苏巡抚管理。户部议覆：署理河道总督事陈鹏年疏言，淮安关税经河臣赵世显于康熙五十八年题请归并总河衙门，令里外河同知一员管理。臣思河员职守紧要，不可暂离，势难兼管榷务，请别差部员或归并附近衙门带管。应如所请，将淮安关税交与江苏巡抚管理。从之。

六十一年，免暹罗国运米收税。奉谕旨：暹罗国人言其地米甚饶裕，价值二三钱即可买稻米一石。朕谕以尔等米既甚多，可分运米三十万石至福建、广东、宁波等处贩卖，此米系官运，不必收税。互见市籴考。

又敕，各省税务悉交地方官监收。总理事务王大臣奉谕旨：往年税差官员公帑无亏，而羡余又足养赡家口，兼及亲族。近日则不然，率多亏帑获罪，公私均属无益，皇考洞鉴其故，每将税务交与地方官管理，各省已居其半。嗣后税务悉交地方官监收，岁额之外所有羡余，该抚奏闻起解，应赏给者再行赏给。至雍正元年正月，户部等衙门议定浒墅、扬州、龙江、芜湖、湖口、赣关、太平桥、粤海、闽海等九关税务，应照淮安、天津等关例，交与各该抚，令地方官兼管。从之。

雍正元年，以额外御史庆元管理淮关税务。时兼管税务赵世显征收钱粮多侵蚀隐瞒之项，上以淮安关课紧要，着庆元查明，即授庆元额外御史管理税务。三年，又严饬各关差及崇文门税务毋许任信胥役，分外苛求。奉谕旨：朕抚御寰区，加惠黎庶，唯恐民隐不能上达。近闻榷关者往往寄耳目于胥役，不实验客货之多寡，而只凭胥役之报单，胥役于中未免高下其手，任意勒索饱其欲者，虽货多税重，而蒙蔽不报者有之；或重从轻报者亦有之；不遂其欲，虽货少税轻，而停滞关口至数日不过，是国家之额税听猾吏之侵渔，以小民之膏脂饱奸胥之溪壑，司其事者竟置若罔闻，知乎！又闻放关或有一日止一次者，江涛险急，河路窄隘，停舟候关，于商亦甚不便。嗣后司关榷者务须秉公实心查验过关船只，随到随查，应报税者纳税即放，不得任胥役作弊，勒索阻滞，以副朕通市便民之意。至于崇文门收税及分派各处查税之人，亦有多方勒索分外苛求之弊。京师为四方辐辏之地，行李络绎，岂宜苛刻滋扰，尤当不时稽查，杜绝弊端。

二年，以兼理关榷谕各省督抚实心办理。奉谕旨：从来关榷之设，或用钦差专辖，或令督抚兼理，无非因地制宜，利商便民之至意也。大抵关差之弊，皆唯知目前小利，恣意侵渔，听信家丁，纵容胥吏，开关分别迟早，肆无厌之诛求；报单任意轻重为纳课之多寡，饱溪壑者则任其漏税，代为朦胧，不遂欲者则倒箧倾箱，不遗纤细。致商贾畏惧，裹足不前，行旅彷徨，越关迂道，则困商实所以自困也。故关差唯在严禁苛求，使舟车络绎，货物流通，则税自足额。至于督抚皆封疆大吏，当仰体朝廷归并之心，不得视为带理，漫不经心，误任属员，听其剥削。况钦差犹每年更换，而督抚兼理则无限期，若不实心奉法，遴委得人，责有攸归，其恪遵朕旨。

臣等谨按：此与元年所奉谕旨，并为各关奉差者以报满有期，视为传舍，归并督抚兼管，望其实力奉行，虽封疆繁重，而遴委得人，则弊端自绝。嗣后或因时因地转移，委畀各从其宜，仰见我世宗宪皇帝加惠商民，周知疾苦。胪列诸弊，端如在指掌，损上益下之盛意，为万世准则云。

又准移江西湖口榷关于九江，分设口岸于大姑塘。从江西巡抚裴𢓼度请也。以湖口关税盈余，谕江西巡抚严饬胥吏，毋致加税累民。江西巡抚裴𢓼度折奏：湖口关税盈余，应悉解部。奉谕旨：今岁盈余，是尔等清厘所致，但数觉过多，倘额外剥削商民，则断然不可。关税多少，系于年岁之丰歉，难可预定。或遇不及之年，不可勉强必求足数，不然是又增加税额矣。当严饬胥吏，毋致苦累商民。

又免暹罗国运米压船货税。暹罗国王入贡稻种、果树等物，并运米来广货卖，广东巡抚年希尧以闻。上嘉其国王不惮险远，进献稻种、果树等物，最为恭顺。运来米石，令地方照粤省时价速行发卖，其压船随带货物概免征税。互见市籴考。

又以各直省税务申谕巡抚，并刊刷税务详单，遍示商旅。奉旨：朕念商贾贸易之人往来关津，宜加恩恤，故将关差归并巡抚兼管，以巡抚为封疆大吏，必能仰承德意，加惠商旅也。但各关俱有远处口岸，所委看管之家人，贤愚不一，难免额外科求及勒取饭钱之弊，稍不如意，则执送有司，有司碍巡抚之面，徇情枉法，则商民无所控诉矣！嗣后，将上税课之货物，遵照则例，逐项开明，刊刷详单，分发各货店遍行晓示，使众皆知悉。其关前所有刊刻则例之木榜，务令竖立街市，人人共见，不得藏匿屋内，或用油纸掩盖，以便高下其手，任意苛索。立法如此，自能剔除弊端。但尔等受朕委任之重，尤当仰体朕心，遴选诚实可信之人以任稽查之责，必期商民有益方为称职。

三年，禁边关城门索取蒙古进贡车辆茶马税银，其借名蒙古匿税者罪之。理藩院奉谕旨：边关城门只令来往商人纳税，其请安进贡之蒙古等，并无收税之例。今闻将伊等余带马匹及口粮车辆与买用之茶俱勒令停止，私行收税，并索取零星物件。又有奸商希图匿税，专雇蒙古车辆偷载商货。着行文该管官员，严行禁止。

又更定委员管理宿迁关及由闸税务①例。工部议准②：河道总督齐苏勒奏言，淮徐道一官，有经管徐、邳、宿迁一带黄、运两河之责，地方辽阔，工程浩繁，且驻扎清江，与宿迁关相距二百余里，不唯难以稽查，而遇河工紧急之时，更不能分身兼顾，恐于公事有误，请将宿迁关收税事宜，敕令督抚择就近贤员以司其事。再扬州江防同知，既管瓜州一带江工，又收由闸税课，亦难兼顾，应请一例饬委别员，俾同知得专力修防。应如所请。得旨：宿迁关着交与年希尧兼管，由闸税课着该抚遴选就近地方贤员管理。

又定川省船料报税，饬禁沿途地方官借端需索。川峡总督岳钟琪疏言：川省运贩米船，向无船料，客商或夹带私盐违禁之物，无可稽查，而沿途地方往往借端需索，请照淮关船料尺寸则例，抽报料税，所输无几，稽查甚便。至米船出川地方官如有勒索稽留者，该督抚指名题参。从之。

六年，免暹罗国运米内地税银。礼部议覆：福建巡抚常赍疏言，暹罗国王诚心向化，遣该国夷商运载米石、货物直达厦门，请听其在厦发卖，照例征税，委员监督。嗣后暹罗运米商船来至福建、广东、浙江者，请照此一体遵行。得旨，依议。米谷不必上税，着为例。互见市籴考。

又敕定各关征税则例。户部议：浙江布政使高斌奏，浒墅关现行征收则例，与部颁数目不符，请敕部议定，刊刻木榜，令众商共晓遵依。应如所请。并令直省各关将各处现行征收则例彻底清查，据实奏闻，刊刻木榜晓示。奉旨：着各省兼理税务之督抚并各关监督实力奉行，毋得阳奉阴违，虚应故事。倘经接理之员查出。定行交部从重议处。

又定夔州府收税派差监督一员。户部议覆：四川巡抚宪德疏言，夔州关税，向委夔州府知府监收，请于己酉年为始，照浒墅淮关例派差监督一员征课，按年遴员更换。应如所请。从之。

谕：崇文门查税官员毋得稽留会试举子，借端苛索。

内务府总管常明奏报，卢沟桥遵旨盖造官房，安歇会试举子工程告竣。得旨：此朕体恤应试举子之意，俾其有旅次居宿之安，而无盘查行李之扰。并令崇文门每年查税官员实心奉行，严饬巡查人役等毋得借端稽留，额外苛索。

---

① 由闸税务，指由闸征税的事务，由扬州江防同知主管改为另选地方贤员主管。
② 议准，审议核准。

七年，令各关据实填写部颁号簿。奉谕旨：各关开放船只之处，向例部颁号簿，以便稽查。兹闻各关另设私簿征收，唯于报部之时始将号簿挨日填造，其意"以水路船只往来多寡不齐，若据实填簿，则不能逐日有征收之数目，恐干驳查，是以设法匀派填造。"如此则簿内全非实在数目，与商船过税串票毫不相符，殊非政体。凡事据实则可以无弊，作伪则弊窦①丛生，今既系任意匀派填造，则号簿亦为虚设矣。嗣后，各关于部颁号簿据实填写，如无船只过税之日亦即注明，不得仍蹈前辙，致滋弊端。

又移湖北荆州徐关于田家洲，更名田关，从湖北巡抚马会伯请也。

又免暹罗载米失风船只货税。礼部议覆：广东总督孔毓珣疏言，暹罗载米船只，因风漂泊广东，已饬各属加意抚恤，其捞回压舱货物，仍请准其输税发卖。得旨：免其输税。

又以核实落地税银，申饬各省大小臣工。奉谕旨：朕即位以来，屡有臣工条奏各处地方官征收落地税银，交公者甚少，所有盈余皆入私橐。雍正三年，又有人条奏"广西梧州一年收税银四五万两不等，止解正项银②一万一千八百两；浔州一年收税银二万两，止解正项银二千六百两，应令该抚查核，据实奏闻。并令各省抽收税银之处，俱据实奏报"等语。随经九卿议，令各省督抚遴委干员监收，一年之后，视其盈余若干，奏闻候旨。朕思孟子言：治国之道，首称取于民有制。所谓有制者，即一定额征之数也。若课税之属无显然额征之数，则官吏得以高下其手，而闾阎无所遵循，即如从前各处税课，经地方官征收，有于解额③之外多数倍者，且多至数十倍者，既无一定之章程，则多寡可以任意，其弊不可胜言。属员既已贪取，上司必至苛求；官员既已营私，胥吏必至横索。日积月累，渐有增加之势，岂非生民之隐患乎！朕是以允从条奏所请及九卿所议，令各省督抚委员监收，以定科则。其征收不及旧额者，亦令奏闻，降旨裁减。年来报出盈余之处，朕皆令留于本地或作各官养廉之需，或为百姓公事之用，使官员用度有赖，自不妄取民财；使地方公用有资，即可宽恤民力，无非以小民财物仍用之于民间，不令饱贪官污吏之欲壑而已。乃闻外省中多有奉行不善者，以朕爱民除弊之善政，而庸劣有司借归公之名，或肥身

---

① 弊窦，弊端和漏洞。
② 正项银，此处指上交国库的税银。
③ 解额，指上解的税收正额。

养家，或争多斗胜，以致肩挑背负之微物皆征收税课，而该督抚等又不悉心稽查，民间苦于扰累。自谕到通行之后，倘仍有如此者，必从重治罪，决不宽贷。

八年，定征收落地税银搜求溢额议处之例。户部奉谕旨：向来各处落地税银大半为地方官吏侵渔入已，是以定例：报出税银四百两者准其加一级。后因查报渐多，吏部定议：报出税银八百两者准其加一级，多者以此计算。年来地方官员皆知守法奉公，凡有税课，随收随报，不敢侵隐。其报出之数，每倍于旧额。只恐将来不无冀幸功名之人，希图优叙，以致恣意苛索，扰累小民。且落地税银非正项钱粮，有一定之数者可比，侵蚀隐匿者固当加以处分，而争多斗胜者不但不当议叙，亦当与以处分。其如何定议，并如何议叙加级处分之处，着吏部、户部悉心妥议具奏。寻议：嗣后各省落地税及税契银两，如搜求需索以致盈余之数倍于正额，或将数十年以前置买产业苛索扰累者，令该督抚题参革职；上司失察徇庇，查出照例议处。其于正额外实在盈余者，以八百两为率，准加一级，多者不得过三级。永着为例。从之。

十二年，令直省督抚稽查各关榷务。奉谕旨：直省关税监督，于地方官原不相统辖，一切呼应不灵，而大小口岸甚多，监督一人势难分身兼顾，虽选委书役公同亲信家人稽查收放，而地方文武各员以为无与已事，并不协力，或转挟私意，则奸商之隐漏、地棍之把持，督抚或不关心监督，动则掣肘，不独于税务无补，即于地方亦难免扰累。嗣后凡有监督各关，着该督抚兼管，所属口岸，饬令该地方文武各官不时巡查，如有纵容滋扰情弊，听该督抚参处。至监督征收税课及一切应行事宜，照旧例遵行，不必听督抚节制。如此，庶既有专司，仍无歧视，于税课商民似均有裨益。嗣据监督毛克明奏称：粤东海关，地面辽阔，事务繁多，洋商、胥吏以及地方势豪引诱串通，弊端百出，监督一官难于稽查防范。不若就近归于督抚兼管，则通省文武军民均受统属节制，不敢欺公玩法。再令京员掌管监督印信，监收钱粮，则税务肃清，而弊端可杜。疏上，照所请行。

又以贵州永宁县改隶四川，裁除永宁县税。四川叙永厅与永宁县同处一城，从前，厅隶四川，县隶贵州，各设税口征收盐杂等课。嗣经两省会勘，将永宁县改隶蜀省，所有田地丁粮已俱改照川省条例征收，唯税课一项，仍系厅县兼收。敕谕：将县税裁除，止留叙永厅税，一切俱照川省之例行。

十三年，议定张家口、居庸关已经收税之各货，无得于宣府重征。设居庸关税课大使一员。户部议准：兵科给事中尚德疏奏关税事宜：一、宣化府为南北通衢，凡有货物已经张家口、居庸关上税，过府之时，张家口监督复委家人书吏照数重收，以致小民肩挑背负，无不邀拦收税，民情甚为不便，且家人、书吏，征多报少，究非实裕国课。嗣后南北商货若已在张家口、居庸关上税者，请敕部定例，宣府不许重征。刊刻木榜，竖立各门，如有违禁横征者，严加参处。一、居庸关收税之所，离张家口三百余里，监督势难躬亲，每差亲信家人，协同书役，携带印单收税，而家人识见卑鄙，辄为关役利诱，私用小票隐漏偷肥。嗣后请委附近州县不时查考。但昌平、延庆二州，离关稍远，请设立税课大使一员，给以钤记，令收商税银两，按月转解监督。仍令霸昌道就近稽查，照宣府之例。民间零星日用之物，免其抽税。如有指勒商民、侵渔滋事者，亦严加参处。均应如所请。从之。

是年，皇上即位之初，奉旨：朕闻各省地方于关税、杂税外，更有落地税之名，凡櫌锄、箕帚、薪炭、鱼虾、蔬菜之属，其值无几，必查明上税，方许交易，且贩于东市，既已纳课，货于西市，又复重征。至于乡村僻远之地，有司耳目所不及，或差胥役征收，或令牙行总缴，其交官者甚微，不过饱奸胥猾吏之私橐，而细民已重受其扰矣。着通行内外各省，凡市集落地税，其在府州县城内，人烟凑集，贸易众多，且官员易于稽查者，照旧征收，不许额外苛索，亦不许重复征收。若在乡镇村落，则全行禁革，不许贪官污吏假借名色，巧取一文。着该督抚将如何裁革禁约之处，详造细册，报部查核。倘奉旨之后仍有不实心奉行、暗藏弊窦者，朕必将有司从重治罪，该督抚并加严谴。此旨可令各省刊刻颁布，务令远乡僻壤之民共知之。嗣以淮关监督年希尧于徐州所属四县之落地税例应地方官征收者，改为关额征收，私添税口，并市集买卖微物亦勒令上税。得旨：交该督抚严查究审，并饬行查明，该县落地税之应征者，归地方官征收，应革除者仍即遵旨革除。

皇朝文献通考卷二十七

征榷考二

征商关市

乾隆元年，革除龙江西新关衙规、验票等项银两。户部覆准：两江总督赵宏恩等奏称，龙江西新关务，旧有衙规、茶果、照验单票等项，在正额盈余加一火耗之外，应令一概革除；如织造衙门承办各项差务，养廉不敷，准在盈余内支存一万两酌量动用，每年将动用款项并余存银两报解内务府查核。从之。

又定闽省征收渔船课税例。闽浙总督郝玉麟奏：闽省渔课一项，分隶侯官等三十六县征收，出诸各澳渔户。其原始于五代，相沿至今。新增渔税一项，分隶闽县等十五县，南澳军民一厅非独征诸捕鱼为业之船，即出海小商船亦在其内。定例：梁头七尺以上，折算五尺二寸，归关输税；五尺以下归县输税。又有船规一项，分隶侯官等十三县征收，此合归关、归县之大小商渔船只，按照征收陋规也。查渔课系应征之项，相沿已久，毋庸裁革。但澳有涨荒，船有歇业，请照田地之例，分别涨荒豁除，其有澳之新开、船之新造仍复按年办理。至渔税一项，岁有常额，船无定数，不以船之大小定税，而以船之多寡均征，胥吏得以高下其手。请照田房税银之例，分别上中下三则起科，不拘定额数，尽收尽解[①]，其有已完渔课之船，并小船、渡船等，概行豁除。至于已经输纳税课之船，又取给照。船规殊属额外重征，应请革除。如有不肖官吏私收入己者，论如法。从之。

又以江南水灾免各关米麦额税。户部议准：御史王文璇条奏，江南被

[①] 尽收尽解，不设定额，按实际收入尽数上缴。

水各属，皆系滨江滨河之地，转运甚易，应请特颁谕旨，敕部查明邻近灾属之关口，将米麦等额税以奉文之日起，暂行宽免两月，扣算期满，照旧征收。但江省水路乃南北通衢，商贩往来络绎不绝，诚恐米船过关免税之后，商人随处售卖，不致被灾地方。应令该督抚转饬管理关务各员，凡有米船过关，即询明该商，如果前往被灾各邑售卖者，免其纳税，给予印票，责令到境之日呈送该地方官钤盖印信，以便回空查销；如有免税米船偷运别省，并未到被灾地方先行粜卖者，将宽免之税加倍追出，庶商贩流通，市价不致昂贵。疏上，得旨依议速行。

又定各省税课则例颁示通行。甘肃布政使徐杞奏言：各省应纳税课，例应刊刻木榜大书，设立关口，使商贾一目了然。经户部议请通行各省。臣遵即通饬各属大书设立，并纳税串根与造报底册逐一查对，内有比册征收短少者，亦有比册浮多者，更有比坊刻通行则例浮减不一、有无不同者，且有府与府异、县与县异、一税而数处各别者，缘各属并部颁则例，各凭照破烂旧本按物收税。伏查甘省税课，除牙帖等项外，有商、畜二税，内有过税、坐税之分。过税系贩往别地货物应纳过路之税，坐税系置买别地货物到店发卖，即为落地税银。税名不一，轻重各别，必须逐条刊刻，大张晓谕，方免滥收脱漏。今甘省既失部颁条例，输纳自无准则，未便，因其相沿已久，苟且从俗。仰恳敕部查照，逐条抄发，刊示通行。部议，应如所请。行文甘抚，将该省应征各税查照节年①奏销定数，即行刊刻木榜，大张晓谕。倘各该州县阳奉阴违，仍有滥收脱漏之处，即行指名题参，严加议处。得旨允行。

二年，以关税既轻，物价未减，申谕各省督抚。奉谕旨：据原任江西巡抚俞兆岳奏报，乾隆元年，九江、赣州两关税课盈余银两，较前任共减收九万有余，此事交与该部及新任巡抚岳浚查核奏闻。朕前因各省关税于正额之外，每多无名之费，恣意科索，苦累商民，是以降旨厘剔弊端，将应行减除者概令禁止，全在督抚大臣等督率司榷之员，洁己奉公，实力遵行，以副朕轻徭薄赋、加惠商民之至意。今就江西一省言，已少收银十万两。推之各省，则约计百有余万矣！如果商民得沾实惠，即更逾此数亦朕所乐闻，有何吝惜！但从来关榷税务与百物价值，原系相为表里，如果关税减轻，则物价亦必平贱；若税轻而价仍不减，是各关所减课银，商民并

---

① 节年，每年。

未沾被恩泽，徒饱吏胥之囊橐耳。我皇考临御以来，澄清吏治，凡此等官侵吏蚀之习，久已弊绝风清。今督抚诸臣如不能稽查属员，被其蒙混，则庸懦无能，有忝封疆之任。若或己身稍有染指，则名节有亏。朕一经摈斥之后，断不复加录用也。可将此旨传谕各省督抚，令其各行稽查，深自警省。若错会朕厘剔弊端、藏富于民之意，又欲多报盈余，以致商民受困，识见鄙陋，其罪更不可逭矣！

又免天津、临清二关粮税船料。总理事务和硕庄亲王允禄等议准：四译馆少卿蒋炳疏奏，雨泽愆期，正需粮米，若将关税暂免，俾商贾趋利挽输，源源接济，甚属有益。应如所奏，将天津、临清等关装载米麦、豆谷、杂粮之车辆船只到关，验明并无夹带私货，即令放行，暂免其抽税，并免其交纳船料，毋得藉端稍有留难阻滞。俟得雨后行文征收。从之。

又以台臣条奏，各省税务宣示内外臣工。奉谕旨：御史舒赫德奏请将各省税务归并旗员管理，不知国家设立关隘，原以勘查奸宄，利益商民，并非为收税之员身家之计也。若以旗员贫乏而差遣之，是导之使贪矣。朕日以砥砺廉隅训勉臣工，尚恐其不能遵奉，而可以谋利之见为之导乎！且各省委办税务，率多道府等官，并无满汉之别，如满洲有任道府而廉洁自爱者，何尝不可派委，而必定以为例乎！朕御极之初，图理琛即为此奏，总理事务王大臣亦以为可行，朕并未俞允①。后此陈奏者纷纷，朕概不准行，亦未交议。今舒赫德又条奏及此，可将朕旨宣示于外，使咸知朕意。

又免淮安沿河口岸等处经过米粮杂物纳税。奉谕旨：今冬挑浚淮扬运河大工齐举，所有员役人夫不下数十万，日用薪米食物所需甚多，恐将来物价渐至增长。查淮关则例，除本地所收米麦杂粮不收税课，其外来客商贩卖者，按石征收。旧例如此，朕思目下兴工之时，若裁去一分税银，自可平减一分物价，于沿河居民及在工夫役均有裨益。着管理淮安关税内务府员外唐英，将淮安大关并沿河口岸经过之客贩食米、豆麦、杂粮，以及煤炭、苇柴等物，悉免稽查，不必纳税。俟明年工竣之后，照旧征收。又闻河南固始县素称产米之乡，每年客贩运至清江浦地方卸卖，其价颇贱。今运口筑坝固始，米船不能直达清江浦，而相近清江有老坝口地方可以卸卖，着将此地米税亦照淮关之例暂行宽免。

又定淮安浒墅各关经费，以杜吏役滥征之弊。淮安关监督唐英条奏

———————
① 俞允，应允。后世称皇帝之许可为俞允。

"各项经费及书役饭食不敷，请动盈余"一案，部议，应行令江南总督庆复会同该监督熟筹妥议。奉谕旨：朕思商民皆为赤子，轻徭薄赋，俾人人实沾惠泽，乃朕爱养黎庶之本怀。但恐官吏不能实力奉行，仍多巧取以饱私橐，则徒于国课有亏，而于商民无益，即如年来各省关税较前额数大减矣，其取之商民者仍似未减。若关税减轻，则商货价值亦应平减，今京师货物腾贵，仍复如前，可知商民未得实沾减赋之益。至江南淮安等关，或因胥吏添设过多，以致工食不足，则当量行裁汰，且查管关官员养廉之数亦觉太丰，可通融分给，如有不敷，则动用盈余以补之。可寄信庆复谕知朕意。经江南总督等会议，查得浒关上年共支费用、养廉八万七千八百七十三两有奇。今遵旨议裁衙役，酌减工食、养廉银两，每岁经费预定额数约需银七万九千七百六十八两有奇，统由该关报销。淮关遵旨议裁人役工食银四千九百七十六两四钱有奇，又书役饭食等项约需银六万五千五百二十八两一分有奇。如收数盈缩①，据实报销。疏上，从之。

  三年，暂免临清、天津二关米豆纳税及通州张家湾登陆处所落地税银。奉谕旨：上年畿辅之地，收成歉薄，米价日渐昂贵。今闻近省商贾米船陆续渐至，所当格外加恩，俾其踊跃从事，着将临清、天津二关米豆之船免其纳税。至通州张湾等登陆处所，旧有米豆、杂粮落地税银，亦着免征。俟二麦收成之后，米价平减，再照旧例征收。并严禁不肖官吏暗中需索等弊，以副朕通商惠民之意。嗣因二麦有收，经督臣覆奏开征。复因沿河地方被水，米价加昂，海运既开，商贩云集，将内河前项米粮各税一并暂停征收，并江南、浙江歉收之处俱免其收税。

  又以江南米船过关免税给照，缴销②之法行知各处关差。时江苏岁旱歉收，凡商贩米船前往被灾各邑，给照免税者，到境钤印回空验销，难免守候稽延，浒关监督海保与巡抚许容议询明运往灾邑米船，行知该邑印官到境申报，至所给过关免税，照票不必钤印，听其随便回空缴销，并以面商办理之处奏闻。奉旨：览海保所奏，与许容商酌办理之处甚是。各处关差，凡有商贩米船至被灾之州县者，俱照此例行。至于商船先报前往某州县，若此地贩运者多，米粮足用，即不妨转移邻邑，总之，歉收之地、乏食之民皆吾赤子，不容歧视也。

---

① 收数盈缩，收入数字发生增加或减少的变化。
② 缴销，即缴回、注销过期文件、票证等。此处指缴销免税照。

四年，定浒墅关口岸船栅裁撤事宜。先是，御史舒赫德参奏，浒关监督海保于离关百里及二百里之常熟、无锡、江阴等县私立栅座，滥设巡船。密行江督苏抚将该关私设各口相度情形报部。据该督那苏图奏称：浒墅关在长洲县境，最为冲衢，所辖湖河、海道、支港纷繁，易于透漏，从前崇福等三桥、望亭等七港十处口岸，设役守巡，报部有案，历任监督恐稽查难周，添设蠡口港等一十三处船栅，以佐三桥七港之不及，后又添设板桥等二十九处，通共五十二处口岸。雍正八年，前苏抚尹继善将续后增设之板桥等二十九处尽行裁撤，另于王庄等十处立栅，及顾二房廊下等五处设船，统计现在口岸三十八处。今臣遵照部文，就现在各口详酌，查有原报部之转水、柏渎二港，既于毛塘、九里二处添设栅巡，则二港可以毋庸复设；又南北角各减去巡船一只，其各处口岸应请暂为存留，仍不作报部经制，如有应行纳税之船，俱令直赴大关报税，不许各口擅立税房，私自征收，亦不许混指透漏滥行究罚。至于本地土货，非捆载贸易远方者原不征课，其附近镇集船载米麦不及十石者，免其收税。农民缴租办粮，质当米麦皆不论石数放行，章程久定，仍应遵照办理。经部议，驳饬另议。得旨：照该督所请行。

又准江苏抚臣所奏，以两淮盐政管理瓜州由闸税务、扬州钞关。及瓜州由闸税务自归并巡抚，例于道府内遴员代管。是年，以扬州知府高士钥查灾办赈，未能带管榷务，抚臣奏盐政近在同城，稽查便易，可否照织造管关之例，就近令其带管，于榷务实有裨益。从之。

又敕芜湖、凤阳关税务专差管理。户部议：原任安徽巡抚孙国玺奏，芜湖、凤阳两关税务，请专差监督管理。应如所请。从之。

五年，以砖板闸税务归并临清关管理。先是，山东巡抚岳浚奏称，临清州有二关：一为户部关，系巡抚衙门管理收税，解交户部；一为工部砖板闸关，报纳短载、纸价税银[①]，系管河道管理收税，由河道总督奏销，解交工部。各船既向大关，报纳货税船料似毋庸一地两关，经河道总督议奏，请将工部一关裁去，其应征银两，移归临清大关征收。从之。

又严禁捏名讨关积弊。户部议覆：御史陆尹耀奏称，会典内开过关船只，如有指称内外官员及旗下商人夹带私货者，该关报部参处，是榷关定

---

① 短载、纸价税银，指短载税银和纸价税银。短载，是短缺货物补交的税款；纸价，是茶商领引所交的纸张和印制费用。

例，遵行已久，近复有执持科道名帖赴关免税者。查京员科道等官，供职京师，自无经营贸易之理，即或子弟偶有在外经商者，岂容捏写父兄名帖讨关，希图透漏，恐在外奸商或捏名影射，希免税料亦未可定。应通行管关各督抚、监督，嗣后在京及在外官员眷口船只过关，除无货物照常验放，胥吏人等毋得任意需索外，如有假捏京员科道名帖，或有京员子弟执持父兄名帖讨关夹带货物、希图免税者，遵照定例查参。如明知瞻徇，一并议处。从之。

六年，清查外省关権私增口岸。奉谕旨：外省关権，皆久经该督抚就近稽查，除现设口岸报部有案者照旧设立外，其有私行增添之口岸，逐一详查题报，应留者留，应革者革。此番清查之后，司権之员若再有违例苛索者，胥役严处，官吏严参，该督抚不行查察，经朕访闻，必于该督抚是问。至浒墅、北新二处，系江浙大关，尤为紧要，交与杨超曾、德沛照此稽查办理。

又免官办米谷过关税银。户部议覆：署理两江总督杨超曾奏言，设关之意不专在于取盈，盖以准百物之权衡而平其市价，故历来但有征商之令，而不兼及于官物。况米谷一项，系民间食用所必需，发帑采买①，原为接济民食起见，与商贾之射利逐末者不同。今既征其船料，又责其完纳税银，取之司库以输关库，此绌彼盈，国课毫无增益。应如该督所请，将各属委员采买赈济及巢三补仓米谷经过各关税口，仍照臣部题准之例，止纳船料可也。疏上，如议行。

又议定武昌厂关口岸税额并除宗关收税耗羡。户部议覆：湖广总督那苏图奏，武昌厂关正额盈余之外，所收口岸银两并正额盈余项下征收加一耗银。先于雍正十年，据抚臣咨报征收余银二千九百余两，今据奏称，每年征收共计银一万余两，除例应支销外，每年约可余银七八千两，是较之历年报收银数盈余几及加倍，即将此项为地方办理利济军民之事，如标营兵丁应建营义仓廒、武昌、汉阳应设义渡船只，管关之员既彻底报出，亦应酌给公费。至各关口岸银两，因非正项，既不收耗，则宗关同一口岸自不应独收耗羡。应据督臣所奏，准其免收。从之。

又饬各关盈余增减，据实造报考核具题。奉谕旨：各省关税定有正额，而尽收尽解，日有盈余，此不过杜司権者侵蚀之弊，并无有累于商民

————————
① 发帑采买，用公库的钱采购。

也。但各省年岁之丰歉不同，货物之多寡亦异，其盈余原不能年年画一。近见各关报满之时，如盈余浮①于上年，则部中不复致议；如减于上年之数，则部中即行驳查司榷者。唯恐部驳必致逐岁加增，年复一年，将何所底止，苦累商民，事有必然之势。朕思关税盈缩，相去本不致悬殊，若乙年所报盈余之数稍不及甲年，原可不必驳查，若过于短少，亦必有情由，惟应令督抚确查，则地方实在情形自难逃于公论。总之，查核过严则额数日增，其害在于众庶；查核稍宽，则司榷侵蚀，其损在于国帑，此中轻重固有权衡。着大学士会同该部详议具奏。经部臣议定，嗣后各关盈余银两，如与上年数目相仿者，户部即行考核具题；如本年所报盈余与上年数目大相悬殊，令各该督抚就地方实在情形详细确查，如无侵隐等弊，据实声明覆奏。倘该督抚查奏不实，扶同徇隐，别经发觉，将该抚等一并交部议处。着为定例。

七年，免乾隆三、四两年渝关缺额追赔银两。四川巡抚硕色奏：重庆渝关木税与别项杂税不同，抵渝木料皆伐自深山穷谷，年丰水涨则木筏顺流而下，一岁之中可以发数年之木。若遇岁旱，水涸不能漂出，则已伐之木常积于深沟浅溪，未能到渝。是年岁之旱涝不齐，木料之多寡难定，则税银盈缩亦理势之必然也。渝关木税，自乾隆二年、三年皆不敷原额，奉部行追。而乾隆五年，时值米贱，水涨木多税盈，扣此补彼，更有盈余，奏请免其赔补。从之。

又免直省各关米豆税。奉谕旨：朕御极以来，直省关税屡次加恩减免，每遇地方歉收，天津、临清、浒墅、芜湖等关口商贩米船概给票放行，免其上课，皆以为民食计也。但系特恩，间一举行，未能普遍。夫以养民之物而榷之税，转以病民，非朕己饥己溺之怀也。今特降谕旨，将直省各关口所有经过米豆应输额税悉行宽免。至各关口征收则例不一，有征商税者，有征船料者，有商税船料并征者，今既蠲免米税其船料一项，若不分析明确，着为规条，恐致混淆滋弊，应如何办理之处，着交该部详查妥议具奏。经部议：详查各关米豆杂粮等税，有按梁头丈尺纳料者，有收纳船户空船料银及无论有载无载按年抽单纳课者，又有计石征税不收纳船料者，各关则例有殊，故征收未能一致，应令各关监督查明，定议报部。旋据御史李清芳、沈廷芳并奏，部议：船料事件俱发九卿议奏，未上。得

① 浮，多于，高于。

旨：朕爱养黎元，特沛殊恩，将关榷米豆等税悉行蠲免，以为充裕民食之计。但船料一项，议论不一，朕思向日征收船料者，应照例征收，向不征船料者，岂可因免米豆之税而转加征料。该部即速行文各关知之。

又奏准麦石税课一体免征。署福州将军兼管闽海关事策楞奏：豆税既经免征，部文并未指明麦石字样，应否一体宽免？奉谕旨：自应一体免征，下所司知之。

又禁革炉地、里塘等处私收畜税。打箭炉地方公出、雅纳二卡，向有达赖喇嘛使人收税，并于里塘等处收取鞍子钱，每年约得税银不过六七百两。雍正三年，钦奉谕旨，每年赏给达赖喇嘛茶叶五千斤，班禅额尔得尼茶叶二千五百斤，并运茶脚费银二百两。今将收取鞍子钱停止，随经达赖喇嘛将在里在炉收税之堪布①等一并撤回。嗣于雍正十三年，达赖喇嘛自泰宁回藏后，有留住惠远庙之徒弟帕朋喀库图克图罗卜藏格隆复安人于公出、雅纳二卡收取番民所卖骡马牛羊税银，四川巡抚硕色请敕达赖喇嘛将私收畜税之处，永行禁革，并在炉之蓝占巴等一并撤回。部议，应如所奏。得旨允行。

八年，免淮关监督私免税银赔项。淮关监督伊拉齐私自免征酒曲、绢粉等税银。部议：应令赔补。特旨：免之。

又免征山东临清关船料。奉谕旨：山东临清关向征铜补商补，相沿已久，报部则统名之为船料。前抚臣岳浚改为计石上税②，而将铜补商补归入石头征解，是名革而实存也。今朕既降旨蠲免各省米粮之税，此项亦应一体邀恩豁免。着该部即行文山东巡抚知之。

又定暹罗国运米船只酌免船货税银有差。先是，乾隆七年，暹罗商人运米至闽，曾奉特旨免征船货税银。至是，岁仍复带米来闽贸易，上念外洋运米源源而来，其加恩之处自当着为定例，自乾隆八年为始，凡遇外洋运米闽粤等省贸易，带米一万石以上者免其船货税银十分之五，带米五千石以上者免其船货税银十分之三。

九年，定湖南宝庆府口岸收税则例。湖南巡抚蒋溥奏言：宝庆府征收商税，向例按照贵贱价值，酌中定数，每两三分之外不得多取丝毫，一切零星货物俱不许滥行抽取，刊刻简明木榜，竖立晓谕。其书役票钱，向系

---

① 堪布，原意为藏传佛教高僧，一般都主持寺院事务。后来，达赖、班禅的高级随从也称堪布。

② 计石上税，按货物的重量或容量征税。

税银一两取银一钱，今酌减五分，不及一两者不许苛索，数浮一两者亦不得过五分之多。此外陋规，一概严禁。部覆准行。

又饬各省奏报关课核实办理。奉谕旨：江南浒墅关，乾隆六年十一月至七年十一月税银缺少一案，经户部行查，巡抚覆奏，称系按月计算，未经减少，并无丝毫欺隐等语。朕之裁减各关税课，并免米麦税银，无非惠念商民之至意。从前有旨：盈余减少，户部不必过于苛查，唯令督抚就近查奏，乃自有此旨之后，各处所报盈余无不减少者，而督抚之查奏亦不过虚应故事，并无实力查出略有异同者，故自减免税课以来，米豆价仍然昂贵，而于商民未见有益，于税课日见有亏，用颁此旨，通行训饬，朕既宽免税课数百万两之多，岂较量此些小盈余之数。各督抚及司税官员毋错会朕意，以报增盈余为念。嗣后务须核实办理，无欺无隐，不得视为具文。

十年，复开马白税口。大学士伯鄂尔泰等议覆：云南总督张允随奏称，马白税口，前因该国都竜厂被贼占据，商旅裹足，税课无出，是以题请封闭。今厂民渐次复业，应于明春撤回临广官兵之日，照旧开关收税，尽收尽解，据实填报。至往来商旅，责令该同知严加盘诘，照例填给腰牌，亲身验放，不容奸匪混行出入。应如所请。得旨：依议行。

又禁止宿迁关通船一载征税之例。宿迁关旧有通船一载之例，如船实能受载百担，而所装之货乃在七十担以下者，仍照现征之数，按担征收；若有数满七十担者，遂援通船一载之例，令输百担钱粮；其船只之受载数百担以至千余担者，所装货物虽有多寡之殊，而税银俱按此例征收；至船头、船艄及平版上跨俱为剔除不入签量见数之内，即有储货于此者，亦不征其税。至是，监督倭赫奏称，近有狡黠船户，每计货船已满七分，即将货物分储头、梢、上跨，以避一载之例，而奸猾吏胥亦伺船货之在七分上下者即高下其手，以逞其隐漏、勒索之技。应如所请，将散装货物不拘头、梢、舱跨，悉照成包成捆货物一例签查，见数按担征收，将通船一载之例即行禁止。从之。

又豁免福建浦城关税缺额银两。奉谕旨：朕闻福建浦城关税，从前题定额征收二千七百余两后。于乾隆三年更定税则，委员监守一年以为定额，缺少银五百四两零。嗣后连年短征，盖因该关长脚难于雇觅，以致商货稀少，经征各员无力垫补，遂成悬欠。着将此项税银加恩豁除，令其尽收尽解，其乾隆三年以后节年缺额银两，一并加恩免其赔解①。该部即遵谕行。

十一年，以米粮免税价值仍昂，敕督抚示谕商贾平价。江苏布政司安宁奏言：自免米豆税银以来，弊窦丛生，国课日少，而米价之贵较甚于前，应请仍照旧征收。上念众商乃无知愚人，当先加以化导，敕各该督抚恺切训谕，俾各商感发天良，悉除私弊，督抚等仍设法查察，妥协办理，庶几足食便民，闾阎均受其福。

又免暹罗国商人船货税银十分之二。福州将军新柱奏报，本年七月内有暹罗国商人先后载米入口，皆不足五千石之数，并各带苏木、铅、锡等货，所有船货税银未便援例②宽免。奉旨：该番等航海运米远来，慕义可嘉，虽不足五千之数，着加恩免其船货税银十分之二，以示优恤。

十二年，又改溪雅税馆于悬钟地方，并定仔头船之禁。先是，福州将军新柱奏请将溪雅税馆移至悬钟。经户部行文，抚臣周学健议称：溪雅地方，远距悬钟三十里，税馆设在溪雅，船只俱泊悬钟，在关则有鞭长莫及之虞，在商则有乘机偷漏、奔走、守候之弊。部复议，如所请，将溪雅税馆准其改设悬钟。又该将军奏称厦门等处有奸民置造仔头船，双篷双橹，傍用四桨，非商非渔，专为包揽偷漏货物，请行饬禁。经户部行知该抚议覆，请嗣后仔头船式样，永行禁止，所有现在之船，毋许加用四桨，多添柁水③，并十船编甲互结。部议，应如所请。从之。

敕内地人民往暹罗造船，未载回米粮者倍罚船税。大学士伯张廷玉等议覆：福建巡抚陈大受奏，闽省赴暹罗买米，造船运回，请给印票，进口之日缴销，仍另给牌照归澳安插。盖往暹罗造船，本为买米，而设如或该商并无米石载回，只造船而归者，应令倍罚船税示警。得旨允行。

又免失风洋船官买铜斤税课。福州将军新柱等奏，商人陈天元船只遭风，铜斤全数交官，照部定价值收买，仰恳免其铜税。从之。

又以户、工二部奏报：芜湖关税盈缩足敷抵补，免其驳查。芜湖关报部，户关盈余较去年有余，毋庸置疑；工关盈余较去年不足，行令查核。奉谕旨：此案户、工二部所报，足敷抵补。如将有余者毋庸置疑，不足者再加行查，于考核功过之意未合，即使行查，亦徒多往返登答。工部再行

---

① 赔解，解缴赔偿金。
② 援例，援引以前的成例。
③ 柁水，舵工、水手。柁，通舵。

查核之处，不必行。嗣后着该部照此办理。如一人而兼两关，其比较上年盈余之处俱有不足，再令该督抚据实查核。

十三年，定广东太平关收税则例。广东巡抚岳浚疏称：太平关则例内未经开载之九十五条，查照粤、赣两关税则，斟酌征收，统按其中。因与海关同属初次抽税及货物贵重、应照海关定例者，则有珍珠、玉器、锦茧布、楠木。因先由粤海征税，次及内地分贩，应照赣关定例者，则有氆氇、琥珀、蜜蜡、玛瑙、哆啰、哔叽。因粤、赣两关未载，按照贵贱科税者，则有布帐、黄杨器、黄杨木。因原税本属平允，即用着为正条者，则有毛布、水晶、玻萝松线布、刀石、红木。因货物初经收税者，则有姑绒、花生、甘草、梅、海石、茶子、桐子。因各处出产，价值不同，适中损益者，则有棉器、布器、油菜籽。因税则笼统，复加分别者，则有哆啰器、缎器、毡器、儿帽、袓帽；因物同名异，即仿本例者，则有毡底、桌毡、紫香、香粉、麻包、泥碗。其涵光①各条内因与太平桥正例②开载相符，应令一体遵收者，则有废铜、香蕈、洋青石、青石、绿八角、金针菜、紫檀、紫榆木、骨角器、皮器、铁器、布棉器、各色糖果、绸绫器、丝缎器、哆啰器、哔叽器、锦丝线带、布帐、薯莨、盐、良姜、柯子、枫子、草仁石、莲子、石决明。因下水已经输税，上水应予轻减者，则有纱罗、包头帽纬、毛布毡片、姑绒、氆氇。又木税各条内，因原税本属适宜，即拟着为正条者，则有土杉、枋杉、板松、板红木、大杉木、樟木、枋板、床板、门枋。因料大税轻、量予加增者则有松木。因料同税重、较正酌减者，则有长薄板、松筒、杉木。因论蔑恐滋夹带改作、论根者则有遇仙桥之小杉木。至遇仙桥、涵光厂款目与太平桥相同者，均应画一抽收。共计拟定货税七十三条，木税二十二条，俱属因地制宜，斟酌允当，反复确核，委无偏重偏轻，一并刊载例内，并竖榜三关厂晓示商民，俾有遵循，而税则益归尽善。部议，应如所奏。从之。

> 臣等谨按：太平关征税，比照粤、赣两关，因时因地以定税额重轻，如珍珠每斤才收课银二钱，玉已成器者才收课银四分，未成器者每斤收银一分七厘有奇，即使珠玉价值极微，亦数十百分而取一矣。

---

① 涵光，指涵光税厂，是太平桥税关所辖的分关。
② 正例，正式条例。

其余哆啰、哔叽、蜜蜡、琥珀，俱每百斤才收税银一二两，香楠及黄杨俱每百斤收税银自一分至五分而止，盖通工惠商，俭于取民，超轶①前代，非可数计。特以我国家休养生息百有余年，幅员广阔，亘古无比。凡舟车商贾所达，西北及于天山外裔，东南及于闽粤重洋，积少以成多，未始不足以资国用。若分析计之，则至微至薄矣。夫征商之令，见于《周官》。孟子所述恶商贾之罔利，故从而征之，其详不可得闻。大约周人田赋以什一为制，至于重本以抑末，则征榷之数谅必加于计亩。秦汉以后，税额递增，征榷之轻，未有如我圣朝者。兹所胪列货税共九十五条。按名定数，未可以罗缕备书，附识于此，以见薄征之大概焉。

又以广西梧浔等府税务归该管道员查核。户部议覆：广西巡抚鄂昌奏，粤西、梧浔二府关税及桂平、南庆等府、富川、贺县、怀集等县各杂税银两，皆为凑充兵饷及支给通省大小各官养廉之用，向系该管府县自行征收，分别正额、盈余，按季造册解司，并无专事稽查抽收之员，则疏漏自不能免。查粤西苍梧、左江、右江三道，俱有统辖地方之责，且其该管之府州县，例应按季巡历，一切稽查甚属便易，应请将各处税务分隶各道，就近稽查。查桂林、平乐、苍梧三府并富川、贺县、怀集三县，俱系苍梧道所辖，其税务即隶苍梧道稽查；南宁府系左江道所辖，其税务即隶左江道稽查；浔州、庆远二府，系右江道所辖，其税务即隶右江道稽查。饬令各府县将逐日抽收货税银两数目，按月造报该辖道查核，并于按季巡历之时，亲赴收税之所，饬取②存厂抽收底簿③，与月报册逐一核对，应如所请。从之。

又以米豆免税，市价未平，仍依原额征收。户部议覆：江苏浒墅关监督图拉条奏，直省各关米豆税银，历来按额征收。乾隆七年，皇上特恩，宽商税以平粮价。乃自豁免以来，奸商大贾唯知罔利，不顾民艰，近年各省米豆价并未少减，甚至有比旧加昂者，徒使奸商饱橐，市侩居奇，穷黎究未得沾实惠，诚属无益。况现当军需浩繁之际，亦宜酌量筹办。应如图拉所奏，将直省各关米豆税银仍复旧额。奉谕旨：依议。朕降旨蠲免各关

---

① 超轶，超越。
② 饬取，命令取出。
③ 底簿，留作存根的原始簿册。

米豆税银，本以食为民天，关税优免，则市价可减，是以不惜千万正课为小民谋饔飧宽裕计。当时内外臣工屡有以"但利商贾、无益民生"为言者，概未允准。朕意欲试行数年，果否于民食有裨，再行酌量。乃数年来，税免而米豆之价不唯不减而昂贵，时或有加，明系奸商不知免税之恩，专利自封，转以有限之帑项肥三倍之囊橐，无裨闾阎，久宜仍复原额。且地方偶有偏灾，即将该处关口应征米豆税额加恩宽免，则估舶闻风云集，市价自平，驵侩不得居奇，穷黎均沾实惠，转得操权自上，朕意不专为军需起见也。如既复之后，奸商藉端长价，弋利妨民，该地方官即应严行查察究处。至淮关因宽免米税后，倭赫奏准加征船料，今既征米税，仍循旧例行。

臣等谨按：米豆纳税，向例征收。皇上念食为民天，特降温纶，免其征课，以所去之额税，减粮价于市中，则贫民日籴斗升，计数加赢，不啻分太仓之粟粒。乃米税既免，而粮价日昂，则减税之效不著于常年，当收于歉岁，所以俯允廷臣之请，仍依旧例，俾偏灾郡邑可以鼓励转输。盖出疆兴贩者本非南亩之民，用其心计，坐列市门，既仰亏税额于征商，复力争细民之价值，其载米似知本务之重，而罔利实为逐末之尤，从古征敛之法，即缘此辈而起。我国家正供赋额岁有蠲除，而利权赢缩则仍操之自上，因事转移，留权政之有余，补征敛之不足，亦具见平施称物之妙用焉。

又以东省歉收，特开海运接济，免收米税。山东巡抚准泰奏：本年五月内，经大学士高斌等以东省之登、莱、青三府，地处东隅，别无河道，连年歉薄，不但民间绝无盖藏，即仓储亦因赈济鲜有积储。请将奉天米石听商民籴买，由海运往山东售卖，流通商贩，权宜补救，诚为目下万全急务。钦奉谕旨允行。今赴奉天贩运各商陆续抵东，请将此项米石行令免征税银，饬地方官遵照办理。从之。

十四年，敕直省各关税额视雍正十三年份数为准。户部奏：各关征收盈余银两，比较上届短少至一分以上者，各按数定以处分。奉谕旨：此折所见虽是，但盈余究在正额之外，然非额外别征余盈。缘照额征收，尽收尽解，其溢于成额者即谓之盈余，是名虽盈余，实课帑①也，亦即正供也。当康熙年间，关差各有专员，恣意侵蚀，不但无盈余，并不敷正额，然至任满之时，未尝不量其所入，派工派差，无得饱其私橐者。而当时风气俱视缺额为分所当然，是以有雍正年间一番清理，凡官侵吏蚀仆使中饱，举烛照而数计焉。于是各关之以盈余报者相属，而缺额者从未之闻矣。可见岁额本敷，盈余本有，向之有缺无盈，其弊自在漏卮耳！自朕御极，而中外人心举知政尚宽大，希图欺隐，时则盈余岁减一岁，又将渐开亏损正额之端，用是曾降谕旨，所有较前减少之员，交部严行察议，令其少知法纪。而朕意又恐查核过严，则各关自顾考成，必求溢羡，或致藉端横索②。因令数目相仿者，该部即行核题，迄今年复一年，较前有减无增。部臣请比较上届短少至一分以上者，各按数定以处分。此虽为慎司国计起见，然所称与上届比较，不无流弊，有如甲盈一万，则下届之乙必思盈及万有五千，再下届之丙又将增加二万，至丁而三万。似此相竞不已，又将无所底止，必至病商敛怨，非理财之正道也。夫盈余无额而不妨权为之额，朕意当以雍正十三年征收盈余数目为定，其时正诸弊肃清之时，而亦丰约适中之会也。自雍正十三年而上下二三十年之中，岁时之殷歉相若也，贾舶之往来相若也，民风之奢俭相若也，则司榷之征收又何至大相悬殊哉！嗣后正额有缺者仍照定例处分，其各关盈余成数，视雍正十三年短少者，该部按所定分数议处，永着为例。

十五年，定各关征收税课成数，扣足一年汇报。户部奏：各关征收税课有一年期满者，有未及年满离任者，亦有管理一年余数月者，是以奏报盈余，向系按照管关月日，各清各任。唯是各关税课统年征收，则货物之出产皆齐，商贾之往来毕集，较之上年银数自应相仿，如系征收数月则货物有衰旺之分，商贾有多寡之异，管关官员或数月内正值货物丰盛，或数月内适值货物俭少。若概照周年足月之数匀算比较，未免碍难查办。请嗣后各关管理税务日期，凡接任征收，无论两任三任，俱令扣足一年为满，其管关一年余数月者，将一年盈余奏报，其奇零月数，归于下届，统俟扣足一年，再行汇奏，以昭画一。得旨允行。

又定古北口征收斗税额银。户部覆准：直隶提督布兰泰奏，古北口斗

---

① 课帑，税金。
② 藉端横索，找借口横加勒索。

税盈缩，原出于商贩之多寡。乾隆十二年二月内归营试收，适遇口外丰收，口内粮价较贵，粮车进口云集，按例征收，据实尽报，是以收税较增。至乾隆十三年，而口内地方粮价平减，商贩不前，市集鬻粮无几，即斗税亦无从征取，是以收税较少。应准仍照原定斗税银二千两之数作为正额，如遇粮价昂贵，贩运者多，征收盈余，据实尽数具报。从之。

十六年，免浙省各关口米税。奉谕旨：浙东府属雨泽愆期，该抚预筹民食，请弛海禁，着照所请。江、闽二省商贩赴浙属之温、台、宁、处四府者，准其暂开海禁，仍令该抚饬属给予印票，沿途实力稽查，严禁奸商等藉端偷买透漏。其浙省各关口并着加恩，免征米税，以示招徕，务俾商贩流通，米粮充裕，该部遵谕速行。

十七年，以镇雄州购运川盐脚价弥补毕节税课①。云南巡抚爱必达奏言：镇雄新辟夷疆，本无额税，因毕节税羡不敷，议拨代征，自雍正七年设立州城，古芒部却、左、母、亨、牛街五处税口，两省官员互相稽查，迨后归镇雄州征收，不能敷额。臣查镇雄州铜运马匹因无回头货物，脚户等退缩不前，现在议令承运官每岁购办川盐一百万斤，令驮铜之马运回镇雄州营销，每年拟酌收税银以补毕节税羡之不敷，于盐价尚未昂贵，而毕节税课有着，镇雄商民无扰。疏上，敕部议覆，准行。

十八年，敕各关奏报盈余数目。经部臣复核，毋庸复交督抚查奏。奉谕旨：各省奏报关税盈余数目，较上届短少，部议俱交督抚查明情由。该督抚不过据监督及管关委员所报取结，声明具覆，从未有查出侵蚀情节，据实查参者。章奏往返，竟成故套。朕思关税时赢时绌，势所不免，若该监督等无故短少，或任意侵肥，该督抚自应随时查察，奏闻治罪，如其果无情弊，何必重复声明，徒滋案牍②。嗣后各省奏报关税盈余数目，该部复核时毋庸复交督抚查奏。

十九年，免高堰堤工运石应追船料。奉谕旨：高堰堤工需用石料，办运船只甚多，俱官为雇觅，已按给水脚银两。其例征船料，自应照数完纳。但此番工程紧要，更番迭运，无误工程，加以石货粗重，挽载维艰，所有从前运石过关船只应征料税，着加恩免其追缴。

二十二年，更定浙江海关洋船税例。户部覆准：闽浙总督喀尔吉善、

---

① 毕节税课，毕节县的税收收入。
② 徒滋案牍，白白增加公文的数量。

两广总督杨应琚奏称，设关分榷，原以裕课通商，而因地制宜，亦须权衡公当，如外洋红毛等国番船，向俱收泊广东，少至浙江，是以浙海关税则略而不详。今自乾隆二十年以来，外洋番船收泊定海，舍粤就浙，岁岁来宁，若不将比较则例，更定章程，必至私扣暗加，不特课额有亏，亦与番商无补。臣等悉心会商，将粤海关征收外洋船只入口出口货物现行征税则例及比例规例，并外洋船出口货物估价科征各册，逐一查核，除比例一册，缘天下之物类繁多，税则未能备载，以此例彼比照征收，原无轩轾。其规例一项，原系从前陋例，嗣经查出归公，征收报解①。以上二项，浙海关循照征收，均毋庸另议增减。唯正税一项未便，仍照粤海关科则一例征收，盖向由浙江赴粤贩买之货，今就浙置买，税饷、脚费俱各轻减，而外洋进口之货分发苏杭亦属便易，该番商既比在粤贸易获利加多，则浙海关之税则自应酌议加征。其中有货物产自粤东，原无规避，韶、赣等关税课者，悉仍旧则，概不议加。正税之外，仍照加一征耗。其粤海关估价一项，系将该商出口货物估计价值，按货本一两征收银四分九厘，名为分头②，今应遵照办理。但如湖丝、瓷器、茶叶等各种货物，现就浙江时值多与粤海关原例不符，似应按照时值增估更定，其中有时价相符者仍循其旧。至船只梁头之丈尺及货物进口出口之担头，悉照粤海关则例征收。奉谕旨：依议。此折内所称"若不更定章程，必致私扣暗加，课额有亏，与商无补"等语，尚未深悉更定税额本意，向来洋船俱由广东收口，经粤海关稽查征税，其浙省之宁波，不过偶然一至，近来奸牙勾串渔利，洋船至宁波者甚多，将来番舶云集，留住日久，将又成一粤省之澳门矣！于海疆重地，民风土俗，均有关系，是以更定章程，视粤稍重则洋商无所利而不来，以示限制，意并不在增税也。将此明白晓谕该督抚知之。

臣等谨按：旧例，海舶贸易外洋者，给之照，以稽查出入。其出洋归港，皆凭照为信，因按其照税之。有藏匿奸匪、私带违禁之物者，论如法。良以外洋红毛诸国番船，向皆收泊粤东，国家张官置吏，分驻营伍以资弹压。凡定例，所查禁者，严明约束，垂诸令甲，是以海口肃清，民不滋扰。至于浙省宁波，向非洋船聚泊之地，迩年

---

① 报解，上报、解缴。
② 分头，清代粤海关征收的一种出口税，按货物的价值征银。

奸牙市舶狃于税额之轻微，自乾隆二十年及二十一年，外洋夷船岁至定海，转运宁波，于是督抚大吏据浙关科则，比较粤海课额，更定征收。我皇上圣谟深远，念海疆重地，多一利端即增一弊薮，洋船岁至宁波路途日熟，势将与粤省之澳门无异。而商舶频仍，则有奸牙之勾串，吏胥之需索，及其易货归棹，则有丝粟之出洋，铁器之渡海，日久弊生，难以尽杜。津会既成夷商丛杂之区，必须重为经理。夫昌国、宁海、松门、瀲浦，皆浙省滨海之藩篱也；推而至于金山、乍浦、海门、崇明，又南省滨海之门户也。风涛出没，持货贿以懋迁，既可骛趋宁波，亦可转移他郡，利之所在，瑕衅易滋。圣天子所以经画于未然，而杜其端于始事者。值此之由，盖自章程更定以来，外洋市舶知违例纡道之无所利，不复收泊宁波，内无禁令之烦，而夷艘自远，无事巡查之密，而海口敉宁。我皇上潜移密运之权，诚有握要于几先者矣。

又免湖北拨运豫省米石回空船料。奉谕旨：湖北拨运豫省米石抵豫交卸后，原船回过各关，例应输纳船料，但各船户回棹时，如已揽载客货，其船料自当征收。若仅原船回空，船户未免拮据。着加恩免其征收船料以示优恤。嗣是二十三年复奉特旨，以川米原船回空时如查无揽载者，一体加恩免其征收船料。

二十四年，定叶尔羌、喀什噶尔二处贸易抽税例。回部商税旧制，凡本地回民往外贸易，带回对象者抽税十分之一，外处回民贩来对象，抽税二十分之一。于乾隆二十四年，经定边将军兆惠奏闻，仍照旧例办理。是年，又据参赞大臣舒赫德奏称：叶尔羌、喀什噶尔二处牲畜价贵，请减收商税分数。奉旨：允准。嗣是本地贸易带回之牲畜，改为抽税二十分之一，其缎布皮张则十分抽一；外番商人贩来牲畜，改为抽税三十分之一，其缎布皮张则二十分抽一。若牲畜货物不及抽分之数，马一匹抽一腾格，大牛一头则二十五普尔，小牛一头半之，大羊一牵税十二普儿，小羊一牵亦半之，杂项对象视其值之贵贱折收腾格、普儿。回地钱名曰普儿，以铜为之，五十之数为一腾格。至乾隆二十八年，驻扎喀什噶尔大臣永贵奏：布噜特回民到乌什贸易对象，请照喀什噶尔之例收税。报可。

二十五年，议除粤海等关一切规礼名色。户部覆准：两广总督李侍尧等奏言，查粤海关外洋、本港商船货物出入，向来除按照则例征收船钞之外，另有官吏家人、通事、巡役人等规礼，以及分头、担头等项银两，节经奏报归公，而则例册内仍照从前开报各项名色，分别胪列，诚于体制未协①。兹汇并核算，统作进口出口归公银两各若干，将一切规礼、火足、开仓、验仓、放仓、押船、贴写、小包等各色，悉行删除改正。至丈量领牌，原与收税章程无碍，毋庸过为更易。其分头、担头等项，统作一条造报②。至于各口规则，皆查明历年收税册档，分别等次开造，以杜弊窦。又查省城大关以及虎门、潮州、雷州、琼州各口，向有书役、家人收作饭食、舟车等费，悉作归公造报，统俟核覆，奏准刊刻，颁发各口永远遵守。繁冗既删，名目亦正，洵足清税款而杜弊端。应如该督等所奏，悉行更定。仍将更定条款刊榜晓示，画一征收。从之。

二十七年，严禁榷关漏税积弊。大学士、公傅恒等议：两江总督尹继善等奏言，各关榷务定有则例，凡一应官民船只但有应行纳税货物，俱循照定则征收，其讨关陋习久经严禁，但行之日久，不无懈弛，应再行各关监督实力奉行。至各省贡物船只，关口向不查验，其间家人、船户不无藉端私揽客货，冀图漏税情事，该督等请将贡物开单用印文知会关口查验，此外货物均令纳税。亦应如所请办理。从之。

又准江苏抚臣所奏清厘浒关积弊四条。户部覆准：江苏巡抚陈宏谋条奏浒墅关近日情形，厘清积弊四条：一、浒关向有铺户代客完税，包揽居奇，节经禁革，乃旋革旋复，阳奉阴违。现且派定地方如江西、湖广上河、下河船由何处开来、税由何铺户包纳，与在关之家人书役通同一气，遂致正税串改罚项，舞弊无穷。应请将包揽铺户尽行列榜禁革，仍令商人自行完纳，按簿亲填。一、各处关口货船抵关，官役到船签验，按则纳税，方许过关。唯浒关先不签验多寡，听其自报纳税之后，船已过关，方始签验，名曰倒住，因而铺户奸商侥幸漏税，营求免罚分肥者亦复不免。嗣后货船到关，令委员带同丈量人役查验签量，令其赴关纳税，给票之后始准过关，以杜偷漏。一、江南各关口俱有坐关之员，遴委佐杂③，半年一换。唯浒关委员四人，向系久管不换，相习日久，渐滋弊窦，应请嗣后将浒关委员，已过半年即遵照乾隆十七年前抚臣庄有恭原奏更换，不得任其恋缺，致启弊端。一、督抚于关税监督，原应相助为理，唯是每月所征

---

① 未协，不和协，不适合。
② 造报，编造表册、文件并上报。
③ 遴委佐杂，遴选、委派官佐和杂役人员。

关税数目，各处监督均不咨明督抚，及至缺税交查，事在一年之后，客商四散，簿籍难凭，多寡之数无从稽核。应令管关监督按月知会督抚，仍于年满奏报时将一年总收数目统行咨会。至龙江、淮安两关归两江总督稽查，浒墅关归苏州巡抚稽查办理，庶就近分查，责成益专，于关务更有裨益。从之。

二十八年，饬天津各关口税则画一办理。户部议覆：天津关监督达色奏称，各关分设口岸，原以防奸商之绕道漏征，其一切税则自应遵照大关部颁条例，画一征收，以免避重就轻之弊。今天津苑口等十三口岸，每货百斤、每布百匹，较大关税则互异，自应俱按津关部颁则例改正征收，以昭画一。从之。

又议准山东豆石由海运赴浙贩卖。山东各属产豆素多，向例许从海口运赴江南，久经奏准遵行。其浙省未据奏明一体办理，是以东省豆石从前并无运进浙江海口贩卖之例。至是，浙闽总督杨廷璋等奏称，黄豆一项，浙省需用甚广，应照运江之例一体通商接济，俾兵民均有裨益。部议，应如所请，准其将东省豆石，听商由海运浙发卖，以资接济。其商船运到各府，即准其由镇海关、乍浦、海门汛、东关汛等处收口，所有经过关口应纳税银，应令一体照例输纳，填入该年部颁印簿，送部查核。至出口进口验票缴票，一应设法稽查之处，均应如该督抚等所请。从之。

定伊犁地方铺面房间，分等收税。将军明瑞奏：伊犁地方铺面房间，分等收税。从之。

又定哈喇沙尔地方铺面收税例。驻扎哈喇沙尔大臣达桑阿奏：该处商民开设铺面共四十间，量大小作为三等收税。从之。

又定辟展地方收税例。辟展办事郎中德尔格奏：辟展、吐鲁番、鲁克沁等处地方，凡售买马匹、牲畜，照内地例给票，每银一两，上税①银三分。奉旨照所请行。

二十九年，定乌鲁木齐市易上税例。驻扎乌鲁木齐大臣旌额理奏：乌鲁木齐地方买卖马匹、牲畜，请照辟展之例，俱行给票，每两上税银三分。奉旨允行。又阿克苏地方奏，买卖牲畜，亦照此例，每普儿一百文，收普儿三文。报可。

又更定临清关商税征钞名色。山东巡抚崔应阶奏称，临清关税务自雍

---

① 上税，纳税。

正六年部颁则例，各项货物应征税银俱开征钞几贯字样，如缎匹每匹钞二十八贯，船料每丈钞七十五贯，如此等类，分别数千百条，仅于则例尾页注明，钞每一贯折银三厘一毫①七丝三忽②字样，一时颇难明晰，商客过关不能通晓则例，即目睹则例亦不知几十万贯需银若干，必须按数折算，经书有意模糊，藉此可启多收侵没之弊。臣愚拟将商税论钞论贯之数概行删去，其各项货税，照每贯折银若干，核定应征银若干，确数载入例册，送部较正，刊刻木榜，设立关口，庶商客易遵，经胥不致弊混。从之。

三十年，更定吉林等处征收税额。户部议：吉林等处税银，自乾隆十六年题定，吉林额征马畜杂税银一千六百五十两，木税银三百七十两；宁古塔额征税银二百八十两，遇放参票③之年征税四百五十两；伯都纳额征税银二百七两。至拉林、阿尔楚喀二处，乾隆二十五年奏准试收，每年征收税银二百四五两不等。今据吉林将军恒鲁奏，以吉林、宁古塔生齿日繁，贸易益盛，派委旗员协同同知征收税银较多于前，分别酌定税额应如所请。吉林杂税以一千七百八十两为额，木税仍三百七十两；宁古塔添收木税以一百五十八两为额，杂税每年尽收尽解，遇放参票之年以九百十二两为额；伯都纳税银仍以二百七两为额，拉林税银定以七十二两为额，阿尔楚喀税银定以三百三十八两为额。从之。

又裁潘桃口监督缺，所有税务归并张家口监督管理，其潘桃口所管六小口改归通永道征收。

三十一年，以潘桃口木税令多伦诺尔同知管理。直隶布政使观音保奏：大河口地方距张家口五百余里，张家口监督不无顾此失彼之虞，可否将税务就近交多伦诺尔监督，或交多伦诺尔同知兼管抽收。工部议以领票商人系多伦诺尔居民，该同知身任地方，抚绥劝导商情易协④，应请将潘桃口木税事务交于多伦诺尔同知征收。从之。

三十四年，奉谕：自来硫黄出入海口，俱有例禁，原因黄斤系火药所需，自不便令其私贩，若奸商以内地硫黄偷载出洋，或外来洋船私买内地硫黄载归者，必当实力盘诘治罪，乃定例于洋船进口时亦不许其私带，殊属无谓。海外硫黄运至内地，并无干碍，遇有压舱所带自可随时买备，于

---

① 丝，中国市制重量单位（一丝等于千分之一分）。
② 忽，中国市制重量单位（十忽为一丝，十丝为一毫）。
③ 参票，清政府发放的进山采掘人参的许可证。
④ 易协，容易达到和谐。

军资亦属有益，何必于洋舶初来多此一番诘禁乎！嗣后于海船出口时切实稽查，不许仍带黄斤，以防偷漏之弊，违者究治。其各省洋船入口，禁止压带硫黄之例概行停止，着为令。

<u>臣等谨按：军资火药最重黄斤，虑奸民私贩俶利，自不得不严加讥察，故凡商船出口及番船归洋，与丝粟、铜铁同一例禁。其由海外运至内地者，向亦为之严诘，不许其携载入口，于市舶情形殊多未便。我皇上圣谟深远，准其压带，禁令则弗使烦苛，商贩则咸资利益①，法良意美，斟酌尽善，防奸之道无不至柔远之政，蔑以加矣。</u>

四十二年，户部言：打箭炉界近边陲，嗣后税差请照山海等关之例，于宗人府正副理事官及各部院郎中、员外郎等官内拣选保送，庶于榷务弹压有裨。得旨允行。

又奉谕：户部奏《查核扬关征收税银，较雍正十三年短少三万二千六百余两，请着落经管之道员孙栝赔补》一折，因命军机大臣交户部查该关历年盈余之数，较雍正十三年多寡若何。今阅单开各年盈余数目，唯乾隆十四、十七两年较雍正十三年有盈无绌，其余各年则节次短少，并非始自近年。各关税课盈余例与上届相比较，朕御极之初，本不知各处所收关税多寡之数，因谕部臣即以雍正十三年为准，使胥吏不敢例外苛求，监督不能征多报少，且使每年比较不致岁渐加增加减，无所底止，实于体恤商民之中寓司关税者不致作弊克减之意，并非因雍正十三年关税独多，使各关税必足其数也。乃行之未久，部臣因各关奏报盈余较雍正十三年有盈者居多，若置上届于不问，恐监督以比旧已多，即可从中侵隐②，易滋流弊。请仍与上届相比较。又复通行日久，昨岁考核淮关、凤阳关较上届屡形短绌，因令复照雍正十三年比较，则所短之数更多，自系办理不善。今扬关亦复节年短少，且通计短少最甚者唯此三关。若因此而遍及诸关，未免窒碍，且恐无识之徒疑朕于关税必欲从其多者相核实，不知朕体恤商民之本意矣。朕有意于帑项增多，则不三次通免天下钱粮，其所增益不较此百倍乎！又思乾隆二十八年临清关征收盈余较二十七年短少，朕曾谕户

---

① 咸资利益，全凭此来获得利益。
② 侵隐，侵蚀、隐占。

部，令与二十五六两年再行比较，嗣经部臣奏称，该关盈余之数，虽较上届少银三万余两，而较之五六两年尚多银一万五千余两，即予免议。盖税课盈缩，率由于年岁丰歉，固难免参差不齐，而通计三年即可得其大概。若多寡不甚悬殊，原可毋庸过于拘泥，此法最为平允①。嗣后各关征收，盈余数目较上届短少者，俱着与再上两年复行比较，如能较前无缺，即可核准；若比上三年均有短少，再责令管关之员赔补，彼亦无辞。夫朕以雍正十三年为准者，本属美意，今既有此求全之毁，嗣后此例不必行。所有扬关本年比较盈余，交该部照此例另行核议具奏，并将此通谕知之。

四十五年，奉谕：向来荆关、打箭炉两处征收税务，俱派部院司员前往管理，一年报满更换。但派往之员，人地生疏，又或经理不善，往往易致缺额，按例既不可不令其赔补，而该员等因一二年小差以致折变房屋赔缴官项②，非所以示体恤。虽该员等赔项每加恩豁免，而于帑项公务究属无济，所有此两处税务由京派员前往之处，竟可不必，其业经派往者俱着撤回。嗣后着交该督抚照临清等关之例派委妥员③，奏明管理。

四十九年，免粤海关珍珠、宝石等税。详见市籴考。

---

① 平允，公平、适当。
② 官项，国家款项。
③ 派委妥员，委派妥当的官员。

皇朝文献通考卷二十八

征榷考三

盐

顺治元年，整理长芦盐法。詹事府通事舍人王国佐条奏长芦盐法十四事：一、复额引[①]以疏壅滞；一、改引部以速引利；一、便引价以壮京圈；一、革防销以省商费；一、除滥赎以伸商冤；一、除变价以止奸欺；一、清焚溺以杜虚冒；一、止改告以一引盐；一、疏关禁以通引楫；一、杜扰害以清私贩；一、核场灶以清窝囤；一、复两坨以备讥察；一、免徭助以济孤商；一、设赏例以鼓富商。部覆允行。

二年，赦免陕西本年盐引额课三分之二。

又定河东盐法改票用引。户部议覆：河东巡盐御史刘今尹疏言，河东盐额课银一十二万四千九百余两，故明给宣、大、山西三镇宗禄军饷，今应解京库。其给发盐引之法，河东地远势不能先纳银而后领引，应先解纸价[②]，后按引纳课，旧例可循。至河东地方，去年十月方出汤火，业于顺治二年春定期征解，以苏商力。其捞采之法，均宜仍旧，唯是山西太原府、汾、辽、沁州欲行票盐，似非画一，当如山东例革票行引，以信令甲而除私贩之弊。从之。

又定原食淮盐之汝宁归两淮巡盐御史管理。原食西和、漳县盐之临洮、巩昌归甘肃巡按兼管。从河东巡盐御史刘今尹请也。

[①] 复额引，恢复前朝实行的盐引定额，即发行的总引数和每引的食盐重量，以及商人领引的纳银标准。

[②] 先解纸价，指先交盐引的印刷工本——纸硃银（每张引银三厘）。

定河南、江北、江南等处盐课征解①例。奉谕旨：河南、江北、江南等处各运司盐课，自顺治二年六月初一日起，俱照前朝《会计录》原额征解，官吏加耗重收或分外科敛者，治以重罪。

又：准盐臣于户部领引召商纳课。户部议覆：两淮巡盐御史李发元疏言，两淮盐引，旧例为南京户部关领。今南直规制未定，盐臣请于臣部："急颁盐引，以疏盐利"，应先给二十万引济目前急用。其边商纳粟，原为边计，今中外一统，防兵无多，应令运司召商纳银，依额解部。从之。

又给新引以杜混冒。凤阳巡抚赵福星疏言，盐课为军需所关，今各商所行皆故明旧引，其中不无混冒，请速给新引以裕国课。疏入，如所请行。

又诏：免本年盐课三分之一。奉谕旨：各运司盐法，明末递年加增，有新饷、练饷及杂项加派等银，深为厉商。今尽行蠲免，止照旧额按引征收，本年仍免三分之一。

又核定本年行盐一百七十一万六千六百二十五引，征课银五十六万三千三百一十两六钱有奇。

<u>臣等谨按：是年行盐一百七十余万引，次年即行引三百余万，十六年行引四百余万。固由升平之后，户口日增，民食渐广，亦以我朝蠲政之宽，将故明加派名色尽与蠲除，无积引套搭之苦，无常股存积之名，无新饷、练饷、追呼征缮之扰，场灶煎晒可以当耕凿之勤，自食其力；而商贾出汤火之后，额征既减，亦自易于转输，是以营销既远而课额日增。传所云为之者疾，用之者舒，则财恒足，盖盐法祇国计之一端，而因连岁革除之苛政与递年引目之加增，由此识维新治象与商民抃舞②之效可以并观而互见也。</u>

四年，蠲免浙闽加派盐课。时以浙东、福建初定，浙闽运司盐课自故明天启、崇祯年间，加派名色甚多，深为商厉。今尽行蠲免，止照万历年间旧额，按引征课。

又免江南崇明盐课银两，允招抚江南大学士洪承畴请也。

---

① 征解，赋税的征收解送，也指其相关规则。
② 抃舞，欢乐地举手击掌而舞。

又严禁旗兵私贩。奉谕旨：兴贩私盐，屡经禁约。近闻各处奸民指称投充满洲，率领旗下兵丁，车载驴驮，公然开店发卖，以致官盐壅滞，殊可痛恨。尔部即出示严禁，有仍前私贩者，被获鞭八十，其盐斤等物入官。巡缉员役纵容不行缉拿者，事发一体治罪。

五年六月，以地方土棍串同满兵，车牛成群，携带弓矢，公然贩卖私盐。谕各管旗官员，严行禁止，并敕部再加申饬地方，巡缉擒拿解部，依律治罪。

又蠲免广东盐课加派银两。以广东初定，本省盐课照万历四十八年旧额按引如数征解，其天启、崇祯年间加派，尽行蠲免。

又议：准山西盐法道归盐运司兼管。

六年，免四川商民盐课。以四川未定，免征盐课。从巡抚赵班玺请也。

七年，敕广西驿盐事务归并布政使兼理。

八年，以盐课余银通饬各盐差御史。奉谕旨：各处所报盐课，每报余银若干，细思盐课正额自应征解，若课外余银，非多取诸商人，即系侵克百姓，大为弊政。户部、都察院通行各盐差御史及各盐运司，止许征解额课，不许分外勒索余银，有御史及运司各官贪纵者，许商民指实，赴都察院首告，审问确实，奏请治罪，用布朝廷恤商裕民至意。

十二年，稽核河东、长芦盐务。奉谕旨：河东、长芦等处各运司盐课，原应商人办纳，中有每年派民纳课而民不见升合之盐者，着该运司详加稽核，从长计议，务令公私两便，经久可行，毋得因循积弊。

又复差御史巡理盐政，从科臣张王治请也。

十五年，暂停长芦盐政解送光禄寺盐斤。礼部议覆：光禄寺条奏长芦运司所解青白盐盐砖，历年存剩六十万斤有零，现在足用，应暂停解本色①。自十五年以后，该地方官照时价改折②解送光禄寺，俟库内现存之盐用完日具题，仍解本色。应如该寺所议行。从之。

户部议准：上元、江宁等八县食盐九万六千七百引，将原派纲盐十三万八千八百四十七引仍归纲地营销。

十七年，严粮船夹带私盐之禁。巡盐御史李赞元疏请，预杜粮艘夹带

---

① 本色，在田赋征收中，法定征收对象是米麦。这里指盐税的本来征收对象是盐。
② 改折，改征法定征收对象以外的其他财物，这里指暂停征盐，改征银钱。

之弊，回空粮船约有六七千只，皆出瓜、仪二闸，其船一帮夹带私盐，奚止数十万引①，合而计之，实侵淮商数十万引盐之地。查漕规，回空利于速回，以便早赴下运，如此夹带私盐，必致耽延时日，是害盐法，亦所以害漕规②，乞令督抚转行漕道，申饬禁缉，发卖之地先穷其源，所过之地严察其弊，庶于盐法、漕规两有裨益。户部覆准：令各该督抚檄行沿河各道府州县并山清、高宝等处地方官，严加禁缉。扬州钞关，乃万艘必由之地，回空到彼势不能飞渡，应令该巡盐御史逐船查验，即便放行。如有仍前夹带者，罪之。后盐政李赞元复奏，请缉私不力议处及拿获私盐议叙，以次数分别轻重。着为例。

又议准：按臣条奏清理四川盐政。户部议覆：四川巡按张所志奏，蜀省之盐皆产于井，必相山寻穴，凿石求泉而井始成。开凿艰难，每一井常费中人数家之产，应照开荒事例，三年起课，以广招徕。新凿盐井仍令每年报部。武弁抽索灶丁，应严行申饬，违者题参重处。贫民易食盐斤，应令四十斤以下者准免课税，四十斤以上者仍令纳课。至蜀省盐课则例，查明季万历年间额盐九百八十六万一千二百四十斤，岁解陕西省银五万余两，岁留本省备用银二万一千余两，其行盐地方系成都府、嘉定州、叙州府、潼川州、顺庆府、保宁府、广元县、州府、广安州、雅州也。其告运行盐事宜，锅井征收则例③，应行该御史斟酌损益。具题，从之。

又议准：盐臣条奏清厘两淮盐务。两淮御史李赞元条奏盐政八款：一、每年见行额引，宜带积引附销④；一、清厘府州县私贩之源；一、清厘三十盐场之弊；一、严饬各道巡缉各省越贩；一、稽核官引以杜夹带重复；一、淮北地方宜并引行盐；一、盐引日增，请照长芦、河东、两浙例加课不加引⑤；一、溢斤、割没日重，请照所发印簿实填。下户部议行。

十八年，定盐引归部以杜盐贱引壅之弊。巡视长芦盐政御史张冲翼疏言：长芦旧例，引存户部，先课后引。顺治十五年，户部发引到司，皆争先求售，减价而沽，以致盐贱引壅⑥，逋课甚多。请仍循旧例，将盐引归

---

① 引，古代实行盐引法时，盐的统计单位，每引由官方规定重量。
② 漕规，此处指漕运的法定规则。
③ 则例，法则、成例。
④ 积引附销，商人纳课领引时，要搭销往年积存未销的盐引。
⑤ 加引，增加引的数量或者每引的盐斤。
⑥ 盐贱引壅，盐价下跌，盐引领售受阻。

部，庶引不虚发，课无逋欠。从之。

又定临安府属枯木、八寨、牛羊、新县四处食盐银两，自顺治十七年为始，编入蒙自县经制全书。

又免崇明县盐课。户部议覆：江南总督郎廷佐疏言，崇明县地丁钱粮虽已蠲免，其盐课仍应完解。得旨：崇明孤悬海外，逆贼来犯皆赖兵民同心协力，固守全城，所欠盐课，着与豁免。

康熙元年，以淮北食盐改拨淮南，派额销引。巡盐御史郑名疏言，两淮南北纲引食盐，原有定例，派行州县户口不无盛衰，宜设法疏理，请行改销。部议覆准：既称淮北引壅，酌量派销疏通。淮安府等州县一万引，改拨宁国六千五百引，和州含山三千五百引，每年奏销，以为定额。

三年，免广东康熙元年份逋欠盐课银七万一千一百一十五两。

又准：江西吉安府改食淮盐。江西总督张朝璘疏言：吉安府向食粤盐，但距粤千余里，更有十八滩之险，商贾裹足，民多淡食。请以康熙三年为始改食淮盐，仍照粤额完课。得旨允行。

四年，恩诏：蠲免盐课积欠银两。时因遵奉诏旨，蠲免直省旧欠钱粮，推广及之。

又蠲免东省灶课银两。户部议覆：长芦巡盐御史李粹然疏言，本年东省旱灾，钱粮尽行蠲免，灶地同为被灾之地，灶民同为应恤之民，请将本年灶课银一万四千八百余两照例全免。应如所请。从之。又减广西盐引额数。户部议覆：广西巡抚金光祖疏言，粤西盐引旧额一万三千四百九十有奇，但丁少民贫，无力营销，请减存四千四百九十一引，以康熙三年份见在丁口均派定额，俟户口繁盛再议加增。应如所请。从之。

六年，定湖南衡、永、宝三府改食淮盐。巡盐御史宁尔讲疏言，湖南衡、永、宝三府改食淮盐，应酌议引额、课银，将两粤课银照淮南输课则例，计派引九万五千八百一十七引；其口岸照三府见行粤盐包数派销。部议，准行。

又定湖广郴州等十一州县食盐，免其销引办课①。先是，湖广郴州十一州县食盐取给广东连、韶诸处，例不销引，粤商欲令楚民分引办课，户部以郴州等州县既食粤东之盐，自宜分销盐引。得旨：据该抚奏言，郴民

———————
① 销引办课，划为独立的引区，由商人纳课领引，销售食盐。

既食粤商兴贩之盐，是食盐之民已寓税于买盐之内，而认税之商已浮税①于卖盐之中，两得其便。又十一州县民困已极，分销盐引恐穷民愈致苦累。其再详议。至是，部议仍如旧例，免楚民分销盐引。从之。

七年，敕广西布政使兼理盐务。是年，饬禁陕西州县官按亩摊派，销引病民。户部议覆：吏科给事中王承祖疏言，各省盐斤，应令商人自营销运。今陕西州县官转向商人买引，按亩摊派，每引费银一两，甚为民困，应饬抚臣并巡盐御史严行禁革。从之。

又改广东巡海道为广肇道，管理盐法。

九年，禁止两淮运盐额外私派及淮盐挈挚弊端②。巡盐御史席特纳、徐旭龄疏言，两淮积弊相沿，其苦有六：其一为输纳之苦。商人纳课，例将引数填注限单，谓之"皮票"，而运库扣勒皮票；胥役又有使用，谓之"照看"；纲总又有科敛，谓之"公匦"。除正纳外，必费一二钱始得筑一引之盐，计岁费约至数万金，其苦一也。其一为过桥③之苦。商盐出场，例将舱口报验，谓之"桥挈"。而关桥扣勒引票，每引科费数分不等，除溢斤④外，必费七八分始得过一引之盐，计岁费约至数万金，其苦二也。其一为过所之苦。商盐呈纲例必造册摆马⑤，谓之"所挈"⑥，而未经称挈，先有江挈之费，又有茶果之费，又有缓挈⑦之费，又有加窝之费，除割没外每引必费一二钱方能过所，计岁费约至数万金，其苦三也。其一为开江之苦。引盐既挈矣，例必请给水程，每引数分不等，又请给桅封⑧，每张数两不等，每引约费二三钱方能开行，计岁费又至数万金，其苦四也。其一为关津之苦。盐船既放行矣，而所过盐道有挂号⑨之费，营伍有巡缉之费，关钞有验料之费，计岁费又至数万金，其苦五也。其一为口岸

---

① 浮税，本指超过定额多征的税款。此处指盐商转移税负。

② 挈挚，清朝在盐运路上的关津渡口设员查验盐商所运的盐与盐引所载是否一致的制度。挈、挚都是抽取的意思，合起来就是抽查。

③ 过桥，两淮盐场商船装盐后，离开盐场范围时在桥头的查验手续。

④ 溢斤，超过定额的盐。

⑤ 摆马，也做摆码，称量重量。

⑥ 所挈，盐运司批验所的重量抽查。

⑦ 缓挈，因故要求推迟挈查。

⑧ 桅封，盐运司根据商人申报，并经查验后，发给商人封贴于船桅上的运输凭证，上面载有船的编号、船户姓名、装盐数量、舱室设置、船面附载情况、卸运口岸等情况，以供沿途关卡查核。

⑨ 挂号，运盐船只路过不同的盐道管理区的登记手续。

之苦。船盐既抵岸矣，而江广进引，每引约费钱余不等，样盐每包数厘不等，查批书吏每船数两不等，计岁费又至数万金，其苦六也。又言淮盐掣挚三大弊：其一为加砣之弊，掣官每籍余斤亏额为名，不论盐包轻重，暗挂斤两，每一引增至二三十斤不等，利归于砣而病中于商，其弊一也。其一为坐斤之弊，掣官又藉合算底马①，假以论捆为名，不论斤重有无预定余盐，商盐非多带斤两不能抵补掣费，每一引带至四五十斤不等，公斤愈多则私科愈重，其弊二也。其一为做斤改斤之弊。商之奸良不一，奸商斤多，赂入可以填少，良商斤少，赂不入亦可以填多，掣官于未掣之先议定使费，暗做斤两，已掣之后议定使费，又暗改斤两，其弊三也。此三弊者唯有请旨严禁斤重一法，火盐出场卤耗虽有参差斤两，原自无多，乞交部酌议定例。凡桥所掣挚、溢斤、割没，少者三四斤，多者七八斤，不得逾额；如奸商夹带过多，掣官有虚填太重者，商则计引科罪②，官则计斤坐赃，则掣验公而国法信。疏上，奉谕旨：各处盐差官员，因循陋规，巧立名色，额外私派，苦累商民。据席特纳所奏，情节俱实，各盐差积弊作何禁止？经部议：将私派等款严禁，勒石立于桥所及经过关津口岸，永行禁止。如有违禁私派、苦累商民者，照律治罪。

停止盐政官员征收盐课议叙例。顺治十八年，以内外大小官员势豪之家，贸易贩盐，倚势不纳课银，巡视盐课官员畏势徇情，即致课银亏欠，于是有管盐官称职者从优议叙、课额亏欠者以溺职治罪之例。至是，佥都御史陈一炳条议，巡盐御史及运司、分司、州县等各官，任内征收盐课不能全清亏额者，仍照考成定例处分③。其全清及溢额议叙，纪录加级，俱行停止。

又停止盐课预征。巡盐御史席特纳等疏言：两淮盐法，春夏行盐，秋冬纳课，相沿已久。原照引数征纳，并无计日催征之例。只因康熙七年，盐臣差遣稍迟时日，部覆盐差在任一日即有一日考成之责，于征完本年课银外，又行重征新盐。四月方掣新课，即于五月开征，盐尚未卖一引，而课已催至二十余万，此种金钱追呼无措，非重利揭债即典鬻赴比④最为苦

---

① 底马，即底码。商业和银钱业的习惯用语。在商业中，指商品的最低售价；在银业中，指最低的放款利息额。
② 计引科罪，商人夹带私盐，折合成引数，按律治罪。
③ 考成定例，考察政绩的法律规定。
④ 典鬻赴比，典卖家产归还欠税。

累。及查此项银课前差所征，仍入后差考成例，于八、九等月起解①，九、十等月到部，是商人徒受预征之苦，而盐课并无预征之益；官收一金，商费数金；年年递压，遗害无穷。两淮盐课一百五十余万，每岁报完早征于额不增，迟征于额不减。查民间地丁正赋尚禁预征，商民征纳法无二视，伏乞交部议，将五十七日预征立行停止。户部议覆：两淮御史，按日扣算考成，后差任内征银，作为前差御史考核，系历差额征，不便更改。疏入，上以预征原非旧例，饬部再行确议。户部覆奏：该御史既称此五十七日课银预征累商，应照所请，令后差御史征收。

十二年，定长芦等处盐务仍令御史巡视。顺治二年，定巡视两淮、长芦、两浙、河东盐政差监察御史各一员，岁一更代。顺治十年，裁去各省巡按御史，将巡盐御史一并议停，盐务交与运司。十二年，部覆科臣条议，以运司权轻，难以纠劾镇将，抑豪强，禁私贩，请仍择廉能风力御史巡察。康熙七年，部院会议，嗣后盐差不分满汉，应将六部郎中、员外郎及监察御史，选择贤能官员，每一差满汉官各一员。康熙八年，侍郎李棠馥奏：巡盐原差御史，不独莅政②利弊，兼有举劾地方官员并察拿恶棍之责，应将六部司官停差，专差御史以便责成。至康熙十一年，左都御史杜笃佑奏准，停差巡盐御史，归并各巡抚督理。至是，九卿等会议：直隶巡抚金世德疏言，直属事务殷繁，长芦盐政巡抚势难兼顾，请仍差御史专理。应如所请。其两淮、两浙、河东三处盐政，亦仍照例差御史巡视。从之。

十三年，添设江南、安徽驿盐道，其管理通省驿道改为江苏等处驿盐道。是年，添设四川督粮道及湖北驿传道，俱兼管理盐务。至十四年，改陕西固原道为平庆道，管理驿盐事务。十七年，刊刻灶户由单，先经台臣奏，场灶丁地钱粮，照民户地丁刊刻由单。部议，行令盐臣查覆。嗣据两淮巡盐御史郝浴疏称，刊刻由单，则总灶无包揽之隐情，散灶知正供之确数，亦似有裨盐政。部覆施行。

十八年，蠲免福建旧欠盐课银两，以海澄等十三县历年被兵故也。

二十年，革除广东福建盐务积弊。先是，尚之信在广东令其部人私充盐商，据津口立总店。耿精忠在福建横征盐课，久为民害，命该部檄各督

---

① 起解，起运解送。
② 莅政，盐务行政。

抚，悉革除之。

停止奉天销引，听民人自行贸易。九卿议覆：户部侍郎达都疏言，盛京地方，系招徕安插之民，其乌喇以内居住之人，并新满洲边外蒙古等，尽属穷苦。自康熙十八年招募商人吕进寅等领引行盐，征课无几，而盐价腾贵将及二倍，穷民难以资生，请停止销引，民人有情愿煎盐发卖者，听其自行贸易，不许豪强霸占。更行令奉天将军、户部侍郎查缉严禁。应如所请。从之。

二十一年，以高、廉盐田既复，令广西食盐仍复旧例。两广总督吴兴祚疏言：谨按旧例，广西南、太、思三府俱食廉盐，郁林等处俱食高盐，挽运甚便，后因盐田尽迁，改销梧引①。今高、廉二府盐田既复，请仍照旧例改食高、廉之盐，路近价贱，有便于民。从之。

又蠲免广东渡口盐埠额外加增银两。户部议覆：广东巡抚李士祯疏言，渡口盐埠等项，较旧额增银六万五千余两，均请蠲免。从之。

二十二年，议：修撰漕运、盐法二书。户部题：臣部专治钱粮，而钱粮事务莫大于漕运、盐法，但漕、盐二项，条款繁多，随时因革，如拨饷、裁员、截漕、增引，以及商民、旗弁之优恤、盐课运艘之增减，合加纂集②。查臣部主事赵吉士、张琦纂修《会典》，将次告成，应即令其续修漕运、盐法二书，臣等覆加检阅，再行翻译进呈。从之。

又豁免山西修筑盐池包赔银两。户部议覆：山西巡抚穆尔赛、巡盐御史马尔汉疏言，前抚图克善查核盐丁，将老少病废尽行开报。迨盐池水患，仍责盐丁修筑，以致力役交困，里甲包赔。今通计包赔一万七千一百余，丁银一万五百余两，请行豁免。从之。

二十五年，定：江西南、赣二府仍食粤盐。江西南、赣、吉安三府原食淮盐，后改食粤盐。康熙五年，两淮御史黄敬玑请将吉安一府仍食淮盐。康熙十七年，南、赣二府改行淮引。至是，广东巡抚李士祯疏言：粤东滨海小民，藉盐以资生，从前江西南、赣两府俱食粤盐，因康熙元年禁海以来，粤东路阻，后改食淮盐。今粤省平定已久，产盐甚多，销售无地，请循旧例，令南、赣两府仍食粤盐销引。下部议行。

二十六年，准：陈州、项城等处均改食芦盐③。陈州、项城等处旧食

---

① 梧引，引区在梧州的盐引。
② 纂集，编纂、收集。
③ 芦盐，长芦盐田（位于今天津、河北一带）产的盐。

解盐①，并舞阳县均于明季改食淮盐。各属距淮窎远，风涛险阻，脚费既多，盐价腾贵，额引难以完销。河南巡抚章钦文奏：请比照怀庆府之例改食芦盐，以长芦距豫道路平坦，挽运甚易，引课不难完销。将六属额引九千一百张改增于长芦，国课无亏，民生有益。部议，应如所请。将两淮之课照数除去，自康熙二十七年为始，增入芦额。得旨允行。

二十七年，清厘粤省盐政诸弊。广东巡抚朱弘祚条奏粤省盐政：一、查从前金商掣盐纳饷，凡上下大小衙门皆有公费，官役分派取用，此乃正课之外加出私派者，请严行禁革。一、埠商定例，三年一换，倘商人内有公平交易、地方相安者，应令永远承充②。其欠课及作奸犯科者，即行驱逐，另募充补。一、各州县销引设有定额，如定莞、增城等县逼近海洋，无地非盐，小民就近取食，官引难销，其余州县户口繁多，或有官引不敷之处，请酌量增减。又私废埠商课饷，派征田亩，有累居民，请仍令招商行运。一、粤省旧驻，尚逆党棍未靖，或冒名旗下，或投托现任谋充卡商，踞地为害。请敕查冒名旗人及投托现任文武各官占夺民利者，严加处分。一、粤省地方辽阔，易于行私，艰于巡缉，如虎门港口、惠州浮桥等处皆为要津，请专委佐贰廉干之员，驻守盘查。一、粤省行盐原有生、熟二引，熟盐出归德等场，生盐产淡水等场，民间嗜好不一，有食生盐者，有食熟盐者，自尚逆在粤时，以生、熟盐引限令三七配搭，派往盐埠营销，民间多有不便，请嗣后随商掣运，随民买食，不拘定额，以利商民。一、掣盐之地多一次盘查即多一次冗费，如佛山距省城不过三十里，省城掣定之盐行至佛山，应免其复行称掣③。一、粤省盐价，奸商多任意增加，今各项陋弊俱令禁绝，商人杂耗既少，盐价自宜少减，请酌水陆运费之多寡以定盐价之低昂，远者以一分二厘为准，近者以七厘为准，如遇阴雨量加一二厘，商民两便。至奸商掺和沙土诸弊一并严禁。从之。

二十八年，豁免河东本年份额征盐池地租。又豁免长芦新增引课。户部议覆：直隶巡抚于成龙疏言，长芦新增盐引，原因军兴需饷，暂议加增。数年以来，积引难销④，请赐豁免。查康熙十四年，因军需按引加增

---

① 解盐，解州盐池（位于今山西南部）所产的盐。
② 承充，承担、充当。
③ 复行称掣，再一次抽查、称量。
④ 积引难销，每年发行多少盐引，朝廷有定额，不能销售出去，就形成积引。这部分盐引因积压而难以销出。

五分，已于康熙二十五年停止。今所增新引，乃康熙十七年按人丁加征，并非因军需所增，应不准行。得旨：长芦新增引课，照该抚所题豁免。嗣于二十九年蠲免新增天津盐引课饷亦如之。敕甘肃巡抚就近管辖征收花马小池并临、巩二府盐课。河东巡盐御史索礼疏言：陕西花马小盐池并临、巩二府盐课去河东衙门辽远，不便征收，请令甘肃抚臣就近管辖征课。从之。

豁免云南黑井盐课。云南巡抚王继文疏言：云南黑井盐课前因官兵众多，吴逆题请加增，今全滇恢复之后，逆属家口尽行遣发，投诚人员安插各省，食盐甚少，此项加征课银，恳祈豁免。从之。

二十九年，定直隶宣化各属自煎食盐例。直隶巡抚于成龙等疏言：长芦行盐地方，唯宣属最苦，请将额引除去，听民自煎食盐，仍照旧额纳课。从之。

三十二年，以西、凤二府岁歉，暂减额销盐引之半，俟年丰仍照旧额营销。

又议定：改设两广盐政所属人员。吏部议覆：巡视两广盐课太常寺少卿沙拜疏言，两广盐政，向属抚臣兼管，课饷引目系驿盐道提举司经管。兹蒙皇上钦差管理盐课，所属之员自应照例改设，将驿盐道改为运司。潮州一府离省窎远，行盐亦多，必得专员管理，应将提举裁去，改设运同，使之驻扎潮州，催征课饷。广州府有归德等场，惠州府有淡水等场，为盐斤出产之所，课饷之源，必须设立分司，催征巡缉。应如所请。从之。

三十八年，减两淮盐课二十万，以纾民力。奉谕旨：朕子育黎元，勤求治理，日孜孜以施德泽、厚民生为急务，而江、浙二省尤东南要地，朕时切轸念。比岁以来，蠲豁田赋、赈济凶荒有请必行，无灾不恤，虽漕项①钱粮向未蠲免者，亦曾特旨蠲免，爱养之道备极周详，庶几民生日益康阜。用是乘舆时迈②，于视河事竣，巡历江、浙，咨访民间情形，见淮扬一路，既困潦灾，而他所过州县，察其耕获之盈虚，市廛之赢绌③，视十年以前实为不及。此皆由地方有司奉行不善，不能使实惠及民，所以小民虽怀爱戴之诚，而朝廷恩泽卒未下究，朕目击廑怀，极思拯恤，截留漕

---

① 漕项，明清时朝廷本着以漕办漕的原则，在漕粮征税之外，对纳漕粮税户征收的相关杂项的总称。
② 乘舆时迈，指天子出巡。时迈，巡行、巡视，语出《诗·周颂·时迈》。
③ 市廛之赢绌，市中店铺经营的盈亏。

粮，宽免积欠，另有谕旨。唯各盐差、关差，向因军需繁费，于正额外以所私得盈余缴纳充用，今思各官孰肯自捐私橐，必仍行苛取，商瘵民困，职此之由。着将加增银两一概停罢，以纾商民之累。其两淮盐课，恐商人办课维艰，有渐至匮乏者，着减去二十万两。朕视民如伤，唯恐一夫不获其所。兹值海宇升平，兵革不事，正当与民休息之时，故特涣沛德音，减征宽税，以为闾阎留有余之力。尔部即遵谕行减浙江盐课加征银三万一千三百两。

三十九年，免缉私官兵获盐不获人及私枭不能全获处分。江南总督阿山疏言：大伙盐枭结党兴贩，遇有独行船只及孤僻村庄，恣肆劫夺，实为小民大害。臣令兵弁协力缉拿，设遇盐枭抗拒伤民，枭贼不能全获，即罹重谴，故兵弁遇有贼犯不无踌躇却顾。臣思贩私之徒，尽属轻生亡命之辈，缉私势必拒捕，拿获十人以下私枭不能叙功，不幸兵丁有被杀伤，专汛官即罹重谴，则人皆自顾其功名性命，所以反生懈怠。臣请嗣后巡缉小伙盐徒不论外，若大伙盐船，有能人、盐全获者，臣与巡盐御史酌量捐赏；凡私贩知风预行逃走，止获私盐，变价充饷；设或私枭党众，官兵不能全行缉获，而兵丁或被杀伤，专兼各官从宽概予免议；一年不获，仍照旧例处分；其有纵私不擒者，仍定严例绳之，庶几将弁思奋，地方宁谧。部议覆：准其纵私不擒者，专汛官革职，兼辖官降二级调用；不知情者仍照失察私盐处分。

四十三年，勒石严禁两淮盐务浮费①。江南总督阿山疏言：两淮盐课甲于他省，全赖商力充裕，价平民便，易于销办，急应禁除浮费，如赏给差役，如馈送别意，如过往赆仪，皆盐政差满所用也；又如带行盐斤，如随费饭食，如重收桅封②，则盐政书差规例也；又如巡盐到任规费，如过所称掣盐斤，如到任预借息银，如承差二十名之内点用发收一名，以经手诸事，鱼肉众商，致盐多壅滞，商民交困，请悉行禁革，勒石建碑。嗣后如有违禁，即行指名题参，从重治罪。奉旨：请革各款，大有裨于商民，着勒石永行严禁。

四十四年，敕禁直隶、山东两省私盐。奉谕旨：朕顷者南巡，见直隶、山东两省，贩私盐、铸私钱者甚多，传谕该部严行禁止。

---

① 浮费，指超过规定的其他开支。
② 桅封，盐政书差所收购浮费，按船桅收取。

四十八年，议定均派营销盐引，并改就近食盐以利商民之事。广东巡抚范时崇疏言：广东连州总盐额引，原派营销本州及湖广之桂阳、临武、蓝山、嘉禾等四州县，乐昌总盐额引原派营销本县及湖广之郴州、宜章、兴宁、永兴等四州县。今应将此项引饷作为十分，量地均匀，连州、乐昌二处营销十分之三，桂阳、郴州等八州县营销十分之七。又潮州、惠州、赣州三府俱营销广济桥之盐。此三府所属平远、镇平、程乡、兴宁、长乐五县额引较别州县独多，而惠州府属之龙川、和平、永安三县及江西赣州府属十二县额引独少，应将平远等五县之引匀销于龙川等十五县。至赣属十二县内信丰、龙南、定南三县原食潮盐，接壤惠州，距潮路远，转运维艰，应就近改食惠盐。又福建汀州府属八县额引内，长汀一县之引几居通府之半，应拨长汀县额引匀销于宁化等七县。广西所属盐引易销者为全州、灌阳、兴安三州县，其盐引难销者为灵川、阳朔、义宁三县，应拨灵川等三县额引匀销于全州等三州县①，庶于商民均有裨益。部议，应如所请。从之。

　　四十九年，定：湖广盐引无分南北，一例通销。户部覆准：两淮巡盐御史李煦会同湖广督抚等奏，楚省长岳等十五府一州向行淮引，原行酌量地方食盐多寡，通融销售。自康熙六年，将向食粤盐之衡州、永州、宝庆三府改行淮引，遂致各守口岸不能通销，而衡、永、宝三府又有粤省私贩，盐引壅积。请照旧例不计疆界，一例通销，运到汉口之盐，听水商分运各处销卖，合力缉私，同心办课，两有裨益。从之。

　　五十年，定两浙盐差交代之期。两浙巡盐御史颛图疏言：两浙盐差于每年十二月交代，请改期八月，当秋水满盈，盘运不难，则钱粮易于完纳。下部议行。

　　五十三年，准川盐加增引额。户部议覆：四川巡抚年羹尧疏言，查成都所属犍为等七州县灶民，请增水陆盐引一千一百四十五张，征税银七百三十两有奇，于康熙五十三年为始征收，以便民食，应如所请。从之。

　　　臣等谨按：四川一省请增盐引，岁有陈奏。盖蜀中经明季兵燹之后，召集流亡，土著者仅百分之一二，江楚人民往耕其地，动成村落。我国家休养生息，日见蕃庶，是以户口岁增，食盐者众，请增请

---

① 额引匀销，将本应由某地承销的盐引，匀给其他地区销售。

给数倍于昔，而盐井所生，流泽孔长，滇黔连界，尽仰食于斯。盖自成都以外，各郡邑水陆盐引悉无壅滞，举此一隅，以见蜀中鹾政之大概云。

五十七年，添驻兵丁于三江营，缉防私贩。两淮巡盐御史李煦疏言：扬州府属三江营地方恶棍，贩卖私盐者甚多，虽有分防汛兵，为数极少，不敷巡防之用。应于京口将军标下派兵一百五十名，千总一员，赴三江营地方驻防，听江宁府江防同知钤束。从之。

五十八年，裁去山东胶莱分司，令滨乐分司兼管。山东巡抚李树德疏言：东省滨乐、胶莱各设分司一员，胶莱分司不过在洛口验放商盐出关，查洛口离省仅十余里，而盐法道驻扎省城，验放最易，请裁去胶莱分司，其应管事务令滨乐分司兼辖。从之。

裁湖北驿盐道，即以湖北粮道管理。从总督满丕请也。

五十九年，议定两广盐务交与两广总督管理。户部等衙门议覆：广东、广西巡盐御史昌保疏言，两广盐课，有历年积欠九十一万余两。康熙五十七年十月，经督臣杨琳题请，先完新饷，旧欠五年带销。臣于康熙五十八年三月到任，以旧欠全未清完，因截住旧盐饬完新饷，不但旧欠未交，新饷又复拖欠，且场盐缺少，私盐横行，臣力不能任，请将臣撤回，交督抚管理，庶新旧课饷得按年清完。应如所请。将两广盐务并新旧钱粮交与两广总督专理。从之。

定就抚盐枭重贩私盐之罪。刑部题：直隶各省有盐枭，就抚之后复行贩卖私盐者，应将本犯解部，充发和布多、乌阑古木地方，其从前受抚出结之地方，专汛、兼辖各该管官，俱照失察例议处。从之。

六十年，敕江浙官兵严缉私匪。奉谕旨：闻江浙私盐盛行，尽为盗贼，地方官员明知并不查拿，应着江南、浙江、京口将军等派出兵丁，严行查拿。大学士、九卿、科道等会议：查江浙行盐地方辽阔，若令官兵在一处查拿，不能遍缉，江南京口地方应交与江南京口将军，每处拣选贤能协领各一员，佐领防御等各八员，兵丁酌量派出，各分明地方，除穷民肩挑背负小贩外，其大伙私贩，严行查拿，如有能拿获大伙私贩一次者，准其记录一次，获二次者准其加一级。该督抚等不时稽查，如有不将偷贩私盐之盗贼缉拿、混行生事者，亦即行题参。其地方文武官员议处、议叙之处，俱照从前九卿原议定例遵行。至雍正元年，以江宁私枭甚少，停止江宁满营官兵协捕。

雍正元年，饬各省盐道革除盐法陋例积习。奉谕旨：迩年盐法，弊窦丛生，正项每多亏欠。一由上下各官需索商人，巧立名目，诛求无已，穷商力竭，不得不挪新补旧，上亏国课；高抬盐价，下累小民。一由商人用度奢靡，相仍陋俗，不知节俭，致欠额征。尔等运筹盐法，宜将陋例积习尽情禁革，必思何以苏商，何以裕课，上供军国，下利闾阎，方为称职。

又以崇尚节俭敕谕各省盐政官员。奉谕旨：国家欲安黎庶莫先于厚风俗，厚风俗莫要于崇节俭。《周礼》一书，上下有等，财用有度，所以防僭越、禁骄奢也。孟子亦曰：食时用礼，菽粟足而民无不仁。朕临御以来，躬行节俭，欲使海内之民皆敦本尚实，庶康阜登而风俗醇。夫节俭之风贵行于闾里，而奢靡之习莫甚于商人。朕闻各省盐商，内实空虚而外事奢侈，衣服屋宇穷极华靡，饮食器具备求工巧，俳优妓乐、恒舞酣歌、宴会嬉游，殆无虚日，金钱珠贝视为泥沙。甚至悍仆豪奴，服食起居，同于仕宦，越礼犯分，罔知自检，骄奢淫逸，相习成风。各处盐商皆然，而淮扬为尤甚。使愚民尤而效之，其弊可胜言哉！尔等既司盐政，宜约束商人，严行禁止，出示晓谕，谆谆劝诫，使其痛自改悔，庶循礼安分，不致蹈僭越之愆。而省一日靡费，即可以裕数日之国课，且使小民皆知儆惕，敦尚俭约，庶不负朕维风振俗之意。若仍前奢侈，不知悔改，或经朕访闻，或被督抚参劾，商人必从重究治，尔等亦不能辞徇纵之咎。

又定湖广盐斤价值。先是，奉谕旨：据杨宗仁奏请钦定盐价。固执伊所原题具奏。朕视民商皆属一体，士农工商虽各异业，皆系国家子民，理当一视。着黄叔琳、谢赐履前往楚省，会同杨宗仁将盐价作何酌定之处，确议具奏。经部臣黄叔琳等覆奏：伏查历来盐价贵贱之因，率由场灶产盐多寡不一、运到口岸先后不齐、岁时丰歉不常之故。但查康熙三十年间楚省盐价，每包一钱，是以督臣杨宗仁因照此减定，兼革陋规，亦冀稍便于民。其于正杂加增实未深悉，而盐臣谢赐履专司鹾政，通计铜斤、织造、河工，并带征等项，每年加增数十万两，不得不代商人缕晰呈奏。臣等公同酌议，除照裁革陋规，每包减去六厘外，于价贱时每包以一钱一分九厘为率，于价贵时每包不得过一钱二分四厘。但楚省有安、梁二种，黑白不同，价亦稍有低昂。安盐每包应较梁盐再减二厘，饬令遵行，商民两便。疏入，如所议行。

二年，定广西盐法。广西总督孔毓珣奏称：粤西地处边远，商人资本无多，往往误盐误课。欲求便民、裕课，唯有官运官销一法，通计合省一年盐斤卖出价内，约有余银四万六千六百八十余两，二年之内共约余银九万三千三百余两，存银六万两，永为每年盐本运费之用，尚余三万三千三百余两交储道库。行至下年，盈余又增，于第三年将通省盐价照部定之价每斤减去二厘，每年所得余银四万六千六百余两之内，约减二万七千八百余两，尚余银一万八千八百余两收储道库。遇有地方公事，抚臣奏明支用，核实造册题销①。部议，准行。嗣经广东督臣等奏：福建所定盐法，将盐院衙门各官及商人尽行裁革，盐课均摊各场，交与州县官照数收纳，殊觉简捷，但广东与福建地方悬殊，若着地方官赴场纳课运盐，必委之家人衙役，非设铺分卖，中饱花销，即分发地里，按户勒派。臣等商议，广东课饷不缺，全在收盐充足，应将场商停设，仍发帑委官监收，埠商仍留完课，运盐内有课饷难完，无人充商之地，着落地方官领盐运销，解价完课②；引多壅积地方，有可以代销者，听其呈明代销。从之。

又以兼理盐政申谕各省督抚。奉谕旨：从来盐差之弊，飞渡重照，贵卖夹带，弊之在商者犹少；加派陋规，弊之在官者更多。若不彻底澄清，势必至商人失业，国帑常亏。夫以一引之课，渐添至数倍有余。官无论大小，职无论文武，皆视为利薮，照引分肥，商家安得而不重困！赔累日深则配引日少，配引日少则官盐不得不贵，而私盐得以横行，故逐年之课难以奏销，连岁之引尽皆壅滞，非加派之所致欤？盐差唯在力除加派，使商困少苏，尽复旧业，则课自盈余。至于督抚系封疆大吏，更当仰体朝廷归并之意，巡盐御史、地方官或不奉约束，今归督抚，则孰敢抗违，况钦差犹每年更换，而督抚兼理则无限期，若不实心奉行，使风清弊绝，则大负归并之本意矣。至将耗羡充课固属急公，但恐以耗羡归正额而正额之外复加耗羡，商民重输迭出，何以堪此！朕深悉商民营逐之苦，特谕尔等其悉遵朕旨。

又议准：湖广、江西及江南上江等处每引加盐五十斤。户部侍郎李周望等议：两淮所行之盐，如湖广、江西及江南上江等处，地方阔大而盐不敷用者，自甲辰纲为始，准其每引加盐五十斤。其山阳等州县逼近场灶，盐不易售，不必加盐，照旧遵行。

---

① 造册题销，编成簿册上奏核销。
② 解价完课，将盐销售后，收入上缴。

又敕查漕船私盐于运河口。奉谕旨：漕船回空夹带私盐，固宜严禁，但仍照例在运河口内地方派官搜查，查出私盐必究明根窝场灶，照例治罪；若至大江不可拦阻搜查，致生事端，有误漕运。

又议：给灶丁盐价，复设两广运同一员。福建汀州府盐务，即令知府领运办理。户部议覆：两广总督孔毓珣奏，发帑收盐，所给灶价、水脚银两，照从前所定数目，每十分之内加增一分，其所加银两即于埠商盐包内议增之羡余银二万两内给发。汀郡引课，通融、长汀等八县协办销售，专责知府汇总，务将每年引课照数全完。淡水等场，系皆地势广远，产盐甚多，应拣选廉干之员分委督收。至两广运使原设运同一员，应准潮州府照旧复设。得旨，报可。嗣于雍正十一年，以高、廉二府私盐充斥，知府不能兼管，添设高、廉二府运判一员。

又饬：巡盐御史酌量时价，改拨纲地行盐，以济民食。巡盐御史噶尔泰题明食盐难销之处，值有纲地营销不敷，临时改拨。又海潮淹没，灶煎不继，盐少价贵，成本倍增，恳祈随时销售。奉谕旨：盐价之贵贱亦如米价之消长，岁歉则成本自重，价亦随之。岁丰则成本自轻，不待禁而自减。近来闻得自湖广禁价之后，以致商灶居民皆甚不便，此杨宗仁一时偏执之见。朕意若仍随时销售，以便商民，均属有益。该部于此本内一并确议具奏。寻议：除壬、癸二纲积存廪盐，从前煎办之额应仍照依平价运销。其自雍正二年海潮淹没以后，煎办不继，商本自必倍增，应令该御史以本年成本之轻重，合挽运远近脚价，酌量时价，移会晓谕商民，公平买卖，随时销售，不得禁定盐价以亏商，亦不得高抬时价以病民。至食盐之课轻于纲盐，如果有纲地营销不敷之处，应将何府州县并可销若干之处，查明具题改拨，照纲输课①，暂济民食，俟各场煎办旺足，即行停止。

三年，巴东县地涌盐泉，准于楚北州县行引分销。户部议覆：湖北巡抚纳齐喀疏报：荆州府巴东县北纸倍溪地方，忽涌盐泉，居民煎煮每日得盐二千余斤，请照淮盐行引，于楚北各州县分销。应如所请。从之。

又裁波罗冲可克地方盐务官。怡亲王允祥等议覆：原任大将军年羹尧奏称，臣在西宁时，因边外波罗冲可克旧有盐池，青海、蒙古人等运来边内贸易，西宁军民赖食此盐。臣奏设副将一员，兵一千六百名驻防彼处，将西宁通判移驻管理盐务在案。现今郡王额驸阿宝移在波罗冲可克地方驻

---

① 输课，缴税。

扎，毋庸复驻官兵，其管理盐务之通判亦应裁去。应如所请。从之。

五年，定滇盐减价增薪①之例。户部议覆：云南总督鄂尔泰奏，黑盐一井，薪本不敷，请每百斤加银四分二厘。又额煎拨给盐斤，每百斤酌加银二钱。应如所请行。至称黑盐发价，于每斤额定三分内再减二厘之处，不准行。奉旨：地方出产有旧无而可以新增者，亦有旧有而应当裁减者，若有彼此抵算之项，准据实奏闻，则事皆核实。倘但令增添而不许裁减，殊非公平之道，且隐瞒那移之弊由此而生。着鄂尔泰查明盐斤内所增银两，抵补减价增薪之数，定议奏闻。嗣经鄂尔泰奏，滇省各盐井新增正课之数共银五万七千七百八十三两，减价增薪之数共银一万九千余两，抵补有余，请如前奏议行。从之。

又河东池盐献瑞产盐七百万余斤。河东盐政硕色奏报：十月初三日起至十一月十一日止，池盐献瑞，不需人力，自然滋生多至七百万余斤，悉皆颗粒盘簇，味甘如饴，迥异常盐，下部知之。

六年，停止河南省知府汇销盐引例。河南总督田文镜疏言：豫省惟汝宁一府九属系食淮盐，各州县自应各照额引督销，如销不足引者应照分数参处。乃因光州所属之光山、固始等县，与湖广连界，湖广食盐价贵，奸商趋利，尽将汝宁府属之盐贿通光州等处地方官，全运湖广作私盐货卖，故光州等处每年销引溢额，而汝宁府属之汝阳、上蔡、新蔡、西平等县终年不销一引，谬谓民间不食官盐，每引一张，派令小民出银一钱八分，解府通融奏销，甚为民累。至汝阳、上蔡、新蔡、西平等县，俱与销食芦盐之陈州、项城等州县连界，又以长芦之官盐作私盐，自行贩运买食，各县绅衿富户俱纵令家人佃户挑贩私盐，乡地巡役不敢过问；及至奏销派课②，止累一二，穷民更为偏苦。盖因汇销之知府有收课分润之肥，督销之知县无分数考成之咎，近楚之地方又有商人买路之规，运销之商人坐获官引私销之价，欲绝其弊，当先严以法。部议，应如所请。嗣后汝宁一府所属引盐停止知府汇销③，令各州县招募殷实水商取结，送部准其行盐办课，该管州县按季督催，各销各引，将商人运到盐斤，按引注明某州县于某年日月营销字样，并截去一角，钤盖印信，俟销完日缴部查验，违者罪之。报可。

---

① 增薪，增加井盐的官给生产资金。
② 奏销派课，指向上奏报税收完成情况。
③ 汇销，汇总奏销。

议准：修理河东盐池经费。河东巡抚御史硕色疏言：河东盐池为山、陕、河南三省食盐所关，其防水之池墙渠堰，均属紧要。查旧例，于额外羡余之内，每年动拨银五千两岁修渠堰，而盐池一带若不每岁修补，恐致大修之年倍多费用。请于添设余引羡余银内，每岁再动拨六千两，以三千两作岁修池墙之用，以三千两存储运库，积至五年以作大修之费，则池墙渠堰俱可永保完固。此等工程运同不能独力兼营，请于附近州县拣选干员，凡遇修筑之时，委用五六员协助监修，庶事有专责，而工无怠误。从之。

又议准福建督臣条奏盐政五条。户部议覆，福建总督高其倬条奏闽省盐政事宜：一、谨产地之收晒。闽省盐场，福清一场最大，其各团所产之盐零散难稽，请建设总仓，令各团晒丁将所晒之盐统归一处封锁，则稽查自易，且免雨湿水淹之患。莆田一场，各团卤窟并无遮蔽，应设法修砌，以资防护。至浔美、汭州、梧州、惠安、漳浦、南场、金坑、漳南、诏安等场，俱各委员整顿，期有实效。一、严销地之售卖。闽盐向系商行，后改为官卖，近复用水客肩贩，请暂令水客分认营销，而以官运接济，俟行之三年，有办理无误者报部佥为商人，再请发引，以立成法。至存储盐斤，照例于场盐多产之时，官动课银，就场收积，以备接济。一、定盐课之额数。闽省盐课有额征、公费二项，共征银一十七万有奇，是为正额。其额外溢行之盐，乃为盈余，除支给盐道暨各官场役公用外，俱造入盈余册奏销。一、酌办理之人员。闽省旧设办理盐务各官，雍正二年悉行裁去，嗣后请于通省佐杂官内遴选廉干之员，管理钤束，仍不时遣官巡查。均应如所请。从之。

又定浙省玉环各岙征收渔盐税银例。户部议：浙省玉环各岙旧有采捕鱼船，应照例刊号给牌，令赴玉环查验。其滨海煎盐之户，亦令编入保甲，并灶聚煎，官收官卖，毋许私贩出境。所有渔盐税银，即以备各项公费之需，俟玉环一切经理完备后，另照内地之例，各归藩司盐政项下充饷。从之。

又饬：江苏常镇道督缉镇江闸口私盐。户部议覆：总督兼理两浙盐政李卫疏言，江南苏、松、常、镇四府民间食盐，定例营销浙引，至京口一带地方接壤两淮，仅隔一江，私贩易于偷渡，是以从前镇江闸口，责成文武各员盘验搜查，但日久法弛，以致私贩潜滋，浙盐壅滞，请交常镇道就近管理，督同镇江府海防同知、京口将军标下副将、镇江城守参将轮流分班经管，不论粮船兵船差船，如有夹带私盐，许即严拿。其水陆一切私盐，并令查拿，倘有疏纵失察，照例纠参。仍严禁官弁兵役毋得勒掯商民、需索进闸使费。倘该道员不能实力整顿，该督即行指参，照例议处。应如所请。得旨：依议盘查私盐，着该管官实力奉行，并令江南巡察御史不时访察。

又定私枭连坐之法。浙江总督李卫议覆：江南督臣奏称，私枭窝囤，已经会题举行十家连坐之法，如一甲之人不行出首，致旁人首告者，其甲长及同甲人等一并治罪。查连坐之法，唯当就两邻、甲长严治其罪，足蔽厥辜，若因一人而株连及于同甲之十家，未免罹法者繁，且恐反畏同罪，众口朋比隐匿，难以稽查。应请寻常兴贩，止治两邻、甲长以不首之罪，若大伙窝囤、聚众拒捕者，将首犯之同甲一并连坐。从之。

又议准：两淮盐场设立灶长、保甲以清盐政。户部议覆：浙江总督李卫遵旨会议、两江总督范时绎等条奏两淮盐务：一、各灶烧盐处，令商人公举干练殷实者，按其场灶酌用数人，并设立灶长巡役，查核其盐之多寡，尽入商垣，以杜灶丁私卖之弊。一、凡州县场司，俱令设立十家保甲，互相稽查，遇有私贩，据实首明，将本犯照例治罪，私盐变价分别赏给，诬者治以反坐之罪。倘有徇隐等情，被旁人告发者，该州县场司官照失察私盐例参处。俱应如所请。从之。

<u>臣等谨按：保甲之法，所以靖盗源，而著效莫切于场灶。盖都会郡邑以及乡里、市镇土著者，与外来相间，奸良错杂，迁徙靡常，非精勤职事之员鲜能彻底清厘、永久无弊。惟盐场、灶户星罗棋布，环聚而居，且皆各有执业不同，游手少为，检察一望可知。其法：以十家为甲，十甲为保，栉比鳞次，不须越户编排。保长、甲长谨司其事，私煎、私贩无自而生，而且昼夜之守望相助，荡草之有无相通，盘锹①之假借相近，兼以赈贷之恩旁施，遍及丁男户口，指掌可推，保甲之易行而有效，无过于是。惟在场官及地方有司力行而坚守之，有要有伦，不疏不懈，则盐法中所以清厘场灶之道，思过半矣。</u>

又禁盐场灶户私置盘锹，并定淮北晒扫余盐商买配运例。江南巡盐御

---

① 锹，同鉴，古代煮盐用的敞口浅锅。

史戴音保条奏：从来场灶烧盐之具，深者为盘，浅者为𫓧，设有定数，无许过额；而煎烧盐斤以一昼夜为火伏，灶户临烧向本商领取旗号，举火则张旗，熄火则偃旗，垂为定例。又有巡查之人往来场灶间，用防熄火之后复又私煎。近来灶户每多私置盘𫓧，而火伏又不稽查，是以任意煎烧，每多溢出之数。请饬盐法官将在场盘𫓧彻底清查，再严火伏之法，如有额外私置盘𫓧、于火伏之外私行煎烧者，即以贩私之罪罪之。又淮安之北五场用潮水晒扫成盐，难与火伏一例，请责令各场官，凡日扫之盐全数送入商垣，余盐令商人收买配运，酌加引课，报部查核。下部议行。

七年，清理山东盐法，添设胶莱运判一员。户部议覆：钦差刑部左侍郎缪沅等条奏山东盐政事宜：一、永阜、永利、涛洛三场，滩广盐丰，率皆露积，请设立官盐坨，将所产盐斤收储；编设保甲，互相稽查。一、商人领引行盐，每多重复透运。请设水程验单，随领随运。一、州县行盐残引应按期缴销，如地方官督催不力，请严查揭参。一、东省十场，地方辽阔，运同一人鞭长莫及，请复设胶莱分司运判一员，分任营辖，均应如所请。从之。

八年，定川省盐引营销分别纳课例。奉谕旨：川省盐课考成，唯责之产盐州县，其余并无巡查之责。且有僻远地方不行官引，以致私贩充塞，甚为盐政之弊。应将官引通行各省，约计州县户口之多寡，均匀分发引张，令其各自招商转运，倘有壅滞，责成各州县定为考成。如此，则有司等自必加意查察，使私贩息而官引销，弊端可厘剔矣。着督抚详议具奏。经四川督抚覆奏，称川省州县如简州、阆中等三十九州县，均系产盐地方，原无引目分发各州县招商办运，应将各州县应销引目，计算户口，另请增给，责令灶户照商人一例营销办理，至所产盐不敷民食之处，亦令计算户口，分认别州县，招商行运。其不产盐之成都、华阳等州县厅卫共九十九处，均令分认引目，招商运销。又疏称：僻远州县，如松潘卫、南江县、仪陇县、建始县四处，或道处遥远，或治设山僻，路途崎岖，人民散处，招商不易，因而盐价高昂，贪利奸徒乘机兴贩。应令地方官查明户口，约计食盐配引，凡一村一庄配发引目，招商转运，接济民食。至各州县考成，既经分引行盐，倘官引壅滞，或课税未能全完，以及招商迟延、私贩发觉，均仍照定例处分。又据称宁远一府，系新设府治，查所属之西昌、会理、冕宁、盐源、越巂、德昌、迷易、盐中等州县卫所，俱食盐源县盐。今盐源县营销陆引四百张，倘有余盐，自应查明盐斤，请引营销。

查该府所属八处地方，均属汉番杂处，向来引税①俱系就买盐人民抽收税课，应将引目交与盐源县，令该县典史驻扎白盐井地方，仍于各属居民买盐时抽税。又据称川盐有例行黔省之贵阳、安顺、平越、都匀、思南、石阡、大定、威宁并改黔省之遵义、滇省之镇雄、乌蒙等十一府州县，及川省之酉阳、石柱、明正、木坪、瓦寺、金川、阿日、离谷、九姓等各土司，并新改设之黄螂、雷波等处发卖者，从前引目并未带往各省及土司等处地方。盖因途路遥阻，商人不能前进，皆系沿途州县截角挂验彼处商人转运该地方，截角州县换给照票，以为前途盘验之据。今请将应行黔、滇两省及土司并新设之黄螂、雷波等处盐斤，行令该督抚核明水陆引张确数，照例刊刻双联引根引纸，钤盖盐道印信，分发沿边州县，俟商人运盐到日，该州县照部引字号张数填注引根引纸，于中缝大书盐斤数目，以引纸截给盐商，照例截角放行；其引根饬令该州县俟盐斤运销完日，同部引申送盐道查核销缴。得旨，允行。

又议准：青、登、莱盐课摊入地粮征收。巡视长芦盐政御史郑禅宝疏言：山东青、登、莱三府所属之安丘、蓬莱十六州县票盐，旧系招商办课，民情未便。嗣后请革除商名，听民自行领票销卖，其应纳课银，摊入地粮征收。追报部议，应如所请。从之。

又议准：东省盐包分重作轻，以便行运，并举行经征全完议叙之例。户部议覆：原任长芦盐政郑禅宝条奏，山东行运散盐地方，逐一确查，除可以整包行运者照旧每包额重二百二十五斤外，其道路崎岖，车辆难行之处，许分作四包，每包五十六斤四两，着为定例。至嗣后经征全完之场大使并州县等官，请照地丁钱粮经征五万两以下全完之例，督催之司、运同、通判，照直隶州、知州、知府督催十万两以下全完之例，盐运使照布政使督催五十万两全完之例，俱给予记录一次，以示鼓励。均应如所请。从之。

九年，敕两江总督兼行总理盐政。奉谕旨：两淮所辖地方甚为辽阔，缉私禁弊，往往官弁视同膜外，该盐政呼应不灵。两淮盐务着署总督尹继善兼行总理，与高斌和衷共济，于鹾政自有裨益。

十年，议准：广东子盐储省配引营销。户部议覆：广东总督郝玉麟疏称，广东帑盐，俱由海运赴省，往往趱运稽迟，商人候配，居民缺食。今

---

① 引税，此处指盐税。

每年所收子盐约有二十封，应请存储省仓，遇正盐迟缺之时，拨配商引，以济民食。每包仍照定价收银三钱六分五厘，所收价银同广西盐余归入京羡①项下，据实题报。从之。

又拨节省银两加给灶丁盐价。户部议覆：广东总督鄂弥达疏言，疏通官引，必先杜绝私盐，而粤东私贩充斥，总由沿海灶丁偷卖所致。今该督以灶晒各丁所领官价，除完课租等项外，所余无几，不得不冒法鬻私。今欲杜私盐，必加增盐价。奏请将淡、石二场专归官办，每年可节省银一万六千三百五十八两零，即分给通省晒丁以培灶户。应如所请，将惠州淡、石二场专归大使督收管理，除每包给工火银一分五厘外，所有节省银一万六千三百五十八两零，即以分给通省晒丁，内每包加银一分五厘零以为煎晒工本，仍行该督饬令该管官不时查察。嗣后倘再有鬻私情弊，即行从重究治。疏入，从之。嗣于乾隆元年九月，据督臣奏，盐丁贫苦，即加价收盐，不敷养赡。部议：盐有贵贱，自应随时增长以养灶晒，乃竟以核定价值，致灶晒苦累。从前办理原未妥协，应如该督所题。将每年所获盐场羡余银两出示晓谕。自营销乾隆元年引盐为始，于通省各场每年应收盐一百万余包内，每包加增银四分，共银四万余两，以裕灶晒各丁养赡家口之资。得旨，允行。

十一年，严禁盐斤亏短并令营销省份十日一咨以惩迟滞。江南总督尹继善等覆奏"王士俊条陈盐斤亏短，价值增昂"一款，查淮商捆盐斤数无虞短少，唯是盐到口岸，转发水商，而水商偷出斤两销售，不可不严惩其弊。应如所请，于引盐到岸未发之先抽称，不足，即将淮商究治。如已发水商在地营销，斤两不足，即将水商究治。又覆奏：盐船到楚，向无时日可稽，请于盐船开行之日，将装载引目及商人姓名定为十日一咨，移会营销省份，令其依限到岸，如遇风大难行，即将缘由报所泊地方官，转报营销省份地方官稽查，此外迟延即行究处。从之。

又改设淮南巡道督缉盐务，并令设专营于仪征之青山头。吏部等衙门议覆，原署两江总督尹继善条奏两淮盐政事宜：一、淮南三池营地方，旧设盐捕同知不足以资弹压，请改设巡道一员，督缉扬州、通州各属暨盐城、阜宁、靖江等盐务，以重职任。一、仪征之青山头请立一专营，设守备一员，把总一员，外委把总一员，兵一百名；江都县之马家桥、甘泉县

---

① 京羡，出售正盐额外余盐所得的利润。

之邵伯镇、北坝僧道桥各添设把总一员，兵三十名，分驻巡缉。应如所请。从之。

又革除广东坐标、行标私收税课之弊。户部覆准：广东总督鄂弥达疏言，东莞、新会等十三埠，从前各商设立坐标税，收渔户帮饷；又于各墟场镇市设立馆舍，凡遇挑卖盐鱼、盐菜等物，勒令纳税，苦累贫民。请将坐标帮饷严行禁革，令各商戴罪办课，并晓谕沿海渔户照部定价值减去一厘五毫，务买实盐应用，并将墟场镇市之馆舍行标勒石永禁。嗣后如仍有坐标私收帮饷及行馆私收税课者，分别治罪。

又定湖南新辟苗疆营销准引。户部议覆：湖广总督迈柱疏言，永顺府之永顺、保靖、龙山、桑植四县及辰州府属分防永绥同知地方，向来均属苗土所食盐斤，原未定额营销，是以该地食盐价值昂贵，今土民输诚向化，改土归流，经辰永靖道王柔奏请，照川省引盐之例，借支藩库帑项，令各该地方官承运营销川盐。内阁议覆：楚省营销淮盐十分之七，若因苗土一隅领运川盐，恐致川私蔓延，淮引难销，行令湖广督抚会同江南总督、两淮盐政详悉妥议，另设引张，酌减课额，运销淮盐。今会查永顺所属四县及永绥同知地方，通计户口，照江西吉安口岸引盐之例，共需运盐三千二百七十一引，可足民食。应如所请，增给淮盐引目。从之。

定新辟苗疆盐价。湖广总督迈柱疏言：永顺府属之永顺、保靖、龙山、桑植四县，每年需盐二千七百二十一引。又辰州府属永绥苗疆每年需盐五百五十引。唯是永顺、永绥均系新辟地方，且又极处楚边，其所增引张应输课额，实难照淮南正纲一例完纳。今遵部议酌减，请照独行认运之江西吉安口岸一例纳课，每引纳银八钱四分八厘零。查盐价随时，久奉谕旨，兹苗疆食盐，原奏内开现在盐价，每斤几至四分，今折中定价，虽至贵不得过三分，既不过昂以病民，亦无过克以累商，于商民实为两便。从之。旋于雍正十二年，湖督迈柱酌定永顺、永绥等处改捆包砠两，每小包以八斤为率，每一引改小盐四十三包，咨部准行。

十二年，定湖南常宁县屯户食盐营销准引。湖南巡抚钟保疏言：湖南常宁、桂阳二州县界址毗连，屯丁田赋户口钦奉上谕，清查归并。常宁例销淮引，桂阳例食粤盐，今屯丁散处常宁县交界地方，食粤食淮，不无混淆。又因离州窎远，不服县辖，遂有贩私抗拒之弊。查五十四户屯丁，散布弥勒等处，实常宁腹内之地，今屯户钱粮仍在该州完纳，烟户门牌又在该州查点，似此离州窎远，不服县辖，实属两歧。请将五十四户屯丁田赋户口归并就近之常宁县，以雍正十二年为始征收管辖。其五十四户之食盐，亦照常宁县销引成例，改销淮引，可杜私贩之源。再常宁、桂阳二州县年销额引经行已久，未便更张，即此五十四户屯丁散盐，谅亦无多，不便议请彼增此减。部议覆：准应如所请。额引毋庸另议增减。从之。

又定粤省余盐价值。广西巡抚金鉷条奏：廉州盐务收买场灶余盐，以清私贩之源。奉上谕：收买余盐以清私贩，金鉷所奏甚是。但私既归官，而官或又行私，其间收数之多寡，运销之先后，定价之宽刻，报课之虚实，唯视奉行者何如。谓立法以除弊，恐弊即因法生，亦正未足恃也。其广西通省可否专销廉州盐及廉场余盐作何收买，动何款项，并如何拨用，如何交领，能否遍行土司，有无关碍引课之处，着鄂弥达等会同金鉷一并虚衷熟筹，妥议具奏。经广督鄂弥达等奏称，场灶余盐不鬻于官，即售于私，故欲清私贩之源，不得不用官买之法。而官买余盐，若照正盐一例给价，恐灶丁贪图重利，仍不免漏私之弊。今每包酌定价银四钱五分，以每包一百五十斤计算，每斤合银三厘，较之额价每斤增银一厘三毫零，应照所奏行之。收买余盐既比正盐额价酌增，若照正盐一例配引①纳课，则工本较重，恐致壅滞难销，亦应如所奏每官盐一包，令带销余盐五十斤，即于正引内填载引程，不必另设引目。再据称每锅一口，应煎得盐四百斤，即以三百斤为正盐给以额价，一百斤为余盐给以加价，或有多寡不等，照此递算，通省各场应按各场各地实价，不必拘定四钱五分，约计工本银四万两方能敷用，应准其在于雍正九年场羡银内借动，俟收有羡余归还原项，并令将广西省如何营销酌搭之处，再行查议具奏。经广东督臣等合词疏称，东省各场增加价值，收买生熟余盐，价有高下，不同配运，搭销亦异，自广东广州府等各属每包加价，由一钱八分以至五钱一分不等，其就场配埠搭销及配销西省，每包收价自三四钱以至九钱有零不等，分析注册报部。至西省运销，如南、太、思三府额销廉州场熟盐，共应加销余盐六千三百五十一包，内除该三府加额一千九百五包外，其余四千四百四十六包分拨于太平府等各土司及宁明、归顺二州照数领销，郁林等七属例配高州场熟盐，共应加销余盐四千一百五十九包，内除该七属加销一千二百四十七包外，其余二千九百一十二包再令岑溪、容县、北流三县领销，其该府州共应带销余盐一万二千三百七十包。该督等既称生引，各埠递年销盐

---

① 配引，指加配余盐销售。

不能画一，未便派定埠地，应令该督等按年稽查各埠营销数目，通塞随时酌拨行运。至各埠带销生熟余盐，应令严饬各该照部定价值，一体销售，毋得高价累民。其分拨土司及改土为流地方，照各府首邑定价配减四、五、六厘，令各土司该管官运回发卖，以便民食；其盐包专责该管知府领运转发，督销解价①。至各埠递年收买余盐，除拨西省运销外，所余盐斤，分别搭销，按年造册送部查核。一、据称西省各埠销此余盐，每包除归还东省盐本羡余，并扣西省转运脚费，卖盐工火，又扣还场价纳回东省场羡银两，并各土司减卖，每年约共羡余银三万余两，此项羡余应归西省，每年于造报正引羡余外，另案造册题报。一、西省领销余盐并收买墩白两栅余盐，该督等既称每年共需银二万三千两，应于该省官运官销羡余银内暂行动支，俟两年内将所得余盐羡余归还原项。再于余盐羡余银内提出二万三千两，永为买运余盐之用。至雷州府属海康等三场所收盐包，既仅足供本埠额引之用，三场余盐毋庸议收。从之。

又定留各场灶腌切及贫难挑负售买盐斤。户部议准：江南总督赵宏恩疏言，淮南淮北之通州、泰州、兴化、盐城、阜宁、如皋等州县，滨临江海，民灶多，以捕鱼为业，食盐之外又有腌切一项，应按户口腌切多寡，就附近场灶余盐酌留。渔汛之期，于海关填定盐数，照票赴场买盐，汇册报查。至各州县酌留食盐，应令各州县于城市乡村查造贫难小民花名、年貌，置造循环号筹，循去环来，轮流倒换，其盐无许过四十斤之数，或有假托贫难，肩挑运送窝囤，合成大伙私盐者，仍照律并数究拟。从之。

议准高宝等处口岸食盐。两江总督赵宏恩等议：前督尹继善条奏，高宝、仪征等处同淮北纲盐口岸共增食引二万道，纲引二万道，配运余盐，所有高邮州、宝应县、泰兴县共请颁发食引一万道，收买余盐配运，试行一纲告竣，如有不足，另请续颁。倘销售不前，即将余引缴销，俟行三纲，再作准数定额。其捆运事宜，悉依江甘食盐成例。从之。

又添淮南仪所监掣官吏。部覆准：两江总督赵宏恩等疏言，仪所乃淮南纲食引盐掣盐重地，即盐政不奉别差，亦难逐日身亲其事。批验大使微员非可代办，是以历委府佐干员在仪监掣，究属借用，应于仪所添设专理监掣一员，以重职守，嗣后于通省府佐内遴选谙练之员题补，并请铸给淮南仪所监掣关防。报可。

---

① 督销解价，监督盐销售。

十三年，议准直省盐法四条。两淮盐政高斌疏言：一、浙、闽、川、粤及长芦商人于淮盐接界广开盐店，多积盐斤，结枭兴贩，私枭借官店为囤户，盐店以枭棍作生涯，应行令各督抚实力查拿究治。一、湖广界连川粤，设有总巡商人，究非职官可比，宜各选勤干府佐一员督率巡查。一、审盐案无许避重就轻。一、江广水程与引目无异，请归抚臣就近查核完欠分数，檄行驿盐道勒限严催。下部议行。

又敕谕：两淮盐课乙卯纲正额分年带销。奉谕旨：淮南盐政，课额甲于天下，两江三楚，延袤七八千里，皆仰给于淮盐，课源用以饶裕。近闻湖北旱，禾收成稍歉，盐未畅销。楚地素为鱼米之乡，湖鱼旺产，亦号丰收，商得资其腌切，藉以完课。今年汉水涨发，鱼市稀少，又湖南因经理贵州苗疆军务，未暇转运，以致汉口盐壅未销，积至七八百万包，是乙卯纲正额未能当年报销，而明年乾隆元年丙辰纲又应接年起运，两年并纳，商力维艰。朕心深为轸念，用是详为区画，筹度变通，将乙卯未完正额提出，分年带征，自乾隆元年丙辰纲起，按年接运，则商力既纾，完纳自无迟误，从此年清年额，可永无递压之虞。

又蠲免两淮场灶应征折价钱粮。奉谕旨：朕即位之初，加恩海内民人，已降旨将雍正十二年以前民欠钱粮悉行蠲免，俾闾阎无催科之扰。因查两淮盐场灶户应征折价钱粮亦有未完之项，当与民人一体加恩者，着该部即速传谕总督赵宏恩、盐政高斌，将雍正十二年以前旧欠若干，一一查明，照地丁钱粮例奏闻蠲免，俾灶户均沾实惠，毋许胥吏作弊中饱。

皇朝文献通考卷二十九

征榷考四

盐

乾隆元年正月，弛穷民贩盐四十斤以下之禁，停止商人私雇盐捕及巡船汛兵，以除扰累。奉谕旨：私盐之禁，以大伙私枭每为盗贼逋薮，务宜严加缉究。然恐其辗转株连，故律载私盐事发，止理人盐并获，其余获人不获盐、获盐不获人者，概勿追坐。至于失业穷黎，肩挑背负，易米度日，不上四十斤者本不在查禁之内。乃近见地方官办理私盐案件，每不问人盐曾否并获，亦不问贩盐斤数多寡，一经指拿，辄根追严究，干累多人。至于官捕，业已繁多，而商人又添私雇盐捕、巡盐船只，凡遇奸商大枭，公然受贿纵放，而穷民担负无几，辄私拘执，或乡民市买食盐一二十斤者，并以售私拿获，此弊直省皆然，而江浙尤甚。朕心深为悯恻，着直省督抚严饬各府州县文武官弁，督率差捕，实拿奸商大枭，勿令私纵。其有愚民私贩四十斤以上被获者，照例速结，不得拖累平人。至贫穷老少男妇，挑负四十斤以下者，概不许禁捕；所有商人私雇盐捕及巡盐船只帮捕汛兵，俱严查停止，毋得滋扰地方。

又改浙江巡抚为总督，管理两浙盐政。浙江布政使张若震奏称，藩司之职，经管直省钱粮，难以兼管盐务。奉谕旨：大学士嵇曾筠现为浙江巡抚，着改为总督兼管两浙盐政。浙省海滨之地，向来盐价每斤不过数文，今加一倍，且有不止一倍者，小民甚为不便，嵇曾筠悉心调剂，使之平减，俾商民均受其益。

又裁汰滇省盐课盈余以平盐价。奉谕旨：朕闻滇省盐价昂贵，每百斤自二两四五钱起竟有卖至四两以上者，边地百姓物力艰难，僻壤夷民更为穷苦，每盐价太贵，有终年茹淡之事，朕心深为轸念。查该省盐课，除正项外，有增添盈余以备地方公事之用。朕思盈余之名，原系出于民力充裕之后，若民食不充，自无仍取盈余之理。着总督尹继善悉心妥办，将盈余一项即行裁汰，令盐价平减，纵使昂贵亦只可在三两以下。若裁去盈余之后，公用有不敷处，另行酌议请旨。

减广西盐斤价值。先是，广西盐引因商人无力承办，于雍正元年，经督臣孔毓珣题请官运官销，借动库银，将盐本赴广东纳价配盐，分给各州县，照部定价值发卖。行之二年，已有盈余，遂将通省盐价照部定之数每斤减价二厘，百姓称便。雍正五年，又经孔毓珣奏称，粤西盐斤，自官运官销以来，已无盐缺价贵之虞，应请照原定部价一体销售，不必裁减二厘。经部议准。至是，奉谕旨：食盐乃小民日用之需，部价既多二厘，则民间所费必不止于二厘。广西地瘠民贫，道路遥远，应令盐价平减，以惠闾阎。自乾隆元年为始，着照雍正元年原题每斤减去二厘销售。该督抚可严饬各州县不许加增分毫，务使小民均沾实惠。

暂停浙江盐政领发余引。大学士浙江总督管理盐政嵇曾筠奏：查两浙正引每年共七十万一千六百九十八道，雍正七年间，前督臣李卫预请余引额目十万道，经部议准，盐多增配，盐少续销，盈缩随时，原不拘定成数，嗣后则步趋前例，必欲取盈，递年增至二三十万引不等。查上年冬掣不敷正额，今届夏掣，竭力赶煎，只可照正引捆运，暂停请领余引。从之。

又议准浙江盐务四条。大学士浙江总督嵇曾筠条奏浙江盐政四条：一、商捕难裁，请尽改为官役，报明地方官，造入卯簿，以便约束。一、水路巨枭积贩，原藉兵役驾舟巡缉，请将紧要隘口令有司会同营汛逐一确查，编号造册，以备巡缉之用。一、巨商领运盐斤，自应一引一盐，若飞渡灌包夹带，引、盐相离，殊非盐法定制，应饬巡船弁兵一体查拿究处。一、巡缉私盐，应以功过之大小定赏罚之次第。嗣后巡盐兵捕能拿获私盐船只，应分别赏给有差。部议，应如所请。从之。

定渔户领盐例。两江总督赵宏恩奏覆酌筹盐务事宜，经部行查各款，逐一分析咨部。查渔户领票赴买之盐，除淮分司所属场分，历来并无海关照票，亦无完课之处；至通、泰二分司所属各场，每逢鱼汛之期，沿海民居，雇备船只，先赴海关投纳船税，请领照票，本关验明该船梁头尺寸，九尺以上为大船，八尺以上为中船，七尺以上为小船，票内填定舵工船户姓名并大中小尺寸，渔户执票赴场，场司验票，大船给盐三千斤，中船给盐二千斤，小船给盐一千斤，渔户买盐出洋采捕。汛毕归港，报明场司查验，该船得鱼若干，如鱼少盐多，即令将余盐归垣售商；如鱼多盐少，渔户即投腌切，牙行照鱼数买盐复腌，仍照鱼数于狼镇投纳饷税，然后装赴江南货卖。此外，并无完纳别项课银，再报税用盐，俱以鱼数之多寡为凭。此等船只承潮云集，赴场则多报渔数，希图混冒盐斤；赴关则少报鱼数，希图脱漏税课，关场官役势难盘查实数，每多受其欺蒙。应饬令各场员每年汛毕渔船进港，该船报明捕得渔数，一面查核用银之多寡，一面将各船鱼数咨呈狼镇收税衙门，如渔户投税，少报鱼数，听收税衙门查究，则渔船不敢捏报冒盐，亦不敢减数漏税。应饬行为例。下部议行。

又定浙江增斤改引例。奉谕旨：浙江海滨地皆斥卤，向来盐价甚贱，居民称便。十余年来，盐价增长，近则加至二三倍不等。朕再四图维，并留心谘访，盐价之贵固在于场盐少产，亦由于商本艰难，唯有使商人盐斤充裕，则盐价自然平减。今酌定增斤改引之法，将杭、嘉、湖三所引盐循照两淮旧额，每引加增盐五十斤，连包索共重三百三十五斤。至松江一所原为海滨产盐之区，向因额设季引九万余道，分别上中下三则征收正课公费银五万四千余两，遂使近场州县多有盐贵之苦。今循照沿海温台等处之例，改行票引九万余道，每引给盐四百斤，令商人设店住卖，如此增斤改引，则商本宽裕，转输便易，庶可复还数十年前之原价，以便民用。

又以运河挑浅预运盐斤，酌宽商人纳课限期。奉谕旨：淮扬运河于来岁挑浅，盐船不能行走，民食所关，必须先事绸缪，预为捆重运至仪所，以便源源运往口岸，计得预盐七十万引。但商人行盐原系陆续完课，以次转输，今既预运七十万之引盐，即须早完七十万引之正杂钱粮，商力未免竭蹶。查盐务正杂钱粮，商人向分三次完纳，首先完银谓之"请单"①，其次完银谓之"呈纲"②，最后完银谓之"加斤"③，此旧例也。今朕宽缓其期，将此预运之引盐所有请单、呈纲两次应纳钱粮，准于加斤时一并完纳，俾商力宽舒，得以从容办课。至淮北引盐亦由运河经过，所有预运盐斤十万余引，亦照此例行。嗣以预运与正运一齐赶办，恐其中仍不免竭蹶，令将淮南丁巳纲正运引盐未筑坝以前运到仪所过掣者，其应纳请单、

---

① 请单，盐商请引行盐，分三次交清引价，第一次缴款称为"请单"，意为申办盐引。
② 呈纲，盐商第二次缴款称为"呈纲"，意为正式起运。
③ 加斤，盐商第三次缴款称为"加斤"，意为最终结算。

呈纲钱粮，各先完纳一半，余听陆续完纳，总限奏销之时，全数通完，俾商人更得通融办理。

裁滇省盐课盈余并除分派烟户食盐之弊。先是，滇省盐价昂贵，每百斤价至四两以上者，敕谕滇省督臣裁减盈余，以平盐价。续于是年又奉谕旨：各省盐政办理之法各异，如云南所产井盐，俱系府州县领销，派定额数，由各盐井领运分销办课，不许越界贩卖，通行已久。两迤冲繁之处，人民辐辏，不难照常销引，间或缺盐，借之邻近州县通融协济。其山僻州县，乡村弯远、居民鲜少地方，官恐蹈堕销之咎，关碍考成，遂将盐斤分派里甲，挨户分食官盐，按限缴课，名曰"烟户盐"。小民家口多者可以照数纳银，若贫民家口无多，余盐未曾食尽，及期催追，前课未完，后派又至，辗转积累，悬欠难偿。夫盐为小民日用必需之物，虑民远涉，是以因地制宜，不徒为销引计也。一则患盐之不足，一则患盐之有余，俱非均平之道。着该督抚酌量变通，悉心妥议。务使官不堕销，民无偏累。户部行文该督，经督臣尹继善等疏奏，仍下户部议覆。除井地卖价每百斤自二两内外至三两以内者毋庸置疑外，其黑井等井盐斤，运至昆阳、永北、建水、保山、嶍峨、开化、石屏等处营销，盐价每百斤既自三两一二钱至四两一二钱不等，应令该督等遵奉上谕，减至三两以下。至盐斤派散烟户多由盐不能销、官虑考成所致，自应酌量变通，改拨调剂。其白井堕销盐九十万斤，照依该督等送部原册，改拨省店并元谋等州县营销，白井、井东、按板、改板等井煎盐共八十四万一千六百斤，其盐课及本款、盈余银两相应一并准其豁免。滇省每年正项盐课银二十七万六千三百三十九两七钱零，今除豁免银一万四千三百九十余两，尚应征课银二十六万余两，应令该督尹继善等造入盐课奏销册内具题查核。疏上，如议行。

<u>臣等谨按：滇省地处极边，水程难达，自后汉时夷人岁输盐一斛以为常赋，至明季而分井，各置盐官。我朝因之。顺治十七年，给票易引，以出盐多寡定经制课程，各随商贩照例抽税。雍正二年，于镇沅府地方开按板井，于威远地方开抱母井①；三年，于普洱地方开磨黑井，元江府地方开猛野土井②，合之白珥、云龙、安宁、阿陋等共</u>

---

① 抱母井，盐井名。在今云南省景谷傣族彝族自治县凤山乡。
② 猛野土井，盐井名。开于云南省元江府境内，具体地点未详。

十五井。地不爱宝,盐井已视前加辟。而升平日久,生齿繁庶,苗、猺、夷、猓仰食于各井盐斤,是以盐价日昂,皇上裁减盈余以核定盐价,为民食计者,至周且渥;而因地制宜,改拨调剂,则一时酌盈济虚,哀多益寡之道,并著于此矣。

二年,免两广盐课余平银两。户部议准:两广总督鄂尔达疏称,两广盐课商人完饷,每一千两于平头三十三两之外,征收饭食银十五两,其余平二十五两全行免征,应如所请。从之。

四年,议准古州行食粤盐。先是,乾隆三年,户部议准:两广总督鄂尔达疏称,贵州省古州地方原系新辟苗疆,向无官引营销,系俱买食淮盐,价值甚昂,民苦食淡。经臣于雍正十年七月内奏明,拨发帑盐,委员运往该地试销,每斤定价一分二厘,听该地方民苗买食,题增引饷。钦奉谕旨允行。嗣查古州试销帑盐将及五载,委员料理民苗称便,但思官办究非常策,自应招商认引行盐,以定章程咨商。贵州督臣转行盐道核议,兹据驿盐道黄岳牧详称,黔省司道所议,从前于古州设埠试销之始,恐僻远居民未能遍及,是以于丙妹、永从、三角坨等处俱设子埠①,以便民屯就近买食。今试销五载,日渐疏通,应以古州为总埠,分拨销售,其商人亦应听古州同知管理,每年销引,应请定额四封②,计引三千八百道,递年按引输饷,归古州同知衙门督征销解③。所有应输饷银,应请照粤东次轻之保昌埠例,每封饷银六百二十七两五钱三分有奇,递年额引三千八百道,共应输饷银二千五百一十两一钱四分有奇。所有盐斤,亦照东省各埠每引行盐二百三十五斤,自乾隆四年营销。乾隆三年引盐为始,汇入东省额内,造册奏销,每斤应照定价卖银二分一厘,毋许丝毫增长。应如所请。从之。至乾隆六年,复于销买引盐、酌减价银案内,每斤减银二厘。

停止浙江省储备盐斤。先是,管理浙江总督嵇曾筠疏称,请动道库帑羡,收买余盐入厰存储,以备平价之需。至是,巡抚卢焯奏称,出易之时,分派各商脚费甚重,盐斤消耗力不能赔,势必取偿于卖价,不但累商,并以累民,是储盐一事殊未有便。部议,应如所奏,将储备盐斤永行停止。从之。

---

① 子埠,分码头。此处的埠,特指准许销盐的码头。
② 封,量词,封装的一份。此处意为将古州所承销的盐引分为四份。
③ 销解,销售后将税款上解。

又以两浙鹾政分隶江南。敕江南督抚、提镇督率所属，稽查私贩。奉谕旨：江南苏、松、常、镇四府及太仓州皆边海邻场，为浙鹾门户，该地方文武官弁倘或巡缉懈弛，必致有妨引课，而藉端滋扰又必有累平民，着江南督抚、提镇诸臣时饬所属官弁，实心稽查，善于办理，务期有裨公事，不扰闾阎，勿以为邻省之盐政而淡漠视之。

又免云南各盐井归公之项及黑井锅课银两。奉谕旨：云南黑、白、琅等盐井，旧有规礼银二千八百余两，归入公项下，为公事养廉之需，在于每年发给薪本银内扣解。在当日，柴价平减，灶户犹能供办。闻近年以来，童山渐多，薪价日贵，兼之卤淡难煎，所领薪本不敷购买柴薪之用，灶户未免艰难，所当酌量变通以示存恤。着将白琅二井节礼、黑井锅课银两免其扣解，俾灶户薪本较前宽裕，所有公项不敷，统于铜息银内拨补放给。

六年，议准酌加淮盐引价成本。先是，乾隆四年十一月，太仆寺卿蒋涟奏：两淮运地极广，盐价日昂，小民甚受其累，请仿照长芦之例，官为定价。湖北巡抚崔纪奏：湖广通省营销淮盐，蒙世宗宪皇帝特差吏部侍郎黄叔琳等酌定价值。迨雍正二年，盐臣噶尔泰奏，海潮淹没盐场，倍增成本，恳祈随时销售。部议覆准。至乾隆二年，部议：据盐臣三保、抚臣崔纪开列成本数目，互相参校，请旨并交接任盐臣准泰秉公查察，巡抚徐士林会同确核定议，旋经抚臣盐臣等会议：查南盐草本之资，包索水脚之费，辛工火足之用，掣盐之装载，三汊河之起驳，扬州、汉口之商伙，湾头关钞之税课，及织造、铜斤、河饷等之销算，引窝①、根窝②之租息，合之引课定额，按照阁部会议通盘酌核贱价，时每引应需成本银五两三钱七分三厘八毫零，每包一钱三分八厘，每斤一分五厘六毫零，至贵价时每引应需成本银五两七钱八分二毫零，每包一钱三分八厘六毫零，每斤一分六厘八毫零，按款造册。大学士会同户部议覆，应如所请。奉旨依议。至是，巡抚徐士林奏：恤商正以惠民，恳加给淮商余息，每引三钱。至七年九月，两淮盐政准泰奏：场灶为行盐根本，连遭水潦，商运艰难，恳再加每引余利三钱。下部议驳。奉旨：今年江省被水非寻常可比，着照依该盐政所奏。以次年四月为限，不得为例。

---

① 引窝，盐商购得盐引后，再从官府认定的专属销盐区。
② 根窝，商人购得的销盐专属区。

七年，定福建盐务归水商办理并定该省行盐引额。户部议覆：闽浙总督那苏图等奏，盐法定例，自应以部引为凭，商领引以行盐，官按引而征课，方可无那移、影射之弊。闽省除汀州一府尚食粤盐外，其余各府州县旧额共部颁引一十万九千九百二十二道，每引配盐多寡不等，额征正课及额征丘折银①共九万四百六十一两六钱。嗣经定例，将盐院衙门及商人尽行裁革，援照粤东琼州灶户征课之例，均派各场，交与各府州县照数收纳解司②。上游西路延、建、邵三府属，下游福兴、泉漳、福蒲、浔泂、惠浯、浦诏各场俱系官运，其余各县或招水客行运，或听民贩在场完课，挑卖漳州府属之龙溪、海澄、南靖、长泰、平和、龙岩、漳平、宁洋八县，在于石码设馆征课，奏准遵行，并未请引。至雍正六年、十年，节经督臣先后请奏，闽省之盐全归商运，唯永安一县仍留官运。更有福州府属之长乐、福清，泉州府属之晋江、同安，或系附场之邑，或系产盐之区，非官运不能遏绝私枭③，毋庸招商；其漳州府之漳浦、海澄、长泰、平和、诏安，暂委官运，现在招募水客承充，亦经奏准遵行。而历年因循至今，并未请引。查闽省盐额，原额九万四百六十一两六钱零，又经裁革盐院各官杂费归公银八万二千二百一十两。又雍正元年以后，陆续升报丘折银三百七十三两八钱零，共银一十七万三千四十五两五钱零，内除原额及新升丘折共银一万三千八百八十五两七钱零另行解部外，实存银一十五万九千一百五十九两七钱零。此项额征有年，自应定为正引。内西东南三路及各县澳共应给引五十四万五千六十五道，合之西路盐斤银两，连云澳额课及台湾盐埕饷银征课如额，应令金商分地营销，定为正课。其附近场地各县仍归官办。又前经户部议准，督臣郝玉麟以闽省销盐既招水客承充，应酌定盈余，均匀配搭，此项盈余银一十四万一千六百九十八两六钱零，历年征收，并未缺额，似应定为余引④。其东西南三路及各县澳共应给余引四十万六千九百四十四道，及连云澳、台湾颁发余引定为盈余额课。再此外每年尚有盈余银两，每年西路约发余引二万三千道，东南二路及各县澳约发

---

① 丘折银，清代福建的盐灶税。当地称盐田为丘，故灶税称丘折银。
② 收纳解司，征收保管并定期解缴上级主管部门。
③ 私枭，私盐贩子。
④ 余引，清代盐引的一种。年产盐原有定额，超定额的产量，称余盐，规定销售余盐的盐引称为余引。如清制，福建省入额盈余引，其销售的合法性与销售方式与正引相同，每年额定三十八万七千四百二十三道。

余引十万道，应额外销算，不入年额考成之内。倘有存剩余引缴部查销，均应如所奏办理。得旨：如议行。

又议准：匀销粤盐商引酌量改拨，并将沿海盐填改种稻麦以重本计。户部覆准：署理两广总督庆复条奏，粤省各商埠地远近不一，其近在场灶之埠，因各场产盐日多，盐价日贱，民间多食就近私盐，而官盐壅滞难销，此名曰难销之埠；其离场地稍远，界近邻省，虽运费加增，民多买食，此名曰易销之埠。请将难销埠引匀拨于易销之埠配运营销。应如所奏办理。如有匀出埠地转难为易，或受匀之埠别有难销，仍准临时酌量题请改拨。又沿海盐填太多，宜改稻田以绝私贩之源。查盐斤米谷，均关民食，而产盐之区日多，究不若产米之地日垦。粤东盐填，前据侍郎吴应棻等奏请改为稻田，臣部原恐产盐或有不敷，民食无以接济，且已垦盐田均系斥卤，谅难改种谷麦，是以毋庸置疑。查粤场近年以来，正盐之外收有余盐，出产甚多，四处充溢，应如所奏，将离场弯远之盐填，饬改稻田，数经雨洗，即可改种稻麦。从之。

又准：四川蓬溪等处积滞盐引改拨营销。户部议覆：四川巡抚硕色奏称，蓬溪一县，于雍正九年计口授盐时，原额只陆引四百九十七张，嗣复增一千三百五十二张，又增水引一百七十八张，较原额三倍有余。又泸州仁寿县松潘厅均有积滞引张难以营销，今查有德阳等十三县均以食指渐繁，额盐不敷，情愿各就近便认销。应如所请，将蓬溪等四厅州县积引二千二百五十一张，自乾隆八年为始，酌量改拨于德阳等处，就近营销。得旨：依议速行。

以扬淮盐务道事归并扬淮道管理。户部议：淮扬海一带地方，场灶俱系淮扬道所属；其通州地方场灶，亦与该道所属毗连。请将盐务道所有事宜俱责成淮扬道管理。青山头守备、三江营陆路守备及各营弁丁并原设巡役俱听钤束。从之。

八年，议准：两淮乙卯纲未完引额提入癸亥纲闰月内带销。户部覆准：两淮盐政准泰奏称，两淮引盐经前任盐政三保奏请，自庚申纲起将乙卯纲引盐照带戊之例，分作十年带销。今乾隆八年遇有闰月，现行癸亥纲引，既不敷民食，自当通融酌办，以资接济。应如所请，将己巳年淮南应带乙卯纲引一分，提入癸亥纲内带办。得旨，准行。

九年，改拨川盐接济滇黔两省民食。户部议覆：四川巡抚纪山疏称，滇省东川等处盐斤不敷民食，经滇省督臣奏请，改拨川盐接济。查犍为各厂现有余盐可以增引行滇，应令照富顺原行水引一百五十张，折增陆引一千八百七十五张，自厂顺流运至宜滨县，换截引纸，水小之时，督商运至盐井渡，若时届大水，仍听由筠、高、长宁等县换截引纸，运至川滇口岸，令滇省民人商贩接运发卖。其犍盐入滇，务令川省换截各衙门将截过引数日期移明滇省查察。其应征课银，查川省水引一张，征税银三两四钱五厘；陆引一张，征税银二钱七分二厘，今以折增陆引一千八百七十五张，按引征税，应令该抚饬令犍为县照现行折增陆引数目，按则征收造报。至行滇引盐，既于宜宾换截①，自应照例刊入引纸，以便换截配运。其黔省施秉县及镇远县属之西南北三隅，均系沿边买食川盐地方，应令一并刊入引纸。从之。

十年，添铸煎盐盘角。两淮盐政吉庆奏言：臣前因两淮所产之盐仅敷年额，并无积余足备缓急，是以筹议奏明添铸盘角二十七副，较之镦煎，费省产多，甚为便利，自应多为添铸，以资广产而备储蓄。两淮煎镦，向系商人呈明开铸，兹添铸盘角，应无论商灶，如有情愿备资自铸者，许其循照往例呈明，官为稽查。从之。

又议准两广盐法八条。户部议覆：两广总督那苏图条奏两广盐法：一、商欠宜分年带征，以清帑项。一、催追商欠，宜酌定议处议叙之例，以示劝惩。一、现在埠商，宜秉公甄别，以肃鹾政。一、运盐到埠，宜令地方官先收盐价，以专责成。一、加增各埠盐包，宜尽行革除，以清盐法。一、缉捕私盐，宜颁发赏格，以示奖励。一、各属盐规，宜责令首报。一、运司分司盐库，宜彻底清查，以杜侵冒。俱应如所请。从之。

又定淮扬预运盐斤每引加盐之数。是年，淮扬之串场等河，筑堤挑浚，盐舟不能行走。其丙寅新纲，预先赶运。特旨：谕令请单呈纲，两次应纳钱粮俱缓至加引时一并完纳。又以预运盐斤堆积垣所，不无卤耗。着照乾隆二年之例，凡本年十二月三十日以前到所新盐，每引加耗二十斤。自是，每恭遇南巡省方②之岁，皆奉谕旨加耗如例。

又准：两淮食盐拨于纲地营销。两淮盐政吉庆因山清等八州县食盐壅滞，屡次奏请通融酌销，以三分留运本地，以七分拨运纲盐口岸营销。户部照例议覆，不准所请。奉谕旨：通融拨销盐引，自于商人有益，其夹带

---

① 换截，即换截引纸，办理登记更换销盐凭据的手续。
② 省方，巡视四方。

影射之处，该盐政等亟当实力稽查，以清弊窦。着暂准其所请，俟一、二年后，食盐疏通之日，该盐政奏闻，仍照定例办理。嗣于十一年四月，以淮南宁国等县壅积食盐，经盐政奏请通融营销。户部仍按例议驳。上以事同一例，准其所请，交与该盐政遵照淮北之旨一体办理。

十一年，豁免海、赣二州县盐场带征银两。奉谕旨：淮安分司所属，坐落海、赣二州县之板浦、徐渎、中正、莞渎、临洪、兴庄等六盐场，乾隆十年以前未完折价带征银两，一体豁免。

十二年，定淮盐运楚限期并建常平盐仓于汉口镇。户部议覆：湖广总督鄂弥达奏言，淮盐运楚船大难行，改用小船，得以速运。请将现在可装四百引以上至一千二百引之船，准其常行装运。其水程日期，拟装四百引及五六七百引之船，定限一月到汉，其装八九百引以至一千二百引之船，定限四十日到汉。逾限十日以外，即比照凡差送起解官物违限例，笞二十，以每五日加一等科断。又汉口建造常平仓廒，以存储递年未销积引，自是有备无患。查仓基旧址有二十三处，虽或经弃置或经改造，请即饬令各商仿照从前仓房，酌量修葺，仍转饬盐道于场盐旺产水满风便之时，督令各商预为多运存储，以备接济。从之。

十三年，加给两淮引额盐斤。两淮盐政吉庆奏称：两淮纲食引盐，近因蒲草歉产，包索减轻，盐斤易致亏折，仰请量予加增，俟蒲草丰时奏闻停止。奉谕旨：于引额之外，每引增给十斤，俾商本不致亏折，民食永资利益。

十四年，以长芦盐臣请增课额，传旨申饬，交部察议。长芦盐政丽柱奏称，大军凯旋，办理一切善后事宜，官兵粮饷等项在在需用，其拨协军饷之各省岁支俸饷，亦所必需。请照康熙十四年之例，芦东每引增银五分，并请饬令两淮、两广、河东、浙江等省一体按引增课。奉谕旨：金川用兵供亿固为浩穰，但国家公帑所储尽足敷用，且康熙十四年增加盐课，原因开创未久，正供缺乏，今时势悬殊，岂可援以为例。丽柱着交部察议。

又议准：粤省盐引按年酌拨运销。户部议准：两广总督硕色奏言，粤省难销埠地，共有顺德等四十二埠；易销者计有连州等三十六埠，奏请将难销各端口积引拨交易销之端口代为运销。三年一拨，造册报部。唯是近场难销之埠尚不止于四十二处，此外如仁化、江浦、乳源、阳江、长乐等二十余埠亦皆属近场疲烂之区，与其三年之后方始造册报部，致有在外私融之弊，莫若按年随时酌拨，据实报部。且查闽省盐法遇有难销额引，俱系按年随时酌拨，汇册报部。闽粤事同一例，自可援照办理。从之。

十六年，豁免两淮灶户未完折价带征银两。奉谕旨：两淮灶户僻处海隅，专以煎晒盐斤为业，其生计更窘于农民，殊深轸念。所有乾隆二年至十四年因灾停缓带征，各未完折价共四万二千余两，着加恩照民户例，一体豁免。

<u>臣等谨按：场灶为盐法根本之地，灶丁为盐场作苦之民，故灶户之勤与农家等。盖灶丁终年盘锹之间，畜荡草，勤淋晒，谨火候，伏阴晴，薄寒盛暑，不得休息，展四体之力，仅足以给衣食。我皇上轸念细民，咨询疾苦，悯其生计更窘于农民，数年逋欠尽予豁免：计通州分司所属各场曰丰和、曰掘港、曰石港、曰西亭、曰金沙、曰吕四、曰余西、曰余东、曰角斜、曰栟茶；泰州分司所属各场曰富安、曰安丰、曰梁垛、曰东台、曰何垛、曰丁溪、曰草偃、曰小海、曰刘庄、曰伍佑、曰新兴、曰庙湾、曰板浦、曰中正、曰临兴。凡场有灶，灶有户，户有丁，丁有额，家人妇子栖息于滨海斥卤之地，按册考数，可以坐计而周知。大抵两淮盐场，执业约有二端：淮南之盐熬于盘，其形散；淮北之盐晒于地，其形颗。盐成输赋，为民食之源，国家所以保护而生全之者，彷徨周浃，无不曲至。自是年豁免带征折价之外，有蠲恤以救其歉收，有借给以免其称贷，虽煮海编氓，渐有家给人足之象，睿虑所经，不使一夫不获其所也。</u>

加两淮纲食引额盐斤。奉谕旨：朕省方所至，广沛恩膏，因两淮商众，运纲输课，接济民食，着将两淮纲盐食盐于定额外，每引加赏十斤，不在原定成本之内。减一分售盐之价，即利一分食盐之人。其有昂值纲利致累闾阎，则深负德意矣。该盐政其通示商众知之。

又免两淮追缴盐引贵价盈余，并令淮商嗣后不得于贵价外另增价值。两淮运销丁卯、戊辰、己巳三纲引盐，皆照原定贵价，曾经部驳追缴。盐政吉庆奏请免追，户部仍照例议驳。奉谕旨：向来各省盐引，原听其自相交易，无官为限制之例，长芦、河东至今尚然。唯两淮行运江楚盐引，适因崔纪沽名三保庇商，两持异议，始将各商运楚成本，分别定以贱价、贵价，然自定价以来，商人总以贵价销售至今。夫恤民裕商，本属一事，若任其屡抬时价，日引日增，则于民食有害。然勒令贱价，则该商等又以成本有亏，不免纷纷吁请。今计各商比年营销价值，于成本自可无亏，将来即借口年岁不齐，料亦不过如今之所称歉年而止耳。嗣后淮商销售引盐，即遇应贵之年亦不得于现在所销价值外复议稍有加增，庶可示以限制。至于岁事丰稔，盐价可以酌量平减，则令各该督抚会同盐政等随时筹划妥办，部臣亦不必固执定例，徒滋驳结之繁，庶于商民均为有益。至于部议已卖贵价，复令商人追缴之处，事理亦属难行。若云买贵在民，则仍应给还食盐之户，于势固有所不能，否则以商人市值所余归之官帑，于政体尤有所不可。总之，民间物价，本自不齐，只可随时调剂，不能概绳以官法，即如人生日用最急者莫如食米一项，今谓意在恤民，而欲官为立制，务使市价损之又损，闾阎皆得贱食，意则善矣。欲其行之于事，能乎？不能乎？国家休养生息百有余年，户口繁衍，自古希逢之盛会。人庶则用广，用广则价昂，此一定之理。经国者要在务知大体，而于事势通变盈缩之间为之补偏救弊，俾庶政皆得其平，即所以嘉惠元元者，不外是矣。因议盐法，故推类及之，而因时立政之道，实不外此。将此传谕中外知之。

又借给两淮盐丁公项银两。两淮盐政吉庆奏言：两淮各场煎丁，本属穷民，专以煎晒盐斤为业，每因盐斤不能接济向各灶户重利借贷，以资日用，生计甚为拮据。奉谕旨：该盐政酌量于公项内动银数万两，准其赴官借领，每年春借冬还，不必加息，务须妥协经理，俾滨海穷丁咸沾实惠。

又酌减河东余引四万道并更正陕西咸宁等处升斗照依部式。军机大臣议覆：河东盐政西宁条奏《酌减河东余引》一折，奉谕旨，河东商人营运资本，原非两淮可比，历年余引存积既多，自难一时销售，但向来颁给余引，本为广济民食起见，例准尽销尽报，并未责其按数全完，何至领运不前，藉称商本销乏，或由商人等以每岁余引既有额颁，则于销未及额之中，究不敢过为减少；而司榷政者因视为考成所系，虽尽数销报之项，亦未便任其盈缩悬殊，此鳃鳃过计所由，虑其办理拮据也。此项既属余引，嗣后部臣亦不妨量为酌准以示体恤。朕加惠商民，原无二视，着照军机大臣等所请，令该盐政会同山西、陕西、河南各该抚，将实在民官营销及商人承办各情形，详悉熟筹，疏引裕商，一一酌议具奏。嗣经三省抚臣及盐政会议合词具奏，查得晋省太原、汾州、宁武三府，辽、沁、平定、忻、代、保德等六州例销河东之引，或食本地土盐，或食蒙古达盐，州县各按引征税，名曰盐税；陕西凤翔一府，邠州属之长武县，例销河东之引，食花马池盐，州县按引征课，名曰凤课。长武课此，官民营销之情形也。引既无多，盐复任便，经久相安，税课不误，无可置议。其晋省之平阳、蒲州、潞安、泽州四府，解、绛、吉、隰四州；陕西西安、同州二府，邠、乾、商、兴四州；豫省之河南、河阳二府，陕、汝二州，许州属之襄城，共一百二十四州县，例销河东之引，食河东池盐，俱系商人认地销引。凡出盐出场觅脚转发所认地方，或用升斗，或计斤两，遵照定价，听民买食。如有额引不敷之处，请领余引接济，此商人承办各情形也。查河东余引，自雍正十三年至乾隆五六两年，陆续增添至二十四万道，若如该盐政所请，遽减十分之三，核计减数已至七万二千道，较之历年未销之数反觉过多，不若将续增余引四万道暂为酌减，其余引二十万道作为定数。至所称陕省咸宁等十二厅州县，查明升斗，较报部之数加重，应请改正，并运销豫省盐斤，请由水路运发，以省脚费，均属恤商疏引之举，应悉照该盐政等所议办理。从之。

又议准滇省盐政五条。户部议，云南巡抚爱必达条奏：一、滇省原定盐价低昂不齐，请按照地方情形统行酌定数目，每百斤自一两五六钱至二两三两不等，与乾隆元年钦奉谕旨每百斤总在三两以内之数相符。一、滇省盐斤，唯黑白两井额煎最多，黑井盐概运省店营销，白井盐分运大理等府属营销，其云龙、安宁、琅阿、陋草溪、丽江、景东、抱母各井，或分给近便府州县营销，或即令本府兼办，均系历年各按应征课款开报奏销，嗣于乾隆四年奏拨川盐二百四十余万；又奏运粤盐，以致盐多壅滞，自应量为增减；原题川盐，另行拨销，并将增减改拨数目开造清册送部。一、各井员离任交盘，应将支发薪本流卤及铺贩盐斤各项，应追应接，统于册内分别条款交代。一、滇省行盐，井官专司督煎，则奏销督征职名，自应免其开列。至该管知府有督征之责，营销未完者，应开列请参；全完者亦应开列请叙，以上均应如所议办理。一、滇省井官督煎，有无堕误，作何议叙议处，亦应如所奏。督煎井官如按年足额，准照课款全完五万两以下议叙之例，记录一次；其堕煎官亦照轻重分别议处。得旨如议行。

十七年，敕长芦加斤商盐减半纳课，并豁免应追未完盐课加斤银两。奉谕旨：从前长芦各商积欠甚多，令于每引加盐五十斤分派营销。续经部核，每年应增课银八万九千余两，但芦商积困之余，旧欠甫清①，若按斤

---

① 甫清，刚刚清偿完毕。甫，刚刚。

加课，商力未免拮据，着将所加盐斤减半纳课，永为定额。其乾隆二年至六年应追未完加斤课银一十四万余两，着一并加恩豁免。

十八年，准长芦添领余引七万道。长芦盐政吉庆奏，长芦额引而外，向设余引五万道，今乾隆十八年领到余引，均已分领全完。就现在畅销情形，通计本年应运引数，前领余引实在不敷销售，应请再领余引七万道，连前共合十二万道，存储运库，庶可乘此场盐旺产之候，多为领运，使引地皆有储积，民食不虞缺乏。疏入，报可。

免天津余引输纳课银。军机大臣议覆：直隶总督方观承等奏言，天津县老少牌盐影射滋弊，仍旧折给钱文，俾老弱贫民糊口有资。牌盐既去，而引盐计本取值，则民食皆须增钱买盐，与民情亦多未便。若使商盐仍照牌盐之价，亦亏运商成本，请以天津所销余引，免其输课，唯额引照例输纳。从之。

十九年，禁止荡草出境贩卖。户部议覆：两淮盐政吉庆奏称，通、泰二分司所属各场，俱系淋卤煎盐，而其法即将煎盐之草灰摊晒淋卤，熬成盐斤，是以沿海草荡俱拨给灶户供煎。历禁开垦、占卖。荡内产草二种，白者力大较旺，灰卤沈厚，红者稍逊，总以供场灶之烧煎，不容出境贩卖。乃各场灶借口红草曾有出卖，每将荡草私贩出场，转至煎办无资。查盐法志载，止有放荒蓄草之条，而私贩荡草，该管场员分司州县并无处分之例，应照管理矿厂官员私运铜铁出厂不行，查出罚俸一年，至产草极礼之年，供煎有余，红草仍听酌量转售。白草虽遇丰收，仍禁止贩卖，以裕灶煎。疏入，报可。

十月，定镇雄州岁解盐斤仍归商办设口抽税。户部议准：云南巡抚爱必达条奏，滇属镇雄州地方，历系营销川省边引盐斤，听商贩自行运售。今既官为办销，若听威宁盐贩经由过往，查察难周，必致贩商充斥，官盐堕销。若概令禁阻，则威宁川贩虽向由永宁、毕节一路运销，而自开罗星渡以来，即俱由罗星渡转运，享便捷之利已久，一旦阻止，令其绕道赴威，又恐于威宁民食额税致多掣肘，官商实有不能并行之势，应将镇雄官盐停止，仍听商贩营销，于镇雄总汇扼要之处酌设税口抽收，每驮一百六十斤抽税银一钱八分，试抽一年，再行题请定额。从之。

二十年，议准两淮新淤草滩悉照垱墈给升。户部议覆：江苏巡抚庄有恭奏言，泰州分司所属十二场，除何垛一场新淤尚属不毛外，其余十一场共丈出有草新淤八千六十一顷八十一亩零，原应给各灶户报升①，但版籍灶户并不尽业煎盐，现煎场埕亦不尽皆灶业，自应分别给升。查富安、安丰、梁垛、东台、丁溪、刘庄、伍祐等七场埕场，俱系灶业所有，新淤沙荡自应按各本场灶户现在埕池面口匀派给升，至草偃、小海、新兴三场及庙湾一场，应请无论为商为灶，俱按现在煎办埕锹，均匀酌配管业；无埕锹者虽系灶籍，不准给升，则场商之自置埕锹者俱各有草可刈，不须重价购买。倘恐日久商占灶业，则令地随埕锹转移，如该商埕锹歇开，即将原给荡地另给接开之人；倘版籍灶户向不业煎者，肯自置埕锹办盐。查淤地甚多，因草未旺盛，未经全丈。嗣后草渐蕃庑，亦即照例拨给。应如所奏办理。从之。

二十一年，准河东借买芦盐配运接济。河东每年额余引张共五十八万三千一百三十八引，应配盐四千八百五十九名。是年，河东盐政西宁奏称：六七等月阴雨连绵，收盐歉薄，除收获盐斤配运之外，尚不敷盐二千四百名，恳借买长芦余盐一千五百名，仍用河东额引，运发附近之豫省汝州等州县及晋省潞泽等府属，按地行销。即将河东收获应配晋、豫二省盐斤，就近改拨陕省，嗣后不得援以为例。疏上，报可。嗣是累年皆以池盐不敷配运，借买芦盐接济，俱经部覆准行。

议准：粤东海康等县场端口事务统归官办。粤东场产盐斤，例系动帑收买，转给各商配埠营销，原属官为经理。唯雷属海康、遂溪、徐闻三县向未设有场员，一切场端口事务俱交商人承办。据两广总督杨应琚奏称，自各商经办以来，未能抚恤灶户，重收盐斤，近复无力养灶，渐致田堋荒残，灶丁失业，请一体改归官办，其埠务亦现乏殷商承充。部议，应如所请，统归各县管理。从之。

又议准增复河东余引。河东盐政西宁奏称：河东从前每年请领余引二十四万道，嗣因积盐过多，壅滞难消，于乾隆十六年奏请将续增四万道暂为酌减。乾隆十八年，经前任盐政萨哈岱以从前积盐销完，商力稍纾，奏请酌复余引二万道。今积盐久已销完，商力亦觉渐纾，各地方既经畅销，请将从前酌减余引二万道照旧增复。从之。

二十二年，加淮盐每引十斤，以二年为限。奉谕旨：两淮商众销引办课，岁额通完，而于地方公事更乐输恐后，着加恩自丁丑纲为始，纲盐、

---

① 报升，申报开征赋税。

食盐每引加赏十斤，不在原定成本之内，以二年为限，庶民食足而商力亦纾，以示恤商爱民之意。

又以河东盐池歉收，准运蒙古盐斤接济。户部议覆：山西巡抚塔永宁等奏言，本年河东池盐不敷配运，伏查太原府属之岢岚州等一十八州县，皆因相距河东千有余里，驮运维艰向无官盐到此，而地近沿边，所以俱买食蒙古之盐，百姓便安已久。此十八州县之民，既准买食蒙古之盐，则其余州县之民偶因不足，暂时通融，亦得仰请援照事同一例。查河东运发陕省盐斤，由黄河运入渭河，向来船筏行之已久，今自蹬口装载，由黄河运至河津县苍头镇，顺流而下，计程不过二千余里，且盐斤运回，必须由河保营等处按票查验，然后放行进口，一路经由地方均可按票稽查。其包头地方交易，仍转饬萨拉齐通判就近约束，无许滋扰。应令理藩院转行鄂尔多斯贝子吴喇忒公、绥远城建威将军将所买盐斤，照依时价，公平交易，不得高抬居奇，致滋勒揹①。并令该管蒙古将山橡小木售卖商人，以备船筏，行运各商亦勿得借端私贩木植。得旨，如议行。

二十三年，修筑河东盐池以资浇晒。山西巡抚塔永宁、河东盐政那俊奏言：河东盐池畦地为产盐之本，引课之源，三省民食攸系，今为水所淹没，急需修筑，请于池北筑堰一道，外御南面之汪洋，而戽干堰内之水，使复旧畦仍开涵洞，以资浇晒。其余地有可垦者多开新畦，添补不足。部议，应如所奏。借给耗羡银两，兴工修筑，从之。

又定两广盐务章程。大学士忠勇公傅恒等议覆，户部侍郎吉庆、署两广总督李侍尧条奏两广盐务章程：一、改设引目以定课程也。查粤省盐法，正盐之外又有正额余盐②、额外余盐、子盐、耗盐、花红余盐等项；正饷之外，又有正盐场羡③、余盐场羡、埠羡、额外余盐场羡、七折埠羡、三封挂一盐价、子盐京羡④、花红额溢羡余等项，名目纷杂，官吏易于牵混，请照每年各色余盐斤数所纳羡余银数核计，改为额引，按引输课，实属简便易行，而于各省盐法亦归画一。应改设额引一十七万六千六百九十五道，并入现行六十万四千一百三十二道额引之内。又给余引五万道，以备接济。即自乾隆己卯年为始，按数营销。一、严缉私处分以杜私

---

① 勒揹，强迫、刁难。
② 正盐，定额内的盐。正额余盐，经官方认可的，超过正额的盐产量。
③ 正额场羡，定额内的盐扣除成本及水脚等项费用后，所获之盈余。
④ 子盐京羡，清代盐课收入的一种。子盐是盐场生产的余盐，将其出售，扣除帑本外的盈余。

枭也。查粤西巡查私盐，立法未尝不善，无如相沿日久，视为故套，间获一起，多系有盐无犯；又以积少成多为场员开脱处分。嗣后地方官承审私盐案件，必须究其来自何场，审明实在数目，即将场员照盐法透漏成例议革。如有仍听多开人犯巧脱罪名者，将承审官严加议处。一、官办各埠宜全行改归商办也。查粤西官办之埠，拖欠余羡银两反多于商埠，且商人行盐等弊，赖地方官稽查，唯至官办，谁复为之查察，自应照依平乐等埠，一例召商领引办课。至广东之博罗等埠，亦应令该督作速召商承顶。一、禁掺和定价值以通商灶也。查灶丁煎晒盐斤，资本微细，一经亏折，则掺和、鬻私①之弊必多，是欲杜弊端，必先恤灶户，应于歉收之年，按场灶情形生盐每包加价二分至五分不等，熟盐每包加价四分至八分不等，使灶力稍裕，则积弊可以渐除。但加价之后，仍当不时稽查，如仍有掺和泥沙等弊，即行查拿究治，场员照例参处。从之。

又定买运蒙古盐斤事宜。户部议覆：山西巡抚搭永宁等奏称，蒙古运盐交商领买驮运之地，远近不等。今查邻近包头之萨拉齐厅并托克托城，与陕西之皇甫川，皆离水次甚近，即陕省神木县离水次亦止一百余里，该贝勒既情愿分运至四处地方，与商贸易，应准定以四处为蒙古商人交易之所。至蒙古盐斗每斗四十斤有奇，今买运蒙古盐斤，彼此必须用牲口驮运，若不酌增价值，不敷食用。请按向日与民间交易至重之价，每斗酌定价银二钱四分，令较准盐斗印照②给发，各处自今岁至明年正月运足三万石，以资接济，其余盐十三万石零统限于八月内运完。向来盐斤入口止于杀虎口、河保营、皇甫川三处水陆税口上税，即听其散往各处售卖，应给发印票，以便稽查。得旨，如议行。

二十四年，以河东池盐歉收，准配销花马大小池等处盐斤接济。河东盐政萨哈岱奏言，河东池畦被水，收盐无几，所有山陕两省民食全赖蒙古盐斤，以资接济。奈急切不能运到，民间待食孔殷。伏查甘肃、宁夏府灵州所属之惠安堡，共计盐井四百余眼，除配运平、庆宁各府属本引之外，向有积盐余剩，并附近之花马小池、莲花、烂泥、狗涧等池收盐丰裕，较胜往时，分多润寡，实于课食有益。再陕省延安府属定边县之大花马池，产盐亦裕，但山路险僻，驮运艰难，成本不无多费，然蒙古盐斤未到之

---

① 鬻私，私自贩卖自产之盐。
② 印照，指证照。

先，亦宜令商人备资赴买，以济配运不敷之处。部议，应如所请。饬商自备资本，前往买运，以济民食。仍照长芦之例，给发护票，以杜私贩。至所买之盐配河东之引，输河东之课，所有本省课税，自应免其重复征收。得旨：如议行。

议准粤西南宁等府土民盐斤仍归官办。粤西南宁等府属土民，即苗、獞之类，住居深山穷谷，向隶土司管辖，与汉人不相往来。从前俱系买食交趾盐斤，嗣因改设流官分辖，每年份拨土司余盐四千三百九十四包，照各府首邑盐价，每斤减去四、五、六厘不等，专责该管知府领运转发，土司官运回销售，缴纳价羡①。旋因粤省官埠欠课，经侍郎吉庆等奏请，将官运各埠招商定引，土司盐斤亦应一体改引以归画一。是年，两广总督李侍尧奏，该处每年领销余盐仅止四千三百九十余包，合引二千八百四道零，为数无几。若与民人画一办理，该土司素食贱盐，非其意所乐从，且苗、獞与汉人素不相往来，未便以销盐细故，遽令商人前往交售，致启汉奸交通之渐。所有南宁等府土司领销盐斤，仍归官运，免其改设引目。部议：应如所奏办理，仍令该督责成知府领运转发，稽查销解，不得于额销盐包之外，再请余盐，以杜价轻易致别埠影射之弊。疏上，报可。

又酌拨淮盐食引于纲地营销。户部议：两淮盐政高恒奏，江、甘、高、宝、泰等州县壅积食引，请改拨纲地融销。查两淮行盐口岸，通融改拨，例有明禁，且江、甘二县逼近场灶，尤为私盐充斥之所，若派拨纲地，非特私盐愈滋透越，将见纲盐口岸悉为食引所占，殊于盐法有碍，应将该盐政所请之处毋庸议。奉谕旨：高宝等十四州县，着照该盐政所请行。其江都、甘泉二县，照部议不准拨纲营销②。

又准滇省添买粤盐，拨给弥勒州营销。云南省城盐店，每年应收黑井等处盐九百三十余万斤，听各铺贩领卖，于昆明、嵩明、弥勒十六州县营销。其开化、广南二府地方，每年买粤盐一百四十万斤，分运销售。巡抚刘藻以近年生齿日繁，兼秋成丰稔，盐斤较前多销，请添买粤盐三十万斤，酌拨附近广南之弥勒州营销，其应支盐价及带买耗盐等项，悉照从前买运成例办理，统于铜盐互易案内抵兑，如有不敷，核明应找价值数目支给报部。至添买盐斤，即令委买本年粤盐之员带运回滇，拨给营销，所有

---

① 价羡，销售收入扣除成本的盈余。
② 拨纲，指改拨纲地。

卖出盐价，除还原借铜息银两，即将盈余数目随本年报销案内，一并造册送部查核。从之。

二十六年，议准：筹办河东盐务事宜大学士忠勇公傅恒等议覆，巡抚鄂弼、盐政萨哈岱等奏办盐务事宜，查河东盐务，自盐池被淹以来，产盐既少，不敷配运，应准其所请，将二十五年额引宽至来年六月清缴，俾得渐次疏销。续增余引十四万道之内，暂行停领七万道。现今盐价之外，每斤酌增一厘。至该盐政另折所奏，遴取殷商顶补引地，不过一时补救之计。在该盐政，唯当以经理盐池为急务。盐池之产盐果旺，商贾之人唯利是趋，不必勉强遴取而自争先恐后矣。至于近岁收买蒙古盐斤甚属有限，唯小民之贸易出口者，或以布帛烟茶互相抵换，往来即便，私贩日多。在目下盐少之时，禁之过严则有妨民食，而将来盐多之际，查之不力则有碍官引。又当因时制宜，悉心筹划，务祈河东盐务日就整顿，以仰副我皇上轸念至意。疏上，如议行。

又议定两淮盐法七条。奉谕旨：两淮盐务浩繁，商力不无拮据，如预提余引一事，从前吉庆系派之通纲①，而普福、高恒则择其奋勉办事者以为酬奖之地，其中即不能允协群情，其应作何订立章程，着军机大臣会同尹继善、吉庆、高恒等详悉妥议具奏。寻议：一、凝派余引②，宜均摊众商以期普沾利泽。一、外支银两，除公务应用不得滥行开销。一、办理常贡宜酌定用数，以备查核。一、盐政养廉，宜裁减五千归之公项。一、匣商费用，宜严加查察，以免通纲派累。一、纲食盐引，宜照例营销，不得滥为通融。一、私盐透漏，宜严加查缉，以疏引目。从之。

又敕准：长芦未完盐课，分作五年带征。奉谕旨：户部议驳《长芦盐政金辉盐课缓征》一折，自属按例定议。但念该处盐场今秋雨水过多，商力未免稍艰，着加恩将长芦本年未完盐课四十二万两，准其缓至明年奏销后，分作五年带征，以示体恤。

二十七年，停止粤东茂晖等场垦辟盐埔。先是，两广总督杨应琚疏请垦辟盐场，奏准行知。嗣因沙土松浮，一遇大潮风雨，基围易于坍坏，以致旋作旋辍。现在开成场埔仅存一百八十三口，每年可收盐三千包，余皆罢废，应准其停止其筑成盐埔。行令该督造具应升课银清册报部，所收盐

---

① 通纲，全部在册的盐商。纲，官方编制的引商名册。
② 凝派余引，集中分配余引。

斤归官收买，以资配运。从之。

二十九年，准长芦盐政奏增芦盐价值。大学士忠勇公傅恒等议准：长芦盐政高诚疏奏，长芦物价，近年增长，绳、巾、席片、车船脚费，逐岁加增，办课办运，每多拮据，除天津系公共口岸，众擎易举，毋庸增价外，其余请照各州县地方原定盐价，每斤加增制钱一文，以资行运，在小民每人每月食盐不及一斤，以一月之内多用制钱一文，实无所累，而商免亏本之累，民无淡食之虞。应如所奏，以收因时调剂之益。从之。

又加给滇省黑白二井薪本银两。户部议覆：云南巡抚刘藻奏言，滇省黑白二井，自十八年厘定章程以后，两井合计每年多办余盐一百二十余万斤，产盐甲于通省。该二井取给薪柴于百里之外，运价较前倍蓰，与各井情形迥有不同，请将黑井之大东复三井应煎额盐，每百斤添给薪本银一钱，白井所煎正额沙卤盐每百斤添给银一钱五分，即于该二井续办收买及白井所管之安丰井余盐息银内动支，以二井额外之有余，补二井灶户之不足，于民食大为有裨。应如所奏。从之。

二十九年，准两淮盐政奏，预提乙酉纲引给商接济。两淮盐政高恒奏，两淮行盐，各省年谷屡丰，销售甚畅，现办甲申一纲，计算不敷民食，请预提乙酉纲淮南盐引三十万道、淮北盐引十万道分给领运，以裕民食。户部议：查两淮每年营销纲引共一百六十八万五千四百九十二道。先于乾隆十一年，据前任盐政奏请预提纲盐，每年可销若干，先期约数①，咨部请领。经臣部议覆准行。嗣后历任盐政按年酌数请领，营销自二十万至三四十万不等。今该盐政奏预提乙酉纲引四十万道，应如所请，照数给商领运。从之。

又准：长芦盐课奏销展限一月。长芦盐政高诚奏，长芦各商本年领借帑项运盐较迟，盐价未及归回，而奏销已届，酌请暂展一月，于十一月举行，以纾商力。得旨，如所请行。

三十年，准两淮盐政奏，预提丙戌纲引给商接济。两淮盐政高恒奏：请预提丙戌纲、淮南纲引二十万道以裕民食。户部议，如所请。从之。

又令河东额外存盐，照淮扬之例配用余引，以济民食。奉谕旨：据李质颖奏"河东本年收盐配引足额外，尚存盐三千二百名有零，令各商加谨收储，以备将来不敷年份"等语，盐斤收储过夏，易致卤耗。该处池

---

① 约数，指先期估算一个大约的数字。

盐何以独能久储，留待将来补用。河东迩年产盐既旺，照额畅销之外，尚有盈余，或可将此项存盐仿照淮扬之例配用余引，以济民食，较储积陈因不更妥协乎！着传谕李质颖，确按彼处情形，悉心筹划，据实奏闻。嗣河东盐政李质颖奏，请先酌复余引三万道，自三十年为始，赴部补领，仍察看情形，如有盐引不敷之州县，即行奏请给引领运。从之。至三十一年，复请复余引二万道，给商领运。

又酌增山东行盐余票。山东原设额票一十七万一千七百四十道，雍正八年，增余票五万道；乾隆元年，复增一千五百道；五年、六年，复增一万五千道。至是，长芦盐政高诚奏，山东滨海营销票盐，各州县盐斤日加畅销，恐将来不敷接济，请再增余票一万五千道，以本年请领丙戌纲票引为始，所销之票，按数纳课。户部议，应如所请。从之。

三十一年，准两淮盐政奏，预提丁亥纲引给商接济。两淮盐政普福奏请预提丁亥纲淮南盐引二十万道、淮北盐引五万道以裕民食。户部议，如所请。从之。

三十二年，谕：朕此次临幸天津，该商等趋事赴公，颇称踊跃，因念长芦通纲引课，每年十月内奏销，正值销售菜盐之时，盐价未及收齐，而奏限已届，商力未能舒徐。着将长芦通纲盐课嗣后改至十一月底奏销，俾得从容完纳，以示体恤。

三十五年，两淮盐政尤拔世奏：淮南北各场，春夏多雨，场盐歉产，各口岸亦多被水，营销不畅，请将己丑纲奏销展至八月。题报，经部议驳。得旨，着照所请行。

又谕：两浙商人闻朕允直隶臣民之请，恭奉皇太后安舆巡幸天津，情殷爱戴，吁恳巡抚熊学鹏代奏，携众赴津抒诚祝嘏。奏到时，伊等业已在途，情词诚切，兹跸途所至，见该商等欢欣踊跃，忱悃可嘉，自应量加恩赉。着将每引额定盐斤外，加盐五斤，免其输纳课项，以一年为满，俾商力益臻饶裕。

三十六年，谕：上年夏间，天津等处因雨水过多，被灾较重，业经迭降谕旨，动拨银米，蠲赈频施，黎民幸无失所。第念长芦盐地同时亦被淹浸，该商等工本不无稍亏，既仍照常纳课，又不能与贫民一体沾恩，未免向隅。今翠华临莅，深悉该处情形，且咨访钱价，较前更为平减，虽去岁曾加钱价，现在商力仍觉拮据。着加恩每斤再暂加钱一文，以降旨之日为始，定限一年，仍照旧值营销，俾资充裕，以副因灾恤商之意。

又谕：山东引票，各商自乾隆十六年至三十一年尚有积滞未销之盐六十余万包，课项俱已随引清完，而盐包仍须陆续运售，加以按年输纳正课①，商力未免拮据。着加恩将乾隆三十五年应征款项，除杂项钱粮照旧缴纳外，所有正课银十八万三千八百五十两零，分作八年带征，俾各商益资宽裕。

又谕：前以长芦盐地去夏偶被水淹，且询知今年钱价较前更为平减，因降旨准将盐价暂加钱一文，以一年为限，仍照旧值营销。兹临莅山东，闻该商历年引课无欠，而积盐仍有未销，经降旨将乾隆三十五年应征正课分作八年带征。第念东省钱价亦甚平减，着再加恩，准照长芦之例，每斤暂加钱一文，以奉旨之日为始，定限半年，俾商力益资充裕。

三十八年，谕：长芦商众赀业素微，前两次巡莅天津，阅视鹾务，深悉其情，是以节次加恩增价，俾不致有垫累，并将乾隆三十六年引课分作三年带征，以纾商力。今翠华临幸，各商无不踊跃欢呼，但念伊等第一次银两业已完缴，而第二限带征之银与本年正课同时并纳，仍不免少形竭蹶。着再加恩，将三十七年正余课项，自三十八年奏销后起分限六年带征，俾纾商力，益臻充裕，以示格外体恤。

三十九年，户部议覆：山西巡抚觉罗巴延三、河东盐政璋龄奏，大池产盐不敷配运，请开六小池并拨运芦盐接济。应如所请，将原封六小池开浚，仍将储盐处所坚固筑垣，以防透漏，并令长芦盐政知会河东饬商买运。从之。

又长芦盐政西宁奏：商力微薄，请将乾隆三十六年第三限银两并三十七年六限银两，统俟本年奏销后，分限十年带征。经部议驳。得旨允行。

又四川总督文绶奏请犍为县开淘盐井，照例征收课银。从之。

又谕：据李质颖奏"今岁黄河漫堤，淮安一带盐堆被浸，该商成本亏缺，商力未免竭蹶，请将甲午纲除已完正课外，其未运引盐应完正课银两分限征收"等语，着照所请，将淮北未运纲食引盐应完正课银二十七万五千余两，加恩准其自乙未纲起，分限五年带完，以纾商力。

四十年，两淮盐政伊龄阿奏请预题丙申年淮南纲引二十万道给商接济，以裕民食。户部议，如所请，从之。

又谕：两淮盐课，例限次年二月奏销，前以乙亥、己丑两纲，该处盐

---

① 输纳正课，缴纳正税。

场歉收，是以准其展至八月。今乙未纲奏销，复请展限，该部议驳，但念该处场灶偶被旱灾，商力不无拮据，加恩将乙未纲准其展至明年八月造报①。至称淮北各商上年被水，办盐实多竭蹶，请将丙申以后四纲带完银二十二万余两展限完纳之处，并加恩展限四年，分作八年完纳，以纾商力。

署山西巡抚觉罗巴延三等奏请，将河东暂增二厘盐价再展二年，经部议驳。得旨：户部议驳《巴延三等奏河东暂增二厘盐价，再请展限三年之处毋庸议》一折，自应照例办理，但念该处场价未平，其小盐池六处甫经开采接济，所得盈余未能补足前两年歉收之数，商力不无拮据。着加恩照该抚等所请，将从前暂增二厘盐价再行展限三年，俾转运益资充裕。

四十一年，谕：朕因两金川荡平奏凯，恭奉皇太后安舆临莅山左，诣岱拈香，告成阙里，所有东省商众只候迎銮，用宜特沛渥恩，俾沾庆泽。着加恩将山东商人本年应征乾隆四十、四十一两年引票正项银三十六万七千七百余两，又未完借项银二十四万两，自本年奏销后起，限分作八年带征，以示优恤。

四十三年，谕：河东盐政与山西巡抚因各有专司，未免意存畛域②，于盐务每多掣肘。因思河东盐政事务本简，非两淮、长芦可比，竟不如令山西巡抚兼管，至一切盐务，原有运使专办，今得该抚统辖，但事权归一，呼应更灵，并着为令。

四十五年，谕：朕巡幸江浙，道经畿辅，长芦商众踊跃抒忱，用宜一体加恩，俾沾庆泽③。着加恩将长芦商人应征乾隆四十四年份盐课银五十余万两内十分之一，分作五年带征，俾商力益资饶裕。

又谕：朕此次巡幸江浙，跸途经过直隶、山东地方，其长芦商人业经加恩，缓征课项；所有山东商人，并着加恩，将乾隆四十五年应征票引盐课银八十万余两，自本年奏销后起限，分作六年带征，以示优恤。

四十七年，谕：淮南商人应缴提引余利银两，前经降旨加恩，将未完银展期递缓，分作二十一限缴完，今该商人已完至第十三限，其余八限尚应交银三百八十六万六千余两。此项提引余利，弊由高恒而起，该商等按限完缴已经过半，朕思恤商即所以惠民。着加恩于未完银内豁免二百万

---

① 造报，编造簿册、文件，并向上级报送。
② 意存畛域，指有意把好的盐产（盐利）隐瞒起来。
③ 俾沾庆泽，使沾润皇帝的恩泽。庆泽，皇帝的恩泽。

两，其余一百八十六万六千余两仍着按原限完缴，以示体恤。

四十九年，谕：朕翠华①南幸，取道淮扬，两淮商众踊跃抒忱，自应特沛恩膏，俾沾庆泽，所有该商等提引余利银一百六十三万二千七百七十四两零，着加恩全行豁免，俾淮扬商众益资饶裕。

又谕：朕此次南巡，勤求民隐，翠华所莅②，庆典时行，因念两淮灶户僻处海滨，亦应一体加恩，俾得均沾渥泽，所有乾隆四十五、四十六等年各场因灾带征递缓未完银七千九百余两，着加恩全行豁免。

又谕：朕銮辂时巡，普施庆惠，长芦、山东商众踊跃抒忱，自应一体加恩，俾沾渥泽，所有长芦应征引课银四十九万余两，山东应征引课③银三十六万余两，着加恩分作八年带征，俾商力益资饶裕。

又户部议覆：两广总督舒常奏"粤东盐务经尚书福康安会同福州将军永德，于审办谭达元控告总商沈冀川案内，查出各商逾限未完盐价银一十八万七千三百余两，皆由辘轳转运，各商完旧挂新，陆续拖欠，且因总商派捐津贴银两，散商有所藉词，遂致积少成多，力难并纳，请照乾隆二十三年清查积欠成例，分限带征，如数在一千两以内者，分别定限，自四个月起至八个月止，勒令全完；自一千两至二千两者，限一年带完；自三千两至四千两者，限一年半带完；自五千两至一万以内者，限二年半带完。王昌龙名下埠地较多，欠数繁重，应请限五年带完"等语，臣等伏思粤东盐务，自乾隆二十四年查办以来，仰蒙皇上天恩，先盐后课，俾得转输获利，各商等自应急公报效，乃经理不善，挂欠盐价至如许之多，若一时遽议纷更，转于公事无益，应如所奏，照乾隆二十三年清查积欠成例，分限带征，勒追还款，仍令该督转饬运使，将应完银数按月追缴，倘有不实力急公，仍前拖欠者，即将该商加倍治罪，并将承追不力各员照例参处。该督仍随时通饬文武员弁，实力缉私，俾得畅销官引。又称总商之设，原因督办查催必需有人承总，方得无误课程，前因沈冀川倡议派捐④，以致众情不服，今面询散商，均称办理奏销、督催饷项必须专责总商，请应仍循其旧。查粤省设立总商，原因督催饷课，承办奏销，乃积久

---

① 翠华，用翠羽装饰的旗饰，为皇帝专用，故也用来代指皇帝。
② 所莅，所莅临的地方。
③ 引课，指引盐收入。
④ 派捐，摊派捐纳。

弊生，遂有收捐津贴致成派累①。今既厘清积弊，自应一并革除，况运使及场员皆专司盐务地方官，又有承催盐课不力处分，该督果实力督办，不患不年清年款，何必固循陋习，复立总商，致滋勒派之渐。从之。

五十年，谕：全德奏，海州分属板浦、中正、临兴三场，因去冬今春，雨泽愆期，晴干日久，产盐有限，请将乙巳纲应征钱粮恳恩缓征。着照所请，所有该灶户等应输乙巳纲钱粮，着加恩至本年秋场产旺后再行征收，以纾商力。

十二月，山西巡抚伊桑阿奏请将河东续增二厘盐价作为定额。经部议驳。得旨：户部议驳《伊桑阿奏河东运盐成本不敷，请将续增二厘作为定额》一折，固属照例办理，第念河东池盐全系陆运，需费浩繁。今户口日增，物价胥贵，则运盐之食物、脚价较之往年自必有增无减，该抚既称现增之价不致有妨民力，而该商等亦藉得少为舒展，着照所请，将续增二厘盐价加恩准作定额，以纾商力。

---

① 派累，科派之累，即摊派苛收造成的负担。

皇朝文献通考卷三十

征榷考五

榷酤

康熙二十八年，饬禁盛京多造烧酒靡费米粮。奉谕旨：近闻山海关外盛京等处，至今无雨，尚未播种，万一不收，转运维艰，朕心深为忧虑。且闻彼处蒸造烧酒之人，将米粮靡费颇多。着户部侍郎赛弼汉前往奉天，会同将军、副都统、侍郎等严加禁止。旋以奉天府府尹王国安陛辞①，复申谕之。

乾隆二年，除东安等六县油酒税银。长芦盐政兼管天津关税务准泰奏言：天津关税务，除各处口岸征收税银外，更有离关窎远之油酒税银一项，向例按季差役给发印票，分往东安、武清、香河、永清、宝坻及宝坻新分之宁河县各城乡地方，挨查油酒铺家，每铺收钱多寡不等。伏查东安等六县，相距津关自八十里至一百四十里不等，所有油酒铺家及本地居民，不比过关商贩，且时歇时开，额无一定。该差持票远出，势必苛求勒索，扰累无穷，虽相沿日久，实属陋例。请将天津关按季差役分往东安等六县查收油酒税银之处，永行停止。户部议准。得旨，允行。

又酌定北五省烧锅踏曲②之禁。总理事务王大臣等奉上谕，禁止烧锅一事，朕从前降有谕旨，因孙嘉淦条奏，复令王大臣、九卿集议。续经两议具奏，朕又降旨令其确议。今思禁止烧锅，乃关系民生日用之事，督抚大臣所当悉心筹划者。着交直隶、河南、山东、山西、陕西等省督抚具

---

① 陛辞，臣下谒见天子后，辞别出京师。
② 踏曲，即踏曲，制造酒曲的工艺程序之一，将酒曲放在木制模具中，用脚踏使之成型。

奏，仍下原议之王大臣等会议。寻议：民间私开烧锅，耗费粮食，向经屡行禁止。我皇上广询博访，察两用中①，令河北五省督抚各就地方民生日用之情形，据实陈奏，有请仍照旧例查禁者，有请宜宽于丰年而严于歉岁者，有请不必禁止者，有请永行严禁者，有请严禁肆行踢曲兴贩者，实皆体民之情，因地之宜，以各抒所见也。伏查直隶总督疏内，以烧酒之禁，宜严于歉收之年，稍宽于丰裕之岁，本地酿造与零星造曲者，毋庸禁止。其麦曲烧酒，概不许出境；如肆行踢曲兴贩者，应行严禁。并称富商大贾之兴贩既绝，则本地之所销自少。河南巡抚以行法宜因乎地，而立禁先清其源，豫省酒多自造，比户皆然，请免零星制曲之查禁，而广收多踢贩卖者应行严禁；踢曲不行，烧锅可以渐减。甘抚以甘省并非产酒之区，毋庸严禁。陕抚则以为陕省俗俭，民间祭祀、庆吊等事，不得已而用酒，若禁烧酒而用黄酒，则专用米谷细粮，转于民生未便，况临边地冷，兵民藉以御寒，势难概禁，唯踢曲开行远贩者，严加禁止。陕督则以为烧锅当禁，而不可以必禁，禁之所以节流，宽之所以去扰，唯歉年自宜禁令加严，其踢曲开行远贩者宜严行禁止。山西巡抚以晋省烧锅可宽于丰年，应禁于歉岁，小民自宜遵守。至山东巡抚因本岁二麦偶旱，严禁烧锅踢曲，竟有毁弃酿具者，有改业者，有自行出首者，亦已行之，著有明验。臣等公同详议，因地制宜者国法之备，因时立法者王政之经，王制有曰：修其教不易其俗，齐其政不易其宜。谓凡居民服食器用之不能画一也。烧锅一事，各省之情形不同，所以各省之陈奏亦不能画一，各就其土俗民情熟筹详酌，据实陈奏，自必确有所见，较之凭虚悬拟者自为亲切。应照所请，即令各于本省因时制宜，实力奉行，以观成效。至于踢曲一项，系烧酒盛行之源，踢曲多则私烧必广，有损盖藏，且富商巨贾肆行踢曲广收贩运，易于查拿，不致滋扰，禁之以清其源，裨益甚大。各省督抚陈奏，众论佥同，均无异说，亦应如该督抚所奏。凡富商巨贾广收麦石肆行踢曲，大开烧锅者，严行禁止。但该督抚等所请治罪之处，均未画一。查违禁私烧者，向例俱照律杖一百，今将踢曲贩运之处严行禁止，如仍一体惩治，实不足以示儆，应将广收麦石肆行踢曲者杖一百，枷号两个月。其官员处分，应照吏部原议失察之地方官，每一案降一级留任，失察至三案者，降三级，即行调用。官吏有贿纵等弊，照枉法律计赃论罪。从之。

---

① 察两用中，亦称执两用中，意为了解两端而采用中间。

五年，禁畿辅烧锅麹曲耗费粮食。御史齐轼奏称：今秋收获较往岁为丰，畿辅盈宁①，视外省为更盛。唯是商贾云集，嗜利多人，而曲糵一端，耗粮最甚，虽禁令已经详定，而农场多粟必乐于聚财，倘奉行一有废弛，则以酒居奇者必以粮觅利。窃见近日京师九门，每日酒车衔尾而进，市价甚贱，为数年来所无，是必网利之富贾贩酒者多，故其价大减，亦必附近之州县私烧者众，故车载日盛也。应请敕下近省督抚，转饬②所属地方，恪遵定例，实力稽查。奉谕旨：齐轼所奏甚是，秋成丰稔之时，正宜讲求民间储蓄之计，着孙嘉淦转饬所属地方官，穷缉治罪，不得姑容。至于零星沽卖者，不必过为深究。倘因降此旨将二、三无力小户查拿以为塞责之具，致使闾阎滋扰，而奸商巨贩转以纳贿于官吏而脱然事外，藐法公行，则州县官之咎更不可逭。可传谕直隶及邻近省份一体遵行。

八年，赦免通州油酒等项征纳额税。总督仓场侍郎觉罗吴拜奏：通州税务经前道祝兆熊任内，以芝麻、麦子、生猪已按石、按口报纳额税，而磨油、磨面、屠宰铺户又纳季钞，似属重复，其烧黄酒、零绸、故衣帽铺念系小本贸易，经营糊口。将一切所征铺户季钞名色，尽行革除。具详前任直隶巡抚批行勒石永禁。至雍正五年，前任坐粮厅顾琮等查明故衣零绸铺户各税，照旧抽收。至乾隆七年，经现任坐粮厅恩特等检查，部颁则例所载，磨油铺户每月报油四篓，每篓正税银一钱五厘；通湾酒铺户上户每月税银一钱五分，中户一钱，下户八分；通湾糖铺户上户每月税银三钱，中户二钱，下户一钱。仍令按款归纳。查通州税款内之油、酒、糖铺各税，虽所抽数属些微，但以部册开载之款，向来未经题奏，即行批禁，殊属不合。奏请交部议覆，得旨：免其纳税。

十四年，禁运贩红曲红糟并分别治罪轻重例。福建布政司永宁奏言：麹曲一项，久奉禁止，但曲原以麦制造，故直隶、山东、河南、江南等省产麦处所造曲者多。至于闽省种麦，原属稀少，民间造酒不用麦曲，而以米为之，其名红曲。盖曲价较之米价颇昂，小民于秋收之际不知珍惜，每多制造红曲以图厚利。访得古田、屏南、永安、平和等邑并汀、邵二府各属县，是处俱有岁耗甚多。又闻建安县之南台里地方，专以上号食米制造红曲。凡造红曲者，又必先买红糟方能造曲，历来虽经饬禁，无如趋利之

---

① 畿辅盈宁，京城附近的区域物产丰盈、社会安宁。
② 转饬，转达公文、命令。

徒仍多不遵，请以民间零星自用者，免其查禁，如多为制造、船装运贩者，概行禁止。如运贩五百斤以内，及广收米石、制造运贩一千斤以上者，分别治罪，红曲变价入官。地方官失察贿纵，俱论如法。疏入，下部议行。

臣等谨按：《周书》有群饮之戒，《周官》有几酒之条。盖以德将无醉，戒彼沉湎者流。而酒醪糜谷，则亦汉诏所谆谆也。自汉孝武榷酤以后，或占租以市酒，或列肆以取赢①，或按月以纳酒钱，或逐月以充市绢，甚者官自造酒，而禁民之私酤；吏主酿务，而课民以入直。至宋熙宁年间，酒课岁额有至四十万以上者。鬻樵、雇薪、抑配、白纳或且有算亩起派反过正税，又其甚者矣！我朝本无榷酤之官，其天津六县及通州酒税，有司以闻，即蒙恩免，唯念酿酒之家耗费米粮，禁北省躧曲、烧锅。集廷臣及外省督抚酌中定议，官不利其所入而为小民筹盖藏之计，至详且尽。因岁收之丰歉以为禁约之宽严，因贩曲之多少以为论罪之轻重，盖养民者使其自养，爱谷者去其害谷，犹是《周书》诰戒小子及汉初群饮罚金之遗意焉。

四十五年，户部议：杭州织造征瑞言，北新关收税旧例，每烟百斤，税银四钱六分；酒十坛，约计二百斤，税银二分。今部颁则例，删并两项，并每百斤税银四钱，均有窒碍。应如所奏，仍照旧例办理。从之。

榷茶

顺治二年，定陕西茶马事例。先是，元年，定与西番易马，每茶一篦，重十斤，上马给茶篦十二，中马给九，下马给七。至是，差御史辖五茶马司。户部言：陕西召商茶以易番马，向有照给金牌勘合之制。查前明诏谕，通接西番关隘处所，拨官军巡守，不许私茶出境。凡进贡番僧应赏食茶，颁给勘合。行令四川布政司拨发库茶，照数支放，不许于湖广等处收买私茶，违者尽数入官，仍将伴送人员治罪，此旧例之可行者。若金牌一项，系明初事例，永乐十四年已经停止。我朝定鼎②，各番慕义驰贡，

---

① 取赢，赚取利润。
② 定鼎，我国古代，九鼎为国之重器，国家权力的象征。定鼎是指王朝的建立。

金牌可以不用，但以茶易马，务须酌量价值，两得其平，无失柔远之义。从之。

三年，免茶马增解额数。茶马旧额一万一千八十八匹，自故明崇祯三年增解二千匹，所增马匹，究竟年年虚额，无济军需。茶马御史廖攀龙奏请永行蠲免。从之。

七年，定陕西茶引从部颁发例。巡视茶马御史吴达疏言：陕西茶引，明季系茶马御史自行印发，故引有大小之分，又有大引官商平分、小引纳税三分入官、七分给商之例。今引从部发，俱应照大引例，官商平分，以为中马之用。报可。

康熙三十四年，敕遣专官管理茶马事务。户部议覆：刑科给事中裘元佩条奏，马政事关紧要，洮岷诸处额茶三十余万篦，可中马一万匹；陈茶每年带销，又可中马数万匹。查茶斤中马甚有裨益，应将额茶中得之马给营驿外，其余马每年交秋，将数千匹送至红城口等处牧放。得旨：茶马事关紧要，着遣专官管理。

三十五年，饬准打箭炉番人市茶贸易。四川巡抚于养志遵旨会同乌斯藏喇嘛营官等查勘打箭炉地界，奏番人藉茶度生，居处年久，且达赖喇嘛曾经启奏准行，应仍准其贸易。理藩院议准。从之。

四十四年，停止巡视茶马官员归甘肃巡抚兼管。先是，三十六年，专差部员管理茶马事务，至是年，复归巡抚兼管。因招中无几，西宁等处所征茶篦停止易马，将茶变价折银充饷。至雍正九年奏准，五司复行中马之法：每上马一匹，给茶十二篦；中马一匹，给茶九篦；下马一匹，给茶七篦。俟一年之后，计所收马匹即留甘省军营之用，或马数甚多，分拨河南、山西就近喂养。十年，奏准中马之法，应见马给茶。至十三年，仍复奏明停止。

五十八年，准理塘、巴塘地方买运茶斤。议政大臣等议覆：都统法喇①疏言，蒙古地方及西藏人民皆藉茶养生。松潘一路茶价甚贱，青海一带积茶必多，应暂行禁止，俟其恳请时再酌定数目，令其买运至打箭炉外。最近者为里塘，遣官招抚，令营官造具所管番寨户口清册，酌量定数，许其买运。巴塘以外亦照此例。其打箭炉一路，当视番情之向背，分

---

① 法喇（？—1735年在世），清朝将领，以从征吴三桂、葛尔丹有功，累擢镶白旗蒙古都统、护军统领。

别通禁。应如所奏。从之。互见市籴考。

雍正八年，定川茶征税例。奉谕旨：川茶皆论园论树，以定税额。夫茶树有大小不同，园地有广狭不一，若概以园树之数为额，未为允当。应将茶税照斤两收纳，方得其平。着该抚详议。经户部议准：四川抚臣宪德疏言，川省行茶原额新增共边、腹、土引八万五千三百四十四张，纳课银四百二十四两。计算每斤止纳课银四丝九忽零，实属太轻，今该抚定以每斤一厘二毫五丝，令各商人在于茶价银内扣存，即随引税赴地方官照数完解。所议甚为妥协。应令该抚将前项榷课银一万六百六十八两，按年造入奏销册内具题，查核。再查陕西行茶例定每引一道，运茶百斤。每茶一千斤，准带附茶一百四十斤，如有夹带，即以私茶论罪。今该抚请加耗茶一十四斤，如有多带，照私盐例治罪。地方官有故纵失察者，照失察私盐例处分。仍令该抚将行茶商人姓名并产茶州县榷课细数造册报部。得旨允行。

十年，准预颁四川省行茶引张随时给发。四川巡抚宪德疏称：川省行茶，原以部引为凭，自应请引行运，但口外番彝贸易多寡，内地州县无从查考，或见番客云集，茶斤易售，方请增引。如必候部颁发，则番客已去，各商未免畏阻不前，请于额颁之外，预颁茶引五千张收储巡抚衙门，俟有请增，州县一面题报，一面即将部引给发。下部议行。

乾隆六年，酌减四川松潘地方行茶边引。户部议覆：四川巡抚硕色奏请酌减松潘茶引一案，查川省松潘地方行茶边引，原额一万三千七百六张，已尽足营销，原无茶引不敷买食之处，后因天全州土商滥请增给土引，以致积滞。经前抚臣杨馝题准，改拨各州县代为分销，维时成都等县商人因松潘修城之时，番民集聚佣工，茶斤易销，定为常额，是以成都县拨销土引六百张，彭县八百一十一张，灌县三千六百张，崇宁县一百八十张，石泉县一百六十二张，安县二百六十四张，俱改照边引纳税，于松潘营销。年来城工告竣，番民陆续回巢，茶斤渐至壅滞，应如所请，将成都等县积引量减四千四十九张，并课税银两一并照数开除。从之。

又准甘省官茶办交本色①。先是，甘省官茶，因停止招中马匹，节经该抚题明，将官茶改征折色，陈茶定价发变②，俟各司销存至六十万封上

---

① 本色，此处指茶。如改征其他财、物，则称为折色。

② 发变，发卖变现。

下，题征本色。至是，护抚徐杞以各司销存库茶止九十二万余封，追新茶办运到甘，陈茶接续分销，可存六十万封上下，请仍令商人办交本色。从之。

八年，豁免川省茶引未完银两。奉谕旨：前因川省松潘引多茶壅，故将天全州之积引改拨成都、彭、灌等县营销，每年空缴引张①，赔纳税课，官商交累。乾隆六年，朕降旨开除成都、彭、灌三县积引四千四十九张，并课税银二千四百一十七两二钱，从乾隆七年为始，官商俱受其益。惟是乾隆七年以前之羡余截角，尚属拖欠。成都、彭、灌二县，均有未完银两。川省茶商赀本微薄，无力复完旧项，朕心轸念，着将所有三县旧欠悉行豁免。

二十四年，准甘肃五司茶封搭放各营俸饷。户部覆准：甘肃巡抚吴达善奏言，甘省交库茶封日积，酌议设法销售。经前任布政司明德酌请，每封或定价银六钱，运赴甘省安三处变价。三年以来，仅销茶一万余封，现在各司库储茶尚有一百四十余万封，宜亟为筹划。检阅旧案，康熙三十七年，因甘司茶封无马可中，储库年久，经督理茶马事务内阁学士钱齐，请于五镇俸饷马干之内，银七茶三搭给。今五司存储茶封自应照此办理，唯是甘省满汉各营，每年需茶若干，难以悬揣，自乾隆二十五年春季起，令其按季自行酌定茶数，总以一、二、三成搭支银两，在于司库请领，即于附近五司处支给。从之。

二十五年，奏定洮河二司茶封归甘庄二司办理。户部议覆：甘肃巡抚吴达善奏言，甘省茶课，向为中马而设，故每年额引二万七千二百九十六道内，分西司九千七百一十二道，坐落西宁府。洮司三千三百道，坐落岷州。河司五千一百三十二道，坐落河州。庄司五千一百五十二道，坐落平番县。甘司四千道，坐落兰州府。今中马之例久停，在甘、庄二司，系各处冲衢，西、河二司附近，青海常有销售之路。唯洮司地处偏僻，土瘠民贫，故该司商销茶斤，历年俱告改别司售卖，唯交官茶封，仍交洮库，往往积至数十万封始请疏销。臣查甘、庄二司地处冲衢，拨用收支均属近便，应如该抚所请，将洮司额颁茶引改归甘、庄两司，给商征课，俟洮司库储茶封搭饷完日，即行裁汰。疏上，如议行。嗣于乾隆二十七年，以河司虽附近青海、蒙古，而一切交易俱在西宁，从不一赴河州，其情形与洮

---

① 空缴引张，指茶引过多，卖不出去，只能将它上缴或转卖他处。

司无异，亦行裁汰。其额引五千道，并归甘、庄二司。

> 臣等谨按：李唐回纥入贡，以马易茶。宋熙宁、嘉泰间，相继行之，渐置茶马之官。至故明，赍金牌三卫收马给茶，名曰差发①。其制中废。当时筹国者屡以为言，然明政已弛，竟不能复也。我朝定鼎之初，差茶马御史招商领引纳课。所中马匹，牡者给各边兵；牝者发所司牧养孳息。顺治十四年，以七监马匹蕃庶，凡茶马变价银两改解②充饷。康熙三十二年，以兰城无马可中，将甘州司积储茶篦，银七茶三，用充俸饷。盖本朝牧地广于前代，稍为孳息则已骊黄遍野，云锦成群，今则大宛、西番尽为内地渥洼，天马皆枥上之驹，中马之制久停。是以甘肃茶封恒苦于霉变，或变折价银，或以充俸饷，甘省五司已裁其二，尚存甘、庄二司及西宁一司颁引征课，亦以留中马之旧迹于不废云。

二十七年，以茶斤积滞筹划疏销。陕甘总督杨应琚遵旨条议甘省五司官茶疏销事宜：一、官茶应改征折价也。按甘省库储官茶向例，如遇存积过多，改征折色，如库储无几，复请征本色。今五司库内自乾隆七年至二十四年已存积至一百五十余万封，经前抚臣吴达善于二十四年奏准，每封作价三钱搭放兵饷以来，当奉行之始，兵丁领获茶封尚有余利。今行之二年有余，已搭放过茶四十余万封，现在市肆官茶日多，非十年之久不能全数疏销。且每年商人又增配茶二十四万余封，商茶既多，官茶自必益加壅滞。莫若将商人应交二成官茶五万四千余封暂停缴纳，照例每封征折价三钱，俟陈茶销售将完，再行征收本色。一、商茶应准其减配③也。查甘省茶法，商人每引缴茶五十斤，无论本折，即系额课。此外，尚有充公银三万九千余两，亦系按年缴纳，无殊正供。至商人自卖茶封，每引止应配正茶五十斤，连附茶共配售三十余万封，该商等即以配售之茶完纳前项应输之课。经前抚臣吴达善奏准，增配以纾商力，并无课项。第茶封既已加

---

① 差发，本是一种徭役名称。明朝给西北少数民族金牌，令其凭金牌到明朝开设的交易地点以马换茶，也叫差发。

② 改解，改变形式上解。先，以茶易马，所得马匹交有关部门，或拨交军队。当官有马匹已足，官方不再易马，而改为征银充饷。

③ 减配，指减少茶商出售私茶时搭售官茶配额的数量。

增，又有搭放兵饷之库储官茶，势致愈积愈多，难免停本亏折。今酌中筹计，商人情愿每引一道止配茶十五封，内应酌减无课茶一十五万八千三百十六封，共止配茶四十万九千四百四十封。至二成本色茶封，现既酌议改征折价，自亦毋庸配运。一、陈积茶封应召商减售也。查各司俱有陈积茶封，而洮司为最多。该司地处偏僻，定议搭饷①，计非数十年不能完，现在每封四钱发售，商民无利可获，裹足不前，请仍照乾隆二十六年前抚臣明德原议，每封定价三钱，召商变卖。河西二司共存茶六十余万，为数较多，亦准其一体照数售变。一、内地、新疆应一体搭放也。查乾隆二十四年，前抚臣吴达善奏准，满汉各营以茶封搭饷，至新疆地方，茶斤一项向须取资内地，诚如圣谕，各处济用自属多多益善。今官茶以沿途站车挽运，毋庸脚费，其自肃州运至各处，将脚费摊入茶本之内，较之买自商贾价值尚多减省。部议，应如所请。从之。

二十九年，免追浙省营销顺天茶斤残引②旧例。浙省营销茶引，令各商过关输税截角③，统俟茶斤售完之日，将所执残引交原发衙门，送部查销。嗣据闽浙总督杨廷璋奏报，浙省营销口外等处引张，历经收税截角，更由崇文门截去中间，实无影射情弊，请将口外残引免其缴部，内地残引即在行茶处所催缴。复据侍郎兼管顺天府尹钱汝诚等奏称，浙省乾隆二十三四等年，营销顺天茶引共一万九千余道，自准浙省咨后即经照例查追，迄今日久，大半多无着落。推原其故，实缘行茶与行盐不同，商无一定，地任迁移，残引多随客散，查究无根，难以追缴。嗣后浙省营销京城茶引，应令崇文门于截去中间时即将所戮引心汇齐，送部查核，其残引一体免追，以省扰累。从之。

三十七年，户部议：前任总督阿尔泰奏南川县地方产茶盛茂，每年除配额引之外，尚有余积，请自今始增茶腹引一百张，照例征收课税。应如所请。从之。

三十八年，户部议：四川总督刘秉恬等覆，奏请嗣后三杂谷等处土司买茶，以千斤为率，使仅敷自食，不能私行转售。从之。

---

① 搭饷，将茶折合成货币，在发放军饷时搭配发出。这样可以降低库存，降低官方保存费用，变换手法将存茶变现。

② 残引，指经过沿途检查，到站检验后，已经截角的茶引残票。法律规定，销售地官府应收回这些已用过的残缺茶引票。

③ 输税截角，指商人凭引运茶，中途的税卡在征收税款后，应截去引票的一角作为凭据。

坑冶

康熙十四年，定开采铜铅之例。户部议准：凡各省产铜及黑白铅处，如有本地人民具呈愿采，该督抚即委官监管采取。至十八年，复定各省采得铜铅，以十分内二分纳官，八分听民发卖，监管官准按斤数议叙。上官诛求逼勒者，从重议处。如有越境采取及衙役扰民，俱治其罪。

<u>臣等谨按：嗣后各厂之开闭，视山矿之旺衰。康熙年间，如奉天、浙、闽诸省皆曾开采，续经停止。今则湖南、云、贵、川、广等处并饶矿产，而滇之红铜，黔、楚之铅，粤东之点锡，尤上供京局者也。大抵官税其十分之二，其四分则发价官收，其四分则听其流通贩运；或以一成抽课，其余尽数官买；或以三成抽课，其余听商自卖；或有官发工本，招商承办；又有竟归官办者。额有增减，价有重轻，要皆随时以为损益云。</u>

十九年，定云南铅厂通商之例。详见市籴考。

四十六年，定云南矿税毋许加增。户部议：云南金、银、铜、锡等矿厂税额，应令该抚据实查核加增。上谕大学士等曰：云南矿税，一年征银八万两零，用拨兵饷，数亦不少，若又令加增，有不致累民乎！此所得钱粮即敷所用矣。本发还，着照题议结。

四十九年，以盛京部臣请改采铅地方，饬部议处。工部议覆：盛京工部侍郎席尔图疏言，锦州采铅，请改于辽阳采取。得旨：采铅事情，前因白尔克条奏，自辽阳州改往锦州大碑等处，今又因席尔图所奏议，仍在辽阳州采取。前所奏是，则今所奏非；今所奏是，则前所奏非。一切事务，该部当据理剖断，分别是非定议。乃止据现在条奏，草率议准，殊为不合。凡部院及督抚官员，更换一人皆如此，频更旧例，贻误必多。着严饬行。

五十一年，以四川抚臣能太折奏谕示廷臣。奉谕旨：原任四川巡抚能太曾具折奏闻开矿，后又奏称江中有银，派官监视捞取，以为兵饷。朕以此二事俱不可行，随朱笔批发：朕乃人君，岂有令江中捞取银两之理。观此二事，即知能太必贪。督抚提镇，奏折一二次可知其行事也。

五十二年，奏准：久经开矿地方分别开采，其未经采者禁之。大学士、九卿等议：奏开矿一事，除云南督抚及湖广、山西地方商人王纲明等各雇本地民人开矿不议外，他省所有之矿，向未经开采者，仍严行禁止。其本地穷民现在开采者，地方官查明姓名，记册，听其自开。若别省之人往开，及本处殷实之民有霸占者，即行重处。上曰：有矿地方，初开时即行禁止乃可，若久经开采，贫民勉办赀本，争趋觅利，藉为衣食之计，而忽然禁止，则已聚之民毫无所得，恐生事端。总之，天地间自然之利，当与民共之，不当以无用弃之，要在地方官处置得宜，不致生事耳。

雍正元年，停止黔省开采铜矿。贵州巡抚金世扬疏称：黔省地处荒陬，铜斤原无出聚，间有一、二矿厂，久经封闭。若令开采鼓铸，无论工费浩大，一时难以获效，且贵州汉苗杂处，每逢市场贸易，少则易盐，多则卖银，今使钱文，汉苗商贾俱非情愿，若以配充兵饷，领运既难，流通无时。黔省用银，沿袭已久，请照旧例停开。下部知之。

二年，两广总督孔毓珣奏请于广东开采，以济穷民。上谕廷臣会议。嗣奉谕：昔年粤省开矿，聚集多人，以致盗贼渐起，邻郡戒严，是以永行封闭。夫养民之道，唯在劝农务本，若皆舍本逐末，各省游手无赖之徒望风而至，岂能辨其奸良。况矿砂乃天地自然之利，非人力种植可得，焉保其生生不息。今日有利聚之甚易，他日利绝则散之甚难，尔等揆情度势，必不致聚众生事，庶几可行。若招商开厂，设官收税，传闻远近，以致聚众藏奸，则断不可行也。

三年，以江西抚臣奏封禁山事宜，特旨训示。江西巡抚裴幰度遵旨折奏，广信府之封禁山相传产铜，旧名铜塘山，明代即经封禁，其中树石充塞，荒榛极目，并无沃土可以资生，亦无顽民盘踞在内，此山开则扰累，封则安宁，历有成案。康熙五十九年，沿山匪类擒获之后，此山搜查二十余日，并无藏匿，据实奏闻。得旨：当开则不得因循，当禁则不宜依违，但不存贪功图利之心，实心为地方兴利除弊，何事不可为也！在秉公相度时宜而酌定之！

五年，封禁云南中甸铜矿，从总督鄂尔泰请也。又以湖南抚臣奏请开矿，降旨训示。湖南巡抚布兰泰疏奏开矿事宜，奉谕旨：开采一事，目前不无小利，人聚众多，为害甚巨，从来矿徒率皆五方匪类，乌合于深山穷谷之中，逐此末利，今聚之甚易，将来散之甚难也。至于利之在公在私，尚属细事，尔果欲尽忠荩，何必谆谆以利为言，岂不闻有一利必有一害，尔当权其利与害之轻重大小而行之耳。

六年，赐安南国铅厂山地四十里，安南国王黎维祹上疏陈谢，下部知之。

又准广西地方开采矿砂。户部议覆：广西巡抚金鉷疏言，桂林府属涝江等处各矿，请招募本地殷实商人，自备资本开采，所得矿砂以三归公，以七给商。其梧州府属之芋荚山产有金砂，请另委员办理。再粤西贫瘠，铜器稀少，如开采得铜，并请价买以供鼓铸，均应如所请。从之。

九年，禁止废铁出洋。工部议覆：刑部尚书励廷仪疏言，天生五材，铁居其一，用以备军需而造器物，所系綦重。向例铁货不许私出外境，而废铁不在禁例。近闻射利之徒，专收废铁熔化，运至近边近海地方货卖，此风渐不可长。请嗣后有将废铁潜出边境及海洋货卖者，照越贩硝黄之律科断，以除奸弊。应如所请。从之。互见市籴考。

又禁洋船收买铁锅。广东布政使杨永斌条奏：定例铁器不许出境货卖，而洋船私带，禁止尤严。粤东所产铁锅，每连约重二十斤，查雍正七、八、九年，夷船出口，每船所买铁锅少者一百连、二三百连不等，多者至五百连并有至一千连者，计算每年出洋之铁约一、二万斤，诚有关系。应请照废铁之例一体严禁，违者船户人等照例治罪，官役通同徇纵，照徇纵废铁例议处。嗣后令海关监督详加稽查，至商船煮食器具铜砂锅俱属可用，非必尽需铁锅。亦无不便外夷之处，于朝廷柔怀远人之德意，并无违碍。奉旨：铁斤不许出洋，例有明禁，而广东夷船每年收买铁锅甚多，则与禁铁出洋之功令不符矣。杨永斌所奏甚是，嗣后稽查禁止。及官员处分、商人船户治罪之处，悉照所请行。粤东既行查禁，则他省洋船出口之处，亦当一体遵行，永着为例。嗣是十年，以湖南产铁展转运贩，应给与印照，令沿途关隘查照放行。互见市籴考。

乾隆六年，准开滇省卑淅、块泽二铅厂，并试开东川者海地方铅厂。户部覆准：云南巡抚张允随奏称，滇省存厂运局铅斤，应预为筹划。请将曲靖府属之卑淅、块泽二厂，准其照旧开采，所出铅斤，按例抽课①。再该署督奏称东川府所属之者海地方，亦产有铅矿，距东局路止二站，应令该署督张允随将前项铅矿查明，作速采试。得旨，如议行。

七年，奏定川省铜铅开采事宜。户部议覆：四川巡抚硕色奏言，建昌道所属之迤北、沙沟、紫古咧三铜厂，川东道所辖云阳，界连奉节县之铜

---

① 按例抽课，指按制度规定征税。

铅矿厂、永宁道所辖长宁县之茶山沟铅厂，并无妨碍田园庐舍，取矿煎试，每矿一斤，约可煎净铜铅三四两不等，实属旺盛，应准其开采，所出铜铅，除抽课之外，商民所得铜铅照例收买，以供鼓铸。至开采矿厂，人众事繁，若不委员专司经理，难免滋事透漏，应准其酌委佐杂干员，分厂经管，专司抽课、稽查、约束，并于建昌、云阳、长宁三处各委官一员，一年期满，于要隘处所不时巡查，并将各商煎出铜斤给票登记，如与抽课印簿不符及私煎等弊，即将本商炉头责革，另募殷商充补。再黑白铅斤俱系鼓铸所需，长宁、云阳等处应准其招商开采，照例二八抽课，每年将细数按季造报，岁底具题，仍将厂名处所预行造册送部，以备查核。得旨，如议行。

八年，定湖北、湖南两省矿厂开闭事宜。户部议覆：前任湖广总督孙嘉淦疏称，原任左副都御史仲永檀条奏楚省出产铜铅等矿一案，查楚省产矿之地颇多，而开有成效之处甚少，若不悉心筹划，因地制宜，滥请开采，适滋扰累。今除湖南常宁县属之龙旺山矿厂，先曾刨试，系黑铅粗砂，且不敷工本，随经封停在案。又沅陵、辰溪、永顺、桑植等县矿厂，并绥宁县铜矿、会同县金矿、宜章县金矿及湖北施南、兴国、竹山等府州县矿厂，或属苗疆，或有妨田园庐墓，或产砂微细，并无成效，无人承采，均应饬令地方官严加封禁。他如湖南之邵阳、武冈、慈利、安化、永定等州县铁矿，俱系各该居民农隙自刨，以供农器，间有产铁旺盛之芷江县挑往邻邑售卖，应听商民自便。至于郴、桂二州矿厂，虽系铜铅夹杂，然地方既非苗猺，又无妨碍，自应听其开采，抽得税铜、砂价、铅斤并收买砂铜，于鼓铸库帑洵有裨益。应如所奏。疏上，从之。

九年，准粤东开采铜矿。两广总督那苏图等奏称，粤东开采矿厂，自康熙三十八九年以来，议开、议停，已非一次，第以钱文日少，民用日绌，鼓铸一事万难缓待，粤东现有矿厂弃而不取，是犹坐守仓廪而无术疗饥，非计之得也。况粤东山多田少，应募工丁断非有田可耕，有地可种之农圃，是开采矿厂，兼可为抚养贫民之计，似宜将现在报出铜铅各矿先行试采，自广州、肇庆二府起，由近至远，以少及多，砂旺即开，砂弱即止，陆续酌量抽课。至于金、银二矿，民多竞趋，恐转于鼓铸有碍，应请照旧封闭。凡铜矿内有夹带银屑、为数甚微者，仍准开采抽课。下部议行。

十一年，定粤西铜厂加二抽课。户部覆准：署广西巡抚托庸奏，粤西开炉以来，铜斤每不能接济，臣前奏请三分抽课、七分听商自卖，仍于商本不敷，试办八月不能有济。恳将商办铜斤仍照加二收课，余铜每百斤给以十六两二钱之价收买。应如所奏。从之。

十二年，以粤西矿厂饬委道员查核。广西巡抚鄂昌奏：粤西一省，地居边徼，向来额赋无多，所有各处矿厂原为凑充兵饷之用，虽各厂出砂之多寡、抽课之盈绌自有不同，而走漏、侵隐之弊所在不免，请令分守苍梧道及分巡左江右江二道员，将所辖各厂抽收课银，就近稽查确核。从之。

十五年，开浙省温、处两郡采铁之禁。户部议覆：闽浙总督喀尔吉善疏言，五金之产，为天地自然之利，如果经理得人，设法开采，原足以便民生而资器用，第恐防闲不密，料理未周，每致纷扰滋事，是以向有查禁之例。浙省处州府属之云和等县，前经抚臣常安奏请概行封禁，今据该督等奏称，处州府属之云和、松阳、遂昌、青田四县并温州府属之永嘉、平阳二县，及附于平邑淘洗之泰顺一县，土瘠民贫，以采铁为恒业，封禁以后，阳奉阴违，徒滋吏胥需索之弊，况云和等七县俱系内地，与近海产铁应行封禁之宁台等属不同，历来并无潜藏奸匪、透漏外洋等弊，应照该督等所请，仍弛其禁，照旧开采，以济民生。所有各项税课，亦应如所请，令地方官勘明，分则起科，俟试行三年后再为酌中定额。从之。

十六年，定湖南郴、桂二州矿厂事宜。湖南巡抚杨锡绂奏称，湖南省开采矿厂奏销案内，所有矿夫采获铜沙以及黑白铅砂俱应纳税，唯黑铅矿内银铅并产，康熙、雍正年间银气旺盛，是以从前京商开挖，时报抽银税，后经封闭。迨至乾隆七年，原任巡抚许容奏请复开，以黑铅砂内出银无几，不过滴①汁成珠，止堪赏给炉户，请将银税改为砂税。现今银气复旺，自应随时更正，以复银税之名，然不另立科条，诚恐砂税、银税无以区别。嗣后除铜砂、白铅砂及无银气之黑铅砂所抽税银，仍名砂税，照旧办理外，其有银之黑砂定为银税，另立科条，照例抽收，列入奏销册内，以备稽考。又查郴、桂二厂，矿夫采获铜铅矿砂，卖与商人煎炼，每年砂税共银七八千两，商人厂卡各处丁役辛工饭食等项岁需三四千两，以砂税之半取给，已属充裕，请自乾隆十六年起抽收砂税，每十分内先归官税五分，余五分为商人厂卡公费，既于商本无亏，又于课务有益。从之。

又增湖南收买铅斤价值。户部议：各省份出产黑铅，除贵州之外，唯

---

① 滴，疑刊刻有误，似当为"滴"。

湖南最称旺盛，是以京局岁需铅七十万余斤，前于黔省黑铅短少、不能办解案内，臣部酌议题交湖南接办，每百斤照依康熙、雍正年间定价，以二两八钱三厘报销。节据湖南巡抚奏称工本不敷，部议黑铅关系京局鼓铸，必上不亏帑、下不病商方可经久，黔省工本省而脚价多，湖南路近于黔，以节省之脚费抵不敷之工本，办理自觉从容，应请嗣后湖南办运，除课铅尽数凑解毋庸给价外，其收买商铅运京，比照从前贵州办运之数，每百斤定给脚银四两六钱，按年解运，照数支给。从之。

十七年，派专员董理郴、桂二州矿厂事宜，加增收买余铜价值。湖南巡抚范时绶奏言，楚省开采矿厂，税课攸关，立法稽查理宜严密。湖南郴、桂二厂，据前抚杨锡绂于题请开采事宜案内，请于各处设卡巡防，令该二州为监督，衡、永、郴、桂道为总理，经臣部覆准在案，兹复据称该二州驻扎州城，离厂窎远，不能亲赴督查，转委亲友家人料理，舞弊营私，势所不免，请遴委专员弹压。凡一切领价①报销及抽收税课、办解铜铅，俱归经手，一年期满，新旧更替，造册题销。并令该二州互相查察，及州同、州判随从协办。仍责成该道总理，是责任各有攸归，防范更为严密。应如所请办理。至郴、桂二厂所出铜斤，原议每炼铜百斤，除抽课二十斤外，余铜八十斤给价九两六钱收买。据该省巡抚以定价不敷商本，采办维艰，请照前抚杨锡绂所奏，每余铜八十斤给价银十一两二钱八分收买。部议以湖南产铜之区，只宜量为加增，请照粤省定例，每出铜百斤，除抽课二十斤外，余铜八十斤给价银十两四钱，则采办自必从容，不致有亏商本。应令该抚自题准之日为始，照数支给报销。从之。

二十三年，准湖南郴、桂二州厂税俱归官办。湖南巡抚富勒浑奏言，湖南省郴、桂二州铜铅矿厂，从前开采伊始，一切估色设卡等事，官役俱未谙悉，是以必须商办。迩年以来，官役已经熟练，而税课铜铅较之从前有增无减，是商人力所难办之事归之厂员承办，实力稽查，既有成效，于厂务自有裨益，应如所请。从之。

二十六年，准甘省暂开骚狐泉硫黄矿。大学士、公傅恒等议覆：陕甘总督杨应琚奏请开采硫黄以资储用。查硫黄斤为营伍所必需，遇有缺乏，例得给批赴产硫黄地方购买备用。若以本地开采之硫黄供支各营操防之用，较之购自远处实多节省。兹访得骚狐泉硫黄矿自封闭后，矿砂旺盛，

---

① 领价，凭借官定价格。

请照前例，责成兰州府招商开采，自属筹备营伍之要，应如所请办理。至称口外不产硫黄处所应需火药，现今行文咨调一节，查现今回部库车等处俱有硫黄矿，从用兵时曾经采取，配用充裕，即伊犁及乌鲁木齐一带，当日准噶尔亦用枪炮，又从何处购办，可见口外原自不乏硫黄斤，应请交与各该处办事大臣留心体访，向来产硫黄处所一体查明采购，或附近地方产有硫黄斤亦可采取配药运往，并可省内地办运之烦，更为便益，其现议骚狐泉开采事宜，应请交与该督委员妥办，毋令滋事。从之。

二十九年，准四川屏山县开采铁矿。四川总督阿尔泰奏：屏山县之李村、石堰凤村及利店茨藜、荣丁等处产铁，每矿砂十斤可煎得生铁三斤，每岁计得生铁三万八千八百八十斤，请照例开采，十分抽二，变价拨充兵饷。户部议，如所请。从之。

又准云南通海县开采黑铅厂。云南巡抚刘藻奏：通海县逢里山厂产黑铅，试采有效，请照例每百斤抽正课十斤，变价充饷，余课十斤，以五斤充公，五斤为官役廉食，所余之铅给价收买。户部议，如所请。从之。

又准云南弥勒州开采白铅厂。云南巡抚刘藻奏：弥勒州野猪耕厂产白铅，试采有效，请照例每百斤抽正课十斤，余课十斤，所余之铅给价收买，拨运广西局鼓铸，于钱法实有裨益。户部议，如所请。从之。

三十年，准四川江油县开采铁矿。四川总督阿尔泰奏：江油县木通溪和合峒等处产铁，每矿砂一十五斤可煎得生铁四斤八两，每岁得生铁二万九千一百六十斤，请照例开采，十分抽二，变价拨充兵饷。户部议，如所请。从之。

又停止陕西华阴县开采黑铅。华阴县之华阳川地方产黑铅，自乾隆十三年题准开采，每年得铅五六万斤至十万斤不等。自二十三年以后，得铅日以减少，至二十八年份仅得四百斤。陕西抚臣奏请停止。户部议，如所请。从之。

三十一年，准：四川宜宾县开采铁矿。四川总督阿尔泰奏：宜宾县滥坝等处产铁，每矿砂十斤，煎得生铁三斤，每岁计得生铁九千七百二十斤，照例十分抽二，变价，按年征收，拨充兵饷。户部议，如所请。从之。

又准：贵州清平县开采铅矿。贵州巡抚方世儁奏：清平县之永兴寨产黑铅矿砂，试采有效，请准其开采，照例抽课，每年可收课铅一万二三千斤，除支给各标营操演铅斤外，尚有余剩，存储拨用。户部议，如所请。

从之。

又准：广西融县开采白铅矿。广西巡抚宋邦绥奏：融县四顶山产白铅矿砂，因无煤炭不能煎炼成铅，而罗城县冷峒山踩有煤路，可以运往就煤煎炼，试采已有成效，请准其开采煎炼，照例每炼铅百斤，抽正课①二十斤，撒散②三斤，造册报部稽核。户部议，如所请。从之。

又酌定滇省开采矿厂事宜。详见钱币考。

三十七年，谕：滇省各铜厂，前因马骡短少，柴米价昂，每铜百斤准暂加价银六钱，俟军务竣后停止，嗣后展限一二年。今念该省频岁曾获有秋，而米粮、柴炭等价值仍未即能平减，着再加恩展限二年，俾各资本宽余，踊跃开采，庶于铜务有裨，而厂民亦得以资宽裕。该抚仍留心体察，俟厂地物价一平，即行奏明停止。

---

① 正课，这里指开采铅矿的正税，形式是抽收实物。
② 撒散，指消耗。

皇朝文献通考卷三十一

征榷考六

杂征敛 津渡山泽

顺治二年，以寺臣条奏芦政①，传旨训饬。太常寺典簿王文言条奏江南长江一带获芦数千余里，中多腴地，乞遣台臣、部臣以次清查，立为芦政，以充国用。得旨：江南初经归附治平，急务唯在安民，王文言何得借端言利！不准行。

<u>臣等谨按：濒江之地，沙土随水性迁移，渐成洲渚，小民植芦为业，田曰洲田，课曰芦课，上农耕治之后，即可以艺菽、麦，种粳稻，与良田等，非仅以菰芦萑苇之盛为地利也。盖大江两岸，坍涨靡常，此落彼涨，有司者随时亲勘，备书于册，越五年，按籍履亩而复核之，其坍没于水者除赋，水落沙长者分年起征，以方田之法度其丈尺而乘除之，其隔江对岸地分两属，则令两地牧令会勘，酌其赢缩以定抵补之数。顺治九年暨十八年，廷臣论奏芦政利弊，未尝不采用之。典簿王文言以小臣越职言事，首论及此，非真有度支盈绌之计，特以圣政维新，觊恩泽于分外，传旨申饬，以深折之，恭诵圣谕治平急务，唯在安民一语，遂开我朝亿万年乐利之休云。</u>

四年，裁山东明季牙、杂二税②。从巡抚丁文盛请也。

---

① 芦政，掌管有关芦荡税收等事的政务。
② 牙、杂二税，牙税是对牙行征收的税，杂税是田税、丁税以外一切杂科敛的统称。

九年，革除江阴、青浦二县坐派养牛杂税。户部奏言，江阴、青浦二县有坐派养牛之税，实属病民，请严饬督抚、按臣行府州县官，将牛牙杂税等项止许于买卖市集照例抽收。若有横派乡民者，指名参处。

又定芦课五年丈量例。工部奏言，计臣王永吉按臣秦世祯请以芦政归并有司，诚以丈量催提等弊，重为民扰也。但各州县正项钱粮尚亏定额，恐芦课零星分散，逋欠日多。今后芦课应仍归主事管理，每五年一丈量，止丈新涨新坍之地，涨者增额，坍者开除，不涨不坍毋得丈量以滋骚扰。报可。

十八年，准巡按御史条奏芦课六弊。户部议覆，巡按江宁御史何可化条奏芦课六弊：坍没之赔累宜豁，收解之耗费宜革，豪强之隐占宜清，州书之飞洒宜禁，佃蠹之侵欠宜究，蠲免之条例宜溥。俱应如所请。从之。

又清查各省芦政。工部议覆，工科给事中王曰高条奏芦政利弊四款：一、严催征以惩积欠；一、亲踏勘以核实数；一、按地形以清课额；一、酌久任以专责成。俱应如所请。得旨：江南、江西、湖广，每省差满汉司官各一员，严行清查。

康熙二年，免崇明县加征芦课。江宁巡抚韩世琦疏言：崇明县大粮田九千六十顷五十亩零，除正赋外，复征芦课银八千三百八十余两，实系一田两赋，亟请蠲豁。部议，应如所请。从之。

六年，免广东杂税四千两有奇。广东巡抚王来任请免粤东杂税四千有奇，以苏民困。部议，不准。上特允之。

十年，准江南、江西、湖广等省芦课钱粮归并地方官管理。户部奏：江南、江西、湖广芦课钱粮，原系地方官按亩征收转解监督衙门，与各关差监督亲收商税者有别，请嗣后停止差遣部员，将芦课钱粮归并地方官管理。从之。

三十八年，准内地商人往杀虎口外伐木，入口贩卖，验放输税。工部议覆：山西巡抚倭伦疏言，"殷实商人愿往杀虎口外大青山等处采木者，请令其赴部具呈给票，守口官兵验明放行，输税入口贩卖"。查杀虎口外从无伐木之例，应将该抚所请毋庸议。得旨：内外之民俱属一体。大青山伐木卖，商民均为有益，着照该抚所请行。

四十八年，除革私设牙行。吏部议覆：江南道监察御史张莲条奏，贸易货物，设立牙行，例给官帖，使平准物价。乃地方棍徒于瓜果菜蔬等物亦私立牙行名色，勒掯商民，请敕部查税课定例，除应立牙行者照旧设立外，其余一切私设，尽数除革。应如该御史所请。从之。互见市籴考。

五十三年，议准：呼努呼河等处木植抽分，差奉天部院司官一员管理。工部议覆：盛京工部侍郎贝和诺疏言，呼努呼河等处商人所贩木植，于十五根之内抽取一根，请派盛京各部才能司官一员抽分，一年差满更换。应如所请。从之。

雍正七年，免贵州军田上契税银。户部覆准：云贵、广西总督鄂尔泰疏言，原任工部侍郎申大成条奏，黔省军田，许照民田一体买卖，每亩上税银五钱，给契为业。经九卿议覆准行。但黔省军田一亩之价，可买民田二亩，应纳粮赋，一亩亦可抵民田二亩，其每亩上税契银仰请豁免。嗣后凡有军田授受，悉照常例报税。从之。

十年，免西宁煤税。奉谕旨：朕闻西宁北川口外白塔地方出产石煤，附近汉、吐蕃、回民人挖取贩卖以为生计，每驮纳税钱三十文，西宁府委员收解充饷，约计每年收银一千九百余两。近因西陲用兵之际，西宁移驻兵弁较前为多，率皆用煤以供炊爨，煤价渐至昂贵，若仍照例征收税银，恐价值不能平减，于兵民均有未便，着将应收税银宽免。

十一年，饬令各省额设牙帖报部存案。谕内阁：各省商牙杂税，额设牙帖，俱由藩司衙门颁发，不许州县滥给，所以防增添之弊，不使贻累于商民也。近闻各省牙帖岁有增添，即如各集场中有杂货小贩，向来无藉牙行者，今概行给帖，而市井奸牙遂藉此把持，抽分利息，是集场多一牙户，即商民多一苦累，甚非平价通商之本意。着直省督抚饬令各该藩司因地制宜，着为定额，报部存案，不许有司任意增添。嗣后止将额内退帖顶补之处，查明换给，再有新开集场应设牙行者，酌定名数给发，亦报部存案，庶贸易小民永免牙行苛索之累。互见市籴考。

十二年，免黔省遵义府各山场小税。云南、广西总督尹继善等疏奏：黔省遵义府除遵义、仁怀两大税之外，又有遵义县小板山场、绥阳县永兴山场、桐梓县新街山场共小税银四百十九两零，到场之物皆系遵义、仁怀两大税处已经征税者。查黔省原有各山场小税，久经豁免。遵义向隶川省，是以仍循旧规，今既改隶黔省，应请一例邀免，以除民累。得旨：遵义等县山场小税，着照黔省通例，一并加恩豁免。

十三年，禁止契纸契根，并停征收税课议叙之例。奉谕旨：民间买卖田房，例应买主输税交官，官用印信钤盖契纸，所以杜奸民捏造文券之弊，原非为增课也。后经田文镜创为契纸契根之法，预用布政司印信发给州县，行之既久，书吏夤缘为奸，需索之费数十倍于从前，徒饱吏役之壑，甚为闾阎之累，不可不严行禁止。嗣后民间买卖田房，仍照旧例自行立契，按则纳税，地方官不得额外多取丝毫。将契纸契根之法永行禁止。至于活契典业者，乃民间一时借贷银钱，原不在买卖纳税之例，嗣后听其自便，不必投契用印，收取税银。其地方官征收税银多者，停其议叙。

乾隆元年，除近海居民杂税。户部覆准：尚书甘汝来奏言，边海之地，居民采捕鱼虾藉以活命，其船则用单桅，不能出洋贸易，向只于本县给照，稽其出入，并不输税。近闻各海关监督虽单桅船只，亦令请领关牌，同双桅出洋贸易之船一体输钞，无论输钞之多寡，即请领关牌一次已需规例四五两不等，请查明海疆单桅捕鱼之船，概免领牌输饷，庶海滨贫民得有生计。至近海贫民资生无业，有用竹筝取鱼者，有于埠头养鸭者，闽广之间悉按筝、按埠征税。此项税银无多，既非额税所有，即系官吏私征，应令各该抚查明禁止。从之。

免广东归善、海丰、惠来、潮阳四县加额渔税，并免粤东埠租。奉谕旨：广东山海奥区贫民，多以捕鱼为业，各县俱有额征海课，为数无多，相沿已久。后因归善县不肖知县私取陋规，加于额征十数倍，遂经抚臣定议，加增鱼税一千余两作为盈余。而海丰、惠来、潮阳三县亦仿照加增，海丰县则增至四千余两，惠来县增至五百两，潮阳县增至七百余两。朕思粤东山多田少，小民生计艰辛，故以捕鱼为养赡之计。今他县鱼租皆仍旧额，而归善等四县独征收加重，恐渔民输纳维艰，非国家爱养黎元之意，着将四县加增之数悉行豁免，仍照原额征收，其捕鱼小船尤不应在输税之内。再查粤东有埠租一项，亦民间自收之微利，前经地方官通查归公，为凑修园基之费。夫园基既动公项银两修筑，则埠租一项亦着一体免征，以免闾阎之烦扰。该督抚可转饬有司实力奉行，毋使奸胥地棍借端私取，致穷民不得均沾实惠。

又免湖北太和山香税。奉谕旨：山东泰安州香税，朕已降旨豁免。近闻湖北太和山凡远近进香者，亦有香税一项，着照泰安州之例，永行豁免。该督抚即饬令地方官实力奉行，毋使奸胥土棍巧取滋弊。

又复各直省契尾[①]旧例。广东巡抚杨永斌奏：向来未设契纸以前，凡

---

① 契尾，古代房屋土地等不动产买卖契约缴纳契税的凭据，由官府盖印后裁成两联，一联粘贴在契约正文上，表示契约订立人已纳契税，契约得到官方承认。另一联由官方保存，用于统计契税收入额。

民间执契投税，官给司颁契尾一纸，粘连钤印，令民间收执为据。盖因田房税契银两，盈缩不齐，若止就民间自立之契印税，则藩司衙门无数可稽，不肖官吏得以私收饱橐；而且民间交易之后，往往延挨不税，候至官员离任之顷，假托亲知书吏，或乞恩盖印，或量减税银，彼匆忙解组之员，多寡视为幸获，岂能审察致详，于是遂有捏造假契乘机投税，致滋讦讼不休者。是以《会典》开载：凡买田地房产，必用布政司契尾，非唯防私征，亦所以杜捏造也。迨后因用契纸，而契尾之例遂尔停止。今契纸既已革除，而契尾尚未复设，臣思契尾之例，系投契之时官为印给不同契纸，第由民间价买，致有滋扰可比。似应仍请复设，照依旧例，由布政使编给各属，令地方官粘连民契之后，钤印给发，每岁奏销之时，将用过契尾数目申报藩司查考，其税银如有盈缩，仍令尽收尽解，庶可杜官吏侵收与奸民捏造之弊。经王大臣会同户部议奏。得旨：如所请行。

四年，开三道沟及热河八沟等处煤窑。户部议覆：直隶提督永常奏，三道沟至热河八沟等处产煤之所，请开挖煤窑，以天地自然之利，惠及兵民，固属因地制宜之法。但三道沟等处俱系边关塞外，地方辽阔，一设窑座，人民丛集，自应稽查防范，并札知钦天监委员前往相度，于行宫有无妨碍。是日，面奉谕旨：古北口外三道沟等处请开煤窑，朕只期于地方并无滋扰，兵民实有裨益。至于行宫，不过暂时巡幸之所，其有无妨碍不必议及。

又以牙帖岁增，令各省严加核实。奉谕旨：昔我皇考惠养商民，恐州县牙行岁有增添，以致奸棍争夺抽分利息，为闾阎之扰累，于雍正十一年特谕令直省因地制宜，着为定额，报部存案，不许有司任意增添。所降谕旨甚明。近闻江苏各属于额帖之外，陆续请增者一县竟有数十张以至百余张不等，此必州县官员才识短浅，听信吏胥播弄，借新开集场、准其添设之例，或旧业而捏为新设，或裁牙而混详改充，徒使贸易小民受其苛索，莫可申诉。江苏如此，则各省亦必皆然。着该部即通行各省督抚，该地方果有新开集场、应设牙行者，由府州核实详司，给发牙帖；如非新开集场而蒙混请添者，即行题参，从重议处。

至五年，议定清厘牙行之例。向例，每行认充经纪，取具同行互保一人①，出具殷实良民甘结，该管官加结送司给帖，充应互结，虽有殷实字

---

① 互保，彼此相互担保。

样，而互保之责成未经议及，今定铺家拖累商人者，将本牙行帖追缴，勒限清还，仍行给予。若系牙行诓骗商人，将互保行帖一并追缴，勒限清还，本牙更换互保行帖，仍行给予。倘逾限不完，将互保之人一并更换。牙行唯图用钱，任铺户坑骗客商者，除逾限不完，将牙行革退外，仍将铺户责限追比，其不足之项，令牙行赔补。牙行侵吞客账者，除逾限不完，将本牙互保一体斥革外，仍将本牙责限追比，其不足之项，令互保摊赔。其追比之限期、案欠数之多寡酌定。至于以后客之货挪补前客之欠，移弱客之货代偿强客之欠，该互保先行举首，免其治罪，客隐者责令分赔，牙行伙计人等侵吞客账，总照牙行侵吞之例，追帖赔补。互见市籴考。

又奉谕旨：民间懋迁有无，官立牙行以评物价，便商贾，其顶冒把持者，俱有严禁。近闻外省衙门胥役，多有更名捏姓兼充牙行者。此辈倚势作奸，垄断取利，必致鱼肉商民。被害之人又因其衙门情熟，莫敢申诉。其为市廛之蠹，尤非寻常顶冒把持者可比，所当亟为查禁。嗣后胥役人等冒充牙行作何定例严禁，及地方官失于查察作何处分之处，交该部定议具奏。寻议：各省衙门胥役，现在更名捏姓兼充牙行者，令地方官严查确实，即行追帖，勒令歇业，并将胥役充补牙行之处，永行严禁。倘不法胥役仍敢更名捏姓兼充牙行，应照更名重役例治罪，侵食客货、贻累商人者，发附近充军；该管官照例议处。载入则例遵行。从之。

准东省济南等府开挖煤窑。户部议覆：山东巡抚朱定元疏称，东省生齿日繁，山林所产樵苏价值倍于往昔，必须煤炭接济。查济南府属之章邱、淄川，泰安府属之泰安、新泰、莱芜、肥城，兖州府属之宁阳、滕县、峄县、泗水，沂州府属之兰山、郯城、费县、蒙阴、莒州，青州府属之益都、临朐、博山，登州府属之莱阳、海阳等州县，俱有煤可采。今议于产煤之处，每窑立一窑户，民地以地主为窑户，其官山官地以领帖输税之人为窑户，照当税之例领帖办税。凡有雇用人夫，必用本籍之人，取具地邻等各结，无许外方人等充冒，致生事端。从之。

六年，革除牙税积弊。户部覆准：河南巡抚雅尔图奏称，懋迁有无，小民日用之常。而抽收税课，设立牙行，所以通商贾而息争端，其有私收把持者，均干禁例。查牙户一项，原因从前州县任意增添，滥行给帖，是以着为定额，毋许额外增添，其有把持垄断、朋伙私充者，例有治罪之条，地方官理应实力奉行，岂容于额设牙行之外，另立名目，扰累商民。今该抚所奏各省贸易集场及零星口岸，于额设牙行之外，竟复有集主、包头、揽头名色，朋比攘据，任意勒索，实为商民之累，自当通查禁革，清除积弊，以便商民。应行令各省督抚转饬各该地方官，严查禁革。倘地方官奉行不力，复滋前项弊窦，亦即指名查参。从之。

八年，免浙江玉环涂税①。奉谕旨：浙省温、台二洋，为渔船采捕之所。从前，玉环未经展复以前，凡渔船在洋采捕者，汛兵需索陋规，无异私税，后因展复玉环，该地方官唯恐经费无出，遂将陋规改收涂税，以资经费之不足，此一时权宜之计也。而每年所委微末员弁及丁役人等，往往借端苛索。朕思滨海编氓，以海为田，每岁出没于风涛之中，捕鱼以糊其口，生计淡泊，应加轸恤。况自玉环展复以来，地方所有钱粮已敷公事之用，毋庸更收涂税，着将此项永远革除。

九年，定稽查参山积弊事宜。旧例，商人领票办参，每票一张，一人两驮，前往刨采。而领票之人早已雇夫出口，每票一张，或三四人、五六人不等。经奉天将军奏称，与其听伊私雇人夫，任意刨采，不若严定人数，给发腰牌。请嗣后每领官票一张，准其三人出口：一人守驮炊，两人入山刨采，给发腰牌三面以别真伪。至包揽飞参之棍徒，应与产矿山场矿徒潜行偷挖、约练接济、伙同分利者同科，请嗣后拿获包送飞参之人，亦照此律究治。唯是边门所辖，鞭长莫及，难以防范，如威远堡边门路通宁古塔、黑龙江两省，商贾车辆往来不绝；又如英额、江清二门，虽无车辆出入，多有马驮私运，至碱厂、暧河两门，并应添巡缉，即在各属员内调补，三年更换。户部议覆，俱应如所奏。从之。

十一年，准湖南衡州府城设立牙行。户部覆准：湖广总督鄂尔达等疏称，郴、桂二州，界趾虽属毗连，其水路所通，一由永兴、耒阳地境出衡郡大河，一由常宁地界出衡郡大河，河道既分，运行各别，其附近处所，唯衡州府郡为该二州往来舟楫必由之道，实为总会处所。应于衡州府城设立牙行，颁给印烙官秤，先尽采买，后尽客贩，当面议价，该牙止在旁眼同②兑交银两货物，以免争竞。该牙行如有垄断把持，哄诱代买，以及亏欠客本等弊，即行究革勒追，另募顶充。从之。

又免广东琼州牛新等项无着税银③。广东琼州府属有应征牛新等项，税银四千二百余两，载在全书，例应征纳。经该督抚查奏，此项税银内有

---

① 涂税，指对渔船出海采捕的征收，属浙江地方的临时加征。
② 眼同，会同。
③ 无着税银，税收收入计划中无法落实到纳税人的税额。

无着银一千七百余两，实系畸零小户难以照旧派征。奉特旨：永行豁免。

十四年，定应城县征收石膏税额。署湖广总督新柱奏言：查得应城县石膏征税一项，征之于产膏地方之峒民者则曰峒税，征之于评膏价之经纪者则曰行税，征之河下装运石膏之船户者则曰河税，历来照数征收报解。今委员监收，一年期满。监收膏税正余并峒、行、河税银共四千一十八两九钱八分零，内除膏税正额及耗羡，并峒、行、河税，以及经巡纸笔、饭食暨盈余项下解费银两外，实盈余银二千二百六十两九钱七分八厘零。其余，收膏税，已奉发有循环簿登填，其秤系照部法较准，逐行查秤。设立木柜，令商人亲填完纳。部议，应如所请。得旨允行。

又更定税契之法。先是，民间买卖田房，应买主输税交官，官用印信钤盖契纸，以杜奸民捏造文契之弊。经田文镜创为契纸、契根之法，于雍正十三年特奉谕旨停止。又于乾隆元年经广东巡抚杨永斌奏请，仍复契尾旧例，覆准通行。至是，户部议驳：河南布政使富明疏奏，请于业户纳税时，将契尾粘连用印存储，每遇十号申送知府、直隶州查对，不知契尾经一衙门即多一衙门之停搁，由一吏胥即多一吏胥之苛求，甚至揑勒驳查，以致业户经年累月，求一执照宁家而不可得。应将所奏毋庸议。臣等酌议，请嗣后布政使颁发给民契尾格式，编列号数，前半幅照常细书业户等姓名、买卖田房数目、价银税银若干，后半幅于空白处预钤司印，以备投税时，将契价税银数目大字填写钤印之处，令业户看明，当面骑字截开，前幅给业户收执，后幅同季册汇送布政使查核，此系一行笔迹，平分为二，大小数目委难改换，庶契尾无停搁之虞，而契价无参差之弊。疏上，如议行。

十七年，停止大、宛二县铺面行税三年编审之例，改为按年征收。户部议覆：直隶总督方观承等奏称，大兴、宛平二县铺面行税，旧例分别上、中二户，按则征收，三年编审一次，原以杜隐漏之弊。唯是编定之后，如遇该年铺面减少，则将下户升作中户，中户升作上户，加征税银，以符前数，商民不无苦累。如遇该年铺面增多，税亦因之而多，而报解仍止此数，徒供官吏之侵蚀。欲行税之征收皆归实在，诚莫若于铺面之开闭，随时考核。应请于每年二月，令该二县将各行铺亲身查点一次，分别资本，充裕者列为上户，照例岁征银五两，稍次者列为中户，照例岁征银二两五钱，并于由单内填注明白，地方官只需按铺给单，按单收税，无俟假手吏胥纷纷查报。应如所请。从之。

二十年，定芦洲地亩坍户以次拨补之例。江西巡抚胡宝泉奏言：芦洲地亩坍涨靡常，旧制五年丈量一次，涨升坍除。嗣于乾隆十三年经部定议，凡有坍塌洲地，即令业户报官勘明，注册立案，遇有淤涨，按照报坍先后，以次拨补。倘有余剩新淤官地，召民认垦，按则升科，通行遵照。唯是芦洲有有课无课之分，凡滨江洲地，先由水影次变沙滩，又次为泥滩、为草塌、为草坦，至于渐积成洲，然后纳课，计自水影以至成洲，必经数十年或十余年之久，其成洲颇费工本，及遇塌卸，必届大丈之年始行除课。若有淤涨之地，自应按照报坍先后，俾复其业，以完课额。至于水影、沙滩之地，原无工本可费，是以例不升课，即有坍卸，自不在拨补之列。乃有奸猾之徒，因定例未经分析指明，往往以无课之沙滩等项混争拨补。请嗣后将有课之洲报坍者，挨顺先后，汇为一册，按次拨补，庶课额既定，讼端可弭。经部议覆：应如所请。凡滨江新涨之地，查原旧有课之洲报坍者，次第拨补，至于水影、沙滩等项，虽称未经升课，但小民承认多年，希图成业，一遇坍塌，既不得与有课坍户一例拨补，至拨补余剩之地若不量为准拨，恐失业之户未肯甘心，彼此复启争端，情理殊未平允。应令嗣后新涨地亩，除尽有课坍户补足之外，尚有余地，即将无课坍户按照报坍先后酌量拨补，再有余剩始行召垦，仍严行各洲户安分息争，一听官拨，分别办理。疏上，得旨，如议行。

二十一年，准盛京大那禄等山场招商砍木纳税。盛京侍郎清葆、奉宽奏：大那禄等九处山场，请勒限三年，仍给各商领票砍木纳税。至三年期满，仍将九处山场拨给台丁砍木，如台丁内有不愿领票者，照例招商承领，输纳税课。得旨允行。

二十三年，核定顺天府属额设牙行。顺天府尹刘纶等疏称：顺天府通判所属牙行，额设一千七十二名，除节次裁去各牙一百五十八名外，实在存留牙行八百四十九名，连崇文门经纪四十二名，每年共应征银一千五百两有奇，着为定额。至议裁之烧酒、瓜、茄、青菜共二十三名，停其募补①。并严禁坐地奸贾暗取牙钱，其实系自置、自买，以及零星肩挑背负售卖者，不得使该牙等藉端需索。从之。

二十四年，定山西穆纳山征收木植税课。山西穆纳山木植，久经封禁，该处奸商藉此射利，潜行偷砍，地方胥吏需索勒诈，每滋弊端。上命

---

① 募补，即招募替补人选。

户部郎中英廉会同巡抚塔永宁前往各山沟，逐细履勘，具奏：产木山场共有四十七处，屡经砍伐，而可用之材尚多，但山场荒僻，路径丛杂，与黄河磴口处处相接，可通水运，亟应仰遵谕旨：竟弛其禁，招商砍伐，按料给予蒙古山价，既可为养赡穷乏，蒙古之资材木运入内地，又可供官民兴作之用。谨将招商开采、设口稽查各事宜逐一详议：一、税口宜互相稽查也。查穆纳山木植运至山口，即就山口验量凿用税厂斧印，派附近驻扎之萨拉齐协理，通判兼司办理；至上游磴口木植，必用查汉库连磴口与托克托城河口两处汇集，或就近由陆路发往归化城，抑或竟由水路赴杀虎口河堡营转运各处售卖，请于两处各设立税口，责成各该驻扎之通判经管，并令归绥道专司稽查，以专责成。一、税课山价宜汇同征收，分别解给也。查从前议定商人认买穆纳山木植，每料长七尺、厚七寸、宽一尺，交官价二钱八分。今运送稍艰，请酌中定以每料收木税银一钱二分。至山价一项，乾隆十七年奏定每料给予一钱，今应仰体裨益蒙古之恩旨，每料酌增二分，亦以一钱二分酌给，行知乌喇特扎萨克差员赴归绥道衙门领回，养赡所属穷乏蒙古。每两随税耗银一钱以为吏役饭食、巡船纸张之用。一、商人、工丁宜定数约束以免滋扰蒙古也。今酌议招募殷实谙练者为商总，其散商或三四人或五六人，不得过六名之数，每商一名，其名下砍运工丁不得过一百名，给予该商人印照，指定山沟，分编字号，在山伐运。一、税厂应按时分别开停也。查穆纳山木植非藉黄河水运不能致远。黄河每年十月立冬冰合，至三月清明后冰泮方能行运。两处税口即以酌定启闭日期通报。至开采数年之后，大木无有，所有商丁自应概行查逐出山，以免逗留滋事。从之。

二十五年，定湖广汉口等镇牙行税额。湖广总督苏昌议覆：湖北布政使公泰条奏，牙行所完牙税，皆有上中下三等之殊。江西牙税，上则纳银三两，中则纳银二两，下则纳银一两。湖北四通八达，汉口一镇更为九省通衢，商贾辐辏，不减江浙等省，乃检查报部税册，自黄州、郧阳与汉口等处比较，轻重失宜。应请将通省各牙行酌中定议，上行完税银二两，中行完税银一两，下行完税银五钱。查湖北汉口富商大贾络绎往来，洵属贸易最盛之地，其他如荆州府之沙市、草市，襄阳府属之樊城，安陆府属之岳家口等处，虽在市集中亦称繁盛，而往来客货已较逊于汉口，其余州县之乡村小镇，所有商贩多系小本经营，牙侩不过微利糊口，不但与汉镇悬殊，即较之草市等处情形迥别。今若改征税银，较之旧时上行加增三倍，中下行俱加增两倍有余，恐简僻州县、乡村小镇之牙行完纳不前，转致有名无实。请将汉口草市、沙市、樊城、岳家口等处牙行，按照上、中、下则，上行完税银二两，中行完税银一两，下行完税银五钱，其余僻邑村镇上行完税银一两，中行完税银五钱，下行完税银三钱。其黄州、郧阳二处牙税一体改正。从之。

二十六年，议准征收杀虎口油、酒、烟斤税课并令守口员弁毋得禁止出口农器。户部议覆：前任杀虎口监督期成额奏言，口外烟、油、酒三项，向系由内地兴贩出口，赴彼贸易，是以该处并未定有起课之例。今蒙古地方颇种烟叶、杂粮，口内民人赴彼造作油、酒、烟斤，在归化城一带村庄售卖，应行令现任杀虎口监督，将此三项与皮张杂货均附于落地木税，按则抽纳。至奏称铁器到口收课，守口员弁人等以久干例禁，不准出口。查户部颁行关税全书内，锅勺锄犁等项，俱经列有科则，并未禁其出口。嗣后行令监督详细查明，除废铁铁料仍照旧禁止外，如只系农器及民间日用器物，即行按则征税，将名色件数注于票内，毋庸禁止。从之。

二十七年，定乌鲁木齐铺面、园圃分等收税例。驻扎乌鲁木齐大臣旌额理奏：该处商贾开设铺面房五百余间，垦种园圃三百余亩，视其生理大小，作为三等，其园圃按年簿征。从之。

<u>臣等谨按：铺面开设，即日中为市之义，以兼奏园圃生理，故入杂征，其他计铺面收税者，概入关市门类。</u>

二十八年，议准在京牙帖额缺通融顶补[①]。户部议覆：顺天府尹钱汝城等疏称，在京各项经纪，多寡不齐，一牙一帖，统计额缺八百九十一名，征输税银一千五百三十一两，例由顺天府通判管理，遇有事故悬缺，报明募补。复定为五年编审一次，将各牙实在情形查明复核。现在桐油、棉花、缎、药材等项，帖多货少，陆续告退六十四名，乏人充补；又白炭、江米、铜铅等项，帖少货多，分派城市不敷评价，此绌彼盈，难于酌剂。请将现在悬帖六十四张发司查销，所遗悬缺，即于货多帖少之行，准其认补，饬司给帖，按则输税，实征实解，总不得逾原定牙帖八百九十一名之额，使额帖不至虚悬亏课，而市侩亦无从垄断居奇，自属因时制宜，

---

① 顶补，指顶替某种身份或资格。

酌剂变通之法。应如所奏。从之。

二十一年，令民间税契无司颁契尾者首明即行补给，其税银于原经手之州县名下追完。奉谕旨：前据湖北按察使雷畅条奏，民间田房税契不粘连司印契尾者，立限一年，令业户首明补税，以杜侵隐而稽假冒。经户部覆准，并令各督抚分别定限，报部查核。夫隐匿漏税，若在民间，自应查明，令其补缴；若州县官办理税契，于契纸内钤盖印信，并不粘用司印契尾，是系不肖有司意图侵肥入己所致，其实小民应投税银业已照数输纳。今乃令业户首明补税，而不于原税之州县名下追还，是百姓受重税之累，而侵隐之官吏转安享其利，于情理殊未得平。着各该督抚详悉出示晓谕，凡民间有已经报税并无司颁契尾者，令其据实首明，即行补给契尾，其契银毋庸重复补纳，以恤民力。并查系何员任内经手，除事在五年以前及该员已经身故者，查明免其勒追外，其现任及升调各员，着照原税名数，于各名下定限追完。此次立法以后，如再有止钤契纸不连用契尾者，各督抚即行查参治罪。如此，则闾阎既免重科，州县共知儆惕，将来小契之弊亦可不禁自止。着将此通谕知之。

定税契申送道、府、直隶州查验之例。户部议覆：直隶按察使裴宗锡奏，民间置产投税，布政使颁发契尾，久经定例。唯是法久弊生，或有官吏串通，将所填契尾前半幅之给民者开写实数，后半幅之送司者开写虚数，以百改十，以千改百，征多报少，希图侵蚀。请令该管之道、府、直隶州核转，固属剔弊之法，但契价多寡不同，概令申送验发，事属烦琐。臣等酌议，嗣后州县给发契尾，如契价在千两以下者，仍照旧办理，毋庸申送查验；其契价在千两以上者，应如所请，令各州县将所填契尾粘连业户原契，按月申送知府、直隶州查验，直隶州则申送该管道员，查验相符，即将契裁两半，定限十日发还州县，一给业户收领，一汇送藩司稽核，逾限不给者分别议处。至田房税契，例应州县衙门填给契尾，经管征收。查各处竟有由佐杂官征收者，亦宜统归正印官经管，以昭画一。从之。

四十八年，谕：据庆桂奏，拿获吉林等处私行挖参人犯。永玮因朕恭谒祖陵前往办理供应事宜，是以见未及此。着将庆桂奏折抄录寄永玮阅看，并着伊派委妥干官兵于产参山厂、通衢要隘及山溪僻处，严行搜缉。近年封厂停采，原期护养参苗，令其滋长。今吉林等处拿获私挖人犯至百余名之多，是有封闭之名，而无其实，反令不肖之徒得以幸获，何若仍行放票开采之为愈也。着自明年为始，仍行放票开采。

皇朝文献通考卷三十二

市籴考一

　　臣等谨按：马端临《市籴考》，其言市政也，曰均输，曰市易，曰和买，皆本于泉府之法，所谓以市之征布，敛市之不售，货之滞于民用者是也。其言籴政①也，曰常平，曰义仓，曰和籴，皆本于平籴之法，所谓谷贱不伤农、谷贵不伤人者是也。盖古之立法者曰：滞于民用则官买之、籴之；适于民用则官卖之、粜之。原以酌盈剂虚，曲为贫民之地，而后之泥古者乃至置平准，立五均，配折帛，兴和市，汉之均输，宋之青苗，皆以泉府借口，而泉府之意并失矣。自唐始以和籴充他用，至于宋而边储军饷悉仰给之，逮熙丰而后，又有结籴②、寄籴③、俵籴④、均籴⑤、博籴⑥、兑籴⑦、括籴⑧等名，皆以常平借口，而常平之意并失矣。原其始意未尝不欲抑富贾居奇之谋，而其既也则官自效商贾之为而利其积粟之入，宜端临之与和买、和籴并

---

① 籴政，关于收购粮食的政务。
② 结籴，官府赊借本钱（金钱或盐茶）给商人，让其为政府揽购粮食，盈亏自负。因这种赊借需要结保，故称结籴。
③ 寄籴，宋朝和籴方式之一。诏令地方官府广收粮食，散于诸郡寄籴。
④ 俵籴，俵，意为分散财物。和籴方式之一，即在民间需要粮食时出贷粮食，到秋季加息收回。
⑤ 均籴，宋朝按照民户资产多寡，分等摊派征购粮食的制度。
⑥ 博籴，指官府在春季减价出售库存粮食，听民以丝绵绫绢增价博买，俟秋成再博买粮食，以增加库存。
⑦ 兑籴，《宋史·食货志》记述，此法行于麦熟时，令诸路广籴，其后若与本相当，即许变转兑籴。
⑧ 括籴，意为强制性收购粮食。宋朝军情紧急时，曾采取此临时性紧急措施。

为一编也。夫万古不易之法，唯圣人能行之。洪唯我国家列圣相承，以时乂厥庶民，法制精详，度越前古。自顺治元年即奉谕旨，将前朝召买粮料诸弊尽行蠲除，自时厥后，凡市籴皆因商民所便、时地所宜，度物货，平市价，劝商贾，敦节俭，抑豪强，禁科派，通工易事，经邦柔远。其在各直省则设有常平仓，乡村则有社仓，市镇则有义仓，近边则有营仓，濒海则有盐义仓。又复以时布截漕之惠，定劝输之法，时以粜籴管其出纳取赢散带，出陈易新，巨细有章，远迩一体，皇哉！兹实食货之常经，王道之大，源自古惠民之政，未有如今日之切实而周备者也。臣等续修五朝市籴考，因宋末元初犹沿市易司、平准库之遗，是以仍依马端临旧目编列，今则并无所谓均输、和买、和籴各名目，既无其事，自合芟去旧目，悉依昭代实政，按年谨书，较若画一，用昭万民乐业，百物阜成，垂示无极焉。首编市，次编市舶、互市，又次编籴，其关税茶马诸制，则具详征榷考，兹不赘入。至于常平、义社，既实见于卷内，亦不复胪为目云。

市

顺治元年，定贸易人参例。谕户部：比因东来之人借鬻人参名色，扰害地方，特行严察究治。但小民恃贸易为生，未便禁止。唯当设立科条，使之遵守，以后人参止许于南京、扬州、济宁、临清四处开肆贸易，一应满汉人民，或商或贾，各听其便。倘市易不平，致行抢夺，以及亏值勒买等项，地方官即执送京师治罪。

二年，禁止各庄头人勒价强买。先是，令各庄头人，若采买刍粮，定于民间开市之日，着一人率领同往，余日毋得私行。至是，复奉谕旨：我国家荷天庥命，底定中原，满汉官民俱为一家，所以分给田庐，原欲资其生养，彼此交利，贸易宜公。今闻各处庄头人等辄违法禁，勒价强买，少不遂意即恃强鞭挞，甚至有捏称土贼妄行诬告，且狡猾市侩，甘为义子豪仆，种种不法，殊为可恨！尔部传谕各处抚按道府州县各官，不论满洲及满洲家汉人，若有违法犯罪者，即送来京，如满洲恃强不服拘拿，即识其姓名居址，赴京控告，便差人逮问；若地方官不能稽查，即属庸懦溺职；刑部官有所循纵，即属挟私误公，国法俱在。但不许听无据虚词，妄行具奏。尔部可速刊示，通行晓谕，俾新旧兵民各安生业，共享太平。

又奉谕旨：往年市卖绸缎等物，皆宽长精密，近来人心奸巧，希图射利，概多短窄松薄，以致民间徒费钱财，无裨实用。尔部移文内院督臣，传谕江宁苏杭各处机房、商贾，以后织造市卖绸缎等物，务要宽长合式，精密堪用，如仍前短窄松薄，查究治罪。

四年，撤回广东采珠差官。两广总督佟养甲言：粤东雷、廉二郡，素称产珠，仅有池九，廉八雷一，皆在洪涛巨浸中。取珠之法，例用长绳数百丈，缒蜑户入海底，每果鲸鳄之腹，而得珠多寡有无尚未可知，是取珠甚难也。前朝万历年间，宦者李敬开采，每年协助夫银不下巨万，是所费又甚繁也。向在无事之时，尚且得不偿失，况今蹂躏之余，岂堪重有此举。乞皇上俯念疮痍，缓其开采，宽一分之民力则培一分之元气矣。旨览奏，知采珠不便于民，差官着即撤回。

五年，禁止诸王府商人及旗下官员家人外省贸易。

六年，停止各省贸易人参。时以各省卖参人役，地方官民、商贾甚受扰害，敕令永行禁止，不得仍前遣往各省发卖，止许在京均平市易，永为定例，违者重罪不宥。其采参人丁并行酌减，若于额外多遣者，其所遣之人入官；如官员人民私行采取，人亦入官，伊主治以重罪。仍于山海关设人稽查。

八年，停止陕西买办皮张。定山西解潞绸例。先是，山西长治、高平二县，岁织潞绸三千匹，至是颁定式样：每匹长五丈，阔二尺五寸，酌定价银十三两，岁织一千四百七十九匹。康熙六年，题准减去大潞绸一百匹，改织小潞绸四百匹，长三丈，阔一尺七寸。至十四年，又议准大小潞绸各减去一百匹。十年，题准每匹核减银五钱。

十三年，户部以江南采买布匹粗恶，令入觐官带回另买。诏以发回另买，恐致累民，令该部将解到布匹酌议价值另用。

十七年，禁止满大臣霸占行市木场。时内大臣伯索尼遵谕上言：闻各省商民捆载至京者，满洲大臣家人出城迎截，短价强买，如此则商人必畏缩而不敢前，甚非盛世所宜有也。边外之木，皆系商人雇民采伐，水运解部，除照额抽税外，其余悉令发卖，实欲利及商人。今闻诸大臣将采木地方私行霸占，以致商不聊生，并请严行禁止。从之。

康熙五年，严禁奸棍霸占船只关津。谕户部：近闻内外奸棍，违禁妄称显要名色，于各处贸易马匹、缎匹及各项货物，河路霸占船只，关津恃强妄为，此皆该管官瞻徇息玩所致。以后，如有此等仍前指称王、贝勒、辅政大臣及内外大臣名色、招摇肆行者，地方官必严察，拿获送部，从重治罪。如地方官仍蹈故辙，不行缉捕，或别经发觉，或旁人出首，将其贸易过地方不行缉捕官从重治罪，尔部即行严饬。

六年，禁止四川、湖广、江西、浙江、江南五省采办楠木官役，借端累民，从户科给事中姚文然请也。又严察福建、广东、江南三省采买香料借端累民之弊。

七年，定河南布花价值折解①之令。时河南巡抚张自德以折解布花价值数目具奏。有旨，令户部核议减折。寻议准：照每年时价折解，如有冒征侵蚀之弊，该抚指名题参。

九年，议定：部驳核减银两出自民间办买者，概行给还。户科给事中姚文然言：各省办买豆米、草料等项，俱当官发价，其药材、铜铁、绢布、丝绵、白麻、鱼胶、颜料等项，俱系民间办买交官，价系官发。则部驳核减银两，自应追还储库。若出自民间，驳减之后仍追银储库，实为重困，请嗣后将减价银两概行给还，下部议行。

十四年，禁里摊②之弊。户部议：湖广道御史郝浴奏言，招买军需，名为市易，实系里摊。比及发价③，或贪官层扣，或蠹吏互侵，未必尽得实价。嗣后军需粮料，如小民情愿抵纳正赋者，即行给予印票，倘有里摊情弊，该督抚据实指名题参，严行处分。应如所请。从之。

十五年，定文武官市买军需浮冒开销处分。时军前所用米豆、草束诸项，自将军以下，有自行贩卖，嘱托地方官多取价值，浮冒开销者；亦有地方官贩卖支放，多行开销者；有已备本色不行收纳，折价入己者；有民间运到米豆草束，地方官迟延勒掯，及至军前，又刁难解官，恣意需索者；至于购买马匹，不开实价，情弊种种。王大臣等遵旨议：大小文武官备办军前草束米豆等项，有营私射利、浮冒开销者，照贪官例问罪；该管官知而不举，亦以其罪罪之。能从旁举首者，职官准应升先用，旗民授为七品官。从之。

十八年，定包衣下人、王、贝勒、贝子、公、大臣家人霸占关津生理④之罪。先是，上谕诸臣曰：包衣下人及诸王、贝勒、大臣家人，侵占

---

① 折解，将赋税原定征收的物品，折价改征货币或他种物品。
② 里摊，按里甲向民户摊派赋税或政府需要的物资。
③ 发价，官向民户发给所收物资的价款。
④ 关津生理，使用关口津渡以维持生计的权利。

小民生理所在，指称名色①，以网市利，所关非细。至是，九卿等遵旨议：包衣下人，王、贝勒、贝子、公、大臣家人，领赀本霸占关津生理，倚势欺凌者，在原犯事处立斩示众，该管官革职。若系宗室王以下、公以上家人，亲王罚银一万两，郡王罚银五千两，贝勒罚银二千五百两，贝子罚银一千三百两，公罚银七百两，仍交宗人府从重议处，其管家务官俱革职。若系民公、侯、伯、大臣官员家人，将伊主俱行革职；汛地文武官不行查拿者，俱革职；至王以下大臣各官，将银借贷与民，指名贸易，霸占地方者，亦照此例治罪。从之。

十九年，以藩下人霸占广东市利诸弊，特谕侍郎宜昌阿等曰：广东所有大市、小市之利，经藩下诸人霸占者无算，可会同巡抚详察，应归百姓者题明仍归百姓，藩下所属私市、私税，每岁所获银两，当尽充国赋以济军需。

二十二年，定浑河运木至天津贸易例。奉天将军伊巴汉等言：臣等遵旨，差官三路勘验浑河根源，如运放木植，俱可入海，应遍行晓谕八旗并府州县，有情愿至天津贸易者，该部给发执照，准其贸易；有借此夹带禁物，偷打貂鼠，私刨人参等物者，严行禁止。从之。

二十四年，以光禄寺估计价值等项，头绪甚多，敕令各物俱照时价详察估计，厘剔诸弊，逐一定为条款，永久遵行。

二十五年，停止四川采运楠木。九卿等议：入觐四川松茂道王骘奏，四川楠木，采运艰难，应行停减。得旨：蜀中屡遭兵燹，百姓穷苦已极，朕甚悯之，岂宜重困！今塞外松木材大可用者甚多，若取充殿材，即数百年可支，何必楠木？着停止川省采运。

又停止直隶采办狐皮。巡抚于成龙言：请将直隶每年办解狐皮改为折色。上谕：地方采买狐皮一倍，费至十倍，故百姓困苦，此后俱着停止。应用狐皮，令户部在京采买。

二十六年，令估计采买物料皆依时价。谕大学士等曰：各项采买估计价值，前浮冒欺饰者甚多，是以令其核减，今所减者太过，恐致苦累。可令察访时价，量度估计。又谕：凡诸修造工程，其估计在前，修造已完者仍照原估销算。

二十七年，清厘江西采买竹木之弊。巡抚宋荦言：江省每年采买竹

---

① 名色，名目。

木，名为官捐，实系累民。请嗣后动支正帑，并严禁科派采买、勒掯经收等弊。从之。

三十二年，停减各省解送物料。户部遵旨上言：各省解送物料共九十九项，京中无货买之物，应令照旧解送外，查所解印书纸张，库内现有存储；白铜无应用之处，应停其解送；青粉等三十八项，价值并脚价合算比在京师较贵，应停其外解，照时价在京采买应用，或遇时价腾贵，办买不得者，具题行令出产处解送。从之。

三十八年，令皮张、沉香等量用采买，余悉停止。谕大学士等曰：每年所买皮张，尽足供用，多买亦奚用耶！即如朕内用沉香，每年二百斤用尚有余，今办解者已过数倍，此等对象，俱令查明，量用采买，其余无用者悉停之。

四十三年，敕部造铁斛升斗颁发直省。先是，上谕大学士、九卿等曰：各省民间所用斗斛大小各别，此皆牙侩平价之人牟利所致。又升斗面宽底窄，若少尖量即致浮多，稍平量即致亏少，弊端易生，职此之故，嗣后直隶各省斗斛大小应作何画一，其升斗式样可否底面一律平准，至盛京金石、金斗、关东斗亦应否一并画一，尔等议奏。于本年五月，大学士、九卿议：查顺治五年，户部将供用库旧存红斛与通州铁斛较，红斛大，铁斛小，将红斛减改，永为斛式。顺治十二年，铸造铁斛二十具，一存户部，一储仓场，直隶各省皆发一具。今应令工部照部中铁斛铸造七具，分发盛京、顺天府五城外，其升斗俱改底面一律平准，各造三十具分发直隶各省，永远遵行。盛京金石、金斗、关东斗皆停其使用。从之。至是，复谕大学士及户部尚书等曰：户部呈样之斛与升斗，朕俱注水，详加测量，其样升上下四角宽窄不均，算积数见方得三万一千三百八十二分有零；其样斗上下四角宽窄亦不均，算积数见方得三十一万六千七百六十四分有零；其样铁斛算积数见方得一百六十万分，其数不相符。查《性理大全嘉量篇第十二》，内每斛积一百六十二万分，与今之铁斛较多二万分，因铁斛用之已久，不可轻改，是以依今之铁斛五斗为准，造新样斗一具，方径八寸、深五寸，积数见方得三十二万分；又造新样升一具，方径四寸、深二寸，积数见方得三万二千分。若依此样，十升一斗，五斗一斛，毫厘不差。谕毕，因出新样铜斗、升付户部堂官等，令照式以铁为之。

臣等谨按：帝王均平天下，治莫先于律度。《虞书》王制若合符节，而所谓同之正之者，其法不传。我圣祖仁皇帝天纵生知，特取部造斗斛，亲加测量，酌古准今，垂为定式，于是五量用嘉，允臻其极矣。

又革除私设牙行。户部议：御史张莲疏言，贸易货物，设立牙行，例给官帖，使平准物价。乃地方棍徒于瓜果蔬菜等物，亦私立牙行名色，勒揸商民。请令部查税课定例，一切私设牙行，尽行革除。应如所请。从之。

五十四年，定采买铜铅之例。九卿遵旨议：宝泉、宝源二局需用铜斤，请匀交江南等处八省巡抚，择贤能官，动正项采买，铅由户部发银给商人采买。现今宝泉局铜少不敷鼓铸，所买铜铅令其四月缴一半，九月全完。嗣后俱照此例。从之。

臣等谨按：采买铜斤，暨疏通钱价各条，有关市易行使，谨载入市门。至于禁用铜器，收买小钱废铜各条，事关鼓铸，则别载钱币门。兹不复入。

五十九年，禁止河工采买短价之弊。工部议准：吏科给事中纪遵宜奏，河工所需草束，河厅差役向民间采买，不无借端扰累。嗣后凡置办工料，请严饬厅员协同地方官购买，不得短价多收，令民运送。如有累民之处，或经首告，许该地方详报总河、督抚，据实题参。如总河不行题参，经督抚题参者，将总河及道员等俱照徇庇例议处。

六十一年，禁诸王、大臣家人争买草炭。奉谕旨：外间草炭价值腾贵，其故皆因诸王、阿哥及家资丰裕大臣等令家人出城邀截，居积待价，冀获重利，家人复捏增原价，以图肥己。此等情弊，朕所洞悉。嗣后凡草炭运至局厂，听买用外，不得仍前远迎争买。该部严行传示，倘仍蹈前辙，令官兵即行缉拿。

雍正二年，谕：各省采办木植，俱着该督抚遴选贤员，照民间价值给发，不许丝毫克扣。仍着该督抚等时时留心访察，倘稍有不遵谕旨之处，将督抚等一并从重治罪。

六年，严禁承办军需克扣侵蚀之弊。奉谕旨：向来预备军需，如采买骡马、制办对象之类，不肖有司往往虚耗国帑，派累民间，种种弊端，朕知之甚悉，已降旨屡行饬禁。而今年预备进藏军需，仍有甘属金县王锡九等克扣价值，经岳钟琪题参议罪，是此风尚未全改也。朕爱养斯民，不使丝毫扰累，凡军务所需，悉动帑金，照时价购办。又恐承办官预留将来核减之地，稍借民力以助公事，特令岳钟琪等核定折中价值，倘时价可减即为节省，或定价不敷据实奏加，此皆体恤官员，抚绥黎庶之至意也。倘嗣后承办各员再有克扣短发侵蚀之弊，其罪诚不可逭矣！若参革后必俟审拟定案，方行着追，则该犯之银物或至花费隐藏，而百姓守候补领未足之价值，必累月经年而不能得，深可轸念。以后若有此等劣员，一经题参摘印，即照数核明克扣之价，先动军需银两，另委贤员传集百姓如数找给，造册具报，仍将该员于本境枷号，勒限一月追完，分别还项补帑。如再逾限不完，严加治罪，庶贪墨之人知所儆惧，而军需有益，民无扰累之虞矣。

　　九年，令八旗五城设局兑换钱文以平市价。御史王玨言：京师春初米价稍昂，蒙恩轸念民食，特谕五城添设米厂，减价粜卖，群黎无不均沾圣泽。但定例五城粜卖，概用钱文交储户部，目下钱价虽未高昂，只恐将来钱文积聚，必至倍昂。查户部每月给放兵丁钱粮，原有搭放钱文之例，可否于定例外暂增分数，将五城交储之钱配入搭放，俟米厂停止，仍照前例。奉谕旨：钱文乃民间日用必需之物，向以价值昂贵，屡廑皇考圣心。数年以来，朕食极焦劳，所以为便民利用筹划经理者，亦殚竭心思矣。唯是欲价值之得平，若遽绳以官法，又恐有生事滋扰之弊。发米平粜以济民食，而令缴纳钱文，本是便民之意。今王玨又称收钱既多则钱价必致渐长，此亦事之所有，不可不虑。朕思钱价之不能平减者，因兑换之柄操于铺户，官府不司其事，是以小人图利得任意多取，以便其私耳。若照五城减价粜米之道，将搭放兵饷之钱文，令八旗于五城各设一局兑换与民，照铺户之数多换数十文，以银一两换钱一千文为率，如此，则钱价不待禁约自然平减，于民用似有裨益。复谕八旗都统等，八旗所设钱局，倘定价太贱，则射利之徒贱买贵卖，就中取利，反生弊端，今比民间价值每两酌贱十数文，逐渐减至每两换大制钱一千文止。其随时减价之处，八旗务须画一办理，并知会步军统领及察旗侍卫参领等留心察访，尔等亦不时稽查。

　　又议定疏通钱价应行应禁事例。户部遵旨议言：一、民间钱多则价贱，钱少则价增，应令提督、府尹、五城御史不时稽查，其有贩运出京及囤积居奇者，即行拿究。一、五城十厂粜卖成色米所得钱文，发五城钱铺照定价九百五十文兑换。俟此项兑完，即令官钱铺将所换银两照时价收钱，循环流转；至八旗米局粜卖钱文，亦交本旗钱铺照五城例，循环换。一、兵丁月饷，现在一九搭放，今户部卯钱及五城卖米等钱共得二十四万余串，官钱铺既有银两兑换，不必于库内再发，则八、九、十月饷钱，皆可以二成搭放，俟十一月以后，仍照旧例行。一、八旗五城现有钱文并所卖成色米之钱，定价每市平纹银一两，换大制钱九百五十文，俟市价渐增，官价亦渐增，以银一两合大制钱一千文为率，不得因市价而递减。一、京城内有奸民勾结经纪，预发本银，于大小铺户收买制钱，多藏堆积，俟钱贵始行发卖，名为长短钱，应严行查禁。从之。

十一月，饬各省文武官，所赏给兵丁营运生息银两，毋与小民争利。兵部覆准：云贵、广西总督鄂尔泰奏，恩赏各省兵丁生息银两，足资营运，必须公平办理，如有将营运银，或占百姓行业，或重利放债，与商贾小民争利者，将出纳官照骚扰地方、索诈部民财物例治罪，该上司照失察、属员贪劣例议处。

十年，令肃州开采硫黄并禁私贩。大学士、伯、督巡陕甘经略军务鄂尔泰言：武备军威，火器最重，火药宜精，唯是拣材置料，硝易而黄难，硝贱而黄贵，必赴外省采买，运费、工价未免浩繁。肃州极边，每黄一斤，价值一钱至二钱不等，军需要地，接济维艰。查肃州嘉峪关金佛寺堡之所管汛地内，南山隘口抵朱鲁郭迤逦而西有硫黄山一座，周围四五十里遍产硫黄，环山远近并无番夷住牧，若委员开采，依法煎熬，合算人工运费每净黄一斤，值不过五分，而出产甚多，用之不竭，不独便利军需，亦足接济陕、甘两省标营需用。事关边陲武备，现与刘于义面商，委员经理，一面先支银数百两交总兵沈力学作本开工，理合奏闻。得旨：开采硫黄，固于军需有益，但行之日久，不无私贩盗卖之弊。着署督刘于义饬令总兵沈力学派兵防护，实力稽查，俟开采足用后奏闻请旨。

十一年，令直省督抚酌定牙帖额数报部。凡城市乡村通商之处，陆有牙行，船有埠头，并选有抵业人户充应，官给印信文簿，附写客商船户住贯、姓名、路引、字号、物货数目，每月赴官查照，不许私充。雍正二年，有言各省牙帖之弊者，略谓小民趁集交易，乃数百文、数十文之事，藉以营生糊口，而地方光棍自呼为经纪，百十成群，逐日往州县中领牙帖数十纸，每纸给银二、三钱不等，持帖至集，任意勒索，不论货物大小精粗，皆视卖之盈缩为抽分之多寡，名曰牙帖税，少与龃龉，即行驱逐，不容陈设于街道。此积弊也。于是令各省藩司查明禁止。至是，谕各省商牙杂税，额设牙帖，俱由藩司衙门颁发，不许州县滥给，所以防增添之弊，不使贻累于商民也。近闻各省牙帖岁有增添，即如各集场中有杂货小贩，向来无藉牙行者，今概行给帖，而市井奸牙遂恃此把持，抽分利息，是集场多一牙户，商民即多一苦累，甚非平价通商之本意。着直省督抚饬令各该藩司，因地制宜，着为定额，报部存案，不许有司任意增添。嗣后，止将额内退帖顶补之处①，查明换给，再有新开集场应设牙行者，酌定名数给发，亦报部存案，庶贸易小民可永除牙行苛索之弊矣。

又禁私贩硝黄。谕旨：硝黄为军器火药之用，例禁甚严。闻河南地方有出产焰硝之处，小贩经纪往往以杂物零星易换，赴邻省售卖，现据湖北各属盘获甚多。朕思河南之硝，既私行于楚北，则其私行于附近各省，更不待言。着该督等饬令各属，实力查禁，不得仍蹈前辙。

十三年，禁止淮安土棍代雇船载。江南淮安板闸地方，向有土棍开立写船保载等行，由县请司帖②，合伙朋充，为客商之扰累。后经追帖禁止，而土棍等仍盘踞淮关上下。凡河路豆米货船，有重载至关口须用小船起剥者，辄恃强代雇，任意勒索，行旅苦之。至是，奉特旨，饬令该督抚严行禁止，布政使不得滥给牙帖。若他处关口有似此者，该管督抚一体查禁。

又禁河工封捉客船。河工官员每于装运工料差役封船，胥役借端骚扰，及三汛抢工，则称装运紧急物料，甚至将重载之客船勒令中途起货，以致商船闻风藏匿。奉谕旨：河工装运物料，原有额设浚船，即使抢筑之时，浚船或不敷用，只应雇募本地民船协济运送，原不必封捉客船，阻遏商旅。着河道总督饬令所属河员，严行查禁。

又禁各省采办贡物短价③累民之弊。谕旨：自古地方官员有进献方物之礼，盖以将其诚意，而为君者鉴其意而酌纳，所以笃堂廉之谊，联上下之情也。朕即位以来，亦循照旧例，间有进献珍宝古玩者，朕概降旨停止。镇臣中亦有随督抚进献者，朕皆谕止之。至于所献之物，备随时赏赐内外臣工，以示家人一体之意，并非朕所需用而收储内府也。虽臣之效忠于上，君之加恩于下，不在乎此，然亦仪文礼节之一端，所以历来未废。

---

① 退帖顶补，原持帖牙商退出，选择人员替补。
② 司帖，司道级官署签发的执照。
③ 短价，人为压低的商品价格。

凡为督抚者，既以此将其诚悃则当厚其价值，俾官民欢欣从事，方为事君尽礼之实心。乃朕向闻，有恃上司体势、发价减少者，以致民间视为畏途，如榆次不敢种好瓜，肃宁畏植好桃，外间传为话柄。近闻福建采买甘果有短价累地方官民之处，则与君臣连接之本怀大相违背，朕岂肯为此无益之仪文而令承办之微员、贸易之百姓或受扰累哉！以贡物而累及闾阎，万万不可！即或交与属员代办，而令其暗中赔补，是又假公济私、收受贿赂之巧术也！似此食用微物，朕发价市买何所不得，岂肯丝毫累及地方。可通行晓谕，自接奉此旨为始，着将从前贡物之数再减一半，倘仍蹈旧辙，朕必将各省贡献之例全行停止。

乾隆元年，禁止商人增长物价巧取兵丁营运银两。奉谕旨：朕因八旗兵丁寒苦者多，再四思维，特命借给官库银两，俾伊等营运有资，不忧匮乏，伊等自应仰体朕心，诸凡撙节，以为久远之计。乃闻领银到手，滥行花费，不知爱惜；而市肆贸易之人，唯利是图，将绸缎衣服等项增长价值，以巧取之，独不思兵丁商贾，原属一体，兵丁用度宽余，则百货流通，商人可获自然之利，是国家之加恩于兵丁，未尝无益于商贾也，何得昧其天良，使穷苦兵丁暗中受其剥削，纵国法不便遽加，亦当各自猛省。着顺天府五城通行晓谕商人，并令八旗大臣等教训兵丁咸使闻知。

二年，申严商人居奇勒价之禁。御史明德言：奸民富户囤积钱文，勒价昂贵，请敕下严查，从重治罪。奉谕旨：上年八月，朕加恩八旗官员兵丁，借给一年俸饷，而京师钱文货物一时昂贵，彼时即降旨晓谕，令其省改。目下，朕又加恩借给八旗兵丁半年饷银，以厚其生计，乃帑银尚未领出，而钱物价已骤长，此等商民，竟不凛遵从前谕旨，而唯以图利为心，是不奉法之奸民矣！殊不知兵民原属一体，贸易亦应公平，况兵丁以银易钱易货，商贾营运得以流通，即照常市卖，亦尽可获子母之利。何得借以居奇，不知餍足，致国家加惠兵丁之善举，竟为奸民等所阻。其罪诚不可逭矣！朕思伊等商民，既具有人心，则天良未泯，尚可望其省悟。着步军统领、顺天府尹、五城御史多方晓谕，速令悛改。如仍蹈故辙，则国法难宽，即照该御史所奏，从重治罪。如兵丁等因此谕旨有向铺户短价强买者，亦必重治其罪。

三年，定宣属采办杨木长柴报销之例。奉谕旨：直隶宣化府属怀来、保安二县，采办杨木长柴，供郊坛宗庙焚帛之用，向无开销之例，俱系两县捐资，继因添用柴薪，又分派宣属他县协办，相沿已久。朕思州县公捐已启，借端科派之弊不可不防其渐。着从乾隆三年为始，将每岁需用杨木长柴，按照办解①之数，动用正项，造入地丁册内报销。令出产之怀来县承办，以专责成。倘有私行派累等弊，该督即行查参，从重议处。

又令东、豫二省采买黑豆运通以供支放。奉谕旨：八旗喂养马驼黑豆，在所必需。今户部因仓储豆少，请每月减半支放。朕念若兵丁等自行添买，不无多费，且在京收买，恐市价益复高昂，今年山东，河南两省收成尚好，应于山东采买五万石，河南采买三万石，共八万石，足敷支放。着该部行文东、豫二省巡抚，酌量地方情形，动支正项钱粮，分令各州县采买。严禁短价病民及胥吏侵蚀等弊，务须于河冻之前，委员运送抵通，勿致有误。腊月以后支放之用，其豆价并脚费等项，仍造册报部核销。

又严牙行侵吞客商资本之禁。先是，安庆按察使张坦麟言：牙行侵吞客商银两，虽值农忙，亦准告理追给。奉旨：发与各省督抚阅看回奏。至是，大学士管川陕总督查郎阿议：应如所奏，定例通行。又西安巡抚张楷议：亦应如坦麟所奏，但牙行领帖时，应令地方官查明取具，保邻甘结，不得滥行给发。奉谕旨：张楷所奏，更为详悉。下部议行。

四年，以牙帖岁增，令各省严加核实。奉谕旨：昔我皇考惠爱商民，恐州县牙行岁有增添，以致奸棍争夺抽分利息，为闾阎之扰累。于雍正十一年，特谕令直省因地制宜，着为定额，报部存案，不许有司任意增添。所降谕旨甚明。近闻江苏各属于额帖之外，陆续请增者，一县竟有数十张以至百余张不等，此必州县官员才识短浅，听信吏胥播弄，借新开集场准其添设之例，或旧集而捏为新设，或裁牙而混详改充，徒使贸易小民受其苛索，莫可申诉。江苏如此，则各省亦必皆然。着该部即通行各省督抚，该地方果有新开集场应设牙行者，由府州核实详司，给发牙帖。如非新开集场而蒙混请添者，即行题参，从重议处。至五年，议定清厘牙行之例。向例，每行认充经纪，取具同行互保一人出具殷实良民甘结，该管官加结送司给帖，充应互结，虽有"殷实"字样，而互保之责成未经议及。今定铺家拖累商人者，将本牙行帖追缴，勒限清还，仍行给予；若系牙行诓骗商人者，将互保行帖一并追缴，勒限清还，本牙更换互保行帖，仍行给与；倘逾限不完，将互保之人一并更换。牙行唯图用钱，任铺户坑骗客商者，除逾限不完将牙行革退外，仍将铺户责限追比，其不足之项，令牙行

————————

① 办解，采办、解送。

赔补；牙行侵吞客帐者，除逾限不完将本牙互保一体斥革外，仍将本牙责限追比，其不足之项，令互保摊赔；其追比之限期，按欠数多寡酌定。至于以后客之货那补前客之欠，移弱客之货代偿强客之欠，该互保先行举首，免其治罪；容隐者责令分赔；牙行伙计人等侵吞客帐，总照牙行侵吞之例追帖赔补。本年又奉谕：民间懋迁有无，官立牙行以评物价，便商贾，其顶冒把持者，俱有严禁。近闻外省衙门胥役，多有更名捏姓兼充牙行者，此辈倚势作奸，垄断取利，必致鱼肉商民，被害之人又因其衙门情熟，莫敢申诉，其为市廛之蠹，尤非寻常顶冒把持者可比，所当亟为查禁。嗣后胥役人等冒充牙行作何定例严禁，及地方官失于查察作何处分之处，交该部定议具奏。寻议定：胥役更名捏姓、兼充牙行者，杖一百，徒三年；诓骗客货者，枷号一个月，发附近充军；地方官失察者，罚俸一年，徇纵者降二级调用，受财故纵者计赃论罪。

<u>臣等谨按：牙即古互字，书如互，古称驵侩①，亦谓互市郎，盖通知交易所以便商，故帖不可阙；而盘踞滋弊亦即以累商，故禁不可不严。我国家利民阜物，凡厥懋迁之规，罔弗厘正，而于牙行尤为法制详备，革除私设以杜指勒，严惩侵蚀以安商旅，核定额数以免滥增，禁止冒充以防垄断，其给帖则有藩司以稽州县之弊，复有部册以权各省之宜，其交货则铺户不得累及商人，互保亦不得徇庇行户，上下相纠，主客相制，用以抑强扶弱，通百货而康兆民，猗欤休哉！</u>

五年，定各省开报物料价值之例。先是，奉谕旨：据工部奏称"直隶、山东、甘肃等省，开报城砖石灰等项价值，较原定之价或少一倍，或少数倍，前后多寡甚觉悬殊，请将原定价值浮多款项行文各省督抚，确查本处实价，一一更正；凡类此等款项，一并查改报部"等语，朕思今日开销之价值，既大减于前，则从前所报之价显系浮开，工部何以不行指参而但请行查改正，夫前此所开之价，既不足凭，则此番改正之价又岂可以为据乎？假有狡猾之人以开价少者为错误，多者为实数，该部又何以辨其虚实耶！总之，百货价值，原属随时增减，各省不同，一省之中各郡县亦不画一，今预定数目永远一例遵行，则价贱之年必有余资以饱官吏之私

---

① 驵侩，原指马匹交易的中间商，后泛指各行业牙商。

橐，弊在侵渔钱粮为害尚小。若价贵之年，采办不敷，势必科派闾阎，弊在苦累百姓，为害甚大。唯在各省督抚留心访查，详确综核，既不使承办之官员恣意浮冒，虚糜国帑，又不至苛刻从事，过于减少贻累官民，庶为公平之道，又岂预立成式所能杜绝弊端乎！其应如何酌量定例之处，着大学士、九卿会议具奏。寻议：雍正八年，因各题销事件未有一定成规，止凭顶案①销算。顶案不能画一，胥吏得以上下其手。经工部奏请，行令该督抚等将修造工程缓急、物料贵贱，悉心查访市价，题明定议。嗣据各该督抚等陆续造册具题②，经九卿会议题准颁行，并声明嗣后时价偶有低昂必应增减者，于奏销案内据实声明在案。臣等请将各省所造册籍仍存工部，以备参考。嗣后凡一应修造工程，不必拘泥定价，所需物料，令承办各员悉照时价确估造报，工竣之日另委员查勘取具，并无捏饰印结，详报该督抚等详细核明，据实题咨到日，工部再行核销。倘承办各员浮开捏报，该督抚即照冒销钱粮例指参，如所委员查验不实，亦即以扶同徇隐例参处。至京城物料以及颜料等项价值，定例有年，复以雍正十二年经工部会同内务府确访时价，酌中更定，似无过宽过刻之处，即时价倘有低昂，亦令承办之员据实声明，工部就近察访，酌量办理。从之。

又增宁夏采买粮草价值。奉谕旨：宁夏供支满兵粮草，向系每年采买散给，共计白米一千五百余石，粟米七千余石，草一十三万余束，其所定部价：白米、粟米每石价银一两，草一束价银一分。今闻该地方自上年被灾之后，新、宝二县田地被水淹没，不能耕种，已少产米粮数十万石，目下粮草之价日觉昂贵，所定官价恐不敷采办，势必贻累小民。着将乾隆五年应支满兵粮草，白米每石加银一两，粟米每石加银五钱，每草一束加银一分。如此，则价值增添，官民易于办理。但系格外之恩，后不为例。该部可即行文该督抚知之。

七年，仍设钱牙以平钱价并定禁止囤积之数。步军统领舒赫德言：京城各项贸易，俱设立官牙经纪领帖。平价钱文一项，向设经纪十二名。乾隆三年，御史陶正靖等条奏裁革，嗣是囤钱各铺无人说合，转致居奇。请照旧设立官牙十二名，领帖充当，责成该牙等议平钱价。再，铺户囤积钱文，向有例禁，未经核定数目，仍属虚文。今酌议：除当铺外，各项铺户

---

① 顶案，相当的、类似的案例。
② 具题，以题本上奏皇帝。

所买，大制钱积至五十千文以上者，即令赴市售卖，如敢囤积勒价，或经查出，或被人首告，即将一半赏给查出首告之人，一半入官。疏下大学士等议。寻议：交与顺天府尹令、大宛二县招募老成殷实之人，照旧领帖充当，如有铺户居奇高抬价值等弊，责成官牙等严切晓谕，务令平减。该牙等倘敢从中垄断，或别生事端，该管官立即查拿。并令五城御史一体稽查。

八年，令民贾牛者自相论价。奉谕旨：上下两江上年被水地方，已经渐次涸出，东作方兴，有资牛力。凡民间买卖牛只者，俱听其自相论价交易，不许牙行从中需索，有司亦不得视为细事，一任胥吏侵蚀中饱。

十六年，令将平粜钱文照市价酌减以平钱价。时顺天府四路发米平粜，所粜钱文，经御史李文驹奏准，上届四万四千石之数，易银解部①。此番十万石即将钱文解部，毋庸易银。至是，顺天府尹蒋炳言：各厂官员唯恐多贮钱文，致长钱价，已经多方销售，不能仍存所粜之数，请令各厂总以现存之钱尽数解部，其已经易银，即将银解部，更属简便。奉谕旨：平粜钱文，前据军机处议覆，御史李文驹条奏请解部搭放兵饷。今该府尹等既奏称不及十万串，为数无多，且待至搭放兵饷，转不能即速流通。着不必解部，陆续交与八旗米局，令其照市价稍为酌减，以平市价，俾钱文不至壅滞。

十九年，议定铅厂通商之例。云南巡抚爱必达言：滇省采铜，俱系官发工本，除抽课外，所获余铜，官为尽数收买，以供鼓铸。例禁商贩偷漏，其卑块、普马、者海等铅厂，向系厂民自备工本采办，各局鼓铸钱文，止照额用之数收买运供，其余概不置议。与办铜事例不同，近年各厂产铅旺盛，除供买配铸之外，又奏准于卑块厂每年收买余铅二十五万斤留备鼓铸。若照办铜之例，官为尽数收买，所需工本银两一时难以归款。若令仅照官买供铸备铸之数，按年采办不特势有不能，更恐无以资其生计，转滋营私偷漏之弊。请嗣后各厂采办铅斤，先尽官买额数，其余所出之铅，按例一体抽课，无论邻省、本省，准令厂民自行通商，由布政使编发印票存厂，临时填给，不许票外夹带。有私买、私运者，罪之。部议，应如所请。从之。

二十一年，定各省赴山西附办民用黄斤之法。先是，江南、湖北二省

---

① 解部，上解送主管部门。

赴山西买黄，除官用黄斤外，各具文另买民用黄二、三万斤带回。至是，部议：巡抚明德奏，黄斤一项，各省民间所必需，如银匠、药铺、熏布、熏帽、煎炼银朱、取灯、花炮之类，在在需用。若各省买用官黄，零星卖与民间，则奸民私贩之弊不禁自除，请行令不产黄斤各省督抚转饬各州县，将该地方银匠、药铺等项，每年需用硫黄若干，查明定数，照江南、湖北例，于采买官黄时，令该铺等出具乡地邻佑保结，缴价报官，附办运回，分给应用。其晋省各州县亦照此例办理。从之。

二十六年，准：甘肃皋兰县采黄。先是，十一年，甘肃巡抚黄廷桂请于皋兰县属之骚狐泉开采硫黄，运交兰州府衙门存储，凡满汉各营需用，俱就近领买。得旨允行。至是，陕甘总督杨应琚言：从前采储之黄，仅存四万余斤，不足资用，而骚狐泉黄自封闭后，黄砂旺盛，请照前例，责成兰州府招商开采。部议：应如所请办理，并交伊犁乌鲁木齐各该处办事大臣留心体访。向来产黄处所，一体查明采购，或附近地方所产，亦可采取运往，以省内地办运。从之。

二十七年，准：江苏办解布匹工价以五钱核销。巡抚陈宏谋言：办解布匹，工价既昂，每匹五钱，难以再减。部议：以办解布匹，定有额价，该抚所奏与原编定额不符，驳令核减。奉谕旨：此案办解棉布，每匹定有原编额价，该部自应核驳。但据该抚称，现在花纱工价既昂，着照所请暂准以五钱核销，将来一俟物价平减，即令照旧额办理。

又议：将五城平粜钱文换银缴部以平钱价。时因五城设厂，以米豆平粜，所收钱文俱缴户部。御史平治奏请将各厂所粜之钱兑换银两缴部，以平钱价。经大学士等议准，并议从前平粜钱文，俱准市贩、钱牙易银交库，因恐奸牙囤积居奇，于民间仍无裨益，是以奏明交与步军统领衙门出易，及工程处给发工价，令一面招商易换，一面于上道工程处，仍照从前旧例通融办理，调剂市价，每南市钱平纹银一两二钱，易制钱一千文，所易银两既系钱平，将来交库时若依库平收兑，未免分两不敷，应仍即照南市钱平交库。查现在户部库存平粜钱八万五千余串，又存厂钱一万三千余串，应即行领出办理外，嗣后每日各厂所得钱文，俱令按数缴与步军统领衙门，陆续兑易，京城内外有此十万余串钱文以资流通，而每日平粜钱文又可源源转运，岁底钱价自可不至加增。至各乡镇来京贸易货物之人，售钱者居多，若听其装载四出，京城钱文仍未免短少，应交各该衙门严行稽查，除负贩小民以货易钱数在十千以内者准其携出各门外，其数在十千以外者,即令易银携回,不许任意搬运。再查向来每大制钱一千文,市例扣底四文,近来钱铺竟有短至二十文者,此又暗中增价、巧于取利之一端。臣等酌议:每钱一千,准扣底四文,不许任意多扣,倘因禁止短扣而于银色平头暗加多索者,仍交与五城御史、顺天府及步军统领衙门密访拿究。并得旨允行。

二十八年,议令湖南采黄备邻省赴买,并定官采硝斤之例。湖南湘乡、安化二县山内产煤,煤中夹有硫黄,从前时开时禁。二十五年议准:巡抚冯钤奏,委员经管开采,煤则听民买用,黄则官为收买。至是,复议准:巡抚陈宏谋奏,收买黄斤已届三年,其解省黄九万一千三百六十三斤,计湖南各营赴领并湖北赴买,每岁需用黄不过五千余斤,现在积存黄八万四千八百余斤。若因积黄已多,将矿封禁,则禁矿兼以禁煤,于民间未便,且恐因此民间私自刨煤,并设计私煎,转致偷漏私黄。查江南各营向系在山西购买,路远费多,若赴湖南购买,长江一水可达,脚费较轻。此外,邻近各省凡有艰于远购者,均令通咨赴买,则硫黄矿既可常开,而私硫黄自免偷漏。又各省军火需黄少而需硝多,而硝出土中,唯视天气之阴晴以定出产之衰旺,向来各省多系委员向硝户零星收买,不能一时足数,而硝户转得潜行私卖,是以禁例虽严,终不免有偷漏之弊。应照湖南黄厂现行之法,令地方官动支官项,于出硝之时即为收买,报明收储,官局将所收硝斤数目酌定官价,由督抚核明,咨令邻省赍价赴买,按期运回,不需委员守候。零星收买所产之硝,即归官局,皆为官硝,责成地方官设法稽查,民间自无私硝可售。倘遇出产数多之年,亦可听各省需硝营分多买备储,以资取用。但各省产硝地方远近不同,所产之硝亦多寡不一,应令各该督抚酌量本处地方情形,悉心妥议办理。从之。

又酌定顺天府属牙行事例。向例,在京各项经纪,一牙一帖,统计额缺八百九十一名,例由顺天府通判管理,遇有事故悬缺,报明府尹衙门募补①。复定为五年编审一次,将各牙实在情形查明报部。至是,户部侍郎管府尹事钱汝诚言:上年岁底,正届编审之期,据通判呈称:各牙定额多寡不一,现在绸缎、桐油、棉花、药材等行,帖多货少,悬缺六十四名乏人充补;白炭、江米、猪肉、酒、石灰、铜、铅、锡等行,帖少货多,分

---

① 募补,招募符合条件的人顶替缺额。

派城市不敷，评价此绌彼盈，难于酌剂，总缘各行地处京畿，商贾辐辏，货物消长未能一定。伏思官设牙行，原令其平较市价，以杜商民争执之端。今绸缎等行经纪，货少帖多，悬缺乏人充补，而白炭等行经纪，又以货多帖少，一人司平数市，不独难以兼顾，亦易恣其居奇，且恐奸棍私牙从中影射，各经纪每以货积难售，纷纷呈报，情愿领帖承充。又以格于定额，不敢加增，是以临时每致有占值之争，过后复徒滋负欠之控，似应随时体察，量为变通。请将现在悬帖六十四张发司查销，所遗悬缺，即于货多帖少之行准其认补，饬司给帖，总不得逾原定牙帖八百九十一名之额。仍将陆续募补之行次随时造册报部查核，并请嗣后届编审之期，遇有应行变通者，因时酌量通融办理。部议，应如所请。从之。

二十九年，令湖北需用硝斤准于本省煎运发营。湖北各标营每年需硝五万四千余斤，向俱委员赴豫购运。至是，总督吴达善言：本省之松滋、巴东、鹤峰、长乐等州县所产土硝，先经煎试，足敷应用，其运脚之费较前亦有节省，且可杜本地奸民偷挖之弊。部议，应如所请，并将官办、商办各价值，及各该处运至省局道里远近情形，妥为筹办。从之。

三十四年，大学士傅恒等议：御史屏治请除通州米局积弊，应如所请，将通州米局永远禁止，不许开设。从之。

三十五年，内阁学士富察善奏请停粜麦石，专卖麦麸，以平市价，于民食有益，囤积之弊亦不禁自除。得旨允行。

三十九年，谕：据袁守侗等奏，近日查办京城囤积，于通州马驹桥、沙河等处查有居民囤积各项杂粮至数千石之多，请将该民枷责，并将米石入官。此等渔利奸徒，囤积居奇，实为病民之蠹，自应枷杖以示惩儆。所有查出囤积米石，若查封入官，恐市中缺此粮石流通，于民食有碍，莫如照顺天府上月米长之价，每石再行减价二钱，勒令出粜，俾民间得以贱价籴粮，且使远近垄断之徒闻风警畏，不敢再为效尤滋事。

四十六年，奉谕：京师开采煤窑，为日用所必需，近闻煤价比前昂贵。推原其故，皆因煤矿刨挖日深，工本运脚既重，窑户无力开采，呈请地方官封闭。经工部核题覆准者甚多，于民间生计大有关系，现在西山一带产煤处所尚有未经开采者。着步军统领衙门会同顺天府、直隶总督委员前往，逐细踹看，无碍山场，照例召商开采，一面咨部，一面奏闻，以副朕筹计生民之至意。

四十八年，奉谕：据闵鹗元奏"苏州官商承办洋铜，除每年额解六省铜五十一万余斤外,其多余之铜俱令一律缴官,俟年清年款之后,准该商变卖余铜"等语,此项铜斤,前因范清济办理不善,压欠甚多,是以余铜不准自行变卖。今新商王世臣代为接办,若能实力经理,赶紧转运所有从前压欠之项,原可陆续带交。况该商王世臣系接办之人,若俟积欠全完,始准变卖余铜,该商不能少沾余利,未免偏枯。嗣后除每年额运正项铜斤交清并酌量分年带交积欠若干外,其余铜斤即准其照旧变卖,以纾商力。

皇朝文献通考卷三十三

市籴考二

市舶互市

臣等谨按：宋以前互市之制，其详靡得而记。自宋开宝后，始置市舶司榷场、博易场，沿革详略具载马端临考。至前明末代，抽税过重，防奸则疏，以致大启海氛，公行抄劫，吴越濒海州郡数被其害。臣等纂前五朝续考已备言之。我国家威德远播，四裔咸宾，受命之初，高丽、琉球率先表贡，暨平台湾，岛夷失其故巢，悬命中国。圣祖皇帝因包荒而抚有之，归化寖众；东南舟楫之区，商渔乐业，鲸波不惊，沙鸟云帆，目极无际；各岛如吕宋、噶喇吧、日本、红毛、红毛之种数十，向所谓出没烟涛，莫知其踪迹者，皆已按图可指，就中佛朗西、荷兰、暹罗等国矫首面内，不惮超数十，更以来其他小弱，附景希光者，又不在此数。于是缘其职贡以通其货贿，立之期会以均其劳逸，宽减税额以丰其生息，厚加赏赉以作其忠诚，而又核验官符，讥禁内匪，弛张互用，畏慕滋深，此今日市舶之所以盛也。若乃西北茶马之市，行之已久，强无凌弱，众无暴寡，边氓番族胥享其利，盖百余年于此矣。皇上绥怀万方，廓清大幕，耕犁遍于寰中，泉布流于域外，大宛善马弗求自徕，于阗良玉不胫而走，初非与为市而得之者。近则准哈萨克之请，开乌鲁木齐之市，先之以官办，次之以招商，时地交宜，远迩利赖。继自今航浮索引，四瀛相望，大一统之闳规，至是蔑以加矣。臣等谨如前目，随事编排，列于市门之次，用昭圣世大同之治焉。

顺治二年，设张家口、古北口章京，时命哈萨克哈驻张家口，满都布赉驻古北口。谕之曰：尔等驻防之地，凡外藩各蒙古来贸易者，俱令驻于边口，照常贸易，毋得阻抑。其喀尔喀部落来市马者，令驻于口外，申报户部。

又定陕西以茶易马之例。先是，元年，定与西番易马例，每茶一篦，重十斤，上马给茶篦十二，中马给九，下马给七。至是年，差御史辖五茶马司。户部言：陕西地方，召商茶以易番马，向有照给金牌勘合①之制。备查前明诏谕，通接西番关隘处所，拨官军巡守，不许私茶出境；凡进贡番僧应赏食茶，颁给勘合，行令四川布政司拨发，有茶之仓照数支放；不许于湖广等处收买私茶，违者尽数入官，仍将伴送人员等依律问罪，此旧例所当遵行者。若金牌一项，系明初事例，至永乐十四年已经停止。今我朝定鼎，各番慕义驰贡，金牌似不必用；但以茶易马，务须酌量价值，两得其平，无失柔远之义。从之。康熙四十四年，停止中马。雍正九年，奏准复行。十三年，仍行停止。

三年，议令吐鲁番贡使置买器物，照旧例额数。礼部言：旧例，吐鲁番国进贡来使，于京师置买器物额数：每人茶五十斤，瓷碗碟五十双，铜锡壶五执，各色纱罗及缎共十五匹，绢三十匹，青白布三十匹，夏布三十匹，棉花三十斤，花毯二条，纸马并各色纸共三百张，各色颜料五斤，糖果姜每样三十斤，药材三十斤，乌梅三十斤，黑白矾共十斤，照此定例置买。其龙、凤、黄、紫各色之物及鞍辔、弓、箭、刀不许置买。所应买诸物，兵马司差役同通事监视买卖，两从其便。如盗买违禁之物，买卖并监视人役一并治罪。会同馆许开市五日，自京起程后，牛、羊、犁铧、铁锅，至临洮府兰州，与本处军民交易，亦买卖各从其便，仍令监视，护送官兵加意谨防，送至关上。其至兰州交易者，亦不许置熟铁及各项兵器，令照旧例交易。从之。

四年，议：佛朗西国互市人禁止入省。户部议覆：两广总督佟养甲疏言，佛朗西国人寓居濠镜澳，以携来番货与粤商互市，盖已有年，后深入省会至于激变，遂行禁止。今督臣以通商裕国为请，然前事可鉴，应仍照前明崇祯十三年禁其入省之例，止令商人载货下澳贸易。从之。

---

① 勘合，检查、验证。古代将官方证照加盖官印后，一剖为二，官方和当事人各执一半，查验时要合二为一。

十二年，准：荷兰国贡使在馆交易。礼部言：荷兰国从未入贡，今重译来朝，诚朝廷德化所致，念其道路险远，准五年一贡。贡道由广东入至海上贸易，已经题明不准，应听在馆交易，照例严饬违禁等物。得旨：荷兰国慕义输诚，航海修贡①，念其道路险远，着八年一次来朝，以示体恤远人之意。是年八月，其贡使归国，特降敕谕赐其国王曰：唯尔荷兰国墨投为也甲必丹物马绥掘②，僻在西陲，海洋险远，历代以来声教不及，乃能缅怀德化，效慕尊亲，择尔贡使杯突高啒③、惹诺皆色④等赴阙来朝，虔修职贡，地逾万里，怀忠抱义，朕甚嘉之。用是优加锡赍：大蟒缎二匹，妆缎二匹，倭缎二匹，闪缎四匹，蓝花缎四匹，青花缎四匹，蓝素缎四匹，帽缎四匹，衣素缎四匹，绫十匹，纺丝十匹，罗十匹，银三百两，以报孚忱。至所请朝贡出入，贸易有无，虽灌输货贝，利益商民，但念道里悠长，风波险阻，舟车跋涉，阅历星霜，劳勋可悯，若朝贡频数，猥烦多人，朕皆不忍。着八年一次，来朝员役不过百人，止令二十人到京，所携货物，在馆交易，不得于广东海上私自货卖，尔其体朕怀保之仁，恪恭藩服，慎乃常职，只承宠命。

又准：吐鲁番贡使在馆交易。谕吐鲁番阿布都拉哈曰⑤：朕膺兹大命，绥定万方，凡所属外国无不输诚臣服，来贡方物。尔吐鲁番国早识时数，贡赋维谨⑥。今又遣使入贡，诚笃之意实可嘉悦。念尔国远隔山河，跋涉不易，宜加赏赍，用劝忠诚。特赐尔：缎三百三十八匹，绢七百二十三匹。自此以后，着五年一次来贡，入关不得过百人，不许携带妇女，进京只许三十人，余留驻甘肃，俟进贡人归时即令一齐出关，不得久留内地。至所带货物，许在京会同馆照例货市，无得沿路借端迁延骚扰，其进贡西马四匹、蒙古马十匹外，不必多贡，用体朕优恤远人之意。

十四年，遣官察审朝鲜国人私买硝药。朝鲜国王之弟李㴭回国，随行员役违禁擅买硝药，行至凤凰城，为城守章京搜获，李㴭不肯缚送私买之人，反为哀求容隐。奉谕旨：遣内大臣阿鲁哈、大学士额色黑、都察院左

---

① 修贡，备具贡礼。
② 荷兰墨投为也甲必丹物马绥掘，经相关学者由荷文原件翻译，此句意为：荷兰国巴达维亚总督约翰·马绥掘。
③ 杯突高啒，贡使姓名。
④ 惹诺皆色，贡使姓名。
⑤ 阿布都拉哈，当时拥有吐鲁番地区的叶尔羌汗国的统治者，1634—1667年在位。
⑥ 贡赋维谨，对（向清朝）上供的问题恭敬而谨慎。

副都御史能图、吏部左侍郎禅代往朝鲜,同该国王察审议罪。

十五年,停止官员往朝鲜国贸易。谕礼部曰:朕抚御万方,中外臣民皆同一视。朝鲜恭顺有年,尤廑体恤。闻遣使该国多员,贸易滋扰,朕心殊为不忍。嗣后,凡有事差往使臣,止用正副使各一员,务择谙习礼仪、任事谨恪者。其八分人员随往及贸易俱行停止,以昭朕字爱藩服至意。

十八年,达赖喇嘛及干都台吉请于北胜州互市,以马易茶。从之。

康熙二年,停止朝鲜国王开送货物印文。凡外藩货物,有该国王印文开送者,准其贸易。朝鲜陪臣下人应山等带貂皮一百张,印文内并未开载,经礼部奏闻。得旨:免其议罪,交易货物,听其随便携带。至日报部,于会同馆交易。该王印文着停止,应禁之物回时令边关官员详细严察。

七年,议:外国人货物,非贡期不准贸易。凡外国人非进贡方物之期来边界处所贸易者,《会典》并未开载,唯康熙二年准荷兰国贸易一次,康熙三年准暹罗国贸易一次,随于康熙五年永行停止。至是,兵部言:请嗣后非系贡期,概不准其贸易。从之。

八年,以广南国船货仍给来使。先是,广东都司刘世虎等驾舟巡海,遇风飘至广南境内,广南国王差赵文炳等送归,并带来货物船只,奉有确查议奏之旨。至是,礼部议:刘世虎等带去之兵,尚有十九名未回,应降二级。其赵文炳等虽奉广南国印文差遣,而实系中国之人,或留或遣,请旨定夺。现在禁海,其带来之物不便贸易,应交送户部。得旨:广南国差赵文炳等送刘世虎等归粤,殊为可嘉,着该督给以照验遣归,广南船货不必入官,仍给来使为修理船只之用;刘世虎等风飘是实,着免罪。

十八年,禁兵民贩米出海。浙江沿海兵民贩卖粮米,因内地利少,出海利多,越界贸易。特遣户部郎中布詹等巡海,如将军督抚提镇所属人员有犯禁者,令其不时访缉杜绝,以靖海氛。

二十二年,令厄鲁特噶尔丹博硕克图[①]来使往张家口、归化城交易。上谕大学士等:近观厄鲁特噶尔丹博硕克图来使较前渐多,每一次常至数百人。闻其沿途遇边外游牧蒙古,肆行扰害,外国之人若行痛惩,又恐失柔远之意;彼处遣来人员当有定数,不可听其意为多寡。嗣后正使头目酌

---

① 厄鲁特噶尔丹博硕克图,厄鲁特,清朝对漠西蒙古的称呼;噶尔丹,漠西蒙古准噶尔部首领;博硕克图,即博硕克图汗,是达赖喇嘛给噶尔丹的封号。

量数人，令进关口，其余人等或令在张家口外，或在归化城，交易事毕，应即遣回。

又令马喇①等领库帑于军前市易。时阿达哈哈番马喇等以茶布往征罗刹军前市易。上谕：茶布不必携往，可于户部支银四千两量买诸物，驰驿抵彼，换取牛羊粮米以备军需，勿得胁制民间，各任其便。

二十三年，议：浙江沿海地方听百姓海上贸易。九卿等议覆：工部侍郎金世鉴疏言，浙江沿海地方，请照山东诸处见行之例，听百姓以装载五百石以下船只往海上贸易、捕鱼，预行禀明该地方官，登记姓名，取具保结，给发印票，船头烙号。其出入，令防守海口官员验明印票人数，至收税之处交与该道计货贵贱，定税轻重，按季造册报部。至海口官兵，请于温、台二府战船内各拨二十只，平定台湾所获哨船拨八十只，令其分泊防守巡逻。俱应如所请。从之。

又议：暹罗国贡船货物准其于虎跳门贸易。暹罗国王言：贡船到虎跳门，地方官阻滞日久，迨进至河下，又将货物入店封锁，候部文到时方准贸易，每至毁坏，乞敕谕广省，嗣后贡船到虎跳门，具报之后，即放入河下，俾货物早得登岸贸易。又本国采办器用，乞谕地方给照置办。部议：应如该国王所请。从之。

又诏：开海禁，其硝黄、军器等物仍不准出洋。内阁学士席柱陈奏福建、广东两省沿海居民情形。上曰：百姓乐于沿海居住，原因海上可以贸易、捕鱼。先因海寇故，海禁不开，今海氛廓清，更何所待。下九卿、詹事、科道议。寻议：今海外平定，台湾、澎湖设立官兵驻扎，直隶、山东、江南、浙江、福建、广东各省先定海禁处分之例，应尽行停止。若有违禁将硝黄军器等物私载出洋贸易者，仍照律处分。从之。

二十四年，严饬开洋贸易满汉人民。议政王大臣等言：今海内一统，寰宇宁谧，满汉人民俱同一体，应令出洋贸易，以彰富庶之治。得旨：开海贸易，原欲令满汉人民各遂生息，倘有无藉棍徒倚势横行，借端生事，贻害地方，反为不便，应严加禁饬，如有违法者，该督抚即指名题参。

又免外国贡船抽税。礼部议覆：福建总督王国安疏言，外国贡船请抽税，令其贸易，应如所请。上以进贡船只若行抽税，殊失大体，悉免之。

---

① 马喇（1633—1693年），又作玛拉，那喇氏，满洲镶白旗人，尚书尼堪从子，世袭三等阿达哈哈番（汉称三等轻车都尉）。

又令朝鲜国照常贸易。朝鲜国王李焞言：国内牛多疫死，民失耕种，请暂停互市。礼部奏：李焞托言妄奏不合，应罚银一万两。得旨：此事本当如议，但系外藩小国，姑宥此一次，仍令照常贸易。

又酌减洋船丈抽①之例。先是，二十三年，特开海禁，令福建、广东沿海民人，许用五百石以下船只出海贸易，地方官登记人数，船头烙号，给发印票，防泛官验放，拨船巡哨，如有大船出洋夹带禁物者，罪之。其海口内桥津、舟车等物停止征收，江、浙二省亦照此例。至是，监督宜尔格图言：粤东向有东、西二洋，诸国来往交易，系市舶提举司征收货税。明隆庆五年，以夷人报货奸欺，难于查验，改定丈抽之例，按船大小以为额税，西洋船定为九等。后因夷人屡请，量减抽三分，东洋船定为四等。国朝未禁海以前，洋船诣澳，照例丈抽。但往日多载珍奇，今系杂货，今昔殊异，十船不及一船，请于原减之外，再减二分，东洋船亦照例行。至江浙闽广俱经开海，若不画一，恐启外夷趋避之端，应照粤省量减。此等丈抽船只装载回国，或因风水不顺飘至他省，查验印票即便放行。其四省印烙船只往外国贸易者，亦照此例。从之。

二十五年，禁止土司番蛮交界处贩卖军器禁物。兵部议覆：四川、陕西总督禧佛疏言，川省地广民稀，土司番蛮杂处，恐有私收军器禁物及射利奸徒勾串卖给等弊，请严行禁止，定例处分。应如所请。嗣后土司番蛮交界处，有将军器禁物贩卖者，杖一百，发边远充军，该管官知情故纵者一例治罪。如失于觉察，州县官并专泛武职俱降四级调用，府道及兼辖武职官俱降二级，该管总兵官降一级，督抚提督各罚俸一年。从之。

又定厄鲁特各部落互市例。时厄鲁特土哈尔台吉、噶尔丹台吉等遣使互市。上谕理藩院：厄鲁特部落如噶尔丹等四大台吉应令来京互市，其余小台吉俱于张家口互市，着为定例。

二十八年，准俄罗斯通行旅贸易。先是，领侍卫内大臣索额图等与俄罗斯来使费要多罗额礼克谢议定分界事宜。至是，遣官立碑于界，凡一切行旅有准令往来文票者，许其贸易不禁。

又暂开宁夏等处互市。喀尔喀达尔汉亲王诺内等言：扎萨克信顺额尔

---

① 丈抽，明清时期，海关对中外贸易船只按船的长宽尺度征收关税。

克戴青善巴①、扎萨克丹津额尔德尼②台吉等请于宁夏横城、平罗等处准其贸易。理藩院议：此等地方，向来并不令蒙古贸易，请行文总督、提督详议。上曰：信顺额尔克戴青善巴等既称宁夏等处地方准其贸易，甚有益于穷人，不必行文，且暂令贸易，不为例，俟来年再议。

三十三年，禁商人在外国造船私带军器。九卿会议：浙江巡抚张鹏翮疏言，定例：出洋贸易船只，地方官印烙，给以票照，禁带军器出洋。乃有内地商人，在外国打造船只，带有军器出入关口，既无印烙可据，又无照票可凭，地方官难以稽查，请一概禁止。至暗带外国之人偷买犯禁之物者，并严加治罪。应如所请。从之。

二十五年③，令海洋商船往天津海口运米至奉天，免其货物杂费。内阁学士陶岱往奉天赈济，并以天津海口运米至奉天事请训旨。上曰：从天津海口运米，以新造船与商船转运，尚恐船少，应遣人往福建督抚处，劝谕走洋商船使来贸易，至时用以运米，仍给以雇值，其装载货物，但收正税，概免杂费。

又以大军征噶尔丹，军营贸易众多，奉谕旨：随军贸易之人固不可少，若纵其贸易，又至紊乱。应于某营相近即令某营之夸兰大派出章京，于一里外驻扎，准其贸易，严禁喧哗、火烛，并戒沽酒。倘贸易人不遵法禁，偷盗马匹、米粮者，亦即正法，带往之人一并治罪。军士或将米私售贸易之人，或强买抢夺者，定加重罪。又理藩院言：大兵经行蒙古地方，应令蒙古等沿途贩卖驼马牛羊等物。得旨：尔院可另设一营，其贩卖驼马牛羊人等即在尔营内贸易。大军十六营中，每营派官一员，专司贸易之事。如有指称贸易行窃者，不分首从，枭首示众；妻子家产籍没入官。

三十六年，准：鄂尔多斯于定边、花马池、平罗城贸易。鄂尔多斯贝勒松阿喇布言：向准臣等于横城贸易，今乞于定边、花马池、平罗城三处，令诸蒙古就近贸易。上命大学士、户部、兵部及理藩院会同议奏。寻议：应俱如所请。令贝勒松阿喇布等及地方官各自约束其人，勿致争斗。从之。

又准：朝鲜国于中江地方贸易米谷。朝鲜国王李焞言：请于中江地方

---

① 扎萨克信顺额尔克戴青善巴，扎萨克，是清朝所编蒙古诸旗的旗首；善巴，是清初喀尔喀蒙古赛音诺颜部首领之一，受封为扎萨克。信顺额尔克戴青，是清朝给他的封号。
② 丹津额尔德尼，善巴的族弟，也受封为扎萨克。
③ 原文为"二十五年"，疑为"三十五年"之误。

贸易米粮。奉谕旨：朕抚驭天下，内外视同一体，朝鲜国王世守东藩，尽职奉贡，克效敬慎。今闻连岁荒歉，百姓艰食，朕心深为悯恻。今盛京积储甚多，着照该国王所请，于中江地方令其贸易。是月，遣户部侍郎贝和诺往奉天督理朝鲜粜米事务。寻户部遵旨议言：奉天米石运至中江贸易，应令殷实诚信之人，取具地方官印结，前赴奉天领米挽运，照时价交盛京。户部所卖米不许过仓石二万石，其朝鲜进贡来使有贸谷带去者听。又盐商张行等呈称，情愿前往朝鲜贸易，应令将银买仓米二万石运往，俟朝鲜岁稔时停止，此时运往米石，令伊国将所产之物酌量兑换。从之。明年正月，遣吏部右侍郎陶岱将运往朝鲜米三万石，以一万石赏赉朝鲜国，以二万石平粜。其商人贸易米二万石，交与户部侍郎贝和诺监视。寻朝鲜国王李焞奏：皇上创开海道运米，拯救东国，以苏海澨之民①，饥者以饱，流者以还，目前二麦熟稔，可以接济八路，生灵全活无算，下所司知之。

御制《海运赈济朝鲜记》曰：朕闻救灾拯患，王政所亟，是以夙夜求莫，虽在遐荒绝域，犹若恫瘝乃身，矧属在藩，维苟有疾苦，何忍一日置也。康熙三十六年冬，朝鲜国王李焞奏："比岁荐饥，廪庾告匮，公私困穷，八路流殍，相续于道，吁恳中江开市贸谷，以苏沟瘠，俾无殄国祀。"朕深为恻然，立允其请，遂于次年二月，命部臣往天津，截留河南漕米，用商船出大沽海口，至山东登州，更用鸡头船拨运引路。又颁发帑金，广给运值，缓征盐课，以鼓励商人，将盛京所存海运米平价贸易，共水陆运米三万石，内加赉者一万石。朝鲜举国臣庶方藜藿不充，获此太仓玉粒，如坻如京②，人赐之食，莫不忭舞忻悦，凋瘵尽起。该王具表陈谢，感激殊恩，备言民命，续于既绝，邦祚延于垂亡，盖转运之速，赈贷之周，亦古所未有也。朕念朝鲜自皇祖抚定以来，奠其社稷，绥其疆宇，俾世守东藩，奉职修贡，恩至渥矣。兹者告饥，不惮转输数千里之劳，不惜靡费数万石之粟，环国土而户给之，非独一时救灾拯患，实所以普泽藩封，而光昭先德也。是乌可以无记。

臣等谨按：市之有海舶，有关市，有在馆交易，皆以通商旅而柔

---

① 海澨，海滨之地。
② 如坻如京，语出《诗经·小雅·甫田》，比喻粮食堆积得像小山一样。坻，水中的小块高地。京，人工筑起的高丘。

远人。籴之有截漕①，有采运，有平粜②，皆以筹积储而裕民食。我圣祖仁皇帝特允朝鲜国王之请，运米谷于中江，济艰鲜于八路，不特市易溥遍，而且赈粜兼行，天庾之泽，无远弗届，诚补助之极功，绥柔③之旷典也。

三十九年，准哈密人于甘肃等处贸易。

准镇筸苗民互市。兵部议覆：湖广总督郭琇等疏言，镇筸红苗抚剿事竣，其善后事宜，每月三日听苗民互市，限时集散，应如所请。从之。

四十一年，遣官偕喇嘛监督打箭炉贸易。喇嘛达木巴色尔济、郎中舒图、员外铁图等往打箭炉地方，监督贸易。上谕之曰：尔等至彼，即将奉差情由移文第巴，须文辞明悉，令彼速遣大喇嘛来监督贸易，倘若迟滞，将我等撤回，永远不得贸易矣。其税银不取于彼，就我国商人征之，不可专以税额为事。若立意取盈，商贾不至，与禁止何异！此项钱粮不多，勿以此注念。又谕达木巴色尔济曰：尔移文第巴，其辞须云尔等务遵旨行事，倘若有违，不但无益尔等，即我喇嘛亦无益处。达木巴色尔济奏曰：倘第巴不将厄尔德尼济农解至，则臣不令其人贸易。济隆胡土克图与青海人众，系我朝之人，令其照常贸易。上曰：俱令照常贸易。

四十六年，令出洋渔船照商船式改造。大学士马齐等言：闽浙总督梁鼐请将出洋渔船照商船式样改造双桅。臣等遵旨询问梁鼐，据称漂洋者非两桅船则不能行，且渔船人户所倚为生者，非但捕鱼而已，亦仗此装载货物以贸易也。若准其立双桅装载货物，甚便于民。得旨：如议行。

四十七年，禁商贩米出洋。都察院佥都御史劳之辩言：江浙米价腾贵，皆由内地之米为奸商贩往外洋之故，请申饬海禁，暂撤海关，一概不许商船往来，庶私贩绝而米价平。户部议：自康熙二十二年开设海关，海疆宁谧，商民两益，不便禁止。至奸商私贩，应令该督抚提镇于江南崇明、刘河，浙江乍浦、定海各海口，加兵巡查，除商人所带食米外，如违禁装载五十石以外贩卖者，其米入官；文武官弁有私放者，即行参处。得旨：如议，并着部院保举贤能司官前往巡查。

五十三年，编刻商船、渔船、巡哨船字号，并船户人等各给腰牌。兵

---

① 截漕，地方发生灾荒，经批准截留在运的漕粮救灾。
② 平粜，政府在歉收之年为救济灾荒或平抑粮价，以平价出售粮食。
③ 绥柔，绥靖、怀柔。

部议准：江苏巡抚张伯行疏言，商船、渔船与盗船一并在洋行走，难以识辨，以致剽盗时作，商船被害。嗣后商船、渔船前后各刻商、渔字样，两旁刻某省、某府、某州县第几号商船、渔船及船户某人，巡哨船只亦刻某营第几号哨船，商、渔各船户舵工、水手、客商人等各给腰牌，刻明姓名、年貌、籍贯，庶巡哨官兵易于稽查。至渔船出洋时，不许装载米酒，进口时亦不许装载货物，违者严加治罪。从之。

五十五年，议给甘肃地方出口印票听其贸易。议政大臣等议覆：尚书福宁安疏言，甘肃地方今年田禾茂盛，秋收可期，各处民人俱具呈，欲往口外并哈密地方及驻兵之处贸易者一百四十余起，请令地方官给予出口印票，以便前往。从之。

又议定：福建商船出洋往台湾澎湖贸易者，台厦两泛拨哨船护送。

五十六年，禁止商船往南洋吕宋、噶喇吧等处贸易。酌定造船印烙结单并船户、商人食米额数，其卖船与外国及留在外国者，立法究治。先是，五十五年，上谕大学士等曰：朕访闻海外有吕宋、噶喇吧两处地方，噶喇吧乃红毛国泊船之所，吕宋乃西洋泊船之所，彼处藏匿盗贼甚多，内地之民希图获利，往往于船上载米带去，并卖船而回，甚至有留在彼处之人，不可不预为措置也。复谕大学士九卿等曰：朕南巡过苏州时，见船厂问及，咸云每年造船出海贸易者多至千余，回来者不过十之五六，其余悉卖在海外，赍银而归。官造海船数十只，尚需数万金，民间造船何如许之多，且有人条奏海船龙骨必用铁梨筋木，此种不产于外国，唯广东有之，故商人射利偷卖，即加查询，俱捏称遭风打坏，此中情弊，速宜禁绝。海外有吕宋、噶喇吧等处，常留汉人，自明代以来有之，此即海贼之薮也。官兵出哨，或遇贼船四五只，官兵船只一、二只，势不能敌，舵工又不奋力向前，将领亦无可如何，不过尾追而已，何能剿灭邪！张伯行曾奏：江浙之米多出海贩卖，斯言未可尽信，然不可不为预防，出海贸易，海路或七八，更远亦不过二十，更所带之米适用而止，不应令其多带；再东洋可使贸易，若南海商船，不可令往，第当如红毛等船听其自来耳。且出南洋必从海坛经过，此处截留不放，岂能飞渡乎！又沿海炮台足资防守，明代即有之，应令各地方设立，往年由福建运米广东，所雇民船三四百只，每只约用三四十人，统计即数千人聚集海上，不可不加意防范；台湾之人，时与吕宋人往来，亦须预为措置。朕令广州将军管源忠、浙闽总督满保、两广总督杨琳来京陛见，亦欲以此面谕之尔等。俟管源忠等到京后，会同详议具奏。至是，议：凡商船照旧令往东洋贸易外，其南洋吕宋、噶喇吧等处不许前往贸易，于南澳地方截住，令广东、福建沿海一带水师各营巡查，违禁者治罪。其外国夹板船照旧准来贸易，令地方文武官严加防范。嗣后洋船初造时，报明海关监督，地方官亲验印烙，取船户甘结，并将船只丈尺、客商姓名、货物往某处贸易填给船单，令沿海口岸文武官照单严查，按月册报，督抚存案。每日食米人各一升，并余米一升，以防风阻，如有越额之米，查出入官，船户商人同罪；小船偷载米粮剥运大船者治罪；如将船卖与外国者，造船与卖船之人皆立斩；所去之人留在外国，将知情同去之人枷号三月，该督行文外国，将留下之人令其解回处斩；沿海文武官如遇私卖船只、多带米粮偷越禁地等事，隐匿不报，从重治罪。从之。

五十七年，议定：来往台湾各船取具保结赴厦门盘验并严偷渡之禁。兵部覆准：浙闽总督觉罗满保疏言，海洋大弊全在船只混淆，商贩偷运，应将客商责之保家，商船水手责之船户、货主，渔船水手责之澳甲同觞，各取保结，限定人数，出入盘查，并严禁渔船不许装载货物，接渡人口。至各省往来之船，虽新例各用兵船护送，其贪迅速者，俱从各处直走外洋，不由厦门出入。应饬行凡往台湾之船，必令到厦门盘验，一体护送，由澎而台；其从台湾回者，亦令盘验护送，由澎到厦；凡往来台湾之人，令地方官给照，单身游民无照者不许偷渡，犯者官兵、民人分别治罪，船只入官；如有哨船私载者，该管官一体参处。从之。

又议：外国夷商，听照常贸易，令沿海官不时防卫。兵部议覆：两广总督杨琳疏言，据原任碣石总兵官陈昂条奏，"臣详察海上日本、暹罗、广东[①]、噶喇吧、吕宋诸国形势，东海唯日本为大，其次则琉球，西则暹罗为最，东南番族最多，如文莱等数十国尽皆小邦，唯噶喇吧、吕宋最强；噶喇吧为红毛市泊之所，吕宋为西洋市泊之所。而红毛一种，奸宄莫测，其中有英圭黎、干丝蜡、和兰西、荷兰大小西洋各国，名目虽殊，气类则一，唯和兰西一族凶狠异常；且澳门一种，是其同派，熟悉广省情形。请令督抚、关差诸臣设法防备，或于未入港之先查取其火炮，方许进口；或另设一所关束夷人，每年轮流贸易，不许多船并集"。查外国夷商

---

① 广东，应为刊刻之误。陈昂为中国人，清朝臣子，不会在上疏中称广东为外国。查《康熙实录》卷277，陈昂所言为"广南"，即本卷前文所言广南国。广南国为越南阮朝前身。

利与中国贸易，而夷商慑服有素，数十年来沿袭相安，应听其照常贸易，将该总兵所请查取火炮、另设一所关束轮流贸易之处，毋庸议。请于夷船一到之时，令沿海文武官弁昼夜防卫，使其慑服，无致失所。应如所请。从之。

又禁止澳门夷商带内地人偷往别国贸易，例禁商船往南洋贸易。以两广总督杨琳言：澳门夷船往南洋及内地商船往安南不在禁例，如有澳门夷人夹带中国之人并内地商人偷往别国贸易者，查出仍照例治罪。

又免增厦门关税。浙闽总督觉罗满保疏言：各省商船往来台湾，经臣题明，必令到厦门盘验护送。但查从前自台湾往各省贸易者，俱从外洋直至停泊之处，赴本处海关输税。至于中途经过之所，不便一货两征。嗣后各省商船遵例来厦就验，除收泊厦港者照旧报税，如收泊江浙各省贸易者，仍听彼处海关报税，其中途经过之厦门关税，免其增添。从之。

五十八年，议定蒙古及西藏茶禁。议政王大臣等议覆：都统法喇疏言，蒙古地方及西藏人民，皆藉茶养生，我皇上悯念青海与里塘、巴塘人众，非茶难以度日，将作何定数，分析禁止之处，令臣等详议。臣等思唐古忒之人皆为贼所迫胁，难禁其养生之物，但松潘一路茶价甚贱，青海一带积茶必多，应暂行严禁，俟其恳请时再酌定数目，令其买运。至打箭炉外最近者为里塘，应遣官招抚，令营官造具所管番寨户口清册，酌量定数，许其买运。巴塘以外，亦照此例。其打箭炉一路，当视番情之向背，分别通禁。应如所请。从之。

五十九年，又禁止出洋商船携带炮位军器。

六十一年，诏：暹罗国分运米石至福建、广东、宁波等处贩卖。

又大学士等奉谕：暹罗国人言其地米饶价贱，二三钱银即可买稻米一石。朕谕以尔等米既甚多，可将三十万石分运至福建、广东、宁波等处贩卖，彼若果能运至于地方，甚有裨益。此三十万米系官运，不必收税。

雍正三年，准暹罗国运来米石照粤省时价发卖，并免压船货税。广东巡抚年希尧言：暹罗国王入贡稻种、果树等物，应令进献，并运米来广货卖。得旨：暹罗国王不惮险远，进献稻种果树等物，最为恭顺，殊属可嘉，应加奖赉。其运来米石，令地方官照粤省时价，速行发卖，不许行户任意低昂，如贱买贵卖，甚非朕体恤小国之意。嗣后且令暂停，俟有需米之处，候旨遵行；其压船随带货物概免征税。

三年，禁止各边及边外商人在出兵处贩卖重价之物。谕兵部、理藩院曰：闻阿尔泰出兵处，买卖人俱图重利，将猪、鹅、鸡、鸭、烧酒之类贩运彼处，一猪价银十数两，小猪与鹅四五两，鸡鸭数两，酒一斤亦数两，必索重价方卖，因此官兵花费钱粮，以致穷乏。出兵处官兵，每月给有钱粮米石食用，不为不足，牛、羊、野兽之肉得食足矣，何必重价买贵物以恣口腹乎？尔部应将各边与边外人通行晓谕，除布帛、茶烟应用等物许卖外，凡猪、鹅、烧酒等严行禁止，嗣后若有偷卖者，许出兵人等任其取用。

又议：令青海诸部落移于河州、松潘、西宁等处，随时贸易。议政王大臣等覆准：奋威将军岳钟琪疏言，大将军年羹尧奏定，前例青海与内地之人每年于二、八月贸易两次，择定纳喇、萨喇地方为交易之所，经议政大臣议，改四季交易已觉宽容。今查亲王察罕丹津、公拉扎卜等诸台吉部落，居住黄河之东，切近河州，去松潘亦不甚远，向来原在河州、松潘两处贸易，今若令于纳喇、萨喇二处，恐不足供黄河东、西两翼蒙古易卖，莫若仍令在河州、松潘贸易终觉稳便；河州定于土门关附近之双城堡，松潘定于黄胜关之西河口，此二处俱有城堡、房屋，地方宽阔，水草俱好，利于互市，可为永久。再查郡王额尔德尼额尔克托克托鼐、郡王色布腾扎勒等诸台吉部落，住牧黄河西边，相近西宁，请将贸易之地移在西宁口外丹噶尔寺至蒙古贸易，全藉牲畜，每在六月以后，请每年不定限期，仍听不时贸易，则蒙古商贩均获利益矣。从之。

五年，议：开闽省洋禁。兵部覆准：福建总督高其倬疏言，闽省福、兴、漳、泉、汀五府，地狭人稠，自平定台湾以来，生齿日增，本地所产不敷食用，唯开洋一途，藉贸易之盈余，佐耕耘之不足，贫富均有裨益。从前暂议停止，或虑盗米出洋。查外国皆产米之地，不藉资于中国；且洋盗多在沿海直洋，而商船皆在横洋，道路不同；又虑有透漏消息之处，现今外国之船许至中国，广东之船许至外国，彼来此往，历年守法安静。又虑有私贩船料之事，外国船大，中国船小，所有板片桅柁不足资彼处之用，应复开洋禁，以惠商民；并令出洋之船酌量带米回闽，实为便益。得旨：如议，并令该督详立规条，严加防范。

又严饬闽粤守口官稽查洋船照票。其从前逗留外洋之人不准回籍。奉谕旨：昔年曾奉圣祖仁皇帝谕旨，海外噶喇吧乃红毛国泊船之所，吕宋乃西洋泊船之所，彼处藏匿盗贼甚多，内地之民希图获利，往往留在彼处，不可不预为措置，随经廷臣与闽广督抚议，令内地之人留在外洋者，附洋船带回，准行在案，此乃圣祖仁皇帝绥靖海疆，且不忍令内地之民转徙异地，实仁育义正之盛心也。但数年以来，附洋船而回者甚少，朕思此辈多系不安本分之人，若听其去来任意，伊等益无顾忌，轻去其乡而漂泊外国者益众矣。嗣后应定限期，若逾限不回，是其人甘心流移外方，无可悯惜，朕亦不许令其复回，如此则贸易欲归之人不敢稽迟在外矣。将此交与高其倬、杨文干、常赉悉心酌议，并如何定例年月之处，一并详议具奏。寻议：康熙五十六年定例，出洋贸易人民，三年之内准其回籍；其五十六年以后私去者，不得徇纵入口，久已遵行在案。又现住外洋之船或去来人数不符，或年貌互异者，即系顶替私回，应严饬守口官于洋船回时点对照票，细加稽查，如有情弊，将船户与泛口官员分别治罪。至闽粤洋船出入，总在厦门、虎门守泊，嗣后别处口岸，概行严禁。得旨：康熙五十六年定例之时，随据福建等省奏报，回籍者几及二千余人，是出洋之人皆已陆续返棹，而存留彼地者皆甘心异域，及五十六年以后违禁私越者也。方今洋禁新开，禁约不可不严，以免内地民人贪冒漂泊之渐，其从前逗留外洋之人不准回籍。余依议。

又以朝鲜国人逋负内地商银六万余两，奉谕旨：前商人胡嘉佩等亏空帑银，开出朝鲜国人赊欠银六万余两以抵公项。朕恐胡嘉佩等开报不实，累及外国，令行文询问，并令内地贸易之人与朝鲜欠账之人在中江地方质对明白，使不得互相推诿，以息扰累。今据盛京礼部奏：朝鲜国王李昑咨文，朕见其辞甚支离，意多巧饰，据此则该国人欠银之处显然矣。本应照议政所议，令中外之人质对明白，按数追还。朕思当日朝鲜国已故国王李焞才干优长，政令严肃，深蒙圣祖仁皇帝眷注嘉奖；李焞曾将伊国负欠之人正法，想见其办事之明。向闻李昑柔懦无能，权移于下。观此咨文推托牵强之语，必其陪臣所为，非该国王口气，盖因不得自主之所致，似此清查积欠之事，该国王必不能办理，今若以不能办理之事委之，甚非朕柔远之意。此案不必质对，其国人应还之银，着从宽免追，此朕加恩于外藩，并非疏法于内地也。

六年，准暹罗国商人运载米石货物在厦门发卖，免其纳税。礼部议覆：福建巡抚常赉疏言，暹罗国王诚心向化，遣该国商人运载米石货物直达厦门，请听其在厦发卖，照例征税，委员监督。嗣后暹罗运米商船来至福建、广东、浙江者，请照此一体遵行。应如所请。得旨：依议，米谷不必上税，着为例。

又定洋船出入海口期限，并酌带米石货物之数，从福建总督高其倬请也。每年出口船只，令于四月内造报；入口船只，于九月内造报。如入口之船有番账①未清、不便即回者，准俟来年六七月间回港；有遭风飘泊他省者，准取具该地方官印结赍回；有舟行被溺无凭查据者，饬取飘回余人或邻船客商等确供详核；倘故意迟延并徇私捏报，分别究处。每船所带米石，暹罗大船三百石，中船二百石；噶喇吧大船二百五十石，中船二百石；吕宋等处大船二百石，中船一百石；𠹳仔等处中船各一百石，如有偷漏，以接济外洋例论罪。油、钉、棕麻等物，准其量带，仍注明数目，以凭查验。

七年，准：浙江洋船视福建例与南洋贸易。兵部议准：浙江总督李卫疏言，内地商民船只，向例禁止出洋，嗣因闽省产米不敷食用，令与南洋贸易。查浙江洋面接连闽省，恐奸商冒险前往，而沿途洋泛以非闽船反失稽查，请照闽省准其一体贸易。得旨允行。

又定苗疆贸易例。户部议定：湖南地方民人往苗土贸易者，令将所置何物，行户何人，运往何处，预报明地方官，给予印照②，知会塘泛验照放行，不得夹带违禁之物。如有官吏兵役借端需索者，一并查究。其苗人至民地贸易，于苗疆分界之地设立市场，一月以三日为期，互相交易，不得越界出入该州县，派佐贰官监视。

又许暹罗国贡使购买驼、马，并动用内库银给以价值，至十一月，该国贡使复以采买京弓、铜线上请。奉旨：着采买赏给。

又禁私贩硝黄。谕内阁：私贩硝黄禁约甚严。闻湖广永顺之耶里等处，与川省连界，素产焰硝，土人以煎熬为业，外省小贩多以布盐杂物零星换易，运至梅树地方，而私贩者即于此雇船装载分往各处发卖，以致附近苗人得以偷买私制火药，此皆州县有司疏忽怠玩之故。着四川、湖广督抚等转饬地方官，严行查禁，犯者按律治罪。若地方官仍玩忽疏纵，即题参议处。

九年，禁止洋船贩卖铁锅。先是，本年二月，工部议准：刑部尚书励廷仪疏请，凡有将废铁潜出边境及海洋货卖者，照越贩硝黄之律科断。至是，广东布政使杨永斌言：定例，铁器不许出境货卖，而洋船私带，禁止

---

① 番账，中外商人交易中，外商拖欠中国商人的货款。
② 印照，加盖了官印的执照。泛指可证明相关事务的凭据

尤严。粤东所产铁锅，每连约重二十斤。查雍正七、八、九年造报夷船出口册内，每船所买铁锅，少者自一百连至二、三百连不等，多者买至五百连并有至一千连者，计算每年出洋之铁约一、二万斤，诚有关系。应请照废铁例一体严禁，违者该商船户人等照废铁出洋例治罪。官役通同徇纵，亦照徇纵废铁例议处。凡遇洋船出口，仍交与海关监督一体稽查。至商船煮食器具铜锅、砂锅，俱属可用，非必尽需铁锅，亦无不便外夷之处。得旨：铁斤不许出洋，例有明禁，而广东夷船每年收买铁锅甚多，则与禁铁出洋之功令不符矣。杨永斌所奏甚是，嗣后稽查禁止。及官员处分，商人、船户治罪之处，悉照所请行。粤东既行查禁，则他省洋船出口之处亦当一体遵行，永着为例。

十年，以湖南产铁，议禁运贩出洋。奉谕旨：楚南山岭重复，产铁之处甚广，采取最易，凡农民耕凿器具，穷黎之衣食皆取资于此，历年饬禁而刨挖难以杜绝。但废铁出洋例有严禁，楚南地方产铁既多，外来射利商贩每于就近设炉锤炼、装船运赴湖北汉口发卖，或由汉口转运两江递贩，以致出洋，不得不立法查察，以防其渐。着湖广督抚会同悉心妥议：本地应否准其刨挖，关口如何严行稽查，务期民用有资，而弊端可杜，庶公私两有裨益。寻议：设炉开采处所，饬令地方官止许雇觅土著良民，协同保邻户首，出具并无隐匿奸商匪类印甘各结，详赍存案。不许召集外来之人，并严禁土苗不许装运出境交易货卖。其本省商贩在各属产铁处所收买转运者，令该商将铁斤数目、贩卖地方逐一呈明，该地方官验明给予印照，沿途经过关津隘口验照放行，如有照外夹带私铁，据实报究。从之。

又令外藩置买军器分别办理。理藩院奉谕，着行文外藩扎萨克伊等，有来京置买军器者，若所买数少，或系常物，该部即发给部照，令其出口；若所买军器甚多，着该部请旨再令置买。

十三年，议：东省豆船出口给票查验。户部覆准：两江总督赵宏恩、河东总督王士俊、山东巡抚岳浚等会奏，米粮出洋，例禁甚重，唯东省青白二豆，素资江省民食，因内河路远，必由海运，不在禁例，但船只出进须加查阅。令两省地方官互给印票照验，以杜偷买夹带等弊。因议定：东省海口各州县卫设立两联印票，查明客商姓名、船只字号、梁头丈尺、豆石数目、出口月日，逐一填注，一存本署，一给商船。海运到江，由大关上税者，听海关验票相符，即填到口日期，盖用关印，仍交商进口，回东时将票缴销。在刘河收口者，海关另立豆船进口印票，发到口岸，俟船进口收税，即验填进口日期印票，并将东省来票截角，同交商船，亦俟回东统缴。其江省商船在东买豆回江，亦令东省给票，俟到江，将票存关口一月，汇移东省核销，如无印票，即照贩米出洋例究治。仍令东省州县每月将验过票号造册，咨送江省，江省关口亦按月将验过到江票号豆数造册，申赍东省。如有匿票偷卖等弊，立即根拿惩处。各地方官及关口员役不得藉端需索，违者查参。

又令宁夏市口货卖铁器，给票查验，从陕西总督刘于义请也。宁夏镇属之平罗、横城、花马池三处市口，凡蒙古人等每月入口货买铁器者，令该扎萨克预报夷情，衙门给以印票，填明件数、斤两，每逢开市之期，监视营员验明印票，方许置买。其民人货买铁器，不得私入集场，亦令营员验票，当官交易，仍将原票汇缴夷情衙门查核。

又诏：许吕宋以谷易麦，令有司照时价均平籴粜。福建提督王郡言：吕宋国以麦收歉薄，附洋船载谷二千石、银二千两、海参七百斤来厦卖银籴麦，多则三千石，少则二千石。臣查五谷出洋，律有明禁，可否准其以谷易麦，候钦定。得旨：朕统御寰区，内外皆为一体，吕宋虽隔重洋，朕心并无歧视，着该督抚提督等转饬有司，按照谷麦时价均平籴粜，不许内地之人抑勒欺诈，俾番船载麦回国，以济其用。并将朕旨传谕来商知之。

乾隆元年，暹罗国请买铜斤，命赏给八百斤。礼部言：暹罗国昭丕雅大库呈称，伊国造福送寺需用铜斤，奉禁之后，无从采办，恳请准其赴粤采买。查铜斤关系鼓铸，禁止出洋，定例已久，今若准其采买，恐日后奸商藉此为由，越境滋弊，应毋庸议。得旨：暹罗远处海洋，抒诚纳款，采买铜斤一项，该国王称系造福送寺之用，部议照例禁止，不许令其采买。固是。今特加恩，赏给八百斤，后不为例。

又令洋船交易抽税，按照旧例。奉谕旨：朕闻外洋红毛夹板船到广时，泊于黄埔地方，起其所带炮位，然后交易，俟交易事竣，再行给还。至输税之法，每船按梁头征银二千两左右，再照则抽其货物之税，此向例也。乃近来夷人所带炮位，听其安放船中，而于额税之外，将伊所携置货现银另抽一分之税，名曰缴送，亦与旧例不符。朕思从前既有起炮[①]之例，此时何得改易；至于加添缴送，尤非朕嘉惠远人之意。着该督查照旧例，按数裁减，并将朕旨宣谕各夷人知之。

---

① 起炮，移除外商船上的火炮，待其返航时再发还。

又准：山西省口外听民携带日用铁器。巡抚石麟言：熟铁为军器所资，边口与外夷相接，是以废铁铁货潜出边境及海洋货卖者例禁甚严。第查晋省沿边关口，东系出至察哈尔，西系出至土默特，今察哈尔地方现已设立丰州、宁朔二卫，镇宁、怀远二所，百姓挈眷居住，备弁征收地粮。土默特地方设有归化城同知等官，自开杀虎口迄今，数十年商贾农工趋负贸易，内地民人难以数计。近又筑城招垦，将来驻防官兵相聚益众。此二处口外虽地属边徼，而较之别部落情形迥异，内地民人迁居，在外炊爨必用铁锅，耕种必用铁器，建盖房屋以及一切日用什物有非铁不可者，仰恳圣恩，将晋省沿边杀虎口一带关隘，嗣后除鸟枪、腰刀等项及铁条铁块废铁可造军器者仍严禁外，其余民间一切需铁之日用什器，听民携带出口，但不许在该地方私行改造军器，责成该卫所各官及归化城同知实力稽查，如有违犯仍照例治罪，则民用即便而禁令亦昭矣。从之。

二年，命朝鲜仍循旧例，在中江地方与兵丁交易。先是，八旗台站官兵，岁于二、八月间，往中江与朝鲜国人交易，相沿已久。元年十二月，上以旗人等有看守巡查之责，停其前往，令内地商民赴彼贸易，即着中江税官查察。至是，礼部奏：该国王咨请仍照旧例遵行。得旨：朕前因台站官兵，每年二、八月间，携带货物，前往中江与朝鲜国贸易，兵丁既不谙贸易之事，且不无须索扰累，诚恐远人到边守候羁迟，殊多未便，是以降旨，令内地商民前往，均平交易。内地商民即指附近台站之百姓而言，并非于京师关内另有派遣，此朕体恤远人之意也。今该国王既请仍如旧制，着照所请。可传谕该国王知之。

又定外国被风船只抚恤例。本年夏秋间，有小琉球国、中山国装载粟米、棉花船二只，遭风飘至浙江定海、象山地方，经大学士嵇曾筠等查明人数，资给衣粮，交还货物，并修整船只器具，咨赴闽省附伴归国。奉谕旨：沿海地方嗣后如有似此被风漂泊之人、船，着该督抚率同有司加意抚恤，动用存公银两赏给衣粮，修理舟楫，并将货物查还，遣归本国，永着为例。

五年，以资助遭风商船谕奖朝鲜。莆田县民人陈协顺，自置商船，行至山东洋面，遭飓风飘流至朝鲜国楸子岛，岛民扶救，该国王给以薪米、衣服，又为修整船只，加给食米三十石，俾得回籍。福建巡抚王士任以闻，得旨：中国商民出洋遭风，朝鲜国王加意资助，俾获安全，甚属可嘉，着该部行文嘉奖之。

七年，免暹罗国商船货税十分之三。福建将军兼管闽海关事务新柱奏报，本年七月内，有暹罗国商人方永利，一船载米四千三百石零；又蔡文浩一船，载米三千八百石零，并各带有苏木、铅、锡等货，先后进口。查该番船所载米石皆不足五千之数，所有船货税银未便援例宽免。得旨：该番等航海运米远来，慕义可嘉，虽运米不足五千之数，着免船货税银十分之三以示优恤。

八年，定外洋带米商船蠲免货税之例。奉谕旨：上年九月间，暹罗商人运米至闽，朕曾降旨，免征船货税银。闻今岁仍复带米来闽贸易，似此源源而来，其加恩之处自当着为定例。着自乾隆八年为始，嗣后凡遇外洋货船来闽粤等省贸易，带米一万石以上者，免其船货税银十分之五，五千石以上者，免十分之三，其米听照市价公平发粜。若民间米多，不需籴买，即着官为收买，以补常社等仓，或散给沿海各标营兵粮之用，俾外洋商人得沾实惠，不致有粜卖之艰。该部即行文该督抚、将军，并宣谕该国王知之。

十三年，福建巡抚陈大受言：闽商赴暹罗国买米，该国木料甚贱，应请听其造船运回，给照查验。从之。

十八年，议定商船赴暹罗国买米之例。先是，十六年，奉谕旨：朕阅潘思榘折内称"本年六月内，收入厦口暹罗商船一只，买回米四千石"等语，闽浙各处现在需米孔殷，若官为办理，岂不于民食更有裨益。但虑官办或致外人多疑，或闻内地官为购觅，即乘势居奇，多方掯勒，必致价值日益昂贵，并使商船来往亦不能随便携带，着传谕喀尔吉善、潘思榘，令其会同酌量，若无此虑，可于暹罗等国产米之处官为购运，或先行试买，看其嗣后可以源源接济，不致启番人掯勒之弊，抑或应仍听商人陆续运带，一一详筹奏闻。寻总督喀尔吉善等言：该国地土广不过百余里，户口无几，每年余米有无、多寡并无一定，官赴采买，番情趋利如鹜，难免居奇昂价，止宜听商自行买运，尚可资其缓急，官为购运，未便举行。得旨俞允。至是，喀尔吉善复言：暹罗地方，近年虽有商船带回米石，于民食不无裨济，但欲采买补仓，势须委员领帑前往买运。若向商船招买过洋之米，止可随到随粜，不能日久贮仓。今复加筹酌，与其官买补仓，不如仍听商贩带运，随其多寡，皆足有济民食。从之。嗣自乾隆十九年以后，该督等将节年南洋回厦各商船入口带运米石，奏请就厦粜卖，分散漳、泉二郡，接济民食；并运米之商人，酌量议叙。经部议行。令照依时价出粜，仍不时巡察，勿使奸民囤积射利，有妨民食。凡内地商民有自备资本，领照赴暹罗等国运米回闽粜济，数至二千石以上者，按数分别生监民人，赏给职衔顶戴。

二十二年，议定甘省口外哈萨克交易事例。先是，本年十月，将军兆惠、富德等言：阿布赉请将马匹赴乌鲁木齐贸易，经大学士等议：以乌鲁木齐路程窎远，商贩稀少，难以聚集，且初次办理，未能熟悉夷情，莫若官为经理，俟试行一二年后，定有章程，再行招商承办。至是，陕甘总督黄廷桂言：乌鲁木齐距内地窎远，脚费浩繁，重于货本。查乌鲁木齐与吐鲁番相近，此地运货即便，又有屯种官兵弹压照料，不须多派，交易之处似应于吐鲁番为妥。再明岁交易，止换马匹，哈萨克人等远来，所带如有骆驼、牛、羊，亦系军营需用，请一体收买。其应需缎匹，内府拨解，丝色精良，而官办之后，仍须招商，恐成色略减，现请于陕甘采买各色缎二、三千匹，已足敷用。至茶封，则哈密现存茶七万八千余封，为数颇多。布匹则巴里坤现存，自哈密购买之杂色梭布三百对，京庄布一千七百匹，即可运往。选委道员、同知各一员，并派副将酌带备弁，挑派兵丁一百名押运，如有小本经纪愿随前往，各听其便。下军机大臣议。寻议准：乌鲁木齐距巴里坤虽远，而以哈萨克之至乌鲁木齐计之，则又不啻数倍。前据阿布赉所请，业经奉旨酌定，准其在该处贸易，似不应又行更易地方，以失信于远人。且臣等原议，原因乌鲁木齐商贩难至，是以暂令官办，即云运费倍于货本，原可按其运费加定价值，况哈萨克越在荒服，而吐鲁番近接边陲，建有城堡屯田，较之乌鲁木齐之地方空阔、可以随处开列市集者不同。若令贸易夷人往来于吐鲁番，恐吐鲁番回民或有私相交易等事，未免转致滋扰。应照原议，仍在乌鲁木齐贸易，用昭大信。至于收换马匹专为军营备用，如骟马之外，或有随带骒马，亦可酌量准收。至驼、牛二项，哈萨克出产本少，或有随带羊只等畜，足供军需者，自应一体收买。其余疲瘦牡畜及一切杂货，虽不应准其贸易，但念夷人携带远来，或量为减价收留，以示节制。缎匹一项，应如所奏办理。茶封、布匹，尤系哈萨克人众必需之物，自应即于现存内酌量运往，余均应如所奏行。惟是明岁系哈萨克夷人初次贸易，虽不必过于迁就，致使将来援以为例，但一应价值交易之际，必宜仰体皇上柔远之恩，示以公平，俾遐荒夷众咸知天朝大体，畏服感悦，方为妥协。应交该督转饬派往之道协各员善为经理。寻黄廷桂覆奏：道员范清洪、同知范清旷二人，向曾承办军需，其余贸易之事自必有熟练可委之人，仰请钦定一员，俾之带领旧时商伙，先期来肃，臣将交易各事宜与之讲论明白，届期前往承办，较之素不晓习经纪之员实属有益。唯是乌鲁木齐相距遥远，如哈萨克贸易人等先期已至，而我处货物未到，则远人有守候之累。若我处货物先到，而哈萨克或愆其期，亦不免稽延时日，致滋糜费，并请敕下将军兆惠、富德晓示哈萨克，将明秋何日起程，约于何时可至乌鲁木齐，先行通知咨会到臣，以便依期齐至，两无守候，更为妥协。下军机大臣议。寻议：此次贸易各事宜，诚非熟谙经纪者不能办理，应如所请，将范清洪等于甘肃现任内调补一员，令其酌带熟练人员前往。至所请"交将军兆惠晓示该夷，先行咨会，以便依期齐至"等语，查哈萨克初次贸易，原与从前贸易者不同，前既定以贸易之期，该夷程途辽远，难以再令行文晓示，应令该督一面咨询将军兆惠，酌量计算程期，先行知会；一面办运货物，总在七月初间齐赴该处，如果彼此如期齐至固可，即为交易，即哈萨克因路远稍迟数日，谅亦不致久费守候。议入，从之。嗣于二十三年三月，黄廷桂言：本年七月内，哈萨克在乌鲁木齐交易事宜，臣遵照廷议，一切先为备办，其陕省办解缎三千匹，业将二千匹运赴巴里坤收储。唯巴里坤现存布匹恐为数尚少，亦经酌量，在甘、凉、肃办解梭布三百对、京庄布一千五百匹，陆续运往收储备用。兹侍卫努三遵旨：自军营回京抵肃，臣思努三前在军营，于哈萨克情形最为熟悉，因将交易事宜详悉询问，据称"哈萨克各部人皆散处，凡有调遣会合之事，俱各随所愿，不能派定将来贸易人数，或多或寡，难以预定。内地茶叶一项，非其所好，不必备往；即妆蟒缎匹等类，远运来甘，脚价繁重，虽伊等心爱之物，宜酌量配搭，不可专用过多，致为成例。唯各色姑绒、褐子、毡片、毯子、印花布等物，夷地所无，购运亦易，若掺搭换易，似为至便；再，伊处女人皆以白布缠头，用处最多，似宜宽裕备办"等语，臣查乌鲁木齐道路遥远，需用之物若临时备办，即缓不济急，姑绒、褐子、毡片，系西宁、兰州等处出产，臣拟分饬该布政司，将此三项各办一、二千匹，再办毯子五百条，印花布三百对，添办京庄白布一千匹，以各属所车徐徐运送到肃，雇车转运赴巴里坤收储，届期一并驮运前往，以备交易。从之。

二十四年，以商人旧例，禁往蒙古各部落贸易。奉谕旨：向来前往蒙古部落贸易商人，由部领给照票，稽核放行，懋迁有无，彼此均为便利。近因货市日久，不无争竞生事，是以议令禁止。殊不知商贩等前往乌里雅苏台等处，亦必由该部落经过。若中途一切货物抑令不得通融易换，未免因噎废食。嗣后凡有领票前赴贸易人等，所过喀尔喀各旗，仍照旧随便交易，俾内地及各部落商货流通，以裨生业，其一切稽查弹压①，地方官及各扎萨克留心，妥协经理，毋任巧诈奸商逗留盘踞，以滋事端。

又两广总督李侍尧言：外洋夷船丝禁，请以乾隆庚辰年为始，其本年各夷商已买丝货，准其载运出口。从之。

又议定防范夷商规条，从两广总督李侍尧请也。外洋夷船向系五、六月收泊，九、十月归国，即间有因事住冬，亦在澳门寄住。乃近来多有藉称货物未销，潜留省会，难免勾结生事。嗣后夷船至粤卖货后，令其依期回国，即有行欠②未清，亦令在澳门居住，将货物交行代售，下年顺搭归国。再夷商等既依期归棹，其一切销货归价③，责成殷实行商公平速售，按期归楚④，不得任意拖欠，即有零星货物未经销完，伊等交易年久，自不无一年通融搭销带还之处，但能信实相安，彼此不致苦累，原可毋庸绳以官法。若不肖行商知其势难久待，或有意捎留压滞者，按律处治。其夷商有因行货未清情愿暂留澳门居住者，听其自便。一、历来夷商至广俱寓歇行商馆内，近来嗜利之徒多将房屋改造华丽，招诱夷商，图得厚租，任听汉奸出入，以致私行交易，走漏税饷，无弊不作。嗣后非开洋行之家概不许寓歇，其买卖货物必令行商经手方许交易。如有故纵夷商以致作弊者，分别究拟。一、向来夷商到粤贸易，只许将带来货物售卖，置买别货回国，其一应禁止出洋之货，概不得私行贩运。近来内地行店民人多有借夷商资本贸贩，冀沾余润，以致滋事。嗣后，倘有违禁借贷勾结者，照交结外国借贷、诓骗财物例问拟，所借之银查追入官。至夷商所带番厮人等，足供役使，原不得多雇内地民人。此后除设立通事买办外，如民人贪财受雇、听其指使服役者，应交地方官饬谕通事行商，实力严查禁止。一、夷商购买货物，分遣多人前往江浙等省，不时雇觅千里马，往来探听货价低昂，以致内地奸商往来交结。嗣后有似此者，即将代为觅雇及递送之人一并严拿究治。一、夷船进口之后，收泊黄埔地方，每船夷稍多至百余名或二百名，均应防范，向例酌拨广州协标，外委带兵搭寮防守，但外

---

① 稽查弹压，检查证照，镇压、制止可能发生的骚乱。
② 行欠，又称商欠。清朝对外贸易中，外洋商人拖欠中方的货款，或欠官府的税款。
③ 归价，应给销货方的货款。
④ 归楚，指货收付结算完结，货款两清。

委职分卑微，不足以资弹压。嗣后，于督标候补守备内酌拨一员，督同稽查，并令于附近之新塘营酌拨桨船一只，与该处原设左翼中营桨船会同稽查，巡逻弹压，俟洋船出口，即行拨回。

二十五年，议定铜船准带绸缎数目。先是，丝斤出洋，经大学士等议准，御史李兆鹏条奏禁止。寻江苏巡抚陈宏谋言：采办洋铜，向系置办绸缎丝斤并糖药等货前往日本易铜，回棹分解各省，以供鼓铸，今丝斤已禁，若将绸缎一概禁止，所带粗货不敷易铜，请将绸缎、纻绢等准其买办①。寻部议令：将该商等额办洋铜共需铜本若干，应需配搭绸缎若干，装载船只若干，并经由何口出洋，何地输税，查明具奏再议。至是，议定：该商每年共办铜二百万斤，需铜本银三十八万四千余两，除杂费并置买药材糖货外，应于每船配搭绸缎三十三卷，分装十六船；每卷照向例计重一百二十斤，毋许浮多。每船三十三卷，计额船十六只，应携带五百二十八卷，责成浙江之乍浦、江南之上海二处官员，照例秤验，输税出口，办铜供铸，仍彼此随时知会，以杜重复影射②；并将糖、药、绸缎各数出口日及所收税银，一面呈报该管上司，转详报部，并令该抚转饬实力稽查。如有夹带偷越及守口官员通同徇隐情弊，即行严参治罪。

二十六年，议准：哈萨克等处贸易缎匹酌量颜色办解，并缎绫等项宽为预备。先是，哈萨克等处贸易缎匹，经部议准，各色缎匹饬令三处织造，分股匀作两年办解。至是，陕甘总督杨应琚言：伊犁、阿克苏等处咨取贸易绸缎内，唯绫、绸需用红、绿、蓝、月白、真紫等色。其缎匹一项，回人唯喜青蓝、大红、酱色、古铜茶色、棕色、驼色、米色、库灰、油绿等色，其月白粉红、桃红、小红、黄绿之缎，俱不易换。所有乾隆二十六年应办缎匹，请行令织造，悉照所开颜色办解。再，伊犁咨取之红素倭缎、青素倭缎、白纺丝、白串绸及阿克苏咨取之红、绿、蓝、月白、真紫花绫等项，现俱行文西安购买，但各处需用甚多，应宽为预备。请于二十六年带办红素、青素倭缎各二百五十匹，白纺丝、白串绸各一千匹，红、绿、蓝、月白、真紫花绫共五百匹，计共三千匹，同应办解缎匹，一并解送来肃。部议：应如所请。从之。

---

① 买办，采买办理。晚清至中华人民共和国成立前，中外贸易中，居间的经纪人或为外资本买卖货物、组织制造商品的人，称作买办。此处指购买、置办。

② 重复影射，用反复申报的方法，蒙混过关，多带货物。

臣等谨按：甘肃口外新疆，自辟展、库车、阿克苏、乌什、和阗、叶尔羌、喀什噶尔等处，均有市集交易。谨据乾隆二十七年甘肃布政使造册开报，大略附载于左：

辟展，向无市集，近日或用货物易换，或用银钱籴买米面，因时贵贱，无定价；所用斗，每一斗合京斗二斗，秤一斤十六两。

库车，城中有买卖街，往来客商并各处回民交易。阿克苏，凡买卖贸易俱七日一集，城市乡村男妇咸集，彼此以有易无，近亦有用银交易者。如米粮、牛羊、布匹等物，各乡村运至本城买卖，设有牙行名达勒拉勒①，其税十分抽一。如本城人运至各城界上买卖，亦凭经纪，而不征其税；别有密图瓦里伯克专管买卖田产诸务；如回部各城至外番货买物件无税，无定期，携至本城方起税，有巴济吉尔伯克管理。

乌什，每七日在城中空处设集贸易一次，城乡男妇俱入集场，以马、牛、羊、鸡等畜及布匹、衣服、粮石、菜蔬一切杂物，彼此交易。

叶尔羌，以稻、麦、大麦、高粱、豆、黍并绢、布、马、牛、驴、羊等物，定价交市。

和阗，以麦、荞麦、高粱、黍并绢、布、马、牛、驴、羊等物，定价交市，诸物、杂粮及马畜俱用钱买，马畜俱由叶尔羌、喀什噶尔贩卖。

喀什噶尔之市名曰巴杂尔，七日为期，各村男妇聚其货物相交易，无经纪牙行，其粮则麦、粞、高粱、穈、黍，其货则牛、马、驴、羊、布匹，价亦因时增减。粮之多寡，以查拉克计数。查拉克者，内地十斤也。货之贵贱，以大小、长短为衡，如瓜果、蔬菜、草束、柴薪之属均仿此交易。其钱名曰普尔，五十之数为一腾格，折银一两，后定为满百。普尔以铜为之，其制小而厚，中无方孔，一面铸回字，一面铸准噶尔字。乾隆二十四年，大功告成，于叶尔羌设局开炉，销其普尔，改铸制钱，以十万腾格为度②。现在回民以普尔向叶尔羌城易制钱，新旧兼用。越数年，普尔销尽，则回地所用悉为国朝之制钱矣。互见钱币考。

又喀什噶尔俗以织布为业，常以布与布噜特、安集延、霍罕等处贸易马、牛、驴、羊诸畜。

---

① 达勒拉勒，清朝时，新疆库车地区的牙行叫达勒拉勒。
② 度，限额。

二十七年，准英咭哩夷商配买丝斤。奉谕旨：苏昌等奏《英咭唎夷商伯囒等以丝斤禁止出洋，夷货艰于成造，吁恳代奏酌量准其配买，情词迫切》一折，前因出洋丝斤过多，内地市值翔踊，是以申明限制，俾裕官民织纴。然自禁止出洋以来，并未见丝斤价平，亦犹朕施恩特免米豆税而米豆仍然价踊也。此盖由于生齿日繁，物价不得不贵，有司恪守成规，不敢通融调剂，致远夷生计无资，亦堪轸念。着照该督等所请，循照东洋办铜商船搭配绸缎之例，每船准其配买土丝五千斤，二蚕湖丝三千斤，以示加惠外洋至意。其头蚕湖丝及绸绫缎匹仍禁止如旧，不得影射取戾①。

　　又命开奉天海禁，并定给票互查之例②。奉谕旨：奉天、直隶海船，往来运贩米豆杂粮向有例禁。今夏近京一带雨水过多，市价未免稍昂，而奉属连年丰稔，若令商贩流通，于小民生计甚有裨益，着暂开海禁一年，俟明岁秋收后再行停止。至商贩船只出入，应行验票稽查，其由京往奉省者，令于步军统领衙门给票；由奉省来京者，于奉天将军衙门给票；各州县往奉省者，于直隶总督衙门给票，庶彼此查核有凭，可杜冒滥诸弊。着直隶总督、奉天将军、府尹会同酌定章程，妥协经理。寻直隶总督方观承议言：直隶商民往奉省者，俱由天津出口，应将印票发交天津县，查明船户乡贯、姓名，编立字号，填入票内给该商收执，并取具，不致偷漏出洋，互保各结，存案，该商前赴奉省，将印票呈验地方官，报明所买粮石数目，由将军衙门给发回票，于回棹之日，天津县查其数目，将回票仍送奉天将军衙门查核。奉天将军社图肯等议言：奉天商民往直隶者，由将军衙门预颁印票给发，海口州县确查粮石数目、船只字号、商人船户姓名、籍贯，开载票内，并取具，不致偷漏出洋，互保各结存案。该商运至直省呈报，州县确查相符，即听出粜，仍将原票送回查核。其由京城来奉省者，令该商将步军统领衙门所领印票呈验该地方官，与直省来奉者一体办理。俱从之。

　　二十八年，准：东省豆船照运往江南之例由海贩运浙江。先是，山东青白二豆，听商由海运赴江南发卖，以济民食。至是，闽浙总督杨廷璋言：浙省唯有奉天豆石，听商人由海运到发卖，至东省素产豆石，未有运浙之例。但江省之上海、刘河与浙省之宁波各海口，同属内地，准其运

---

① 影射取戾，因蒙混而获罪。
② 给票互查，直奉等地商民来往贸易者，必先到有关衙门领票，互保各结，给票回票，呈验查核。

江，亦可准其运浙。况奉天豆石运浙止赴宁郡进口，在鄞发卖，未能遍及他郡。各商从内河赴江买运，路途迂回，脚价增重，常虑缺乏，请令东省豆石照运赴江南例，听商由海贩运来浙，以资接济。所有商船进口，如运宁波府者，则由镇海关直抵鄞港；如运杭州、嘉兴府者，则由乍浦收口；如运台州府者，则由海门泛收口；如运温州府者，则由东关泛收口。令东省发给联票，将商客、船户年貌、籍贯、船只字号、梁头丈尺、豆石数目、出口月日逐一填注，船到浙时，该口验明人船，即于票内填明到口日期，盖用关口印信，报明存案，交商进口，卖毕回东呈送原给衙门验销。如海道风信靡常，改收浙省别口，亦即于该口将商人所携印票验填、截角，声叙改收别口缘由、回东呈缴，仍令东省每月将给过豆船票号造册咨浙，浙省亦按月将到口验过票号、豆数造册移咨东省，并饬守口员弁实力稽查，毋致米麦杂粮夹带偷漏。从之。

又准：琉球国配买丝斤。琉球国中山王尚穆奏请市买丝绢以饰冠服。部议：该国王奏内并无请买定数，恐启奸商影射之弊，应不准行。得旨：琉球国疏请配买丝斤，部臣议驳，自属遵循例禁。第念该国为海澨远藩，织纴无资，不足以供章服，据奏情词恳切，着加恩照英咭唎①国例，准其岁买土丝五千斤，二蚕湖丝三千斤，用示加惠外洋至意。余悉饬禁如旧，所有稽查各关口岸及出入地方仍加意核查，以杜影射。

二十九年，准：咖喇吧等国夷商配买丝斤。两广总督苏昌等言：粤省本港船户林长发等呈称，咖喇吧、暹罗港口、安南、吗喇、叮叽啝、旧港、东埔寨②等处，各国夷民呈恳配买丝斤绸缎，请令每船酌带土丝一千斤、二蚕湖丝六百斤、绸缎八折扣算。疏下部议。寻议：内地丝斤，外洋势所必需，而海外铜斤可资内地应用，应照商船采办铜斤之例，准其配买丝斤绸缎，随带出洋易铜，即使海外属国同沐皇仁，而于内地鼓铸亦有裨益。其酌定数目并立法稽查之处，行令该督等详议。具奏：到日再议。从之。

又弛丝斤出洋之禁，并定江浙闽广各省商船配丝数目。先是，奉谕旨：据尹继善等奏《复议弛洋禁丝斤以便民情》一折，前因内地丝斤绸缎等物价值渐昂，经御史李兆鹏等先后条奏，请定出洋之禁，以裕民用，

---

① 英咭唎，英吉利的旧译。
② 东埔寨，疑为刊刻之误，似当为柬埔寨。

乃行之日久，而内地丝价仍未见减，且有更贵者，可见生齿繁衍，取多用宏。盖物情自然之势，非尽关出洋之故，曾降旨江、浙、闽、广各督抚，令其各就该省情形，悉心体察，将应否即行开禁之处，详悉妥议具奏。今尹继善等筹酌定议，奏请弛禁①。而庄有恭并称"前抚浙时体察杭、嘉、湖三府民情，亦以丝斤弛禁为便"等语，江浙之情形如此，则余省亦可概见。盖缘出洋丝斤，本系土丝及二、三蚕粗糙之丝，非腹地绸缎，必须精好物料可比，徒立出洋之禁，则江浙所产粗丝转不得利，是无益于外洋，而更有损于民计。又何如照旧弛禁，以天下之物供天下之用，尤为通商便民乎！况所产粗丝既不准出洋，势不得不充杂于头蚕好丝之内，一体售卖于民间组织，尤多未便，且英咭哩、咖喇吧等国，先后以织纴不供，恳请卖给，货买俱已，特旨准其酌带配用。是外洋诸国取给于蚕丝者正复不少，亦宜一视同仁，曲为体恤。现在新丝将届收成，所有出洋丝斤，即着弛禁，仍遵照旧例行，其中各省情形，或微有不同，应作何酌定章程及设法稽查之处，俟各该督抚奏齐时，该部详悉妥议具奏。寻议：采办洋铜之官商范清洪、额商杨裕和等，每年出东洋额船十六只，应请每船准配二、三蚕糙丝一千二百斤，按照绸缎旧额，每一百二十斤抵绸缎一卷扣算，如愿照旧携带绸缎者，亦听其便。其非办铜商船，仍不得援例夹带，其由江苏省往闽、粤、安南等处商船，每船携带糙丝，准以三百斤为限，不得逾额多带。闽、浙二省商船，每船准配土丝一千斤，二蚕粗丝一千斤，其绸缎、纱罗及丝绵等项照旧禁止。至粤省外洋商船较他省为多，其配往各洋丝斤亦较他省加广，请令每船于旧准带丝八千斤外，再准加带粗丝二千斤，连尺头总以一万斤为率，其头蚕湖丝缎匹等项，仍严行查禁，不得影射夹带滋弊。从之。

四十九年，多罗质郡王等议覆：尚书福康安、两广总督舒常会奏，洋行代监督及本省督抚备办物件蛰补价值②，积弊相沿，不可不严行查禁。嗣后，督抚及监督俱不准令洋行备办物件，并严禁地方官，如有向洋行买物短发价值者，即指名严参。至钟表等物备验时刻，圣意本视为无足重轻，此后督抚、监督等自效悃忱，购买钟表等物，督抚准其每年呈进一次，监督准其于正贡内备办，俱令照时发价，毋许复有垫补③之事，一经

---

① 弛禁，放宽或解除禁令。
② 蛰补，暗中补贴。
③ 垫补，令他人代垫货款。

发觉，即从重治罪。查各省地方官令行商代办对象短发价值，例禁甚严，粤省洋行因获利独厚，遂有代督抚、监督垫补价值之事，而督抚、监督等以出自商人情愿，遂致积习相沿，自应如所奏严行查禁。至钟表虽产自外洋，聚集粤东，原非拘定每次必应呈进，况督抚、监督等身受渥恩，即备物抒悃①，所费亦属无多，岂得藉词复令商人垫价代购，应如所奏，俱令照时给价，一经发觉，从重治罪。但商贾唯利是图，或恃有清查、严禁恩旨，遂任意开值居奇，亦不得不防其渐，如该督抚等土贡内购买洋货，若有暗中故增价值及藉词勒揞情事，一经查出，亦即严行究治。又称洋行商人潘文严等，情愿将洋货内如钟表等类可以呈进者，每年备办，吁恳监督代为呈进。查该商等仰荷圣明体恤，清查弊端，感激格外恩施，情愿备物吁恳监督呈进，自属该商等心殷顶戴之意，唯是伊等不过微末商人，岂得越分呈进贡物，即经此次清查之后，将来该商等获利倍多，亦应藏富于民，俾商力益资宽裕。所有该尚书等所奏洋商备物、监督代为呈进之处，毋庸议。又称行商销售货物，宜随时稽查，每恐富商倚恃资厚，居奇把持疲乏之行，拖欠价本，因循日久，难保无垄断之弊。查夷商投行，每向本厚者托销，原图先垫价值，不致拖欠，但恐洋行本厚者可以依恃把持，居奇昂贵，本乏者势必勉强受货②，渐致拖欠。查户部先于乾隆四十五年议奏，洋商颜时英等借欠夷人银两案内，其买卖货物令各行商公同照时定价代销，至夷商之有无勾串，评价之是否公平，已饬令该督严加查察在案。今该尚书等称令各行每年照依时价，公平交易，自应如所奏办理，仍令该督并监督不时查察，以杜弊端。又称洋珠、宝石、珊瑚等物报税者均系细小不堪，自系夷商夹带大件进口，奸滑铺户先于洋面截买，希图漏税分肥。查《粤海关商税则例》，如各色珍珠、宝石抽税，本属无多，而仍不免偷漏之弊者，总缘内地奸商以此等物件本无定价，易于居奇，遂哄诱夷人不令报明，希图多得价值，甚而迎至洋面勾结藏匿，以致偷漏日多，自应设法稽查，以昭慎重。但此等物件易于随身携带，非逐加搜检难免透漏，而搜查过严，又非体恤夷商之道，更恐不肖胥役、长随藉端滋事，亦不得不防其渐。其如何办理妥协之处，应令新任总督等悉心筹酌，随时调剂，以期永久无弊。得旨：留京办事王大臣议覆福康安、舒常等筹酌粤省

---

① 备物抒悃，备办奉送礼物，表达赤诚之心。
② 勉强受货，迫于资本雄厚的对手的竞争，商户勉强在高价格的情况下接受货物。

洋行事宜，内称该督抚及监督等土贡内购买洋货、钟表等物，务令洋行各商公同定价。又"洋行货内珍珠、宝石等项抽税，易于偷漏，应令新任总督、监督等悉心筹酌，以期永久无弊"等语，国家抚驭外洋，不贵异物，每岁番民与内地洋行交易货物，俾沾利益，原所以体恤商夷，至洋货内钟表等项，不过备验时刻，向来粤海关原有官买之例，而广东督抚、监督等往往于土贡内亦有呈进者。今内务府造办处皆所优为，更无事外洋购觅，既经查明，自应严谕裁禁。嗣后督抚等于钟表一项，永不准再行呈进。至珍珠、宝石等项，原无需用之处，向来粤海关抽税亦属无多，况此等物件本难定价，易至居奇，且便于携带藏匿，难保无偷漏分肥，否则过于吹求。若设法严禁，逐项搜查，实属不成事体。现在京师及各处关隘商税则例①内，本无此项税课，不如听商人等自行交易，免其收税，则诸弊悉清，更毋庸多为防范。嗣后粤海关珍珠、宝石，概不准征收税课。着为令。

<u>臣等谨按：中外商民本同一体，圣朝仁恩覃洽②，举凡通商旅柔远人之道，莫不详尽，靡遗所由③，慕义向风，争先恐后。互市之设，百数十年来如一日，犹复时廑。皇上圣怀，体恤周至，既裁禁进呈洋行钟表，以昭不贵异物之风，复因洋珠宝石价易居奇，若设法稽查，亦恐藉端滋扰。大哉！王言听商人等自行交易，免其收税，则诸弊悉清，诚优恤番民至计，溥利赖于无穷也④。</u>

---

① 则例，依据法令、先例形成的规则。
② 仁恩覃洽，仁爱、恩泽广布。
③ 靡遗所由，涵盖所有各方，不遗漏任何一个来源。
④ 溥利，普施利益。

皇朝文献通考卷三十四

市籴考三

籴

<u>臣等谨按：市籴相为表里，国家法制精详，凡常平、义社各仓，已于本门首卷序述领要，兹谨按年隶事如左。至于另仓储备，或以山海僻远藉应急需，或以资邻近协拨，皆特行于常法之外，各省不必皆有，有之亦无定额。其称名错出，见存多寡，悉依各典册所录，类着于篇。</u>

崇德元年，上命户部承政英俄尔岱、马福塔传谕曰：米谷所以备食，市粜所以流通，有粮之家，辄自收藏，必待市价腾贵方肯出粜，此何意耶？今当各计尔等家口足用外有余者，即往市粜卖，勿得仍前壅积，致有谷贵之虞。先令八家各出粮一百石，诣市发卖，以充民食。

二年，令固伦公主、和硕公主、和硕格格及官民富饶者，凡有藏谷，俱着发卖。

六年，定杜塞囤积并纳粟之例。都察院参政祖可法等上言二事：一、杜塞囤积之弊，有粮之家，或卖或借，俾得有无相济。卖则从市平粜，借则从时起息，不许坐拥多储，妄希长价。一、请开纳粟之例，或论罪之大小，限以米数捐赎；或无罪之平人有急公输粟者，量加奖录，因荒而用转移之法，遇饥而沛权宜之令，俟秋成丰稔，即行停止。得旨：所奏俱是。我国人民偶值歉年，着暂止沽酒，待丰年仍许沽卖。获罪之人无银纳赎，愿输粮者准依时价算；收有余粮愿助者，量给奖赏；愿卖者许其自粜。

顺治四年，以江西水旱，发仓米三千余石减价平粜，从巡抚章于天请也。

十一年，令旌奖①捐谷百姓。谕：赈济。直隶大臣巴哈纳等曰：近京地方米价腾贵，饥民得银犹恐难于易米，殷实之家有能捐谷麦或减价出粜以济饥民者，尔等酌量多寡，先给好义匾额及羊酒币帛以示旌表。饥荒地方人民有往丰收处籴买米粮者，不许悍强之徒遏闭、拦截，犯者拿问，情重参处。

又议：常平义社各仓，以积谷多寡定有司功罪，时各府州县俱有常平、义、社各仓，责成各道员专管，稽查旧积、料理新储应行事宜，听呈督抚具奏，每年二次造册报部，部臣按积谷多寡分别议奏，以定该道功罪。

十三年，令各省修葺仓厫。先是，十二年，将各州县自理赎锾②，春夏积银，秋冬积谷，悉入常平仓备赈，由布政司汇报督抚，岁终册送户部，如有假公润私、隐匿漏报者，查参。其绅民乐输者，地方官多方鼓励，勿勒定数，勿使胥吏侵克及加耗③滋弊。至是，令各省修葺仓厫，并印烙仓斛，选择仓书，籴粜④平价，不许别项动支。

十七年，定常平仓谷粜籴之法。议定：春夏出粜，秋冬籴还，平价生息，务期便民。如遇凶荒，即按数给散灾户贫民，并饬有司实力奉行，俾沾实惠。

康熙四年，令山东地方官通籴以便民。户部议覆：礼科给事中黏本盛奏言，山东州县禁籴，以致衙役土棍借端诈害，请令地方官通籴便民，严禁蠹棍诈害。应如所请。从之。

六年，令甘肃将积储米石变易新谷，并禁地方官借端扰民。户部议覆：甘肃巡抚刘斗疏言，积储米石，恐年久泡烂，请变价另籴新谷以备赈济。得旨：依议。但旧谷变价，另籴新谷，恐地方官借端扰民，令该抚晓谕申饬，如有此等情弊，即行参奏。

七年，陕西西安等四府积谷变价诏停止生息。户部议准：陕西巡抚贾汉复疏请，将西安等四府积谷变价生息。上曰：出陈易新，原以为民，若

---

① 旌奖，表彰奖赏。
② 赎锾，赎罪的罚金，或以金钱赎罪。
③ 加耗，在正式税额之外，以补偿税金、税物损耗为名加征的部分。
④ 籴粜，买入和卖出粮食。

将利息报部，反累百姓，着停止生息。

十八年，以江宁各属报灾，借拨库银往湖广籴米平粜。从巡抚慕天颜请也。

十九年，令常平、义、社各仓积谷永留各境内，以备赈济。先是，十八年题准，地方官整理常平仓，每岁秋成，劝谕官绅士民捐输米谷，照例议叙。乡村立社仓，市镇立义仓，公举本乡敦重善良之人，出陈入新，春月借贷，秋收偿还，每石取息一斗，岁底，州县将数目呈详上司报部。储谷多者，管仓人给予顶戴；有官吏掊克者，照侵欺钱粮例处分；强派抑勒、借端扰民者罪之。至是，谕户部：积谷原备境内凶荒，若拨解外郡，则未获赈济之利，反受转运之累，人将惮于从事，必致捐助寥寥。嗣后，常平积谷留本州县备赈，义仓、社仓积谷留本村镇备赈，永免协济外郡，以为乐输者劝。

以浙江杭州等府上年旱灾，恐米价腾贵，命动支库银四万两，往湖广、江西籴米平粜，建备米仓廒。

奉天等处城守征收杂税，令于米价贱时购储，内府修造仓廒，名曰备米，遇有紧急以资拨用。

二十年，以福建旱灾，令于广东、浙江籴米平粜。户部议覆：福建总督姚启圣疏言，福州等府夏秋亢旱，米价日增，请于广东之潮州、浙江之平阳买米平粜。查海禁未开，恐有不肖之徒借端贩卖，应不准行。得旨：闽省被灾，准其赴潮州等处买米接济，如有借端通海者，事觉，将该督抚及押运官一并治罪。

二十一年，命州县卫所官员劝输常平各仓米石，定议叙之例。奉谕旨：各省常平等仓积储米数甚属要务，有此积储，倘遇年谷不丰，彼地人民即大有裨益，虽先经奉旨通行，恐有名鲜实，一遇水旱议赈之时，未能接济，致民生艰困，今将某省实心奉行、某省奉行不力其逐一察议具奏。寻议令：州县卫所官员设法劝输，一年内劝输米二千石以上者记录一次，四千石以上者记录二次，六千石以上者记录三次，八千石以上者记录四次，万石以上者加一级。如定有处分之例，恐有畏罪过派、苦累小民之弊，是以未便预定。从之。

二十四年，议：山海关、古北口、张家口等处积储米石，以备蒙古饥荒，令户部官监视运送，盖造仓廒。

二十五年，令黑龙江墨尔根盖仓储米。

二十九年，奉谕：直省官员实力劝输常平义社各仓米谷。谕户部：朕念食为民天，必盖藏素裕而后水旱无虞。曾经特颁谕旨，着各地方大吏督率有司，晓谕小民，务令多积米粮。其各省编设常平及义仓、社仓，劝谕捐输米谷，亦有旨允行。其后复有旨。见今某省实心奉行、某省奉行不力，着再行各该督抚确察具奏。朕于积储一事申饬不啻再三，藉令所在官司能俱体朕心，实有储蓄，何至如直隶地方偶罹旱灾辄为补苴之术！嗣后直省总督巡抚及司道府州县官员，务宜恪遵屡次谕旨，切实举行，俾家有余粮，仓庾充物，以副朕爱养生民至意。如有仍前玩愒、苟图塞责、漫无积储者，将该管官员及总督、巡抚一并从重治罪。

又令：奉天、锦州等处积储米谷。奉天、锦州、开元、辽阳、盖州诸处应积蓄米谷。议令：将奉天、锦州二府地丁钱粮，每年存剩银五千余两，酌量米价，贱时陆续采买。其部员所收牛马税银三千余两，交与仓官，亦酌量买米收储。其仓内出陈易新，交与奉天将军管理，并盛京户部侍郎稽查收储米谷，每年仍将出入数目报部。

又准：山东绅衿士民捐粮备储。先是，上谕九卿曰：足民之道，宜裕盖藏。从来水旱靡常，必丰年恒有积储，庶歉岁不忧饥馑。如康熙二十七年颇称岁稔，诚使民间经营搏节①，早为储偫②，何至二十八年偶遇旱祲，室皆悬磬，总因先时无备，遂至糊口维艰。比蠲除正赋、特发帑金、分行赈济被灾之众、始获安全。今零雨时降，可望有秋，唯恐愚民不知爱惜，物力狼藉耗费，只为目前之计，罔图来岁之需，应行各督抚饬令及时积储，度终岁所食，常有余储，用副朕轸念民依、绸缪区画至意。是秋，山东丰熟，正赋先蒙蠲免，绅衿士民咸及时乐输，巡抚以闻，议准：不论高粱谷石，每亩捐出三合，合省计得二十五万余石，在各州县适中大乡之内，各保殷实敦厚之人敬谨收储，以备荒年。止本年举行一次。

三十年，令：直隶各州县分别存储米石。议：直省所捐米石，大县存五千石，中县存四千石，小县存三千石，倘遇荒灾，即以此项散给。其留仓余剩者，俱于每年三、四月照市价平粜，五月上旬将平粜价银尽数解储道库，九月初旬，仍令各州县买新谷还仓。嗣又令直属捐谷，每州县再加储一倍。其捐米内有高粱，交春易红，令即粜卖，买粟补仓，以备赈济。

---

① 搏节，节约、节省。《礼记·曲礼》集解曰："有所抑而不敢肆谓之搏，有所制而不敢过谓之节。"
② 储偫，存储物资备用。

令江宁、京口等处官兵驻防之地，各截留漕米十万石，建仓存储。

三十一年，诏：陕西省预备积储米谷，并令各省核实积数申报。谕大学士等曰：去岁陕西西安等处年谷不收，罔有积储，以致闾阎困苦已极，已遣官赈济之矣。直隶所辖地方，素有储蓄，或州县稍有不登，即以所储米谷从均赡给，是以民生获济良多。今年丰歉尚未可知，陕西省府州县见存米谷之数应行查明，先行预备。至各省府州县皆令积储米谷数千石，则裨益黎庶者大矣。可下该督抚等，令各府州县积储米谷，其所积数当逐一缮册报部。

又以永平等处米价腾贵，诏发各庄屯米谷转粜。直隶巡抚郭世隆言：永平所属及丰润、玉田等处，去岁薄收，米价腾贵，奉天地方屡登，大有颇称丰盈，请令山海关监督许肩挑畜驮者进关转粜。从之。并谕大学士等曰：各皇庄及王等之庄屯所积米谷必多，如无伊主之言，则庄头何敢转粜。通州以东至山海关所有皇庄及王等之庄屯米谷数目，尔等与户部会同内务府总管并办理王府事务官员等，公同查明，照时价转粜。

又以山西平阳府等处麦收价贱，命兵部右侍郎王惟珍往籴麦备储。

又命：有司劝谕捐输。谕大学士等曰：时届麦秋，令地方官劝谕百姓，量力乐输，委积储待。州县官将捐助者姓名与米数注册，秋成之后，亦仿此行焉。其春时乏食者贷与之，至秋照数收入，以为积蓄。每年于麦谷告登后劝勉捐输，则数岁之间仓廪充裕，即罹灾侵，民食自不虞匮乏矣。

又命：转运湖广米石至西安平粜。奉谕旨：闻西安米价仍贵，流民还原籍者稀少，朕为陕西地方民生常萦于怀。闻自湖广襄阳至陕西商州水路可达，应将目下运到襄阳米二十万石水路运至商州，自商州运至西安，照湖广价值止加算所运脚费，与之贸易，则米价即平，于百姓大有裨益。所得价赍至湖广复买米粮，依法转输平粜。俟陕西流民悉还本籍、米价既贱之后，方行停止。

又令：江西常平仓粜米易谷。春间概行出陈，秋成每米一石，收买谷二石还仓。

又议定：各省常平仓俱照直隶分储各州县，有升迁事故离任者，照正项钱粮交代；有短少者以亏空论。

又定山东等处捐谷例。向例，山东春秋二季，每亩应捐米麦，秋成后即令易谷。今并作一次，每亩共捐谷四合，除原有仓厫外，其无仓厫之州县，地方官酌量修盖，加谨收储。时复令西安、凤翔二府照此例劝输均储。福建滨海之地多收稻谷，并令劝输。至明年，复因浙省产麦无多，亦令照山东捐输之例，择地备储，选诚实绅耆管理，耕种之时以一半听民借贷，限十月还仓。

三十二年，令商人买米至西安发粜。以西安米价尚贵，谕令户部招募身家殷实富商，给以正项钱粮，并照验文据，听其于各省地方购买粮米，运至西安发粜，所得利息，听商人自取之。待西安米价平后，但收所给原银。

又发通仓米减价平粜，并禁止顺、永、保、河四府蒸造烧酒。谕大学士等：今岁畿辅地方歉收，米价腾贵，通仓每月发米万石，比时价减少粜卖，止许贫民零籴斗，富贾不得多籴转贩。又蒸造烧酒多费米谷，着户部速移咨该抚，将顺、永、保、河四府属蒸造烧酒严行禁止。

三十三年，令：将山东运至盛京之米于金州等处减价发卖。先是，以盛京地方歉收，令运山东省米石至三岔口以济军民。至是，侍郎阿喇弥言：山东运来之粮，由金州等处海岸经过，请酌量截留，减价发卖。再辽阳、秀岩、凤凰城三处之人，向来俱在牛庄买米，亦应照金州等处将粮米截留，行文各该管官，令其到三岔河购置运去。从之。

又以霸州等州县水灾，诏：发霸州、文安等处储仓米谷十万余石，除散赈外，皆减价平粜；并截留山东漕米，于景州等处发粜，以平米价。谕大学士等曰：据户部查奏，霸州等十州县存储米五万七千五百余石，谷八百石；天津卫存储米一万石，谷四万四千一百余石。此米谷现在仓与否？足以赈给与否？若足用则以余米平价粜与百姓，可行与否？山东漕粮截留数万石平价粜卖，则谷价不贵，于民生大有裨益，令挽至何州县平价以粜，应截留米若干万石，即遣户部司官一员至巡抚郭世隆处，令其逐一迅速详议，缮折付伊赍奏。直隶巡抚郭世隆等遵旨，会同户部员外郎雍泰，查霸州、文安等州县及天津卫现在储仓米穀共十万余石，将此米赈济霸州等处饥民，需用三万石，所余米谷应减价粜卖其景州等州县；将山东漕米截留平粜。得旨：霸州等被水灾地方，所有积谷除散赈外，余着减价发粜；其沿河一带、景州等各州县卫所，着将山东漕米每处截留二千石，亦发粜以平米价。复奉谕旨，恐不肖地方官员或增价发卖，或粜与发卖之人，以致百姓不沾实惠，着巡抚郭世隆不时巡察。

又以直隶赈济余米，视时价减粜。吏部右侍郎安布禄、工部右侍郎常绶等遵旨：查直隶安州等十一州县贫民十万余人，应赈米四万余石。上谕大学士等曰：朕思直隶米价腾贵，小民艰苦，若仅照数给米，仍恐无益，着将此米一半散给百姓，一半照目前米价折银给予贫民，所余之米，着视时价减粜，则百姓既得银两，而籴米又易，庶民沾实惠。

以密云、顺义附近地方米谷未收，命将转运积储之米，每月发千石平价出粜，遣户部贤能司官各一员监视。

三十四年，以盛京亢旱，诏：动支海运米二万石，以一万石散给，一万石平粜。副都统齐兰布等言：今岁盛京亢旱，米价翔贵，虽市有鬻粟，穷兵力不能籴。奉谕旨：令侍郎朱都纳、学士嵩祝等驰驿迅往，会同盛京将军、副都统诸臣亲察穷乏者，于去岁海运米二万石中动支一万石散给，令可食至秋成；余一万石平价粜之，兵民均有裨益。如二万石不足散给发粜，其速以闻。

又运通仓米至密云、顺义各一万石，储仓备用。癸巳，上驻跸密云县，谕大学士等：去岁朕见此处高粱结实者少，秕者多，米价腾贵，高粱一斗几三百钱，故将通仓米令运一万石至此处，五千石至顺义县，减时价发粜，米价稍平，一斗百钱，民以不困。北地寒冷，米谷多至失收，今河水方盛，着将通仓米运至密云、顺义各一万石，令储仓备用。

又于霸州、雄县、香河、宝坻各发米一万石，减价平粜。时直隶顺天、保定、河间、永平四府所属地方，水潦伤稼，已将四府康熙三十五年地丁银米全与蠲免①，其霸州、雄县、香河、宝坻四处皆有水道可以转输，每处发米一万石，各差司官一员赍往，照彼地时价减值发粜，以资民食。

三十五年，令：江南仓谷出陈易新。先是，三十四年，议准江南积谷以七分存仓备赈，以三分发粜。至是，议：将江南旧谷于本年为始，轮年挨次出陈易新，其各属粜三银内，酌提四万石价银解省，俟秋成买谷，为下年存七粜三之用。

又发盛京仓储米谷五千石，运至穆尔浑阿敦积储。以黑龙江、吉林、乌拉地方频岁不登故也。明年仍自天津运米至盛京补完仓储。

三十六年，令：榆林等处卫堡积储米谷。谕大学士等：州县已各论其地方大小积储米谷，兵丁所驻沿边卫堡，亦属紧要，其榆林等处卫堡亦照

---

① 蠲免，因灾而免除赋役。

州县例，将米谷积储预备。

四月，以山西米价腾贵，令：扈从船只载米至保德州平粜。时上亲征噶尔丹，驻跸喀喇苏巴克行在，谕大学士伊桑阿：前山西巡抚倭伦以"去岁山西数州县歉收，今米价甚贵"奏闻。朕闻之中怀轸恻。扈从大臣、侍卫官员、执事人自船站坐来之船，现有水手，若至湖滩、河朔后，将此船逆流牵挽回至宁夏甚难，前曾谕总督吴赫，就此船将湖滩河朔积米或五千石，或再加多，量行装载，交巡抚倭伦派贤能属员转运，顺流而下至保德州，比时价减粜于民，大有裨益。着学士黄茂率同部院司官二员前往，侍郎安布禄留此监发米石；命将湖广三十五年份各官捐输之谷，储各属常平仓，以备赈济。

三十七年，截留山东、河南漕粮于直隶沿河州县积储，遣户部司官二员，于被水灾沿河之保定、霸州、固安、文安、大成、永清、开州、新安等州县，截留山东、河南漕粮，每处运致一万石积储，俟米价腾贵时平价粜卖。

又定直隶、四川储谷变价并出借之例。以直隶捐输米麦高粱，久储仓中恐有浥烂，令变价解储道库，以备赈济。四川松潘等处积储杂粮，改为三分以二分存储，以一分遇粮贵时借给兵民，将此谷按年出易，周而复始，永着为令。

三十八年，截留漕粮于江南高邮等处，减价发粜。时淮扬所属地方米价腾涌，命截留漕粮十万石，于高邮、宝应、兴化、泰州、盐城、山阳、江都七州县各留一万石，悉照时价，减值发粜；余米三万石于邳州留八千石，宿迁、桃源、清河、安东四县各留五千五百石，亦照时价减粜；又截留米十万石于扬州、淮安各收储五万石。

四十年，截留湖广漕粮存储江宁省仓。议定楚省漕粮二十万九千余石，尽数截留，存于江宁省仓，以六万四千石充给兵食，将采买兵米价值照数扣留；以四万五千石分发淮安等处平粜，以济民食，秋成后将所粜之价并兵米扣留价值买补归仓，其余存剩米石仍俟下年给兵发粜。

四十一年，令：直隶、山东、山西、陕西、河南、江北预备仓储。奉谕旨：阜民之道，期于有备。去冬北地少雪，今春雨泽尚未沾足，诚恐蝗蝻易生，有伤农事，亟宜先时预防。直隶、山东、山西、陕西、河南、江北地方，历年积储仓粮果否足额，该督抚确加稽核，务使仓有余储，不致匮乏。其一切应行预备事宜，须悉心讲求料理，以纾朕宵旰勤民之意。

四十二年，截留漕米二万石，运至济宁州、兖州府等处州县，减价平粜。

又令：陕甘积储仓谷。是年，陕省年谷丰收，奉谕旨：山陕不通水路，若稍遇灾，即至艰窘。今值粮米充裕之时，无有急于各地方积储者，令督抚等将预备之处尽心究议。嗣议定：陕西人口众多之州县储米三千石，次二千石，又次一千石，交与地方官采买存储。动西安司库兵饷银十四万两，以十万两照时价买米，以四万两盖造仓厫。甘属既无仓厫，应动常平仓粮内十分之一盖造，将此项用过粮石，照数填还。再，陕甘二处，照依应征地丁银一钱、米一斗者，令捐输粮三合，以为备灾之用；歉岁停捐。

令：直隶立社仓。时直属各州县虽设有常平仓收储米谷，遇饥荒之年间，或不敷赈济。谕：于各村庄设立社仓，以备饥荒。如直隶设立社仓果有益于民生，各省亦照此例。嗣廷臣等议定：社仓之谷于本乡捐出，即储本乡，令诚实之人经管，上岁加谨收储，中岁粜借易新，下岁量口发赈。嗣于三年内直属劝捐米谷共七万四千九百七十石有奇，出借穷民得息米一千五十一石又奇。又四十四年，永、保二府陆续捐谷四百三十五石有奇。巡抚以闻。议准：俱令于各属社仓存储。

四十三年，以京城米贵，命：每月发通仓米三万石，运至五城平粜。

又议：定州县官霉烂仓谷处分。州县仓谷霉烂者，督抚题参革职留任，限一年赔补，赔完免罪复职，逾年不完解任，二年外不完定罪，着落家产追赔，补完之日，令府道出具印结，申缴藩司，督抚存案，以杜扶捏之弊。如再有亏空，府道亦分别议处。

又命：截留漕米二万石，收储河间、沙河桥地方，以备平粜。

又以山东歉收，命：从江南买谷运往收储。

又议定各省仓谷存留发粜数目。定例：各省积储米谷，大州县一万石，中八千石，小六千石，其余按时价易银解存藩库；其存仓米谷，每年以三分之一出陈易新。至是，又议准：直隶各属现存米谷无多，令照旧收储，值歉年详明题请发粜。山东：大州县储谷二万石，中州县万六千石，小州县万二千石。山西之民别无他业，唯资田亩，积储谷少，一时购买维艰，令大州县存谷二万石，中一万六千石，小一万二千石。江西州县，大者止存谷一万二千石，暂停粜三。江苏所属，令大州县储谷五千石，中四千石，小三千石；其江宁仓捐米八万七千余石，久储恐致浥烂，照常平仓

每年粜三，秋成买补。四川人民稀少，大州县储仓六千石，中四千石，小二千石，毋庸粜三。广东常平仓米

谷照例存储，多余易银，按远近分储司库、府库。遇有荒年，将库储银两遣官赴邻省采买，运至被灾之处照买价粜卖。至存仓米谷，照例出易，唯潮郡僻处山陬，或遇荒歉，米价腾涌，令存储谷四万八千七百余石以备不虞。云南粜三银两，令州县官就近解存，俟秋领银买补。河南现存谷石每年将一半留仓备赈，一半借给穷民。福建现在捐输谷二十七万余石，常平仓谷约五十六万余石，其内地积谷仍按原存州县之额数存留，其常平谷照依时价尽数发粜。至台湾一府三县，孤悬海外，现在捐谷八千六百余石，常平仓谷一十一万余石，除每县应存谷石，其余尽粜储银，遇荒赈济所存谷石，仍照例出易；而台湾、凤山、诸罗三县，共存粟米七十余万石，为数既多，积储日久，令留二十万石为台郡预储三年兵需，其余一概变银收储府库，即充本地兵饷。盛京地方与各省不同，毋庸分别大小定数，其九州县积储米粮多寡不等，自四十三年起，将现在数多之宁远州、锦州应征米豆改征银两，解交数少之承德七州县买粮盖仓，以资积储。贵州各府州县常平仓现储米一千二百余石，稻荞麦共一十八万余石，内唯贵、安等地方俱系冲要，且官兵驻扎，自宜多储。贵阳府存储稻一万一千余石，贵筑县存储稻一万四千余石，安顺府存储稻八千石，其余各府属有六千石及三四五千石不等，俱不足大中小州县应存之数，俟捐储盈余之日再请粜卖。

又命：自明岁正月为始，于京师及通州地方发仓米照本年例平粜。

四十四年，议令河南各属建仓积谷。以河南府居数省之中，宜积谷以备赈济山陕之需，议令将四十三年漕米，每米一石易谷二石，共谷四十六万五千六百八十二石，于河南府收储谷二十三万五千六百八十二石，造仓厫二百九十三间储之。其余二十三万石于近汴、近洛之祥符储三万石，中牟储二万五千石，汜水储二万石，巩县储二万五千石，渑池储二万石，偃师储二万八千石，陕州储二万七千石，灵宝储二万八千石，阌乡储二万七千石，共造仓厫三百六十四间，加谨收储。每年青黄不接之时，出陈易新，照依三分之一借给农民，秋后还仓。

四十六年，以江苏旱灾，动支藩库银至湖广买米平粜，从巡抚于准请也。

四十七年，以江南米贵，截留湖广、江西漕米四十万石，分拨江宁、

苏州、松江、常州、镇江、扬州六府，减价平粜。

又令：福建采买米谷存储。以福建去岁被灾，各处商贩稀少，米价渐昂，借藩库银于他省采买存储备赈。

又以江苏久雨米贵，令各州县将截留分储米石平粜，并敕各省督抚听商人贩米出境。

又定州县官经理仓谷议叙议处之例。议定：州县官于额储积谷之外买谷储仓，照盘查盈余例准其议叙。或捐谷本仓，以少报多，或将现储之米捏作捐输，以邀议叙，后遇本官任内有亏空事发，除知府分赔外，原报之督抚一并议处。至职官将仓谷私借与民，计赃以监守自盗论，所少谷石着落追赔。

又截留漕粮于江浙被灾各州县减价平粜：江苏截留十万石，安徽截留五万石，浙江杭、嘉、湖三府截留十万石，俱令减价平粜，价银储库，于来岁收获后买米还项。

四十八年，命：江浙二省有司劝谕绅民，于秋收时遵行捐输之法。

又以江浙米价腾贵，清查收买囤积之弊。时湖广、江西稻谷丰收，沿江贩米甚多，而江浙米价愈贵，缘富豪之家广收囤积，于中取利，敕廷臣详议。寻议：应檄各该督抚选委廉能官员，凡有名马头，令其严行察访，如有富豪人等将市米囤积者，即令在囤积之处照时价发粜，违者以光棍例治罪。其有贩米私出外洋者，令沿途文武官弁严查禁止，使湖广、江西贩卖之米，俱入江南、浙江地方，则米价自平。上谕大学士等曰：如照尔等所议，则胥役借此稽查，徒滋需索而已。朕意以为必于本源之地清查，自无收买囤积之弊。湖广、江西之米，或江浙富商，或土著人民，某人于某处买米石若干，清查甚易。应行文湖广、江西督抚，委贤能官将有名马头、大镇店买卖人名姓及米数，一并查明，每月终一次奏闻，并将奏闻之数，即移知浙江督抚，湖广、江西之米，不往售于江浙，更将何往？此米众所共知，则买与卖不待申令，而米之至者多，即大有利于民也。

四十九年，议：陕甘存储米石发粜。陕甘存储米石已历年久，恐有浥烂。议定：粮贵之年存五粜五，粮贱之年存七粜三。

又令：湖南镇筸地方积储平粜。湖南镇筸地方，自改协为镇之后，兵民聚处，生齿日繁。至是，署巡抚王度昭言：请酌借帑银三千两买谷储仓，谷贵之时平价发粜，秋成谷贱之时买补还仓，预备赈济。每年将余剩价银于六年之内补还所借之项。从之。嗣户部议定：将买储谷石，责令凤凰营通判专管，辰沅靖道兼辖，年终盘查出结，如有亏空、那移，道员照知府例、通判照知县例议处。

准：浙江开例捐监，定额储仓。先是，江南开例捐监，定额储仓，捐足奏明停止。至是，浙江巡抚黄秉忠言：江、浙二省，财赋之地，人民繁庶，止于江省开捐，则湖广、江西之米俱聚集江南，而浙省捐纳之人亦必将米运赴江南，浙米势必腾贵，民食愈艰，请亦照江南捐监例各府议定储仓米谷额数，捐足即行停止。从之。

三十一年，议准：山东省份储捐谷，大县一万石，小县八千石，仍于沿河等处酌留数十万石，以备邻省拨运。

五十二年，诏：发米一万石于京城减价平粜。

又命：都察院左都御史赵申乔往广东发常平仓谷平粜。广东米价腾贵，发常平仓谷三十万石平价粜卖，交与赵申乔等前往办理。寻奉谕旨：俟八、九月北风起时，从江浙两省拨米二十万石，用水师营战船装载，由海运往。若广东丰收，将此运至米石一半存储粤省，一半分运闽省备赈。嗣以浙省歉收，十万石俱留备本省之用。拨江南米五万石运至福建，五万石运至广东，到日即行平粜。

又饬：江西省严查出粜仓谷。江西巡抚佟国勷言：入夏以来，米价渐长，小民吁请发粟。臣已将所储仓谷，令有司粜卖，俟秋后买补还仓。上谕大学士等曰：去年江西省年谷甚熟，或因地方官亏空仓谷，借此抵销亦未可定，着户部详议具奏。寻议：佟国勷题报发粜仓谷，原疏内并未声明系何州县及所粜仓谷若干，应行令该抚严查其现在粜谷州县中有湿烂亏空借此开除等弊，即着指名题参。从之。

五十四年，以密云古北口关隘要地，各运米石存储。

又议定直省社仓劝输之例。凡富民能捐谷五石者，免本身一年杂项差徭；多捐一二倍者，照数按年递免；绅衿能捐谷四十石，令州县给匾；捐六十石，知府给匾；捐八十石，本道给匾；捐二百石，督抚给匾。其富民好义比绅衿多捐二十石者，亦照绅衿例次第给匾；捐至二百五十石，咨部给以顶戴荣身。凡给匾民家，永免差役。

五十五年，发热河仓米减价粜卖。时上驻跸热河，谕领侍卫内大臣等：闻热河米价甚贵，每石至一两七钱，扈从人等复行齐集采买，则米价愈加腾贵。官兵每月既得钱粮，若复给口粮，未免重复，但以所给钱粮买米，又恐不敷。着将热河之仓及唐三营仓所储之米，发出设立一厂，每石定价银一两，卖与随驾官兵，令各该管之人查视，不许多买，自无转卖之弊，而于官兵亦大有裨益矣。

又暂开山海关米禁。户部议覆：直隶巡抚赵宏燮疏言，永平府属艰食，臣闻得山海关外米谷颇多，向因奉禁不敢入关，请暂开两月之禁，俾关外之民以谷易银，益见饶裕，关内之民以银易粟，得赖资生。应如所请。从之。

又以京师米贵，发米三万石减价平粜。

又饬：查河南山东商贾贩卖麦谷数目，禁止囤积。大学士、九卿等遵旨议定：河南、山东与京师甚近，兼之连年丰收，乃京师麦价未见甚减者，皆由商贾富户等预行收买所致，应行文河南、山东巡抚查明，由水路北来卖与商贾麦谷数目，每月缮折奏闻。仍行文直隶巡抚，凡本处商贾及沿途富户有多买者，俱严行禁止。从之。

五十六年，发通仓积米分运直隶各府州县存储平粜。

五十七年，禁湖南遏籴。广东、广西总督杨琳疏言：粤东之米资藉粤西，粤西之米又资藉湖南，湖南贩米至粤，必由永州府经过，彼地奸民每借禁粜名色，拦阻勒索，商贩不前。请令湖南督抚，如有奸民阻截取利者，行令该地方官查拿治罪。从之。

五十九年，于河南截留漕米内拨十万石运至西安存储。

六十年，以京师米贵，发京通仓米石并内务府庄头谷石，减价平粜。

以陕西岁歉，拨运河南米石平粜，再拨河南、湖广米各十万石运往存储备用。是时，陕西歉收，上念陕省富户积藏米石甚多，复发内库银五十万两，令左都御史朱轼、光禄寺卿卢询往陕省劝谕富户，照时价粜卖米石。

议令：直省督抚严查各州县现在存仓米石。谕大学士等曰：古人云"三年耕则有一年之蓄，九年耕则有三年之蓄"，言虽可听，行之不易。如设立社仓，原属良法，但从前李光地、张伯行曾经举行，终无成效。至于各省积储谷石，虽俱报称数千百万，实在存仓者无几，即出陈易新之法，亦不为不善，第春间仅有所出，秋后并无所入，州县官侵蚀入己，急则以折银掩饰。此等积弊朕知之甚详，其报荒之真伪虚实，朕亦无不洞悉，如热河所积谷石，每年减价平粜，秋收籴补还仓，数目无多，稽查颇易，所以每有余粮，尔等会同详议具奏。于是议定：各省州县现在存仓米麦谷石，令该督抚严查，如有亏空，勒限补足。

又令：直隶、山东、河南、山西四省将常平仓谷平价粜卖。直隶、山东、河南、山西、陕西被旱，除陕西已差大臣赈济外，现查常平仓米谷：直隶一百六十万五千二百七十石零，山东四百七十三万石零，河南一百三十四万七千石零，山西四十八万二百石零。令四省巡抚遣官分赈，并平价粜卖。

又令：浙江运米三万石至福建厦门收储。以福建地方需米孔殷①，敕浙江巡抚提督于乍浦地方严禁私买，不许出海，动帑买米三万石，预备海船装载，派官兵护送押运，从海运至厦门收储。其福建贩卖米石不必禁止。

又以山西建立社仓，经奉差山西左都御史朱轼疏，请晋省建立社仓，用备荒歉。奉谕旨：建立社仓之事，李光地任巡抚时曾经具奏，朕谕：以言易而行难，尔可姑试。李光地行之数年，并无成效，民多怨言。张伯行亦奏称社仓颇有裨益，朕令伊行于永平地方，其果有成效，裨民之处至今未奏。且社仓有益无益，朕久已留心采访。凡建立社仓，务须选择地方敦实之人董率其事，此人并非官吏，无权无役，所借出之米，欲还补时遣何人催纳，即丰收之年不肯还补亦无可如何，若遇歉收更谁还补耶！其初，将众人米谷扣出收储，无人看守，及米石缺空之时，势必令司其事者赔偿，是空将众人之米弃于无用，而司事者无故为人破产赔偿矣。社仓之设，始于朱子，其言具载文集，此法仅可行于小邑乡村，若奏为定例，属于官吏施行，于民无益。今朱轼以建立社仓具奏，此事不必令他人办理，即令伊久住山西，鼓励试行。

六十一年，申禁有司借平粜仓米掩饰亏空之弊。谕：户部赵宏燮奏"将收储正定、顺德各州县四万石米平粜，其余各州县有米贵之处，亦将仓米平粜十分之三，俱俟秋收后买补还项"等语。去年各州县收储庄头等所交米石，部内曾遣司官会同地方官粜卖，其粜米银两至今尚未完缴。据此，各州县收储仓米，俱无实际，平日积储原为备荒而设，今值青黄不接之时，固应平粜，但地方官亏空仓米，即借此掩饰亏空，究竟仓米既亏，百姓从何籴买，于民生并无裨益也。现在存仓米谷如果足数，即照该督所请粜卖。倘朕遣大臣查看时，州县并无米谷，黎庶不得籴买，将州县官即行正法，该管上司从重治罪。

---

① 孔殷，需求量很多。孔，很。殷，数量多。

皇朝文献通考卷三十五

市籴考四

籴

雍正元年，饬：直省督抚查核存仓米石。刑部尚书励廷仪言：各省存仓米石虽有司道、知府盘查，不能保其一无徇私，当责之督抚严加核实，造册具奏。督抚离任将册籍交代新任，限三个月查核奏闻，如有亏空，即行题参，徇庇者议处，仍令分赔。从之。

又动支浙江库帑买米三万石，运至福建分储，厦门收储一万石，泉、漳二府各储六千石，其余八千石运赴福州，遇米价稍贵奏请平粜。

又以河北三府艰于粒食，议令：截留漕米六万二千五百九十石于卫辉府仓存储，拨运陕州；收捐米二万石于怀庆府仓存储、备用。

又令：河南米谷流通出粜。谕河南巡抚石文焯：河南居四方之中，地广民庶，素封之家常喜储藏米谷，以收居奇之利。比年连遇荒歉，民食维艰，特遣官往赈。该抚即豫为筹划，俾富室之粟，皆得流通出粜于官，以为赈恤之用。

又以采买备赈米石，敕有司毋得阻遏商贩。时以北省二麦歉收，差员到南省采买米石，以备赈贷平粜。上闻各省地方官有因差员买米，禁止商贩不许出境者。特谕：以浙江及江南苏、松等府皆仰食于湖广、江西，令该部速即行文各省，凡有米商出境，任便放行，毋得阻挠。

二年，以江浙沿海地方海潮泛滥，令湖广、江西、河南、山东、安徽各省动帑①买米，运往平粜。湖广买米十万石，江西买米六万石，运交浙

---

① 动帑，动用国库款项。

江巡抚平粜。河南买米四万石，山东买米六万石，安徽买米五万石，运交苏州巡抚平粜。

又议定社仓事例。先是，奉谕：湖广总督杨宗仁、湖北巡抚纳齐喀、湖南巡抚魏廷珍等，国家设立常平诸仓蓄谷积粟，偶遇旱涝，详报踏勘，往返查验，未免后时。古人云：备荒之仓莫便于近民，而近民则莫便于社仓。前谕尔等劝导建设，盖专为安民起见也。尔等自应转谕属员，体访各邑士民中有急公尚义之心者，使主其事，果掌管得人，出纳无弊，行之日久，谷数自增。至于劝捐之时，须俟年岁丰熟，输将之数宜随民力多寡，利息从轻，取偿从缓，如值连年歉收，即予展期，令至丰岁完纳，一切条约，有司毋得干预，至行有成效，积谷渐多，该督抚亦只可具折奏闻，不宜造册题报，使社仓顿成官仓，贻后日官民之累。朕初意如此，孰料该督抚欲速不达，令各州县应输正赋一两者加纳社仓谷一石，且以储谷之多少定牧令之殿最。近闻楚省谷石现价四五钱不等，是何异于一两正赋外加收四五钱火耗耶！是为裕国乎，抑为安民乎！谕到，该督抚速会同司道府等官，确商妥议，务得安民经久之法，以副朕意。嗣复奉谕旨：社仓之设，原以备荒歉不时之需，然往往行之不善，致滋烦扰，朕以为奉行之道宜缓不宜急，宜劝谕百姓听其自为之，而不当以官法绳之也。是在有司善为倡导于前，留心稽核于后，使地方有社仓之益，而无社仓之害，尔督抚当加意体察。至是，议定社仓之法，一令地方官开诚劝谕，不得苛派米石，暂于公所寺院收存，俟息米已多，建厂收储，所捐之数，立册登明，不拘升斗，积少成多。若有奉公乐善捐至十石以上，给以花红①；三十石以上奖以匾额，五十石以上递加奖励；有年久不倦，捐至三四百石，给以八品顶带。每社设正副社长，择立品端方、家道殷实者二人，果能出纳有法，乡里推服，按年给奖；十年无过，亦题请给以八品顶带；徇私者即行革惩，侵蚀者按律治罪。其收息之法：凡借本谷一石，冬间收息二斗，小歉减半，大歉全免，只收本谷；至十年后，息倍于本，只以加一行息。乾隆三年议定：每息谷十升，以七升归仓，以三升给社长作修仓折耗。其出入之斗斛，遵照部颁，公平较量，社长预于四月上旬申报给贷，定期支散；十月上旬申报受纳，不得抑勒多收。临放时愿借者先报，社长计口给发；缴纳时社长先行示期，依限完纳。其册籍之登记，每社设用印官簿二本，一社长收

---

① 花红，赏金、犒劳。

执，一缴州县存查。登载数目，毋得互异。其存州县一本，夏则五月申缴，至秋领出；冬则十月申缴，至来春领出，不许迟延以滋弊窦。每次事毕，社长本县各将总数申报上司，凡州县官止听稽查，不许干预出纳，如有抑勒那借、强行粜卖、侵蚀等事，许社长呈告，据实题参。再各方风土不同，更当随宜立约为永远可行之计。令各督抚于一省之中先行数州县，俟一二年后卓有成效，然后广行其法于通省。

三年，定各省存仓米麦改易稻谷之制。时议：南方诸省土脉潮湿，米易霉烂，不若稻谷可以耐久，因定嗣后江、安、闽、浙、湖广、江西、川、广、云贵各省，存仓米一石，改换稻谷二石，加谨收储，需用之时，碾旧储新。除安徽但有稻谷原无储米，及浙江、福建仓米有限毋庸改易，_{嗣于十一年议准，安徽凤阳、亳州等处，凡产粟谷之处每逢粜三，即准其买粟补仓，挨年易换。}其江西、湖北、湖南、四川四省存储米，皆在五万石内外，令于一年内改易稻谷，内唯四川茂州易荞麦六百石，松潘卫存储军需米，匀作两年平粜，仍买新米储仓，五年更换一次。江淮截漕米、广东存仓米皆八万余石，广西存仓米十万余石，分作二年改易稻谷。云南米五十七万余石，贵州米四十万余石，一二年内不能尽易。每年云南应给兵粮十四万九千六百余石，贵州兵粮九万五千六百余石，即将二省存仓之米支给，至秋成时于额征内收谷补项。云南存仓米限四年，贵州限三年，尽可改易稻谷。嗣后各省易谷既完，每年额征兵饷仍收米给兵，余悉改征稻谷。而山西、河南亦令将存仓米麦照例粜卖易谷，其民欠及亏空米粮，亦令改折追补入仓。至糜子、荞麦等各处出产不同，并饬令各属确访时价，易谷入仓。

又以黔省地气潮湿，仓米易至霉烂，嗣后，将兵米合计共存三年之蓄，余者于青黄不接之时量行减价平粜，以济民食。着为定例，从总督高其倬请也。

又令：归化城土拉库等处各建仓厫，买米存储。谕户部：归化城土默特地方，年来五谷丰登，米价甚贱。查黄河自陕西黄甫川界入口，河之两岸一属山西，一属陕西，应自归化城购买米石，从黄甫川界黄河运至内地，到土拉库处修建仓厫收储，其归化城、大青山、黄河岸口亦建一仓，买米存储。

又以米价腾贵，谕：仓场总督将旧储米石减价平粜，并行文直隶总督，凡近水州县可通舟楫者，俱令赴通仓领运，平粜便民。

又以各省秋成丰稔，命督抚等遵行社仓之法，并及时买补州县仓储。

又定云南社仓题报谷数之例，从云南巡抚杨名时请也。自雍正二年为始，储谷实数于次年岁终具题，俾每年捐输、里民借支以及有无发赈，均得稽核。

又议准社仓事宜五事。江苏巡抚何天培条奏：一、社仓借贷散赈，预造排门细册存案，凡不务农业、游手好闲之人，不许借给。一、正副社长外，再公举一身家殷实之人，总司其事。一、州县官不许干预出纳，如有抑勒那借，许社长据实陈告。一、所需纸张笔墨须劝募乐输，或官拨罚项充用，不得科敛扰累。一、积谷既多，恐滋浥烂，应于夏秋之交减价平粜，秋收后照时价买补。俱从之。

是年，湖广、江南、浙江秋成丰稔，命湖广动支库银十万两，采买米石于省仓，及各州县加谨收储，如民间米价稍昂，即行停止。江南、浙江一面动项采买，一面定数具报。

又令：直省仓粮出陈易新之时，佐贰官公同收放。如州县私自粜卖，佐贰官扶同隐匿者，罪之。

又定山西常平仓积储事宜。提督山西学政右庶子刘于义言：山右当丰亨之时，宜预筹积储，每年发银四万两交太原、平阳、潞安、大同四府建仓积储，以备各州县需用。选择廉干官董其事，如能实心经理，三年准予议叙；有那移亏空，严加处分。每岁于青黄不接时出粜，秋收时买补，小歉平粜，中歉出借，大歉赈济，务定章程，以垂永久。下该抚实力行之。

四年，令：两淮建盐义仓。两淮众商公捐银二十四万两，又巡盐御史噶尔泰奏缴公务银八万两，共银三十二万两。奉旨将二万两赏给噶尔泰，其三十万两为江南买储米谷、盖建仓厫之用。所盖仓厫赐名盐义，即着噶尔泰交与商人经理。

又饬：禁贱买贵粜之弊。奉谕旨：各仓减价平粜，原期有益贫民，闻清河本裕仓奸胥猾吏串通富户，贱买贵卖，本仓卖完，又卖别仓，甚属可恶！仓场侍郎等所司何事，向后若再有此弊，定将监粜米石之员正法，仓场侍郎严加治罪。

又发通仓米二万五千石运至保定平粜，从直隶总督蔡珽请也。

又议定州县侵蚀那移浥烂仓谷之罪。先是，三年，谕内阁九卿曰：积储仓谷，关系民生，最为紧要。朕屡降谕旨，令该督抚等严饬州县及时买补亏欠之数，无如苟且迟延，奉行不力。昨据月选官陈克复条奏亏空仓谷，请支动正项买补，一面严追本官还项，朕已交与九卿议行，令直省地方俱着定限三年,将一应仓谷买补完足,不得颗粒亏欠。三年后,朕必特差官员前往盘查,如有缺项,从重治罪。倘有不能补足情由,着该督抚题奏,凡亏空钱粮,犹可立限追完,无损国帑。若亏空仓谷,则一时旱涝无备,事关民瘼,其罪较甚,自宜严加处分,并着九卿确议定例具奏。向例,亏空仓谷处分,止于革职留任,限年赔补。至是,遵旨议定:谷一石,比照钱粮一两科断;侵蚀一千石以下,拟斩,准徒五年;一千石以上,拟斩监候,不准赦免,所侵欺谷石,仍着严追完项。其那移者:数止千百石,拟徒;五千石以上者流,一万石以上者充军,二万石以上者拟斩,限一年内全完免罪,二年内追完减二等,三年内追完减一等,限满不完照数治罪。其实系霉烂,数止三千石以下,革职留任,限年赔补;三千石以上者,即以那移论。疏上,谕曰:凡仓谷霉烂,皆由仓廒不修,以致倒塌渗漏,亏折米谷,此愈当加惩者,今若宽其处分,则有司平日必不加意修理,以便借辞。此处着再议。于是议令:地方官将渗漏不坚全之处、需费无多者,即时补葺;有年久毁烂倒塌者,动项修盖;有将仓粮寄储及露囤者,题请添设仓廒。嗣后州县怠玩,不修理、盖造以致米谷浥烂者,革职,勒限赔完;限内不完,即照侵蚀例按数科律,遇赦不宥。从之。

又令:山陕各府属买谷分储。议令:山西动帑金四万两,买谷分储。太、平、潞、大四府各州县,其素无蓄积,并向来积储不多之处,务令购足,五年之内每年准动四万两照数买储,责令知府、直隶州盘查,有力行三年尽善者,保题叙功。陕西动帑金十二万两及本年丰收采买谷石,存储凉州、临洮、巩昌、甘州、宁夏各府属以备拨用。

又令:五城设厂平粜。以京城米价腾贵,特谕:发仓米五万石,分给五城平粜,俟市价平减即行停止,所存剩米即储该城为将来之用。又以五城米厂并在外城,城内籴买维艰,复谕:于内城设厂数处以便穷民。

又令:州县多设厂平粜,并严捏借之弊。户部覆准:御史冯长发奏,凡州县平粜,应多设厂以便附近居民赴籴,其有奸商豪户囤积射利[①]者,访拿治罪。平粜谷石,每石准销一二升以抵耗折,有掺和灰沙者题参。至借给与民之谷,倘吏役捏名虚领,秋时追欠无着,从重治罪。所欠米谷于该州县名下追还,并照失察例治罪;其有官役侵克者,该督抚查出题参。

又令:福建、广东储备米谷。时上以福建、广东二省,地处极边,应

---

① 射利,追求财利。

作何储备米谷,令九卿集议。因议定:闽省则台湾常运平粜米五万石之外,动正项钱粮运米十万石存边海地方备储,若遇台湾丰年,酌量加运。广东则通省府州县存储,数多者开仓平粜,即将价银交数少之州县买储。再将广西捐谷粜三价值,仍令采买谷石,运交广东分储。

又令:江南淮安等处采运麦石至闽省平粜。浙闽总督高其倬言:闽省米价腾贵,现拨温、台二府仓谷七万石运往接济,更请于江南淮安等处采买二麦,运闽平粜。从之。

又清厘直隶各属借粜仓谷之弊。先是,直隶总督李绂请将仓粮粜借与民,有旨命翰林、御史等官会同地方官核实监粜,务使小民均沾实惠,其仓粮果否实储,一并查验。至是,奉谕旨:据鄂尔奇、缪沅奏称,直隶借粜仓谷,弊端种种,无非地方官巧为掩饰亏空之计。向来直隶仓谷亏缺甚多,朕知之甚悉,各官唯恐败露,故设计弥缝,详请借粜。李绂为其所欺,遂代为题请,且未经奉旨即先为散给,及派员往查,又转停止。览鄂尔奇等所奏各官情弊显然。凡此等州县官,若仍留原任,将来假公济私、那新掩旧,必至刻剥小民,亏欠正项,而地方仓厫始终不得清楚,可将巧称仓谷出借各官悉行解任,借出之谷俱着解任之员自行催还,以一年为限,逾限不还者治以那移亏空之罪。

又运谷至福建积储。先是,奉旨令江西运米十五万石往闽济用。至是,大学士等议请:再截留浙江漕粮十万石,易谷二十万石,就近运往。从之。

又命:山东巡抚动用帑银,于青、登、莱三府购买米石,运至济南三府分储。

又令:广东各营建仓储谷。议定广东边海之南澳镇右营、澄海二门、达濠等营储谷五千二百石,潮州镇标三营,惠来、平海、大鹏等营储谷六千二百石,提标五营储谷五千石,督标并水师六营、肇庆城守营共储谷七千石,计每兵一名,存谷一石,以备借贷,秋收免息征还。

又以江南被水,议定采买捐输之法。奉谕旨:江南秋雨稍多,被水州县已令确查赈恤,入冬以后积水未消,秋麦未能及时耕种,恐交春米价渐昂,况苏松户口繁多,民间食米多取给于外贩,尤当早为留意。查江安粮道有存储还漕一项,计二万八千余石;安、庐、凤、淮四府各项共计九万余石,应差京官一员前往确查,分别留运平粜,以济民食。但地广人稠,此数未必敷用,必设法多储方觉宽裕,着九卿速议具奏。因议定:令该督抚动帑委员赴产米地方采买，再照河工议叙贡监之例，将银两改为本色输纳，分别府州县之大小，酌量应输米谷之多寡，捐足停止，所收米谷应用平粜散赈之处，该督抚具题动支。

又令杭州建仓，以浙商输银买米存储，照两淮盐义仓之例，随时平粜。

五年，以清查江西仓谷暂停粜三之例。时命署巡抚迈柱清查江西仓粮，奉谕旨：闻江西仓储亏空甚多，向来仓谷旧例，存七粜三，原为青黄不接之时用以接济民食，今裴徟度因各州县亏空，竟借此为那补遮掩之计，若仍听其存粜，则盘查难于清楚。着从雍正五年将粜三之例暂行停止，俟各州县仓谷查清之后，奏闻再行。

又令：两淮近灶之地建仓积谷。煎盐灶户皆居住滨海之地，离城最远，每遇歉收之岁，觅食维艰，若远赴盐义仓运致米石，重劳往返。奉谕旨：酌立数仓于近灶之地，积储米谷以备贫苦灶户一时缓急之用。

又令：湖广买储谷石并开事例以裕积储。湖北、湖南现存常平仓谷麦及截留漕米，统计止五十余万石，视他省积储较少，议照江、浙二省，现开捐纳贡监事例，饬各府收捐本色，实储在仓，以备东南各省拨运平粜之需。

又拨浙江谷石运往福建协济。先是，二月，以福建米价昂贵，从督臣高其倬之请，拨江苏米十万石运往。至是，浙江巡抚李卫请于温、台二府属拨运谷七万石，仍令各属动银买补，闽省解价还项。其截留浙江漕米十万石，易谷二十万石，由海运赴闽，亦将截留粜价分拨各属，于秋成买谷还仓。

又增定浙江常平仓捐谷数目。先是，浙江常平仓捐数止议七十万石，业经捐定。抚臣李卫以浙省人民众多，各县存谷无几，兼以接壤闽省，常需海运，请于前定捐数外，加倍捐至一百四十万石，按大中小县分别存储。从之。

又令：浙江省采买川米。先是，四年，浙江巡抚李卫请动浙库公项银十万两，委员赴川采买米石，以备浙、闽两省缓急。得旨允行。至是，川米运回，正值杭、嘉、湖价昂之候，随令平粜。复允李卫请将粜米归款银借动五万两，并各商公项银三万两，再委员往川采买，亦俟运到分款存储。

又定常平仓盘查事例。议定：各省常平仓，每年春间出借，秋后征还，务于十月内全完，造册送部，岁底，令知府、直隶州盘查，逾限不完或捏造，俱行参处，仍照数追赔。如有影射作弊、冒借入己者，绅衿黜革，牙蠹拿究，所欠谷石加倍追还。乡保有无受赃，分别治罪。再，仓谷出粜之时，奸商势豪串通捏名、零星籴出、囤积射利者，地方官严禁之。州县以粜借为名、掩饰亏空者，分别侵那定罪。其盘查之道府州并该管之督抚隐匿徇庇，照例处分，仍将所亏仓谷着落分赔。

又清查湖广社仓亏空。署湖广总督福敏参奏亏空社仓各员，请分别议处。得旨：社仓之设，所以预积储而备缓急，朕御极以来，令各省举行，曾屡颁训谕，务俾民间踊跃乐输，量力储蓄，不可绳以官法，诚以官法相绳，则勉强催迫，转滋烦扰。唯期设法开导，使众乐从，不致一毫扰累，乃为尽善也。数年之内，各省督抚奉行最力者，唯湖广总督杨宗仁。今据福敏陆续盘查，具奏前来，始知原报甚多，而现储无几，此中情弊，想因不肖有司侵蚀入已，或那移以掩其亏空，又或杨宗仁锐于举行，而各官迎合其意，虚报谷数，以少为多，均未可定。总之，举行社仓之法，其中实有甚难者。我圣祖仁皇帝深知其难，是以李光地奏请而未允，张伯行暂行而即罢，此实事势使然也。以民间积储言之，在富饶之家自有蓄积，虽遇歉收而无藉乎仓谷，则当输纳之时，往往退缩不前。至贫乏之家仰给社仓固为殷切，而每岁所收仅供生计，又无余粟可纳，以备缓急，此责诸民者之难也。至于州县官实心视百姓为一体者，岂可多得。今以常平之谷为国家之公储，关系已身之考成尚且侵欺那用，亏空累累，况民间之社仓，安能望其尽心经理，使之实储以济用乎！朕之举行社仓，实因民生起见，又诸臣条奏多言之凿凿，是以令各省酌量试行，以观其成效何如，并非责令一概施行也。湖广社仓亏缺之数，即交与福敏悉心清查，倘谷已如数交仓，而州县侵蚀那移，忍以百姓预备之需、充一己之私用者，着即于原侵那之州县名下，严追赔补；或民间原未交仓，或交仓之数与原报之数多寡不符者，若必欲令民间照数完纳，恐小民力有未敷，未免竭蹶，非朕曲体民隐之意。福敏办理此事，必须至公至当，方与吏治民生两有裨益也。自古有治人无治法，必有忠信乐善之良民方可以主社仓之出入，必有清廉爱民之良吏方可以任社仓之稽查，各省官民果能实力奉行而善全无弊，朕实嘉之。至于绳以官法而好尚虚名，则有司奉行之不善，负朕本意矣。

又清查福建常平仓亏空。谕内阁：常平仓谷，乃民命所关，数年以来，朕为此事宵旰焦劳，谆谆告诫，若地方大小官员苟有人心，断不忍置之膜外。查福建通省应储米谷共一百七八十万石，为数可谓足矣。乃上年稍觉歉收，米价略涨，而地方大小官员与兵民之心惶惶以缺米为虑，彼时朕即疑闽省积储之数必有亏空，故地方情形若此也。近闻闽省各属仓谷钱粮虚悬者甚多，有银谷两空者，有无谷而仅存价值者，至于实储在仓者则十无三四。向来直隶、江西二省仓储不实，经朕特遣大臣前往逐一清查，并遴选人员，命往将亏空之州县官即行更换，是以二省仓谷渐次清楚。今闽省积弊若此，亦当特遣大臣会同新任巡抚常赉，将通省仓谷秉公据实，一一清查，如有查出亏空之州县，并失察之知府等官，即将伊等解任审追，务期彻底澄清，不使丝毫蒙混，以副朕察吏惠民之至意。

又奉谕旨：福建通省仓谷亏空甚多，朕特遣大臣等前往盘查，但恐不肖有司等闻钦差将至，向绅衿富户那移借贷，以掩饰其亏空之项，而绅衿富户等或畏其威势，或迫于情面，不得已代为应付，以图掩饰弥缝于一时，均未可定。朕此番之差遣大臣清查，断不容有丝毫之蒙混隐匿。倘将资财谷米借出便为官物，断断不能退还，用是明白晓谕，俾勿堕贪官劣员之术中，使地方积弊永除，而后任官员亦共知警戒，不致仍蹈前辙。着将此通行福建郡县乡村咸使闻知。

又命设米谷仓六所于江南泰州、通州、如皋、盐城、海州、板浦附近商灶地方，以备赈济。又议定山东社仓事例。先是，巡抚塞楞额言：济南新建社仓，请交与盐法道经管。奉谕旨：以社仓之设，应听民间自便，若以官法绳之，必致滋扰，着另议具奏。寻塞楞额议：新建社仓，交与历城县管理，令该县劝谕绅衿士庶，量力捐输，臣仍率同司道各官，每于秋后量力倡捐，无论米谷、豆黍，随便籴买，新建社仓一百二十间，尽可收储米谷之出入。在民捐者，令历城县收发稽查，在官捐者，委之济南府，下户部议。寻议：社仓之设，原以乡居之民离城窎远，不能仰给常平之粟，是以于乡村建立社仓，以民间之蓄积济民间之缓急，出入收纳，听民自便，是社仓所以补常平仓之不及也。今于济南府省会之地建立仓厫，将民捐米谷委官收发经管，是常平而非社仓矣。应令该抚饬令府县官劝谕绅衿士庶，量力捐输，于该地方乡官士人内择公正殷实之人二名，立为正副社长，俾其经理，该县不时稽查。如该社长出纳有法，照例分别奖励；倘有渔利侵那情弊，即行黜革治罪。至各官所捐米谷，应如该抚所奏，令济南府收发稽查，饬该府加意经理，倘有不肖有司将官捐米石那移侵蚀，即指名揭参治罪。所建仓厫一百二十间，令该抚酌量应用，分为二所，以民捐者为社仓，官捐者为常平仓。从之。

六年，设立八旗米局。奉谕旨：闻兵丁等于京通二仓支领米石时，每因脚价之费卖米充用，致有不计其米之接续，辄以贱价粜，及至缺乏，又以贵价籴，此甚无益于兵丁者也。现今旗下俱有官房，或按八旗设立八局，或按满洲、蒙古、汉军旗分设立二十四局，将兵丁欲卖之米以时价买储，及其欲买则以平价卖给，如此，似于兵丁大有裨益。着管理王大臣等公同详议。寻议：八旗按满洲、蒙古、汉军旗分设立二十四局，通州按左右二翼设立二局；京师每局给银五千两，通州每局给银八千两。其八旗之二十四局于各旗官房内拣用，本旗若无官房就近拣用。其通州米局，于仓附近处择内务府官房二所应用。八旗米局，每局选贤能官二员，领催四名，令其办理。通州二局，每翼委官四员，领催八名办理。各局应用写算之人于兵丁内派委，量米之人于旗人内雇用，通州每翼挨旗各承查一年。设立米局以后，禁止在他处私行粜卖，每旗各派参领一员，令其稽查，违禁治罪。或被旁人拿获，将稽查之参领及都统等一并议处。其管米局之官员等，如果作弊侵渔之处，令该管大臣等严查治罪。若果生息有方，于应升处列名。或该旗大臣等怠玩不以为事，致有亏折者，将所折银两着落派出之员赔补。有不能完纳者，着该管大臣赔补。俟至一年，将用过银两及所得利银数目算明具奏。得旨：如议行。

又截留浙江漕粮运赴闽省平粜。

七年，定闽省采运米石之例。闽省台属各县仓储，向例每年拨粟十万石，碾米五万石，运往泉、漳二府平粜。至是，总督高其倬言：台属粟石止可存备全台并厦门、金门等处兵粮。请将官庄现存粟四万九千余石、价银七万三千四百余两内抽拨采买，运往泉、漳二府，永为定例。从之。

又定潮州城守各营储谷之法。议定广东潮州城守三营买谷三千石分储，于青黄不接之时借给，俟散饷时照数扣除，概免加息。令各营将备经管，倘有侵那缺少，照正项钱粮例追赔治罪。

又颁发社仓谕旨，令陕西督抚勒石宣布。先是，陕西总督岳钟琪遵旨设立社仓，于雍正四、五两年耗羡银内，拨发各州县十四万五千八百余石，采买谷麦，每社一千石，盖仓收储，以资借放。令署督查郎阿、巡抚武格，按乡分社，公举仓正、仓副经管。至是，岳钟琪言：陕西大僚皆不知臣原奉恩谕之由，每遇州县请领社仓银两过于慎重，戒谕甚严，州县亦怀贻累之忧，又畏积储亏空，严例处分，将所领银两不肯交与仓正、仓副，仍勒令里甲押运。又有令胥役家人幕客收放者，始而勒买，继而勒借，陕省百姓竟呼此项谷麦为皇粮，其所以然者，只以因民所利之明诏未颁，是以在官、在民之界限不定，伏祈特颁社仓谕旨，交督抚恭录镌石，每一仓颁发一本，张挂晓谕。臣又谨拟社仓条约十六事，亦请发各社仓，使乡愚共晓，则每年收放皆有程序，庶可久而弗替。上可其奏。特谕曰：朕惟国家建立社仓，原令民间自行积储，以百姓之资粮①，济百姓之缓急，其春贷秋偿及滋生羡息，各社自为经管登记，地方有司但有稽查之责，不得侵其出纳之权，此社仓之古法也。是以各省有请立社仓者，朕皆令其听从民便，无得强勒捐输，绳以官法，以致便民之举转为民累，所以晓谕各省督抚者，不啻至再至三矣。从前岳钟琪在京时请于通省加二火耗内，应行裁减每两五分之数，且暂行征收，发与民间采买谷石，分储社仓。俟采买数足，即行裁减，是以暂收耗羡之中隐寓劝输之法，实则应行酌减之耗羡即小民切己之资财，而代民买储之仓粮即小民自捐之积储，此藏富于民之良法，最为切实而易行，是以俞允所请，令其办理。乃陕省官员不知此项谷石本系民资，又未识从前岳钟琪奏请之由，以为收储在官，即是公物，不肯付民经管，而胥吏司其出纳者，遂有勒买勒借之弊，殊非数年以来朕之周资详画、多方生养斯民本意矣！今特降谕旨，将朕允从岳钟琪之请并岳钟琪陈奏原委明白晓示，着署督查郎阿、巡抚武格刊石颁布，俾各州县乡社小民咸知朝廷经管设法之盖藏，实百姓自为敛散之资用。倘地方官有于社仓谷石创议交官不交百姓，或指称原系公项预为公事侵那之地者，俱以扰挠国政、贻误民生论，从重治罪。其岳钟琪所拟社仓条约，着户部抄录，交与该督抚分发各州县刊刻木榜，于各乡社仓竖立，以为永久程式。

又以右翼四旗通州米局生息，定三年查核例。署正黄旗都统觉罗伊里布等言：右翼四旗通州米局领户部银八千两，斟酌足用，自雍正六年三月起至本年三月，共生息银四百余两，请将此银仍留在右翼通州米局内买米生息。得旨：米局之事，着三年查奏一次。

又饬州县建造仓厫。奉谕旨：常平积储，必须仓厫坚固始可为经久之计。闻各省中偏僻之邑，竟有向来本无仓厫，或寄顿寺庙，或借于绅士富户之家，而霉烂亏折，生事滋扰之弊多由此起，大非朕慎重民储之意。凡

---

① 资粮，资财和粮食，也叫食粮。

各省未有仓廒之州县，着该督抚即行建造。

又申明社仓借给贫民谷石之例，从监察御史晏斯盛请也。凡遇荒歉，贫民借领仓谷者，每石止收息谷十升；遇小歉免取其息，仍如本数还仓。谕：奉天有司劝谕百姓积储，将军多索礼奏报奉天秋成大稔。奉谕旨：奉天地气干燥，不比南方潮湿之区，正当乘此丰收之时，以为储蓄之计，着该地方官通行晓谕劝导。若有谷之家果能留心积储，至于谷多价贱、难于出粜者，着即奏闻，朕当发官价籴买，或从海道运至京师，俾积谷之家实获利益，必不使有谷贱伤农之叹也。

又令：安西地方动支官银籴买盈余谷石。署川陕总督查郎阿言：招往安西沙州等处屯垦民户，所种小麦、青稞、粟谷、糜子等项，计下种一斗，收至一石三四斗不等，其余各色种植亦皆丰厚。臣恐口内奸贩囤户闻粮多价贱，兴贩射利，已令总兵、道员严行查禁，并传谕民户，按一年所需扣存外，其余即在本处粜卖，以济兵丁、商民口食。得旨：民户盈余之谷，原期粜价以为日用之资，若本地籴谷者少，则出粜未免艰难，不可不为计及。着该地方官酌量本地情形，不必相强，若有将盈余之谷情愿出粜者，着动支官银照时价籴买，存储公所，明年倘有需用，听办理军饷之大臣及该督抚行文支拨。安西现有备用银即可动用采买，再于西安藩库拨补还项，此朕体恤民户，俾粜谷得价、用度丰裕之至意。着地方官善于奉行，不可勒令粜卖，生事滋扰。

又增定浙江购米分储之数。浙江总督李卫言：足食所以养民，有备始能无患。近因部臣励廷仪奏，"请将米多仓少之处粜出，余银批发仓多米少之州县"一例，买谷存仓，此亦酌盈剂虚之善策，但止就仓廒之多少以为米谷之去留，设遇人口繁多，产米稀少，又系水陆适中转输便易之州县，而因其仓少遂将仓外余米尽行发粜，则有不足之虞。若地处偏僻，需米无多，以仓有空闲必欲购买储足，亦恐徒滋红朽。臣愚以为仓多仓少之处，止可计米以定廒，未可就廒以定米也。即如浙省温、处各属，旧存谷石有一二万、三四万不等，嘉、湖、宁、绍等处少者四五千、多亦不过七八千，唯省城旗营驻防更为紧要，永济仓捐纳补漕案内，应购米四十四万余石，除分储金、衢、严三府及备借兵米外，余悉储本仓。今酌定应储谷四十万石，抵米二十万石，其余共应买谷四十八万余石，于通省中按县分大小、水陆冲僻，或仅为本地之储积，或可备邻境之转输，酌定数目，除原存外少者添拨，每年存七粜三，秋成补还，则存仓之成色必高，而积久之折耗可减，于储备似为有益。事下所司议行。

议定山东储谷额数。议准：山东各府并附郭首县储谷二万石，大州万八千石，中州大县万六千石，中县万四千石，小县万二千石；大卫万石，中卫五千石，小卫二千五百石；大所三千石。以此定额。其地要民稠，或积洼易潦者，酌加二、三千石。如有阙额，动帑买补。

八年，准：淮商领运湖南仓谷，仍令商人即于湖南需米处粜卖。先是，六年，湖南布政使赵城言：湖南现储仓谷六十余万石之多，又有收捐谷石，本省可云有备，但地势卑湿，请分拨别省，令来楚运往，以免霉变。下户部议。嗣议：应行文江浙督抚，令其详酌，如有应需谷石之处，即委员转运。得旨：俞允两淮巡盐御史噶尔泰言：据两淮商人黄光德等具呈，情愿出资将湖南积谷三十余万石照依原买之价交纳湖南藩库领运，随地随时售卖，仍将所售价银缴纳运库。从之。至是，湖南总督迈柱言：今年湖南岳、常二府微欠雨泽，正在动用公项银一万两买米备粜，而储仓之现谷与其照原价以给商，不若留俟来年春夏照原价平粜以济本地之民。似应饬商暂停领卖，俟明年无需用之处，仍听该商领运。奉谕旨：向因湖南抚藩皆言地方积谷甚多，难以久储，奏请分拨别省以免霉变，是以两淮商人有赴楚领运效力急公之请。今商人既已交价，而迈柱又称楚南需米，请饬商暂停领卖，是湖广督抚藩司前后自相矛盾也。湖南现储谷六十余万石之多，欲分拨别省以免霉变，则本省府县有需米之处，正可将此奏闻平粜，以济民食，而迈柱乃云正在动用公项银一万两买米备粜，是迈柱之奏又自相矛盾也。且迈柱又称此时饬商停运，俟楚省不需米谷之时仍听该商领运，是米贵之时则令商人停运，而米贱之时则令商人领卖，亦甚非情理之平。查从前噶尔泰代众商具奏，原有随时随地售卖之语。今江浙俱获丰收，米价甚贱，湖南既有需米之州县，着该商仍照前议领米，即于湖南需米之处照时价粜卖，不许地方官抑勒商人，亦不许商人高抬价值。倘商人获有余利，听其自取，不许交官。如此，则淮商领米得以贸易，而楚省积谷仍得流通，于商民均有裨益。湖广督抚等即遵谕行。

又令：奉天近海州县运米二十万石至山东平粜。又令：东省灶谷交附近仓厫存储。东省十场二县存储灶谷八千三百石零，旧无仓厫收储，又从无动用之处。至是，议令：归并附近仓厫存储，其有相隔州县稍远者，于明春青黄不接时减价粜卖，所卖银两俟秋成后照数买交附近州县仓厫收储，遇有应行赈恤之处，同民户一体赈恤。

又令：湖南、湖北二省动支藩库银采买新谷收储。谕户部：今年江南、河东等省间有被水州县，已降旨发粟蠲租，加意抚恤，犹恐明春青黄不接之时不无借资邻省。湖南、湖北二省，向来积谷甚多，今年又复丰收，谷价大减，民间出粜维艰。朕特思酌盈剂虚之道，着将从前商捐及耗羡银存储藩库者动支五万两，遴员分往所属丰收价平之处籴买新谷，暂行收储，俟邻省需米平粜，即令委员来楚照原价先尽仓储之谷交买运回，以济民食，仍将新谷补仓价银还项。如此，则邻省无贵籴之虞，而楚省又得出陈之益，事属两便。

又添设五城通州米厂。内阁奉谕：今年直隶近河地方，虽有被水一、二处，其余州县俱各十分收获，何以米价昂贵，着大学士询问九卿，并将如何使米石价平之处详议具奏。寻议：目今米价较春间俱属浮贵，五城各厂买米人多，每至拥挤，请于每城暨通州各添一厂，将成色米石广为减粜。至城内八旗及通州左右两翼米局，系收买之好米，请照春间市价量加五六分，如从前价值稍浮，照现议价值发卖，并行令步军统领、顺天府严查窝囤之弊。其各处卖米之钱，请照户部从前所奏，于每月兵饷内量加支放，俾钱米价俱疏通。至于成色米石，价值既贱，尤便民间，应随时发粜，不必拘定米数，俟价平应停之时，户部再行奏闻。从之。

九年，以山东水患，发米二十万石平粜。

又发仓米五万石于五城平粜。禁八旗米局粜卖增价，从大学士马尔赛等议也。

又拨运浙江米谷至淮北、山东平粜。先是，八年，夏秋之交，淮北、山东接壤州县被水。至是，以浙省永济、盐义二仓及附近水次州县谷石运至该处平粜，从浙江总督李卫请也。

又拨天津奉天等处粟米，并截留江西、湖广漕米至山东分储。东省被水州县赈济所用之谷，今于通省见存新收粟米拨十五万石，再简科道官三人，动支帑银往天津等处率地方官买粟五万石运至山东，令于德州、常丰、临清等仓收储；再于奉天拨粟二十万石，由海运至天津，再雇民船运至德州，交与山东地方官运送其东昌以下之近水州县；将江西、湖广漕运截留三十万石，令该抚分拨存储。

又令：直隶各属发存仓米谷平粜。上年直属夏秋间有被水州县，业经议准，无论成灾不成灾，俱发存仓米谷，减价平粜，米价渐平；而未被水各州县尚不无米贵之处。至是，复令将各属存仓米谷，多者粜三留七，少者粜五留五，有更少者则于邻邑酌拨，以均平粜。

又定湖南常平仓采买盘查处分。湖南各属常平仓，雍正五年存七粜三者三十八州县，尽数减粜者二十五州县，岁终册报买补者仅有其半，并无府结到司。巡抚王国栋言：嗣后，请将平粜价银解府州储库，秋间具领买补，倘遇谷贱，领价盈余令其尽数买储。若秋歉谷贵，买补之价浮于减粜之价，州县不能赔垫，亦令报明具题酌给。现今委员递盘，如果颗粒无亏，具结详报。倘有缺少亏那，或折价抵谷及将行户领状混行掩饰者，立即揭参，仍令解任赔补。至该管道府亦定限于十月内盘明，加结详司，年终据实总册汇送，逾十月不行详揭者，即照徇庇例参处分赔。疏下户部议行。

又令：江苏各属增储仓粮。江苏所属十三府州，地广人稠，需用米谷甚多，备储仓粮视浙江、河东等省独少。至是，议令：照雍正五年所定数，大县一万五千石，中县一万石，小县八千石，谷则倍之。凡遇青黄不接之际，酌量粜卖，不必拘定存七粜三，仍令秋成领买还仓。至江、苏、常、镇四府，户口尤多，令于水路冲要之地另建府仓，各储五万石以备转运。

又以川省积储数少，议：增储至百万石。先是，四川总督黄廷桂等言：川省存储米谷通计止四十二万石，请将川省常平仓捐例改谷作银，随时籴买，并酌开事例，买谷存储。得旨：川省乃产米之乡，积储易于为力，该督抚请开捐纳，误矣！况改谷折银，又复将银买米，徒滋弊端；但通省积谷止四十万石，为数实少，应如何增储，着大学士等详议。于是议：除现存米谷外，再买储六十万石，有百万之蓄度足备用。请分作三年，约计每年买谷二十万石，每石约价三钱，需银六万两，于夔关及盐茶盈余银内动支。至各府州县应分储若干等事，宜令该督分别详定。得旨：依议速行。但每年谷价贵贱不等，如画定三钱，恐价贵时或致抑勒强买，价贱时不免侵渔冒销，着再议。寻议：如遇价贱不及三钱，即可过于二十万石之数，或价值甚贱，应量加银两，及时采买。倘不止三钱，亦可不及二十万石之数。或价值甚贵，应停止采买，以待来岁秋成。总于三年内通融筹划，买足六十万石之数。从之。

又议定广东琼州等镇协积储之数。以广东琼州镇琼协、龙门协、香山协、虎门协、广海寨，僻处海外，应预筹积储。议定买谷一万六百石，分储各镇、协、营，遇青黄不接之时，借给兵丁，秋收照数买补，概免加息。

十年，令：甘、凉、肃三州改捐米石以备积储。大学士鄂尔泰等言：甘、凉、肃为军需汇齐之地，仓储紧要，请将现行捐纳款项改折本色粮石。得旨：依议。边地改折米石，于军需诚为有益，但在本地采买，恐价值腾贵，转于军民未便，除甘、凉、肃本地民人准即以所有粮石缴纳外，其他处捐纳人等俱应在别处运交，不得于甘、凉、肃采买。着署督刘于义等通饬晓谕，并稽查禁止。

又定江苏崇明县仓积储。崇明孤悬海外，地不产米，议准：于积储项内拨米一万石收储县仓。

十一年，饬川省开米禁。先是，雍正九年，巡抚宪德以川省米价稍昂，又复碾办军糈①，奏请暂禁商贩。至十年，川省收成丰稔，米价平减，仍照前禁止未开。至是，奉特旨申饬，令宪德速弛其禁，毋蹈遏籴之戒。又奉谕旨：前据顾琮等奏请，顺天、天津等七府五州酌量领运北仓米石，以备平粜，并将所存仓谷存七粜三，以济民食，朕已允行。今思目下正当青黄不接之时，粮价渐昂，各处皆有常平仓谷，其存储万石以外者准存七粜三，万石以内者于粜三之外酌量加增，存储甚少者或添运北仓漕米，或拨领邻近仓储，务令各处米价得平，小民易于籴买。

又令：浙江动支公项于湖广等省采买米谷。先是，十年，浙省秋成歉薄，仓谷不敷接济，议令动支盐库银五万两，委员分往产米地方采买，以资平粜。至是，总督程元章以杭城五方杂处，拨济仍艰，再请动盐费备公银五万两，照例增置。从之。复议定：每年令该督酌定米数，于秋收时动项赴湖广等省采买，分储省城永济仓及杭、嘉、湖所属州县，以备歉岁平粜之用。

又令：福建分地采买并将台湾社谷拨运分储。闽省地处山海，田产无多，雍正五年截留浙漕十万石，并采买米谷共二万九千余石，节次粜卖，存价六万余两。至是，总督郝玉麟请分地采买，以广仓储。寻议定：以一万两于楚省买运，并将台湾凤山县八社积谷酌拨十万石赴福、兴、漳、泉四府分储，来岁将平粜银发交台湾，秋成采买还仓。

又令：直隶喜峰口建仓存储谷石。议定：喜峰口为蒙古往来之路，粮石不可不备，令于永平府属量拨谷八千石运送喜峰口，建仓存储；添设巡检一员以专责成。

---

① 军糈，军粮。

又令：直隶各属添建仓廒，拨谷分储。顺天等十府，冀、赵等五州现存各项，并应买还本色，共谷二百一十五万余石，酌量大中小治匀拨备储，仍令动项添建仓廒。

又议定：江苏各属添储仓谷六十余万石，动用司库酌留并捐项银三十余万两，购买存储。

又定广东买补仓谷之例。议准：广东每年粜三仓谷，自九月以后、数在四千石以下者，定限两月内买补足数；四千石以上者，三月内买补足数；九月以前有能先买者听便。

又令：借给社谷，务速行便民。奉谕旨：各省州县设立社仓，原以便民济用。闻直隶百姓借领社谷，必待督臣咨请部示而后准行，往返动经数月，小民守候维艰，仍不免重利告贷之苦。着该督李卫变通办理，咨报存案，嗣后遵照施行。

又令：贵州古州、都江建仓积储。时黔省新辟苗疆，安设重镇，议令于广西浔州沿河等仓拨谷五万石，分运古州、都江，古州建仓六十间，储谷三万石；都江建仓四十间，储谷二万石，以资平粜。

又设四川潘州等营仓并定储米之数。四川潘州、达建寺二处新设官兵，议于潘州协标储米三千石，达建寺营储米五百石，交营员收管，以资兵丁借支平粜之用。又议令：新设苗疆河西七儿堡建造仓廒，储米二千石，交与该同知会同营员收管。

十二年，令：福建厦门买储谷石。福建水师提督王郡言：厦门一岛，地少人多，兵民食米应为筹划。查提督衙门有营房、鱼池等租银，每年可得五百余两，请买储谷石。从之。

又以江苏地方雨水稍多，命将乙卯年漕粮于被水州县截留平粜。

十三年，准陕西买麦豆备储。陕西巡抚史贻直言：陕西仓谷虽统计百余万石，数年以来，运济军需已动过西、凤数府州谷六十七万石，现在存储有限，是以节次动项采买，储谷三十四万二千余石，尚少谷二十余万石，应俟秋成买补。但谷价之低昂难以预料，况从前未还，及今春借粜之谷，均须秋后还仓，为数既多，一时未易采买。现今麦价平贱，应乘时动支五万石价银买麦存储，俟明春出借，仍照一麦二谷之例，易谷还仓。再，陕西豌豆连岁薄收，而军需孔亟，贵买则靡费国帑，核减则苦累小民。不若及时买备，庶为善策。今岁豌豆丰登，价值平减，亦应动支五万石价银买豆储仓，以备拨济。从之。

又议行平粜仓谷三事。内阁学士方苞条奏：一、仓谷每年存七粜三，设遇谷价昂贵，必待申详定价示期，穷民一时不得邀惠，请令各州县酌定官价，一面开粜，一面详报，俾民均沾实惠。一、江淮以南，地气卑湿，若通行存七粜三，恐积至数年必有数百万霉烂之谷，有司惧罪，往往以既坏之谷抑派乡户，强授富民，请饬南省各督抚验查存仓谷色，因地分年酌定存粜分数。其河北五省倘遇岁歉，亦不拘三七之例，随时定数发粜，秋收如数买补。一、谷之存仓，则有鼠耗，盘粮则有折减，移动则有脚价，粜籴守局则有人工食用，春粜之价即稍有盈余，亦仅足充诸费。请饬监司郡守岁终稽查，但查谷数不亏，不得借端要挟。倘逢秋籴价贱，除诸费外果有盈余，详明上司，别储一仓，以备歉岁赈济之用。俱从之。又令直隶买麦收储。时直隶二麦丰收，准于司库存公银内给清河道二万两，天津道万两，大名道三万两，霸昌道万两，河间府二万两，分发各属，于麦多价平之州县尽数采买，收存本仓，每年易谷积储。

又酌定奉天州县米石采买粜卖之例，所存黑豆亦如之。以锦县、宁远州户口殷繁，且系沿海地方，米可接济邻省，议令各储米十万石。盖平、复州、海城等处，滨海潮湿，难以久储，各存米四万石。金州现存米六千余石，毋庸议增。其不沿海之承德、铁岭、开原三县，各存米四万石。辽阳州、广宁县各存米五万石，亦毋庸多储，以滋潮浥。永吉州现存仓谷一万石，仍令照旧收储。义州新设，每年征收地米，陆续盖仓，俟有成数，再议存留。长宁县虽地僻民稀未便，并无积储，酌令建仓储谷五千石以上。凡现存米石不足议存之数，饬令买补易换，一并储仓；有逾额者悉行粜卖，将价银解部充饷。至黑豆一项，供应驿站外所需无多，除向无储豆之永吉、长宁、复州、宁海毋庸议外，余锦、宁等九州县量为存留三千石、二千石不等，盈余不足者，亦照米石例办理。

又定云南社仓之法。云南设立社仓，通计一省所捐谷麦七万余石，其中十石以上者仅二十余处，此外皆数百石、数十石，亦有全无社谷者。至是，议准：云南各属皆有常平仓及官庄等谷，存储尚多，可酌量暂拨以作社本，将社仓存储未及千石者，按地方之大小计存储之多寡，于该处常平、官庄等谷内拨动五百石或八百石作为社本，令社长一并经管，出借穷民，秋成加一还仓，小歉免其取息，归于社仓项下积储，俟积有千石，仍将原动常平等谷归还原款。

皇朝文献通考卷三十六

市籴考五

籴

乾隆元年，以山西米价昂贵，令发社仓积谷二十余万石，照例出借外，余皆酌减价值，及时发粜，以裕民食。

又令江西买谷分储。江西早谷丰收，议动存公银买谷十万余石，令各府州县分储，以备缓急。

又准甘肃平、庆二府买粮积储。甘肃平凉、庆阳二府，所储食粮不足敷用，大学士管川陕总督查郎阿，请于陕省拨粮八万石，以六万石接济平凉，二万石接济庆阳，因言甘省民人素无盖藏，每遇丰收之年，民间尽出所有以市卖，则粮价顿减。若稍有歉收，百姓素无积蓄，粮食稀少，则价值顿昂，甘属通省皆然，而平、庆二府尤甚。盖因地瘠民贫，一切费用皆仰给于所收之粮，有不得不粜之势。迨至争欲粜卖①，价值平贱，所得无几，是以丰收之年转受粮贱之累，名为"熟荒"。今岁五谷丰收，请于平、庆二府秋收之后，随时随地按市价采买，使民间不受熟荒之累，而仓储常有充盈之庆。嗣后，甘省凡遇丰收之年，皆请照此办理。从之。

又禁粜买派累之弊。奉谕旨：积储平粜之法，原以便民，乃闻各省州县于仓谷出入竟有派累百姓者。当出粜之时，则派单令其纳银领谷若干，及买补之时，则派单令其纳谷领银若干；纳银则收书重取其盈余，纳谷则仓胥大肆其抑勒，甚至以霉烂之谷为干洁，小民畏势不敢不领，唯有隐忍赔累而已。更有山多田少之地，产谷无多，而该地方官不能向他处采买，

---

① 平粜，指平价出售粮食。

但按田亩册籍核算发价，派令百姓将田亩岁收之谷交仓，绝不为民间计及盖藏，至有十余亩之田，而亦责其承买谷石者。在附郭居民去仓厫不远，尚可就近转输，至于远乡僻壤，离城或百里或七八十里之遥，亦一概令其领银纳谷，小民肩挑背负，越岭登山，穷日之力，始至缴纳之所，而奸胥、蠹吏又复任意留难。及平粜之日，而穷远乡村更不能均沾实惠，是徒有转运之苦，而不获蒙积聚之益。夫良法美意，行之不善，流弊种种。其作何变通之法，使闾阎实受籴粜之益，而无有扰累。各该督抚大吏当悉心筹划，令有司实力奉行，以副朕爱养斯民之意。

又议定湖南等省常平仓谷存粜之例①。以湖南各属地有高下燥湿之不同，常平仓谷存粜之数应因地制宜，因议定湖南省列减粜为三等：长沙等四十五府州县地势干燥者，仍存七粜三；永州等三十一府厅县卫地势稍湿者，存半粜半；龙阳等四县地势尤湿者，粜七存三。倘民间有不须籴买或不能粜半粜七者听该管官随时斟酌。又四川龙安、宁远二府并茂州所属及雷波卫、黄螂所等处，地居边荒，风土较异，兼之积储杂种性不耐久，令每年粜半存半，余循例存七粜三，偶遇歉收，不拘成例，酌量借粜。

广东平粜仓谷，令将沿海卑湿之广州等七府、南海等三十九州县、新安等二县丞所管，准其存半粜半，其无可减粜之嘉应、清远等十四州县亦如之，南雄等三府、罗定、三水等三十六州县，既非沿海卑湿之区，照例存七粜三。

明年，又以安徽地高土燥之滁州等七州县及凤阳、颍州二府，石埭等十二州县常平积谷，照例存七粜三，其临近江湖地形卑下、湿气最重之安庆等十府州、怀宁等三十八州县，减价粜半存半。

又增设广东左翼镇标营仓。先是，议准：总督孔毓珣奏，请于广东边海营分择其最紧要者设立营仓，买谷存储。嗣又从总督郝玉麟请，增置营仓五处。至是，总兵黄锡申言：广东左翼镇逼近边海，亦属人稠谷少之区，若谷价稍昂，兵丁艰于买食，应照各营设立营仓以济不给。请动镇标现存公粮银一千一百余两，买谷三千石，设仓存储，于青黄不接时匀借兵丁，秋收买补。其应设仓厫，即查营中空闲房屋改造。从之。

二年，以京师雨泽愆期，米价稍长，特旨发通仓米，每城各二千石，共设十厂，减价平粜，并严禁富户假托贫民贱买贵卖及兴贩窝囤之弊。寻

---

① 存粜之例，指常平仓存粮和出售更新的条例（公约）。

准户部议：于京师四乡添设八厂，广行粜卖。吏科给事中马宏琦言：京师五城奉旨发米平粜，倘有不敷，再行拨给，所以矜恤穷黎令无乏食也。司其事者，理宜实力奉行，源源发粜，俾官米流布，市价不期而自减，庶无负我皇上加惠元元之至意。今查五城各厂，每日所卖粳米仅一二石不等，夫以京师数百万户，口食所需不知凡几，而各厂粜出粳米之数若此其少，此非小民之不乐于赴籴①也。如现在京通各仓气头廒底②之米，运储五城发粜者，每日尚粜百余石，此项减色之米，若按成计算春碓，折耗其价，实与十成粳米无异，乃十成者所卖甚少，而减色所卖较多，总缘减色米石向无囤贩之禁，司坊官无所畏避，是以尽数多粜，而赴买者亦可随意多籴。至于十成粳米，现因奸民囤贩烧锅，经步军统领衙门拿获参奏，司粜各官因而闻风震恐，畏噎废食，以规避失察之处分，遂生出不行多粜之一法。凡遇赴厂籴米者，往往过加盘诘，竟有候至终日不见升斗者。夫穷民需食，原有刻不容缓之势，官局留难，必致转购私局，是欲严囤积而奸民愈得以居奇射利③，欲除混冒而仰食穷民转无由均沾减粜之惠也。臣愚以为，查拿窝囤，法不可不严，而小贩流通，情有可恕。盖平粜官米，本为拯穷，而设如穷民以籴之所余，转行售卖，虽云违禁，而获利无多，皆为仰沾大泽，且地方有此等零星贩卖之人，则街衢巷陌俱可以食官米之利，而市米不能坐索高价矣。市米之价平，而嗷嗷八口④可以无忧艰食矣。然非定以限制，则籴粜未有定数，而官与民亦无所遵守。请嗣后五城各厂所粜粳米有听奸民串买图贩，数满十余石以及百余石者，仍严行查拿治罪。至于赴籴穷民，肩挑背负，转行售卖，总以一石为率，免其查拿以济民食。倘有故意留难，滥差生事，使官米壅积，泽不下逮者，即行参处。如此，则官米流通，市价亦平。疏下大学士九卿议。寻议：查京城附近居民贸易者多，耕种者少，粜卖官米，原以接济民食，使人人得沾减价之实惠，内外城碓房不下千余所，率每日买米春碓，肩挑出门，沿街货卖，少藉余利，以资糊口，而民间买米之人有离厂遥远，老弱妇女每藉小贩到门就便买食，此等小铺，正项有米春碓，然后米食流通，价不昂贵，且皆系本少力微，原无多囤居奇之事。若五城各官办理未协，官米不许转卖，则

---

① 赴籴，到政府临时设置的店号（厂）购买粮食。
② 气头廒底，指粮仓顶部和底部，通风条件不好，易受潮变质。
③ 居奇射利，囤积稀缺的货物，以投机取利。
④ 八口，指一家人。语出《孟子·梁惠王上》。

碓房之米来路既少，沿门粜卖价值转昂，有损无益。请嗣后五城发粜官米，如有奸民串买囤积至四五十石及买作烧锅之用者，俱严行查拿治罪外，其余肩挑背负不过数石者，概免查究，则赴厂之穷民可无盘问守候之苦，即碓房之贩籴亦收买卖流通之益，而米价可免腾贵矣。从之。

又以直属雨水过多，拨天津北仓截留漕米于被水州县减价平粜。

又令：湖南采储米石以接兵食。湖南辰州府属永绥协营兵粮不敷眷属之资，议于司库公项内动银二千两，令同城驻防永绥同知赴产米州县采买，运储高岩仓，交营员收储，遇有阙食兵丁，酌量接济。

又命：拨两淮义仓米谷减价平粜。先是，两江总督庆复言：两淮盐义仓米谷，扬州仓存十二万石，泰州仓存六万石，其余三十六万石分派上下江通融拨补。此项谷石，因今冬挑浚运河，民食维艰，仍运赴扬州平粜，将粜出价银分拨上下两江。得旨允行。至是，两淮巡盐御史三保言：淮商连名具呈，恳请减价，并将额存扬州之十二万石一并发粜，倘此十二万石内将来补买不敷，该商等情愿公捐补足。奉谕旨：义仓积储，原以惠济贫民，今大工兴举，河道不通，时值隆冬，小民生计艰难，佣工夫役，沾体涂足，俱堪悯惜。现今平粜之米，每升制钱七文，较之市价已为平减。今再格外施恩，每升减钱二文，以五文一升计算，每石仅粜银六钱有零，于小民实有裨益。俟粜完之后，将粜出价银分解上下两江，如此项谷石不敷粜卖，即将扬仓之十二万石一并平粜，此十二万石之内，将来买补缺额，众商既称情愿捐补，伊等从桑梓起见，补实仓庾，以济民食，着照所请行，但不必过于急遽。至平粜之事，在扬城者着三保会同知府办理；其山阳、高宝、江甘等州县，着该地方官办理。仍着总督那苏图、巡抚杨永斌不时查察，务使小民均沾实惠。

三年，移城内平粜六厂于城外。大学士鄂尔泰等言：五城所设米厂，六居城内，四居城外，请将城内六厂移于城外关厢①，俾城乡居民就近籴买；并将八旗兵丁应领之稉米折银给发，即以此项米石运厂平粜，每城另派御史一员稽查。从之。

又定常平社仓出借谷石，歉岁还仓概免加息。奉谕旨：乾隆元年六月，朕曾降旨，各省出借仓谷与民者，旧有加息还仓之例，此在春月青黄不接之时，民间循例借领，则应如是办理。若值歉收之年，岂平时贷谷可

---

① 关厢，城门外的街区，也就是城乡接合部。城门为关，近城为厢。

比，至秋收后只应照数还仓，不应令其加息，此乃兼常平社仓而言也。今闻外省奉行不一，凡借社仓谷石者，照此办理；而借常平仓谷者，遇歉收之年仍循加息之成例，似此则非朕降旨之本意矣。嗣后毋论常平社仓谷石，若值歉收之岁，贫民借领者秋后还仓，一概免其加息，俾蔀屋均沾恩泽。

又复设崇文、宣武门外米厂，并永定、德胜二门适中地方，添设米厂平粜，从户部尚书海望请也。

四月，于城内添设米厂三所，各拨粳米三千石平粜。

又以山东、河南二省麦秋大熟，命该抚动支库帑籴买余粮存储。

又令：四川建社仓。初，四川粜卖常平仓谷价银，除买补正项外，令将余银均买作社粮，以为民倡。寻该省士民相率乐捐，自乾隆二年秋后买储谷二千九百七十余石，捐储谷二万五千六百余石；又达州、内江等三十余处，旧存储谷二万一千石。以上合计川省新旧社谷凡四万九千五百七十石有奇，均令加紧收储，照常平仓例，每谷四百石建廒一间，其工料银于存公银内动支。

又申明直省买补仓谷之例。先是，元年，议准：秋收买补仓谷照各地方时价足数给发，不得稍有短少。至二年，又议准：被灾州县仓粮散给无存者，务于秋收丰稔之时，即题明拨银完补，以实仓储。如逢水旱价值昂贵，令将存价缘由咨部，以俟次年秋收采买。如次年仍延缓不买，以玩视仓储例参处。至是，复议定买补仓谷，严禁派累小民，及发短价低银抑勒交粮，或斗秤以大易小、以重易轻，有蹈此者，即详揭参究，督抚徇隐者并罪之。再，买补时，若秋成谷价仍昂，则就邻近价平之处，于春月购买补足；如邻近价亦未平，暂停买补，或俟次年麦收丰稔买麦收储，秋成易谷还仓；或竟俟次年秋成买谷，随时酌量办理；至仓谷无多地方，不便虚悬，令确访邻省价平之处，委官采买，其原粜价值不敷，即于通省粜价内通融拨补，倘再不足，准其将粮价运费脚费在于藩库存公银内酌量拨给；至应买若干之数，预行知受买地方，隔省则知会督抚，转行知照。买足运回之日，取具地方官印结，将数目价值一并送府验报查核。

又准：两江总督那苏图条奏，分别平粜事宜。两江总督那苏图遵旨议言：常平仓谷每年存七粜三，秋成买补，本属法良意美，只以有司奉行不善，遂至滋弊多端，自宜详定章程，庶使永远遵守。但平粜一事，原有不同：有于歉收之后不拘三分之数发粜以济民食者，有于青黄不接之际市米昂贵发粜以平市价者，有市价虽不昂贵、只因米谷难以久储、循例发粜以易新者，三项之情事既异，则随时之办理宜分。查江南省各府州县附城人民，习于经营，率皆不务农业，终年籴米而炊；居乡之民人以力田为事，秋成之后，尚有储蓄，籴米者少，此各属情形之大较也。今详细斟酌，如该地方当歉收之后，则城乡之民均无盖藏，咸资籴米，时价必至倍昂，应于城乡八方多设厂所，预定开粜日期，令村庄居民各赴附近厂所籴买，州县印官及佐杂教职分头巡视监粜，并将平粜价值大加酌减，兼应不拘粜三之数，以济穷民。如年岁原属丰稔，则乡间颇有盖藏，唯城市居民当青黄不接之际，市价昂贵，必藉平粜，应止于四城关厢及大镇集处所酌量设厂，其粜价止须视仓中米谷成色，比市价酌减一、二分，因地制宜，临时报明督抚核定发粜，不必大为减少。盖此不过藉平市价，非歉岁缺米可比，兼之买补之时，亦免不敷数多，动请拨补，徒耗公项，而奸民囤户利不甚裕，自不干蹈法纪，肆行囤积，穷民得沾实惠。至于年既丰登，市价亦不昂贵，不过循例易新者，则听各州县自行酌量，公平出粜，或稍为减价，以便秋后买补。此平粜一事，似宜分别三等办理，庶有实济。若衿户、役户、牙户、囤户以及仓书、丁役乘机串通，捏买暗窃，事在必有。查江南各州县现行保甲，逐户悬挂门牌，绅衿、衙役、商贾、庶民俱经登注，一目了然，平粜之时应令贫民各赍门牌赴厂验籴，兼令保甲稽查，自无捏买。其粜给之数，每户以二斗为率，不许过多，则囤户亦难施其伎俩。至丁役窃卖，则唯令本官于出仓之时，亲身监视，发粜之后稽核清楚，或未粜而缺米，或已粜而无价，即严行追究，自可水落石出。倘该州县仍不实力奉行，致有前项等弊，该管上司查实参处，从之。时云南总督庆复议以分设各厂，则人少易于查察，出粜时令各乡保在旁识认，如有衿户等捏名报买，即行举究。

又准：两广总督鄂弥达条奏平粜减价之法。两广总督鄂弥达言：平粜之价不宜顿减，盖小民较量每在锱铢，平粜时市价必贵。若官价与市价相去悬殊，市侩唯有藏积以待价，岂能抑价以就官！而小民之藉以举火者，必皆仰资于官谷，仓储有限，其势易罄，而商贩转得居奇于其后，是欲平粜而粜仍未平也。从来货集价落，民间既有官谷可籴，不全赖铺户之米以供朝夕，铺户见有官谷发粜，而所减有限，亦必少低其值以冀流通，请照市价止减十分之一，以次递减，期平而止，则铺户无所操其权，官谷不虞其匮，谷价可以渐平，而小民实沾其惠矣。从之。

又派员往张家口、古北口二处采买米豆杂粮，运京平粜。奉谕旨：京城米价现在不能平减，来春青黄不接之时恐益加腾贵，着派出户部司官二员、内务府官二员，于张家口、古北口二处，每处各二员，携带内库帑银前往，会同地方官将米豆杂粮照时价采买，运送来京，交八旗米局平粜，使都门兵民得资外来之米，而口外有余之粮亦不致耗费于烧锅等无用之地，实属两有裨益。嗣户部议：古北等口运到米豆杂粮，已交八旗米局存储者，各该局在内城发粜，嗣后运到俱交五城于城外关厢存储，俟来春开放平粜。从之。

又直隶总督孙嘉淦奏：明春漕运粟米请截留十万石存储天津北仓，以便分给续赈平粜。从之。

四年，截留江苏漕米二十万石以备平粜之用。

又议准西安巡抚张楷奏定社仓事例：一、社长定三年更换，以杜欺弊；一、春借之时酌留一半，以防秋歉；一、限令每年清还兼收麦石，以省拖欠；一、将借户谷数姓名，粘贴晓示，以除捏昧；一、令地方官稽查交代分赔，以专责成。

又令：江南收买民间有余麦石。户部议覆：两江总督那苏图奏言，江南各属麦收丰稔，小民有余之麦必将急于粜卖，既恐价贱伤农，兼恐奸商富户囤积射利，或贩卖出境，均与民食有关，应令各属详察本境情形，如果二麦有余，价值平减，该印官或将平粜米谷价银，或于司库拨项，在麦粮聚集处所，凡遇民间粜剩之麦，即照市价收买存仓，不必拘定数目；若麦少价昂，即行停止。所收麦石，俟秋禾一有定局，或易谷存仓，或动拨济用，总期因地制宜，随时办理。应如所请。从之。

又发帑籴口外杂粮。直隶提督永常言：今岁口外收成较往岁倍为丰稔，八沟等处民间杂粮甚多，艰于出粜，似应乘此粮多价贱之时，令地方官按市价给发官银采买。奉谕旨：着户部酌量给发帑银数万两，交与永常会同地方官采买口外杂粮，分储附近各仓，以为地方储蓄，并使民间得价以资岁底用度。

又令：浙江买补仓谷。时浙江各属买补仓谷，议令：除今岁偶有偏灾收成歉薄者暂停买补外，丰收之地将乾隆三年、四年粜谷照数买足，其余各属饬令将三年所粜之谷全行买补，四年所粜之谷在四千石以下者亦全行买补，四千石以上或缓买十之三，或缓买一半，随宜办理。

又令：四川买谷分储。川省秋收丰稔，米价平减，议令：动藩库杂税银三万两、地赋银十二万两，委官于成都等六府州县附近水次出产米谷最多处分行采买，交该地方官于沿江州县空出仓廒内加谨收储，其采买不拘额数、限期，但遇价增即行停止。

又设立浙江、福建、四川各属营仓。浙江温州镇所辖乐清等九营，于公粮银内动支买谷分储，以济兵食，每兵一名，备谷二石，共买谷万三千三十八石，令都司各官盘收监管，遇青黄不接每兵按月借谷六斗，分作六月扣存，共建仓二十三间，每间储谷六百石。又温州镇标三营及城守营建仓十间，共储谷五千九百二十八石。福建海坛、金门、澎湖、闽安、烽火、铜山六镇协营共买谷二万石分储，遇青黄不接酌借兵丁，免其加息，秋收散饷扣除买补，共建仓四十三间；四川成都驻防兵米，向例俱系折色，每遇价昂艰于采买，亦令将司库现存生息余剩银饬发附近州县及时采买，遇青黄不接支给各兵，在饷银内扣还，有浮目克扣者，劾之。

议定陕甘社谷分别经理。陕西、甘肃所属社谷有二：一系百姓公捐，自行议定仓正、仓副，经理出入，报官存案，不入官之交代，仍听民料理；一系加二耗粮内留五分为社粮，责成地方官经理。

五年，准河营设立仓廒。先是，元年，准于河标四营建设营仓，以资兵丁接济，至是，河东河道总督白钟山言：黄河南北两岸，河兵堡夫终年力作，昼夜在工，较之标营兵丁尤为劳苦，而向来未经设有仓储，当粮少价昂之时，不免称贷贵籴。上年地方偶被歉收，兵夫更觉拮据，臣再四熟筹，必得如标营一例，设仓积储，庶可通融接济，于兵夫有益，而春借秋还，年年出易，亦可垂之久远。请动河营生息银六千余两，乘此麦多易买之时，在附近沿河地方，照依时价，公平籴买麦石收储，为数无多，采买自易，设或市价稍昂，亦即行停买，将余剩银两俟秋收后再行买谷。此项仓储，交兰阳县知县经管出入，管河河北两道公同按季盘查稽查，该道等于每年春间粮价昂贵之时具详借给兵夫，秋收催令照数归还，免其加息。从之。

又准山东省买豆补储。巡抚朱定元言：上年东省被水，蒙恩赈恤，及历年春粜及碾运直隶，动用过各项仓谷共一百余万石，均未买补，现严饬各属及早照额买补。但东省今年虽号丰收，闾阎尚少盖藏，是以谷价均未平减，唯黄、黑二豆因秋后雨水调匀，较他种多获，其价较上年豆价减半，止青州一郡因有满兵驻防，其价稍昂，然豆之为利甚溥，不唯马可壮膘，人亦充腹，且质性坚实，又可耐久，是以漕米尚许改征。若得通融买补储仓，不唯仓储易于充实，帑项得以节省，而豆谷分买，谷价不致顿昂，于灾后民生甚属有益。请令地方官将原存谷价不拘谷豆兼买，一并实储归仓，俟来年平价再行粜豆易谷，酌盈济虚，庶缓急有资，而公私咸赖矣。再豆谷兼买，则出借之谷亦仰请圣恩，许民间即以豆还谷，则小民既免粜豆易谷之消耗，而此时有豆之家亦可及时清完欠项，不致靡费难追，更为便民。从之。

六年，议定仓谷估成粜卖之例。奉谕旨：地方积谷不厌其多，赈恤加恩亦所时有，正未易言仓储充盈，州县有司往往虑及霉变赔补，以多积谷石为忧，其如何酌量定例，俾其从容不致赔补之处，该部议奏。寻议：除地高燥不致霉变及仓谷减少每年可按数出易者外，其有地本潮湿，积谷最多，不便经年久储者，令各该督抚查照廒座新旧，年份远近，照京仓气头廒底数目，酌减开报，估成粜卖，题明办理。从之。

十二月，奉谕旨：国家设立平粜，乃惠济贫民第一要务，但恐发卖官谷之处，与乡村相隔遥远，则小民搬运为难。是以乾隆二年，因直隶、山东平粜济民，曾经降旨，如离府县城郭路远乡村，有司当设法运至，倘脚价无出，或动存公银两，或开销正项钱粮皆所不惜。今年江浙地方有被灾之州县，明年麦秋以前非平粜不能接济民食，该抚务饬有司查明道路之远近，将食米四路分粜，以就民便。着该督抚妥协办理。至于胥役有克减升斗之弊，家丁有得钱私粜之弊，奸民有冒滥贩卖之弊，均当严行稽查，有一于此，法在必惩，毋得姑纵。

又免台湾买运还粤谷石。本年夏间，台湾米价昂贵，曾令借拨潮州仓谷六万石接济平粜，俟秋成买谷还粤。至是，以台地谷价尚昂，奉谕旨，着将借拨潮州仓谷六万石免其买运还粤，其平粜谷价，即留闽买谷，以备仓储。至潮属因借拨所缺谷数，着将该处收捐之项，照数补足。

七年，令：州县通融买补仓谷，歉岁酌量减价。奉谕旨：从前廷臣议准张渠买补仓谷一事，以本邑之盈余为本邑之拨补，其他州县不得通融，如岁歉谷价昂贵，不敷采买，准其展限。朕思地方积谷原以备民间缓急之需，必及时买足方于储蓄有益，若一概不许通融，而无盈余之州县或又值岁歉价昂，咨部展限则仓储必至久悬，非济民利用之道也。嗣后如州县当秋成之时，谷价高昂不能买补，而该处存仓谷石尚可接济者，照例展限于次年买补；倘谷价既属不敷，而储仓谷石又系不足，准其详明上司，以别州县谷价之盈余，添补采买，为酌盈剂虚、挹彼注兹之计。该管督抚一面办理，一面奏闻。又从前张渠奏请减价粜谷，于成熟之年每一石照市价核减五分，米贵之年每一石照市价核减一钱，此盖欲杜奸民贱籴贵粜之弊也。但思寻常出陈易新之际，自应遵此例行，假若荒歉之岁，谷价甚昂，止照例减价一钱，则穷民得米仍属艰难，不能大沾恩泽。嗣后着该督抚临时酌量情形，将应减若干之处，预行奏闻请旨；如有奸民贱籴贵粜之弊，严拿究治。

又命各省遇歉岁平粜毋拘成例。奉谕旨：各省常平仓谷每年存七粜三，原为出陈易新，亦使青黄不接之时，民间得以接济，当寻常无事之际，自然循例办理。若遭值荒歉谷价昂贵，小民难于谋食，而仍存七粜三，则间阎得谷几何，大非国家发谷平粜之本意也。嗣后凡遇岁歉米贵之年，着该督抚即饬地方官交出仓储，减价平粜，务期有济民食，毋得拘泥成例。

又令直隶磁州、永年等州县将存仓谷石减价平粜。先是，四月，令直隶总督高斌遣官赴河南采买麦石。至是，奉谕旨：据高斌奏，磁州、永年、曲周、邯郸、成安、肥乡、广平、鸡泽等八州县，麦收甚为歉薄。着将现存仓谷减价平粜，倘有不敷，即于邻近仓储盈余州县拨运济用，仍俟赴豫采麦到日多拨平粜，着该部速行文该督，实力奉行。

又申明平粜减价之令。奉谕旨：各省地方每遇歉收，米价昂贵，国家动拨仓储减价平粜，乃养民之切务。然有司经理不善，即滋弊端，是以本年二月间特降谕旨，令该督抚等于平粜时酌量情形，应减若干之处，预行奏闻请旨。今朕再四思维，地方当饥馑之时，黎民乏食，朝廷百计区画，方且开仓发粟，急图救济，一赈再赈，以安全之。岂有于平粜一节，预防奸民之贱籴贵粜，不为多减价值，而使嗷嗷待哺之穷民，仍复艰于糊口乎！况赴官粜买官米与赴店籴买市米，其难易判然，又可历数银色有高低之不等，戥头有轻重之不同，道里有远近之各殊，守候有久暂之莫定，此在平时且然，何况年荒乏米之日。若官价较市价略为减少，所差几何，是国家徒有平粜之恩，而间阎未受平粜之益也。朕恫瘝在抱，言念及此，再行明白宣谕，凡各省大小官员，皆朕设立以牧养斯民者，倘于此等要事视为具文，苟且塞责，则罪不可逭。嗣后务将该地方实在情形，必须减价若干方于百姓有益之处，确切奏闻请旨。至于奸民当歉收之年图利囤积，将官谷贱籴贵粜，则唯在州县官严行查拿。倘或疏漏隐匿，该督抚即严参，从重治罪，是亦并行而不悖也。

是月，复申谕湖南有司。奉谕旨：各省常平仓谷，遇地方米少价贵之时，当多粜以济民食，毋得拘泥成例，从前已屡经降旨。今许容奏称"青黄不接，粮价增长，各州县详报市米稀少，平粜仓谷已符额数"等语，此言甚属不经，是湖南有司并未领会朕旨也。国家储蓄仓粮，专为接济百姓而设，若民间米谷充裕，即三七之数亦可不需。如粟少价昂，则安得以存七粜三，目为额数。今许容所辖一省如此错悮，或他省有似此者亦未可定，可即通行传谕知之。

又申谕古北口采买米石之法。先是，古北口地方收成丰稔，令将河南、山东所有应供陵寝官兵米石运往江南接济。令古北口于本地购买以补原额。至是，复奉旨：此外再广为收买，以备将来拨用。其采买之道，视收成丰稔之处，照依时价，不可勒派，亦不可急于多粜，使民间反致价昂，此不过恐谷贱伤农之意耳！

又准：山东营销票盐。商人输谷建仓，分储山东营销票盐地方，共十有三万七千五百有七票，分上中下三等，照票输谷，章丘、济阳、莱芜、淄川、新泰、德平、邹平、商河、临邑、惠民十县列为上等，每票输谷二石，共谷八万九千八百五十八石。陵、齐东、阳信、长山、博山、乐陵、青城、临淄、乐阴、临朐、益都、高苑、沂水、费十四县列为中等，每票输谷一石五斗，共谷七万六百二十六石。莒、新城、博兴、滨、兰山、海丰、乐安、蒲台、日照、沾化、利津、寿光、昌乐、潍、郯城十五州县列为下等，每票输谷一石，共谷四万五千四百九十四石。通计输谷二十万五千九百七十八石，分限二年交仓。倘遇本处歉收，奏准展限于下年买足，分发章丘等三十九州县，每年照社仓例，于春夏之交，查明实在乏食穷民借给，照例加一息。应建仓厫在于城内及巨乡大镇构造，每处立社长、社副，并按米石多寡设立斗级、社长、社副，每年各拨给息谷二十四石，斗级每年各十二石，以资养赡。每年出借、收领，责成地方官稽查。

又申遏粜之禁。奉谕旨：天时有雨旸，地土有高下，而年岁之丰歉因之，以天下之大，疆域之殊，歉于此者或丰于彼，全赖有无相通，缓急共济。在朝廷之采买拨协固自有变通之权，宜断无有于米谷短少之处而强人之粜卖者。若有收之地，商贾辐辏聚集既多，价值自减，则穷黎易于得食，此邻省之相周与国家赈恤之典相济为用者也。我皇考与朕俱曾屡颁遏粜之禁，唯是地方官民识见未广，偏私未化，未免以米粮出境稍多，价值渐贵，虽不敢显行遏粜，靡不隐图自便，群相禁约，有司又从而偏袒之，遂视邻省为秦越矣。用是再颁谕旨，着各省督抚各行劝导所属官民，毋执畛域之见，务敦拯恤之情，俾商贩流通，裒多益寡①，以救一时之困厄，将来本地或值歉收，又何尝不于邻省是赖。并将此晓谕官民共知之。

> 臣等谨按：平籴之道有二：谷贱增价而籴，使不伤农；谷贵减价而粜，使不伤民，此官籴于民也。丰熟之乡，商贾交籴以起太贱之价；灾歉之区，舟车辐辏以压太贵之直，此民籴于民也。官籴于民，则马端临考所已载，如常平仓是也；民籴于民则马端临考所未载，如禁遏籴、开米禁、戒囤积、兴贩各条是也。盖圣天子因民所利而斟酌调剂，虑无弗周，法无弗备，是以利泽溥遍、烝民率育，惠民之政与导民之方交资并济，而籴之义始尽矣。

八年，以米价增长，发京仓官米平粜，黑豆亦如之。嗣复奉谕旨：今年直隶所属河间等处偶被偏灾，彼地贫民赴京觅食者俱已加恩赈济，但其间尚有不在赈济之数者，或手艺营生，或用工度日，适值米价暂昂，当此岁暮天寒，情殊可悯。着户部将京仓米石酌量给发，各旗局及五城米厂照依时价核减平粜，卖与零星肩贩之人，俾得沿途粜买，皆沾实惠。

九年，以停止采买谕各省督抚斟酌办理。奉谕旨：积储乃民食所关，从前各省仓储，务令足额，原为地方偶有水旱得资接济，是以常平之外，复许捐储，多为储蓄，无非为百姓计。后因籴买太多，市价日昂，诚恐有妨民食，因降旨暂停采买，俾民间米谷自在流通，价值平减，亦无非为百姓计也。乃近闻各省大吏竟以停止采买为省事，不知常平之设，不特以备荒歉，即丰稔之年，当青黄不接，亦得藉以平粜，于民食甚有关系，其间因时制宜，原不可执一定之见。今因停止采买之令，遂任仓廒缺少置而不理，将来必至粜借无资，固非设立常平本旨，又岂朕停止采买本意乎？各省督抚务须斟酌地方情形，应买则买，应停则停，总在相机筹划，不可胶执定见，希图省事。

又以直隶米价昂贵，于四路同知驻扎之处分设四厂平粜，从顺天府尹蒋炳请也。东路之通州、西路之卢沟桥、北路之沙河三厂，各发米二千石；南路之黄村，发米六千石，即令各该管同知就近管理平粜。通州一

---

① 裒多益寡，取其之余，贴补不足。裒，减少。

厂，交通永道稽查；沙河一厂，交霸昌道稽查；卢沟桥、黄村二处，各派御史一员稽查；又仍于通州设立两局，粜卖官米。通州粜卖官米，向年设有两局，每局领本银八千两，于八旗大臣内钦派二员经管，每季收买俸米以备平价之需。嗣于雍正十三年，将京城每旗三局归并一局，时亦将通州两局归并一局，止留本银六千两收买俸米，交与仓场侍郎等经管。至是，都统永兴言：每季通仓约放俸米十九万余石，关米人员所卖之米不下十万石，官局尽所有本银六千两收买外，其余俱系民间分买。关仓之后，民间所收之米尽行增长价值，官局虽欲平市价，而所收米石无多，实有寡不敌众之势，是徒有官局之名，究无平价之益。请通州地方除新城现设官局外，仍于旧城内拣取官房一所，添设一局，每局发给本银一万两，于放米时令地方官稽查，先尽两处官局收买足数，方准民间收买。关仓之后，官局将所收之米照时价稍减出粜，以平市价。其应领俸米、兵米人员有情愿借支者，准于放米前一月将局内米石支借，至关米时扣清。若遇歉收之年，即将两局之米减价平粜。再仓场侍郎事务繁多，两局实难兼顾，并请于八旗大臣内钦差二员管理，每月将出纳银钱米石数目咨报户部、都察院及该御史等查核。从之。

又拨湖北米十万石，运赴浙省以备赈粜，所粜之银归还楚省买补仓储，从湖广总督鄂弥达等请也。

又议定陕甘积储谷数。议准陕西西安所属常平谷二百七十三万三千有十石，按州县大小分储：咸宁、长乐二县各储谷七万五千石，葭州、神木等七州县各储谷五万石，绥德、肤施等十二州县各储谷四万石，富平、临潼等七州县各储谷五万石，乾州、三原等八州县各储谷四万五千石，华州、蓝田等十一州县各储谷四万石，邠、耀等七州县各储谷三万石，商、郿等十七州县各储谷万七千二百余石，同、官、麟、游等七州县各储谷八千石，兴安、洵阳等七州县地气潮湿，多储恐致红朽，仍以现存旧谷四万四千五百四十石作为定额。

又设立河南营仓。河南驻防营所需粮饷草豆，向系折色，遇粮价昂贵，未免购买拮据，议令：于两翼各设常平仓一座，将驻防营息银于麦熟秋收价平之际，无论米、豆、二麦，均行买储，遇青黄不接，照依原价粜给兵丁，俟麦熟、秋收买补。

十年，拨口外二沟地方存储米石，运赴热河平粜。

又于密云、古北口等处拨粮平粜。密云、古北口一带，有运到漕粮一万五千余石，又口外四旗通判所属及喀拉河屯等处现储仓粮一万二千余石，即于此内酌拨平粜，贫民无力籴买者，令地方官酌量户口情形借给，麦收后补还；兵丁无力者，借支粮石，亦于月饷扣还。又以宣化府属州县有现存粮二十余万石，俱可以供民间借粜之用。并委员照例速办，以资接济。

十一年，令台湾买谷备储。以福建福、兴、漳、泉四府民食不能不藉台湾运济，议令：台属各厅县于本年二月内买足四十万石之谷，永为定额。遇有内地需用，即于此内动拨。仍发藩库银交台随时买补。

又拨京通仓色米运至昌平州平粜。

又以盐山、庆云、宁津三县民间市籴艰难，奉特旨于粜三之外多拨仓谷，每石大为减价，设厂城乡粜卖，俾闾阎不致乏食。

又令：淮、徐、海三府州于所属丰收地方买补仓储。奉谕旨：据陈大受奏称，淮、徐、海三属州县仓储多缺，现存粜价积至十四万两之多，未曾买补。朕思三属乃系常被水患之处，积储尤其紧要，何以存储银两不预于丰收之地买补，及至被灾仍欲于本地采买，徒增时价，于民何益！已降旨训谕，令于所属丰收地方，或麦或谷，委员采买。尹继善共有地方之责，将此一并传谕知之。旋复奉旨：储价未买者，自不独江南一省。今岁丰收之处尚多，正宜趁此时留心筹划，预为仓储民食之计，俾不至谷贱伤农，但必以本地之谷补本地之仓，恐收成分数不齐，产米多寡不一，或因一时采买米价又致昂贵，有妨民食。着该督抚酌量所属地方情形，有二麦既丰而秋成又稔者，动拨历年所存谷价，分路采买，亦不必迫期足额，务须妥协办理。

又定山西义仓事例。山西义仓，士民捐谷，议定照直省社仓之例，其所收杂粮，按照米谷时价折算奖赏，州县能捐俸急公，首先倡率捐五十石者，记功一次；百石者记功二次；百五十石者记功三次；二百石以上者注册送部查核，先予记功三次；三百石以上者于现任内记录二次。义谷照直省之例，分乡收储，春借秋还。照社仓例，每石加息一斗，所需仓费亦照直省于息谷内动用。倘士民情愿捐资建仓，或捐仓屋地基木料等物，准其计价，合算谷数汇入捐谷内，分别奖赏。再慎选仓正、仓副，分别劝惩游惰民人，禁其滥借，均照社仓例办理。每遇州县官交代时，照例盘查，如有私借那移，分别参处。至储谷之乡附近村庄，如猝遇冰雹，例不成灾，农民有阙乏口粮、籽种者，准其将谷借给，每年春借秋还，先尽杂粮出易，俟本息充裕之日，再照存七粜三办理。其每百石收息十石，内一石为仓正仓副纸张、饭食之需，一石为仓谷折耗，一石为赁房之费。如遇歉收免息之年，所需费用于上年余剩息谷内借给，俟下年收息照数拨还。

又设立山东营仓。山东河标兵丁食米拮据，议令：将标营生息银买谷四千石，设仓存储，令城守营都司经管，河标副将盘查，春间借给，秋成免息征还。

十三年，发京仓官米，拨给各旗并五城米局，减价出粜，以平市价。

又以江苏米价未能平减，拨江西仓谷碾米十万石，运至江苏，以备平粜。

又议定各省仓谷存粜额数。先是，奉谕旨：米谷为民生日用所必需，朕夙夜筹维，所以为百姓谋朝夕者，纤悉具备，而迩年以来，各省米价不见其减，而日见其增，反复推究，莫知致此之由。常平积储所以备不虞，而众论颇以为采买过多，米价益昂，因思生谷止有此数，聚之官者太多则留之民者必少，固亦理势之自然。溯查康熙、雍正年间，各省常平已有定额，朕以积储为要，故准臣工奏请，以捐监谷石增入，常平额虽益，仓储实碍民食。朕既知初意之失不可不为改弦之图。直省常平积谷之数，应悉准康熙、雍正年间旧额，其加储者以次出粜，至原额而止；或邻省原额不足，即就近拨运补足，所需运价照例报销，其如何彼此拨运，并查定原额及原额存粜之法，着大学士会同该部悉心妥议具奏。嗣复奉谕旨：朕前降旨将各省常平储谷之数，悉照旧额，令大学士等查明妥议，但各省奏报常平仓存粜米谷，其乾隆十三年实数尚未报部，若仅据从前报部册查核，则十三年又有动用之项，统不足凭。即可传谕该督抚等将康熙、雍正年间额数若干，及该省现年实存若干，粜借若干，现存粜价若干，查明确数，逐一分析，即缮清折具奏。俟奏到时交大学士等据所报实数，会同该部妥酌定议。嗣复奉谕旨：据舒辂奏称"上江各属存储节年未买粮价及本年平粜价银二十七万余两，一时不能采买，而频年存储州县库中，将来恐不免于侵那，现在筹酌，如仓额未足与存价少者，俱令将价先行解储，该管府州秋后领银采买。其存价甚多，一时不能买足者，分别酌留应买之数外，余价俱行提解司库"等语，舒辂如此办理较为妥协。朕前降旨各省仓谷俱照康熙、雍正年间旧额，其余皆停止采买，则所存谷价银两与其存留各州县以启侵那之弊，不如令解藩库以备临时动拨。可传谕各省督抚，照舒辂所奏提解司库，将来各州县即有应用，再从司库请拨，亦为妥便。如康熙、雍正年间旧额之内应行买补者，其谷价仍存州县，以备酌量买补。若旧额之外所余粮价有必应需用之处，准其分别酌留，其余悉令解司。该督抚等就各省情形悉心查办，仍遵前旨，一面将康熙、雍正年间额数及现年实存柴借等项数目，速行具奏，应否动拨之处，听军机大臣等会议。寻议：直省常平仓所储米谷，康熙年间或未经定额，或定额无多，间有册档不全，难以稽考，应请照雍正年间旧额。内唯云南地处极边，不近水次，西安、甘肃沿边积储，兼备军糈，各该省雍正年间仓储多寡，亦属无定。应以乾隆十三年以前现额为准：云南积谷七十万一千五百石，西安二百七十三万三千有十石，甘肃三百二十八万石。又福建环山带海，商贩不通，广东岭海交错，产谷无几，贵州跬步皆山，不通舟楫，仓储均宜充裕，酌量三省情形，即以现存之谷作为定额：福建二百五十六万六千四百九石有奇，广东二百九十五万三千六百六十一石有奇，贵州五十万七千十石有奇。其余直隶、奉天、山东、山西、河南、江苏、安徽、江西、浙江、湖北、湖南、四川、广西，悉以雍正年间旧额为准：直隶二百十五万四千五百二十四石，奉天百二十万石，山东二百九十五万九千三百八十六石，山西百三十一万五千八百三十七石，河南二百三十一万九百九十九石，江苏百五十二万八千石，安徽百八十八万四千石，江西百三十七万七百三十石，浙江二百八十万石，湖北五十二万九百三十五石，湖南七十万二千百三十三石，四川百有二万九千八百石，广西百二十七万四千三百七十八石。通计一十九省应储谷三千三百七十九万二千三百三十石有奇。较之乾隆十三年以前现额四千八百一十一万六百八十石有奇计，减储谷一千四百三十一万八千三百五十石。应令该督抚按所属大小均匀存储，其间有转运难、出产少、地方紧要以及提镇驻扎处所，并各省犬牙相入之处，彼此可以协济者，均应分别加储。至各省有余不足之数，查直隶、江苏、江西、湖北、湖南、山西、广西、安徽、山东、四川、云南、西安、福建、广东、贵州一十五省，皆系额外有余，奉天、浙江、河南、甘肃四省皆系额内不足，查额外有余省份内除四川现办军粮，山东、西安赈务未竣，动存数目尚难确计外，其余直隶等一十二省现在实存谷并米折谷共一千六百二十万八千六百八十二石有奇，出借谷并米折谷二百七十五万七百一石有奇，平柴谷并米折谷二百六十五万八千八十一石有奇，存价银一百九十九万五千七百七十三两有奇，钱九万五千七百五十千文有奇。臣等将实存并借柴谷数划抵定额外，约计溢额谷及以米折谷三百二十一万九千一百七石有奇，存库粜价银一百四十二万八千一百二十七两有奇，又钱三万六千二百三千文有奇，应令将现在溢额谷石及出借征还余剩谷石以次出粜，其现在溢数粜价提储司库酌拨，或额内出借谷石一时不能催交齐全，而该处丰收价平，即于此项粜价银内奏明酌留买补。再，额内不足省份原应就近协拨，但查奉天一省，现据该府尹奏明，以征收地米陆续补足。河南现据该抚奏明本年收捐本色尚未截报，除抵补外缺额亦属无几。浙江、甘肃现存米谷尚有未备，而邻近省份实在溢额之谷亦皆无多，均应以收捐本色渐次补足，毋庸彼此拨运。至于存粜之法定例存七粜三，然风土有燥湿，年岁有丰歉，价值有贵贱，地方有冲僻，各省情形不同，向来办理亦量为增减，其每年平粜之谷，照例秋收以原价买补，价平则买，价贵则停，总在地方大吏因时因地妥酌奏办。使仓储有充余之益，而间阎无食贵之虑。从之。

臣等谨按：是年，核定各省常平储谷额数具列如前，此外另仓储备，各省有无不一，大率皆因地之宜而为之制。今依《会典》所载条列如左：

河南漕谷仓储谷七十七万五千一百四十三石有奇。

江宁省仓储谷万二千石。

崇明县仓储米抵谷二万石。

浙江永济仓储米八万四千四百三石有奇。

玉环同知仓储谷六十石。

广东广粮通判仓见存谷九万二千七百八十五石，平粜谷六千三百四十五石，存价银三千三百八十四两有奇。

福建新设台湾仓储谷四十万石，见存三十九万六千七百十六石有奇。

皇朝文献通考卷三十七

市籴考六

籴

乾隆十五年，山东麦收丰稔，巡抚准泰请于沿河麦价平减之处采买麦十五万石，分运德州、临清二处，抵谷储仓。奉谕旨：若因收买数多致市价腾涌，是民间并未有被旱之形而先有麦贵之苦，不可不为致虑。着传谕该抚，诸事应随宜措置，非至谷贱伤农之时，未可轻言采买。

又以明春巡幸江浙，命两省各截留漕粮十万石以资平粜。时复准两江总督黄廷桂请，再截留五万石，俾粜用充裕。寻复奉旨：将浙省漕粮再截留五万石，凡截留二十万石。

又停止八旗米局收买米石并令八旗五城设厂平粜。奉谕旨：八旗设立米局收买米石，原视市价之低昂以备平粜之用。今米价既不无稍昂，若再行收买，恐目下未受平粜之益，转滋食贵之虞，着暂行停止。如明春应需平粜之时，令管理米局大臣酌量需用米数，由仓支领。旋复奉谕旨：近来京师米价稍昂，时届隆冬，小民艰于糊口，着将八旗米局现在收买存储米石，照时价酌减发粜，如有不敷，着于京仓支领。五城由京仓各领米一千石，照八旗定价，一体设厂平粜。交该御史等严行稽查，毋令囤户乘机射利，查出从重治罪。

十六年，于京外四乡每厂拨米四千石，接续出粜。五月，复拨米十万石，分发各厂照前所办章程办理，以裕民食。又拨仓储黑豆八万石，交与八旗减价平粜。

又以浙省温、台等属米价昂贵，命拨运平粜。时温、台等属本地存仓米不敷平粜之用，谕江、浙二省督抚于稍近州县常平仓谷内酌量应需数目，作速动拨碾米，运往温、台等属，接济平粜。其常平所缺之额，即于浙省冬间兑运漕粮内照数截留，拨补还仓。嗣又拨闽省谷数万石，楚省谷碾米二十万石，赴浙以备赈粜之用。复奉谕旨：本地有谷之家或能出其所余，照官价一体平粜，该抚计其所粜之数，照乐善好施例优加议叙。嗣复命将浙江应运漕粮截留五十万石，并截留江苏漕粮三十万石运赴浙省，以资赈粜。其各州县仓储有应酌补者，于本省截留五十万石内通融拨补。

又议定八旗米局通融酌办之法。奉谕旨：八旗米局，原因铺户乘贱收买，居奇抬价，有妨民食起见，但现设二十四局，不能尽得妥协之人经理其事，以致办理多有未善，或任听奸民赴局私买，囤积渔利，转滋弊窦。应将现在米局酌量裁并，或八旗共立八局，分为左右二翼，特派大臣综理，其在局办事人员亦俱慎为遴选，所有一切收支数目，俱由该处自营销算，于年终奏明交部查核。责成既专，自可随时调剂，以平市价，于京师民食似为有益。其应如何裁并之处，着八旗大臣议奏。会副都统朱伦瀚言：米局之米，本出自京通两仓，而两仓之米，发局出粜者，暂也，用为官俸甲米者，常也。其米仅老米、稉米二色，乃各省输将漕运以供天庾，俱系预年征收运交通仓，并无关于本年近地之旱涝，现在收成之丰歉，既非由商贾贩载所致，更非同北直产植所出，不识何故而遽为在京之行市铺贩得以操其定价。良以官兵支领俸粮，甫经出仓，或以急用需银，或以车脚未便，立即转卖，以致尽落行贩之手，私囤暗聚，平时既藉称丰歉低昂价值，又复窥伺将及关米之时，故为大减其价以贱买，现关之米一过关，米遂任意腾贵，五城内外大小行铺同风相应，兼之通衢僻巷多设碓房，既收春斛之利，更为敛囤之区。虽米局例只许一人斗米，而伊等以多人更番轮替，循环往来，使人莫辨，更或因办理未善致滋弊窦。臣愚以为，附京远近旗民以及外来之游食、百工、官丁诸色人等，并非买食黍、粟、菽、米，俱系日食老米、稉米，此二色米于在京行铺市价绝无关涉，乃伊等并无越疆隔省水陆载运之劳，只于官兵转行售卖之米盘取剥利，尤为官米局之大蠹。仰恳皇上敕下该管大臣，一面严行明白晓谕，令其及早改悔收心，不许任意长价；一面饬令仿照官米局议定二色米价，无论卖出买入，除量留车脚微利外，作一定例价值，通行饬遵，如有仍敢盘踞抗违者，治以重罪。奉旨：此折着军机大臣会同八旗大臣归于裁并米局案内，一并议奏。寻议：八旗原设二十四局，随时籴粜以平市价。嗣因米价渐减，乾隆元年二月议将二十四局并为八局，乾隆三年三月复经臣舒赫德等奏照旧分为二十四局。唯是每局分隶一旗，经管多员，并无综理之人，责成不专，未免意见参差，彼此观望，一切派员分办，因时籴粜之处，稍未合宜即难免滋弊。但京师内外，户口繁多，官局米石必多收广储以资调剂，一局之中为地窄狭，收储无多，且籴米人众，易至拥挤，转恐市商囤贩得以混迹其中，从前各旗办理未善，原因经管人众，责任不专所致。嗣后八旗官局应遵旨分为左右二翼，不必拘定旗分。其应裁之局，仍旧存留，交派出综理大臣通融酌办。如该局坐落地方户口繁盛，需米数多，即于原额五千石之外多为收储。若需米较少之局，即酌量减少，不必拘定原额，则旧设每旗虽有三局仍同一局办理。至朱伦瀚奏请仿照官局二色米价作一定例价值通行，查行户囤积居奇，实为民害，但官兵关领俸甲米石转为售卖，亦势所不免。每放米之时，仓内所出，官兵留食者约三四分，官局收买者约二三分，余俱在外流通，民间藉以接济。京师辇毂之下，商民云集，每年所出仓粟不敷食用，尚赖各项杂粮添补。是以年谷顺成，杂粮价贱，则老米、稜米不能独昂。倘年成稍歉，四外杂粮运赴京师者少，则老米、稜米亦必长价。市肆商民辗转粜卖，亿万之众欲遍行稽核，令其遵守定价，实属势有难行。今奉旨派有专管大臣，一切稽查自必较前严密，凡局内出粜米石务绝商贩私买之弊，以资贫民糊口，并交步军统领一体严查，如有违犯私买囤积者，查出严行究治。从之。

又奉谕旨：今岁恭遇圣母皇太后六旬万寿，海宇臣民愿效祝釐①者甚众，现在辐辏京师，各城米价或致少昂，着于京仓拨米二万石分给五城减价平粜。

十七年，命京仓拨米四万石分给左右翼米局，交该管王大臣等仿照时价，酌减平粜。

又停止八旗米局。奉谕旨：设立米局，原为便益旗民。自设立米局以来，米价并未能平，且勒买米石，反累旗人。嗣后米局停其买米，将近今恩赏出仓平粜米石粜卖完后，米局即行停止。如后来米价昂贵应需平粜，该部奏闻，酌量平粜。至五月，管理通州米局公丰安言：通州左右两翼米局于乾隆九年设立，每季开仓收买官员出卖之米，遇价贵平价出粜，今八旗米局俱已停止，又赏借王公、满汉大臣官员一年半俸米，此数季并无应买俸米，如仍留通州两翼米局，每月徒费人夫工食等项，而米局所有本银

---

① 祝釐，祝福，祈天降福。

二万两并无应用之处，应请亦照京城米局一体裁汰，所得息银数目，与存储本银一并奏销交部，归还原项。军机大臣等议，应如所请。从之。

十八年，直隶总督方观承奏报：经理义仓告成，以各州县村庄里数绘图呈览。是年，直隶义仓现储谷共二十八万余石，嗣又覆准直隶士民捐输义仓积谷及数，应与奖赏者照例具题。其捐谷数目，每年一次，专折具奏。凡上年报捐及出借动用之数，于次年二月内奏明存案，以备稽查。

又谕：四川总督黄廷桂酌拨仓谷二三十万石运往江南，俟秋成后该督再行酌量买补还仓。先是，江南淮扬被水，截留该省漕粮四十万石以备赈粜。至是，复有是命。

又准：湖北采买加储。湖北为江浙上游，界连秦豫各省，偶有缺乏，俱藉资于楚米，而湖北额谷止五十二万石有奇，较之各省尚不及额多者三分之一。议令：于旧额之外加储四十万石，存为邻省协拨之用。但储蓄必须采买，而克期取足，又恐有妨民食。本年该省收成丰稔，现在谷价平减，令于新谷登场各处市集出粜之际，饬可通水次之各州县确查时值，动司库银及时采买，不拘数目，价平则买，价贵则停，徐徐办理，足额而止。如所司短价派累以及浮开冒销者，罪之。

二十年，令以淮扬各属秋潦成灾，动湖南仓谷二十万石，碾米十万石，运至江南接济平粜。从湖南巡抚陈宏谋请也。

又议：拨仓储豆石平粜。大学士等议覆：仓场侍郎双庆奏言，各仓现储豆石积有五十余万，应酌加筹划疏通，以免陈积。除储仓未久之豆令王公大臣官员等各按品级承买外，其余存储年久、成色稍减者，应令该仓场等酌定数目，分给五城照时价量行酌减平粜，庶仓豆不致陈积，而市价亦可平减。从之。

又以江浙所属偏灾，米粮价长，申严遏籴之禁。

二十一年，命江西、湖南二省各拨米十万石运交江苏，湖北省拨米十万石运交浙江，以备平粜。

又以明春巡幸江浙，谕：将该二省漕粮各截留五万石减价平粜。嗣复截留五万石分储备粜。

二十二年，命：拨江西、湖北仓粮运交河南，以备赈借平粜。是月，令通饬各省督抚筹补常平仓谷。奉谕旨：吉庆奏请《敕下直省督抚筹补常平仓谷》一折所称，州县视为畏途，因循延逶，地方大吏又不悉心办理，此种弊病，现在各省实皆有之。地方水旱不齐，国家所藉以抚恤灾黎所待以仰给者，唯仓储是赖。一有缺额，自应亟为筹补，然筹补之法不待更立章程，唯在督抚实心整饬而已。前因各省争议采买，一时米粮翔踊，是以议立定额，迩年以来，市价不致过昂，此其效也。然额定而缺者不补，则缓急其奚恃焉？督抚身任封疆，民瘼所关，自当详加觉察，时时留意，岂可因循玩视而不为先事计耶！截漕自出特恩，原不为例，非可屡邀也。可将此通行传谕各督抚知之。

命减直隶魏县等处粜价。时直隶魏县、元城、大名等处猝被水灾，业经动拨仓谷平粜，上以若仅照市值略为减价，则间阎未必受平粜之益，特命照现在市价，每石减银三钱，俟通行米粮充裕即行停止。

二十三年，严查各省仓储捏欠作还之弊。奉谕旨：据刘慥奏"州县出借仓谷，每年秋成后不能催完，至春辄捏报还仓，旋即详请出借，不过令旧借之户换一新领"等语。各省仓储，向例春借秋还，青黄不接之时，贫民既得资其接济，而秋收后即照数征收谷石，可以出陈易新，兼不至侵蚀悬欠，至次年又可查核贫民，再行借给。若不如期催令完纳，而以旧欠作新领，则出借之项年复一年，胥役得从中影射侵蚀，更有欠户逃亡事故，日久遂致无着者。且旧时领借之户尚欠，而现在待借之户甚殷，仓储既虚，势不能另为筹给，是名虽设仓备借，仍属有名无实，大非慎重储积赈恤困乏之意。晋省既有此弊，他省谅亦皆然。嗣后各督抚务当严饬所属，实力奉行，除缓征州县外，所有民欠仓谷，各令依限还仓，勿得仍前玩视。其有捏欠作还、以欠作领，即查明参处，庶俾借欠不致久悬，蠹弊可清而缓急有备。可通行传谕知之。

又命五城设厂平粜。至七月，裘曰修等言：臣等奉命于五城地方平粜。六月二十九日开粜成色米石，本月初六日开厂粜京仓米，当青黄未接之时，市侩未免居奇，得此项米石减价平粜，数日以来，市价望风平减。据五城日报，臣等复详加采访，现今各项米价较前每石约减数十文至百文不等，臣等前次奏明：老米官粜一千四百五十文，稉米一千二百五十文，粟米一千文，以次递减。今应遵照原奏于十一日起各减一百文，数日之后，市价再平，则官粜之价亦再为递减。臣等随时斟酌，俟减至老米一千二百文，稉米一千文，粟米八百文，与平时价值低昂适中，即奏闻停止。再查市中钱价，亦觉稍昂，若即将粜米之钱文交铺户发卖，实可兼平钱价，臣等即传集钱铺经纪，当面给发，令其兑换银两交投户部，不经司坊书役之手，亦可无侵克挪移之弊，而钱米价值皆得平减矣。得旨：允行。

又准：旗丁余米在通州出粜。奉谕旨：今年各省粮艘抵通约早一月，该运丁等除交仓全完外，所余食米尚多。此等余米，俱由坐粮厅衙门给与照票，俟回空时于天津一带沿途售卖，而通州水次则例应严禁私粜。盖因通仓为兑米之地，恐夹杂影射，致滋弊端也。若漕米均已不致挂欠，而例应官买之余米，亦皆交仓。事毕，其所有余剩食米自可听其在通出粜，不必过为苛禁。在各运丁等既可免领照验票之烦，而通州米石充裕，于京师民食亦属有益。该部即遵谕行。嗣于二十四年至二十八年并准粜卖如例。

二十四年，命：减甘肃皋兰各属粜价。奉谕旨：甘肃皋兰，省会之地，以及平番、古浪、武威、靖远、张掖、肃州等属粮价较贵，而关外之安西五卫价值尤昂。虽该督等现在减价平粜，然照常例酌减，恐仍不足以平市价，并着加恩，将粟米每石减粜银二两四钱，小麦每石减粜银二两二钱，庶贫民不致艰于买食。该督抚等其董率属员，悉心查办，务使农民普沾实惠。

又以京师米价稍昂，于京仓内拨米五万石，在五城适中地方设厂平粜，并令河南巡抚胡宝瑔于河南麦收丰稔之处购麦来京，分拨米厂以平市价。

又命：截留漕粮四十万石存储天津北仓，以备赈粜。

又命：于景州以北水次州县，二次截留漕粮共四十万石，酌量分储。

又拨通仓米于良乡等处，减价平粜。奉谕旨：今京城内外发仓平粜米石充裕，着仓场侍郎查明所有各仓成色米石，交与方观承运至良乡等处平粜，以赡民食。再直隶各属现在雨泽未能沾濡，近京州县平粜常平仓谷仅照定例每石减银五分，贫民仍恐买食维艰，并着方观承酌量地方市价，每石减粜银二三钱，俾闾阎均沾实惠。嗣复奉谕旨：京通各仓成色米每石核计不过四五成，而挽运脚价反致虚费。朕念切民依，不若竟给通仓好米一万石，在贫民尤沾实惠，而地方官亦便于接办；其成色米石仍就近交与京城米厂，照例减粜。

又定云南社仓免收息谷之例。巡抚刘藻言：滇省社谷，自雍正二年至乾隆二十三年共存五十余万石，为数甚多，不能尽行出借，霉变折耗在所不免。且社仓例系社长、社副经管，只许力田之家领借籽种，而无藉之徒每生觊觎，如遇借放有余，更将乘机逞强勒借，频年拖欠，本息虚悬，同里效尤，渐成亏缺。虽经地方官查究治罪，而若辈多系赤贫，只得着落社长副代为赔补，每至倾家。是以社长副一役，民皆视为畏途，总缘社谷过多，流弊遂至于此。查社仓之设，所以接济农民，俾免重利称贷，原属良法美意，乃因存积太多，致以折耗赔补，贻累社长，则是惠民之举反为厉民之阶，亟宜酌量变通。查社仓仿于宋儒朱熹，其法于敛散十四年之后，不复收息，只收耗谷三升，盖亦虑多积之为累也。滇省社仓行于雍正二年，至今三十余载，子母相生，数逾十倍，更应因时定制；且此项谷石只供农民籽种之需，非同常平仓谷以备平粜、宜多为积储者比。请照常平额数七分为率，其已经足额及较额有余者，请以乾隆二十四年为始，尽数存储，按年敛散，永不收息，每石只收耗谷三升。其未经足额之处，仍照例收息，俟足额之日，一体免收，只收耗谷。倘不肖社长及该州县等私行收息，挪移侵亏等弊，立即严参究处，分别追赔治罪。至官绅士民好义乐输者，仍听赴仓捐输，岁底另册报部，以备修建社仓之用。从之。

又以麦豆发厂平粜并发卖草束以平市价。奉谕旨：近闻京城内外米粮价值照常，唯麦、面、豆、草各项未能平减，须随时调剂。从前五城平粜麦石，现在余剩存仓者尚多，而接运进京之米麦又有山东五万石，江苏十万石，将次抵通，足供平粜接济。其黑豆一项，各仓存储除酌量宽裕留备支放需用外，所有余豆或准官员承买，或发厂一并平粜，俱有益于民用。至南苑羊草繁芜，向来采刈储备足敷供用，即量为发出变价，俾出售数饶，市值自当日减，着各该衙门详悉，查明数目。其麦豆仍交五城及原派之侍郎等督率平粜，草束交总管内务府、奉宸院办理。

二十五年，申禁奸商市贩囤积弁利之弊。奉谕旨：上年因得雨稍迟，粮价易致增长，是以节次酌设五城各厂，米豆草束多方筹划出粜，以平市价。而麦面一项，至今源源接济，现在河南麦石将次粜完，而山东五万石已经续到，江南十万石亦已连艘北上，且商贩以时转运流通，当此冬雪优沾，春膏叠沛，秋苗青葱畅茂，所有现在麦价尤当日就平减。乃据顺天府尹奏报，现今时价较上半月每石加增三钱，此必其中奸商市贩巧为牟取，以致翔贵。若此国家立法调剂，原属因时制宜，非可援为定例，且前经降旨，将官员俸禄先行借放，原期米石倍为充裕，而商贩等乘时落价，收买存积，及至支放已停，则乘机昂贵获利，在在有之。京城重地，设官纠察弹压至为详备，顾任一二刁民乘间居奇，甚至齐行把持，累及闾阎口食而莫之惩儆，可乎？着步军统领衙门会同五城御史、顺天府严行饬禁，如有借此多收囤积、高抬市值者，即行查拿究处，以为逐利病民者戒。

又准广东社谷仍行收息之例。两广总督李侍尧等言：粤东社谷向准每石收息谷一斗，遇歉免息。乾隆二年，经前署抚臣王謩奏请停止，丰收之年每石收耗谷三升，遇稍歉免交，但未分别收成分数应收、应免之条，以致借领各户借口收成歉薄，概无耗谷，而经管之社长畏惧出入盘量亏折、并铺垫册报等费①，仓廒损坏，随时粘补势所不免，而经费无资，办理掣肘。请仍循旧例，以乾隆二十五年为始，每石加息一斗，收成不及七分者免其加息，其耗谷三升应请停止。所收息谷责成州县稽查，每年每石准消耗谷一升，其所余息谷如在五千石以上者变价解缴存储，以为本地赈恤之用。不及五千石之数者，即将余息并入额谷之内，以充储备。至领借社谷虽不必尽有田产之家，而佃田力作亦必实系耕农，庶秋成有谷偿还；其技艺、佣工、商贾贸易以及游手无藉之徒，自不便一概滥行借给，以致无从催补。如此区别查办，庶社长耗费有资，不至复虞赔累。从之。

二十六年，令：甘肃省设立府仓。巡抚明德言：郡城地方，非省会重地，即四达通途，居民既众，商贾尤繁，必积储充盈始称有备。各郡附郭首邑虽设有县仓，然一官经理，为数不能甚多，且所属州县环列郡城，附近府仓储备有资于属邑，拨用亦便，故各省多有建设府仓者。况甘省偏处西陲，舟楫不通，附近邻省止有川陕二省拨运粮石，皆系陆运，脚价既繁，民力亦多劳瘁，兼以路远，往往运送后时，缓不济急，是甘省郡城之积储较之他省尤关紧要，而甘属各府多系裁卫改设，均未设有府仓。查甘省地土高燥，积其仓粮不虑陈腐，即如小麦一项，各省俱不能久储，唯甘省存储一二十年并不霉变。况甘省地广民稀，土无他产，农民收获之粮，除完赋养家外，大都赴市出粜，以资一切用度，屡丰之后，市粮壅滞，籴买无人，往往又有谷贱伤农之虞。臣以为甘省多筹积储，不唯无碍民食，抑且有益农工。现在甘省州县俱收捐监粮，若令各府与州县一体收捐，不需动用帑项另为筹办，而各府之积储俱得渐次充实，以资储备。查兰州为省会要地，甘、凉乃河西冲途，兵民聚处，食指浩繁，俱应广为储蓄。兰、甘、凉三府应请各定额收捐京斗监粮十万石。平凉、巩昌、宁夏三府，路当中边南三路冲要，且属邑较多，亦应广为储蓄，应请各定额收捐京斗监粮②八万石。西宁、庆阳二府，地处偏僻，应请各定额收捐京斗监粮六万石。安西一府，界在关外，属邑无多，应请定额收捐京斗监粮四万

---

① 此句，按李侍尧奏折，原文为："而经管之社长畏惧出入盘量以及收仓鼠雀亏折并铺垫册报等费各项赔累，每多任听借户悬欠不还。"

② 捐监粮，明、清时，规定可捐粮取得监生身份，所捐之粮，称为监粮。

石。以上九府，共定额收捐京斗监粮七十万石。其各府收捐粮数仓费等项，即照各该府首邑收捐事例收纳，毋庸另议。所需仓厫，亦照例动用捐监仓费银两修建造报，俟收有成数，每年平粜出借等项均与首邑一体并行，以便出陈易新。应设仓书、斗级①，照例添设。仍责令该管道员严加督率，照例盘查，毋致侵亏滋弊。部议，应如所请。从之。

又议令：安徽省将社本还官之谷归补常平，即于粜价内拨为修仓之费。巡抚托庸言：安徽省现需修建仓厫，无欵可动，请酌拨社仓息谷变价以济工需。疏下部议。寻议：社仓之设，出自里民，较之常平官为出纳者不同，即使息谷日渐充盈，而春借秋还，多所接济，于耕作农民更为有益。该抚请以社息之有余，筹补常平仓费之不足，是以民间输纳之息谷修建在官之常平，虽于公务有裨，而揆之官民之别究属未便，应毋庸议。查安河社仓原案，系于乾隆二年前任督臣赵宏恩议覆，安徽布政使晏斯盛以民捐本谷甚少，不敷借给，奏请动支省仓监米七万六千六百八十石归入社仓为社本，节年出借息谷，积至四十六万四千三百四十余石，是息谷既已充盈，所有原借社本自应还官，以一米二谷核算，可得谷一十五万三千三百六十石。查二十四年常平奏销册报，未买粜价存银尚多，此项银两原系应行买补之项，应将此项社本还官之谷归补常平，即于粜价内划出此数，存储司库，拨作修建常平仓房屋之费，其余剩粜价仍令作速买补常平缺额。从之。

又以明春巡幸江浙，命照丁丑年例，将两省漕粮各截留十万石，在水陆驻跸处分厂平粜。至二十九年九月，以明春巡幸，江浙如之。

又申严行户冒籴之禁。御史毛永燮言：本年直隶附近被水之地，钦奉谕旨先后截漕拨粟共四十万石，以资赈粜。直属奉拨米石，既属充裕，除应赈恤之外，自必兼行平粜。平粜一事，必严行户冒籴之禁，但显然之行户设法可稽，而影射之行户滋弊尤易。向例，地方官办理平粜，赴籴者俱限以升斗，只许零星籴买，虽有巨商挟重赀以图倍利者亦无所施其技，立法甚严矣。唯是不肖行伍，闻有诱买无赖穷民，给予零星价值，令其赴籴，籴得之米，仍入行铺之手，聚少成多，重利可致，籴系贫民，而利归商贩狡狯之术，禁遏宜严。至若串通经手胥役，蒙混官司，致滋冒滥，尤不可不防其渐。请敕下直隶督臣，严饬地方官于平粜时如有前项情弊，察

---

① 仓书、斗级，仓书，仓库中负责统计算的书手；斗级，守仓役吏。

出照例治罪。如有胥吏串通，尤必严行惩治。至所用斗斛务准官颁，出粜多寡必遵定额，均须司事者亲身经理，不得专委代办员役人等经管，该管上司亦不时查察，庶易滋之弊日除，而逾格之恩普被矣。疏入，得旨：着照所请速行。

又令：山西省乘丰收采买谷石还仓。时山西丰收，巡抚鄂弼言：晋省四面环山，不通外运，唯通省积储，在在充盈，斯可缓急有备。晋省常平额储，乾隆十三年，经部定额一百三十余万石，臣于上年奏准增定一百八十万石，永以为额。然自乾隆十八年以后，连年歉收，且值旱灾，动赈出借、平粜拨运，殆无虚日。又因连岁秋成未丰，赈粜拨运者不能买补，出借者节经停缓，遂至处处额储虚悬盈千累万。上年秋成虽亦稍丰，又因积歉之后，民间十室九空，止择其万不可缓者略为收买补额，未能通筹买补。是以二十五年岁底奏报常平现存仓谷仅止一百八万石有奇，悬额几及一半。此外，尚有应买还大有仓借拨军需米豆，并另案应储太原府仓额谷，通盘合计共应买补米谷豆八十二万余石。若不乘此丰收之岁亟筹充盈积储，年复一年虚悬额数，设有缓急，何恃以无恐。但通省厅州县虽有一百余处，一时全行收买至八十余万石，又虑有碍民食。今将各厅州县应买之项悉心筹酌，分别缓急，如一厅州县内有必不可缓买之米谷，又有尚可缓买之额谷，则先令尽数买补必不可缓之项，而停可缓之额谷。如一厅州县内并无急应买补之米谷，则应乘此丰年买补尚可缓之额谷以裕积储。臣督令布政使宋邦绥详加分析，通省共应收买米谷豆六十万九千余石，应暂停买补额谷一十九万三千余石，仍令道府州亲加察看。若该处米谷充裕，市价长平，即买足应行收买之数外，不妨再将停买补额之谷酌量接买报储。倘收买时市集米谷日减，粮价渐昂，即买不及现定之额，亦据实详明，暂停收买，总以无碍民食而有裨积储。部议：应如所请。从之。

二十七年，五城设厂平粜。先是，奉谕旨：去年近畿秋雨过多，收成分数少减，现在京城米价虽未至甚昂，但恐青黄不接之时，市价易致增长，应预为筹划，以裕民间口食。着在京总理王大臣于启銮后酌量市肆情形，于应行平粜时一面具奏，一面循照旧例于京仓内量拨米石给五城地方，设厂平粜。令派出之德保、五吉、观保、书山、阿永阿、钱维城、纳世通、范时纪、广成、赫尔景额会同该城御史督率，妥协经理，无使牙侩从中囤积居奇滋弊，俾闾阎得沾实惠。寻王大臣等以正月中旬各色米价较去年腊月不相上下，兼以甲米、官俸支放在即，市价未至昂贵，奏请暂缓平粜。至是，王大臣等言：据顺天府每五日呈报，各色米粮虽未增长，但节届清明，正小民东作方兴之候，且甲米、官俸俱已陆续支竣，诚恐市价或至稍贵，小民买食维艰，拟于三月初十日遵旨设厂平粜，请照平粜黑豆之例，于京仓内酌拨三色米五万石，分给五城粜卖，一面咨会户部拨送，一面咨会钦派大臣会同该城御史，亲赴各厂实力稽查，其平粜官价，照往例每石各减市价大制钱一百文。俟市价稍平，官价亦量为递减，所粜钱文，交送户部拨放兵饷，庶钱价亦不至昂贵。得旨：允行。

又令：甘肃添建乡仓。先是，九年，布政使徐杞言：甘肃幅员广阔，乡城相距遥远，请四乡添建仓厫，就近出纳。经大学士会同户部议令巡抚黄廷桂查明题覆。旋据黄廷桂查，河州盐茶厅等处统计，应添厫座七百二十九间，又奏请于甘州等处城工银两内动项先建乡仓二百六十四间，并声明各乡土堡高厚，居民稠密，有官兵、斗级看守，不致疏虞。部议：准行。至是，巡抚明德言：从前添盖乡仓，除固原州盐茶厅已于四乡建设厫座足敷就近支用外，其余各州县如靖远、古浪、高台所属村堡并未议建乡仓，又皋兰、河州、会宁、岷州、西宁等州县所建乡仓不敷积储，又金县等三十七处虽议设乡仓，未经估建。今甘省收捐监粮每石收仓费银四分为州县修仓之用，现在甘省连登大有，生俊报捐踊跃，仓费较前日多，采买渐充，均需厫舍堆积，请将前项仓费银两添建乡仓。现在委员通行确查，择其最要者于今秋尽现存仓费先为添建，嗣后即以每年所收仓费，分别缓急次第，撙节办理。部议：应如所请。从之。

又命：五城米厂以豆石平粜。奉谕旨：京师闰五月以来，雨水稍多，近虽晴霁，而道路泥泞，商贩驼运未免纡迟，豆价现在增长，官员兵丁等日所必需，自宜酌量调剂。着户部于预备支放豆石内通融筹拨，陆续交与五城米厂以资平粜。现已降旨，令奉天、山东二省一面速运豆石接济京仓支放之用，该部遵谕速行。

命：以豫、东二省运到麦石，发交五城平粜。奉谕旨：今夏因雨水过多，恐畿辅一带麦收分数，不无少减，是以前经降旨令河南、山东二省各采买麦石，运京平粜。昨据阿尔泰奏报，东省麦石已于六月十三日起运在途。今胡宝瑔奏报豫省麦石现亦分起，催趱前进。合计均可刻日抵通。着传谕仓场侍郎等于二省麦石将到水次，即预备接递运京，以便交发五城米厂陆续平粜。仍即一面妥酌规条，随到随办，俾市价日减，而民食益充，副朕轸念闾阎至意。该部遵谕速行。

又令：奉天加储米石，并于沿海各仓加储黑豆。署将军印务刑部侍郎朝铨等言：盛京地方向称米粮充裕，是以稍遇水旱毋庸仰之于官。近年生齿日繁，偶遇灾荒即应筹办。现在旗仓除支用外所存不过十余万石，民仓不过三十余万石，如再为照例粜卖，所存无多，似应加储以广仓储。今酌量地方冲要简僻并近海沿边情形，如盛京城旗民杂处，省会要地，除民仓外，旗仓应请添储粟米六万石。锦州、牛庄、盖州三城均系沿海商船积聚之地，而锦州尤属冲要，应加储粟米三万石，牛庄、盖州各加储粟米二万石。山海关相近之宁远、地方辽阔之广宁、辽阳并临边之义州，均请各加储粟米一万石。其熊岳、复州、宁海县、秀岩、凤凰城等五城俱系偏僻，开原距省亦近，此六城应各加储粟米五千石。以上十四城共请加储粟米二十万石，并随时查访，价贵则发粜以济民食，价贱则籴补以免伤农。至沿海各仓加储黑豆，亦可备运赴通仓接济之需，请于沿海之锦州加储黑豆二万石，盖州、牛庄各储黑豆一万五千石，共储五万石以备取用，可免临时采办之繁。其不需运赴之年，随时粜籴，以免霉烂。部议：应如所请。从之。

令：安庆省会加储仓谷。布政使许松佶言：安庆府城濒临大江，凡江广商贾往来船只顺流而下，素少停泊，以故客货米粮向少屯聚，即本地所产粮食仅敷民食，每当青黄不接之时，犹赖仓谷平粜，以资接济。抚标城守三营兵丁虽有本色月粮，偶遇粮价昂贵，向例亦于府县平粜仓谷内酌量借给，于冬春二季应支本色兵粮内照数扣还，在兵丁虽免食贵于前，而冬春扣还之后仍不免买食之艰。况臣藩司衙门今移驻安庆，所有江宁原有之书役皆迁移于此，且外州县解司钱粮并秋审人犯亦改归安河审录。凡此护解兵役往来亦复不少，食指既繁，则物价易增。虽有府县二仓额储谷六万四千石，但例应存七粜三，以新增人口计之，恐有不敷，似宜酌盈剂虚，以备缓急。请将各属溢额仓谷内所存粜价拨出谷价一万两，乘今岁秋成丰稔及时分地采买，每年于青黄不接之时照粜三之例，一体平粜。如遇米价昂贵之年，本城各营详明，即于此项额谷内碾米借给，仍照平粜之价于兵饷内分月扣还买补。所需仓厫于现在通省添建常平仓，动用社本案内办理。部议：应如所请。其谷石交与安庆府知府及附郭之怀宁县知县管理。从之。

又以山西丰镇、宁远二厅应解绥远城驻防兵米充本地常平谷。先是，九月，从巡抚明德请于归化城、和林格尔、萨拉齐、清水河四通判地方，各添设常平仓谷三万石，动用耗羡银两采买备储，其大同府属之丰镇厅、朔平府属之宁远厅，原系卫所改设，是以常平仓未经设立。至是，明德言：丰镇、宁远二厅自裁卫改设以来，地方辽阔，刑名钱谷事务与州县无异，而常平仓尚未设立，遇有需用俱远运邻邑，缓不济急。查该二厅地亩，向系征收银两，前抚臣鄂弼因绥远城满营兵米不敷，奏准将应征租银改征米石，运送绥远城交收。今查绥远城同知仓内现存满营粟米一十二万余石，岁支米四万八千余石，以各厅原征改征，每年共征米五万一千余石，支放兵粮之外，岁有盈余，以致前者未放，新者又陈，不特兵丁常食陈粮，且恐雨水霉变，与其动用脚价运往，不若留储丰、宁二厅以为本地常平之需。查丰镇厅每年应征米一千四百七十石零，宁远厅每年应征米五千一百六十七石零，以十年计之，共得米六万六千余石，以之匀储二厅作为常平额粮，虽二厅额征粮数多寡不一，该厅等本属联壤，即以宁远之粮拨储丰镇，照例按里给价亦属无多，应需仓廒，动用耗羡陆续添建。其存仓米石，每年春耕时查明缺乏籽种之户，照例借给，遇粮价昂贵之年，减价平粜，均俟秋收买补还仓。部议：应如所请。从之。

二十八年，拨存仓黑豆平粜。奉谕旨：现在存仓黑豆计各项备用外，为数甚属充裕，着该部即于存储豆石内每城分拨八千石，以资各厂平粜接济之用。

又以热河粮价昂贵发中关米石平粜。大学士、公傅恒等言：热河地方上年收成稍歉，兼之商贩搬运，以致粮价昂贵，每米一仓石值银二两二三钱不等，每豆一仓石值银二两五六钱不等。迩日市侩奸商一闻圣驾经临之信，居奇抬价，日渐加增，随从官兵买食，不无艰窘。查中关买存备拨米一万石零，查原价每石价银八钱，照时价雇车运送热河，每石需银一钱，合算共银九钱。若以此价卖给官兵，恐不肖之徒因其价贱，致有串通代买情弊。臣等酌定每仓石价银一两五钱，交地方官雇备车辆运送热河。臣等即将随从大臣、官员、兵丁数目查明，酌加分别，量其一月需用米数，造册交与地方官照数发给价银，按照库平缴纳，下月届期仍照此办理，则商贩无由居奇，而随从官兵得以贱价买食，亦不致有转售罔利之弊。兼之人资食用，余者并可饲养马匹，即豆价亦必平减，俟秋收价平之日，交热河道饬令地方官照依时价买补还仓。从之。

又以仓庾民食经常不易之道诏谕中外。先是，六月，户部侍郎英廉言：京师为四方都会，仓粮积储最宜充裕，皇上轸念民瘼，凡遇赈恤之事恩施稠叠，即漕运之重，亦不惜截留散施，动以亿万计，间遇京师粮价昂贵，辄发内仓米石广为平粜。即以乾隆十八年至二十七年此十年中统计，截留漕米五百四十余万石，平粜米四十六万余石。十八年以前所截者不在此数，其他煮赈之米亦不在此数。臣伏念京通仓储国计所关，今截留之数既多，则储积之数岂免稍减，计惟立定章程，使嗣后遇有截留即续为弥补，但使漕运之年额运无亏，则京仓自日益充裕。臣再四筹酌，唯捐纳贡监一项可收本色，盖贡监每名粮数无多，力田之家耕获有余即可投纳，实属便民。湖广、江西、江南、浙江均为产米之区，岁当丰稔米谷有余，臣愚以为，莫若即将此项事例开于该省，令其收捐本色，或以三年五年为度，捐有成数，另行收储。如遇截漕之年，即于次年照所截之数补运京仓，或分为二年补运亦可。如无截留之年，即毋庸补运，仍行储备。如此，则京仓所入，有缺必补，既免积久日亏之虞，而又隐为皇上预储一施恩黎庶之备，似两得其裨益。疏下九卿议。寻议：如该侍郎所请，令各省督抚将现在谷价酌中定议，并一应年限拨运事宜，酌定具题。至是，安徽巡抚托庸言：京师仓储甚关紧要，截漕平粜之数，自应急为筹补，但筹补之道，必米石数多又能迅速，方克有济。查安河各州县常平仓积谷，除赈粜未经买补米石外，现在实存谷通省共有一百六十二万二千余石。安河地处各省之中，周围邻省皆舟楫可通。湖广、江西，原在长江上流，贩米商船相继而来，如遇安河米贵，集米更多，不但歉岁，即寻常年份商贩络绎不绝，实由湖广、江西、河南、山东等省皆出产米麦省份，又有长江、黄、淮各水流通，乃自然之势，非人力所致。故安河之常平仓不似各省之仓，甚关紧要，即被灾散赈之年，不过就近各州县之米始行拨运济用，稍远即行停拨，多以折色散给。臣察看情形，现在存仓谷一百六十余万石，不俟开捐，尽可碾米，附于漕船搭运进京，以补仓储。查粮船搭运，每年不过数万石，本省如遇用米之岁，其未经搭运存仓米仍可动用，春间青黄不接之时，仍可平粜。又现有开捐贡监，本色之米可以接济，数年后，一百六十余万石之谷搭运全完，则开捐本色自必积聚已多，如此一为转移于太仓积储，不无小补，而安河仓储亦仍不致缺乏。疏入，上谕曰：托庸奏《江、浙等四省现议贡监收捐谷石，运补京通仓储，请将安河常平仓谷一百六十余万石先行碾米分附粮艘带运》一折，虽其酌济积储，颇见勇往，然朕熟筹此事于仓庾、民食实在有无裨益情形，即九卿覆准侍郎英廉条奏，本案并可毋庸亟事举行也。陈编所载余三余一之文，固为足食本计，第在当时原属地旷人稀，又列国各守其封域，持筹者可以随宜措置耳。以今幅员之广，生齿之繁，岁即屡丰而三农生谷只有此数，采购于官庾，捐输于绅士，条歉虽殊，其为地方所产则一，与其辗转挹注，名异实同，又何如即以此留之民间，俾饔飧倍为饶给乎！朕御极以来，曾议直省仓储宽裕买补，旋闻市价增长，即令停罢。盖以小民未获将来粜贷之利，而先受目前食贵之艰，譬诸日食四䉋者先夺其一二而语之曰：吾将为尔他日待哺计也。彼不生感而生怨矣！此中先后得失，其理较然不爽。况朕念切民依，偶值偏灾即截漕动以亿万计，向年来粮艘正供自足，太仓之粟可预备二、三年而赢，此亦足矣。计臣即鳃鳃①较量，朕皆不以为然。国家升平富庶，内府、外府均为一体，凡官廪兵糈，岁支之数，岂阙于供？若以补漕粮而议捐谷，又因议捐谷而先运常平，不独徒费输挽之劳，且他省闻风踵事，地方因缘垄断，必致米价踊腾，间阎转滋弊累。即云不动声色，似此多立规条，转相仿效，其为声色，更何待言。揆之经常不易之道，唯为民食留其有余，国用自无不足，居今承平日久，户口增而产米只有此数，倘民间或遇必资通融协济之处，亦不过临时善为补偏救弊耳，无他一劳永逸之计也！至执三十年制国用之说，拘文牵义，更制而事不可行，譬之封建井田诸旧法，又岂可复议于今日哉！所有托庸碾运常平谷石之奏不必行，其江浙四省贡监收捐本色之例并着停止。将此通谕中外知之。

三十年，令：减安徽捐监谷数兼收粟谷。巡抚托庸以所属常平仓额拨赈后，缺至四十万石，近年谷价稍昂，核之报部，每米一石并脚价销银一两二钱之数，买补维艰，请于各属捐监酌量减收本色，以补仓储。寻议：准令减三报捐。至徽宁地处山僻，准令减四，粟谷兼收，俟额足后即行停止。外省营贩寄居者不准报捐，本省人亦不准收折色。从之。

又令：直省各府仓改归首邑经理。河南巡抚阿思哈言：豫省州县仓谷之外，设有府仓储谷，自万五千至二万石不等，每常买补之时，大都委之州县，州县极意趋承，或减开价值，或浮交谷石，而家人书役刁难需索、舟车守候、斗斛高尖，其弊靡所不至。请将各府仓谷责成各首邑经管，知府只许照例查盘，毋庸涉手。寻议：知府为知县表率，州县之仓储粜买全赖知府查察，知府身自作弊，则州县势必效尤。若将府仓改归首县经理，责知府稽查，体制既合，而于仓储定额原无更改，凡借粜、买补、酌拨、

---

① 鳃鳃，胸怀恐惧、小心翼翼的意思。

协济事宜，责成各该府于每年奏销时照县仓之例就近盘查，结报直省，与豫省事同一辙，均应改归首邑，以昭画一。从之。

又截江西漕米四十万石于天津，其各漕船余米一体准粜。谕旨：今年漕船北上稍迟，恐未能如常年八月中旬全兑，着于江西尾帮漕船，截留四十万石收储天津北仓，俟来春再行运通，俾得及早回空，无悮冬兑，其各船所带余米，仍准其一体粜卖。

三十一年，停止陕甘捐监事例以崇积储实政。奉谕旨：陕甘捐监事例，原因筹补仓储，以备缓急。闻近日本色者少，折色者多，遇有需用谷石之处，仍不敷给，且以本地折色即向民间采买，恐不免勒派滋累及挪移侵蚀之弊。现在发帑三百万两存留甘省，如遇谷值平减时，即于此内陆续酌拨购足，则当岁收丰稔，既无虑谷贱伤农，即偶有歉收亦复足支赈粜，如库项买谷间有未敷之处，该督随时奏闻，务使积储裕如，帑归实用。所有陕甘捐监事例着即停止。嗣于本年九月将直隶、安徽、山西、河南等省捐例，一体停止，均令赴部报捐。至各省仓谷倘有缺额，俱即动项买补，如库项不敷采买者，许令随时奏闻拨给。

又弛直隶、山东商民贩米奉天之禁。奉谕旨：向来奉天粮石充裕，准令直隶、山东就近贩运。今夏因该处雨少，或恐市集昂贵，曾谕暂禁商贩，今续经得雨，粮石必充，且现在山东稍歉，直隶又以邻省运贩，粮价未免稍增，所有二省商民贩米奉天者，毋庸禁止。

<u>臣等谨按：各省常平仓额储谷石，先于乾隆十三年据各该督抚奏报，经部议核定额数。嗣或节经变通，抑且不无拨贷，而每年汇报可备参考。谨将乾隆三十一年以前各省节次奏报现存谷数，详载于左，其社仓、义仓之数，亦附见焉。</u>

<u>直隶常平仓：乾隆三十一年奏报实存谷一百九十七万五千二百七十五石有奇，社仓实存谷三十九万六千五百二十四石有奇。义仓：实存谷四十八万四千七百石有奇。</u>

<u>奉天常平仓：乾隆三十一年奏报实存米二十四万一千六百十八石有奇。社仓：豆谷杂粮共九万三千六百十四石有奇。奉天无义仓，后凡不载义仓者同。</u>

<u>江苏常平仓：乾隆三十年奏报苏松布政司属实存谷并米抵谷五十六万三千五百十三石有奇，江淮布政司属实存谷并米麦豆抵谷七十万</u>

八千三百四十四石有奇。社仓：乾隆三十年奏报苏松布政司属实存谷二十三万一千八百八十九石有奇，乾隆二十九年奏报江淮布政司属实存谷九万一千八百六十二石有奇。两淮盐义仓：乾隆三十年奏报实存谷四十七万五千八百五十石有奇。凡奏报之期，俱准乾隆三十一年，如三十一年之报未至，则以前一年、二年所报为准。

安徽常平仓：乾隆二十九年奏报实存谷米杂粮共一百二十三万五千七百八石有奇。社仓：乾隆三十年奏报实存谷米杂粮共五十万五千二百八十五石有奇。

江西常平仓：乾隆三十一年奏报实存谷一百三十四万一千九百二十一石有奇。社仓：实存谷七十三万一千七百六十八石有奇；关义仓：实存谷五千三百五十八石有奇。

浙江常平仓：乾隆三十一年奏报实存谷二十七万六千三百五十三石有奇又米十三万一千十石有奇。永济仓：实存米五万六千七十二石有奇。社仓：实存谷并米抵谷二十六万四百八十一石有奇；盐义仓：实存米六千六十石。

福建常平仓：乾隆三十年奏报实存谷二百二十八万九千七百十八石有奇，台湾府实存谷四十万石。社仓：实存谷四十九万二千六百五十七石有奇。

湖北常平仓：乾隆三十一年奏报实存谷并小麦抵穀七十四万八千石有奇，又米一万五千五百七十九石有奇。社仓：实存谷六十五万四千三石有奇；义仓：实存谷二万四千石。

湖南常平仓：乾隆三十一年奏报实存谷一百四十三万八千三百四十九石有奇。社仓：实存谷五十三万二千五百三十七石有奇。

河南常平仓：乾隆三十年奏报实存谷二百三十九万一千六百石有奇。社仓：实存谷六十四万三千一百十一石有奇。漕仓：实存谷六十四万一千九十石有奇。

山东常平仓：乾隆三十年奏报实存谷二百五十六万三千三百五石有奇。社仓：实存谷十八万六千四十八石有奇。

山西常平仓：乾隆三十一年奏报实存谷米豆共二百三十万三千二百六十三石有奇。社仓：实存谷五十七万九千六百四十三石有奇。又归化等厅预备军需平粜谷十九万七千三百三十九石有奇。

陕西常平仓：乾隆三十年奏报实存谷并杂粮抵谷二百十五万六千

六百十石有奇。社仓：实存谷六十二万八百七十石。

甘肃常平仓：乾隆二十八年奏报实存谷一百八十三万一千七百十一石有奇。社仓：实存谷三万一千六百七十七石有奇。

四川常平仓：乾隆三十一年奏报实存谷杂粮共一百八十五万六千四百三十七石有奇。社仓：实存谷杂粮共九十万五百十八石有奇。

广东常平仓：乾隆三十年奏报实存谷二百九十万一千五百七十六石有奇。社仓：实存谷四十二万二千四百七十一石有奇。

广西常平仓：乾隆三十一年奏报实存谷一百三十八万一百二十一石有奇。社仓：实存谷二十五万八千二百七十六石有奇。

云南常平仓：乾隆三十年奏报实存谷麦共八十四万四千三百五十五石有奇。社仓：乾隆二十九年奏报实存谷杂粮五十六万九千八百九十六石有奇。

贵州常平仓：乾隆三十一年奏报实存米八十八万一千八百四十八石有奇。社仓：实存谷二万九千八百二十六石有奇，米一千八十六石有奇。

三十二年，奉谕：节年以来，屡经降旨，准令旗丁在通州变卖余米以资日用。现在各该省漕艘陆续抵通，于兑足正供后，旗丁余多米石如有情愿出售者，仍着加恩准其在通州粜卖，旗丁既属便宜，而地方粮石益加充裕，于民食更有裨益，该部遵谕速行。嗣于三十三年至五十年并准粜卖如例。

又谕：裘曰修等奏"京师因道途泥泞，通州交仓余米，商贩等艰于挽运，是以上月米价稍昂，请将八月甲米移前数日开仓"等语，八月甲米原系官兵等应支之项，今豫为开放，京价自可就平，于兵民自为有益，着即将八月甲米于本月二十五日开仓支放，该部遵谕速行。

三十三年，户部左侍郎王际华言：各省向设常平捐监事例，行之日久，不无折色、浮收、侵挪诸弊，业将陕甘等省捐例停止。查福建、广东、云南三省报捐甚少，应请概行停止。从之。

三十四年，奉谕：上年直隶近水州县洼地间被偏灾，业经加恩分别赈恤。新正又经降旨，将霸州等十二州县极次贫民，均予展赈，自可不致失所。但各该处需用米石颇多，而借种平粜亦需米接济，着再加恩拨运仓米二十万石，以为各该处加赈粜借之用。该督其董率所属，实力办理，务使小民均沾实惠。

又云南巡抚喀宁阿言：滇省仓储常平、兵粮米谷，因拨运军粮，现在缺额，业经奏请按照时价买补。兹查禄丰等四县有永折米八十余石，寻甸等十七州县有改折米二万余石，阿迷等十二府州县有抵条米二万余石，请自本年起悉征本色抵补，可省采买之烦。得旨：允行。

又两江总督高晋等奏：江苏各属常平仓谷缺额，现在时价昂贵，应暂停采买，但缺额过多之处，来春借额不敷，请将司仓存储捐监米拨补江宁、高淳等县，其余仓储不足州县，请在邻近州县酌拨。从之。

三十五年，奉谕：顷三和自热河回京，据奏"古北口地方于本月十六日午后山水涨发，兵民房产被淹，人口亦间有伤损者，王进泰现在彼处查勘，缮折具奏。赍折人在后未到"等语，古北口此次被水情形较重，朕心深为轸念，着即派侍郎乌诺玺带内库银二万两速行，驰驿前往，会同王进泰实力查勘被水各户，不拘兵民人等一体抚恤，照二十四年之例加倍给予。如所携之项不敷支用，即行据实奏闻，续行拨发。再闻街市米铺现俱被冲，闾阎或致艰食，该处义仓向有存储米石，若由地方官按例转详具奏给发，未免稽延时日，乌诺玺等即开仓酌量赈恤平粜，居人口食有资。现已传谕霸昌道定敏星驰前往，乌诺玺等即率同该道详细确查，实心经理，务使灾民均沾实惠。

又奉谕：今岁适届夏闰，秋成节候少远，而距官员等领俸之期亦迟一月，市肆米粮未免不敷接济，所有王公大臣官员秋冬二季俸米，该部作速行知各处，上紧造册送部，即于七月十五日起开仓支放，俾官员早得常糈，市值自可藉以平减，于民食亦属有益。

三十六年，奉谕：京城及近畿地方，自春入夏，雨泽较稀，麦收不免歉薄，幸有官麦平粜，市值未致加昂，但现届青黄不接之时，米价或恐因而增长，此尤小民口食所资，自应豫为筹划，以期充裕。着照乾隆二十七年之例，于京仓内量拨米石给五城平粜，仍令原派监粜麦厂之大臣并该城御史就近经理，其应拨米石若干、作何酌定章程之处，即着该监粜大臣等会同该部详悉妥议速奏，并着步军统领衙门派委员役严查奸商贩卖囤积，俾闾阎均沾实惠。

三十七年，奉谕：前因徐绩奏报粮价单内各属多注价昂，当即批谕：今年山东既获丰收，何以米价尚昂，令其查明覆奏。据奏因乾隆三年前护抚黄叔琳奏准将贵贱昂平分为等则，历年以次酌定，所奏太属拘泥。徐绩平日尚属明晓吏治者,何以不通事体若此?朕令各督抚按月奏报粮价,原以米谷为民食所关,期于市籴贵贱时得周知,若如该抚所办,尚以三十年前定价为率,又安用此虚文为耶!米粮价值盈缩固视夫岁收丰歉,及阅岁既久、生齿日繁,则用物广而需值自增,乃一定之理,即各省买补仓粮屡请增价可知矣。况天下无不食米之人,米价既长,凡物价夫工之类莫不准此递加,诚以民愈庶富愈难,不得不于豫大之时,切持盈之儆,非朕厌闻米价之贵。嗣后当饬属周咨市价,率以三五年前后为准,核实详明,列单具奏,不得蹈袭积年陋习。

三十八年,直隶总督周元理奏:请令遵化州应籴蓟粮,即行拨抵常平缺额,并储蓟米石就近平粜,以济民食。得旨:允行。

三十九年,奉谕:据周元理奏"天津府属七县偶被偏灾,该处仓储米谷,因从前屡经赈借,且迭蒙恩旨蠲免,现在常平、社、义等谷仅存五万余石,不敷今冬赈借、明春平粜之用"等语,天津府属七县因夏秋雨泽未普,收成稍歉,虽系一隅偏灾,恐冬春之际民力未免拮据,朕心深为轸念。着加恩于通仓内拨米十万石交周元理即行领运,酌备被灾各属冬春赈借平粜之用,该督务董饬所属,妥协经理,副朕优恤畿民之至意。

又奉谕:前因淮安一带今秋被水,节经降旨加意抚恤,俾灾民不致失所。今据奏称"灾地需用米粮一项,恐尚不敷拨用"等语,着该督等于江苏各属漕粮内截留米二十万石,酌量灾地远近,或全数拨留,或按属派拨,并令该督等迅即妥协经理,以备明春赈粜之用。

四十年,奉谕:上年直隶天津、河间等府各属仓谷因赈动用者,例应补买,但恐一时官买过多,致市间粮价少昂,于民食有碍。着加恩截留豫东二省漕米十万石暂储北仓,交该督周元理酌量领运拨粜,俾民间多留盖藏,以示优惠。

又奉谕:近日京师粮价较上年四五月间少增,自因昨秋天津、河间一带地方歉收所致。现届青黄不接之时,宜使市籴价平,俾闾阎不虞谷贵。着照向例,于京仓内量拨米石给五城设厂平粜,以裨民食。

又奉谕:八旗兵丁甲米闰月例不支放,第念京师五方聚集,食指浩繁,兵丁所得甲米自给之余,或将剩米出粜,尚可润及数十万户。现在正逢闰月,未免拮据,着加恩赏给闰月甲米,即于本月十五日开放,其十一、十二两月放米之期,并着移于每月十五,明岁新正以后,仍循其旧,则市价可藉以益平,于兵民生计有裨。嗣后凡遇闰月俱照此例。

又奉谕：据文绶奏《川省所产杂粮，现饬夔关一并截留，禁止贩往楚省》一折，所办非是。川省产米素称饶裕，近年因办理军需，购粮较多，经该部奏准暂停夔关出米以供军储而资民食尚属可行，至各项杂粮仍当听商贩流通，俾从民便，不应在禁止之例。今大功指日告成，军储充盈，采买较前渐少，何以转加饬禁？况本年江苏、安徽俱被偏灾，米价不免昂贵。若得上游粮食源源贩运，两省之民更可接济，应将川省米石听其出关贩卖，无许再行禁遏，各省商民均沾利益。

四十三年，奉谕：前因河南省开封、彰德、卫辉、怀庆、河南五府春雨愆期，曾降旨将本年钱粮缓至秋征，常平、社仓民欠谷石，缓至麦收后征，并令将存仓社谷随时借粜。尤念五属极贫下户更为拮据，加恩于社谷内酌给月粮，以资糊口。至本年社谷出借较多，如属不敷，着于漕谷项下借动拨给。

又奉谕：现在将届夏令，京师尚未得有透雨，市间粮价恐未免稍昂，自宜豫为筹划，俾民食益加充裕。着照向例，于五城设厂，酌拨米麦平粜。

又奉谕：前据三宝、陈辉祖奏"湖北今夏得雨少迟，米价渐长，遇有川米过境，催载运售"等语，此非遏籴而何？朕以该督抚为楚省民食计则得矣，不知江南向每仰给川楚之米，今岁亦间有偏灾，更不能不待上游之接济；且楚米既不能贩运出境，若复将川米截住不令佑舶运载顺流而下，则江南何所取资？该督抚止就本省筹核，所见殊小，岂朕一视同仁之意！随即传谕训饬，如川省米船到楚，听其或在该省发卖，或运赴江南通行贩卖，总听商便，勿稍抑遏。嗣又据文绶因楚省有买川米之咨，奏称"川西、川南虽获丰收，恐商贾纷集争籴，或致米价腾涌，拟将水次州县各仓内拨谷二三十万石，碾米运楚应用"等语，名为设法调剂，实欲藉此塞责，禁止商籴也。所见与三宝等相同。随即饬令不必将仓谷碾米运楚，听商贩源源籴运，夔关验放，不得稍有留难。在该督抚皆国家大臣，自当以朕之心为心，岂宜意存畛域，如川省米船运载流通固属甚善，但恐川船到楚仅敷该省之用，不能分运，则江南粮价或至增长，深为厪念。着传谕文绶，将拟拨楚省之仓谷二、三十万石即速就各水次碾米运赴江南备用，并谕萨载等酌于何处接运，分发需米之各地方随时出粜，以平市价而裕民食，一面知照文绶办理，一面奏闻。至川省动拨仓谷，俟明岁谷贱时再行买补。该督抚速为遵照委办，该部即遵谕行。

> 臣等谨按：遏籴为古昔所禁，况天下一家，尤不可意存畛域。我皇上德施溥博，务使含生之伦无不得所，是以于川米至楚，既饬禁抑遏，复令分运江南，俾彼此之见不存而源源得以相济，允宜光天之下被润泽，而大丰美如登春台也。

四十六年，奉谕：本年六月，江苏崇明县猝遇风潮，被灾较重，贫民口食未免拮据，着加恩于苏属，本年应行起运漕粮内截留十万石以备赈济平粜，副朕轸恤灾黎至意。

又以明春巡幸江浙，命将二省冬兑漕粮内截留十万石以资平粜。

又奉谕：安徽省所属亳州、蒙城暨下游凤阳、泗州各处低洼地亩，本年秋间被水，前经谕令该抚等按照灾分轻重分别给赈，但念本年被水处所即系上年被灾之地，昨曾拨运川米十万石分给平粜，是以米价不致过昂，今该处仍复被水，恐明岁青黄不接之时，灾地穷黎究不无拮据。该省颍川、凤阳、泗州三属及六安、霍山二州县今岁俱多丰熟，与各灾地相距最近，着该抚即于各处应征漕米内，加恩截留三万五千石，预备明春减价平粜，以济民食。

又奉谕：本年江苏徐州府属沛县、睢宁、丰县、铜山、邳州、宿迁等州县被灾较重，已屡经降旨，准拨藩库粮道银五十五万两。现又据萨载奏，准其于两淮盐课应解部银两再行动拨银五十万以资赈恤，弟念该处米谷尚不敷征粜。着再加恩于淮、徐各属本年应行起运漕粮内截留五万石，以备赈济平粜之用。该督等务须督饬所属，查明灾地情形，分别赈粜，实力妥办，俾小民口食有资，无使一夫失所，以副朕意。该部遵谕速行。

四十七年，奉谕：本年直隶承德府各属雨泽未溥，粮价稍昂，现在平粜存仓余米二千石，以资接济。数日以来，虽已甘霖迭沛，而青黄不接之时，恐民食未免拮据。着再加恩将存仓余米平粜三千石，以副朕轸念民艰有加无已之至意。

又奉谕：承德府属平粜余米，业经展粜三千石以资接济，兹恐民食尚有不敷，着再加恩平粜一千石，以副朕轸恤至意。

又署直隶总督英廉言：直省各仓因赈恤之后，储谷未能足数，请将天津北仓截存漕米九万二百三十二石零赏拨直省，以补缺额。得旨：允行。

四十八年，署四川总督成都将军特成额奏：请酌留未经变价之义谷存储民间，以资接济。得旨：允行。

又奉谕：朕明春南巡，着照从前之例，于江浙二省冬兑漕粮内各截留十万石，在水陆驻跸地方分厂平粜，即令漕运总督及各该督抚妥协办理，该部遵谕速行。

四十九年，山东巡抚明兴言：东省乾隆四十八年，通省秋禾收成虽八分有余，但时值春月，青黄不接。现据各属开报，每谷一石价银七钱五分至一两三钱二分不等，买食贫民未免糊口维艰。谨循照历年奏请平粜之例，随时酌减，总不得过三钱。至乡村设厂平粜所需脚费，照例动支司库充公银两，事竣核实报销。其耕作贫农有需酌借口粮以助春耕者，悉照历年成例，先动社谷，次及常平杂粮谷石，核实给领，秋后征还。抑臣更有请者，去秋至今，唯登、莱、青三府雨雪调匀，济、泰、武、沂四府属，于上年十二月暨本年正、二月，据报得有雨雪，尚可无碍田工，照例粜借兼行，可敷接济。其兖、曹、济三府州属本系积歉之后，民力未纾。又东、临二府州属于上年得雪未足，并未再有雨雪，未种春地，望泽甚迫。若仅照常借粜，将来一得透雨即须赶种秋禾，凡籽种等项，恐无力农民难以措备，恳将兖、曹、东、济、临五府州属，查明地在三十亩以下无力之户，除照例出借仓粮外，每亩再行借给籽种银五分，以资耕作，所需银两，于耗羡存公司库银内动支，如有不敷，再于司库酌留备用项下凑支，秋后征还归欵。得旨：如所议速行。

又奉谕：前因甘省逆回不法，扰害地方，曾降旨令福康安查明被难良民，酌量抚恤，并将该省本年应征钱粮概行豁免。本日据福康安奏"现在该省市集粮价较昂，其伏羌一县已据该县开仓减价出粜，其余静宁、隆德等州县曾经贼人经过处所，亦应一体核实酌减出粜"等语，向来出粜仓粮，每以年成丰歉照市价量为酌减。今该省因贼人滋扰，小民籴食维艰，安可复拘常例办理，福康安即将应行出粜各地方一体核查，照市价大加酌减出粜，期于民食有济。

又奉谕：据保泰等奏"本年到通漕粮二百四十三万石，又北仓截留三十二万余石，较之上年多收二十二万石"等语，前因漕艘抵通稍迟，将江广重船于北仓截留，俾得迅速回空。今据查明本年漕粮较上年尚多二十余万石，所有前项截留米石现于北仓存储，着即将多出之二十二万石存于北仓，作为直省买补仓粮之用。

五十年，山西巡抚农起言：太原、汾州、沁州、辽州、隰州、平定州所属各州县，从前虽俱缺雨，嗣于四月、五月连得透雨数次，甚为优渥，麦收尚好，秋粮播种俱已出土数寸，并未成灾。唯查各属地方前次借粜仓粮将已办竣，目下虽经得雨，秋收尚早，所有太原、汾州等属，应请照歉年减价二钱之例，再将常平仓谷酌量续粜。得旨：允行。

又奉谕：据特成额等奏"湖北省江夏等四十七州县因入夏以来，未得透雨，旱、中二禾鲜有收获，粮价未免稍昂"等语，江夏等州县因缺雨歉收，粮价加昂，民食自不免拮据。着即照歉收地方之例，将仓谷减价多粜，该督抚其督饬各州县实心经理，务期小民均沾实惠。

八月，两江总督萨载等言：淮安、江宁、常州、镇江、扬州等五府属本年被旱，收成不无歉薄，粮价渐昂，请于现在截留黄河以南江西漕米二十八万余石，酌拨十万石分给淮安等五府属平粜，接济民食。所有粜价提储司库，俟来岁秋收丰稔，照数买补，抵通交纳。得旨：允行。

又奉谕：书麟奏"安河、桐城、庐江等处绅士，或出余米减粜，或醵金①禀县请票，前赴江西贩米至本籍减粜"等语，安河、安庆、庐州等府属被旱成灾，该处绅士谊敦任恤减价出粜，甚属可嘉。至江西、四川二省，节据李世杰、舒常覆奏，俱已设法调剂，俾商贩通行无滞，各灾区自当米粮汇集，市价日平，小民口食足资接济，略纾朕南顾之忧矣。

又奉谕：李世杰奏"现在将附近水次各州县常平等仓谷，先碾动三十万石，令其收储，俟楚贩到境，设市集不敷应粜，即将仓米按照每月报部时价发粜"等语，所办甚好。前因江浙等省皆仰给川米，唯恐湖北商民赴川贩运，该省产米或有未敷，特谕李世杰即将常平等仓谷先行开粜，以资接济。今据该督奏到，已遵旨将仓谷碾动三十万石，俟楚贩到境，按照时价发粜。又同日据舒常奏"楚省商船过境已有一千三百余只，从江西贩去米谷约有数十万石"等语，是楚省米粮已经汇集四川、江西二省，自必将余米运往江浙贩卖，安徽、江苏、浙江各灾区既有两省之米源源接济，小民口食有资。览奏，为之稍慰。

又奉谕：特成额奏"酌拨湖南仓谷碾运湖北，俾下游民食得资接济；又督催川南米船由湖北速下江浙，兼恐商贾趋利，见湖北米粮价昂，就近粜卖，不即东下江浙，即将官谷拨往粜济以平市价，庶商贾见粮价减落，多趋江浙，更可获自然之效；现在飞饬邻近水次州县各仓内动谷碾米，并于两省各派道府大员迅速妥办"等语，所办甚好。该督能如此存心，不

---

① 醵金，本意为聚资会饮，后泛指集资。

分畛域，仰体朕节次降旨一视同仁至意，方得大臣之体，甚属可嘉。湖北米石既有湖南接济，而江西、四川各商贩又可源源而下，是湖北、江浙灾歉之区均可无虞缺乏，商贩流通自可以平市价而裕民食。

又奉谕：向来京师需用麦石，俱藉豫、东二省接济。本年春夏之间，该二省雨泽短少，收成歉薄，未必更有宽裕以资商贩籴运，恐京中麦石入市稀少，价值或致昂贵，不可不预为调剂。今岁奉天各属雨水调匀，麦收丰稔，永玮、鄂宝等查照向例，采买麦二万石，委员运京，以备支放籴粜之用。

皇朝文献通考卷三十八

土贡考

臣等谨按：马端临《通考》有《田赋考》，复有《土贡考》一卷，第其所载惟禹贡八州及唐一代州郡所贡，文为详备，其他累朝之事无可深考，则其辞略焉，然亦足见古任土作贡之大概矣。我朝列圣相承，深仁厚泽沦浃肌髓①，率土之内靡不愿殚其葵向②之忱，以自效于盛世。顾臣伏考今制，官廷服御所必需，率令有司以经费购办，未尝责贡民间，轸念人劳，罢免贡献者为类尤广，是以今之土贡远较唐制不过十存一二而已。至于外夷职贡，马《考》虽未之及，然肃慎贡矢、西旅贡獒，备载往牒，以昭哲王慎德、四夷咸宾之美。我朝肇基东土，德威远播，漠南蒙古诸部归附最先，嗣是东至朝鲜，西至番藏，朔南遐暨③，奔走偕来。若夫幽深荒远，地阻重译，稽之前史，职贡罕通，亦莫不测海占风，享王毕至④。我皇上布昭圣武，用迪前光，平定准、回两部，拓地二万余里并入版图，岁输贡赋。他若左右哈萨克、东西布噜特诸藩俱稽颡来朝⑤，奉表入贡，猗欤盛哉！诚亘古所未有也。窃尝论之前代之君，其于外裔，羁縻勿绝而已。即使政令内修，兵威远扬，犹且叛服靡常，声教莫讫。圣朝抚有中外，德扬恩普，共球所集，覆载同归，而且贡物不拘往制，准免则屡沛特

---

① 沦浃肌髓，深入肌肤骨髓。
② 葵向，如葵向阳。
③ 朔南遐暨，南北达到极远。
④ 享王，向王贡献。
⑤ 稽颡，虔诚地跪拜叩首。

恩，锡予便蕃，矜嘉备至，非所谓不宝远物则远人格者欤。臣窃以中土所产，久罢上供，惟户、工两部则例内，凡官府内外需用物料，于各直省原产处所令有司支欵置办，造册报销者谨着于篇，视马氏所称土贡名目不殊，义例自别。至外藩诸贡，梯山航海，不可殚记。在国家恒恤其力，在藩国争效其诚，因敬稽《会典》所载凡成例所著者，用昭圣朝绥来怀远之宏略焉。

盛京额办物产。

　　臣等谨按：盛京为本朝王业所基，长白钟灵，东溟毓秀。其包孕亭育发为物产者，动植飞潜各极其盛，伟庶类之繁昌，洵嘉祥之荟蔚。至于列圣建国以来，经营相度综理益周，俾山虞水衡，分司厥职，岁时采取上供天府，其硕大充盈，极古来所称；隩区神皋①，陆海之富有，曾不足以媲其万一。而且取之有经，用之有节，内府掌其名数，冬官详其考成，累牍连篇，不能悉载。惟东珠为川渎之精英，人参为丛林之灵卉，丰貂温劲，备美冠裳，谨述其物产之尤者，冠于土贡之首焉。

　　东珠，设珠轩，置长。上三旗珠轩五十有四，下五旗珠轩三十有四。每珠轩以得东珠十有六颗为率，重自一分至十分为度，每岁合计所入之数，佳者或以一当五，或以一当四、当三、当二，寻常者仍以一当一，分为五等，不及等者不入正数内。如于额外多得，总管以下等人按数给赏。其东珠由黑龙江将军捕牲总管选取输纳。貂皮，索伦壮丁每名岁纳一貂，分三等：头等貂皮五百张，二等貂皮一千张，余俱作三等收纳。如足数及等，赏给总管以下等人缎疋、青布有差，若数目不足，交与理藩院议处。其足数不及等者，免其处分，由黑龙江将军捕牲总管按数选取输纳。人参，户部委员携信票出口招商，给票入山开采，每票以纳人参十有二两为则，每岁所采以给票之多寡为盈缩，采二年、三年，间停一年，由吉林将军、宁古塔副都统随时酌奏。

---

① 隩区神皋，隩区，四方可定居之地；神皋，指肥沃之地。

直省额办户部物产。

直隶省：额解榛栗二十八石，黄栌木二千四百二十斤，现在停解。芝麻一百石，长芦每年额办内务府白盐二十万斤，按年听内务府咨取。光禄寺白盐三万斤、砖盐二千斤。并非按年取用，遇取用之年，白盐给工价银三百两，砖盐给工价银三十七两三钱五分零，备办造入奏销。

江苏省：额解银朱三千九十四斤四两三钱五分一毫零，桐油七千九百七十一斤一两七钱二分九厘九毫零，红铜六千三百一十斤十三两一钱五分四厘四毫零，明矾三千斤，黄熟铜二千九百九十三斤九两八钱八分四厘二毫零，棉布二万七千三百六十七匹，乌梅五百斤，灯草六百斤，白蜡六千二百五十斤，高锡一万六千二百三十八斤一十一两零。又办银朱三千斤，红铜七千斤，黄蜡三千斤，织造纱缎绸绫等物随时酌办，岁无定额。

安徽省：额解银朱二千七百四十斤七两四钱七分三厘三毫零，桐油六千一百一十七斤一两四钱一分九厘四毫零，红熟铜三千三百三十六斤五两四钱九分七厘零，黄熟铜二千一百七十三斤九两四钱一分一厘五毫零，明矾三千斤，乌梅五百斤，白麻三万四千一百五十八斤。又办白蜡六千二百五十斤，高锡一万六千六百五十四斤，黄蜡三千斤，银朱三千斤，红铜七千斤，织造纱缎绫绸等物随时酌办，岁无定额。

浙江省：额解上用黄茶二十八篓，内用黄茶九十二篓，芽茶二千斤，黄蜡三千斤，黄熟铜一千六十五斤零，桐油八千三百三十二斤零，白绵二百斤，白丝八千五百斤，织造纱缎绸绫等物随时酌办，岁无定额。

江西省：额解银朱二千五百八十九斤四两九钱三分零，桐油二千五百一十一斤十二两零，五棓子二百九十七斤三两三钱五分零，紫草一百六十二斤七两六钱。又解银朱二千斤，抬连纸一百万张，苎布五千四百九十六匹二丈。现在停办。

福建省：额解红铜四千六百二十二斤，黑铅一十万五千一百五十七斤四两，黄熟铜三千一百二十七斤一两七钱五分，扛连纸一百万张。又解锡二万二千二十八斤四两。其台湾所属合番社生番岁纳鹿皮、獐皮各一张，山猪、毛加、走山、猫仔、木鹿、巴老远等社每社岁纳鹿皮二张，屋鳌、末毒、狮子等社生番每社岁纳鹿皮四张。

湖北省：额解黄蜡三千八百三十七斤半，现解二千五百斤，余停解。白蜡六千三百斤，黑铅一万七千六百六十九斤。现在停解。

湖南省：额解黄蜡三千八百三十七斤半，现解二千五百斤，余停解。白蜡六千三百斤，黑铅一万七千六百六十九斤。现在停解。

山东省：额解阔白棉布二千三百疋，牛筋六百斤，黄蜡三千斤，黄丹五千斤。

山西省：额解毛头纸五十万张，添解五十万张。高锡一万一千八百斤，生素绢一千二百匹，遇闰加添四十四疋。农桑绢三百疋，呈文纸一万张。

河南省：额解本色棉布三千九百六十八疋，牛筋二百四十六斤零，黄蜡三千斤。

四川省：额解本色米一千八百二十二石九斗五升零，本色马十三匹，三年一次贡本色马五十三匹。

<u>臣等谨按：两金川构衅，天兵迅埽，阅五载全境荡平，设镇安营，皆成内地。土司等以获享太平，分班入觐，踰棘道，赴窄关，各贡土宜，申其爱戴，自乾隆四十一年至四十六年，岁岁无间。我皇上至仁普覆，念其道里远涉，限以三年。迨乾隆四十九年来京已七次矣，所进物件无过藏香、芸香、黎椒、菖蒲、茯苓等，人无定员，物无定额，而犹嘉其诚悃，赐彩币以厚赉之，所谓不宝异物，绥柔远人者欤。今恭纪其略，附于川省之后。</u>

甘肃省：凡内附番民，岁纳马匹。如因垦地成熟，情愿纳粮者，准其停马纳粮。

广东省：额解降香九百斤，紫榆木十四段，每段二百斤；花梨木十四段，每段一百五十斤；高锡三万五千六百六十四斤八两，靛花二千三百斤，白蜡一万二千六百斤，广胶一千斤，膆黄二十五斤，沉速香三百斤，典锡二十一万一千七百一十三斤。

广西省：南宁、庆远、思恩、镇、安五府属土州县峒寨每三年一次，纳马六十一匹。

云南省：额解天大青二百三十斤五两八钱，天二青六十六斤九两，石黄二十二斤十两五钱。又办天大青一万七千二百二十斤，天二青一千三百斤石，黄一百斤，松花石碌一千斤。

贵州省：额解黄蜡四百七十四斤。

直省额办工部物产。

直隶省：额解五色土、宝砂，随时酌办，岁无定额。

江苏省：每年额解桅木二十根，杉木三百八十根，架木一千四百根又二十根，桐皮槁二百根。又正金砖、副金砖、魁藤、棕丝织造，诰敕制帛、彩绸、红绸、驾衣片，库存不敷，随呈明派解。

浙江省：每年额解架木一千四百根，桐皮槁二百根。又黄花竹随时酌办，岁无定额。

江西省：每年额解桅木二十根，杉木三百八十根，架木一千四百根，桐皮槁二百根。

湖南省：每年额解桅木二十根，杉木三百八十根，架木一千四百根，桐皮槁二百根。

山西省：每年额解大潞绸一百匹，小潞绸三百匹。

臣等谨按：本朝抚有区夏，物产丰盈，号称极盛，然而取民之制，自田赋征榷而外概无闻焉。世祖章皇帝定鼎之始，特降谕旨，于故明各道额解内部物产分别蠲除，嗣是岁需上供悉归经费采办。兹据《会典》所载，各直省支欵办解户、工两部者，条列如右，大抵减之又减，即什一仅存之数，而又或解或停，就地转移，随时酌办，盖自古任土之常，至我朝而改为官办，不以责民。旷荡之恩，洵千古所未有也已。

外藩西北各部落额贡物产。

臣等谨按：内扎萨克各部落及喀尔喀四部、青海土尔扈特、阿拉善、厄鲁特、西藏各寺庙喇嘛，星罗碁布，附近边陲。其所产，若牛、羊、驼、马，与夫毯、罽、藏香之属，无难得之货。我朝中外一统，声灵远讫，诸藩部长，靡不效力输诚，世为臣仆，其取道不纡，其备物至虔，其奉职至诚且悫。国家柔恤远人，或酌以成期，或宽其定数，至力不能来者，得交所在有司转进，抚恤矜慈，每加厚赏，以视贡赆献雉之朝，其规模大小岂可同日而语也哉。

科尔沁、扎赉特、杜尔伯特、郭尔罗斯、土默特、喀喇沁、敖汉、奈曼、扎噜特、阿噜科尔沁、翁牛特、喀尔喀左翼、乌珠穆沁、巴林、阿巴噶、浩齐特、阿巴哈纳尔、克什克腾、四子部落、苏尼特、茂明安、喀尔喀右翼、乌喇特、归化城、土默特、鄂尔多斯各旗扎萨克，每年十二月各贡羊一只，乳酒一瓶。又归化城、土默特二旗，四季贡马一百六十三匹。旧贡有鞾百疋，石青二千斤，后俱免贡。

贡道：科尔沁、扎赉特、杜尔伯特、郭尔罗斯，均由山海关。土默特、喀喇沁、敖汉、奈曼、扎噜特、阿噜科尔沁、翁牛特、喀尔喀左翼，均由喜峰口。乌珠穆沁、巴林、阿巴噶、浩齐特、阿巴哈纳尔、克什克腾均由独石口。四子部落、苏尼特、茂明安、喀尔喀右翼，均由张家口。乌喇特、归化城、土默特、鄂尔多斯，均由杀虎口。

喀尔喀四部落王公、扎萨克、台吉等各贡驼、马、羊只，无定数，随其朝觐之班来贡。其车臣汗、土谢图汗及喇嘛哲卜尊丹巴胡土克图①，每年俱贡白马八匹，白骆驼一只，谓之九白。又定边左副将军喀尔喀亲王每年八月内木兰围上贡羊三十只，十月内遣使来京贡汤羊十只，贡道由张家口。

青海贡藏香、氆氇、马匹，无定数，各随其朝觐之班来贡，贡道由西宁。

土尔扈特贡藏香、氆氇、马匹，无定数，各随其朝觐之班来贡，贡道由张家口。

阿拉善、厄鲁特贡驼马、羊只，无定数，各随其朝觐之班来贡，贡道由张家口。

西藏前藏达赖喇嘛、后藏班禅额尔德尼分为两班，隔年轮流遣使进贡，每年于十一月到京，所贡哈达、藏佛经卷、藏香、珊瑚、琥珀、数珠、氆氇等物，无定数。进贡之年，于次年正月初十日以内庆贺进丹舒克，所贡铜藏佛佛像、经卷、银满达、银轮、银塔、银瓶、银七珍八宝八吉祥、银杵、珊瑚、琥珀、数珠、藏香、红花、氆氇、藏杏、藏枣等物，亦无定数。所有办理藏务之胡土克图、公、扎萨克台吉等所进各贡，附于达赖喇嘛班内，贡物俱与达赖喇嘛同。贡道由四川之打箭炉。其番僧入贡者，红山报恩寺五年一贡，贡道由庄浪卫。圆觉寺等二十六寺分四班，三年一贡，贡道由岷州卫，贡物各以马匹、延寿果、青木香之属。西宁瞿昙等九寺、西纳演教寺、河州宏化寺均贡无常物，亦无定期，或力不能来，

---

① 哲卜尊丹巴胡土克图，藏传佛教活佛之一，是外蒙古地区的活佛，与西藏的达赖喇嘛、班禅额尔德尼，内蒙古地区的章嘉呼土克图并称"四大活佛"。

即交所在有司转进。

哈密、辟展、吐鲁番岁贡葡萄二百斤，干瓜二筐，布匹、手巾、佩刀诸物，其附近辟展之罗布绰尔居住回民，岁贡玉石、翎毛、水獭皮诸物。贡道由嘉峪关。

喀什噶尔岁贡黄金十两，绿葡萄千斤，温都斯坦金丝鞋二，毛毯四。其所属伯得尔格岁贡金丝鞋二，乌什岁交硝一千八百斤。贡道由嘉峪关。

叶尔羌岁贡黄金四十两，葡萄千斤，其所属之沙尔虎尔回民二百户，每户岁贡黄金一钱，共金二十两。贡道由嘉峪关。

和阗岁贡黄金六十两，其所属之玉陇哈什、哈喇哈什两河产玉，岁令回人采取，量其所得进贡，无定额。贡道由嘉峪关。

哈萨克左右部、布噜特东西部、安集延、玛尔噶朗、霍罕、纳木干四城，塔什罕、拔达克山、博罗尔、爱乌罕、奇齐玉斯、谔尔根齐诸部落贡镴刀、马匹，或三年，或间年，贡无定期。贡道由嘉峪关。

<u>臣等谨按：国家奄有区宇，蒙古诸部落络绎踵至，嗣是，青海西套番藏各部，引领向风，倾诚翊戴。我皇上德威远播，奠定伊犁，凡天山以南诸回部素为准夷所苦者，一时如解倒悬，归仁恐后。厥后大小和卓木负恩构衅，致干天讨，黄钺所麾，臣服无外。自嘉峪关外旧部若哈密、新疆，若辟展、吐鲁番、哈喇沙尔、库车、雅尔、赛哩木、拜、阿克苏、乌什、喀什噶尔、叶尔羌、和阗等既无殊于郡县。其哈萨克之左右部、布噜特之东西部，及安集、延玛尔、噶朗霍罕、纳木干、塔什罕、拔达克山、博罗尔、爱乌罕、奇齐玉斯、谔尔根齐等部并皆敛衽内附，踊跃来朝，缯帛金刀，献同芹曝。圣天子无私覆载，不忍摈遗，恩赉所覃，歌舞载道，故诸藩乐植朝贡之期，而盛世初不惟异物之贵，具着于篇，亦以征畏怀之极至云尔。</u>

外藩：南方、东南、西南方各国额贡物产。

朝鲜国：

万寿圣节贡物。

御前：贡黄细苎布十匹，白细苎布二十匹，黄细绵绸三十匹，紫细绵绸二十匹，白细绵绸二十匹，龙文帘席二张，黄花席二十张，杂彩花席二十张，满花方席二十张，獭皮二十张，白绵纸一千四百卷，粘六张厚油纸十部。

皇太后前：贡红细苎布十匹，白细苎布二十匹，紫细绵绸二十匹，白细绵绸十匹，黄花席十张，满花席十张，杂彩花席十张。

皇后前：贡红细苎布等仪物同。

凡冬至贡物。

御前：贡黄细苎布十匹，白细苎布二十匹，黄细绵绸二十匹，白细绵绸二十匹，龙文帘席二张，满花席二十张，黄花席二十张，满花方席二十张，杂彩花席二十张，白绵纸一千三百卷。

皇太后前：贡红细苎布十匹，白细苎布二十匹，白细绵绸十匹，紫细绵绸二十匹，满花席十张，黄花席十张，杂彩花席十张，螺钿梳函一具。

皇后前：贡红细苎布等仪物同。

凡年贡。

御前：贡白苎布二百匹，红绵绸一百匹，绿绵绸一百匹，白绵绸二百匹，白木棉一千匹，木棉二千匹，五爪龙席二张，各样花席二十张，鹿皮一百张，獭皮三百张，好腰刀十把，好大纸二千卷，好小纸三千卷，黏米四十石。

凡庆贺贡物。

御前：贡黄细苎布三十匹，白细苎布三十匹，黄细绵绸二十匹，白细绵绸三十匹，龙文帘席二张，黄花席十五张，满花席十五张，杂彩花席十五张，白绵纸二千卷。

皇太后前：贡红细苎布十匹，白细苎布十匹，白细绵绸二十匹，满花席十张，杂彩花席十张。

皇后前：贡红细苎布等仪物同。前各项贡物题准收受。

凡谢恩贡物。

御前：贡黄细苎布三十匹，白细苎布三十匹，黄细绵绸二十匹，紫细绵绸二十匹，白细绵绸三十匹，龙文帘席二张，黄花席十五张，满花席十五张，杂彩花席十五张，白绵纸二千卷。

皇太后前：贡红细苎布十匹，白细苎布十匹，白细绵绸二十匹，满花席十张，杂彩席十张。

皇后前：贡红细苎布等仪物同。恩准留作正贡。

凡请封贡物。

御前：贡黄细苎布二十匹，白细苎布二十匹，黄细绵绸二十匹，紫细绵绸二十匹，白细绵绸三十匹，龙文帘席二张，黄花席十张，满花席二十张，杂彩花席十张，獭皮二十张，青鼠皮三十张，白绵纸二千卷，黄毛笔一百枝，油煤墨五十锭。

皇太后前：贡红细苎布十匹，白细苎布十匹，白细绵绸十匹，满花席十张，杂彩花席十张。

皇后前：贡红细苎布等仪物同。

加恩准留作正贡。凡陈奏贡物与请封、同加恩准留作正贡，正贡每岁一至，贡道由凤凰城。年贡旧有白银、麻布、水牛角、顺刀、苏木、胡椒、茶、黄金、豹皮、青鼠皮、后俱免贡。

臣等谨按：朝鲜地处东陲，本朝开国之初最先效顺，献琛奉赆，世笃悃忱，固王化所先及，而东南诸国之首倡也与。

琉球国：贡熟硫黄一万二千六百斤，红铜三千斤，白纲锡一千斤。贡期间岁一至，贡道由福建。旧贡有玛瑙、乌木、降香、象牙、锡、速香、丁香、木香、檀香、黄熟香、金银罐、金银粉匣、金银酒海、泥金彩画屏风、泥金扇、泥银扇、画扇、蕉布、苎布、红花、胡椒、苏木、腰刀、大刀、枪、盔甲、鞍马、丝绵、螺盘、海螺壳、屏风纸。后俱免贡。

荷兰国：贡马匹、珊瑚镜、哆啰绒、织金毯、哔叽缎、自鸣钟、丁香、檀香、冰片、琥珀、鸟枪、火石。贡期五岁一至。贡道旧由广东，今改由福建。旧贡有银盘、甲鞍、番花、桂皮、花被褥、毛缨、蔷薇水、白石画、小车、白小牛、胡椒、织金缎、盛油小箱、腰刀、剑、倭缎布、琉璃布、羽缎、聚耀烛台、琉璃杯、肉豆蔻、葡萄酒、皮带、夹板、样舡、象牙，后俱免贡。

安南国：贡金香炉、花瓶四副，共重二百九两，折金三十一锭；银盆十二口，共重六百九十一两，折银六十九锭；沉香九百六十两，速香二千三百六十八两。

庆贺方物：金香炉、花瓶一副，金龟一个重十八两，银鹤、银台各一个，共重五十一两二钱；沉香三十斤，速香六十斤，漆扇一百把。

册封谢恩方物：金香炉、花瓶一副，重五十七两五钱，折金六锭；银鹤、银台各一副，共重四十九两四钱，折银五锭；银香炉花瓶一副，重五十两四钱，折银五锭；沉香三十斤，速香六十斤，漆扇一百把。

赐恤谢恩贡物与册封同。贡期六岁再至。贡道由广西。旧贡有白绢、降真香、白木香、中黑线香、象牙、犀角，后俱免贡。

暹罗国：

御前：贡龙涎香一斤，象牙三百斤，西洋闪金花鞋六疋，胡椒三百斤，膆黄三百斤，荳蔻三百斤，苏木三千斤，速香三百斤，乌木三百斤，大枫子三百斤，金银香三百斤。

皇后前：贡龙涎香等仪物同，数目减半。

凡常贡外例有加贡，无定额。贡期三岁一至。贡道由广东。旧贡有安息香、紫梗香、红白袈裟、百幼布、幼花布、阔幼花布、花布幔、孔雀、龟，俱免贡。

西洋意达里亚国：贡蜜蜡杯、蜜蜡瓶、铜日规、水晶灯、银盘、纸盘、皮画、花石片、镀金皮规矩、番银笔、珊瑚珠、玛瑙珠、火漆羽缎、周天球、显微镜、火字镜、照字镜等物。路远，无定期，贡亦无定额。贡道由广东。

西洋博尔都噶尔国①：贡珊瑚、珠宝、石素珠、咖石喻瓶、玛瑙盒、云母盒、玳瑁盒、各品药露、金丝鞋、金银丝鞋、金花鞋、洋鞋、羽毛鞋、哆啰呢、洋刀、长剑、短剑、自来火长枪、手枪、各品衣香、各色葡萄酒等物。路远，无定期，贡亦无定额。贡道由广东。

苏禄国：贡珍珠二颗，玳瑁十二斤，描金花布二匹，金头牙萨二匹，白幼洋布二匹，苏山竹布二匹，燕窝一箱，龙头花刀一对，夹花标枪一对，满花番刀一对，藤席一对，活猿一对。贡期五年一至。贡道由福建。

南掌国：贡驯象。贡期十岁一至。贡道由云南。

缅甸国：贡驯象、毡鞋、缅布。路远，贡无定期。贡道由云南。

> 臣等谨按：外藩各国，涵濡声教，重译入朝，所充上贡，不逾土物。至西洋诸国，远阻重瀛，其贡无定期，亦无定额，诚国家徕远之至意，体其情而不欲殚其力也，而况薄来厚往，赏赉有经，海滋山陬，备沾汪濊②，其历年事例，详载四裔考中，兹特聊举大凡而已。见我朝覆载之德普被无外，览是编者，当无不睎风③而慕景矣！

---

① 西洋博尔都噶尔国，清朝对葡萄牙的称谓。
② 汪濊，深广。
③ 睎风，喻沐浴教化。

皇朝文献通考卷三十九

国用考一

　　臣等谨按：经国之用博矣，而足用之要术有三焉：曰生之有道，取之有制，用之有礼而已。本朝自开国以来，崇本抑末，敦实去华，无征发期会以病农，无奇技淫巧以病工，无加征重税以病商贾，即偶有征伐而民不馈，间遇水旱而民不饥，省方问俗，清跸①经临，顿宿供帐，丝粟不扰，用是民得宽其手足，尽力生产，田无旷土，市无闲廛，衣食既裕，输将亦轻，所谓本富为上者此也，则生之为道得矣。臣恭读《实录》，崇德三年太宗文皇帝谕曰：朕蒙天垂佑，各国臣服，财用饶裕，当此之际，我国新旧人等若不急加恩养，更于何时养之。大哉圣谟！此真天地父母之心，肇开鸿业之本也。嗣累朝继述弥迪前光，求所以惠我民者，唯恐不及。世祖章皇帝甫定中原，凡故明加派以及荒阙诸赋亦既除洗无余矣。圣祖仁皇帝御极之五十二年，诏天下丁赋据五十年丁册为额，永不加增。世宗宪皇帝念江南之苏、松，浙江之嘉、湖赋额较重，清厘②减免。我皇上善继善述，先后蠲除共六十余万两，乃若际左藏之充盈，嘉民生之悦豫畅，兹偕乐益茂隆施，则若康熙三十年、五十年、雍正八年、乾隆之十有一年、三十一年、三十五年、四十三年，赐复蠲租，普周四海。他如恭遇国家庆典，銮辂时巡，随地随时除逋免赋，古之所称为旷典者，今则直以常

---

① 清跸，原意是帝王出行，清道设警，后代指帝王车驾。
② 清厘，整顿、清理。

例循之。故沐浴膏泽①，帝力几忘②，歌衢击壤③之风，岂独尧民为然欤。至于小遇灾伤，蠲赈并举，痌瘝饥溺，列圣一心。我皇上念切民依，发帑动辄数千百万，此皆耳目所亲见，妇孺所能言者。至于宫府之内，服御之具，莫不躬行俭德，用率臣民，圣圣相承，训谟④具在，不啬于用而又不轻于用。如此，盖惟生之有道，取之有制，而又用之以礼，宜乎财用足而藏富于民，久远无弊也。按马端临考惟漕运、赈恤、蠲贷⑤各为一门，余均以历代国用统之，未为明晰。臣等恭循昭代典则，分列九门，首节用，次库藏，次赋额，次用额，次会计，由兹五者而制用之道已备矣，于是举其用之大者则又有俸饷、漕运、蠲贷、赈恤，合此五者共为九门，谨述其制，以次类叙，良法美意灿然秩然，以视《周官》九用之式，不啻彼列其纲，此详其目焉。《易》曰：节以制度，不伤财，不害民，此之谓也。然则若汉之均输⑥，唐之租庸⑦，区区小补之术，皆无足比数者矣。

节用

崇德元年，谕群臣曰：国家崇尚节俭，毋事浮华，凡鞍辔等物，不许以金为饰，虽家不少藏金，止许造盘盂匕箸，盖此等之类，或至匮乏，尚可毁为他用。若以之涂饰，则零星耗折，岂能复取而用之？今后着永行禁止。至于阵获缎帛，用之亦当节俭，勿以获取之易，奢费无度，而忘其纺织之劳也。

顺治八年，谕：各处织造所以供朝廷御服、赏赍之用，势不可废。但

---

① 沐浴膏泽，蒙受恩泽。
② 帝力几忘，帝力，皇帝的作为。这句话的意思是几乎感受不到帝王的作为。意为帝王仁厚、无为而治。
③ 歌衢击壤，人们在大道上歌唱着做击壤游戏。比喻身处太平盛世。
④ 训谟，《尚书》六体中训与谟的并称，指正确、严肃的教诲。
⑤ 蠲贷，蠲免租赋，出贷钱粮。
⑥ 均输，原意为"齐劳逸而便贡输"。此处指汉代实行的均输法，即在各郡国设置均输官吏，加强运输力量，将郡国上贡的物品直送京师，或运至价高处出售，将价款或购买的其他物品送往京师。
⑦ 租庸，指唐朝实行的租庸调法，即在均田制的基础上，政府按户收田租，按丁派徭役，在一定条件下，服役者可以纳绢代役。

江宁、苏州、杭州已有专设官员，又差满洲官并乌林人①役督催，不但往来靡费，抑且骚扰驿递，朕心深为不忍。嗣后，着停止差催。陕西织造绒褐妆蟒，殊属无谓，至买办皮张之处，亦属烦扰，着一并停止。

时江西进额造龙碗。奉旨：朕方思节用，与民休息，烧造龙碗，自江西解京，动用人夫，苦累驿递，以后永行停止。

十一年，谕工部：江宁、苏、杭等处地方连年水旱，小民困苦已极，议赈则势难周，屡蠲又恐国用不足，朕用是恻然于中。念织造衙门原供御服、赏赉之用，前此未能俱罢，近闻甚为民累，夫民既苦赋税，又苦织役，何由得安？民既不安，朕岂忍被服美丽不为之所乎？嗣后，织造除祝帛、诰敕等项着巡抚、布政织解外，其余暂停二年。尔部即行传谕。

康熙二十九年，大学士等奏曰：前者皇上以《前宫殿楼亭门名开载》一折，并《慈宁宫、宁寿宫、乾清宫及老媪数目》折子发出，令臣等观看，并抄录存储衙门。又奉谕旨：朕以天旱，欲省减宫人及所用器物，详加查察，因自来未尝有余，故不能再减，尔等将故明宫中所用银两及金花铺垫银两数目亦为查阅。臣等查故明宫内每年用金花银共九十六万九千四百余两，今悉已充饷。又查故明光禄寺每年送内所用各项钱粮二十四万余两，今每年止用三万余两。每年木柴二千六百八十六万余斤，今止用六七八万斤。每年用红螺等炭共一千二百八万余斤，今止用百万余斤。各宫床帐、舆轿、花毯等项每年共享银二万八千二百余两，今俱不用。又查故明宫殿楼亭门名共七百八十六座，今以本朝宫殿数目较之，不及前明十分之三。至故明各宫殿九层基址、墙垣俱用临清砖，木料俱用楠木，今禁中修造房屋出于断不可已，非但基址未尝用临清砖，凡一切墙垣俱用寻常砖料，所用木植亦唯松木而已。臣等以所查各条并皇上发下折子，合九卿、詹事、科道官员遍观，诸臣皆曰：我皇上百凡撙节俭约，臣等向所共知，但未能详悉，今观事事减省至矣。极矣！

四十五年，谕户部：国家钱粮，理当节省，否则必致经费不敷。每年有正额蠲免，有河工费用，必能大加节省方有裨益。前光禄寺一年用银一百万两，今止用十万两。工部一年用二百万两，今止用二三十万两。必如此然后可谓之节省也。

四十九年，谕大学士曰：明季事迹，卿等所知，往往皆纸上陈言，万

---

① 乌林人，清朝官署中司库的低级小官。

历以后所用内监，有在御前服役者，故朕知之独详。明朝费用甚奢，兴作亦广，一日之费可抵今一年之用，其宫中脂粉钱四十万两，供应银数百万两，至世祖皇帝登极始悉除之。紫禁城内砌地砖横竖七层，一切工作俱派民间，今则器用朴素，工作皆现钱雇觅。明季宫女至九千人，内监至十万人，饭食不能遍及，日有饿死者，今则宫中不过四五百人而已。明季宫中用马口柴、红螺炭以数千万斤计，俱取诸昌平等州县，今此柴仅天坛焚燎用之。尔等亦知所谓马口柴乎？大学士等奏曰：不但不知，亦所未闻。上曰：其柴约长三四尺，净白无点黑，两端刻两口，故谓马口柴。又明季所行多迂阔可笑，建极殿后阶，石厚数丈，方整一块，其费不赀，采买搬运至京，不能舁①入午门。运石太监参奏，此石不肯入午门，乃命将石捆打六十御棍。崇祯尝学乘马，两人执辔，两人奉镫，两人扶秋，甫乘辄已坠马，乃责马四十，发苦驿当差。马犹有知识，石何所知，如此举动，岂不发噱？总由生于深宫，长于阿保之手，不知人情物理故也。

雍正四年，户部奏言：恩诏内赏各直省七十以上至百岁以上老民老妇共一百四十二万一千六百二十五名。上谕曰：此皆由我皇考圣祖皇帝六十余年深仁厚泽、休养生息，所以期颐耄耋之人至数百余万之多，但生齿日盛，食指繁多，则谋生之计不可不讲。尔等百姓当重农桑以顺天时，勤开垦以尽地利，务本业以戒游惰，谨盖藏以裕久远，而且节省食用，爱惜物力，毋纵奢侈，毋竞纷华，毋任意靡费以耗有用之财，毋但顾目前而忘经久之计。朕以勤俭先天下，宫禁之中于食余之物皆不忍弃，必令人检取收储之，数年以来，所储米粟已至数十石之多，朕临御万方，尚多方撙节爱养，以为加惠元元之本。尔等小民，安可纵口腹之所欲，而忘物力之艰难乎！尔等诚能体朕谆谆训谕之意，敦善行则心体安，务本计则俯仰足，惜财用则家室裕，人心和乐，风俗淳美，同为寿考之人，长享升平之福，岂非朕之所厚望哉！着该部将朕此旨转发直省督抚，通行所属郡邑乡村咸使闻知。

五年，谕管理旗务诸王、满洲文武大臣等：自古人生以节俭为本，盖节俭则不至于困穷，靡费则必至于冻馁，此理所必然者也。本朝满洲素性淳朴，凡遇出兵行围，俱系自备，并无违误，而生计各足。近来满洲等不善谋生，唯恃钱粮度日，不知节俭，妄事奢靡。朕屡曾降旨，谆谆训谕，

---

① 舁，多人合力扛、搬运。

但兵丁等相染成风,仍未改其靡费之习,多有以口腹之故而鬻卖房产者,即如每饭必欲食肉,将一月所得钱粮,不过多食肉数次即罄尽矣。又将每季米石不思存储备用,违背禁令,以贱价尽行粜卖,沽酒市肉,恣用无余,以致合家匮乏,冻馁交迫,尚自夸张谓我从前曾食美物、服鲜衣,并不悔悟,所以致此困穷者,乃以美食鲜衣之故也。今汉人谋生尚知节俭,殷实之家每日肉食者甚少,其贫乏之人,孜孜谋食,仅堪糊口。若满洲等果能节俭,将每月所得钱粮少使留余,则日久习成,生计自裕,产业可立矣! 或有不肖之辈不守本分,妄行靡费,既至贫乏,唯希恩赏,从前皇考轸念兵丁劾力行间①,致有债负,曾发帑金五百四十一万五千余两,一家获赏,俱至数百。如此厚赉,未闻兵丁等置有产业、生计滋益者,悉由妄用于衣食,徒令贸易之人得利,一二年间荡然无余,心愈奢侈而生计较前更加窘乏。其后,又发帑金六百五十五万四千余两赏赐兵丁人等,亦如从前立时费尽。朕自即位以来,除特行赏赐外,赏给兵丁一月钱粮者数次,每次所赏需银三十五六万两,此银一入兵丁之手,亦不过妄用于饮食,不及十日悉为乌有,亦何裨益! 且库帑俱系国家之正项,天下百姓之膏脂,岂可无故滥行赏赉,以累百万之帑项,徒供伊等数日口腹之费乎! 若不将恶习改除,朕即有施恩之意亦不可举行。兵丁等果将朕训谕之意晓然明晰,实心遵行,痛改妄行靡费之习,朕加恩赏赐,众亦可得永远均沾,至生计各遂之时,始知朕所以爱养满洲之恩为至深且切也。王大臣等亦宜各从俭约,以为下人之表率,行之既久,自可挽此恶习。满洲乃国家根本,朕知之既深,岂有不教之理。朕自即位以来,众人有论朕为太严者,由朕欲众人痛改恶习,进于善良;恐其奢靡使知俭约,凡朕意虑所及之处,悉申禁令,而不肖匪类不得肆行其意,或妄加议论。如朕曾有禁酗酒,禁止赌博,赴园馆斗鸡及鹌鹑、蟋蟀,雇人当差,放印子银两,典钱粮米石,用黄铜器皿等,谕旨悉为兵丁等身家计也。如此训诲不已,众人咸应体朕苦衷。且此等训诫咸系皇考从前禁止之事,并非创始于朕,但当时之臣工未能实意奉行,是以一应恶习未得尽改。今王大臣官员内仰体朕旨加意奉行者,不过十居其五,大半未惬朕怀,而无知之人遂论以为过严。如欲使若辈称为宽仁之主何难之有,但不知约束,任其种种靡费,则不但坐视满洲等渐流至于不得衣食,毫无颜面,即以国家全力养赡伊等,亦且不能给

---

① 行间,指军旅行伍之中。

足，朕意实有所不忍，势亦必不可也。尔等其仰副朕意，各将所属官兵及闲散人等剖析情理，不时详加训诫。

是年，又谕：前织造等衙门贡献物件，其所进御用绣线龙袍曾至九件之多，又见灯帏之上有加以彩绣为饰者，朕心实为不悦，比即切加戒谕。近因端阳佳节，外间所进香囊、宫扇等件中，有妆饰华丽、雕刻精工，甚至于有绣扇者，此皆靡费于无益之地，开风俗奢侈之端，朕所深恶而不取也。外省诸臣凡有进献方物土宜，朕留于宫中服用者，所需实不多，每随便颁赐诸王内外大臣等，所以推广恩泽也。如黄龙绣缎之类，既不可以颁赐诸王大臣，不过收储于宫中耳。其余华灿之物，在朕用之，心中尚觉不安，若赐诸王大臣，在伊等亦觉非分，岂非靡费于无益之地乎！况朕素性实不喜华靡，一切器具，唯以雅洁适用为贵。此朕撙节爱惜之心本出于自然，并非勉强，数十年如一日者。凡外臣进献，唯应量加工价，异于市肆之物，即可见诸臣恭敬之忱，何必过于工巧而后见其诚悃乎！工匠造物之情，喜新好异，无所底止，见一靡丽之式样，初则竞相慕效，后必出奇斗胜以相夸，此雕文纂组之风，古人所以斥为奇邪，岂可导使为之，而不防其渐乎！盖治天下之道莫要于厚风俗，而厚风俗之道必当崇俭而去奢，若诸臣进献之物以奢为尚，又何以训民间之俭约乎！朕观四民之业，士之外农为最贵，凡士工商贾皆赖食于农，以故农为天下之本务，而工贾皆其末也。今若于器用服玩之物争尚巧华，必将多用工匠以为之，市肆之人多一工作之人，即田亩之中少一耕稼之人，此逐末之所以见轻于古人也。且愚民见工匠之利多于力田，必群趋而为工，群趋为工则物之制造者必多，物多则售卖不易，必至壅滞而价贱，是逐利之人多，不但有害于农，而并有害于工也。小民舍轻利而就重利，故逐末易而务本难，苟为官者遽然绳之以法，必非其情之所愿，而势有所难行，唯平日留心，时刻劝导，使小民知本业之为贵。又复训饬闾阎崇尚朴实，工作之间不为华巧，如此日积月累，遂成风俗，虽不必使为工者尽归于农，然可免为农者相率而趋于工矣。至于士人所业，在乎读书明理以为世用，故居四民之首，然父兄之教子弟亦当观其才质如何，若果聪悟恂谨可望有成，则当使之就学而为士，若愚浊中下之资读书难通，即当早令改业归农，使之尽力于南亩，以为仰事俯畜之资。诚恐读书不成，又粗识数字，旷废闲游，必至非分妄为，越礼犯法，是浮慕读书之名而不得其道，其伤农而害本者为尤甚，亦不可不知戒也。朕深揆人情物理之源，知奢俭一端，关系民生风俗者至大，故欲中外臣民黜奢禁末，专力于本，人人自厚其生，自正其德，则天下共享太平之乐矣。昔人云：由俭入奢易，由奢入俭难。不知奢者取用少而费力多，俭者取用多而费力少，则由奢入俭乃人人行之甚便者，不可谓难也。中外臣民其深体朕意，朕自身体力行，诸王内外大臣文武官弁与乡绅富户当钦遵朕谕，其共勉之。

乾隆元年，谕：八旗为国家根本，从前敦崇俭朴，习尚淳庞，风俗最为近古。迨承平日久，渐即侈靡，且生齿日繁，不务本计，但知坐耗财求，罔思节俭，如服官外省，奉差收税，即不守本分，恣意花销，亏竭国帑，及至干犯法纪，身罹罪戾，又复贻累亲戚，波及朋侪，牵连困顿。而兵丁闲散人等，唯知鲜衣美食，荡费资财，相习成风，全不知悔，旗人之贫乏率由于此！朕即位以来，轸念伊等生计艰难，频颁赏赉，优恤备至：其亏空钱粮已令该部查奏宽免，入官之坟茔地亩已令查明给还，因获罪革退之世职亦令查明请旨，似此迭沛恩施者，无非欲令其家给人足，返朴还淳，共享升平之福也。见在日与王大臣等筹划久长生计，次第举行，唯是旷典不可数邀，亦不可常恃。而旗人等蒙国家教养之厚泽，不可不深思猛省，自为室家之谋。即如喜丧之事原有恩赏银两，自应称家有无，酌量经理。乃无知之人止图粉饰虚文，过为靡费，或遇父母大故，其意以为因父母之事即过费亦所不惜，不知荡尽家产，子孙无以存活。伊等父母之心其能安乎否乎！他如此等陋习，不可悉数。在己不知节省，但希冀朝廷格外之赏赉以供其挥霍，济其穷困，有是理乎！嗣后务期恪遵典制，谨身节用，勿事浮华，勿耽游惰，交相戒勉，唯俭唯勤，庶几人人得所永远充裕，可免窘乏之虞。况旗员内之老成谨慎者可望擢用外任，上为国家效力办公，下亦可得俸禄养廉，以赡给家口，倘伊等不知痛改前非，仍蹈覆辙，骄奢侈靡，亏帑误公，则是伊等下愚不移，自取罪戾，不唯恩所不施，且为法所不贷。朕必仍前按律惩治，不少姑息。且朕今日所宽者，即向日亏空官帑、骄泰自恣之人也。若不痛自改省，谨遵法纪，则将来不于伊身，必于伊等之子孙又复罹追比之苦矣，又何乐于目前数日之花费乎！凡朕之所以谆谆训诫者，总为伊等豫谋久远生计，八旗大臣等可通行晓谕官兵人等，其各敬听朕言，熟思审计，以无负朕之期望。

又谕：厚生之道在于务本而节用，节用之道在于崇实而去华。朕闻晋豫民俗多从俭朴而户有盖藏，唯江苏、两浙之地俗尚侈靡，往往家无斗储，而被服必极华鲜，饮食靡甘淡泊，兼之井里之间，茶坊酒肆星列棋置，少年无知，游荡失业，彼处地狭民稠，方以衣食难充为虑，何堪习俗如此，民生安得不愈艰难。朕轸念黎元，期其富庶，已将历年各项积欠尽数蠲除，小民乘此手足宽然之时，正当各勤职业，尚朴去奢，以防匮乏。岂可习于侈靡，转相仿效，日甚一日，积为风俗之忧也。地方大吏及守令有临民之责者，皆当遍行化导，宣朕德音。缙绅之家，尤宜躬行节俭以率先之，布帛可安不必文绮也，粗粝可食不必珍馐也，物力可惜毋滋浪费，终身宜计，毋快目前，以俭素相先，以撙节相尚，必能渐返淳朴，改去积习，庶几唐魏之风焉。又闻吴下风俗笃信师巫，病不求医唯勤祷赛，中产以下每致破家，病者未必获痊，生者已至坐困，愚民习而不悔尤属可悯，地方官亦当曲加训诲，告以淫祀无福，严禁师巫勿令蛊惑，亦保民之一端也。凡此，皆不用严峻迫切，立法繁苛反致扰民，唯诚心训谕，渐以岁月，自应迁善而不自知。朕保民念切，不惮谆切言之，官吏士民，其皆敬听勿忽。

十六年，皇上南巡。谕：朕命驾时巡，周览风俗，观民察吏，唯日兢兢。吴越尤素所厪念也。粤自我皇祖、圣祖仁皇帝巡幸东南先后六举，历今四十余年，盛典昭垂，衢谣在耳。顷者入境以来，白叟黄童，扶携恐后，就瞻爱戴，诚意可嘉，朕已迭沛恩膏，广敷渥泽。唯念大江南北，土沃人稠，重以百年休养，户口益增，习尚所趋，盖藏未裕，纷华靡丽之意多，而朴茂之风转有未逮。夫去奢崇实固闾阎生计之常经，而因时训俗以宣风而布化，则官兹土者之责也。其尚励乃实心以行实政，无忝教养斯民之任。凡兹士庶，更宜各敦本业，力屏浮华，以节俭留其有余，以勤劳补其不足，时时思物力之维艰，事事唯侈靡之是戒，将见康阜之盛益臻，父老子弟共享升平之福。朕清跸所至，有厚望焉。

二十四年，谕曰：各盐政织造等夏节贡物，以备赏赉之需，虽行之已久，但迩来缃绣太求精巧，既害女红，长此焉穷，非朕敦尚朴素之意也。甚至华藻被于葛袴，天中五日以外，无所用之，迎凉适清，亦不宜于憩息也。其禁之。

二十七年，皇上南巡。谕：朕奉皇太后安舆，莅兹南服，所以省方，观民勤，求治理，其各处旧有行宫，清跸所驻为期不过数日，但须扫除洁净以供憩宿足矣，固无取乎靡丽适观也。而名山胜迹尤以存其旧规为得自然之趣，从前屡降谕旨至为明晰。乃今日渡淮而南，凡所经过，悉多重加修建，意存竞胜。即如浙江之龙井，山水自佳，又何必更兴土木。虽成事不说，而似此踵事增华，伊于何底？转非朕稽古时巡本意。且河工海塘为东南民生攸系，朕廑怀宵旰，时切纡筹，地方大吏果加意修防，永资捍御，则兹之亲临阅视，其欣慰当何如者。而田畴丰润，井里恬熙，即所以博朕惬览，不在彼而在此也。嗣后每届巡幸之年，江浙各处行宫及名胜处所，均毋庸再事增华，徒资縻费，即圬墁裱饰不至年久剥落，亦可悉仍其旧，此实不仅为爱惜物力起见也。该督抚等其各善体朕谕，敬相遵守。

又谕：朕巡幸所至，凡地方预备一切饰观之具，殊觉繁俗，已屡降旨，概行斥禁。因念回銮直隶时，节令适近端阳，恐地方官不无点缀节景，或于赵北口有备供龙舟之事，着方观承先期实力饬禁，毋得稍踵靡文，以副朕意。

三十五年，皇上巡幸天津。奉谕：朕因淀神祠工落成，亲诣瞻礼，并恭奉皇太后安舆巡幸天津，地方官于淀祠旁及左格庄二处添建行宫，工作未免烦费，虽伊等义效尊亲，朕实不欲其过耗物力。着将此二处行宫各赏银二万两，于盐课应解内务府银两项下拨给，并谕嗣后毋得稍有增饰及新建宫，以副朕体恤崇朴至意。

又谕：今岁巡幸天津，山东抚臣富明安以明岁恭逢皇太后八旬万寿，奏请登岳祝厘，朕亦以阙里久未临谒，便道往莅。来年巡跸所至，非但畿甸境内不宜复事繁文，即东省入疆以后，亦不当缀景增华，致滋縻费。朕省方问俗，念切观民，唯以闾里恬熙，群情爱戴为乐，若备陈彩饰，炫耀川途，不足美观而徒耗物力，实所不取。该督抚其善体恪遵，毋违朕命。

三十六年，皇上东巡。奉谕：今日至宝稼营登舟，见所设水营外围席墙概行幂以黄布，甚属非是。向来巡幸，所经水程，营盘外墙率以苇席代之。今乃于苇席之外复加布袭，且高逾数仞，俨如大墙，其意何取！布匹为小民被服所需，岂宜妄为耗费，若留此布为贫民襦袴之用，资衣被者不知凡几，顾置有用为无用，使不知者几拟于土木被文绣，讵朕省方观民之意？前途有似此者着即撤去，所有布匹听民间买用，庶不至成弃物。山东毗连直隶，恐亦闻风效尤，并着速行除撒①。此次巡幸山东，所重在问民疾苦，嘉惠群黎，实不欲丝毫耗及闾阎物力，犹恐地方大吏踵事增华，屡经谆谕，一切务从俭约，毋饰浮靡，不啻三令五申。杨廷璋何竟不知仰体朕意，着传旨申饬，并将此通谕知之。

---

① 撒，应为"撤"。

又谕：前于宝稼营登舟，见所备水营外围席墙幂以黄布，又添设坐落板房，均为过当。布匹为民间衣被所需，讵宜靡费，因即令沿途概行撤去。而板房则成工难于遽毁，然每日驻跸，阅之辄为不怿。夫水营不过为舣舟一宿而设，从前四巡江浙及年来再莅天津，规制未尝增易，朕甚安之，亦众所共知者。何今次独藉此板屋数楹为憩息乎！且又位置廊轩，增华饰美，心益增厌。是以所至之地，竟有不登岸寓目者，构此何为？朕巡幸所经，供顿储备丝毫不欲累及官民，每一水营，准令开销数千金，俾之承办宽裕。今乃不知撙节，转事此无益之耗费，实所不取。嗣后或有安设水营，悉遵旧规，不得稍有点缀，致干咎戾。此次着赏给盐库银一万两，以偿其费，并为明白宣谕，使知朕禁奢崇实之至意。

四十一年，皇上东巡。奉谕：此次巡跸所经直隶、山东两省，每日俱有戏台承应，甚或间以排当①，殊属无谓。朕启銮前再三申谕，勿务繁文，而地方官总不能实心仰体。朕于道旁老幼扶携瞻觐，每顾而乐之。至于沿途点缀，饰为巷舞衢歌之象，从未尝揽辔停舆，一为听览，亦何必为此无益之烦费乎！前次恭奉皇太后巡幸，江浙胪欢祝釐，所至或缀陈灯彩、音乐以奉慈娱，因两淮、苏杭，地本殷阜，且俗尚如斯，遂尔不加斥禁，然亦初不以为美观。若北方风气淳朴，岂可效其所为，又从而踵事增华乎！朕行事期为天下后世法。方今纲纪肃清，朕巡省周咨，并不以游观为事，诰谕谆谆，督抚等尚且不能深喻朕意，我子孙若能恪守朕训，庶不致为奢靡所移，设或稍不自持，略涉流连游览，督抚因而曲意逢迎，其流弊伊于何底！此于国运人心，所系甚巨，可不共知敬惧乎！将此通谕知之。

四十五年正月，皇上南巡，谕曰：朕因东南黎庶，望幸情殷，爰举旧章，五巡江浙，所以省方观民，勤求治理，清跸所经各处，旧有行宫，只令扫除洁净，以供憩宿，毋得踵事增华，致滋靡费，屡经降旨，谆切晓谕，封疆大臣自能仰体朕心，遵旨办理。第念直省行馆近京数程，屡经驻跸，即圬墁褾饰②，为费尚属无多。其自山东以至江浙所有行宫，则自乙酉南巡至今，未经临莅，阅时既久，不免黝旧剥落，地方官修理葺治，不无所费，且山东、江苏二省，俱有添建坐落，此项用度，闻各省俱系捐廉

---

① 排当，宫中饮宴，后也用以称民间饮宴。
② 圬墁褾饰，指对高墙进行粉刷、装饰。

办理。在地方大吏养廉丰厚，分年扣捐，以抒忱悃，尚属可行，况朕又复加恩赏给库银，用示体恤，伊等办理尽足敷用。若更因此派累闾阎，致滋苛扰，则断不可，且非朕念切民依、行庆施惠之至意也。第恐不肖有司，或有借办差为名，暗中科敛，而穷乡僻壤未及周知，亦有帮贴差费者，一经查出，必将该督抚等重治其罪，以昭警戒。其各凛遵朕旨，慎勿自干严谴也。将此通谕知之。

又谕：朕清跸时巡，临莅江浙，原因廑念河工海塘，亲临阅视，兼以省方问俗，顺时行庆，非为游观计也。前屡经降旨，所有经过地方，止须扫除跸路，一切供顿，毋庸踵事增华。今浙省仍有添建屋宇、点缀灯彩之事，兼多华缛，未免徒滋繁费，朕心实所不取。三宝、王亶望均着传旨申饬，嗣后如再有似此过费者，朕必加以严谴，不能宽贷也。

又谕：朕自三十年南巡以后，迄今十有五年，东南土俗民风，易趋华靡，每勖督抚大吏，谆谆化导，务期返璞还淳，以臻郅治。乃自启跸以来，所过直隶、江南，一切行营供顿，不过就旧有规模略加修葺，办理尚为妥协。而从事浮华，山东已开其端，至浙江为尤甚，朕心深所不取。现在陶庄及海塘各工，经朕亲临指示，将来工程完竣，朕自当再行亲莅阅视，恐后任督抚见此次所办差务已多粉饰，未免踵事增华，从而加甚，势将伊于何底？着再通饬各督抚，以后务宜黜奢崇俭，于地方诸大政实心经理，毋得徒事繁华，致滋浮费，以称朕惠爱东南黎庶之至意。

又谕：朕于明春二月二十二日启銮，巡幸五台，跸路所经，已降旨止就旧有行宫量加修葺，无许再行添建。该督抚务宜妥协办理，不得踵事增华，致滋糜费，以副朕省方观民之至意。

四十九年正月，奉旨：于乾隆四十九年正月诹吉启銮，祗谒①孔林，巡幸江浙，顺道亲阅河工海塘，所有各处行宫坐落，俱就旧有规模略加葺治，毋得踵事增华，致滋繁费。

御制南巡记：举大事者有宜速而莫迟，有宜迟而莫速。于宜速而迟，必昧几以无成；于宜迟而速，必草就以不达。能合其宜者其惟敬与明乎！敬者敬天，明者明理，敬天斯能爱民，明理斯能体物，千古不易之理也。予临御五十年，凡举二大事：一曰西师，一曰南巡。西师之事，所为宜速而莫迟者，幸赖天恩有成，二十余年疆宇晏安，兹不絮言。若夫南巡之

---

① 祗谒，恭敬地拜谒。

事，则所为宜迟而莫速者，我皇祖六度南巡，予菲躬敬以法之，兹六度之典幸成，亦不可以无言我皇祖荡荡难名，予菲躬瞻乎景仰，述且弗能，作于何有。然而，宜迟莫速之义，则不可不明示予意也。盖南巡之典，始行于十六年辛未，是即迟也。南巡之事莫大于河工，而辛未、丁丑，两度不过，敕河臣慎守修防，无多指示，亦所谓迟也。至于壬午，始有定清口水志之谕，丙申乃有改迁陶庄河流之为，庚子遂有改筑浙江石塘之工，今甲辰更有接筑浙江石塘之谕。至于高堰之增卑易砖，徐州之接筑石堤并山，无不筹度、咨诹得宜而后行，是皆迟之又迟，不敢欲速之为。夫臣之事君，其有知不可而强诤者鲜矣。河工关系民命，未深知而谬定之，庸碌者唯遵旨而谬行之，其害可胜言哉！故余之迟之又迟者，以此而深惧。予之子孙自以为是，而后之司河者之随声附和，而且牟利其间也。"与其有聚敛之臣，宁有盗臣"，在他事则可，在河工则不可！河工而牟利，宣泄必不合宜，修防必不坚固，一有疏虞，民命系焉，此而不慎可乎！然而为君者一二日万几，胥待躬亲临勘而后剔其弊，日不暇给焉。则仍应于敬天明理根本处求之，思过半矣。予之举两大事而皆幸以有成者，其在斯乎！其在斯乎！若夫察吏安民，行庆施惠，群臣所颂以为亟美者，皆人君本分之应为，所谓有孚惠心①，勿问元吉，予尝以此自勖也。至于克己无欲，以身率先，千乘万骑，虽非扈跸所能减，而体大役众，俾皆循法而不扰民，亦亟其难矣。斯必有振其纲而挈其要，然后可以行无事而胥得宜，实总不出敬明两字而已。故兹六度之巡，携诸皇子以来，俾视予躬之如何无欲也，视扈跸诸臣以至仆役之如何守法也，视地方大小吏之如何奉公也，视各省民人之如何瞻觐亲近也，一有不如此未可言南巡，而西师之事更不必言矣。敬告后人，以明余志。

---

① 有孚惠心，勿问元吉，语出《周易·益》，意为如有惠民之心，不用问卦也必然是吉利的。

皇朝文献通考卷四十

国用考二

库藏

内府六库属广储司。初，设御用监，顺治十六年，改御用监为广储司。十八年，分设银库、缎库、皮库、衣库。康熙二十八年，增设茶库、磁库。

银库，掌金银钱、珠玉、宝石及金银、玉器之属。

缎库，掌各色缎、绸、纱、绫、罗、绢、布及绵、棉花之属。

皮库，掌各色兽皮、鸟羽、缎纱、呢毡、绒褐、象牙、犀角、凉簟之属。

衣库，掌朝祭冠服、冬夏衣服之属。

茶库，掌茶、人参、香纸、颜料、绒线、纴缨之属。

瓷库，掌磁、铜、锡器之属。

户部三库：曰银库，在户部；曰缎匹库，在东华门外；曰颜料库，在西华门外。朝廷经费及物之待给者取诸三库，所司籍其数移户部，部稽其籍相符乃牒诸掌库官，掌库官受其牒而书之，颁之承用之府，核实而发之。

银库，为天下财赋总汇。各省岁输田赋、漕赋、盐课、关税、杂赋，除存留本省支用外，凡起运至京者咸入焉。宝泉局铸钱亦储库以待度支。

缎匹库，各省所输绸缎、绢、布、丝、绵、线、麻之属咸入焉。其输自江宁、苏州、杭州三织造者，由部酌库中应需之物，于前一年八月移江浙布政使司转行各织造，限次年八月备供。

颜料库，各省所输铜、铁、铅、锡、朱砂、黄丹、沉香、降香、黄茶、白蜡、黄蜡、桐油并花梨、紫榆等木咸入焉。

盛京户部银库，收储金、银、币、帛、颜料诸物，供用三陵祭祀及东三省盛京、吉林、黑龙江官兵俸饷并各赏赉之用，岁由盛京户部豫疏请拨，由户部札库发给，委官运往储库，按期分发，次年入册奏销。

盛京、吉林、齐齐哈尔各将军库，宁古搭、伯都讷、三姓拉林、黑龙江墨尔根各副都统库，呼兰城守尉库，各储官兵俸饷及杂税、官庄粜卖粮价，每岁册报查核。

直省布政使司库，为一省财赋总汇，各州县岁征田赋、杂赋，除存留支用外，余悉输布政使司库。库设大使一人，间设副使一人，司启闭，掌平衡，布政使稽收支出纳之数，汇册申巡抚达户部查核。

按察司库，储赃罚银钱，岁输刑部为公用。

粮储道、督粮道库，均储漕赋银，由州县征输。粮道库库设大使一人，粮道掌稽出纳，岁具册申漕运总督，达户部查核。

驿道库，储驿站夫马工料，河库道库储河饷，兵备道库储兵饷。或由布政使司照数移送，或由部拨邻省运往储用。各道掌稽出纳，岁具册申督抚、河道总督，分咨户、兵、工三部查核。

盐运使司、盐法道库，均储盐课，凡场大使之征解，商人之输纳咸入焉。设库大使一人。盐运使、盐法道掌稽出纳，岁具册申盐政管盐督抚，达户部查核。长芦、天津、山东、河南、两淮、广东各省盐运使司库，福建、两浙、四川、广西、云南各设盐法道库。

各税务由部差者有监督库，储关钞，分四季输部。如道、府、厅、州、县官兼理者，即储兼理官库，岁终输户部核收。

地居冲要之分巡道库、府库、直隶州库及分驻苗疆之同知、通判库，均量地方大小，距省远近，酌拨司库银分储各库备用，岁由布政使司入春秋季报册，达户部查核。

州县、卫所库，储本色正杂赋银，存留者照数坐支①，输运者输布政使司库，按催征限期具完欠数目册，随时申报司抚，入奏销考成。

赋额：

地丁之赋，顺天府，十五万四千一百七十三两有奇。直隶，二百三十三万四千四百七十五两有奇。

---

① 坐支，指所需经费开支，按照制度规定，在州县府库存留数内直接支用。

盛京，三万八千七百八两有奇。江苏，三百十一万六千八百二十六两有奇。安徽，一百七十一万八千八百二十四两有奇。江西，一百八十七万八千六百八十二两有奇。浙江，二百九十一万四千九百四十六两有奇。福建，一百七万四千四百八十九两有奇。湖北，一百十七万四千一百十两有奇。湖南，八十八万二千七百四十五两有奇。河南，三百十六万四千七百五十八两有奇。山东，三百三十七万六千一百六十五两有奇。山西，二百九十九万六百七十五两有奇。陕西西安，一百六十五万八千七百两有奇。甘肃，二十八万六百五十二两有奇。四川，六十三万一千九十四两有奇。广东，一百二十六万四千三百四两有奇。广西，四十一万六千三百九十九两有奇。云南，二十万九千五百八十二两有奇。贵州，十万一千六百二十八两有奇。

盐课：直隶，四十三万七千九百四十九两有奇。江南，二百八万五千二百八十二两有奇。江西，五千一百五十两有奇。浙江，五十万一千三十四两有奇。福建，八万五千四百七十两有奇。山东，十二万七百二十两有奇。山西，五十万七千二十八两有奇。广东，四万七千五百十两有奇。广西，四万七千一百五十两有奇。贵州，六千二百三十两有奇。以上据乾隆二十九年奏销册。

关税：隶户部者四百三十二万四千有奇，隶工部者二十七万一千五百四十六两有奇。

芦课：江苏，十二万六千九百四十两有奇。安徽，五万一千三百四十七两有奇。江西，六千二百六十八两有奇。湖北，九千八百八十四两有奇。湖南，千三百二十九两有奇。

茶课：江苏，额行茶万五千引。其课由经过各关例征，收入关税项下报销，无定额。安徽、浙江同。浙江，额行茶十四万引，又额征银六十两。解内务府。江西，额征银三百六十五两有奇。湖北，额征银二百三十两。湖南，额征银二百四十两。甘肃，额征银六千二百六十六两有奇。四川，额征银万三千一百二十八两有奇，又税银四万五千九百四十二两有奇。云南，额征银九百六十两。

金矿：云南永北府，额课金七两一钱六分，遇闰加征一两一钱一分。永昌府，额课金二十五两一钱六分。开化府，额课金三十四两，遇闰加金二两四钱。贵州思南府，每两收课金三钱三分。

银矿：广东永安县、丰顺县、嘉应州，均银一两收课四钱五分。云南开化府，额课银七百六两八钱六分。中甸，额课银五百六十八两五钱三分有奇。建水州，额课银六百六十一两一钱一分。云南府，额课银三千一百三十二两六钱有奇。永昌，额府课银三百两。南安府，额课银二万二千三百九十两二钱二分，遇闰加银二十九两。马龙，额课银六百九十八两五钱二分有奇。土革喇，额课银六十两八钱四分有奇。楚雄府，额课银三千三百七十五两九钱六分。鹤庆府，额课银四百二十一两八钱一分有奇，遇闰加银二十四两二钱。邓州，额课银一千三百二两六钱七分，遇闰加银一百六两二钱三分有奇。临安府，额课银三万三千六百十三两七钱八分，遇闰加银三十八两。新平县，额课银六十八两八分，遇闰加银四两七分有奇。永昌府，收课无定额。

铜矿：四川乐山县，二八收课。建昌，三分收课。广东，二八收课。广西恭城县山斗冈，每百斤收课十五斤。莲花石，二八收课。云南，额课银一万八百二十五两七钱有奇，其白铜厂课无定额。贵州大定府，每百斤收课十斤。威宁州、思南府均二八收课。

铁矿：福建延平府，额课二百六十二两四钱有奇。湖北宜都县，二八收课。四川建昌镇，照例收税，尽收尽解，无定额。广东，额课银千二百十六两。广西，铁炉五十四座，每炉额课银十两。云南，额课银一百三十四两四钱有奇。

铅锡矿：山西交城县平定州铅厂，二八收课。湖南郴州、桂阳州铅厂，二八收课。同州府铅厂，二八收课。四川建昌青矿，三分收课。广东锡厂，二八收课。广西铅厂宣化县，二八收课。恭城县莲花石，二八收课。大有朋山，每百斤收课十五斤。云南蒙自县锡厂，收课银三千一百八十六两。罗平州平县各铅厂，每百斤收课十斤。贵州威宁州、都匀府各铅厂，均二八收课。

水银矿：贵州开州，额征水银千二百六十九斤，遇闰加一百三十三斤有奇。婺川县，额征水银一百六十九斤有奇，均照时值变价储库。

鱼课：江苏、安徽，额征银七十五两八钱四分有奇。江西，五千二十两八钱有奇。福建，八千四百六两七钱有奇。浙江，二千三百九十九两六钱有奇。湖北，二千八百八十五两九钱有奇。湖南，五千五十七两有奇，遇闰加银一百五两。广东，三千六百四十两五钱有奇。

田房契税：顺治四年，定凡买田地、房屋，计其值每两输银三分。康熙十六年，定江南苏州、松江、常州、镇江四府所属，大县额征银六百两,小县二百两。安徽十府州所属,分别州县之大小,自五百两至百两不等。扬州府照赋役全书额征。淮安、徐州二府所属及宝应、霍山、宿迁、临淮、五河、怀远、定远、灵璧、虹九州县,尽收尽解,无定额。杭州、嘉兴、湖州、宁波、绍兴、金华、严州七府,大县三百两,中县二百两,小县百两。湖北,大县百五十两,中县百两,小县五十两,僻小州县十两。十七年,定山东省大县二百四十两至百八十两,中县百二十两,小县六十五两至三十五两。二十年,定浙江台州、温州、衢州、处州四府,大县百两,中县六十两,小县三十两。二十一年,定江西萍、龙、永、泸、上、定六县契税,如初例行。

牙帖税[①]

京师行铺,上等者每行铺额征银五两,次等者二两五钱。直隶,额征银三万二千一百五十八两八钱有奇。

盛京,三千八百六十一两一钱有奇。山东,万三千二百四十七两七钱二分有奇。山西,三万五千六百四十七两七钱有奇。河南,七千三百五十三两八钱有奇。江苏,二万八百六两八分有奇。安徽,万一千七百四十五两七钱五分有奇。江西,五千七百十八两。福建,七千一百二十两五钱五分有奇。浙江,九千五百五十八两。湖北,五千三百六十两六钱三分有奇。湖南,千二百八十五两一钱一分有奇。陕西,八千五百二十五两一钱五分有奇。甘肃,八千四百七十七两一钱二分有奇。四川,千一百七十两一钱。广东,万八千四百二十一两七钱七分有奇。广西,一百六十五两。云南,一千六十两。贵州,五百十四两五分有奇。

落地杂税:直隶,二万六千九百十九两六钱有奇。盛京,三百六十二两一钱五分。山东,三万三千一百六十两一钱三分有奇。山西,三万八千七百六十六两四钱。河南,二万四千六十五两六钱。江苏,二万四千二百五十二两二钱九分有奇。安徽,五千五百六十三两九钱一分有奇。江西,九万一千六十九两一钱二分有奇。福建,八千四十四两九钱六分有奇。浙江,三千九百七十四两八钱七分有奇。湖北,三万八千六十五两一钱一分有奇。湖南,万五千五百二两五钱五分有奇。陕西,二万六千九百五十两八钱九分有奇。甘肃,万四千二百五十七两一钱五分有奇。四川,十九万

[①] 牙帖税,向开设以介绍买卖为业的牙商所征收的税。

一千二百九十五两一钱六分有奇。广东，十二万四百十七两一钱九分有奇。广西，二万九百七十九两六钱有奇。云南，十五万一千一百六十七两五钱六分有奇。贵州，二万一千四百八两二钱九分有奇。以上据《会典》则例。

用额

京师经费之额，田赋由直省布政使司、漕赋由粮道、盐课由盐政、关税由监督，各输之户部，户部受而颁之受藏之府，以待邦国之用，岁终则会之。

王公百官俸银：九十三万八千七百两；兵饷：无闰之年五百三万三千四十五两各有奇，此系应领之数。每年实领之数，俸饷共计约四百余万两。饷钱一百余万千。

盛京、热河围场、东陵、泰陵各官兵俸饷一百三十至一百六十余万两不等。外藩王公俸银十二万八千两有奇。内阁等处饭银万八千三百两有奇。吏部、礼部养廉银万五千。两京官公费饭食钱十一万千有奇。八沟塔子沟收税官路费一千六十二两。内务府、工部、太常寺、光禄寺、理藩院备用银五十六万两。内光禄寺六万两，与茶膳房各半支领。内务府备用钱五千千。兵部馆所钱粮四千一百八十两。刑部朝审银六千两。国子监膏火银六千两。钦天监时宪书银四百九十八两九分，遇闰加银十八两一钱二分。宝泉、宝源局料银十万七千六百七十一两二钱，遇闰加银五千八百四十六两四钱。在京各衙门胥役工食钱粮银八万三千三百三十两有奇。内务府牵驼人米折银三千四十一两有奇。五城栖流所备赈银二百两。孤贫口粮钱二千九百三十千有奇。内务府上驷院、奉宸苑、兵部、工部、理藩院、太仆寺、四译馆、牺牲所、三营、象房各刍牧银八万三千五百六十两有奇。

外藩蒙古、朝鲜入贡赏银约万两。以上岁用之数，盈缩不齐，兹就乾隆三十年奏销约举。其凡至用之本无常额者不列直省经费之额，各省州县田赋，除输布政使司转输户部外，存库以待经费者是曰存留，由州县具数申布政使司，转申督抚达户部，其有赋入不敷本省经费者，由户部于邻省拨济，拨济先尽近省，再尽次近。如山西、河南以甘肃、陕西为近，直隶、山东为次近。江西、湖广以四川、云贵为近，浙江为次近。

直隶：四十八万七千五百六十七两八钱四分有奇。

盛京：万五千六百五十四两三钱八分七厘七毫有奇。

山东：六十二万七千一百五十两七钱八分五厘有奇。

山西：四十四万八千九百五十一两六钱九分五厘有奇。
河南：五十八万二千二百四十一两五钱九分有奇。
江苏：一百二十四万五千五百三十八两有奇。
安徽：四十五万八千五十三两有奇。
江西：四十三万五千九百十二两五钱五分三厘三毫有奇。
福建：二十一万一千一百二十两一钱八厘八毫有奇。
浙江：十六万九千五十九两二分八厘六毫有奇。
湖北：三十五万八百四两有奇。
湖南：二十九万一千四百六十七两七钱九分有奇。
西安：二十五万二千五百四十六两九钱四分五厘有奇。
甘肃：九万三千九十六两八钱九厘二毫有奇。
四川：十六万七千二百二十两二钱有奇。
广东：四十一万六千五百四十二两有奇。
广西：九万四千九百四十五两五钱五分四厘六毫有奇。
云南：四万三千七百八十四两二钱九分六厘有奇。
贵州：万六千九百六十三两一钱七分六厘有奇。以上存留之数，岁亦不齐，兹据《会典》则例。

直省备用之额：雍正五年，以各省经费外或多需用，令督抚岁于春秋二拨时酌留若干封储司库，是为留储，遇用预期疏闻，擅动者论。

直隶附近，京师毋庸留储。江苏、安徽、江西、浙江、湖南、甘肃、四川、广西、贵州，均留储银三十万两。福建，三十万四百七十两有奇。云南，二十万三千三百四十两有奇。山西、河南、湖北、西安、广东，均二十万两。山东十万两。

各府州县备用之额：雍正七年谕：拨户部银二万两，分给大兴、宛平二县，以备需用。八年，援宛、大之例，凡供军需及繁剧之州县，亦各拨银储库备用，是为分储。

雍正八年，定直隶、山东、山西、河南、广西各十五万两，江苏、安徽、江西、浙江、湖北、湖南、广东各十万两，福建、云南、贵州各二十万两，西安、甘肃、四川各三十万两，均分储府库、直隶州库。至乾隆五年，增定直隶分储道库十一万两，山西分储各府四万两，河南分储各府州二万两，江苏分储府库二万两、道库运使库六万两，安徽分储府库五万两，江西分储府库三万两，福建、浙江、湖南、广东仍如原数，各分储府州库，湖北分储府州库五万两，陕西分储府州库十万两，甘肃分储府州库二十二万两，四川分储府州库，叙永、松潘同知库二十万七千两，广西分储府库六万六千两，云南分储府库一万八千两，贵州分储道库，台拱、八塞同知①库，都江、丹江、清江通判库三万六千两，其各省所余原储银两及山东原分储银十五万两，均归入该省司库开造酌留项下，封储备用。以上留储、分储之数，据《会典》则例。

---

① 八塞同知，应为八寨同知。《清雍正实录》卷89载，雍正七年十二月，于都匀府设同知一名，驻八寨。

皇朝文献通考卷四十一

国用考三

会计

崇德三年，都察院承政祖可法等言：户部掌司钱谷，职任匪轻，应立旧管、新收、开除、实在文簿，年终令公明官稽查。从之。

顺治元年，顺天巡抚柳寅东言：解京钱粮，头绪纷杂，扰累滋多，有一县正额三十余两而起解分四十余项者，有一项钱粮止一两六七钱，而解费至二三十两者，请总计各款，四季解府，汇解户部，俾免赔累。下所司议行。

三年，定赋役全书。

七年，以兵饷缺额，户部会议条上裁官汰兵各事宜。得旨：巡按御史已差未行、已行未到者不必前去。至裁并监司等官、归并江南学差、酌汰无用兵丁，皆依议行。内库钱粮、工部织造、各处抽分、江南芦课，及各衙门钱粮额数不多者，并已裁衙门，钱粮俱归并户部管理。礼部、工部、太常寺、光禄寺、太仆寺、国子监等衙门原管钱粮，俱着照旧管理，自顺治五年十二月以前，仍着户部查核完欠，明白奏销。六年正月起，一年之内，着该管衙门照依原册，会同户部将直隶各省府州县卫所等衙门完欠数目，详细对察，已经完解者着各衙门行催速解，奏请支用。七年正月以后，户部各衙门各照职掌管理，一应催解、岁参、考成、奏销事宜，悉依旧例举行。从前钱粮款项如有遗漏、未经报明者，姑免追究。自今以后必须彻底清查，各归款项，倘或隐匿欺蒙，被人告发，审究得实，必杀不赦，仍行籍没人口入官，家产充告发之赏。各处关税以前缺额者，因地方多事，曾经奏明，俱免追赔，各官俱免补考。以后不必定额，恐有余者自润，不足者横征，俟回部之日，酌量商贾通塞征多寡，有无扰害地方，严加考核。盐课内水乡等项应解者，户部作速催解。

十年，户部议裁折各钱粮款目以充国用：一、山东登莱巡抚宜裁。一、宣府巡抚宜裁，以总督兼理。一、江宁、杭州、西安、汉中驻防满洲、汉军兵丁，除草料、口粮照例支给外，每年多支米石应裁。一、直省应解本色颜料、药材等项，除京师无从备办者仍解本色外，余俱应折银。一、工部钱粮除紧急营建外，其余不急工程及修理寺庙等项，俱应停罢。一、户、礼、工部制造等库内监三百九十余名，应留数员余尽裁革。一、在外当铺每年定税银五钱，其在京当铺及各铺宜仍令顺天府查照铺面，酌量征收。一、总督、巡抚家人口粮应裁。一、州县修理察院铺陈家伙等项银两应裁。一、州县备各上司朔望行香纸烛银两应裁。一、在外各衙门书吏人役每月给工食银五钱应裁。俱从之。

十年，江南、江西、湖广芦课钱粮归地方官管理。先是，每年差督院监督，至是撤回。

十一年，撤各省司饷部员。

十四年，设巡视官查核光禄寺钱粮，并饬户、工两部于岁终会计，勿使入不敷出。

是年，户部奉上谕：朕唯帝王临御天下，必以国计民生为首务，故《禹贡》则壤定赋，《周官》体国经野，法至备也。朕荷上天付托之重，为民生主，凡朕服御膳羞，深自约损。然而上帝宗庙百神之祀，军旅燕飨犒锡之繁，以及百官庶役饩廪之给，罔不取之民间，诚恐有司额外加派，豪蠹侵渔中饱。兹特命尔部右侍郎王宏祚，将各直省每年额定征收起存总撤实数，编列成帙，详稽往牍，参酌时宜，凡有参差遗漏，悉行驳正；钱粮则例，俱照明万历年间，其天启、崇祯时加增尽行蠲免。地丁则开原额若干、除荒若干，原额以明万历年刊书为准，除荒以覆奉谕旨为凭，地丁清核，次开实征，又次开起存。起运者，部寺仓口种种分析，存留者，款项细数事事条明。至若九厘银，旧书未载者，今增之。宗禄银，昔为存留者，今为起运。漕、白二粮，确依旧额；运丁行月，必令均平；胖袄盔甲，昔解本色，今俱改折。南粮本折，昔留南用，今抵军需。官员经费，定有新规，会议裁冗，改归正项。本色绢布、颜料、银朱、铜锡、茶蜡等项已改折者，照督抚题定价值开列，解本色者照刊定价值造入，每年督抚再行确查时值，题明填入易知单内照数办解。再有昔未解而今宜增者，昔太冗而今宜裁者，俱细加清核，条贯井然。后有续增地亩钱粮，督抚按例汇题，造册报部，以凭稽核。纲举目张，汇成一编，名曰《赋役全书》，颁布天下，庶使小民遵兹令式，便于输将。官吏奉此章程，罔敢苛敛，为一代之良法，垂万世之成规，其敬承之，毋忽。互见经籍考。

十八年，命礼科稽查光禄寺钱粮。

康熙二年，工科给事中吴国龙疏言：直隶各省解京各项钱粮，自顺治元年起总归户部，至七年覆令各部寺分管催收，以致款项繁多，易滋奸弊。请自康熙三年为始，一应杂项俱称地丁钱粮，作十分考成，除每年扣拨兵饷外，其余通解户部。每省造具简明赋役册送部查核，其易知由单颁给民间者，尽除别项名色。至各部寺衙门应用钱粮，年前具题数目，次年于户部支给，仍于年终核报。下部议行。

十七年，户部遵旨会议：各省动用钱粮，司道等官须先申详督抚，豫行题明，如不申详题明，竟入奏册请销者不准销，司道等官革职追赔，督抚降四级调用。如申详而督抚不题明，擅令动用者，司道等官免议，督抚照司道例处分。唯正在用兵刻不可缓之时，一面申请具题，一面动用。若不具题咨报，擅自动用，督抚、司道各降五级调用，所用钱粮令其赔补。若司道等官并未申详，而督抚径为请销者，督抚降二级留任，司道等官降五级调用。其各省供应大兵俸饷米豆，承放官重支不行扣抵，承放官降三级调用，其失察之司道等官降三级留任，督抚降一级留任，其重领官匿不自首者革职，重领银米赔还，其失察之参领、夸兰大、将军俟回兵之日从重议处，绿旗官员亦照此例。至各省供应大兵米豆、草束价值浮冒开销等弊，经督抚查参，照贪官例革职提问，如已销结别经发觉者，督抚一并照贪官例治罪。从之。

二十三年，以各省督抚侵欺库帑，户部无凭查核，谕大学士、九卿详定条例以闻。寻议：一、奏销钱粮，应将存留起运逐项分析并报部，年月明白造册，毋致蒙混驳查。如有驳回者，将该督抚照蒙混例处分，户部官不行详查亦交吏部议处。支给各省驻防及绿旗各官兵米豆、草束，除应折色地方不议外，如应支本色尽本省所收支给，如有不敷，照时价给发，如将价值浮折具题者，该管官及督抚照例处分。一、各省采买米豆各项，从前有价值浮多者，有支领并无实据者，令该督抚清查，定限一年追完，如不完，承催官及督催之督抚俱照不力例处分。一、兵马钱粮数目有舛错者，应令各省将军、督抚、提镇将各弁印领结状，按季送部核对，如有不符，照蒙混例处分。一、直隶各省奏销钱粮，凡有驳查者俱令具题完结，不得以咨文塞责。议入，得旨：本内第一款奏销驳查事情着照现行例，余依议。

二十四年，廷臣言：赋役头绪繁多，易于混淆，故令修《简明赋役全书》，止载起运、存留、漕项、河工等切要款目，删去丝、秒以下尾数，以杜吏胥飞洒、苛驳之弊，及书成，以旧赋役全书遵行年久，新书停止颁发。至雍正十二年重修，则凡额征地丁钱粮、商牙课税内应支官役、俸工、驿站、料价及应解本折、绢布、颜料、银朱、铜、锡、茶、蜡等款，各分析原额、新增、开除、实在，并司府县卫所总散数目，悉以雍正十二年为准，详细考核，纂辑成书。又恐越数年后仍有不符定例。每十年修辑一次。

三十九年，谕工部：情弊甚多，后凡有修理之处，将司官、笔帖式俱奏请派出，每月支用钱粮，分析细数，造册具奏。若三年内有坍塌者着赔修。

四十五年，谕：着户、工二部将不启奏用咨文动支大小款项钱粮，于月终汇奏。

四十八年，谕工部、光禄寺：每年所用银两，奏请豫为储备，赴户部支领，用完复奏。一年之内，光禄寺用二十余万两，工部用四五十万两至百万余两不等，俱造黄册奏阅，所用数目虽较前略省，而动工之处，奉委官员于未估计之先即已领银备用，以致浮支肥己之弊不绝。嗣后工部、光禄寺十五日一次，将所委官姓名及支给银数具折奏闻。又凡督工人员于工竣销算，延挨时日，至十年销算者有之，至二十年销算者有之，凡工作物料俱登册籍，何故稽延若此，此不过欲从中作弊耳！嗣后销算如有逾年者，立即奏闻罢撤。

五十三年，陕西道御史周祚显言：凡解钱粮物料，到部批文，呈堂验明，示期兑收，不得延逾五日，届期满汉堂官亲临收兑，交典库官即发回批，如有留难、包揽、勒索等弊，即指名题参，下部议行。

五十九年，圣祖仁皇帝以直隶各省钱粮亏空甚多，欲立法清理，谕户部行文各督抚确议具奏。至是，户部据各督抚覆疏，详定条例：一、州县官征收钱粮，务令随征随解，如迟延不解，即令该督抚题报参处，如州县官批解钱粮而布政司抵充杂派，扣批不发，许州县官申报督抚并报部院衙门题参。一、令该督抚确查亏空情由，或因知府扶同徇隐以致亏空者，即行参革,令知府独赔。一、州县官有捏报亏空,审明定拟,即于本犯名下独追还项。一、亏空钱粮,果系因公挪用者,将该员革职留任,勒限赔补,限内全完准其开复。若至霉烂仓谷,现在参追者,着一年限内如数完补,亦准开复。一、州县亏空钱粮,如有知府揭报而布政司不即揭报,或已揭而督抚不即题参者,应令该知府申报部院,将督抚、布政司等官照徇庇例议处,仍令分赔。一、卫所官员亏空屯卫等项钱粮,亦照地丁之例处分,着为定例。以上征解追赔各条,既经各督抚定拟具题,即应责成督抚如亏空未发之先,伊等不尽心防范,已发之后又不竭力补苴,应将该督抚严加议处,责令分赔。

六十一年,申谕各省督抚清厘亏空。是年,世宗宪皇帝御极之初,谕户部:自古唯正之供,所以储军国之需,当治平无事之日,必使仓库充足,斯可有备无患。皇考躬行节俭,裕国爱民,六十余年以来蠲租赐复,殆无虚日,休养生息之恩至矣。而近日道府州县亏空钱粮者正复不少,揆厥所由,或系上司勒索,或系自己侵渔,岂皆因公挪用!皇考好生如天,不忍即正典刑,故伊等每恃宽容,毫无畏惧,恣意亏空,动辄盈千累万,督抚明知其弊,曲相容隐,及至万难掩饰之时,又往往改侵欺为挪移,勒限追补,视为故事,而全完者绝少,迁延数载,但存追比虚名,究竟全无着落。新任之人,上司逼受前任交盘,彼既畏大吏之势,虽有亏空不得不受,又因以启效尤之心,又借此挟制上司不得不为之隐讳,任意侵蚀,辗转相因,亏空愈甚,库藏全虚,一旦地方或有急需不能支应,关系匪浅!朕深悉此弊,本应即行彻底清查,重加惩治,但念已成积习,姑从宽典。除陕西省外,限以三年,各督抚将所属钱粮严行稽查,凡有亏空,无论已经参出及未经参出者,三年之内务期如数补足,毋得苛派民间,毋得借端遮饰,如限满不完,定行从重治罪。三年补完之后,若再有亏空者,决不宽贷。其亏空之项,除被上司勒索及因公挪移者分别处分外,其实在侵欺入已者,确审具奏,即行正法。倘或仍徇私容隐,经朕访闻得实,或被科道纠参,将督抚一并从重治罪。即如山东藩库亏空至数十万,虽以俸工补足为名,实不能不取之民间、额外加派,山东如此,他省可知。以小民之膏血为官府之补苴,地方得不重困乎!既亏空国帑,复累民生,大负皇考爱养元元之至意,此朕所断断不能姑容者。前日恩诏中,内阁引例开列有豁免亏空一条,朕未曾允行,诚恐开贪吏徼幸之端,而于民间究无裨益也。至于署印之官更为紧要,必须慎重简择,谚云:"署印如行劫。"皇考每言及此，未尝不痛恨之。盖署印之人始而百计钻营，既而视如传舍，故肆意贪婪，图饱欲壑，或取媚上官，供其索取，贻害小民尤非浅鲜。其于前任亏空视作泛常，接受交盘复转授新任，苟且因循，亏空之弊终不得清。嗣后如查出此等情弊，必将委署之上司与署印之员一并严加治罪，决不宽贷。

雍正元年，谕：各省奏销，除地方正项钱粮及军需之外，其余一应奏销，积弊甚大。若无部费①，虽当用之项册档分明，亦以本内数字互异，或因银数几两不符，往来驳诘，不准奏销。一有部费即靡费钱粮百万亦准奏销，或将无关紧要之处驳回，以存驳诘之名掩饰耳目，咨覆到日，旋即议准，内外通同欺盗虚冒。此等情弊，尽在皇考睿照之中，圣恩宽大，未行深究。朕今不得不加整理，嗣后一应钱粮奏销事务，无论何部，俱着怡亲王、隆科多、大学士白潢、左都御史朱轼会同办理。

二年，总理事务王大臣、九卿、科道等议：覆山西布政司高成龄条奏提解火耗一疏，得旨：高成龄提解火耗一事，前朕曾降谕旨，令尔等平心静气，秉公会议。今观尔等所议，见识浅小，与朕意未合。州县火耗，原非应有之项，因通省公费及各官养廉有不得不取给于此者，朕非不愿天下州县丝毫不取于民，而其势有所不能，且历来火耗皆州县经收，而加派横征，侵蚀国帑，亏空之数不下数百余万。原其所由，州县征收火耗，分送上司，各上司日用之资皆取给于州县，以致耗羡之外种种馈送，名色繁多。故州县有所借口而肆其贪婪，上司有所瞻徇而曲为容隐，此从来之积弊所当剔除者也。与其州县存火耗以养上司，何如上司拨火耗以养州县乎？尔等奏称各属火耗，请将分数酌定，朕思一省之内，州县有大小，钱粮有多寡，地广粮多之州县火耗已足养廉，若行之地小粮少之州县则不能矣。唯火耗不定分数，倘地方遇差多事繁之时，则酌计可以济用，或是年差少事简，则耗羡即可量减矣。又或偶遇不肖有司一时加增，而遇清廉自好者自可减除矣。若酌定分数，则将来竟为成额，必致有增无减，此火耗分数之不可以酌定者也。又奏称"提解火耗，将州县应得之项听其如数扣存，不必解而复拨"等语，现令州县征收钱粮，皆百姓自封投柜，其拆封起解时，同城官公同验看，耗羡与正项同解，分毫不能入己，州县皆知重耗无益于己，孰肯额外加征乎？是提解火耗既给上下养廉之资，而且

----

① 部费，清朝时地方官员给中央部门的贿赂。

留补亏空，有益于国计。若将州县应得之数扣存于下，势必额外加增，私行巧取浮收应得之数，累及小民。况解交督抚则显然有据，扣存州县则难保贪廉，此州县羡余之不可扣存者也。又奏称巡抚诺岷清勤敏干，布政使高成龄操守亦优，应令二人尽心商确，先于山西一省照所奏试行之。此言尤非也，天下事唯有可行与不可行两端耳。如以为可行则可通行于天下，如以为不可行则亦不当试之于山西。比如治病，漫以医药试之鲜有能愈者，今以山西为试行之省，朕不忍也。且天下抚藩岂尽不如诺岷、高成龄，而谓二人独能行之乎？又奏称提解火耗非经常可久之道。凡立法行政孰可历久无弊，从来有治人无治法，文武之政，布在方策，其人存则其政举。朕谓有治人即有治法，法有因时制宜者，比如人有疾病，因症投药，病愈即止。今提解火耗，原一时权宜之计，将来亏空清楚，府库充裕，有司皆知自好，则提解自不必行，火耗亦可渐减。今尔等所议为国计乎？为民生乎？不过为州县起见，独不思州县有州县之苦，上司亦有上司之苦，持论必当公平，不可偏向！又朝廷之与百姓原属一体，朝廷经费充足，民间偶遇歉收可以施恩赈恤，百姓自无不足之虞，是清补亏空，于国计民生均有益也。天下督抚等有如诺岷等不避嫌怨，实心任事，自能酌量行之，通省耗余丝毫不能隐匿，又孰敢此外多取一钱，以干罪戾乎！朕于臣下期望甚殷，即州县官员亦冀其为皋夔稷契①，自此各加勉励，勿侵蚀国帑，勿贪剥小民，各省火耗渐自轻减以至于尽革，此朕之愿也。尔等所奏，与朕不合，若令再议，必遵朕谕议覆准行，朕亦不能保其将来无弊否也。各省能行者，听其举行，不行者亦不必勉强，可将此谕并尔等所议之本交存内阁。

是年，禁生监抗欠钱粮。

三年，谕：向来各部院动用钱粮，俱系各衙门自行奏销，往往无从稽考。朕办理之初，不得不加意经理，是以设立会考府以司查核。自雍正元年以来，迄今将及三载，办过各部院奏销钱粮事共五百五十件，内驳回应改正者共九十六件，似此则部院事件之不能无误，而会考府之有益于查核可知矣。但恐设立日久，多一衙门即多一事端，嗣后着将会考府停止，凡尔部堂司官各宜秉公抒诚以尽职业，勿谓无人稽查遂草率蒙混，致自干罪戾。

---

① 皋夔稷契，传说中舜时贤臣皋陶、夔、后稷和契的并称，后作为贤臣的代称。

六年，谕苏州巡抚：所属七府五州，自康熙五十一年起至雍正四年未完地丁钱粮积至八百一十三万八千余两，其中苏、松、常三府太仓一州积欠最多，自一百四十余万至一百八十余万两不等，此项未完，大约官员亏空十之一二，吏侵蚀者十之三四，其实系民欠不过四五而已。在贫窭之民固不能为无米之炊，而官吏因缘作弊，蠹国害民，情罪可恶，岂容听其脱然幸免。若非彻底清厘，即欲加惠于百姓，其道无由。今尹继善现在清查，但兹事繁重，非一人之心力所能办理，着将苏州等七府、太仓等五州历年带征地丁钱粮一概暂停征比，俟朕派员前往与该地方官协理清查，将各州县官亏空若干、吏蚀若干、实在民欠若干，一一厘剔清楚，朕当再降谕旨。

八年，谕：着将辛亥年春拨解部银两，照从前余平①之数减去一半，此项银两留为本省地方公事之用。

雍正十三年，皇上御极。谕：各直省督抚向来征收钱粮，因银色有倾销之耗折，解送有路途之盘费，故于正项之外征收耗羡，原无定额，其廉洁者尚知自爱，不肖者任意征求，而督抚以至道府等员于中收受节礼陋规，互相容忍，弊难究诘。嗣经巡抚诺岷、田文镜倡为提解归公之法，各该督抚就本省情形酌定分数征收，以为各官养廉及地方公事之用，除所定分数外，丝毫不许滥征。盖以耗羡原属额外之项，与其听地方官私行征取，不如明定分数，使有节制，不敢违越也。然在未提解以前，尚为私项，既提解以后，或恐不肖官员视同正课，又得于耗羡之外巧取殃民。从前皇考洞见流弊，屡降谕旨，欲俟将来亏空全清，府库充裕之日，渐减渐革，圣心廑念未或忘之。朕绍承大统，切念民依，孜孜轸恤，日与王大臣等悉心筹划，期使我民于正项之外丝毫无扰，而一时势有未能，尚须从容计议。唯是提解耗羡之法行之已十有余年，恐日久弊生，奸吏夤缘朘削，耗外加耗，重困闾阎，不可不为深虑。着各该督抚严饬有司，咸体朕意，知耗羡一项可减，而决不可增，可于格外从宽，断不可又于额外勒索，倘于所定分数之外或又借估色添戥为名多取丝毫者，该督抚即行题参，重治其罪。倘督抚徇隐不举，或经科道纠参，定将该督抚等一并严加议处。再各省耗羡分数，率在加一上下，然江南赋重之区，如苏、松、常、镇四府

---

① 余平，即平余，清代地方官府上缴正项钱粮时，按一定标准多缴的部分，用于弥补亏耗，实是对民户的加征。

额赋较之他省几及数倍，雍正六年以前，每两加耗仅止五分，雍正六年以后，增至加一，且有司又复巧取苛索，民何以堪？其令江南督抚详加酌定，量减分数征收，不得仍前重耗困民，倘敢阳奉阴违，朕必于该督抚是问。

乾隆三年，谕令各省京饷停解平余，全数存储本省司库，遇有公事，奏请动用。

是年，停罢怀来等县捐办杨木长柴，所用价值，入地丁册报销。

四年，从孙嘉淦请，免直隶耗羡。复经陈世倌请，将江苏、安徽二省所蠲正赋之耗羡一体免征。动拨河南耗费内余银十万两，协济直隶公用。若江南蠲免耗银之后，官员等养廉不足，亦将河南多余之银通融拨补。

又奉谕旨：据工部奏，称直隶、山东、甘肃等省开报城砖、石灰等项，价值较原定价或少一倍，或少数倍，前后多寡甚为悬殊。今请将原定价值浮多款项行文各省督抚，确查本处实价，一一更正，凡类此等款项，一并查改报部。朕思今日开销之价值既大减于前，则后前所报之价显系浮开，工部何以不行指参，而但请行查各省照实价改正，夫前此所开之价既不足凭，则此番改正之价又讵可以为据乎？假有狡猾之人避重就轻，以开价少者为错误，以开价多者为实数，该部又何以辨其虚实耶！总之，百物价值原属随时增减，各省不同，即一省之中各郡县亦不尽一，令预定数目永远一例遵行，则价贱之年必有余资以饱官吏之私橐，弊在侵渔钱粮，为害尚小。若价贵之年，采办不敷，势必科派闾阎，弊在苦累百姓，为害甚大。唯在各省督抚留心访查，详确综核，既不使恣意浮冒虚靡国帑，又不至苛刻从事贻累官民，庶为公平之道，又岂预立成式所能杜绝弊端乎！其应如何酌量定例之处，着大学士、九卿会议具奏。

是年，从西宁镇总兵李如柏奏称，西宁镇自雍正十三年始至乾隆六年，共应存缺旷银三万一千五百六十余两。盖自办理军需以来，款项纷繁，不能按年销算，是以存储如许之多，营中兵弁因而挪移动用钱粮率多不清，应将缺旷一项，不必待至销算时即为解缴司库。得旨：令各提镇一体查办，以清夙弊。

五年，谕曰：国家一应赋税，无论正杂羡，凡征之官府者，皆均系出之闾阎，而究其实，乃以天下之物力供天下将弁兵民之用，为上者不过为之权衡调剂于其间。若经理其事者稍有纤毫假借，则大不可也！前此各省臣工不能砥砺廉隅，取之民者既极烦苛，而侵于官者又多亏空，计其赃私动逾累万，以致身罹法网，贻害妻孥。仰蒙皇考世宗宪皇帝圣慈矜悯，提撕①警觉，厘剔肃清，所有一切陋规悉行裁禁，以纾民困，俯允直省督抚所请，将公项之需名虽提解耗银，而较之从前私派私收固已轻减数倍矣。自奉行之后，官员无拮据之忧，百姓免需索之累，吏治民生称为两便，此实中外所共知共见者。朕御极之初，曾降谕旨，饬令督抚毋得重耗浮征，致困闾里，凡赋多税重之地，屡加宽免，民捐官垫之款，悉动存公。乾隆三年，又将解部减半平余一项，扣存司库以备荒歉应用。因各省公用甚烦，而且耗羡无几，唯恐所入不敷所出，是以不惜部库之盈余，留备地方之不足。各省督抚藩司皆当加意慎重，不时查核，减官吏一分之浮费，即留百姓一分之实惠，此理显然可见。乃比年以来，或无关紧要之事遽行动用，即例应支给之项亦有浮开，部驳核减时见章疏，其扣存备赈平余银两，各省有已经报部者，亦有未经报部者，遇有应办赈务仍多临时请拨，由此类推，则司库所存公项未必尽归实用。雍正十三年六月内曾奉皇考谕旨，将各省耗羡存公银两敕令清查，原属防微杜渐之至意。朕嗣位之初，念耗羡不同正项，从前原不定有章程，且历年已久，各省规条不一，官员更换亦多，况复恩诏屡颁，纵有挪欠，亦当在宽免之例，是以谕令暂行停止清查。今看各省情形渐滋冒滥，若不早加整顿立法防间②，必至挪移出纳，弊窦丛生，一经败露，国法难宽。揆之朕爱养教诲之心固有所不忍，即经办各员，噬脐知悔，已属难追，是及今综核清理，亦预为保全之道也。户部可行文各省督抚，将地方必需公费，分析款项，立定章程，报部核明汇奏存案。嗣后务将一年之内额征公费、完欠杂支，同余剩未给各数并扣除空缺，详悉登记。其收数内有拖欠日月应得分数，并扣除空缺，详悉登记。其收数内有拖欠未完者，分别应否著作③，其支数内，有透动加增者，分别是非应给，有无挪移之处，亏缺之处，岁底将一切动存完欠确数及扣储减半平余银两，造册咨送户部核销。如此，年清年款，则民力输将均归地方实用，而经理之员亦免于参处矣。

八年，谕：各省定例，督抚盘司库，司库盘道库，道府盘州县库，所以杜亏空、防挪移也。从前各省上司或借端需索贻属员之累，或虚循故事无查察之实，且或赐筵设席以相娱乐，纳贿受礼以相缴纳，种种弊端，甚

---

① 提撕，此处指振作。
② 防间，防备、阻止。
③ 分别应否著作，《乾隆实录》卷109，作"分别应否着追"。

非立法之意。二十余年以来，诸弊皆已肃清矣。但奉行日久，上下司贤愚不等，虽然复蹈前辙者今尚无所见闻，而或渐露端倪，故相容隐则亦未可定，此各省督抚所当留心者。司道之库，原不过照例盘查。至道府之于州县，一年亦止盘查一次，不得屡行滋扰，而且盘查之时必须详核，不得徒存其名，并当各严其守，不独己之一身不可丝毫沾染，即家人吏役亦不可稍有纵容。如有犯此等弊习者，该督抚即行参处，庶盘查皆有实际，常不致滋扰。若督抚漠不关心，倘若别经发觉，朕唯督抚是问。

是年，从江苏巡抚陈大绶请，将两淮归公盐规银六万五千四百五十两全数拨解藩库，归并耗羡存公，统用报销。

十二年，谕：向来州县亏空仓库，定例甚严。雍正年间，复有分赔着赔之例，所以惩戒通用掩饰、蒙混徇庇之该管各上司，令其实力稽查，使属员不致侵蚀，此正所以为保全之善术也。朕观近年亏空渐炽，如奉天府尹霍备任内则有荣大成等五案，山西则有刘廷诏之案。朕是以照例令该管上司分赔，而揆厥由来，实缘该管上司见朕办事往往从宽，遂至于一以废弛为得体，独不思州县定有养廉，用度尽已宽裕，何得至侵挪亏空，今民间丝粟固不容妄取，乃于帑项正供恣其婪蚀，有是理乎！且仓库所入，出自穷檐小民力作以奉公，贪员安享以自利，以赤子之脂膏饱金壬①之囊橐，其情理深为可恶。而为之长者一切置之不问，迨至弥缝无术，则以揭参了事，异日无可着追。又为照例请豁，是使贪员得计于目前，国帑空虚于事后，而于其间上下相蒙，弥缝巧饰，实乃苟且因循废法欺公之恶习，益致参案累累，成何政体！在朕力崇宽大，黈纩凝旒②，罔兼庶慎③，而诸臣秉节奉公，整纲肃纪，当查者查，当参者参，不事姑容，不为蒙蔽，乃所为主职要，臣职详，合于宽而有制之道。若一味纵弛，其将何所底止，岂诸臣公而忘私之意也。可传谕各督抚共体此意，痛除积习，时时加意稽查，据实办理，倘如仍宽纵，致贪风日炽，帑项侵亏，唯督抚上司是问。

又谕曰：州县官侵蚀仓库，非因公挪用可比。此等贪劣之官员，多有

---

① 金壬，指奸邪小人。

② 黈纩凝旒。黈纩，指黄绵，言古之人君，以黄绵大如丸，悬冠两边当耳，不欲妄闻不急之言。《汉书·东方朔传》（帝王）冕而前旒，所以蔽明；黈纩塞耳，所以塞聪。旒，帝王冠冕前边下垂的珠串；凝旒，旒凝重不动。指王者示不听谗，不妄听是非。

③ 罔兼庶慎，不直接管理具体事务，慎重对待刑罚。

身故，事发以后，不过于家属名下勒限着追，迁延一二年，率以家产全无，保题豁免，且并有父没而子乘机盗帑，归罪于父，已仍得坐拥厚资者，故无以儆贪风。夫父子一身也，子代父罪，亦理之宜。嗣后侵贪之案，如该员身故，审明实系侵盗库帑者，即将伊子监追，着为例。

十三年，谕：朕前降旨各省常平储谷之数，悉照康熙、雍正年间旧额，令大学士等会同该部查明妥议。但各省奏报常平仓存粜等项米谷，其乾隆十三年实数，尚未报部，若仅存从前所报部册查核，则十三年又有动用之项，统不足凭。可即传谕各督抚等将康熙、雍正年间额数若干，及该省现年实存若干，粜借若干，现存粜价若干，查明确数，逐一分析，即缮折具奏。俟奏到时，交大学士等据所报存粜实在数目，会同该部妥酌定议。该督抚等务须确查速奏，毋得迟延，并不得稍有舛错。

十六年，谕：山东、山西各拨历年积余耗羡银十万两，河南五万两，解交直隶修理城工。

十八年，以江南河工费繁，酌于浙省藩库拨银一百万两解交备用。又谕：刘统勋奏到，查出河南河员积年亏空未完工料银两，数盈巨万。已降旨将高斌、张师载革职，留工劾力赎罪。亏帑之员革职拿问，勒限一年，如限满不完，即行正法。今又续据查出核减未完、办料未交各订员多至十余万，此皆高斌、张师载积年狥纵不行实力清查所致。由此观之，各省督抚之狥纵属员者当不乏人，其谓功令森严，并无亏空者，尚可信耶！论高斌、张师载之罪，即拿问重治其罪亦应得，但高斌尚属旧人，其在河工久经出力，至张师载恂谨自守，素无劣迹，且系随从高斌，是以姑从宽典，其应赔之项必不再宽。至各省督抚若效尤试法，朕不得不尽法绳之，勿谓教之不豫，处之不公也。其查出亏帑河员，例应于任所原籍抄查资产。朕见迩来人心日坏，平昔糜帑纵欲，自知无所逃罪，辄先期密为运寄，尝见亏帑累累，资财无几，上司因巧为开脱。甚或所亏虽自无多，而因力难弥补，知必败露，遂肆意侵欺、别为寄顿者，此固由心习浇漓①，而实上司之狥纵有以启之。是以此番概不必抄查资产，唯以奉旨之日为始，勒限一年全完者，据实请旨。限内未完者，该督抚先期于限将满之前请旨，即于该处正法。亏帑，着上司予分赔②。此项续添各员，着即拿问，遵照此旨

---

① 浇漓，浮薄不厚。
② 亏帑着上司予分赔，指国库如发现亏损，主管上司必须分别责任，予以赔偿。

办理。朕于此案实为寒心，不惜三令五申，各督抚其咸知所儆。

十九年，谕安省：生俊捐监在部报捐折色外，有愿交本色者，准其在地收捐，以实仓储。仍着该抚于岁底务将各属共收若干之处，汇数奏闻。

又谕：外省动用钱粮及工程报销，应驳应准，俱有定例。乃督抚往往于部驳后辗转行查，不即克期办给，或据属员详禀，迭次声覆请销，而该部乃复往返驳诘，以至尘案累积，迨历年久远，官吏迭更，徒滋拖累，此向来相沿陋习，殊非敬事勤政之道。现据刘统勋、策楞查奏，江南兴修水利以来，有历十余年至二十余年未结之案。自雍正四、五年间尘案尚有悬搁者，此等案件如果有浮混，自当据实查明，催究完款，何至任意迟延历久不结，如果无情弊亦当请豁免累。嗣后报销之案符例者，该部不得漫行驳诘。例应驳查者，至三次后，该部即具折声奏，或按例核减，饬交该督抚查明经手官员，照数追赔完案，或据情酌予豁销。务令克期速结，仍着于每岁底将未完各案汇折奏闻。其现有从前未结各案，着予限一年，令户、工二部通行查明，分别办理完结。

又谕：盛京户部银两自足赏赐之用，不必随带于途，但今岁有新归附之人，着于部库内拨银十万两，先期送往热河交储兵备道库，以备赏赐。

又谕：甘肃系事简省份，何以未完至二十八案之多？着户、工二部逐细查明办理，参奏者即行参奏，从前屡经降旨务清积案，其各省有似此者，俱着该部严催速结，毋得仍前延缓。

又谕：藩司为钱粮总汇，库储银两向成弊薮，历经厘剔，仍未肃清。即如川省拨解陕甘军需银两，乃系经征正项，而鄂昌、黄廷桂奏称"解到军青潮不足者十分之三，以拨兵饷虽属不可，若以采买军需各物及运脚等项，尚属无碍，已谕司照数兑收，通融搭用"等语，正恃有彼此通融之说，而经生迂论，至谓库项当存留各省不当多入太府，此非独不通世务，乃典守者流言惑听，便于蠹蚀营私耳！甘省此案已交刘统勋确查办理，其各省藩库银两亦当彻底清查，着各该督抚秉公盘验，如平色亏缺，即着按数赔补，仍将有无情弊具奏。嗣后再有青潮不足等弊，一经发觉，唯督抚是问。

户部议：江苏巡抚庄有恭奏，乾隆十六年，圣驾南巡，报销钱粮应照例核减。奉谕旨：该部此案自应照例议驳，但十六年初次南巡，该省办理一切俱未有章程，往返驳查，徒滋案牍，着准其开销。

又谕：滇省地处边徼，备公银两务宜宽裕，着将此项铜息银两以五十万拨充兵饷,余俱留充该省公用。

二十一年,谕:朕明春巡幸江浙,所有借宿顿次皆出自帑,丝毫不以累民,扈从官兵以及外省接驾人等辐辏云集,经过地方,米价市值恐或一时腾涌。着将该二省应运本年漕粮,各截留五万石,减价平粜,以济民间食用。寻令江省再截留五万石。嗣后恭遇南巡盛典,俱照例于江浙二省冬兑漕粮内各截留十万石,在水陆驻跸地方平粜。

二十二年,谕:甘省现在办理军需,库储宜裕,着该部于应拨省份酌拨银二百万两解往甘肃,以备军需之用。

又从陕西巡抚吴士功奏,抚藩交代有无挪借亏空之处,请于离任接任时据实陈奏,着为例。

二十三年,命户部于附近甘肃省份,拨银三百万两解甘,以备供支屯田籽种之用。又以甘省尚有应办军需,再酌量拨银三百万两解交收储。

又谕:户部汇奏"耗羡银两内,安徽、浙江、山东、四川、西安五省所交耗羡,除通用抵补外,尚多支银一万四千四百余两,请行令该督抚查明承办各官分赔"等语,耗羡章程,原因每年动支数目多寡不同,是以定议五年合计汇办,以示节制。今安徽等五省除通融抵补外,尚浮支银一万余两,较上届已出范围之外,殊非原定章程本意,但竟照部议,即令追赔,其中因何必需动用款项,缘由殊未明晰,着该抚按年详细核查,据实奏闻再降谕。

二十四年,谕:据盐政高恒奏称"两淮商众以西北荡平,远人向化,屯田塞上,中外一家,愿捐银一百万两,少抒服役之诚"等语,年来军需屯务拨用,悉由内帑,不但储备充裕,即各省一切蠲赈赏恤未尝因此而少有节省,但该商等踊跃捐输,同声吁请,其急公好义深属可嘉。所捐银两着交与高恒委员解交陕甘总督黄廷桂以备军需屯务拨用。又两浙商众亦公输银二十万两,长芦、山东商众三十万两,均命解往甘肃。

又谕户部:拨银十万两解交热河道库存储。

又谕户部:酌拨各色库缎一千匹,于运送布匹之便搭解甘肃,交与该督等收储备用。

又谕:今秋都尔伯特策楞吴巴什①等来朝,热河道库备赏银两存储无几。着户部拨银十万两,委员解往热河,交与良卿收储备用。

① 策楞吴巴什,即策凌乌巴什(1728—1790),清朝蒙古卫拉特都尔伯特部台吉

又谕刘统勋等：查审江苏藩库一案，已有旨谕部矣。至藩库钱粮收放款项，本不应轻易借动，即有本款无存必须借支者，亦须随时归清，以免滋弊。该省每有借支借放不及时清归款，直至布政使交代时始行清楚之处，此实向来相沿陋习，毋怪乎头绪繁多，一时难于查对，殊非厘剔之道。今此案虽查无亏蚀情弊，然当酌定章程，务使及时清款，不得仍前递年滚算，致滋牵混。即有一时难以遽归者，亦不得仅在该省自行存案，或按季或递年逐一造册报部备核，以昭慎重。着尹继善、陈宏谋即行酌议具奏，由部核定遵行。

二十六年，户部议：驳江苏巡抚陈宏谋奏，乾隆二十六年，圣驾南巡，一切船只、马匹、车脚、营尖、桥道各项价值，或与上届不符，或价值浮多，应令删减。得旨：准其报销。是年，拨江南苏松粮道库银二十三万两交解河库，以济要工。又于淮商公捐银一百万两内拨银三十万两交尹继善办理差务，即赏给两淮二十万两为修理行宫等费，酌十万两以备赏赐，其余四十万两备充河南工程赈恤之用。

又谕：前因西陲平定，新疆阔广，所有移驻大臣官兵岁需养廉经费比前或致增多，是以特命在外办事大臣等详查奏闻。顷据舒赫德覆奏，军机大臣通行校核，则叶尔羌、喀什噶尔等城驻防应需各项，合之陕甘节省诸费，视未用兵以前，不但绝无所增，实可减用三分之二。其屯垦自给之粮既可不靡费，且将来种地日开，所入倍当充裕，又不在此约计之内，此皆有一指数可按者①。前用兵之初，庸愚无识之徒好生浮议，朕固不屑深辨。今武功大定，又或以长驾远驭，不无多耗内地力为疑。今经查核，不但未曾有多费，而且有所节省。夫天子不言有无，国家有当用者虽累巨万不惜。朕非锱铢较量，但因西陲用兵，始末所关，不得不详为剖析，以晓庸众，俾知此番武定，并非耗帑勤远之为，将此谕通谕中外知之。

二十七年，谕高恒：于运库内酌量再拨银二十万两添补办差。

二十八年，从湖北巡抚宋邦绥奏，请新任督抚盘查藩库之时，其粮驿二道如或驻扎同城者，一体盘查。

二十九年，太常寺奏：天坛等坛庙请择吉补栽树木，以肃睹瞻，其刨起枯树照例变价充公。从之。

是年，谕：据常均等奏，监利县孙家月堤工程，例应民修，吁请自修

---

① 此皆有一指数可按者，语义不甚明确。《乾隆实录》卷649作"此皆一一指数可按者"。

三分，暂行借帑七分，但今年骤涨，该处现在尚加赈恤，所有现请借银一万二千两，加恩免其带征归款，着在罚修堤费等项内动支，倘罚项不敷，即动拨正项亦可。

三十年，谕曰：朕奉皇太后安舆省方问俗，地方大吏有葺治行馆以供憩息者，兹停跸景州，见一切位置颇为妥适，从前所赏公帑尚恐不敷应用，着于直省存公项内赏银二万两，以裕工作之费；山东亦着于该省赏银二万充用。

又以安徽修理城垣，俱经报竣，所有安省收捐监生等项银两，除拨协江苏城工外，尚有余剩，即于此内拨银二十万两解往直隶，备修葺城工之用。

三十一年，谕：前因各省应修城垣，费烦工巨，特发内帑一律修缮，曾屡经谕令各督抚董率实力承办，并派大员专查估，务实用实销。兹据舒赫德自甘肃回京奏称"着该省各属办理城垣，率多浮估，其从前已经修城工竣，在定例保固限内者，抑或有未尽核实之处"等语，甘肃一省如此，他省亦不能保无弊混。工程冒滥草率，按治于事后，莫若防检于事前。现在各省鸠工伊始，物料在厂按册可稽，而夫役食价等项，亦正当支发，计人计日，查考更易周详。着各该督抚于已报兴工之各州县，或亲往查勘，或令原派司员前往，确切查勘，如有浮开冒估，即行核减。承办各员咸知儆惕，自不敢任意侵肥及蹈扣克草率诸弊，其已报修竣城工，在保固限内者，或有浮冒情节，着一体查明核办。倘各督抚及承办各大员不以为意，或心存苟且，以致蚀帑误工者，将来经钦差查出，或朕别有访闻，唯于伊等是问。

又命各关节省银两，俱着随正额盈余一体解交户部。

三十二年，谕：据奇成额等查审，冯其柘亏空至二万余两之多，李因培授意张宏燧代为弥缝报少，及赫升额令属员帮同弥补一案，舛法营私，实出情理之外。州县亏空本有应得之罪，若私自通同帮补，即使劣员幸逃法网，且必复贻累他人，效尤侵蚀，势将无所底止，深可痛恨！上年，山西段成功亏空累累，各属帮银填补，业经大加惩创，不料未及一年，湖南复有此案，可见外间上下扶同之习固结不解，各省皆然，吏治尚可问乎？督抚为封疆大臣，藩司为钱粮总汇，一省之察吏纠贪，乃其专责，而遇属员侵亏帑项，据实参劾，则属员自必共知顾忌，何难使诸弊澄清。着传谕各督抚，即就所辖属员内通行查察，将有无亏空据实保奏，嗣后并着于年终将属员有无亏空之处汇奏一次，以重责成，着为令。

又谕：朕此次巡幸天津，阅视河堤，经过陆路水程，该地方官预备坐落数处，以供憩顿，恐应销公项银两不敷需用。着于长芦解内务府银内赏给银三万余两，以为办差之费。

是年，工部奏，各省裁汰衙署、仓库、营房以及各项旧料估变价银，其数在二百两以上者，令该督抚确查造册送部。从之。

又谕：湖北黄梅等县董家口以上界连江西德化境内一带，江堤溃缺之处，应行修筑，估需银一万七千九百余两，即动用公项交地方官实力妥办，毋庸借帑扣还。

又以两淮各商捐银一百万两，解送云南备办理军需之用。

三十三年，谕：前据工部核驳熊学鹏"估变裁汰船只一本，阅其情节，显系承办之员以多报少，希图染指分肥"等语，所办甚是，已如所议行矣。此等船只俱系动用官帑修造，每只不下数千金，即经历年久，拆卸变价，亦何至每只仅止数十金之少，其为官吏欺公肥橐，不问可知。今浙省明验如此，则其余各省已可概见，着将此通谕各督抚、提镇等，嗣后遇有届限应行拆造船只，悉照浙省所办严饬各属，悉心确估、变价，务使物料皆归实用，而帑项不致虚糜，无任稍有中饱侵渔，自干咎戾，着为令。

命内务府将广储司银一百五十万两交户部照例派员解送云南。

谕：贵州省为赴滇孔道，一切需用较多，着于解滇银两经过黔省时，就近截留五十万两，备储充用。

三十四年，命江南藩库历年积存银两内，拨银二百万两解滇。再于邻近云南省份应行解部款项内，酌拨银一百万两解往。又于本年

谕内务府拨广储司银一百万两交户部存储，但部库帑藏亦甚充裕，即备拨滇省军需之用亦可。

从四川总督阿尔泰奏：川省支放军需，向资邻省拨协，今查有茶盐耗羡一项，即将递年积存银四十三万五千余两，就近拨出三十万两应用。

又谕：户部为度支总汇，凡银款出入自应经由该部收支，以备稽查。今宗人府需用红白银两，径由盐政解交，既于体制未合，且恐其中不无滋弊之处，嗣后两淮应交宗人府银两，着该盐政仍解交户部查收，宗人府按季赴部支领转给。

又谕：据直隶总督杨廷璋奏《直属现存入官地亩，应准其停止委员

查丈》一折，着照所议行。至于旧案，令地方官于一年限内自行详查，酌复原租，由府道藩司转详该督抚咨部之处，尚未妥协。此等入官旗地，历年久远，地方官原定租额时，大率不能详核者多。若仍令伊等自行查改，难保无回徇情蒙混草率诸弊，或仅将不能掩饰者举出更正一二，仍属有名无实。自应特派干员通行履亩会勘确核，方为彻底清厘之道。着户、刑二部拣选明干满汉司官各四员，其余各部拣选满汉司官各二员，该户部带领引见，候朕简派前往，会同府尹及该府秉公悉心查办。

三十六年，谕：据高晋、裘曰修、周元理等查勘永定河、北运河各工事竣，来京复命，将应行疏筑事宜详悉议奏，已依议行矣。至所称估需工银四十九万六千余两，现在直隶藩库无款可动，着户部即于部库内拨银五十万两，令周元理即日委员赴领，以俾及时鸠工兴筑，该部遵谕速行。

三十七年，命豫省北岸河工等项银两悉行改归道库。谕：据裘曰修奏"直隶河工催支给值需用钱文，请照京城发兑官钱之例，许办工各员一体交银领买"等语，着照所请，于平粜麦厂钱文内准其照大兴、宛平之例，许办理河工各员持印文赴步军统领衙门领买，其钱文出城时仍给票照验，以凭稽核。

又谕：金川用兵以来，已两次拨帑六百万两解川备用，今军务尚未告竣，着户部于相近湖广省份查明足敷协拨款项，即酌拨银二百万两解赴湖广，转解四川备用。

又谕：工部核销三官庙工程银两一折内开"承修监督请销工料银二万一千二百四十两零，比较原估节省银三百四十六两零，该部按册核减银一千一百九十三两零，请将核减银两并自行节省银两交纳户部归款"等语，虽系照向例办理，未为妥协。夫所谓节省者，本谓无可核减而能节省而言。若既经核减，则造报时所开实用银数已属浮多，便不当复云节省。况节省一款，与核减条目并传，转不足以服承办人员之心。嗣后该部核销各处工程，除报销时自行节省而该部无核减者仍准存节省名目外，其有呈报节省复经该部核减者，即将节省银数归入核减款内，毋庸另开节省条目，以免重复，着为令。

又谕：工部以《哈密、巴里坤等十二处物料价值，前经驳令陕甘总督查核，屡次咨催，久未奏报，请令该督速行更正删减，造册具奏》一折，殊未得办事要领。陕甘总督向驻内地，距新疆甚远，一切物价何由深知，伊犁、喀什噶尔等处俱驻有办事大臣，若令其就近稽查，则数易核实，为期亦能迅速。嗣后该部遇有新疆应行驳查料值，除照常行知该督外，即一面专行各该处办事大臣就近作速确查，会同该督核实报部办理，着为令。

三十八年，谕：据程景伊等《奏销修理吏部衙署用过钱粮数目》一折，内有"行取户部颜料值银八百三十三两零，取用工部杉木值银八十六两零，工价钱六千一百九十串零，按依时价核值银六千六百十两零，令该部扣完还项"等语，各衙门奏请借项修葺衙门，分年扣完者止应就采办物料，给发匠工各项费用按数归还。若户部颜料、工部木植及工价钱文皆系部内现有之官物，只需核实报销，若亦令作价扣缴，竟是将官物出售，成何事体！所有此项价值六千六百十两，即毋庸扣还，嗣后各衙门有借项修理、奏请分扣者，均照此办理。

三十九年，谕：川省军需银两，节经由部拨发及各省协拨捐解者，通计三千四百余万，现在进剿金川将次荡平，而善后事宜亦当豫为筹计，着户部于各省存留协拨银内动拨银五百万两解川，存储备用。嗣于九月又于附近四川省份拨银四百万两，十一月拨部库捐款项下银五百万两，四十年节次拨部库银一千六百万两，通计前后军需及善后经费约六千余万两。

又谕：新疆工程均系派拨兵丁斫伐木植、筑打土方，支给该处兵丁耕种所收米麦、青稞等项，较之采买物料、雇觅匠夫者本属减省。今乌鲁木齐新建满兵城房工程，统较内地应用银数有减无浮，又何必复照内地之例核算？所有用过银两即着照数准销，毋庸再行交部查核。嗣后新疆等处工程派拨兵丁及砍伐木植修建者，俱不必照依内地定例核销。

四十年，谕：周元理奏《永定河抢修等工请仍旧例》一折，因乾隆三十八年报销疏浚抢修等工银两，工部以所报之数与尚书裘曰修议定大工章程案内较有浮多，驳令删减。周元理复将历来通融办理缘由据实声明，吁请仍旧。朕阅此案，工部之驳固属照例，而周元理之请自亦实情。今朕为之准酌折中，所有此案动用工程银两仍准其照旧报销，不得复行驳减。唯是永定河岁抢修疏浚等工，每年额定三万四千两，并准节年通融办理，不逾此数，虽若示以限制，实听尽数开销，未为允协。夫永定河水势靡常，工程亦因而增减，即如岁修一项，水大之年粘补必多，水小之年费用较省，此理之一定者。又如抢修量工之平险，疏浚视淤之浅深，亦难绳以一律。若向时所定笼统发银，不问工之巨细多寡，任其牵匀销算，则与庖人揽办筵席何异？殊非核实办工之道。治河所以卫民，果属紧要工程，于间阁实有裨益，经费原所不靳，若永定河，旧例未妥，以致每年浮耗，久之不但用涉虚縻，且恐工无实济，何如随时确核，实用实销之为愈乎！除业经办过工程事属已往、毋庸另议外，嗣后应如何删去旧额，核实办理，酌定章程之处，着军机大臣会同周元理悉心妥议具奏。

又谕：吴嗣爵题岁报河道钱粮一疏，尚系乾隆三十七年份动支收存之数，办理太迟。河道钱粮等项，例应按年造报，原欲周知一岁河道工程之多寡巨细，以凭核实稽查，即云俟各司道陆续造送查核需时，则三十七年之案亦应在三十九年正月出本，断无查办不及之理，今乃迟至四十年冬间具题，中间已阅三载，实属迟延。嗣后，河工岁报钱粮，俱着次年全数查明，于第三年正月开印后具题，如有逾期，即查明参奏。

四十一年，拨银三十万两解黔省司库备储。

又谕：甘肃省历年承办军需，应行支发款项甚多，前因平定金川，将部库拨解四川备用银三百万两截留存储西安藩库，着即于此内拨银二十五万两解交甘省备用。

命户部库银内拨三十万两发交河道库存储。

四十二年，谕：陕西华岳庙，自三代以来即为望秩之地，规模宏壮，体制尊崇，近岁风雨调匀，屡昭灵应，昨据该抚毕沅奏称"岁久倾颓，亟宜葺治，约估需银十二万余两"等语，着于内务府拨银十二万两，交毕沅核实办理造报。

四十三年，谕：甘肃省收捐监粮前经户部定议，俟数年后令该督报明动存实数，请派大臣盘验。今据勒尔谨奏，请简派查验，着派尚书袁守侗、侍郎阿扬阿于四川查办事件完竣时，由陕西便道驰跸前往甘肃，将各州县监粮按其收发存储实数通行盘验。

又谕：据郑大进奏估勘修建嵩岳庙工程。抚藩大吏及现任知府以上，身为方面大员，所得养廉亦厚，自可听其捐资以襄盛举。至各州县请分别缺分大小摊捐之处，牧令非大员可比。若因公扣捐，所余不敷赡给，必至藉端扰累。其捐款外所需银八万两，着用内务府库银，令郑大进等核实办理造报，内务府核销。至此项银两即于应解户部正项内扣用，咨部备核，仍令内务府照数拨还户部，以省解送之烦。

又谕：朕此次诣盛京恭谒祖陵，经过直隶地方，该督等于行宫搭盖凉篷，既非炎热之时，本可不必，但询知按程均已齐办，难以令其撤去。又夷齐庙、文殊庵两处，该督亦有预备房间，更不免于多费，着加恩赏银三万两，即于长芦盐款应解内务府银两内拨给。

命：于运库赏银三十万两办理差务。

四十四年，谕：前因豫省黄河漫口，节次拨给部饷及两淮盐课银三百六十万两，以备工赈之用。现在堵筑事宜业届蒇工，恐需用不敷，着户部再拨银二百万迅速解往，以资接济。

四十五年，谕：朕巡幸浙江，跸路经由直省，一切行馆，地方官逐程修葺经理，未免稍需用度，着于长芦盐课应解内务府银内赏给银二万两，以示体恤；又以山东省添建坐落二处，不无所费，于山东盐课内给银三万两；又于盐项余银内赏给十万两，为浙省办差之用。

四十六年，谕：前以甘肃收捐监粮私收折色一事，明系捏灾冒赈，上下一气，通同舞弊，不可不彻底严查，因屡次传谕阿桂、李侍尧将历任道府何人、如何冒销赈济、如何勒买分肥，逐一查明，据实参奏，阿桂等自必严切根求，断不肯为人代担干系。日内又命留京办事王大臣会同刑部提讯勒尔谨，并传王廷赞到部质讯，并降旨陈辉祖等，即将王亶望拿交刑部审讯矣。此事既经发觉，断无置而不办之理。阿桂等自必认真查办，令其水落石出，不肯稍存讳匿之见。至监粮折收之银，大半归于冒销赈恤。但赈恤一事，甘肃既向来如此，自应治冒销者之罪，不应因有此弊因噎废食，将应赈恤者致不赈恤。朕爱养黎元，每遇各省水旱偏灾，不惜多费帑金优恤，宁滥无遗，以期不使一夫失所。况甘省素称边隅硗瘠，尤宜加意抚绥，岂可以有冒赈之事遂致贫民或有拮据。昔宋臣曾有以荐人不当辄有悔意者，时程子云：愿侍郎受百人欺，不可好贤之心稍替。为大臣者，尚应如此存心，况朕君临天下，保赤情殷，亦宁可受万人之欺，不肯使视民如伤之念因此少懈也。即以逆回一事而论，兰州百姓并无从贼之人，此实由朕平日子惠边氓，有加无已，是以闾阎激发天良，不肯附从逆匪，岂非仁政之明效大验邪！总之，甘省冒赈之弊断不可不办，而甘省赈恤之事仍不可不行，此意着传谕阿桂、李侍尧徧行出示甘肃百姓，使之家喻户晓，倍深爱戴，以仰副朕意，并将此通谕中外知之。

又谕：袁守侗、海禄前赴行在，军机大臣传旨询问直隶、云南赏兵银两支销款项，据称"直隶裁扣公粮银二万两、云南裁扣公粮银一万六千余两以备赏用"等语，看来各省大都如此。兵丁红白银两原系加惠营伍，格外施恩，若因此裁扣名粮，致兵额不足，殊非核实营伍之道。况今户部帑项丰盈，各省藩库积存充裕，即现在京营派兵四千九百名，陕、甘二省各营添兵一万二千九百余名,其马步粮饷,合之各省兵丁赏恤红白银两,约算岁支尚不及百万,国家何靳此费不令开销正帑,而各省乃纷纷裁扣名粮,又且请复生息,甚无谓也!朕临御四十六年以来,唯事事以敬天勤民为念,凡三次普免天下地丁钱粮,两次普蠲各省漕粮,以及遇灾恤赈,总计何啻万万,又并未加增赋税。仰荷上苍嘉佑,开拓边陲,府藏殷实,国用充饶,朕又岂肯稍存靳惜,致令有司开聚敛克扣之端乎!所有各省营伍赏恤兵丁红白银两,自乾隆四十七年为始,俱着于正项支给,造册报部核销。至各省提镇以下武职员弁,俱有应得坐粮①、马干等项。前于六月内业经降旨,通谕各省督抚,将各该省武职所得公项逐一查明覆奏,俟奏报到齐,令军机大臣会同该部核办,照文员之例议给养廉,其所扣兵饷即可挑补实额,核计添给,养廉岁支亦不及二百万两,官员既无拮据,而各省又增添兵丁,于营伍大有裨益。朕御极之初,户部库项不过三千万两,今已增至七千余万,复有何不足而不加惠天下、散财以得民乎!所有办理缘由,明晰晓谕中外知之。

又谕:甘肃需用银两现在甚属紧要,所有该省奏拨银八十万两尚恐不敷,着再于部库内拨银一百万两,仍于附近省份先行递拨解往,俾得迅速济用。

又谕:据袁守侗奏,密云、石匣、顺义三处城工,现在勘估修整,请发帑银二十万两以备工用;直隶州县城垣年久坍塌,自应及时修葺,且该省尚有已修各城未领工料,均须找发,恐二十万两不敷应用。着拨给广储司银四十万两发交该督派员请领,直省如有他处城工应修整者,亦着查明确估,于此项内动支修理。

又谕:前因图思义等查奏参革哈密通判经方亏欠库储银至十五万余两,据李侍尧奏"缘口外各厅州一切动用银两,由该处径行报销,其如何花费,哈密距省较远,一时未能悉其底里"等语,口外各厅州县经管库项银两,其支收数目,自应随时详报总督,方足以资稽核。嗣后口外地方一切请领接收银两及作何动用之处,着会同该督查核详确报销,着为令。

四十七年,谕:据富勒浑奏"筹办南岸添筑新堤,开挖引渠计长一百七十余里,现在集夫兴工,先于司库借垫给拨工价,俟大工告竣后照例

---

① 坐粮,指清朝官兵在无征战调动情况下,各有基本的粮饷。

核销"等语，此次筑堤改渠，需费繁多，前经于部库解银三百万两，恐不敷用。着于户部库内拨给银一百万两，内务府拨给一百万两，查照向例，派员迅速解往，以济要工。

四十八年，谕：豫省河工挑挖引河，节经颁发部库银六百万两，现在将届开放引河之期，一切需费尚多。着再拨给部库银一百万两，照例迅速解往备用。

又谕：据惠龄等奏"塔尔巴哈台实在库储房间地基各项租银一万二千七百四两八钱四分一厘"等语，此项租银，着以一万两作为正项，其余着备该处零星公用。

又谕：山东运河堤闸各工，现在勘明段落，一律兴修，着于部库内拨给五十万两，照例解往备用。

四十九年三月，迪化州知州观成挪移库银一千余两垫支公帑一款。经海禄奏，新疆地方积习相沿，弊窦丛生，如采买、冒赈亏空银两，经原任都统明亮严参惩创之后，尚未能弊绝风清，总由各州县罔知儆惕，滥用开销，流弊甚于内地。不思口外情形非内地可比，倘有急需，即从内地拨解，亦属鞭长莫及，缓不济急，所关匪细。谨遵谕旨，知照各处驻扎大臣，俟内地派委大员到日，会同一体盘查。凡库储银两，除满汉各营官兵俸饷分划明晰，不得稍有影射，铺垫器具各物，不得任其抵交外，其余报解者调验库收，支销者查对领状，以及文武同寅、商贾富户挪借搪塞，事后发还种种掩饰弥缝之计，均为明切晓示，挪借之项，令其自首给还，如不肯禀明，即将银两入官。凡仓库粮石除照斗口色粮逐廒盘量，不得以粗粮牵算混抵细粮外，其余出借作何开除、未收作何民欠者，俱抽查花户，取具甘结存案，使腾挪蒙蔽之术无所施其伎俩，倘有丝毫未清，即以亏空问拟。每年如此盘查一次，并请于盘查清理之后，除粮石存储各属并哈密库项归哈密大臣办理外，将一切经费外备银两毋庸存留，各厅州县衙门免致挪移亏空，遇应用之时，按季请领，镇迪道造册，移司备案，则防范更严，诸弊可以永远杜绝。从之。

是年，以浙商捐输银六十万两归入海塘工程应用。

又谕：山东运河，前因豫省漫水下注，湖河一片，纤道闸坝俱被淹浸，上年合龙河复后，特降谕旨，将山东运河官民堤埝土石各工一律兴修，共用银五十三万九千四百余两，今因例价不敷，加用津贴银五十三万余两。据该抚明兴奏请"分年捐廉归款，毋庸按例摊征"等语。向来黄运两河，间遇紧要工程采办物料、雇募人夫，官发例价本属优厚，即或因物料昂贵，限期稍紧，一时难以取给，于例价之外复有津贴，不过加至十分之二三，至多亦不过十分之五，尽足敷用。况运河堤岸工程尤非若豫省之堵筑坝工可比，加价银两何以较正价增至一倍，恐其中不无藉端分润之弊。但朕轸念群黎，如河南、江南等省一切河务，关系民生者不惜数千万帑金修兴、堵筑，以期各资捍卫，又何靳此数十万津贴银两，致官民竭蹶邪！所有此次山东运河津贴银五十三万余两，若按例摊征，民力固不免拮据，即地方官捐廉归款，亦恐不肖之吏有所借口，致滋派累，竟加恩准其一体作正项开销。

又谕：向来豫省地丁银内每年拨二十万两解交甘肃协济，现在该省睢州下泛二堡复有漫口之事，一切堵筑办秸事宜，正需应用，而甘肃存库银两，前据冯光熊奏，现有四百七十余万两，谅支给兵饷及新疆经费并一切抚恤等项已属宽裕，此项银两，毋庸拨解甘肃。并着传谕福康安，即将藩库实存银数通盘筹划，是否足敷甘肃应用，据实具奏，另俟酌拨。

五十年，谕：拨内务府银三十万两解交热河道库存储备用。

又谕：据刘秉恬奏《滇省近年未完耗羡银两均已全完无欠》一折，此事前因安徽省有节年未完耗羡银两，该抚书麟奏请派员清厘，分别催征追赔。经户部议，以直隶各省亦有积欠耗羡，令即仿照安徽办理。朕惟各省耗羡，究与正项钱粮不同，自雍正年间设立各官养廉后，始行归公，遇有动支，俱令该督抚等奏明，自未便任其悬宕。但思耗羡一项，系征收正项钱粮时所加耗羡，断无正项钱粮全完而独欠耗羡之理，此非州县官私自挪移，即系吏胥从中侵蚀，虽当清厘，岂可以官吏之所欠复向小民催征滋扰，自应将未完耗羡实欠在官在吏之处，查明究治，不以累民方为允协。其应如何分别究治之处，着该部妥议具奏。

皇朝文献通考卷四十二

国用考四

俸饷

宗室王公之俸：

亲王岁给银万两；世子，六千两；郡王，五千两；长子，三千两；贝勒，二千五百两；贝子，千三百两；镇国公，七百两；辅国公，五百两；镇国将军一等四百十两，二等三百八十五两，三等三百六十两；辅国将军一等兼一云骑尉者三百三十五两，不兼者三百十两，二等二百八十五两，三等二百六十两；奉国将军一等兼一云骑尉者二百三十五两，不兼者二百十两，二等一百八十五两，三等一百六十两；奉恩将军兼一云骑尉者一百三十五两，不兼者一百有十两；宗室云骑尉，八十五两；宗室云骑尉品级八十两以上，每银一两均给米一斛。

顺治元年，初定王公俸银有差：岁给亲王银一万两，郡王五千两，贝勒二千五百两，贝子一千二百五十两，公六百二十五两。

三年，更定宗室公俸银六百二十两。

七年，定王公俸米，并更定郡王以下各俸银。亲王，俸银如旧例，米六千石；郡王，四千两，米二千石；贝子，一千两，米八百石；公，五百两，米六百石；将军，八十两。

八年，更定王公俸米及郡王以下各俸银。郡王，五千两；贝勒，三千两；贝子，二千两；公，一千两；其王公俸米视其俸银，每二两给米三斛。

九年，定：亲王世子，岁给俸银六千两；郡王长子，岁给俸银三千两。

十年，更定贝勒以下俸银及王公等各俸米。贝勒，二千五百两；贝子，一千三百两；镇国公，七百两；辅国公，四百两；镇国将军，一等三百两，二等二百七十五两，三等二百五十两；辅国将军，一等二百二十两，二等二百两，三等一百七十五两；奉国将军，一等一百五十两，二等一百二十五两，三等一百两；奉恩将军，七十五两；其王公俸米，视其俸银每银一两，给米一斛。

右宗室王公俸禄之制。

公主以下及额驸之俸：

固伦公主，岁给银四百两；和硕公主，三百两；郡主，二百五十两；县主，二百二十两；郡君，一百九十两；县君，一百六十两；乡君，一百三十两；固伦公主额驸，二百八十两；和硕公主额驸，二百五十五两；郡主额驸，二百三十两；县主额驸，一百八十两；郡君额驸，一百五十五两；县君额驸，一百三十两；乡君额驸，一百有五两；以上每银一两，给米一斛。

顺治七年，初定公主以下禄米有差：岁给公主、郡主各一千石，县主三百石，郡君二百石。

十一年，定岁给公主俸银二百五十两。

十二年，定给郡主俸银二百两，县主一百五十两，郡君一百两。

十四年，定额驸银币各有差：固伦公主额驸俸银三百两，缎十匹；郡主额驸银一百两，缎八匹；县主额驸银五十两，缎五匹。

十八年，更定俸币。在内：固伦公主俸银四百两，和硕公主三百两，郡主二百五十两，县主二百二十两，郡君一百九十两，县君一百六十两，乡君一百三十两；下嫁外藩：公主俸银二百两，缎十二匹；县君四十两，缎五匹；乡君三十两，缎四匹；和硕公主额驸俸银二百两，缎九匹；郡君额驸四十两，缎五匹；县君额驸三十两，缎三匹；乡君额驸二十两，缎三匹。

右公主以下、额驸俸银之制。

世爵之俸：

公，一等七百两，二等六百八十五两，三等六百六十两；侯，一等兼一云骑尉者六百三十五两，不兼者六百十两，二等五百八十五两，三等五百六十两；伯，一等兼一云骑尉者五百三十五两，不兼者五百十两，二等四百八十五两，三等四百六十两；子，一等兼一云骑尉者四百三十五两，不兼者四百十两，二等三百八十五两，三等三百六十两；男，一等兼一云骑尉者三百三十五两，不兼者三百十两，二等二百八十五两，三等二百六十两；轻军都尉，一等兼一云骑尉者二百三十五两，不兼者二百十两，二等一百八十五两，三等一百六十两；骑都尉，兼一云骑尉者一百三十五两，不兼者百有十两；云骑尉八十五两；恩骑尉四十五两；闲散公二百五十五两，侯二百三十两；职官：伯品级二百有五两，子品级一百八十两，男品级一百五十五两；轻车都尉品级一百三十两，骑都尉品级百有五两，云骑尉品级八十两。以上每银一两，给米一斛。

顺治七年，定岁给世爵俸银有差。

十年，更定世爵银米各有差。岁给异姓公：一等俸银七百两，二等六百八十五两，三等六百六十两；侯：一等兼一拖沙喇哈番者六百三十五两，不兼者六百十两，二等五百八十五两，三等五百六十两；伯：一等兼一拖沙喇哈番者五百三十五两，不兼者五百十两，二等四百八十五两，三等四百六十两；精奇尼哈番：一等兼一拖沙喇哈番者四百三十五两，不兼者四百十两，二等三百八十五两，三等三百六十两，阿思罕尼哈番：一等兼一拖沙喇哈番者三百三十五两，不兼者三百十两，二等二百八十五两，三等二百六十两；阿达哈哈番：一等兼一拖沙喇哈番者二百三十五两，不兼者二百十两，二等一百八十五两，三等一百六十两；拜他拉布勒哈番：兼一拖沙喇哈番者一百三十五两，不兼者一百十两；拖沙喇哈番，八十五两；拖沙喇哈番品级官八十两。其俸米每俸银一两，支给一斛。

右世爵俸禄之制。

百官之俸：

在京文武官：一品俸银一百八十两，二品一百五十五两，三品一百三十两，四品百有五两，五品八十两，六品六十两，七品四十五两，八品四十两；以上正从同。九品三十三两一钱有奇，从九品三十一两五钱有奇。自一品至九品恩俸如其正俸之数，俸米视其俸银每银一两，给米一斛。其银有奇者，以米之升合准之。在外文官俸银与京官同，不给禄米。武官俸银：一品正九十五两八钱一分二厘，从八十一两六钱九分四厘；二品正六十七两五钱七分六厘，从五十三两四钱五分八厘；三品三十九两三钱四分；四品二十七两三钱九分四厘；五品十八两七钱六厘；六品十四两九钱六分四厘八毫；七品十二两四钱七分一厘，均正从同薪。银一品一百四十四两，正从同；二品视一品，三品一百二十两，四品七十二两，五品四十八两，六品三十三两三分五厘二毫，均正从同；七品视六品。

顺治元年，定文武官俸薪、禄米各有差。百官俸禄，令仍照故明例：正一品文官俸银二百十五两五钱，武官九十五两；从一品文一百八十三两八钱，武八十一两六钱；正二品文一百五十二两一钱，武六十七两五钱；从二品文一百二十两五钱，武五十三两四钱；正三品文八十八两八钱，武三十九两三钱；从三品文六十六两九钱，武二十九两五钱；正四品文六十二两，武二十七两三钱；从四品文五十四两七钱，无武职。正五品文四十二两五钱，武十有八两七钱；从五品文三十七两六钱，武十六两五钱；正六品文三十五两四钱，武十五两二钱；从六品文二十九两，武十二两四钱；文官正七品二十七两四钱，从七品二十五两八钱；正八品二十四两三钱，从八品二十二两七钱；正九品二十一两七钱，从九品一十九两五钱；武官试百户六两七钱各有奇。禄米文自一品至九品、武一品至试职俱十二石。柴薪银一二品、内阁大学士一百四十四两，大学士加宫保者加二十四两。三品一百二十两，四品七十五两，五六品四十八两，七品二十六两，八品二十四两，九品一十二两。

是年，更定武官俸银及官学教习、学生银米有差。总兵官，俸银五十两，副将三十两，参将二十两，游击十五两，守备七两。内廷教习每年给米二十四斛，每月给银二两，每日给煤、炭、饭，每年给冬夏衣各一袭，每二年给裘一袭。官学生，满洲、蒙古每名月给银一两五钱，汉军每名月给银一两。国子监官学教习每员按季支米三石；在监肄业监生每名月给米三斗。

二年，定在京官员每月支给公费银有差。

三年，定给满洲、蒙古、汉军官俸银有差。按班章京，一等二百五十两，二等二百三十两，三等二百十两。梅勒章京，一等兼半个前程①者一百九十两，不兼者一百七十两，二等一百五十两，三等一百三十两。甲喇章京，一等兼半个前程者一百二十两，不兼者一百十两，二等一百两，三等九十两。牛录章京，兼半个前程者八十两，不兼者七十两。无世职大学士六十两。一等侍卫、无世职甲喇章京、理事官、前锋、参领、半个前程、章京各五十两。无世职牛录章京、副理事官、主事、二等侍卫、满启心郎各四十两。闲散章京、鸣赞官、三等侍卫、銮仪卫官、前锋侍卫、无

---

① 半个前程，清初最低级的世袭官职，顺治四年，改称为拖沙喇哈番，汉译为云骑尉。

世职管半个牛录、迎送官各三十五两。骁骑校护军校、他赤哈哈番牧长、尚膳官、司库、守地坛坛尉各三十两。

四年，定各直省文官岁给薪、菜、烛、炭、心红纸张①、案衣、家具、修宅等银各有差。

是年，定各直省学官及学生俸廪。各省教授、学正、教谕，照从九品支给俸薪，廪膳生每名给膳夫银六十两，廪生每名给廪粮银十二两，师生每人日给廪米一升，均于存留项下支销。

是年，又定给各库使月费银有差。各库库使月给银二两，户部司库月给银四两，库使一两五钱，工部库使一两。

五年，定各署无品笔帖式月给银二两。

是年，定奉差官各给蔬菜等银有差。坐粮厅、关库、河船厂、砖厂各差官，除照品赴部支领俸薪外，岁给蔬菜、烛炭银四十一两，案衣、家具、修署银二十两，心红纸张银六十两；各巡捕官岁支廪给银二十两，两河差巡捕岁支十有八两。

是年，定给各直省武官蔬菜、烛炭、心红纸张、案衣、家具等银各有差。

是年，又定给满洲、蒙古、汉军各官银米有差。满洲、蒙古、汉军都统、尚书岁给银一百四十两，副都统侍郎一百三十两，参领等官一百二十两，佐领等官一百两，汉军校、骁骑校六品官六十两，七品官四十两，八品官二十两，每银二两给米一斛。

九年，裁州县修宅家具银。

十年，定满洲、蒙古、汉军各官俸银、禄米各有差。都统、尚书俸银一百八十两，副都统、侍郎一百五十五两，一等侍卫、郎中一百三十两，佐领、二等侍卫、员外郎百有五两，三等侍卫、主事八十两，护军校、骁骑校、六品官六十两，七品官四十五两，八品官四十两。俸米视俸银每银一两给米一斛。

十三年，定在京文武官俸禄，不论满汉，照品支给。裁汉官柴薪银。

是年，裁直省文官菜蔬、烛炭、案衣、家具等银。

雍正三年，谕曰：朕体恤臣工，时深轸念，每思轻书区处②，以赡其

---

① 心红纸张，指心红纸张银，清朝各直省官员的办公费。
② 区处，分别情况给予安排。

俯仰之资。旧例，在京汉官每年俸米皆支给十二石即可粗足，见今汉官携带家眷者多，若俸米仍照旧数食用，或有不敷，居官者难免内顾之忧。嗣后在京大小汉官着照俸银数目给予俸米，俾禄糈所颁足供养赡。

是年，谕：赏六部堂官恩俸各如其正俸之数。

五年，山西巡抚诺岷奏：请州县火耗重者严行裁汰，酌中量留耗羡，拨给各官养廉以为日用之资。上从之。

谕：各省督抚就该省形势，照例酌议以闻。嗣是，各督抚陆续奏行。至十二年，以养廉一项，自九年定例以来，尚未查核。户部奏令各省督抚自六年起至十一年底支给实数，并各该年酌议增减数目，按年分析造册送部，其十二年以后支给养廉数目，照例按年造报，此后节年更定，遂着有定额，谨备列其数于后：

直隶总督，一万五千两；学政，四千两；仓场总督，二千四百两；河道总督，一千两；布政司，九千两；按察司，八千两；道，每员二千两；知府首府，二千六百两，余各二千两；同知，一千两至七百两；通判，七百两至六百两；知县，一千二百两至六百两；布按两司各府首领及州县佐杂等官，二百两至三十一两各有差；总督书帖式各二百五十两，驻防书帖式各三十两；所千总共支六百八十两，管河千总四十两，卫千总四百两；顺天府府尹四百两，府丞二百四十两，治中二百两，通判一百六十两，学官佐杂四十五两至三十一两五钱有差。

盛京五部侍郎各三百两。

盛京船厂、黑龙江三处将军各二千两，府尹一千两，府丞四百两，治中二百五十两，粮厅通判二百五十两；锦州府知府六百两，通判三百两，吉林同知五百二十七两六钱，知州四百二十七两八钱至二百八十二两一分，知县四百二十四两至一百三十五两一钱四分，佐杂四十五两至三十一两五钱二分，各有差。

江南总督，三万两；江苏巡抚，一万二千两；学政，四千两；将军亲丁名粮一百分，即系养廉。下仿此。副都统五十分；布政司：苏州九千两，江宁八千两；按察司八千两；道六千两至一千五百两有差；知府，江宁、苏州各三千两，余各二千五百两；同知各五百两；通判各四百两；押运、同知、通判各二百五十两；知州，直隶州二千两，散州高邮一千五百两，泰、邳各一千二百两；知县一千八百两至一千两；布、按两司各府首领及州县佐杂等官二百两至六十两，各有差；将军衙门书帖式各五十两；运弁①五百两至二十四两有差。

安徽巡抚，一万两；学政，四千两；布政司，八千两；按察司，六千两；粮驿道三千两；各道及知府每员二千两；同知五百两；通判四百两；知州，无为州一千两，余各八百两；知县一千两至六百两有差；布、按两司各府首领及州县佐杂等官各六十两；押运厅员二百五十两；将军衙门书帖式五十两；运弁二百两至二十四两有差。

江西巡抚，一万两；学政，二千四百两；布政司，八千两；按察司，六千两；道三千八百两至二千六百两；知府二千四百两至一千六百两，各有差；同知，吉安府九百两，其余同知及通判每员各六百两；直隶州一千四百两；州判二百两；知县一千九百两至八百两有差；布、按两司各府首领及佐杂等官各六十两；押运同知、通判三百两至八十两；运弁二百四十两至二十两，各有差。

浙江巡抚，一万两；学政，二千五百两；将军，一千六百两；副都统，杭州五百两，乍浦一千两；布政司七千两；按察司四千两；道六千两至二千两；知府二千四百两至一千二百两；同知一千五百两至四百两，各有差；通判四百两；分司及知州每员各八百两；知县一千八百两至五百两；布、按两司各府首领及州县佐杂等官八十两至六十两，各有差；将军衙门书帖式各五十两；运弁各一百两。

福建总督，一万八千两；巡抚，一万三千两；学政，四千两；巡视台湾御史各一千二百两；将军一千六百两；台湾总兵官七百两；布政司八千两；按察司六千两；道二千四百两至一千六百两；知府二千八百两至一千六百两，各有差；厦门同知一千二百两，其余同知、通判每员各五百两；知州一千二百两；知县一千六百两至六百两；布、按两司各府首领及州县佐杂等官二百四十两至二十两，各有差。

湖北总督，一万五千两；巡抚，一万两；学政，三千两；将军一千两；布政司八千两；按察司六千两；道五千两至二千五百两；知府二千六百两至一千五百两；同知七百五十两至六百两；通判六百二十五两至五百两；知州一千两至八百两；知县一千六百两至六百两；布、按两司各府首领及州县佐杂等官一百两至六十两；运弁及所千总四百两至二百两有差。

———

① 运弁，押运钱粮、物资的低级武官。

湖南巡抚，一万两；学政，三千六百两；布政司，八千两；按察司，六千五百两；道四千两至二千两；知府二千四百两至一千五百两；同知一千两至六百两；通判八百两至五百两，各有差；直隶州知州一千三百两，余州九百两；知县一千二百两至六百两；布、按两司各府首领及州县佐杂等官二百两至六十两，各有差；卫守备三百四十两。

山东河道总督，六千两；巡抚，一万五千两；学政，四千两；布政司，八千两；按察司，六千五十九两；道各四千两；知府，济南府四千两，余各三千两；同知，理事同知一千两，余各八百两；通判各六百两；知州、知县二千两至一千两；布、按两司各府首领及州县佐杂等官三百两至六十两；满营书帖式五十两至三十两；卫所河各武弁三百两至八十七两八钱四分，各有差。

山西巡抚，一万五千两；学政，四千两；城守尉二百两；布政司八千两；按察司七千两；道各四千两，知府四千两至三千两，同知、通判一千二百两至八百四十两有差，直隶州知州一千五百两，知州、知县一千两至八百两，布、按两司各府首领及州县佐杂等官八十两至六十两，各有差；书帖式，巡抚衙门二百两，城守尉衙门三十两。

河南巡抚，一万五千两；学政，六千六百六十六两六钱六分有奇；布政司，八千两；按察司，八千四百四十四两四钱四分有奇；道四千二百二十九两四钱四分至三千八百五十七两七钱七分有差；知府，首府四千两，余各三千两；同知，理事同知一千两，余各八百两；通判各六百两；直隶州知州各一千八百两；知县二千两至一千两；布、按两司各府首领及州县佐杂等官一百五十两至六十两，各有差；押空运通判一百两；卫千总、押蓟及领运每员各二百两，开运一百两，随帮各四百两，满营书帖式三十两。

四川总督，一万三千两；学政，三千两；副都统，一千两；布政司，八千两；按察司，四千两；盐驿道三千五百两；守巡道各二千两；知府，成都、重庆各二千四百两，余各二千两；同知、通判一千两至四百两；知州、知县一千二百两至六百两；布、按两司各府首领及州县佐杂等官二百二十两至八十两，各有差；书帖式，巡抚衙门各二百五十两，副都统衙门各五十两；所千总各一百五十两。

陕西总督，二万两；巡抚，一万二千两；学政，二千四百两；西安将军，一千两；副都统，五百两；布政司，八千两；按察司，五千两；粮道二千四百两；道府每员各二千两；同知八百两；通判六百两；直隶州知州千两，余知州、知县各六百两；分防州同各三百两；布、按两司各府首领及州县佐杂等官一百两至六十两有差；书帖式，总督衙门二百五十两，巡抚衙门二百两。

甘肃巡抚，一万二千两；学政，一千六百两；布政司，七千两；按察司，四千两；道各三千两，知府各二千两，同知各八百两，通判各六百两，知州直隶州八百两，余州及知县各六百两，布、按两司府厅首领及州县佐杂等官三百两至六十两有差。宁夏管理蒙古部郎四百两，宁夏、凉州将军各一千两，副都统各五百两，书帖式各五十两。

广东总督，一万五千两；巡抚，一万三千两；学政，四千五百两；将军亲丁名粮一百分，副都统五十分；布政司八千两；按察司六千两；粮驿道三千八百两；守巡道各三千两；知府二千四百两至一千五百两；同知、通判八百两至五百两；知州、知县一千二百两至六百两各有差；布政司库大使七百七十一两六钱八分有奇；布、按两司各府首领及州县佐杂等官二百四十两至六十两有差。

广西巡抚，一万两；学政，二千两；布政司，六千两；按察司，四千九百二十两；驿盐道二千三百六十两；左江右江道二千四百两；知府二千两至一千两；同知九百两至六百两；通判七百两至五百两各有差；直隶州一千七百五十六两；知州、知县二千二百六十五两至七百有五两；布、按两司各府首领及州县佐杂等官五百七十六两至八十两，各有差。

云南总督，二万两；巡抚，一万两；学政，四千两；提督，八百两；总兵官各六百两；布政司八千两；按察司五千两；道五千九百两至三千五百两；知府二千两至一千二百两；同知一千两至四百两；通判九百至四百两；知州、知县二千两至七百两；学官一百两至四十两；布、按两司各府首领及州县佐杂等官四百两至六十两，各有差；盐井提举，黑井二千五百六十八两，白井三千七百六十八两，琅井八百四十四两八钱；库井各大使三百三十六两至二百四十两有差；省店盘盐官三百两；巡抚巡捕二百四十两。

贵州巡抚，一万两；学政，二千七百两；布政司，五千两；按察司，三千两；道二千五百两至二千两；知府一千五百两至八百两；同知一千两至五百两；通判八百两至四百两，各有差；知州，永丰八百两，余州五百两；知县八百两至四百两；布、按两司首领及州县佐杂等官三百两至六十两，各有差；卫千总一百六十两。

八年，恩给国子监肄业贡生每年银六千两，为衣食膏火之资。

乾隆元年，谕：查旧例教职，两官同食一俸，未免不敷养廉。着从乾隆元年春季为始，照各员品级给予全俸，永着为例。

三月，谕：闻直省州县地方额征地丁钱粮项下，有起解、存留二款，如官役俸工即于存留款内支给。若该省有地亩荒芜、额粮豁除者，即将官役俸工扣减，以抵豁除之数，名曰"扣荒"，此亦不得已之办理也。但此扣荒一项，自应合省大小官员均摊方不悖于情理，乃闻外省止扣知府以及州县佐杂、教职寒苦之员，而督抚、司道转不在扣除之内，此则大非情理矣！着该部传谕各直省督抚，若该省有荒阙赋银，应于督抚、司道大员及府县正印官俸工内酌量均摊扣除，以抵所阙之数，至于佐杂、教职等官俸工概免扣除。

八月，谕：后食为事君之心，而重禄乃劝臣之道。从前，在京文武官员俸入未足供，其日用时廑皇考圣怀。是以雍正三年特旨添增汉官俸米，而各部堂官又加恩给予双俸，其余大小官员原欲次第加恩，俾得均沾渥泽。今朕仰体皇考嘉惠臣工至意，仿佛双俸之例，将在京大小文员俸银加一倍赏给，令其用度从容，益得专心官守，所给恩俸着自乾隆二年春季为始。再，从前赏给各部堂官双俸，时钦奉皇考谕旨，遇有罚俸事件止罚正俸，其恩俸仍行支给，今各员所加之俸亦照此例行。

八年，增给福建省佐贰等官养廉。时福建一省，每员止给银二十两，谕从本年为始，将通省大使、佐杂等一百九十八员加倍赏给，以资养赡。

十年，酌给广西省养廉。时以广西地处边远，各官养廉有不敷用者，令以粤省盐务项下额征西税银两，酌拨万金，增四百两者二缺，三百两者九缺，二百两者二十七缺，一百两者十一缺，共四十九缺，即从本年为始增给。

是年，谕：教职中有相隔本地五百里以外、艰窘不能回籍者，照各直省佐杂例一体赏给路费。

十一年，谕：外任各官养廉，准其予得缺后赴户部具呈预支，酌量道路之远近以定多寡，到任后扣除归款，不愿者听。

是年，谕：吏、礼二部堂司各官，向未议有养廉银两，视各部较为清苦。朕思吏部领袖六曹，礼部寅清奉听，体统所在，均宜令其俯仰宽裕，着加恩于三库饭银盈余数内各赏给银一万两，分赡养廉，以示优加体恤。

十八年，谕：武职自副将以下，照文员预支养廉之例，一体借给。

二十四年，谕：佐杂官于本省领凭后，准其呈借养廉。

三十年，以浙江杭嘉湖道事务繁剧，拨粮、盐两道项下各五百两增给。

是年，谕：河南省城守营每年赏给养廉银二百两，如直隶城守尉之例。

四十年，户部议：湖北巡抚陈辉祖奏，嗣后，绿营武职本省对调人员，俸薪、马干、养廉俱于卸事日住支，俟到新任日起支。其住支俸薪等银留与接任之员，照例由试用官署理者，俸薪、养廉照署缺全支。由现任官兼署或递署者，俸薪各归本任开支，养廉兼署者全支，本任半支。署任递署者，就署任开支末后一缺养廉，现任官兼署者半支，试用官署理者全支。凡署任内，纸红、蔬炭等银无论有无，原官均归署任支销。从之。

四十二年，谕：上年新设成都将军，时将各省将军养廉通查匀派，除盛京、伊犁外，均定以一千五百两为率。但查各该将军向有应得本色米石，若因匀给养廉，停其支食，未免不敷，着加恩准其仍旧支给，其新设成都将军并着一体议给。

四十六年，谕：向来各省提镇以下至将弁等，俱有分扣兵丁名粮作为得项者。此固旧例如此，且武职衙门非如文员之定有养廉，是以即将此项为公用养赡之资。但此例定自何年，或系雍正年间议定文职养廉时一体酌给？其每员应得若干，系何名目，是否一例按照地方情形品级大小，酌定数目多寡，又或各省参差不同？着交各该部将定例年月及现在款项数目分析查明，开单具奏。至此事因仍已久，恐又有于定数之外私自克扣增添者，若每员任内私扣一名，后任积渐加增侵扣，无所底止。督抚姑息不加查察，久之，即为虚额空粮之弊，尤不可不彻底清查。着通谕各督抚，将各省提镇以下武职现在分扣名粮实数及有无私添之弊，查明确实具奏。此事既久，朕概从宽不究，若稍有隐匿或致别经查出，唯该督抚是问。

是年，议给武职养廉。先是，武官例以亲丁名粮位养廉，至是始照文员之例议给，其所扣兵饷，并令挑补实额。

四十七年，定旗人补用外任年老回旗之例。凡旗人由外任自行具呈回旗官员内，如有世职，确验尚堪当差者，仍予世职整俸。如不胜任，又不自行具呈上司，勒令休致者，即本身有世职亦不准其食俸。

右百官俸禄养廉之制。

外藩蒙古之俸：

喀尔喀汗、科尔沁亲王，各银二千五百两，缎四十匹；各亲王银二千两，缎二十五匹；世子、科尔沁郡王各银千五百两，缎二十匹；各郡王银千二百两，缎十五匹；贝勒银八百两，缎十三匹；贝子银五百两，缎十匹；镇国公银三百两，缎九匹；辅国公银二百两，缎七匹；扎萨克一等台吉银百两，缎四匹；各台吉一等银百两，二等八十两，三等银六十两，四等四十两；子一等二百有五两，二等一百九十二两五钱，三等百八十两；男一等百五十五两，二等一百四十二两五钱，三等百三十两；二等轻车都尉九十二两五钱；骑都尉五十五两；云骑尉四十二两五钱；一等侍卫百三十两；八品官达尔汉各二十两；王之女银百两，缎八匹；贝勒之女银五十两，缎六匹；公之女银三十两，缎四匹；王之婿银五十两，缎五匹；贝勒之婿银四十两，缎四匹。

回部系住京者。之俸：郡王秩米三百八十石；辅国公九十五石；内大臣四十二石七斗五升；台吉，一等四十七石五斗，二等三十八石，三等二十八石五斗，四等十九石；侍卫一等六十二石，三等三十八石，蓝翎二十八石五斗。

厄鲁特之俸：内大臣银九十两，副都统秩七十七两五钱，散秩大臣六十五两，三品总管及乌梁海总管亦如之。

顺治十四年，定外藩王、贝勒、贝子、公俸银缎匹，各有差。

雍正七年，谕：从前扎萨克蒙古王等之俸，比在内王等少给者，并非以内外轻重分别，因蒙古王等人多在蒙古地方居住，费用有限，国帑不足，故少给伊等之俸，今蒙上天恩庇，圣祖仁皇帝遗惠天下无事，数年来丰收，国帑尚属有余。蒙古王等以下，扎萨克一等台吉以上皆着增添一倍。再寻常一等台吉原不给俸，今亦照前扎萨克一等台吉等食俸之例赏给，此朕特加之恩，亦未便遽定为例。嗣后岁终户部理藩院会同将应否倍赏之处，奏闻再降谕旨。

十年，谕：八旗察哈尔蒙古驻牧近边，与内地人相同，效力有年，原定例察哈尔官内有职任者给予半俸，无职任散秩官给予俸禄四分之一，念其皆国家效力旧人，特沛恩泽，将有职任官给予全俸，其无职任散秩官给予半俸。

乾隆二十年，定颁给杜尔伯特王、贝勒、贝子、公、扎萨克、台吉各俸银、俸缎，如喀尔喀例行。部议：杜尔伯特、扎萨克、王公、台吉等各俸银、俸缎,每年令各差官乘传赴京师户部开支。

右外藩俸禄之制。

兵饷之制

八旗兵饷,京师前锋、亲军、护军、领催、弓匠,长月给银四两;骁骑铜匠、弓匠,月给银三两,皆岁支米四十八斛;步军领催月给饷银二两,步军一两五钱,铁匠一两至四两,皆岁支米二十四斛;炮手月给银二两,岁支米三十六斛;由觉罗补前锋、亲军、护军者月加饷银一两;教养兵月给银一两五钱,不给米;官蓄马驼,每马驼月给豆草折价银三两。各省驻防弓匠、铁匠,家口五名、马三匹,饷银:骁骑炮手月给二两,弓匠、铁匠一两;水师营兵与陆路兵同;水手舱匠二两至一两不等。

绿旗兵饷:京师巡捕三营马兵月给银二两,步兵一两,皆月给米三斗,每马一匹,月给豆草银二两五钱。各省镇兵马兵月给银二两,步兵一两五钱,守兵一两,皆月支米三斗;马兵每名给马一匹,春冬月支豆九斗,夏秋六斗,草均三十束。

八旗官亲随兵坐粮,领侍卫内大臣满洲都统各八名,蒙古、汉军都统、前锋统领、护军统领各六名,步军统领五名,满洲副都统四名,蒙古、汉军副都统各三名,步军翼尉一名,前锋参领、护军参领、骁骑参领各二名,副护军参领、副骁骑参领、前锋侍卫、上三旗内府参领各一名有半,以上亲随兵每名月给银三两,米折银一两。八旗佐领、上三旗内府佐领各于本佐领额兵内食粮一分。民公四名,侯、伯各三名,大学士、尚书、左都御史、内大臣、子各二名,侍郎、学士、副都御史、通政使、大理卿、詹事、散秩大臣、男、王府长史各一名,以上亲随兵每名月给饷银一两,米二斛。步军协尉给坐粮二分,步军副尉、捕盗官各二分,步军尉一分,均于额设步军内拨给。各省驻防官丁粮、马干,将军家口四十名,马五十匹;副都统家口三十五名,马四十匹;协领家口三十名,马三十匹;佐领家口二十名,马二十匹;防御家口十有四名,马十有五匹;骁骑校、有品级书帖式家口十有二名,马十匹;未入流书帖式、领催骁骑家口七名,马六匹。直省绿旗官亲丁名粮,提督八十分,总兵官六十分,副将三十分,参将二十分,均马步各半。游击十五分,马七步八。都司十分,守备八分,均马步各半。千总五分,马一步四。把总四分,马一步三。沿革事例,详见兵考。

右兵饷之制

　　臣等谨按：本朝逮下之恩，于在廷诸臣常禄之外，龙光下被，举凡御书之宝，天府之珍，固已锡予便蕃矣。至于抚恤禁旅，自康熙年间设立官库，贷饷以资其生。至四十五年，免未完银至三百九十五万余两，旋罢官库，复设总库。至五十六年又免未完银至一百九十六万余两。我皇上登极之初，复借支饷银，至乾隆三年仍尽免其所未完者。他若发帑取息以待兵丁吉凶之事，则由京师而及驻防，由八旗而及绿旗，靡不周遍。而且遇巡幸则有赏，遇出征则有赏，遇灾歉则有赏，渥泽殊恩，醇浓溥浃，宜乎士饱马腾，度越千古也。至于吏胥、匠役各给饩廪，犹古者代耕之义。然而其人微矣，乃恭阅记注乾隆三年上谕，外省有荒阙赋银之处，向例在于知府以下等官俸工内扣除抵补，朕念佐杂微员，力量单薄，不应在扣除之内，已于乾隆元年三月内降旨，谕令在督抚、司道大员及府县正印官俸工内酌量均摊，以抵所阙之数。今思官有崇卑，役无大小，微员俸工既经免其均按，其余各衙门人役皆当差效力之人，工食数两，藉以养赡其家。若因荒阙扣除，则糊口无资，情有可悯，此项共计十二万余两。着于乾隆三年为始，各省大小衙门人役工食皆准于地丁项下照额定之数全行支给，免其扣荒，使执役之人均沾恩泽。臣等伏读之下，念以吏役之微，上廑宸衷，古圣人痌瘝饥溺未有若斯之详且尽也。第内外吏役繁多，数目零杂，不能备登，谨于俸饷篇末附著万分之一焉。

皇朝文献通考卷四十三

国用考五

漕运

漕运规例

漕粮，各省原额正兑米①三百三十万石，改兑米②七十万石，除折改及历年荒阙开垦报销不足原额外，实征正兑米二百七十五万一千二百八十三石，改兑米五十万一千四百九十石，各有奇。《会典则例》据乾隆十八年奏销册约举其数，今采入，每年历有蠲缓，有定额而无定数。正兑、改兑外有加征，以待耗阙者曰"正耗米数"，以省之远近为多寡。正兑每石正耗四斗至三斗五升，改兑四斗至一斗七升各有差。有额征之漕粮而折征者曰"永折米"，江苏、安徽、山东、河南、湖北、湖南共征米三十六万一百八十六石六斗六升有奇，每石折征银八钱至五钱五分有差；有改征漕粮而折征者曰"灰石折米"，江苏、浙江应征米共三万四千四百四十石，遇闰加征二千八百七十石，每石连耗折征银一两六钱。

白粮，江苏苏州、松江、常州三府、太仓州原额十五万四百三十八石四斗七升，除改征漕粮外，实征六万九千四百四十七石。浙江嘉兴、湖州二府，原额六万六千二百石，除改征漕粮外，实征三万五百五十三石。耗米，每正额米一石，江南加征三斗，浙江四斗，共三万四千五百八十二石九斗五升有奇。经费，江苏、浙江共征银二十三万二千六十一两八厘，米五万七千五百四十八石九斗九升四合。

---

① 正兑米，清代漕粮中直接运抵京仓供八旗兵食用的部分。
② 改兑米，清代漕粮中运储通州仓库供王公百官俸禄的部分。

小麦，河南正兑、改兑共一千八百十九石四斗，加耗与米同。

黑豆，山东、河南正兑、改兑共十万五千三百二十三石三斗五升有奇，加耗与米同。

随漕款目：曰轻赍，曰易米折银，曰官军行月，曰赠贴，曰红驳，曰席木板竹，各省共征银一百八十五万三千六百两，遇闰加征红驳银三百两，米六十一万七千八百七十六石，麦一万九千六百八十二石，豆五百三十二石，各有奇。

水次六仓：江南、江宁仓征米，淮安、凤阳二仓征银、米、麦，徐州仓征银、麦、豆，山东德州、临清二仓征银、米，共征银二十六万三千六百二十六两，米七万二千二百四十六石，麦五万四千三百八十三石，豆四千三十七石，各有奇。

顺治九年，定漕粮官收官兑，征赠贴银米给运军。漕粮，向系军民交兑，军强民弱，每多勒索。至是，定为官收官兑，酌定赠贴银米，民输官给，浮费悉除。

十七年，令折征灰石米解部拨支。旧例，漕粮内有给军办运灰石之米，旋停办，灰石米仍运通。至是，始令折银解户部，听工部按年支取备用。

十八年，禁折征漕粮，毋得以兑漕为名，价外苛索。

康熙元年，谕：漕船经由漕河领运官军依限抵通，回空方为尽职无罪。乃有奸顽官役不守成法，多有夹带私贩货物，隐藏犯法人口，倚势恃力行凶害人，借名阻碍河道，殴打平人，托言搜寻失物，抢劫民船，且有盗卖漕粮，中途故致船坏，以图贻害地方，种种奸恶，督漕各官并该地方官一有见闻，即行参奏，务将官员严提，治以重罪，若知而徇隐不奏，亦从重治罪。

六年，命修漕运议单。

十七年，从河道总督靳辅疏，请淮北漕粮例收红米之州县，准红白兼收，着为令。

二十二年，定漕船载运额数，每船载正耗米五百石，土宜六十石。至雍正七年，谕：增土宜四十石，着为令。八年，又准头工舵工人各带土宜三石，水手共二十名，每船额带土宜百二十石。乾隆元年，定回空漕船所带食米、烧煤：江西米四十五石，煤四十；湖南米三十六石，煤三十二石；湖北米三十三石七斗五升，煤三十石；江南、浙江米三十石，煤二十五石。各关验放，除其税。三年，定回空船舵水人等准带梨、枣六十石。十年，又定首进漕船回空时未及梨枣，准带核桃、柿饼抵梨、枣之数。

三十三年，禁折征漕粮耗米，违者以改折漕粮罪罪之。

三十七年，江南建平县漕粮改折籼米，从民便也。

四十九年，户部言漕粮挂欠。旧例，将本帮运官、旗丁议罪分赔。然每年旧欠未清，新粮复欠。嗣后追赔漕米，应逐帮分计派作十分，旧欠之本军名下仍追赔一半，其半令漕运总督、粮道监兑，委运、佥运各官分赔，请着为令。从之。

五十四年，定封验样米。旧例，各州县交兑漕米，取米四升，分盛二袋，印封解仓场验收。至是，每船用米一石，粮道亲验印封，到淮漕运总督拆验，加封抵通。仓场侍郎率坐粮厅验明起卸，其样米仍作正收。

雍正元年，谕户部：江西省有漕米各州县，运粮到省，又自省仓搬上军船，故有脚耗、扒夫、修仓、铺垫等项，编载全书，历年支给已久。自康熙二十三年，部中误驳不准支给，行令追还。嗣后一例驳追，究无完解。至三十四年，圣祖仁皇帝特颁谕旨，将从前已经支给者俱免追赔，恩至渥也。至康熙三十八年，部议：又以脚耗与扒夫等项分析未清，仍令扣追，不知脚耗乃贴运之总名，扒夫等项乃支给之细数，实一事非两项也。自康熙三十八年至今已二十余载，应追银五十一万余两，米六十一万余石，积累增多，究无完解，追比日久，官民均受其累，特谕尔部将从前积欠尽免追赔，向后准其支给。

是年，令漕运总督于开兑开帮之日，将粮船各数运军姓名册送户部查核。

二年，以漕运驳浅扰害商船，谕：地方大吏示禁，漕运总督失察者论。又谕：禁漕船包揽货物，夹带私盐，私藏火器，下漕运总督、安徽巡抚议行。

六年，谕：江浙征收漕米，但干圆洁净不必较论米色，准令红白兼收，籼粳并纳，着为令。

十一年，令河南、山东于额征粟米内，改征黑豆十二万石运供京师，仍如漕行。

　　臣等谨按：乾隆二年，又将粟米改征黑豆，河南二万石，山东四万石。九年，河南粟米又改征黑豆二万九千三百五十六石六升有奇。

十六年，又改河南粟米征黑豆二万石。

　　十三年，申禁漕船水手扰害居民，令漕运总督饬督运领运官严加约束，违者论。

　　乾隆元年，定各省截留漕船，介于起运停运之间，行粮月粮应给应追，向未定有成例，应酌定成规，以归画一。嗣后，江苏、安徽、浙江截留漕船，应支本折月粮三修银，准其照数全给。至行粮、盘耗、赠银、负重等项，各随多寡，分作十分，自水次抵通，按程途远近亦作十分计算，行一分程途给一分银米。如行一两站未及一分者，即按一两站扣算。支给赠米一项，如米到州县半月放清者，按已行之程扣给，其未行之程追缴。半月以外，每石给米一升，满一月者给米二升，满二月者给米四升，满三月者全给。若帮贴截留，本次或全兑全卸，或数月后收清赠米，亦按月计算。江西漕船较大，米数多，每年额领三修银不敷，取办于行月，兼之水次开行，逐节浅阻起驳、长江守风、过淮修舱，一应费用较江浙不同，遇有截留，将原领折耗、行月、赠银、赠米、斛面米均免扣追。又每米一石，征耗米四斗为交通仓及沿途折耗之费；副耗米一斗三升，为水次开行抵淮折耗。如在淮安以南截留者，将四耗米令其随正缴纳，副米免其追缴。如过淮截留者，将四耗米内正兑米随交二斗五升，改兑米随交一斗七升，并每石别交一升赠米外，余米按由淮到通程途作为十分计算，行一分程途即给一分耗米。湖北、湖南、漕船湾泊岳州府，濒临洞庭风波不测，截留漕船例给一半月粮之外，每船酌留头舵、水手四名防护，每名月给口粮一升，减去水手人等每站给盘费银三分、米一升，照时价折给。至五年，又定未兑之船截留者，照停运例给予减半月粮，已兑未开之船截留者，减半月粮之外将三修一项照数全给，各省画一办理。七年，又定截留漕船已兑开行，照定例扣追。运军多有苦累，每船山东、河南加给银五十两，江南、浙江六十两，湖广七十两，江西九十两，其应给之银，即于行月折色银内扣给，所余行月等银，仍照旧按程分别追给。再，江西、湖广已过长江者，其所余银两给予四分之三，已渡河至临、德等处者全给。

　　二年，谕户部曰：闻得江、浙两省民间输纳白粮，较漕粮费用繁重，甚属艰难，朕心深为轸念，谕令该部详考。据奏"两省岁运白粮二十二万余石，太常寺、光禄寺各宾馆需用二千余石，王公、官员俸米需用十五六万石，内务府禁城兵丁及内监食用等项需万石，尚余五万石存仓"等语，朕思光禄寺等处所支，原以供祭祀及宾馆之用，在所必需，其王公、官员俸米应用白粮者，可酌量减半，以粳米抵给。至赏给禁城兵丁及内监食米，亦可将白粮减半，给以秔米。如此，则每年所需白粮不过十万石，仍照常征收起运，其余十二万石着漕运总督会同该督抚酌量改征漕粮，其经费银米均照漕例征收，以纾民力。旋遵旨议行。

三年，恩赏运弁银人各四两，军半之。

是年，以湖北通山、当阳二县，僻处山陬，漕粮难于兑运，每石改征银一两二钱五分。

四年，定重运遇浅驳运例。凡重运漕船，所经遇浅起驳漕运，河道总督奏明，即饬所在有司官具民船驳运，有司官将驳过各帮运军名、船米货物及驳船雇直各数，呈报漕河督抚并巡漕御史，其驳船雇直凭有司酌给，如有扣克勒索者罪之。

七年，谕：免江西南昌、江南兴武、浙江绍兴各帮贷逋银四千六百四十两。

十年，谕：据工部侍郎范璨奏称，"江南下江杂赋重于他省，向来征收弊窦甚多，民间每完粮一石，借漕费之名或以九折，或以八五折收，甚至以八折收。至雍正元年，蒙世宗宪皇帝轸念穷黎，敕令严加厘剔。其时，尹继善为江西抚臣，悉心筹酌，定每石收漕费六分，总令小民平斛响挡，额外浮粒不收，地方官奉法紧严，彼时府道尝微行密察，诸弊肃清，讴歌载道。乃久之故智复萌，上年下江收漕贤否不等，闻有初开仓时，印官驻宿仓所，亲验米色，胥吏尚无间可乘。迨至漕粮紧兑之时，印官不能处处亲验，吏胥等即可多方刁难，小民不能等候，情愿议扣，自九五折至九折不等。大漕既毕，所征兵行局恤等米石竟有扣至八折者，此虽得之风闻，然法久弊生亦不可不再加整顿。况一处如此，他处即相效尤；一省如此，他省亦恐难保。伏恳特颁谕旨，通饬有漕地方官于开仓之际，刊立木榜，大张晓示，毋许额外需索，令粮道、知府等员不时密访，如有刁难折扣等弊，即将官吏一并揭参。至于大漕完竣之后，征收兵行局恤等项，遴委干员，暗加查察，稍有违犯，亦即禀究，如此诸弊可以禁止"等语。征收漕粮，弊窦甚多。江南之漕甲于诸省，尤为积弊之薮，朕亦知之。范灿所奏，着发出，令有漕地方大小官员阅看，严行厘别，如有仍蹈故辙者，经朕闻知，或被御史参劾，必重加处分。至于尹继善既于前江抚任内办理称善，今节制两江仍是职任内应办应查之事，何以置若罔闻，一听有司之变易旧规，奸胥猾吏得以高下其手也。将此询问尹继善，其又何辞。

十一年，监察御史沈景烂①请令各甲户应完漕项细数预给一单，庶不至于漕项内每户暗加分厘，以杜浮派之源。从之。

十七年，监察御史陆秩请申禁收漕州县收兑留难之弊。从之。

十九年，谕：截漕省份派就近驻扎之道员监看稽查，不得但委州县佐贰以滋弊，着为令。

二十四年，令雇募纤夫听军弁自行酌办。时以各省粮艘北上，每遇过闸过坝及急溜浅阻必需人力挽拽者，沿河兵丁颇有把持包雇之弊。至是，严行查禁。嗣后如藉端抑勒、以老弱充数而横索雇值者罪之，并将失察之该管将弁参处。

二十六年，谕：直隶总督事务繁多，所有蓟运河挑浅工程着就近令仓场侍郎专管，每岁督率通永道、蓟州知州随时相度，实力疏浚，以资漕运。

二十九年，谕：司漕各员不得滥收潮润米色。

又漕运总督杨锡绂奏请惩军籍绅宦、富户规避签丁、诡捏脱漏之积习，以裨漕务。从之。

四十一年，谕曰：沿河短纤多系无业穷民群聚觅食，昼则随帮受雇，夜则乘机为匪，其中最易藏奸，而漕艘经行上下，遇有顶风浅水，添雇帮纤人夫，亦属必不可少。莫若令沿河州县酌量安设纤夫，并选派夫头照管，以供受雇。其各帮雇觅纤夫，并令押运千总督率旗丁，查点稽核，按站交替，不许携带过站，亦不许中途私雇，庶各有责成，不致滋事。着直隶、山东、江南、江西、浙江、湖广各督抚会同漕运总督，确商妥议，具奏。

四十七年，定管泉各员巡勘章程。每年春夏之交，管泉人员亲驻泉源处所，督夫疏道，并饬各本管州县一体实力查办，各本管府州于巡漕查勘之外，再行巡查一次，分别劝惩。

右漕运规例。

漕运限期：

兑运，各省限十一月，过淮，江北各府限十二月内，江南江宁、苏

---

① 沈景烂，"烂"字应为刊刻之误。查《乾隆实录》卷259，应为沈景澜，其人官至湖广道监察御史。

州、常州、镇江等府限正月内，松江府限二月初十内，浙江、湖北限二月内，江西、湖南限三月初十内。其不过淮者，河南限正月开行，山东临清闸内亦如之，其闸外限二月开行。到通程限：山东、河南限三月朔日，江北限四月朔日，江南限五月朔日，浙江、江西、湖广限六月朔日。通州回空限十日。淮安至天津重运限自半日至十二日有差，回空于有闸坝处限与重运同；无闸坝处逆流限自九日至一日，顺流限自三时至三日半，各有差。天津至通州重运系逆流二十里，回空系顺流五十里，均限一日；山阳至浙江重运顺流四十里、逆流二十里，回空顺流五十里、逆流三十里，均限一日。违者该管官论如法。

顺治十二年，奉上谕：漕运至为重务，年来拖欠稽迟弊非一端，漕督固宜尽心，督抚亦宜分任责成，除湖广漕船暂留充饷外，江南、江北、江西、浙江等处漕粮，着该督抚督率所属各粮道州县卫所等官，恪遵漕规，冬兑春开，务依限到淮，其到淮以后，漕督查验，催趱抵通缴纳；河南、山东漕粮，该督抚督率所属各官，征兑开行，知会漕督查催北上，系何地方迟误者，自督抚以至州县卫所等官应拟何罪，属何省份者，应限若干月日，户部详确议奏。

遵旨议定：各省漕粮征收限十月内，兑运限十一月内，过淮，江北各府州县限十二月内，江南江宁、苏、松等处限正月内、江西浙江限二月内。其不过淮之山东、河南二省，限正月尽数开行。如有司无粮，军卫船不齐备，以致过淮违误，督抚、粮道监兑官计违限一月至三月以上者，各降罚有差。如兑粮及期，领运等官沿途违误者，计违限十日至一月责革有差。经征州县卫所等官，船到无米，有米无船，过十二日至二月者，各降罚有差。漕督过漕有催趱之责，过淮以后河督亦有催趱之责，如过淮及期而到通迟误者，河漕二督及沿河镇道将领、州县等官，亦照督抚、粮道监兑官例议处。至康熙五十一年，增定违限一二月者如旧例行，违限二月以上或七十日者，督抚降一级，戴罪督催，粮道监兑官降二级调用。八九十日者，督抚降一级留任，粮道监兑官降二级调用。至雍正十三年题准，山东临清闸内之船照定例行，其闸外之船限次年二月兑开。乾隆九年又题准，江南松江府漕船必由葊柳、淀山等湖，湖南经涉洞庭，江西必由鄱阳，各帮船于过淮原限外，宽限十日。

十六年，定漕船回空过淮者，责之漕运总督；不过淮者，责之粮道，核其船原数，阙者罪之。

十七年，定押运府倅①过淮抵通违误者，如粮道例议罪。

康熙二年，各省漕粮，漕运总督刊发全单，开列本帮兑粮军船数目、行月、修船钱粮，及到次、开兑、开行、过淮、到通、回空、违限日期与夫验米色、查夹贩，款目毕具，各弁投到全单。嗣后依式填注，如有违误不填及填注不实者，在南听漕运总督、在北听仓场侍郎查参。

四年，定漕船回空期限。漕船抵通州，限十日回空，仓场侍郎定立限单，责成押帮官依限到淮。

十一年，定漕船抵通限期。山东、河南限三月初一日，江北限四月初一日，江南限五月初一日，江西、浙江、湖广限六月初一日到通，均限三月内完粮，如违限不完，押运等官计违限不及一月至二月以上者，各降罚有差。

又定白粮过淮抵通违限者，督运官议如督运漕粮例。

十七年，增定重运、回空沿途期限。各省漕船重运，自淮安至天津原有定限，今加增定：如原限半日而违限一时、原限一日而违限两时、原限一日半而违限三时、原限二日以上而违限半日、原限四日以上而违限一日、原限六日以上而违限一日半、原限十二日而违限两日，专催、督催官各议罚有差。原限半日而违限三时、原限一日以上而违限半日、原限两日以上而违限一日、原限四日以上而违限两日、原限六日以上而违限三日、原限十二日而违限四日，专催、督催官各降罚有差。如违限之期与原限之期相等者，降调。逾于原限者，降革各有差。回空，自天津至淮安向亦有定限，今更定：如逆流、顺流而有闸坝，均照重运定期，如无闸坝、逆流，原限十二日者改为九日、四日改为三日、三日改为二日、二日半改为一日，顺流，原限半日改为三时、一日改为半日、四日改为二日、五日改为二日半。如致违限，沿途文武官并随帮官皆照催趱重运例议处。天津至通州：重运系逆流，二十里限一日；回空系顺流，五十里限一日。山阳至浙江：重运，顺流四十里限一日，逆流二十里限一日；回空，顺流五十里限一日，逆流二十里限一日。如有违限，照例议处。至镇渡江，如因风守候，令地方官报明免议。再江西、湖广漕船行长江至仪征者，因风挽运，难以立限，应令地方官作速严催出境，其自仪征至天津皆如新定例行。

二十八年，定漕运受兑离次。各省巡抚题报期限不得过二月，逾限

---

① 府倅，知府的佐贰官，如同知、通判等。

者论。

三十四年，令：漕运总督每年将过淮漕船总数缮造黄册，专疏具题。

五十一年，谕：凡事不求根本，止务枝叶，断无实效。条奏漕粮一事者，止以途间耽搁开兑迟误陈奏，其漕船稽迟根原从无一人言及。朕南巡数次，河道漕运知之甚悉，如上江漕船皆入仪征河口，下江漕船皆入瓜州河口，因大江泊船不便，而四千余艘彼此相争入口湾泊，必俟到齐始挨次开行，则守候之间甚至迟误。若凡一帮全到在先，不必等候各帮随令起行过淮，其续到者亦照此勿令守候，止以船到即令起行，则前帮得以早行，后帮虑其隔绝自然奋勉追行，如此则重运回空断不敢迟误。下部议行。

是年，定给漕船限单。漕船受兑开帮，巡抚给以限单，填注开行日期，饬令沿河州县挨注入境出境时日，抵淮将单呈缴漕运总督查验，过淮后漕督亦给以限单，将经过州县原定限日刊入单内，饬令沿河州县注明入境出境日期，俟抵通将单申缴仓场侍郎查验。回空，仓场侍郎刊发限单，沿河州县填注亦如之，至淮申缴漕运总督查验，漕督别给抵次限单，沿途填注亦如之，抵次之限不得过十一月，既抵次将单申缴巡抚查验。

雍正三年，定漕白粮船抵通日期，及起卸回空船粮各数，并石坝外河水深浅，令仓场侍郎五日一次具奏。

七年，定漕船经过济宁、临清二处，令河东河道总督题报。旧例，漕船经过皂河、济宁、临清三处，由河道总督题报。时山东、河南增设总河，故以济宁、临清归河东总河题报，皂河仍归江南总河题报。

乾隆二年，定山东自备船回空之例。山东自备船令于交粮之日除留头船一二人在通候领籓羡①、完呈等项外，其余各军给予空身限单，勒令回次，抵次将单呈缴各卫所查验，仍将限单填明到次日期，汇送粮道考察，留通运军事竣，回次亦如之。

七年，定山东漕船不由漕运总督给发限单，受兑之后，即呈报河道总督及巡漕御史稽查催行。

右漕运限期。

漕运官司

漕运总督一人，总理直省粮储转漕以输京师。巡漕御史四人，掌巡视

---

① 籓羡，按《六部成语·户部·籓羡》注：修船曰籓，余盛曰羡。籓羡，即为修船所余之款。

稽查粮道，山东、河南、安徽、江苏、浙江、江西、湖北、湖南各一人，分掌漕务，督运过淮。监兑官：山东六人，河南三人，江南十有五人，浙江、江西、湖南各三人，湖北六人，以管粮同知、通判为之。押运官：山东、河南各一人，江南七人，浙江三人，江西二人，湖北、湖南各一人，以管粮通判为之。领运官，漕粮：直隶千总四人，领河南运。山东守备一人、千总三十六人，内领河南运四人，蓟运四人。江南守备八人、千总九十八人，内领河南运四人。浙江守备二人、千总十八人，江西守备二人、千总二十五人，湖广千总二十有二人。白粮：千总六人，浙江千总四人，均以卫所官为之。每帮武举一人随帮效力，运军每船一人，签军籍人充役。至于催运，则凡漕船所经沿河文武官皆有责焉。

顺治二年，定漕运官司，一仍明制。挽运则设旗甲，统领则设运总，督押则设漕道、粮道，提衡、巡察则设总漕、巡漕。

七年，裁巡漕御史。

十二年，定五年一编审，军丁毋令窜入民籍。

康熙元年，严沿途文武官催趱之责，催趱不力者论。

二十二年，谕漕运总督：管理粮船是其专责，漕运过淮及回空之时，应令总督往来亲催。自奉谕后，漕督亲督重运至通，岁以为例。

二十六年，申严运军代运之令。定例，运军不亲押运，以子弟代行者，运军及代运人均发边卫充军。至是，并严该管官处分。

三十五年，定出运每船佥军一名。定例，每船运军十名至十一二名不等，康熙二十五年改定额设十名。至是，每船签军一名，其余水手九名，择其身家并谙习撑驾者雇充。

四十五年，定签军例。亲签责在粮道，举报责在卫守，备用舍责在运弁，保结责在通帮众军。一军无保不准签军，一军有欠众军同赔。至五十一年，增定令千总结保，卫守备、府倅亲验结申粮道，如有欠粮，出结官坐罪。

五十一年，定签副军一人随运，每年于本军子弟及兄弟之子再签一人为副军随运。如抵通欠粮，留本军完欠，副军回空，如重运到淮亏缺，令本军驾运北上，留副军买米赶帮。

雍正元年，谕：漕船务于本军内择其能撑驾者充当水手，不得雇募无籍之人。

四年，谕：押运同知、通判抵通之日，着总督仓场侍郎送部引见。

六年，定文学生员准免签运。

七年，谕：朕闻粮船过淮，所费陋规甚多，嗣后着御史二人前往淮安稽查，不许官吏人等向运军额外需索，以致扰累。其粮艘中携带物件，除照例许带外，如运军有夹带私盐及违禁等物者，亦着该御史稽查，但不得过于严刻吹求，以致粮运滞迟。至漕船抵通之时，其该管衙门官吏及经纪、车户人等，恐有向运丁额外需索陋规者，亦着差御史二人前往稽查。淮安于二月初差往，通州于四月内差往，不必拘定满汉各一人，着都察院按期开列请旨。

臣等谨按：<u>乾隆二年，令御史四人分地巡视：一人驻淮安，自江南江口至山东交界；一人驻通州，自通州至天津；一人驻济宁，自山东台庄至北直交界</u>；一人驻天津，自天津至山东交界。各按所分之境巡察诸弊。

乾隆八年，令江淮、兴武二卫黄快船丁归入民赋，以严勾考。时以江淮、兴武二卫运军有窜入黄快船避签者，故令黄快船丁归入民赋，每五年将现运及备签余军勾考一次，将本军及子孙、兄弟之子并所居州县都图乡填注册，送户部查核。

三十七年，令粮道亲自督运到淮，不得转委丞倅代押。

四十八年，谕：向例，总督俱兼兵部尚书、右都御史衔，巡抚俱兼兵部侍郎、右副都御史衔，但漕运、河道总督并无地方之责，究与各省总督不同，况又有由道员升署及简擢初任之员。若一例兼衔，未免太优，不可不量为区别。嗣后，漕运、河道总督该部俱奏请给予兵部侍郎、右副都御史，着为令。

右漕运官司。

漕船

各省原额万四千五百五号，除改折、分载、带运、坍荒、阙额漕粮、裁减船数外，实运船数：右谨据《会典则例》恭载，第各省漕粮屡蒙恩免、漕艘出运即有增减，仍不拘定额。直隶三十七号，协济河南。山东九百七十五号，协济河南二百四十四号。江南江安粮道所属二千八百八十六号，协济河南一百二十五号，协济苏松千八百三十五号。苏松粮道所属四百三十九号，浙江五百六十九号，江西三百四十八号，湖北一百二十号，湖南百十有四号，河南无漕船，直隶、山东、江南就近协运四百有六号。白粮船，江南一百三十六号，在通省漕船内三年抽调一次。浙江六十三号。在通省漕船内拨定长运。自备船无定额，各省漕船缺额，运军雇募民船装运，官给其直。催漕船沿河每泛一号，堡船六十号。

顺治四年，定各省漕船缺额。令运军自备船装运，自备船不支三修料价，仅给重运银，令其雇募民船。至顺治九年，定给水脚银，江南苏州、松江、安庆、庐州并江西、浙江等处，每石自三钱至三钱五分，扬州府每石二钱五分，均于随漕项内动给。

十年，以白粮无漕船，令攒厂成造。

十三年，定贴造漕船之例。凡成造漕船，例于州县民地征十分之七，卫所军地征十分之三，给备料价。其有不敷，于江宁各卫屯米每石协济银一钱，黄快船每丁协济银五分，官舍余丁编为三则：上则纳银五钱，中则三钱，下则二钱，审定造册征收解厂。安庆卫以屯田匀配上下两运公同贴造。新安、宣州二卫，按屯田编征贴造。建阳卫于屯丁银内加征贴造。庐、凤、淮、扬、徐、滁等卫，苏太等卫所及山东各卫，均按清出丁舍编征贴造。浙江按清出闲丁，每丁征银四钱；江西每丁征银二钱五分，湖广每丁征银二钱，以供贴造；若船多银少，尽数匀摊。是年，又饬将各卫所舍余闲丁按年编审纳银，为帮贴之费。至康熙十九年，始定漕船额支官银成造，其清出丁银，概饬解部。

康熙三年，增造浙江白粮船六十四号。浙江白粮，用漕带之法需船百二十号，除六十二号于漕帮内抽出装运外，增造六十四号并入漕帮签运。十四年，定江苏白粮照浙江例抽选漕船装运。五年，更换康熙四十三年浙江运白粮船，亦定为五年更换。乾隆七年，以浙江运白不愿更换，仍依旧例拨定军船，永远承运。十六年，改江南五年更换之期为三年。

二十六年，定各卫所漕船照每年见运之数，成造十分之一。

又定各省岁修漕船，每出运一船，给修费银七两五钱。

雍正二年，裁船政同知。先是，浙江设船政同知。至是，罢一切修造漕船事宜，归粮道管理，令运军支领料价，赴厂成造，所有不敷，即于道库减存漕项银内动支。其芜湖、淮安、杭州等关额供造船银，饬令解部。

五年，定催漕船成造岁修银数，催漕船按泛成造，每船给银三十七两六钱三分三厘，动支税课银；每岁给小修银二两，动支茶果银；十年期满，照例别造。

八年，定漕船里料银。旧例，成造新船，将旧船解厂充作里料，如无，缴银五十一两。

九年，谕户部：江南江淮、兴武二卫运军名下，有应追钻夫底料银十万八千一百余两，此项自康熙四十二年至雍正元年前后共二十载，各军签替更换不一，见今着追之，人未必系当日领米之人，其力既不能完，未免有所拖累，且今承追接催各官，参罚累累，有碍考成，亦可轸念，着将二卫应追夫役及底料银悉行豁免。

乾隆十一年，增设堡船。国初，以漕船至天津起拨分运，至通设红拨船六百只，每船给田十顷养赡，免其征科。至康熙三十九年裁革，红拨船按原给田，所收租额，分派各省于漕粮项内征给运军雇船拨浅。乾隆二年，定每船给红拨银二两。至是，北河增设堡船六十号，纤夫百八十名，浅夫三百名，随时疏浚，以免丁累，其置造堡船器具夫工等费，于红拨银内动支，余银仍照数分给运军，以备拨浅之用。

二十四年，漕督杨锡纹奏：江西帮船情形与江浙等省不同，可以通融裁减，且于办公有益。从之。

右漕船。

仓庾

在京师者十有三仓：禄米、南新、旧太、富新、兴平、太平、万安七仓在朝阳门外，海运、北新二仓在东直门外，本裕仓在德胜门外，清河、储济、裕丰三仓在东便门外，丰益仓在德胜门外安河桥。又大通桥、朝阳门号房二处。其在通州者三仓：西仓在新城内，中仓在旧城内，南仓乾隆十八年裁。又石坝、土坝、旧城南门、新城南门号房四处。专管官设总督仓场侍郎一人，总理北河河道及漕船、仓庾之事，钦简大臣莅其任，坐粮厅各仓监督咸隶焉。坐粮厅，满汉各一人，掌北河疏筑、督催漕船、收运仓米、出纳库银及通州税课之事。大通桥监督，满汉各一人，掌抽盘督催之事，兼验收随漕松板。京师丰益仓监督满二人。余十二仓，满汉各一人，掌仓粮出纳之事。稽查官，每仓钦命御史一人，专司仓房完损、粮米侵盗之事，率于岁终更代。

顺治十年，制铁斛颁发仓场，永为定式。

十三年，定各仓收米限期：京仓限十日，通州仓限七日毕，印给仓收，以坐派红单即印票到日起限，逾限者劾之。

康熙二年，定漕粮完欠分数，以严考成。坐粮厅经管漕粮，除带运米外，将余米并入正运，总作十分考核，未完六厘以上不及一分者，罚俸六月；一分以上不及二分者，罚俸一年。

雍正二年，定运米经纪、车户掣欠赔抵之例。经纪运米到桥，车户运米进仓，旧例每米五十袋抽掣一袋，一袋短少，余袋例算，于各役脚价内扣赔。至是，定经纪系船运，每十万石定掣欠二百石。大通桥车户系陆运，每十万石掣欠二百五十石。通仓车户系水陆兼运，每十万石亦掣欠二百石，每石秔米，作价银七钱，稉米六钱，准于脚价内扣抵。若欠数多，除不准脚价扣抵外，照盗卖漕粮例治罪。每秔、稉米一石作价银一两四钱行，地方官将家产变赔。乾隆三年，增定每石增其掣欠八合照七钱六钱之例买余米赔补，若欠数多仍照一两四钱之例，于脚价内扣抵。

五年，谕：在京各仓每仓或都统或副都统各一人，御史中不分满汉，每仓各委一人，专任稽查之责，其支放奏销等事不必经管。唯仓房渗漏、墙垣损坏与仓内铺垫及匪类盗窃各弊，查出即行文仓场侍郎知之，若仓场侍郎不及时办理妥协，即据实奏闻。倘不能查出弊端，以致亏损仓粮，着落稽查之都统、副都统、御史与仓场监督等官分赔。通州三仓即照此例交与通永道、通州副将稽查，其失察分赔之例与京仓同。

乾隆三年，制铁尺，用积方之法核算仓粮。积方之法：二年以内，方一尺照三斗一升六合之法；三年以外，方一尺照三斗四升之法；二年以内三年以外者①，方一尺照三斗二升八合之法丈算。铸铁尺分颁户部仓场及各仓，嗣后均依尺丈量。是年，定各仓储米，每廒以万石为率，其奇零之数别储一廒。

十七年，定稽查各仓官。除都统、值班御史在城理讼之期，均更番到仓稽查，违者令巡漕御史纠参。

是年，增定稽查仓庾事例。京通各仓每仓差御史一人稽查，年终更代，将一年有无弊窦奏明，交户部存案，奏报不实者议处。其各仓收漕满廒，仓场侍郎封固，御史加封，各廒锁匙仓场衙门收储，每冬夏二季验封、加封。新旧监督交代，整廒验封，零廒抽盘，如有掺和短少，揭报仓场侍郎及御史公盘得实，治罪勒赔。其监督交代，限两月交完出结。

十八年，谕：向来旗员承修廒座，往往虑及工部料估之数不敷，辗转

---

① 二年以内三年以外者，疑刊刻有误，应为"二年以外三年以内者"。

议增议减，以致迟延时日。嗣后各仓遇有应修工程，着工部、仓场该旗各派司官一员会同料估修理。

是年，御史曹秀先奏，通厂各廒匙钥，新例交仓场侍郎收执，其残廒用都统、御史封条，恐阴雨查验不便，请尽交满汉监督以专责成。又收漕甫完，仓廒即行封闭，恐郁蒸之气未出以致糜烂，请俟深秋始行上板加封，使米不受伤。下部议行。

二十七年，定监督期满更代之例。京通各仓，满汉监督三年期满不准留仓，如有满汉同时任满，准仓场侍郎于各仓监督内拣选调补。

直省州县仓庾建于各州县城内，其收兑稽查，知州、知县自监之。若其地不通水道者，则建仓于邻邑水次，以便起运。

右仓庾。

皇朝文献通考卷四十四

国用考六

蠲贷上

赐复①

顺治元年，京城遭明末寇贼蹂躏之后，其民居被逼迁徙者，免赋役三年，被毁未迁者，免一年。大兵所经田禾被伤者，除本年田租之半。河北府州县卫免租三之一。

二年，免河南被寇额赋有差。是年，山西初复，除本年田租之半。

三年，免江南漕三之一。其潜山、太湖、英山、霍山诸县，皆除之。

五年，以湖广岳州、辰州诸府为大兵所经宿处，免赋有差。

十一年，诏：顺治六、七两年民间地丁逋赋勿收责。

十三年，诏：除顺治八、九两年逋赋。

是年，定蠲荒流抵②。恐惠不下逮，令民登填布政司册，以禁滥收。

康熙元年，江西南昌新建、丰城、进贤、奉新、靖安五县浮米及浮米折银，悉除之。

二年，诏：顺治十五年以前民欠银米、物料皆勿收责。

四年，诏：天下逋赋在顺治十六、十七、十八等年者悉除之。

十年，诏：巡幸经历通州以东至山海关，免今年租。

十九年，免江南康熙十二年以前逋赋。

二十三年，恩诏：减江南、江西、浙江、湖广漕三之一。

---

① 赐复，出于受灾、施恩等原因，皇帝亲自决定的赋税减免。
② 流抵，旧时，赋税已缴而逢蠲免，所缴数多于蠲免数，二者之差可抵交下年赋税。

二十四年，诏：免河南、湖北今年租及二十五年岁租之半，直隶、江南被灾之地二十四年秋冬、二十五年春夏岁租悉除之。

二十五年，免直隶顺天、永平、保定、河间四府，四川、贵州二省康熙二十六年额赋及今年赋之未入者，湖广、福建二省二十六年秋冬、二十七年春夏额赋，及二十五年赋之未入者亦如之。

又谕：免直隶、正定、顺德、广平、大名四府明年田租。

二十六年，恩诏：自用兵以来，动用钱粮累年未清者，皆予除洗。又谕：免江苏、陕西省明年额赋。其今年赋之未入者亦除之。

二十七年，圣祖仁皇帝南巡，诏：免江南安徽府属去年田租，并谕令：康熙十七年以前直省民欠漕银、米麦皆勿收责。

又谕曰：朕南巡至江南境上，所经宿迁诸处，民生风景较前次南巡稍加富庶。朕念江南累年带征钱粮，恐为民累，出京时曾询户部，知全省积欠约有二百二十万，除江南正项钱粮已与直隶各省节次蠲免外，再将江南全省积年民欠地丁一应钱粮、屯粮、芦课米、麦、豆、杂税概予蠲免。

是年，以云南供亿王师劳瘁，免二十一年至二十七年逋赋。

三十年，谕曰：朕抚御区宇，三十年以来夙夜图维，唯以爱育苍生俾咸臻安阜为念，比岁各省额征钱粮业已次第蠲豁，其岁运漕米向来未经议免，朕时切轸怀，所有京通各仓米谷撙节支给数载于兹。今观近年储积之粟，恰足供用，应将起运漕粮逐省蠲免，以纾民力。除河南省明岁漕粮已颁谕免征外，湖广、江西、浙江、江苏、安徽、山东应输漕米，自康熙三十一年为始，以次各蠲一年。至江宁、京口、杭州、荆州大兵驻防地方，亦应豫行积储，将康熙三十一年起运三十年漕米各截留十万石存储仓廒，以备需用。

是年，江西南昌等五府康熙二十二年至二十七年带征逋赋、吉水县二十七年以前各逋赋，悉予放除。又奉旨：免湖南明年漕。

三十一年，免广东化州、琼州等四州县康熙十八年至二十九年逋赋。

三十二年，谕曰：朕念广西、四川、贵州、云南四省，皆属边地，土壤硗瘠，民生艰苦，与腹内舟车辐辏得以广资生计者不同。朕时切轸怀，数岁以来，钱粮皆经次第蠲豁，兹念育民之道，无如宽赋，矧边省地方，非再沛优恤之恩，则闾阎无由充裕，所有康熙三十三年四省应征地丁银米着通行蠲免。

三十三年，免江南邳州康熙二十四年至二十七年逋赋，并免直隶安州等十一州县明年田租。

三十四年,诏:免河南康熙三十二、三十三、三十四年逋赋。

三十五年,免天下漕赋银米宿逋。又以直隶宣化、山西大同及陕西省因征厄鲁特噶尔丹供亿大兵,免明年田租。

三十六年,免山西、甘肃明年田租及陕西榆林等沿边州县卫今年租;又免苏、松等府州康熙十八年至二十六年逋赋。

三十八年,圣祖仁皇帝幸江南、浙江,康熙三十四、三十五、三十六年逋赋悉予放除。又谕曰:朕巡省民生风俗,南至江浙,兹已返跸,行经山东沿途,见父老咨询农事,幸今岁雨旸时若,二麦继登,小民可以无忧粒食,但前年被灾,泰安等二十七州县生计尚未丰盈,宜更加恩休养,所有康熙三十六年未完地丁银米均着免征。

是年,免湖广康熙三十九年、甘肃四十一年各田租,直隶蓟州康熙三十、三十一、三十二年退地逋负,江南淮扬三十场灶户、康熙三十七、三十八年盐课皆止勿责。

四十一年,免安徽明年租;又以秦省不通水,运河西地尤贫瘠,悉除明年田租。

四十二年,圣祖仁皇帝幸山西,除山西去年逋赋。

是年,免山东、河南、云南、贵州、广西、四川明年田租;浙江康熙四十四年田租谕免亦如之;其江南睢宁县康熙三十七、三十八、三十九年、邳州四十年各逋赋,并山东积逋之在民者,皆勿收责。

四十四年,免湖北、湖南明年租,其带征宿负并停输纳。

是年,谕:嗣后蠲免新粮之年,停征旧欠,俟次年征输。

四十五年,以旧税新征势难兼办,分年带输仍多拮据,谕:免天下逋赋,直隶康熙四十一年至四十三年银八万二千七百两、粮五千九百石,山东康熙四十二年银一百六十九万千七百两、粮五千九百石,山西、陕西、甘肃、江苏、安徽、江西、浙江、湖北、湖南、广东康熙四十三年以前银二百十有二万二千七百两、粮十万五千七百石,各有奇,悉予放除,其已入者作本年正赋。

四十七年,免江南明年田租。

四十九年,谕曰:朕比年省方时迈,已阅七省,南北人民风俗及日用生计靡不周知,而民所以未尽殷阜者,良由承平既久,户口日繁,地不加增,产不加益,食用不给理有必然。朕洞烛此隐,时深轸念,爰不靳敷仁，用苏民力。明年为康熙五十年，原欲将天下钱粮一概蠲免，因廷臣集议，恐各处兵饷拨解之际，兵民驿递益致烦苦，细加筹划，悉以奏闻。故自明年始，于三年以内通免一周，俾远近均沾德泽。直隶、奉天、福建、浙江、广东、广西、四川、云南、贵州各巡抚及府尹所属，除漕项钱粮外，五十年应征地亩银共七百二十二万六千一百两有奇均予豁免，并累年旧欠共一百十有八万五千四百两有奇，亦着免征。其五十一年、五十二年应蠲省份，至期，候旨行。

是年，奉旨：免江南淮、扬、徐三府、淮、徐、泰三卫田租，其湖广康熙五十一年田租、四十八、九年逋赋，盛京奉、锦、承德等府州明年租谷并予放除。

五十年，免福建台湾府明年租谷。

稻谷例不入蠲。而台湾有谷无银，时奉普蠲之令，巡抚黄秉中以为言，上以岁租已入，谕：除明年租。

五十一年，谕曰：朕宵旰孜孜勤求民瘼，永维惠下实政，无如除赋蠲租，除每岁直省报闻偶有水旱灾伤，照轻重分数蠲免正供，仍加赈恤外，将天下地丁钱粮自康熙五十年为始，三年之内全免一周，使率土黎庶普被恩膏。除将直隶、奉天、浙江、福建、广东、广西、四川、云南、贵州及山西、河南、陕西、甘肃、湖北、湖南各直省康熙五十年、五十一年地丁钱粮一概蠲免，累年旧欠钱粮一并免征外，所有江苏、安徽、江西、山东各抚属除漕项外，康熙五十二年应征地亩银共八百八十二万九千六百四十四两有奇，人丁银共一百三万五千三百二十五两有奇，悉予豁免。其累年旧欠银二百四十八万三千八百二十八两有奇着一并免征，计三年之内，总免过天下地亩人丁新征旧欠共银三千八百有六万四千六百九十七两有奇。各该督抚务须实心奉行，体朕轸念民生至意。

是年，以陕西潼关卫、山西大同府今年应免之米豆、薪刍已征在官，其明年之应征者除之。又免陕西西安今年租。

五十二年，诏：免天下明年房地租税及积年逋悬。

是年，免山西、河南、陕西、西安府及会宁等处今年田租。

五十四年，谕：免顺天、永平、保定、河间、宣化五府明年田租。

五十五年，谕：策妄阿喇布坦近忽侵扰哈密，故特征兵备边，一应飞刍挽粟悉支正供，毫无累及闾阎。今岁山西、陕西二省虽属丰收，犹念兵民効力，转输无误，特将沿边一带运粮地方，自山西大同府属前卫、右卫、大同、怀仁、马邑、朔、保德七州县卫直至陕西延安府属府谷、神木等共四十二州县卫所堡，康熙五十六年额征银八万六千一百两有奇、粮米豆谷三十一万七千七百石有奇、草二千七十六万五千九百束有奇通行蠲免，并将从前积年逋欠银粮草豆悉予蠲免。

是年，又免直隶田租。

五十六年，谕：免直隶、江苏、安徽、江西、浙江、湖广、西安、甘肃八省带征屯卫银二百三十九万八千三百八十两有奇。其江苏、安徽带征漕项银四十九万五千一百余两、米麦豆十四万六千六百十有余石，以半除之。

是年，谕曰：顷者朕巡幸口外，经过三河等州县及永平府交界地方，见今岁秋成丰稔，米价称平。唯是去年雨水过溢，田亩间被淹没，朕深加轸恤，蠲赋、平粜，转漕分赈贫民，使不至失所。今者虽复有年，然仅足支一岁之用，恐来年之输将尚多难继，是必再沛恩膏，始可大培民力，着将顺天、永平两府所属大兴、宛平、通、三河、密云、蓟、遵化、顺义、怀柔、昌平、保坻、平谷、丰润、玉田、良乡、涿、武清、永清、香河、霸、大城、文安、房山、保定、延庆、卢龙、迁安、乐亭、滦、抚宁、昌黎等州县、山海、梁城等卫所康熙五十六年地丁银二十六万四千三百余两、米豆高粱二万一千六百余石、草九万四千九百余束通行蠲免，所有屡年积欠银九万三百九十余两、米豆高粱万六千二百余石、草八万四千四百余束，亦并予蠲除。

五十七年，以军兴，免陕西、甘肃两省逋赋及明年田租；其甘肃康熙五十三、五十四、五十五、五十六年未入之银米草豆，悉予放除。

五十八年，又以沿边民劳转输，免陕西延安府属府谷、神木等六十六州县卫所堡明年赋银九万八千一百两有奇。

五十九年，免陕西、甘肃康熙六十四年额赋，延庆等五州县今年杂粮。

是年，免福建台湾府民番银粟。

六十一年，世宗宪皇帝谕：古北口一路，为我皇考每年行幸之地，百姓效力有年，今将宛平、顺义、怀柔、密云、平谷五县、昌平一州雍正元年应征正项钱粮一万四千三百八十两尽行豁免。

是年，以大兴、三河、通、蓟、遵化为陵寝经由之路，谕免明年额赋。

雍正元年，免宛平等十一州县田租杂税。又谕：免江苏等属康熙三十三年以前逋赋。旋又命三十四年以后逋赋亦勿收责，共八百八十八万两有奇；其旗丁康熙三十八年至五十年逋粮、陕西康熙六十年以前未入之银米豆草悉除之。

二年，谕：恩诏议免各省钱粮，自康熙十八年至四十五年止，着加恩将五十年以前旧欠银米等项，均查明豁免。

是年，免广东海康、遂溪今年租。直隶霸州等七州县逋赋二万七千七百余两，令勿守责。

六年，免直隶明年起运银四十一万七千八百余两。

是年，谕：免福建康熙五十五年至雍正四年逋赋三十三万八千三百余两，其有已征在官者，除明年正赋。

七年，西藏、苗疆平，免甘肃、四川、广西、云南、贵州明年租，并免西安田租十之三。以四川巡抚宪德言，免泸州今年租，其已入者除明年正赋。

是年，谕：免山东、广东、直隶、陕西、山西、安徽明年额赋各四十万两。又免浙江民屯田租十之二。

八年，谕：国家经费既敷，宜藏富于民，朕特降旨蠲免已多，今次第举行，应及江西、湖北、湖南三省，着将雍正九年钱粮各蠲免四十万两。直隶畿辅首善之地，应沛殊恩，山东今岁被水之州县稍多，朕心深为轸念，着将九年直隶、山东通省钱粮各蠲免四十万两。

九年，又以军兴劳民，西安地丁银免十之三，甘肃全除之，并加免二省额赋四十万两。又谕：免甘肃之河州厅、洮州卫、归德所、西宁、凉州府番民本年米刍。

十年，免甘肃今年米刍，其已入者明年以实除之。是年，除台湾彰化县雍正八年未入银谷，以凶番初定，纾民力也。

十一年，谕：云南元江、普洱两府，猓夷蠢动，夫役频繁，之后恐小民输将力有不逮，着将元、普两府雍正十一年额征条银、公件银并行蠲免。

是年，免甘肃今年额赋二十七万九千三百两有奇，河南额赋四十万两。

十三年，免云南、贵州及湖南之沅州今年田租。其贵州州县之被残破者，给复三年。

是年九月，今皇上登极，诏：免天下田租。又谕：免雍正十二年以前逋租。其江南积逋内有官侵、吏蚀二款，亦予放除。随谕：劝业户各计所免之数，捐十分之五以惠佃农。又以陵寝兴工，除大兴、宛平、良乡、涿、房山、涞水各州县明年租。

明年，又免各州县入官地租十之三。

是年，谕：免者若直隶旗退入官各地，各省漕粮、甘肃刍米在雍正十二年以前者勿收责。其贵州被贼州县今年租粮、四川明正沈令及口外新附处所，又凉山、会川、盐源、阿树、木坪、普安、安阜、酉阳各处本年贡赋、西安明年地丁、甘肃半之，并予放除。

乾隆元年，谕：免甘肃乾隆二年租，西安半之。

二年，上以经理山陵大事，自京师至易州七州县民趋役谨慎，免今年田租。陕西宝丰、渠二县招垦新户，逋赋在雍正十三年以前者勿收责，并免今年粮料。其凉西番民粮料，准屯地科则免三之一。

是年，定蠲免。以奉旨日为始，先期有已征在官者，作明年正赋。又定陕西、甘肃额征匠价银，遇蠲准一例蠲免，皆着为令。

四年，谕：免直隶本年钱粮九十万两，江苏百万两，安徽六十万两。又陕西榆林等十一州县民贷仓粮，在雍正十二年至乾隆二年者勿收责。

六年，免行围所经地今年额赋十之三。又谕：准噶尔来使进藏熬茶，曾令那克舒三十九部落预备马匹，毫无违误，黾勉奉公，甚属可悯，着加特恩，将本年应纳钱粮宽免。

七年，谕曰：朕御极以来，爱养黎元，于蠲免正赋之外，复将雍正十三年以前各省积欠陆续豁除，以息民间追呼之扰。今查雍正十三年正月起至十二月，江苏、安徽、福建三省未完民欠正项钱粮银共一十七万七千六百七十四两六钱零，甘肃、福建、江苏等三省其未完民欠正项米豆粮共九万五千二百六十九石零，甘肃省民欠未完正项草一百七万四千二十一束零，又直隶、江苏、安徽、甘肃、广东、福建等六省民欠未完杂项钱粮银二千九百二十四两零，福建省民欠未完杂项租谷四百四十八石零。此等拖欠各项，历年已久，多系贫乏之户无力输将，况江苏所欠独多，目今彼地现被水灾，待恩抚恤，岂可复征逋负，着将以上各项悉行豁免。若谕旨未到之先或有续完之项，即咨部扣除。再查江浙二省尚有雍正十三年未完漕项银七万一千二百七十两零、米二万九百四十九石零、麦四千三十七石零、豆一百八十五石零，向来漕项不在豁免之例，今既蠲除各项，着将漕项一体免征。此旨到日,各该督抚可即出示通行晓谕,并令各州县官实力奉行,务令闾阎均沾实惠。

是年,免甘肃雍正六年至十三年以前逋赋,柳林湖、三清湾、柔远堡、毛目城、双树墩、九坝各屯户所贷牛种,武威、平番、永昌、古浪、西宁、碾伯等六县三年带征银,并予放除。

八年,驾幸沈阳,谕盛京户部:庄头每年缴纳仓粮,今朕恭谒祖陵,亲诣盛京,轸念各庄头终岁勤苦,输将无误,着将八年份应交仓粮加恩宽免,再各庄头尚有七年份未完米豆草,着核明一并豁免。又免纳克舒①三十九部落番子明年额赋。

是年,以直隶望都、静海、冀、武邑四州县贷粮宿逋,追呼累民,除之。

九年,免肃州九家窑未完牛具。

十年,谕曰:我朝列圣相承,深仁厚泽,无时不加意培养元元,以期家给人足,百年以来,薄海内外,物阜民康,共享升平之福。朕临御天下十年,于兹抚育出烝黎,民依念切,躬行俭约,薄赋轻徭。今寰宇敉宁,既鲜靡费之端,亦无兵役之耗,是以左藏尚有余积。数年来直省偶有水旱,朕加意赈济,多在常格之外,如前年江南被水,抚绥安插,计费帑金千余万两,凡此皆因灾伤补救而沛恩泽者。朕思海宇乂安,民气和乐,持盈保泰,莫先于足民,况天下之财止有此数,不聚于上,即散于下。仰唯我皇祖在位六十一年,蠲租赐复之诏史不绝书,又曾特颁谕旨,将天下钱粮普免一次,我皇考宵衣旰食,勤求民瘼,无日不下减赋宽征之令,如甘肃一省正赋全行豁免者十有余年。朕以继志述事之心际重熙累洽之候,欲使山陬海澨,一民一物,无不均沾大泽,为是特降恩旨,将乾隆十一年直省应征钱粮通行蠲免。又以刍粮例不入蠲,谕将甘肃临边各属明年刍粮一体放除,河东西各屯免三之一,亦如之。

是年,福建台湾粟米,湖南乾州、凤凰、永绥苗民杂粮,四川民番贡赋,陕西、玉树、纳克舒马贡,并瓜州安插回民未偿牛种,悉予放除。

十一年,驾幸山西,免驻跸之五台县明年额赋十之三。是年,瞻对平,凡四川打箭炉口内外效力之各番部给复二年。其直隶霸州、固安屯粮,奉天、锦州米豆,浙江玉环山海宁县大礐、中小礐各银谷,例不入蠲

---

① 纳克舒,前文曰那克舒,实则为一,系西藏部落名称。

以输，遇普蠲之年，皆特谕免之。

十二年，谕曰：朕嘉惠黎元，轮免天下正供，山西通省地丁应于十三年全免。唯该省太原、平阳、潞安、宁武、泽州、蒲州六府，辽、沁、平、忻、代、保、解、绛八州及归化城所属，有额征本色米谷豆麦以供兵饷，例不蠲免，但此次特沛恩施，亦应量加恺泽，得以均沾。着将太原等府州应征本色酌免十分之三，其大同、朔平二府地处边瘠，频年歉收，着全行蠲免。

是年，免河南滩地、官庄、官地、义田，广东官租、学租、屯地、旷军余羡各赋例不蠲免者，均免十分之一。

十三年，驾幸山东，免所经州县今年田租十之三。是年谕曰：朕时迈东巡，前诣阙里，至于岱宗，旧典聿修，明禋肇荐，东省本年钱粮见已普免，因思曲阜、泰安、历城銮舆驻跸之所也，着将三县乾隆十四年应征地丁钱粮全行蠲免。

十五年，恭谒易州陵寝。谕：免经临州县田租被灾者十之五，未被灾者十之三。

是年，驾幸嵩洛。谕：此次巡幸河南，省方问俗，所至推恩，尤念祥符为省会之区，登封实望秩之所，銮舆驻跸，宜沛恩施。着将该二县乾隆十六年应征地丁钱粮全行蠲免。

十六年，谕曰：朕巡幸江浙，问俗省方，广沛恩膏，聿昭庆典，更念东南贡赋甲于他省，其累年积欠钱粮，虽屡准地方大吏所请，分别缓带以纾民力，而每年新旧并征，小民终未免拮据，朕宵旰勤劳，如伤在抱。兹当翠华临莅，倍深轸恤，用普均沾之泽，以慰望幸之忱，着将乾隆元年至乾隆十三年江苏积欠地丁银二百二十八万余两、安徽积欠地丁银三十万五千余两悉行蠲免，俾官无诖误，民鲜追呼，共享升平之福。夫任土作贡，岁有常经，自应年清年款，江苏积欠乃至二百二十余万之多，催科不力，有司实不能辞其咎，而疲玩成习，岂民间风俗之浇漓尚有未尽革欤！朕以初次南巡，故特加恩格外，嗣后该地方官务宜谆切劝谕，加意整顿，其在小民亦当湔除旧习，勉效输将，勿谓旷典可希冀屡邀，而唯正之供任其遭负也。其浙江一省，虽额赋略少于江苏，而节年以来并无积欠，岂犬牙相错之地不齐乃至是欤！此具见浙省官民敬事急公之义，而江苏官民所宜怀惭而效法者也。朕甚喜焉，着将本年应征地丁钱粮蠲免三十万两以示鼓励。各该督抚其仰体朕惠爱黎元之意，严饬所属实力奉行。又谕曰：朕上年巡幸嵩洛，问俗省方，清跸所经已迭沛恩膏，彰行庆施惠之典，而该省绅民踊跃急公，就瞻恐后，其欢欣鼓舞之诚，不唯无怨而益肫，至今尤为系念，所宜再沛恩施者也。其河南省乾隆十四年以前积欠带征缓征钱粮三十五万余两，着再加恩概予蠲免，俾该省小民催科不扰，益宏乐利之休。

是年，两淮灶户乾隆二年至十四年、甘肃元年至十年各逋赋皆谕除之。又以驾幸木兰，经临各州县有被雹灾者，免今年田租十之五，余免十之三。

臣等谨按：乾隆二十一年祭告阙里，二十二年幸江浙，二十七年春幸浙江，秋幸木兰。凡经临之地，分别蠲免，皆准是年谕旨行。

十七年，免长芦盐商逋课十四万两有奇。

十九年，恭谒盛京陵寝，礼成，免奉天今年田租，户部庄头粮免万石，各旗地米豆草免半，壮丁米悉除之。

二十一年，幸阙里，免曲阜县明年田租。又以用兵西陲，民劳输挽，甘州、肃州、凉州、安西各卫，皋兰一县今年赋银米刍悉予放除；宁夏、平凉、巩昌、兰州四府田租免十之三，全省乾隆十一年至十五年逋赋、十年至十五年所贷牛种皆勿收责。

是年，免齐齐哈尔、黑龙江、墨尔根、呼兰所贷种食在本年以前者悉除之。

二十二年，圣驾南巡。谕：免江苏、安徽、浙江本年以前逋赋，并免江宁、苏州、杭州三府今年租；其江南乾隆十年以前漕项、两淮乾隆十七十八十九年灶赋、浙江漕项屯饷沙地公租及贷种未偿各积逋，悉予放除。

是年，免甘肃十六年至二十年逋赋，并免甘州、凉州、肃州、安西、皋兰今年田租。又免直隶沧州、静海、南皮并山东海丰县各逋赋。

二十三年，免甘肃十六年至二十二年逋赋。二十四年，免甘肃明年租；西安州县分三等免本年田租有差，其安西瓜州屯民二十二年所贷牛具悉予放除。

二十五年，征西大兵凯旋，免甘肃明年田租。

二十六年，幸五台。谕：免山西经临及驻跸之地今年租十之三，其五台县乾隆二十四五年所贷仓谷，石楼、阳高二县缓征、带征各银谷皆勿收责。

是年，免宣化府八年至十八年逋赋。

二十七年，幸江浙，谕：免驻跸之江宁、苏州、杭州三府附郭诸县今年田租；其江苏、安徽、浙江免二十二年至二十六年灾田缓征及地丁之未入者，如二十二年例行。又免两淮灶课带征银九千两，浙江民屯田租、漕赋、灶课诸逋银二十六万四千两，各有奇。回銮，又谕曰：朕巡省江浙、畿辅所过地方应征额赋，前已特颁恩旨，分别蠲免，但念各属尚有节年民欠未完之项，分年缓带钱粮尚应按数征收。兹回銮沿途体察民依，宜敷恩泽，着再加恩将乾隆十二年至二十五年大兴、静海、龙门、宣化、怀安、万全、西宁、怀来、蔚州四旗等十州县厅未完地粮银七千一百余两、改折银六千六百余两、屯粮一万六千余石概予豁免，其自十九年至二十五年各属因灾缓带地粮银八万六千七百余两、改折银九千一百余两、屯粮六万三千余石，并着加恩，于本年起限再分作三年带征，俾民力益纾，得资耕耨。

三十一年，谕曰：朕统御万方，孜孜求治，唯以爱育黎元为念，自御极以来，蠲赐所逮不下千亿万。乾隆十年，曾恭依皇祖普免直省钱粮恩例，蠲除天下额征正赋二千八百万有奇，唯岁运漕米向以供给俸饷廪糈之用，非水旱特蠲例不普免。恭阅《皇祖实录》，康熙三十年特颁恩旨，将各省起运漕粮通行蠲免一周，大泽均沾，庆逾常格。仰唯皇祖冲龄践阼临御之三十年春秋，未及四十；朕年二十有五始登大宝，膺祺受祉，迄今亦阅三十年，际重熙累洽之会，必世昌期均等泰运，其为庆幸倍深。兹荷蒙上天眷佑，列祖鸿庥，函夏谧宁，疆宇式辟，北庭西域二万余里咸隶版图，外有耕屯之获，内无馈饷之劳，且连岁年谷顺成，庶物丰殖，京通仓储尽有余粟；天既诞贻乐岁，惠洽升平。朕自当仰体天心，以推恩黎庶，是用敬承嘉贶，茂继前谟，使薄海亿兆并裕仓箱之庆，所有湖广、江西、浙江、江苏、安徽、河南、山东应输漕米，着照康熙年间之例，于乾隆三十一年为始，按年份省通行蠲免一次。户部遵旨，议定：乾隆三十一年，免山东、河南二省，三十二年免江苏省，三十三年免江西省，三十四年免浙江省，三十五年免安徽省，三十六年免湖南省，三十七年免湖北省，以次递行蠲免。

是年，上幸木兰，免所经地今年额赋十之三。自后岁以为常。

又谕：云南近日莽匪滋扰，其未经被扰之处一切派拨土练，修理桥梁，急公踊跃，免附近普洱之普藤、猛旺、整董等十三土司本年额征条编正耗及米折银三千余两,正耗粮六百余石,并免猛笼一处宿逋。

又谕:前经降旨将各省漕粮分年普免一次,期使海宇黎元均沾闿泽,但闻漕粮款内尚有例征折色及民户输银官为办漕者,虽征收银米不同,其为按田起漕之例则一也,着再申谕各省州县,内有征折色者一体概令蠲免。

三十二年,上巡幸天津,免经过地方及天津府属今年额赋十之三。又普免天津府属节年尾欠及上年缓征银七万三千两有奇,屯谷三千四百余石;又节年因灾出借并旧欠及上年被水出借谷十三万一千一百余石,均予放除。复以畿辅地方共切近光之慕,将直隶通省各属节年尾欠未完地粮银四万九千五百余两、屯粮六万六千四百余石一体蠲免。

又谕:各省督抚届轮蠲漕米年份,谕各业户亦令佃户免交一半。

是年,以滇省缅匪滋扰,军务方殷,免本年额赋,其大兵经过之地及永昌、腾越、普洱三府州全行蠲免,其余亦免十之五。又普免近边各该土司本年额赋,明年谕免亦如之。

三十四年,谕:免云南办理军需地方及永昌、腾越、普洱三府州明年额赋十之五,并免直隶、河南、湖北、湖南、贵州等省大兵经过各州县明年额赋十之三。

三十五年,谕:朕寅承丕绪,抚有万方,申旦求衣,无日不以勤恤民依为念,是以劭农省岁,减赋逭征,不靳多费帑金,蕲①间阎共征康阜,溯在乾隆十一年丙寅,朕御宇周旬,肇敷闿泽,曾恭依皇祖普免天下钱粮恩例,蠲除直省额征正赋二千八百万两有奇。越前三十一年丙戌,际当必世兴仁,益唯比户饶裕是计,复下诏将应征漕米省份照康熙年例概蠲一次,俾各仓箱盈衍,倍积耕余。迩年以来,寰宇乂宁,民气和乐,唯上天孚佑我邦家,洊锡康年,颂符绥屡,朕只膺昊苍鸿眷,其可不究泽推仁,以与我海内元元,答兹嘉贶。我国家席全盛之模,内外经费度支有盈无绌,府库所储月羡岁增,因思天地止此生财之数,不在上即在下,与其多聚左藏,毋宁使茅檐蔀屋自为流通。乃者仰绍列祖贻庥化成熙洽,为民藏富欣际斯辰,且今年为朕六十诞辰,明岁恭逢圣母八旬万寿,普天欢祝,庆洽频年,尤从来史册所未有,是宜更沛非常之恩,以协天心而彰国庆。兹用乘春颁令,诞布阳和,着自乾隆三十五年为始,将各省应征钱粮通行

---

① 蕲,同"祈"。

蠲免一次。其如何分年递蠲之处，着大学士会同该部即速详议具奏。

又谕：乃者恭奉皇太后安舆展谒两陵，前已降旨蠲免所过地方十分之三，兹跸途所至，小民扶老携幼欢迎爱戴之忱，特切朕心，深为嘉悦，着加恩将经过州县及天津府属所有乾隆三十一年至三十三年未完尾欠地粮银共五万一千八百余两、年粮项下本色谷豆共五千九百余石、又节年因灾借谷共十二万六千一百余石普行蠲免。又免直隶通省未完尾欠地粮银一千二百余两及应征本色尾欠谷豆二千八百余石、改折二千六百余两，并因灾缓征银十二万四千九百余两、谷豆八千二百余石、改折银一千二百余两一体蠲免。

是年，免甘肃临边各属明年应征番粮草束，其河东西屯粮草束免三之一。又乌鲁木齐新疆户民额征屯粮草束，谕免亦如之。

三十六年，免福建台湾府属额征供粟一十六万余石，并免广东广、韶等府州属官租及屯田旷军余羡学租等项银两十分之一。其四川征收米豆杂粮并各厅营土司夷赋及本折贡马，一体蠲免。

是年，上恭奉皇太后安舆巡幸山东，免直隶经行地方本年正赋十之三。复念去岁天津等处被灾较重，免沧州等五州县借欠谷三万八千余石及天津县常借未完谷三千六百余石，至经由之东安等四州县借欠谷三万八千余石，及宝坻等五州县欠谷一万八千余石，均予蠲免。其顺天府属之武清一县被灾尤重，免十之五。又以便道诣谒阙里，间阎欢欣供役，免上年歉收地方正赋十之五。复以泰安、曲阜为驻跸之地，除本年田租，并免济南各属借欠谷四万九千余石、东平所未完灾缓地丁银四千八百余两。又灾借麦本未完之济南、武定两府属五千八百余两，兖州、曹州等六府属九万八千余两全行蠲免。

又谕：朕巡幸木兰，今岁雨水较大，着加恩蠲免十分之五。

三十七年，免奉天、锦州米豆额赋，又免山西太原等六府、辽沁等八州及归化城各协应征本色米豆十之三，其大同、朔平二府地处边瘠，全行蠲免，并将口外清水河厅米折银两免十之三，其和林格尔等处应输折色银两一体全蠲。至太仆寺牧厂地亩向系本折兼征，其折色照地丁例全蠲，本色亦蠲免十分之三。

又免浙江温台所属玉环厅额征租谷二万一千余石，海宁县天涨沙地租银一千二百余两。又以江南苏州等属积欠现在仅有尾欠五万余两，急公可嘉，特谕免之。

是年，又免陕西上年西安等九府州额征本色并存留谷租粮及延安等三府州本色粮草，其已经完纳者准作本年额赋。又免甘肃各厅州县节年民欠仓粮三百七十六万五千余石。

三十八年，谕：朕此次巡幸淀津，业将经过州县未完民欠概予蠲免，但念三十六年被灾最重者二十四州县，其宛平等十五州县积欠已在经过普免之列，唯通州、宝坻、三河等九州县非銮辂经行所及，仅免三十五年以前，而其地多有经过各州县界址毗连者，此征彼免，小民未免向隅。着将此各州县三十六年份未完缓带地粮银一万五千六百六十两三钱、本色豆四百八十一石九斗九合，亦一并蠲免。

是年，免直隶霸州等七十五州县厅节年灾借仓粮二十三万八百余石、屯粮项下米谷七千九百石有奇。

三十九年，以川省自征剿金川以来，群黎踊跃奉公，其大兵经行地方及未经办差之九十厅州县，节年出夫运粮，分别差务繁简多寡，将乾隆三十九年以前缓征钱粮蠲免有差，其各土司夷民均属奋勉出力，并一体酌免贡马夷赋。

四十一年，因金川平定，祗谒两陵，礼成，恭奉皇太后巡幸山东，免沿途经行地方本年正赋十之三，其通州、三河等十三州县厅及大兴、宛平等十五州县并沧州、交河节年缓带灾借等项银粮麦豆悉予放除。又以畿南一带，其灾区之不值跸途者，如霸州、保定、文安、大城等二十州县缓带灾借等项银米，亦概行蠲免。谕曰：朕因两金川荡平，祗奉安舆恭诣泰岱，辇路所经，加恩优渥，而泰安、曲阜为驻跸之地，尤宜广敷惠泽，着将该二县乾隆丙申年应纳地丁钱粮全行蠲免。

免水陆经行之德州、禹城等州县卫历年积欠。其跸路未经之邹平、新城、齐东、陵县二十一州县卫灾借等项银谷，悉行宽免。又以入境以来小民夹道欢迎，倍觇亲爱，将德州、寿张等十一州县并临清等州县缓征漕项银米悉谕除之。

四十二年，恭奉孝圣宪皇后梓宫诣泰东陵安奉，免沿途经过地方本年额赋十之五，易州免十之七。

是年，以福建台湾府属官庄租息现值轮蠲之年，照上届例免十之三。又陕西、甘肃向有额征粮草例不入蠲，均特谕免之。其河东西蠲免屯粮草束，悉依上届之例。

四十三年，上恭谒泰陵、泰东陵，及三月清明节恭诣祭谒，免经行地方本年正赋十之三。谕曰：辽沈为我朝鸿业肇基之地，风俗敦庞，人心淳厚，兹由山海关至陪京恭谒祖陵，跸路所经，村村殷阜，老幼欢迎，扶携恐后，嘉惠之余恩施宜渥，启銮日业经降旨，免所过地方钱粮十分之三。着再加恩将奉天所属府州县乾隆四十四年地丁正项钱粮通行蠲免。又将各庄头本年仓粮一万余石免其输纳。其盛京、兴京、辽阳、牛庄等十五处旗地应纳刍粮，亦免征一半。

又谕曰：各省漕粮于乾隆三十一年普免一次，兹蒙昊苍眷佑，累洽重熙，敬体天心，爱养亿兆，用是再沛恩膏，着于庚子年为始，复行普免天下漕粮一次，俾藏富于民，共享盈宁之福。交户部详悉妥议具奏。

四十四年，谕：朕此次敬谒泰陵，恭祭泰东陵，及四月释服恭诣祭谒，所有沿途经过地方，着加恩蠲免本年地丁钱粮十分之三。

免湖南乾州、凤凰、永绥三厅及城步、绥宁二县苗粮，照三十五年例。

又谕：户部议覆富勒浑等《奏销川省军需项下，分别民欠商欠专赔分赔各款》一折，其中如民欠一款，念办理金川军务，买粮运饷，悉发官帑，丝毫不以累民，而川省百姓挽输负送，各出其力。今于大功告藏之后，复令偿还前借帑项，朕心实所不忍，所有该省民欠津贴及采买站夫口粮共银一百九十六万八千四百余两，均着加恩豁免。再商欠一项未完米价脚价银九十八万六千九百余两，虽有亏缺实情，并非侵蚀，其实在家产尽绝，无可着追者，并着加恩一体豁免。又"报销项下与例案不符各款，请分别专赔分赔，于通省文职内按年在养廉内扣半赔补"等语，因思平定金川之事，费帑六千余万两，期使番民永除后患，何必以此摊于报销之案累及各官，所有专赔分赔银二百八十三万二千余两、粮米十五万三千六百余石及代赔无着、一半商欠应扣通省一半养廉，并富勒浑与升调别省各员应扣一半养廉，俱着加恩，一并豁免。

是年，免陕西延、榆、绥三府州属民欠常平仓粮十二万三千石、社仓粮一万三千石，各有奇。

四十五年，圣驾南巡，免经过直隶、山东省本年正赋十之三，又免直隶顺德、广平、大名、天津四府属节年灾借谷八万四千石、银九万八千两，各有奇，并免山东历城等二十一州县缓征银十三万四千两、临清等七州县缓征谷二万六千石、社谷二千四百石、麦种合谷三千二百石，各有奇。

免江浙水陆经行地方本年额赋十之三。

又谕：江省为财赋重地，兹入疆伊始，渥泽宜覃，将江宁属乾隆四十四年以前积欠银四十五万二千两、米十七万二千石，苏州属未完银二万三千两、米十二万九千石，安徽属未完银四十万七百两、米麦谷九万七千石，各有奇，俱一体全行蠲免。又以两淮灶户僻处海滨，生计艰苦，其各场历年未完银三万五千余两悉予豁除。

又谕曰：朕巡幸江浙，取道维扬两淮，商众踊跃抒忱，并应一体加恩，所有应还川饷项内尚有未缴银一百二十万两全行豁免。又以江宁、苏州、杭州为省会驻跸之地，并附郭诸县，本年额赋悉除之。

是年，福建台湾府属额征供粟、山西太原等十六府州并清水河厅太仆寺牧厂和林格尔等处本折粮银、广东广韶等府州属应征各项银谷，以轮遇普蠲之年，悉照上届例分别蠲免有差。

四十六年，上幸五台，免经过直隶、山西各州县本年正赋十之三，又免五台县未完借谷三千六百石有奇，其顺天、保定等府州县属未完谷四万七千石米三万四千石、麦三千四百石、银五万一千八百两，各有奇，并免之。

是年，以江苏河滩地租欠项递年积压，特谕免之。又以甘肃靖远、安定等七县今岁承办军需，民情踊跃，将本年额征银粮免半输纳。

四十七年，上幸盘山，免经过地方本年正赋十之三。

又谕曰：淮南商人应缴提引余利银两，前经降旨加恩，将来完银展缓分作二十一限缴完，今该商等已完至第十三限，其余八限尚应缴银三百八十六万六千余两，此项提引余利弊由高恒而起，该商等按限完缴已经过半，朕思恤商即所以恤民，着加恩于未完银内豁免二百万两，其余仍按原限完缴。

四十八年，上恭谒泰陵，免经过地方本年额赋十分之三。

谕曰：豫省自办理大工以来，历次部拨及动用司库银千余万两，无非为百姓保护田庐，所有采办料物雇募人夫，俱于例价之外宽裕给值，俾小民踊跃趋事，其例价外酌增银两，自应分年均摊带征还款，但此次为数甚多，而上次漫工案内又尚有摊征未完银九十余万两，若按年带征，民力未免拮据。朕自御极以来，普免天下地丁钱粮者三次，普免各省漕粮者二次，不惜万万帑金，又何靳此千余万库项而令小民每年于正赋之外多此征输耶！所有此次所请分年摊征银九百四十五万三千九百二十余两以及上次摊征未完银九十四万五千余两俱着加恩普行豁免。复以南岸开挑新河，考城、商丘以下系山东曹县地方，查明东省挑河例，价外酌增夫工各项银共二十二万余两，俱予放除；又甘肃积年未完银二十四万六千两有奇，粮一百三十八万九千石有奇，分年带征仍不免追呼之扰，特旨兑之。

是年，上临幸盛京谒祖陵，免奉天所属府州县正赋；其各庄头及旗地应纳刍粮，照四十三年例宽免。

四十九年，上幸江浙，免直隶、山东经行地方本年额赋十之三。又免顺天、保定等十二府州属未完谷十五万五千余石，并免山东利津、沾化等二十一州县卫灾借籽种牛具银十一万八千余两、谷十万一千余石。

又谕：将江宁所属积欠地丁漕项银三十六万七千两、民借未完银十五万一千九百两、米麦豆十八万九千石，各有奇，苏州所属地丁等项银四万五百两、民借银一千二百两、漕项等款未完米豆三万八千石，各有奇，安徽所属地丁等项银三十七万三千两、民借六万一千两、漕仓等项银八万三千两、漕粮等款米麦豆六万五千石，各有奇，全行蠲免。

又免江浙省会驻跸之地附郭诸县本年额赋。其杭州、嘉兴、湖州三府属本年应征地丁钱粮共一百九万余两，免十分之三。

又谕：甘省逆回滋事，一切挽运粮草有需民力，除今年田租，其业经征收者，作明年正赋。又免自乾隆三十八年至四十六年压欠银一百六十余万，并免民欠存留项下银五万一千余两，粮二万五千余石，民番未完草束价银二十万四千余两；又历年民欠耗羡银一十万二千余两，粮四十五万二千余石，一体放除。

五十年，上幸盘山，免经行地方今年正赋十之三。

右赐复。

免科①

顺治元年，除明季加派三饷及召买津粮。

三年，除直隶任丘县水淹地租。

四年，除江南淮、徐无主荒地租。有主者，量免额赋三年，漕米一年。

---

① 免科，国家对应该缴税的纳税户给予一次或永久性赋税减、免待遇。主要包括恩免、灾免等。

七年，免湖广蕲州、麻城、罗田、蕲水、黄梅、黄冈六县五年六年荒田额赋。

八年，除山西荒田赋二万八千四百九十顷，西安新荒民屯废藩地赋并虚限丁银三万七千三百九十两、粮一千二百八十石，各有奇。

是年，除直隶安州芝麻、棉折征额赋。

九年，除陕西庄浪、西宁、肃州故绝抛荒水淹沙压各地赋。

十一年，减江西瑞州、袁州二府浮粮。

康熙元年，除江南海州移内地民所遗海滨田租。

二年，除广东、福建海滨无主田租。

九年，除邳州、海州、宿迁、沭阳、通州、泰州坍没田租。

十年，除河南陕州，江南灵璧、临淮各包荒古荒租赋。

是年，定各官诈报垦荒致民赔累者，准勘明豁免。又定蠲除漕粮，并随漕银米亦准蠲。

十三年，除江南丹徒、金坛、江滨坍没田租。

二十一年，定：筑堤占用民田，其漕粮奏除。

二十六年，恩诏：除康熙十三年以后加增杂税。

二十七年，除江南丹徒县海滨地康熙十八年以后坍没田租。

二十九年，谕：朕近见广东高州、琼州等府所属州县地丁各项钱粮，累年每致逋欠，如果丁阙地荒不能输纳。着该督抚将实系户口稀少，田租荒芜，徭赋无从办纳州县积年所欠钱粮数目，详悉查明，具奏议除。广东高州府吴川县、琼州府临高、澄迈二县，自十八年至二十八年未完地丁银十有二万八千六百两，米四千六百石，各有奇。

三十年，除江南睢宁县废阙地丁额赋，其本年以前逋者并勿收责。又除通州海门乡坍田银四百九十二两，米麦一百十二石。

三十一年，除云南邓川州水石冲压荒田额赋。

三十四年，除山西津、荣二县河壖坍没田租。

三十八年，除浙江鄞县海潮冲没田租凡千有七十余亩。

三十九年，除鄞县坍没田租。

臣等谨按：鄞县十一都三图近海田地，旧有塘闸御潮蓄水，自顺治十七年冲没，田淹租缺，至是，乃豁除。

四十九年，除江南荒地银。

五十二年，除江苏荒地银。

五十三年，除浙江奉化县水没田租。

六十一年，谕曰：闻陕西、甘肃二属各州县卫所地丁银，每钱额外征收三厘，米每斗额外征收三合，以为备荒之用，此项徒有加赋之名，而无赈济之实。着自雍正元年为始，将额外征收银米永行停止，如有旧欠，亦悉予豁免。

又谕：京师琉璃、亮瓦两厂官地，每月按间计檩征租，相沿已久，朕念两厂多系流寓赁住揭本经营之民，情可悯恻，嗣后止征地租，免其按间计檩，逐月轮输。

雍正二年，除浙江仁和等十一州县水冲沙压地租。又除江西南昌、新建、丰城、进贤、奉新、宁靖、安七州县浮粮。

三年，怡亲王允祥奏减苏松浮粮。奉上谕：苏松之浮粮，向日部臣从未陈奏。常廑皇考圣怀，本欲施恩裁减，朕仰体皇考爱民宽赋之盛心，将苏州府额征银豁免三十万两，松江府额征银豁免十五万两，着为定例。俾黎民轻其赋税，官吏易于催科，可饬令地方官知之。

是年，除江南丹徒县滨江坍没田租凡百八十一顷二十三亩有奇，又免台湾凤山县番妇口赋。

臣等谨按：凤山县八社额征丁赋，番妇每口征谷二石。今以雍正三年为断，计八社番妇一千八百四十四口，折纳谷三千六百八十石，自雍正四年为始，准此征收，免其计口纳赋。

五年，谕：各省之中赋税最多者莫如江南之苏松二府、浙江之嘉湖二府，考四府赋税加重之由，盖始于明初籍富民之田以为官田，按私租以为正赋，此洪武之刻政也。明二百余年减复不一，我朝定鼎以来，仍照明例征收，盖因陆续办理军需，经费所在，未便遽然裁减，皇考圣祖仁皇帝常论及此。雍正三年，朕仰体皇考圣心，已将苏松二府额征浮粮豁免，今特沛恩膏，将嘉兴府额征银四十七万二千九百余两着减十分之一，计免银四万七千二百九十余两；湖州府额征银三十九万九千九百余两，着减十分之一，计免银三万九千九百九十余两，共二府免银八万七千二百八十余两，永着为例。

六年，除陕西西乡县康熙六十一年浮粮银千二百三十九两九钱有奇。

七年，谕：除湖南武陵县宿郎堰湖滨淹田额赋。

八年，湖南永顺土司改土归流，照原额秋粮分则新科，仍免科一年。

九年，谕曰：朕闻淮安府阜宁县属射阳湖地方，于雍正五年题升淤地八千一百余顷，升租银四千余两，又康熙五十九年丈量射阳湖北岸滩地案内升四百余顷，应升银一百七十两，皆系有银无地。小民赔累难堪，向来积欠累累，从未清完，甚属累民，着将前项升地八千六百五十顷四十九亩零、租银四千二百六十一两有奇，悉行豁除，以苏民困。

又江南开河筑堤占废之民屯田，陕西武功县之坍没田，福建宁洋县无征铁税，凤山县庄地阙额赋银，悉予免科。

十三年，皇上登极，恩诏：苏松浮粮前已蒙世宗宪皇帝谕旨裁免四十五万，以纾民力，但江省粮额尚有浮多之处，着再加恩免额征银二十万两。

乾隆元年，谕：江苏淮安府属之桃源县、徐州府属之宿迁县、睢宁县沿河地亩淹涸靡常，雍正五年涸出，睢宁县报升地五千三十九顷，宿迁县报升地四千七十二顷，桃源县报升地三千八百四十二顷。嗣蒙世宗宪皇帝以淤地勘报不实，令河臣会同督臣委官查勘，共豁地七千二百余顷，万民感颂。存地五千七百余顷，照各县成例折算实地三千五百余顷，科则亦经减轻。其淮安一卫裁汰改归州县征收，乃比年以来，仍催征不前，盖此淤出之地即旧有粮田，是以民力维艰，输将不继也。朕既洞悉其中情事，自当加恩开除，以纾民力，着将宿迁、

睢宁、桃源三县见存新淤涸后改科地粮额征银六千五百四两全行豁免，其雍正十三年淤地未完钱粮亦免征收，至水沈地亩仍照例每年冬勘。

是年，江南泗州安河两岸淤地，甘肃狄道县、山东郯城等二十八州县、河南祥符等四十二州县荒田，又山东章丘县诈报垦荒各赋，悉令除免。

定新设湖北鹤峰州长乐县，雍正十二年至乾隆元年免其升科。

<u>臣等谨按</u>：鹤峰长乐本容羡土司地，自雍正十二年改土归流，至是，奏报起科。得旨：照容羡原征秋粮之数为额，仍免三年，至明年<u>起科</u>。

二年，谕：江苏阜宁、盐城二县有滨河地亩，淹涸靡定，有司误报升科，小民纳赋甚觉艰难，着该督抚确核地亩额征银数，悉行豁免；其从前未完之旧欠一并赦除。

是年，江南高邮等五州县河堤民房租，湖北沔阳州未经清丈田雍正十三年、乾隆元年逋赋，山东商河县碱地赋，甘肃河西各州县卫所随征马粮，悉予免科。

三年，除四川射洪等六县坍没田租。

四年，谕：云南勋庄变价一案，尚欠银千八百二十九两有奇，此项田屡被水冲沙压，难以耕种，承变各户逃散，无可着追，颇为地方之累，着将应征银准予豁免。

是年，西安、同州、凤翔三府水冲屯庄银米悉予除免。

五年，除河南中牟、封丘等十四州县水冲沙压各荒地额赋，并除郑州地户①积逋。

六年，除湖南湘乡、临武二县坍荒田租。

七年，除浙江钱塘县及河南洧川等十一州县河坍沙压荒田额赋。

八年，谕曰：朕闻浙江温台二洋，为渔船采捕之所，从前玉环未经展复以前，凡渔船被汛兵需索陋规，无异私税，后因展复玉环，地方官恐经费无出，遂将陋规改收涂税，此一时权宜之计也。朕思滨海编氓，以海为田，每岁出没于波涛之中，捕鱼糊口，生计淡薄，应加轸恤，着将此项永远革除，免致不肖官弁、丁役苛刻需索，扰累贫民。

是年，除湖北兴国、黄冈二州县荒田租。

九年，四川水，被决田一百九十六顷二十四亩有奇，冲没碾榨磨共十有九座，并除其租课。

十年，除江西乐平、德兴、玉山、宜黄、陕西合阳各坍荒田租。

十一年，除江苏城租。初，居民沿城构屋，赁地输租，后屋毁他徙，租遂逋悬，州县率以罚锾抵解。至是，禁滥罚，始奏除之。

是年，谕：减直隶庆云县额赋十之三，着为令。又浙江云和县坑炉税、广东琼州府杂税、福建无着渔课，悉予免科。

十二年，免直隶、天津苇渔课。

十六年，谕曰：朕闻常州府属之武进、阳湖二县，开抵役田租银一

---

① 地户，租种他人土地的佃户。

项,原系前明时虚田领价,后因本户逃亡,株连亲族,各将己产开抵,实非前明原置之田,亦非当日领价之户,小民条粮役租①,力难并输,以致积年拖欠。朕省方所至,民隐勤求,清问既周,倍深轸念,着将武进、阳湖二县开抵役田除应办条漕②,仍照民田一例完纳外,其新旧租银概予豁免,以除民累。

是年,除浙江淳安、临海、瑞安,陕西吴堡各县坍荒田租。

十七年,除甘肃狄道等十五州县坍荒田租。

十八年,浙江山东灶地、安徽太平县、福建台湾府及直隶四旗通判、热河八沟同知所辖田地,其坍荒者免科。

二十年,谕:诸罗县民陈天松等系海外穷黎,垦荒追罚与抗欠额赋不同,且历年久远,上年台属又被灾伤,情殊可悯,所有未完罚粟及折价银两,着加恩即予豁免。

二十三年,上念山东海丰县东北乡黎敬等五庄,低洼易涝,谕:勘改下则征收。

二十九年,免湖北汉阳县积年坍田租凡五百五十顷六十亩有奇。

三十一年,谕曰:滇省、山东田少,水陆可耕之地俱经垦辟无余,唯山麓河滨尚有旷土,向令边民垦种以供口食,而定例山头地角在三亩以上者照旱田十年之例,水滨河尾在二亩以上者照水田六年之例升科。第念此等零星地土,本与平原沃壤不同,倘地方官经理不善,一切丈量查勘,胥吏恐不免从中滋扰。嗣后滇省地头地角、水滨河尾俱着听民耕种,概免升科,以杜分别查勘之累。

又湖广汉川县汈汊垸地势低洼,每多水患,将垸内上八总民田红粮三则均改为渔粮上则征收,其均田科则改为渔粮下则征收;至下八总民地内应征南米,照上八总南米一并减免。

三十六年,除临清及陵县沙压盐碱硗地亩租赋及江苏江宁、震泽、清河坍荒田租。其泰州坍荒田亩民逋悉除之。

是年,除江西袁、赣、饶、建各卫所水冲沙压屯田粮。又直隶喀喇河屯厅所属被水粮地,并巴里坤垦不成熟地六千三百亩,俱予免科。

三十七年,湖北江陵县、直隶永定河下口、江苏宿迁县各修筑月堤,

---

① 条粮役租,正项地税和抵役田租。
② 条漕,条银和漕项。条银,应指田赋正项(明"一条鞭"的含义)。漕指漕项。

占废田租并予豁免。其水冲沙压之江苏靖江县属十顷二十八亩有奇，甘肃中卫县属一千九百九十四亩，陕西兴平县属二十三顷五十二亩，又合阳县属五十余顷，一体免征。

三十八年，直隶文安大洼联络四淀，向来涨涸靡常，上念各业户所有地亩积水占田，粮无所出，虽水小时尚可佃渔觅利，究不若力田收获之多。嗣后视积水之多寡以定赋粮之等差，水大则全行蠲除，水小量行减赋。

是年，山西丰镇厅属旗地五百六十顷二十亩、直隶涿州民地九十七亩、浙江仁和场荡地五千三百亩有奇，均被水冲坍，又湖北监利县创筑月堤，占压田亩六十三顷有奇，悉予免租。

三十九年，免浙江钱塘、桐庐、余杭、临安、乌程各县属，及江苏上元、江宁、清河、六合、上海、江浦、震泽、铜山、常熟各县属坍荒及筑堤压占田赋。又除直隶怀柔县属，江西新昌、宁都等五州县属冲坍田亩额租。

四十年，甘肃朔宁县属沙压地一千三百余亩应征刍粮，永行豁除。又免山丹县草湖等渠坍没地七十七顷一十三亩田租。

是年，湖北监利县筑堤挖压之军屯田，江苏江宁、镇、洋、丹徒各县属坍没占废田，均予免科。

四十一年，除福建建阳、台湾县属、江西新淦新城县属、江苏桃源、浙江仁和等县属冲坍田地租赋。

又免江苏丹徒县坍废田地漕米四百四十九石有奇。

四十二年，免直隶喀喇河屯水冲沙压地亩租赋。

四十三年，除江苏常熟、娄县、嘉定、长洲坍没田租及浙江仁和场、三江场被潮坍没灶课。

四十四年，除江苏沿江坍没田租及常熟、嘉定所属坍没田地漕赋；并免甘肃高台县水冲沙压地亩额征。

四十五年，谕：阿桂所奏修复马港河西堤残缺之处，及接筑无堤处所，联至北潮河西岸民堰，以御倒漾，自应如此办理。其二套以下由北潮河入海之处，既系路捷势顺，设遇漫溢，正可分泄盛涨，俾尾闾益得畅达，转可不必添建闸坝。云梯关以外，原不必与水争地，今二套以下既为分泄盛涨之道，则马港河堤东滩地即不能保无漫溢，其应征减则地亩钱粮，着交萨载等查明，奏请加恩豁免。

是年，免河南孟津县坍没田租，并甘肃平番、碾伯二县被水冲没地亩应征刍粮，永行豁除，以免民累。

四十七年，浙江仁和场、仁和仓、三围等处坍没，存减则地九百二十亩有奇，自乾隆四十五年为始，令予豁除。

四十八年，浙江仁和场、扶基等处粮地续被坍没，又直隶怀柔县水冲地亩，均予豁免额赋。

四十九年，谕：苏州藩司所属地丁漕项、公田余租等款积欠银粮，业经概予蠲除，因思吴县公田已与民田一律交纳条银、漕米，并加征义租。嗣因该县有积年无着田粮，复于公田征收余租米二千二百余石，抵补无着虚粮七百余石外，尚余米一千四百余石留为该县地方公用，历年均有拖欠，民力拮据。所有该县无着田粮，除照旧于此项余租征收抵补外，其留备地方公用应征米一千四百余石，着永免征收。

五十年，免河南郑州水冲堤压废地租赋。

右免科。

免役

顺治元年，除各旗壮丁差徭。其粮草、布匹亦永停输纳。

二年，除江南丹徒、丹阳二县明末加派马折银[①]。

三年，免浙江钱塘、仁和县间架房税。

七年，除江南桐城、潜山、太湖、宿松、休宁、句容六县逃丁额赋。

十一年，除江西逃丁额赋。

十八年，准江南江宁、如皋、海州民能修理烽墩马路者，各免一年差徭。

康熙十二年，除河南签派河夫。

十六年，禁有司罚民修筑城楼垛口。

三十三年，圣祖仁皇帝南巡，免山东、江南经行各州县卫所丁银。

三十八年，除江宁市廛岁输房号廊钞银[②]。

五十二年，恩诏：嗣后编审增益人丁，止将滋生实数奏闻，其征收办粮，但据五十年丁册定为常额，永不加赋。

---

① 马折银，明朝时，养马户原来定时向官府交马，后来折收银两，名为马折银。
② 房号廊钞银，此处当指明朝市场出租店铺所收的银钱（类似市肆门摊税性质）。

五十四年，定社仓捐谷免徭之例。富民能捐谷五石者，免本身一年杂派差徭，有多捐一倍二倍者，照数按年递免。

雍正二年，禁官司科派。大小文武官到任，其属官或吏役均不得科派兵民供具。或官司指称修署，借端派累兵民者，文照科敛、武照克扣律各坐罪。如上司官徇庇，或勒令属员修署供具者，均论如律。又定官署内遇有所需用物，照市价工给时不得科敛，违者论罪。

六年，核天下丁银实数，尽匀入地粮征收，永罢口率之赋。

八年，谕：新设永顺一府，所属永顺、龙山、保靖、桑植四县火坑、锄头、烟户等名色钱一概删除，令该户自行开报开垦地方，官给以印照，永为世业。

十三年，皇上登极，谕：山西大同、偏关、老营、水泉三汛兵丁缴纳徭银，向在饷银内扣交，每年征银六百八十两有奇，着自乾隆元年为始，将此项蠲除，永着为例。

是年，除江南太平县江夫河篷杂赋。

乾隆元年，甘肃地震缺额丁赋、湖北未经摊减丁赋、福建南平县浮多丁赋、江南网户鲫鱼折色银、陕西坍地徭银，悉予免科。

五年，谕曰：朕闻江省岁额钱粮，地丁、漕项、芦课、杂税之外，又有名为杂办者，不在地丁项下编征，仍入地丁项下，汇入分数奏销，款目甚多，沿自前明，迄今赋役全书止编应解之数，未开载出办原委，即有开载出办之处，亦未编定如何征收则例。于是，有阙额累官者，有征收累民者，有累在官而因以及民者，有累在民而因以及官者。朕心轸念，特颁谕旨，除有款可征、无累官民之项仍照旧征解，但须核明则例，立定章程，明白晓示，以杜浮收隐溷等弊。其实在阙额有累官民者，着督抚确勘，请旨豁免。

十一年，除江苏杂办各赋。江苏杂办钱粮有城租、吏养班余米、军饷、碾饷折谷等项，均系有款无征，与五年原奉谕旨相符，至是，奏明准以十一年为始悉予豁除。

又谕曰：从前朕巡幸直隶地方，见城垣多有残缺，皆因不能随时堵筑，以致出入践踏逾越成路，因令大学士等寄谕各督抚，令其督率有司，留心整饬。嗣据巡抚硕色奏请分别工程，一千两以上者俟以工代赈之年，动项兴修；一千两以内者，令该州县分年修补，除土方小工酌用民力外，其余即于工费项下支修。朕将伊折令各督抚阅看，俾其仿照办理，但须善为经纪，勿致累民，而各督抚中遂有因此奏请开捐土方，并将各官养廉合力捐修者，或经批示，或经议驳，俱未准行。今鄂弥达核奏折内，又称"按田起夫，诚恐占田之户必派之佃田之家，不若暂借税银生息以备修补"等语，此奏甚属错误，全不知朕本意矣。盖城垣为国家保障，其责全在地方官员，其所以酌用民力者，盖因各处城垣偶有坍损，地方官并不查禁，任民践踏，甚至附近居民竟将城砖窃取以供私用，是以令于农隙之际，酌用本地方民夫补葺，使民知城垣之设，原以卫民，己身曾用力于其间，则遇有坍损自然护惜，不肯任意践踏，且随时修补亦易为力，此上下相维之义。并非令其按田起夫，竟成赋额之外增一力役之征也。如鄂弥达折内所称者，恐各省督抚亦错会朕旨，或致办理未善，致有累民之处，用是特颁此旨，晓谕各督抚知之。

二十七年，令生监不得滥充社长、圩长、牙行、埠头各项杂役。

三十七年，谕：李瀚奏请停编审造册，所见甚是。编审人丁，旧例原因生齿繁滋，恐有漏户避差之弊，是以每届五年查编造册，以备考核。今丁银既皆摊入地粮，而滋生人户又钦遵康熙五十二年皇祖恩旨，永不加赋，则五年编审不过沿袭虚文，无裨实政。况各省民谷细数俱经该督抚于年底专折奏报户部，核实具题，是户口之岁增繁盛俱可按籍而稽，更无藉五年一次之另行查办。嗣后编审之例，着永行停止。

三十八年，谕：今年七月间，据陈辉祖奏，请将该省民屯新垦丁银随年摊征，批交该部议奏。旋经户部核准，并请行查各督抚就本省情形酌筹，妥议具奏。嗣据直隶等省陆续议奏，大概请仍旧制者居多，则陈辉祖所奏及该部所议皆未为得当。国家承平休养百有余年，闾阎生齿日繁，岁有增益，向来编审人丁、按丁科则，自康熙五十二年我皇祖特颁恩诏，永不加赋，即以是年丁粮之数作为定额。朕临御以来，无时不以爱养斯民为念，讵肯于丁粮区区毫末之赋稍存计较乎！若以新垦民屯地亩复将丁银随年摊纳，是与小民较及锱铢，尤非惠下恤民之道。所有各省办理丁粮一事，无论已未核奏，俱着悉仍其旧，毋庸另议更张，其湖北、长芦二处已经该部核准者，亦不必行，仍令照旧办理。

皇朝文献通考卷四十五

国用考七

蠲贷

灾蠲

顺治三年，以江西频年旱涝，其今年漕米之未兑运者罢免之。直隶成安等七县水，湖广兴国等十州县旱，免今年田租。

四年，陕西西安、延安、平凉、临洮、庆阳、汉中六府雹，免今年田租。

五年，山东夏津蝗，免今年租。朝城罹土贼之患，除其逋粮。

六年，直隶真定、顺德、广平、大名四府水，免今年田租。山西太原、平阳、汾、辽、泽五府州被水，免租亦如之。

是年，定：凡遇灾蠲免，于起存项下均减。如存留无余，即减起运之款。若有司藉无项可免，使民不沾实惠者论。

八年，湖广仓焚其被毁米豆，勿责。

是年，定：遇灾题请蠲免州县，以蠲免数日刊刻免单颁发，其已入者，明年以实除之，官吏不给免单者，以违旨计赃论。

十年，直隶之房山，湖北之襄阳、黄州、荆州、德安，湖南之常德、岳州、永州，江苏之扬州、淮安，安徽之凤阳、庐州，山东之济南、东昌各府，并免今年灾田额赋。

是年，定：州县被灾八分、九分、十分者，免十分之三；五、六、七分者，免二；四分者免一。有漕粮州县卫所，准改折。康熙十七年，增定灾地，除五分以下不成灾外，六分免十之一，七分、八分者免二，九分、十分免三。雍正六年，谕：改免被灾十分者七，九分者六，八分者四，七分者二，六分者一。乾隆元年，谕：被灾五分之处亦准免十分之一，永着为例。

十一年，直隶八府、山东二十一州县、江南五州县、浙江二十二县卫旱，并免今年田租。湖广石门蝗，陕西汉阴雹，免租亦如之。

十二年，直隶夏蝗雹、秋水旱，被灾者三十六州县卫，免今年田租。江南、浙江、江西、山东、河南、湖广水旱，山西、陕西夏雹秋霜杀禾，皆偏灾，免租亦如之。

是年，西安、延安、平凉、庆阳、巩昌、汉中五府地震，凡被灾之兵民丁徭、田赋悉予放除。

十三年，直隶新乐、河南彰德蝗，河南卫辉、湖北武昌、湖南常德水，山西大同、陕西清水、洛川二县、靖远、洮、岷、凤翔等卫所雹，并免灾田租。其陕西被雹之延绥镇、神木县，被蝗之山西和顺县，免田租十之三。

是年，除江西逋赋。

十四年，直隶霸、蓟等七州，宝坻等二十一县，保安等三卫、梁城一所雹，免今年田租。武清、漷二县水，免租如之。江西、浙江、湖南、广东间遇水旱，免灾田租亦如之。

十五年，湖北水，免灾田租。直隶蠡、雄等八县，山西五台县，陕西潼关辛庄各屯卫雹，免租亦如之。河南朴县被雹灾田，免秋粮十之三；浙江绍兴、宁波飓风，按灾分免赋有差。

十六年，江西旱，被灾者四十五县，免今年赋银粮，并蠲贵州贵阳等六府。湖南澧州等七州县卫旱，直隶赵州等六州县、河南睢州等十四州县卫、江苏淮安、徐州、扬州、安徽凤阳、湖北天门等六县卫水，并免今年田租。河南汤阴县雹，免租亦如之。其被雹之直隶庆云、唐县，按灾分蠲免有差。

十七年，河南河决，睢、杞、虞城、柘城、永城、夏邑六州县灾，免今年租。彰德府属旱，免租如之。江南邳、萧、宿迁、沭阳四州县，湖北蕲州、广济县、直隶曲阳县水，免租亦如之。其直隶被水之新安、丰润，免十之二，被旱之江南睢、宿州、盐城，按灾分蠲免有差。

十八年，浙江旱，被灾者二十九县，免今年田租；江西鄱阳等四县、湖北沔阳州、直隶保定、霸州、新城水，免租亦如之。其湖北被水之黄梅、广济，免十之三。被雹之直隶新河，免亦如之。陕西同州、临潼、岐山、扶沟、眉县雹，山东金乡、定陶旱，各按灾分蠲免有差。

康熙元年，直隶、江南、山西、河南、四川水，江西、浙江旱，湖北水旱偏灾，各免灾田额赋有差。

二年，直隶、云南、四川、贵州水，江南、湖南旱，浙江、江西、湖北水旱，甘肃雹偏灾，免灾田额赋有差。顺治十七年，山东淄川等四县蝗，十八年，江南青浦等二十七县卫旱，康熙元年，福建闽县等十二县、四川建昌等卫、陕西西凤、兴安等府水，至是，奏免其年各灾田额赋有差。

三年，江西四十一州县旱，按分免赋有差。直隶、江南、浙江、福建、湖广、陕西间被水，免灾田赋亦如之。

是年，户部言：凡遇灾伤之地，将应征额赋停征十之三，以竢题免，庶民沾实惠。从之。

四年，山东、山西旱，免今年田租。其山西旧通以及山东宁海、栖霞被兵疫之各州县卫荒亡诸赋，悉予放除。其余直隶、江南、浙江、江西、湖广、河南、陕西间遇水旱雹灾，各免赋有差。

是年，左都御史郝惟纳言：凡灾地田赋免若干，丁赋亦应免若干，庶贫民恩泽均沾，下部知之。

五年，江南桃源、赣榆蝗，湖北沔阳、黄冈十二州县卫旱，陕西镇原雹，并免今年田租；其余三省州县被旱、蝗、雹及间遇水之处，各按分免赋有差。江西西宁等三十五州县旱，浙江象山等六县水，甘肃霜，免灾田赋亦如之。

六年，福建龙溪等五县旱，免今年田租。甘肃宁州等六州县疫，田租丁赋并免一年。其直隶、江南、浙江、山东、山西、陕西、湖广间遇水旱蝗雹，各免灾田额赋有差。

是年，定凡蠲免有司官将应免者取每图里长结状，分别送部科查核，如已征在官，不流抵次年及不扣除应蠲分数，一概征比侵蚀，或经题定蠲数后不即出示晓谕，或称止蠲起运不蠲存留，或由单内扣除不及蠲数者，州县卫所官均以违旨侵欺论。上司不行详察使灾黎无告者，道府降三级，督抚司降一级，均调用。又定蠲免流抵。如蠲本年者填明次年由单之首，流抵次年者，填明第三年由单之首，州县卫所官不开载实数者论。八年，又定灾伤不得以阖邑地亩通算分数，仍按区图村庄地亩被灾分数蠲免。

七年，直隶水，凡五十州县卫灾，其被灾十分、九分者，谕除其租七分，八分者免十之四，余如例行。被水之江南淮、扬二府属，各按分加免一分。河南之安阳、临漳给复三年。浙江之临海、天台二县卫及甘肃被旱之庄浪等五县并除今年田租，其余安徽、湖广间遇水旱，各免额赋有差。

是年，山东地震，免灾民额赋准水旱例行。

八年，陕西水，免南郑田赋粮亦如之。眉县地为砂石所压，不能耕者，永除其赋，余免租十之三。其余江南、河南水，山西雹，直隶水且雹，并免灾田额赋有差。

是年，以陕西平凉、临洮、巩昌三府屡被灾荒，除逋赋银七万八千三百两，粮十六万三千石，各有奇。

九年，直隶博野等二十九州县水，开州等十四州县旱，山东济阳等二十九州县旱，潍县雹，济宁州水，各免额赋有差。其余被水之州县江苏二十四、安徽八、浙江五，被旱者河南九、湖北六，免赋亦如之。其织造局种蓝田之被灾者，免今年靛。

时以淮阳数被水，罢本年漕，其康熙六年以后逋漕银米，皆勿收责。又以山东康熙七年地震，免灾地赋银二十二万七千三百两有奇。

是年，定：遇灾蠲赋并令免田户之租，从吏科给事中莽佳之请也。

十年，江南淮安、扬州水，除二府康熙元年至六年逋赋。江宁、徐、海等府州蝗，凤阳等府旱，直隶文安、安肃等州县夏旱秋水，以及山东、河南、浙江、湖广、陕西被水旱蝗雹虫灾者，各免本年田租有差。

是年，浙江巡抚范承谟以临海、太平、平阳、石门、乌程五县，温州一卫频年遭值饥馑，其康熙元、二、三年随漕行月逋赋，请援康熙八年恩诏蠲免地丁逋赋之例，亦予赦免。从之。明年，又奏免石门县康熙三年轻赍银，平阳县康熙元、二、三年月粮，各随漕逋赋亦如之。

十一年，江南灾。邳州等五州县按灾分各加免二分，并免沭阳漕赠银，兴化等五县、大河一卫全免今年租；其去年、今年漕赋银米亦予放除；余免灾田税租各有差。时直隶、河南、山西、陕西、湖北间遇水旱虫蝗霜雹之处，按分蠲免，亦如之。

是年，除各省逋赋。凡康熙元年、三年江南之仪征卫，三、四、五年湖南之常宁县，四、五、六年陕西之西安、凤翔、汉中，六年浙江之太平、松阳、景宁、湖南之衡州卫，七、八、九年湖南之各属，九年江南之泰州、江都、山阳，十年高邮之湖地、山东之兖州各田租之未入、入或未备者悉除之。

十二年，直隶霸州、宝坻等十三州县卫、江南六安赣榆等七州县、河南辉县水，湖南浏阳等三县、浙江仙居县旱，各免今年田租有差；又以江南苏、松、常、镇、淮、扬六府屡灾，谕免明年租。

十三年，山东泰安等五十二州县旱，栖霞等六州县水，各免赋有差。其余被水州县直隶十、江南十有五、江西十有二，被旱者河南六，免赋亦如之。江南沭阳县旱，免十之一。直隶霸州水，陕西庄浪卫雹，并免十之三。

是年，除免浙江临安等四县逋赋银三万五千两，钱二千七百缗，米六千石，各有奇。

十四年，江南淮、扬、徐、凤四府属水，免灾田赋各有差。其直隶、江西、湖北、河南间被水旱，免亦如之。

十五年，江南河决，淮阳灾，免灾重者田租十之三，余各有差；又以闽、陕被兵，除其赋。其陕西之各宿逋，并勿收责。

是年，定：凡蠲免银增减造册者，州县卫所官降二级调用，司道府都事罚俸一年，督抚罚俸六个月。如被灾，未经题免之前报册填入蠲免者，州县卫所官罚俸一年，该管上司罚俸六个月。

十六年，免江西庐陵、赣州等四十一县卫被兵荒田今年租，其被旱之新建、浮梁等十六州县各按灾分蠲免。时江南淮、徐二府水，免亦如之。直隶任县水，陕西宁夏卫虫，免赋十之三。

十七年，以浙江近闽各县卫首罹寇灾，其去年田租谕勿收责。

是年，直隶、河南、江南、浙江、湖广、江西间被水旱之处，各免田租有差。

十八年，直隶地震，免通州、三河、平谷今年田租，香河、武清、永清、宝坻免十之三，蓟州、固安十之二。山东、河南、安徽、江西、湖广旱，山西雹，各免灾田赋有差。其安徽之安庆、凤阳、庐州漕赠银米亦予放除。又以江西、福建、湖北罹寇灾，历年逋赋令勿收责。

是年，定：凡赋税应蠲已征者，给印票，次年按数抵免。又定：蠲赋而官侵蚀者，照贪官例革职提问，上司官徇纵者，均革职。

十九年，直隶、山东、山西旱雹，免灾田赋各有差。

是年，除广西去年田租。

二十年，直隶、山东、江南、浙江、江西、湖北间被水，山西辽州榆社县雹，免灾田赋各有差。

二十一年，直隶、山东、江南、浙江、江西、湖广、广西、陕西间遇水旱虫雹，免灾田赋各有差。

是年，以山西太原、大同灾民多流亡，除逋赋二万四千四百两有奇，以今年为始，准给复三年。又以福建侯官等二十六州县被兵之后，其康熙十八年以来逋赋悉予放除。

二十二年，山西崞县、忻州、定襄、五台、代州、振武卫地震，免明年田租。山东新城县水，甘肃庆阳卫、安化县旱，均免赋十之三。

二十三年，直隶邢台等二十州县、湖北江夏等十五州县卫、江南宿迁县旱，免灾田赋各有差。河南磁州、安阳、汤阴雹，免赋亦如之。

上年，江西分宜等十七县卫旱，至是，奏免额赋有差。

二十四年，直隶新安等五县灾，命部员往勘，除其赋。山东、河南、山西、江南、江西、湖广间被水旱，各免灾田赋有差。

谕：直隶献县、河间县、河间卫，江南宿迁县、兴化卫、邳州、高邮州、盐城县，山东郯城县、鱼台县地方，今年重罹水灾，小民艰苦，所有康熙二十四年下半年二十五年上半年地丁各项钱粮，俱与豁免。

二十五年，直隶、浙江、湖北、甘肃水，江南蝗雹，免今年灾田租，各有差。时江南徽州、庐州、凤阳三府康熙十七年逋负银万九千五百两、米千一百九十八石，各有奇，至是，悉除之。

二十六年，直隶丰润县、山东博兴县水，山西沁州雹，江西宜春等十县旱，各免赋有差。

二十七年，江南水，免兴化县今年田租十之二，亳州等三州县各按灾分蠲免有差。江西宜春等十二州县、湖广崇安等七州县、浙江宣平县、云南开化府旱，免赋亦如之。

二十八年，春，圣祖仁皇帝南巡，谕：免邳州淹田今年地漕额赋及历年逋悬。秋，邳州等九州县复被水，仍按灾分各如例免租。

是年，湖北、江西旱，谕：免武昌等四府属二十州县、四卫所明年春夏额赋，荆州、安陆二府属九州县四卫今年未征及明年春夏额赋，其江西之宁州、袁州等三十二州县卫所均按灾分免今年田租有差。

二十九年，直隶灾，谕：免顺天、保定、河间、真定、顺德、广平、大名及宣化各府属去年未征并今年春夏额赋银五十七万五千两，粮八万六千百有十石，各有奇。

是年，河南开封、彰德、卫辉、怀庆四府、甘肃凉州卫古浪所旱，江南六合等十五州县卫、浙江余姚等五县、云南新兴、河阳二县水，各按分免赋有差。

三十年，陕西旱蝗，命大臣往勘，免西安、凤翔二府属明年民屯各赋，银米并蠲。时被旱之州县：直隶七十有七、河南二十有三、江南七，被水者：湖南三、云南十、江西一，被蝗者：河南二十六、山西七，各按灾分免租。江南被蝗之兴化县，今年田租则全除之。

是年，除康熙十八年至二十八年广东高州、琼州二府，二十八年直隶保安州各逋赋。

三十一年，江南六合等十三州县旱，沭阳县水，山西临晋、荥阳二县雹，各免赋有差。时以陕西西安连岁荒疫，谕：免今年额赋米亦如之。明年，上犹念西安、凤翔二府灾民，其康熙三十三年额赋复谕除之。

三十二年，直隶顺天、保定、河间、真定四府水，各按灾分免今年租，旋又谕：免明年额赋银米并除历年逋悬。山西十八州县水，各被雹，及江南、浙江、江西、湖北、偏沅遇水旱偏灾之处，并免灾田今年租，各有差。

三十三年，以山西平阳、泽州、沁州所属前被蝗旱，民气未苏，免康熙三十、三十一年逋赋银五十八万一千六百两，米豆二万八千五百八十石，各有奇。

是年，直隶安州等十一州县灾，免明年租。山东章丘县水，免今年租。广东南海等三县、福建闽清等三县水，各按份免赋有差。

三十四年，直隶宣化府霜灾，其今年、明年田租悉予放除。山西河津、荥河水，江西新淦、建昌、南康旱，各免赋有差。

是年，除江南邳州康熙二十四至二十七年逋赋。

三十五年，直隶三十二州县、江南三十三州县、湖北九州县卫水，免灾田今年租，各有差。

三十六年，直隶霸州等十七州县旱，江南山阳高邮泗州水，免今年田租。又以山西平定等十一州县岁比不登，免租亦如之。其浙江宣平县雹，江西星子等九县水，各按灾田免租有差。

是年，免去年顺天府密云县豆二千石有奇。其江南淮、徐、扬三府未入各赋，悉谕除之。

三十七年，直隶丰乐县旱，免赋十之三。其余被旱州县：浙江四，湖北七，被水州县：江苏八，安徽、陕西各十有二，福建三，并免赋有差。

是年，除江南高邮等六州县去年丁赋四万五千两有奇；旋又谕：淮安、扬州、凤阳等处比年水患频仍，屡赈屡蠲，被灾地方赖以安堵，但念久歉之余，恐致资生匮乏，着将海州、山阳、安东、盐城、高邮、泰州、江都、兴化、宝应、寿州、泗州、亳州、凤阳、临淮、怀远、五河、虹县、蒙城、盱眙、灵璧等州县并被灾各卫所康熙三十八年一切地丁银米及漕粮尽行蠲免。

三十八年，江南督抚以去年淮扬二府属灾，奏请蠲赋。户部议免三分。奉谕：淮安府属之海州、山阳、安东、盐城，扬州府属江都、高邮、泰兴、兴化、宝应九州县并淮安、大河二卫康熙三十七年未完地丁漕项等银十有九万两，米麦十万石，各有奇，着全予蠲免。旋又免凤阳府属十一州县及泗州卫去年地漕银米亦如之。

是年，江南、浙江、江西、湖广、直隶间被水，各免灾田今年租有差。其淮安、扬州明年地漕银米并予放除。又以山西十一州县歉收，除逋赋。

三十九年，江南水，免泗州、盱眙今年田租，高邮、清河等十一州县免十之三，上江、颍上等六州县，下江、邳州等十六州县，各按灾分免赋有差。其淮安、扬州、凤阳三府，去年地漕各赋令勿收责。

是年，直隶、浙江、西安间被水旱，免灾田赋有差。

四十年，陕西旱，免甘肃明年田租，以巡抚喀拜匿不以闻削职。其西安之被旱二十六州县卫所，各免今年田租有差。江南泗州、盱眙、五河及泗州卫水，免赋并除淹田逋租。

是年，河南永城县旱，直隶广平县、广东南海七县水，免灾田赋有差；又以直隶、霸州、文安、大城三州县地洼易涝，其历年逋赋，谕悉除之。

四十一年，山东、河南水，免今年灾田租有差。又谕：山东莱芜、新泰、东平、沂州、蒙阴、沂水，河南永城、虞城、夏邑被灾州县康熙四十一年地丁钱粮通行蠲免。

是年，江南亳、沛五州县卫、湖北河阳州卫水，浙江缙云县旱，各按灾分免今年租。

四十二年，山东大水，凡九十四州县灾，各按分免赋有差。其余间被水旱之州县卫：直隶二十六、河南十九、山东十六、江南三、浙江十三、江西六、湖北五、湖南七，免灾田赋亦如之。

时江苏巡抚宋荦奏言：徐州睢宁县频遭水患，其康熙三十七、八、九年未入额赋，请每年止带征一年。得旨除免，并除四十年岁租。

四十三年，谕：山东比年歉收，朕焦劳宵旰，未尝暑刻稍释于怀，今岁幸二麦毕登，秋禾稔获，但念被灾之后，若非大敷恩泽，终不能遽底盈宁，着将康熙四十四年地丁银米通行蠲免。又以直隶顺天、河间二府米价稍昂，谕免明年地丁银米亦如之。

是年，湖北荆山、湖南武陵、桃源、广东南海等六县、肇庆一卫水，免灾田今年赋有差。

四十四年，江南水，上下江三十州县卫灾，免今年田租有差。时被水州县：直隶二、江西四、湖广十有七、广东二，免租亦如之。福建台湾、凤山、诸罗三县旱，其今年额赋谕悉除之。

是年，谕：嗣后蠲免钱粮，如并免积欠，则带征俱免；如止蠲本年钱粮，则所有旧欠俱于次年征收，蠲免之年概不得开征，永着为例。

四十五年，江苏海州等十二州县、安徽颍州及颍州卫水，免灾田租有差。其被水之县：江西清江、新淦，直隶武清、东安，免租亦如之。

四十六年，江南、浙江旱，各按灾分免租。旋谕：免两省明年丁银六十九万七千七百两。田赋：安徽七州县三卫、江苏二十五州县三卫共银二百九十七万五千二百两，粮三十九万二千石，浙江二十州县一卫银九十六万一千五百两、粮九万六千石，各有奇。又谕：免康熙四十三年以前江苏漕项银六十八万七千两、米麦三十一万一千八百石，各有奇。

是年，直隶霸州等六州县、山东章丘等七县水，江西新喻等四县、福建台湾等三县旱，各免赋有差。

四十七年，谕：去年江南、浙江俱被旱荒，多方轸恤，民力稍苏。今岁复被潦灾，旋经照例蠲赈，但岁再不登，生计益匮，欲令办赋，力必难供。康熙四十八年江南通省地丁银四百七十五万四百两、浙江通省地丁银二百五十七万七千两有奇，着全行蠲免。

是年，湖北、湖南间被水旱之处，各按灾分免租有差。

四十八年，河南、江南水，山东旱，各如例免租。旋又谕免灾田明年额赋：淮、扬、徐三府属十九州县银五十九万三千八百两，归德府六县属银二十万二千四百两，兖州府属四州县银十有四万六千六百两，各有奇。又以浙江灾后民力未裕，其缓征漕米勿收责。

是年，直隶、湖北间被水，免灾田租有差。

四十九年，直隶霸州、庆云等七州县，江南舒城县水，各按灾分免今年田租。

兵科给事中高遐昌奏言：岁遇免租，佃户田租亦请酌免，下户部议，定业主蠲免七分，佃户蠲免三分，着为例。

五十年，直隶井陉县、安徽六合等九州县卫旱，山东鱼台等四县，江苏海州等十五州县卫，浙江安吉、长兴、诸暨三州县水，各按灾分免今年租。

五十二年，广东三水、清远、高要、高明、四会五县，福建侯官县、福右卫、甘肃靖远卫、环县、镇原县、固原州卫、平凉县、平凉卫、崇信县、庆阳卫、灵州所、会宁县、宁夏、中卫、宁夏所、古浪所岁不登，其明年各额赋银米及甘肃薪刍，谕悉除之。

是年，浙江临安、海宁等六县旱，各按分免今年租。

五十三年，各省被旱州县：河南二十有六、江南五十有四、浙江十七、湖北十，浙江、湖北又间被水，均按灾分免今年田租，各有差。

时甘肃靖边等二十八州县卫所被旱灾，谕免明年额赋，粮草亦予放除。明年，又谕：免康熙五十五年银粮，草束亦如之。

五十四年，直隶顺天、保定、河间、永平、宣化五府，谷耗不登，免明年额赋银八十五万八百两，米豆谷十有一万五千五百石，草九万四千九百束，各有奇。免陕西宁州、陇西、清源、狄道、临洮五州县卫明年赋银，粮草亦如之。

是年，江南邳州、华亭等十八州县，湖南安乡等四县，各按灾分免今年租。

五十五年，各省间被水灾州县：直隶五、山东六、江南十有五、江西三、湖北十有九、湖南八，各免灾田今年租有差。

五十六年，江南沛县、福建台湾、凤山、诸罗三县水，免今年田租有差。

五十七年，湖北钟祥、武昌等十九州县卫、甘肃凉州、古浪等五卫所旱，免今年田租有差。

五十八年，江南高邮等八州县水，浙江钱塘等二十一县旱，会稽、上虞二县风，甘肃会宁等十七州县卫旱，各免今年田租有差。

五十九年，江南扬州府五州县、湖北沔阳、武昌等八州县卫水，陕西宜川等六县、清平等十一所旱，各免今年田租有差。

是年，免直隶宣化、庆云等五州县米豆谷三万七千九百石有奇，以地震被灾故也。

六十年，陕西旱，命大臣往勘，除其租。其被旱之直隶、山东、河南、山西、江南、浙江，各按州县灾分免赋有差。福建台湾、凤山、诸罗以飓灾，并免今年田租。

雍正元年，以康熙六十一年山东济、兖、东、青四府灾，免、蠲余额赋银二十三万二千一百两有奇。

二年，江浙海潮溢，场地灾，其灾地雍正元、二年盐课之未入或入未备者，悉除之。

三年，直隶蓟州、清苑七十四州县水，免租有差。

四年，浙江仁和等州县水，按灾分免今年租。

五年，直隶玉田还乡河决，免灾田赋一年。湖北江水溢，咸宁、蒲圻、嘉鱼、汉阳、汉昌、江陵、黄陂、黄梅八县、武昌、武左、荆州三卫灾，谕免今年租，其已入者明年以实除之。

六年，浙江江山县水，免今年租。又免四川建昌镇属灾地明年租。

七年，云南曲靖府南宁县水，按灾分免今年田租。

八年，山东、河南水，免被灾州县漕米有差。

九年，免直隶霸州、文安、大城、丰润、沧州、静海六州县、梁城一所康熙三十四至四十二年逋赋。

上年，直隶古城、清河、西宁三县水灾，黑龙江墨尔根各官庄霜灾，至是，奏免是年额赋。

十年，山东泰安、滋阳等五十一州县旱，免灾田今年租有差。

是年，巡视台湾御史言：台湾彰化县经凶番扰乱，耕种失时，以雍正八、九两年未入银谷具奏，谕勿收责。

十一年，以江南徐州府属六州县去年被水，免其年田租有差。

十二年，陕西旱，阶州、靖远、环县及平原所各灾田，并免今年租。

十三年，谕：甘肃省入夏以来，雨泽愆期，着将雍正十三年应征地丁钱粮全行蠲免。

是年，四川水，巴津、长寿、綦江、涪、泸、永①、璧山、合江等州

---

① 永，指永川县。《读史方舆纪要·四川·重庆府》：永川县，本璧山县地，唐乾元二年份置永川县，属昌州。宋因之。元省入大足县。明初复置。

县九姓等土司各免今年租。

乾隆元年，浙江仁和等四县水，免漕白南米。湖北汉川、江陵二县水，免赋银南米亦如之。又贵州、云南灾，免今年租，其接壤贵州之湖南沅州府，免租亦如之。

江南海州、阜宁、盐城、兴化去年被水，至是勘奏，免去年漕米，其今年带征者亦勿收责。

三年，免陕西靖边等八州县灾田今年租，粮草亦如之。河南西华等四县水，按灾分免租有差。

是年，定：凡被灾地方，令总督、巡抚勘明，或分年带征，或按分数蠲免，临时具题请旨。再，丁银向未摊入地粮，不与地粮一例蠲免，自雍正六年丁银摊入地亩均征。嗣后若遇灾蠲，即将丁银入地粮统核均免，以昭画一。又定八旗余绝及革退网户各地被灾，均照入官地例准其减免。三年，江南旱，被灾州县田赋芦课各带征银米、江苏免赋逋一年、安徽三年，免安徽漕米如之。宿、凤台、灵璧、石埭四州县虽未被灾，所有因灾缓征逋赋，免亦如之。其余被灾州县，乾隆元、二年带征漕米及未被旱或被旱而不成灾州县积逋之力不能偿者，并准放除。

是年，除直隶逋赋。其宣化、永平之粮草、旗退入官之地租各逋赋，免亦如之。瓜州回民乾隆元年所贷种食勿收责。

四年，安徽宿、凤等十五州县水，合肥等四州县旱，免灾田各赋银粮。江苏旱，免江、常、镇、淮、扬、徐、海七府州乾隆二年逋赋。海、安东、萧、砀山四州县尤重，免雍正十三年、乾隆元年地漕逋赋，安东、泰、丰、沛、海、沭阳六州县复被水雹，其屯河各地租按分蠲免有差。又甘肃冰雹，被灾州县重者除今年额赋，其稍轻之泰安十五州县免今年应入银草，最轻之碾伯、灵州、中卫免去年应入银草，各有差。

是年以宁夏去年地震，免宁夏、宁翔、平罗、新渠、宝丰五县本年赋银粮草，其逋赋亦勿收；旋又谕免宁夏、宁朔、平罗三县银草一年。

五年，江苏丰、沛等十州县卫灾，免丁屯芦课、河租各银粮；陕西平罗县灾，免灾田今年赋银粮草，未被灾村庄及夏、朔二县免明年额赋之半，粮草亦如之。

是年，免安徽宿、凤台、灵璧、石埭四州县雍正十三年、乾隆元、二年正杂各逋赋。

六年，江南上元等二十八州县、湖南湘乡、临武二县水，免今年额赋；福建闽侯、官、长、连、建五县乾隆二年贷谷，台湾、凤山、诸罗三县乾隆三年以前未入银粟，至是悉除之。

是年，谕曰：朕御极以来，爱养黎元，蠲免正赋之外，复将雍正十三年以前各属积欠陆续蠲除，以息民间追呼之扰。今各省未完正项银米豆草并杂项租谷积欠已久，多系贫乏之户，无力输将，况江苏所欠独多，目今现被水灾，待恩抚恤，着将各项悉行豁免；再江浙二省尚有未完漕项银米豆麦，向来不在蠲免之例，今既蠲除各项，着将漕项一并免征。

七年，谕：江南上下两江今年水涨逾常，该督抚陆续奏报者不下数十州县，朕每一览奏，宵旰靡宁，已屡降谕旨，令该督抚加意抚绥，毋使失所。又特命大臣前往会同该督抚等，拯救目前之灾荒，永除将来之水患，但念此等被灾之地，夏已无收，秋更失望，小民困苦，其何以堪？况此数十州县，有今年被灾特甚者，有今年稍轻而连年被灾者，现有水涨未消，亟待赈恤，其流离颠连之状，时在朕心目中，所有本年应纳钱粮，着该督抚勘明被灾各州县，先行缓征，次第将确数分别具奏，请旨蠲免。寻遵旨，奏准蠲江苏所属江浦等二十九州县卫地丁岁赋、芦课、学租等银二十四万九千三十三两、本色米八千一百九十四石，又山阳等二十六州县卫漕项银三万三千五十三两五钱九分、米麦豆十有二万八千八百三石一斗六升，各有奇。安徽所属寿州等二十州县卫地丁漕项银十有七万八百十两四钱、米麦豆千八百三十六石三斗五升八合，各有奇。明年又续免江苏、安徽各灾地蠲余带征之赋，以苏民困。

是年，湖北荆州、安陆、汉阳、襄阳、德安五府、湖南长沙、岳州、常德、澧四府州、江西赣州、吉安、南安三府水，被灾州县，各按分免今年田租有差。

八年春，直隶、山东少雨，长芦场地灾，按分免赋。秋，山东临邑县霜灾，免今年租；江苏水旱，溧水等十五州县卫灾，免租如之；沭阳、赣榆、盐城、溧阳学租银米，免亦如之。

是年，甘肃皋兰、金、靖远、平番、灵、碾伯、高台七州县灾，免额赋粮草如之，并除皋兰等十三州县乾隆六年逋赋。

九年，直隶水，免天津、河间、霸州三十一州县灾民所贷种食。浙江水旱，凡三十二州县二卫三所八场灾，免各赋银米。

是年，又免陕西西宁县乾隆元年未完马粮，高台、平罗二县乾隆五年灾民所贷种食。

十年，除逋赋。江苏海安、东、萧、砀山四州县雍正十三年至乾隆元年未入地漕各赋，三年宁夏宁朔、平罗地震所贷耕具，五年、七年咸宁等县水，民屯地及更名地未入银米，八年皋兰、金、靖远、平番、灵、碾伯、高台七州县未入银赋粮草，悉予放除。

是年，江西玉山县旱，免今年田租有差。

十一年，江南水，江苏山阳等二十四州县卫灾，免民屯地漕河租各银米，其去年以前海、沐阳、赣榆三州县未入地漕银米，板浦等六盐场未入折价银，悉予放除。安徽三十三州县灾，免额赋米麦如之。

是年，直隶宣化府免屯粮三分之一，福建台湾免官庄租十分之三。

十二年，山东水雹，凡被灾者九十八州县卫，免赋银二十五万三千八百九十九两有奇。江南崇明县潮灾，免灾田今年租。

是年，除江南山阳等二十六州县乾隆七年蠲余未完地丁银米及诸杂赋。又以去年吉林岁不登，谕蠲额粮。江南泗州灾，除学租银米。长芦越支场水，按灾分免租有差。

十三年，浙江海宁县潮灾，免塘赋银米。

是年，上念去年崇明县灾甚，其蠲余各赋谕悉除之。又念直隶庆云、盐山县地瘠民贫，乾隆九年贷种令勿收责。

十四年，安徽寿州、凤阳、临淮、泗州、凤台、怀远、五河、霍丘八州县、凤阳、凤中、长淮、泗州四卫水，按灾分免今年田租有差。

十五年，谕曰：朕巡洛祝嵩，甫经丰乐镇，即已降旨蠲免经过州县十分之三，其地年岁顺成，是以照例蠲除。数日所过州县，体察农功，夏麦告丰，晚未觉歉，秋牟播种亦复待时，深为轸念，其歉收之处，着再加恩，统前蠲免十分之五，令该抚详悉查明，分别办理。

是年，江宁、淮安、扬州、徐州、海州五府州水，免灾田地漕银粮。浙江永嘉、乐清、瑞安、平阳四县、玉环厅、温州卫、永嘉场水，免赋银米谷。淳安虫，按灾免租有差。又去年山西之太原、蒲县、直隶之蓟州十七州县被偏灾，至是，大吏循例奏蠲额赋，谕将蠲余之赋各再免十分之三。

十六年，圣驾南巡，谕：朕清跸南巡，道由山左揽辔观风，知连岁有秋，视戊辰东巡之时，间阎大有起色，为之庆慰。尚念该省有积年缓征带征未完米谷，皆因灾出借之项，虽叠遇有收，而按年催比，民力不免拮据，着将邹平等属带征未完谷共九十七万五千余石概行蠲免。

又谕曰：朕车驾南巡，乘时布泽，蠲除积欠，叠布恩施，更念江苏之宿迁等州县上年被水稍重，虽经格外加赈，可以接至麦秋。着再加恩，将经过之宿迁、清河、桃源三县被灾贫民上年借出籽种银悉行免其征还。

又谕：江南扬州府属之兴化县，积淹荒废田亩钱粮，于乾隆九年起按年勘报豁免，其元年至八年原缓未完赋银米麦仍应分别催输，荒户殊为拮据，着将此项赋银米麦一并勘明蠲免。

又谕：徐州府属沛县滨湖地亩，近年以来，屡被水灾，所有应征租银，自乾隆十年起按年勘报蠲豁，而九年以前积欠未完租银，以不在勘豁之例，仍须按照输纳，贫民未免拮据，着将乾隆九年以前应征未完租银三千一百余两一并加恩蠲免。

是年，山东峄县等七州县，江南徽、宁、池、凤、和、广六府州，浙江海宁等州、县、厅、卫、所、场，湖南善化县间遇偏灾，各按分免灾田银两有差。

十七年，甘肃耀州等三十九州县厅旱，免今年田租有差。其余浙江、山东、湖北、甘肃间被灾，免灾田赋亦如之。

十八年，江南水，免安徽二十五州县卫、江苏三十二州县今年租。浙江仁和县盐场灾，按分免赋有差。

十九年，安徽泗、盱眙等州县水，免今年租。

二十年，浙江水，免仁和等州、县、场、所额赋银米。

二十二年，圣驾南巡，谕：江南淮、徐、海等属受水患有年，朕翠华南莅，周览土风，所过桃源、宿迁、邳州、睢宁诸州县，鹑衣鹄面，相望于道，而徐属较甚，朕心为之恧然增戚。国家所恃以拯患恤灾者，唯赈济一事。现在徐属七州县已降旨，加展赈期可至五月，并截留本处漕粮以资借粜，所以为斯民计者，不遗余力，而目击情形，于心实有所不忍，所见如此，未见者亦复可知。着再加恩将淮、徐、海三属各州县所有积年借欠籽种口粮，不分新旧，概予豁免，以纾痌瘝一体之念。唯是恩泽所施，非得贤守，令实力奉行，无由下究。况在积歉之区，尤资良牧，必得慈祥公正、实心任事之人，以父母斯民为已责，竭力区画经营，抚循培养，庶几日有起色。若任其因循阘冗，漠不关情，假手书吏，视为故事，年复一年，积疲重困，即是重费帑金，苍生何能免沟壑流离之惨，是以此方州县视他处更重，该督抚当慎加遴选，务得有猷有为悃愊爱民者以膺斯任，仍时时留心体察，有暇即亲行咨询，使穷乡僻壤民隐毕达。守令贤否，自不能掩,唯期于地方有益,该督抚其善体朕怀,毋仅以簿书期会为课吏先务也!其数府现任守令各官,着该督抚各出考语,具折奏闻,或有如所谕贤明之吏宜留任者,或有不能胜此而可以调他处事简者,其悉心详酌。一、二年后朕将亲临考察,若仍入其疆而田野不治者,则非守令之罪,将该督抚是问矣。着将此通行晓谕知之。

是年,河南夏邑、商丘、虞城、永城四县水,免积负,除田租二年。又以山东去年被水淹田未涸,令将济宁、鱼台、金乡、滕、峄五州县田赋、仓谷贷种悉予蠲除。济宁、鱼台之屯户及两淮灶户各逋悬勿收责。

二十七年,江苏、浙江灾,免清河、昆山等十一州县民屯田租、仁和等十七州县漕赋。

二十八年,山东济宁等八州县卫水,秋禾灾,免今年田租。

二十九年,甘肃巩昌等府属旱,免今年租。其云南江川、通海等五州县去岁地震,江苏江浦、海州旱,江西德化县封一等三乡水,并直隶蔚州、万全县,山东济宁等七州县卫,各按灾地蠲免有差。

三十年,湖北汉阳七州县卫、湖南益阳县、江西南昌三县、安徽安池五府州属怀宁等十六州县三卫水,均免租如例。又免直隶霸州、固安、永清屯户二十六年以前被灾积欠租谷八百石有奇。

三十一年,甘肃河东西去秋旱间被雹水风霜之灾,免靖远等一十四厅州县历年逋银三十七万四千余两、粮一百二十四万五千余石,并免陕西延安等三府州属逋粮四万六千余石、银一万一千余两。其山东章丘一十八州县卫水,直隶献县十八州县各被水旱霜雹等灾,各如例蠲免有差。

三十二年,免绥远城拒门、保安二处口外庄头灾地赋,并免江苏上元等十一县及扬州卫地丁、屯折、草场、芦课租粮。

三十三年,伊犁屯田回人应还三十年未及交仓被雪潮湿霉变粮,并三十一年被灾未纳粮共七万余石,除上年业经宽免带征一万余石外,尚应带交五万余石,上以回人等生业未裕,免之。

三十六年,以甘肃比岁叠被偏灾,免各厅州县积欠粮四百四万余石。又皋兰二十八厅州县上年夏旱,偏灾地亩并予免租。

是年,山西萨拉齐通判所属之善、岱、里、安、民等十村庄水,免租亦如之。

三十七年,免甘肃皋兰等二十五厅州县旱灾地亩银粮。

三十八年,江南水,安东、山阳、阜宁、清河、沭阳、海州、大河卫宿逋令勿收责。

三十九年，安徽寿州、凤阳等十州县卫水，分别蠲缓有差。又因黄水骤溢，免山阳、清河、盐城、阜宁明年租并淮安、大河二卫漕赋。其直隶霸州二十五州县旱，甘肃皋兰等厅州县夏秋俱被偏灾，各按分蠲赋。

是年，以逆匪王伦滋扰临清，酌免新旧城居民正赋。

四十年，江苏、河南、湖北、安徽、浙江、云南各有水旱偏灾，均按灾地分数蠲免。

四十一年，江苏上元等四十六州县卫、甘肃皋兰等三十一州县、安徽合肥等州县灾，并分别蠲赋。

四十二年，安徽宿州等州县卫灾，免其输赋。甘肃皋兰等二十九厅州卫夏秋俱被偏灾，免赋亦如之。

四十三年，河南旱，免被灾较重之汲、淇、临漳三县，缓征地丁银十分之四。

是年，以河南、山东雨泽稀少，民力拮据，将四十五年轮免钱粮即于本年普行蠲免，其已征收者准作明年正供。

四十四年，免湖南长沙十五州县灾田额赋有差。

四十五年，湖北、江苏、直隶偏灾，蠲免如例。

四十六年，浙江绍兴、金华府属灾，免赋有差。又江南崇明县风潮成灾，免今年租。

是年，以甘肃兰州、河州等处猝被逆回焚掠，谕免今年租赋。

四十七年，免直隶霸州等州县宿逋。

四十八年，江苏铜山等州县，山东邹县、利津等县灾，谕免其租，并免山东永阜场、江南沛县灶课杂税。

四十九年，河南、直隶旱，卫辉府属九县，怀庆、彰德、开封府属十六县，大名府属七州县灾，并免四十八年逋赋。又上年陕西延、榆、绥三府州属灾，其四十七、八两年逋赋，谕免亦如之。

五十年，谕：河南卫辉府属五县并附灾区之延津九县逋赋，概勿收责，并免今年租。受旱较重之开封、彰德府属祥符、内黄等十一县，免今年正赋十之五，次重之杞县、通许十州县免十之三，其历年积逋各按灾分蠲免有差。

是年，安徽旱，谕将五十一年轮免钱粮之年先于本年蠲免，其已征收准作明年正赋。

右灾蠲。

贷粟

康熙三十年，谕：山西平阳府、岳阳等八州县被灾人民，将五台、崞县储米借给。

是年，山西平阳府属十五县又贷太原、大同二府捐米。

三十一年，山东贷给贫民谷二十八万九千石有奇，以济春耕。

是年，山西夏闻等县将各州县分储米价分贷穷民。又陕西西、凤二府①旱，贷民种价。

三十五年，谕：直属宝坻等州县被水，今年钱粮业已免征，无可蠲恤，该府责成贤能地方官确察，实系穷民，借支仓米，务令均沾实惠，不致流离失所。

三十八年，直隶赞皇县，向因土贼为害，民多流亡，今渐归乡里，失业已久，资生无术，贷仓粮以给牛种。

四十一年，西安饥，运西宁米以贷贫民。

是年，山东海丰等州县水，将积储米谷借粜并行，以济穷民。

四十二年，以盛京所储米谷贷给捕牲乌喇虞人。

四十三年，定：河南现存仓谷，每年将一半存仓备赈，一半贷给贫民。

四十五年，畿辅米贵，减粜②常平仓米谷十之三；其穷民无力买者，于三分中酌贷一分。

四十七年，定：河南各州县常平仓米谷每年三分之一出陈易新。今将新储仓谷照常平仓例，不必限数，随民便贷给。

六十年，黄、沁水溢，直隶大名府长垣等四州县秋禾灾，以存仓米谷贷贫民之乏食者，不给，于截留漕米内动支。

是年，黑龙江灾，贷兵丁、水手等口粮。又陕西、甘肃去年灾，拨解户部库银二十万两贷给籽种，以济春耕。

雍正三年，山东黄水溢，曹县、鱼台县灾，以常平仓谷量贷贫民。

是年，定：直省贫乏兵丁有需贷粟者，该管官申督抚报部，随行州县

---

① 陕西西、凤二府，指陕西的西安府、凤翔府。
② 减粜，将常平仓存米谷以低于市价出售。

验实，取该管官弁印领贷给。又定：出贷米谷，各州县官必按名面给，秋熟后责入贷数，若吏胥诈冒领给致逋悬者，胥吏论如法，其逋数即于州县官名下责入，并论以失察之罪。

七年，广东城守、饶平、平镇三营，准于青黄不接时以仓谷贷给贫民。

八年，陕西西宁县、蔚州蔚县岁饥，贷民社仓谷，蔚州即以存储山西兵米酌贷。

乾隆二年，谕：各省出借仓谷，于秋后还仓时有每石加息谷一斗之例，如地方本非歉岁，循例出陈易新，则应照例加息。若值歉收之年，国家方赈恤之不遑，非平时贷谷者可比。若还仓时止应完纳正谷，不应令其加息，将此永着为例。

三年，定：广东贷粟停止加息，岁熟每石加耗三升，岁歉免耗。又定各省贷粟仍照旧例，分别年岁丰歉收息免息。至广东、福建向不收息者，如旧例行。至四年增定：凡年岁收成九分、十分及八分者，所贷粟每石仍收息谷一斗，五分、六分、七分者免。又定：本年收成五分者，缓至明年秋后责入。六分者，本年责入其半，次年全入。七分者本年秋后责入，免息。八分、九分、十分者，本年秋后责入，仍加息。

六年，谕：自上冬及新正以来，直隶、山东、山西、河南、陕西五省陆续奏报，均得瑞雪，春日载阳，土膏滋润，播种不可后时。着五省督抚转饬有司劝导小民，努力东作，其有贫乏之家籽种不足者，量为借助。

七年，谕：上江颍、凤、泗三属连年被潦，民困为甚，着将三属已赈贫民再借与口粮一月。其正月止赈之处，去麦秋尚远，最贫之民借与口粮两月。至五分灾不赈者，定例于春日酌借口粮，统于秋成还仓，若近处米谷不敷，由远处拨用，恐缓不济急，即照例用银折借。

是年，江苏之江浦、六合、山阳、阜宁、清河、桃源、安东、淮安、大河、兴化、铜山、沛、萧、邳、宿迁、睢、宁海、沭阳共十八州县卫麦苗灾，贷民种食。又凤阳、临淮等二十四州县卫水，贫民不能麦种，于附近豫省买二麦贷给，丰收后分两年责偿。又谕：贷民草价，以资牧养。

八年，谕：江南淮、扬、徐、凤、颍、泗等五府一州上年水灾甚重，兵丁食用艰难，准在司库借支一季饷银，于今年份作四季扣还。今朕闻各省粮价渐增，若再扣还借项，则食用更苦，着将前借一季饷银缓至本年秋成后散给各饷时扣起，作四季扣还。

九年，四川西昌县水，泸宁县雹，贷谷，秋后责入。南江县雹，贷谷，来岁秋后责入，均免息。冕宁县水不成灾，来岁青黄不接时量贷仓谷。

十年，江南凤台、颍上、城三县雹，贷种食，如仓谷不敷，即折贷。

是年，以直隶天津府属庆云县地瘠民贫，被灾后耕牛甚少，令天津府知府用银三千两，委官赴张家口买牛交庆云县散给无力贫民，田多者户给一牛，田少者两三户共给一牛，以资播种。

十一年，谕：直隶盐山、庆云、宁津三县，原属上年灾重之地，先经借给籽种口粮，此时想已告匮，着照大小户口再借口粮一月，以资接济。按亩借给籽种粟米四升，以资耕作。

是年，定：西安、榆林、葭州等七州县每岁于粜三谷内，将贷余粮米尽数出粜，价储府库，为次年贷给出口种地穷民牛具之需。

十三年，上轸念山东莱州府属之高密、平度、胶、昌邑、即墨五州县灾民，耕牛不敷犁种，谕：官买耕牛给民，以资力作，如十年庆云例行。

十六年，谕：今岁浙省被旱成灾，米粮昂贵，着加恩将浙省被灾各标协营绿旗兵丁，每名借给米二石，俟各省协济米运到及截有漕米之日，该督抚分次借给，于十七、十八两年内扣饷归款。

又谕曰：朕因浙省宁、绍等属歉收米贵，曾降旨将被灾各标协营兵令借给米粮，以资接济，念该省今年旱灾稍重，各属米粮一例昂贵。着再加恩将浙江通省兵丁每名借给一季饷银，于司库内动项借给，俟明年夏季后，分作四季扣还。

十七年，定灾民所贷种食，夏灾贷者秋后责入，秋灾贷者次年麦熟后责入，均免息。率限一年，自十七年为始，画一造报。

十九年，山东兖州、沂州、东昌府属及济宁州东昌卫、临清卫等处积水未涸，如例酌借。又江苏沛县之千三、千六等里，查明未涸村庄，将各贫民加借两月口粮。

是年，台湾、澎湖等处风灾，酌借灾户、乏食贫民。

二十年，因上年滇省易门、石屏两处地震，以常平谷济灾民。又江南淮、徐、海三府州属水，其涸出地亩尚可补种秋禾者，即行借给籽种，速令补种，务使口食有资。

二十一年，谕：上年江省被灾，米价昂贵，所有江宁驻防旗兵月支饷银或不敷买食，着按名借给一月饷米，以资接济，秋成后于应支月米内分月扣还。

又谕：晋省岢岚等处因上年收成歉薄，先后借出常平仓谷三十三万二千余石，今岁秋收丰稔，例应征收还项，但念该处承上年歉收之后，若与各项钱粮一时并征，民力不无拮据，所有借出常平仓谷，分作两年征还，以纾民力。

二十二年，上江所属之宿、灵、虹三州县及长淮一卫去秋被水，于例借口粮外，加借一月口粮。

是年，河南、直隶偏灾，甘肃碾伯、会宁三十八州县厅、江苏山阳十六州县卫、安徽宿州十州县卫均灾，贷籽本口粮如例。

二十三年，谕：山西交城等四十州县上年秋收稍歉，其借出社、义仓谷石，虽系民捐，例亦官为催纳，该处商贩稀少，本地产谷仅供民食，若依限责令还仓，小民未免拮据，着将乾隆二十一年份借出谷石，缓至今岁麦秋后征收；二十二年份谷石缓至今岁秋成后征收，此外八州县亦照此一体分别缓征。

是年，谕：山东之济宁、鱼台各州县，江南之徐州、凤阳所属，河南之归德、陈州所属，其中有实在穷民，牛具籽种不能接济者，即行借给。又福建福州、泉州、漳州各府属歉收，于社仓内借给麦本，来年秋收后免息还仓。

二十四年，甘肃皋兰等三十六州县卫旱，量借口粮银两。又谕：甘省连年歉收，明岁春耕，一切籽种口粮皆须酌借，向来原有折银借给之例，但该处粮价稍昂，若照常例折给不敷购买。着河西每石折价银一两四钱、河东折借银一两三钱，嗣于本年十一月再各加给银三钱。

是年，山东海丰等十六州县卫水，山西阳曲等三十九厅州县旱，均贷种如例。

二十六年，谕：直隶各属秋来雨水稍觉稠密，固安、永清等被淹地亩，其早能涸出尚可及时布种秋麦，有地无力之户按亩借给仓谷五升，仍宽期俟明年秋成后免息还官。至消涸稍迟之地，仅可布种春麦者，届期一例借给。

又谕：文安、大城、霸州、保定等属因漫口被淹各村庄，照前旨一体查办，至同时被潦之宁河、宝坻、蓟州等属，虽所损不过十之一二，现在天晴水涸，正可乘时补种晚稼及明年春麦，并酌量给借仓谷，俾贫民力作有资，以裨生计。

是年，山东齐河等四十五州县卫水涸出地亩，酌借麦本，令其播种。

二十七年，宿迁一带州县向来岁收歉薄，谕：从优酌借。

是年，甘肃靖远等十五县暨柳林湖屯田等处旱，借贷亦如之。

二十八年，直隶各属上年水，本年交河蝗，蔚州、万全雹旱，贷籽种口粮。

是年，山东济宁八州县卫、湖北沔阳、天门二州县卫水，甘肃狄道河州十二厅州县所属各村庄灾，分别酌借接助。

三十年，贷海州等六州县灾民籽粮。

三十一年，甘肃兰州等六府属、直隶献县等十二州县灾，并借给籽粮以资接济。

三十三年，江苏盐城、泰州、东台、兴化四州县灾，借一月口粮并籽种。又云南邓川、浪穹、鹤庆、剑川四府州县水，一体酌贷。

三十五年，谕：今岁古北口被水较重，该处驻防及绿营兵丁等所居房屋虽已赏银缮葺完整，而衣食之需尚恐未免拮据，着再加赏借一季钱粮分作两年扣还。又以今岁热河被水较重，热河驻防及绿营兵丁照古北口之例赏借。

三十六年，古北口水，其驻防及绿营兵丁照上年之例，于存仓兵米内赏借一季，两年扣还。

是年，陕西宝鸡县水，被淹滩地每亩借社粮五升，明年免息还仓。

三十七年，甘肃皋兰等厅州县偏被水旱雹霜等灾，令随时体察情形，酌量借给。

三十八年，安徽凤阳、泗州、盱眙、五河、江苏山阳、阜宁、海州、直隶天津、青县、静海、武清并水，如例贷之。

三十九年，贷江苏东台、兴化等二十一州县卫灾民。

四十二年，陕西咸宁等二十九厅州县旱，于常平仓内借给极贫者口粮两月，次贫者一月。

四十三年，河南去岁缺雨，谕：临河三十六州县存仓积谷各按县大小，尽数出借。其开封、彰德、卫辉、怀庆、河南五府属贫民，酌借一月口粮，并每亩借给籽种银六分。又以归德府属九州县、陈州府属三县，并许、汝二州情形略同，照开封五府之例出贷。

四十六年，谕：本年山东章丘等十县卫、又邹县等七州县卫被黄水淹浸，查明应行补种麦田，照例酌借籽种，归入来春借案造报。

四十八年，从四川总督特成额奏，酌留未经变价之义谷存储民间，照旧夏借秋还，毫不加息，以资接济。

四十九年，山东兖州、曹州、济宁三府属去秋缺雨，又东昌、临清二府州属上冬得雪未足，查明地在三十亩以下无力之户照例出借仓粮外，每亩再借给籽种银五分。又河南旱，其距河较远之处及祥符等三十三州县贫民，酌借一月口粮，每亩借给籽种银六分。

是年，直隶大名府属各州县旱，照四十三年办理成案，先尽社义二仓，次动未经买补之常平谷价及旗租平饭银两，按户计口，于五月先行借给一月口粮，大口三斗，小口半之，计元城等七州县共给谷八万八千二百余石，饬令秋后免息追还。

五十年，谕：豫省附近灾区之延津、浚等九县农民，酌借一月口粮，每亩借给籽种银六分。又借给江苏被旱最重之铜山、丰县等十一州县贫民口粮三月，次重之清河、盐城等五州县贫民两月。上念淮、徐仓储频年赈贷，所存粮石无多，其淮安一属，着该督抚就近酌拨调济。又于邳、宿一带水次截留漕米十万石，以八万石分拨徐州各属，二万石分拨海州各属备用。

是年，山东青州府属之益都等五县，沂州府属之兰山等四县灾，查明地在五亩以下贫民，户借给谷五斗。

右贷粟。

皇朝文献通考卷四十六

国用考八

赈恤

赈济

顺治二年，初定八旗赈济例。八旗涝地，每六亩给米二石，王、贝勒、贝子、公府属人役给米如之，其投充人带来地不准给。口外八旗、蒙古地按口名折给米银，许其沿边籴米，毋令进口。八旗游牧地每口月给米一斗，张家口者给米，古北口者给银。

五年，定：直省驻防官应给涝地米，随家口所在支给。

六年，停八旗踏勘灾地，遇灾，王以下食俸官以上，每岁照俸米倍给。

是年，定：岁灾荒，督抚即详查顷亩分数具奏。

八年，山东、江浙水，以仓谷赈穷民，以学租赈贫士。

十年，赈八旗贫人。满洲、蒙古每佐领下给布六十匹，棉六百斤，米百石。汉军每佐领下给布三十匹，棉三百斤，米五十石。

是年，定：凡勘灾，京城内外由户部、直省由督抚勘奏请赈。十六年，定：直省勘灾用道府府倅。康熙四年，定：勘八旗灾地，用骁骑校领催勘明结送户部具题。又定：旗人七岁以上为一口，六岁以下四岁以上为半口。其投充及用雇人勿与。

十一年，分赈八旗人涝地，每佐领下满洲、蒙古给食米二百石，汉军百石，管旗都统即以到通漕米酌量散给。旱地每六亩给米二斛，米折各半，折色视时直。守南苑海户，灾地不论旱涝，每六亩给米一斛。又发户、礼、兵、工部库储银十六万并内帑银八万两，分赈直隶各府饥民。

十二年，发内帑银二万两，赈八旗穷民。

十三年，赈给八旗满洲、蒙古，每佐领米三百石，汉军米百石；官员家人充兵者不与赈。八旗被灾地，每六亩米一斛。又发内帑银三万两，赈直隶饥民。

十四年，发内帑银十万两，分赏八旗兵丁及赈直隶饥民。

十六年，云南、贵州新入版图，发银十五万两赈济穷民。

十七年，定：奏报期限，直省灾伤先以情形入奏，夏灾限六月，秋灾限七月。州县迟报逾一月内者罚俸六月，一月外者降一级，二月外者二级，均调用，三月外者革职。抚司道官以州县报到日起限，逾限议亦如之。康熙七年，定八旗报灾不得过八月十日。雍正六年，增定勘报之官宽限十日，奏报之官宽限五日，统以四十五日为限。乾隆二年，定：凡遇水旱，督抚既入奏，即亲至灾所，率属发仓廪先赈，仍于四十五日限内题明加赈，赈毕，册具户口米粮各数题销。其被灾顷亩分数，于勘奏之日随疏声明，应蠲免数目，于勘奏日始，限两月册报。七年，定甘肃地气节候较异他省，巩昌、兰州、宁夏、西宁、甘州、凉州六府，肃州及安西、靖逆二厅，如夏秋二禾于六、九月灾者，仍旧限申报，或有限后灾者，准于七、十月望前申报。

康熙元年，定：八旗被水灾地每六亩给米二斛，蝗雹灾每六亩给一斛。

三年，八旗庄田灾，赈米粟共二百十三万六千斛有奇。

七年六月，山东地震，赈灾民。

九年，命大臣往勘淮、扬水灾。明年，又遣大臣同江南督抚截留漕米并凤、徐各仓米赈济灾民，人给米五斗，六岁以上十岁以下半之。又分设米厂食饿者，人日给米一升，三日一散，部差司官，每府一人同地方官验给。

是年，赈湖广竹山县被火灾民。

十年，八旗屯地旱，赈米百六十四万七百石。

十二年，山西饥，发银二十万两，命部员往会赈。

十八年，赈山东沂州等十三州县饥民。

是年七月，京师地震，发帑十万以赈旗民。

二十四年，浩齐特郡王以所属蒙古饥，请赈。从之。遣官运拜察储粟千石往赈。

二十五年，特遣大臣往赈凤阳、徐州属灾民。

二十七年，云南鹤庆府剑川州地震，死者每名给银一两，伤者半之，屋坏者每间银二两，无栖止者人给谷一石，幼者半之。

二十八年，谕：拨户部库银三十万两赈直隶饥民。

三十年，陕西西安二十七州县灾，拨山西银二十万两赴陕充赈，命大臣一人往验，每大口日给米三合，小口一合五勺，折价视时直，至明年四月终停赈。

是年，赈直隶十四州县灾民，每大口日给米四合，小口二合。

三十三年，赈直隶十一州县灾民，大口日给米三合，小口一合五勺，自二月至明年四月止。

三十四年，山西平阳府地震，命大臣一人往赈恤。死，大口给银二两，小口七钱五分。茸居户给银一两。

三十六年，谕：直省被灾地方，着差户部贤能司官一人，会同该抚等逐一亲行确勘具奏。

三十七年，山东济、兖、东三府属比岁不登，谕：举贤能司官一人，往会巡抚同散赈。

三十九年，发坡赖村仓粮，赈巴林二旗穷丁。

四十年，赈甘肃河州属土司，准内地每大口月给米一仓斗，小口半之。

四十二年，山东饥，上命户部官驰驿速往，截留漕运尾船米五十万石备用，并委八旗官各支库银三千两，前往山东会同地方官赈济。谕曰：赈济山东饥民，事关紧要，应分为三路，每路差大臣一人，与先差往司官一同往返巡查，于事有益。截漕粮亦属紧要，漕运总督见今无事，着作速前来，亲看截留其赈济饥民。官员所领虽系公项，若勉自效，有益于民，事竣回时，一并议叙。

是年，赈安徽凤阳属亳州等州县饥民，大口日给五合，小口三合。

四十三年，湖广监利县灾，每大口日给谷一升，小口六合，自十一月至明年二月止。

四十六年，谕曰：仓谷数少，未足遍给，唯各州县截留漕米可以实惠及民，目下时已届冬，总漕无事，着会同总督、巡抚亲往各州县被灾地方，备加查勘，将本年所征漕粮，每州县或留八九万石，或留十万石，酌量足支赈给之数，分别多寡存留支散。及今漕米尚未开兑，截见收之粮以济待哺之众，实于民生大有裨益。此朕殷殷怀保赤子矜念如伤之至意，户部即移文该督抚等实心奉行，仍开具赈济实数奏闻。

时以淮、徐、扬三府无存谷，用司库银十万两充赈，大口月给银三钱，小口半之。

四十九年，福建漳州、泉州旱，令截留今冬应运镇江漕十万石，运至狼山，截留松江、湖州漕各十万石，运至乍浦，令福建总督遣总兵官二人，用战船至狼山、乍浦，接运至二郡以赈饥民。

五十二年，赈四川茂州及平番等营堡地震灾民。

五十三年，以甘肃去岁薄收，民艰食，命大臣一人巡查兼行赈济，自二月至六月，每大口日给米三合，小口二合。

五十四年，蒙古被雪，损伤牲畜，运谷赈乌喇特十四旗、察哈尔八旗乏食人。

五十五年，顺天永平府属米价翔贵，拨京通仓米二十万石，令部院官往赈。

五十七年，索伦被水，发银一万两，遣副都统等往会黑龙江将军酌量赈济。

是年，发盛京仓山扎赉特固山贝子特固斯属下穷丁①。

五十九年，陕西饥，户部拨运银五十万两，差大臣率部院官，分西安、延安、兰州三路石济②，并将陕属常平仓粮六十九万二千石、甘属常平仓粮六十七万二千石充石③。旗人有情愿效力者，许自备银米赴部具呈，将职名送散赈官处，俟效力事竣，照银米之多寡核明议叙。

是年，直隶延庆、保安、怀来、河城、宣化、龙门地震，命大臣一人往赈。

六十年，谕：今春雨泽甚少，备荒要紧，着发帑金五十万两，差大臣往山陕地方买米赈济。

六十一年，特遣大臣赈直隶赞皇等四十二州县饥民，并发米各州县煮粥赈济。

雍正元年，直隶、河南、山东灾，各遣大臣一人往赈，直隶、河南则

---

① 本句，《康熙实录》卷281、《清通志》卷86，皆作"发盛京仓粮赈济扎赖特固山贝子特固斯属下穷丁"。
② 石济，本书四库全书本及《清朝通志》卷86均作"赈济"，当是。
③ 充石，本书四库全书本作"充赈"，当是。《康熙实录》卷290作"酌量动用"。

发仓谷及截留漕米充赈，山东出司库银十三万四千两，散给其耕种无资者，量助流亡者，令三省督抚招辑复业。

是年，郭尔罗斯、喀尔沁、扎噜特各旗饥，发帑七万两，命大臣往赈。

二年，发帑二万两，赈苏尼特四旗人。

三年，直隶饥，截留漕米二十万石、发通仓米十万石赈霸州七十二州县民三月，赈大兴等四县民一月。又谕：今岁直隶地方被水，小民乏食，恐停赈之后正值东作之时，农民谋食无策，着再加赈一月。

是年，江南睢宁、宿迁二县水灾，用积谷煮赈五月。

四月①，安徽所属水，无为、望江等州县煮赈五月。泗州，谕令布政使亲勘，用银二万两，按户散给。

五年，直隶还乡河决玉田县堤，遣大臣御史赍银二万两，分视被灾二十三州县，逐户计口勘查散赈。

是年，江南、浙江、湖北、湖南间被水灾，各发帑饬大吏酌量赈济。

六年，定赈济例。勘灾给粮，有司官必亲临，毋假手胥役里甲。近城之地设粥厂，远在四乡于二十里内各设一米厂，照煮赈米数，按口月给一次。至七年，增定赈济，毕，将赈过银米数目、户口姓名、月日刊示晓谕，以杜胥吏中饱。

八年，北河溢，直隶顺德、广平、大名、河间四府灾，遣侍郎、副都统、科道、翰林等分四路，每路各领帑银二万两前往勘察，仍动留漕改谷及捐谷散赈。三月，复遣大臣往，抚绥安辑，毋令迁徙失所。又河溢山东，江南赈滨河州县饥民，并给银以葺庐舍之水毁者。

是年，京师地震，发帑二万两，遣官分五路勘赈，每旗各赏银三万两，按名分给。

十一年，江南海溢，常熟、华亭等二十九州县灾。直隶丰润、蓟州等处亦被水，咸如例赈恤。

是年，赈科尔沁穷丁六千六百余名。

乾隆元年，谕：地方偶有水旱之事，凡查勘户口，造具册籍，势不得不经由胥役里保之手，其所需饭食、舟车、纸张等费，朕闻竟有派累民间，并且有取给于被灾之户口者。若遇公明之有司，尚知稽查禁约，至昏

---

① "四月"，本书四库全书本为"四年"，《清朝通志》卷123亦作"四年"。

十二年，山东大水，九十州县卫灾，截留山东、河南漕并运天津北仓米充赈。时据奏：实数赈济饥民共谷四十四万七千六百八十二石八斗，米五十九万八千六百十有一石二斗，银一百七十九万三千六百四十九两八钱，各有奇。赈济老弱残病贫民银七万八百七十四两六钱八分。

是年，江苏飓风海溢，崇明、宝山、上海、镇洋、常熟、昭文、南汇、江阴沿江海各县灾，上轸其艰，谕令兵民并赈。又直隶天津、浙江杭州、江南徐州间遇偏灾，咸赈如例。

十三年春，驾幸山东，轸念灾黎，令加赈外再加展赈，江南亦如之。秋，山东邹平等二十州县卫又被水，谕各省督抚酌运仓谷助赈。

是年，西安、福建旱，谕：河南泛粟以济陕；截留江南、浙江漕，海运以济闽。云南、山西、甘肃亦小有偏灾，咸赈如例。

十五年，赈上下江二十七州县被水饥民。

是年，盛京船厂久雨江涨，人给口粮一月。

十六年，浙东旱，被灾者凡五十四州县。又河溢山东，丹、沁水涨入豫，福建宁化、清流水入城，福安、寿宁风雨坏民庐舍，江苏之江浦、铜山、邳州、沛、萧、宿迁、睢宁，安徽之歙、绩溪、广德、建平、铜陵、寿、宿，山西之凤台、高平，陕西之朝邑，直隶之长垣，皆以灾告，常赈、加赈，各饬大吏加意抚辑，上尤厪念。浙东命截留漕米五十万石，谕湖广用仓谷碾米协济十万石，赈粜兼施，本折并赈，民用不困。

十七年，西安三十七州县、山西十一州县旱，民饥，饬赈如例。

十八年，黄、淮涨，淮、扬、徐灾，旋河决铜山堤，宿、灵、虹、泗等处亦被淹，命大臣往视，发帑截漕以赈饥民。又拨运江西、浙江、湖北、湖南、河南、山东、四川米协济赈粜。

是年，山东掖、潍、昌邑三县风灾，人给一月口粮。

十九年，淮、扬雨，下河处所复被水，农民、灶丁赈如例，并设厂于城，粥以食饥者。

是年，福建漳州属水，民饥，人给一月口粮。台湾、澎湖飓风，坏商渔船及民田庐，诸罗、彰化二县灾，云南易门、石屏地震，坏人民庐舍，均饬大吏动仓谷赈济。

二十年，淮、扬、徐大水，赈饥民，仍设粥厂。浙江杭州、湖州、绍兴府属亦被水，赈如例，设粥厂如之。

是年，山东沂州秋禾灾，加赈有差。

二十一年，江南十六州县卫、山东四州县卫水，偏灾，咸赈如例。

二十二年，驾幸江浙，念山东灾民，命加赈外，各展一月。因谕曰：豫省之夏邑、商丘、永城、虞城四县与萧、砀、曹、单灾地，犬牙相入，岂独无灾，此中州之民淳朴风厚，不敢言灾，是以赈恤未及，益用嘉悯，着该抚即速勘明积水地亩，加赈一月。又谕：河南归德府属之夏邑、商丘、虞城、永城、考城并陈、许两属各县，五、六月间大雨连绵，以致洼地复有积水，秋禾被淹，已命侍郎裘曰修前往相度疏浚，冀速为消涸，但该省滨河州县与山东之金乡、鱼台、江南之宿、虹、丰、沛等处壤地相错，屡岁被灾，在山东、江南者均邀赈恤，而该省地方官从前并未留心查办，独抱向隅。今涸出补种之秋禾，复被漫淹，平地亦多潦浸，朕心深为悯恻，虽定例夏灾不赈，而该处积歉之后，民食艰难，应加优恤。副都统三泰、郎中苏尔德现在奉使在豫，着即率同护抚刘慥查明被灾户口，无论极次贫民，概予一月口粮。其董率有司，实心查办，毋被胥役侵蚀中饱，嗣后陆续奏报。汲、淇、封丘、中牟、阳武、新郑、武陟、原武、辉、滑、新乡、延津、获嘉、许州、长葛、祥等皆被水，坏民田庐，命本折兼赈，增折，价拨江西、湖北米协济，并以工赈疏浚沟塍，引积水达于河。自十月至明年二月赈垂毕，上曰：比如赤子出慈母之怀，未能强饭，遽断其乳，其何以堪，其再加赈一月。

是年，漳河暴涨注卫河，山东、直隶均被水，发粟赈济，给银葺居如豫省。其山东济宁、金乡、鱼台、邹、峄、滕六州县淹涸者，再令折赈，倍给其值。

是年夏，两江水，甘肃雨雹，山水大至，民饥，赈贷各如例行。

二十三年，甘肃、河东西旱，秋禾灾，民艰食，本折兼赈，增折值河东十之三、河西十之四，叠谕展赈至明年七月。河州、狄道、环县、东乐又展赈三月。

二十四年，甘肃皋兰等二十五厅州县秋禾复灾，其折赈视去年增值外，再各增十之三，仍分别展赈有差。

是年，山西偏灾，赈阳曲等三十州县贫民。

二十五年，江南之淮、扬、徐海四府州及山东、湖南、甘肃州县间有偏灾，咸赈如例。

二十六年秋，北省久雨，河南河溢，祥符等县灾，止勿漕，命大臣往会巡抚随勘随赈，四乡设粥厂，便饥民之就食者。直隶之大名、天津、山东之德州、曹州皆被水，截漕充赈：直隶四十万石，山东十万石。

是年，云南新兴州、江川县地震，坏人民庐舍，照例赈，倍给之。

二十七年，赈直隶四十五州县、山东、甘肃各三十州县卫饥民。

二十八年，谕曰：朕恭谒东陵，途次周谘民隐，直属州县上年秋霖，被灾较重，深为轸念。前已降谕旨加赈至今年三月，但现在农民东作方兴，麦秋尚远，口食犹恐拮据，着加恩将被灾大分以上各州县，无论极贫、次贫，再予展赈一月。其被灾五分者，例不应赈，并格外加恩，亦无论极贫、次贫民特予加赈一月，以资接济。至地亩虽经涸出，或无力播种者，并着查明，有可赶种春麦或候大田者，均分别借给籽种，一面办理，一面奏闻，俾得无误春畬，副朕体恤爱养至意。又谕：前因直属去秋被水，当此青黄不接之际，犹恐拮据，已降旨将被灾六分以上暨被灾五分者，概予加赈，展赈一月。兹恭谒东陵、西陵，所过通州、三河、良乡三州县，其成灾分数皆不及应赈之例，念其地近辇道，上年岁事歉薄，闾阎生计维艰，着将通州等三州县不应给赈村庄，地方官确查实在贫民，均予加赈一月，该督其率属悉心体察，俾泽必下究，副朕嘉惠黎元至意。

二十九年，广东、湖北、湖南、江西水，赈被灾各州县饥民。

是年，甘肃旱，兰州、巩昌等属灾，本折兼赈，共粮十八万五千八百余石，银四十万九千二百七十两有奇。

三十年，甘肃皋兰、巩昌等府属地震，其宁远、伏羌、通渭三处情形稍重，又兰州等府属十一处旱，咸赈如例。

是年，山东水，加赈济南等十五州县粮一月。又浙江、天台、新昌、宁海旱，人给一月口粮，其仁和、钱塘六县于春耕时给籽本谷，亩三升。

三十一年，湖南、江南、浙江、山东、陕西、江西、甘肃均有偏灾，赈如例。

三十二年，江南二十四县、江西十三县、湖北十三州县水，上命于正赈外各加赈有差。其浙江、江西、直隶怀安、龙门均按成灾分数赈给。

三十三年，直隶霸州等五十州县厅灾，命续赈、摘赈、加赈，银米兼放。又江苏、安徽、河南各属旱，盛京、承德、辽阳、海成、广宁及云南各属水，均予加赈。

三十四年，赈两江、浙江、江西、湖北各属饥民，并加赈有差。其陕西、直隶、甘肃偏灾，均赈如例。复以直隶需米颇多，拨通仓米六十万石资赈。

三十五年，买运山东麦石解京平粜。又直隶十六州县灾，谕令加赈，先后拨部库银一百万两，通仓米一百三十万石，饬大吏妥协经理。又浙江十四州县，加赈灾民亦如之。又谕：直隶各属被水，应行赈恤之处，着拨库银五十万两，以资分给。但闻银库旧例，前经雍正年间果亲王奏定，凡遇应发银两，除俸饷外，俱有应扣平余。此在工程等项需用银两，原不必悉照部法支放，若地方偶有灾歉，特发帑银赈恤，毋许不肖官吏丝毫扣克，其事较俸饷尤重，亦可①于部库拨给时分两稍有轻减！此次所发五十万两，着该部即于库储元宝如数发往，嗣后如遇赈恤之项，俱照此行，着为令。

是年，古北口山水骤发，特派大臣携帑银二万两，加倍给与灾户。又以闾阎艰食，谕即开仓赈粜，勿拘成例。复于本月再拨内务府银二万两，解往备用。

三十六年，直隶、甘肃、江苏、山东各属灾，均予正赈、加赈，发库银五十万两，截漕拨通共八十万石，听直省应拨州县领运。又拨陕西藩库银二百万两赴甘，其经运米粮三十万石尚恐不敷赈粜，饬地方大吏就近续拨。

三十七年，再拨部库银二十五万两、通仓米十八万石济直隶，展赈借粜。

三十八年，赈河南、江苏、安徽、陕西、甘肃各属灾民，仍各展赈。其河东之大庆关等十一村庄，加赈极贫者四月，次贫三月。

是年，山西归化城之黑河、萨拉齐之善岱等处灾，人给一月口粮。

三十九年，直隶天津、河间十六州县灾，发通仓米十万石备灾，属冬春加赈借粜。又江苏水，截漕二十万石济赈。其安徽、河南、湖北、山东、甘肃均有偏灾，加赈亦如之。

四十年，直隶十四州县水，安徽七州县卫、江苏二十八州县卫、甘肃三十一厅州县旱，于例赈外，各加赈一月。

四十一年，赈甘肃二十九厅州县饥民，分别灾重之处展赈一月。江苏、安徽水，均予加赈。

四十二年，甘肃三十二厅州县旱，赈如例。以皋兰、渭源七州县灾重，特命展赈。

---

① "亦可"，语意不通，查本书四库全书本、《乾隆实录》卷866均为"岂可"，当是。

四十三年，黄河漫溢，河南灾，截漕三十万石并拨盐课银一百六十万两，特简大臣前往查办。又以安徽为豫省下游，受灾较重，并分别加赈，其出贷安州、蒙城米一万二千石，令勿追偿。

　　是年，湖北汉江涨，江夏等十八州县及九卫所饥民，发帑金六十万两供明春加赈。又江苏之江浦、六合二十六州县卫及各场灶户，加赈亦如之。

　　四十四年，谕：亳州、蒙城灾重，贫民照夏灾例再给一月口粮，复于各属丰收处所应征漕米内截留三万五千石，以备减价平粜。

　　是年，河南、江苏、安徽、甘肃灾属并加赈有差。

　　四十五年，直隶水，武清、房山等四十一州县灾，截漕三十万石赈济。上念被灾较重之区，明春尚须加赈，再拨通仓米三十万石、库银三十万两。

　　是年，山东曹县、定陶、城武灾，所贷麦本六千七百两有奇，均豁免。又加赈河南商丘、考城五县贫民两月，其余直隶二十州县、江苏睢宁六州县卫、安徽泗州四州县卫、甘肃皋兰九州县卫民，均予展赈一月。

　　四十六年，江苏水，拨藩道库银五十五万两、盐课银五十万两、漕米五万石资赈。又以灾地较广，赈费甚繁，再拨银六十万两于被灾较重贫民，分别加赈。

　　谕：甘省收捐监粮之事，原因边陲地瘠民贫，应令仓储充裕以备赈恤之用，是以复经允行，只捐本色，不准折色。乃开例之始，即公然私收折色，甚至通省大小官员连为一气，冒赈分肥，扶同捏结，积成獘薮①，既经败露，自不得不彻底跟究。现据阿桂等陆续查奏，历年情獘俱已水落石出，是竟以朕惠养黎元之政，作为官吏肥橐之资，实属憨不畏法，为天理所不容！况办赈之事，朕屡有旨，宁滥无遗，亦欲穷民受实惠耳。若公然上下通同冒赈作獘，则有滥必致有遗，官吏多一分侵渔，即灾民少受一分实惠。朕之所以严行穷究者，正欲剔除官吏积獘，使百姓实受赈恤之益，并非因办赈有獘，致将赈恤之事靳固不举也！前恐各督抚误会此意，或致有灾不办，曾经明发谕旨，宣示中外，但恐督抚等仍未能仰体朕怀，且不肖之员或于己无可分肥，即于民视如膜外，其所关于民政者甚大。朕如伤

----

① 獘薮，以及下文中之情獘，作獘，积獘，有獘诸词中之"獘"字，本书之四库全书本皆作"弊"。"獘"，通"毙"，亦通"弊"。不过，仍以用"弊"为准确、易解。

在抱，每遇各省偏灾，不惜多发帑金优恤，以期一夫不使失所，此天下臣民所共知共见者。各督抚务皆以爱民恤灾，使得均沾实惠为念，遇有地方水旱，即详悉查勘，据实奏报，加意赈恤，断不可因有甘肃监粮之案，遂尔因噎废食，以致稍有讳饰。倘如此申诫再三而督抚等仍有蹈此者，经朕查出，必当重治其罪，将此再行通谕中外知之。

是年，加赈安徽、河南、山东、直隶、甘肃、湖北、陕西等属灾民各一月。

四十七年，黄河溢，河南、山东、江南灾，命被水各州县于正加赈外，展赈三月。拨浙商佐工银八十万两、漕粮八万石济江南。以淮商公输银二百万两、漕粮三十万石济山东。上廑念江南丰、沛等县及山东兖、曹、济各属灾甚，谕常予赈恤，不必论月，灾退后始行停止。

是年，安徽二十州县、江苏二十四州县秋禾灾，赈如例，并加赈有差。又加赈河南灾民两月。复以豫省河工虽已合龙，而山东、江苏下游地亩甫经涸出，穷民谋食维艰，谕限至明年六月停赈。

四十八年，赈湖北、江苏、安徽灾民如例。其铜山、丰县、沛县、邳州照山东例展赈五月，上元、句容、丹徒加赈两月。

是年，陕西榆绥八州县灾，散给折色，大口日给银一分，小口半之。

四十九年，甘肃逆回滋事，照乾隆四十六年撒拉尔之例，伤毙者大口给银二两、小口七钱五分，烧毁房屋每间银二两，生存人口每口先给粮一仓斗。初赈不论大小，口给三仓口①，再普行加赈一月，大口月给八合三勺，小口半之。又靖远、伏羌、静宁等处被贼攻围不能自谋生计，酌给一月口粮。

是年，江西萍乡、永宁、安福、湖南茶陵州、攸县水，赈如例，并给银以资修葺掩埋。又黄河溢，谕地方大吏督属携带钱米，分途赈宁陵、商丘境内灾民，并分别展赈。其安徽亳州被灾，加赈一月。

五十年，河南旱，普赈卫辉五县两月，复命展赈三月。其附近灾区之延津九县，给予一月口粮，仍再展两月。至开封、河南彰德府属二十三州县，其中有受旱较重及连年被淹积歉之区，并无地极贫下户，加赈有差。先后共拨银二百五十万两、漕米三十万石供赈。

是年，山东、安徽旱，济南各府属三十州县、亳州等八州县给赈有

---

① 三仓口，查本书四库全书本作"三仓斗"，当是。

差，截漕三十五万石济两省赈恤之用。又江苏淮安五府属旱，拨漕十万石平粜。

右赈邮。

恤茕独①

顺治八年，定给大兴、宛平二县收养孤贫银米，每名月给米三斗，银三钱，每年准给六月。至十年，增给十月。

康熙四十五年，京城广宁门外，士民公建普济堂，颁赐御制碑文，又御书"膏泽回春"四字。

雍正元年，谕：各处养济院所有鳏寡孤独及残疾无告之人，有司留心，以时养赡，毋致失所。

二年，谕：京师广宁门外向有普济堂，凡老疾无依之人，每栖息于此，司其事者殊为可嘉，圣祖仁皇帝曾赐额立碑以旌好义，有地方之责者，宜时奖劝鼓舞之。但年力尚壮及游手好闲之人，不得借名溷入其中，长浮惰而生事端。

三年，谕：今冬天气甚冷，京城广宁门外、安定门外养济院二处，将变色米赏给百石煮粥赈济，以安穷民，传谕仓场侍郎，将变色米呈验，然后赏给。

十三年，广西镇安府初设孤贫口粮四名，每名岁给银三两六钱，遇闰加增一两二钱。其迁江县口粮米折银一两四钱一分六厘有奇，桂平县板木银五两九钱六分五厘，为殓葬孤贫而设，均如县编定额充补。

乾隆元年，谕：各省府州县皆有养济院以收养贫民，此即古帝王哀矜茕独之意。朕闻归化城地方接壤边关，人烟凑集，其中多有疲癃残疾之人无栖身之所，日则乞食街衢，夜则露宿荒野，甚可悯恻。彼地旧有把总官房三十余间，可以改为收养贫民之所，每年于牛羊税内拨银二三百两、粟米百余石为饘粥寒衣之费，着该处同知、通判，简选诚实乡耆经理其事，仍不时稽查，以杜侵蚀之弊。傥地方有乐善好施者，听其捐助，共成善举，但不得稍涉勉强。着该都统会同该同知、通判妥协办理，务令穷民均沾实惠。

二年，各州县收养孤贫，令保甲将本地实在孤苦无依者，开明里甲、

---

① 茕独，孤独无养者。茕，没有兄弟。独，老而无子。

年貌，取邻右保结，呈报州县官验补，其浮于额数者，亦收养院内动公项散给口粮，仍入册报销。若外来流丐，送本籍收养。又定：四川多流寓，路复险阻，准其收养。至七年，又定：凡流寓，隔省遥远及本省相去至千里外者，亦准收养。

四年，谕：各府州县设立养济院，原以收养鳏寡孤独、疲癃残疾之穷民，近闻山西、陕西一带多有老疾残废之人在途行乞，行旅见之恻然。朕思各处既有养济院，若有司实力奉行，何至小民之困苦无依者饥寒难支，乞食于道？山陕一路如此，则他省与此相类者不少矣。着各省督抚各饬所属州县官体国家设立养济院之至意，与朕哀此茕独之心，实力奉行，毋得视为具文故事，该督抚亦当时时留心访查。

六年，令该管官汰除冒滥，核明收养实数，分额内、额外为二册，册具里甲、姓名、年貌、原住籍贯并注残病孤苦实据，用印结申府转申上司官，遇有开除顶补，随时申明，岁终册具支结，清数报销。又定：道府每岁因公所莅，即带原册赴院点验无弊，具印结申上司官，如屋宇倾圮，孤贫冒滥，或纵役代领侵蚀及道府徇庇者，均论如法。

八年，谕曰：今年天气炎热甚于往年，闻山东、山西、河南、陕西所属地方，民人有病喝或至伤损者，该督抚等自必为之经理，此等最苦之人，无所依倚，全在地方官善为抚恤。可令各该督抚转饬有司，悉心查办，有应动存公银两者，即行动用。嗣后如有类此之事，无得膜视。

十五年，谕曰：国家钦恤民命，德洽好生，至于鳏寡茕独，尤所矜悯，是以定有独子留养之例。凡属情轻俱已沾恩减等，但督抚声请之案不过寻常斗殴等类，断不至入于情实①，徒使淹禁囹圄，不得侍养，而穷老孤孀无所倚赖，深为轸恻。着该部查明各犯祖父母、父母现存果无次丁侍养，俱以可矜减等发落，着为例。

二十八年，令直属州设留养局，收恤老弱贫民，其外来流移贫民例无给赈者，准一体入局留养。

四十四年，谕：京城广宁门外普济堂，冬闲贫民较多，将京仓气头廒底内小米拨给三百石，自是岁以为常。

四十九年，谕：直省大名府属各州县其鳏寡孤独困苦无依者，大口日给米五合，小口三合，计共给谷三千四百六十石有奇。

---

① 情实，清代死刑判决经复核后的一种类型。意为"情真罪当"，即罪行真实，判决适当。

右恤茕独。

恤幼孤

康熙元年，于京师广渠门内建育婴堂，收育弃子，有姓名、年月日时可稽者，注于册，雇乳妇乳之。有愿收为子孙者，亦详其姓名、里居于册，而后，与至本家有访求认领者，讯与原注册符，令其归宗。

雍正二年，赐帑银千两。

八年，赐帑银千五百两，令置产岁收息银以充用。又拨养济院岁余孤贫口粮银二百两于堂，归顺天府查核。是年，赐御书匾额。谕曰：闻广渠门内有育婴堂一区，凡孩稚不能育养者，收留于此，数十年来，成立者颇众。夫养少存孤，载于《月令》，与扶衰恤老同一善举，为世俗之所难，朕心嘉悦，特赐御书"功深保赤"匾额，并白金千两。顺天府尹等其宣示朕意，并倡率资助，使之益加鼓励，再行文各省督抚转饬有司，劝募好善之人，于通都大邑人烟稠集之处，若可以照京师例推而行之，其于字弱恤孤之道，似有裨益，而凡人怵惕恻隐之心，亦可感发而兴起矣。

乾隆六年，申严育婴之令，各省所设育婴堂，饬有司官择乡之富厚诚谨者董其事，官为钩稽，岁终具收养及支存各数册申上司官查核。

右恤幼孤。

恤羁穷①

京师广宁门外普济堂，每岁恩赐崇文门税银千两，拨给孤贫口粮银二百余两，本堂内地租银千余两，为养赡孤贫之用。

顺治九年，初设饭厂以赈贫民。京都五城，城设一厂，厂口费米二石，作饭银一两，供炊，岁十一月至明年三月终停赈。

康熙二十九年，增饭厂五，以满、汉部院官各一人日莅其事。五厂日需米二十石，银十两，并原设五厂均至六月终止。

四十九年，更定饭厂米数赈期。五城设厂煮赈，岁十月朔至次年三月二十日止，每厂日发米二石，银一两，米行仓场、银行户部支领。

六十一年，谕：展赈一月，银米倍给。

雍正十三年，谕：将存仓籹米充赈。五城并各展赈一月。

---

① 羁穷，无固定住处的穷人，贫苦流浪者。

乾隆二年，以冬月五城贫民就食者多，虑有冻馁于道者，令各铺总甲每日分巡各该管处所，遇即引赴普济堂或栖流所，晚就栖宿，日出就赈，春融听其去留。

是年，以漕船纤夫率多病弃道毙，饬沿河各官就近送入各州县普济堂，或寺院，量给口粮，留养。

三年，谕：今岁米价昂贵，恐小民乞食者多，着设厂，于九月半举行。

四年正月，增厂饭米，并增设厂五。

七年，谕：令五城御史亲至厂督赈，都察院堂上官时往稽查。

八年，恩赏饭厂京仓老米二百石充赈。时直属岁歉，就赈者多，故有是命。

十六年，五城各展赈一月。都察院以闰月天寒，奏请展赈，十月，奉谕改展一月。

二十四年，增给饭厂米，日一石，并增厂五城内外，以便流民之就食者。又展赈，南城十五日，城外二十日。

二十七年，以近京岁歉，贫民赴厂就食者多，于东坝、卢沟桥、黄村、清河、树村五处各增设一厂，是五厂于额支米数外，日加给一石，简科道满、汉各五人，会同五城御史率司坊官经理。

二十八年，谕：煮赈各厂，向年俱于三月二十停止，今岁着加恩展赈一月，以示优恤。

四十六年，谕：五城内外粥厂展赈半月。

四十七年，谕：京城德胜门外功德林，冬闲贫民就食较普济堂人数虽减，但常例赏银一千两，经费尚恐不敷，着加恩将京仓内小米赏给一百五十石，以资接济。

右恤鳏穷。